覚えておきたい古文書くずし字500選

柏書房編集部 編

柏書房

はしがき

本書は、好評を博している前書『古文書くずし字200選』の続編である。

前書では古文書入門・初心者を対象に、最低限これだけは覚えておきたいというくずし字を二〇〇字収録した。本書を手にした方のなかには、『200選』を繰返し学習したことによって、古文書の五割以上が確実に読めるようになった方もいるのではないだろうか。

しかし、五割では物足りない、もっといろいろなくずし字を覚えて、いつか古文書をスラスラと読んでみたいという向学心が芽生えるのは至極当然のことである。本書は、そのような方々のために、古文書判読の「核」となるくずし字を五〇〇字厳選し、五割以上を八～九割以上に引き上げることを目的として編集したものである。

ところで、本書は『200選』と併用することではじめてその学習効果が高まるように編集してある。すなわち、本書に掲げた具体的な用例は『200選』に収録したくずし字がなければ、七割以上は成立しないものばかりなのである。それゆえ、『200選』をかなりの程度習得してから本書に入ることをお薦めする。

古文書の判読は確かに難しいものである。長く学習していてもなかなか思うように上達しないという方も多いと思われる。『200選』『500選』を繰返し学習し、無理なく無駄なく効率的にくずし字を覚えていけば、このような悩みは一発で解消できるはずである。

最後に、本書の編集にあたって、くずし字の収集、解読、校正作業に従事してくれた小林風、國重あづさ、遠藤真由美の諸氏へ深謝する次第である。

柏書房編集部

本書の使い方

一　各ページの見方

（1）本書収録の五〇〇の漢字は、二字につき一頁を原則として、常用漢字表に基づいたものを［　］内に掲げた。また、旧字はその下に（　）書きで掲げた。配列は、漢和辞典の部首順に従っている。

（2）［　］の上の数字は、本書が『２００選』の続編ということから201から700までの通し番号とした。一方、下段の四桁の数字は区点コードと呼ばれるもので、古文書を判読・解読したものをワープロやパソコンで入力する際に利用するものである。たとえば、4530と入力すると「余」が画面上にあらわれ、8117と入力すると「余」の旧字である「餘」が画面にあらわれるという仕組みである。しかし、ワープロの場合はメーカーや機種によって区点コードの入力方法が異なるので、それぞれの使用説明書を参照されたい。また、現在市販されているパソコンのうち、たとえばWindows 標準の漢字入力であれば、本書に掲げた区点コードの前にすべて0をつけて五桁とし04530と全角で入力して、キーボードの上段にあるF5を押すと「余」が画面上にあらわれる仕組みとなっている。とくに旧字の入力に威力を発揮するので、漢字入力の際の一助となれば幸いである。なお、区点コードを持たない正字および旧字もいくつか掲載している。

（3）各漢字の下に音読み（カタカナ）と訓読み（ひらがな）を付したが、あくまで本書に掲げたくずし字を判読するのに必要と思われるものに限っているので、特殊な読みのものを含めてそのすべてを掲げたわけではないことをお断りしておく。

（4）音訓読みの下に、くずし字の骨書を二〜四つずつペン字で掲げておいた。くずし字を覚える方法の一つとして、そのくずし字を何度も繰り返し模写する方法がある。第一画目の筆の入り方や運筆などを覚えることで、字典を使わなくてもくずし字が判読できるようになるのである。ペン字による骨書によって毛筆で潰れてしまった部分のくずし様もわかるので、くずし字を「書いて　覚える」方法も身に付けてほしい。

（5）◎以降の文章には、くずし字を判読するためのコツや類似のくずし字、頻出の用例などを記しておいた。

（6）次に、収録した漢字の単独のくずし字（以下本書では「単漢字」と呼ぶ）を、くずしの程度によって上から下へと順に配列したので、くずし様の変化に注目してほしい。

（7）用例には、江戸時代の古文書に頻出する単漢字を含む熟語・慣用句・短文などを、読みの重複も含めておよそ四五六〇例掲げた。五〇〇字に採用していない漢字は一部を除いて（後述）取り上げておらず、五〇〇字同士の漢字の組み合わせ、および『２００選』に収録した漢字との組み合わせだけで用例を構成している点に本書の最大の特徴がある。

（8）用例の解読文を左側に掲げておいた。返り点（一・二、レ点）を付すとともに、右脇に読み方を掲げた。また、複数の読み方があるものについては、さらにその右脇に読み方を掲げておいた。なお、動詞の場合は基本的に終止形で掲げたので（たとえば、古文書では「相糺」は「あいただし」と読むのが一般的だが、本書では「あいただす」と記してある）、古文書を判読する際には前後に続く文章によって各自で活用させて読んでほしい。また、旧字がくずされたものは解読文も旧字で掲げた。なお、助詞などの与、江、者、而、茂は漢字表記のまま小さく右に寄せた。

（9）江戸時代のくずし字には、異体字という常用漢字や旧字とは字形が異なる字が出てくることがある。典型的な異体字のくずしにはその右脇に★を付した。271頁「異体字一覧」と合わせて参照されたい。

（10）巻末には簡単な索引を付しておいた。

二　注意事項

（1）本書は、前述の原則にもとづいて用例を収録しているが、『２００選』を学習していることを前提として編集した本書では、若干レヴェルを上げて、以下の一六字を例外的に採用していることをあらかじめお断りしておく。

仁、又、才、士、末、未、元、久、川、尺、目、坂、芝、込、農、業

なお、『２００選』で例外的に採用した「一、二、三、四、五、六、七、八、九、十、百、千、人、大、小、入、田、畑、山、木、札、口、子、夕、米」の二五字も本書で採用している。

（2）「々」や「ゟ」は『２００選』と同様に本書でも用例に採用している。

本書の効力——本当に八割以上読めるのか?

左に掲げた史料の各くずし字を見ていただきたい。網をかけてあるくずし字は前書『２００選』と本書を併用すれば判読可能なくずし字である。右脇に付した数字はそのくずし字が本書の何頁に収録されているのかを示している。明らかに『２００選』だけで読めるくずし字の割合が高いが、本書に収録したくずし字が読めないと文意が明確につかめないのである。この史料の場合、漢字部分だけに限れば二二五字のうちの二一九字（＊を含む）、実に九割七分が判読可能ということになる。

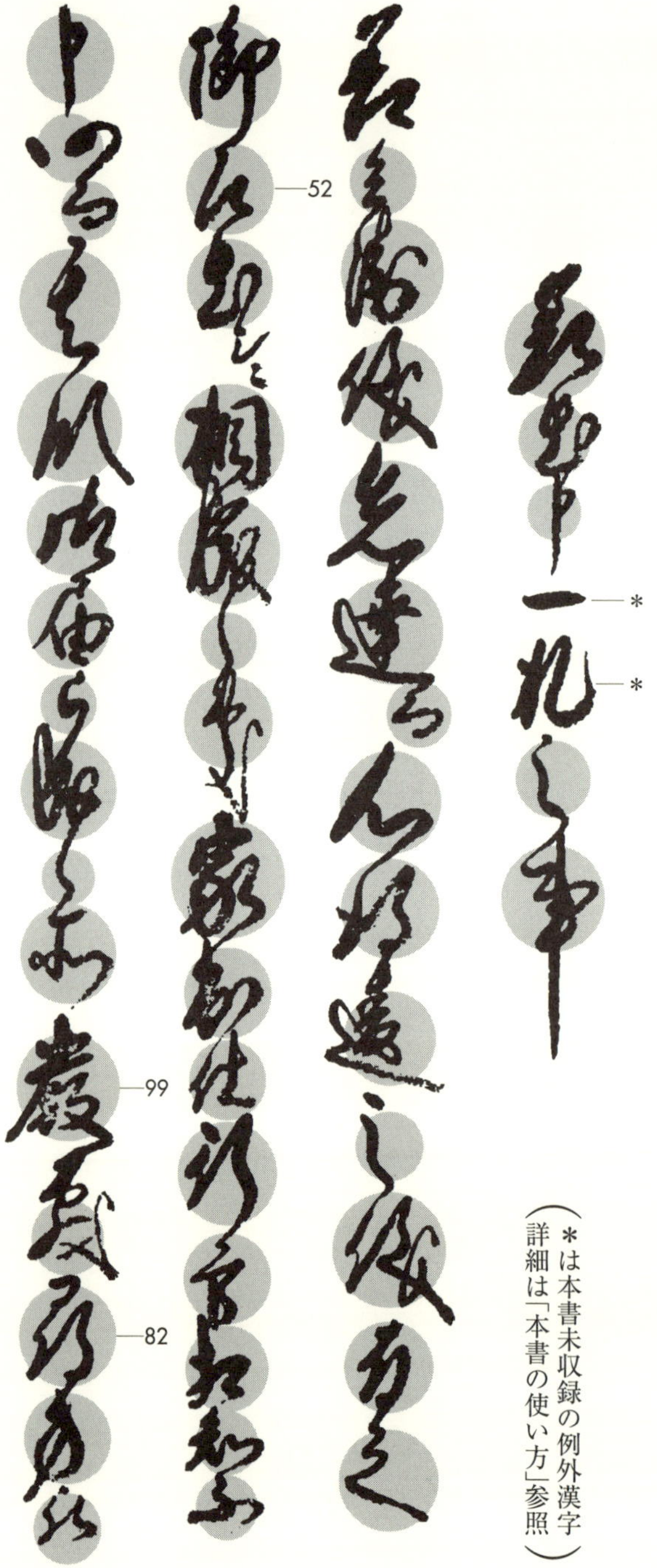

（＊は本書未収録の例外漢字
詳細は「本書の使い方」参照）

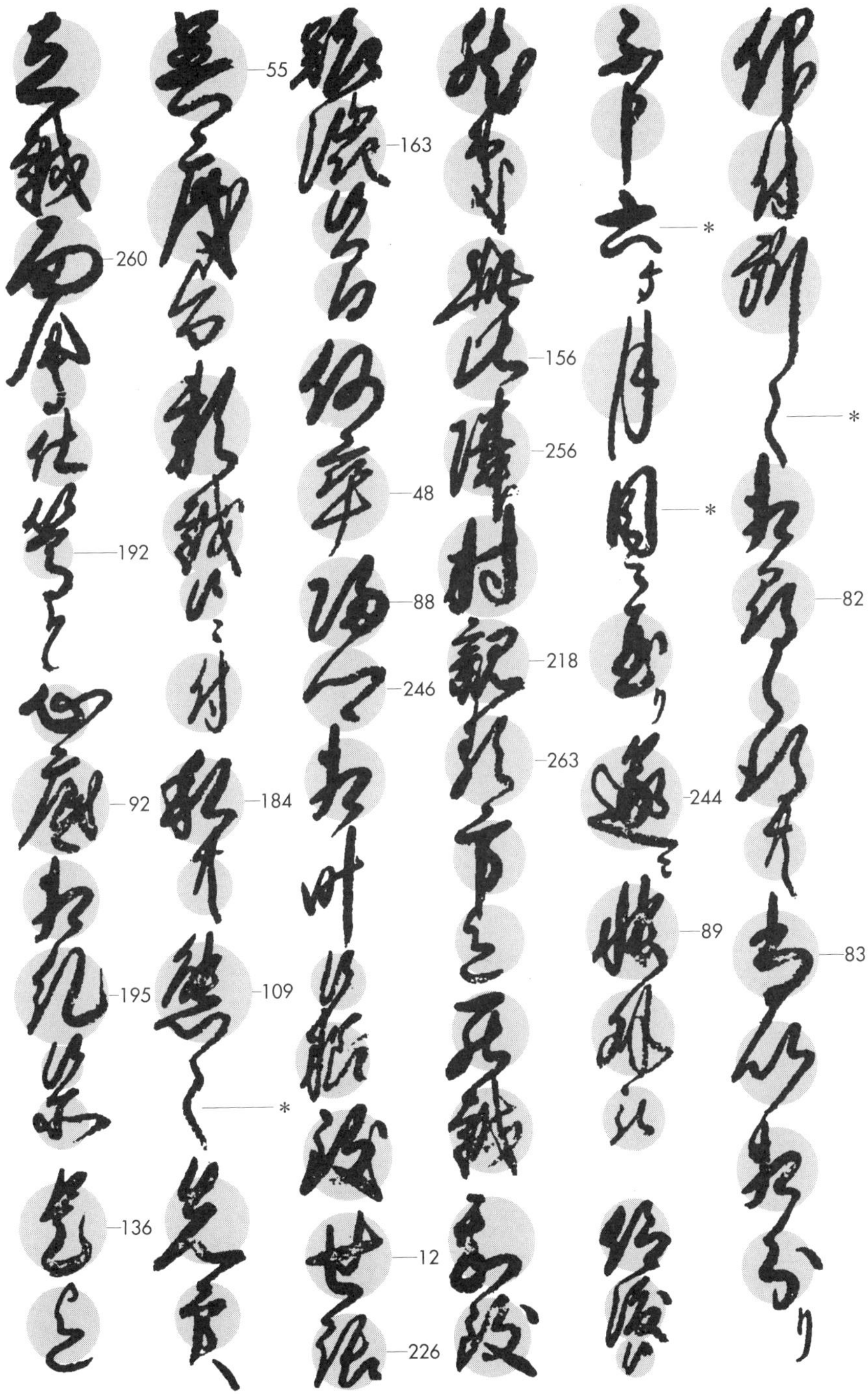
*
82
83
*
*
244
89
156
256
218
263
163
48
88
246
12
226
55
184
109
*
260
192
92
195
136

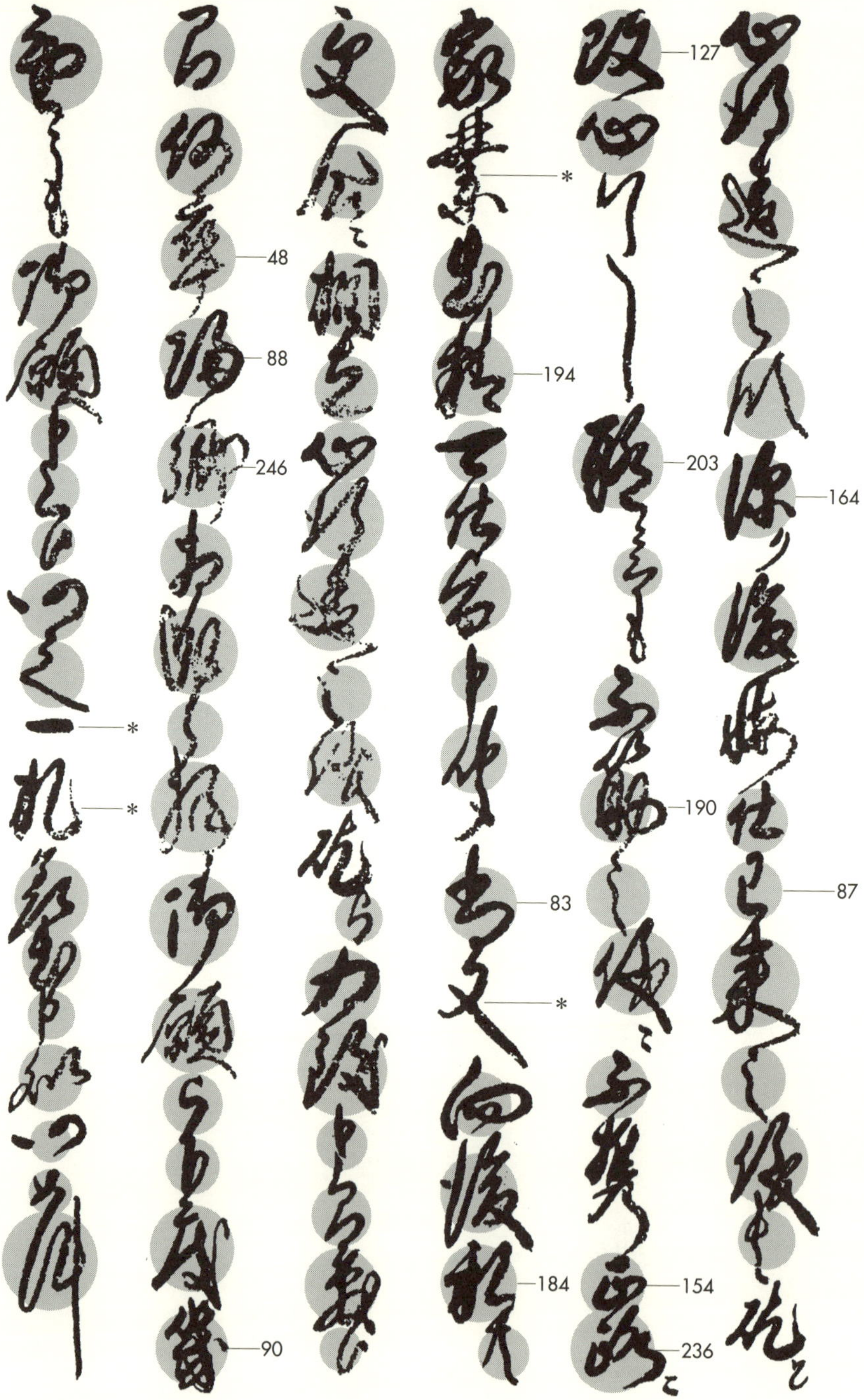

（後　略）

（立教大学日本史研究室編『近世古文書演習』柏書房、所収）

《収録漢字一覧》

一			ノ	乙		亅			二	亠		人							
丈	且	世	乗	也	乱	了	予	争	互	亦	京	他	令	仮	休	全	伝	任	作
一一	一一	一二	一三	一三	一四	一四	一五	一五	一六	一六	一七	一七	一八	一八	一九	一九	二〇	二一	二一
																	儿		八
伺	住	体	但	余	価	供	使	併	例	信	便	修	俵	停	偏	儘	免	党	具
二二	二二	二三	二四	二四	二五	二六	二六	二七	二七	二八	二八	二九	二九	三〇	三〇	三一	三一	三二	三二
冂		冖		冫		几	凵	刀								力			
円	再	写	冥	冬	冷	凡	凶	刈	切	初	判	利	刻	到	則	加	助	労	勘
三三	三四	三四	三五	三五	三六	三六	三七	三七	三八	三九	三九	四〇	四〇	四一	四一	四二	四三	四三	四四
			勹		匕	十			卩			厂		口					
勝	勧	勢	勿	匁	化	升	半	卒	印	却	即	厘	反	古	只	召	各	含	吟
四四	四五	四五	四六	四六	四七	四七	四八	四八	四九	四九	五〇	五〇	五一	五一	五二	五二	五三	五四	五四
												囗					土		
呉	咎	呼	咄	味	和	品	員	啓	商	問	喜	囲	困	図	固	国	土	城	埒
五五	五五	五六	五六	五七	五七	五八	五八	五九	五九	六〇	六〇	六一	六一	六二	六二	六三	六四	六四	六五
								夂			大					女			
堀	執	堅	場	報	境	増	売	変	夏	夜	太	天	夫	失	奥	妨	委	始	嫌
六五	六六	六六	六七	六七	六八	六八	六九	六九	七〇	七〇	七一	七一	七二	七二	七三	七三	七四	七四	七五
子	宀									寸					小	尢		尸	
孫	安	守	宅	官	実	宗	宿	寒	察	寺	対	専	尋	尊	尚	尤	就	尽	居
七五	七六	七六	七七	七七	七八	七八	七九	八〇	八〇	八一	八一	八二	八二	八三	八三	八四	八四	八五	八五
巛	己	巾				干	幺	广							廴	廾	弓		彡
州	已	市	帰	常	帳	平	幾	広	庄	序	底	府	庭	廉	延	弁	強	張	形
八六	八七	八七	八八	八八	八九	八九	九〇	九〇	九一	九一	九二	九二	九三	九三	九四	九四	九五	九五	九六
彳						⺍	心												
往	彼	従	徒	復	徳	厳	必	応	忝	念	思	性	恩	悪	悦	情	悴	悲	惑
九六	九七	九七	九八	九八	九九	九九	一〇〇	一〇〇	一〇一	一〇一	一〇二	一〇二	一〇三	一〇三	一〇四	一〇四	一〇五	一〇五	一〇六
												戈			戸		手		
愚	慈	慇	愈	慎	態	慶	慥	慮	憚	憐	懇	我	或	戴	戸	戻	打	払	扣
一〇六	一〇七	一〇七	一〇八	一〇八	一〇九	一〇九	一一〇	一一〇	一一一	一一一	一一二	一一二	一一三	一一三	一一四	一一四	一一五	一一六	一一六
																			支
扨	扱	折	扶	抔	押	抛	拙	披	抱	拶	指	挨	振	捕	掠	揃	損	操	支
一一七	一一七	一一八	一一八	一一九	一一九	一二〇	一二〇	一二一	一二一	一二二	一二二	一二三	一二四	一二四	一二五	一二五	一二六	一二六	一二七
攵					斗		斤			方			旡	日					
改	救	敬	散	数	斗	料	断	斯	新	於	旁	旅	既	旦	昨	春	是	昼	時
一二七	一二八	一二八	一二九	一二九	一三〇	一三〇	一三一	一三一	一三二	一三二	一三三	一三三	一三四	一三四	一三五	一三五	一三六	一三七	一三七

						日			月				木								
晦	暑	普	暇	暮	暫	曲	更	曾	朔	望	期	朝	本	条	束	東	柄	案	格	検	構
一三八	一三九	一三九	一四〇	一四〇	一四一	一四一	一四二	一四二	一四三	一四三	一四四	一四四	一四五	一四六	一四六	一四七	一四七	一四八	一四八	一四九	一四九
				欠			止					毋	比	毛	气	水					
模	権	機	橋	欠	歎	歟	止	正	歩	武	歳	毎	比	毛	気	水	永	沙	汰	治	洩
一五〇	一五〇	一五一	一五一	一五二	一五二	一五三	一五三	一五四	一五四	一五五	一五五	一五六	一五六	一五七	一五七	一五八	一五八	一五九	一五九	一六〇	一六〇
												火				牜	犬		玉		生
海	津	浅	浦	流	渋	深	添	満	滞	漸	潰	炮	焼	煩	熟	物	猶	猥	珍	理	生
一六一	一六一	一六二	一六二	一六三	一六三	一六四	一六四	一六五	一六五	一六六	一六六	一六七	一六七	一六八	一六八	一六九	一七〇	一七〇	一七一	一七一	一七二
田							疋			疒	癶		白	皿	目	石			示		
町	畏	畝	異	略	畳	番	疋	疎	疑	病	発	登	白	益	真	石	砌	破	示	社	祝
一七二	一七三	一七三	一七四	一七四	一七五	一七五	一七六	一七六	一七七	一七七	一七八	一七八	一七九	一七九	一八〇	一八〇	一八一	一八一	一八二	一八二	一八三
	禾								穴		立	竹								米	
神	私	科	秋	移	穀	種	穏	積	究	窮	端	筈	筋	答	筆	箇	篤	簡	籠	籾	精
一八三	一八四	一八四	一八五	一八五	一八六	一八六	一八七	一八七	一八八	一八八	一八九	一八九	一九〇	一九一	一九一	一九二	一九二	一九三	一九三	一九四	一九四
糸														羊	老	耳		肉			
糺	約	紙	紛	細	絵	給	統	継	続	縁	締	縦	繁	着	老	聊	聢	背	脇	能	脚
一九五	一九五	一九六	一九六	一九七	一九七	一九八	一九八	一九九	一九九	二〇〇	二〇〇	二〇一	二〇一	二〇二	二〇二	二〇三	二〇三	二〇四	二〇四	二〇五	二〇五
臣	自	舛	舟			色	艸										衣			襾	
臨	自	舞	舟	般	船	色	苦	若	荒	草	荷	莫	落	蒙	薄	藤	表	裁	裏	西	要
二〇六	二〇六	二〇七	二〇七	二〇八	二〇八	二〇九	二〇九	二一〇	二一〇	二一一	二一一	二一二	二一二	二一三	二一三	二一四	二一四	二一五	二一五	二一六	二一六
	見				角		言														
覆	規	覚	親	覧	解	触	言	許	訟	訳	詔	評	詰	誠	詮	詫	話	認	調	論	謂
二一七	二一七	二一八	二一八	二一九	二一九	二二〇	二二一	二二一	二二二	二二二	二二三	二二三	二二四	二二四	二二五	二二五	二二六	二二六	二二七	二二七	二二八
		豆	貝									走		足			身		車		
議	譲	豊	負	貫	賀	買	賃	賄	質	賦	賢	走	起	足	跡	路	身	躰	転	軽	輩
二二八	二二九	二二九	二三〇	二三〇	二三一	二三一	二三二	二三二	二三三	二三三	二三四	二三四	二三五	二三五	二三六	二三六	二三七	二三七	二三八	二三八	二三九
辵												邑				酉		里		金	
迚	退	逃	迷	造	速	途	逸	運	遂	遅	遠	那	郡	郷	都	酒	配	里	野	鉄	銀
二三九	二四〇	二四〇	二四一	二四一	二四二	二四二	二四三	二四三	二四四	二四四	二四五	二四五	二四六	二四六	二四七	二四七	二四八	二四八	二四九	二四九	二五〇
		長	門		阜								隹				雨		非	面	音
銘	鋪	長	閑	関	附	限	院	除	随	隠	障	隣	雇	集	雑	離	雨	露	非	面	音
二五〇	二五一	二五一	二五二	二五二	二五三	二五三	二五四	二五四	二五五	二五五	二五六	二五六	二五七	二五七	二五八	二五八	二五九	二五九	二六〇	二六〇	二六一
頁					風	飛	馬					高	鳥			鹿					
頂	順	顔	顕	類	風	飛	馬	馳	駕	騒	驚	高	鳥	鳴	鷹	麁	〆				
二六一	二六二	二六二	二六三	二六三	二六四	二六四	二六五	二六五	二六六	二六六	二六七	二六七	二六八	二六九	二六九	二七〇	二七〇				

201 丈 3070

ジョウ
たけ

◎基本的に右上に「、」が付される異体字のくずしとなる（異体字一覧参照）。「可レ成丈」は「なるべくだけ」と読む点に注意したい。

【用例】

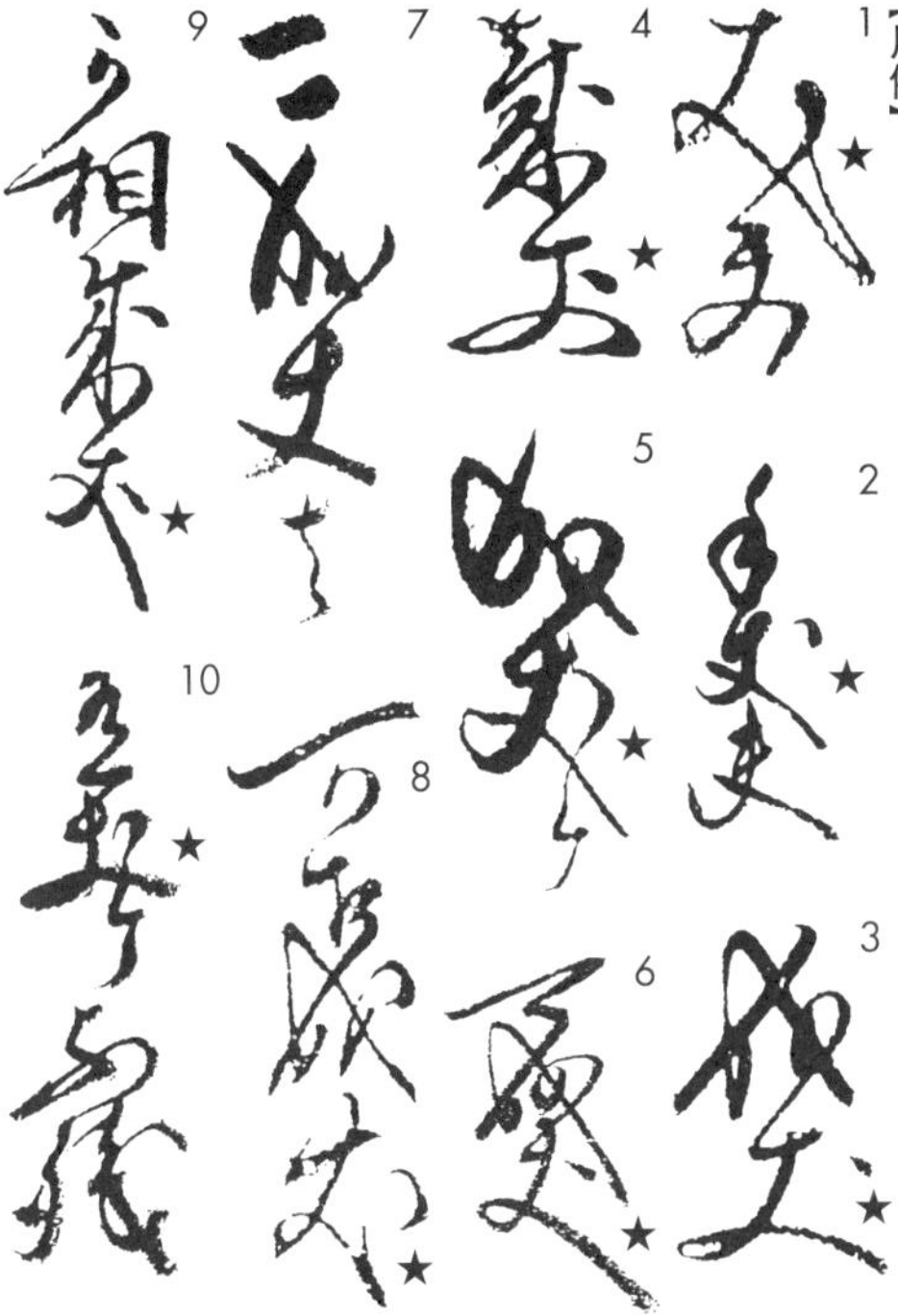

1 丈夫《じょうぶ》　2 手丈夫《てじょうぶ》　3・4 成丈《なるたけ》　5 成丈ケ《なるたけ》　6 可レ成丈《なるべくだけ》

7 可レ成丈者《なるべくだけは》　8・9 可レ相成レ丈《あいなるべくだけ》　10 有丈ケ《ありたけ》不レ残《のこらず》

202 且 1978

シャ
ショ
かつ

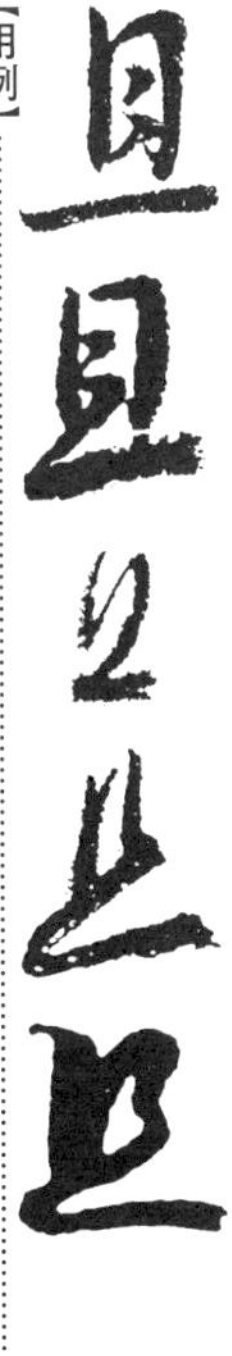

◎「且者」「且又(亦)」は文章をつなぐ接続詞として頻出するが、「その上に」「さらにまた」と解釈すればよい。くずしは134頁「旦」と酷似。

【用例】

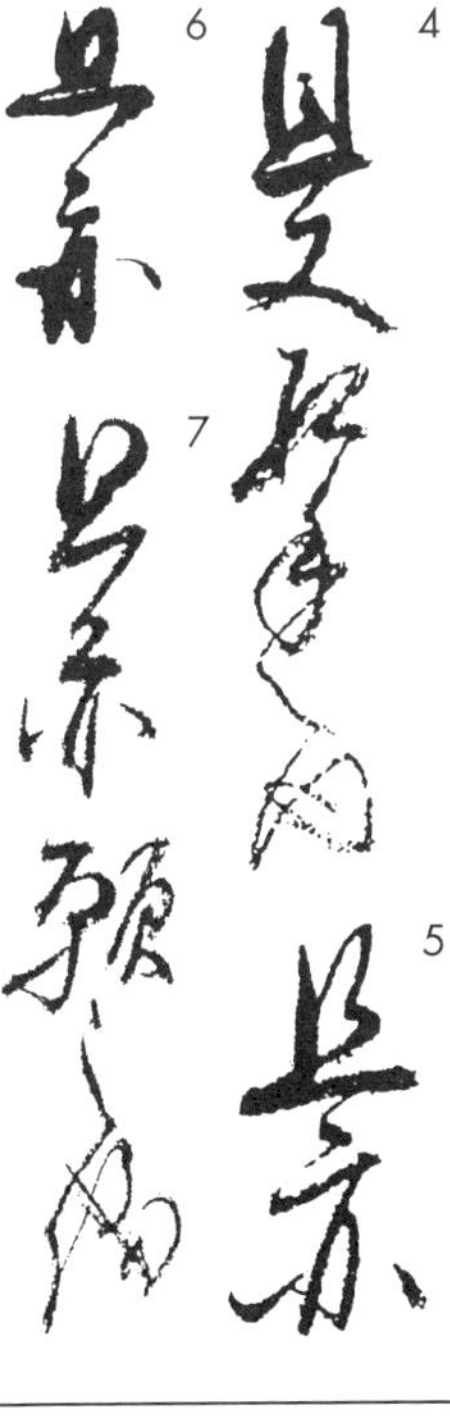

1・2 且者《かつは》　3 且又《かつまた》　4 且又《かつまた》相手《あいて》之内《のうち》　5・6 且亦《かつまた》　7 且亦《かつまた》願《ねがい》之儀《のぎ》

8 且此《かつこの》もの身分《みぶん》ニ付《につき》

203
世
3204
セイ セ よ

◎くずしは多様で「無」「此」「を」にも類似する。ここでは単漢字の2・3・6番目の形を確実に覚えたい。「世話」「渡世」が頻出する。

【用例】

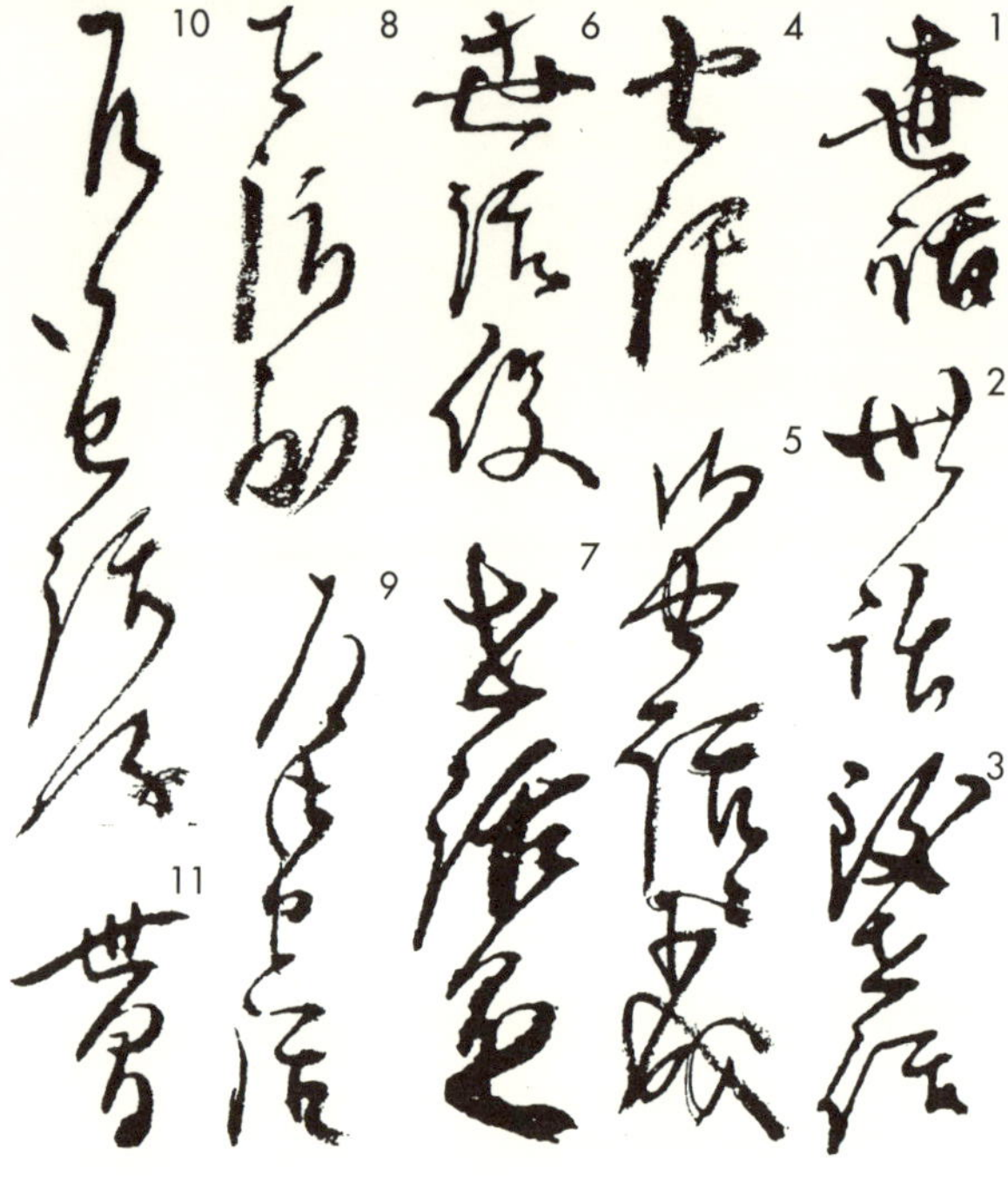

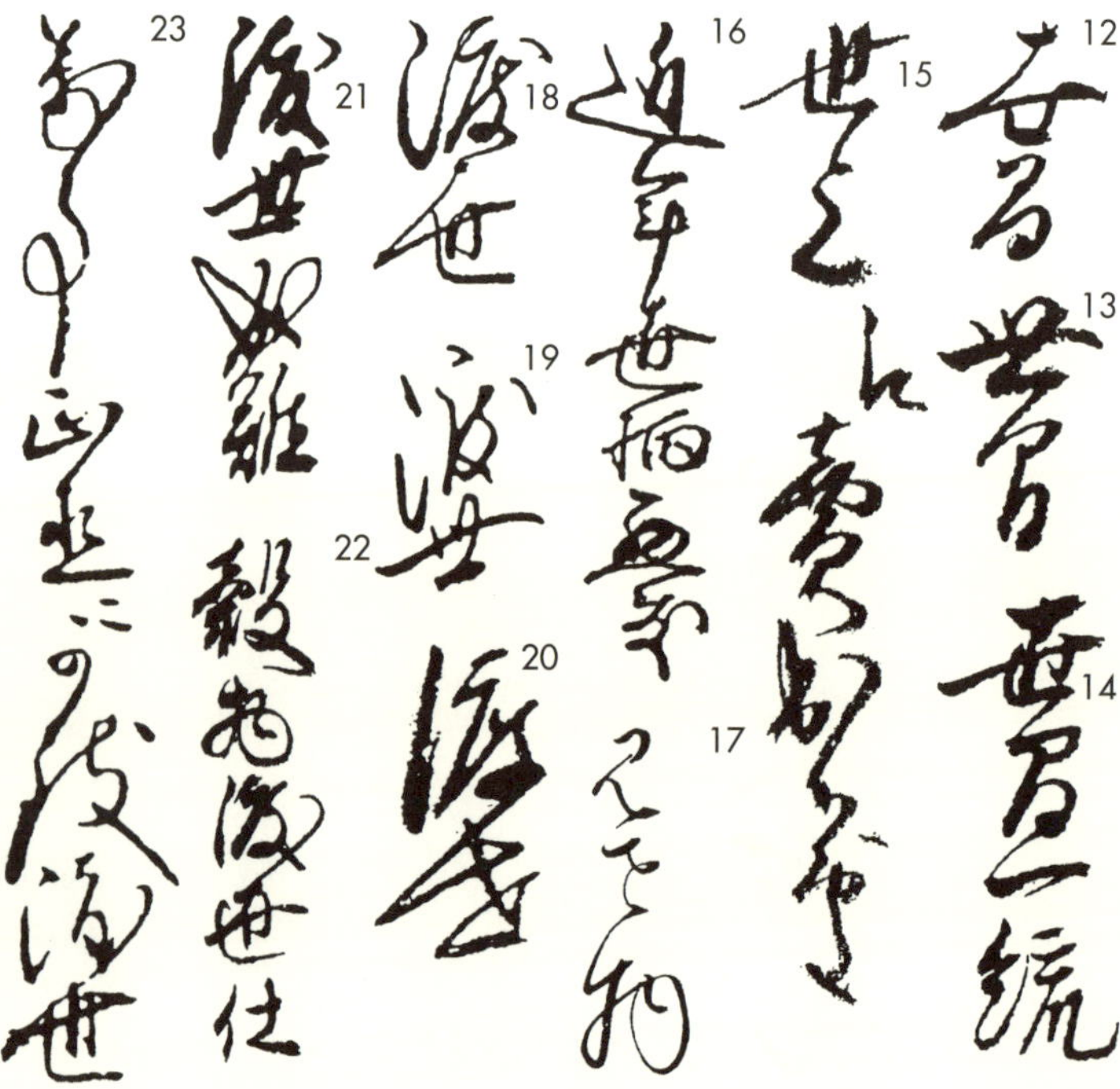

1・2 世話《せわ》　3 致二世話一《せわいたし》　4 世話《せわ》　5 御世話二相成《おせわにあいなり》　6 世話役《せわやく》
7 世話懸《せわがかり》　8 世話敷《せわしく》　9 乍二御世話一《おせわながら》　10 乍二御世話様一《おせわさまながら》
11～13 世間《せけん》　14 世間一統《せけんいっとう》　15 世上江賣出 候 處《せじょうへうりだしそうろうところ》　16 近年世柄悪敷《きんねんよがらあしく》
17 見世物《みせもの》　18～20 渡世《とせい》　21 渡世成 難《とせいなりがたく》　22 穀物渡世 仕《こくもつとせいつかまつり》
23 萬事正直二可レ致二渡世一《ばんじしょうじきにとせいいたすべく》

204 ［乗（乘）］

3072
4811

ジョウ
のる
のせる

◎「乗」そのものがくずれるのではなく、「無」あるいは「三」の下に「ふ」を書いたくずしが基本形となることに注意したい。

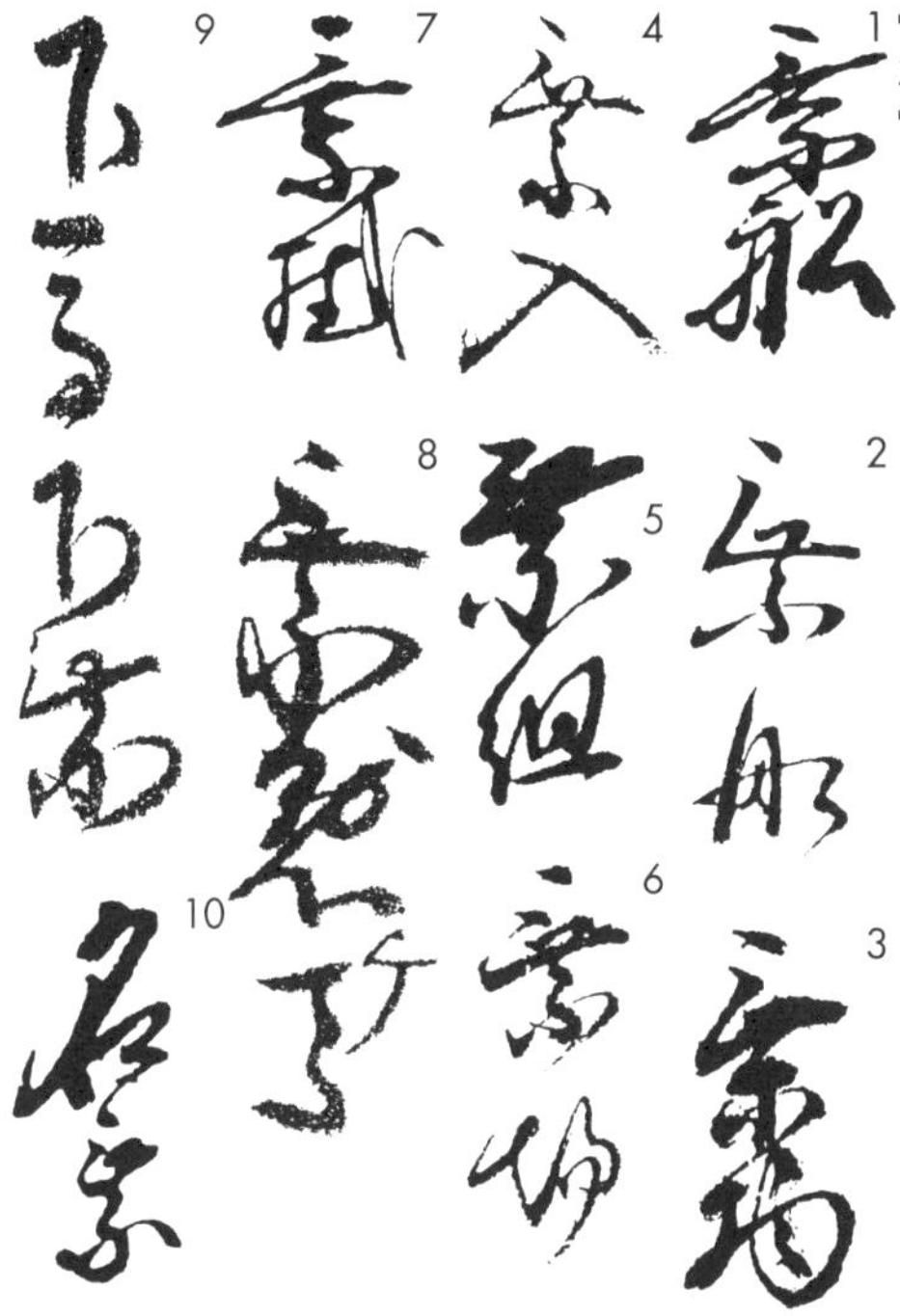

【用例】

1・2 乗船《じょうせん》　3 乗物《のりもの》　4 乗入《のりいれ》　5 乗組《のりくみ》　6 乗場《のりば》　7 乗掛《のりかけ》
8 乗懸ケ馬《のりかけうま》　9 下馬下乗《げばげじょう》　10 名乗《なのり》

205 ［也］

4473

ヤ
なり

◎「実正也」「〜者也」「〜もの也」という形で頻出。ここでは単漢字4番目以降の特徴的なくずしを覚えておけば問題ないだろう。

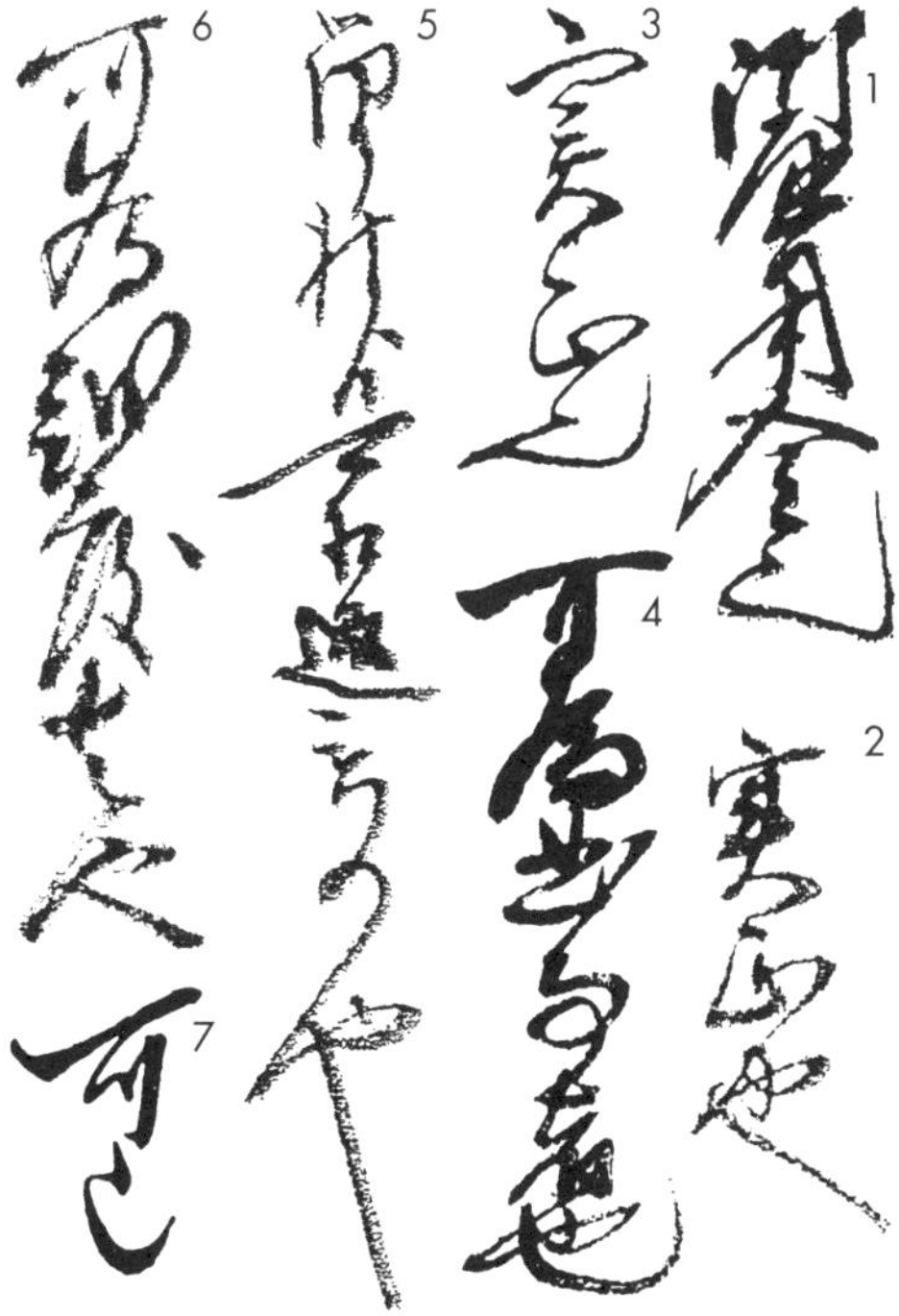

【用例】

1 御通用金也《ごつうようきんなり》　2・3 実正也《じっしょうなり》　4 可レ為二曲事一者也《くせごとたるべきものなり》
5 留リ村ら可二相返一《とまりむらよりあいかえすべき》もの也《なり》　6 可レ為二越度一者也《おちどたるべきものなり》　7 可也《かなり》

206

乱（亂）

4580
4812

ラン
みだれる

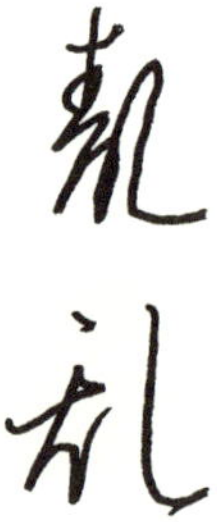

◎「乚」の入る字は多くないので（195頁「糺」参照）、判読に困ることはないだろう。「乱暴」が「乱妨」と書かれることに注意。「違乱」が頻出。

【用例】

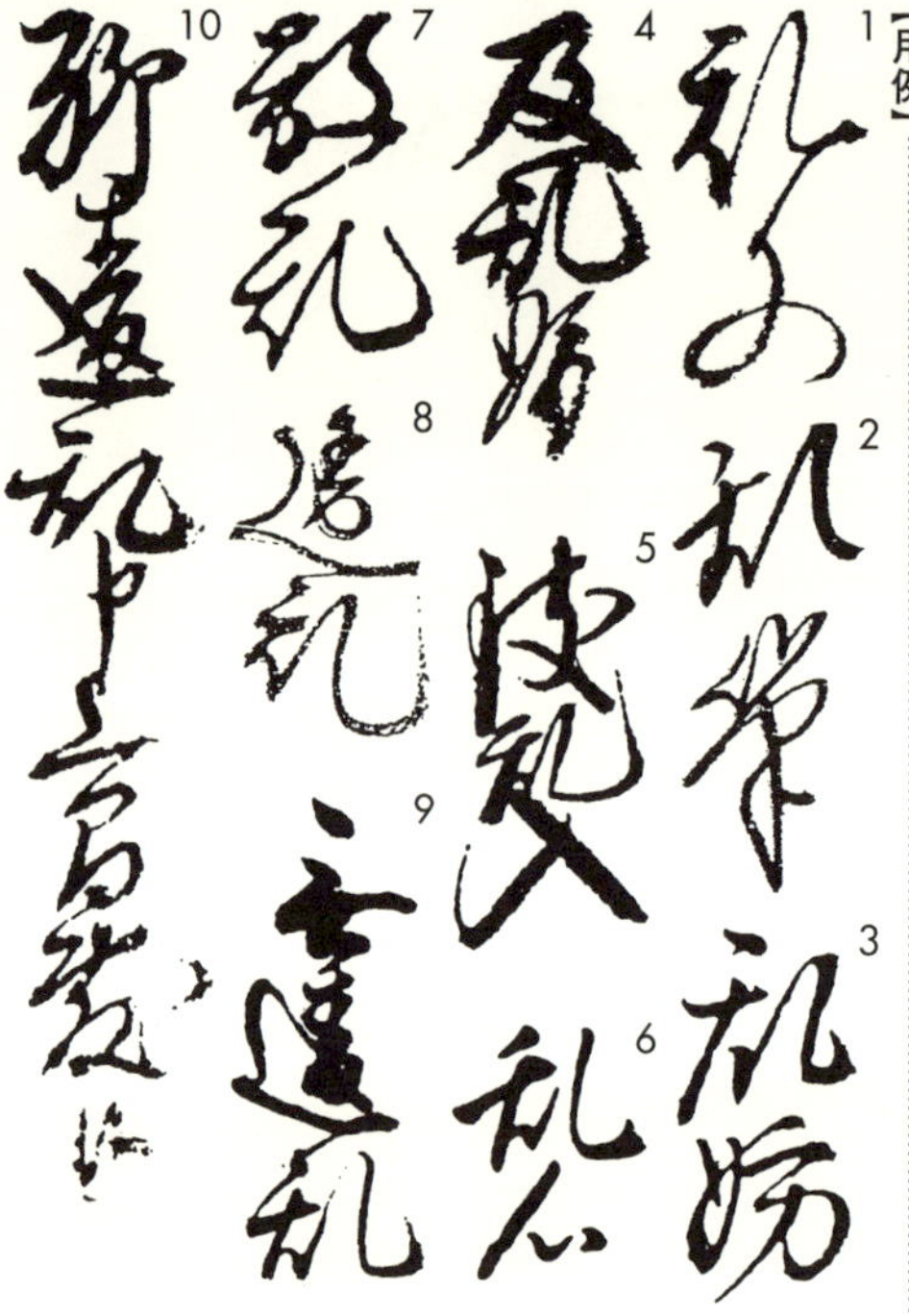

1 乱文《らんぶん》　2 乱筆《らんぴつ》　3 乱妨《らんぼう》　4 及二乱妨一《らんぼうにおよび》　5 致二乱入一《らんにゅういたし》　6 乱心《らんしん》

7 散乱《さんらん》　8 違乱《いらん》　9 無二違乱一《いらんなく》　10 聊違乱申上間敷候《いささかいらんもうしあげまじくそうろう》

207

了

4627

リョウ
おわる

◎「了」は上の横棒が「丷」で書かれることが多いので判読には気を付ける。ここでは「了簡」のくずし様を覚えたい（193頁「簡」参照）。

【用例】

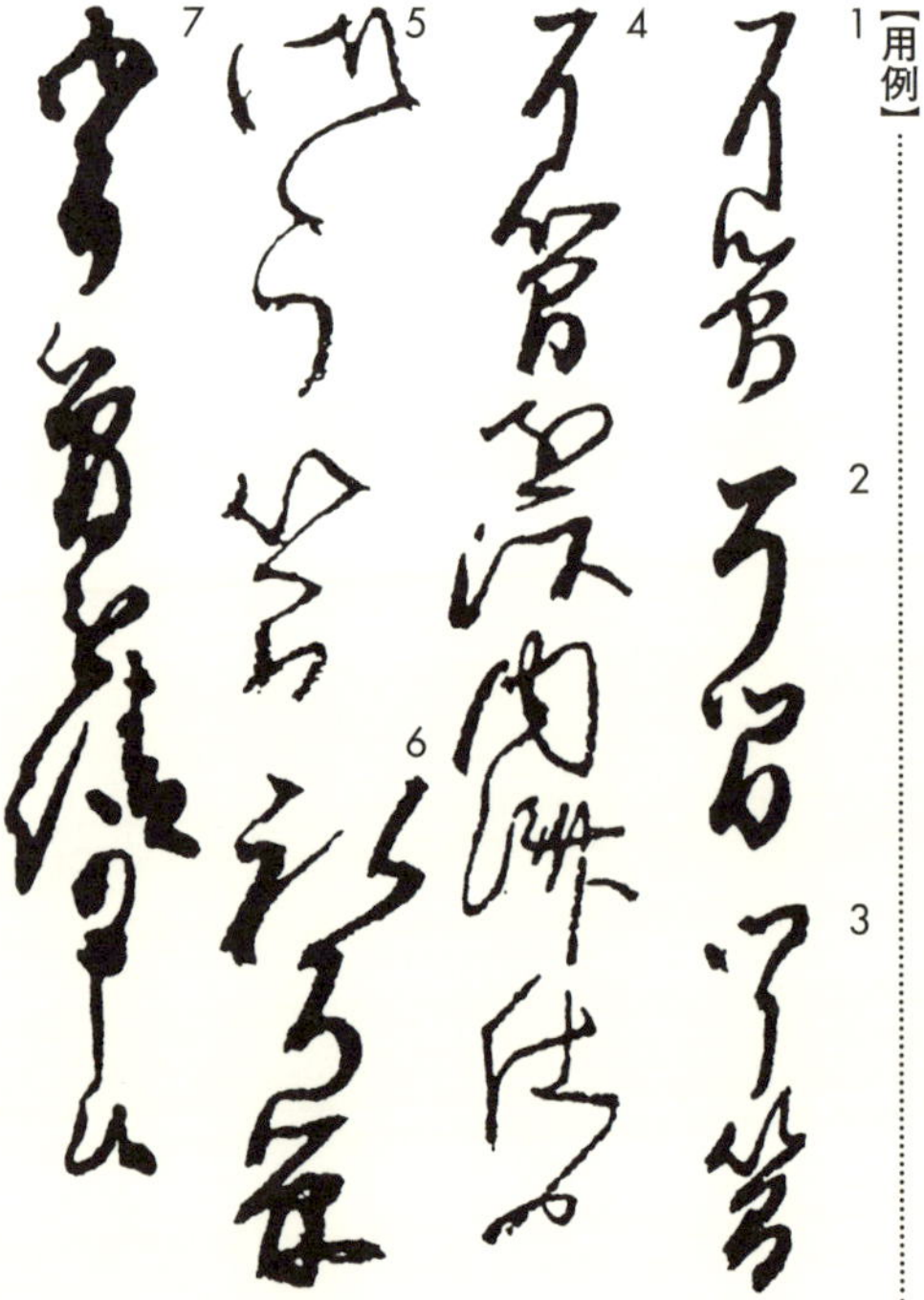

1〜3 了簡《りょうけん》　4 了簡を以内済仕候《りょうけんをもってないさいつかまつりそうろう》

5 御了簡《ごりょうけん》　6 私了簡《わたくしりょうけん》

7 御了簡を請可レ申候《ごりょうけんうけもうすべくそうろう》

208 予(豫)

4529
4814

ヨ
あらかじめ
かねて

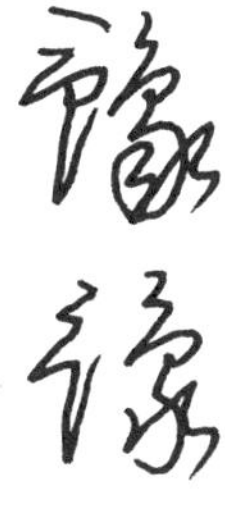

◎旧字「豫」のくずしが基本形となるので、多少くずされていても判読は容易だろう。金銭貸借や年貢関係の文書に「猶豫」が頻出。

【用例】

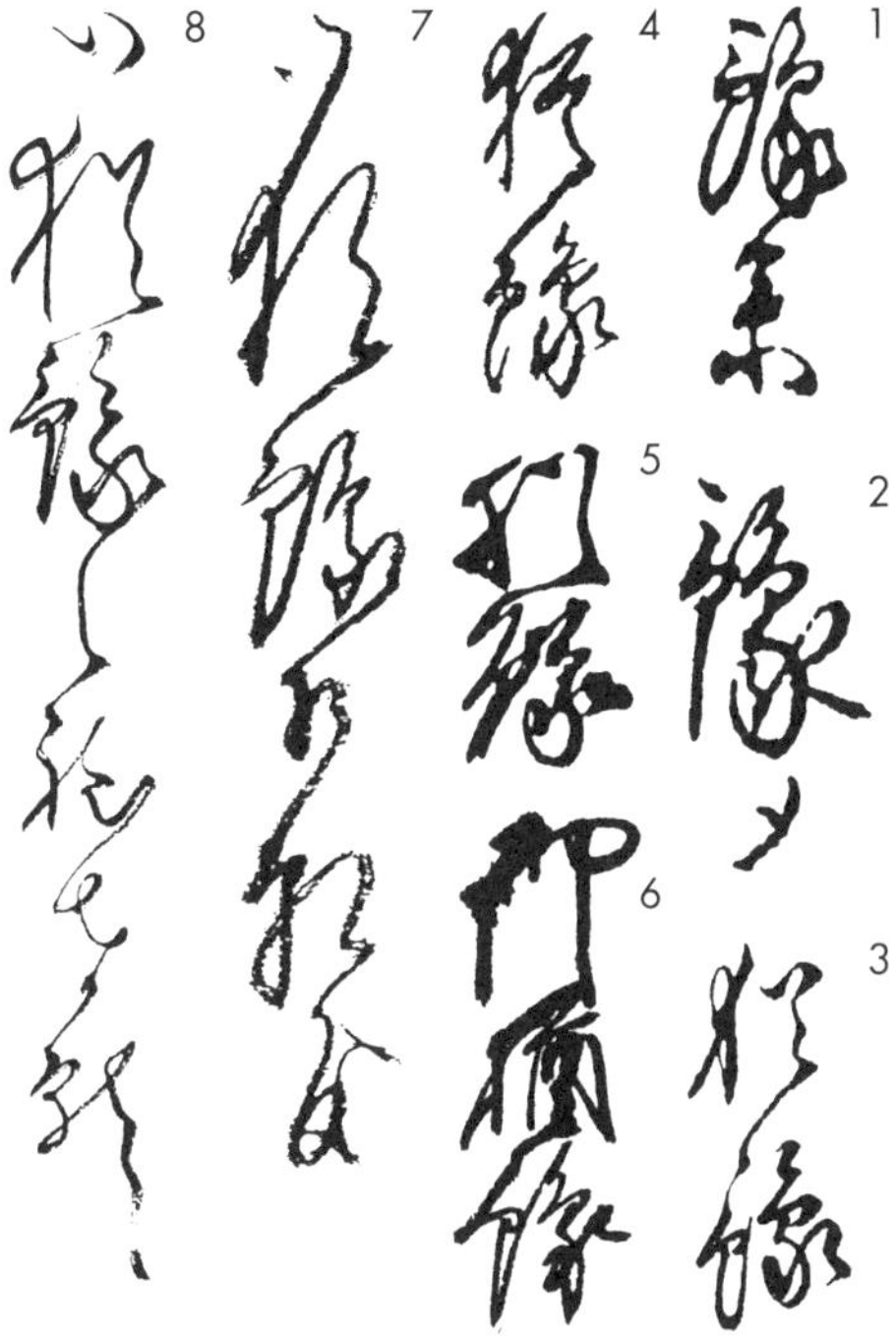

1 豫参《よさん》 2 豫メ《あらかじめ》 3～5 猶豫《ゆうよ》 6 御猶豫《ごゆうよ》 7 御猶豫相願度《ごゆうよあいねがいたく》
8 御猶豫之程奉レ願候《ごゆうよのほどねがいたてまつりそうろう》

209 争(爭)

3372
6407

ソウ
あらそう

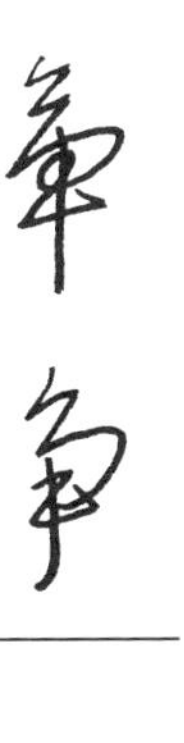

◎くずしが原形をとどめているので判読は容易である。「争論」は出入・訴訟関係の文書に頻出する。「申争」は言い争いの意。

【用例】

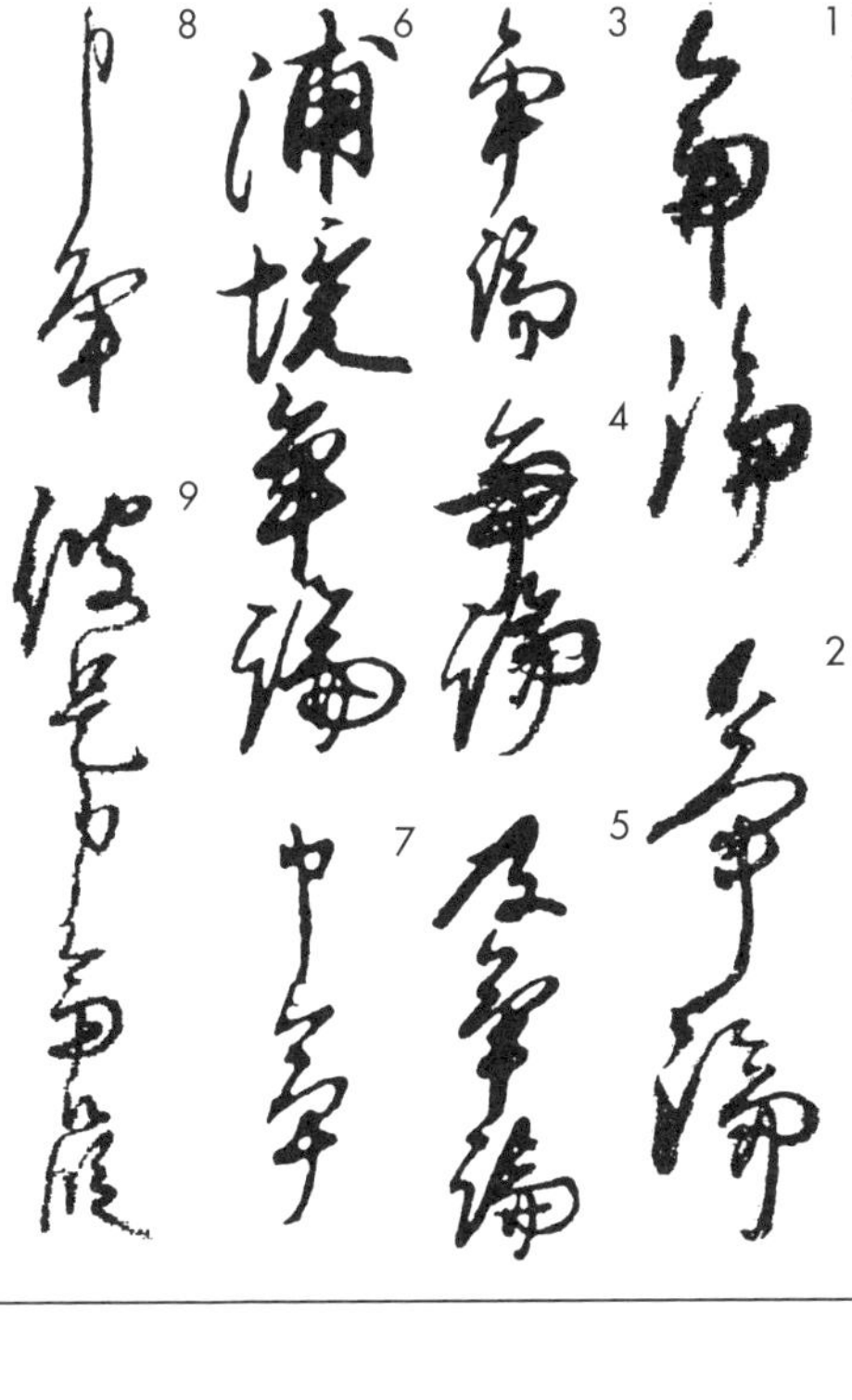

1～4 争論《そうろん》 5 及二争論一《そうろんにおよび》 6 浦境争論《うらざかいそうろん》 7・8 申争《もうしあらそい》
9 彼是申争候段《かれこれもうしあらそいそうろうだん》

210
互
2463
ゴ
たがいに

◎単漢字2番目以降は異体字（異体字一覧参照）だが、これが基本形なので確実に覚えたい。「互ニ～」「相互ニ～」の形で頻出する。

【用例】

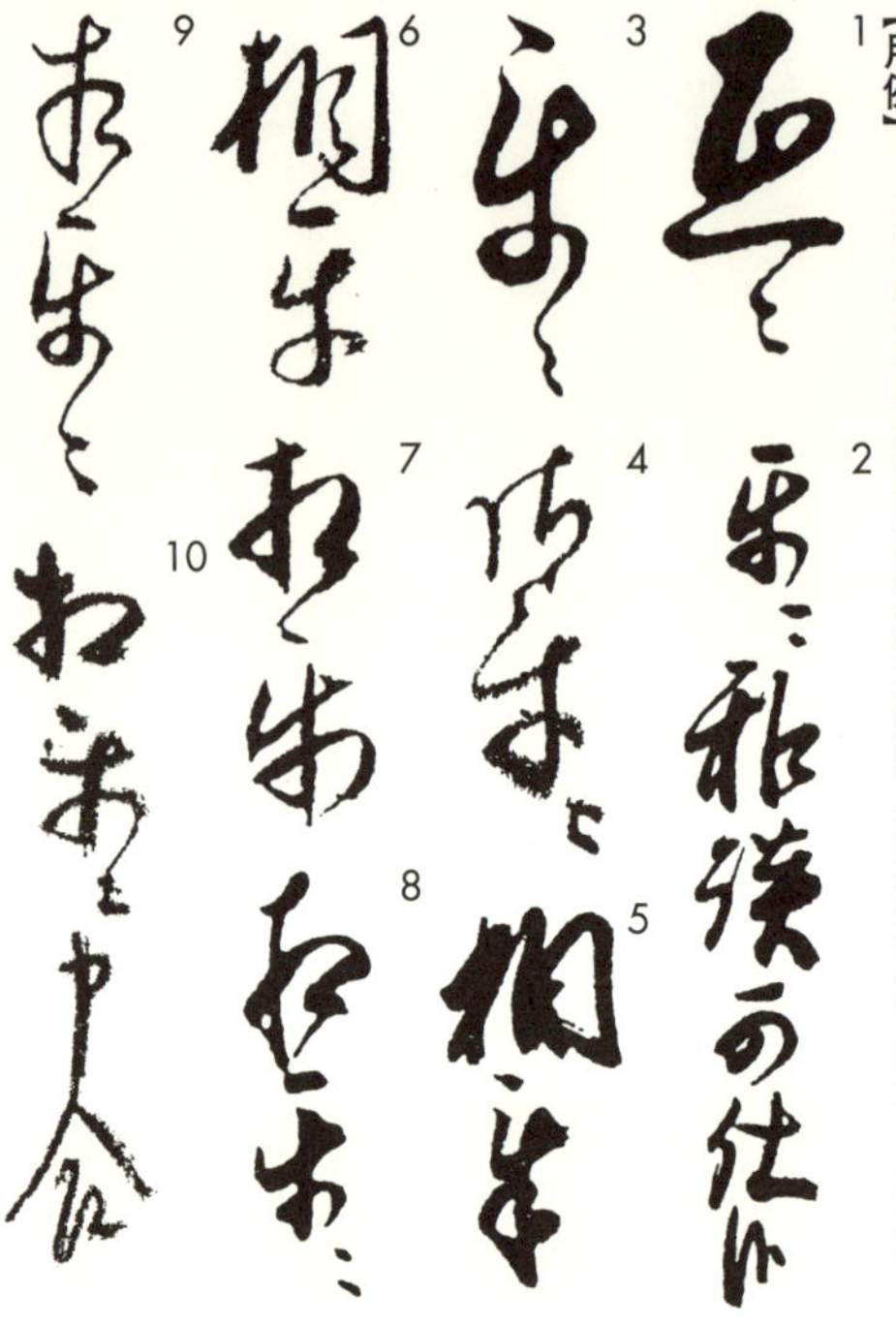

1 互二《たがいに》　2 互二和談可レ仕候《たがいにわだんつかまつるべくそうろう》　3 互二《たがいに》　4 御互二《おたがいに》　5～7 相互《そうご》　8・9 相互二《そうごに》　10 相互二申合《そうごにもうしあわせ》

211
亦
4382
エキ
ヤク
また

◎古文書では「又」と混用されて登場するが意味的な違いはない。「且」「猶（尚）」「是」とのセットでぜひ覚えておきたい重要語である。

【用例】

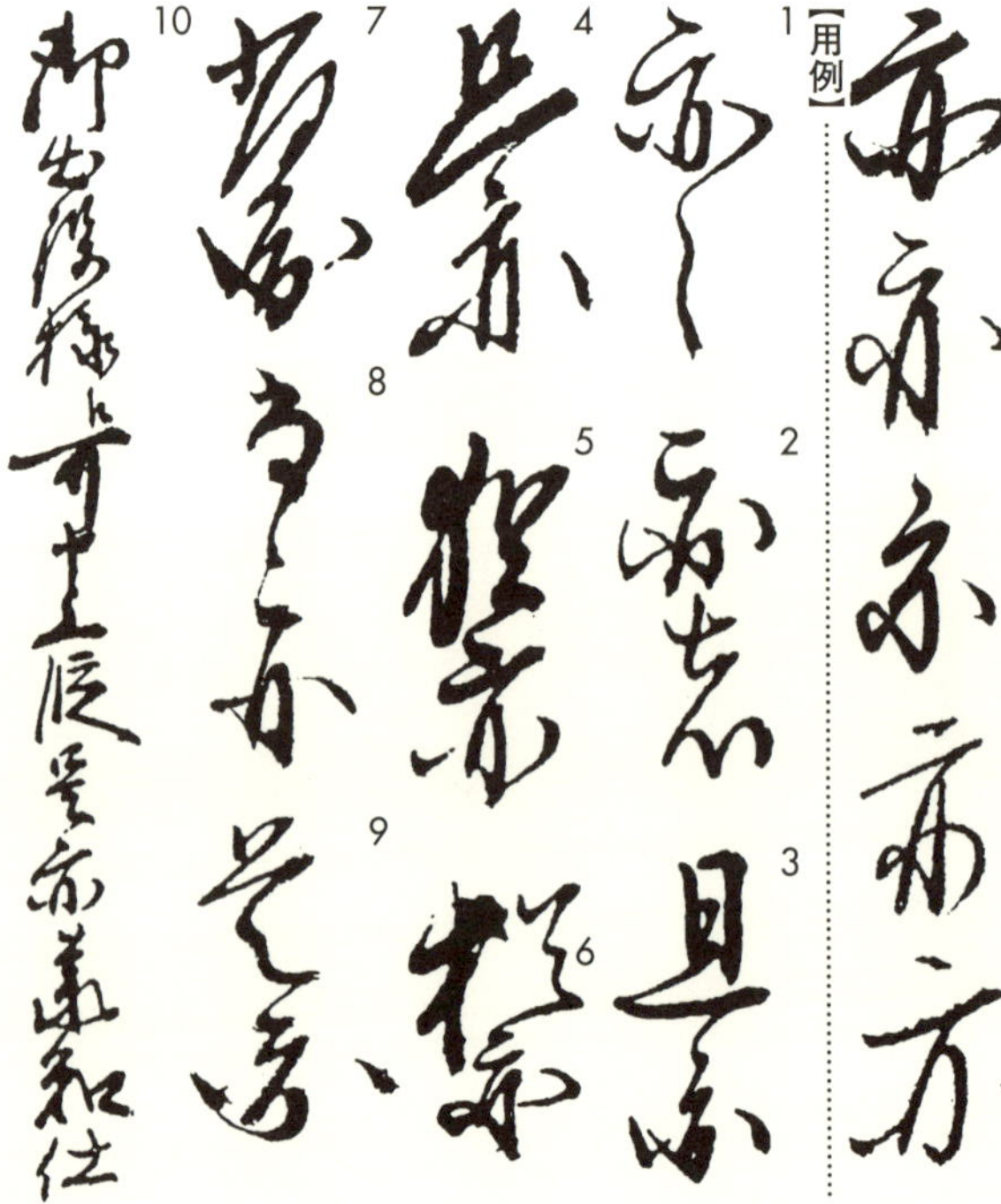

1 亦々《またまた》　2 亦者《または》　3・4 且亦《かつまた》　5・6 猶亦《なおまた》　7・8 尚亦《なおまた》　9 是亦《これまた》　10 御出役様江可ニ申上一段是亦承知仕《ごしゅつやくさまへもうしあぐべきだんこれまたしょうちつかまつり》

212 京 2194

ケイ
キョウ
みやこ

◎「京都」を指す言葉として使用されることに注意。「江戸」の場合は「府」が使用され、「入府」「出府」「帰府」などとなる(92頁「府」参照)。

【用例】

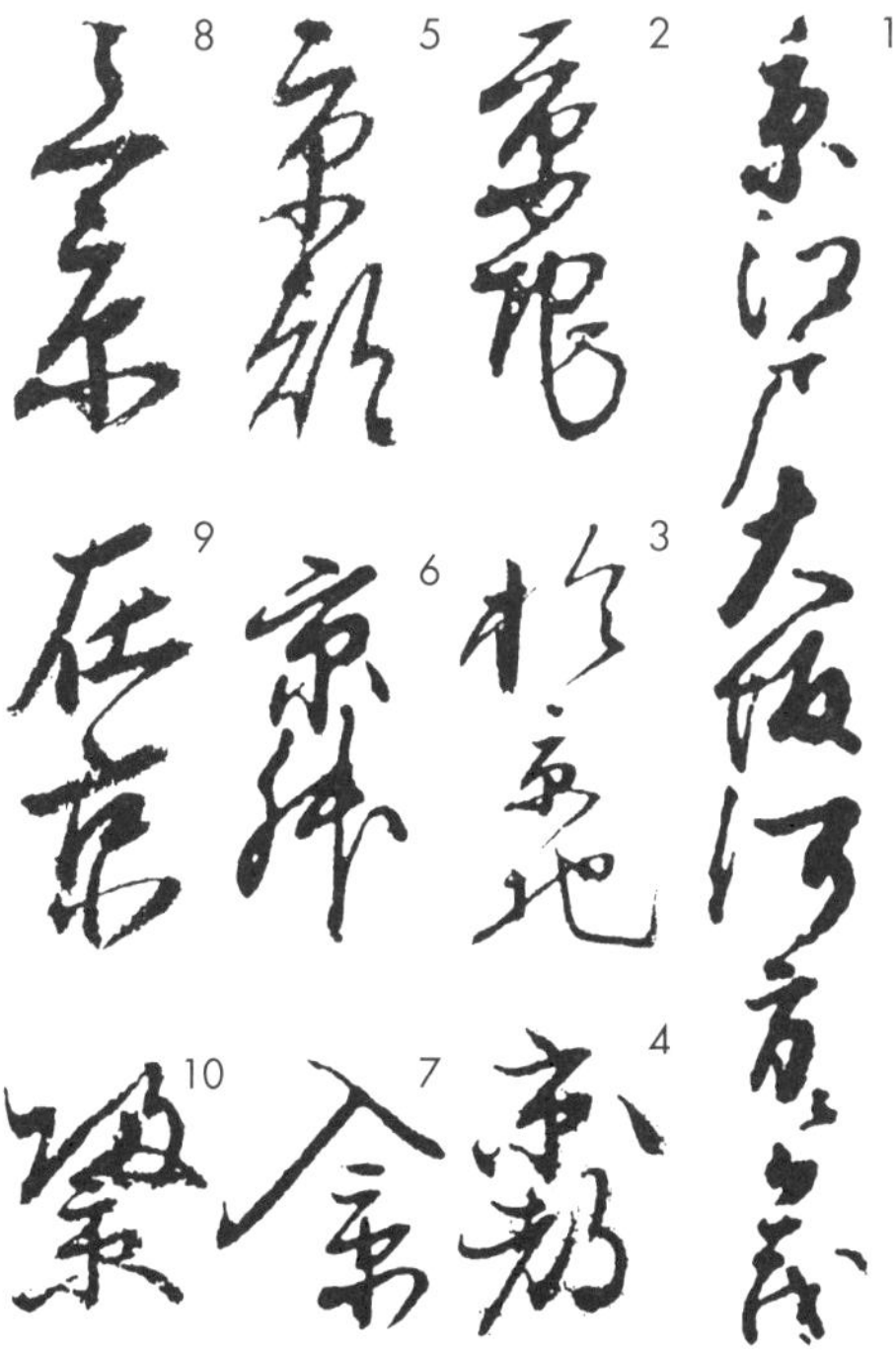

1 京《きょう》・江戸《えど》・大坂《おおさか》何方《いずかた》二《に》而《て》茂《も》
2 京地《きょうち》
3 於二京地一《きょうちにおいて》
4・5 京都《きょうと》
6 京升《きょうます》
7 入京《にゅうきょう》
8 上京《じょうきょう》
9 在京《ざいきょう》
10 帰京《ききょう》

213 他 3430

タ
ほか

◎旁の「也」が13頁「也」のくずしと異なるものがある点に注意したい。ここでは単漢字の2・5番目のくずしを覚えておけば十分だろう。

【用例】

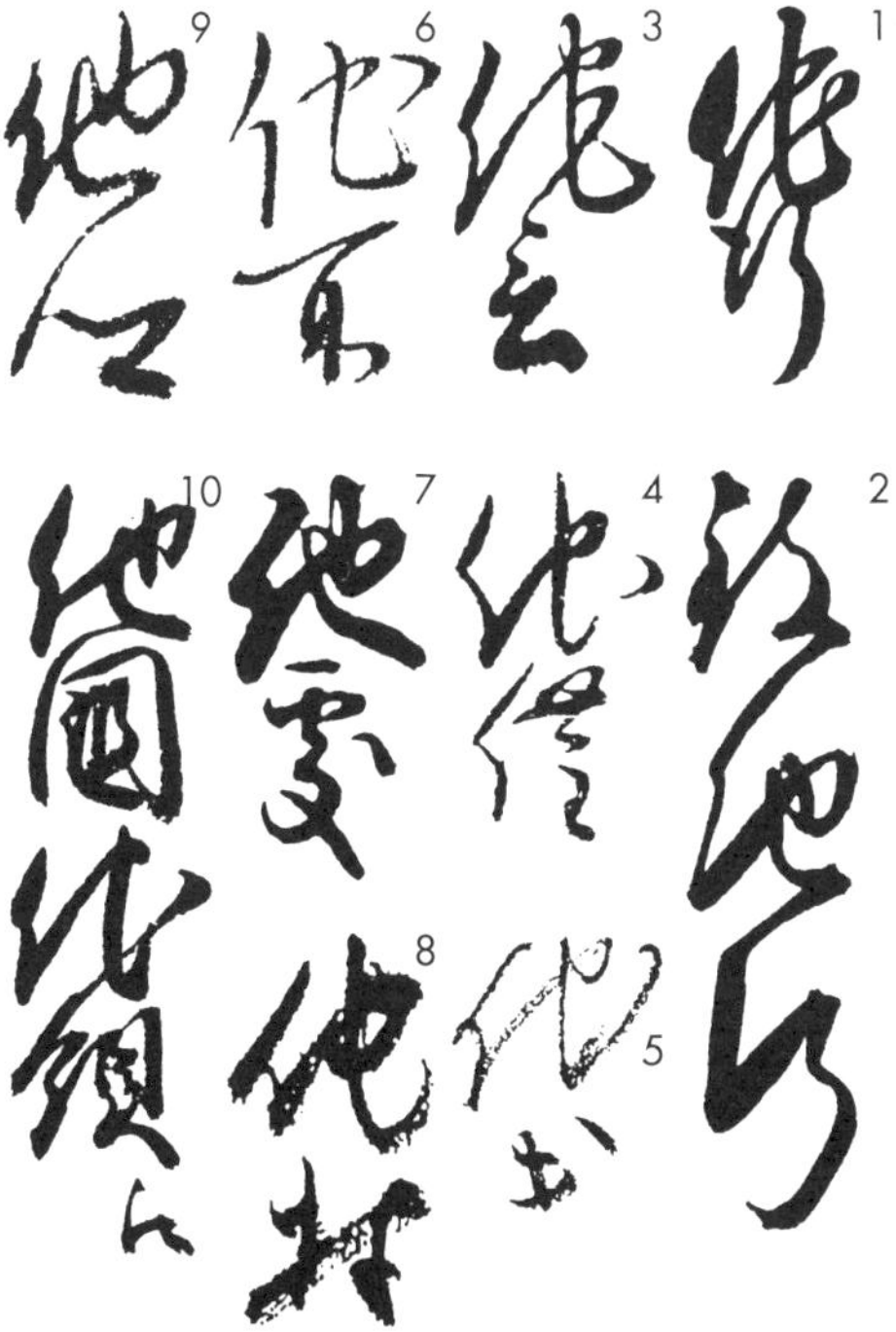

1 他行《たぎょう》
2 致二他行一《たぎょういたし》
3 他言《たごん》
4 他借《たしゃく》
5 他出《たしゅつ》
6 他所《たしょ》《よそ》
7 他處《たしょ》《よそ》
8 他村《たそん》
9 他郷《たごう》
10 他國《たこく》・他領江《たりょうへ》

214 令 4665

レイ・リョウ
しむ
せしむ

◎「令二〜一」（〜せしむ）という形で頻出する重要語。その際のくずしは「𠆢」が「ㄥ」になる単漢字4・5番目の形をとることが多い。

【用例】

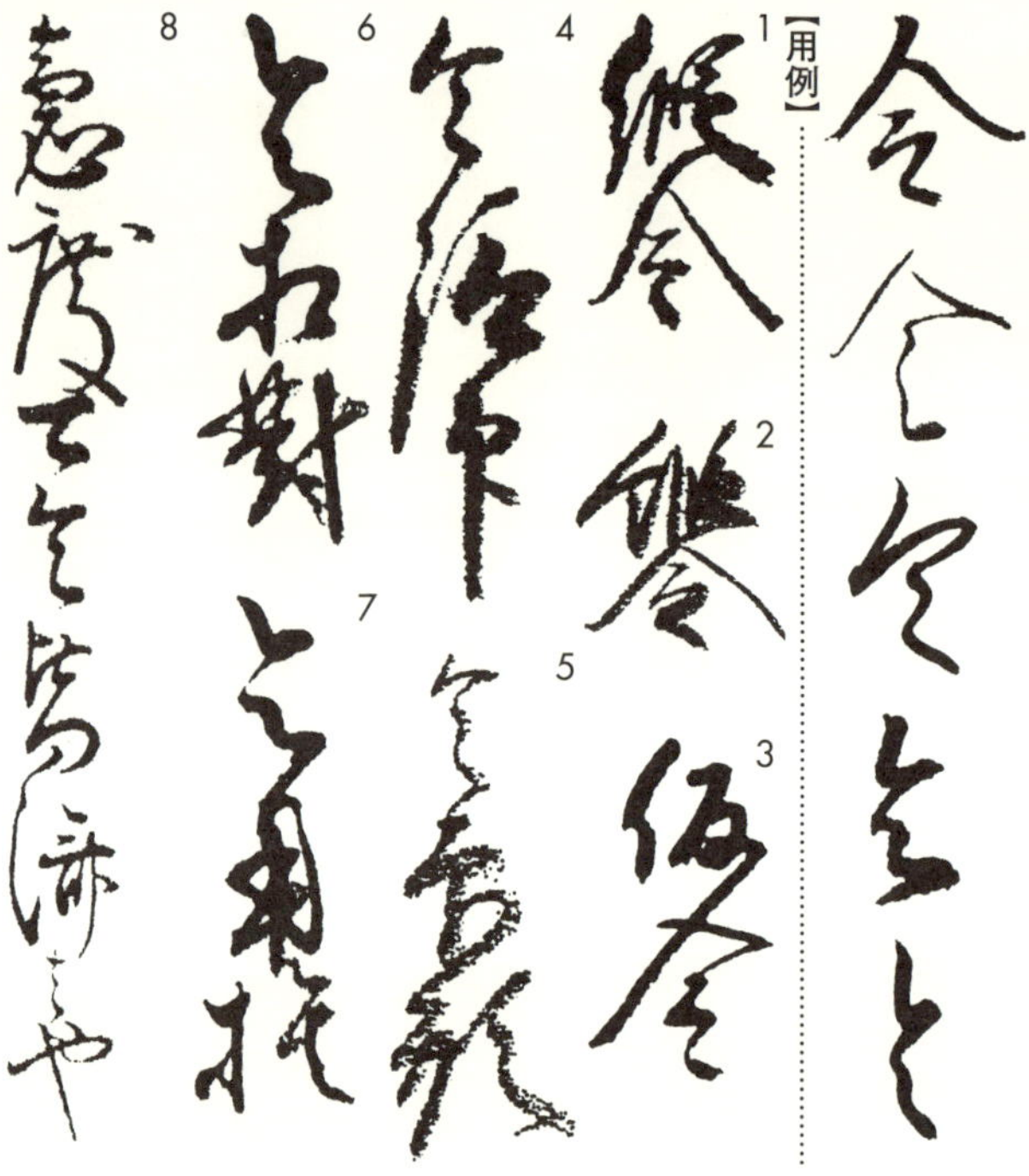

1・2 縦令《たとえ》《たとい》　3 仮令《たとえ》《たとい》　4 令二請印一《うけいんせしめ》　5 令二印形一《いんぎょうせしめ》　6 令二相對一《あいたいせしめ》　7 令二用捨一《ようしゃせしめ》　8 急度可レ令二皆済一者也《きっとかいさいせしむべきものなり》

215 仮(假) 1830 4881

カ
ケ
かり

◎「仮令」（＝「縦令」）は「たとい（え）」と読む点に注意。また旧字「假」の旁が「段」や「数」（129頁）、「縦」（201頁）と同じ形になる。

【用例】

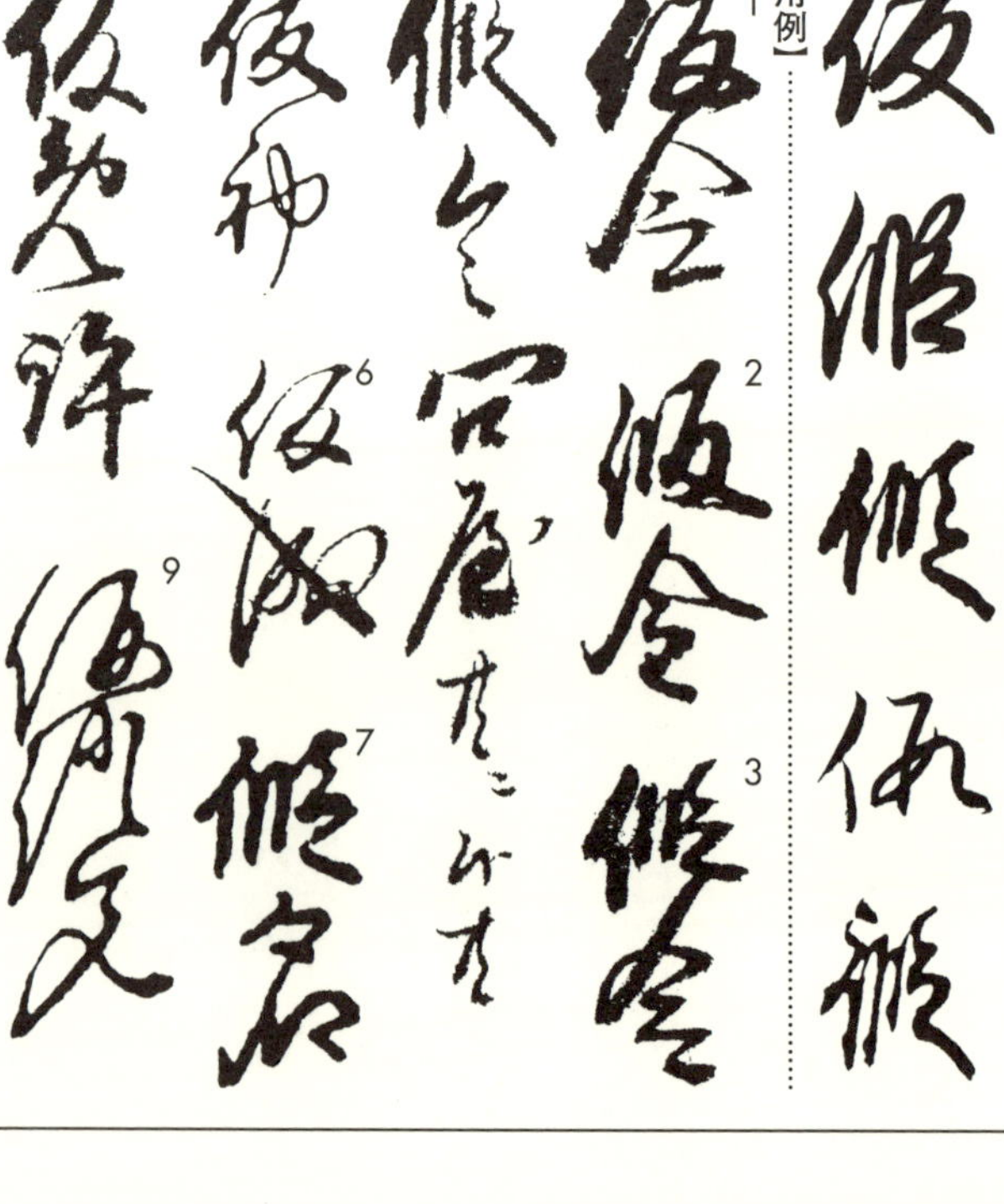

1・2 仮令《たとえ》《たとい》　3 假令《たとえ》《たとい》　4 假令問屋共ニ 候 共《たといといやどもにそうろうとも》　5 仮初《かりそめ》　6 仮成《かなり》（※「可成（也）」の誤用）　7 假名《かな》《けみょう》　8 仮免許《かりめんきょ》　9 仮證文《かりしょうもん》

216

休

2157

キュウ
やすむ

◎原形をとどめたくずしなので判読は容易。右上に「、」が付く異体字のくずしに注意(異体字一覧参照)。「休意」「休慮」は書状に頻出。

【用例】

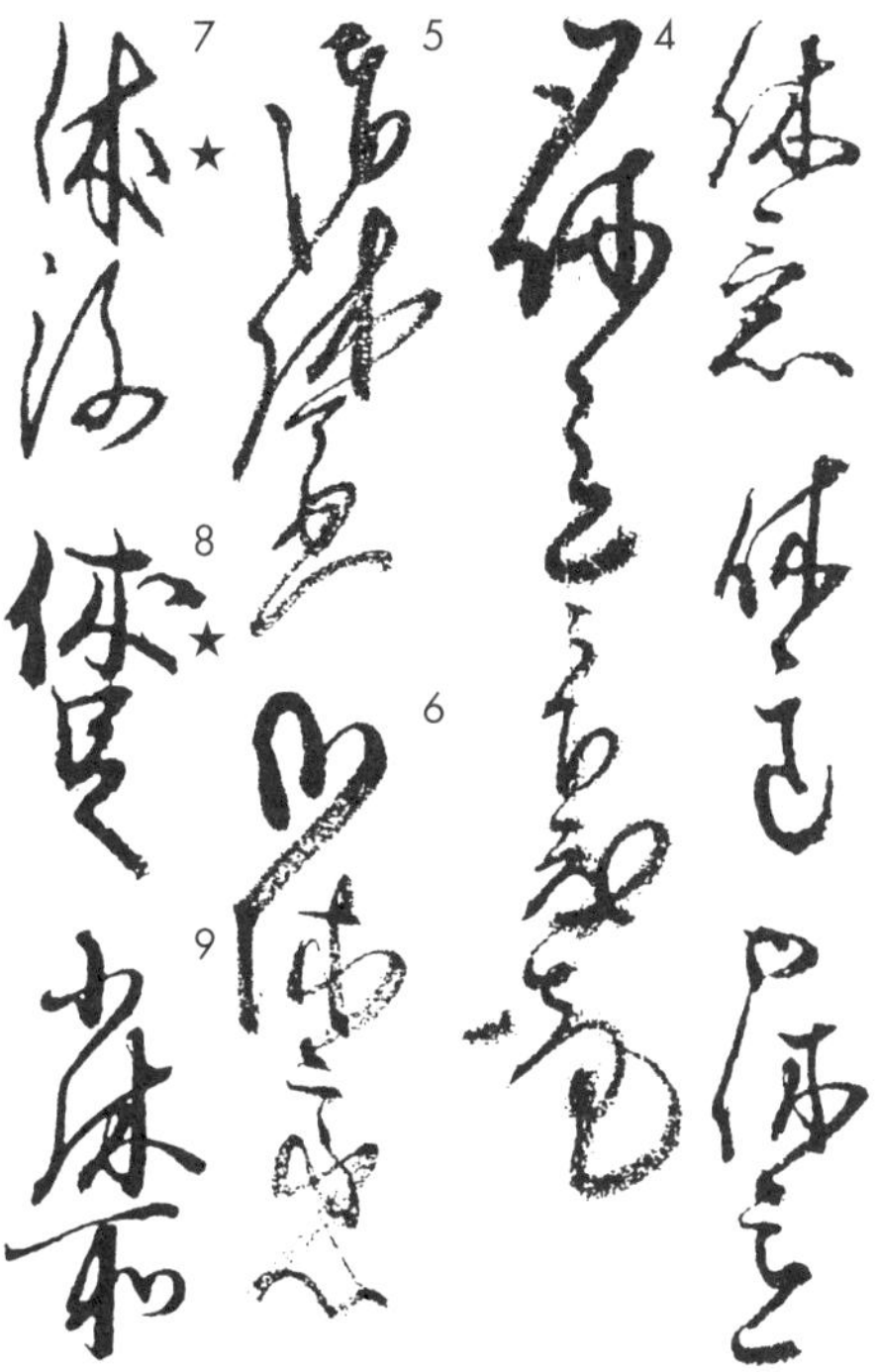

1・2 休意《きゅうい》 3 御休意《ごきゅうい》 4 御休意被レ下度奉レ存候《ごきゅういくだされたくぞんじたてまつりそうろう》
5・6 御休慮《ごきゅうりょ》 7 休役《きゅうやく》 8 休足《きゅうそく》 9 小休所《しょうきゅうしょ》

217

全

3320

ゼン
すべて
まったく

◎くずしは「金」と酷似するが、前後から判断すれば問題ないだろう。「全家」は書状特有の言い回しで、家族皆様の意味。

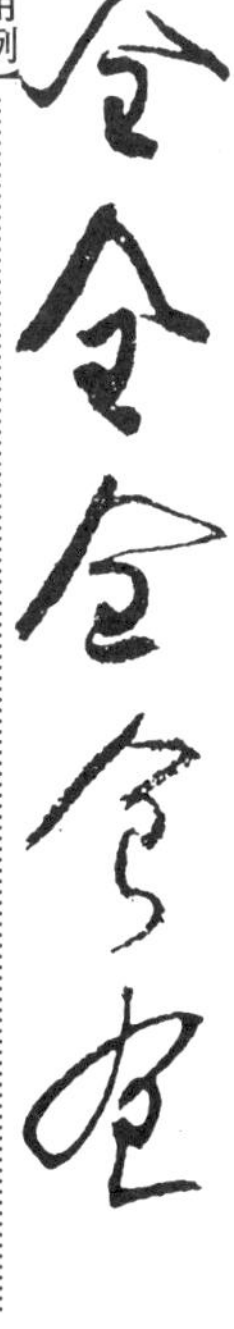

【用例】

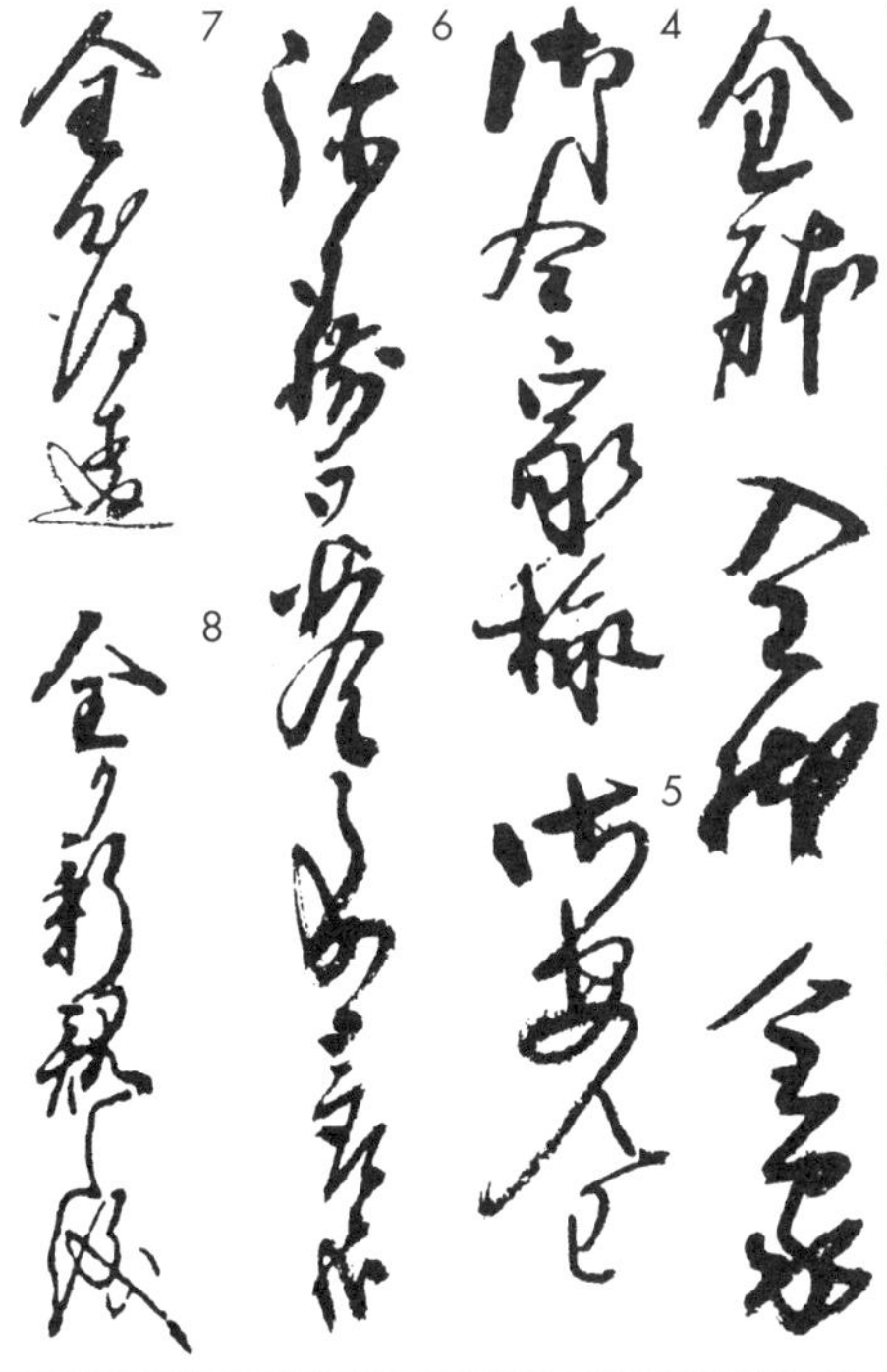

1・2 全躰《ぜんたい》 3 全家《ぜんか》 4 御全家様《ごぜんかさま》 5 御安全《ごあんぜん》
6 弥御揃御安全被レ成二御座一候哉《いよいよおそろいごあんぜんにござなされそうろうや》 7 全心得違《まったくこころえちがい》
8 全ク新規之儀《まったくしんきのぎ》

218 伝(傳)

3733
4903

テン
デン
つたえる

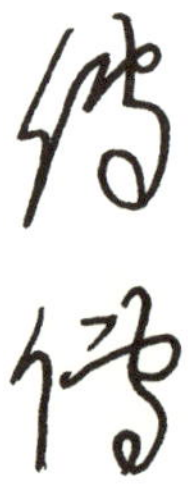

◎旁が「専」(82頁)と同形となる旧字「傳」のくずしが基本形であり、「伝」のものはほとんど見られない。「傳馬」が頻出する重要語。

【用例】

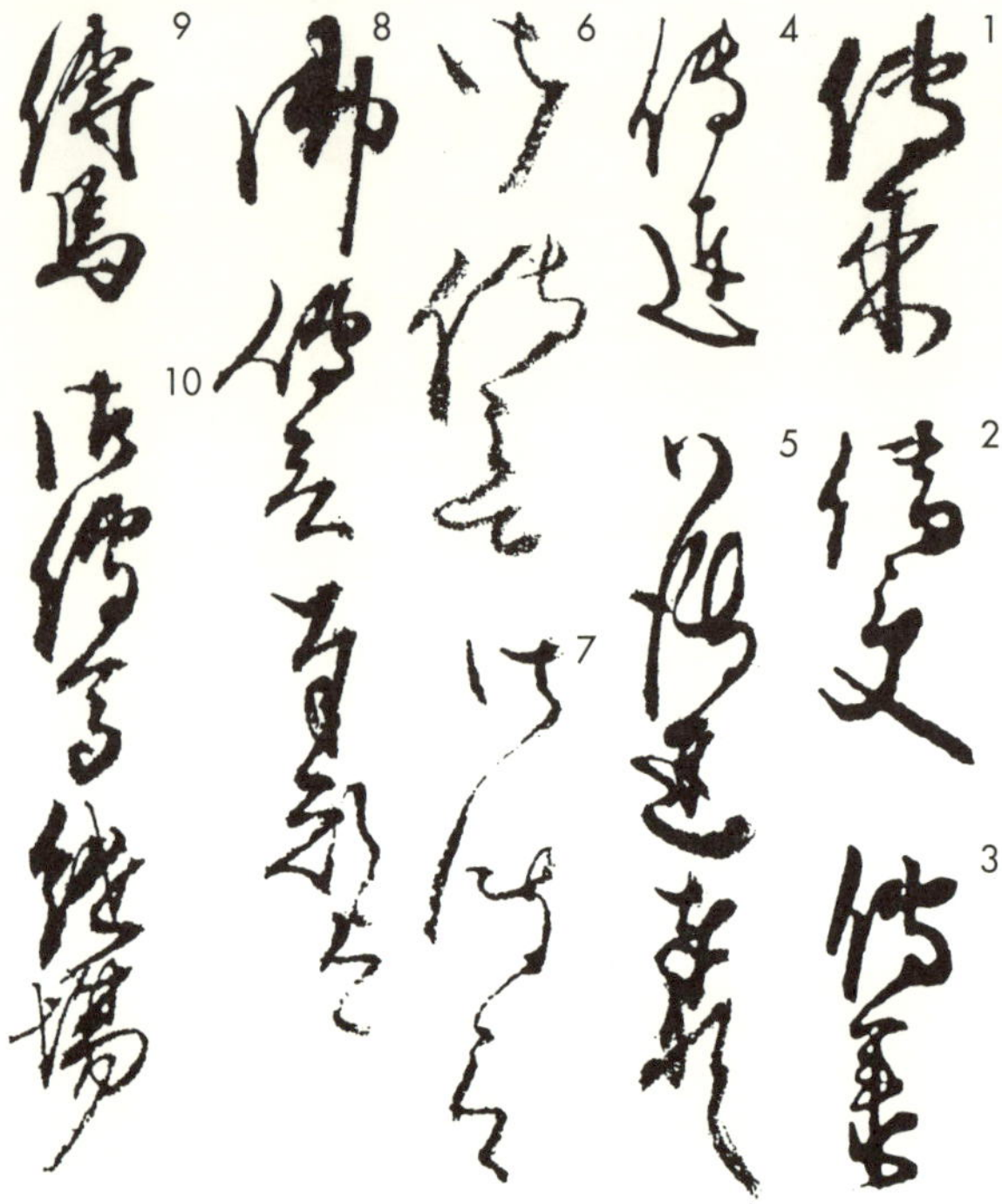

1 傳来《でんらい》 2 傳受《つたえうく》 3 傳承《つたえうく・でんしょう》 4 傳達《でんたつ》 5 御傳達奉レ願候《ごでんたつねがいたてまつりそうろう》 6・7 御傳言《ごでんごん》 8 御傳言奉二願上一候《ごでんごんねがいあげたてまつりそうろう》 9 傳馬《てんま》 10 御傳馬継場《おてんまつぎば》

11・12 傳馬《てんま》 13 御傳馬《おてんま》 14 御傳馬役《おてんまやく》 15 御傳馬宿入用《おてんましゅくにゅうよう》 16 口傳《くでん》

17 承傳《うけつたえ》 18 手傳《てつだい》 19 御手傳御大名《おてつだいおだいみょう》 20 申傳《もうしつたう》 21 相傳《あいつたう》

22 御傳可レ被レ下候《おつたえくださるべくそうろう》

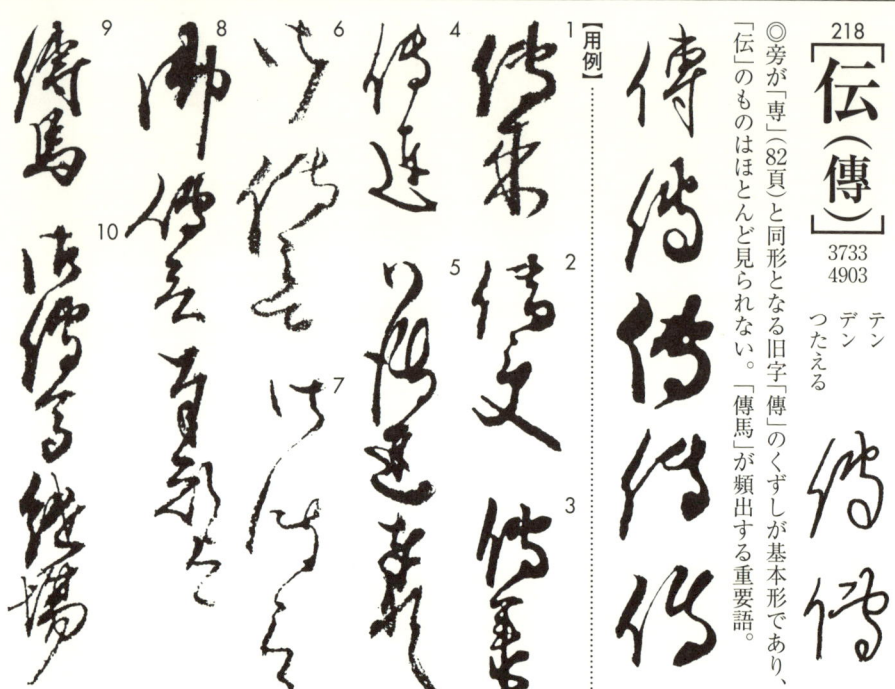

219
任
3904
ニン
ジン
まかせる

◎旁が「王」と同じくずしになる（19頁「全」参照）点に注意。「任二〜一」（〜にまかせ）の形で頻出し、「任二其意一」は特に重要である。

【用例】

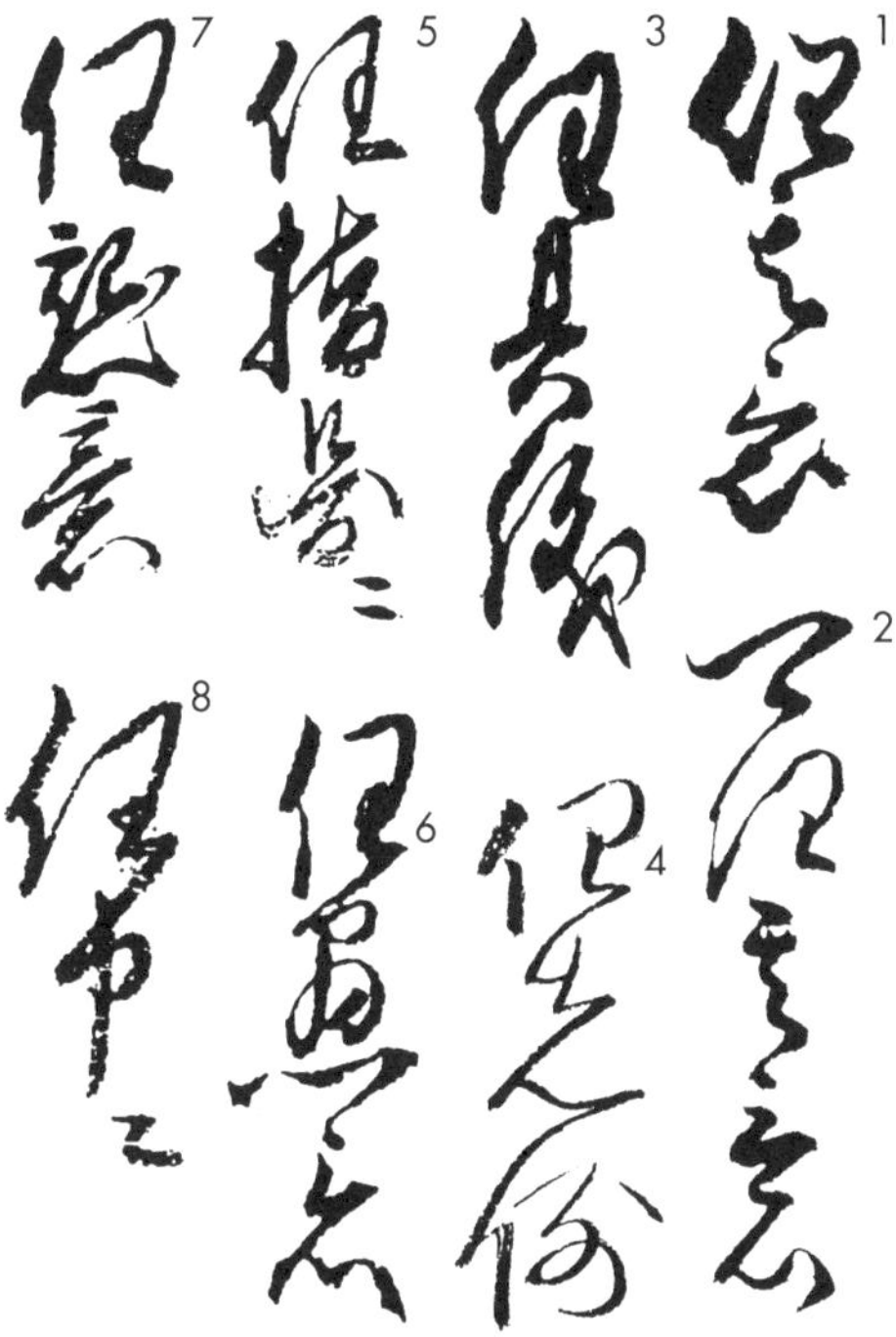

1 任二其意一《そのいにまかせ》
2 可レ任二其意一《そのいにまかすべく》
3 任二其儀一《そのぎにまかせ》
4 任二先例一《せんれいにまかせ》
5 任二指圖二一《さしずにまかせ》
6 任二愚意一《ぐいにまかせ》
7 任二懇意一《こんいにまかせ》
8 任二申二一《もうすにまかせ》

220
作
2678
サク
サ
つくる

◎特徴的な「乍」のくずしが判読できれば問題ないだろう。用例は基本的に田畑に関するものが多いが、「作法」や「家作」も頻出する。

【用例】

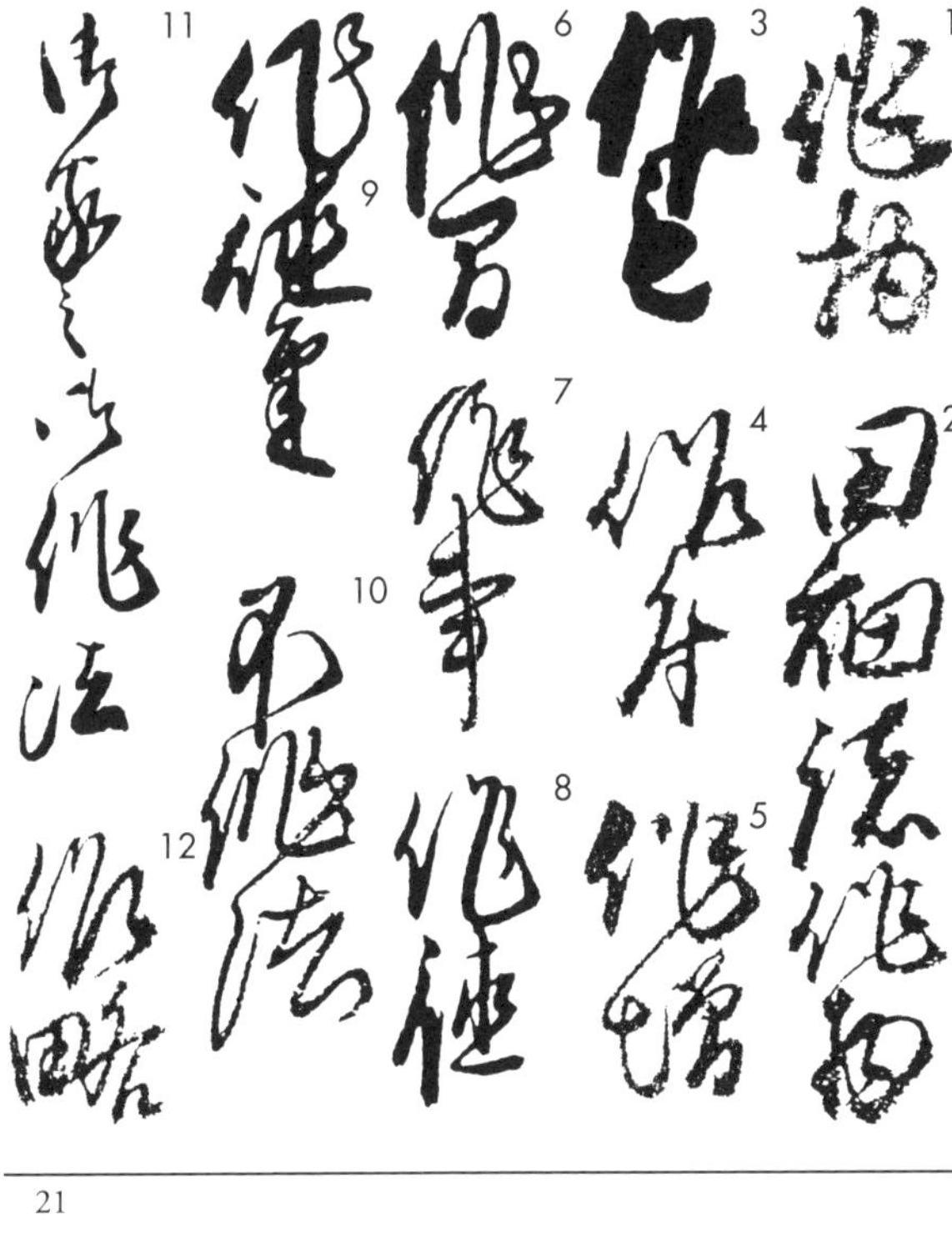

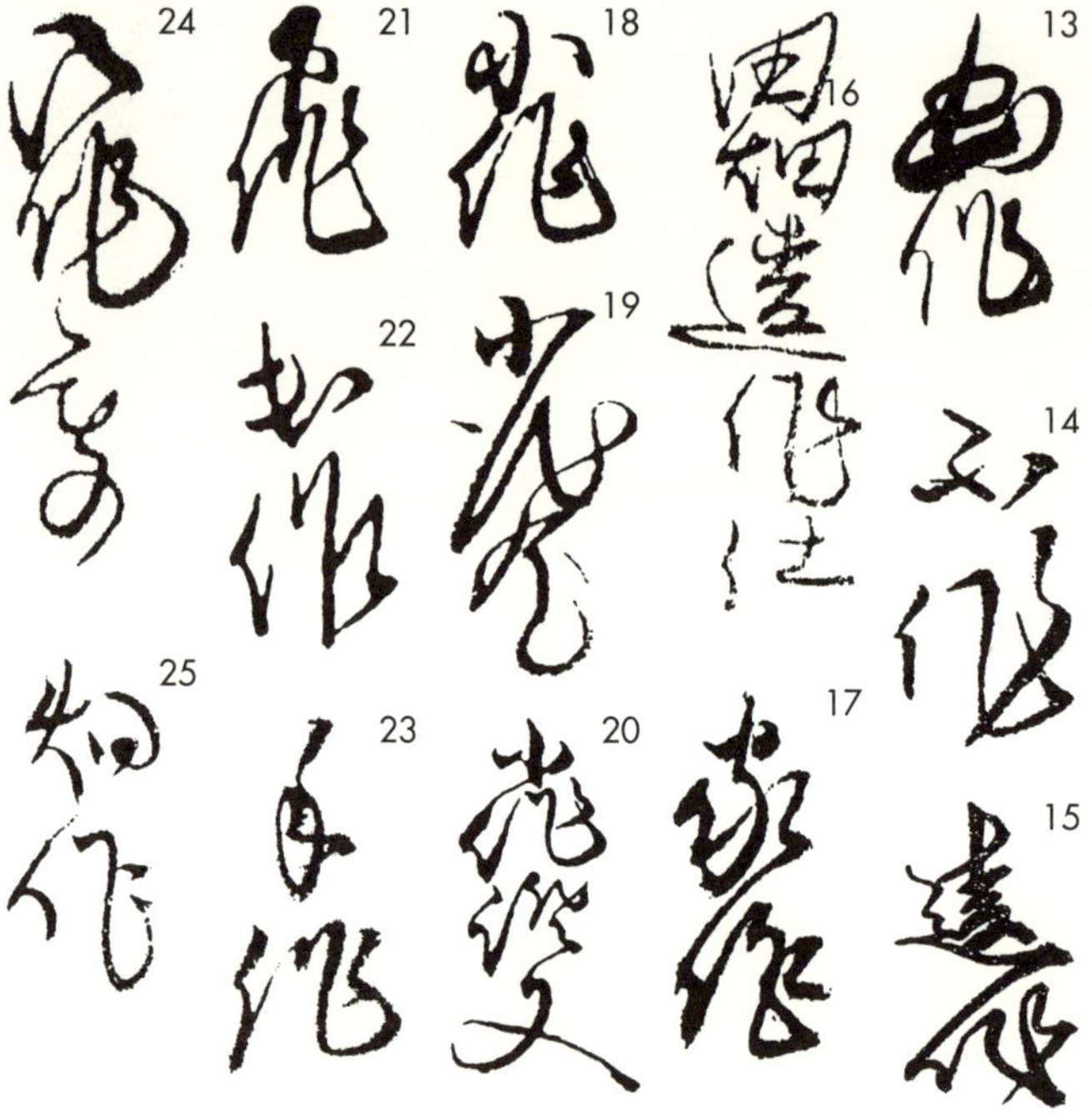

1 作物《さくもつ》 2 田畑諸作物《でんばた たはたしょさくもつ》 3 作毛《さくげ さくもう》 4 作付《さくつけ》 5 作増《さくまし》 6 作間《さくま》
7 作事《さくじ》 8 作徳《さくとく》 9 作徳金《さくとくきん》 10 不作法《ぶさほう》 11 御家之御作法《おいえのごさほう》 12 作略《さくりゃく さりゃく》
13 凶作《きょうさく》 14 不作《ふさく》 15 違作《いさく》 16 田畑違作仕《たはたいさくつかまつり》 17 家作《かさく》 18 小作《こさく》
19 小作金《こさくきん》 20 小作證文《こさくしょうもん》 21 下作《したさく》 22 出作《でさく》 23 手作《てづくり》 24 入作之もの《いりさくの》
25 畑作《はたさく》

221 伺

2739 シ うかがう

◎旁の「司」の中がはっきりと書かれることは少なく、多くが単漢字の3番目および5番目の形になる。「御伺」「相伺」を覚えたい。

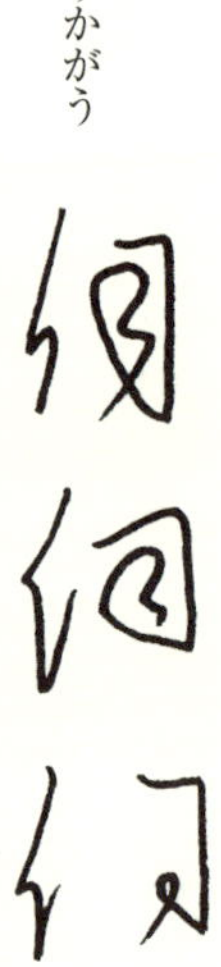

【用例】

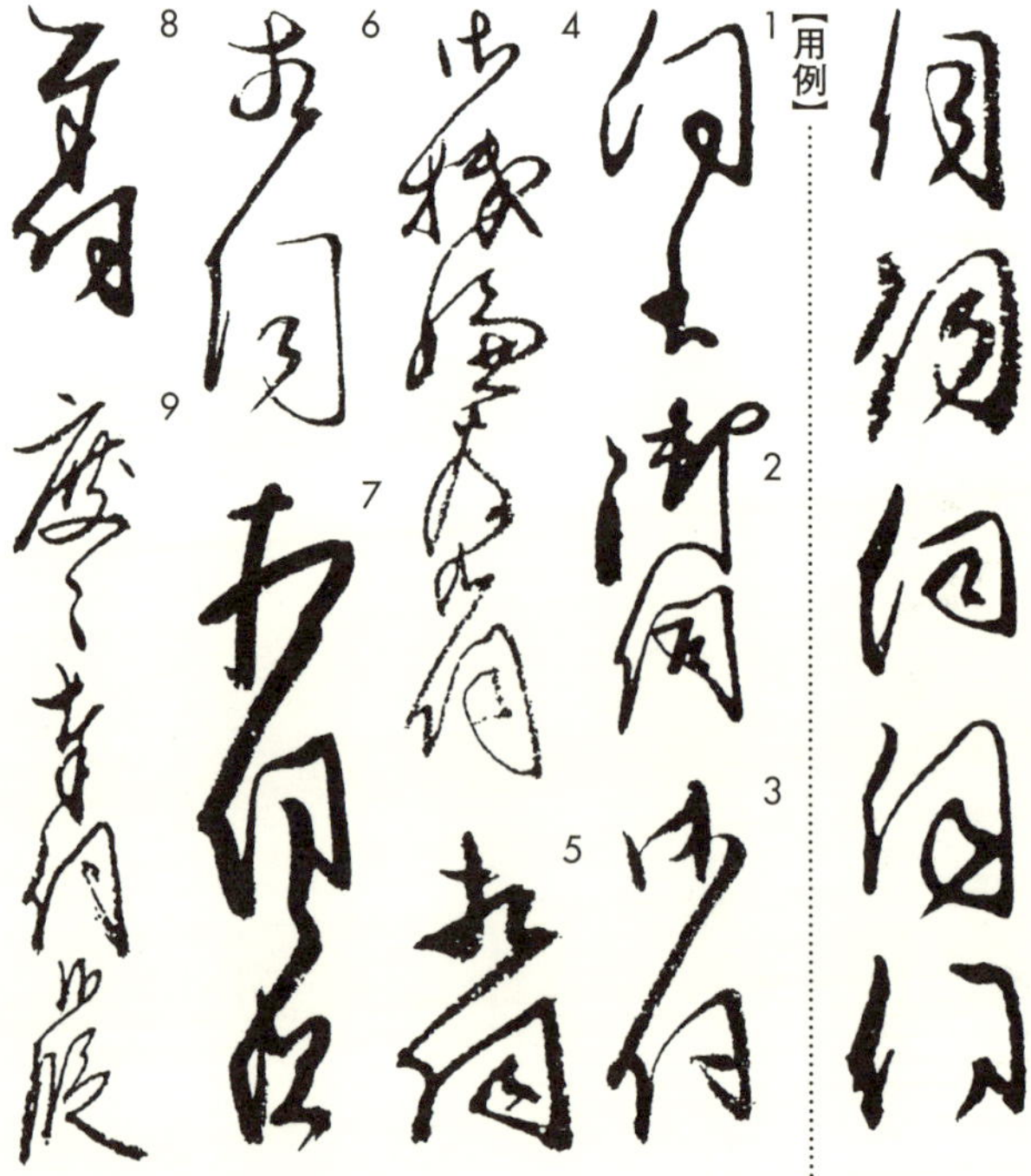

1 伺書《うかがいしょ うかがいがき》 2・3 御伺《おうかがい》 4 御機嫌為二御伺一《ごきげんおうかがいとして》 5・6 相伺《あいうかがう》
7 相伺候様《あいうかがいそうろうよう》 8 奉レ伺《うかがいたてまつる》 9 度々奉レ伺候段《たびたびうかがいたてまつりそうろうだん》

222 【住】 2927

ジュウ
すむ
すまい

◎「主」のくずしが判読できればすぐに「住」と判るだろう。なお用例4・5・7～10の「住」は「住職」「僧侶」を指している点に注意したい。

【用例】

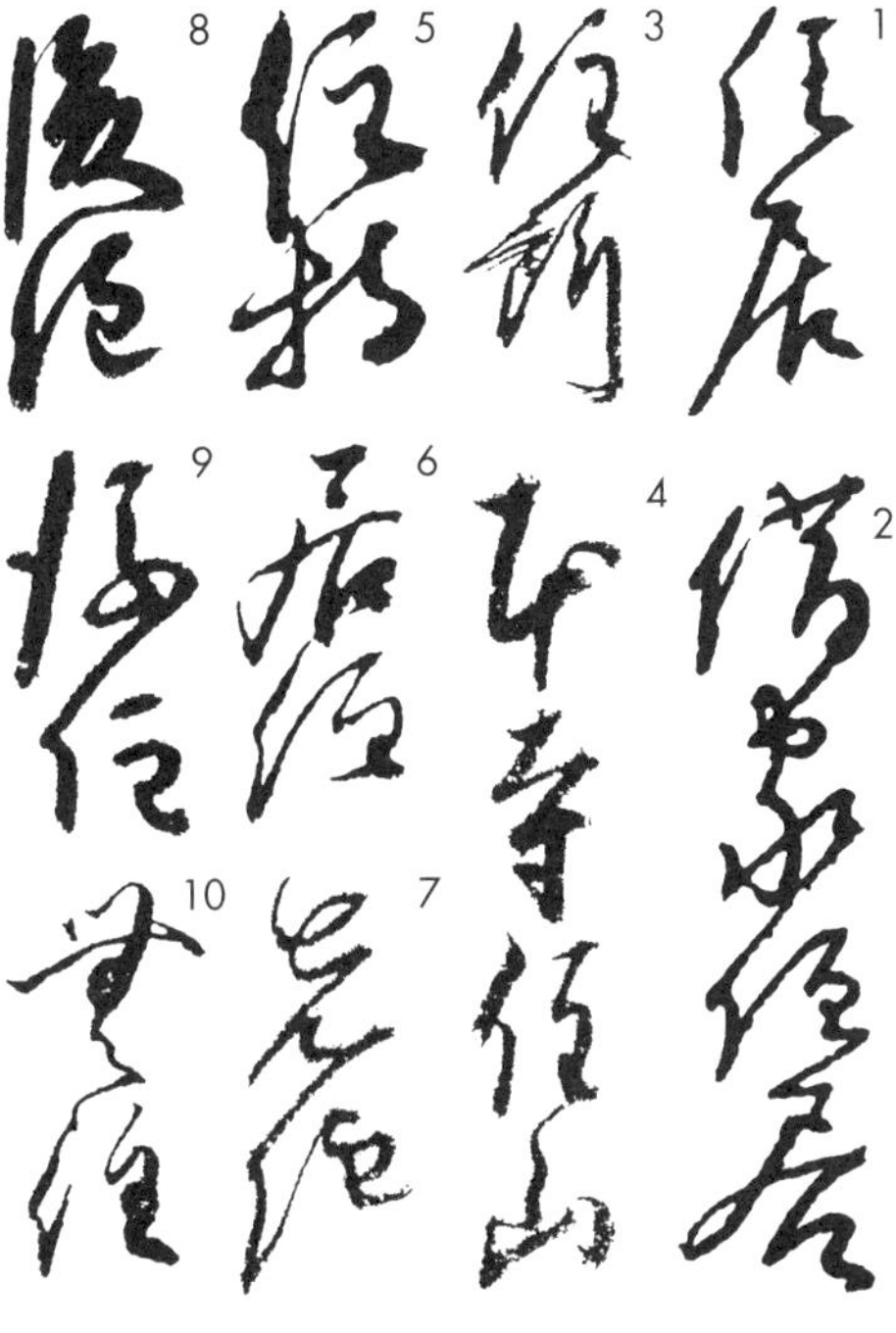

1 住居《じゅうきょ》　2 借家《かりいえ》住居《しゃくやじゅうきょ》　3 住所《じゅうしょ》　4 本寺住山《ほんじじゅうざん》　5 住持《じゅうじ》　6 居住《きょじゅう》　7 先住《せんじゅう》　8・9 後住《ごじゅう》　10 無住《むじゅう》

223 【体(體)】 3446 8183

タイ
テイ
からだ

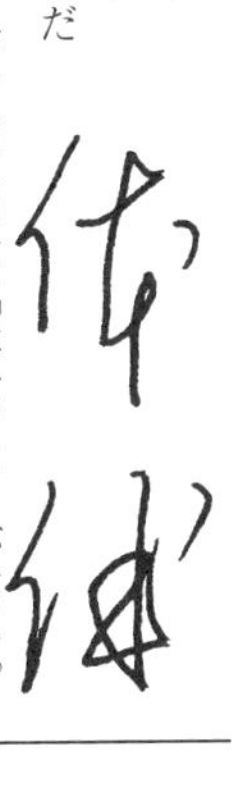

◎異体字「躰」(237頁)と混用されるが、頻出度は「躰」のほうが高い。145頁「本」のくずしを覚えておけば判読は容易。「右体」が頻出する。

【用例】

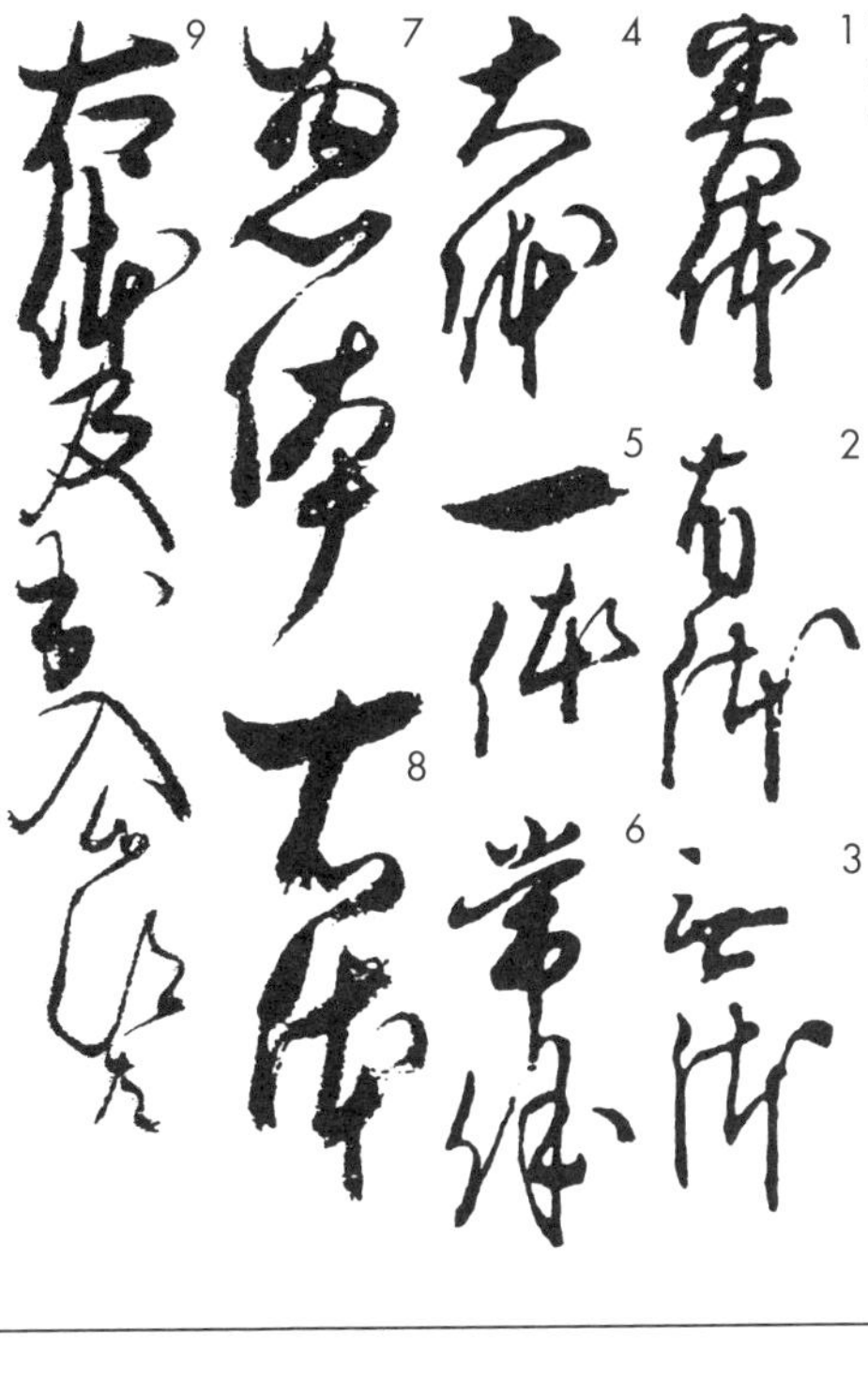

1 実体《じってい》　2 有体《ありてい》　3 無体《むたい》　4 大体《だいたい》　5 一体《いってい》《いったい》　6 常体《じょうたい》　7 物体《そうたい》　8 右体《みぎてい》　9 右体及二出入一候得共《みぎていでいりにおよびそうらえども》

224 但

3502

タン ただし

◎「但」は本文の左脇や下に本文より小さく書かれ、「但～」「但し(シ)～」という但書きの形で頻出する。旁は134頁「旦」を参照されたい。

【用例】

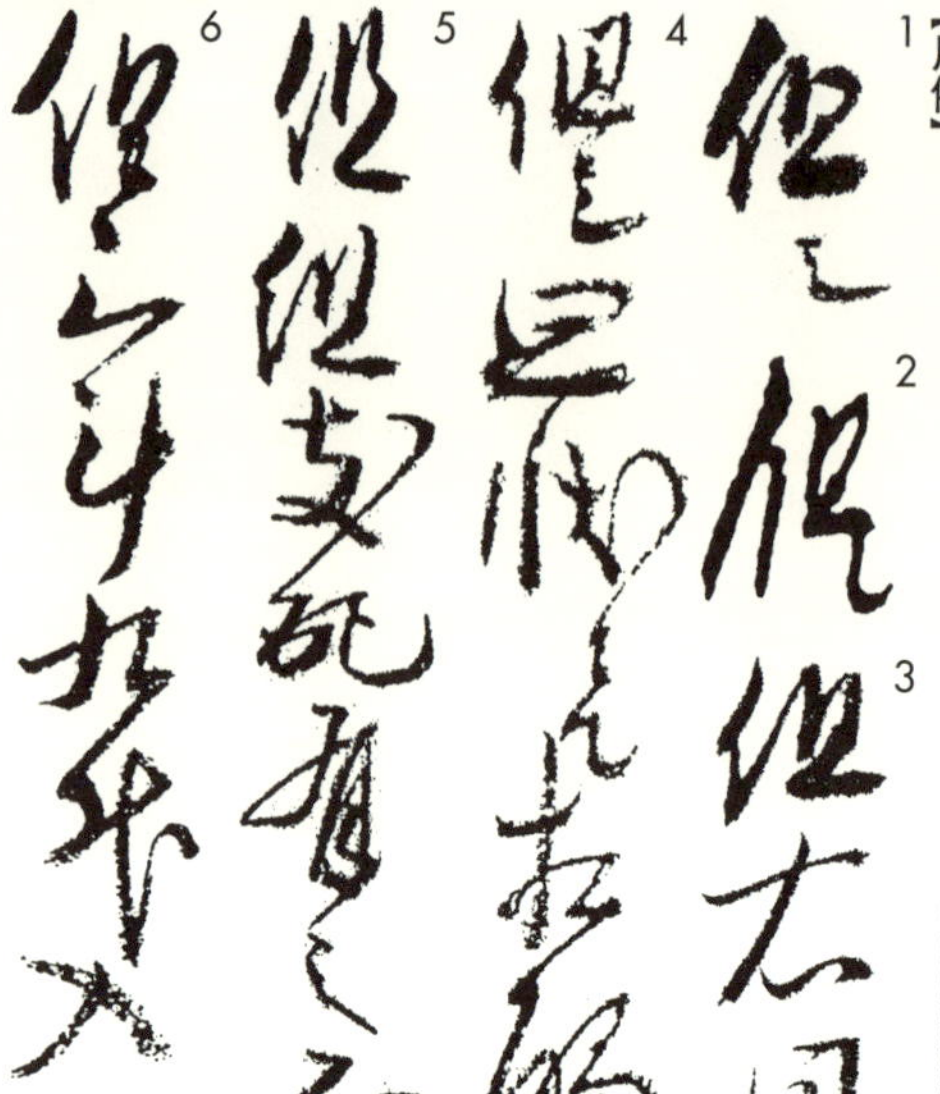

1 但シ《ただし》　2 但《ただ》し　3 但右同断《ただしみぎどうだん》　4 但シ《ただし》廻状《かいじょう》ニ《に》て 相觸候《あいふれそうろう》

5 但《ただし》組《くみ》支配《しはい》有レ之《これある》面々《めんめん》　6 但《ただし》三斗《さんと》九升《きゅうしょう》入《いり》

225 余(餘)

4530
8117

ヨ あまり あまる

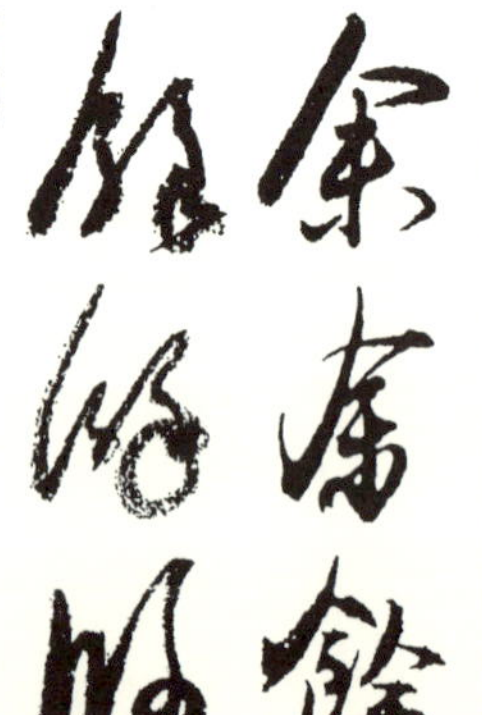

◎旧字「餘」の旁の「余」が「手」や「年」のようになる単漢字5番目以降を確実に覚えたい。「無ニ余(餘)儀一」「余(餘)程」は頻出する。

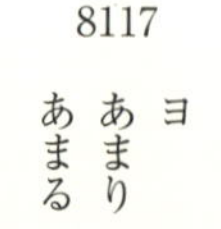

【用例】

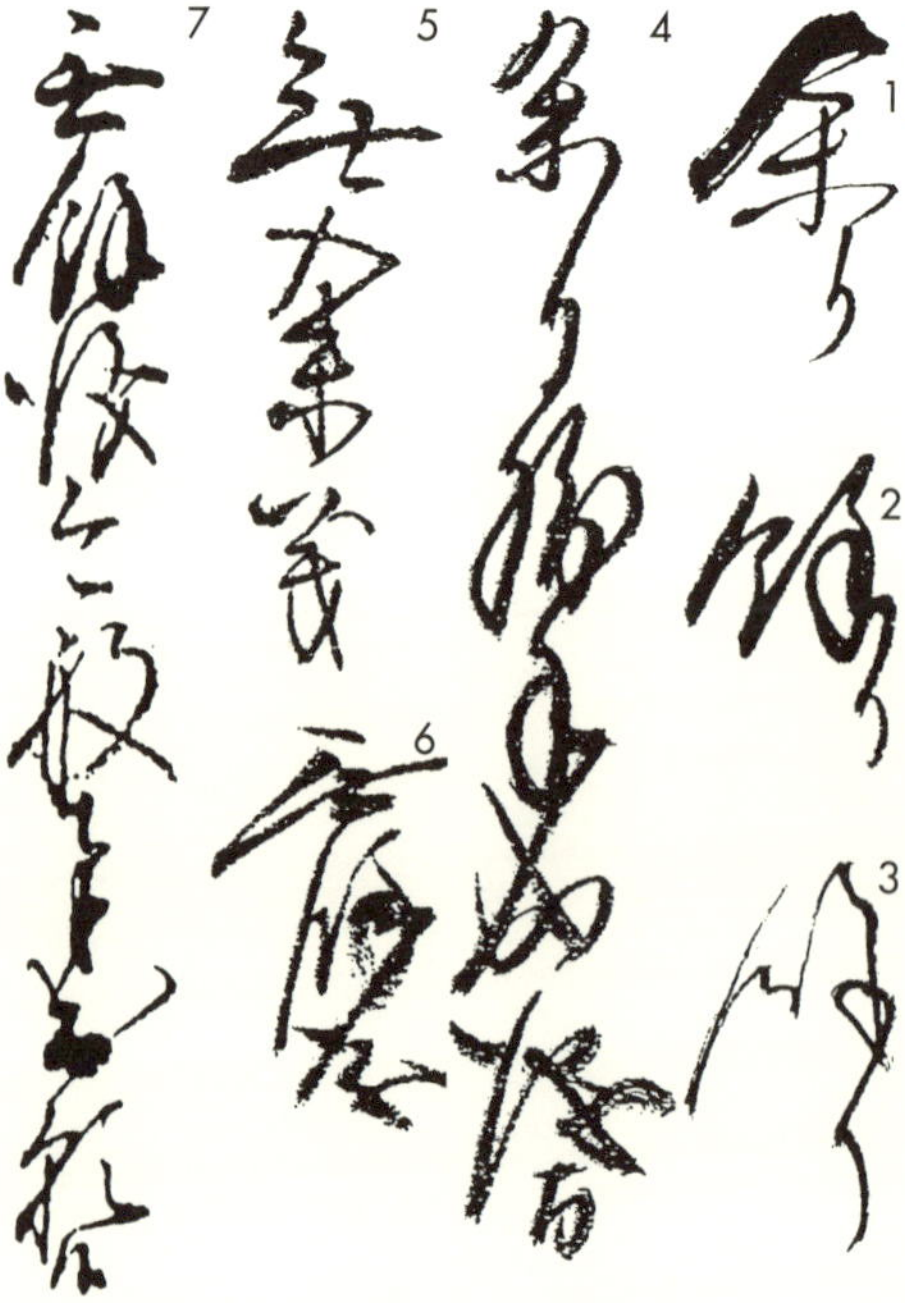

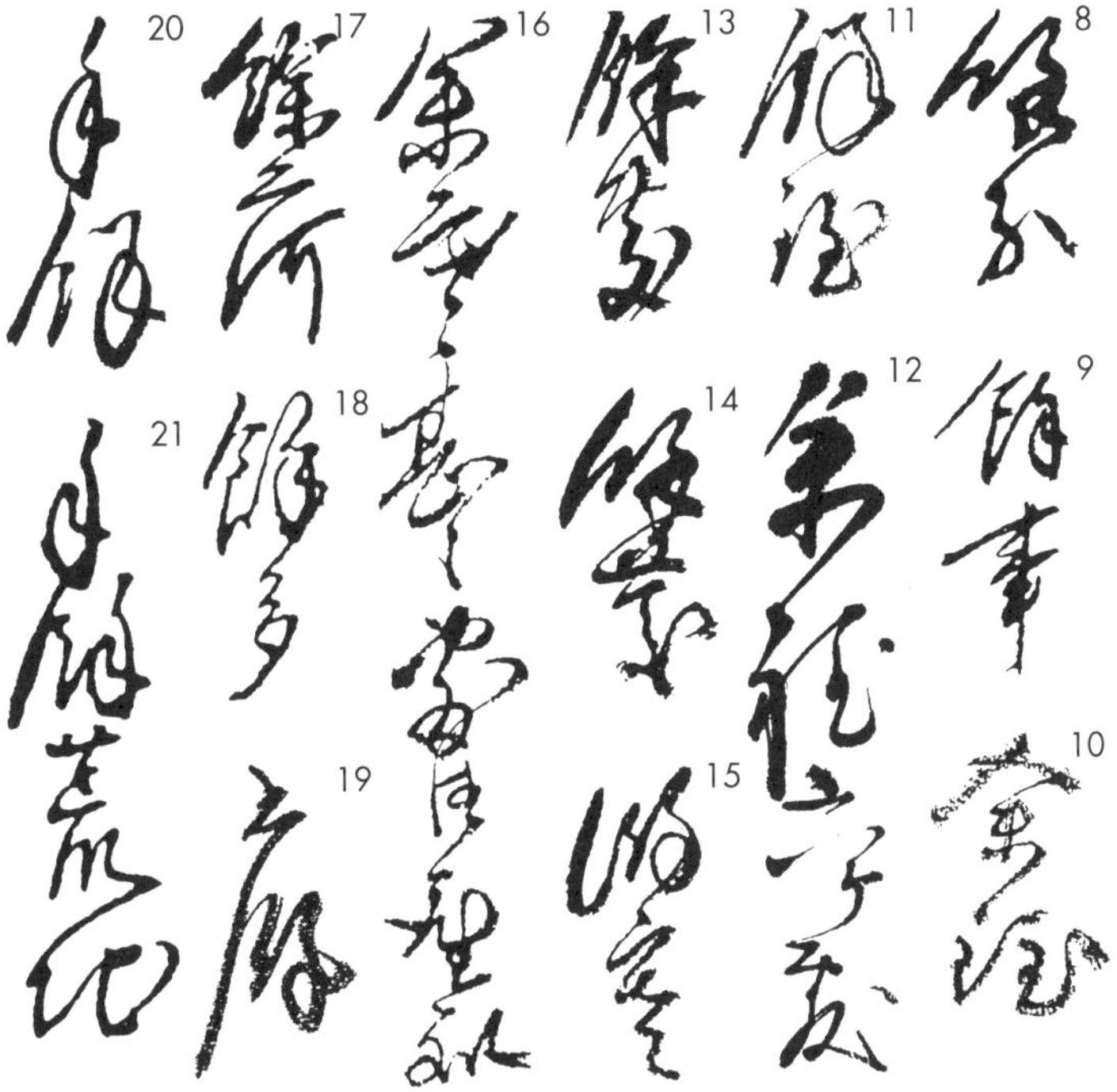

1 余《あま》リ　2・3 餘《あま》リ　4 余《あま》り勝《かっ》手《て》成《なる》儀《ぎ》与《と》　5 無《よ》二余《ぎ》義《なく》一　6 無《よ》二餘《ぎ》儀《なく》一

7 無《よ》二餘《ぎ》儀《なく》一今《こん》般《ぱん》奉《しゅつがん》二出願《たてまつり》一候《そうろう》　8 餘分《よぶん》　9 餘事《よじ》　10 余程《よほど》　11 餘程《よほど》

12 余程《よほど》六《む》ケ《つか》敷《しく》　13・14 餘慶《よけい》　15 餘寒《よかん》　16 余寒甚々敷御座候処《よかんはなはだしくござそうろうところ》

17 餘荷《よない》　18 餘多《あまた》　19 書餘《しょよ》　20 手餘《てあまり》　21 手餘荒地《てあまりあれち》

226 価(價)

1833
4911
カ
あたい

◎旧字「價」のくずしが基本形。江戸時代は石高制を採用していたので、治者・被治者によらず「米價」の動向は大きな関心事だった。

【用例】

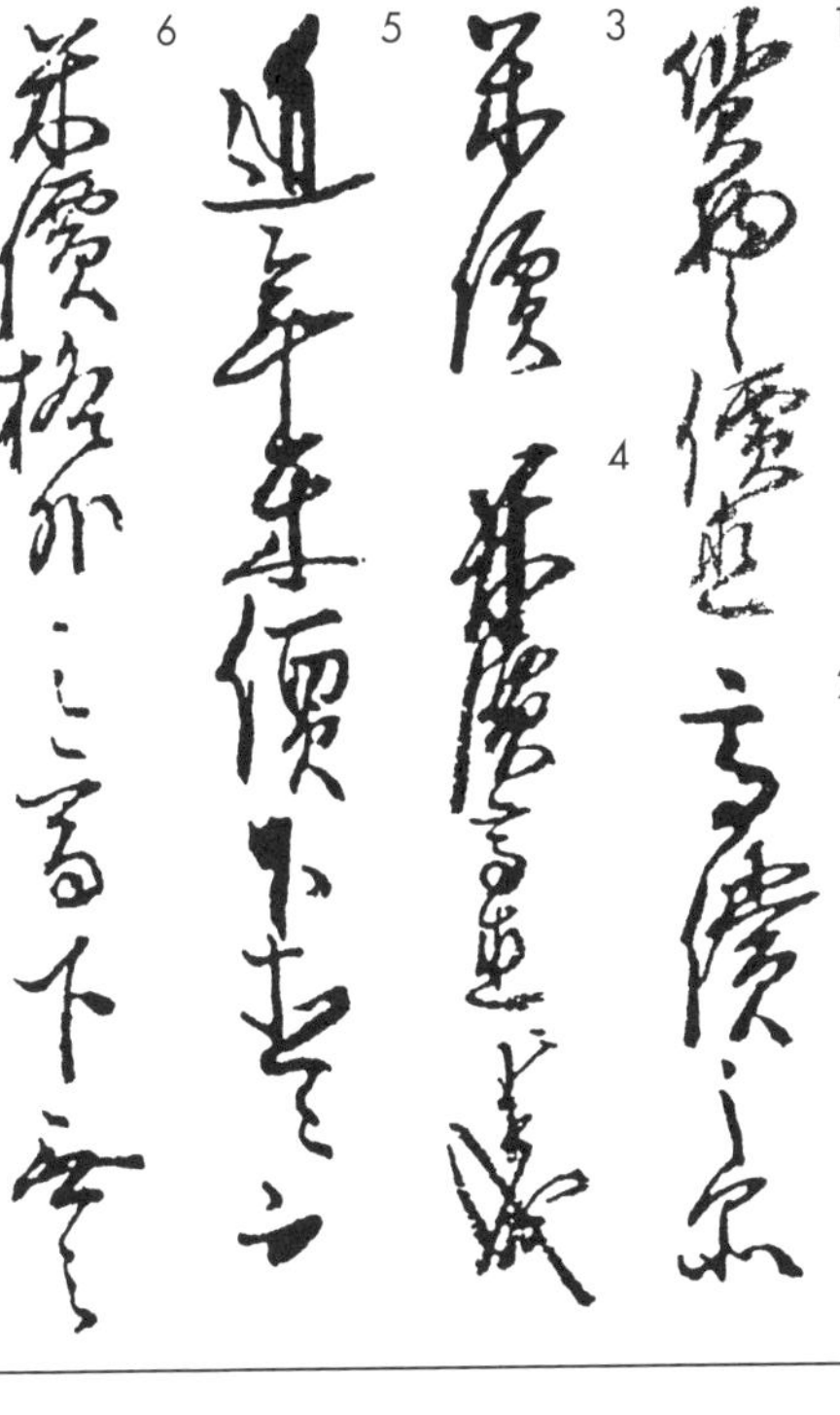

1 質物之價直《しちもつのかち》　2 高價之品《こうかのしな》　3 米價《べいか》　4 米價高直二相成《べいかこうじきにあいなり》

5 近年米價下直二而《きんねんべいかげじきにて》　6 米價格外之高下無レ之《べいかかくがいのこうげこれなく》

227 ［供］ 2201

キョウ・ク
グ／とも
そなえる

◎「共」のくずれた単漢字3〜5番目を覚えておけば問題ないだろう。「子供」「御供」はそれぞれ「子共」「御共」と記されることもある。

【用例】

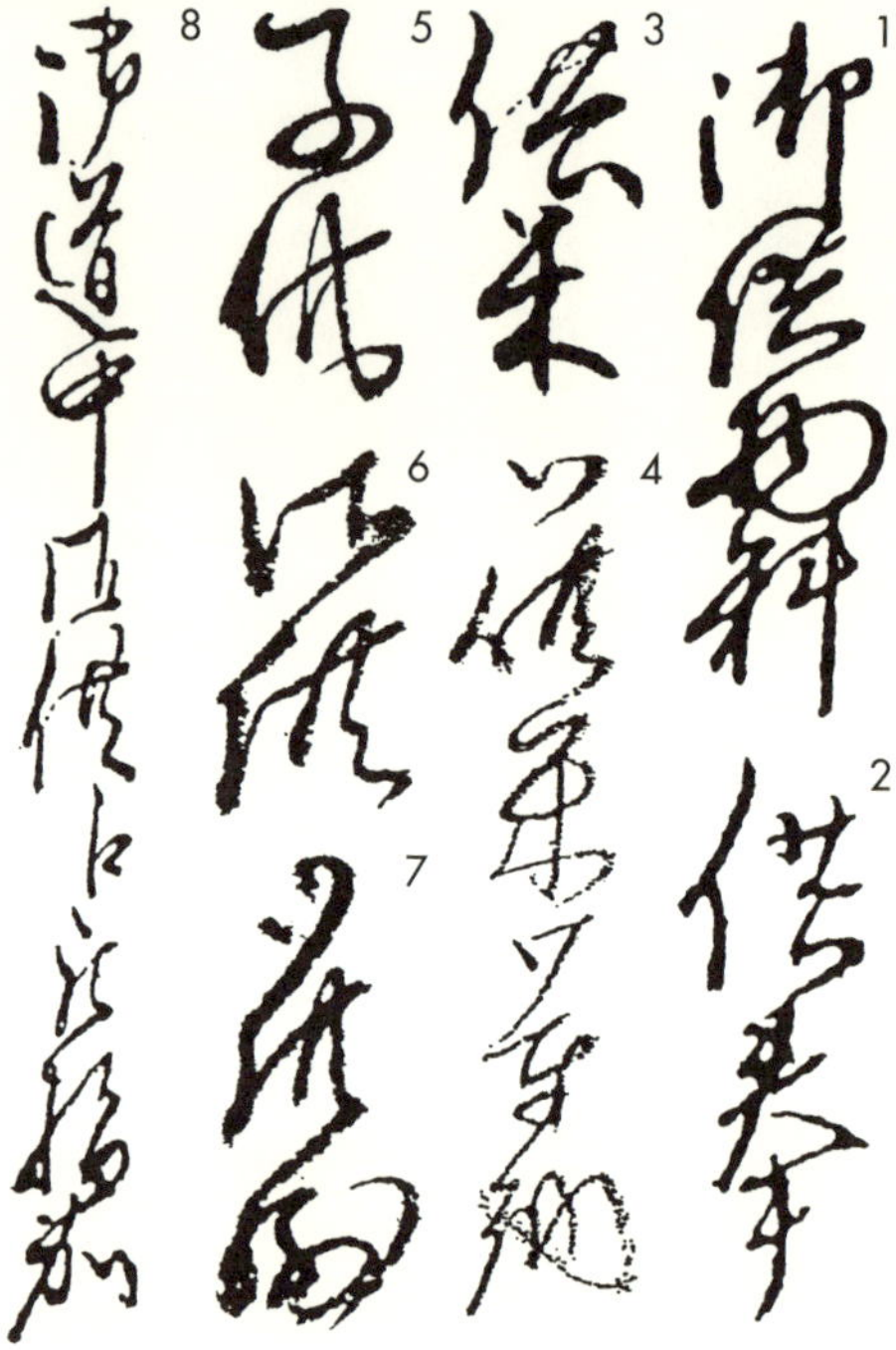

1 御供物料《おくもつりょう》　2 供奉《ぐぶ》　3 供米《くまい》　4 御供米御奉納《おくまいごほうのう》　5 子供《こども》　6 御供《おそなえ／おとも》　7 御供揃《おともぞろえ》　8 御道中御供江被二指加一《ごどうちゅうおともへさしくわえられ》

228 ［使］ 2740

シ
つかう

◎単漢字3・4番目の省画形と5番目の特殊形（11頁「丈」、72頁「夫」と要比較）を覚えたい。「定使」（村内外の連絡事務を担った者）は重要。

【用例】

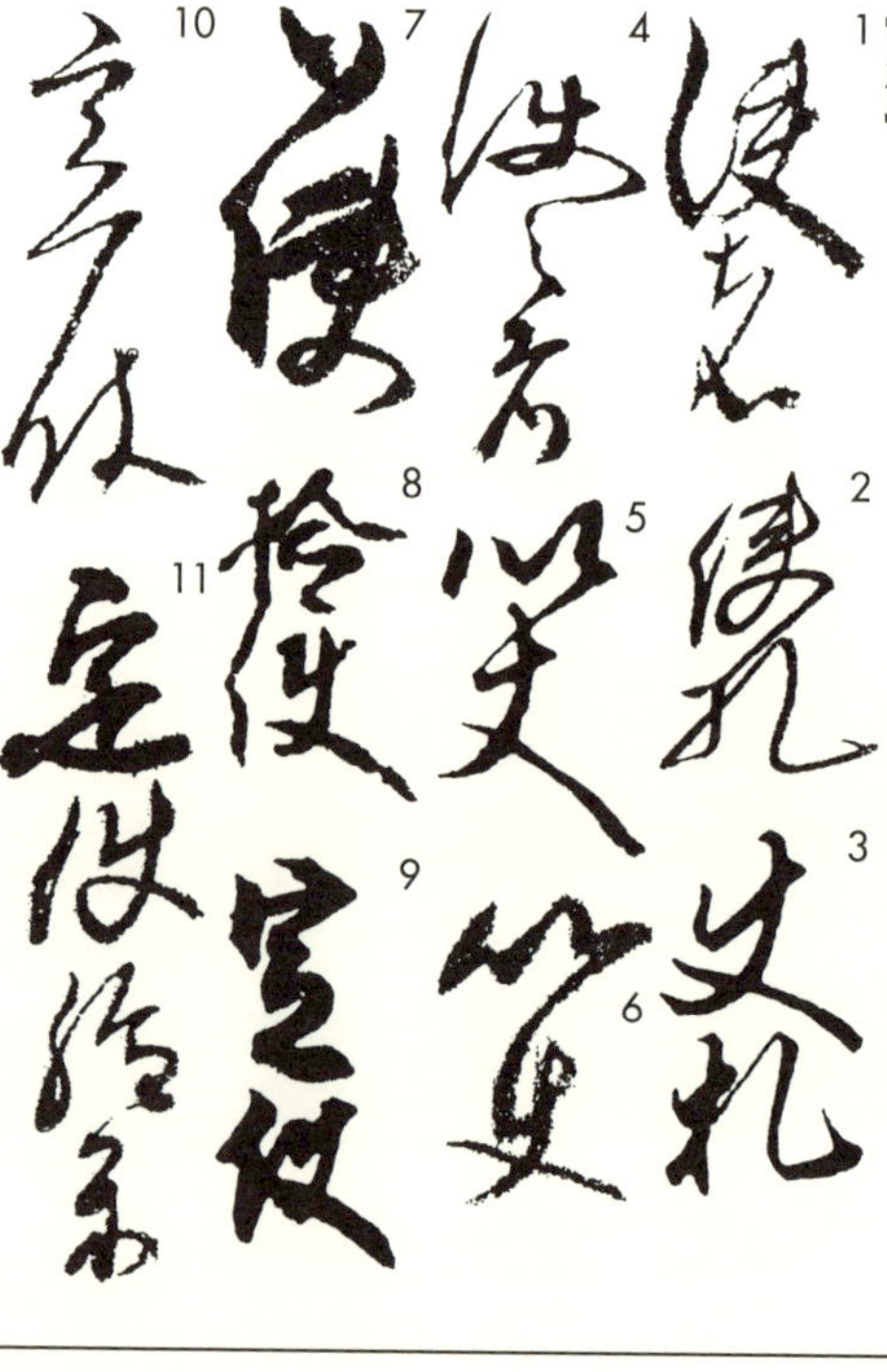

1 使者《ししゃ》　2・3 使札《しさつ》　4 使之者《つかいのもの》　5・6 以レ使《つかいをもって》　7 御使《おつかい》　8 検使《けんし》　9・10 定使《じょうづかい》　11 定使給米《じょうづかいきゅうまい》

229 【併】 4227

ヘイ／しかし
しかしながら
あわせる

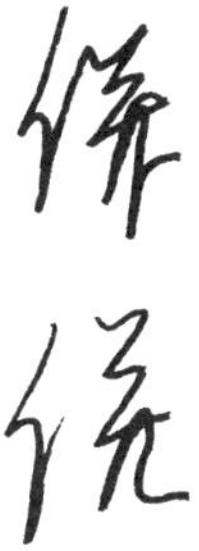

◎「乍レ併」は「乍レ然」と同義。「并」が34頁「再」のようにくずれた場合に注意する。「併」単独でも「しかしながら」と読むことがある。

【用例】

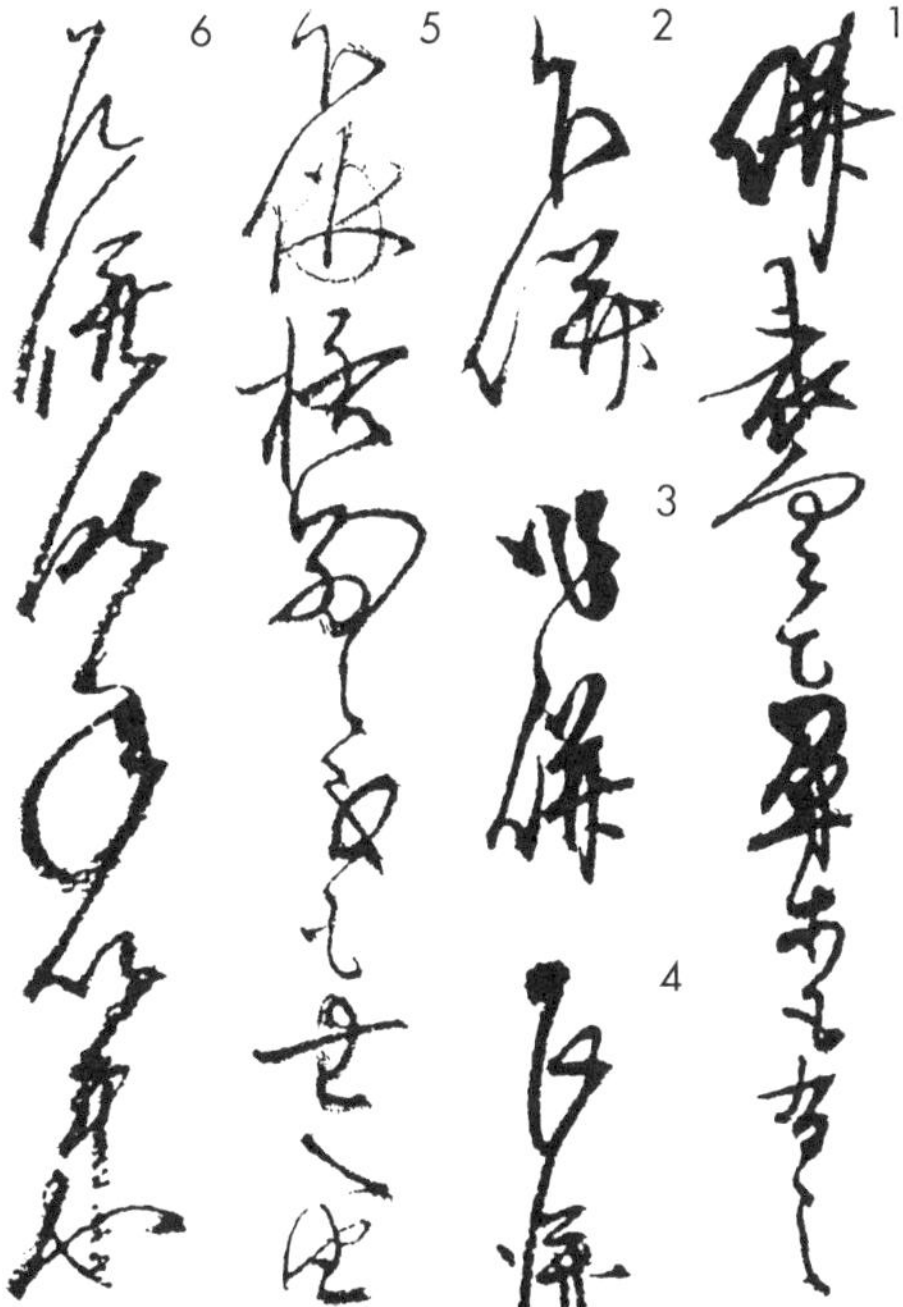

1 併《しかしながら》表向《おもてむき》ニ《に》て尋等《たずねなど》も有レ之《これあり》　2〜4 乍レ併《しかしながら》
5 乍レ併《しかしながら》格別《かくべつ》之《の》義《ぎ》も無レ之《これなき》由《よし》　6 乍レ併《しかしながら》昨年《さくねん》以来《いらい》

230 【例】 4667

レイ
ためし
たとえば

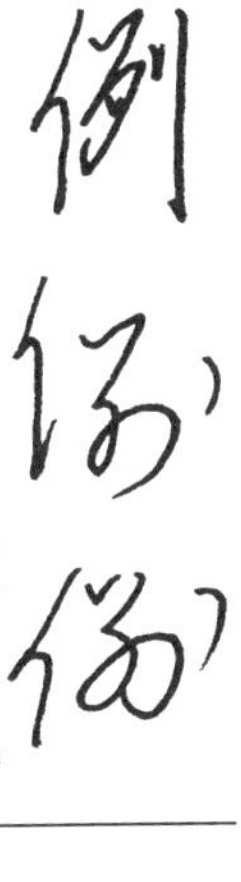

◎旁の「列」（未収録）が「別」のようにくずされる単漢字3・4番目を確実に覚えたい。用例はいずれも頻出する重要語である。

【用例】

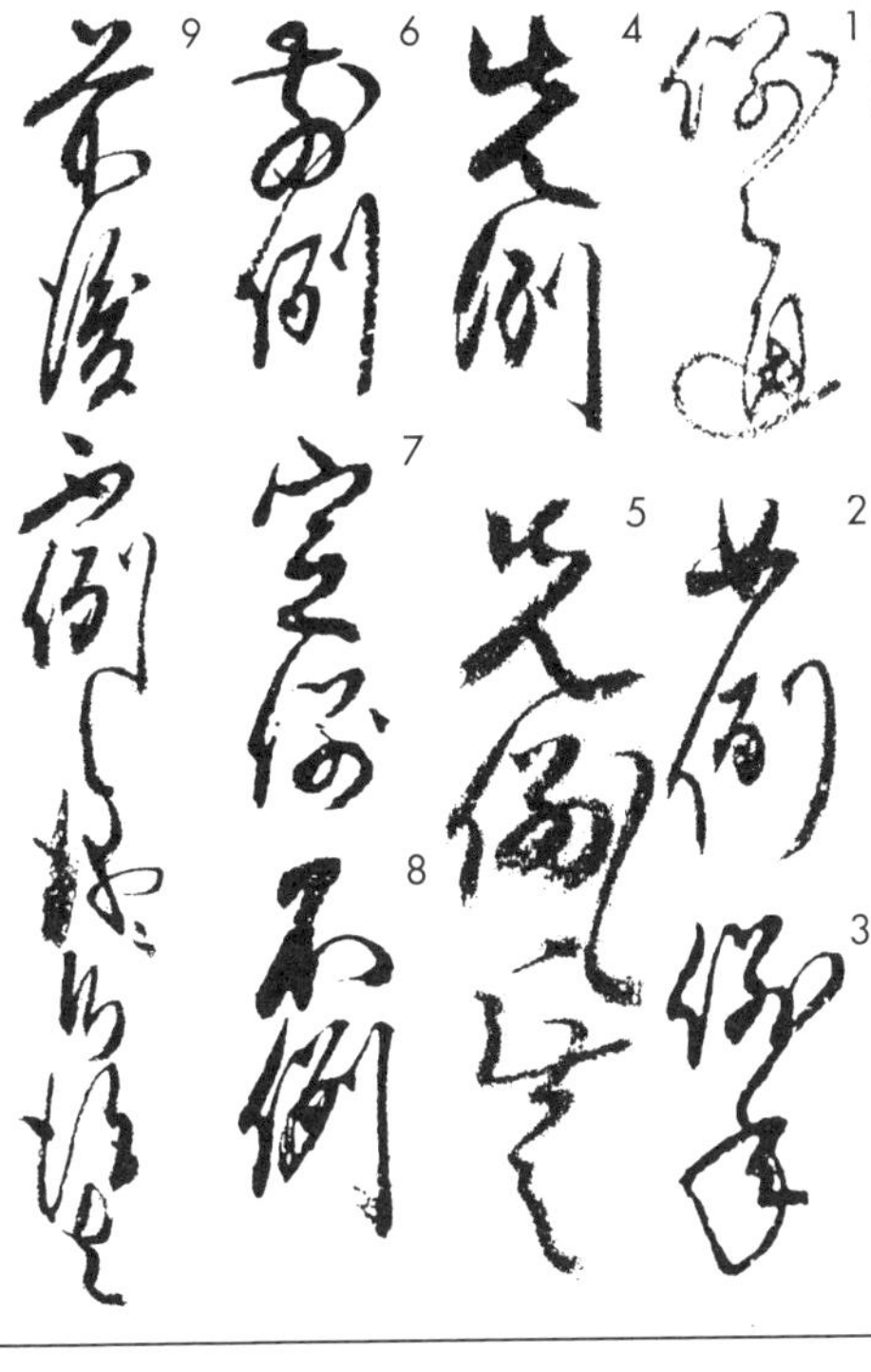

1 例之通《れいのとおり》　2 如レ例《れいのごとく》　3 例年《れいねん》　4 先例《せんれい》　5 先例《せんれい》も無レ之《これなく》
6 前例《ぜんれい》　7 定例《ていれい》　8 不例《ふれい》　9 前後《ぜんご》不例《ふれい》之《の》儀《ぎ》ニ《に》候得者《そうらえば》

231 信 3114

シン まこと

◎旁の「言」(221頁)のくずしは、下の「口」がはっきりと書かれないことも多いので注意したい。ここでは「音信」をぜひ覚えたい。

【用例】

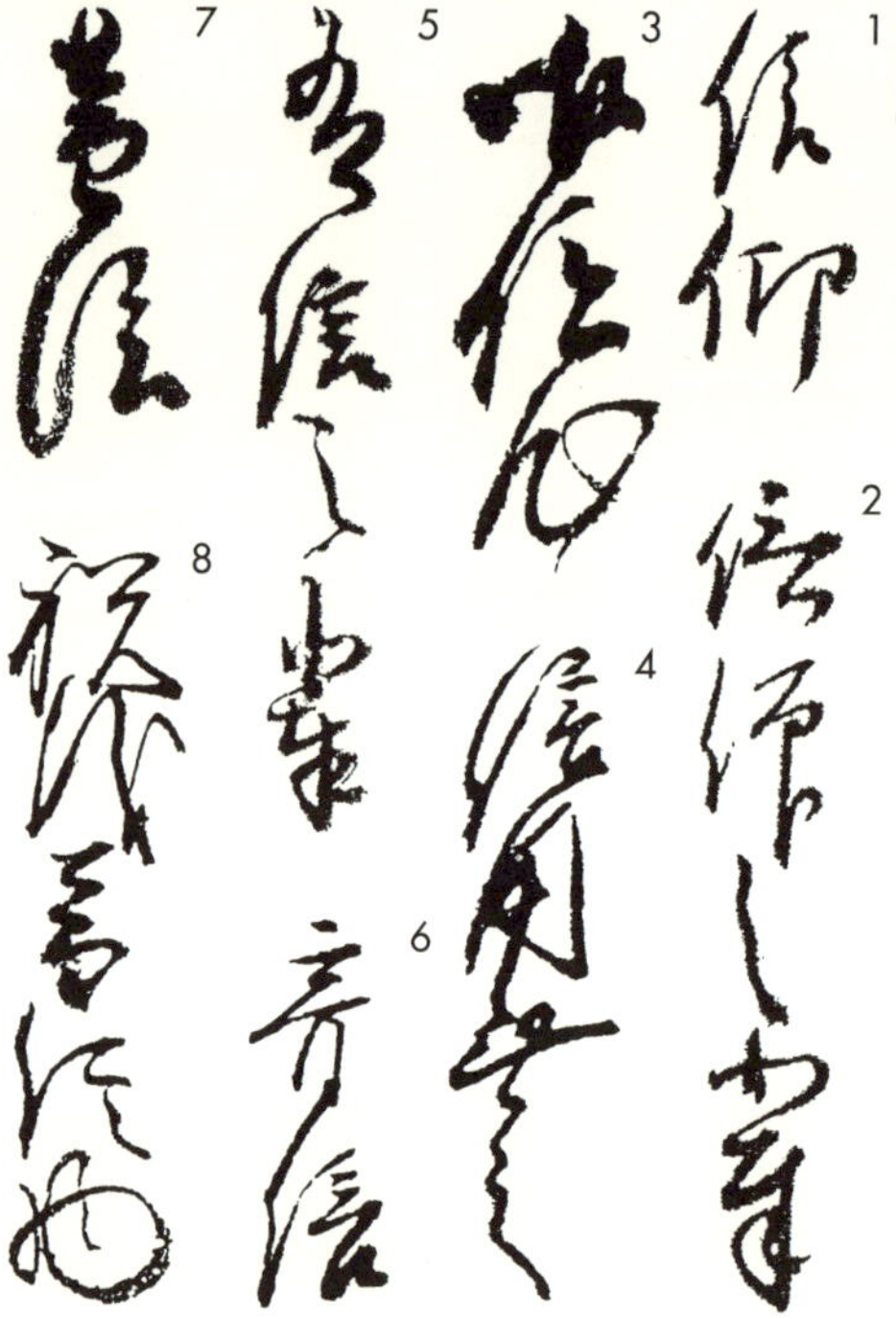

1 信仰《しんこう》 2 信仰之輩《しんこうのやから》 3 御信心《ごしんしん》 4 信用無レ之《しんようこれなく》 5 有信之輩《ゆうしんのやから》 6・7 音信《いんしん》 8 祝儀《しゅうぎ》・音信物《いんしんもの》

232 便 4256

ベン ビン たより

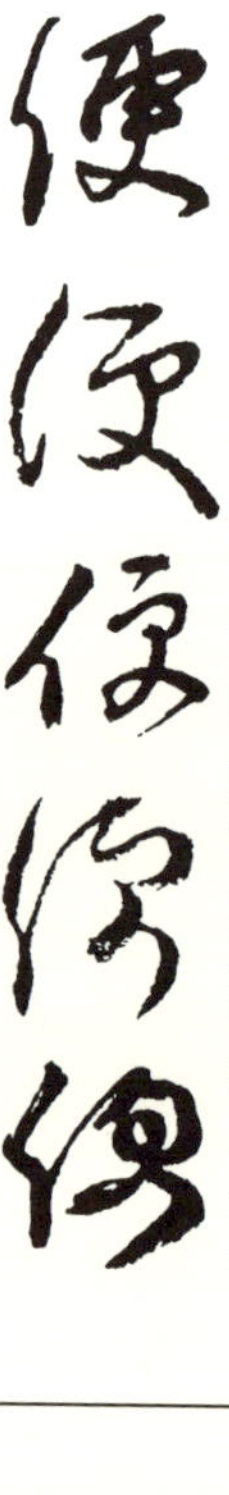

◎現代とは異なり、江戸時代には「不便」は「ふびん」(＝不愍・不憫)を意味した。なお用例7以降の「便」は手紙を指している。

【用例】

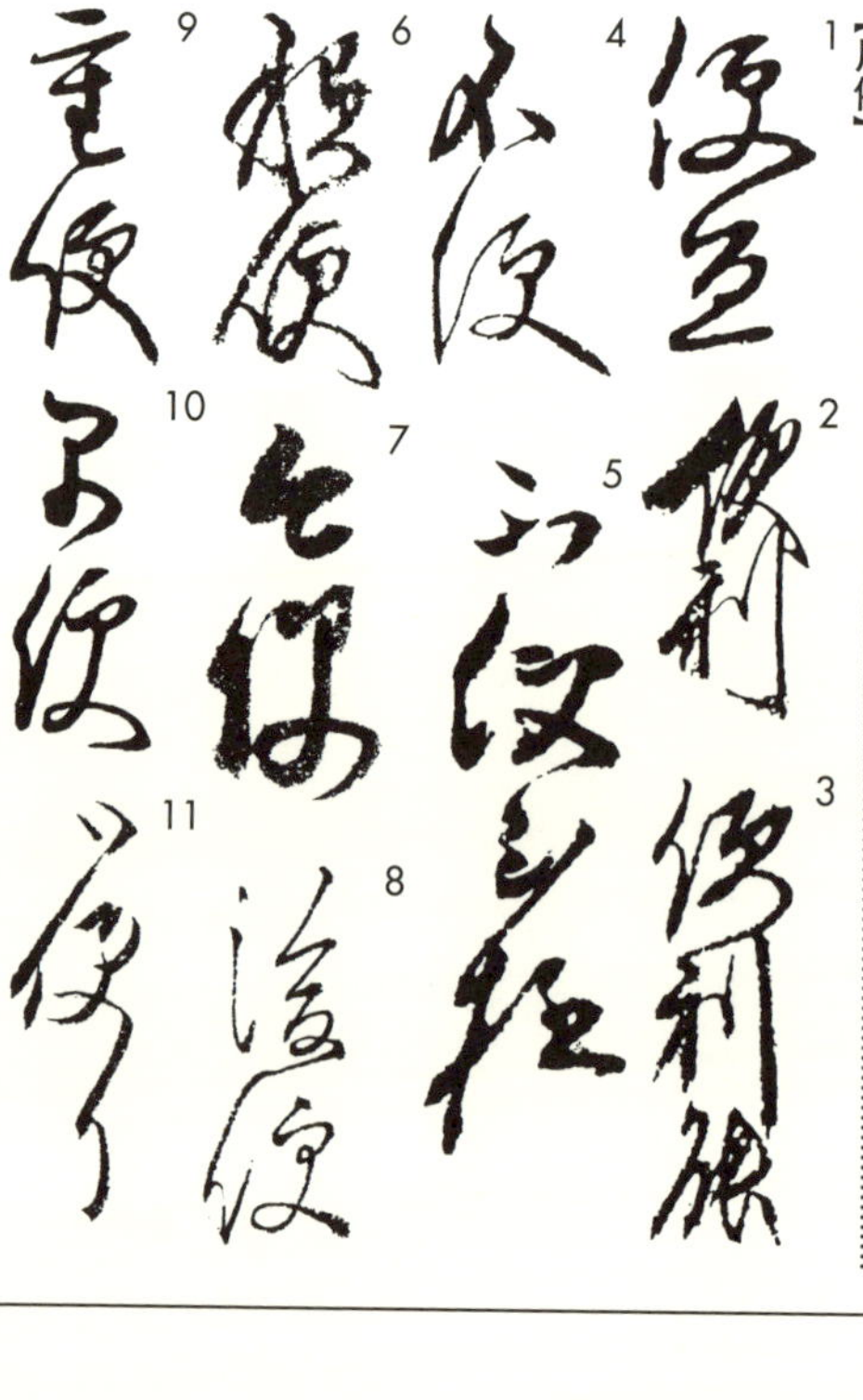

1 便宜《べんぎ》 2 便利《べんり》 3 便利能《べんりよく》 4 不便《ふびん》 5 不便至極《ふびんしごく》 6 穏便《おんびん》 7 今便《こんびん》 8 後便《こうびん》 9 重便《じゅうびん》 10 早便《はやびん》 11 御便り《おたより》

233 修 2904

シュウ
シュ
おさめる

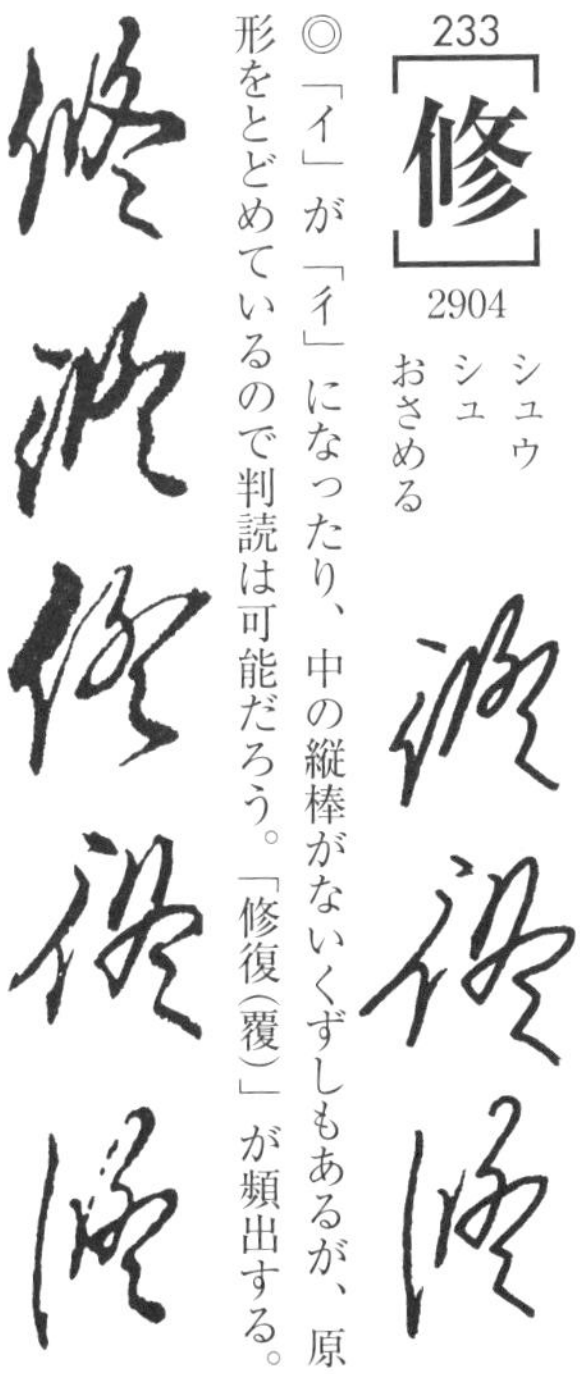

◎「イ」が「彳」になったり、中の縦棒がないくずしもあるが、原形をとどめているので判読は可能だろう。「修復(覆)」が頻出する。

【用例】

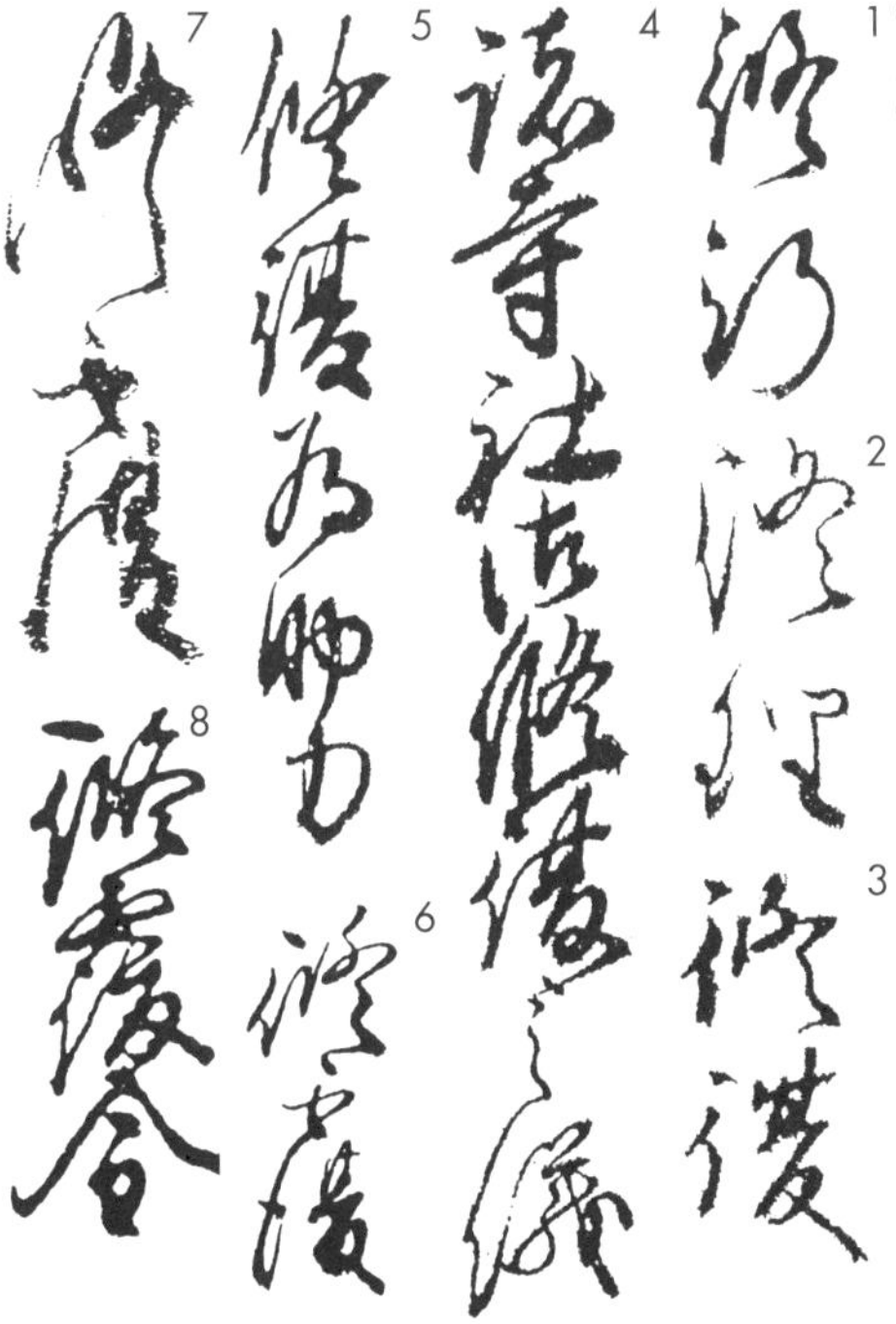

1 修行《しゅぎょう》 2 修理《しゅうり》《しゅり》 3 修復《しゅうふく》 4 諸寺社御修復之儀《しょじしゃごしゅうふくのぎ》 5 修復為㆓助力㆒《しゅうふくじょりょくとして》 6・7 修覆《しゅうふく》 8 修覆金《しゅうふくきん》

234 俵 4122

ヒョウ
たわら

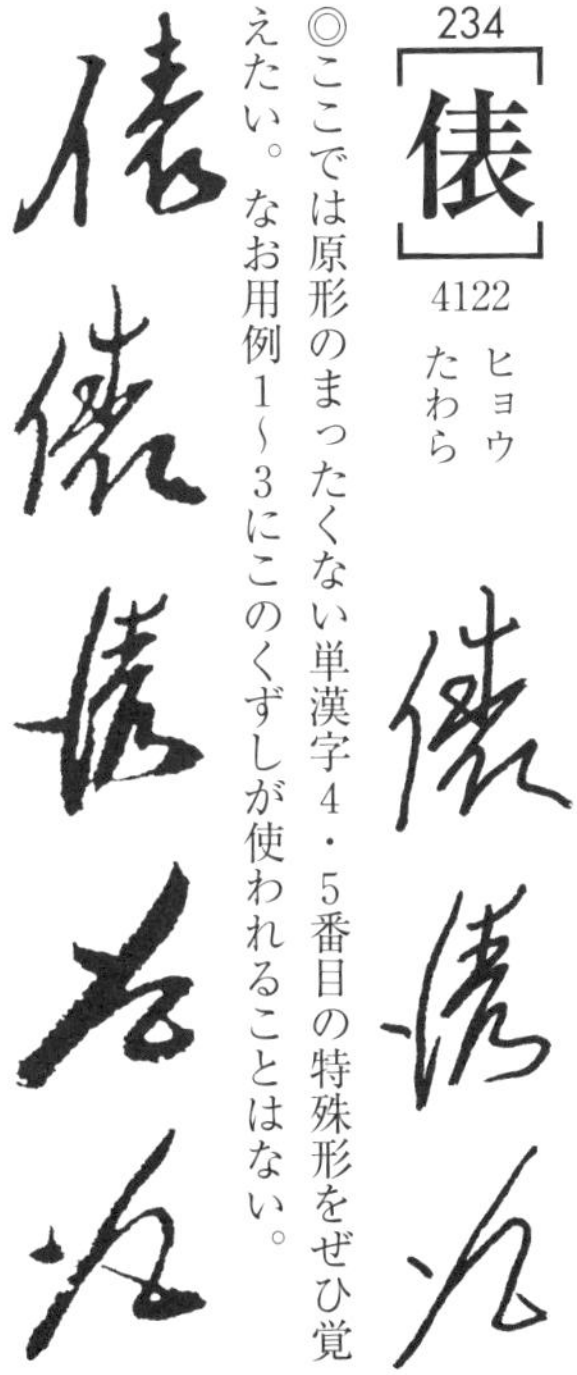

◎ここでは原形のまったくない単漢字4・5番目の特殊形をぜひ覚えたい。なお用例1～3にこのくずしが使われることはない。

【用例】

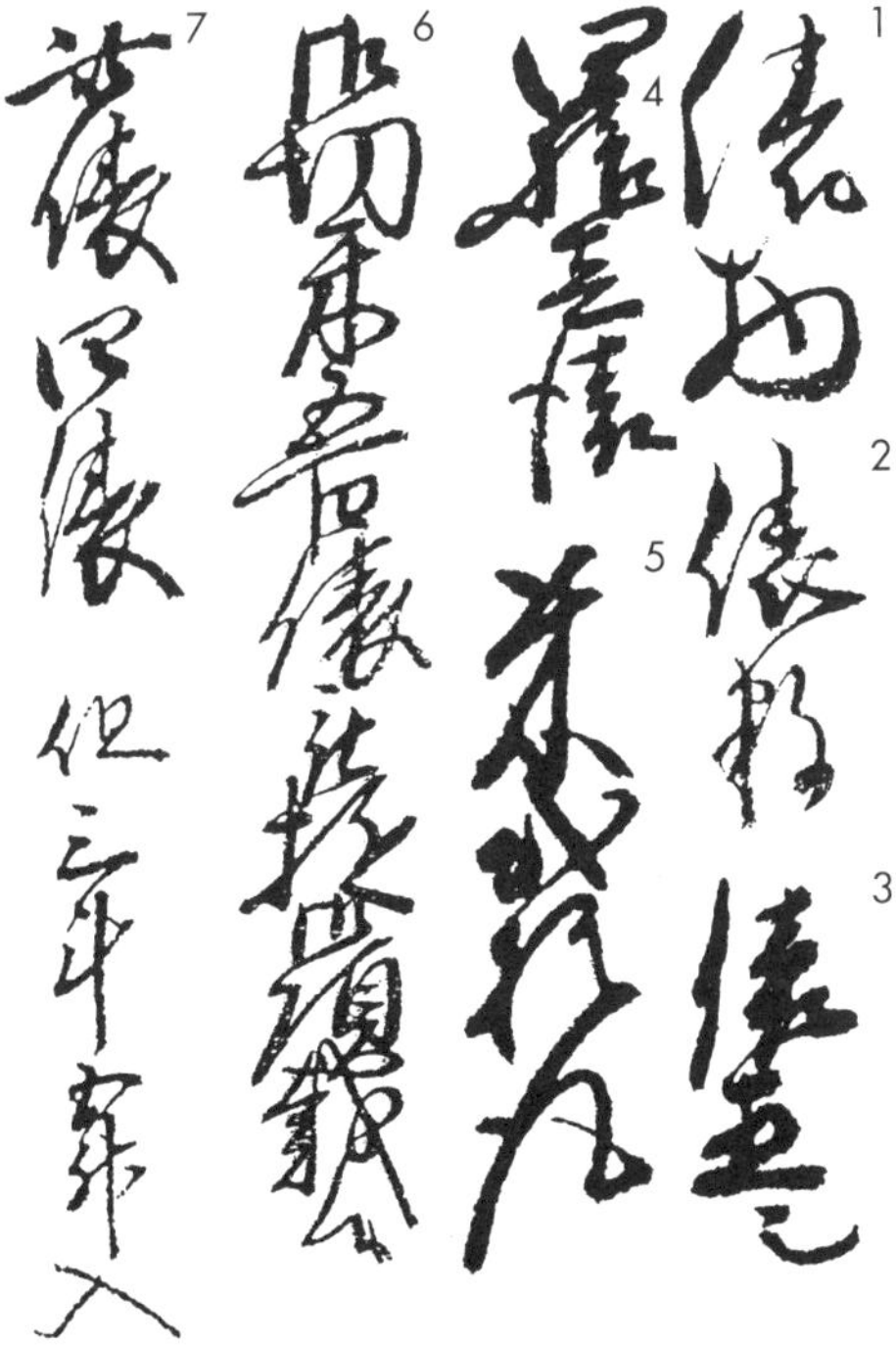

1 俵物《たわらもの》 2 俵数《ひょうすう》《たわらかず》 3 俵直シ《たわらなおし》 4 四拾壱俵《よんじゅういっぴょう》 5 米弐拾俵《こめにじゅっぴょう》 6 御切米五百俵被㆑遊㆓御頂戴㆒候《おきりまいごひゃっぴょうごちょうだいあそばされそうろう》 7 此俵四俵《このたわらよんぴょう》、但三斗五升入《ただしさんとごしょういり》

235 【停】 3668

テイ／チョウ
とどむ
とまる

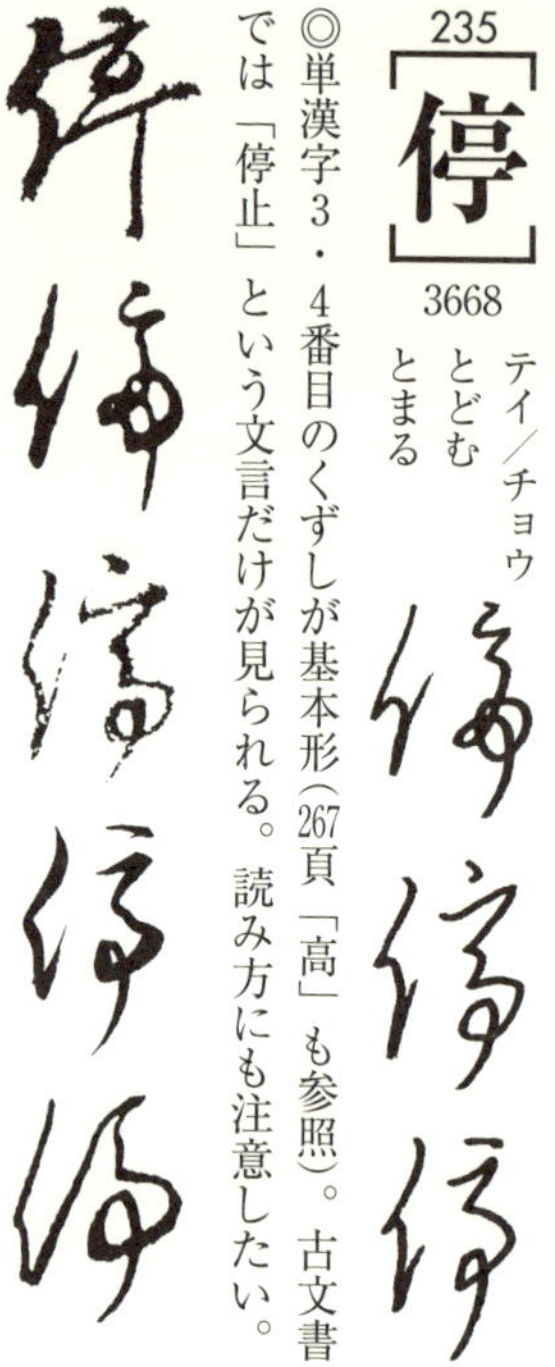

◎単漢字3・4番目のくずしが基本形（267頁「高」も参照）。古文書では「停止」という文言だけが見られる。読み方にも注意したい。

【用例】

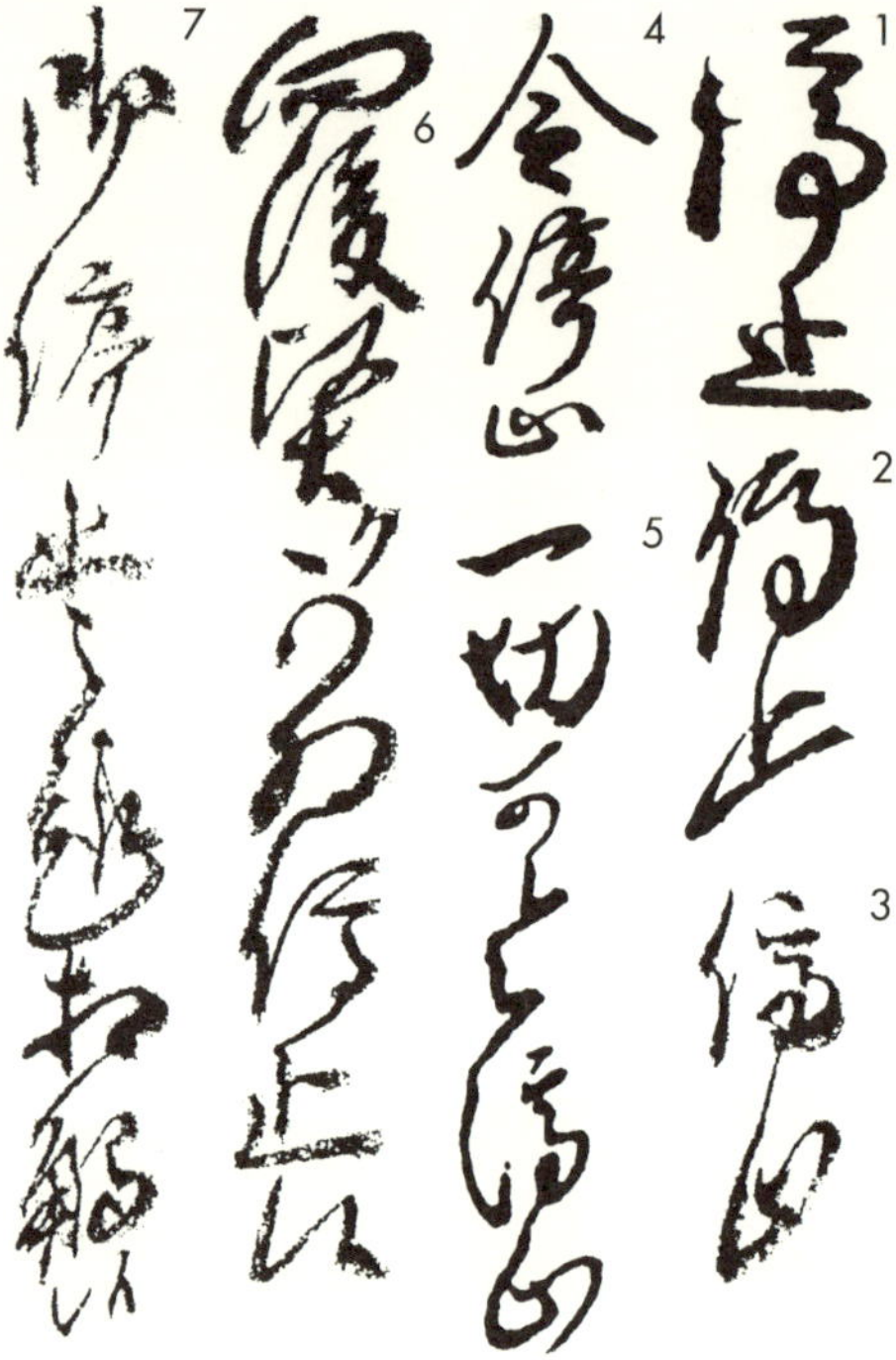

1～3 停止《ちょうじ》　4 令二停止一《ちょうじせしめ》　5 一切可レ令二停止一《いっさいちょうじせしむべく》

6 向後《こうご》堅ク可レ為二停止一候《かたくちょうじたるべくそうろう》

7 御停止之趣 相觸候《ごちょうじのおもむきあいふれそうろう》

236 【偏】 4248

ヘン
かたよる
ひとえに

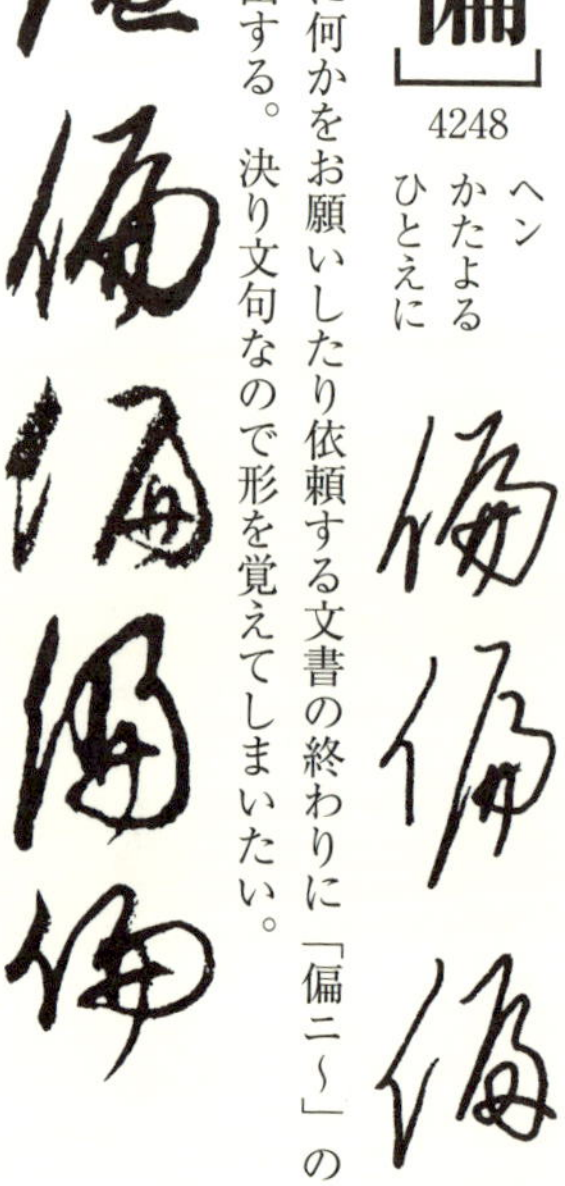

◎相手に何かをお願いしたり依頼する文書の終わりに「偏ニ～」の形で頻出する。決り文句なので形を覚えてしまいたい。

【用例】

1 偏ニ《ひとえに》　2 偏ニ 奉二 願 上一 候《ひとえにねがいあげたてまつりそうろう》　3 偏ニ《ひとえに》　4 偏 頼 入 存 候《ひとえにたのみいりぞんじそうろう》

5 御憐愍之御沙汰《ごれんびんのごさた》偏ニ 奉二 願 上一 候《ひとえにねがいあげたてまつりそうろう》

6 偏ニ《ひとえに》御高免《ごこうめん》可レ被二成下一候《なしくださるべくそうろう》

237 儘

4854

ジン

まま

◎「盡」は「尽」の旧字だが、「儘」の場合は「盡」が正字。くずしは異体字「侭」の場合が多い（異体字一覧参照）。「其儘」「我儘」が頻出。

【用例】

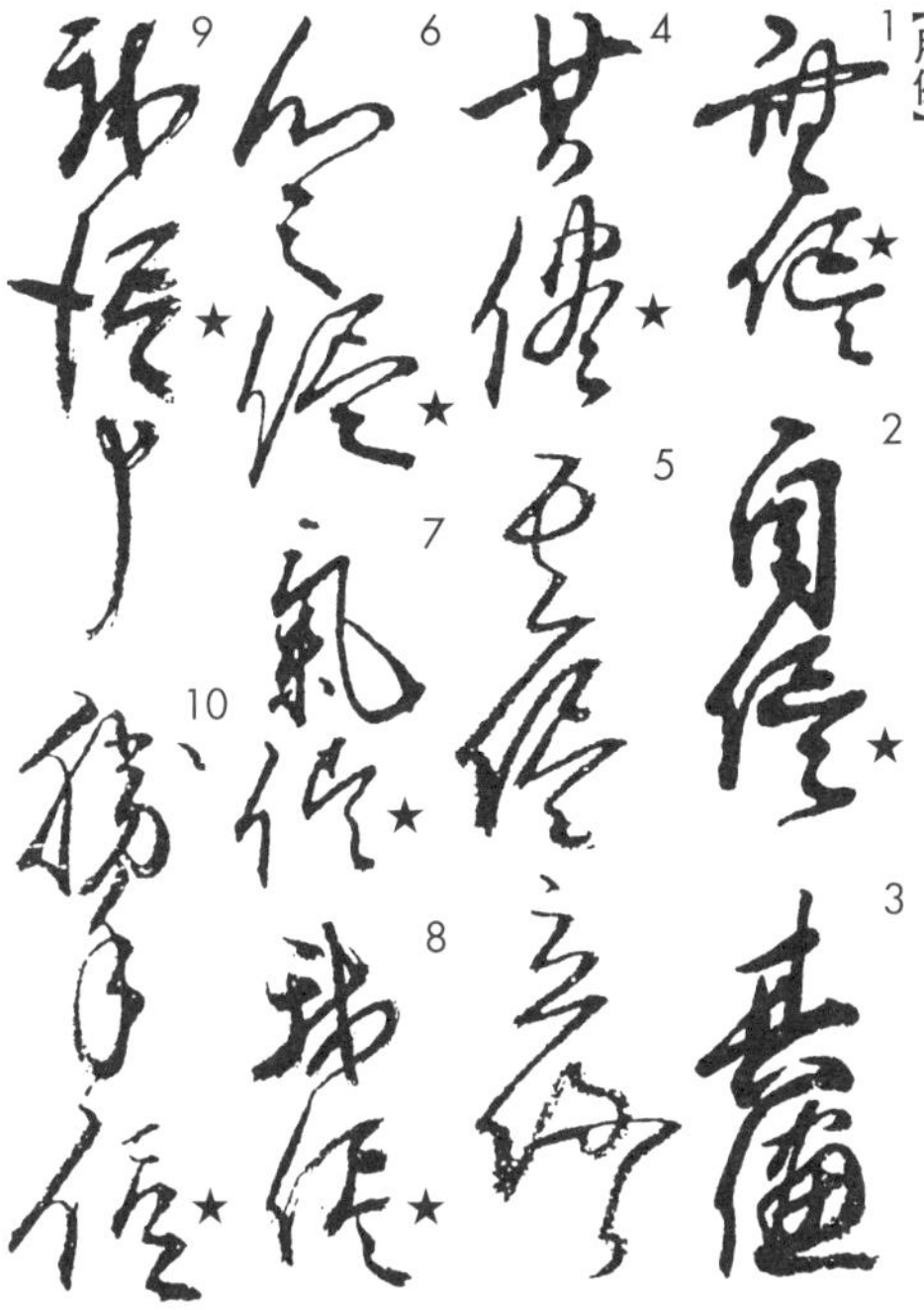

1 此儘《このまま》　2 自儘《じまま》　3 其儘《そのまま》　4 其儘《そのまま》　5 其儘立帰リ《そのままたちかえり》　6 心之儘《こころのまま》　7 氣儘《きまま》　8 我儘《わがまま》　9 我儘申《わがままもうし》　10 勝手儘《かってまま》

238 免（兎）

4440

ベン・メン

ゆるす

まぬかれる

◎「御免」「定免」「差免」が頻出の重要語で、特に用例10〜18は年貢関係の文書に頻出する。くずしは単漢字の2・3番目が基本形である。

【用例】

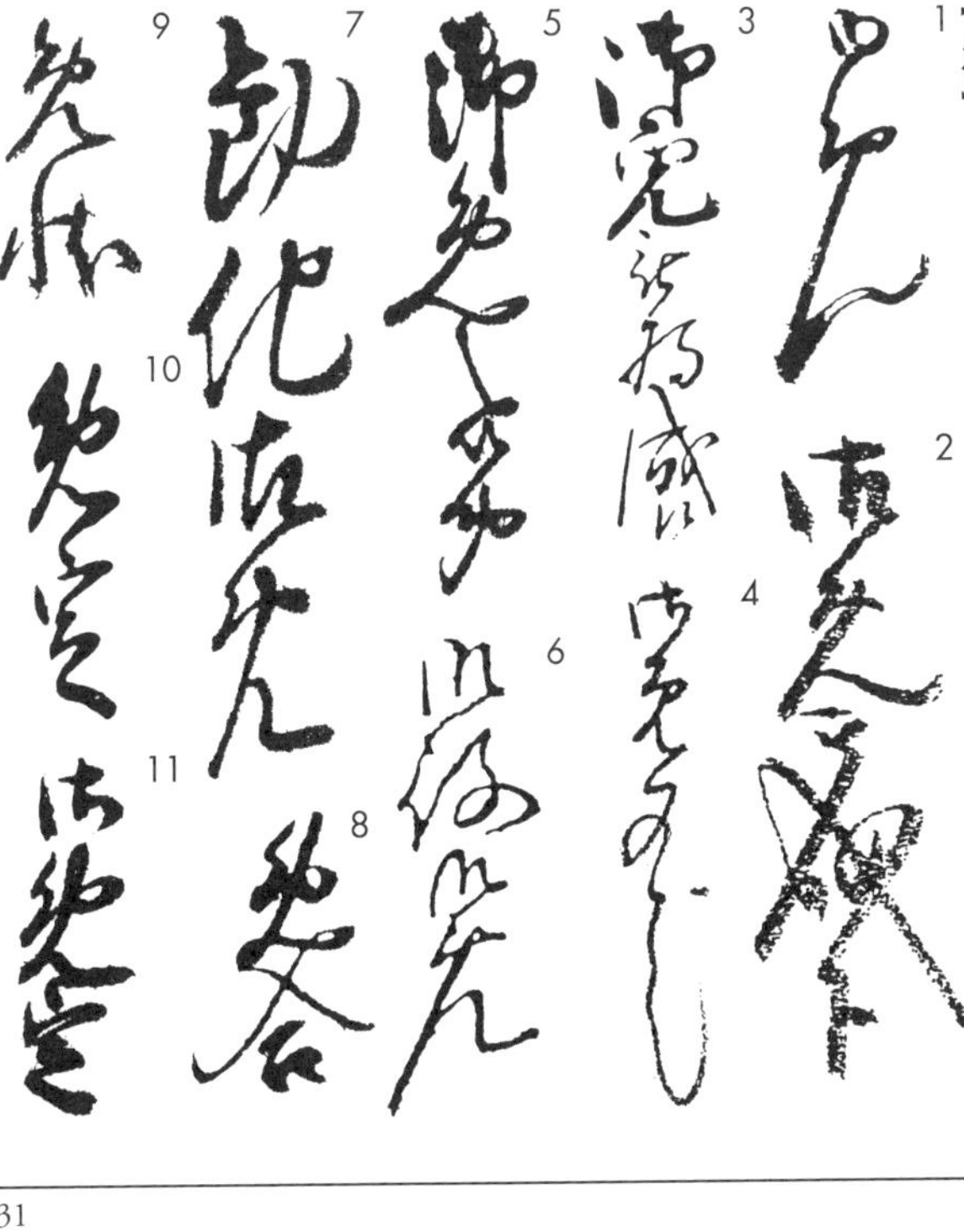

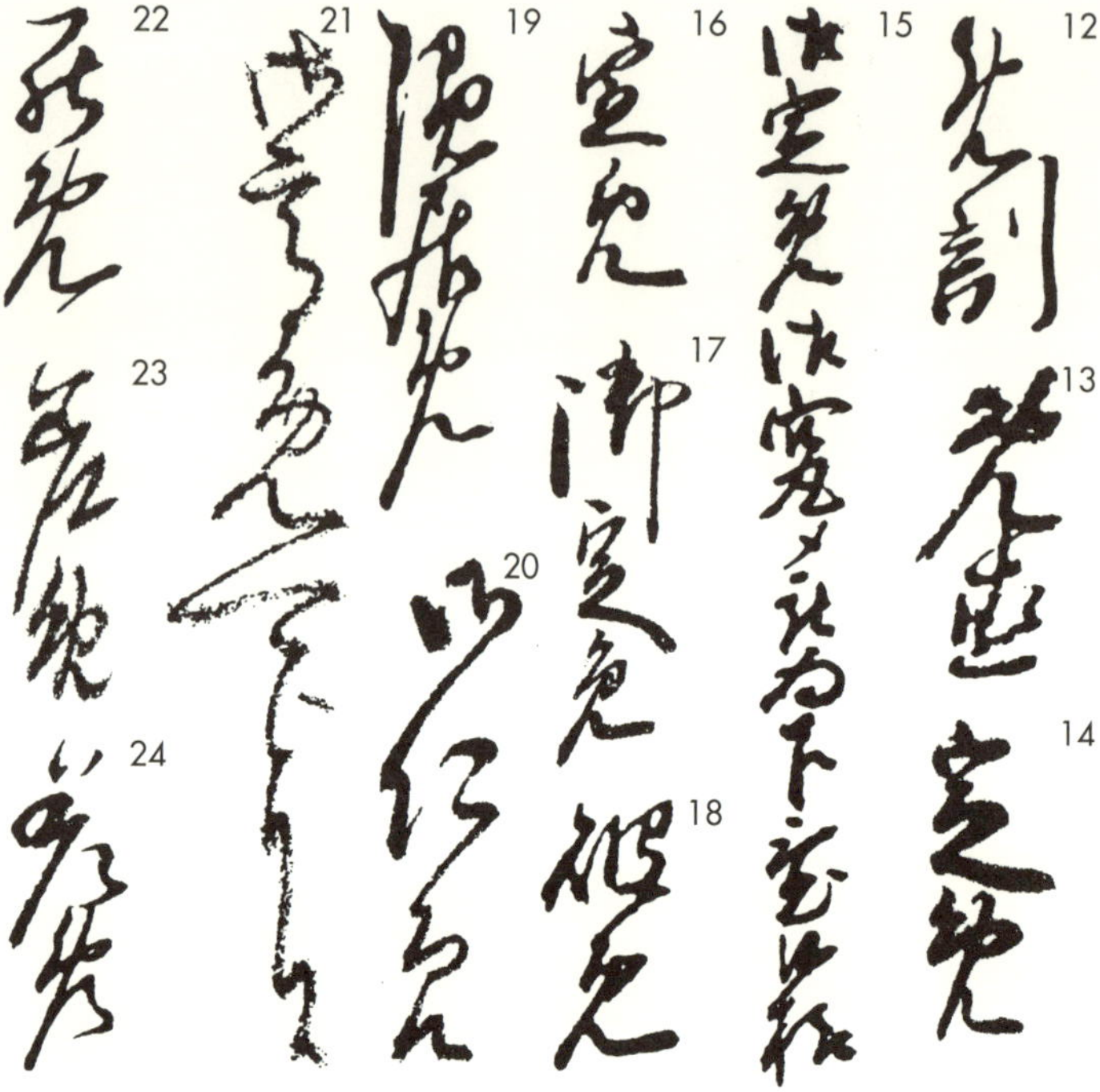

1 御免《ごめん》　2 御免被二成下一《ごめんなしくだされ》　3 御免被レ為レ成候《ごめんなさせられそうろう》　4 御免可レ被レ下候《ごめんくださるべくそうろう》

5 御免之筋《ごめんのすじ》　6 御役御免《おやくごめん》　7 勧化御免《かんげごめん》　8 免合《めんあい》　9 免状《めんじょう》　10 免定《めんじょう》

11 御免定《ごめんじょう》　12 免割《めんわり》　13 免直《めんなおし》　14 定免《じょうめん》

15 御定免御究メ被レ為二下置一候様《ごじょうめんおきめくだしおかせられそうろうよう》　16 定免《じょうめん》　17 御定免《ごじょうめん》　18 破免《はめん》

19 隠居免《いんきょめん》　20 御仁免《ごじんめん》　21 御高免可レ被レ下候《ごこうめんくださるべくそうろう》　22 罷免《ひめん》　23・24 差免《さしゅるす》

239 党（黨）

3762
8362
トウ

◎旧字「黨」のくずしが基本形。単漢字4番目や用例5のように「𫩏」の下の「口」が省略されることもある。「徒黨」「悪黨」を覚えたい。

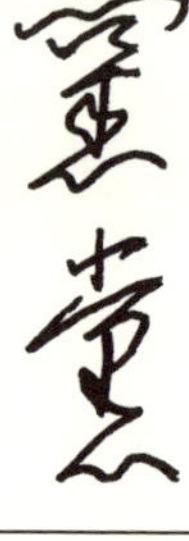

【用例】

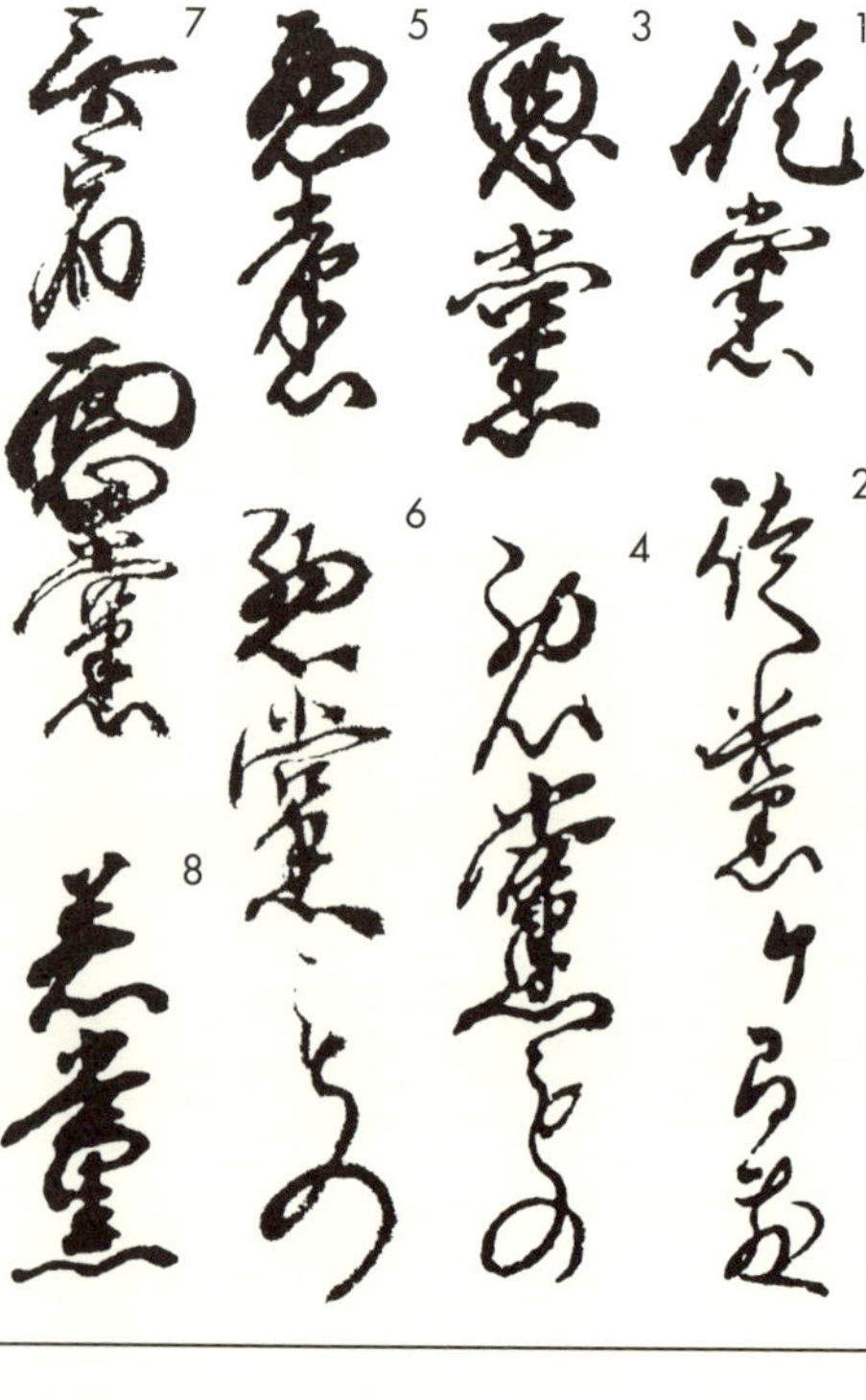

1 徒黨《ととう》　2 徒黨ケ間敷《ととうがましく》　3 悪黨《あくとう》　4 悪黨《あくとう》もの　5 悪黨《あくとう》

6 悪黨《あくとう》もの　7 無宿悪黨《むしゅくあくとう》　8 若黨《わかとう》

240 具 2281

グ
そなわる
つぶさに

◎「日」の下に「ミ」を書いたような単漢字3〜5番目の特殊形をぜひ覚えたい。ここでは用例4以降の「具二」(詳細にの意)が重要。

【用例】

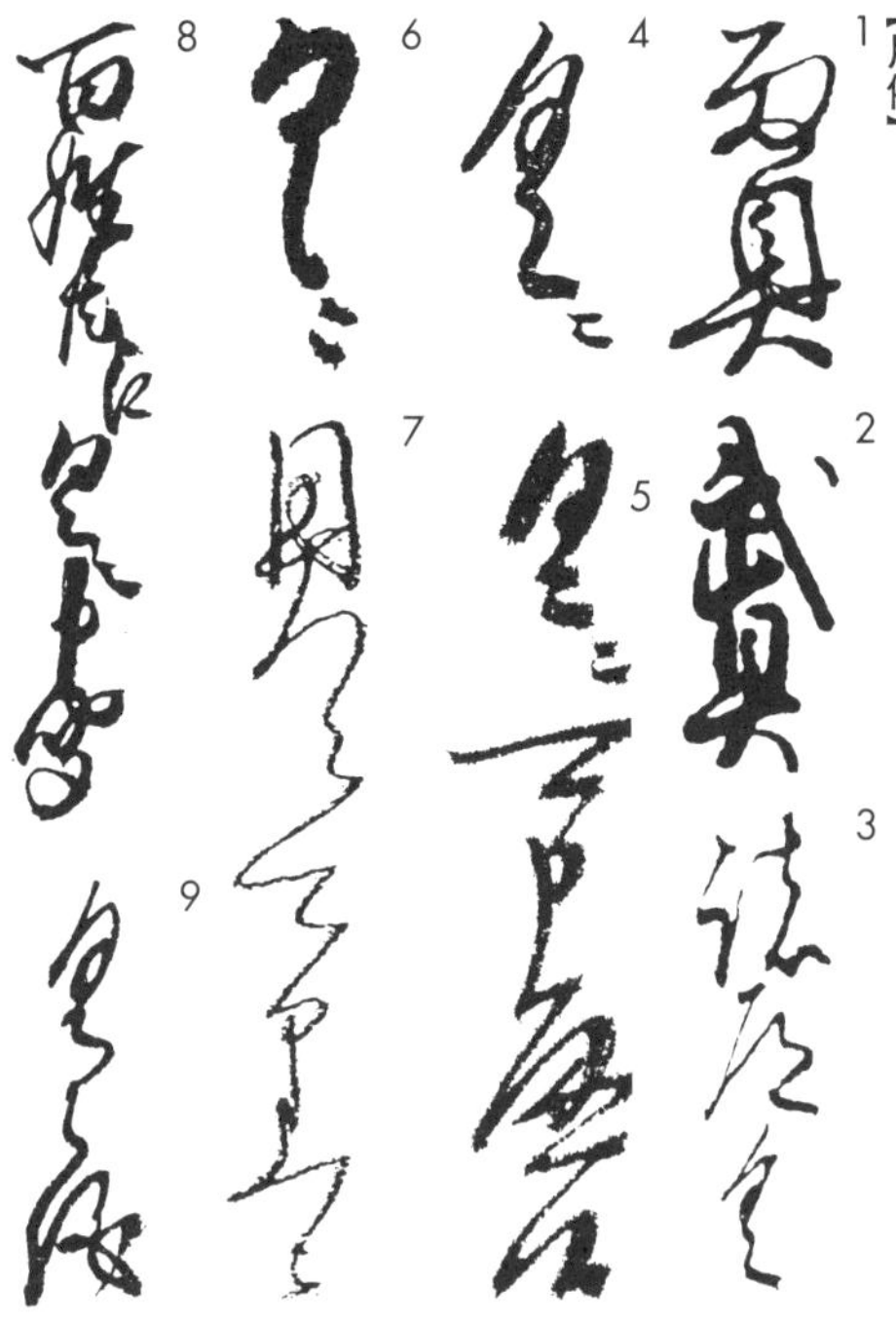

1 雨具《あまぐ》　2 武具《ぶぐ》　3 諸道具《しょどうぐ》　4 具二《つぶさに》　5 具二可二申通一候《つぶさにもうしとおすべくそうろう》　6 具二《つぶさに》
7 具二可二申上一候《つぶさにもうしあぐべくそうろう》　8 百姓共江具二申聞《ひゃくしょうどもへつぶさにもうしきかせ》　9 具之儀《つぶさのぎ》

241 円(圓) 1763 5204

エン
まるい

◎「円」は旧字「圓」のくずしとなり、単漢字3番目が基本形。その場合は国がまえ(61頁参照)の特徴的なくずしになることに注意。

【用例】

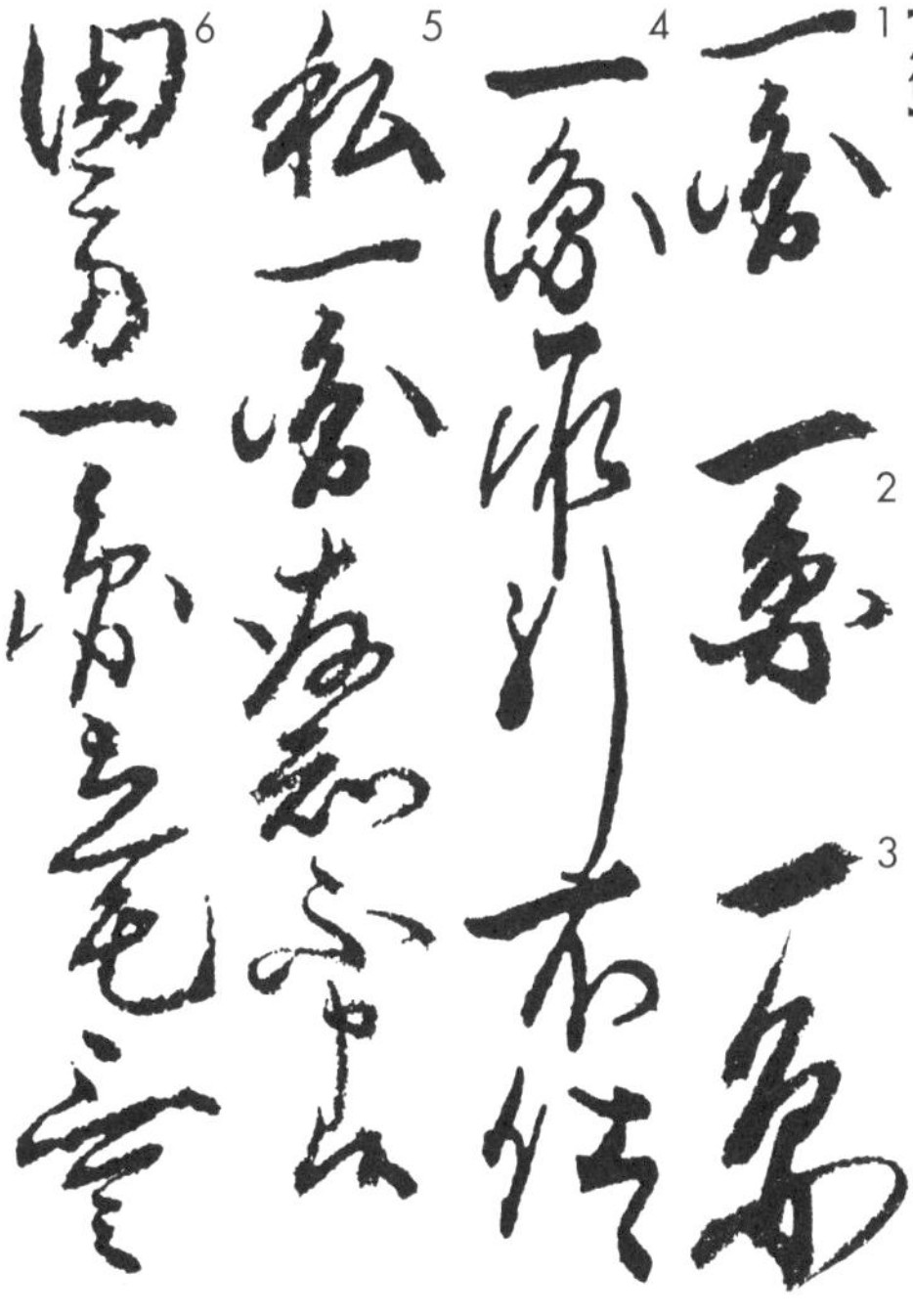

1〜3 一圓《いちえん》　4 一圓承引不レ仕候《いちえんしょういんつかまつらずそうろう》　5 私一圓存知不レ申候《わたくしいちえんぞんじもうさずそうろう》
6 田方一圓立毛無レ之《たかたいちえんたちげこれなく》

242 再 2638

サイ
ふたたび

◎中の縦棒がない単漢字2番目以降の異体字が基本形となる（異体字一覧参照）。用例は「再應」が重要なのでぜひ覚えたい。

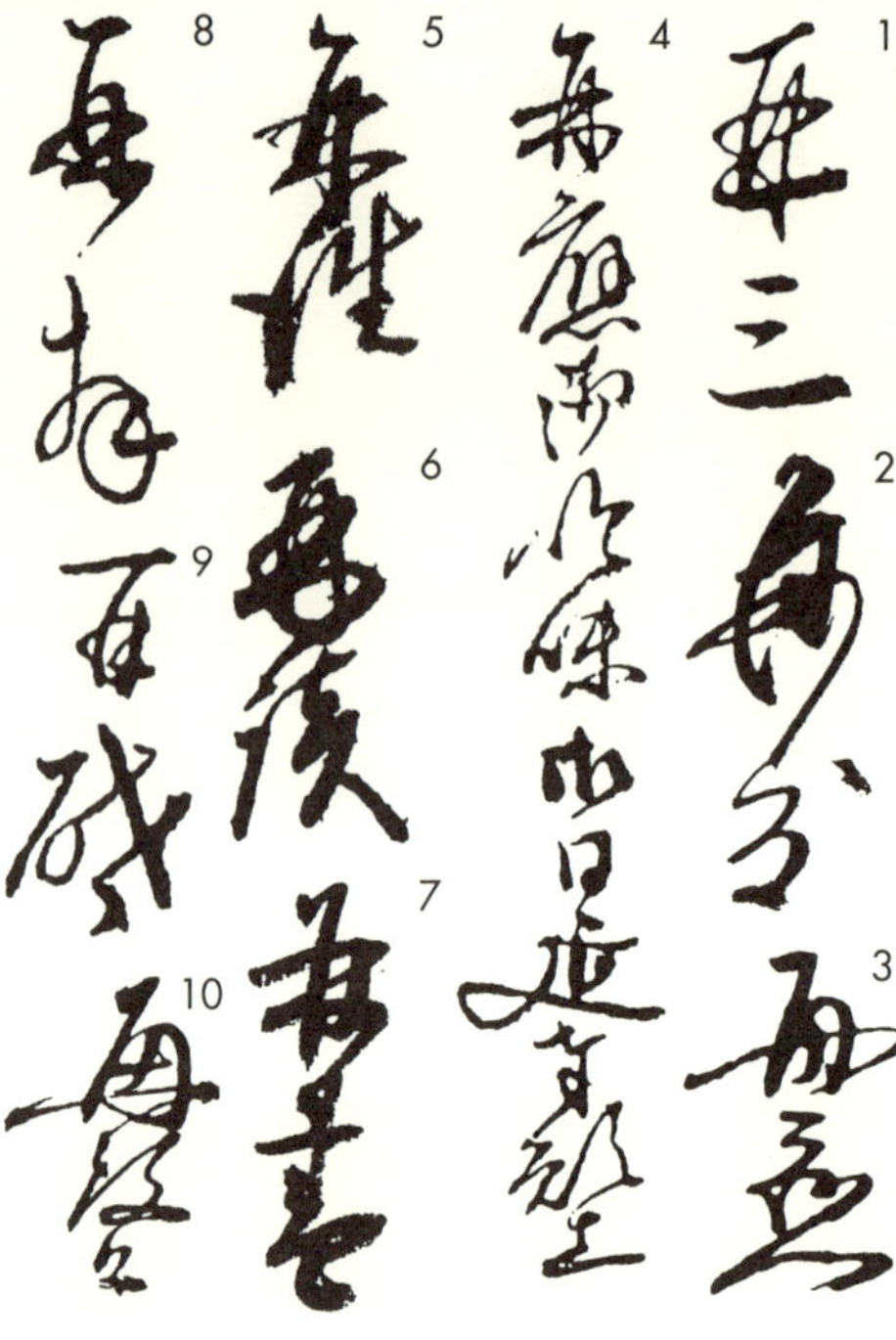

【用例】

1 再三《さいさん》　2 再度《さいど》　3 再應《さいおう》　4 再應《さいおう》御吟味《ごぎんみ》御日延《おひのべ》奉二願上一《ねがいあげたてまつる》

5 再往《さいおう》　6 再談《さいだん》　7 再書《さいしょ》　8 再拝《さいはい》　9・10 再啓《さいけい》

243 写（寫） 2844 5377

シャ
うつす

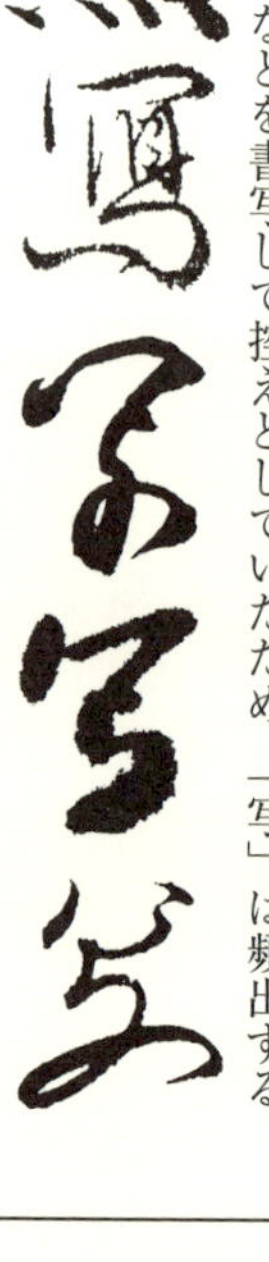

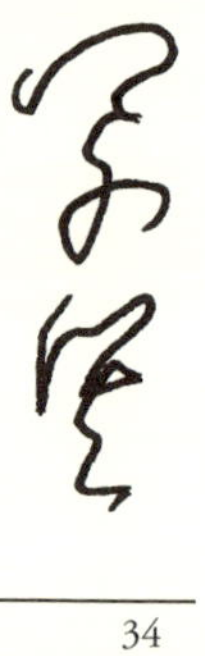

◎くずしは原形をとどめているので判読は容易。当時は書物や触書、帳面などを書写して控えとしていたため、「写」は頻出する。

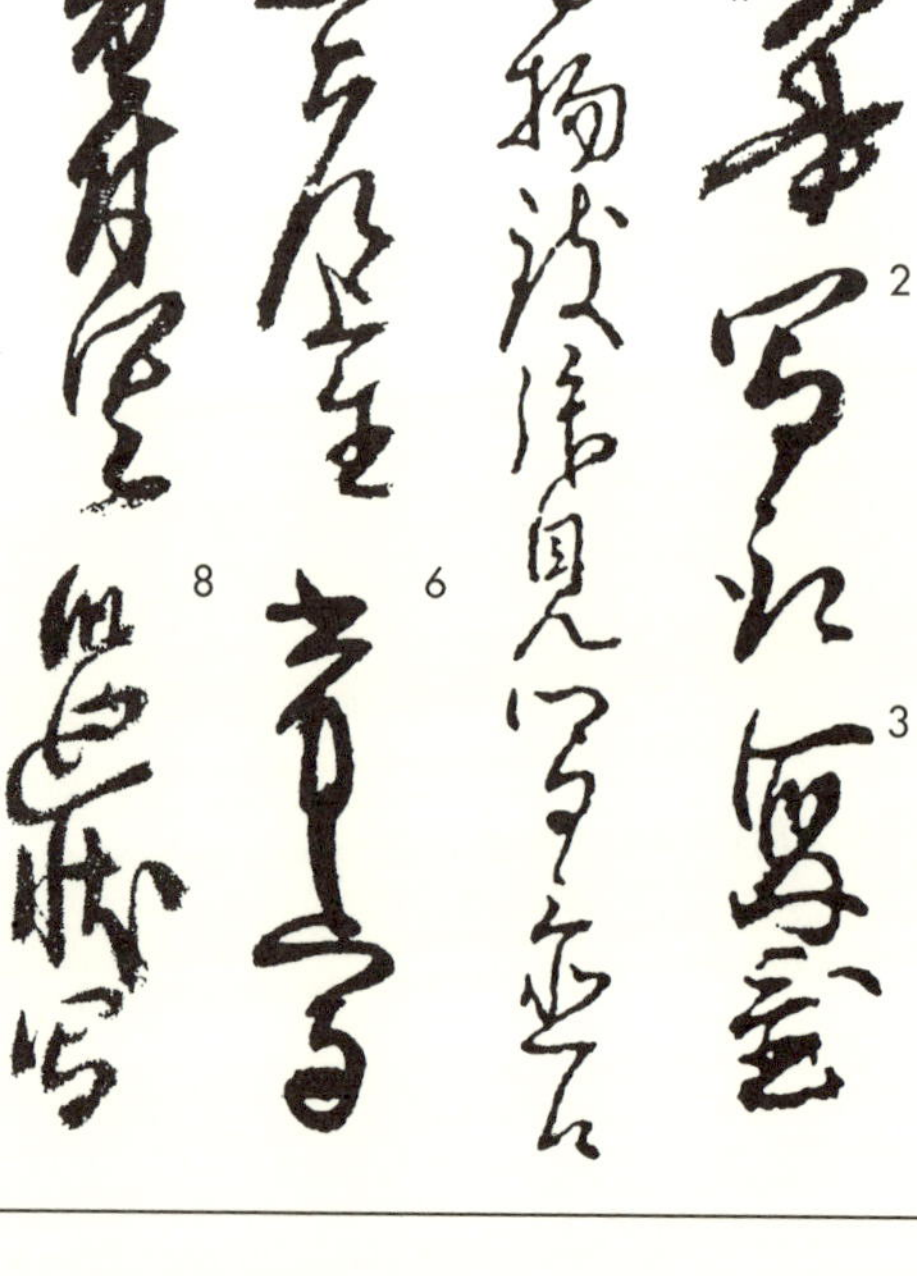

【用例】

1 写書《うつしがき》　2 写取《うつしとる》　3 寫置《うつしおく》　4 書物《かきもの》致二拝見一《はいけんいたし》写置《うつしおき》候《そうろう》　5 写差上置《うつしさしあげおく》

6 書付之写《かきつけのうつし》　7 書付写《かきつけうつし》　8 御廻状写《ごかいじょううつし》

244 【冥】 4429 メイ ミョウ

◎用例1〜5は雑税の「冥加」を指す。6以降は神仏の加護、冥利の意味で「冥加至極」が重要。「冥」の「六」が「大」になる点に注意。

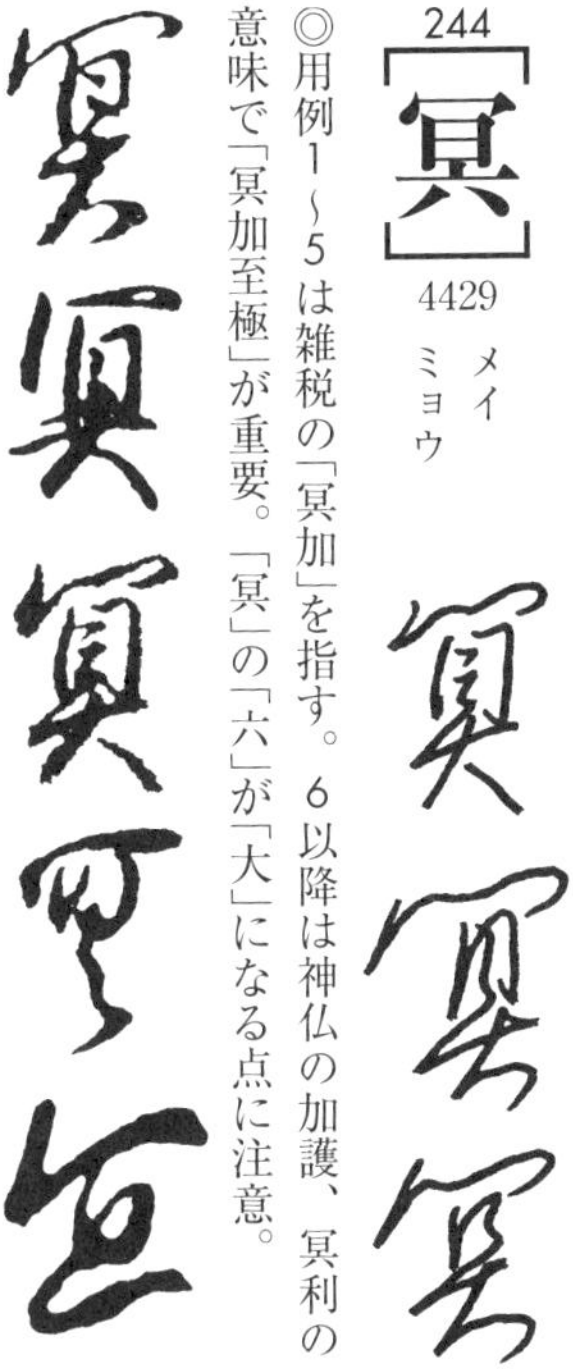

【用例】

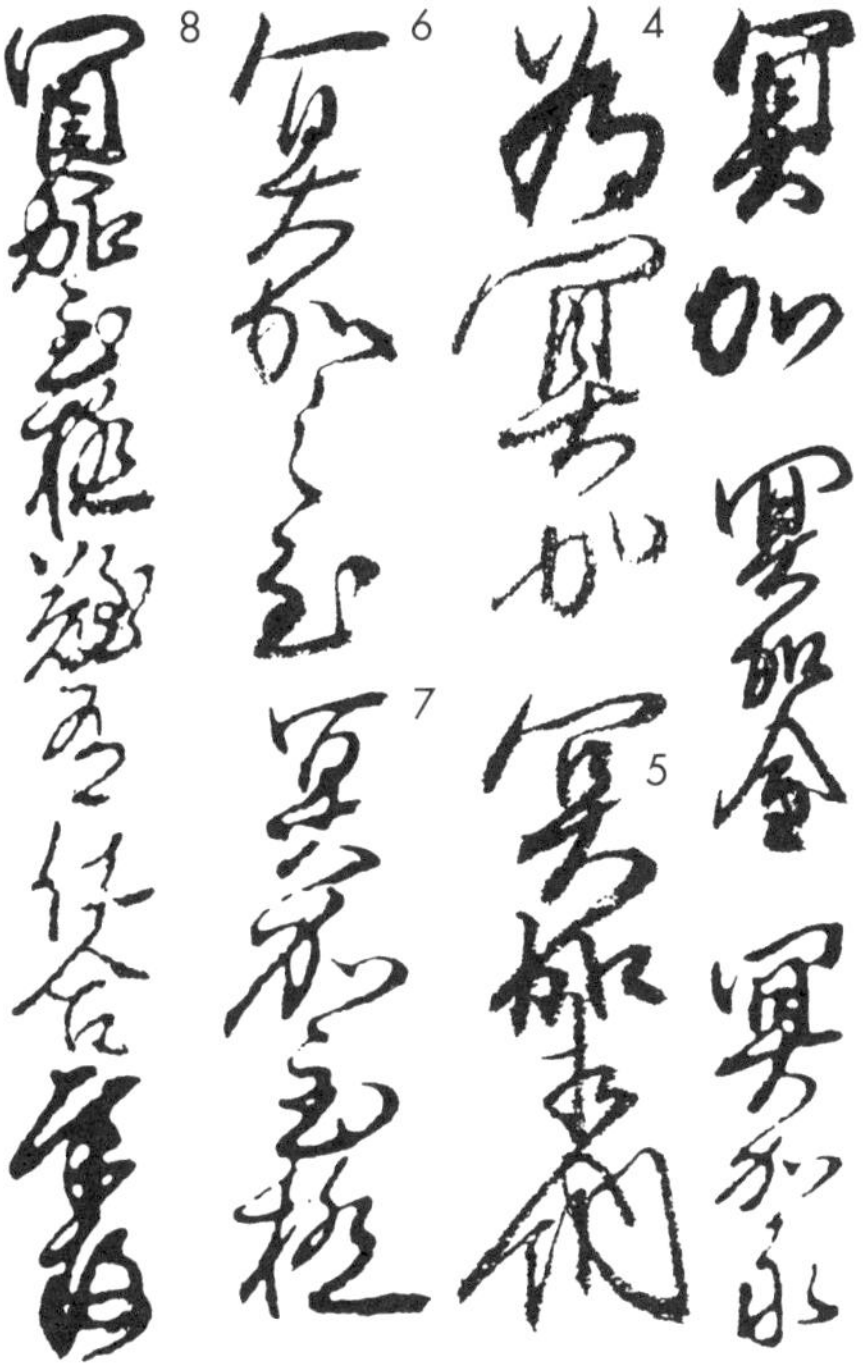

1 冥加《みょうが》　2 冥加金《みょうがきん》　3 冥加永《みょうがえい》　4 為二冥加一《みょうがとして》　5 冥加相納《みょうがあいおさめ》

6 冥加之至《みょうがのいたり》　7 冥加至極《みょうがしごく》　8 冥加至極難レ有仕合奉レ存《みょうがしごくありがたきしあわせにぞんじたてまつり》

245 【冬】 3763 トウ ふゆ

◎大きくくずされることはなく、単漢字4番目や用例2以外の判読は容易。季節を示す文言は「当」「昨」「去」などとセットで覚えたい。

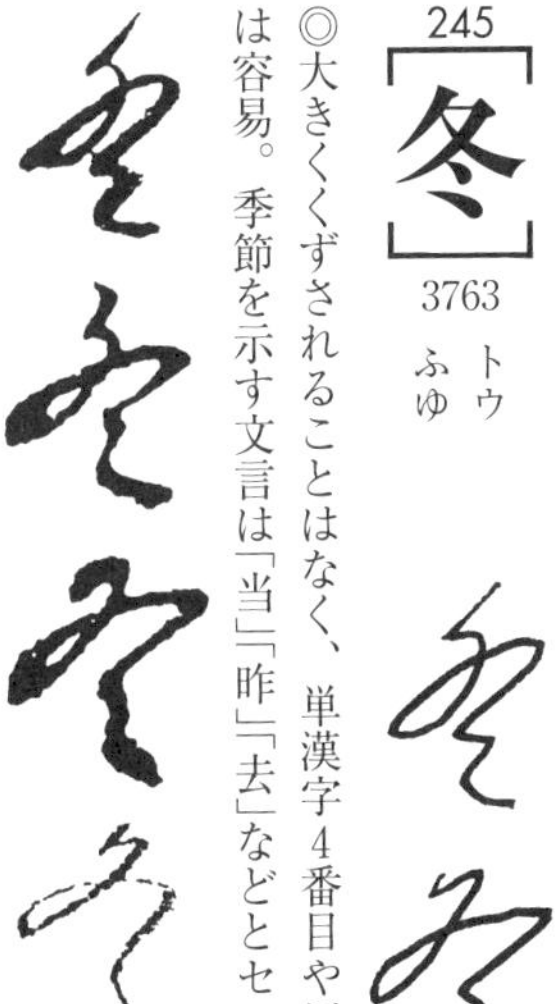

【用例】

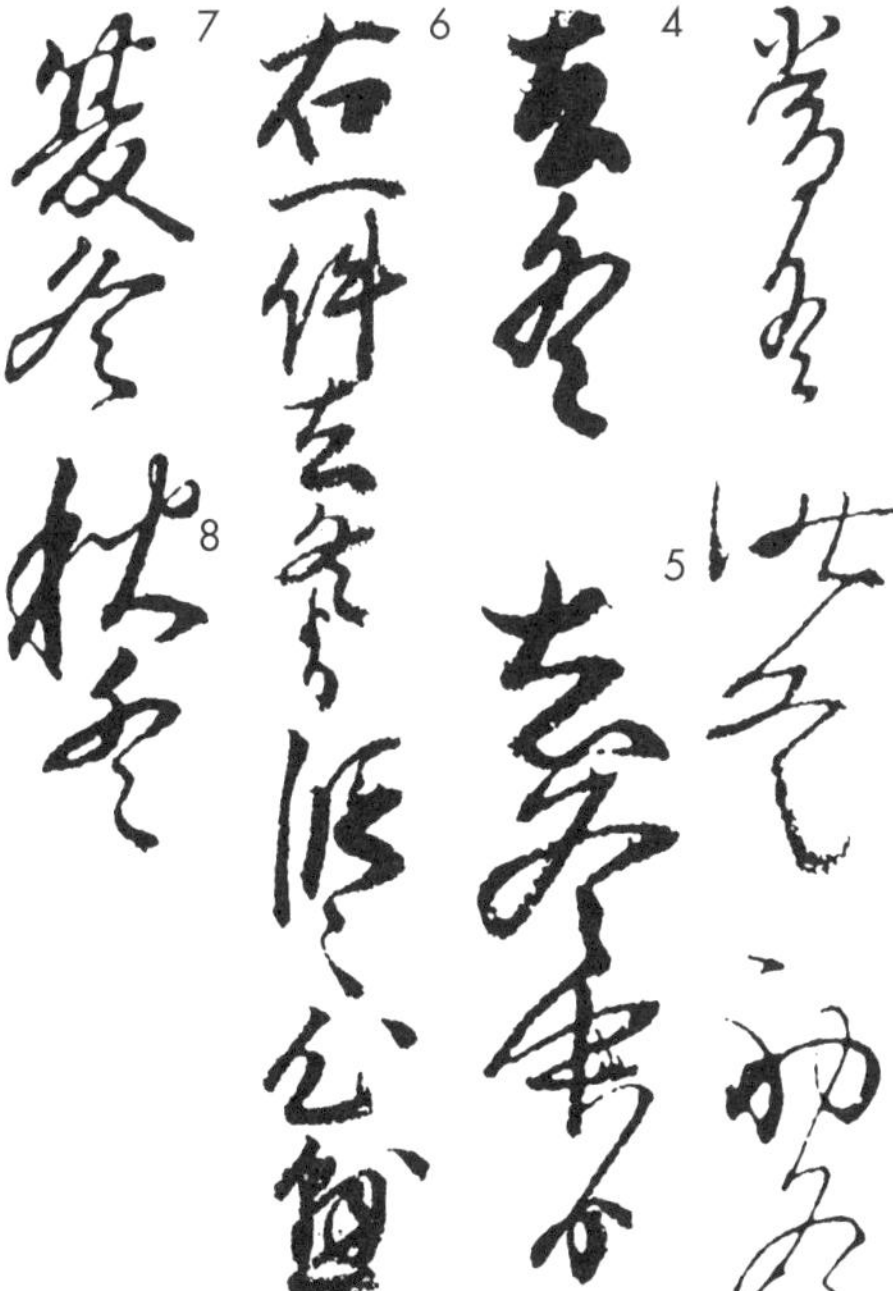

1 當冬《とうふゆ》　2 昨冬《さくとう》　3 初冬《しょとう》　4 去冬《さるふゆ／きょとう》　5 去冬中ゟ《きょとうちゅうより》

6 右一件去冬より段々心懸《みぎいっけんきょとうよりだんだんこころがけ》　7 夏冬《なつふゆ》　8 秋冬《あきふゆ》

246
冷
4668

レイ・リョウ
ひえる
つめたい

◎「令」（18頁）が判読できれば問題はないだろう。主として書状の時候の挨拶で使用され「冷気」「秋冷」は秋、「寒冷」は冬である。

【用例】

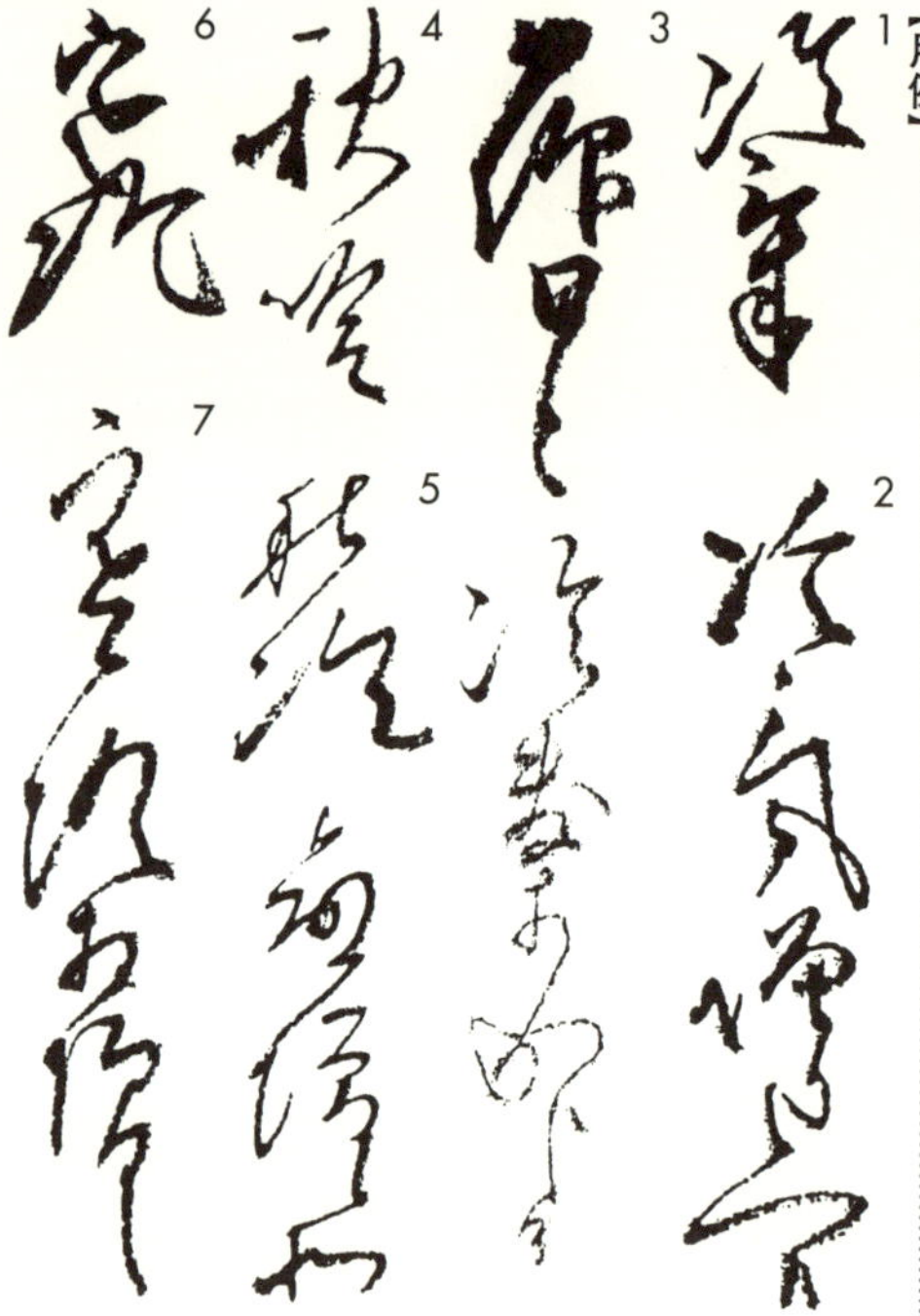

1 冷氣《れいき》　2 冷気増リ候《れいきまさりそうら》へ共《ども》　3 如レ仰《おおせのごとく》日々《ひび》冷敷相成申候《すずしくあいなりもうしそうろう》
4 秋冷《しゅうれい》　5 秋冷愈増候所《しゅうれいいよいよましそうろうところ》
6 寒冷《かんれい》　7 寒冷相増し《かんれいあいまし》

247
凡
4362

ボン・ハン
およそ
すべて

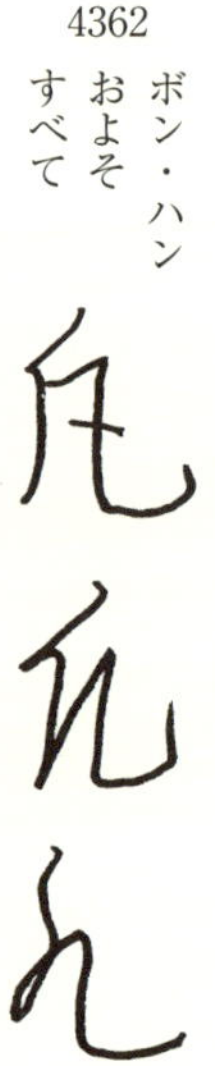

◎「几」の中に「丶」を打たずに上に「ノ」を付ける単漢字2番目以降の異体字のくずしが基本形である（異体字一覧参照）。

【用例】

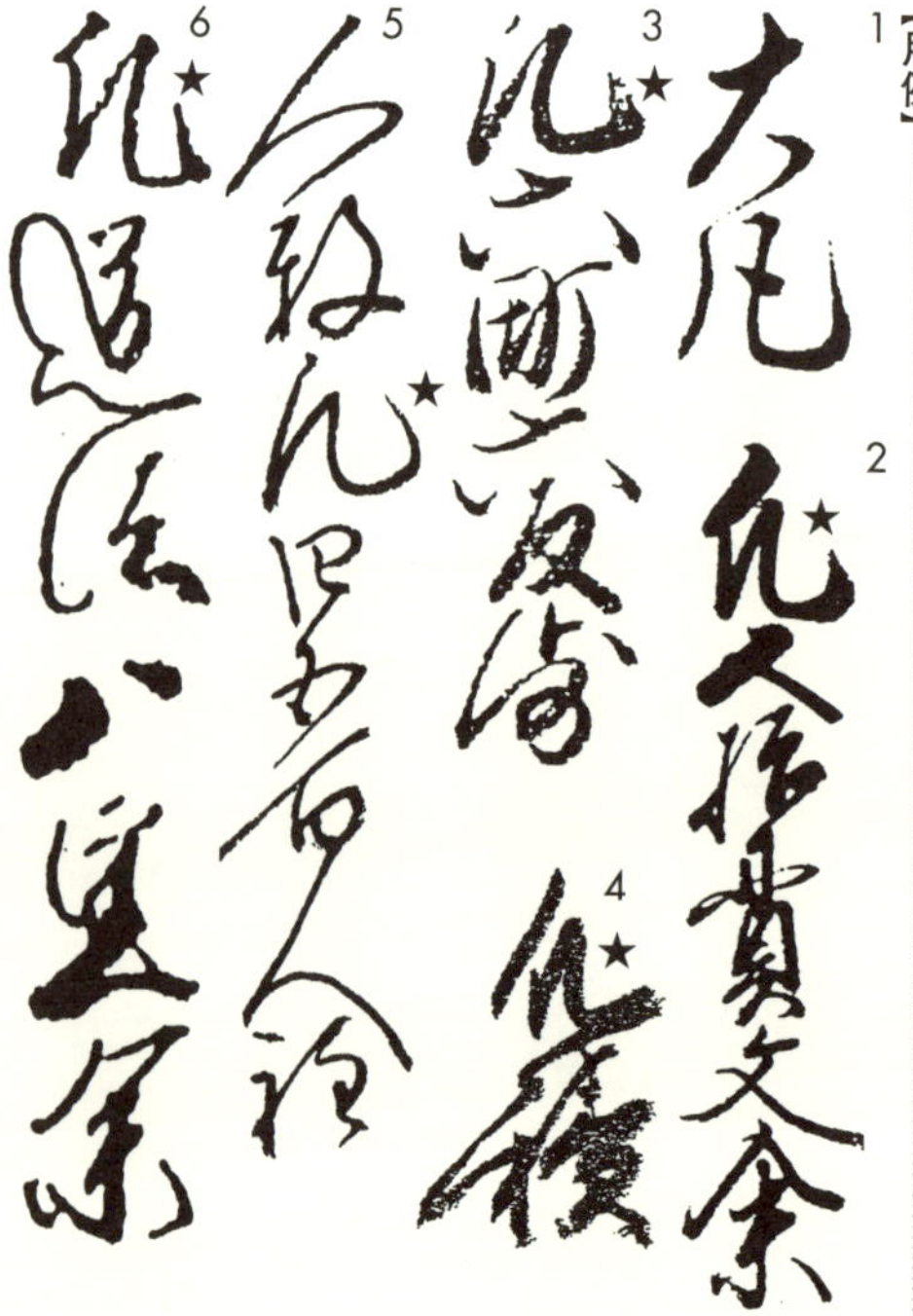

1 大凡《おおよそ》　2 凡五拾貫文余《およそごじゅっかんもんあまり》　3 凡六町六反歩《およそろくちょうろくたんぶ》
4 凡積《およそづもり》　5 人数凡四五百人程《にんずうおよそしごひゃくにんほど》　6 凡道法八里余《およそみちのりはちりあまり》

248 凶 2207

キョウ

◎「凶」には上に「亠」の付く異体字のくずし（異体字一覧参照）がある。また右側の縦棒のくずし様に注意したい。「凶作」「凶年」が頻出。

【用例】

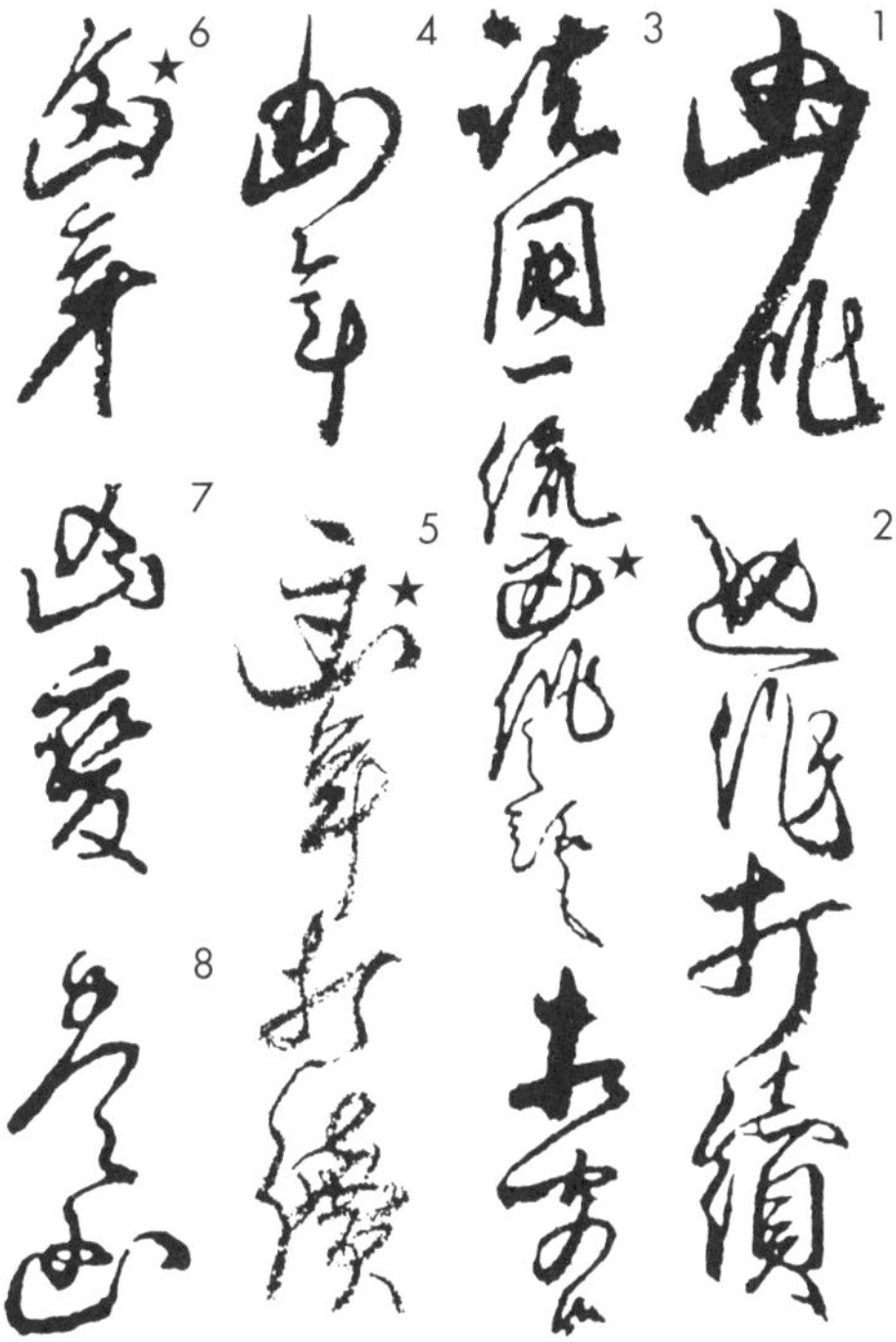

1 凶作《きょうさく》
2 凶作打續《きょうさくうちつづき》
3 諸國一統凶作之趣《しょこくいっとうきょうさくのおもむき》も相聞候《あいきこえそうろう》
4 凶年《きょうねん》
5 凶年打續《きょうねんうちつづき》
6 凶年《きょうねん》
7 凶変《きょうへん》
8 豊凶《ほうきょう》

249 刈 2002

ガイ
かる
かり

◎上に「艹」の付く「苅」（異体字一覧参照）のくずしもあるが、いずれも判読は容易だろう。「草刈」が頻出する。

【用例】

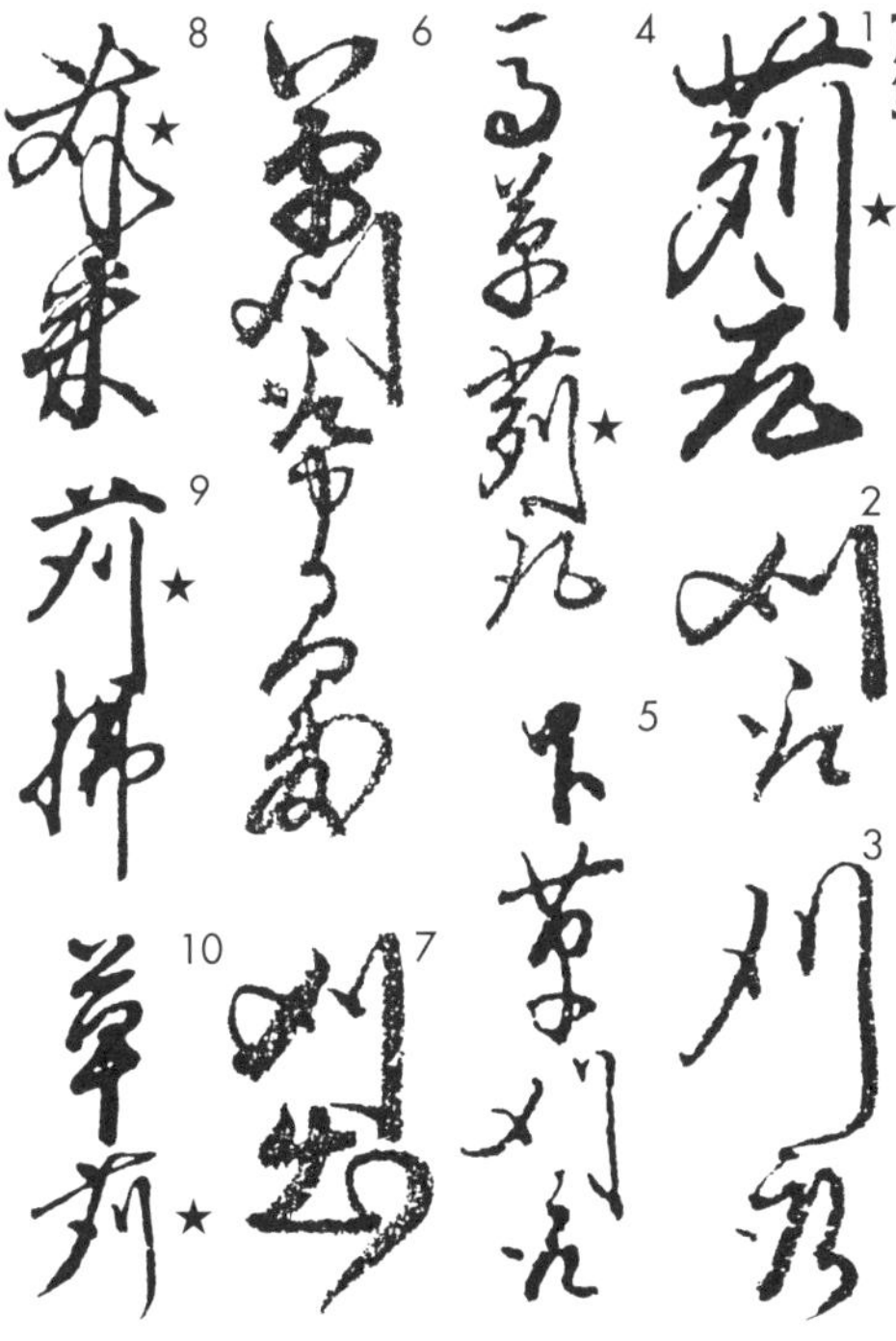

1〜3 刈取《かりとる》
4 馬草刈取《まぐさかりとり》
5 下草刈取《したくさかりとり》
6 草刈取申間敷《くさかりとりもうすまじく》
7 刈出《かりだす》
8 刈来《かりきたる》
9 刈拂《かりはらう》
10 草刈《くさかり》

250 【切】 3258

セツ・サイ
きり
きる

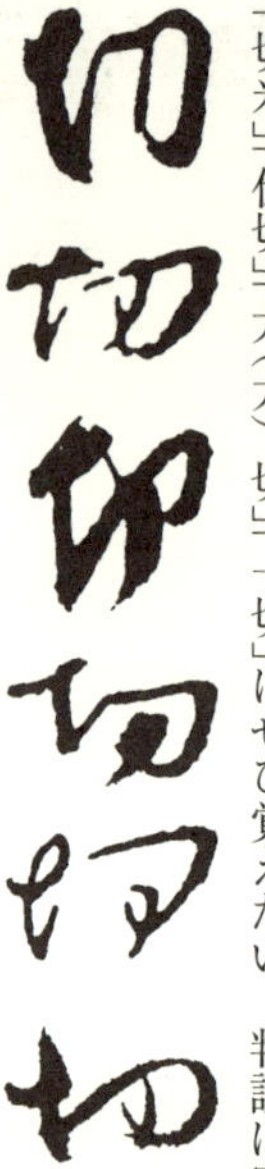

◎用例の豊富な重要語句である。用例1・12は「限」（253頁）と同義、「切米」「仕切」「大（太）切」「一切」はぜひ覚えたい。判読は容易。

【用例】

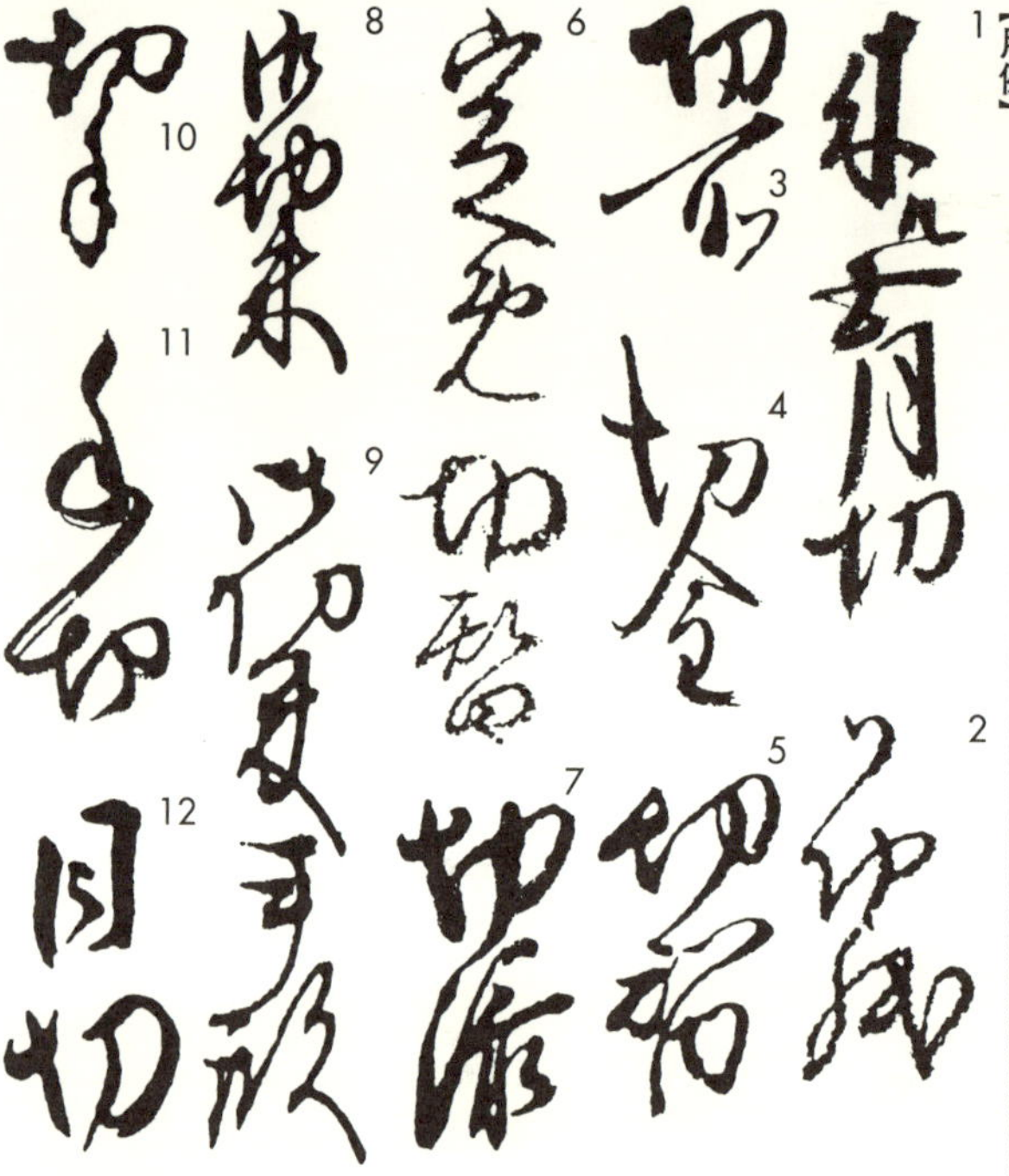

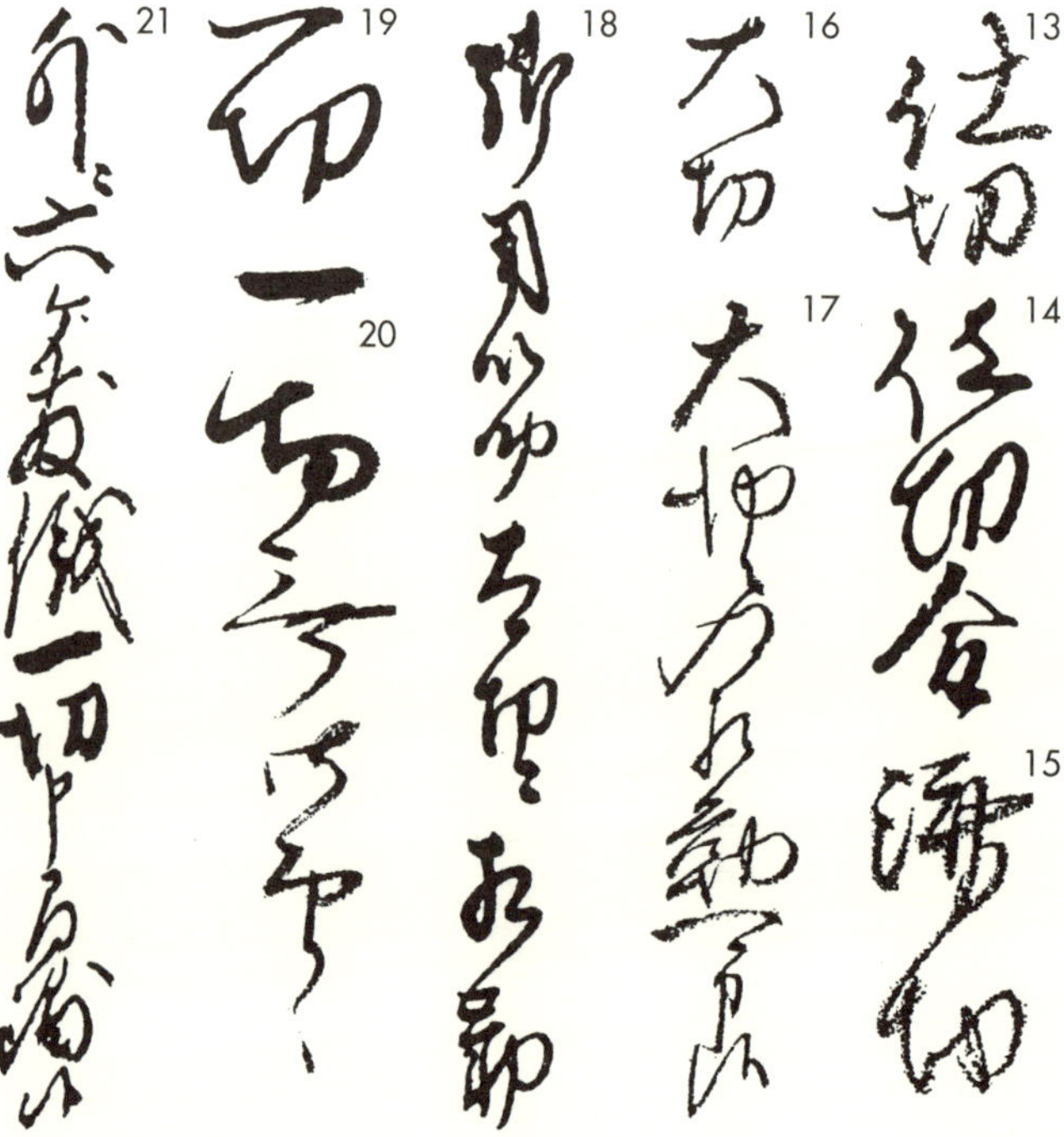

1 来《きた》ル五月切《ごがつぎり》　2 御切紙《おきりがみ》　3 切所《せっしょ》　4 切金《きりきん》《きりがね》　5 切替《きりかえ》　6 定免切替《じょうめんきりかえ》
7 切添《きりそえ》　8 御切米《おきりまい》　9 御切米手形《おきりまいてがた》　10 切手《きって》　11 手切《てぎれ》　12 日切《ひぎり》
13 仕切《しきり》　14 仕切金《しきりきん》　15 済切《すましぎり》　16 大切《たいせつ》　17 大切ニ為二相勤一可レ申候《たいせつにあいつとめさせもうすべくそうろう》
18 御用筋太切ニ相勤《ごようすじたいせつにあいつとめ》　19 一切《いっさい》　20 一切無二御坐一候《いっさいござなくそうろう》
21 外ニ六ヶ敷儀一切申間鋪候《ほかにむつかしきぎいっさいもうすまじくそうろう》

251 初 2973

ショ／はじめ　はつ・うい　そめる

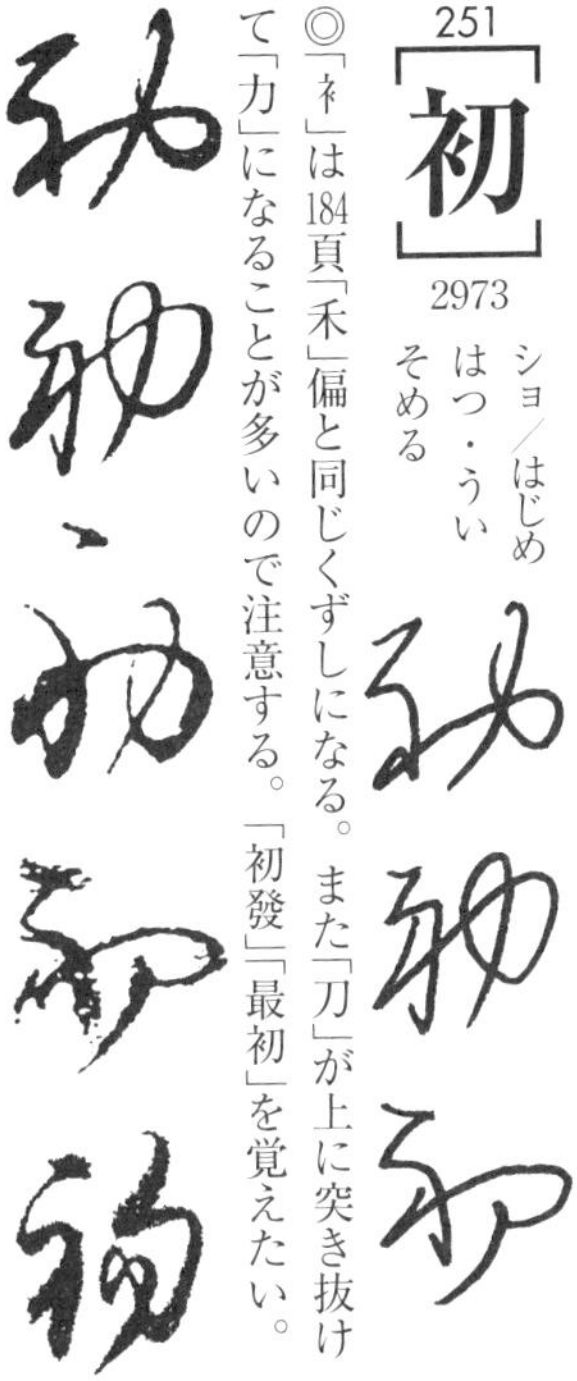

◎「衤」は184頁「禾」偏と同じくずしになる。また「刀」が上に突き抜けて「力」になることが多いので注意する。「初發」「最初」を覚えたい。

【用例】

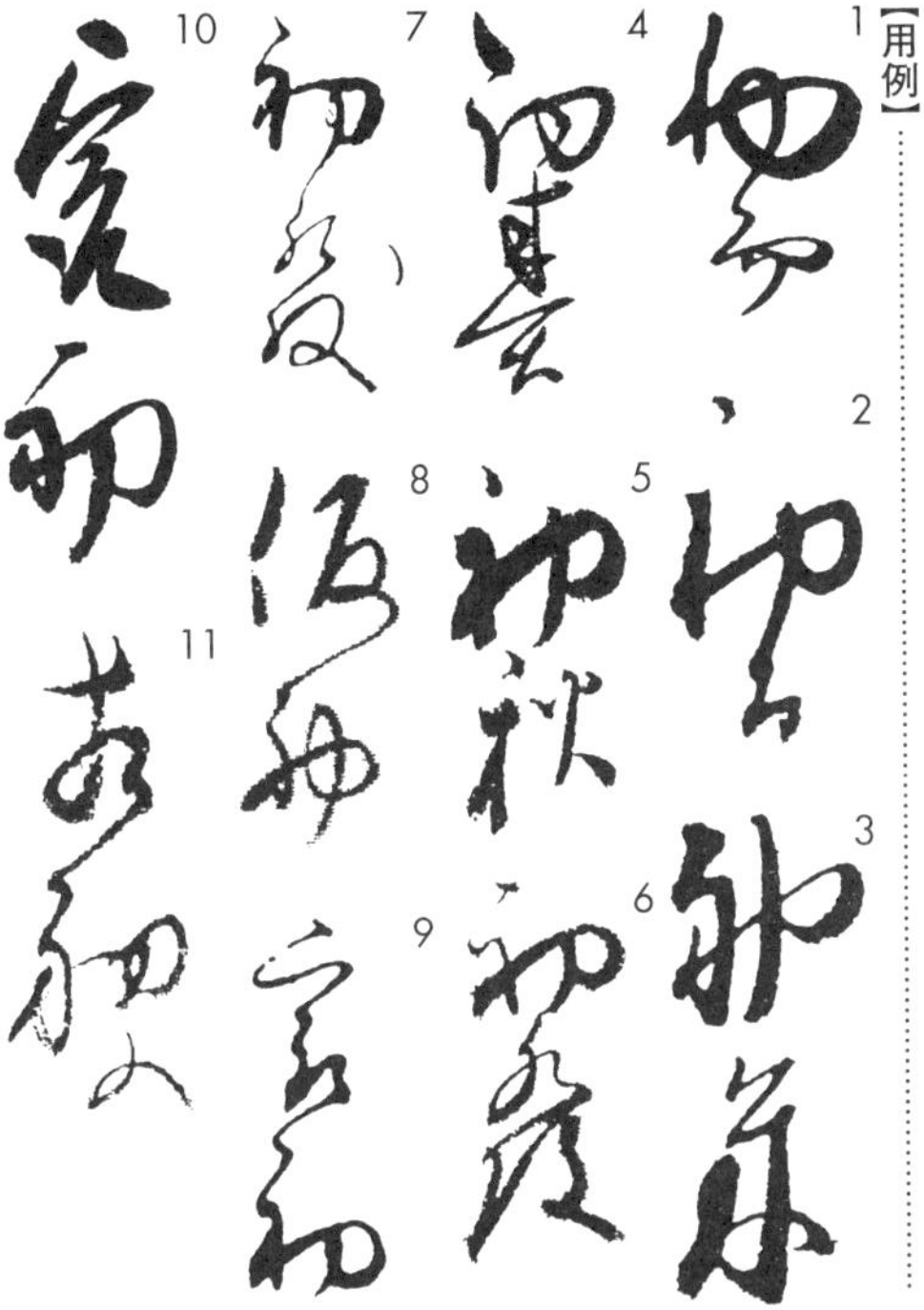

1・2 初而《はじめて》　3 初米《はつまい》　4 初春《しょしゅん》　5 初秋《しょしゅう》　6・7 初發《しょはつ》　8 仮初《かりそめ》　9・10 最初《さいしょ》　11 相初メ《あいはじめ》

252 判 4029

ハン　バン

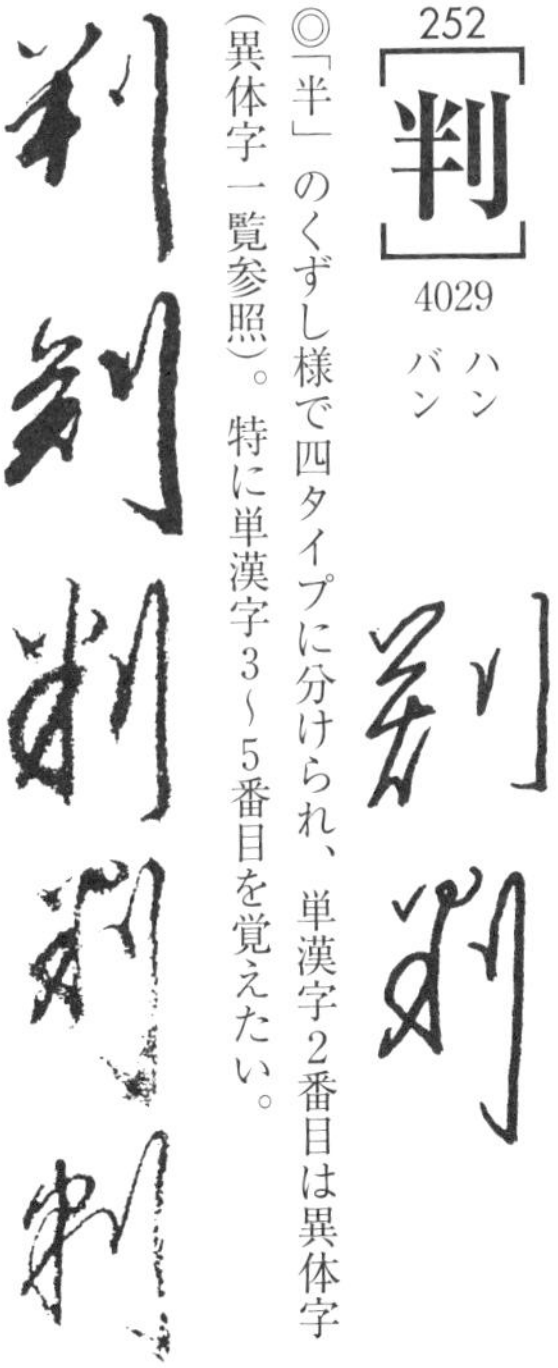

◎「半」のくずし様で四タイプに分けられ、単漢字2番目は異体字（異体字一覧参照）。特に単漢字3〜5番目を覚えたい。

【用例】

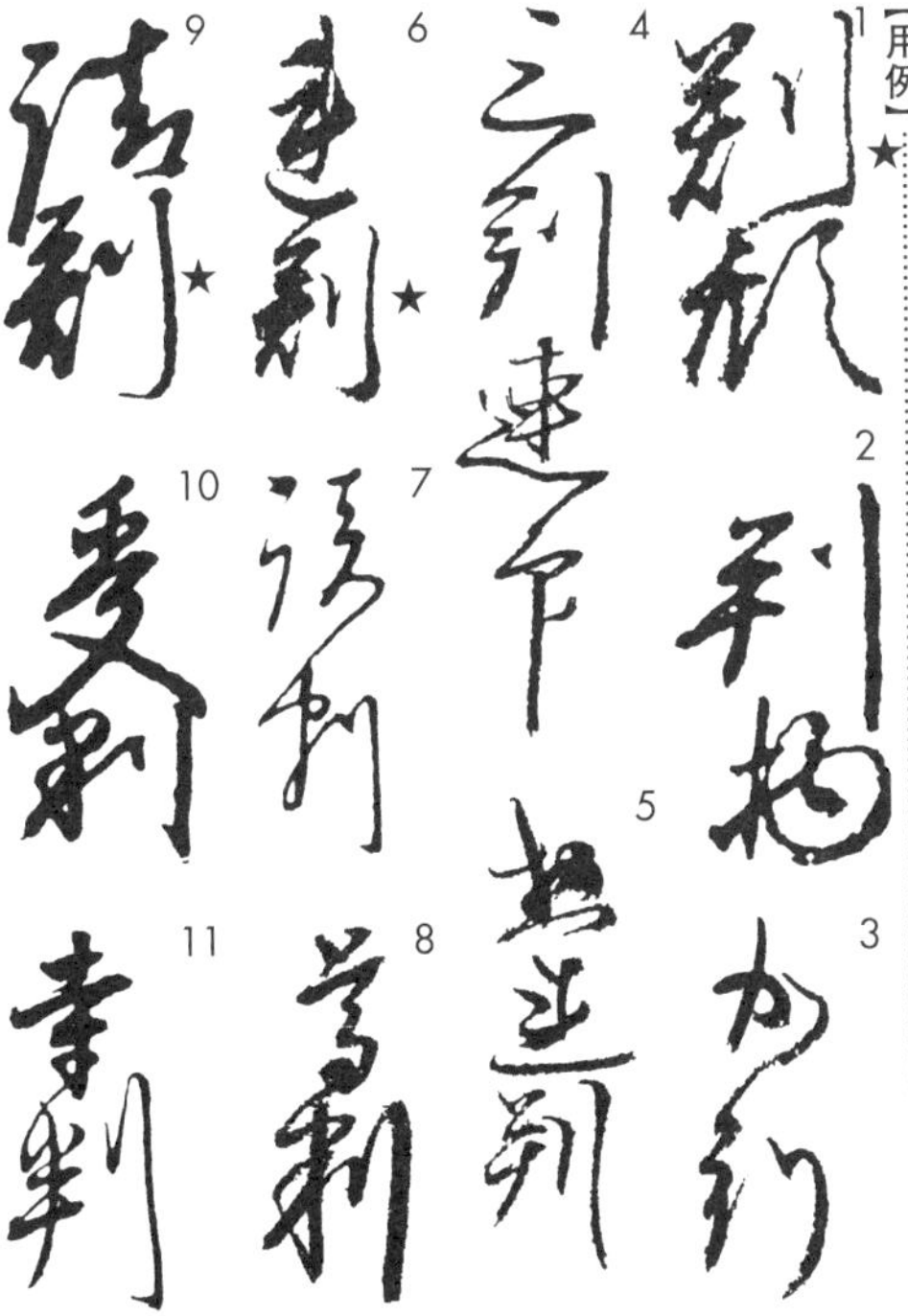

1 判形《はんぎょう》　2 判物《はんもつ》　3 加判《かはん》　4 三判連印《さんばんれんいん》　5 惣連判《そうれんばん》　6 連判《れんばん》　7 談判《だんばん》　8 尊判《そんばん》　9 請判《うけはん》　10 受判《うけはん》　11 寺判《じはん》

253 利

4588

リ
きく

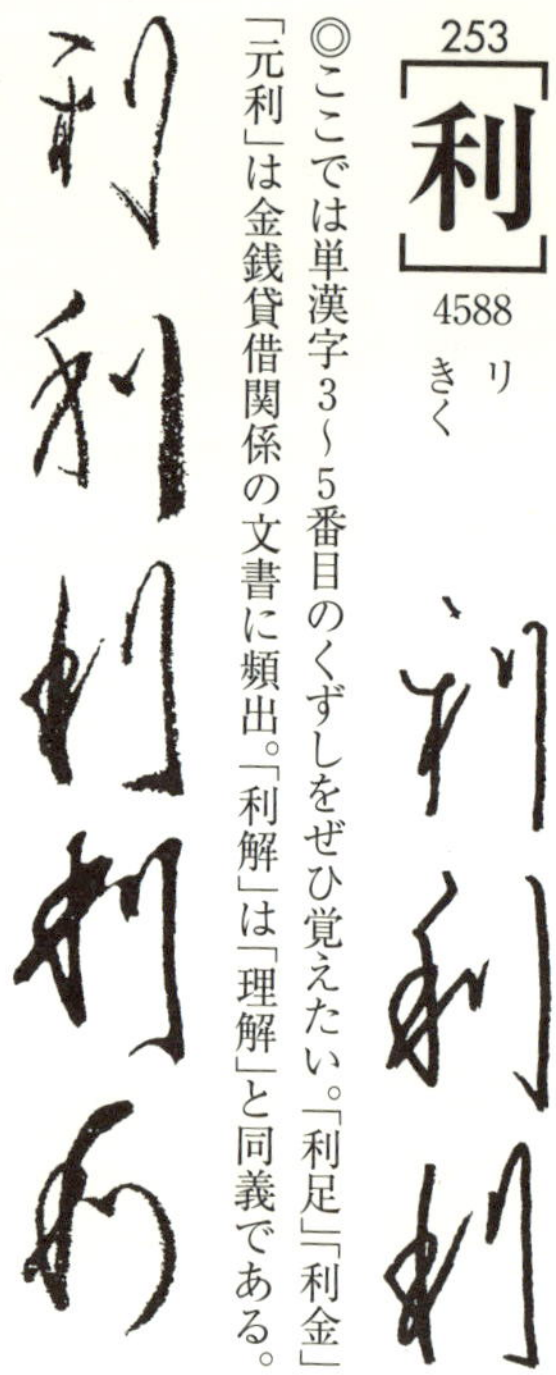

◎ここでは単漢字3～5番目のくずしをぜひ覚えたい。「利足」「利金」「元利」は金銭貸借関係の文書に頻出。「利解」は「理解」と同義である。

【用例】

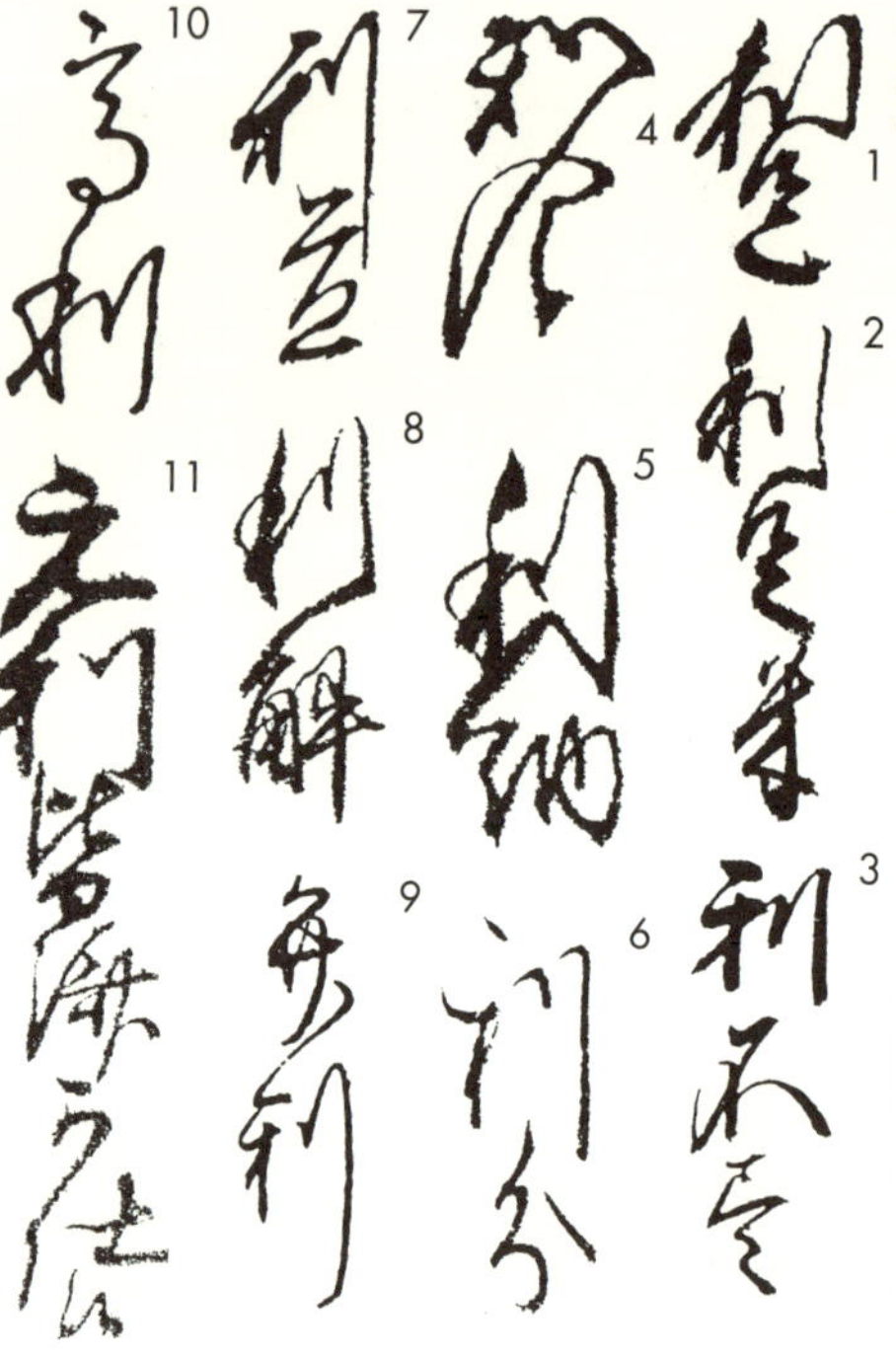

1 利足《りそく》
2 利足米《りそくまい》
3 利不尽《りふじん》
4 利金《りきん》
5 利納《りのう》
6 利分《りぶん》
7 利益《りやく／りえき》
8 利解《りかい》
9 弁利《べんり》
10 高利《こうり》
11 元利《がんり》皆済《かいさい》可レ仕候《つかまつるべくそうろう》

254 刻

2579

コク／とき
きざむ
きざみ

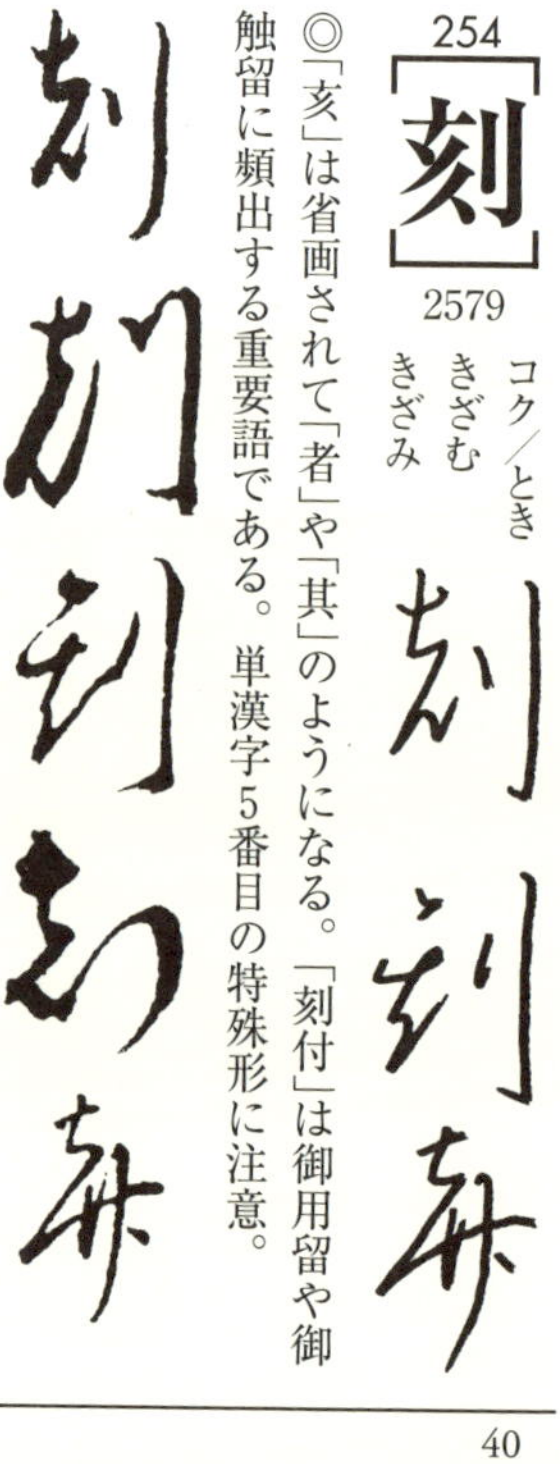

◎「亥」は省画されて「者」や「其」のようになる。「刻付」は御用留や御触留に頻出する重要語である。単漢字5番目の特殊形に注意。

【用例】

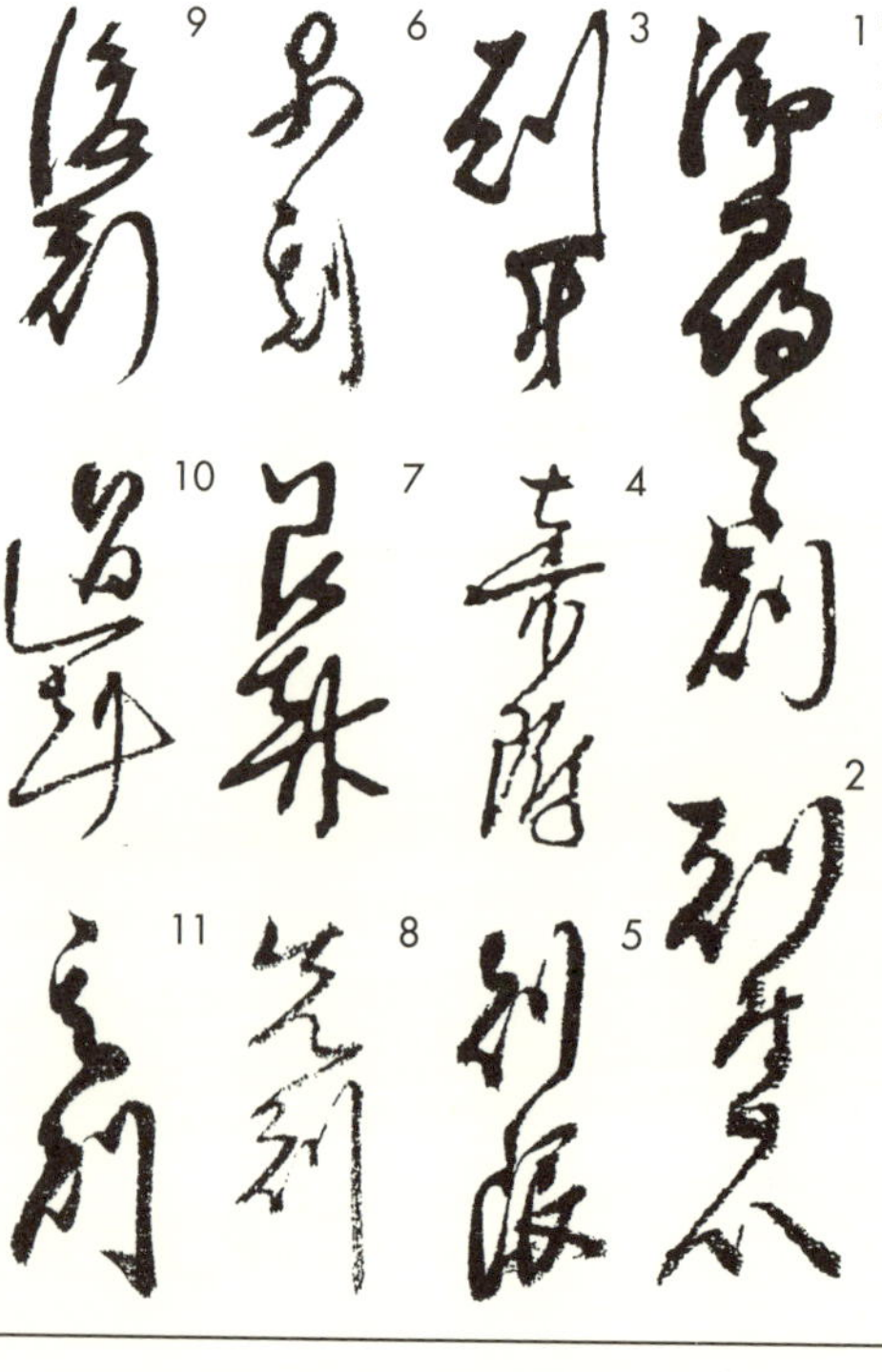

1 御尋之刻《おたずねのとき》
2 刻付ヲ以《こくづけをもって》
3 刻付《こくづけ》
4 刻附《こくづけ》
5 刻限《こくげん》
6 早刻《そうこく》
7 即刻《そっこく》
8 先刻《せんこく》
9 後刻《こうこく／ごこく》
10 過刻《かこく》
11 其刻《そのとき》

255 到 3794

トウ
いたる

◎「刂」を点であらわす単漢字2〜4番目のくずしをぜひ覚えたい。この場合「至」と酷似するので注意。「至着」と記されることも多い。

【用例】

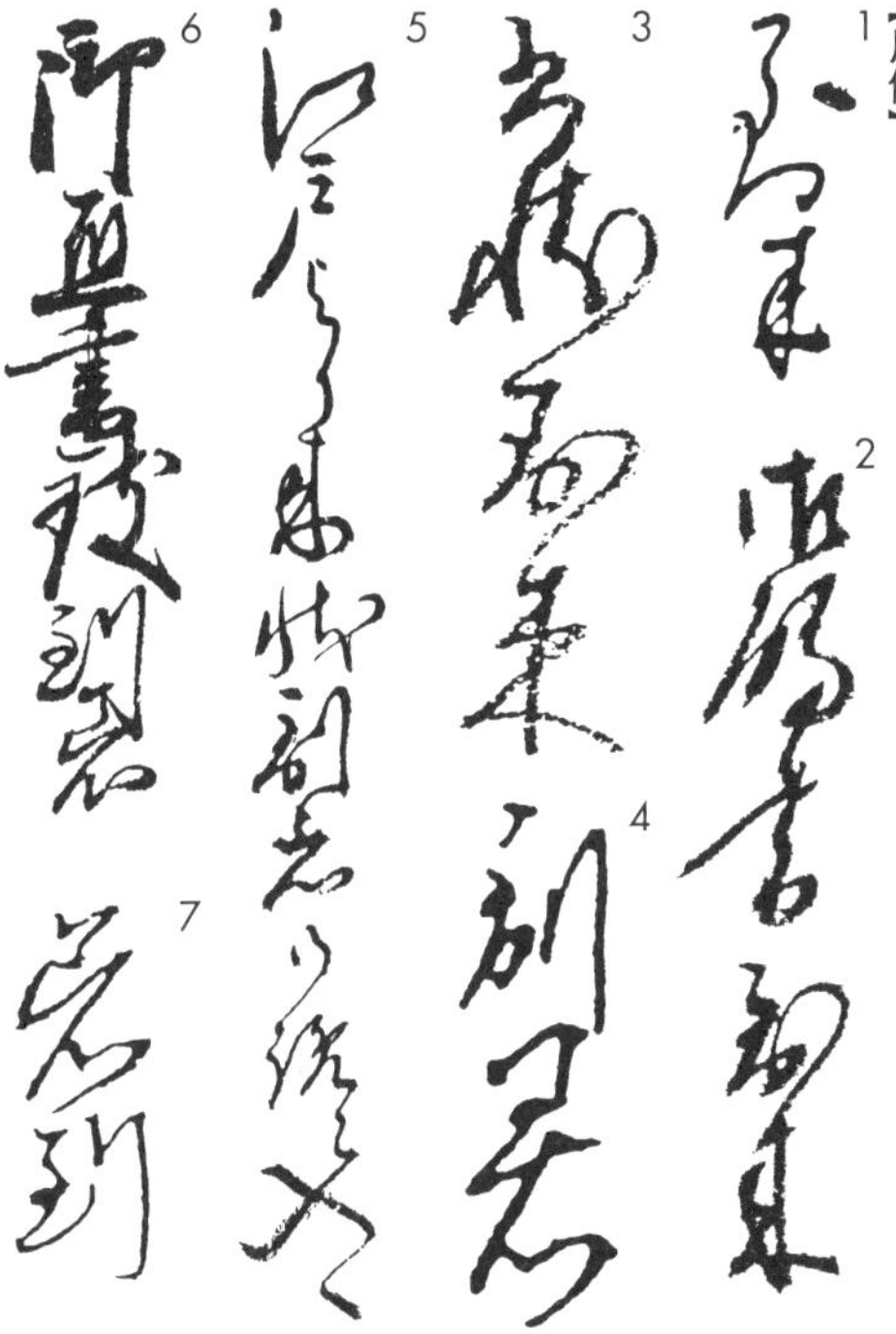

1 到来《とうらい》　2 御触書到来《おふれがきとうらい》　3 書状到来《しょじょうとうらい》　4 到着《とうちゃく》

5 江戸《えど》より来状到着御覧ニ入候《らいじょうとうちゃくごらんにいれそうろう》

6 御直書致二到着一《ごじきしょとうちゃくいたし》

7 着到《ちゃくとう》

256 則 3407

ソク
すなわち
のり

◎古文書ではもっぱら「則〜」という形で登場し、熟語は見られない。単漢字の2・3番目が基本形だが、4・5番目も頭に入れておきたい。

【用例】

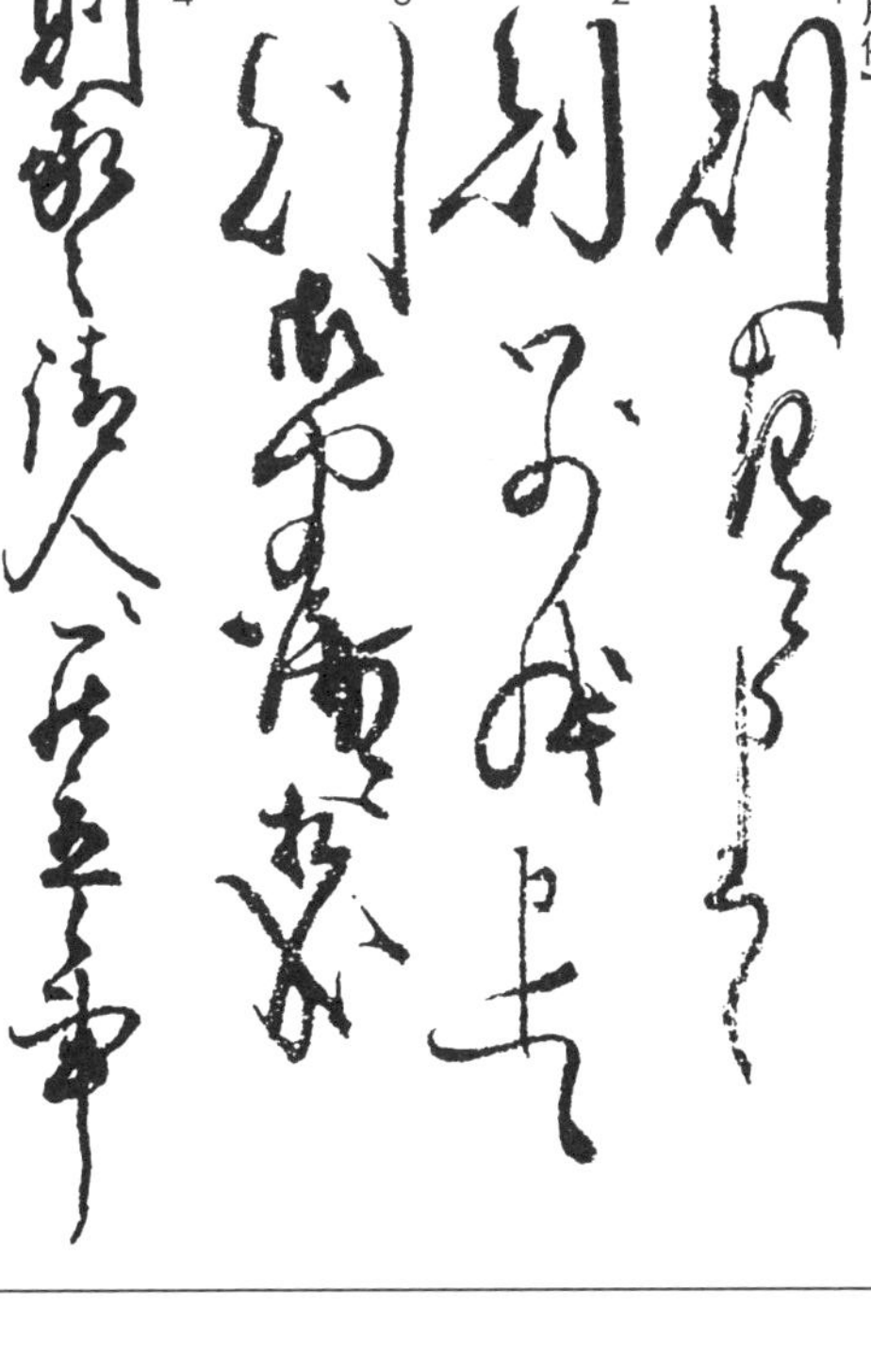

1 則《すなわち》左《さ》ニ《に》申上候《もうしあげそうろう》

2 則《すなわち》別紙《べっし》申上候《もうしあげそうろう》

3 則《すなわち》御聞済ニ相成《おききすましにあいなり》

4 則《すなわち》我々請人ニ《われわれうけにんに》罷立候事《まかりたちそうろうこと》

257
加
1835
カ
くわえる

◎旁の「口」のくずし様に注意すれば判読は問題ないだろう。用例は多く、特に「加判」「加様」「差加」は頻出の重要語である。

【用例】

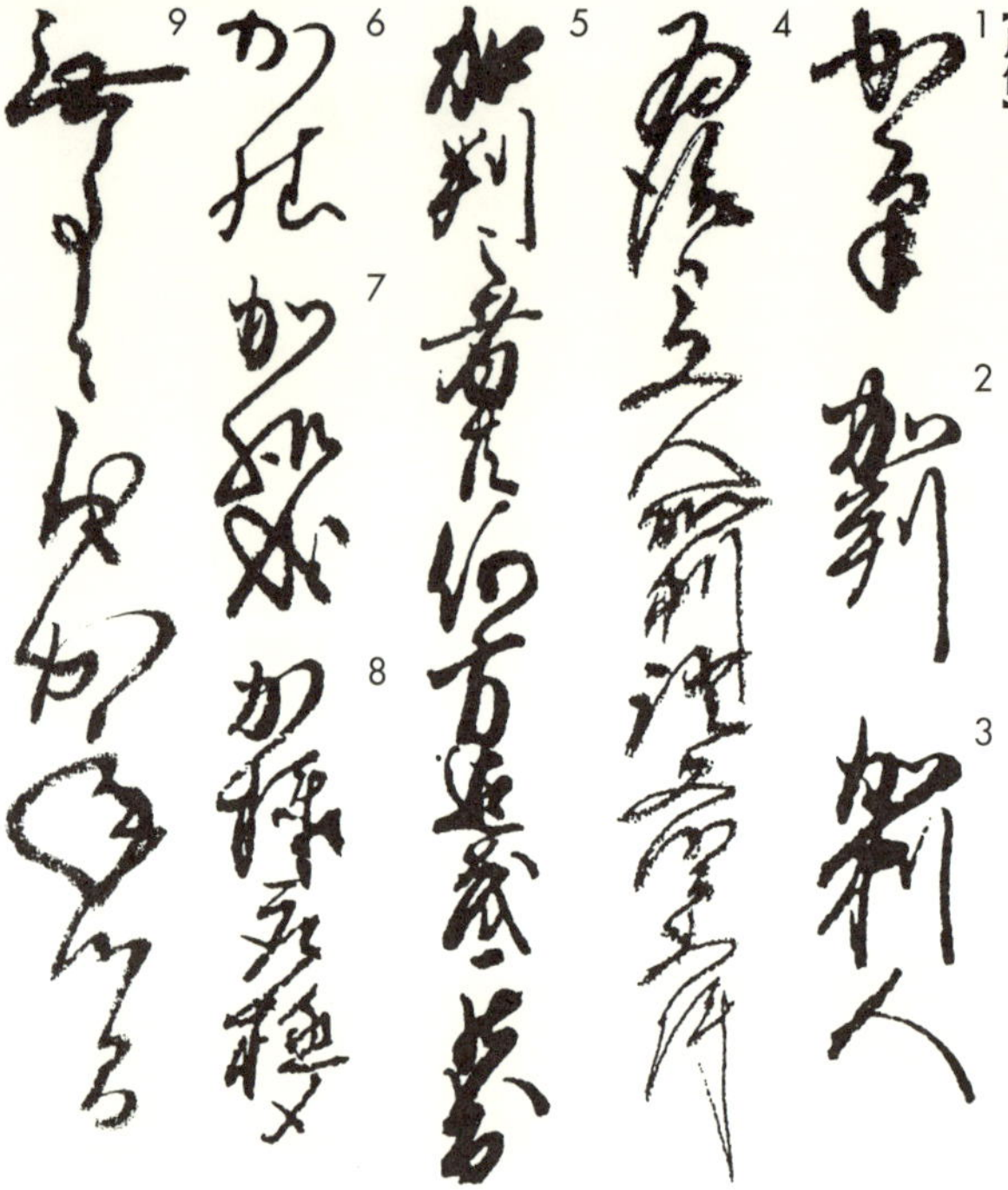

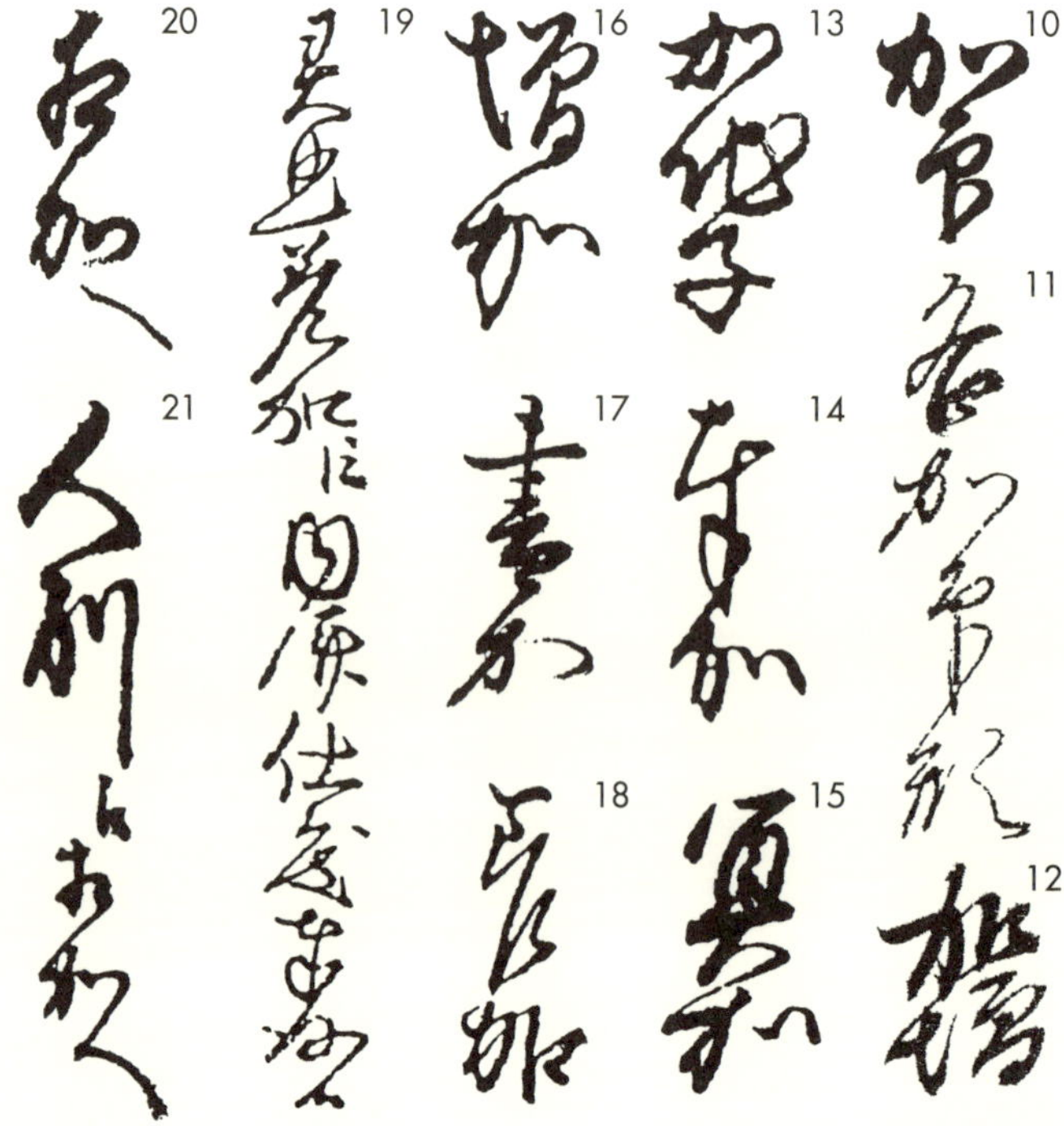

1 加筆《かひつ》　2 加判《かはん》　3 加判人《かはんにん》　4 為二後日一受人加判證文《ごじつのためうけにんかはんしょうもん》、仍而如レ件《よってくだんのごとし》
5 加判之者共何方迄茂罷出《かはんのものどもいずかたまでもまかりいで》　6 加様《かよう》　7 加様成《かようなる》　8 加様取極メ《かようとりきめ》
9 無事《ぶじ》ニ致二加年一候間《にかねんいたしそうろうあいだ》　10 加印《かいん》　11 各　加二印形一《おのおのいんぎょうをくわえ》　12 加増《かぞう》
13 加地子《かじし》　14 奉加《ほうが》　15 冥加《みょうが》　16 増加《ぞうか》　17 書加《かきくわえ》　18 差加《さしくわえ》
19 異見差加江　内　済　仕　度　奉レ　存　候《いけんさしくわえないさいつかまつりたくぞんじたてまつりそうろう》
20 相加へ《あいくわわ》
21 人別江相加へ《にんべつへあいくわわ》

258 助

2985

ジョ たすける すけ

◎旁は「目」や「日」のようにくずされるが、「力」がはっきりしているので問題ないだろう。ここでは「助郷(合)」を第一に覚えたい。

【用例】

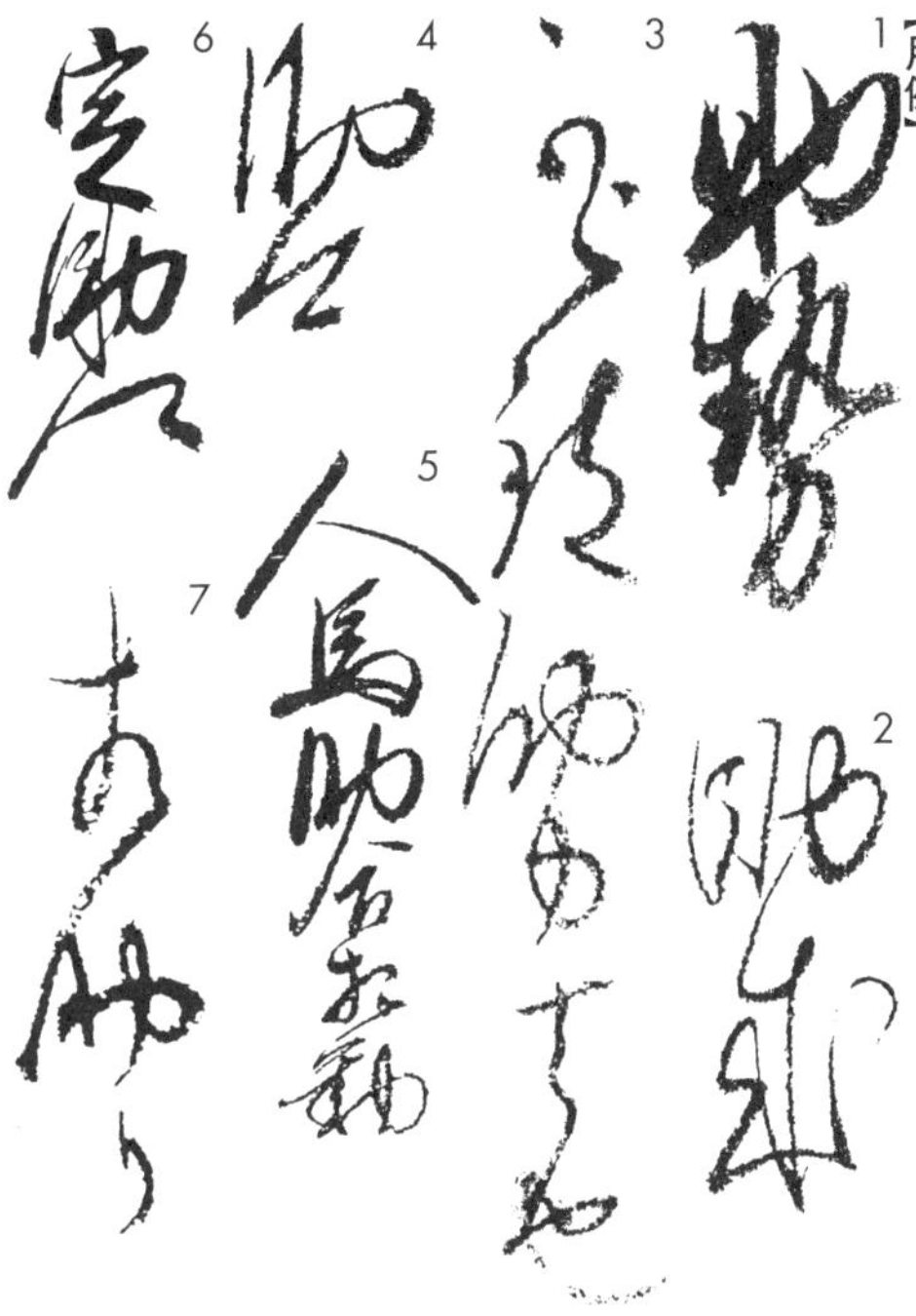

1 助勢《じょせい》 2 助成《じょせい》 3 可レ被レ致二助力一者也《じょりょくいたさるべきものなり》 4 助郷《すけごう》
5 人馬助合相勤《じんばすけごうあいつとめ》 6 定助郷《じょうすけごう》 7 相助り《あいたすかり》

259 労(勞)

4711
5009

ロウ つかれる いたわる

◎単漢字の3番目が基本形。「冖」のない単漢字4番目と用例2・7・8のくずしに注意。209頁「苦」との熟語で「苦労」をぜひ覚えたい。

【用例】

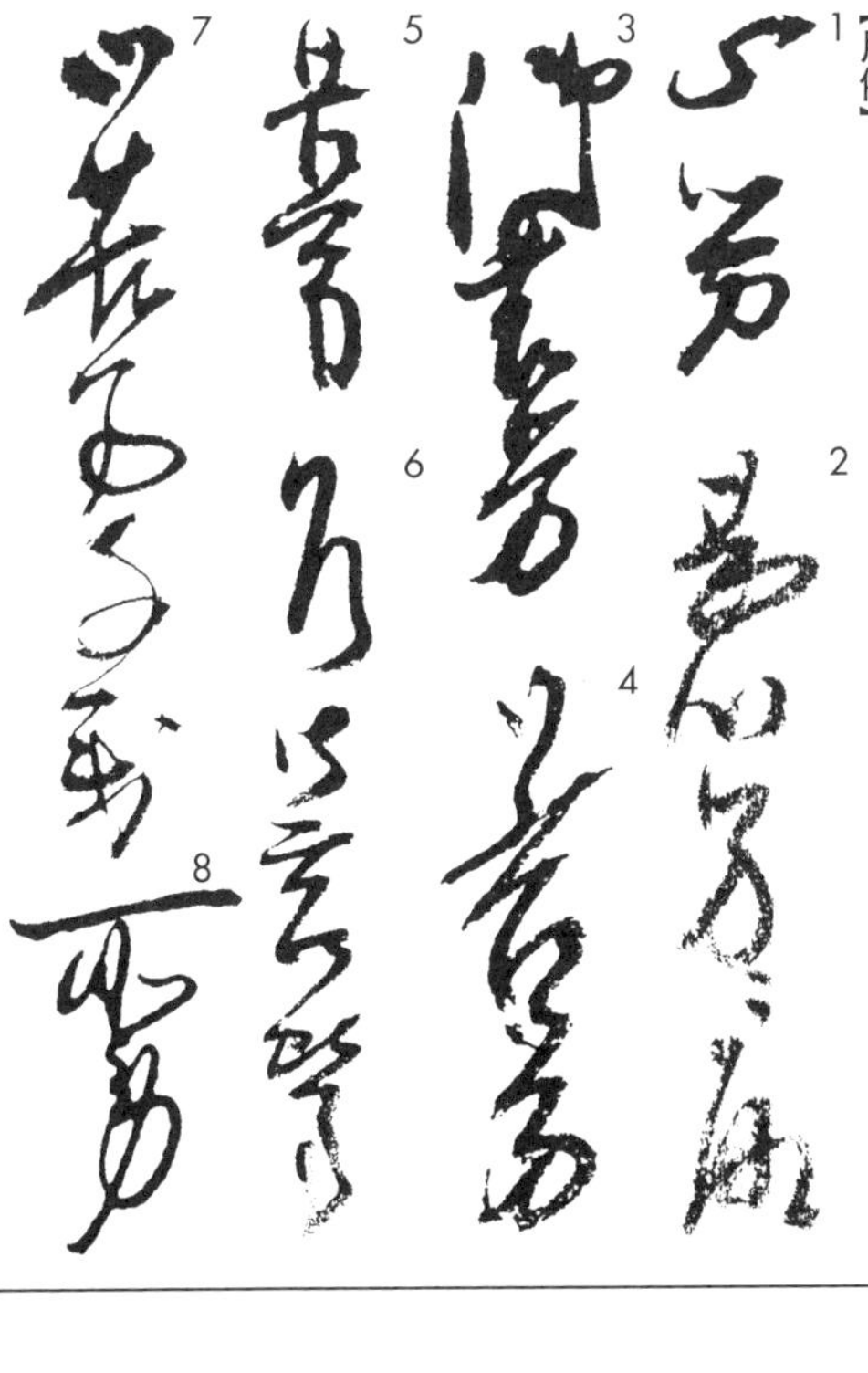

1 心労《しんろう》 2 甚心労ニ存候《はなはだしんろうにぞんじそうろう》 3・4 御苦労《ごくろう》 5 苦労《くろう》
6 乍二御苦労一《ごくろうながら》 7 御苦労千萬《ごくろうせんばん》 8 所労《しょろう》

260 勘 2010

カン

◎「勘弁」「勘定」が頻出する重要語である。単漢字5番目のように極端にくずされることは稀だが、「甚」の省画形には注意したい。

【用例】

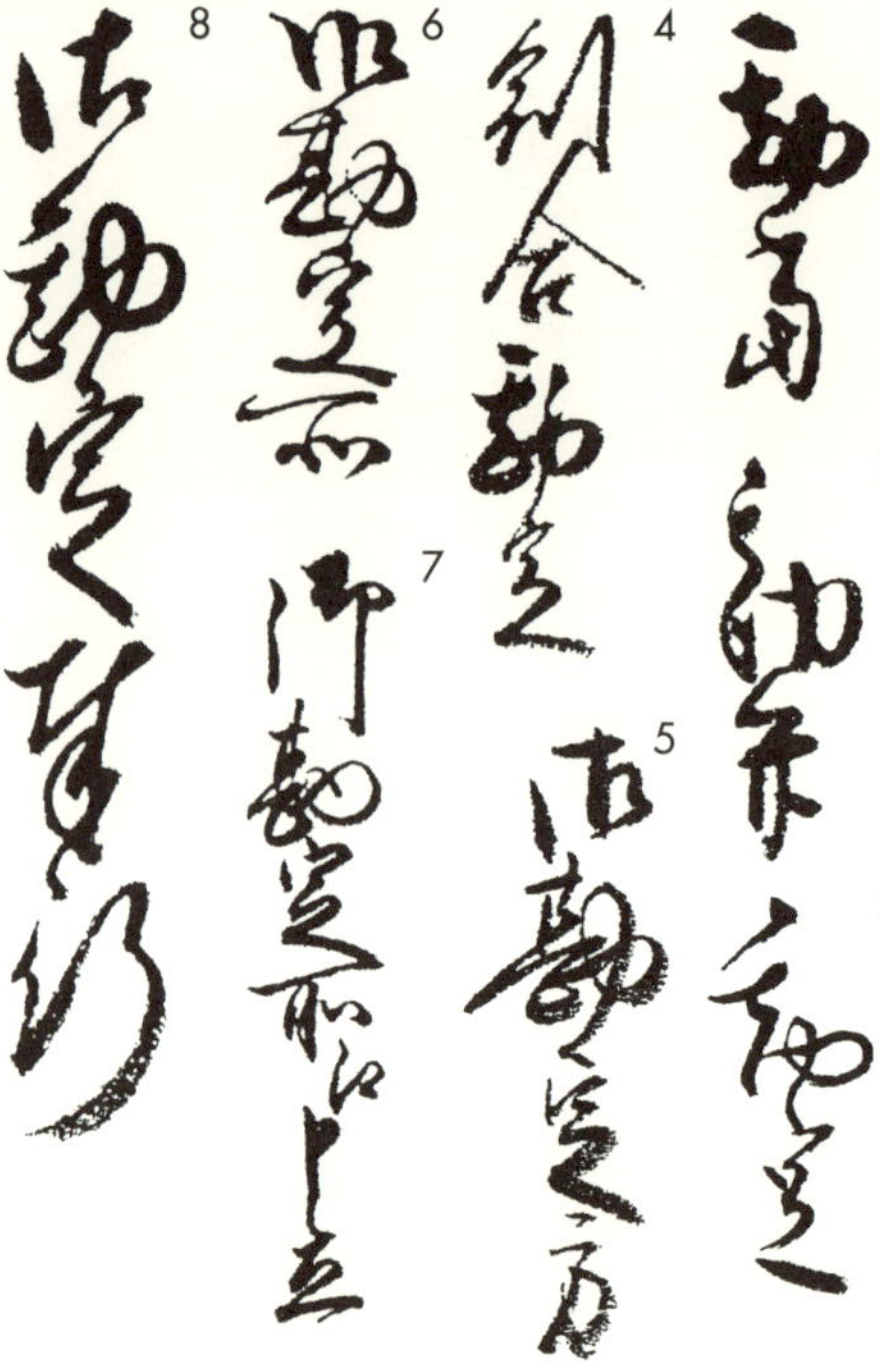

1 勘当《かんどう》　2 勘弁《かんべん》　3 勘定《かんじょう》　4 割合勘定《わりあいかんじょう》　5 御勘定方《ごかんじょうかた》　6 御勘定所《ごかんじょうしょ》
7 御勘定所江申立《ごかんじょうしょへもうしたて》　8 御勘定奉行《ごかんじょうぶぎょう》

261 勝 3001

ショウ／かつ
かち・まさる
すぐれる

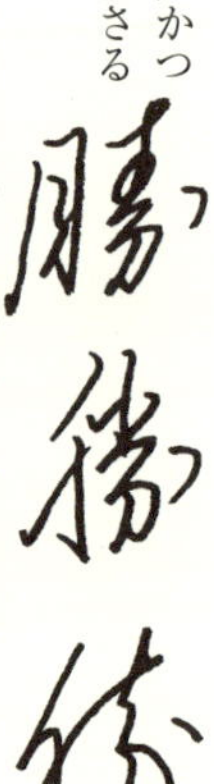

◎「勝手」にはわがままの意と家計の意がある点に注意する。旁のくずしが特徴的な「勝」の単漢字はすべて覚えたい。

【用例】

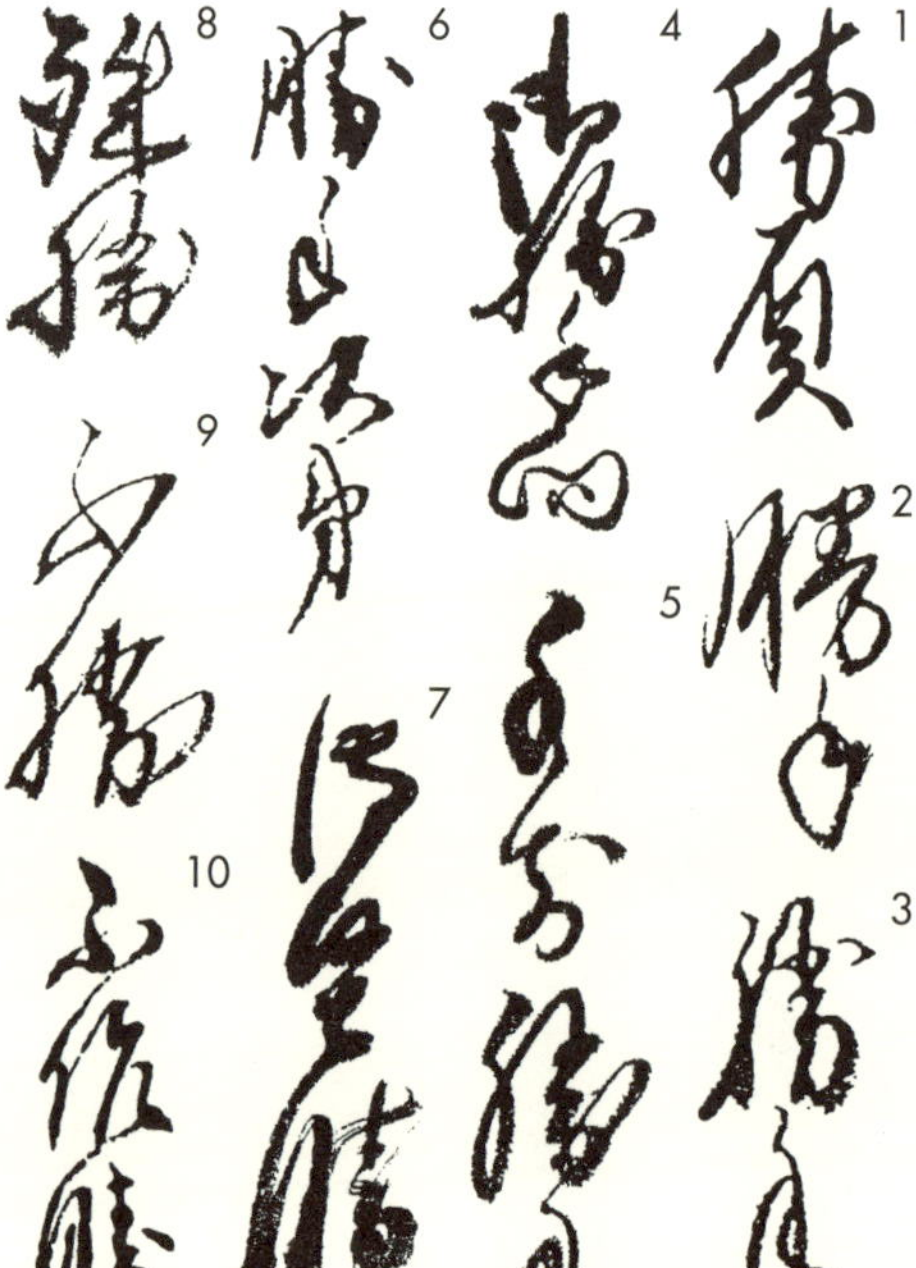

1 勝負《しょうぶ》　2・3 勝手《かって》　4 御勝手向《おかってむき》　5 手前勝手《てまえかって》　6 勝手次第《かってしだい》
7 御堅勝《ごけんしょう》　8 殊勝《しゅしょう》　9 不勝《ふしょう》　10 不作勝《ふさくがち》

262 【勧(勸)】

2011
5016

カン
すすめ

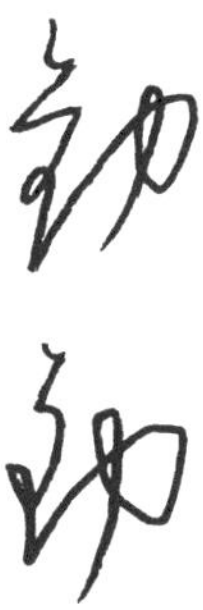

◎くずしは「隹」が原形をとどめることは少なく、単漢字3番目が基本形。「勧化」は寺社の修復・普請に関する触書に頻出する。

【用例】

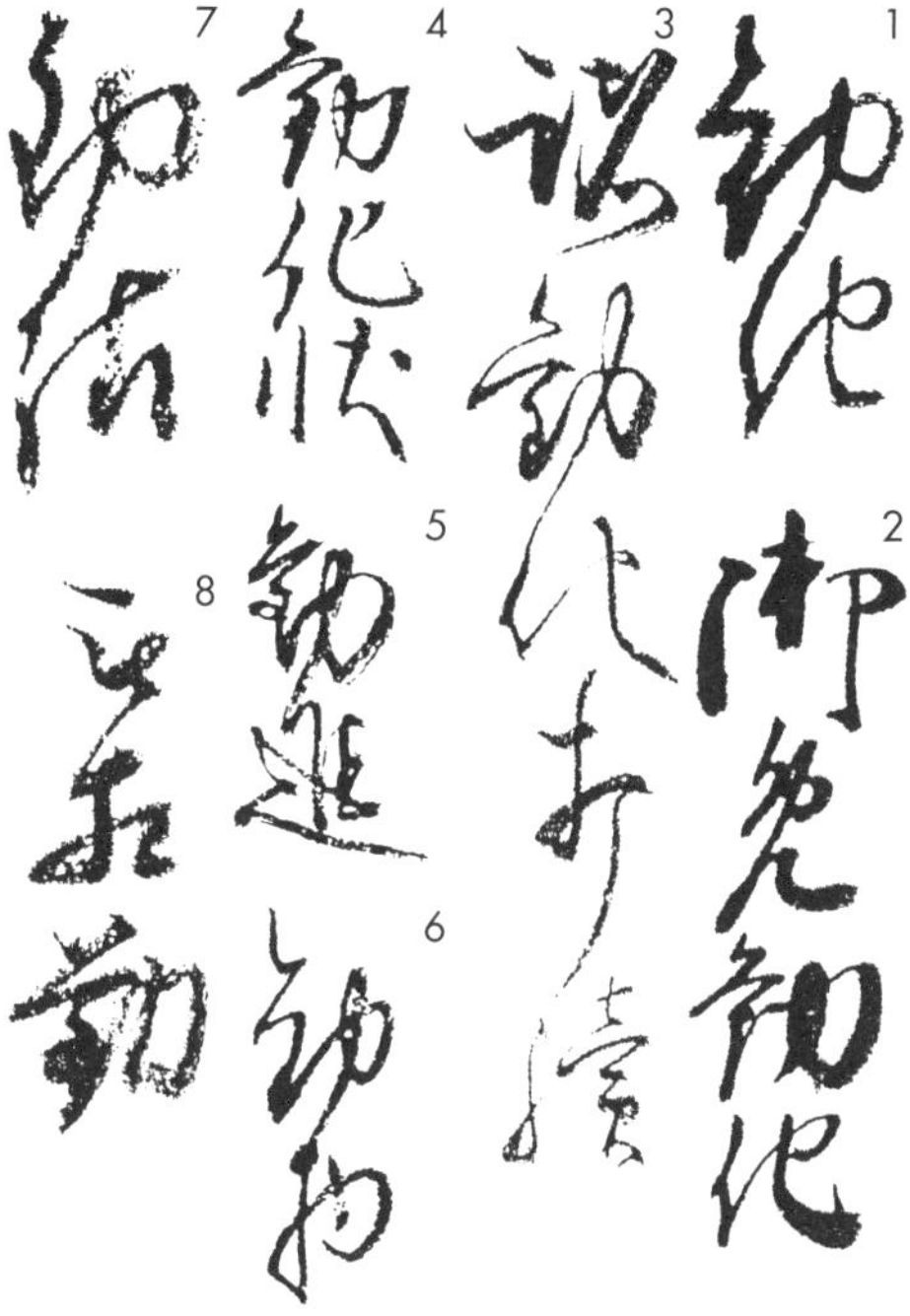

1 勧化《かんげ》
2 御免勧化《ごめんかんげ》
3 諸勧化打續《しょかんげうちつづき》
4 勧化状《かんげじょう》
5 勧進《かんじん》
6 勧物《かんぶつ》
7 勧請《かんじょう》
8 被二相勸一《あいすすめられ》

263 【勢】

3210

セ
セイ
いきおい

◎くずしは「坴」の部分が「生」(172頁)と記され、さらに「丸」のくずし様によって単漢字2・4番目の形に大別できる(異体字一覧参照)。

【用例】

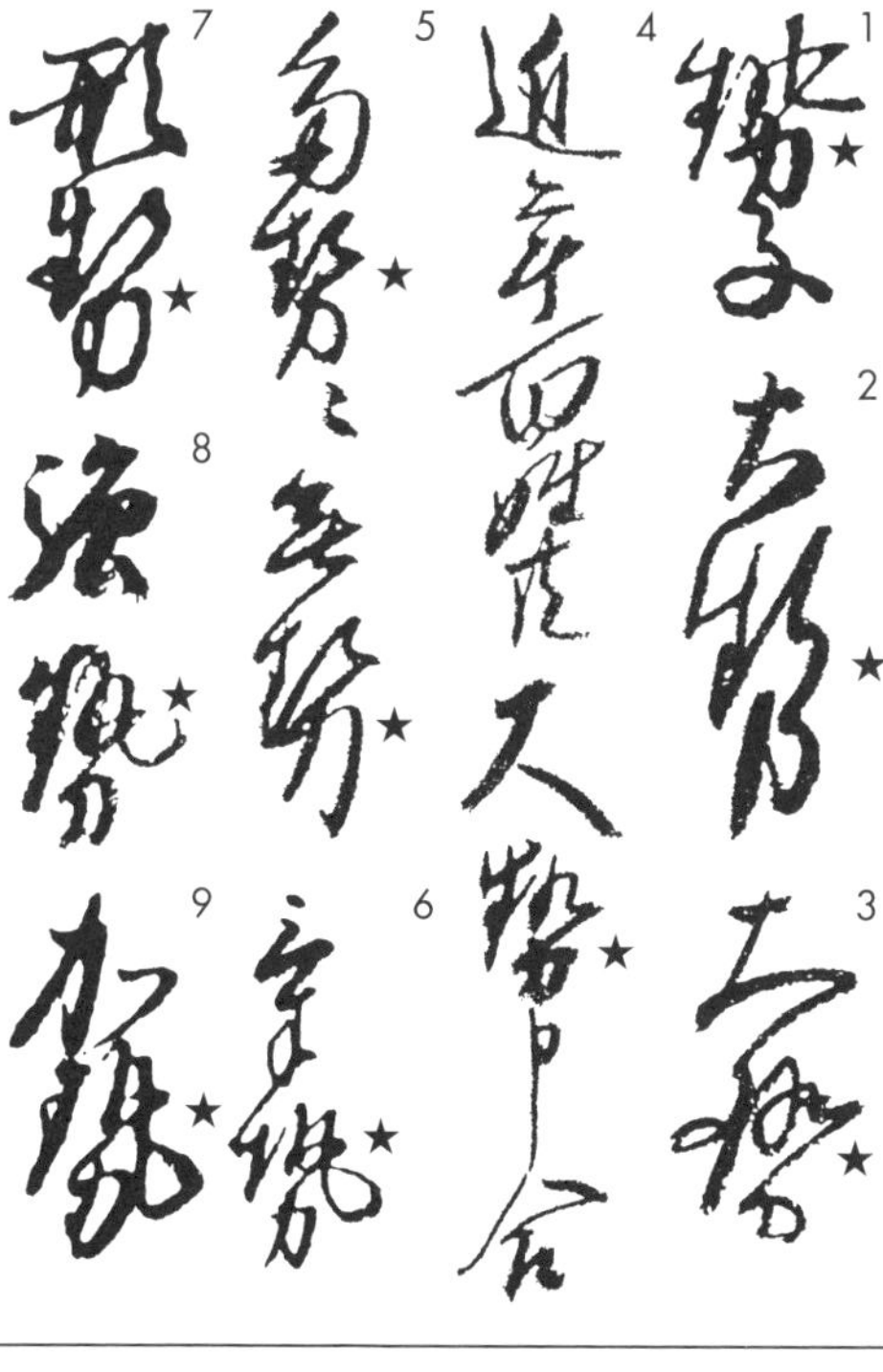

1 勢子《せこ》
2・3 大勢《おおぜい》
4 近年百姓共大勢申合《きんねんひゃくしょうどもおおぜいもうしあわせ》
5 多勢二無勢《たぜいにぶぜい》
6 氣勢《きせい》
7 形勢《けいせい》
8 強勢《ごうせい きょうせい》
9 加勢《かせい》

264 【勿】 4462 モチ なかれ

◎「向」と酷似するくずしもあるが、ここでは「論」(227頁)との熟語でぜひ覚えておきたい。「～之儀(義)者勿論」の形が頻出する。

【用例】

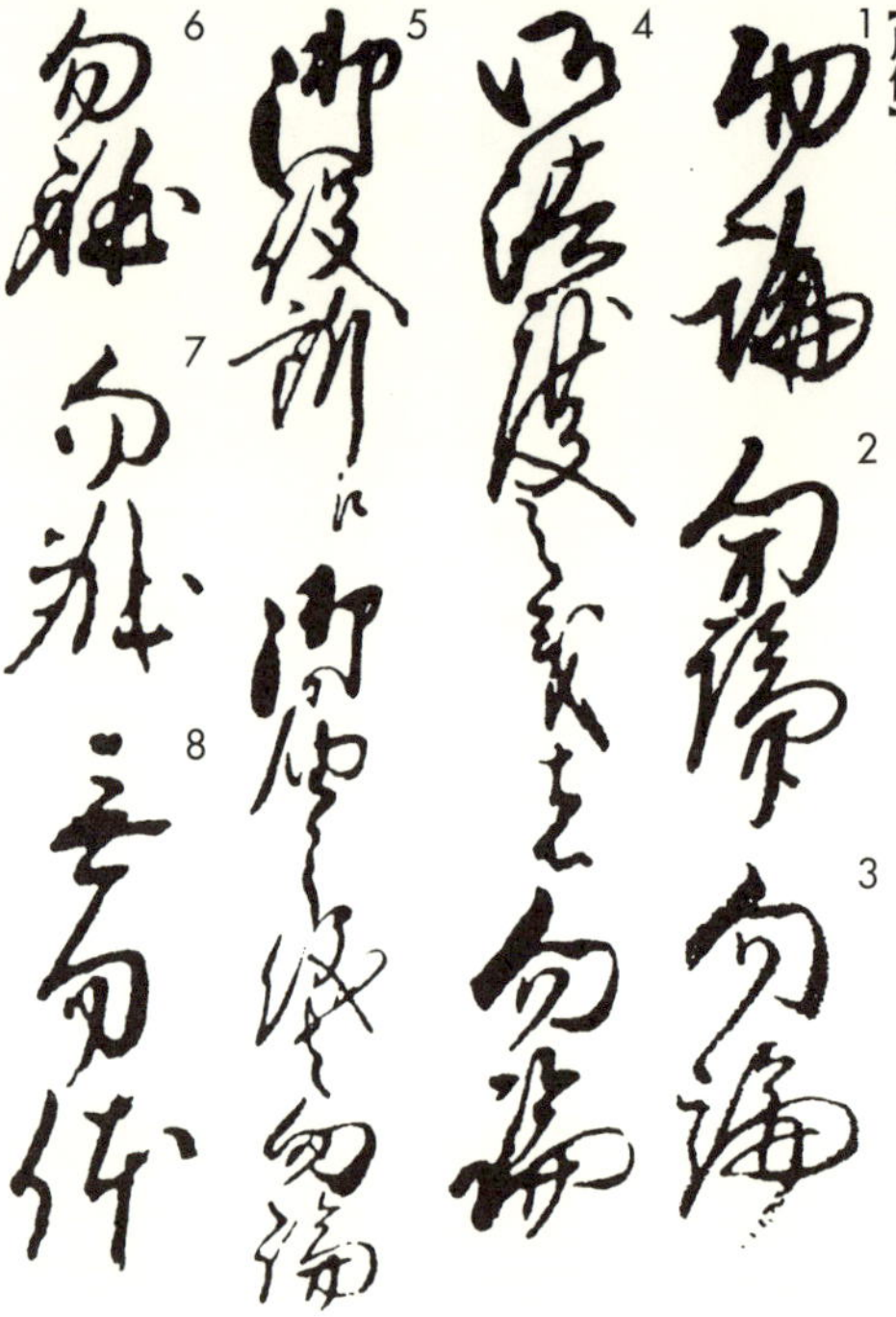

1～3 勿論《もちろん》
4 御法度《ごはっと》之《の》義者《ぎは》勿論《もちろん》
5 御役所江《おやくしょへ》御届《おとどけ》之《の》儀《ぎ》者《は》勿論《もちろん》
6・7 勿躰《もったい》
8 無二勿体一《もったいなく》

265 【匁】 4472 もんめ

◎江戸時代の銀(250頁)の単位で、以下分・厘(50頁)と続く。銀は京・大坂を中心に主として西日本で流通。単漢字2番目が基本形である。

【用例】

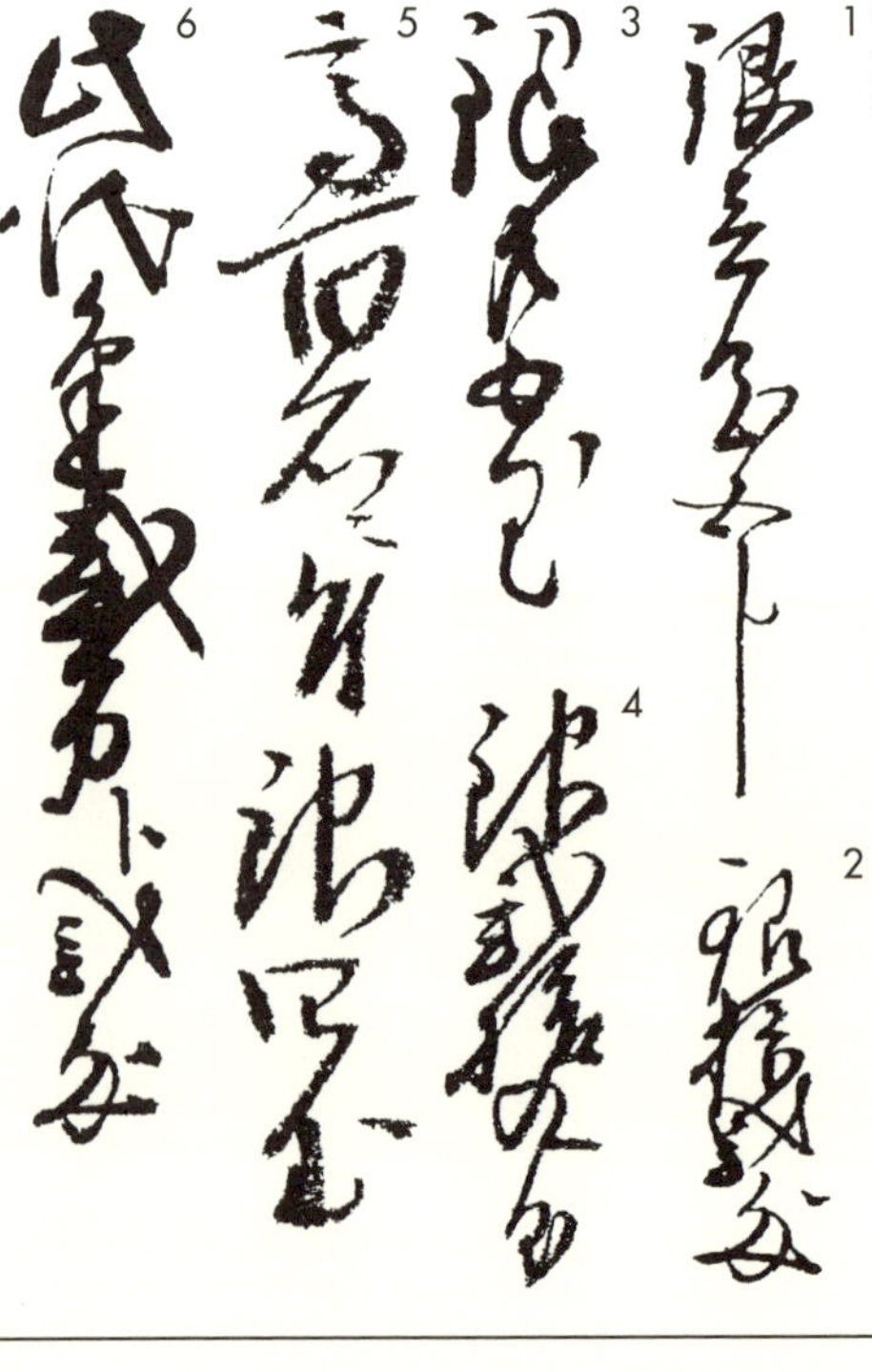

1 銀壱匁《ぎんいちもんめ》五分《ごぶ》
2 銀拾弐匁《ぎんじゅうにもんめ》
3 銀廿五匁《ぎんにじゅうごもんめ》
4 銀弐拾九匁《ぎんにじゅうきゅうもんめ》
5 高百石ニ付銀四匁《たかひゃっこくにつきぎんよんもんめ》
6 此代金弐分ト弐匁《このだいきんにぶとにもんめ》

266 化

1829

カ　ケ　ばかす

◎くずしは単漢字2番目が基本形であり、右脇に「、」を打てば「他」（17頁）のくずしになる。用例は寺社関係の文書に頻出する。

【用例】

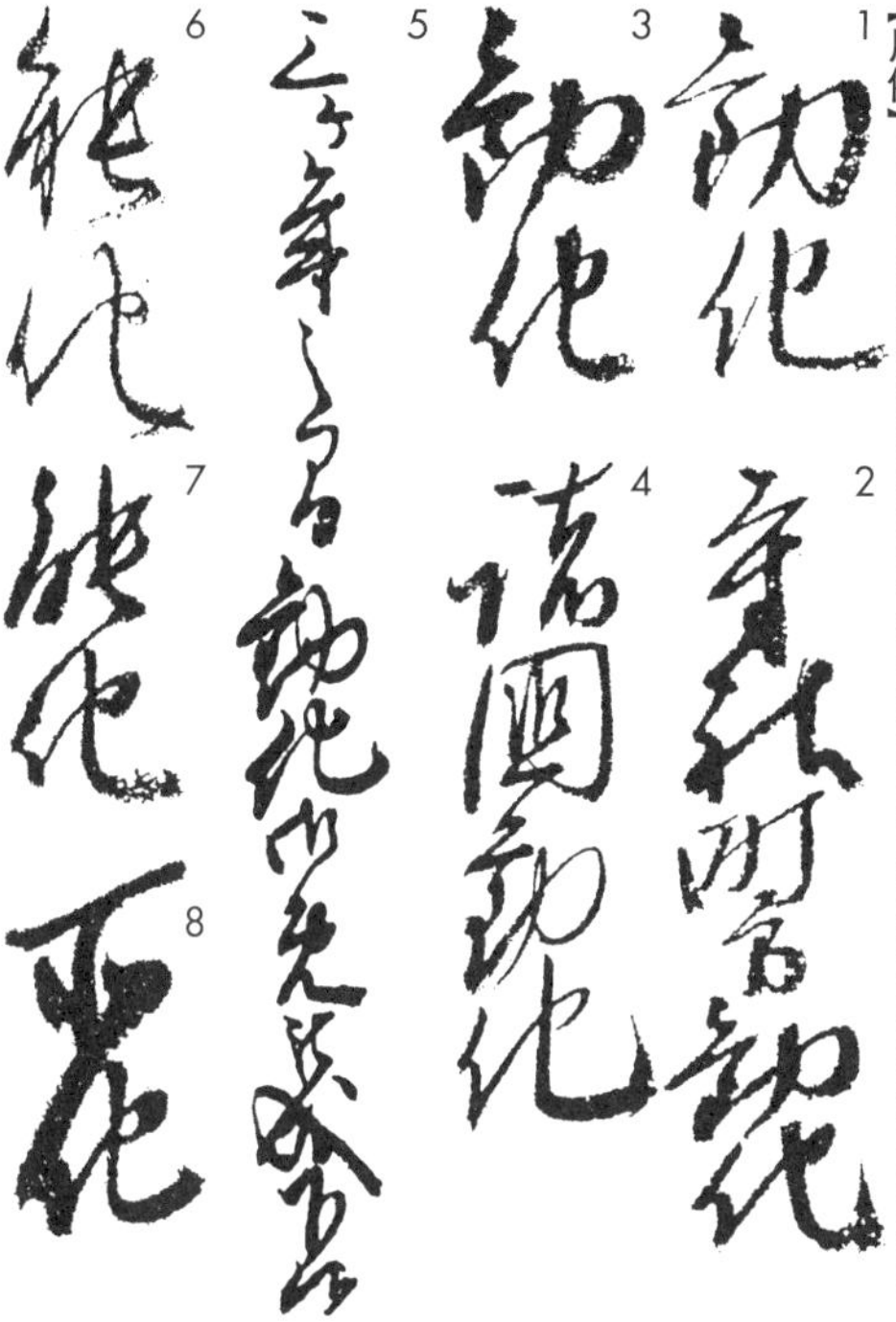

1 勧化《かんげ》　2 寺社《じしゃ》・町方勧化《まちかたかんげ》　3 勧化《かんげ》　4 諸國勧化《しょこくかんげ》

5 三ケ年之間《さんかねんのあいだ》勧化《かんげ》御免《ごめん》被二成下一候《なしくだされそうろう》

6・7 能化《のうけ》

8 所化《しょけ》

267 升

3003

ショウ　ます

◎容量の単位「升」は石高や米の単位（石・斗・升・合…）として頻出。くずしは3つに大別できるが、特に単漢字3番目を覚えたい。

【用例】

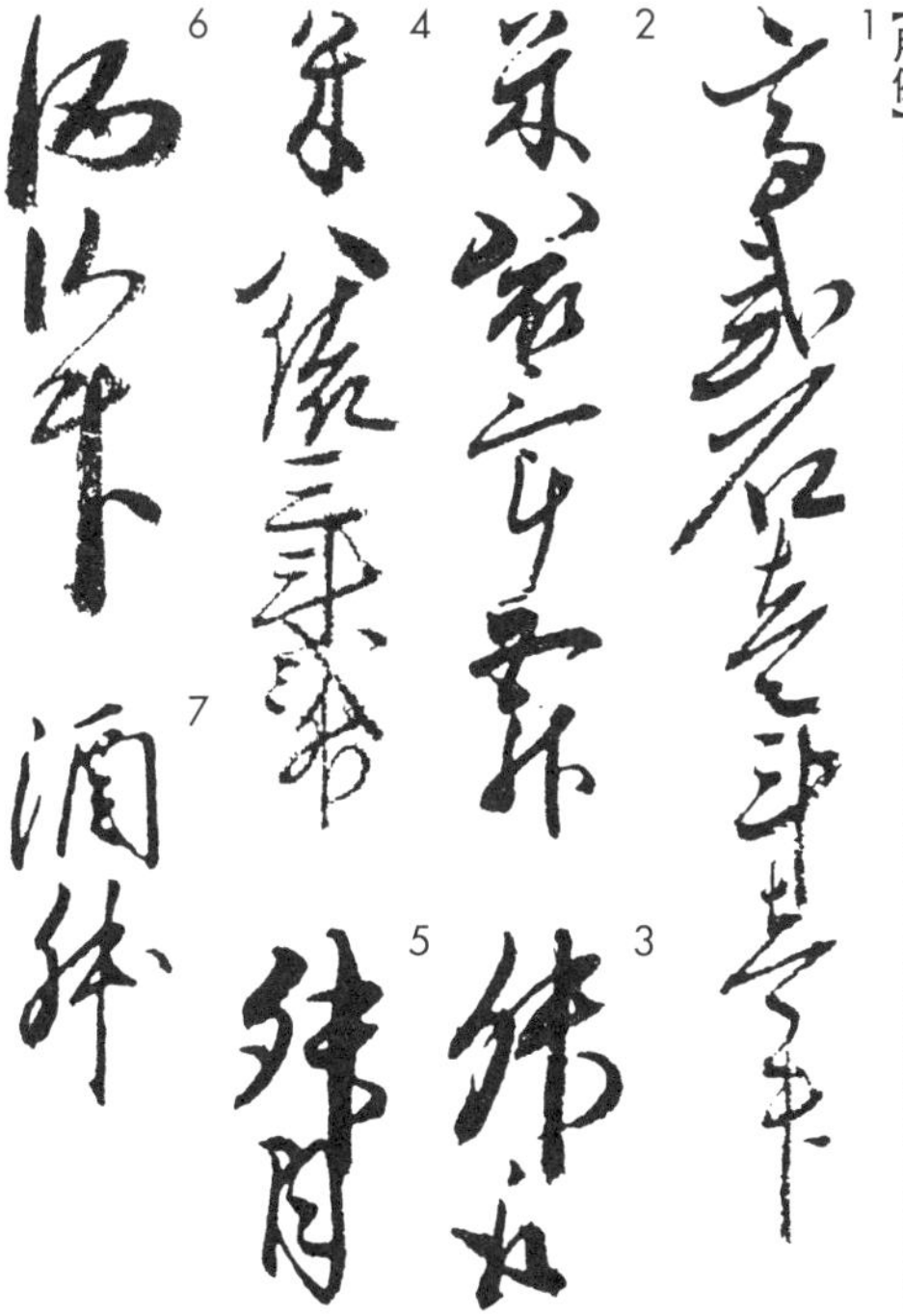

1 高《たか》弐石《にこく》壱斗《いっと》壱升《いっしょう》

2 米《こめ》八石《はっこく》三斗《さんと》五升《ごしょう》

3 升取《ますとり》

4 米《こめ》八俵《はっぴょう》三斗《さんと》弐升《にしょう》

5 升目《ますめ》

6 酒弐升《さけにしょう》

7 酒升《さかます》

268 【半】 4030 ハン なかば

◎横棒二本が縦棒に巻きつくくずしが特徴的で、時刻を示す用例8のタイプが頻出する。ここでは「〜候半」という言い回しを覚えたい。

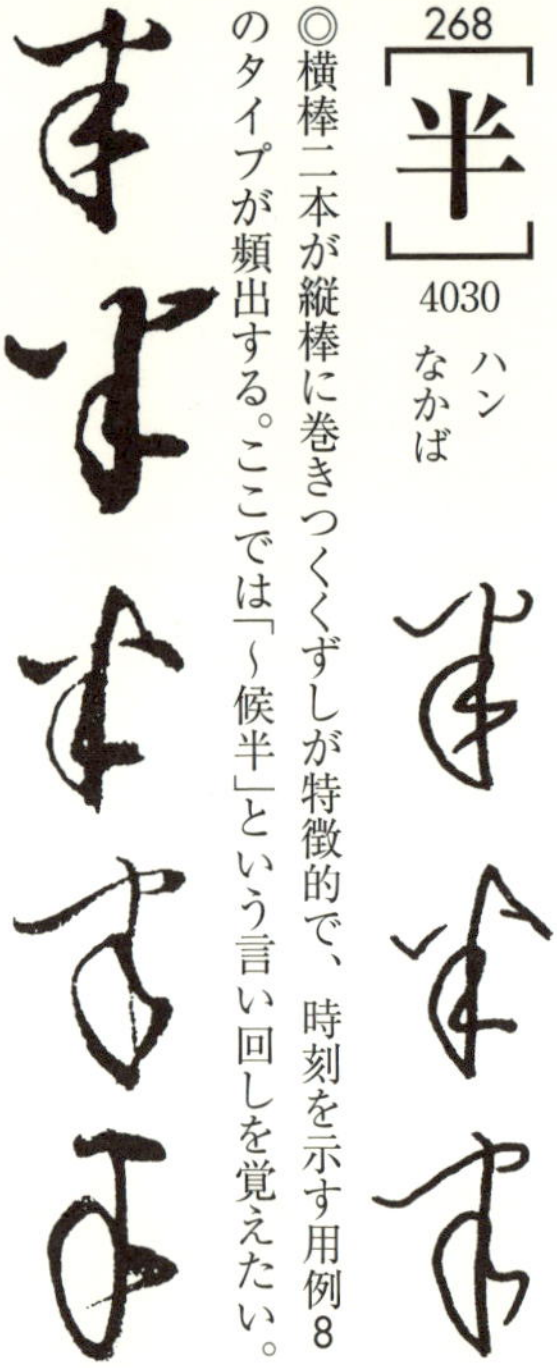

【用例】

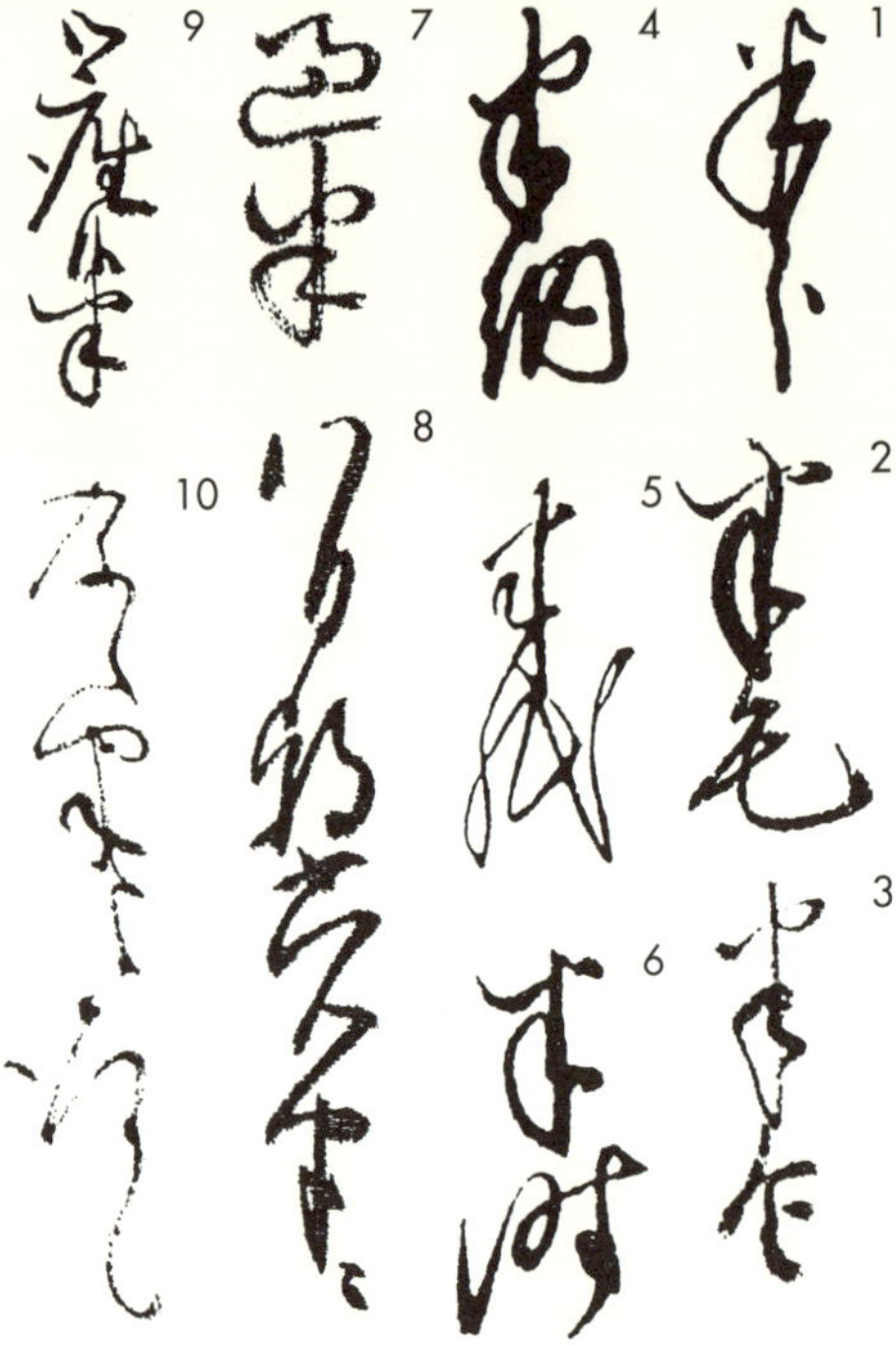

1 半分《はんぶん》 2 半毛《はんもう》 3 半金《はんきん》 4 半納《はんのう》 5 半紙《はんし》 6 半時《はんどき》 7 過半《かはん》

8 八日《ようか》朝《あさ》六《む》ツ《つ》半《はん》ニ《に》

9 御座候半《ござそうらわん》

10 及《および》候半《そうらわん》与《と》存《ぞんじ》候《そうろう》

269 【卒】 3420 ソツ おわる

◎「何卒」が頻出する重要語。くずしは単漢字5番目の特殊形をぜひ覚えたい。用例7・8のように欠字が入る場合が多く見られる。

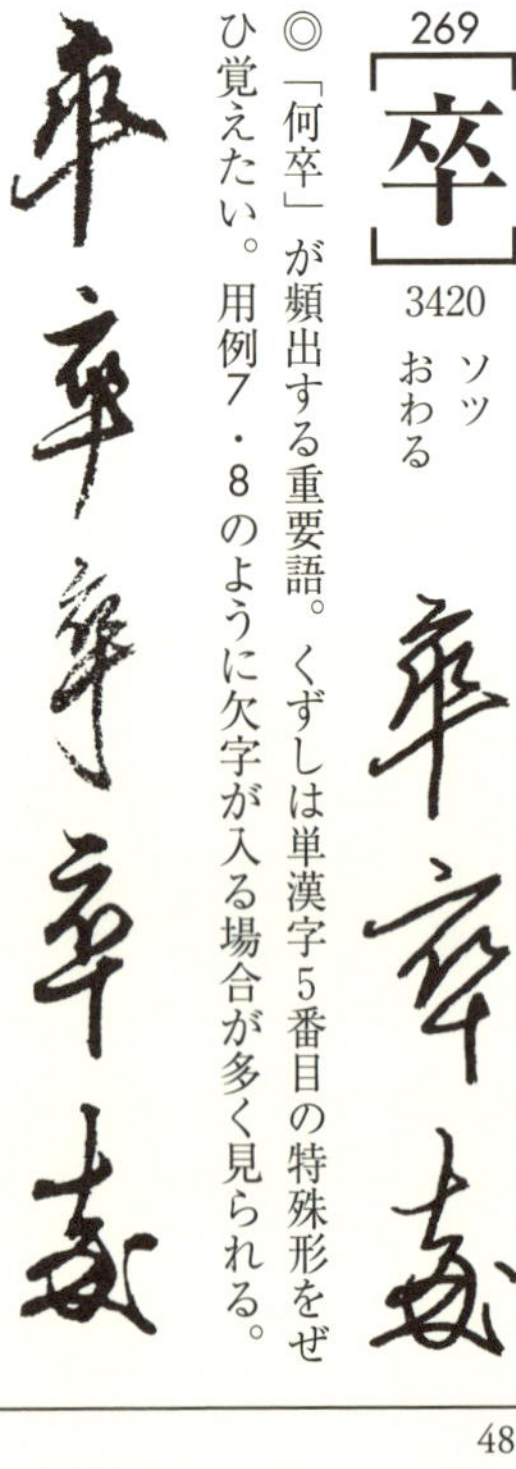

【用例】

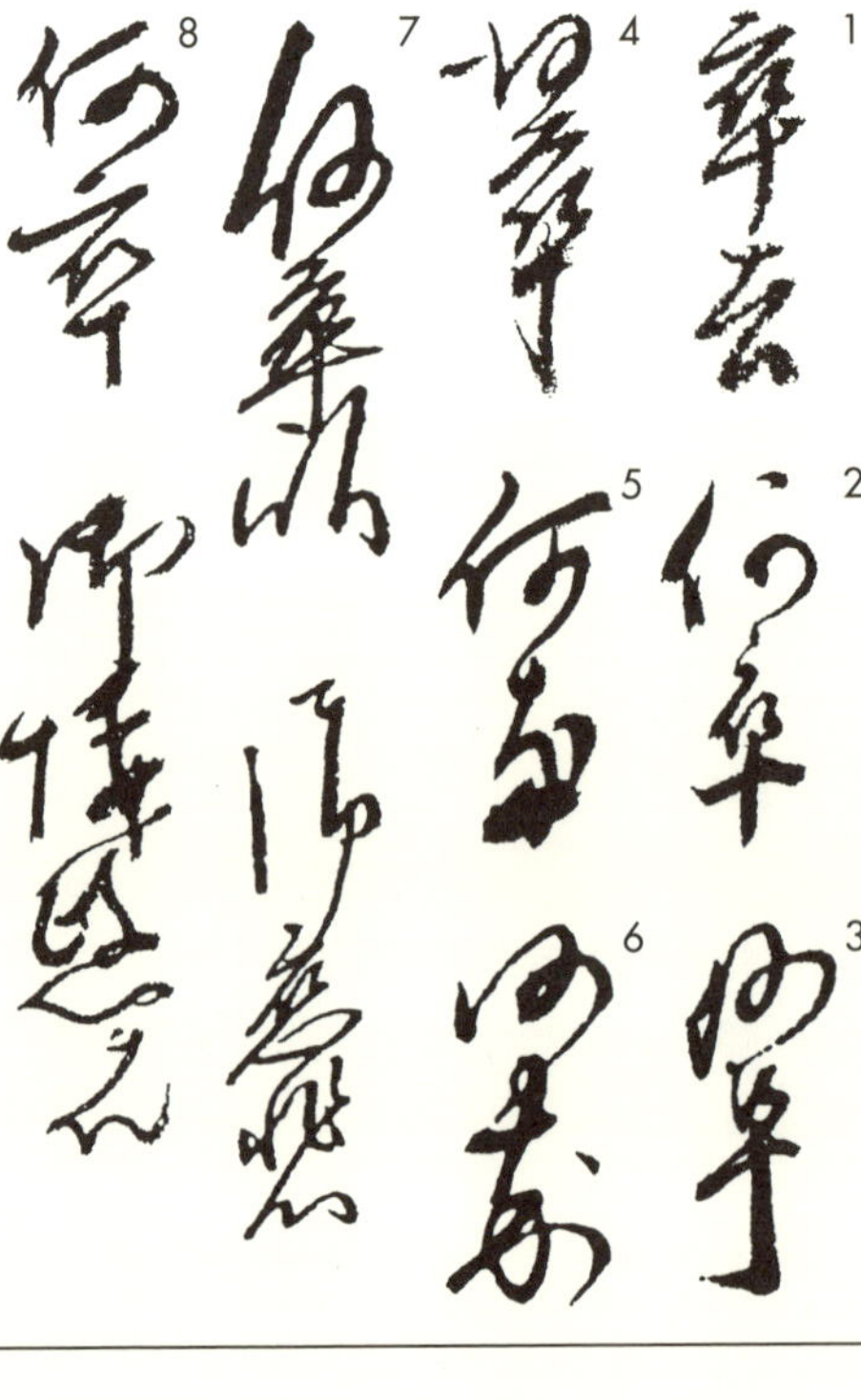

1 卒去《そっきょ》

2〜6 何卒《なにとぞ》

7 何卒《なにとぞ》以二　御慈悲《ごじひをもって》一

8 何卒《なにとぞ》　御憐愍ヲ以《ごれんびんをもって》

270 ［印］ 1685

イン
しるし

◎用例はいずれも頻出し、「印形」「請印」「連印」は特に重要である。くずしは非常に特徴的で、単漢字2番目が基本形となる。

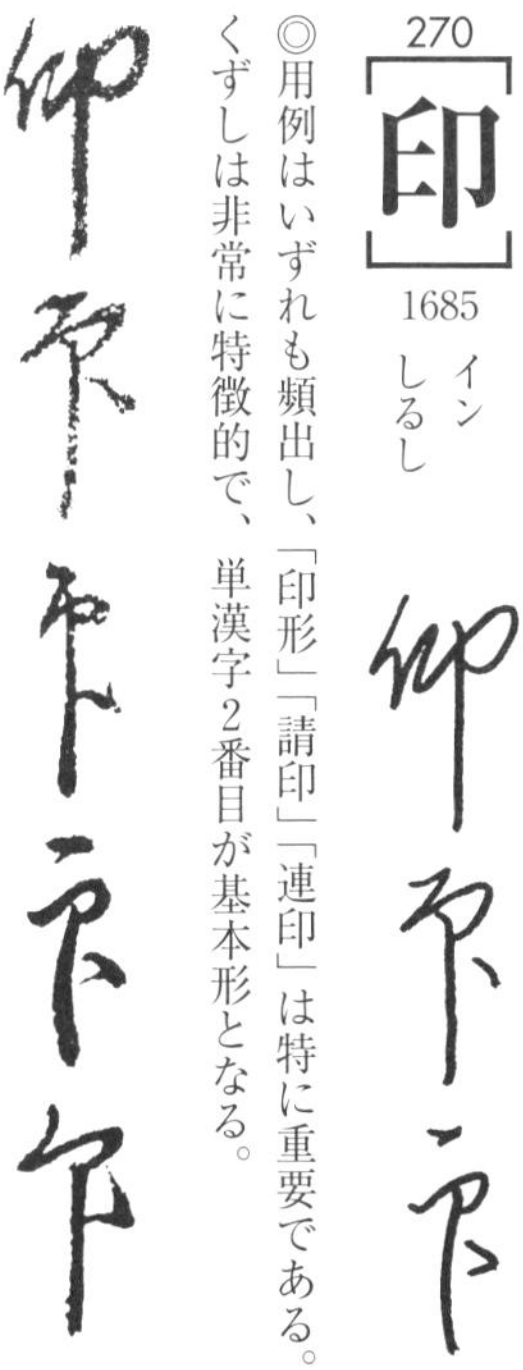

【用例】

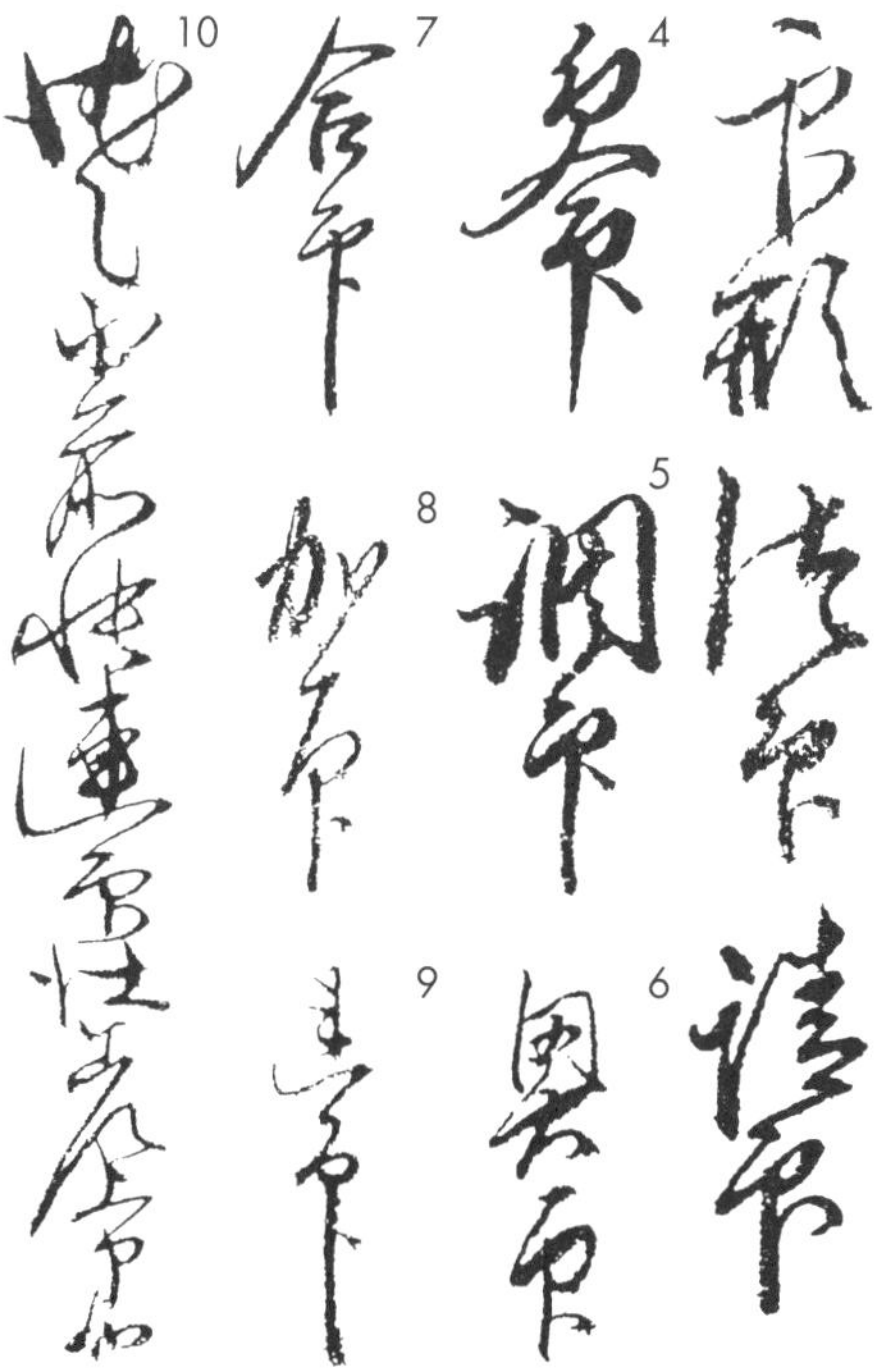

1 印形《いんぎょう》 2 法印《ほういん》 3 請印《うけいん》 4 受印《うけいん》 5 調印《ちょういん》 6 奥印《おくいん》 7 合印《あいじるし・あいいん》

8 加印《かいん》 9 連印《れんいん》 10 依レ之小前帳連印仕差上申候《これによりこまえちょうれんいんつかまつりさしあげもうしそうろう》

271 ［却］ 2149

キャク
かえって

◎旁の「去」が「亥」（40頁「刻」）や「者」のようにくずれたり、「布」のように見えるものもある。ここでは「却而」「返却」をぜひ覚えたい。

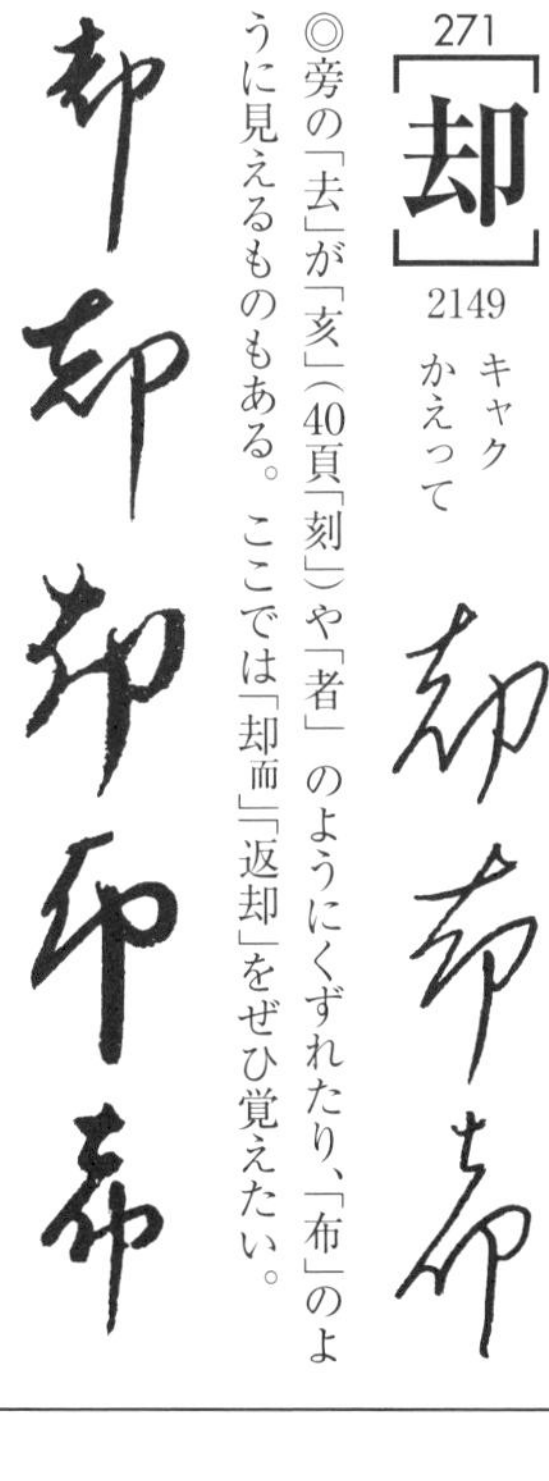

【用例】

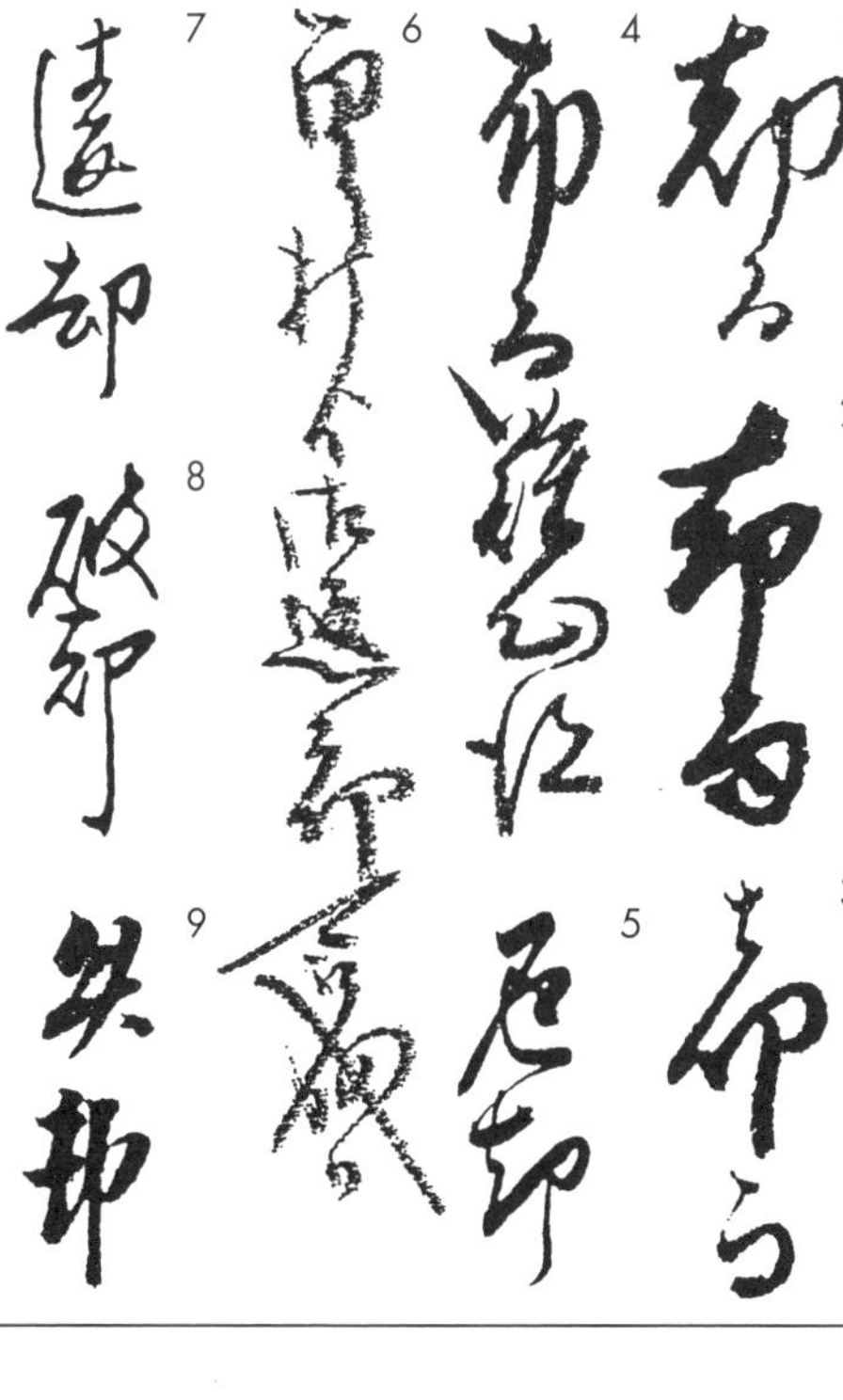

1〜3 却而《かえって》 4 却而難二心得一《かえってこころえがたく》 5 返却《へんきゃく》 6 留リ村ゟ御返却《とまりむらよりごへんきゃく》

可レ被レ成候《なさるべくそうろう》 7 違却《いきゃく》 8 破却《はきゃく》 9 失却《しっきゃく》（※「失脚」の誤用）

272
即
3408
ソク
すなわち

◎旁の「卩」が「く」のようになる単漢字3・4番目を覚えたい。また、「艮」の「日」が上にのるくずし（用例1・6）に注意。「即刻」が頻出。

【用例】

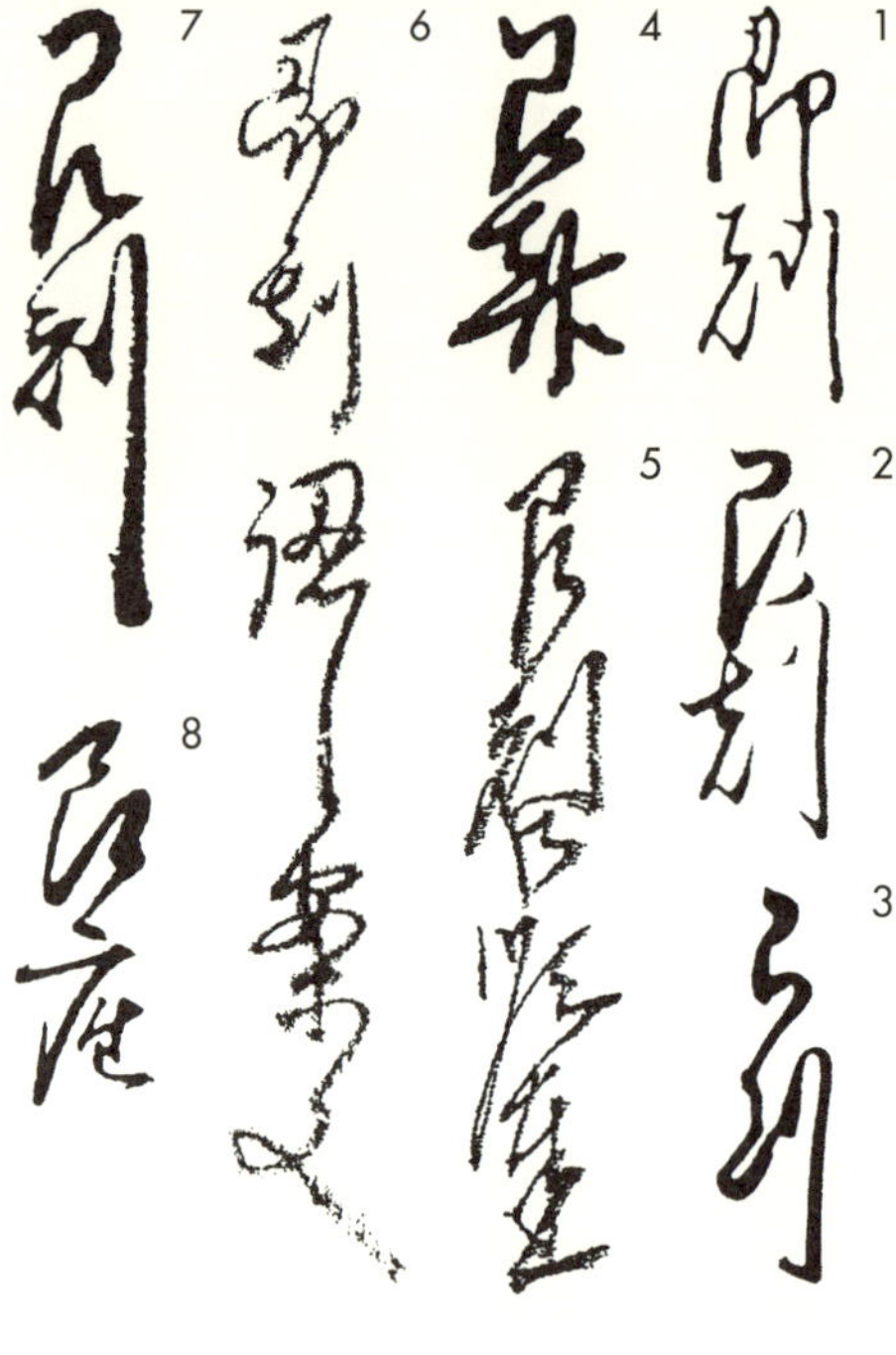

1～4 即刻《そっこく》
5 即刻御順達《そっこくごじゅんたつ》
6 即刻《そっこく》 認《したため》 候《そうろう》 案文《あんぶん》
7 即刻《そっこく》
8 即座《そくざ》

273
厘
4650
リン

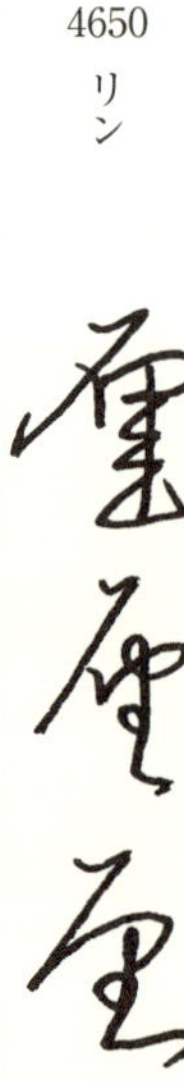

◎年貢率（用例1～3）や銀の単位（用例4～6）として頻出する重要語である。「厂」が左上に小さく記されるのが特徴。248頁「里」も参照。

【用例】

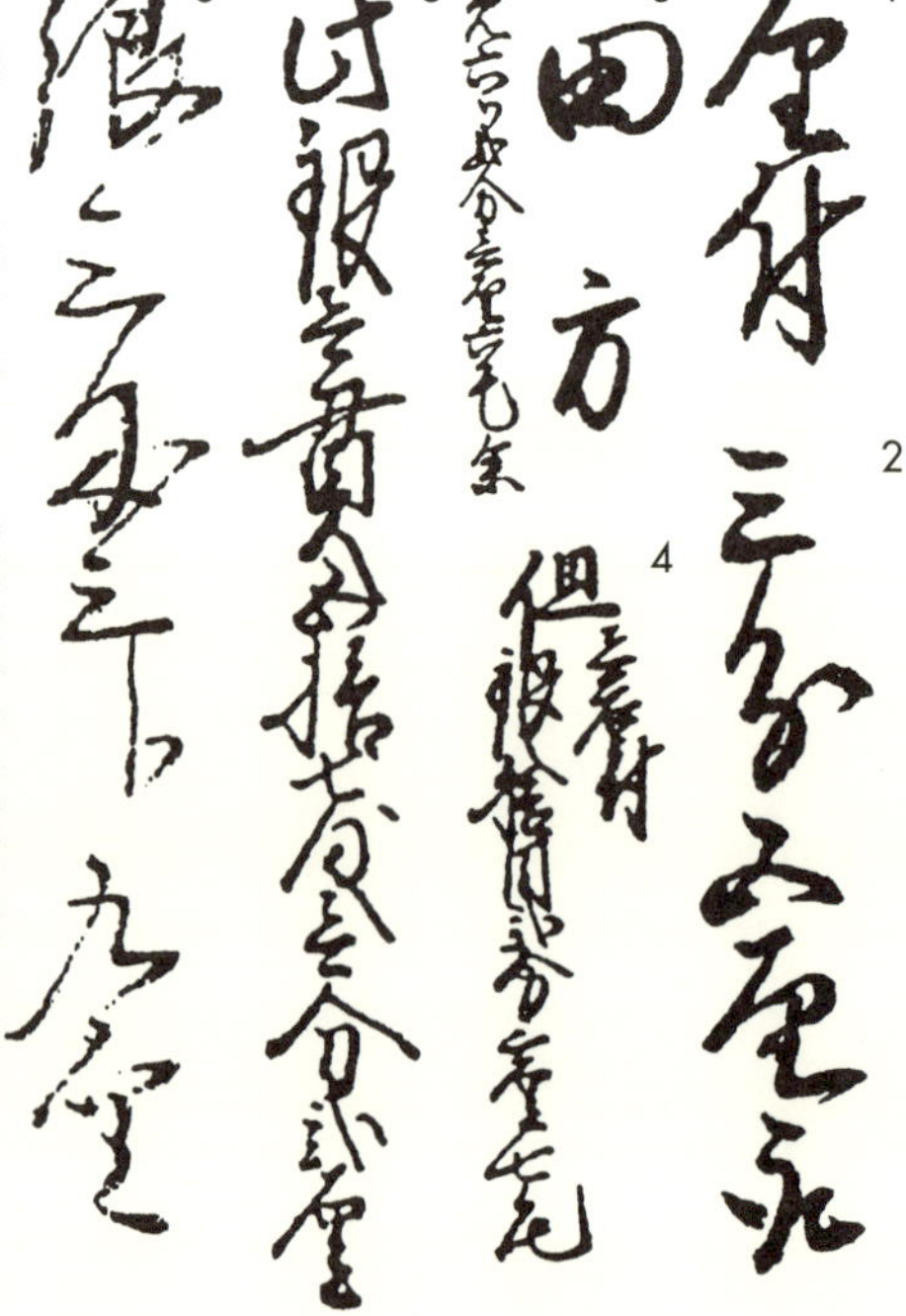

1 厘付《りんづけ》 2 三分五厘取《さんぶごりんどり》 3 田方免六ツ弐分壱厘六毛《たかためんむっにぶいちりんろくもう》 余《あまり》
4 但壱石ニ付銀八拾目弐分三厘七毛《ただしいっこくにつきぎんはちじゅうめにぶさんりんななもう》
5 此銀壱貫五拾七匁壱分弐厘《このぎんいっかんごじゅうななもんめいちぶにりん》
6 銀三匁三分九厘《ぎんさんもんめさんぶくりん》

274 反

4031

ハン
タン
そる

◎田畑などの面積（町・反・畝・歩）の単位として頻出する重要語である。判読は容易だろう。「反古」も併せて覚えたい。

【用例】

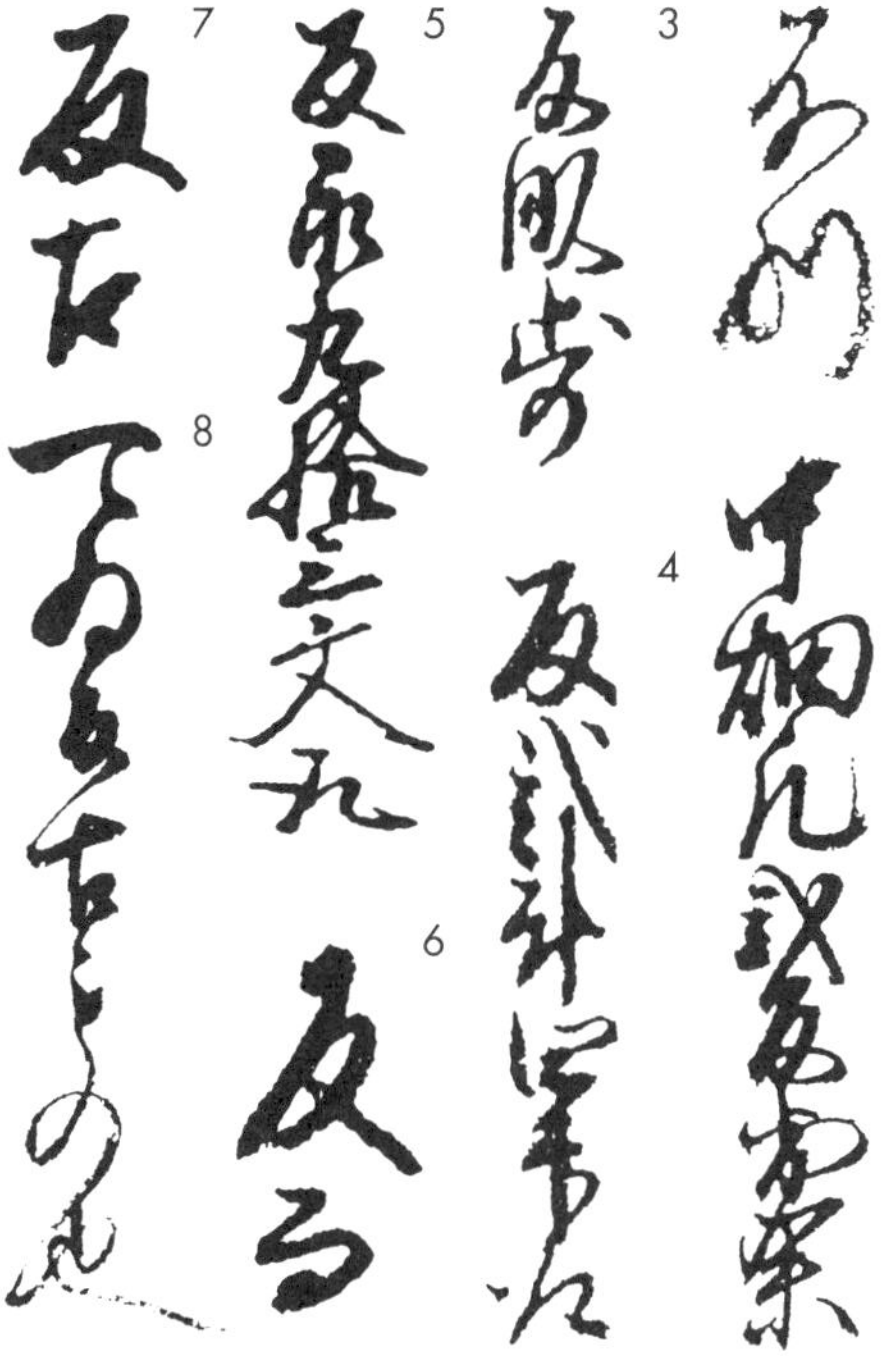

1 反別《たんべつ》　2 中畑凡弐反歩余《ちゅうはたおよそにたんぶあまり》　3 反畝歩《たんせぶ》　4 反弐斗四升取《たんにとよんしょうどり》
5 反永九拾三文取《たんえいきゅうじゅうさんもんどり》　6 反而《かえって》　7 反古《ほご》　8 可レ為二反古一もの也《ほごたるべきものなり》

275 古

2437

コ
ふるい
いにしえ

◎縦棒と「口」が一体化しているため、「右」や「左」と似たくずしになる（52頁「召」も参照）。用例5・6は「村明細帳」でよく見られる。

【用例】

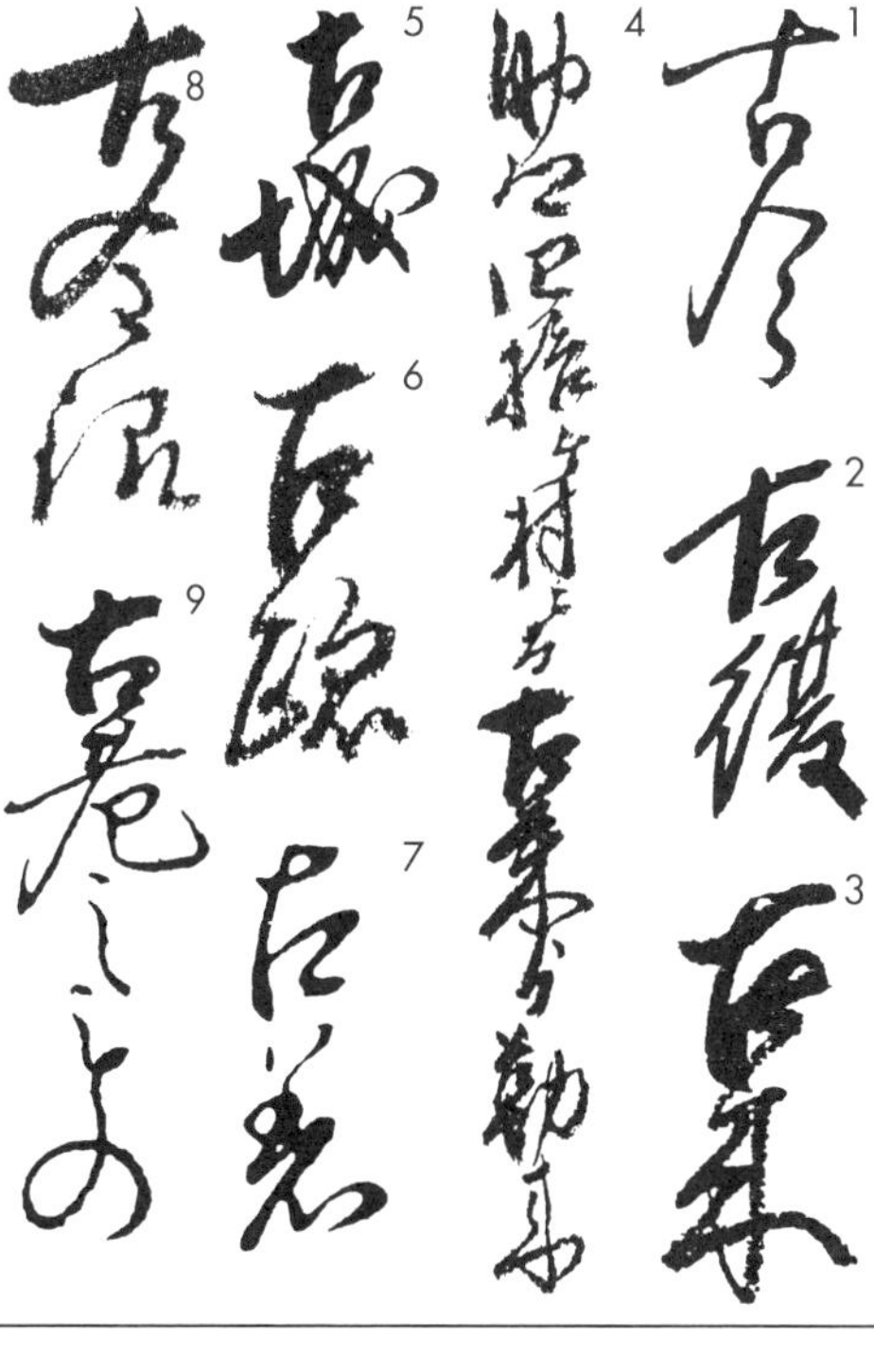

1 古今《ここん》　2 古復《こふく》　3 古来《こらい》　4 助郷四拾ケ村ニ而古来ゟ勤来《すけごうよんじゅっかそんにてこらいよりつとめきたる》
5 古城《こじょう》　6 古跡《こせき》　7 古着《ふるぎ》　8 古金銀《こきんぎん》　9 古老之もの《ころうの》

276 [只] 3494 シ ただ

◎下の「ハ」がくずれると、「且」(11頁)や「旦」(134頁)、「廻」と似てくるが、ここでは「今」が判読できれば文字の特定は容易だろう。

【用例】

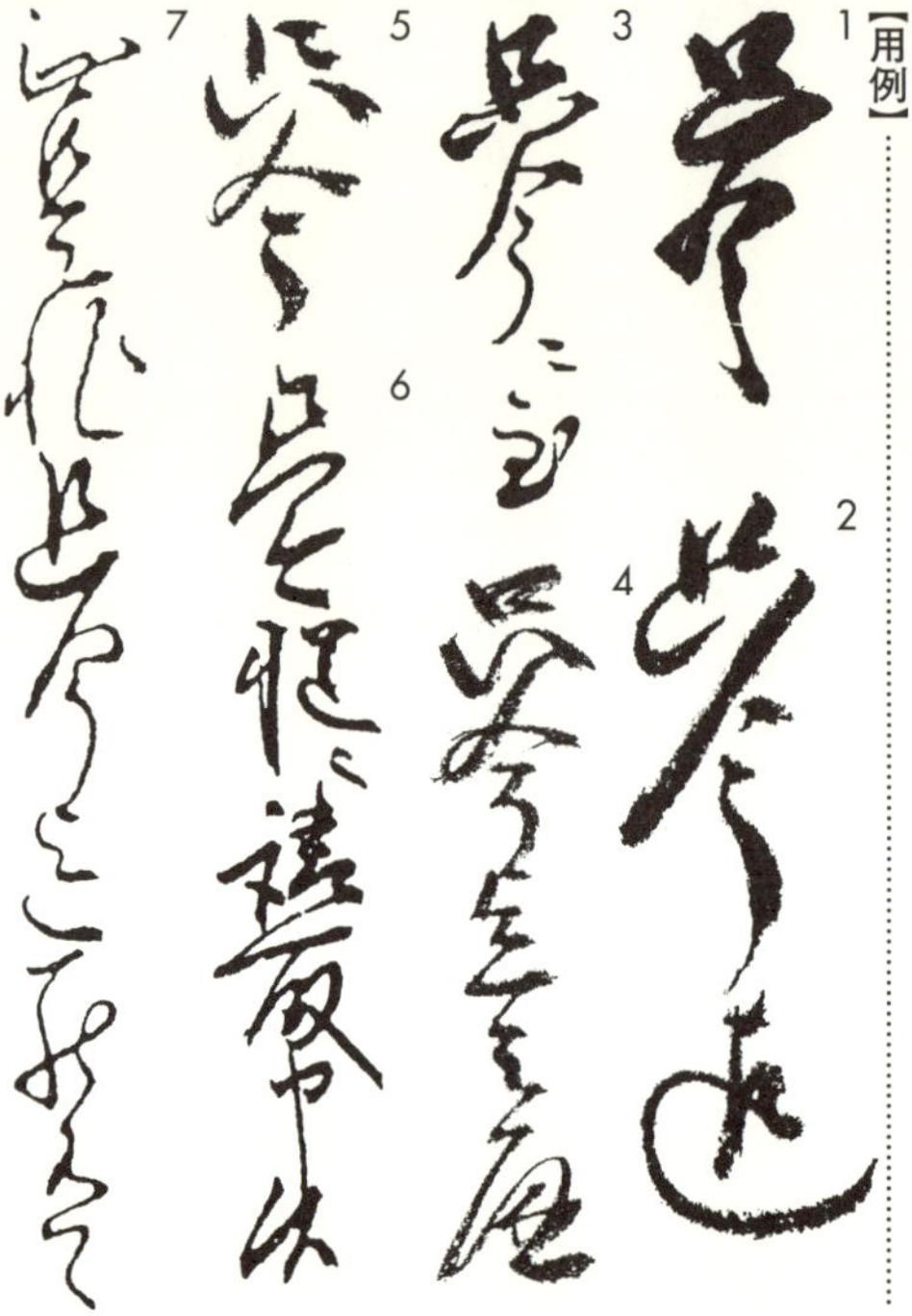

1 只今《ただいま》 2 只今迄《ただいままで》 3 只今ニ至《ただいまにいたり》 4 只今迄之通《ただいままでのとおり》 5 只今《ただいま》
6 只今慥ニ請取申候《ただいまたしかにうけとりもうしそうろう》 7 無二是非一《ぜひなく》只今迄罷有候《ただいままでまかりありそうろう》

277 [召] 3004 ショウ めす

◎「召出」「召連」「思召」が頻出の重要語。上の「刀」が「ソ」と記された異体字のくずしが基本形となる(異体字一覧参照)。

【用例】

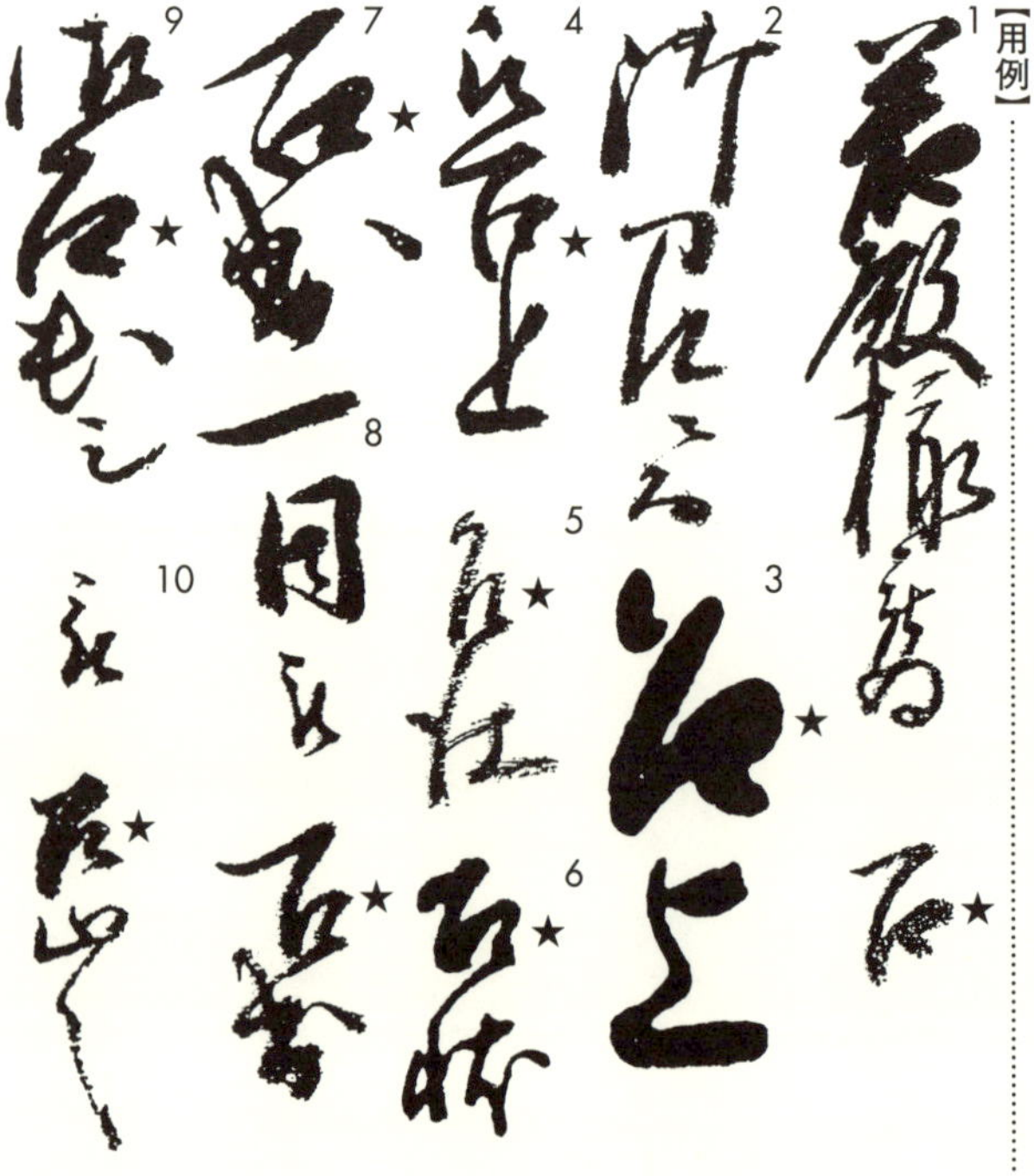

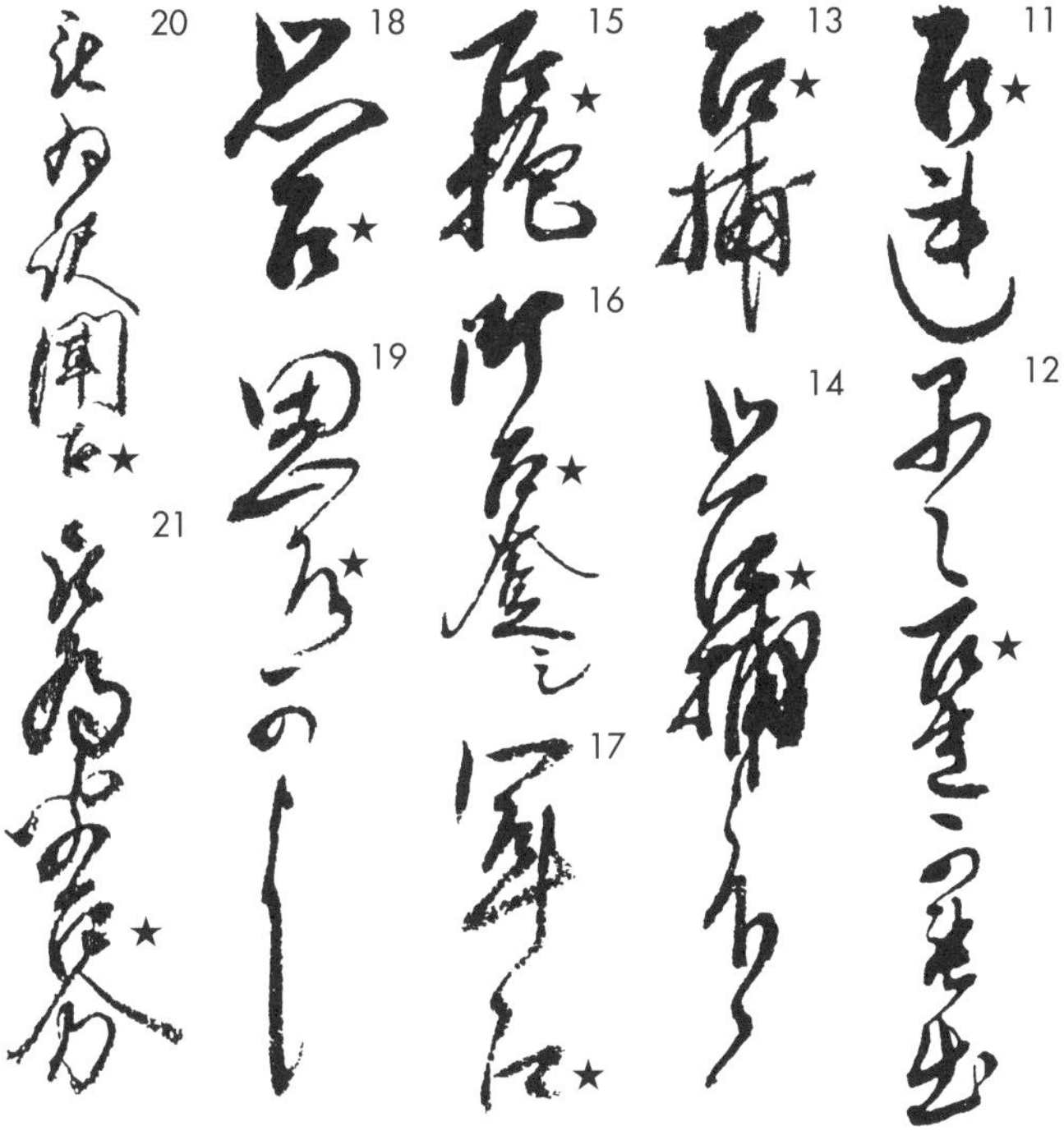

1 若殿様被レ為レ召《わかとのさまめさせられ》　2 御召二而《おめしにて》　3 召上《めしあげ》　4 被二召上一《めしあげられ》　5 召仕《めしつかい》

6 召状《めしじょう》　7 召出《めしいだす》　8 一同被二召出一《いちどうめしいだされ》　9 御召出シ《おめしだし》　10 被二召出一《めしいだされ》

11 召連《めしつれ》　12 早々召連可二罷出一《そうそうめしつれまかりいづべく》　13 召捕《めしとらえ》《めしとり》　14 御召捕被レ下候《おめしとりくだされそうろう》

15 召抱《めしかかえ》　16 御召登シ《おめしのぼし》　17 聞召《きこしめす》　18 思召《おぼしめす》　19 思召可レ被レ下候《おぼしめしくださるべくそうろう》

20 被レ為レ訳二聞召一《きこしめしわけさせられ》　21 被レ為二聞召分一《きこしめしわけさせられ》

278［各］

1938

カク
おのおの

◎くずしによって「右」や「名」と似てくるので注意したい。ここでは「おのおの」と読ませる用例3以降を覚えたい。「各別」は頻出。

【用例】

1 各国《かっこく》　2 各別之御取扱《かくべつのおとりあつかい》　3 各儀《おのおのぎ》《かくぎ》　4 各方《おのおのがた》　5 各様《おのおのさま》

6 各々様方《おのおのさまがた》　7 各任二勝手一《おのおのかってにまかせ》　8 各被レ得二其意一《おのおのそのいをえられ》

279 含 2062

ガン
ふくみ
ふくむ

◎旁が「今」ではない異体字のくずしが基本形となる（異体字一覧参照）ので注意する。ここでは「御含」「申含」を覚えたい。

【用例】

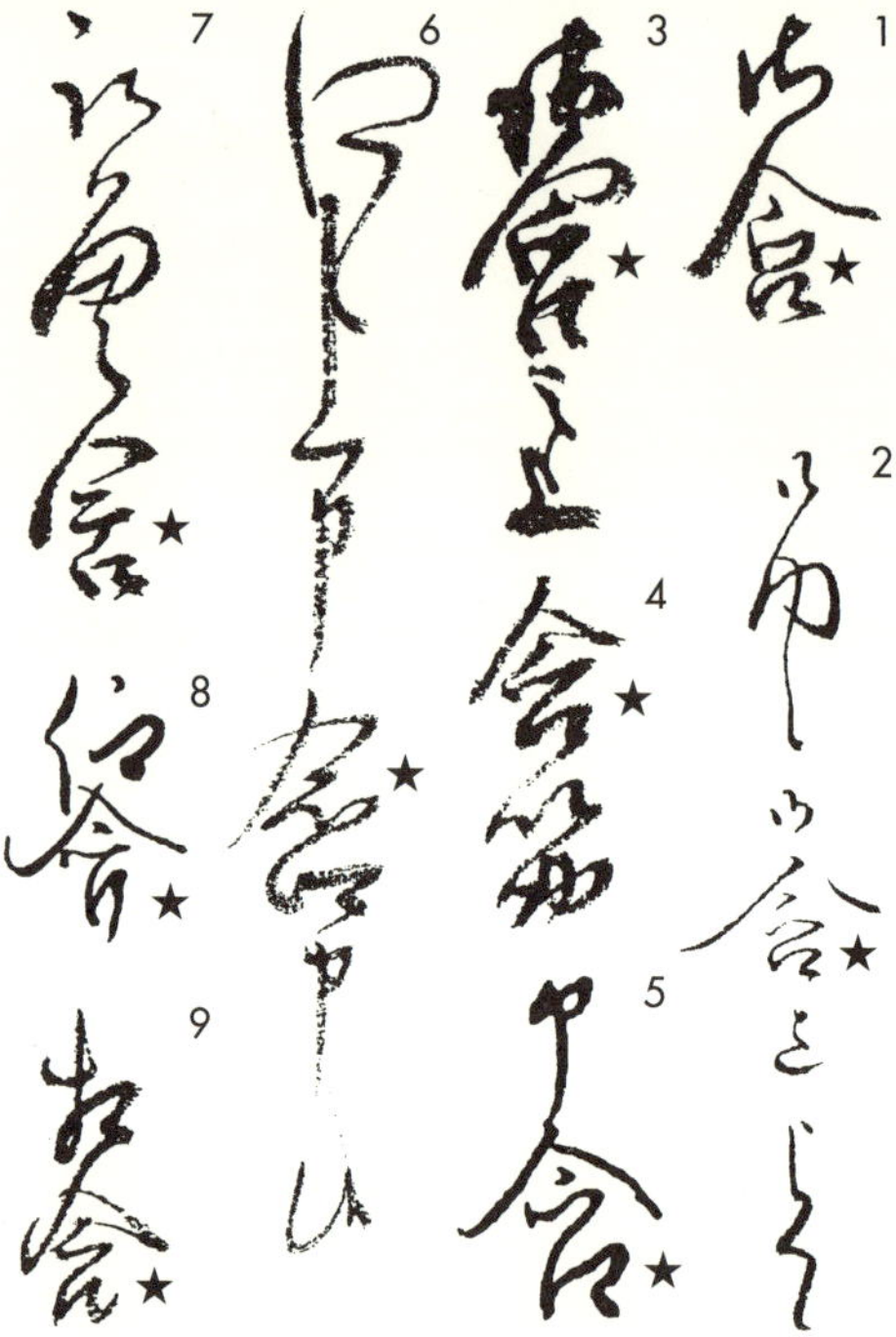

1 御含《おふくみ》　2 御内々御含迄《おないないおふくみまで》申上候《もうしあげそうろう》　3 御含之上《おふくみのうえ》　4 含筋《ふくみすじ》

5 申含《もうしふくむ》　6 口上申含申候《こうじょうもうしふくみもうしそうろう》　7 被二差含一《さしふくまれ》　8 仰含《おおせふくむ》　9 相含《あいふくむ》

280 吟 2267

ギン

◎用例は「吟味」だけなので、「今」のくずれた単漢字2番目以降が判読できれば問題ないだろう。出入・訴訟関係の文書に頻出する。

【用例】

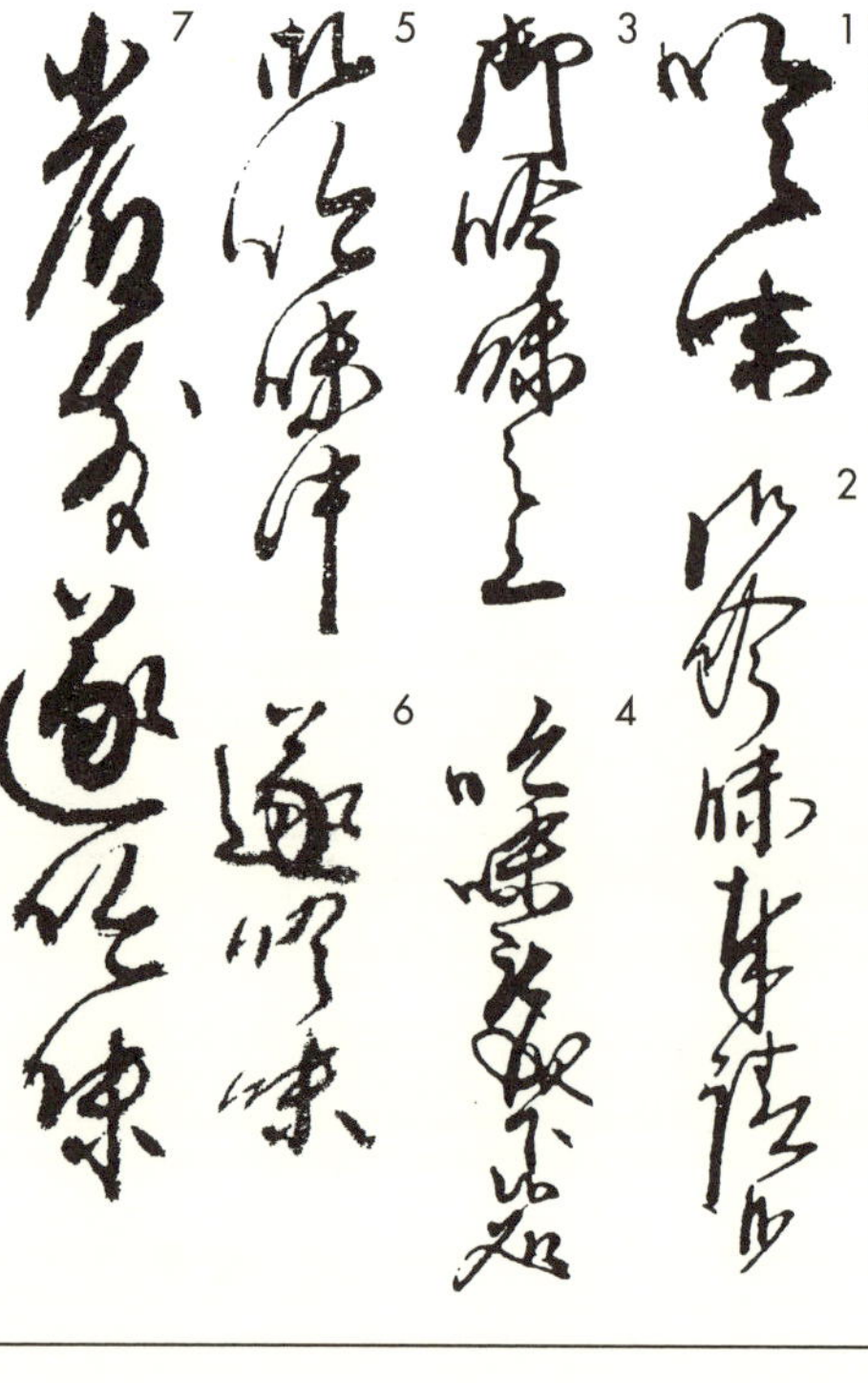

1 吟味《ぎんみ》　2 御吟味《ごぎんみ》奉レ請候《うけたてまつりそうろう》　3 御吟味之上《ごぎんみのうえ》

4 吟味被二成下一候処《ぎんみなしくだされそうろうところ》　5 御吟味中《ごぎんみちゅう》　6 遂二吟味一《ぎんみをとげ》

7 嚴敷遂二吟味一《きびしくぎんみをとげ》

281 【呉】 2466
ゴ　くれ

◎単漢字2番目が基本形で、「口」の下に「六」と覚えておけばよい。ここでは「呉々」「～呉候」を含んだ文言を押さえておきたい。

【用例】

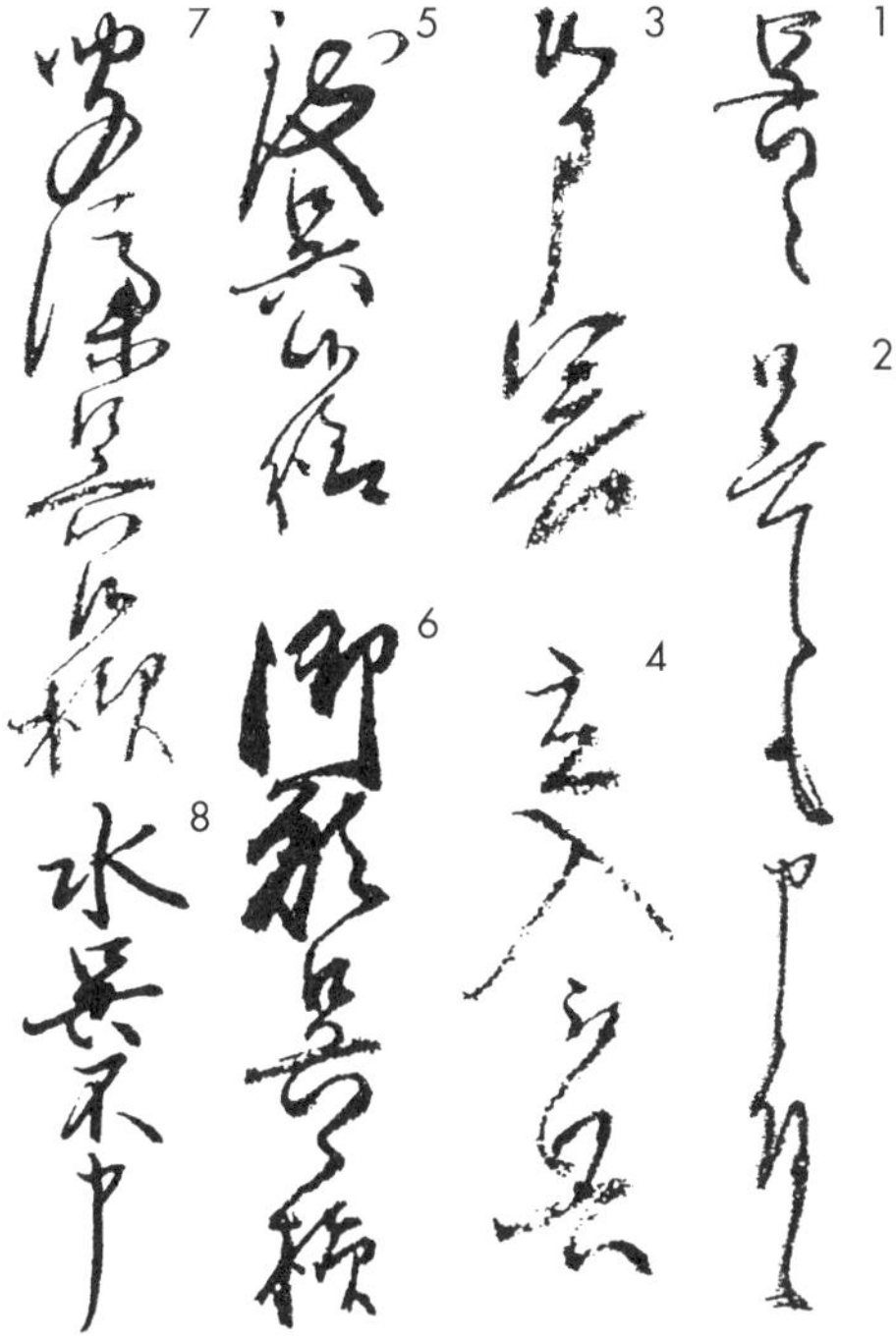

1 呉々《くれぐれ》　2 呉々《くれぐれ》も申付候《もうしつけそうろう》　3 被二申呉一《もうしくりゃれ》《もうしくれられ》　4 立入被レ呉《たちいりくりゃれ》《たちいりくれられ》

5 致呉候様《いたしくれそうろうよう》　6 御願呉候様《おねがいくれそうろうよう》　7 聞済呉候様《ききすましくれそうろうよう》　8 水呉不レ申《みずくれもうさず》

282 【咎】 5075
キュウ／とが　とがめ　とがめる

◎旁の「人」が「卜」、あるいは「処」「外」とくずされたものはすべて異体字である（異体字一覧参照）。用例1・2は決り文句。

【用例】

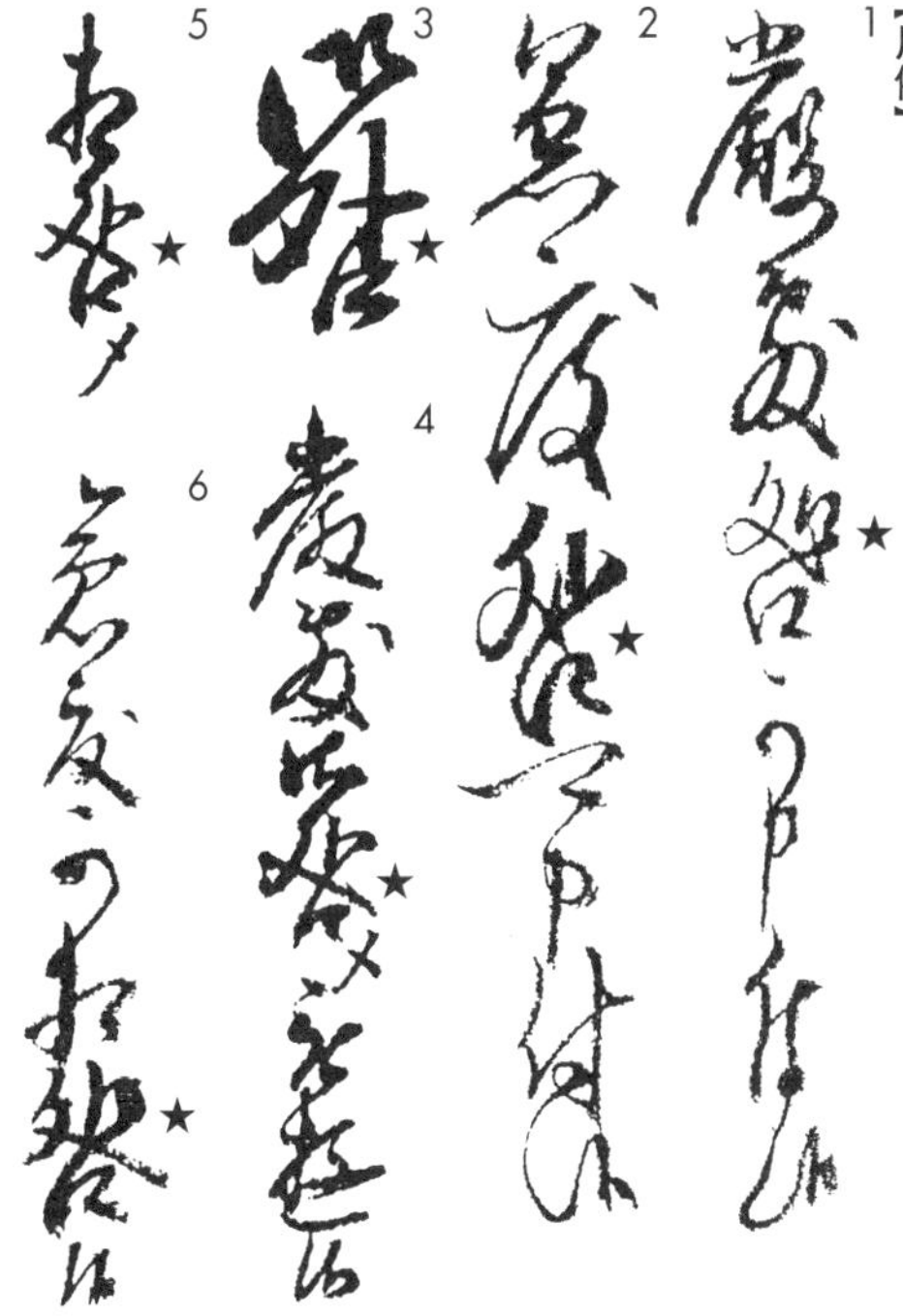

1 嚴敷咎可二申付一候《きびしくとがもうしつくべくそうろう》　2 急度咎可二申付一候《きっととがもうしつくべくそうろう》　3 御咎《おとがめ》

4 嚴敷御咎メ被レ遊候《きびしくおとがめあそばされそうろう》　5 相咎メ《あいとがめ》　6 急度可二相咎一候《きっとあいとがむべくそうろう》

283
呼
2438
コ
よぶ

◎旁の「乎」が「手」や「年」のくずしと同じになるので、判読は問題ないだろう。「呼出」は出入・訴訟関係の文書に頻出する文言。

【用例】

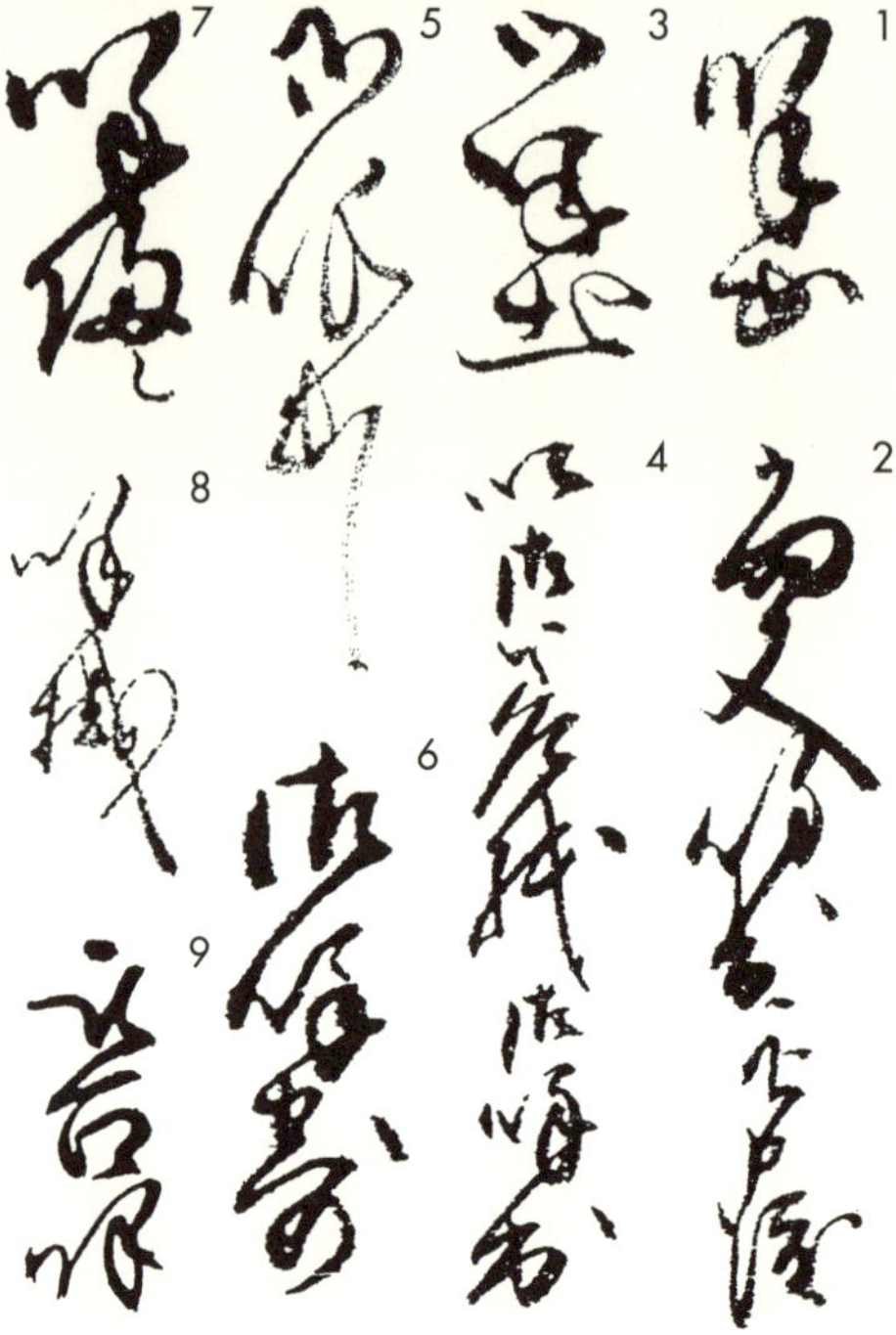

1 呼出《よびだし》　2 尚又呼出可レ被二申渡一《なおまたよびだしもうしわたさるべく》　3 御呼出《およびだし》　4 以二御差紙一御呼出《おさしがみをもっておよびだし》　5 御呼出《およびだ》し　6 御呼寄《およびよせ》　7 呼帰《よびかえ》し　8 呼掛《よびかけ》　9 被二召呼一《めしよばれ》

284
咄
5084
トツ
はなし
はなす

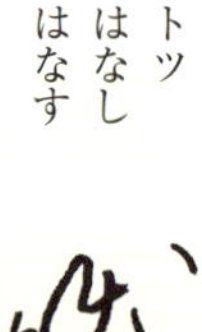

◎多様な「出」のくずしが判れば問題ない。「話」(226頁)と同義だが、「はなす」と読ませる場合には「咄」の頻度のほうが高い。

【用例】

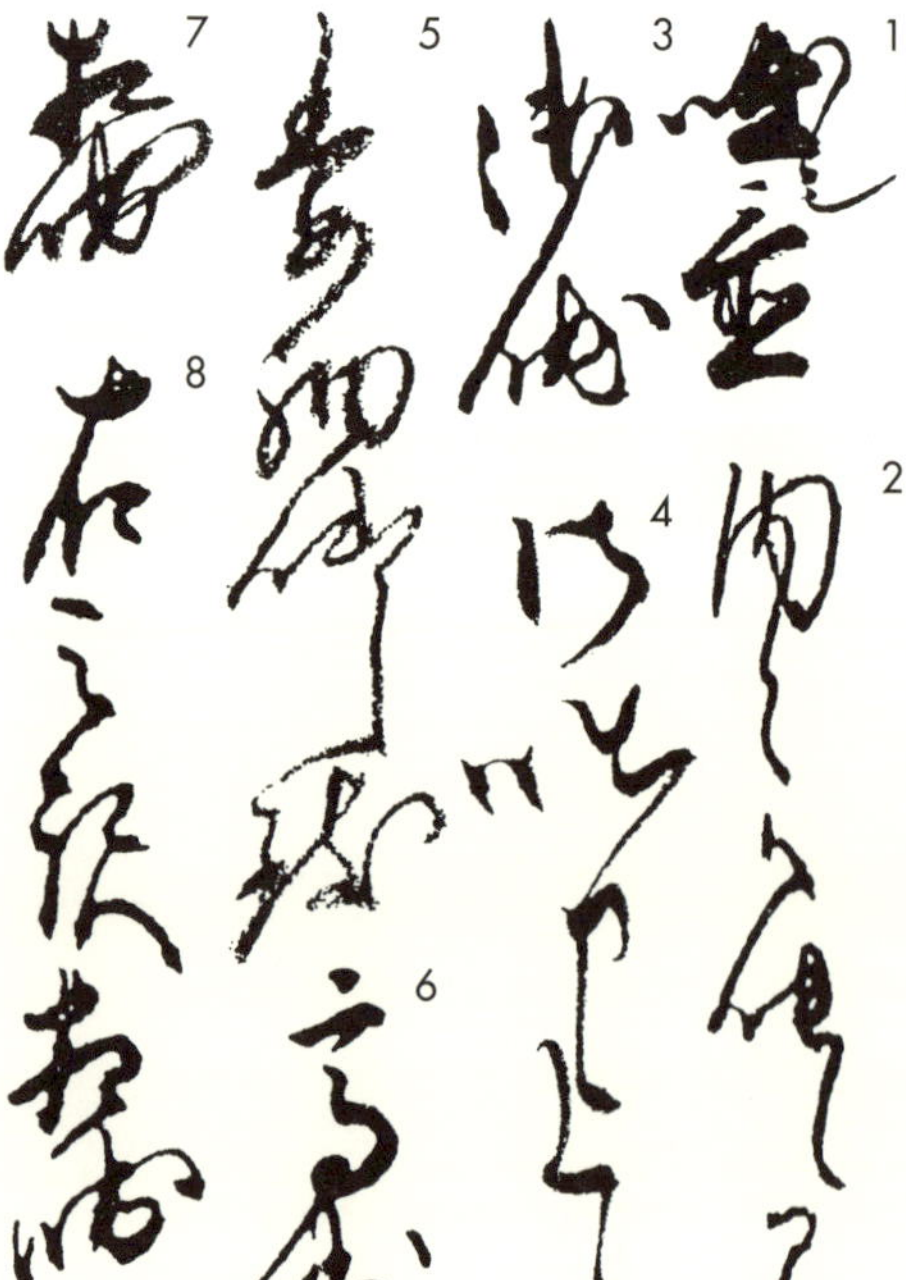

1 咄シ置《はなしおく》　2 内々御咄候間《ないないおはなしそうろうあいだ》　3 御咄《おはなし》　4 御咄申上候《おはなしもうしあげそうろう》　5 委細咄し致《いさいはなしいたし》　6 高咄《たかばなし》　7 相咄《あいはなす》　8 右之訳相咄《みぎのわけあいはなし》

285 味

4403

ミ・ビ
あじ
あじわう

◎くずしは判りやすいのでまったく問題ないだろう。54頁「吟」との熟語でぜひ覚えておきたい。「地味」は地質のよしあしのこと。

【用例】

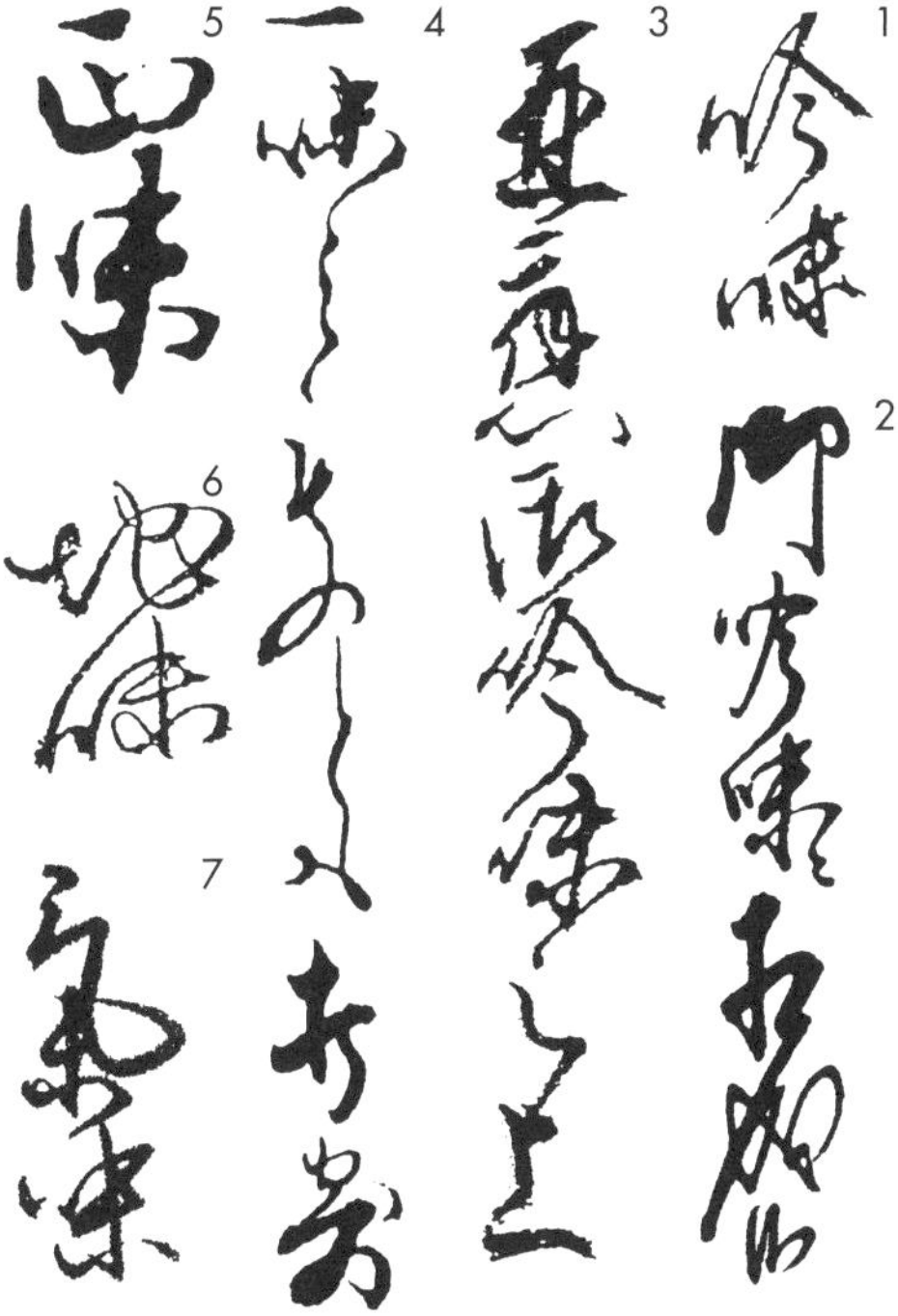

1 吟味《ぎんみ》　2 御吟味二相成候《ごぎんみにあいなりそうろう》　3 再應御吟味之上《さいおうごぎんみのうえ》
4 一味之《いちみの》ものとも打寄《うちより》　5 正味《しょうみ》　6 地味《じみ》　7 氣味《きみ》

286 和

4734

ワ・カ
やわらぐ
なごむ

◎42頁「加」同様、「口」のくずし様に注意すれば判読は容易。「和談内済」「和熟内済」は出入・訴訟関係文書に出てくる決り文句。

【用例】

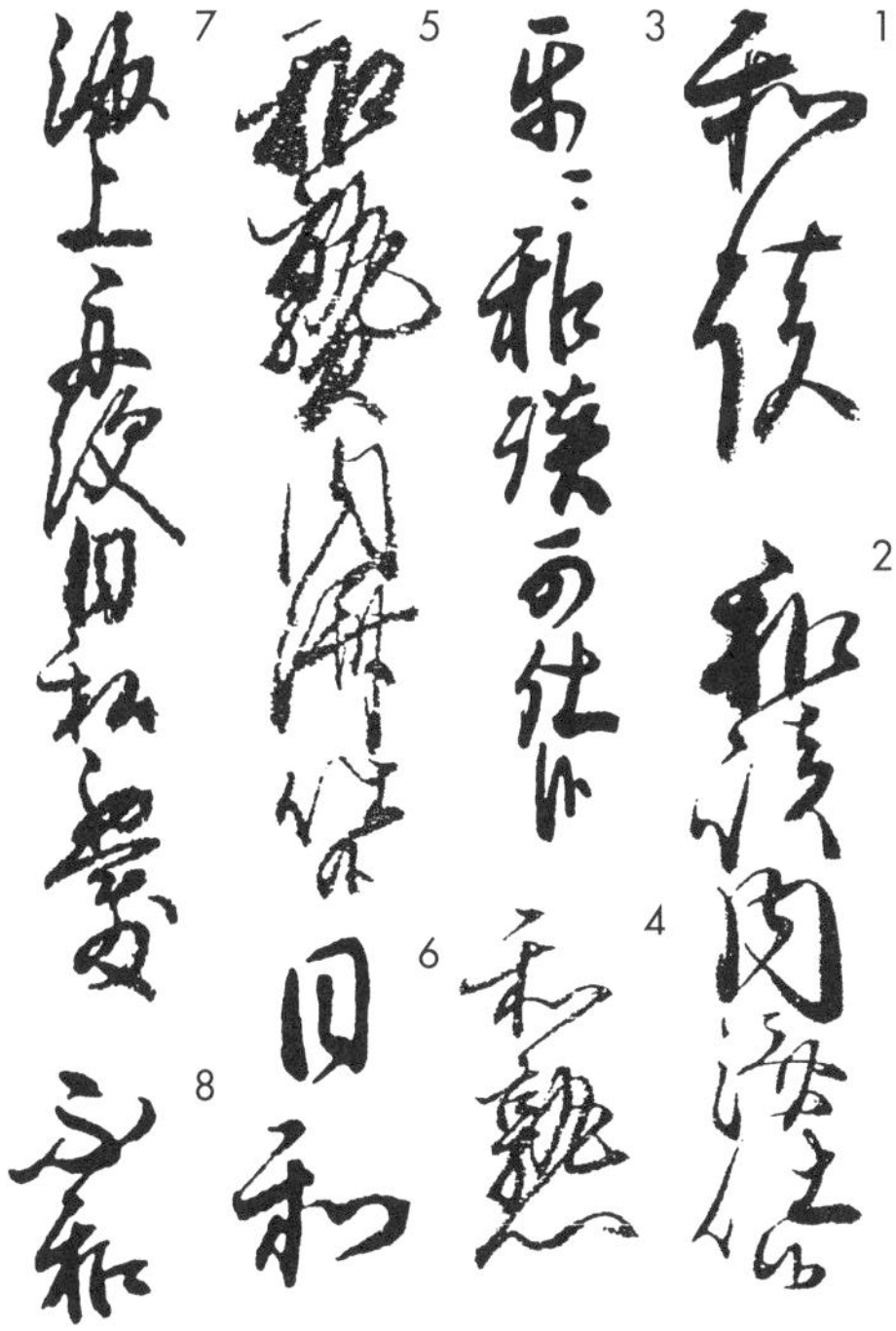

1 和談《わだん》　2 和談内済仕候《わだんないさいつかまつりそうろう》　3 互ニ和談可レ仕候《たがいにわだんつかまつるべくそうろう》　4 和熟《わじゅく》
5 和熟内済仕候《わじゅくないさいつかまつりそうろう》　6 日和《ひより》　7 海上舟便日和悪敷《かいじょうふなびんひよりあしく》　8 不和《ふわ》

287

品

4142

ヒン　ホン　しな

◎特徴的な単漢字2番目のくずしが基本形で、「所」に類似。単漢字5番目は異体字で、60頁「喜」や86頁「州」に通じる（異体字一覧参照）。

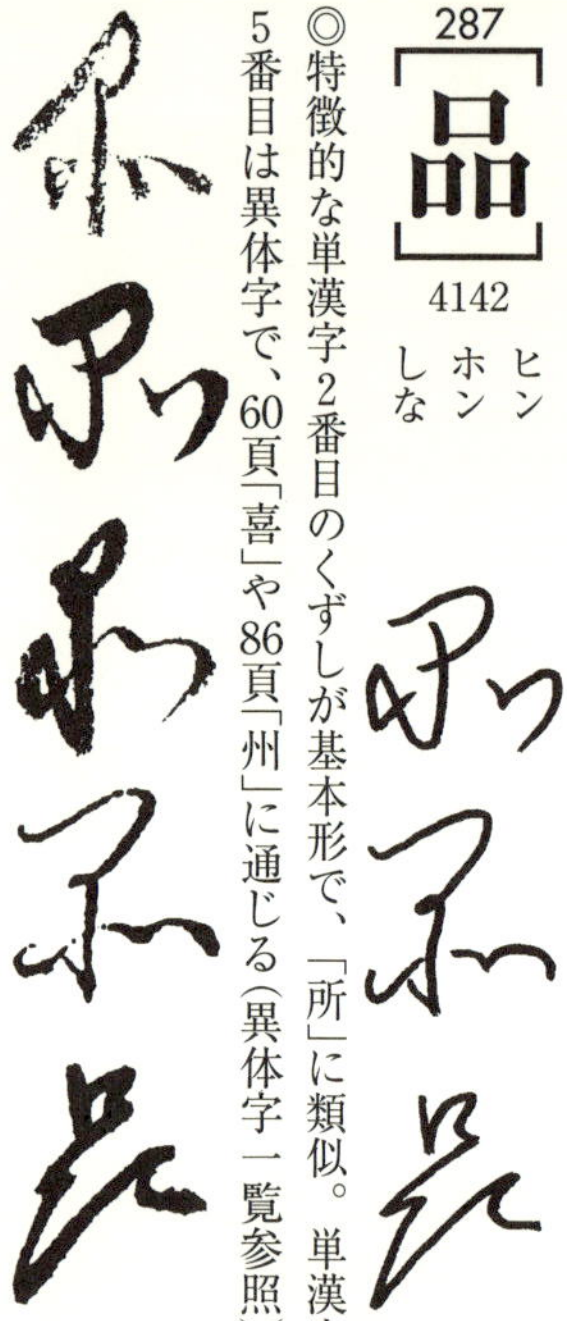

【用例】

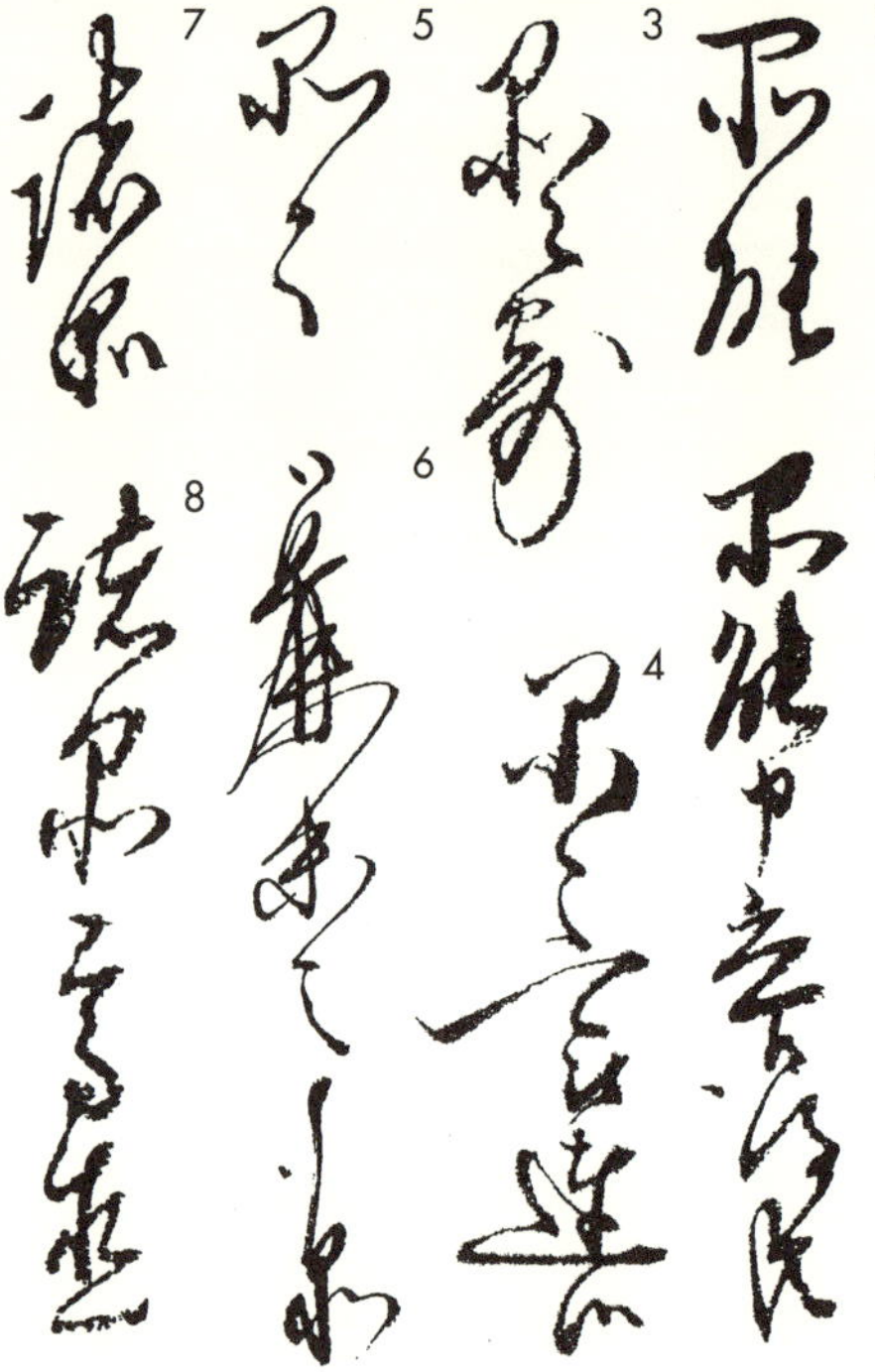

1 品能《しなよし》　2 品能申立候得共《しなよくもうしたてそうらえども》　3 品二寄《しなにより》　4 品々可レ被レ達候《しなじなたっさるべくそうろう》　5 品々《しなじな》　6 御麁末之御品《おそまつのおしな》　7 諸品《しょしな》　8 諸品高直《しょしなこうじき》《たかね》

288

員

1687

イン　かず

◎くずしはすべて「口」が「ム」と記される異体字のくずしである（異体字一覧参照）。「員数」は人数や物の数、金銭の額の意。

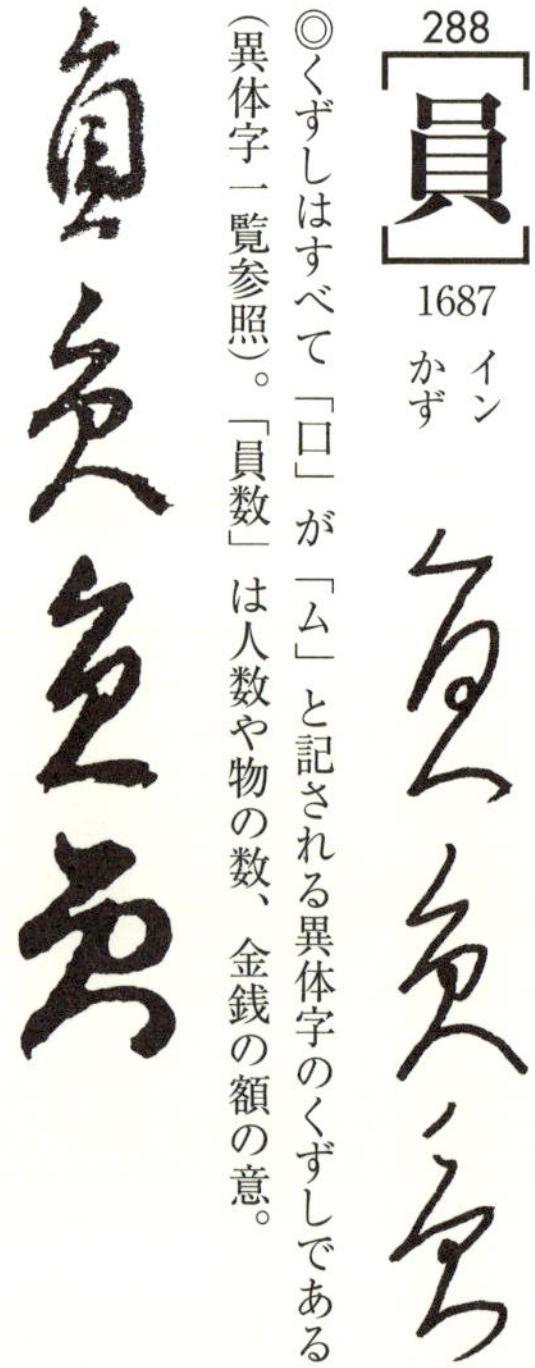

【用例】

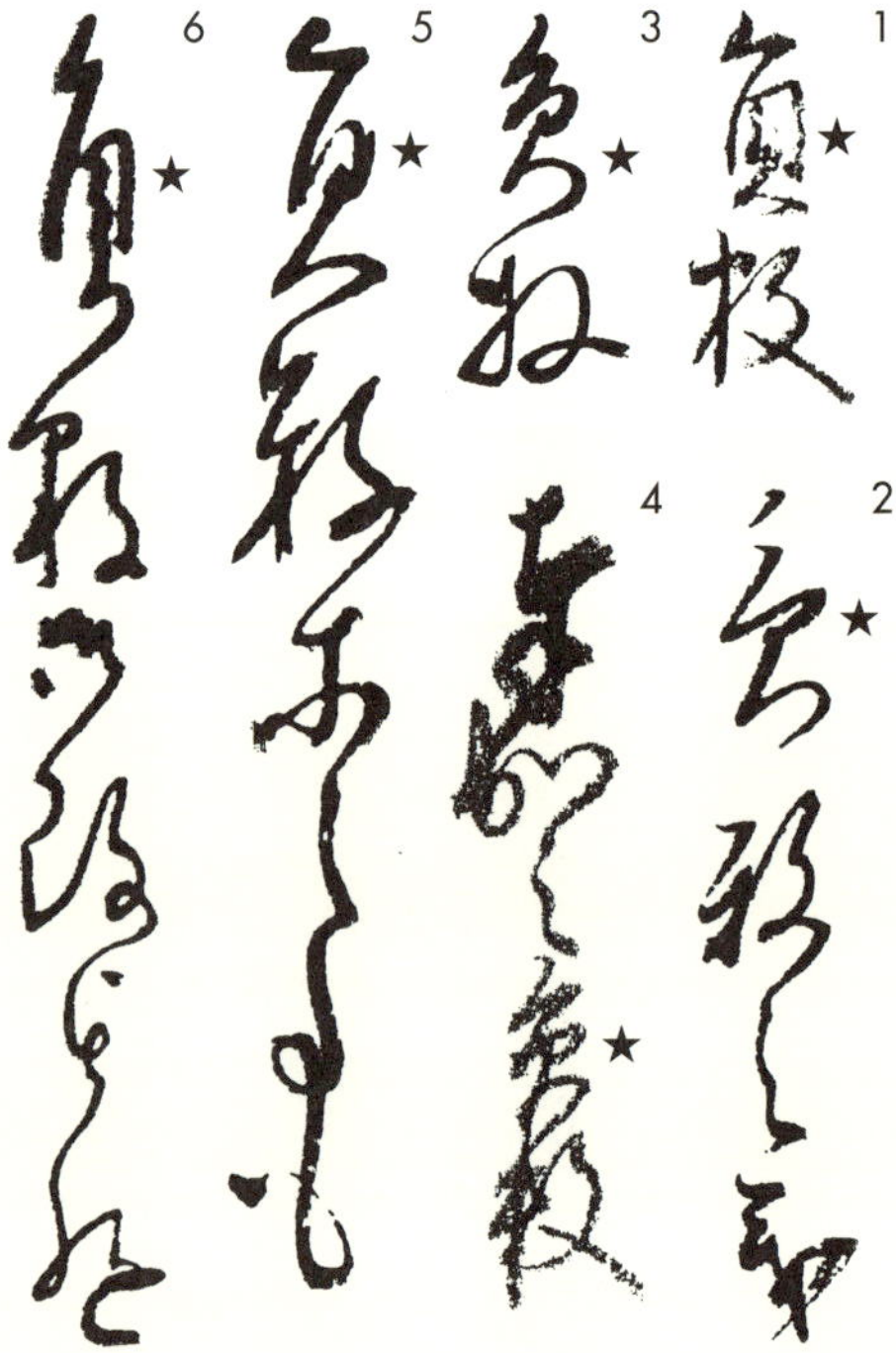

1 員数《いんずう》　2 員数之義《いんずうのぎ》　3 員数《いんずう》　4 奉加之員数《ほうがのいんずう》　5 員数等之事も《いんずうなどのこと》　6 員数御改被レ遊《いんずうおあらためあそばされ》

289 啓 2328

ケイ
ひらく
もうす

◎ここでは書状に頻出する「啓上」が重要で、「一筆啓上」は決り文句。「戸」は「石」のようにくずされ、「口」は右に寄ることが多い。

【用例】

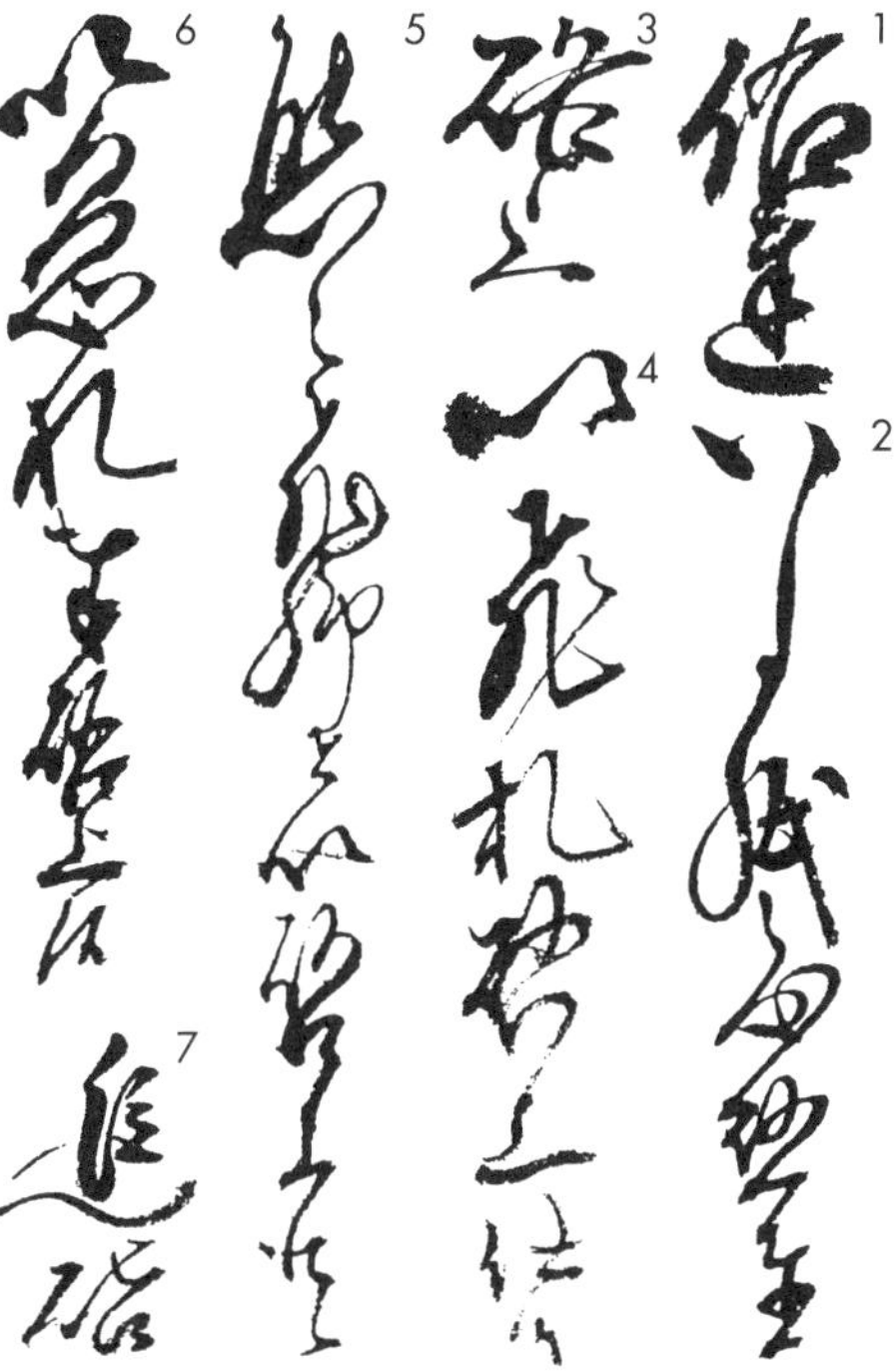

1 啓達《けいたつ》　2 以㆓手紙㆒致㆓啓達㆒《てがみをもってけいたついたし》　3 啓上《けいじょう》　4 以㆓飛札㆒啓上仕候《ひさつをもってけいじょうつかまつりそうろう》
5 態々飛脚を以啓上仕候《わざわざひきゃくもってけいじょうつかまつりそうろう》　6 以㆓愚札㆒奉㆓啓上㆒候《ぐさつをもってけいじょうたてまつりそうろう》
7 追啓《ついけい》

290 商 3006

ショウ
あきない
あきなう

◎単漢字3～5番目の特殊形（261頁「音」と類似）を覚えておけば判読には困らないだろう。ここでは「商賣」をしっかりと覚えておきたい。

【用例】

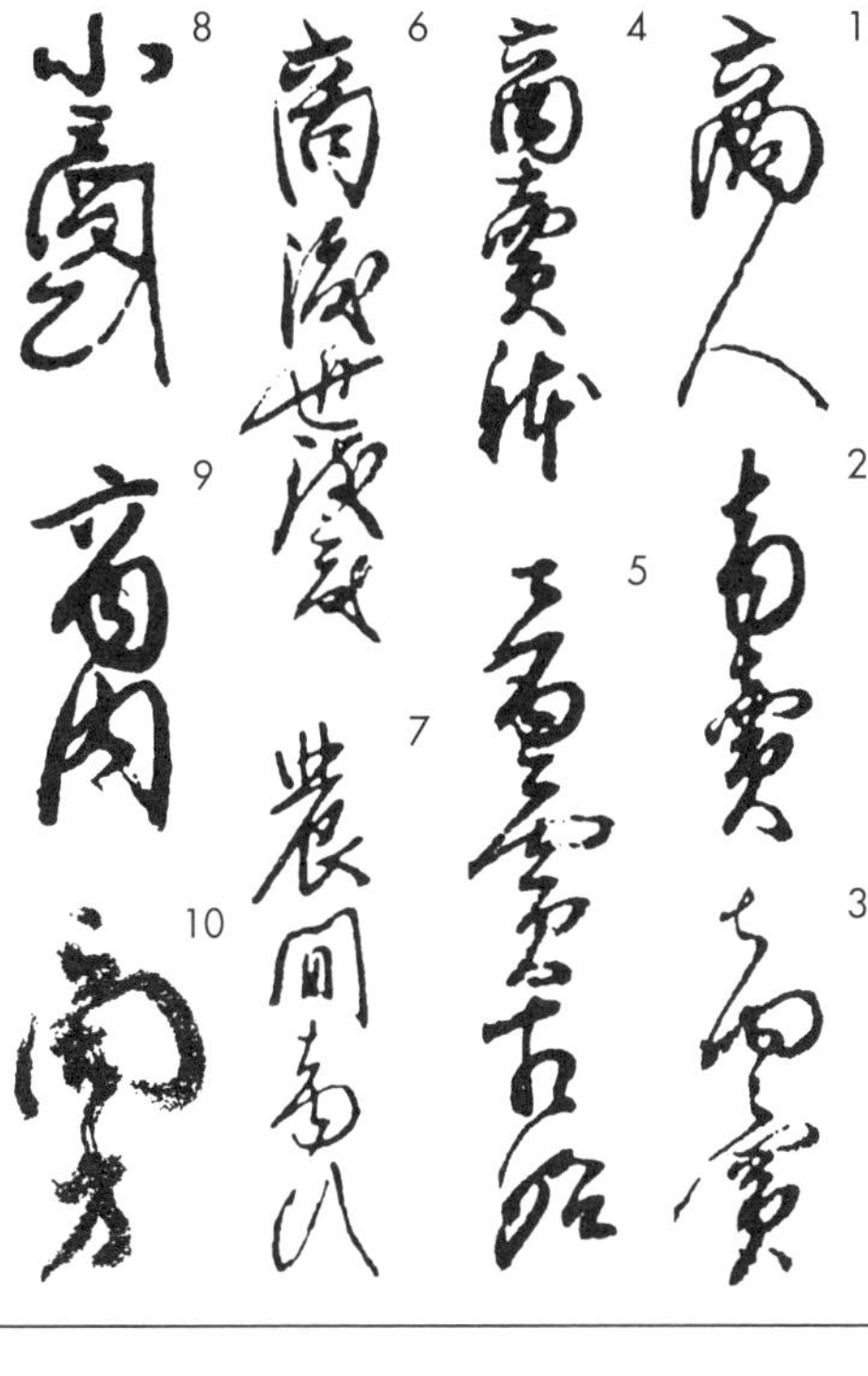

1 商人《しょうにん》　2・3 商賣《しょうばい》　4 商賣躰《しょうばいてい》　5 商賣相始《しょうばいあいはじめ》　6 商渡世致度《あきないとせいいたしたく》
7 農間商ひ《のうまあきない》　8 小商ひ《こあきない》　9 商内《あきない》　10 商方《あきないかた》

291 問 4468

モン
とう
とん

◎「門」が上に小さく書かれる単漢字4〜6番目のくずしを頭に入れてほしい。「問屋」は頻出の重要語なのでぜひ覚えたい。

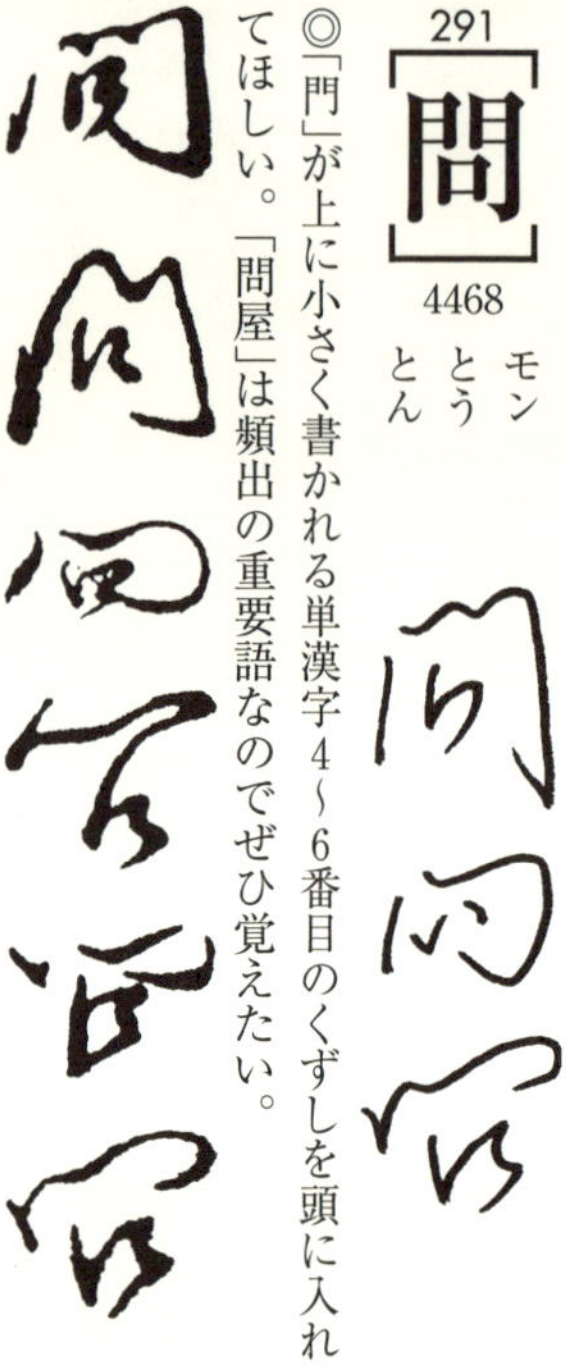

【用例】

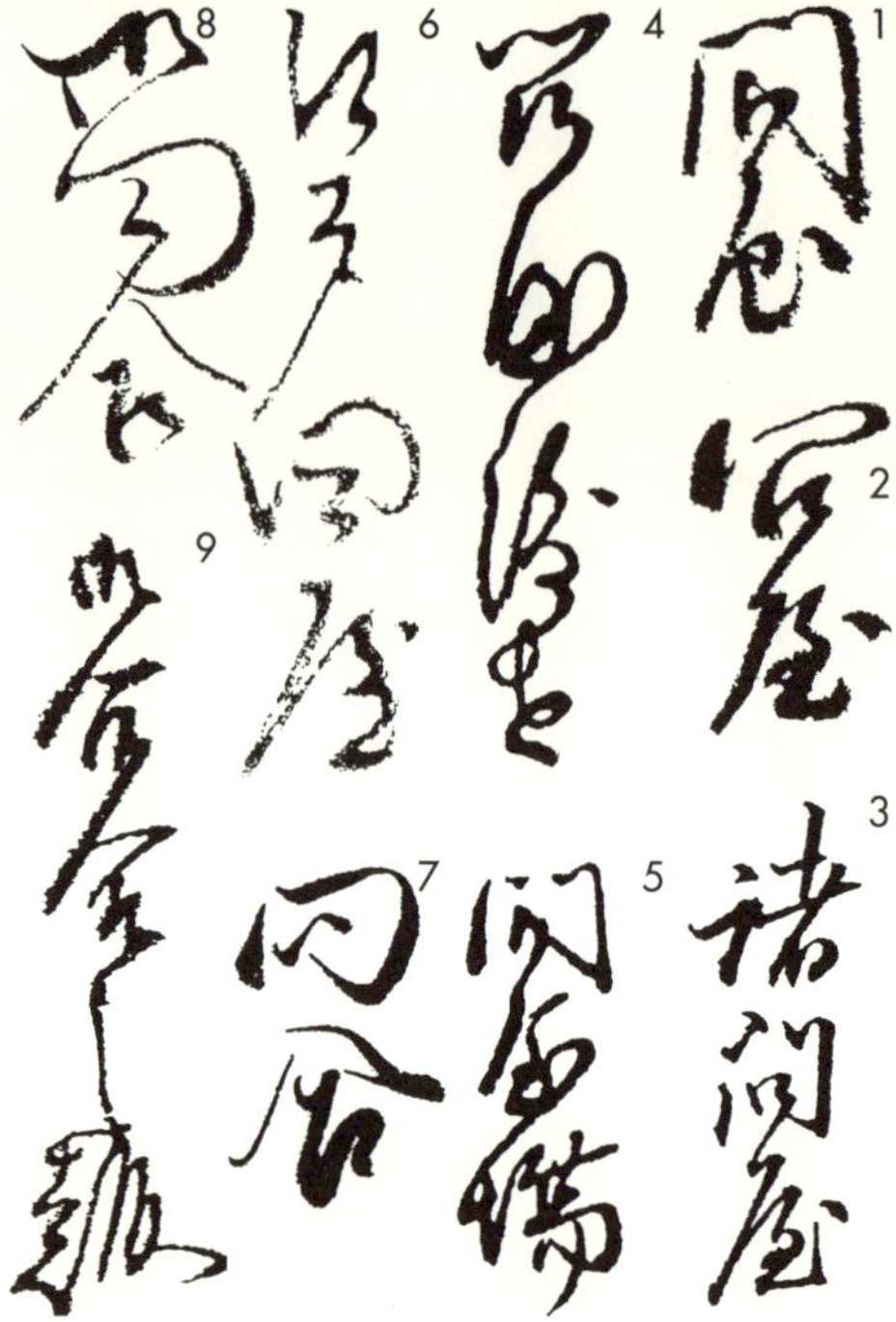

1・2 問屋《とんや》《といや》 3 諸問屋《しょどいや》 4 問屋渡世《といやとせい》 5 問屋場《といやば》 6 江戸問屋《えどといや》 7 問合《といあわす》 8 御問合《おといあわせ》 9 御問合之趣《おといあわせのおもむき》

292 喜 2078

キ
よろこび
よろこぶ

◎用例はすべて書状に頻出する文言である。単漢字1・2番目が基本形でいずれも異体字である（異体字一覧参照）。人名にも頻出。

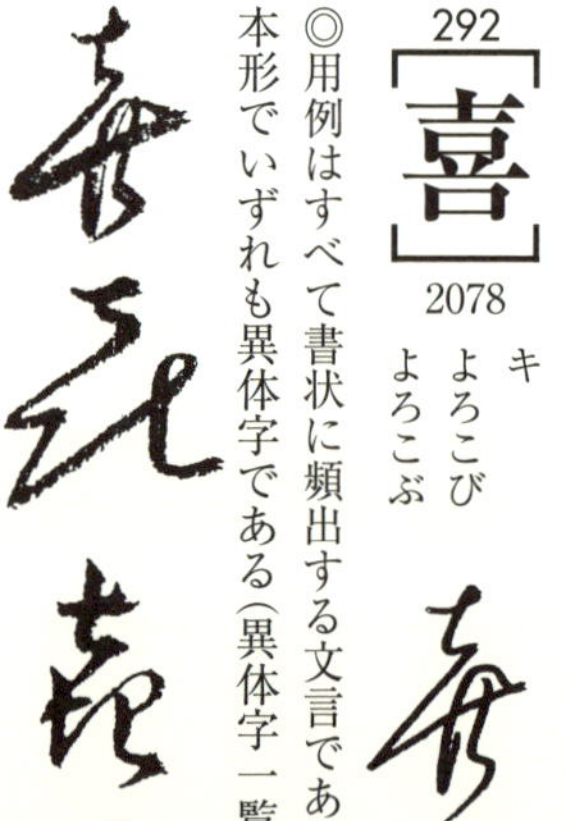

【用例】

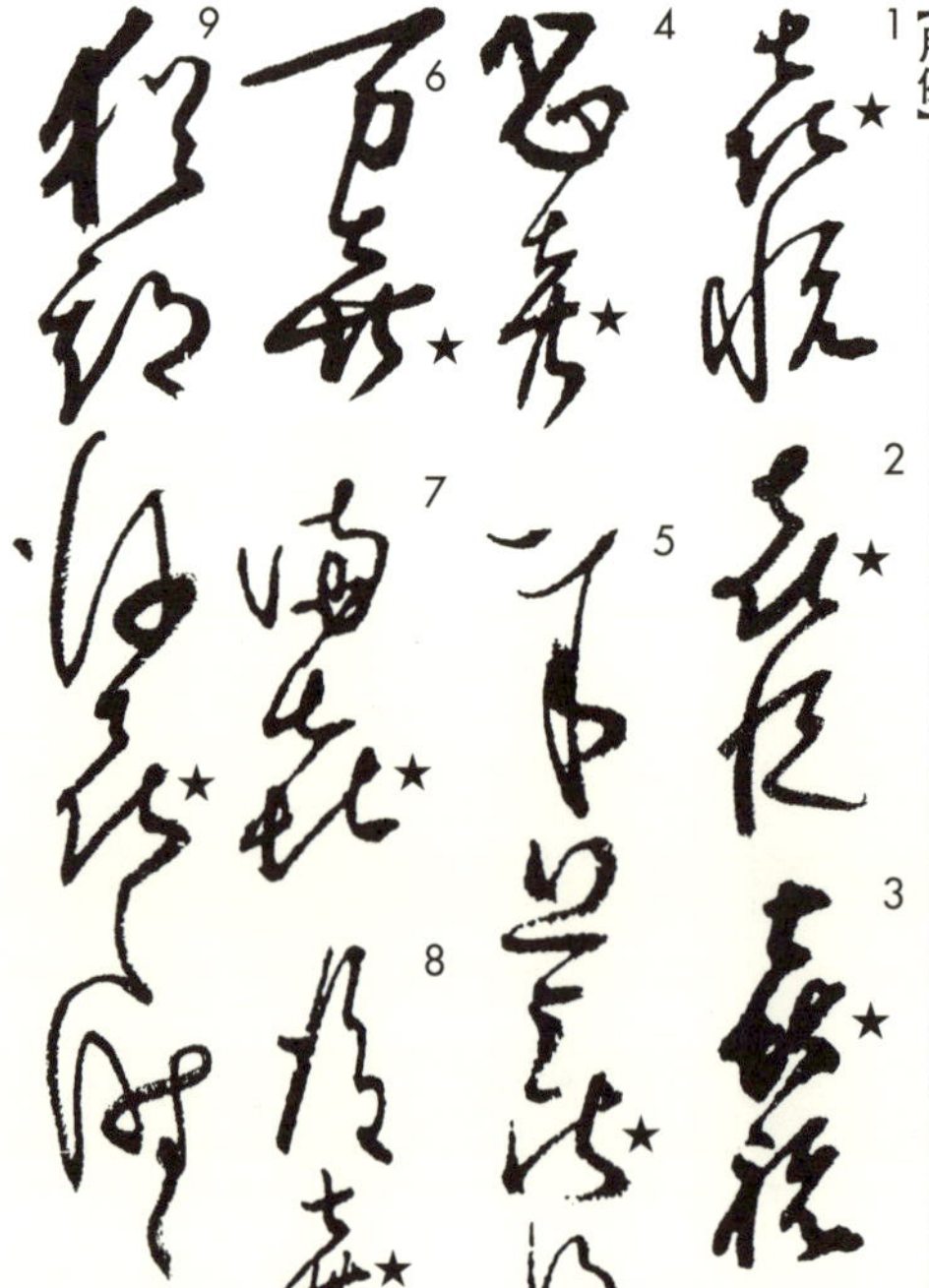

1・2 喜悦《きえつ》 3 喜祝《きしゅく》 4 恐喜《きょうき》 5 奉二恐喜一候《きょうきたてまつりそうろう》 6 万喜《ばんき》 7 満喜《まんき》 8 後喜《こうき》 9 猶期二後喜之時一候《なおこうきのときをごしそうろう》

293
囲（圍）
1647
5203
イ
かこむ
かこう

◎「井」のくずしが独特の単漢字3・4番目をぜひ覚えておきたい。基本的に「不時の要に備え貯える」の意味で使われることが多い。

【用例】

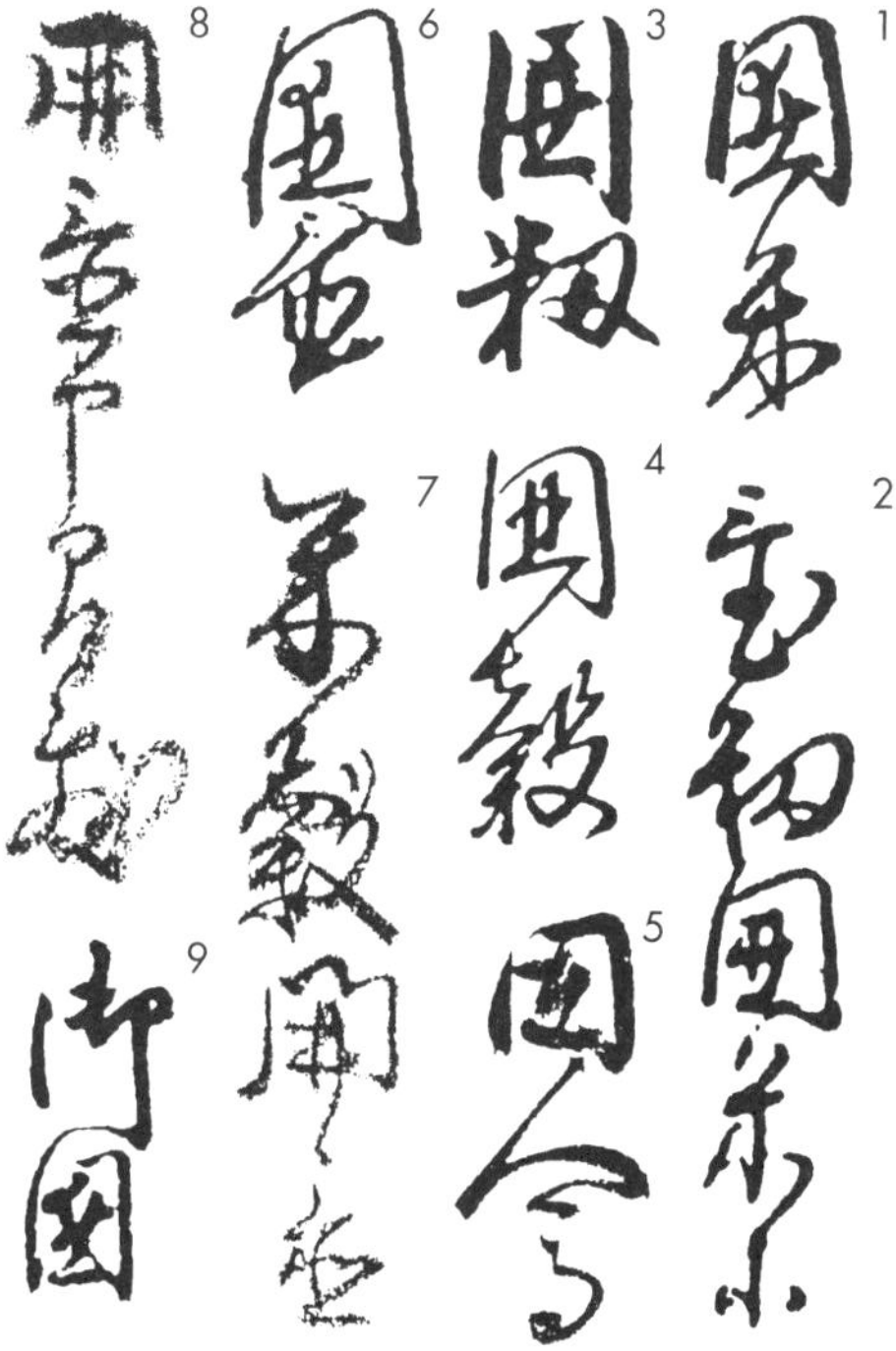

1 囲米《かこいまい》　2 置籾《おきもみ》・囲米等《かこいまいなど》　3 囲籾《かこいもみ》　4 囲穀《かこいこく》　5 囲人馬《かこいじんば》　6 囲置《かこいおく》　7 米穀囲置《べいこくかこいおき》　8 囲置申間敷《かこいおきもうすまじく》　9 御囲《おかこい》

294
困
2604
コン
こまる

◎単漢字4・5番目のような「木」の脇に「丶」を打つくずしもあるが、基本的に判読は容易である。「困窮」「困入」が頻出する。

【用例】

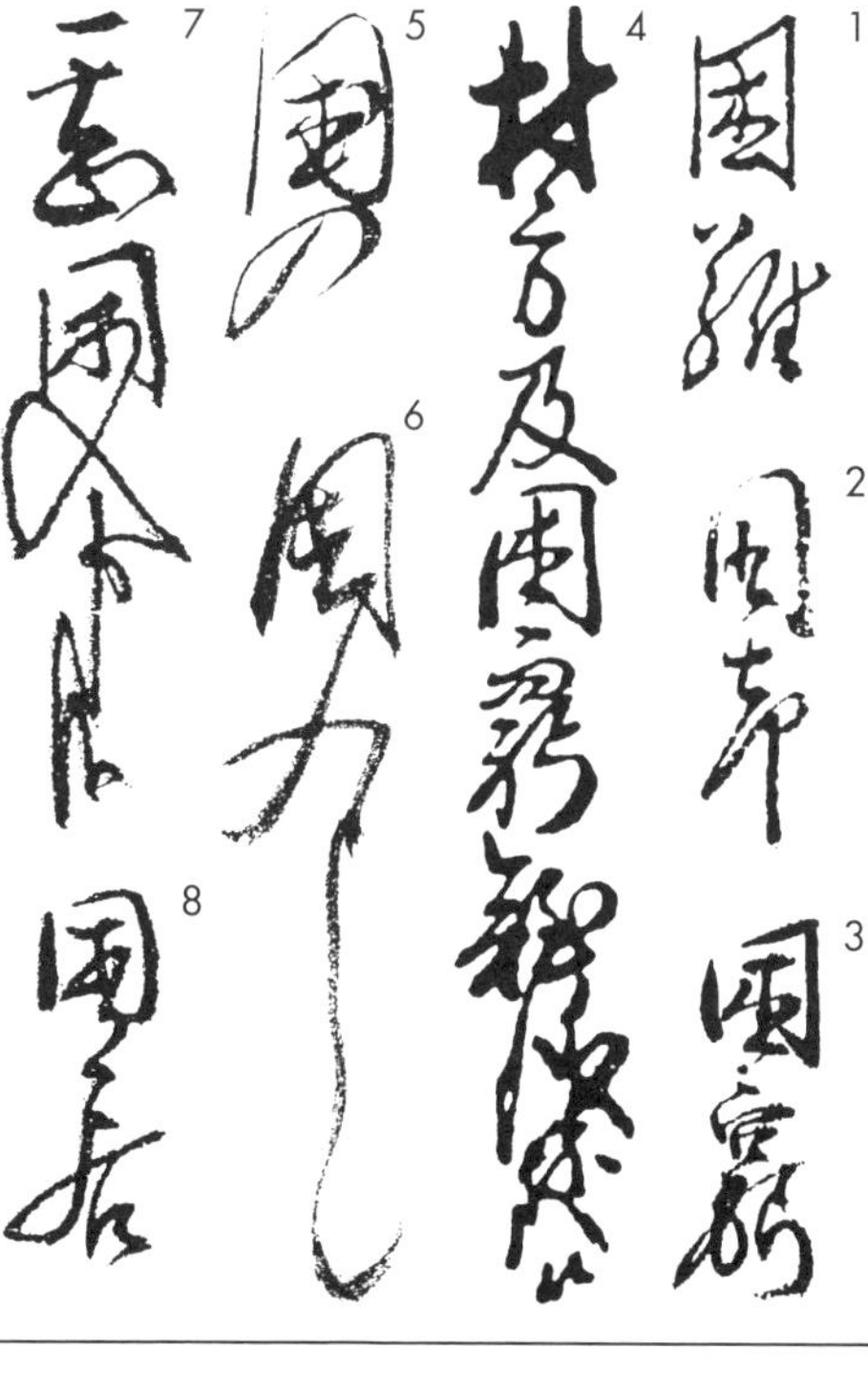

1 困難《こんなん》　2 困却《こんきゃく》　3 困窮《こんきゅう》　4 村方及二困窮一難儀致候《むらかたこんきゅうにおよびなんぎいたしそうろう》　5 困入《こまりいる》　6 困入申候《こまりいりもうしそうろう》　7 甚困入申候《はなはだこまりいりもうしそうろう》　8 困居《こまりおる》

295

図（圖）

3162
5206
ト
ズ
はかる

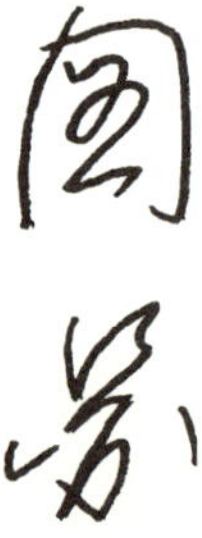

◎国がまえには両脇に一つずつ点を打つ特徴的なくずしがあり、単漢字3番目が基本形となる。「差（指）圖」が頻出の重要語。

【用例】

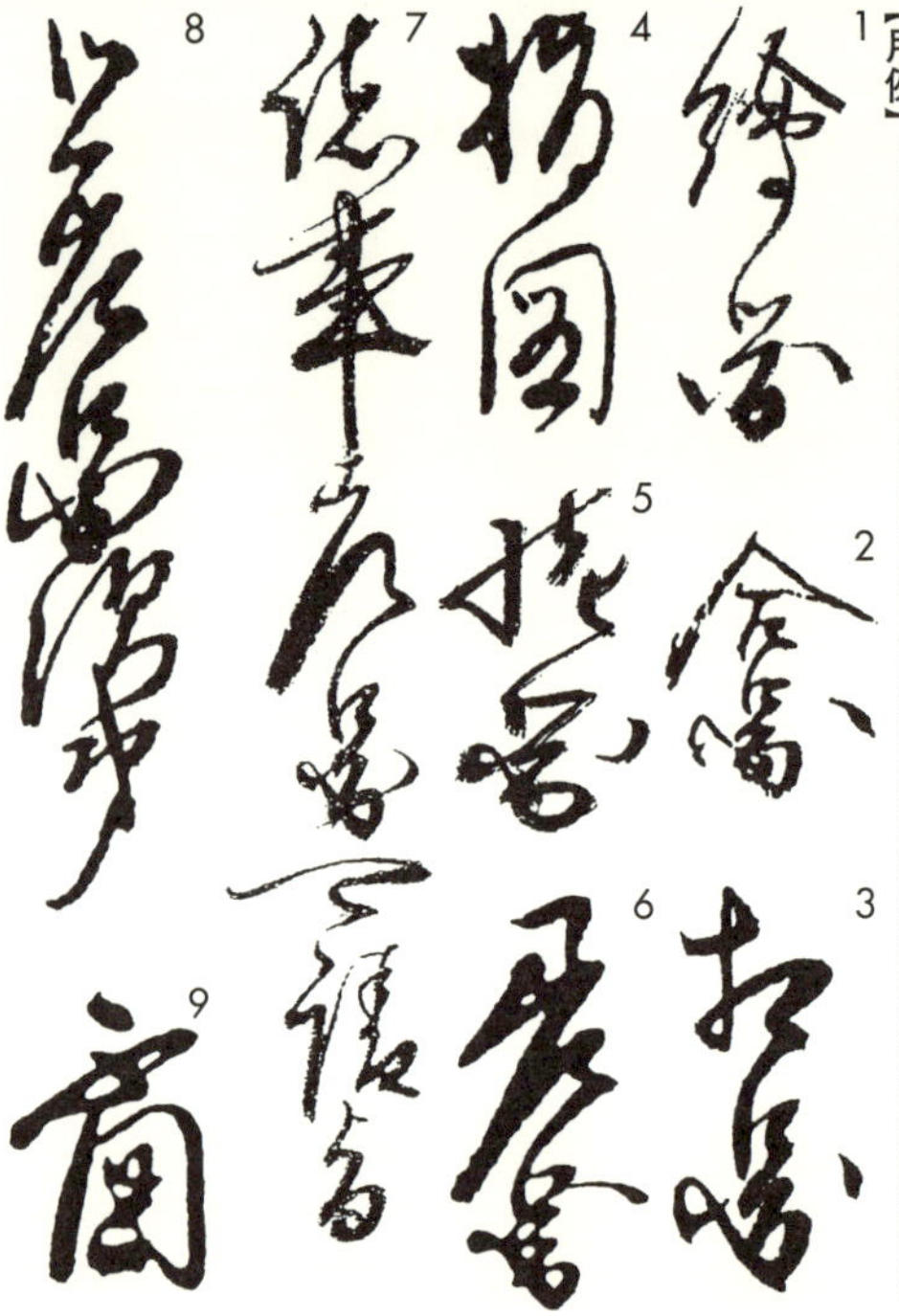

1 繪圖《えず》　2 合圖《あいず》　3 相圖《あいず》　4 指図《さしず》　5 指圖《さしず》　6 差圖《さしず》
7 諸事差圖可㆑請旨《しょじさしずうくべきむね》　8 御差圖次第《おさしずしだい》　9 不㆑図《はからず》／不図《ふと》

296

固

2439
コ
かためる
かたい

◎両脇に点を打つ単漢字3〜5番目の独特のくずしをぜひ覚えておきたい。「堅固」（すこやか、達者の意）は書状に頻出する。

【用例】

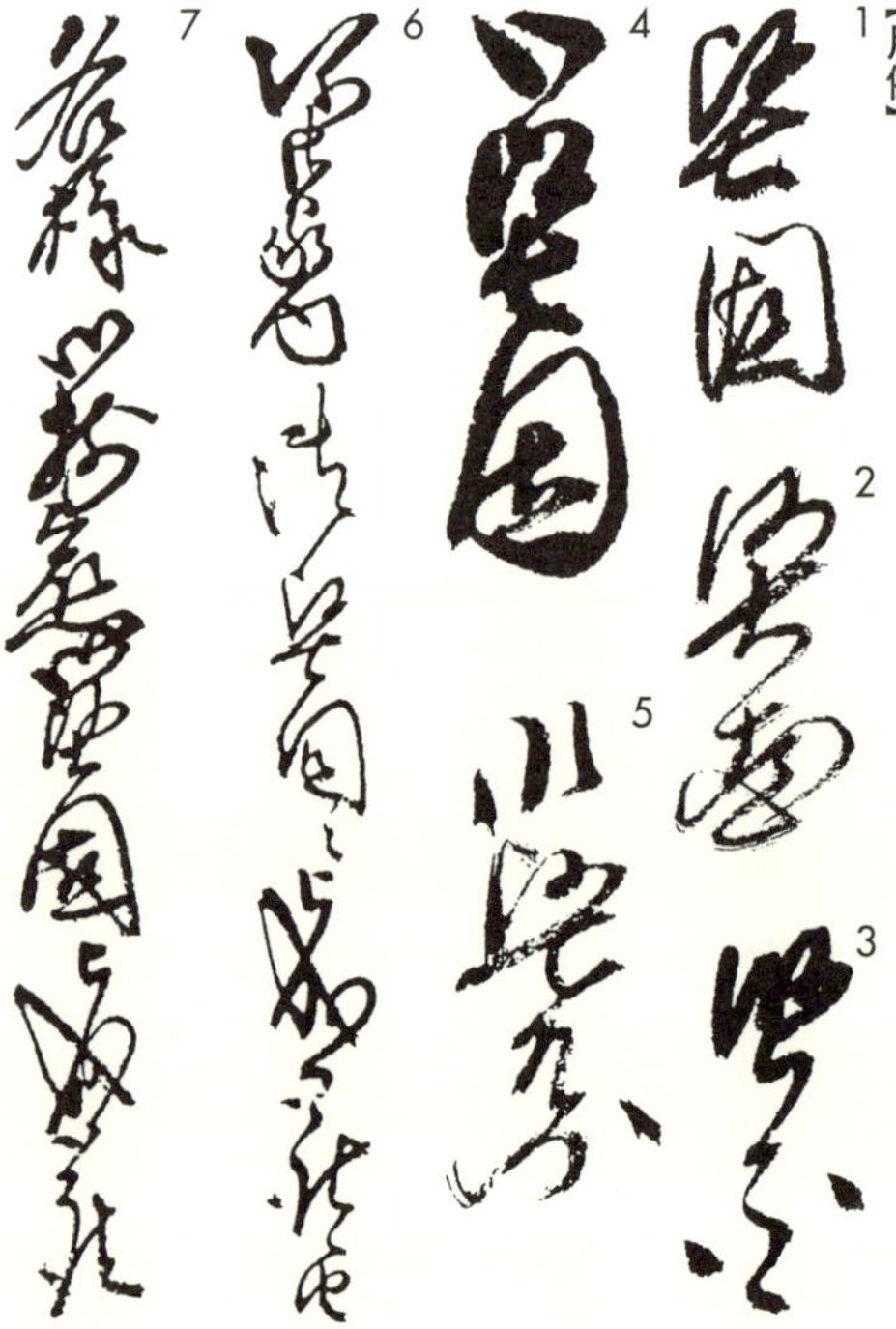

1〜3 堅固《けんご》　4・5 御堅固《ごけんご》　6 弥《いよいよ》御家内《ごかない》御堅固《ごけんご》ニ被㆑成《なされ》㆓御座《ござ》㆒候由《そうろうよし》
7 各様《おのおのさま》御揃《おそろい》愈《いよいよ》御堅固《ごけんご》被㆑成《なされ》㆓御座《ござ》㆒

297 国(國)

2581
5202

コク
くに

◎「国(國)」は頻出する重要語で用例も多い。「国」は単漢字1・8番目、「國」は4番目が基本形。「或」(113頁)は「非」(260頁)のようにくずれる。

【用例】

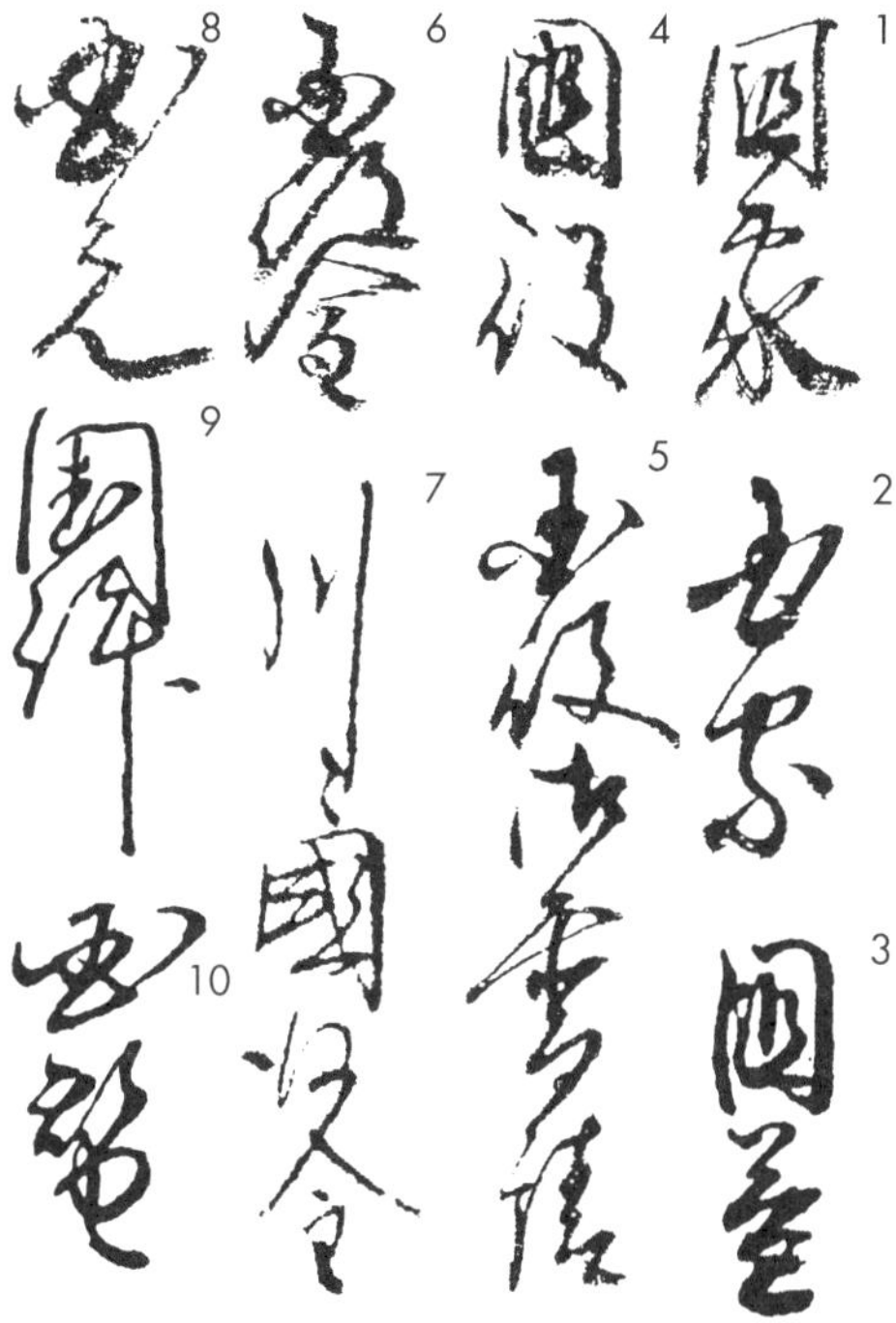

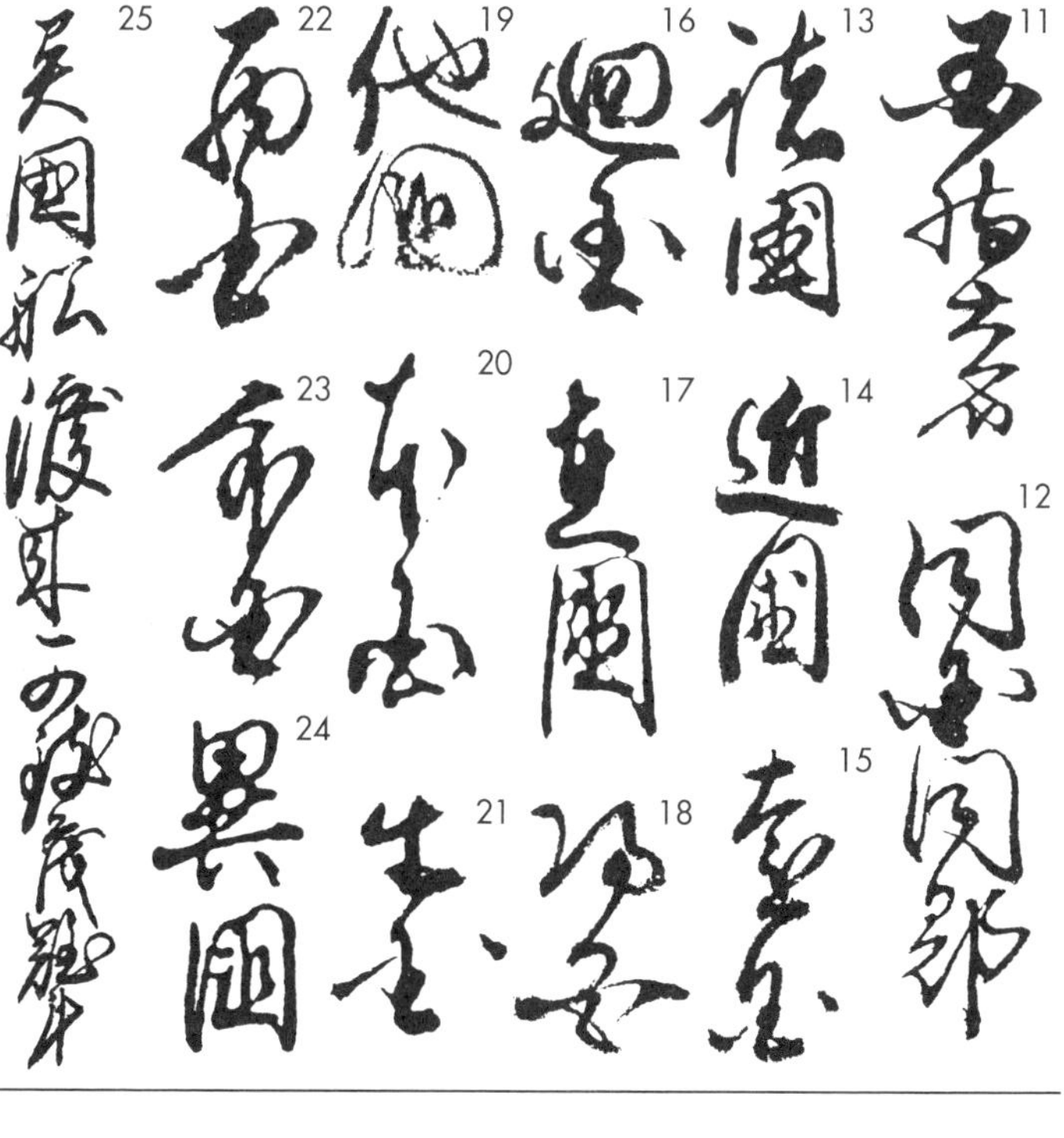

1 國家《こっか》 2 国家《こっか》 3 國益《こくえき》 4 國役《くにやく》 5 国役御普請《くにやくごふしん》 6 国役金《くにやくきん》

7 川々國役金《かわがわくにやくきん》 8 国元《くにもと》 9 国許《くにもと》 10 国替《くにがえ》 11 国持大名《くにもちだいみょう》

12 同国同郡《どうこくどうぐん》 13 諸國《しょこく》 14 近國《きんこく》 15 遠国《おんごく》 16 廻国《かいこく》 17 在國《ざいこく》 18 帰国《きこく》

19 他國《たこく》 20 本国《ほんごく》 21 生国《しょうごく》 22 西国《さいごく》 23 外国《がいこく》 24 異國《いこく》

25 異国船《いこくせん》渡来《とらい》可レ致《いたすべく》茂《も》難レ計《はかりがたく》

298 土

3758

ド ト つち

◎三画目を「ム」のように下に曲げるくずしが基本形となるが、単漢字2番目のように「出」と似たものもある。「土地」「土手」は頻出。

【用例】

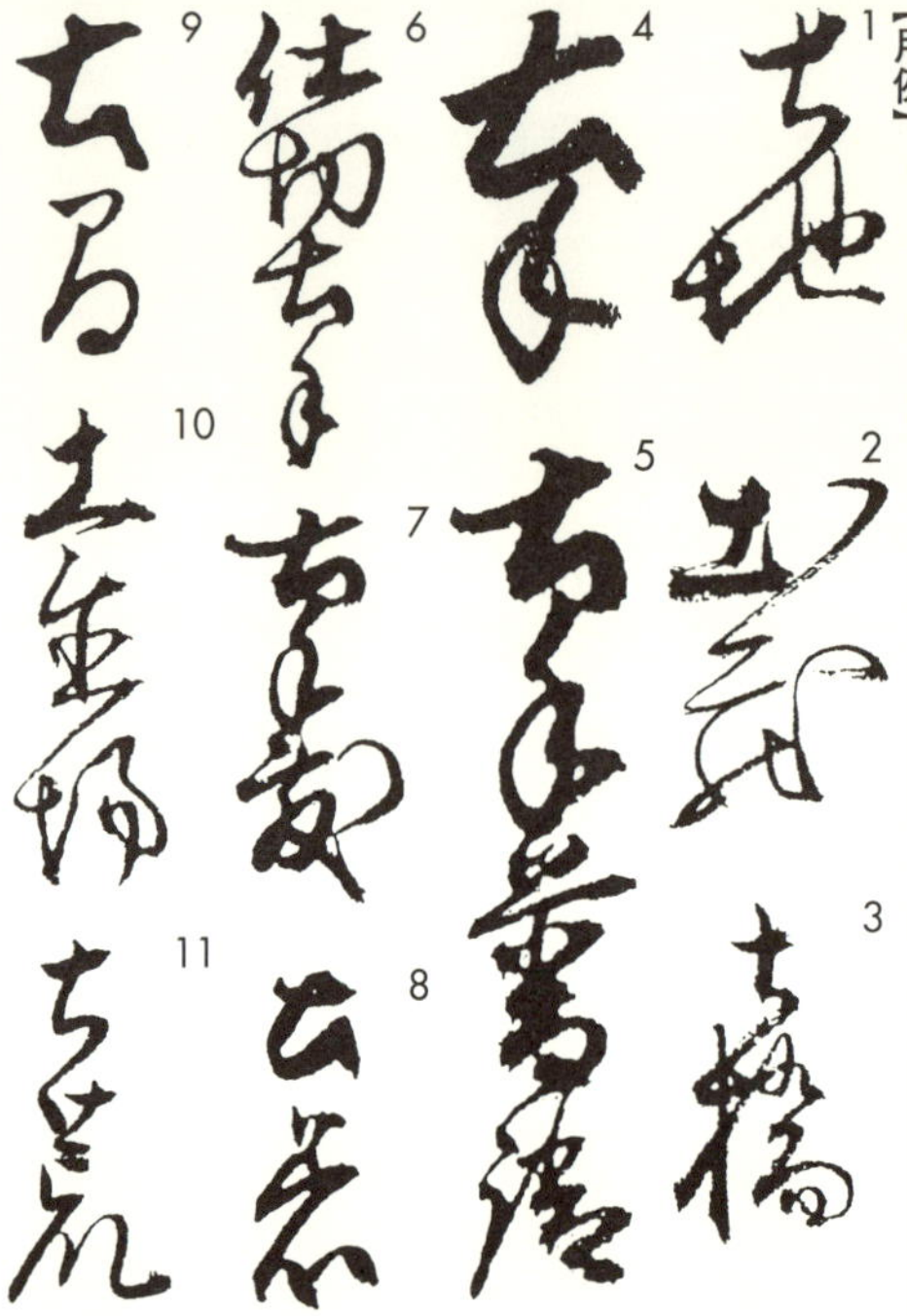

1 土地《とち》 2 土蔵《どぞう》 3 土橋《どばし》 4 土手《どて》 5 土手普請《どてぶしん》 6 仕切土手《しきりどて》 7 土手敷《どてしき》 8 土着《どちゃく》 9 土間《どま》 10 土置場《つちおきば》 11 土荒《つちあれ》

299 城

3075

ジョウ しろ

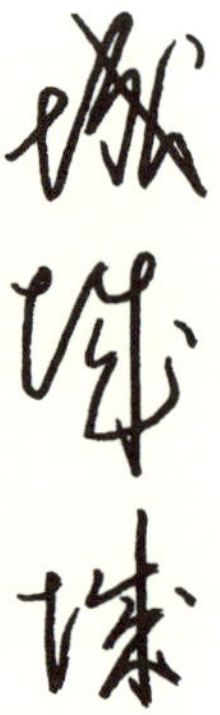

◎単漢字3～5番目の「成」の特殊形が判読できれば問題ないだろう。「城米」は幕府・諸藩の年貢米の総称。「登城」が頻出する。

【用例】

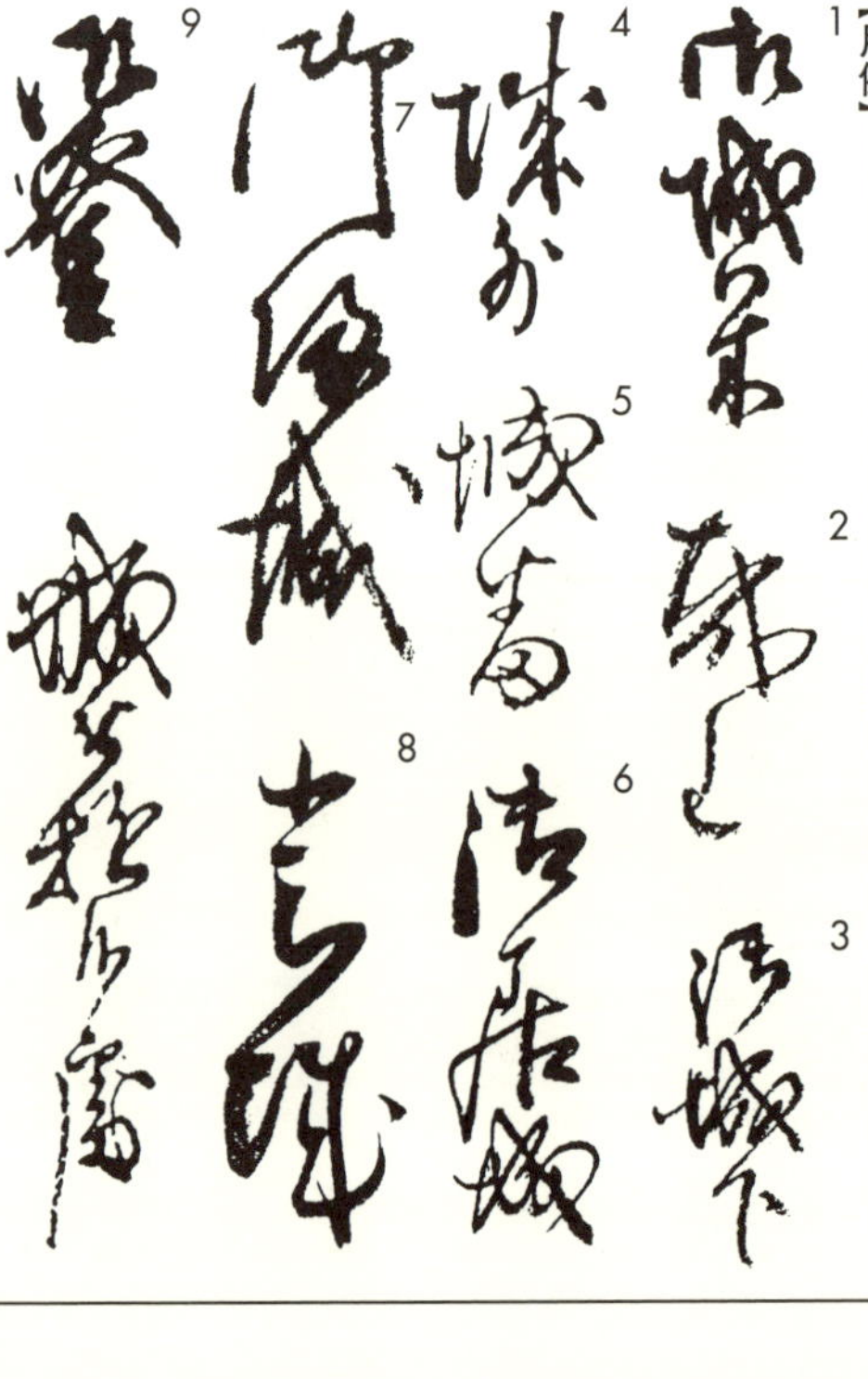

1 御城米《ごじょうまい》 2 城主《じょうしゅ》 3 御城下《ごじょうか》 4 城外《じょうがい》 5 城番《じょうばん》 6 御居城《ごきょじょう》 7 御帰城《ごきじょう》 8 登城《とじょう》 9 御登《ごと》城被レ遊候処《じょうあそばされそうろうところ》

300 埒

5231

ラチ ラツ

◎すべて異体字のくずしとなり（異体字一覧参照）、単漢字3番目が基本形となる。76頁「守」も要参照。「埒明」「不埒」は頻出の重要語。

【用例】

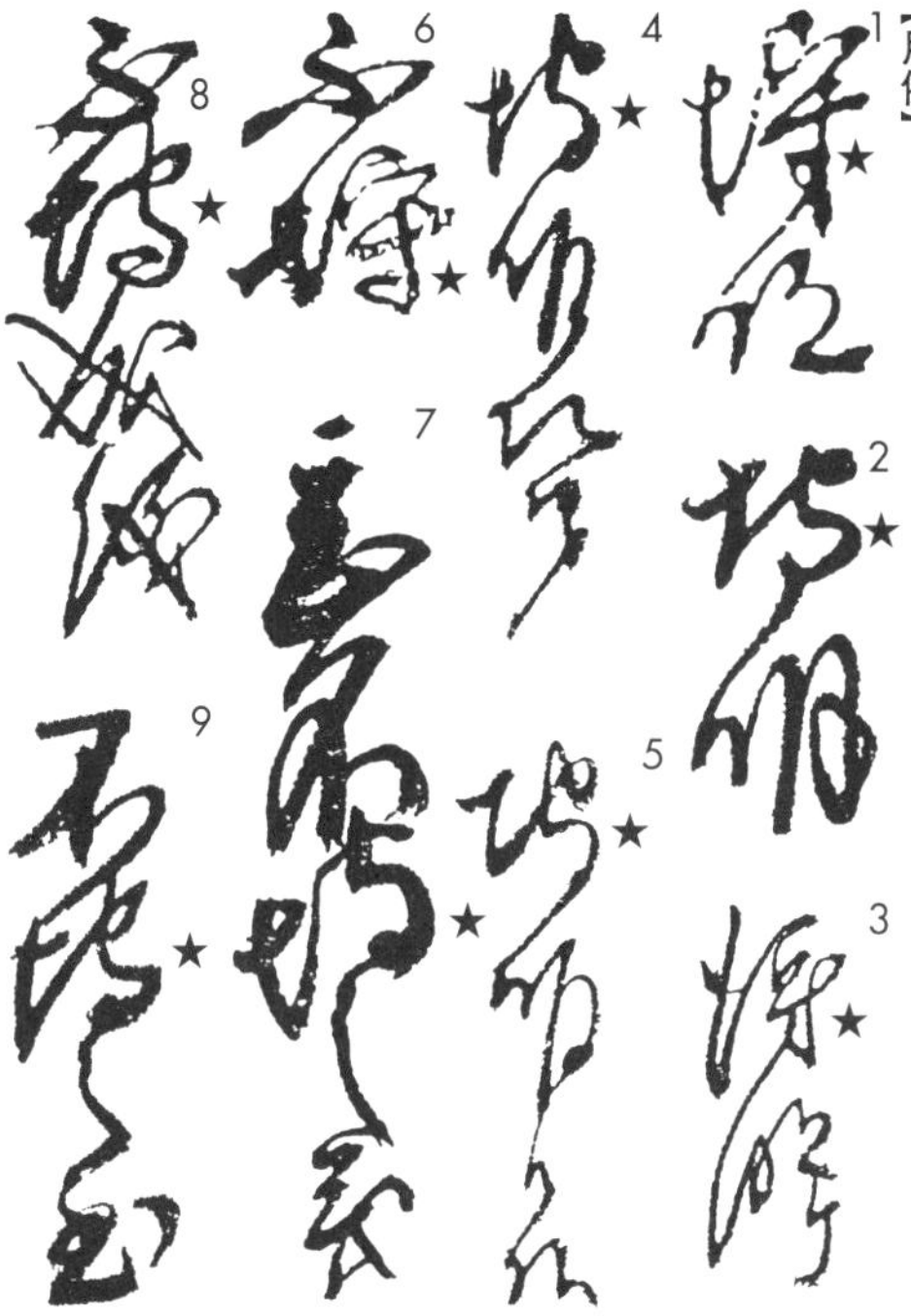

1・2 埒明《らちあけ》　3 埒明ケ《らちあけ》　4 埒明次第《らちあけしだい》　5 埒明候様《らちあけそうろうよう》　6 不埒《ふらち》

7 甚《はなはだ》不埒之義《ふらちのぎ》　8 不埒成儀《ふらちなるぎ》　9 不埒之至《ふらちのいたり》

301 堀

4357

クツ ほり

◎「尸」が「厂」のように記されるのは「屋」と同じである。「出」が判読できれば問題ないだろう。しばしば「掘」（未収録）と混用される。

【用例】

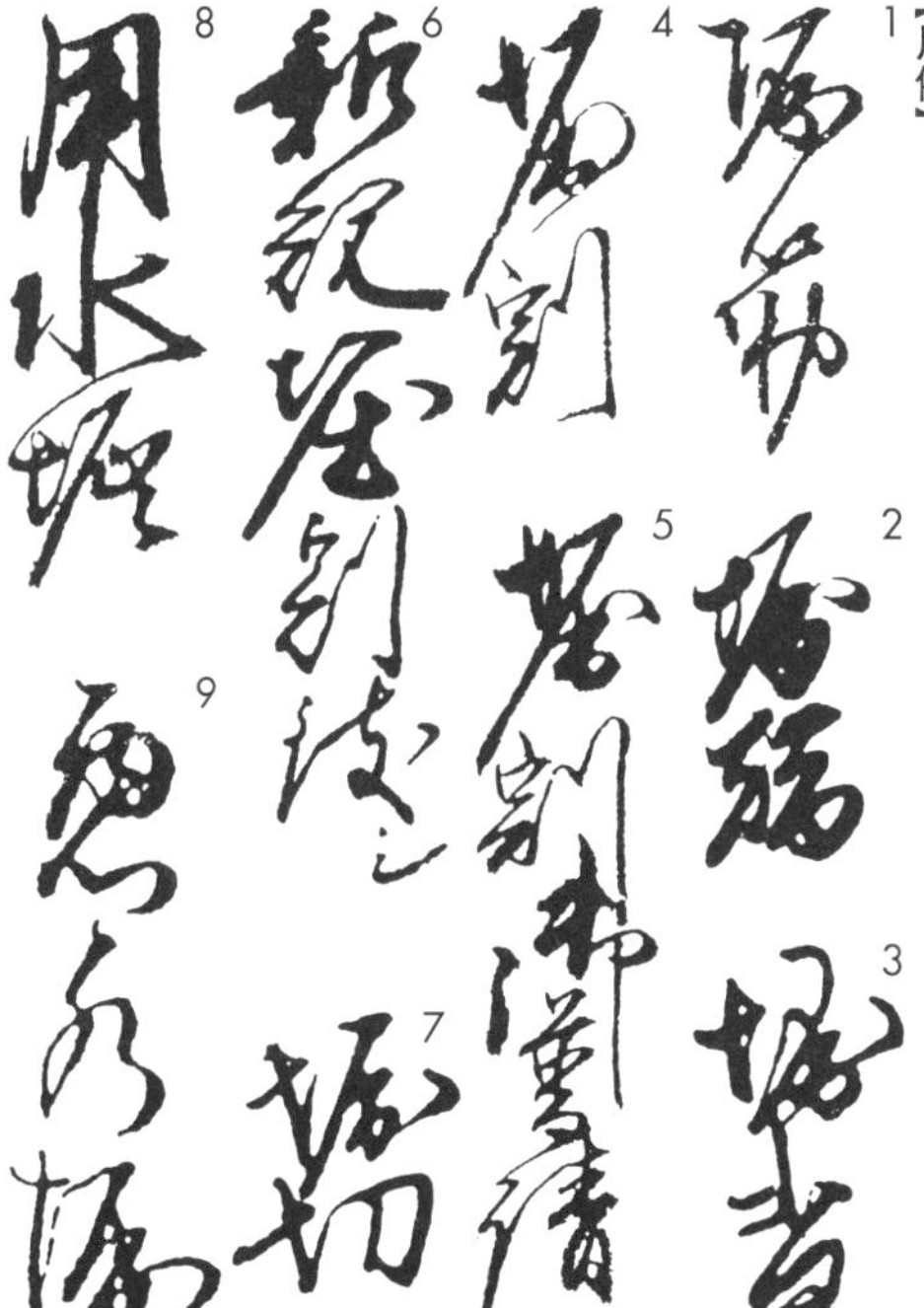

1 堀筋《ほりすじ》　2 堀端《ほりばた》　3 堀替《ほりかえ》　4 堀割《ほりわり》　5 堀割御普請《ほりわりごふしん》　6 新規堀割致シ《しんきほりわりいたし》

7 堀切《ほりきり》　8 用水堀《ようすいぼり》　9 悪水堀《あくすいぼり》

302 【執】 2825

シツ シュウ とる

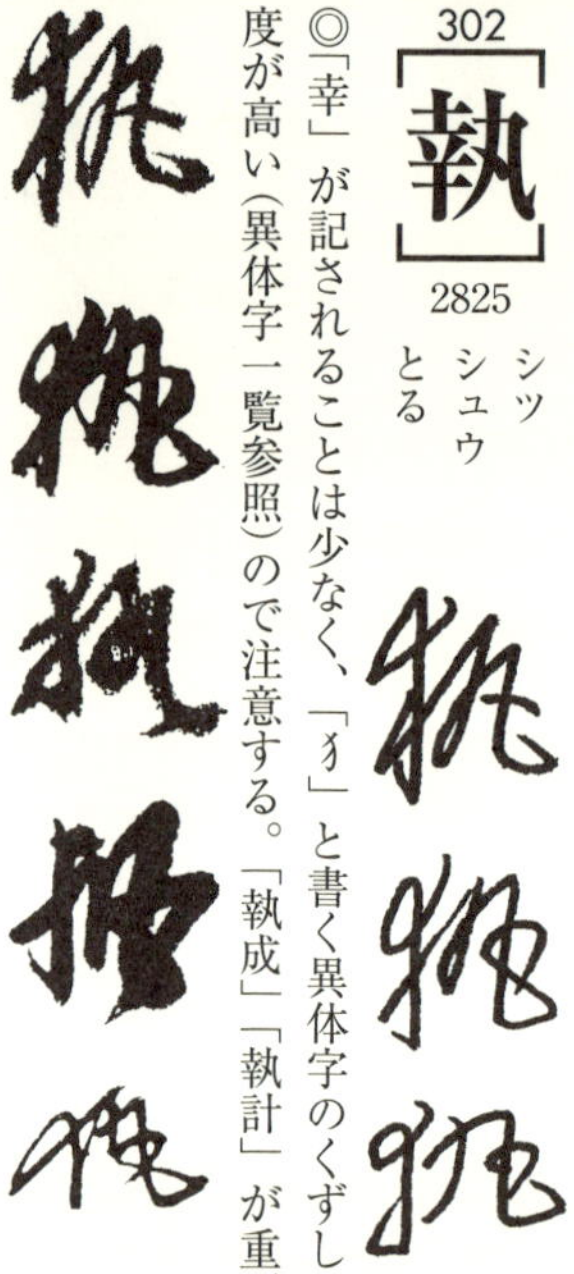

◎「幸」が記されることは少なく、「扌」と書く異体字のくずしの頻度が高い（異体字一覧参照）ので注意する。「執成」「執計」が重要。

【用例】

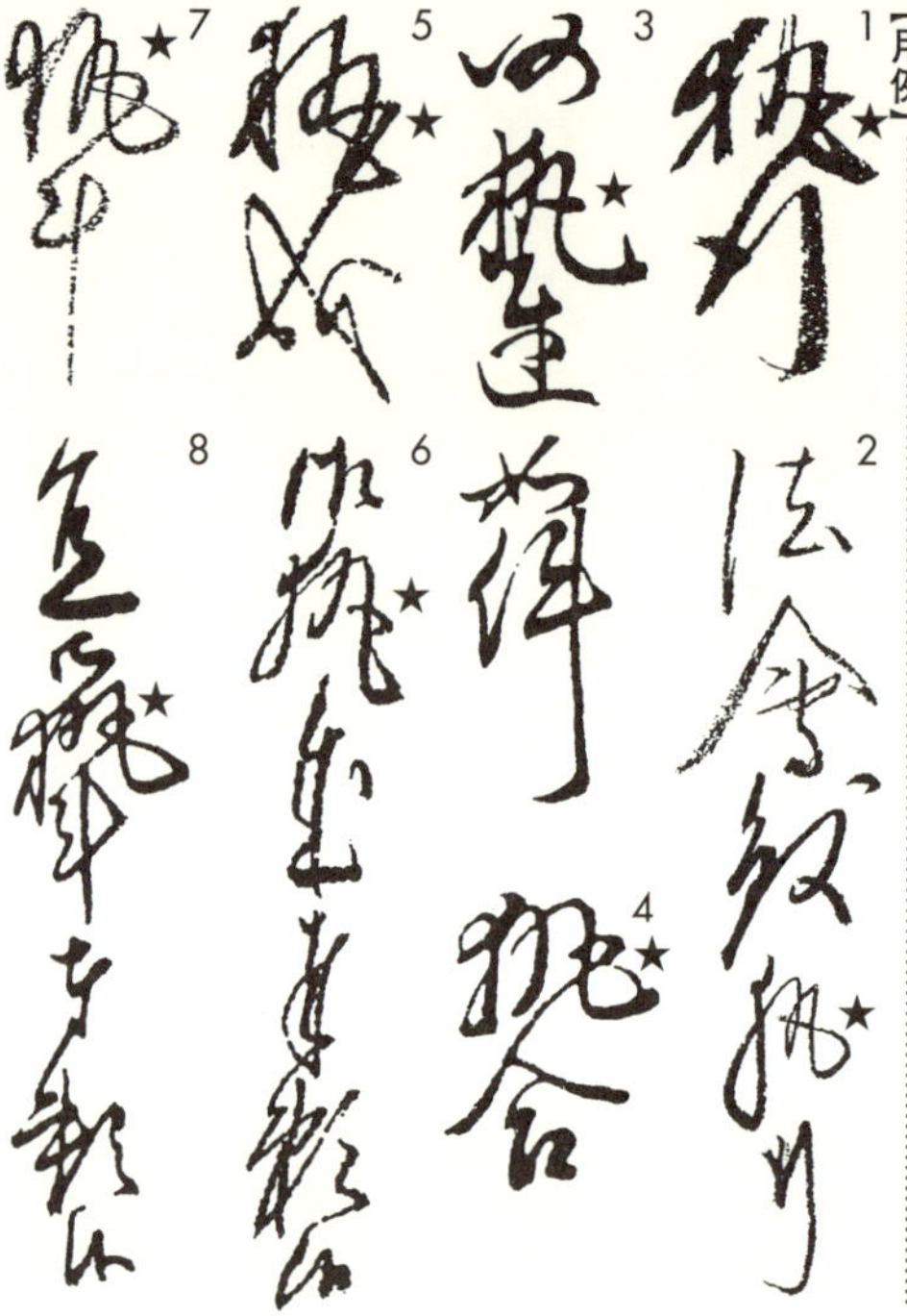

1 執行《しっこう》《しゅぎょう》　2 法會《ほうえ》致㆓執行㆒《しゅぎょういたし》　3 仍執達如㆑件《よってしったつくだんのごとし》　4 執合《とりあう》　5 執成《とりなす》　6 御執成奉㆑頼候《おとりなしたのみたてまつりそうろう》　7 執計《とりはからう》　8 宜御執計奉㆑頼候《よろしくおとりはからいたのみたてまつりそうろう》

303 【堅】 2388

ケン かたい かたく

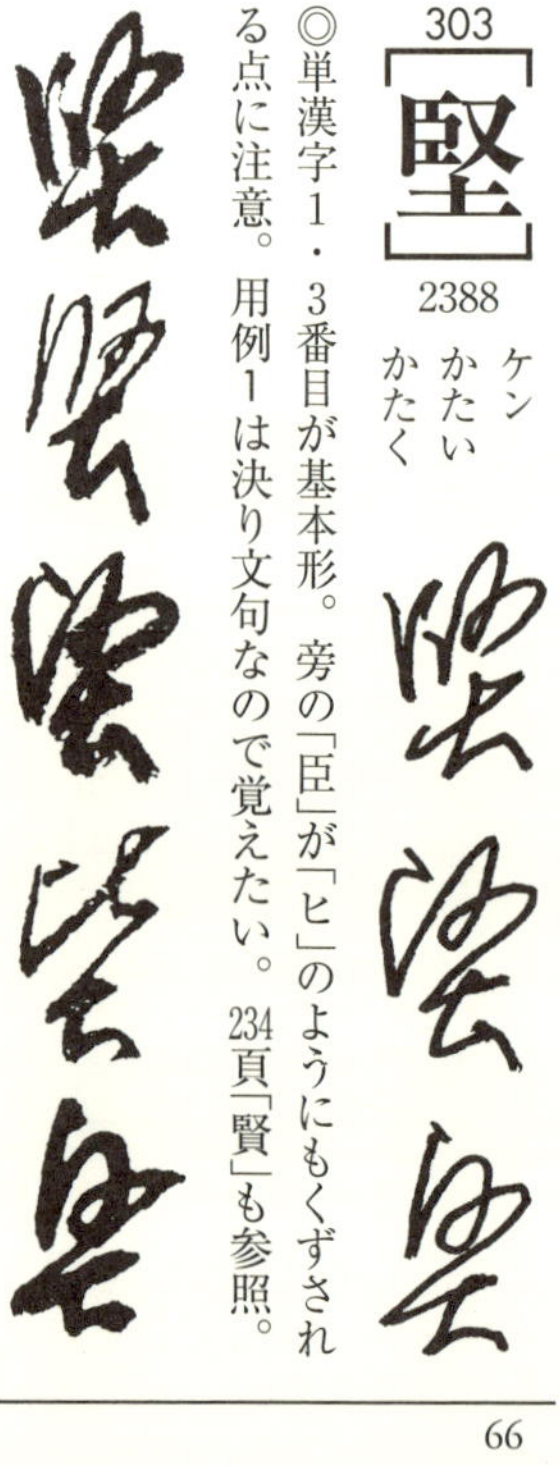

◎単漢字1・3番目が基本形。旁の「臣」が「ヒ」のようにもくずされる点に注意。用例1は決り文句なので覚えたい。234頁「賢」も参照。

【用例】

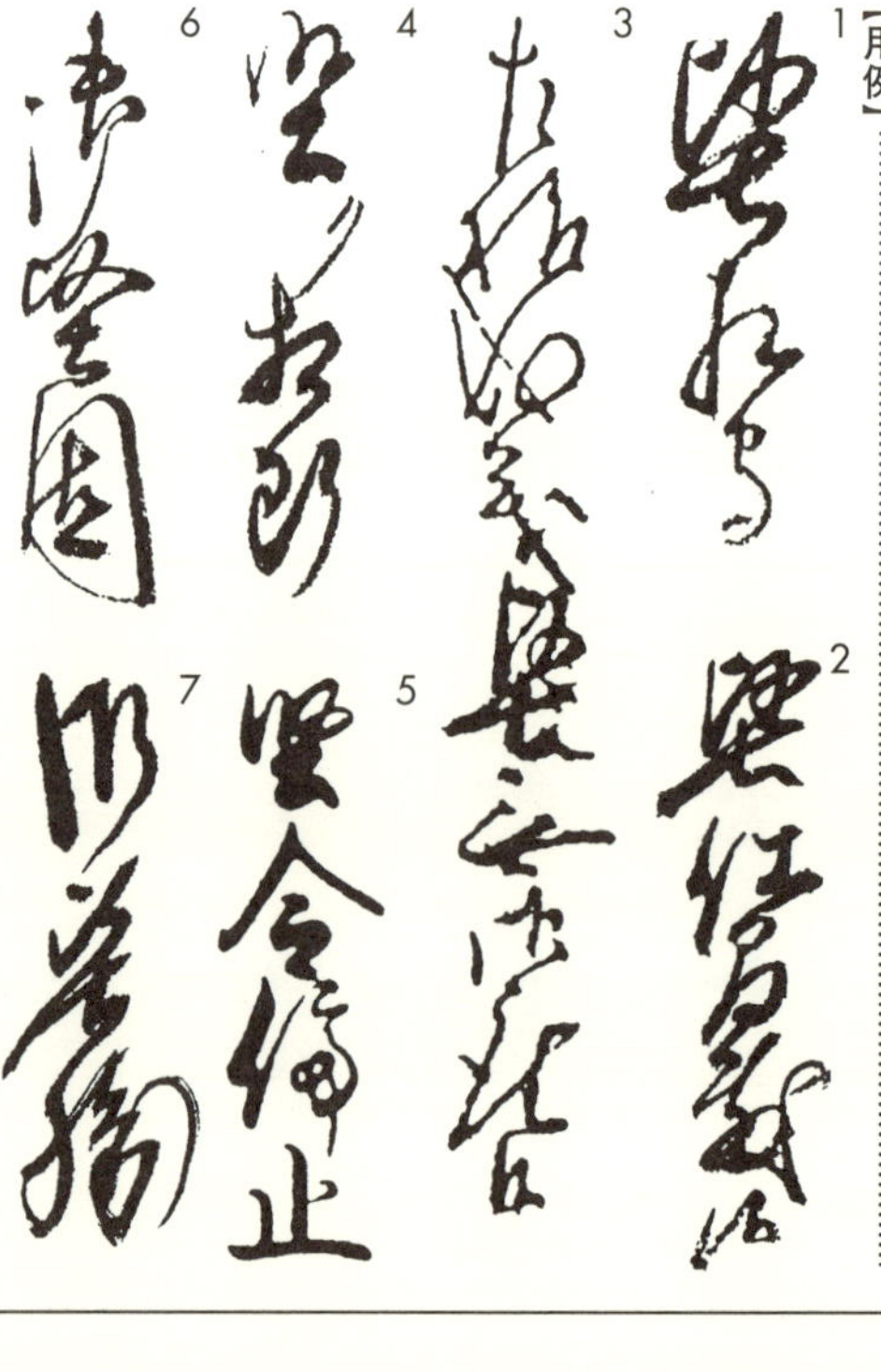

1 堅相守《かたくあいまもり》　2 堅仕間敷候《かたくつかまつるまじくそうろう》　3 左様成義堅無㆓御座㆒候《さようなるぎかたくござなくそうろう》　4 堅ク相断《かたくあいことわり》　5 堅令㆓停止㆒《かたくちょうじせしめ》　6 御堅固《ごけんご》　7 御堅勝《ごけんしょう》

304 場 3076

ジョウ
ば

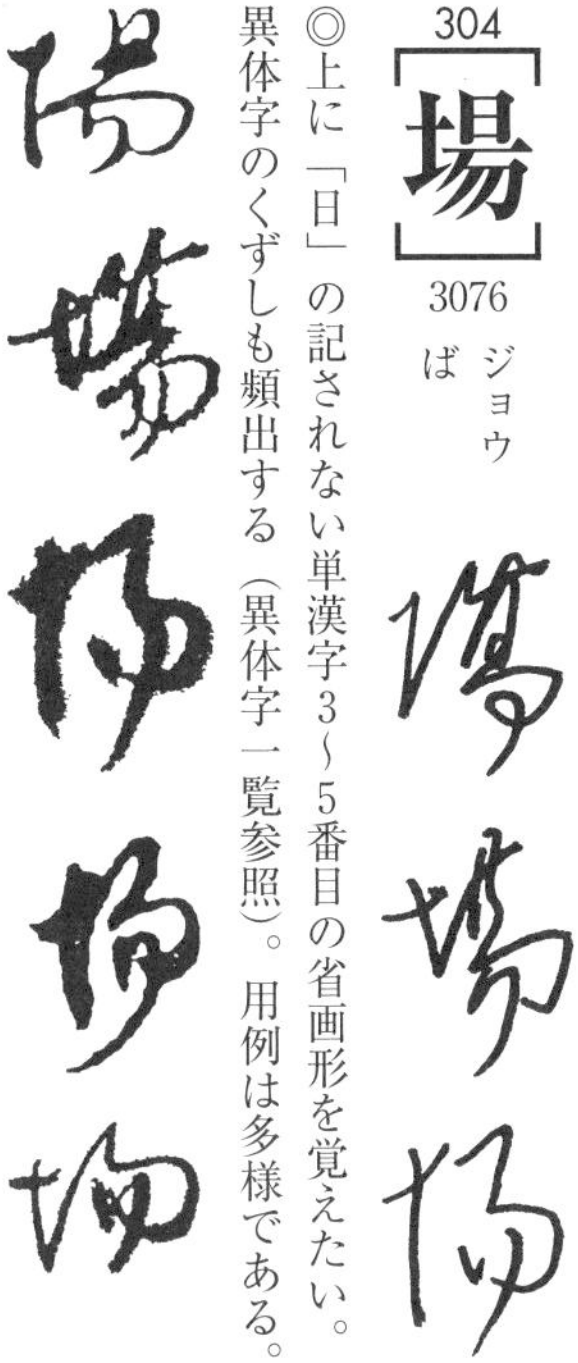

◎上に「日」の記されない単漢字3〜5番目の省画形を覚えたい。異体字のくずしも頻出する（異体字一覧参照）。用例は多様である。

【用例】

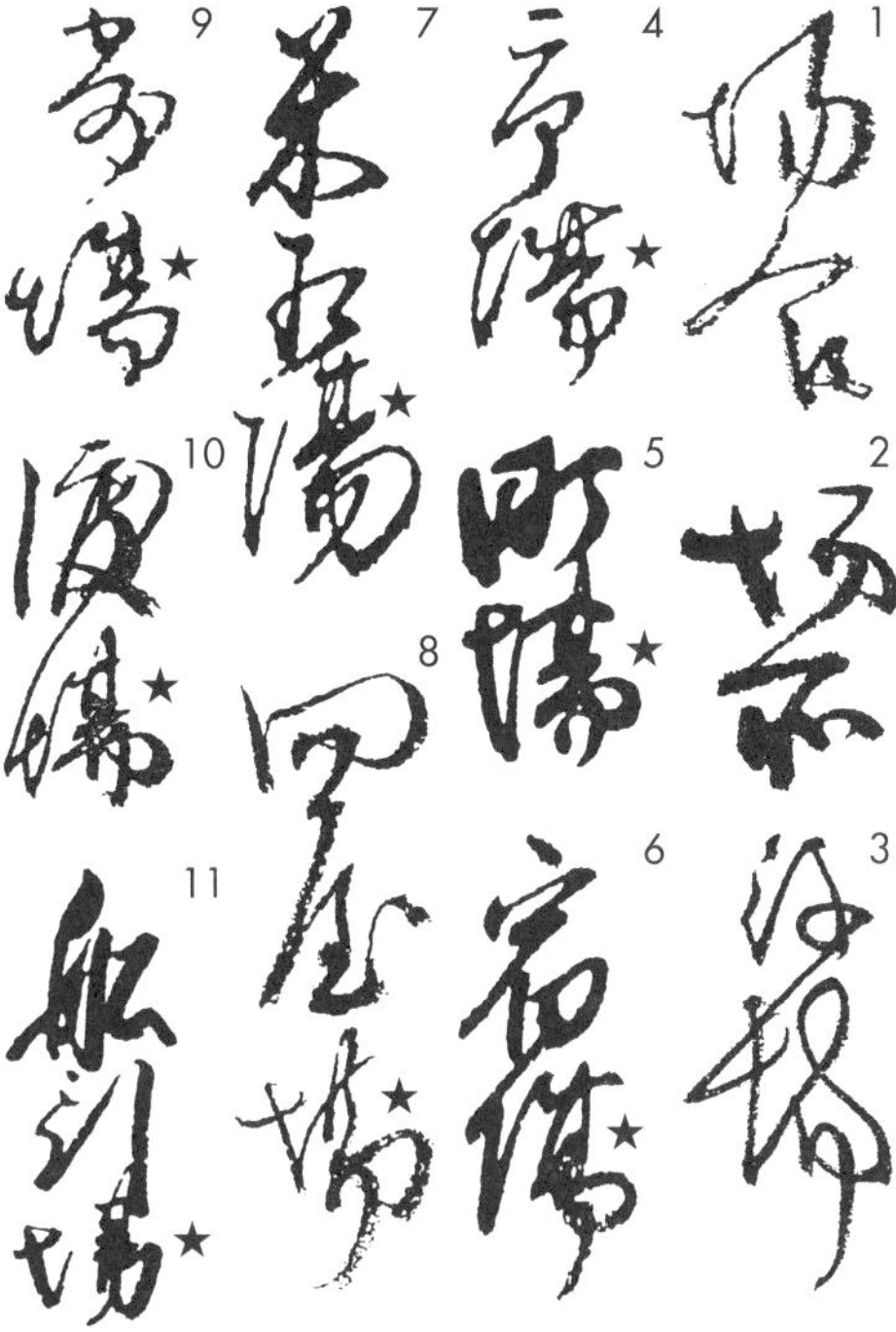

1 場合《ばあい》 2 場所《ばしょ》 3 役場《やくば》 4 市場《いちば》 5 町場《まちば》 6 宿場《しゅくば》 7 米相場《こめそうば》 8 問屋場《といやば》 9 寄場《よせば》 10 渡場《わたしば》 11 船引場《ふなひきば》

305 報 4283

ホウ
むくいる

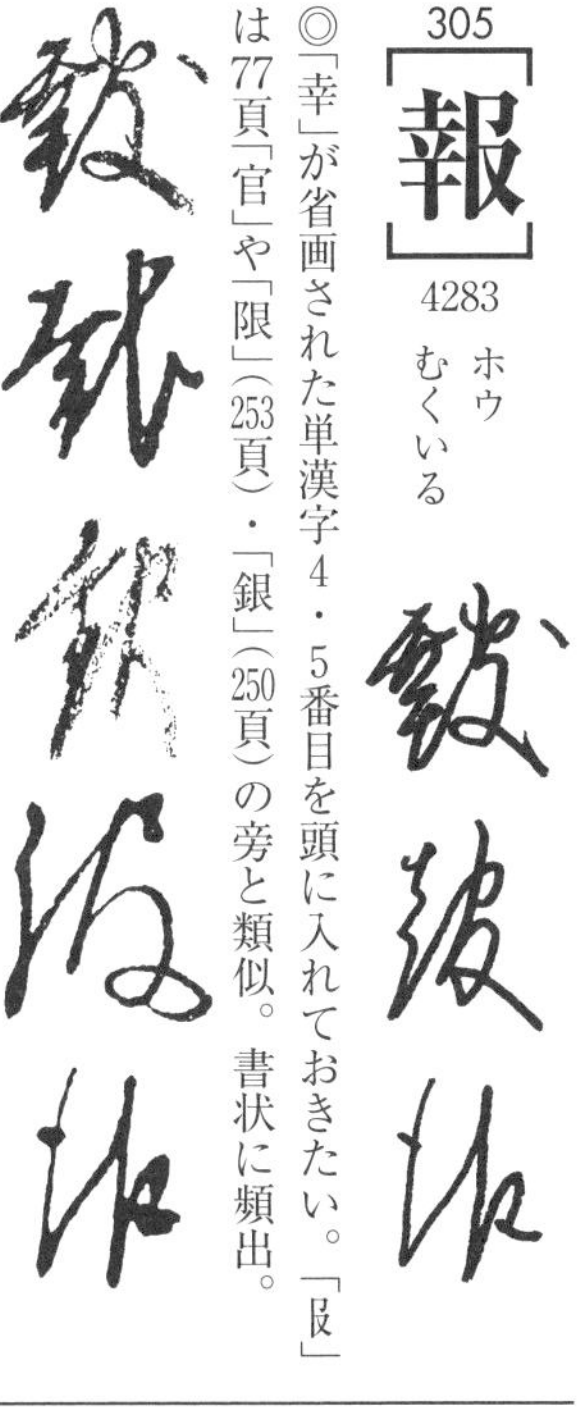

◎「幸」が省画された単漢字4・5番目を頭に入れておきたい。「𠬝」は77頁「官」や「限」（253頁）・「銀」（250頁）の旁と類似。書状に頻出。

【用例】

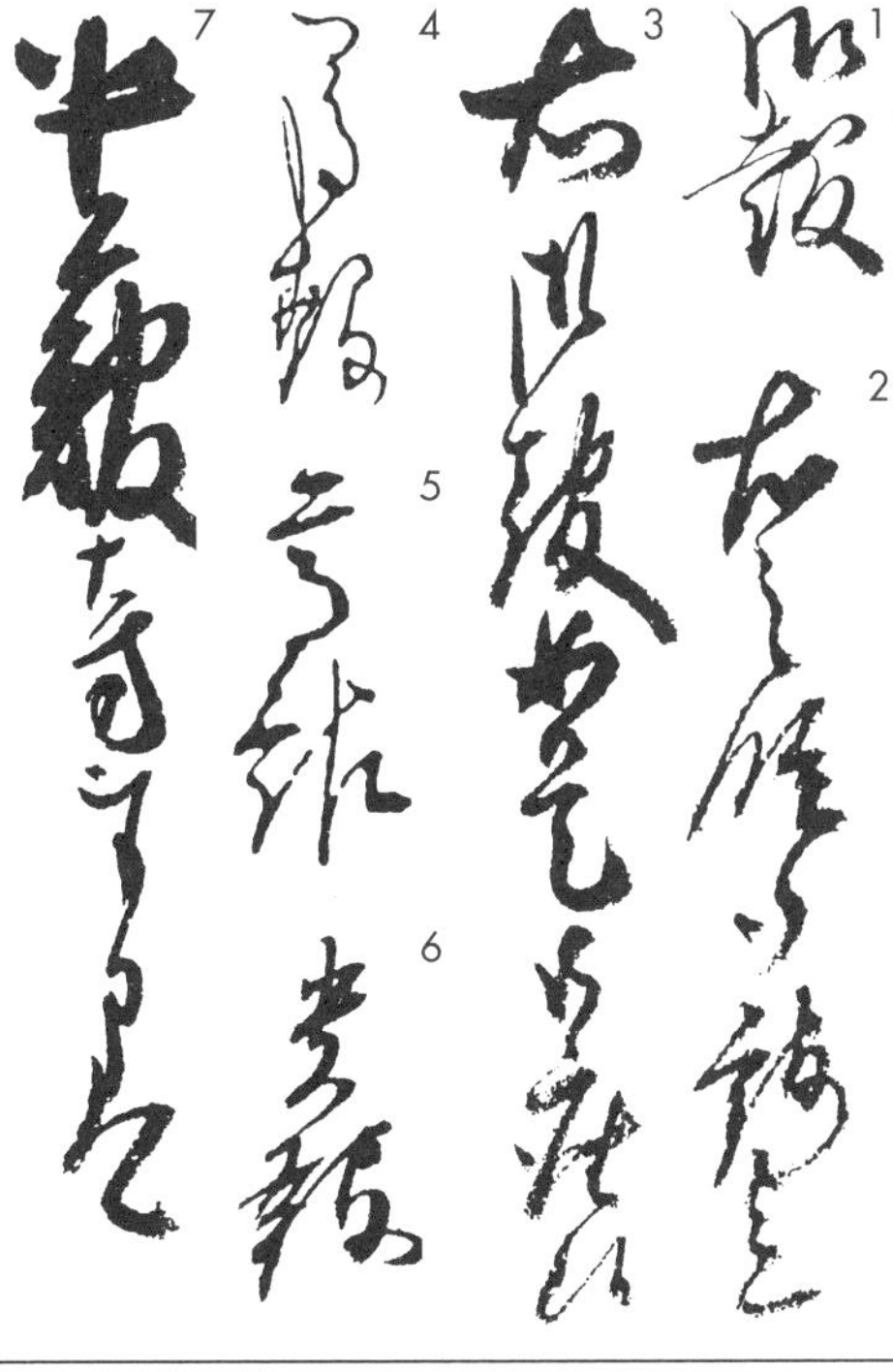

1 御報《ごほう》 2 右之段御報迄《みぎのだんごほうまで》 3 右御報如レ是御座候《みぎごほうかくのごとくにござそうろう》 4・5 尊報《そんぽう》 6 貴報《きほう》 7 貴報旁奉二申上一候《きほうかたがたもうしあげたてまつりそうろう》

306 境 2213

ケイ
キョウ
さかい

◎旁の「立」が「三」に、「見」が「見」や「心」のようにくずされた単漢字2・4番目が基本形。地所の絡んだ出入・訴訟関係の文書に頻出。

【用例】

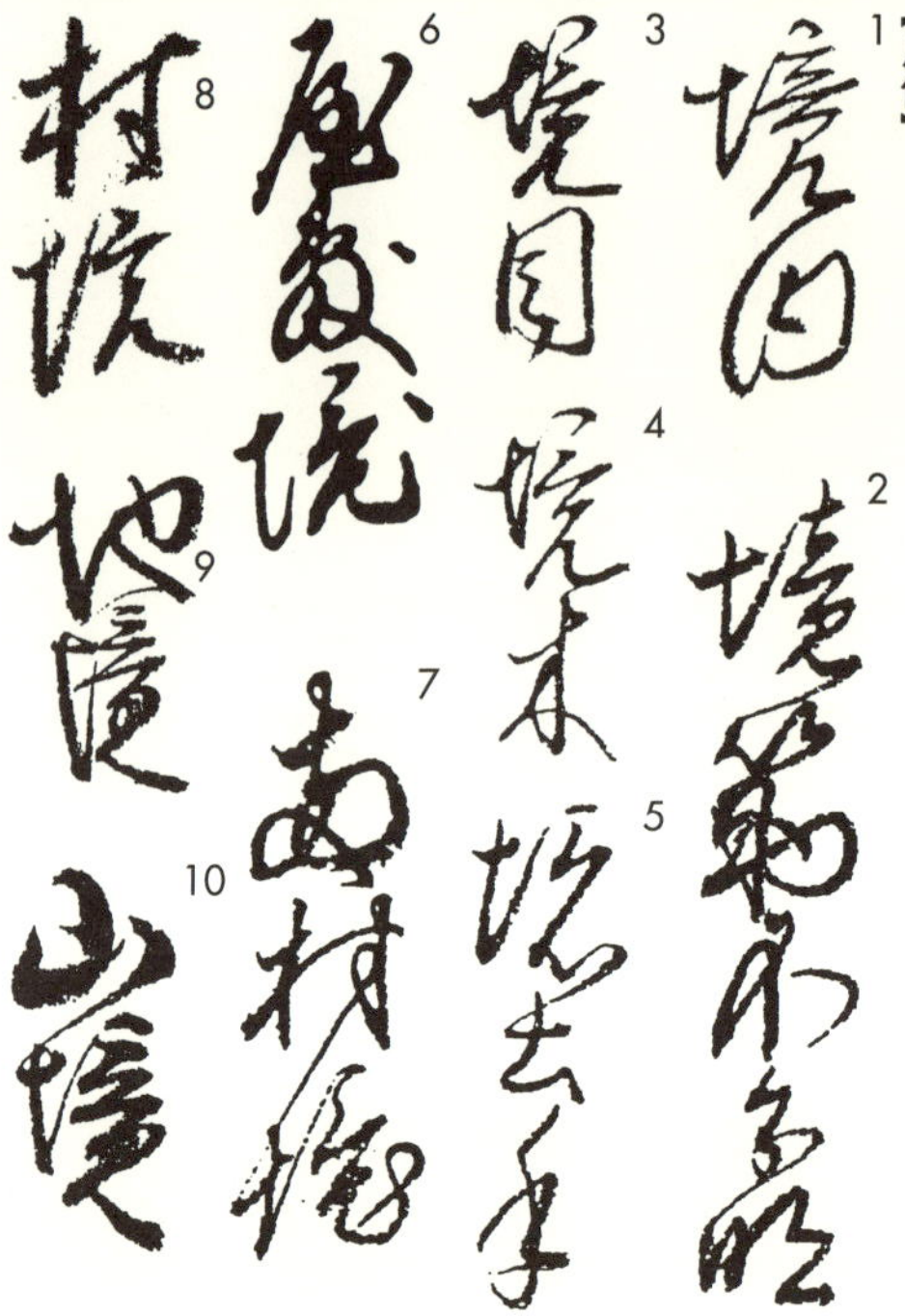

1 境内《けいだい》　2 境筋不分明《さかいすじふぶんみょう》　3 境目《さかいめ》　4 境木《さかいぎ》　5 境土手《さかいどて》　6 屋敷境《やしきざかい》　7 両村境《りょうむらざかい》　8 村境《むらざかい》　9 地境《じざかい》　10 山境《やまざかい》

307 増(增) 3393

ゾウ・ソウ
ます
ふえる

◎旁は上に「丷」の付いた「間」のくずしと同じであり(142頁「曽」も参照)、「差」の特殊形にも類似。「荒増」「弥増」という文言をぜひ覚えたい。

【用例】

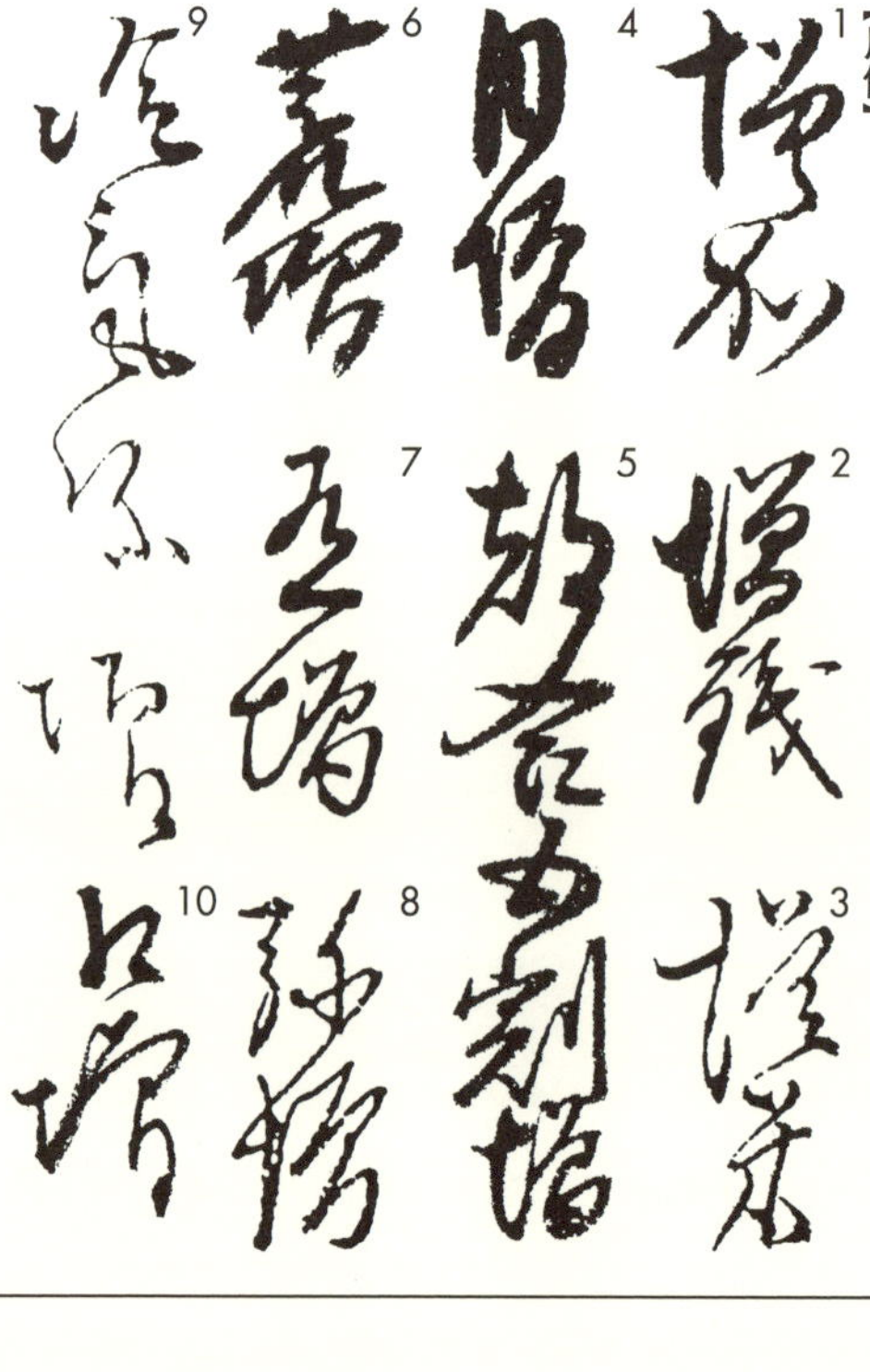

1 増加《ぞうか》　2 増銭《ましせん》　3 増米《ましまい》　4 日増《ひまし》　5 都合五割増《つごうごわりまし》　6 荒増《あらまし》　7 有増《あらまし》　8 弥増《いやまし》　9 冷気弥増《れいきいやまし》　10 相増《あいます》

308 売(賣)

3968
7646
バイ
うる

◎ここでは旧字「賣」のくずしが基本形となる。原形をとどめているので判読は容易だろう。「賣渡」「賣買」は頻出する重要語。

【用例】

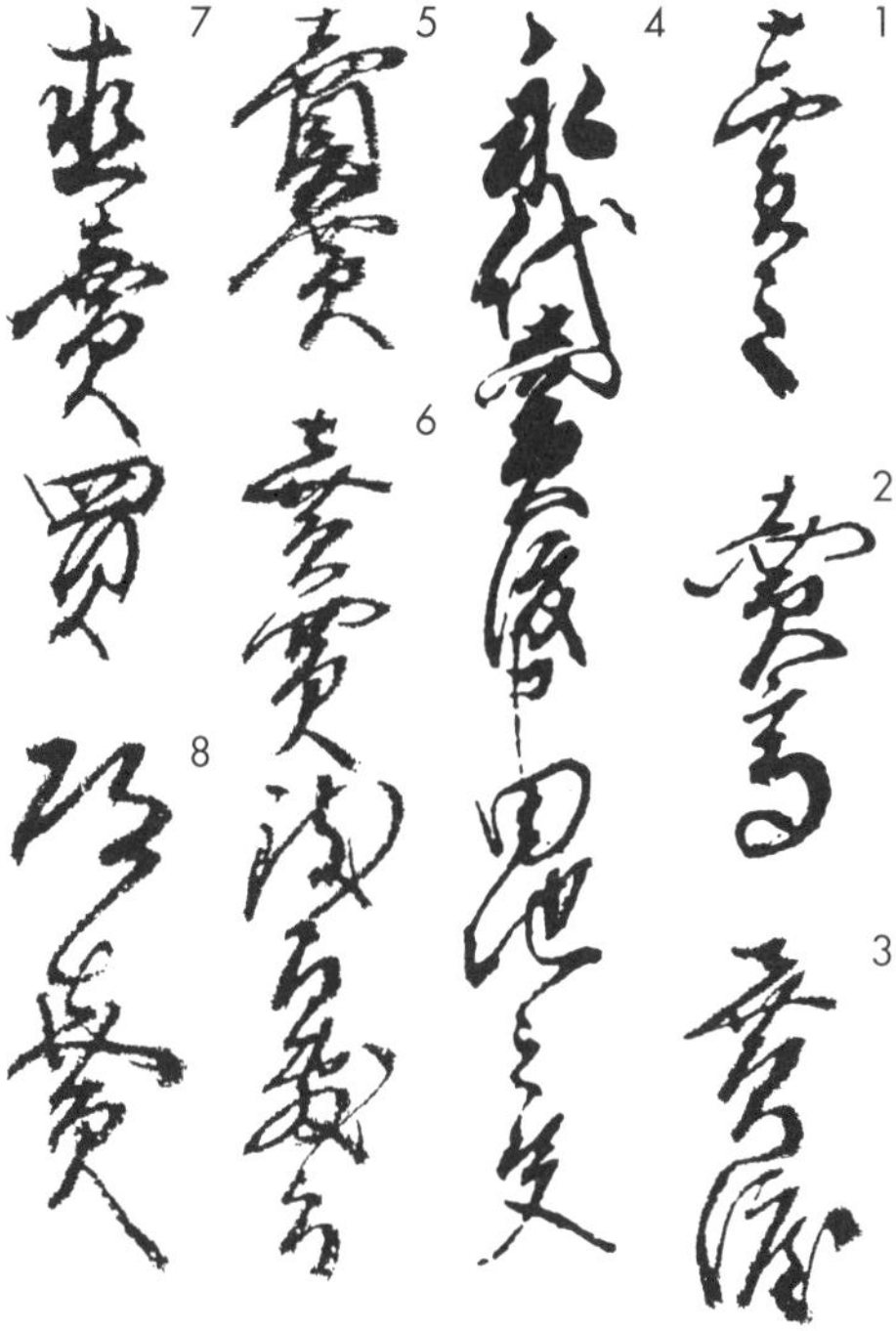

1 賣主《うりぬし》　2 賣高《うりだか》　3 賣渡《うりわたす》　4 永代賣渡申田地之事《えいだいうりわたしもうすでんちのこと》　5 賣買《うりかい》《ばいばい》　6 賣買致間敷旨《ばいばいいたすまじきむね》　7 直賣買《じきばいばい》　8 道賣《みちうり》

309 変(變)

4249
5846
ヘン
かわる

◎旁が「亦」(16頁)になっているものの判読は容易なので、ここでは単漢字3番目以降の特殊なくずしをぜひ覚えておきたい。

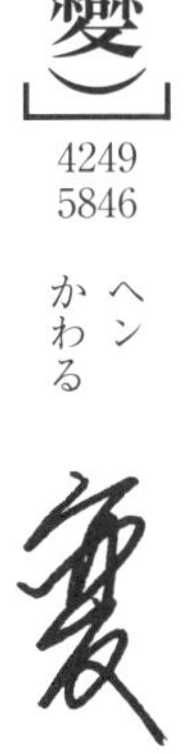

【用例】

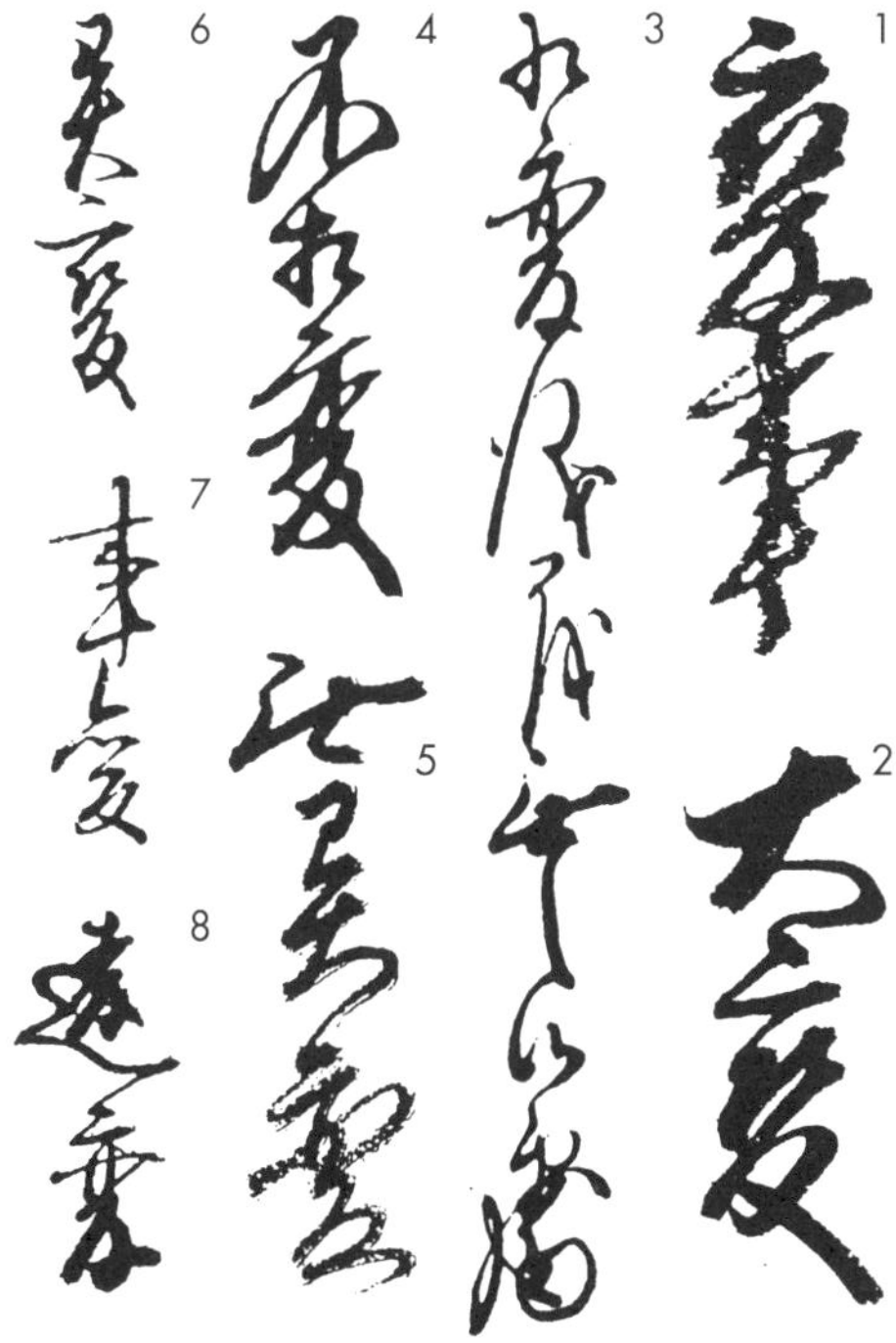

1 変事《へんじ》　2 大変《たいへん》　3 相変儀茂無ㇾ之候処《あいかわるぎもこれなくそうろうところ》　4 不二相変一《あいかわらず》　5 無二異変一《いへんなく》　6 異変《いへん》　7 事変《じへん》　8 違変《いへん》

310 ［夏］ 1838

カ　ゲ　なつ

◎単漢字1～3番目は異体字のくずしである（異体字一覧参照）。ここでは4・5番目の省画形（「度」と類似）を覚えたい。「夏成」が重要。

【用例】

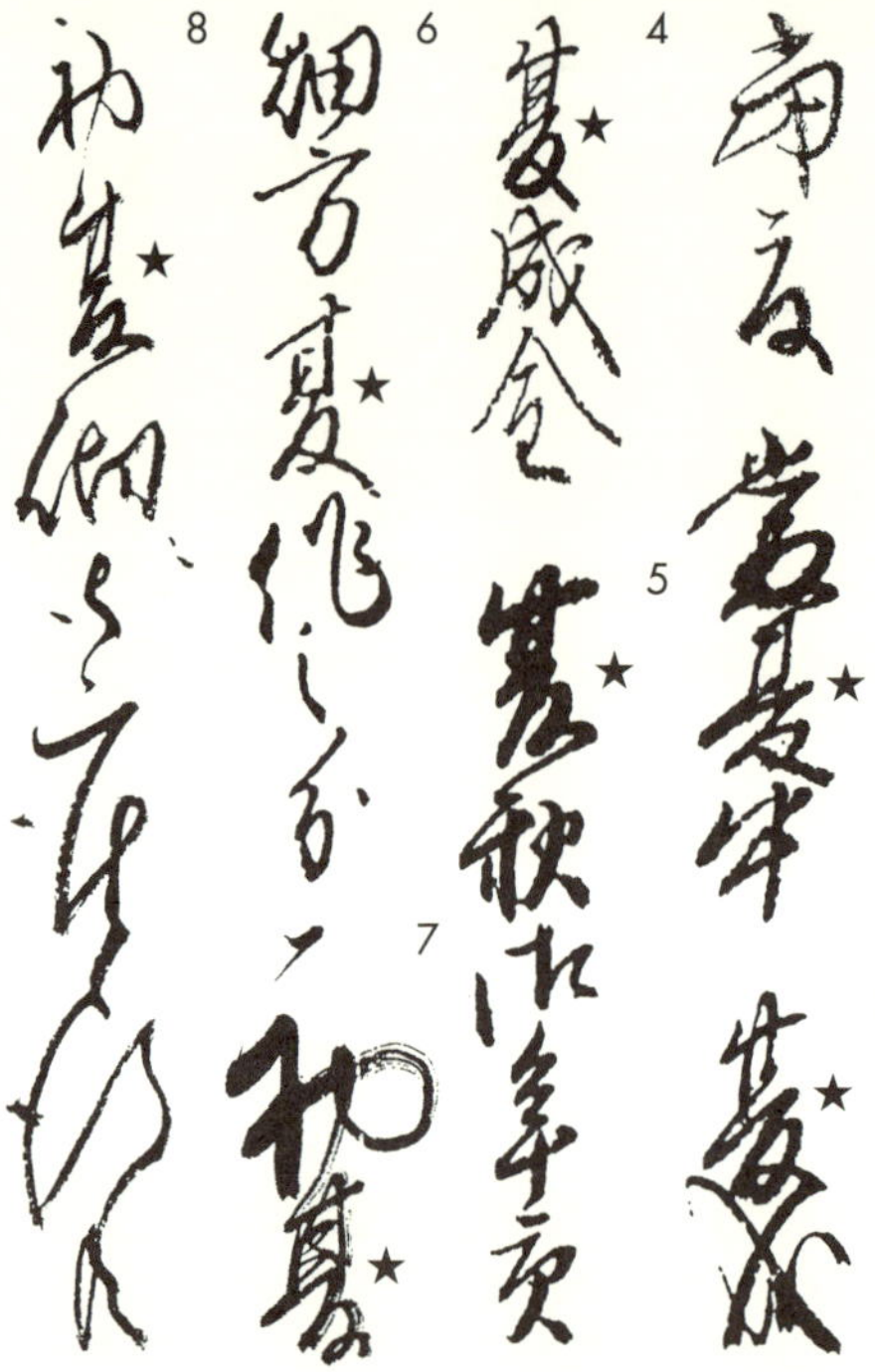

1 當夏《とうなつ》　2 當夏中《とうなつじゅう》　3 夏成《なつなり》　4 夏成金《なつなりきん》　5 夏秋御年貢《なつあきおねんぐ》

6 畑方夏作之分《はたかたなつさくのぶん》　7 初夏《しょか》　8 初夏砌ニ御座候得共《しょかのみぎりにござそうらえども》

311 ［夜］ 4475

ヤ　よ　よる

◎ここでは一画目が右上から左下に入り「犭」のようになる単漢字2番目以降の特徴的なくずしをぜひ覚えておきたい。

【用例】

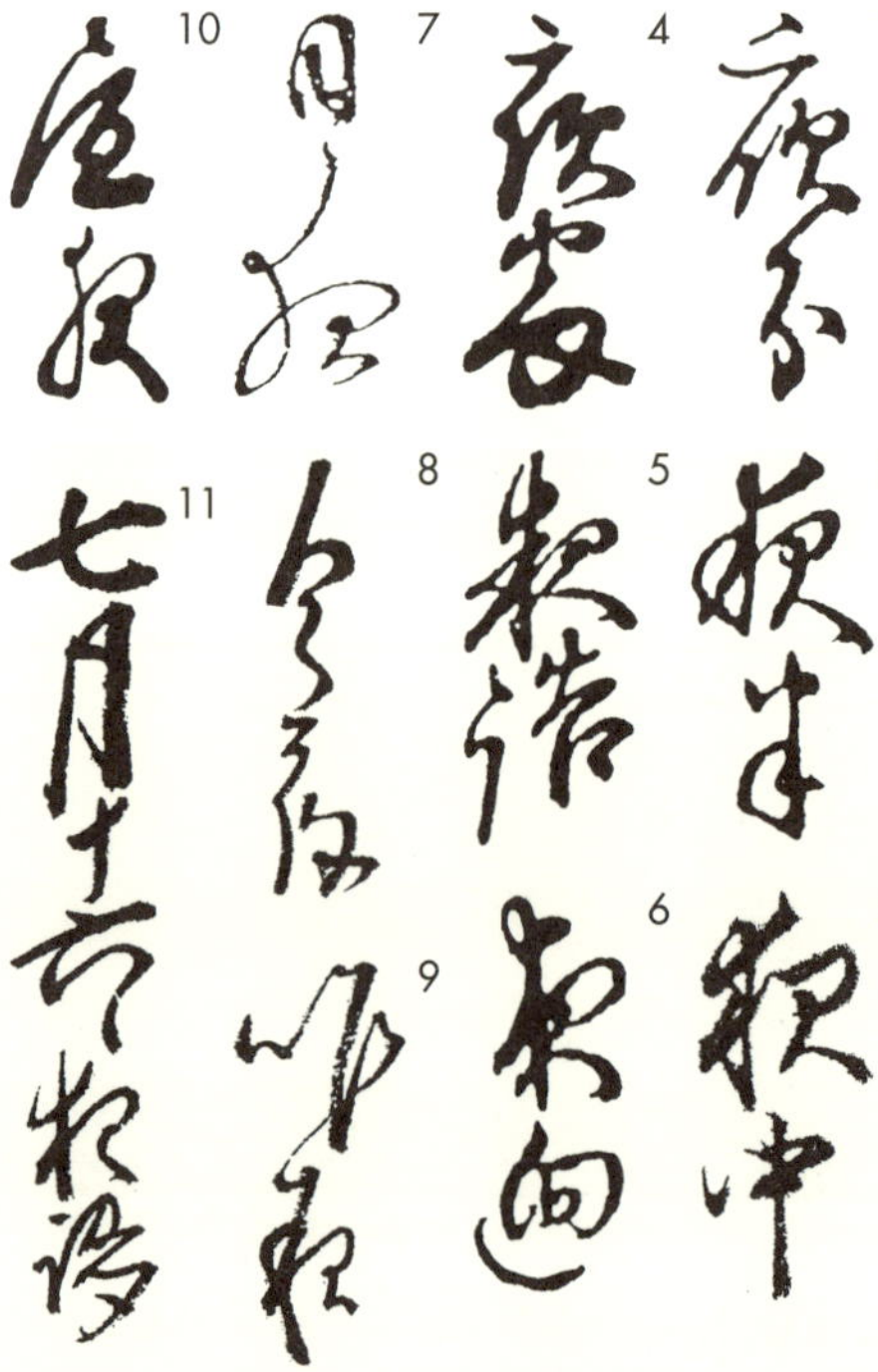

1 夜分《やぶん》　2 夜半《やはん》　3 夜中《よなか》　4 夜番《よばん》《やばん》　5 夜詰《よづめ》　6 夜廻《よまわり》　7 日夜《にちや》

8 今夜《こんや》　9 昨夜《さくや》　10 昼夜《ちゅうや》　11 七月十六日夜認メ《しちがつじゅうろくにちよるしたため》

312
【太】
3432
タ・タイ
ふとい
はなはだ

◎「丶」が続けて記される単漢字2番目以降のくずしが基本形。用例5を除いてすべて「大」の誤用だが、誤用の頻度は高い。

【用例】

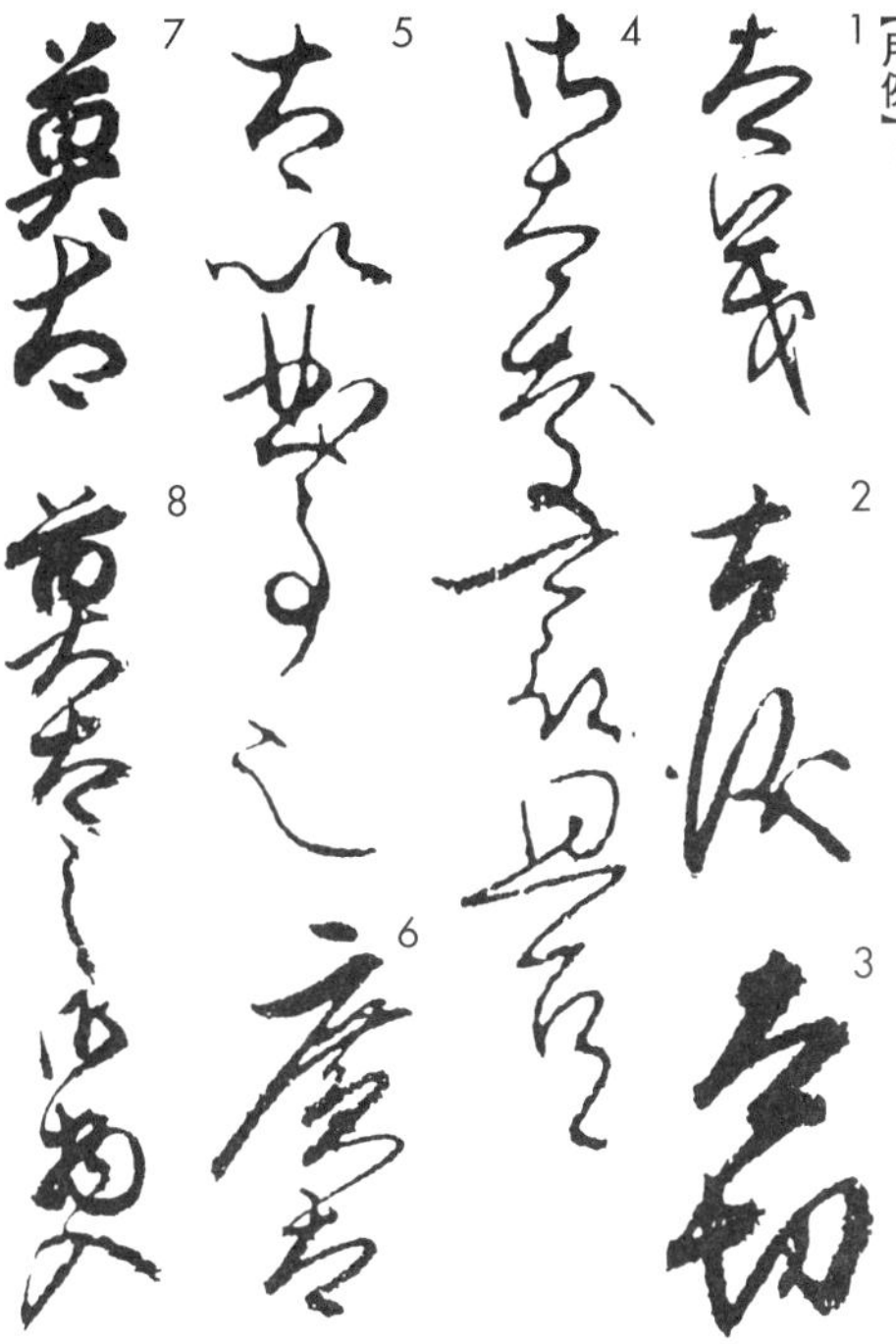

1 太義《たいぎ》
2 太儀《たいぎ》
3 太切《たいせつ》
4 御《ご》太慶《たいけい》可レ被二思召一候《おぼしめさるべくそうろう》
5 太以曲事也《はなはだもってくせごとなり》
6 廣太《こうだい》
7 莫太《ばくだい》
8 莫太《ばくだい》之《の》御物入《おものいり》

313
【天】
3723
テン
あめ

◎単漢字3～5番目の特殊なくずしが基本形となり、これで仮名の「て」と読ませることもある。「天気」「雨天」が頻出する。

【用例】

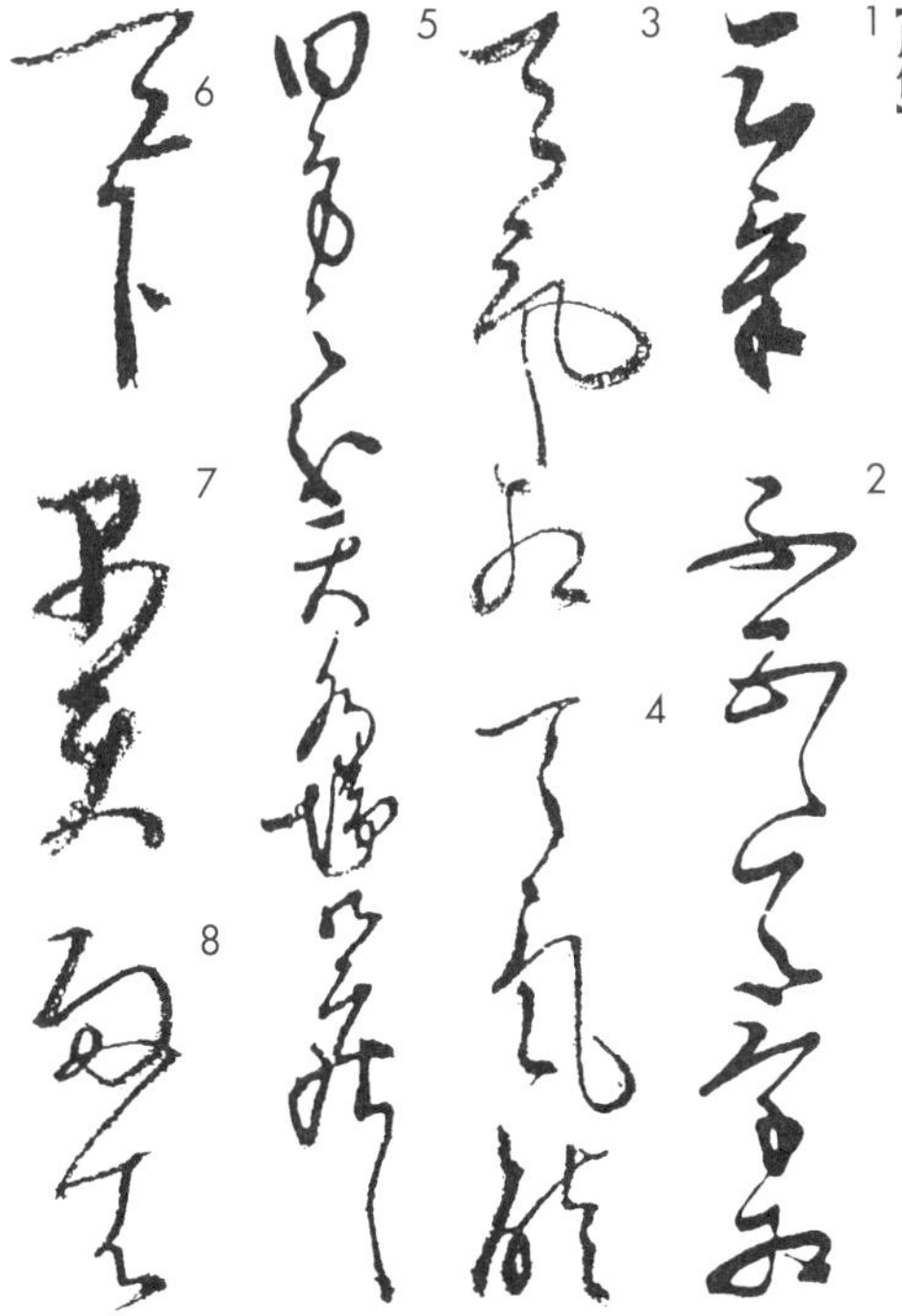

1 天氣《てんき》
2 不正《ふせい》之《の》天氣相《てんきあい》
3 天気相《てんきあい》
4 天気能《てんきよく》
5 田方《たかた》之《の》義《ぎ》天水場《てんすいば》御座候《ございそうろう》
6 天下《てんか》
7 早天《そうてん》
8 雨天《うてん》

314
[夫]
4155
フ・ブ
おっと
それ

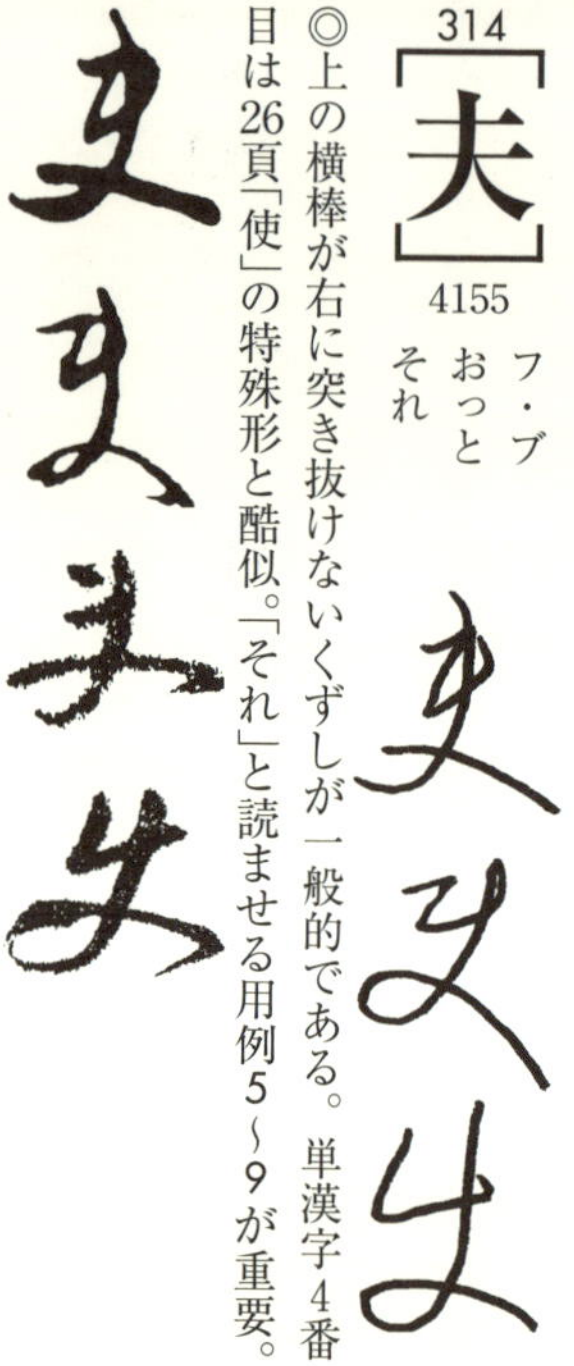

◎上の横棒が右に突き抜けないくずしが一般的である。単漢字4番目は26頁「使」の特殊形と酷似。「それ」と読ませる用例5～9が重要。

【用例】

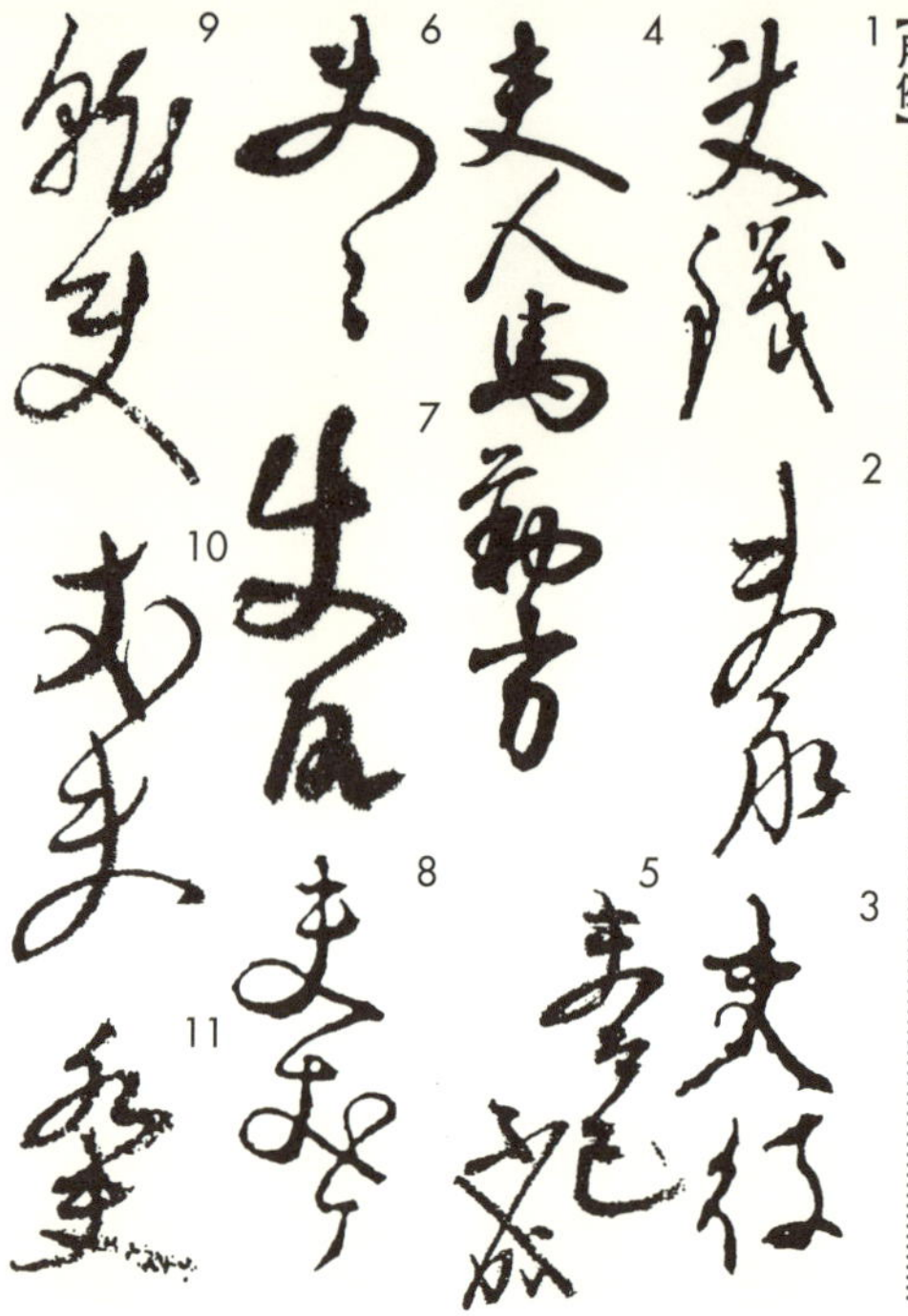

1 夫銭《ぶせん》
2 夫永《ぶえい》
3 夫役《ぶやく》
4 夫人《ぶじん》馬勤方《ばつとめかた》
5 夫而已不レ成《それのみならず》
6 夫々《それぞれ》
7 夫故《それゆえ》
8 夫丈ケ《それだけ》
9 就レ夫《それにつき》
10 丈夫《じょうぶ》
11 水夫《かこ》

315
[失]
2826
シツ
うしなう

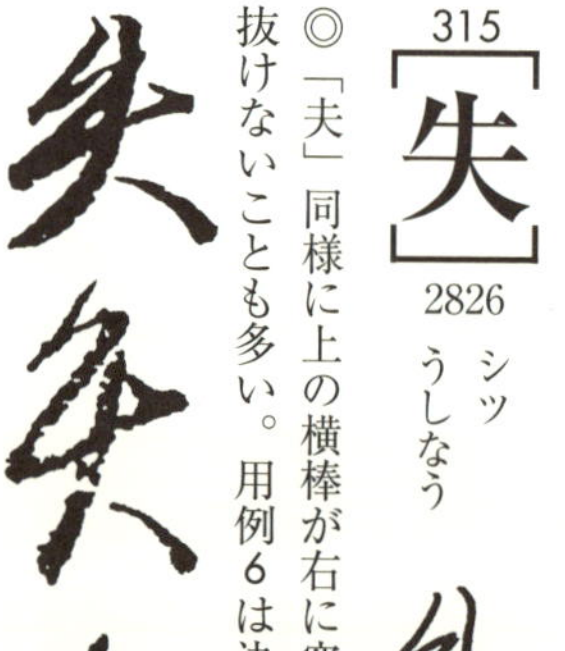

◎「夫」同様に上の横棒が右に突き抜けず、さらに縦棒が上に突き抜けないことも多い。用例6は決り文句なのでぜひ覚えたい。

【用例】

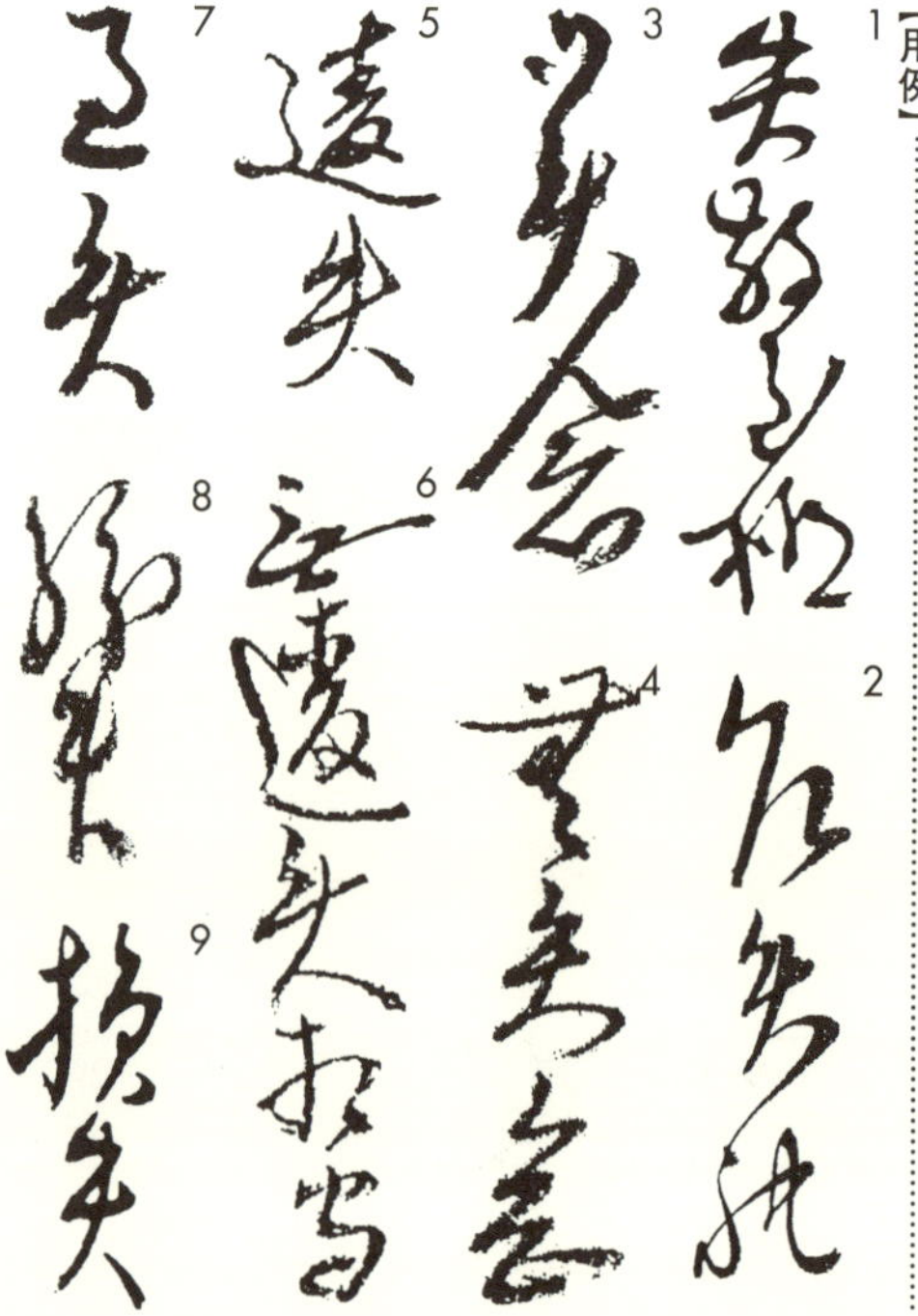

1 失敬至極《しっけいしごく》
2 乍二失禮一《しつれいながら》
3 御失念《ごしつねん》
4 無二失念一《しつねんなく》
5 違失《いしつ》
6 無二違失一相守《いしつなくあいまもり》
7 過失《かしつ》
8 紛失《ふんしつ》
9 損失《そんしつ》

316 [奥(奧)]

1792
5292
オク
オウ

◎ここでは単漢字3番目のくずしを覚えたい。「興」（未収録）とも酷似するが、前後関係から判断してほしい。「奥印」「奥書」は頻出。

【用例】

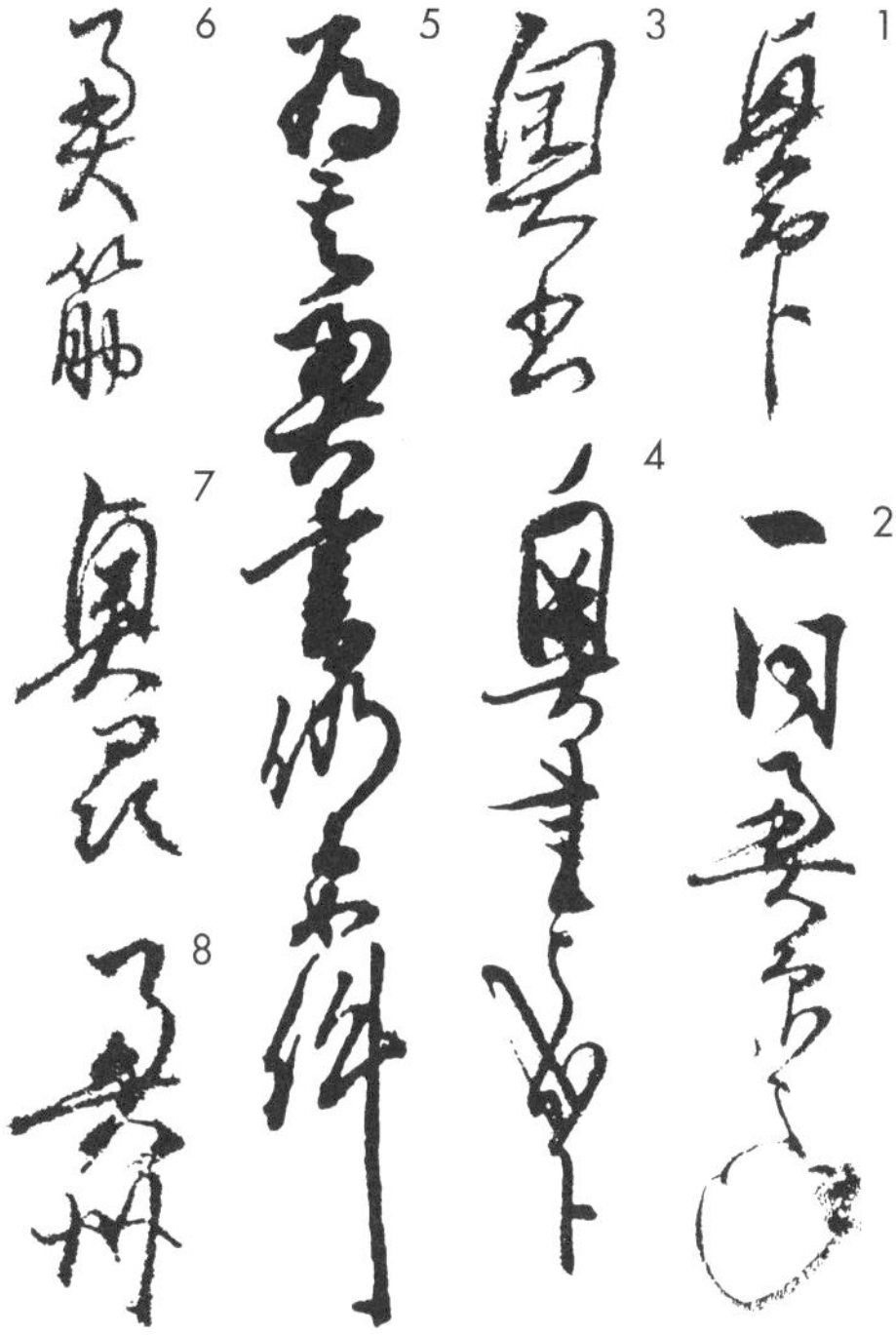

1 奥印《おくいん》　2 一同《いちどう》奥印《おくいん》之趣《のおもむき》　3 奥書《おくがき》　4 奥書《おくがき》被《され》二成下《なしくだ》一　5 為《ため》レ其《その》奥書《おくがき》仍而《よって》如《ごとし》レ件《くだんの》　6 奥筋《おくすじ》　7・8 奥州《おうしゅう》

317 [妨]

4324
ボウ
ホウ
さまたげる

◎「女」偏は「め」を縦長に記したくずしになる。古文書では「乱暴」ではなく「乱妨」と記す点に注意。出入・訴訟関係の文書に頻出。

【用例】

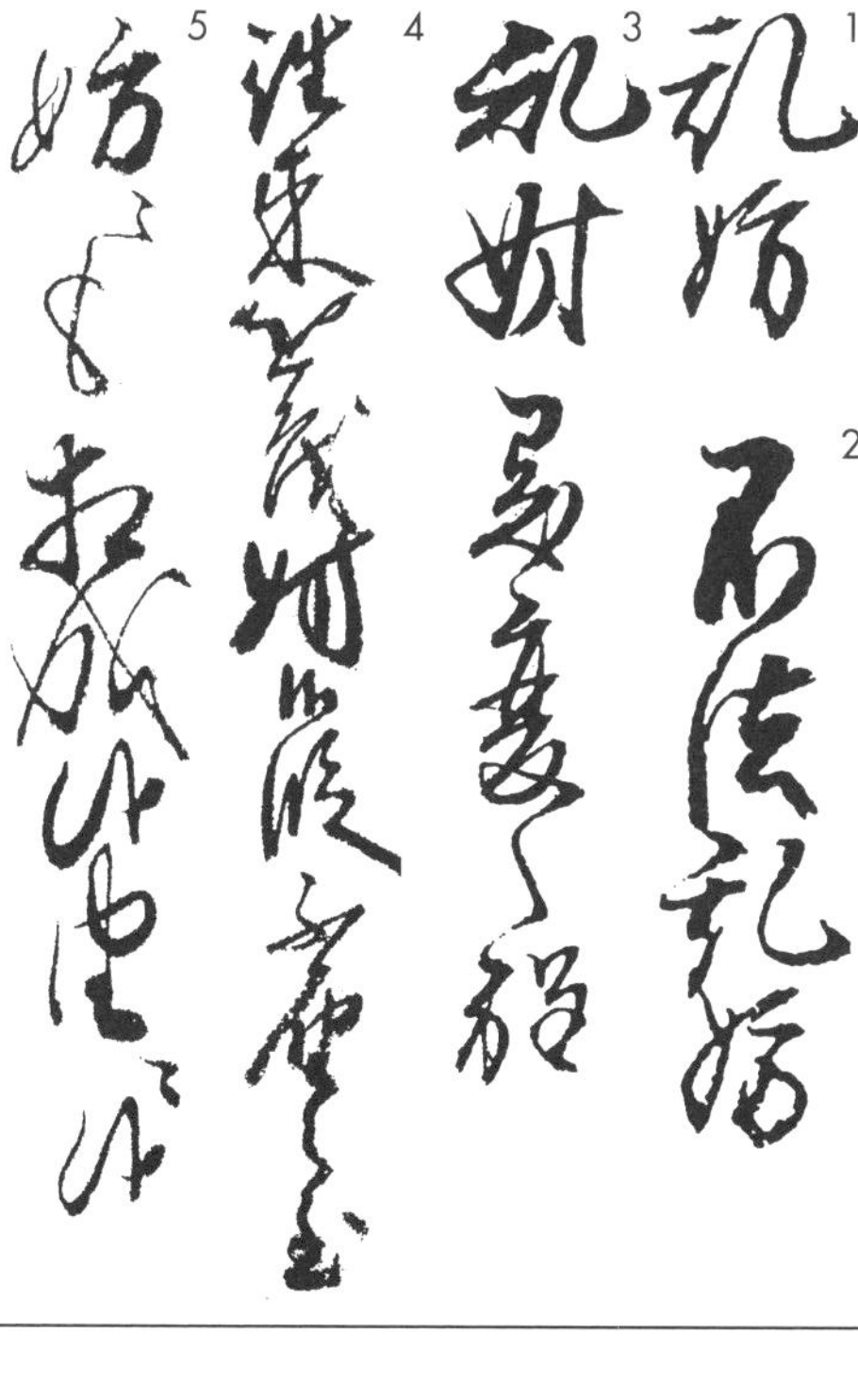

1 乱妨《らんぼう》　2 不法乱妨《ふほうらんぼう》　3 乱妨《らんぼう》異変《いへん》之程《のほど》　4 往来《おうらい》を茂《も》妨《さまたげ》候《そうろう》段《だん》不届《ふとどき》之至《のいたり》　5 妨《さまたげ》ニも相成《あいなり》候《そうろう》由《よし》ニ候《にそうろう》

318
委
1649
イ
ゆだねる
くわしい

◎「禾」が「千」「手」「年」のようにくずされた形をぜひ覚えてほしい。「委敷」「委曲」「委細」は頻出する重要語で「委細承知」は決り文句。

【用例】

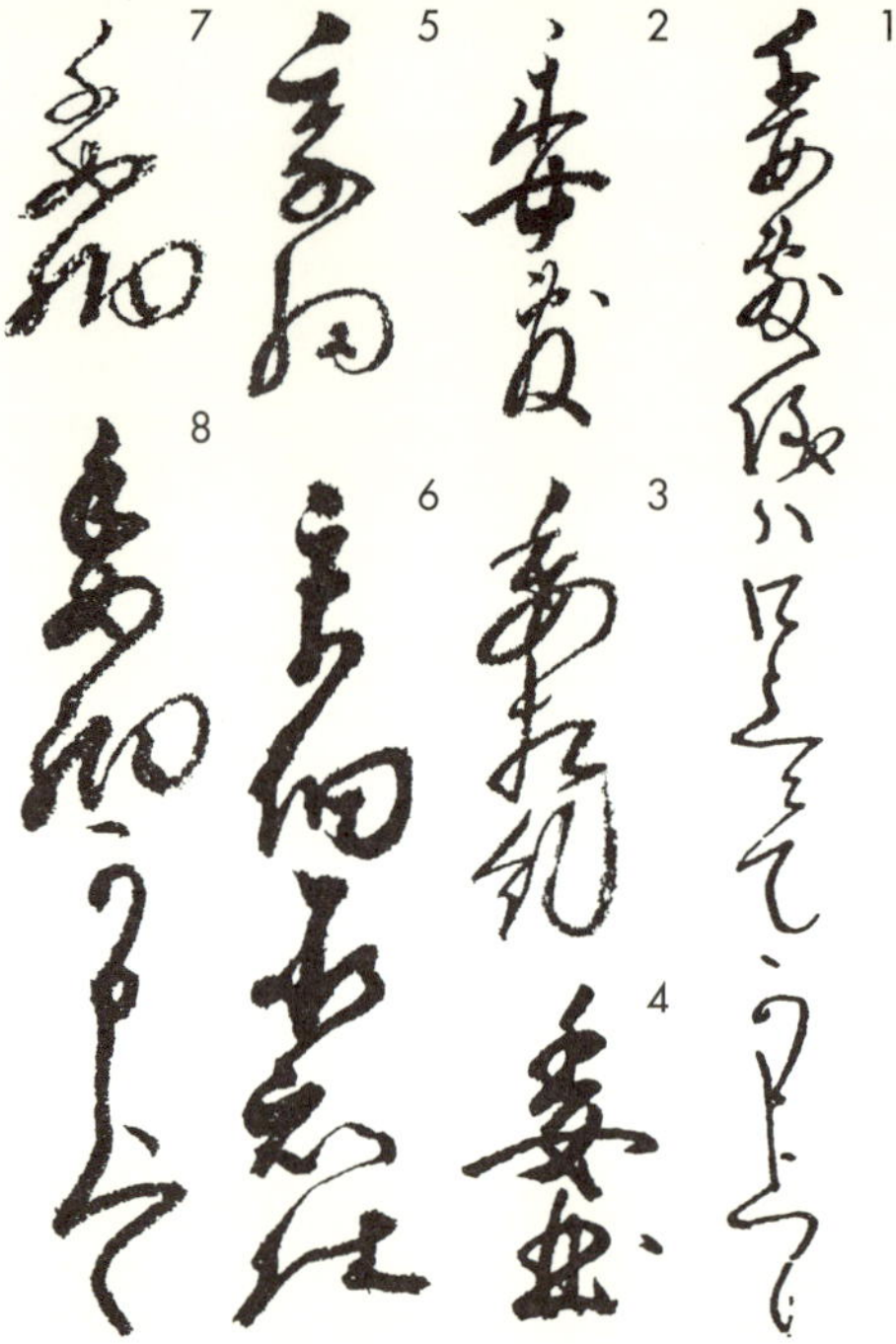

1 委敷儀《くわしきぎ》ハ口上ニ《はこうじょうに》て可二申上一候《もうしあぐべくそうろう》 2 委敷《くわしく》 3 委 相糺《くわしくあいただし》 4 委曲《いきょく》 5 委細《いさい》 6 委細承知 仕《いさいしょうちつかまつり》 7 委細《いさい》 8 委細可二申上一候《いさいもうしあぐべくそうろう》

319
始
2747
シ
はじめる

◎旁は「厶」が省画されて「ム」からそのまま「口」に続けるくずしとなり、単漢字2番目が基本形となる。「始末」が頻出する重要語である。

【用例】

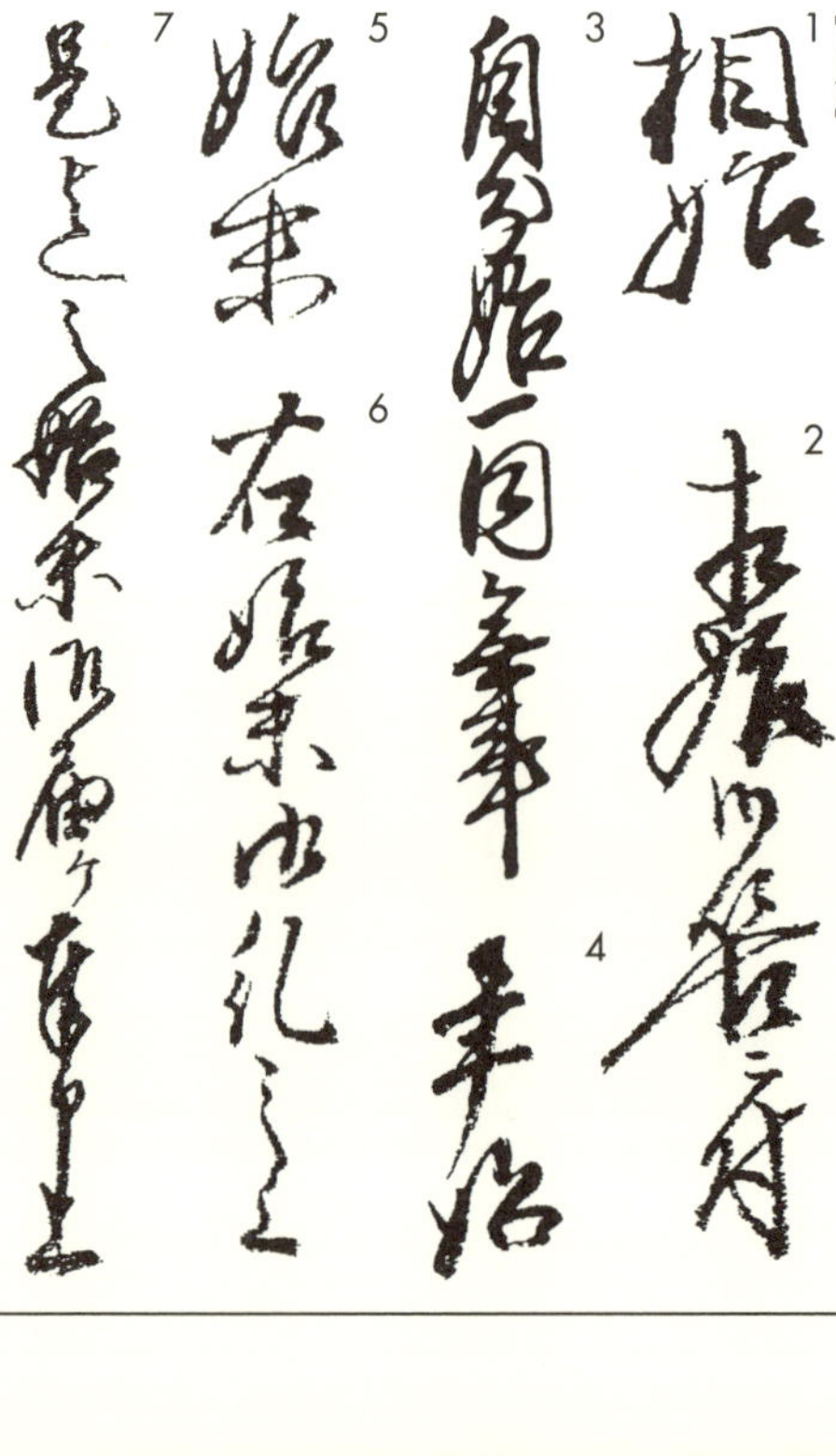

1 相始《あいはじめ》 2 相始候筈ニ付《あいはじめそうろうはずにつき》 3 自分始一同無事《じぶんはじめいちどうぶじ》 4 年始《ねんし》 5 始末《しまつ》 6 右始末御糺之上《みぎしまつおただしのうえ》 7 是迄之始末御届ケ奉二申上一《これまでのしまつおとどけもうしあげたてまつり》

320
［嫌］
2389
ケン
ゲン
きらう

◎ここでは旁の「兼」が判読できるかがポイントになる。特に単漢字2番目以降のくずしに注意したい。「機嫌」は書状に頻出する。

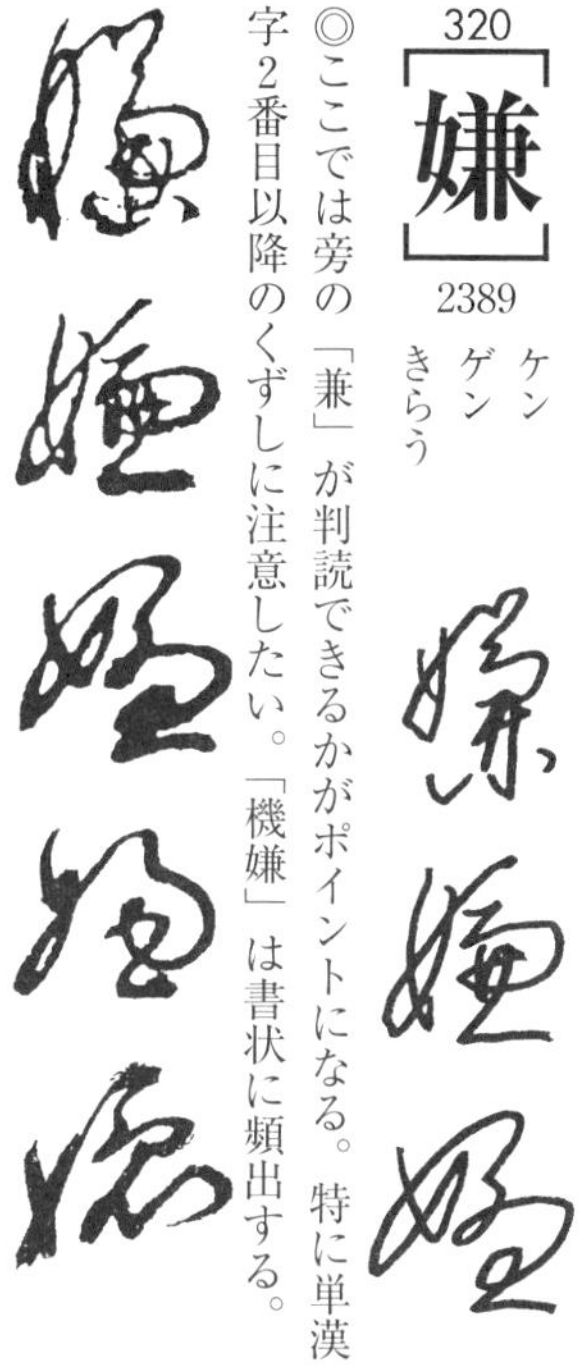

【用例】

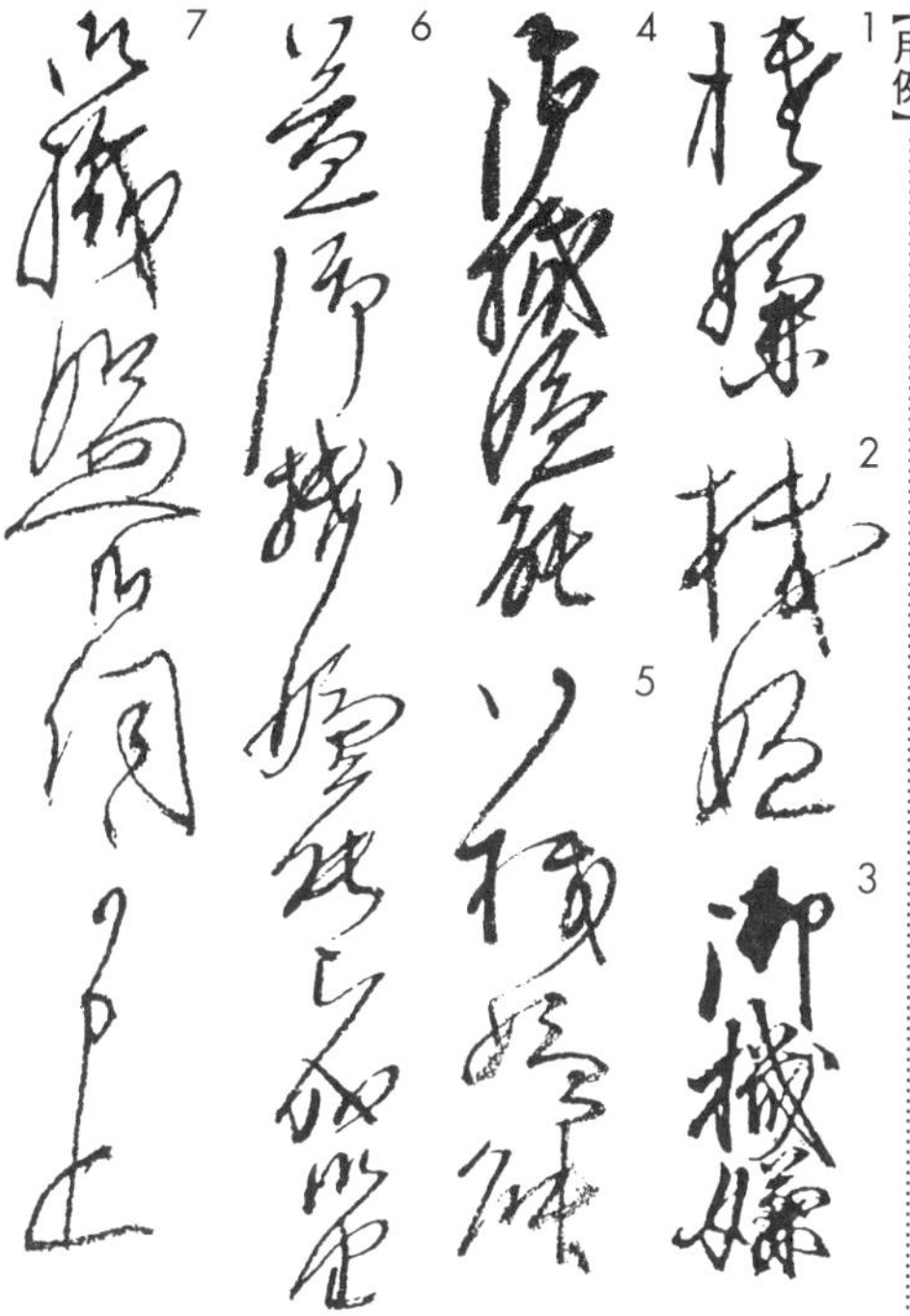

1・2機嫌《きげん》　3御機嫌《ごきげん》　4・5御機嫌能《ごきげんよく》
6益《ますます》御機嫌能《ごきげんよく》被レ成二御坐一《ござなされ》
7御機嫌《ごきげん》御伺《おうかがい》可レ申上一《もうしあぐべく》

321
［孫］
3425
ソン
まご

◎「子」偏は「弓」偏（95頁）や「糸」偏（195頁）にも類似。「孫」は人名に、「子孫」「子々孫々」は質地証文などに頻出。用例6・7は決り文句。

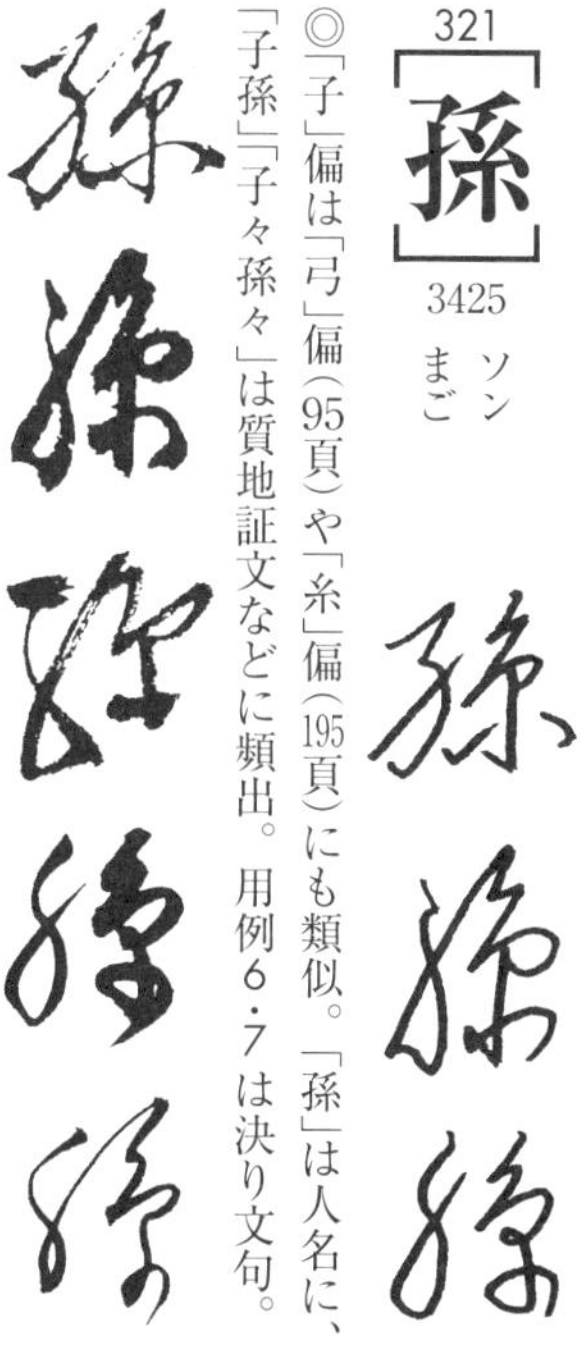

【用例】

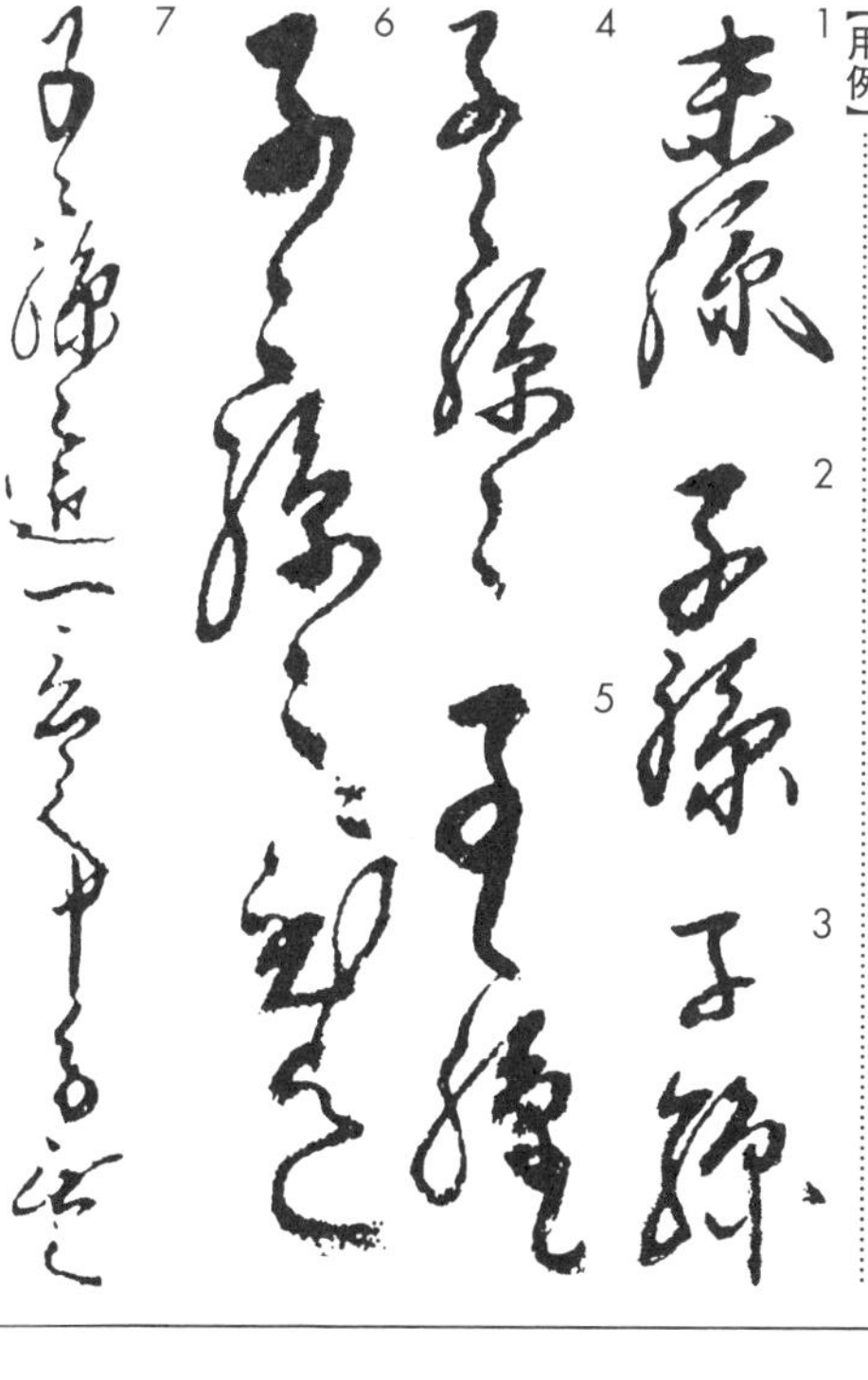

1末孫《まっそん》　2・3子孫《しそん》　4・5子々孫々《ししそんそん》
6子々孫々二至迄《ししそんそんにいたるまで》
7子々孫々迄一言之申分無レ之《ししそんそんまでいちごんのもうしわけこれなく》

322 [安] 1634

アン
やすい

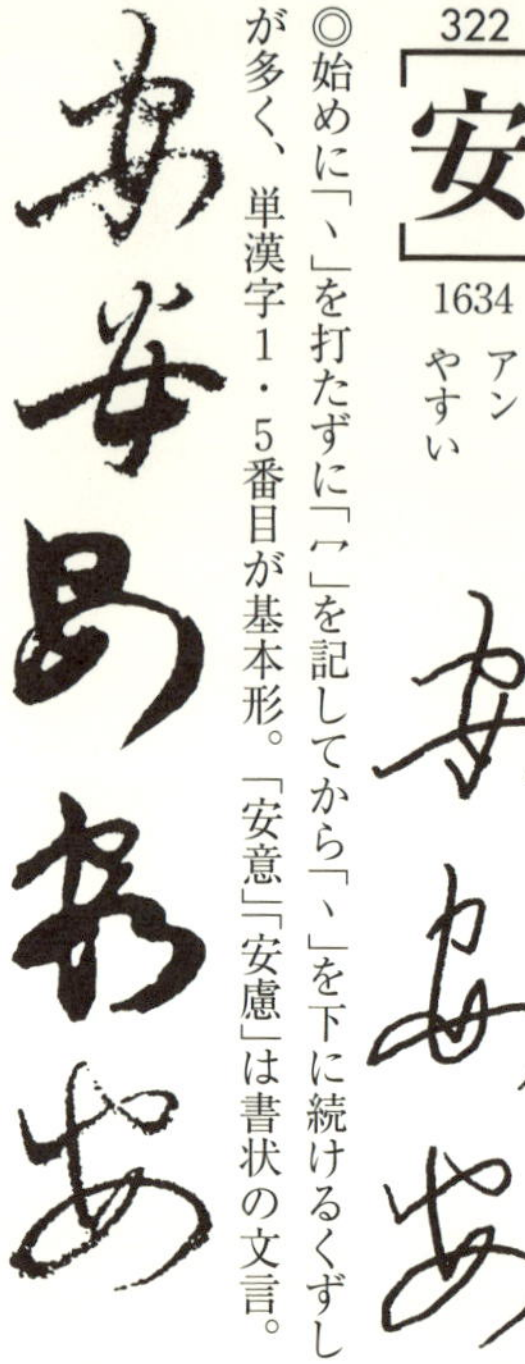

◎始めに「丶」を打たずに「宀」を記してから「丶」を下に続けるくずしが多く、単漢字1・5番目が基本形。「安意」「安慮」は書状の文言。

【用例】

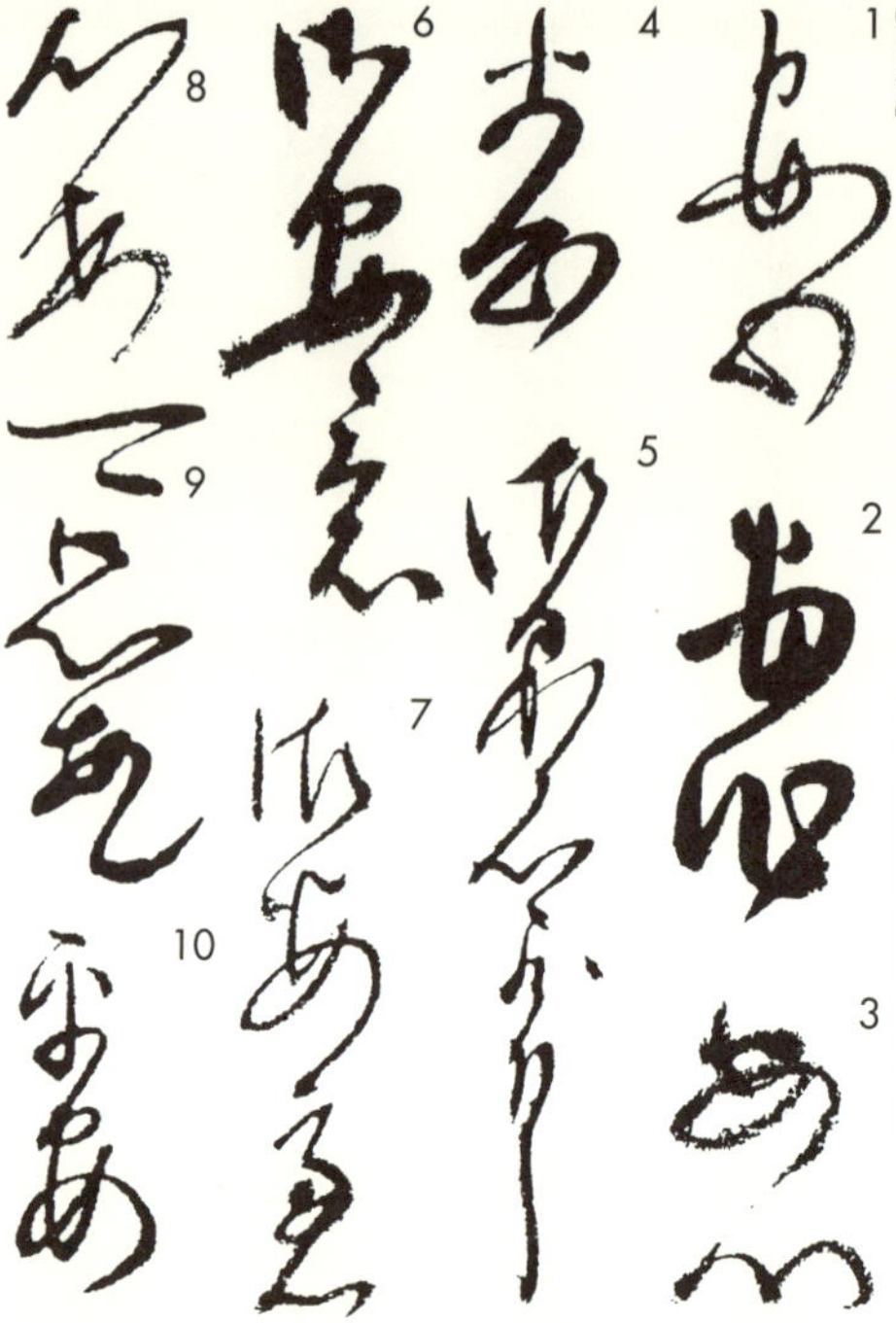

1～4 安心《あんしん》 5 御安心可レ被レ下候《ごあんしんくださるべくそうろう》 6 御安意《ごあんい》 7 御安慮《ごあんりょ》 8 心安《こころやすし》 9 可二御心安一候《おこころやすかるべくそうろう》 10 平安《へいあん》

323 [守] 2873

シュ／もり
まもる
かみ

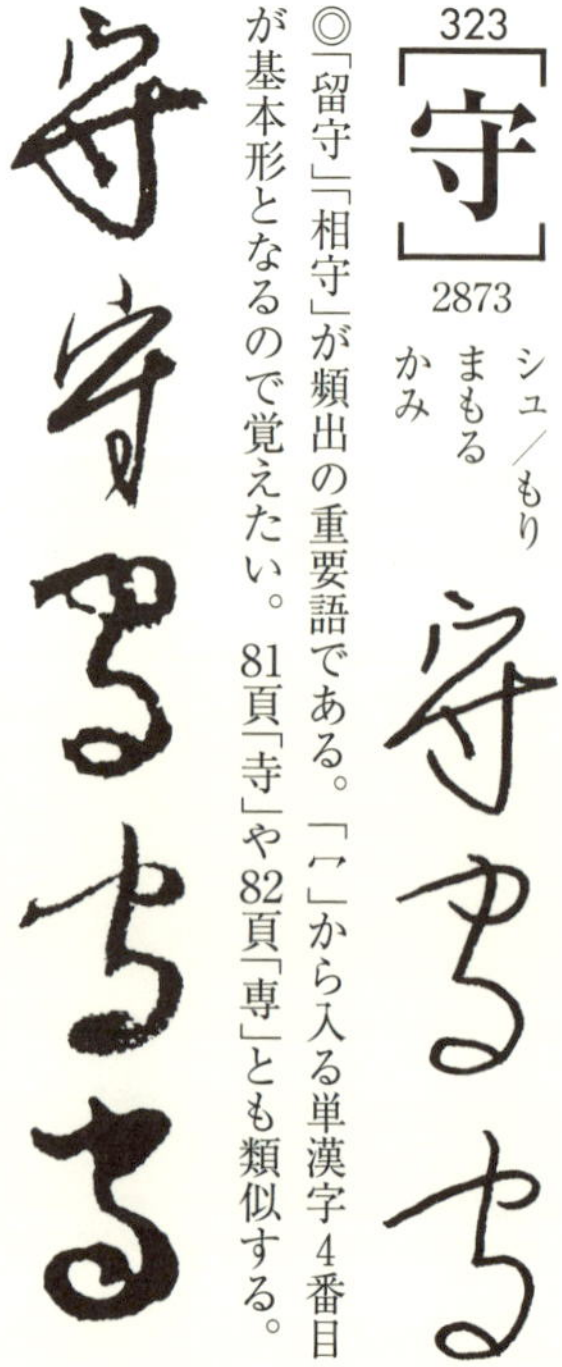

◎「留守」「相守」が頻出の重要語である。「宀」から入る単漢字4番目が基本形となるので覚えたい。81頁「寺」や82頁「専」とも類似する。

【用例】

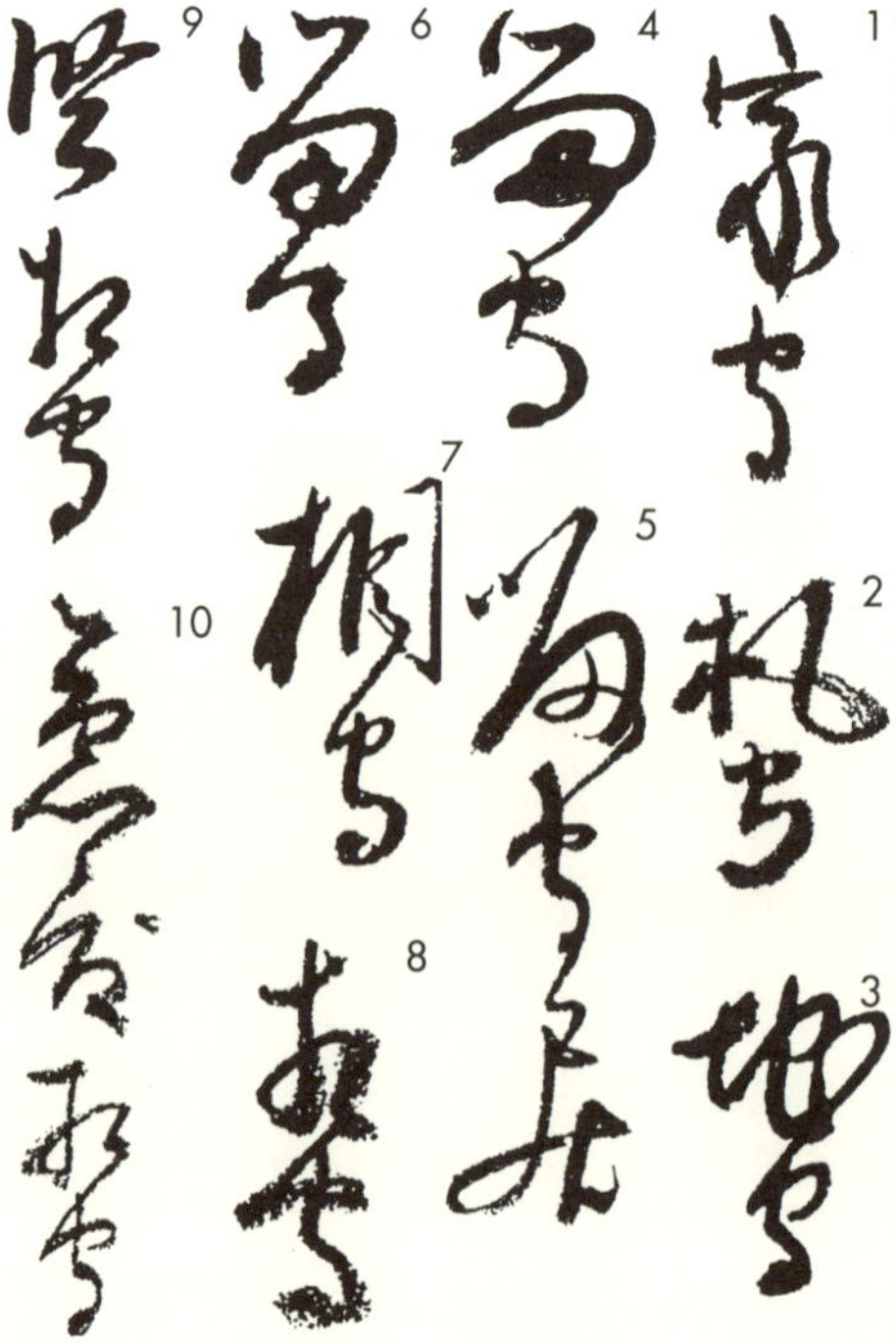

1 家守《いえもり やもり》 2 札守《ふだもり》 3 地守《じもり》 4 留守《るす》 5 留守居《るすい》 6 留守《るす》 7・8 相守《あいまもる》 9 堅相守《かたくあいまもり》 10 急度相守《きっとあいまもり》

324 【宅】 3480 タク

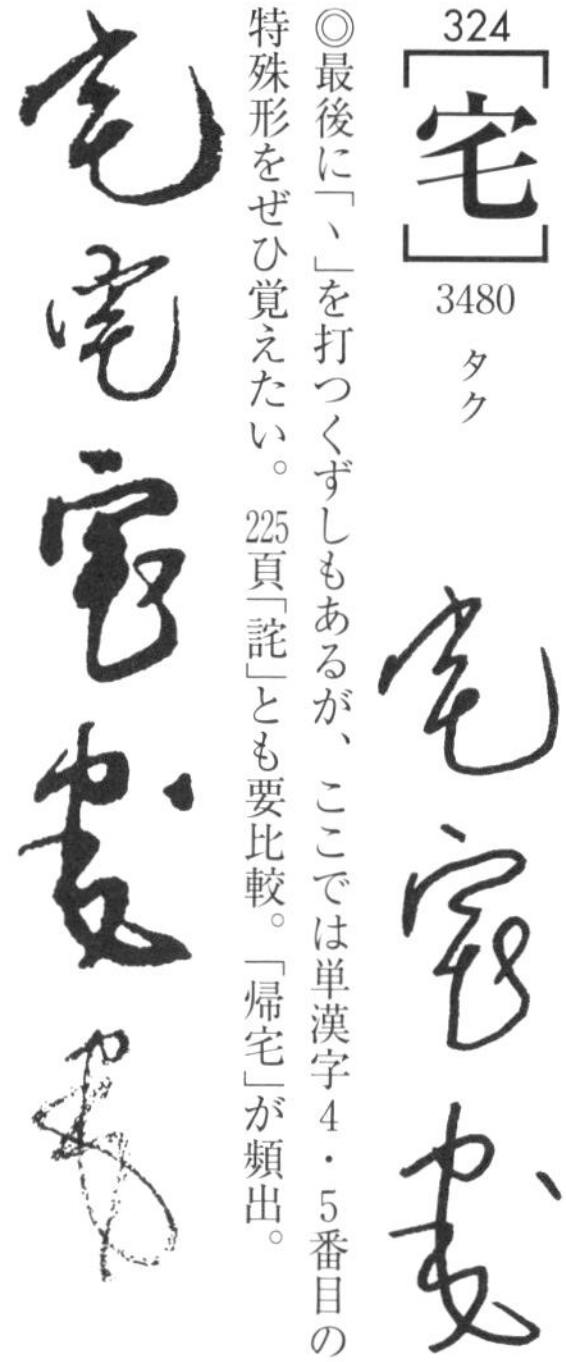

◎最後に「丶」を打つくずしもあるが、ここでは単漢字4・5番目の特殊形をぜひ覚えたい。225頁「詫」とも要比較。「帰宅」が頻出。

【用例】

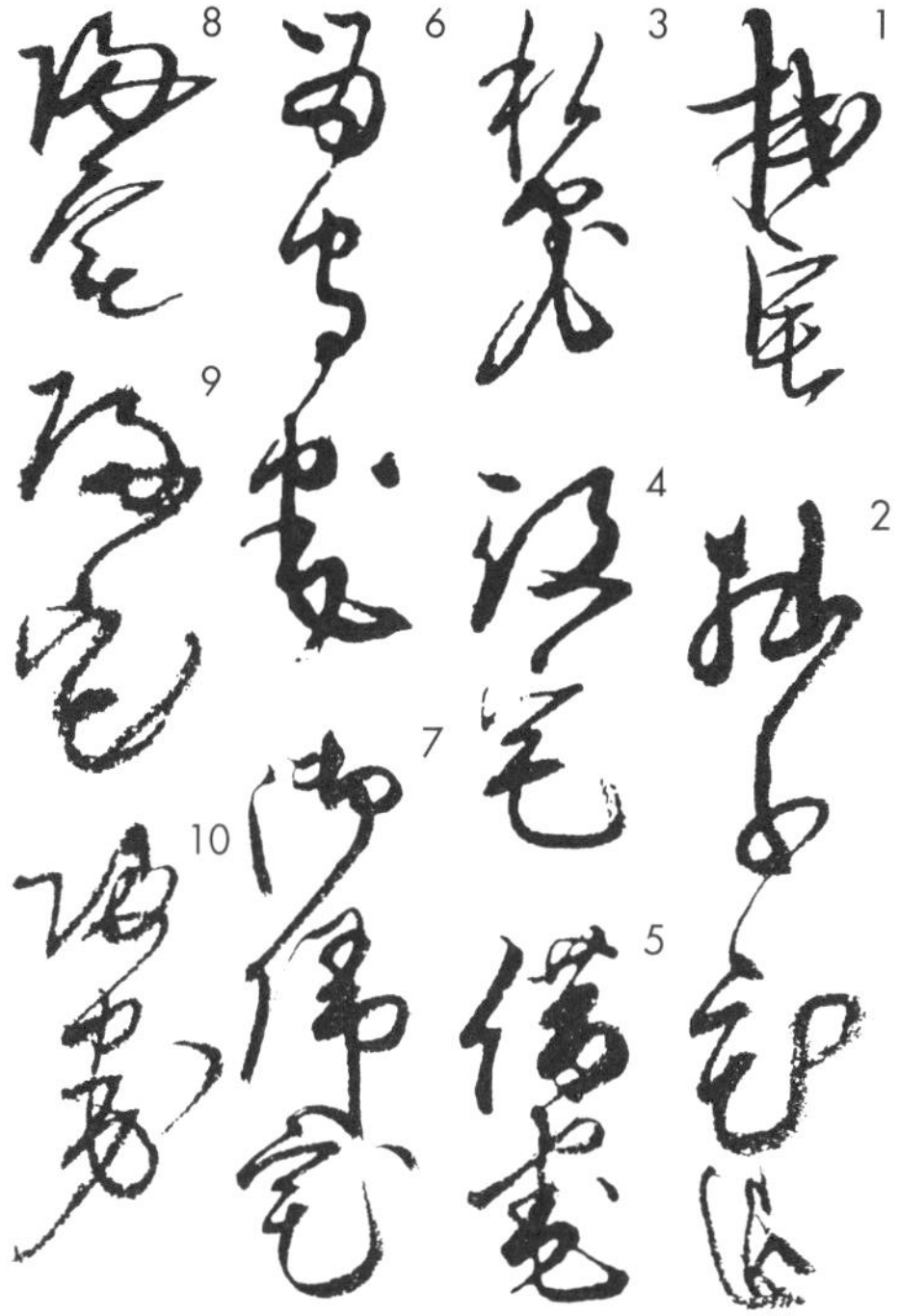

1 拙宅《せったく》 2 拙子宅迄《せっしたくまで》 3 私宅《わたくしたく》 4 役宅《やくたく》 5 借宅《しゃくたく》 6 留守宅《るすたく》 7 御帰宅《ごきたく》 8〜10 帰宅《きたく》

325 【官】 2017 カン

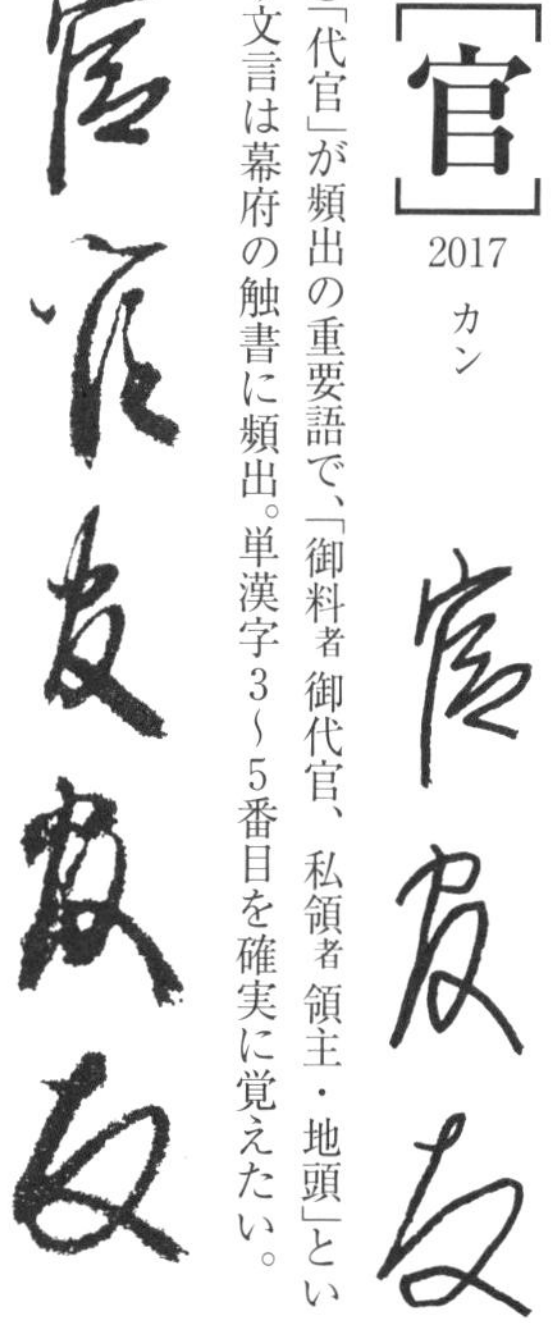

◎「代官」が頻出の重要語で、「御料者御代官、私領者領主・地頭」という文言は幕府の触書に頻出。単漢字3〜5番目を確実に覚えたい。

【用例】

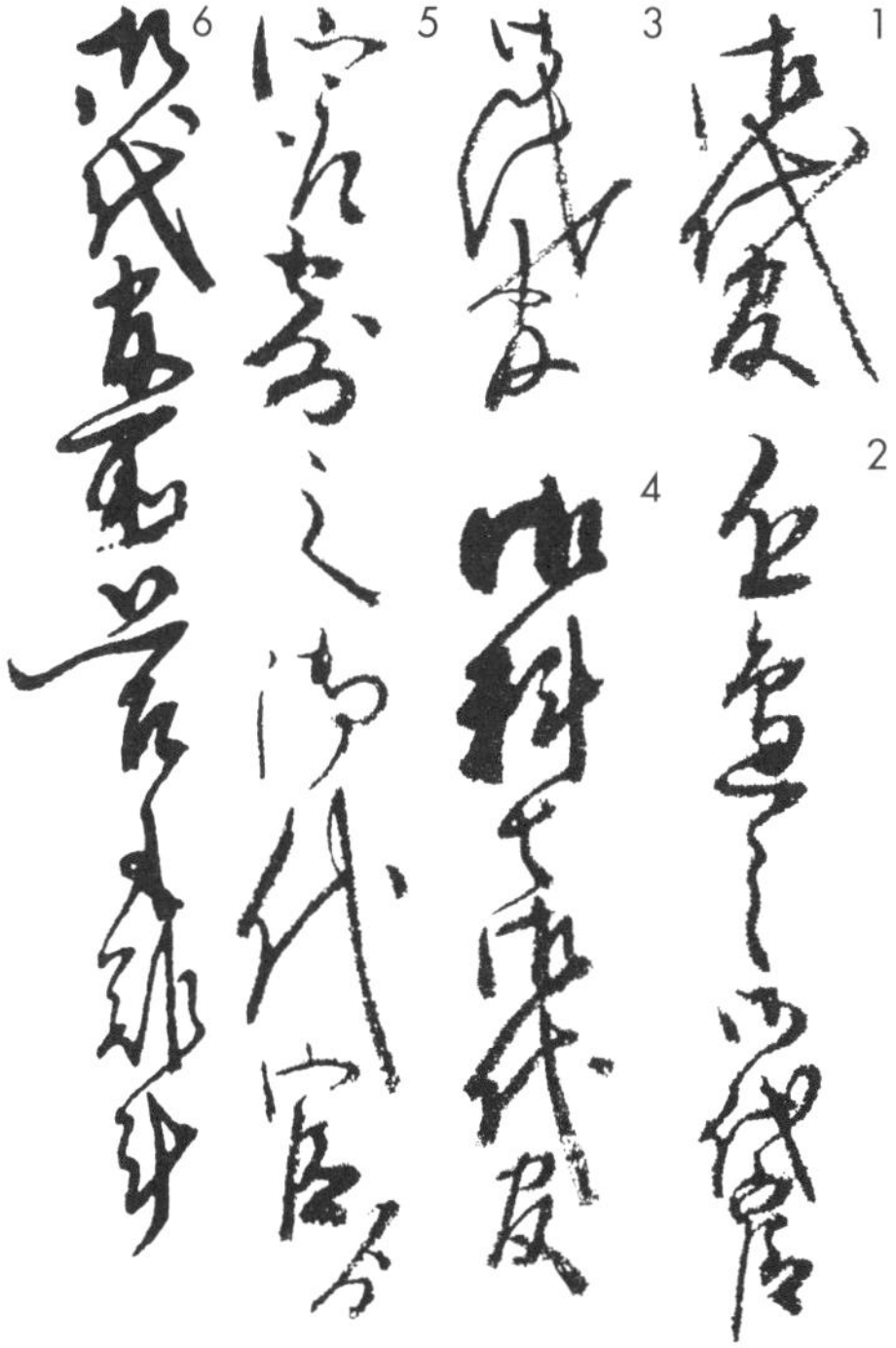

1 御代官《おだいかん》 2 近邊之御代官《きんぺんのおだいかん》 3 御代官《おだいかん》 4 御料者《ごりょうは》御代官《おだいかん》 5 最寄之御代官ゟ《もよりのおだいかんより》 6 御代官所思召も難レ計《おだいかんしょおぼしめしはかりがたく》

326 [実(實)]

2834
5373

ジツ
み
みのる

◎「実(實)」は「宀」がしっかり記され、くずしも原形をとどめているので判読は容易だろう。「実正」は借金証文や質地証文に頻出。

【用例】

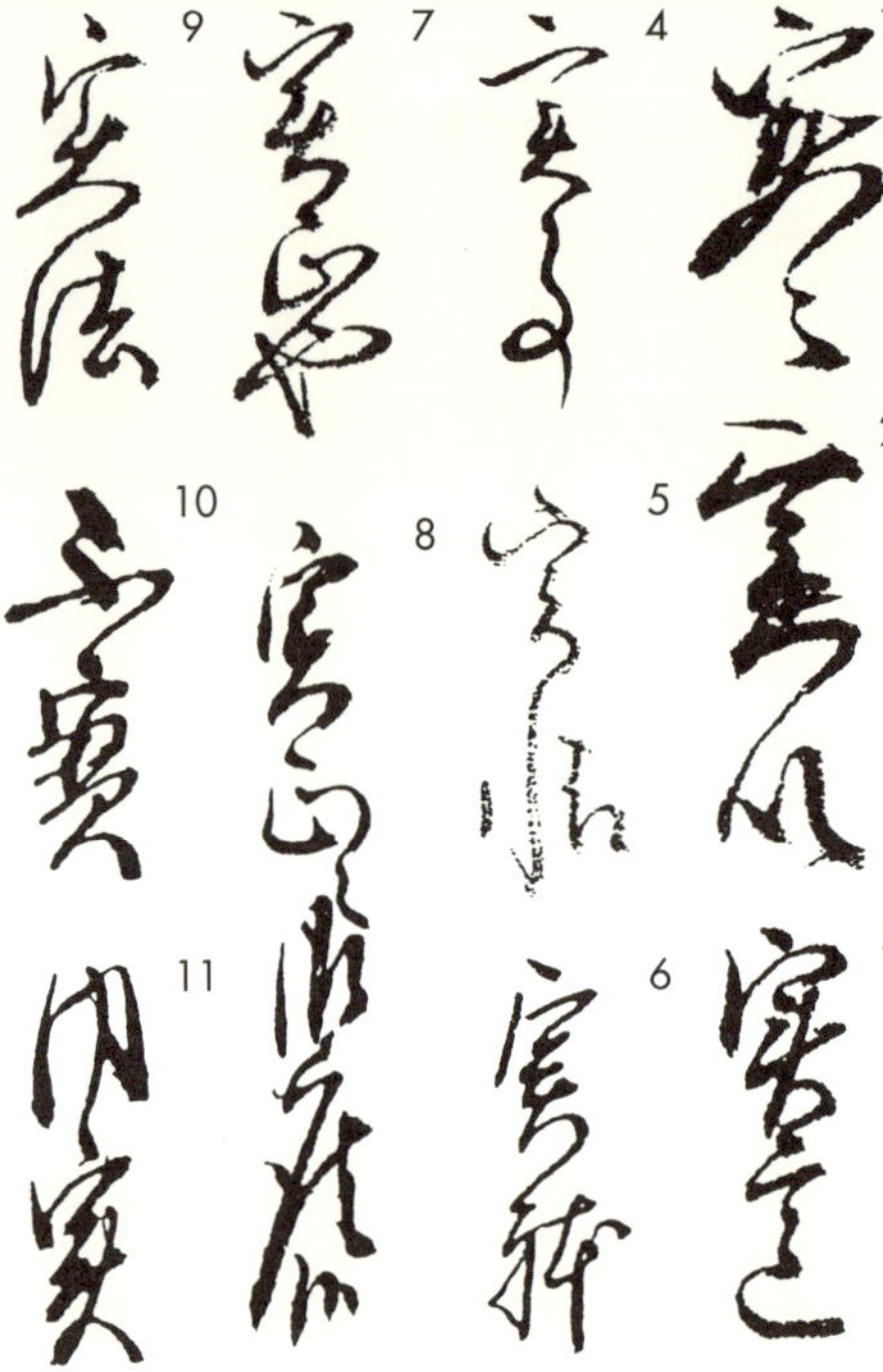

1 実々《じつじつ》
2 実以《じつをもって》
3 実意《じつい》
4 実事《じつじ》
5 実情《じつじょう》
6 実躰《じってい》
7 実正也《じっしょうなり》
8 実正ニ御座候《じっしょうにござそうろう》
9 実法《みのり》
10 不實《ふじつ》
11 内実《ないじつ》

327 [宗]

2901

シュウ
ソウ
むね

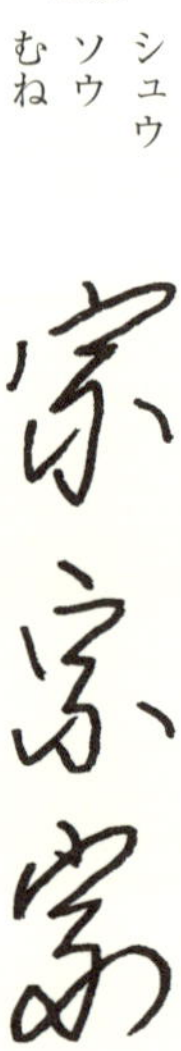

◎くずしは「宗」(182頁)がはっきり記されることは少なく、「宀」に「ふ」と覚えておけばよい。「宗旨」「宗門」が頻出の重要語である。

【用例】

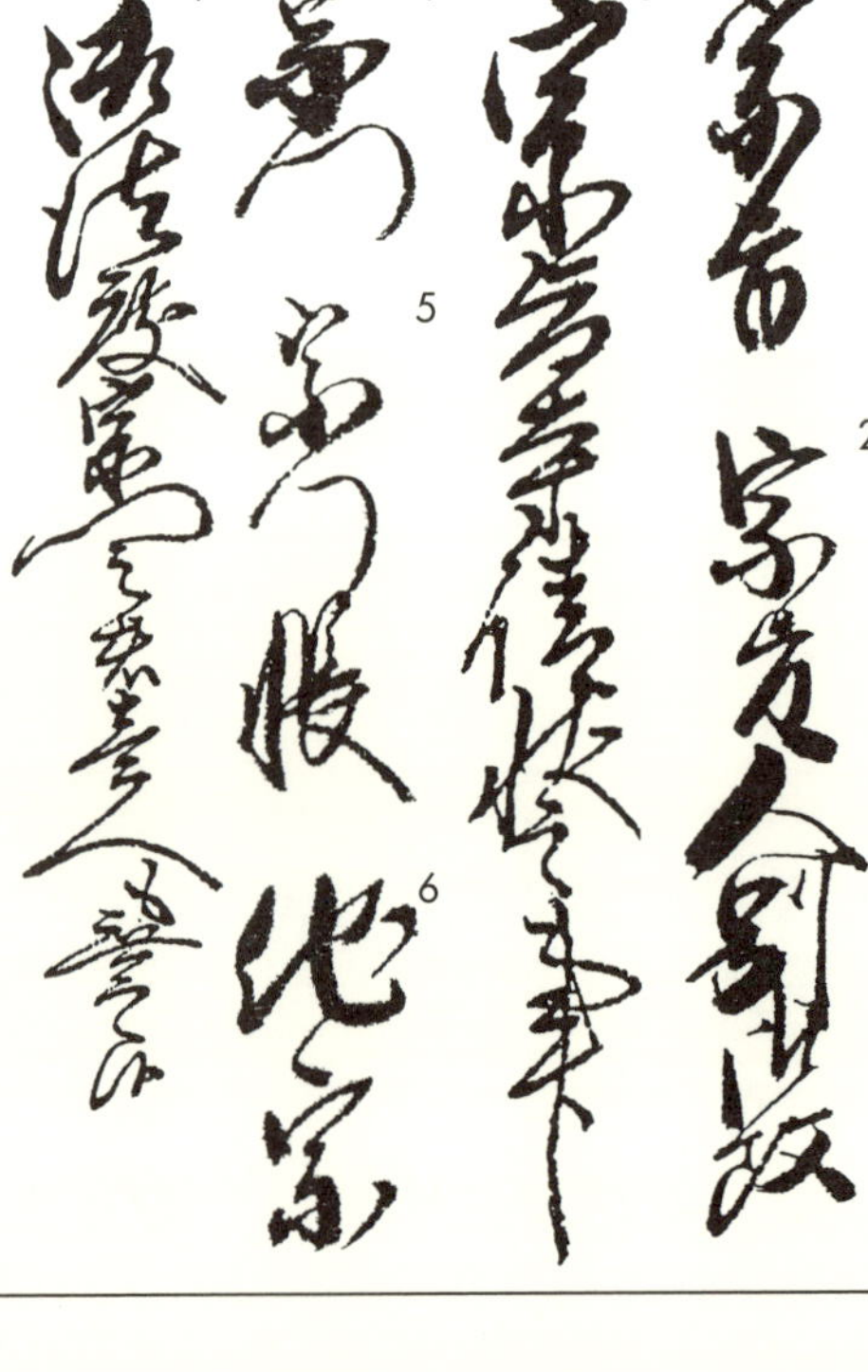

1 宗旨《しゅうし》
2 宗旨人別御改《しゅうしにんべつおあらため》
3 宗旨寺請状之事《しゅうしてらうけじょうのこと》
4 宗門《しゅうもん》
5 宗門帳《しゅうもんちょう》
6 他宗《たしゅう》
7 御法度《ごはっと》宗門之者壱人《しゅうもんのものいちにん》も無レ之候《これなくそうろう》

328
宿
2941

シュク
やどる
やど

◎「宀」が「セ」のよう記される単漢字3〜5番目のくずしに注意したい（「寄」もこのくずしになる）。用例はいずれも頻出の重要語。

【用例】

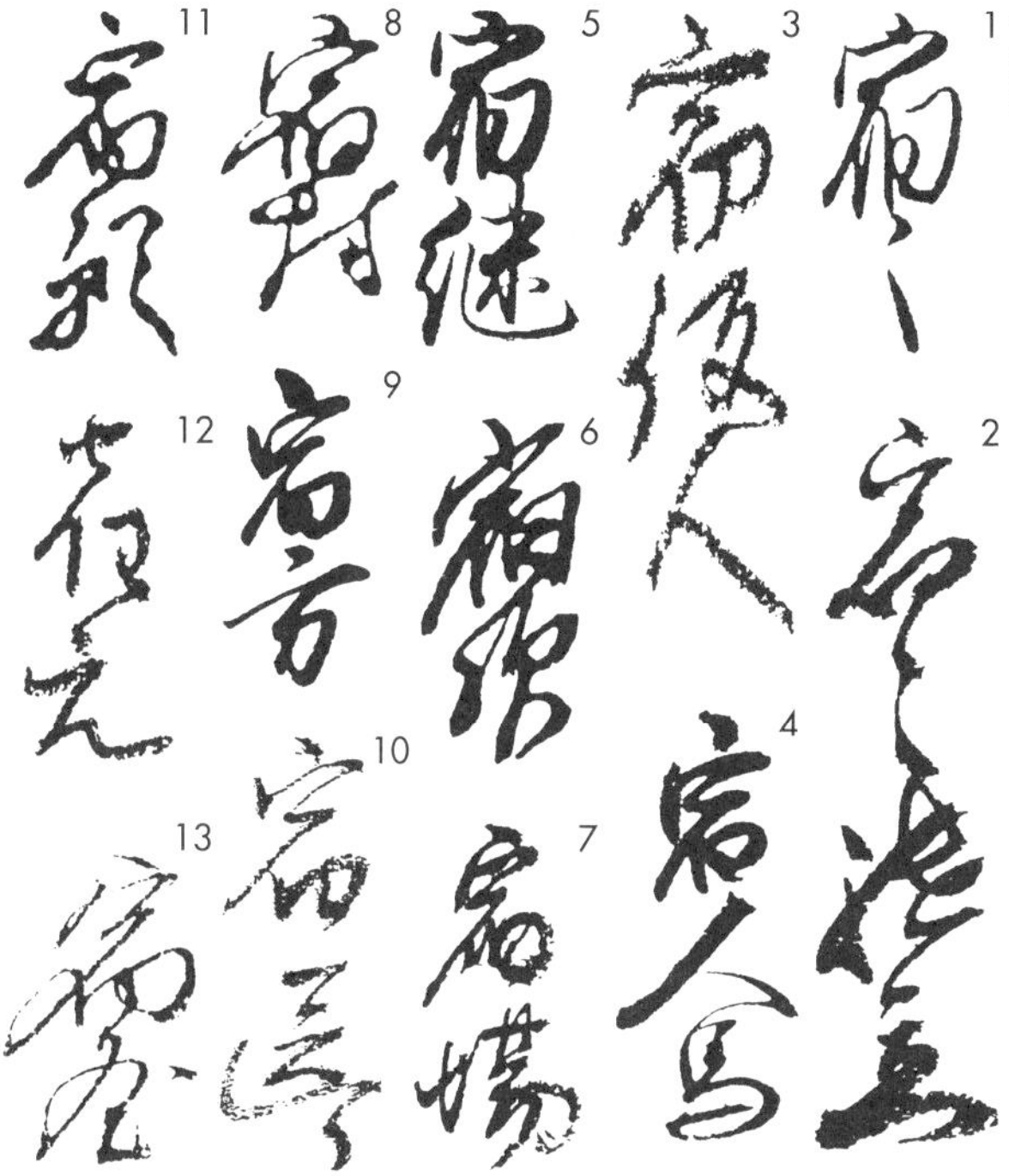

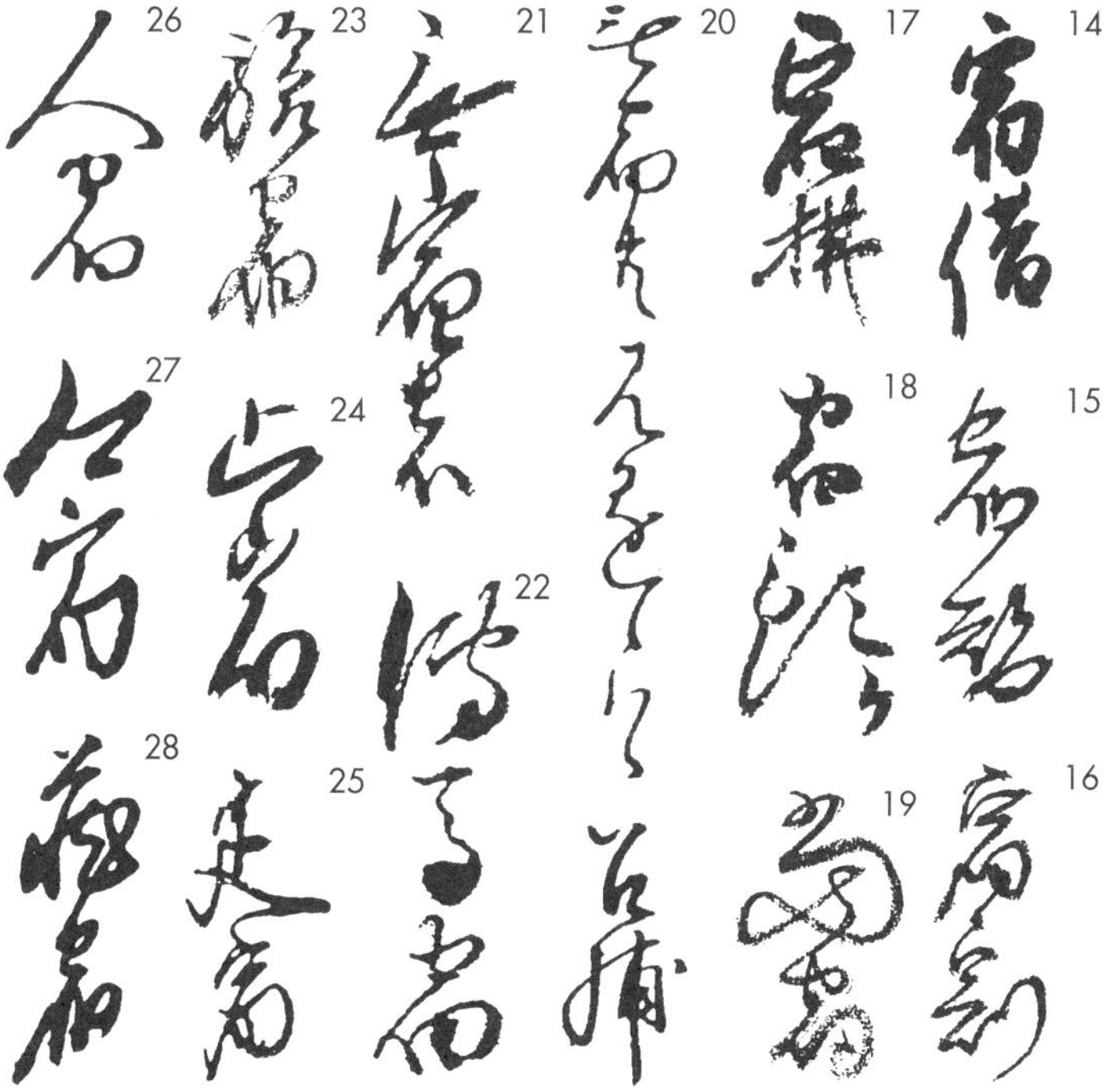

1 宿々《しゅくしゅく》
2 宿々継立《しゅくしゅくつぎたて》
3 宿役人《しゅくやくにん》
4 宿人馬《しゅくじんば》
5 宿継《しゅくつぎ》
6 宿次《しゅくつぎ》
7 宿場《しゅくば》
8 宿村《しゅくそん》
9 宿方《しゅくがた》
10 宿送リ《しゅくおくり》
11 宿願《しゅくがん》
12 宿元《やどもと》
13 宿屋《やどや》
14 宿借《やどがり》
15 宿替《やどがえ》
16 宿割《やどわり》
17 宿拂《やどばらい》
18 宿預《やどあず》ケ《け》
19 當宿《とうしゅく》
20 無宿共《むしゅくども》見《み》懸候《かけそうら》ハヽ《わば》召捕《めしとらえ》
21 無宿者《むしゅくもの》
22 傳馬宿《てんましゅく》
23 旅宿《りょしゅく》
24 止宿《ししゅく》
25 定宿《じょうやど》
26 人宿《ひとやど》
27 郷宿《ごうやど》
28 藏宿《くらやど》

329
寒
2008
カン
さむい

◎くずしは非常に特徴的で単漢字2番目が基本形。主として書状の時候の挨拶で使用され、用例6～9は冬、10・11は春である。

【用例】

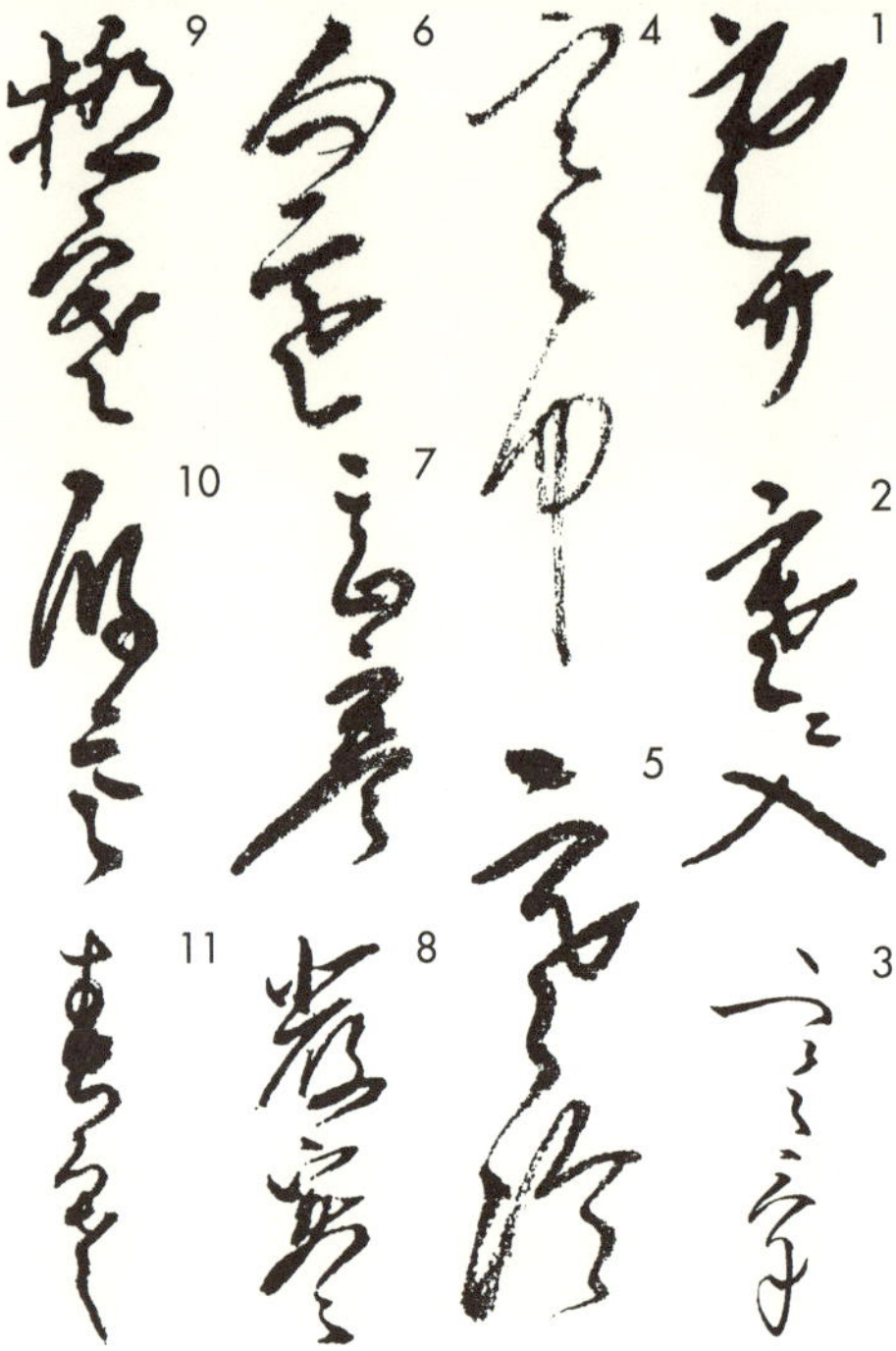

1 寒サ《さむさ》　2 寒二入《かんにいり》　3 寒氣《かんき》　4 寒中《かんちゅう》　5 寒冷《かんれい》　6 向寒《こうかん》　7 甚寒《じんかん》　8 嚴寒《げんかん》　9 極寒《ごくかん》　10 餘寒《よかん》　11 春寒《しゅんかん》

330
察
2701
サツ
さっする

◎単漢字1番目が基本形で、78頁「宗」同様に「示」は「ふ」になる。「察度(當)」は非難の意。ここでは「奉レ察」「賢察」を覚えたい。

【用例】

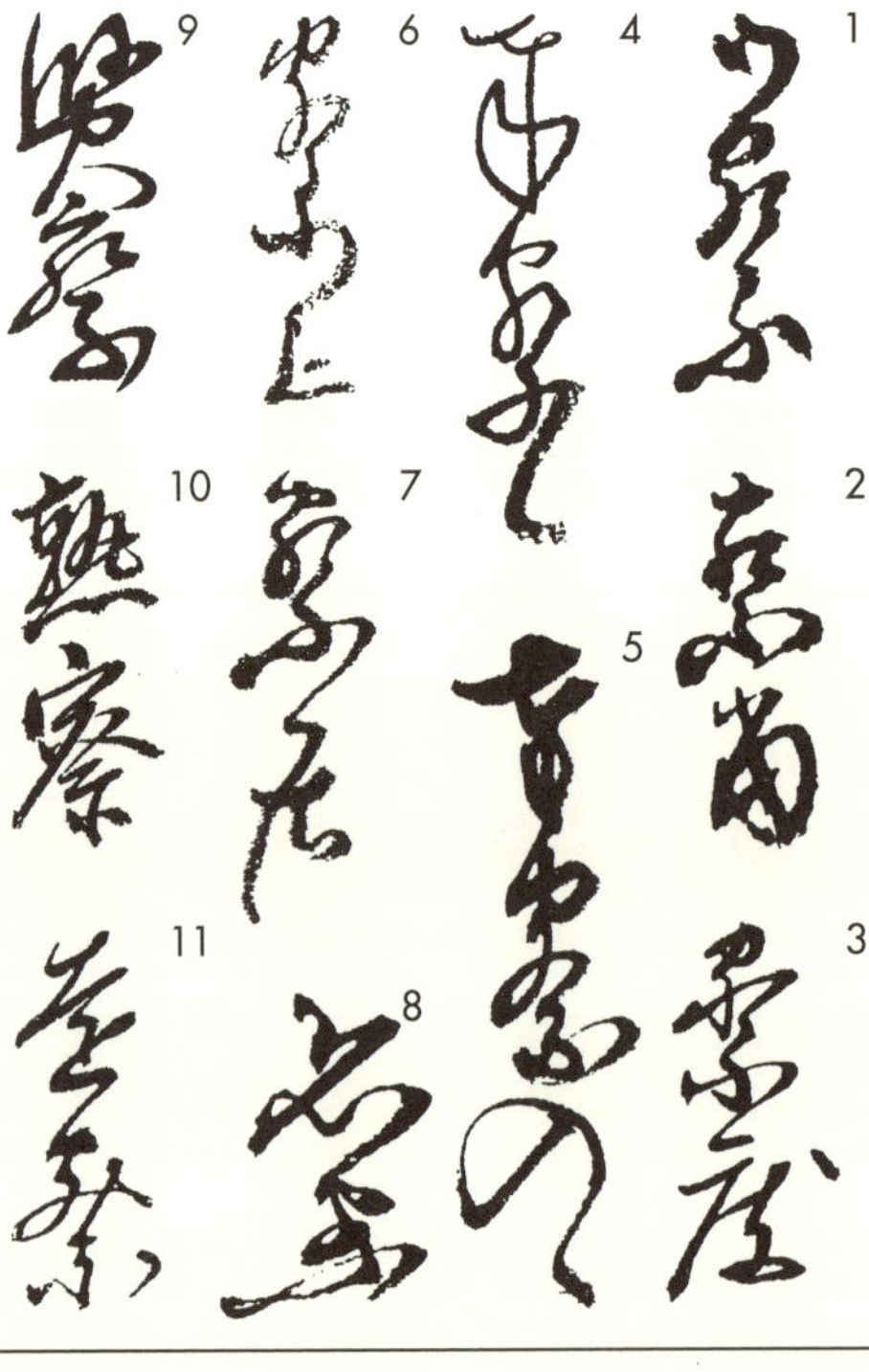

1 御察《おさっし》　2 察當《さっとう》《さっと》　3 察度《さっと》　4 奉レ察候《さっしたてまつりそうろう》　5 奉ニ察入一候《さっしいりたてまつりそうろう》　6 察上《さっしあぐ》　7 察居《さっしおる》　8 恐察《きょうさつ》　9 賢察《けんさつ》　10 熟察《じゅくさつ》　11 遠察《えんさつ》

331 寺

2791 ジ てら

◎単漢字4・5番目が76頁「守」と酷似するが、「寺」は上巻き、「守」は下巻きと覚えておけばよい。「寺院」「寺社」が頻出の重要語。

【用例】

1・2 寺院《じいん》 3 寺社《じしゃ》 4 従《より》二寺社《じしゃ》御奉行所《おぶぎょうしょ》一 5 寺社領《じしゃりょう》 6 寺請状《てらうけじょう》 7 寺領《じりょう》 8 貴寺《きじ》 9 旦那寺《だんなでら》

332 対(對)

3448 5384 タイ ツイ

◎旧字「對」のくずしが基本形となる。「寸」の記されない単漢字5番目のくずしを覚えておけば問題ない。「對談」「相對」が頻出する。

【用例】

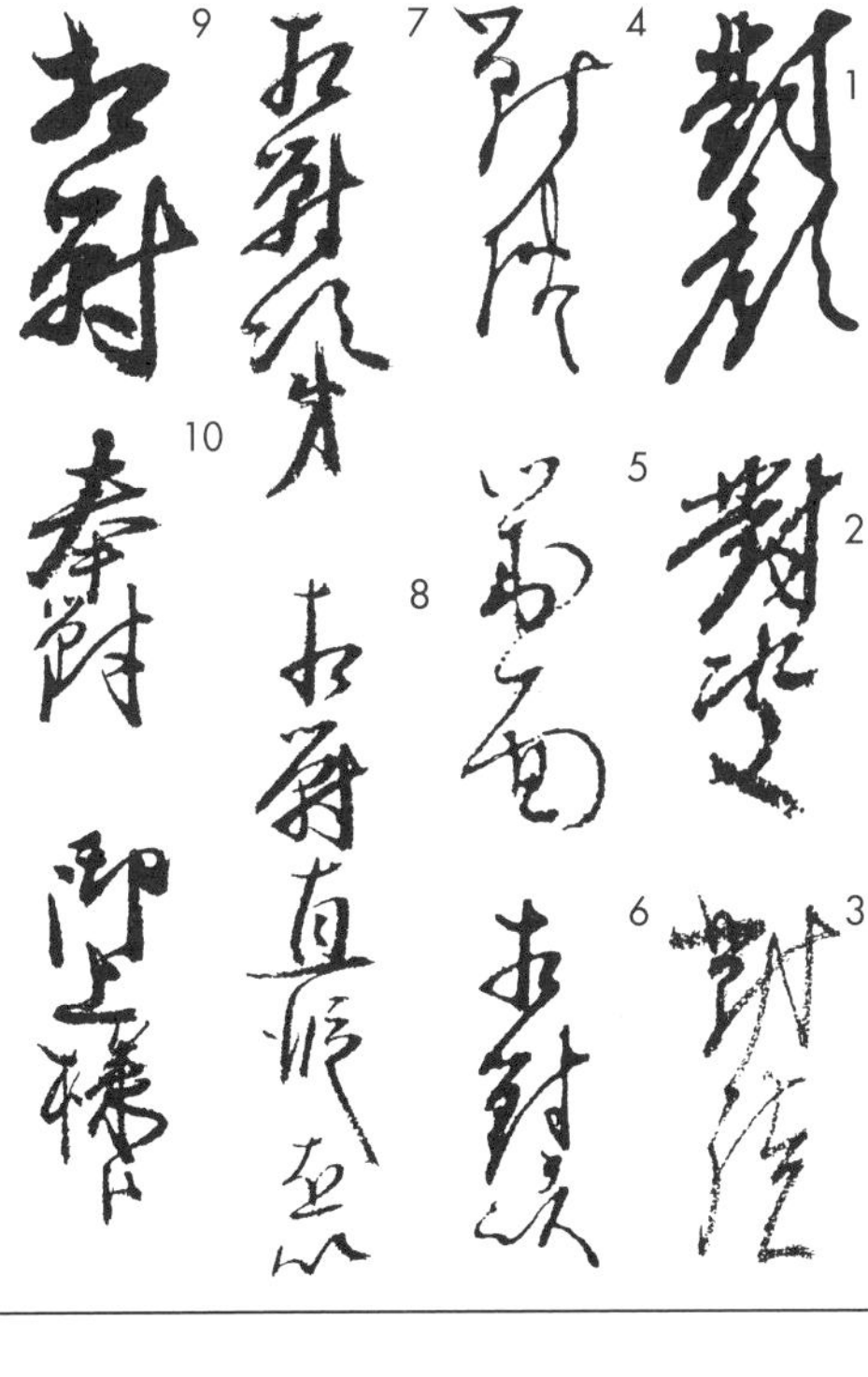

1 對顔《たいがん》 2 對決《たいけつ》 3・4 對談《たいだん》 5 對面《たいめん》 6 相對ヲ以《あいたいをもって》 7 相對次第《あいたいしだい》 8 相對直段を以《あいたいねだんもって》 9 相對《あいたい》 10 奉《たてまつり》レ對《たいし》二御上様江《おんうえさまへ》一

333 専(專)

3276
5383

セン
もっぱら

◎一画目の点が特徴的で、くずしは二画目の横棒が上に巻くものと下に巻くものに分かれる。197頁「絵」、238頁「転」も参照されたい。

【用例】

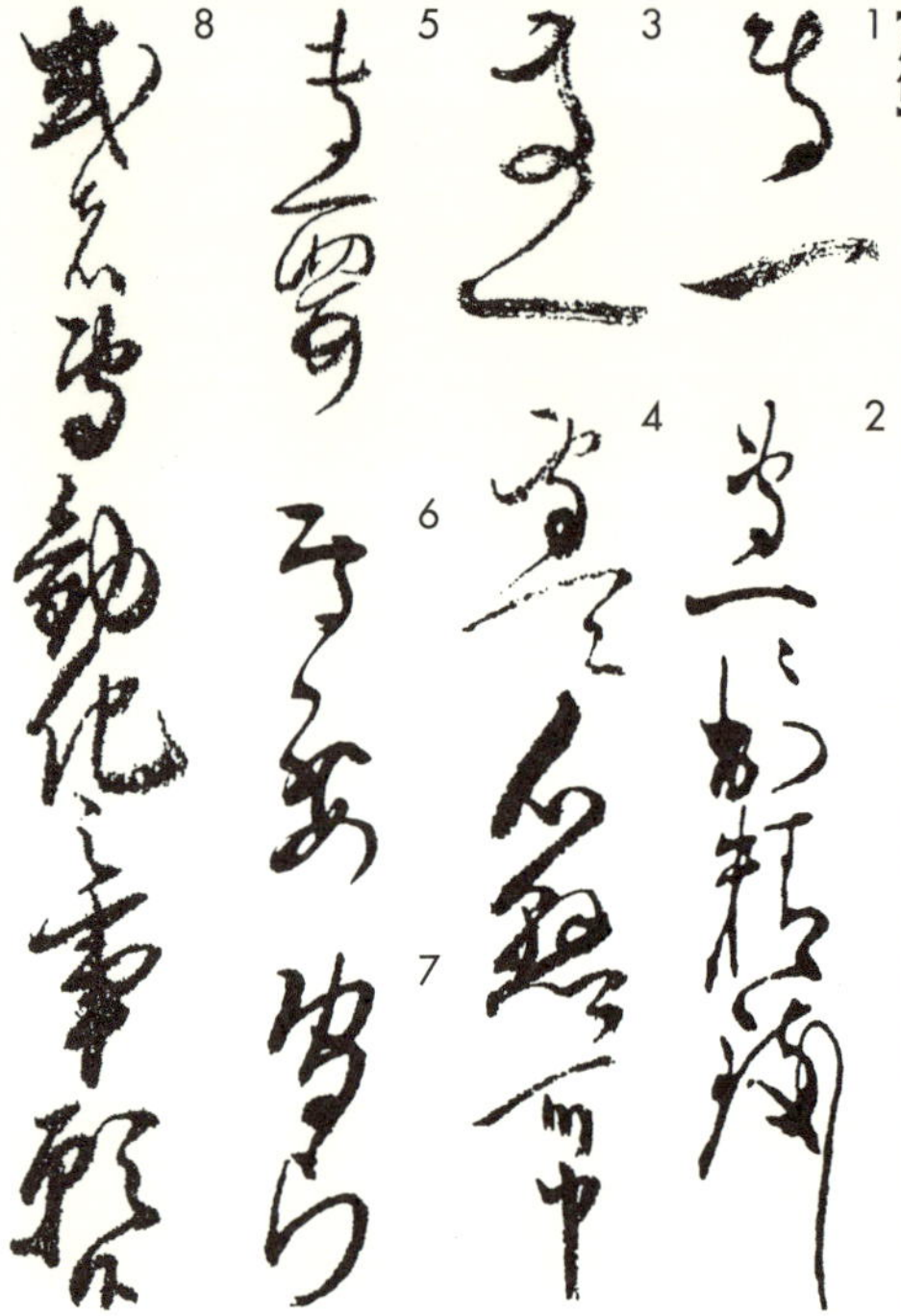

1 専一《せんいつ》　2 専一《せんいつ》ニ《に》出精《しゅっせい》致《いた》し　3 専一《せんいつ》　4 専一《せんいつ》ニ《に》心懸《こころが》ケ《け》可《べく》レ申《もうす》
5・6 専要《せんよう》　7 専《もっぱ》ら　8 或者《あるいは》専《もっぱら》勧化《かんげ》之《の》事《こと》願《ねがい》候《そうろう》

334 尋

3150

ジン
たずねる
ひろ

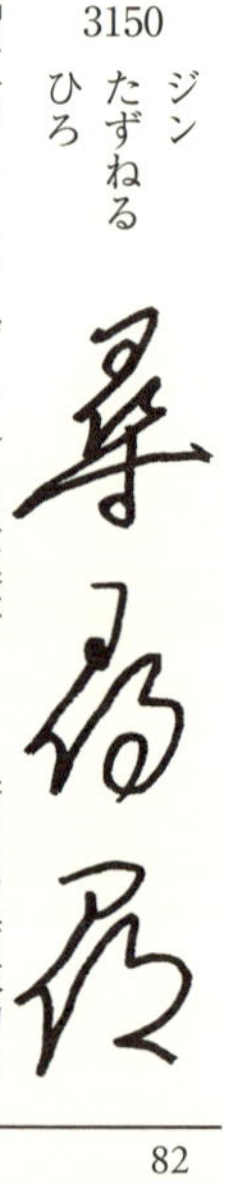

◎「ヨ」の下が「得」のようにくずされる単漢字3・5番目の特徴的なくずしをぜひ覚えてほしい。「御尋」「相尋」が頻出する。

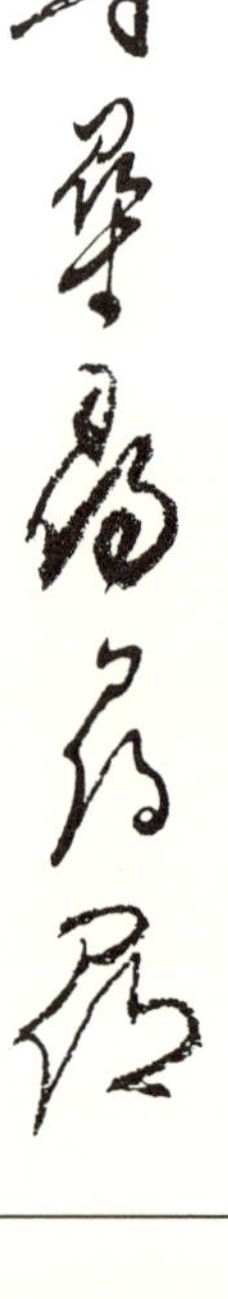

【用例】

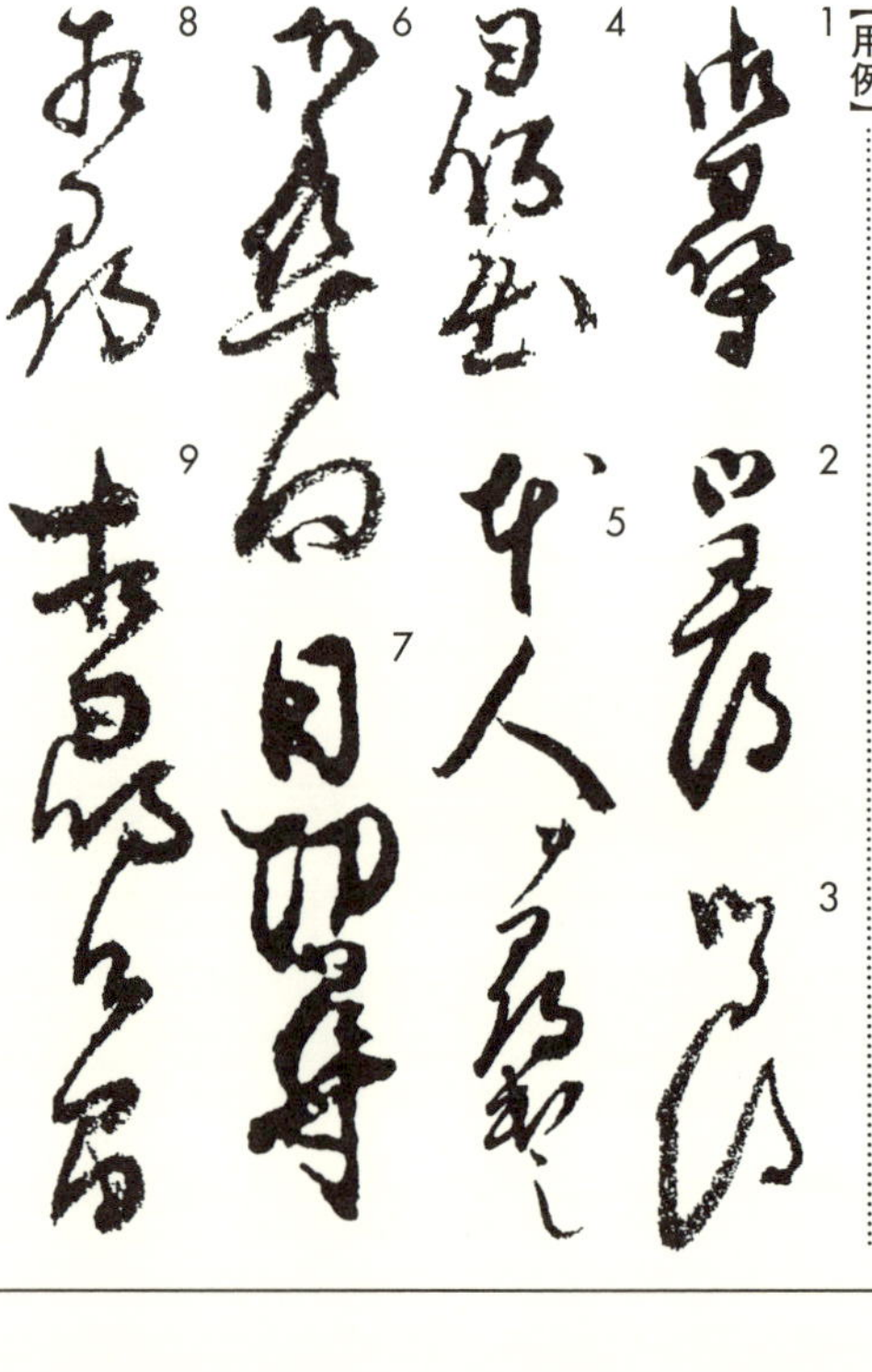

1〜3 御尋《おたずね》　4 尋出《たずねいだす》　5 本人《ほんにん》ヲ尋出《たずねいだ》し　6 御尋向《おたずねむき》　7 日切尋《ひぎりたずね》
8 相尋《あいたずね》　9 相尋候間《あいたずねそうろうあいだ》

335 ［尊］ 3426

ソン／みこと
とうとい
たっとい

◎原形通りにくずされるのは稀で、単漢字2番目以降の省画形が基本形。「御尊判」は訴状の裏に押された評定所一座の印判のこと。

【用例】

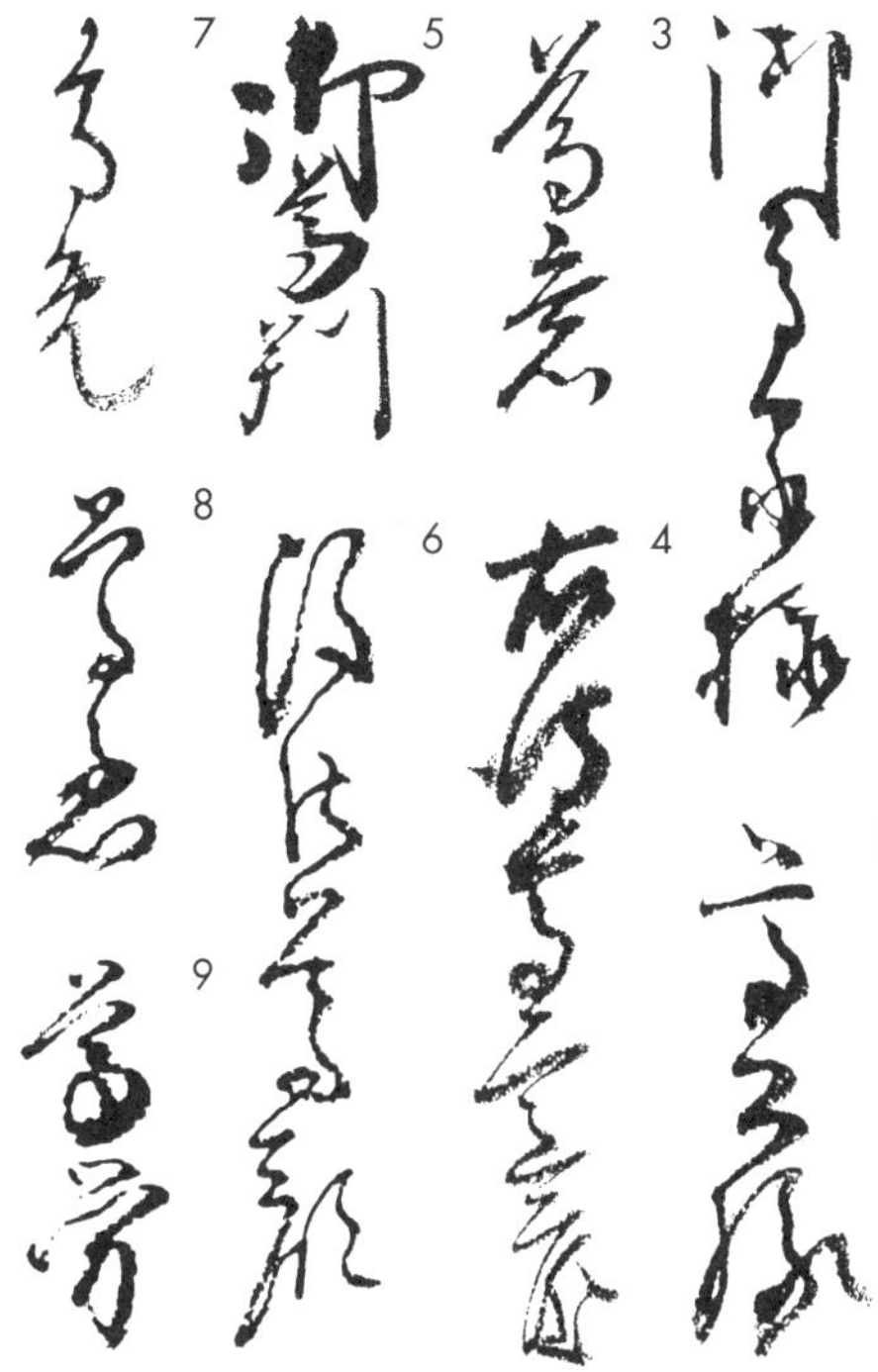

1 御尊家様《ごそんかさま》　2 尊公様《そんこうさま》　3 尊意《そんい》　4 右得二尊意一度《みぎそんいをえたく》　5 御尊判《ごそんぱん》
6 得二御尊顔一《ごそんがんをえ》　7 尊免《そんめん》　8 尊慮《そんりょ》　9 尊労《そんろう》

336 ［尚］ 3016

ショウ
ひさしい
なお

◎基本的に書状に頻出する語であり、特に「尚々」（追伸の意）は、くずしが激しくなると用例6のようにまでなるので注意する。

【用例】

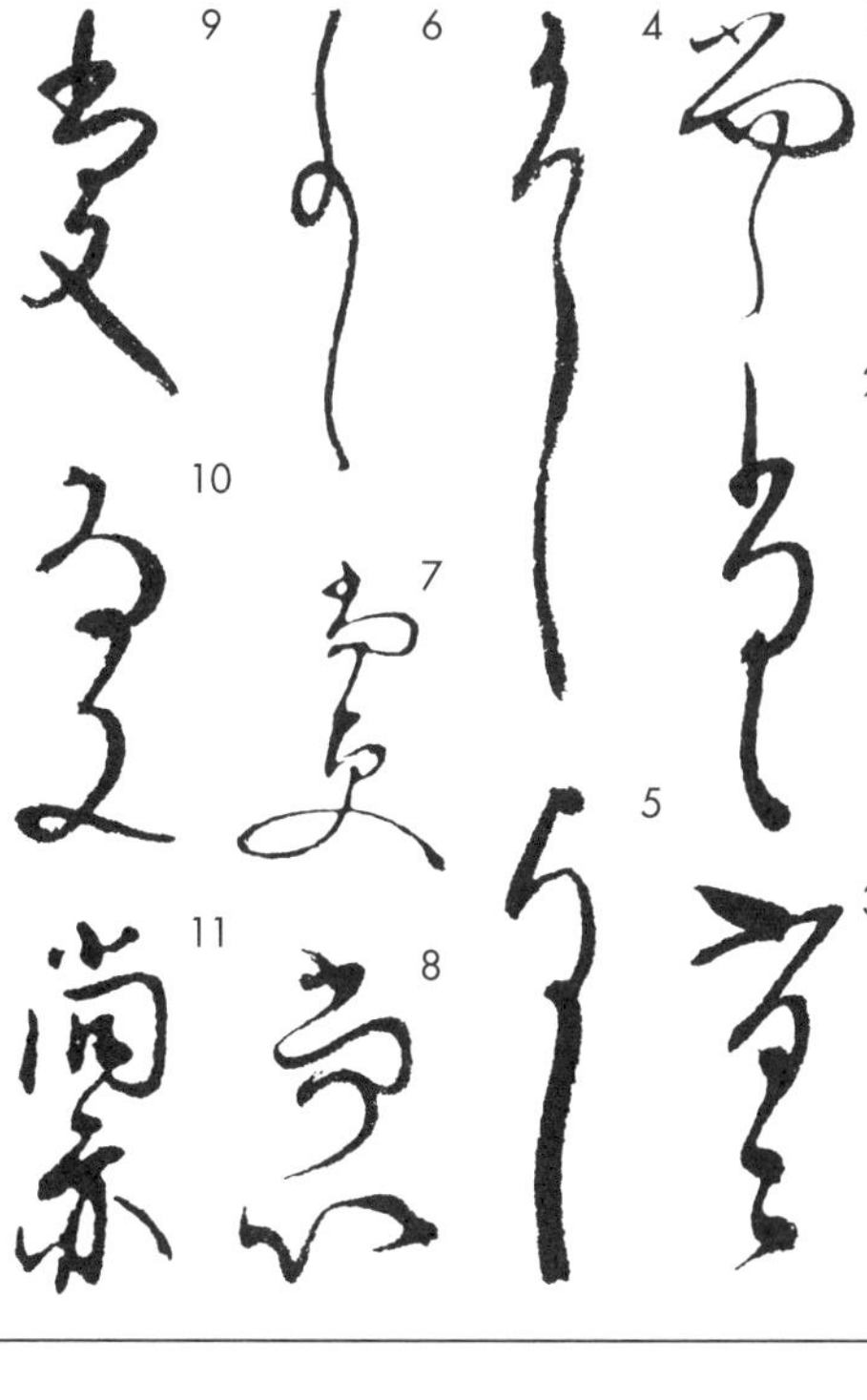

1～6 尚々《なおなお》　7 尚更《なおさら》　8 尚以《なおもって》　9・10 尚又《なおまた》　11 尚亦《なおまた》

337

尤

4464

ユウ

もっとも

◎二画目の左払いが短く記され、平仮名の「む」のようなくずしになる。単漢字2・3番目が基本形。ここでは「御尤」を覚えたい。

【用例】

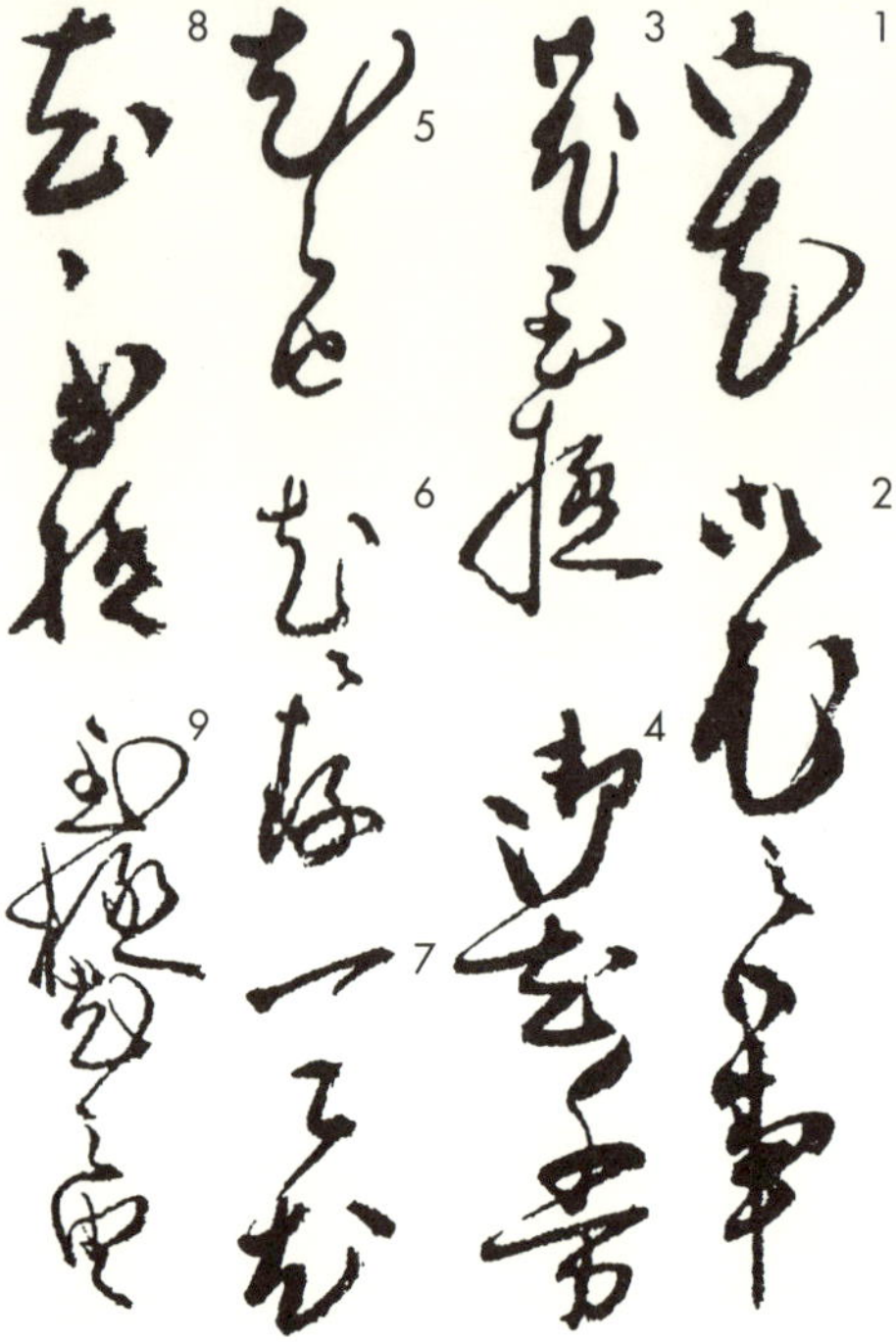

1 御尤《ごもっとも》 2 御尤之御事《ごもっとものおんこと》 3 御尤至極《ごもっともしごく》 4 御尤千万《ごもっともせんばん》 5 尤之由《もっとものよし》

6 尤ニ存《もっともにぞんじ》 7 一々尤《いちいちもっとも》 8 尤至極《もっともしごく》 9 至極尤之由《しごくもっとものよし》

338

就

2902

シュウ

シュ／つく

ついては

◎旁は17頁「京」とは全く異なり144頁「朝」と似たくずしとなる。また「尤」も単漢字4・5番目のようになるので注意。「就而者」が頻出。

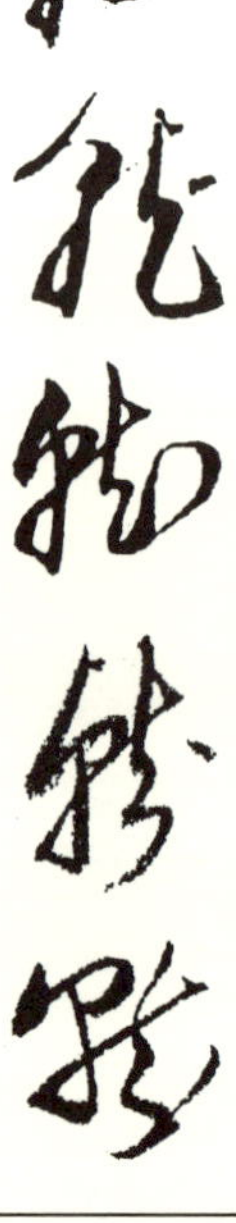

【用例】

1 就而者《ついては》 2 就而ハ《ついては》 3 就中《なかんずく》 4 就レ右《みぎにつき》 5 就レ夫《それにつき》 6 就レ其《それにつき》

7 就二御用一《ごようにつき》 8 就レ令二皆済《かいさいせしむにつき》 9 成就《じょうじゅ》 10 普請成就ニ付《ふしんじょうじゅにつき》

339 尽（盡）

3152
6624

ジン
つくす
ことごとく

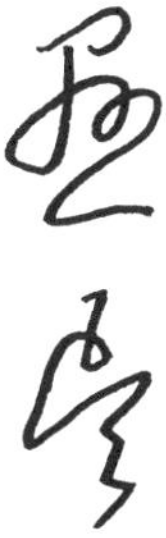

◎旧字「盡」のくずしは形を覚えてしまわないと判読は難しい（31頁「儘」参照）。「無尽」（江戸時代の庶民金融の一つ）が頻出する語句。

【用例】

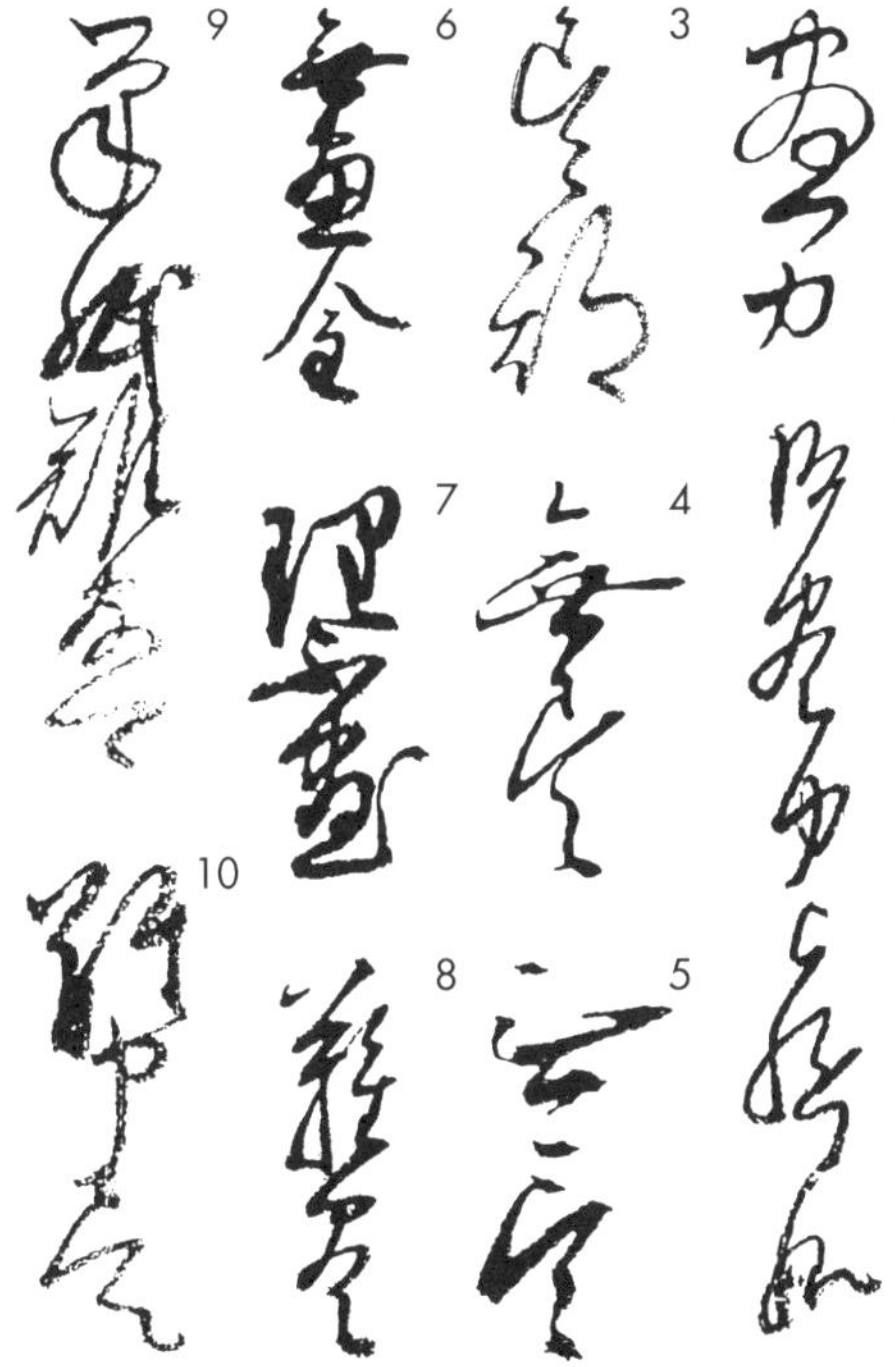

1 盡力《じんりょく》　2 御尽力被レ遊候様《ごじんりょくあそばされそうろうよう》　3 尽期《じんご》　4・5 無尽《むじん》　6 無盡金《むじんきん》　7 理不盡《りふじん》　8 難レ尽《つくしがたく》　9 筆紙難レ盡候《ひっしにつくしがたくそうろう》　10 難二申尽一《もうしつくしがたく》

340 居

2179

キョ／いる
おる
すえ

◎頻出の重要語であり、特に用例5・26の「すえ」および用例15以降の「〜おり」という言い回しは確実に覚えておきたい。

【用例】

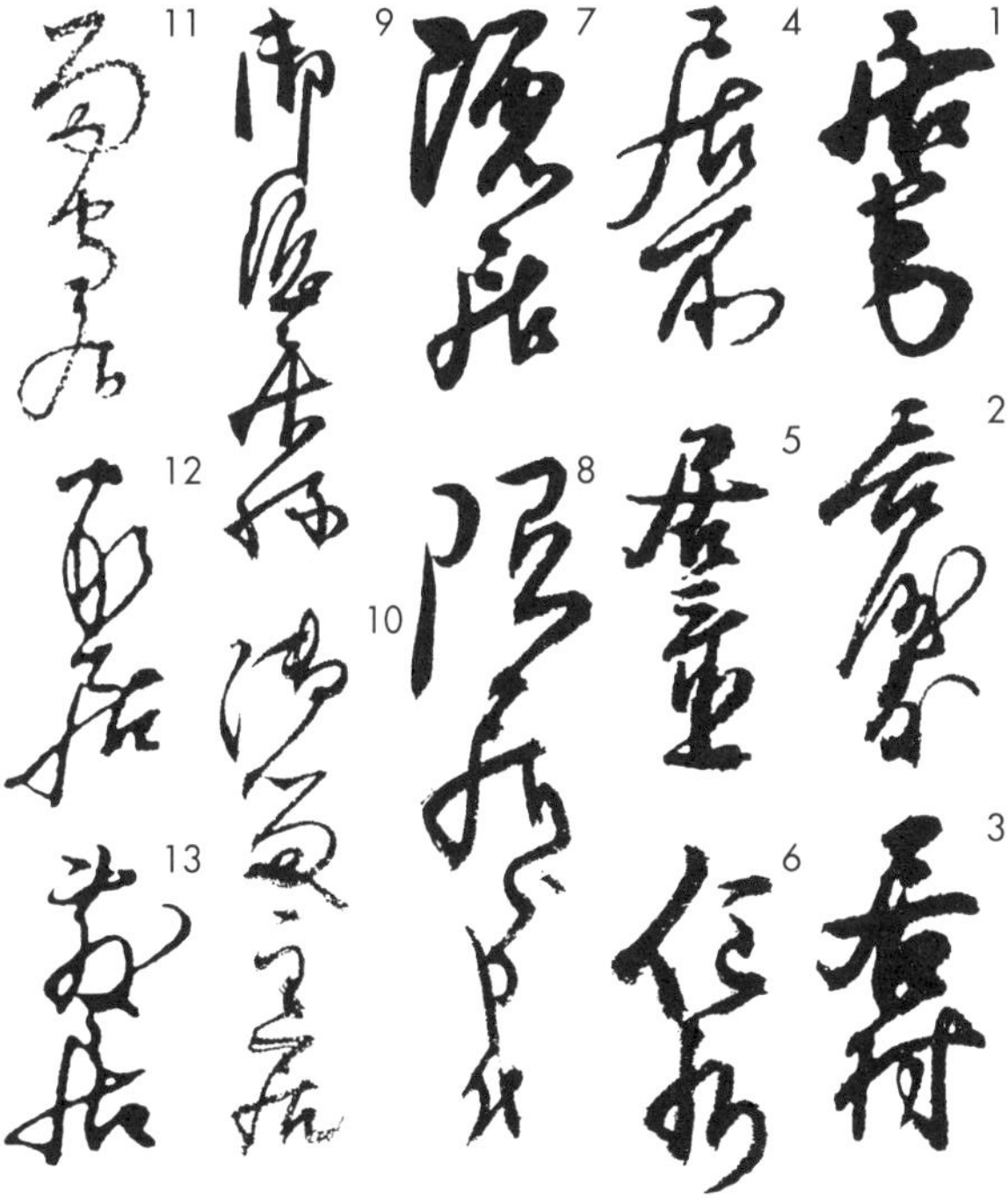

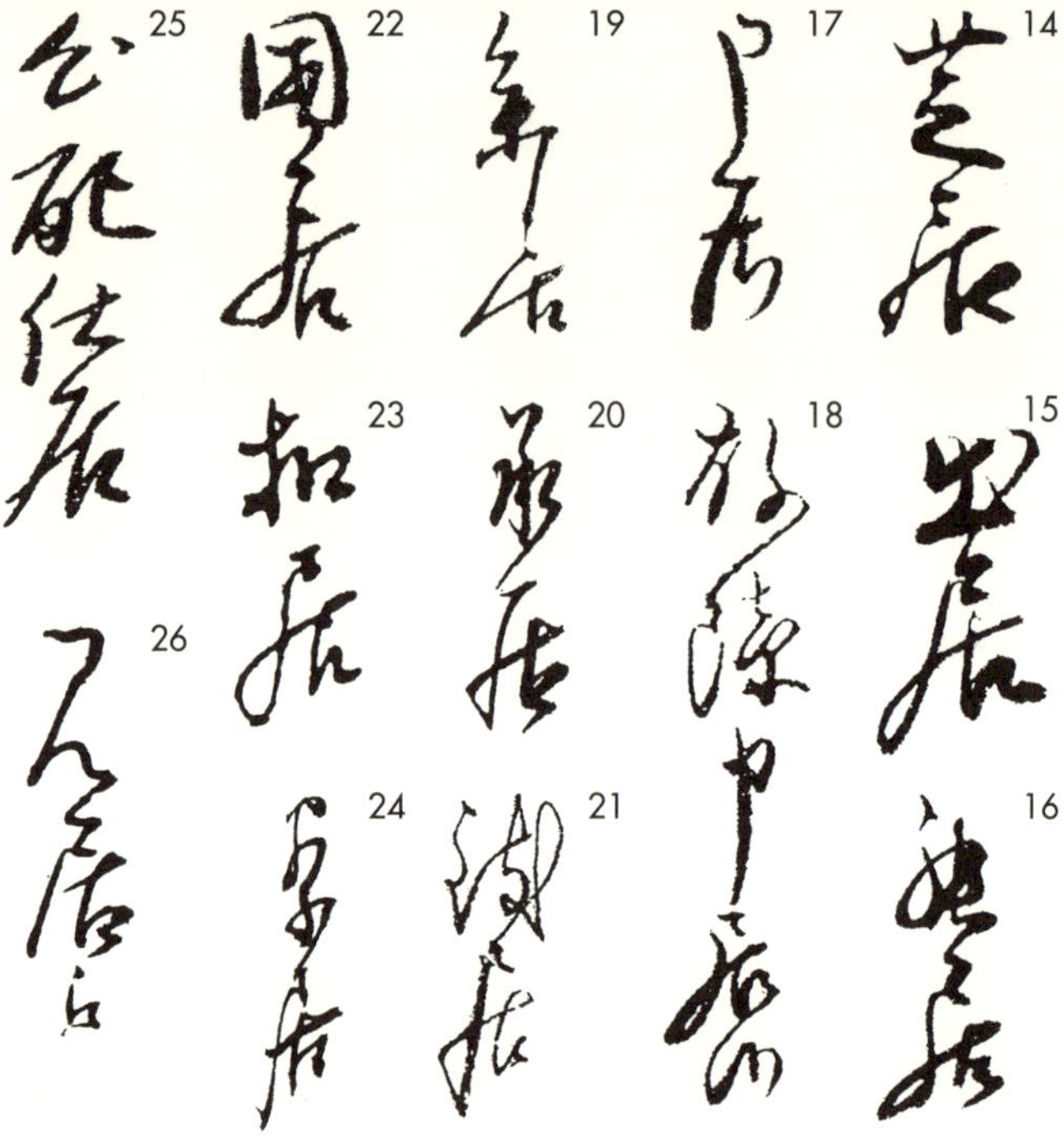

1 居宅《きょたく》 2 居屋敷《いやしき》 3 居村《いむら》 4 居所《きょしょ》《いどころ》 5 居置《すえおく》 6 住居《じゅうきょ》 7 隠居《いんきょ》
8 隠居被二申付一《いんきょもうしつけられ》 9 御隠居様《ごいんきょさま》 10 御留主居《おるすい》 11 留守居《るすい》 12 家居《いえい》
13 敷居《しきい》 14 芝居《しばい》 15 出居《いでおり》《でい》 16 罷居《まかりおり》 17 申居《もうしおり》 18 故障申居候《こしょうもうしおりそうろう》
19 参居《まいりおり》 20 承居《うけたまわりおり》 21 致居《いたしおり》 22 困リ居《こまりおり》 23 扣居《ひかえおり》 24 察居《さっしおり》
25 心配仕居《しんぱいつかまつりおり》 26 見居江《みすえ》

341 ［州］ 2903

シュウ
ス
くに

◎旧国名を示す用例5～7の形が頻出。くずしは多様だが、単漢字3～5番目と7・10番目は必ず覚えてほしい（異体字一覧参照）。

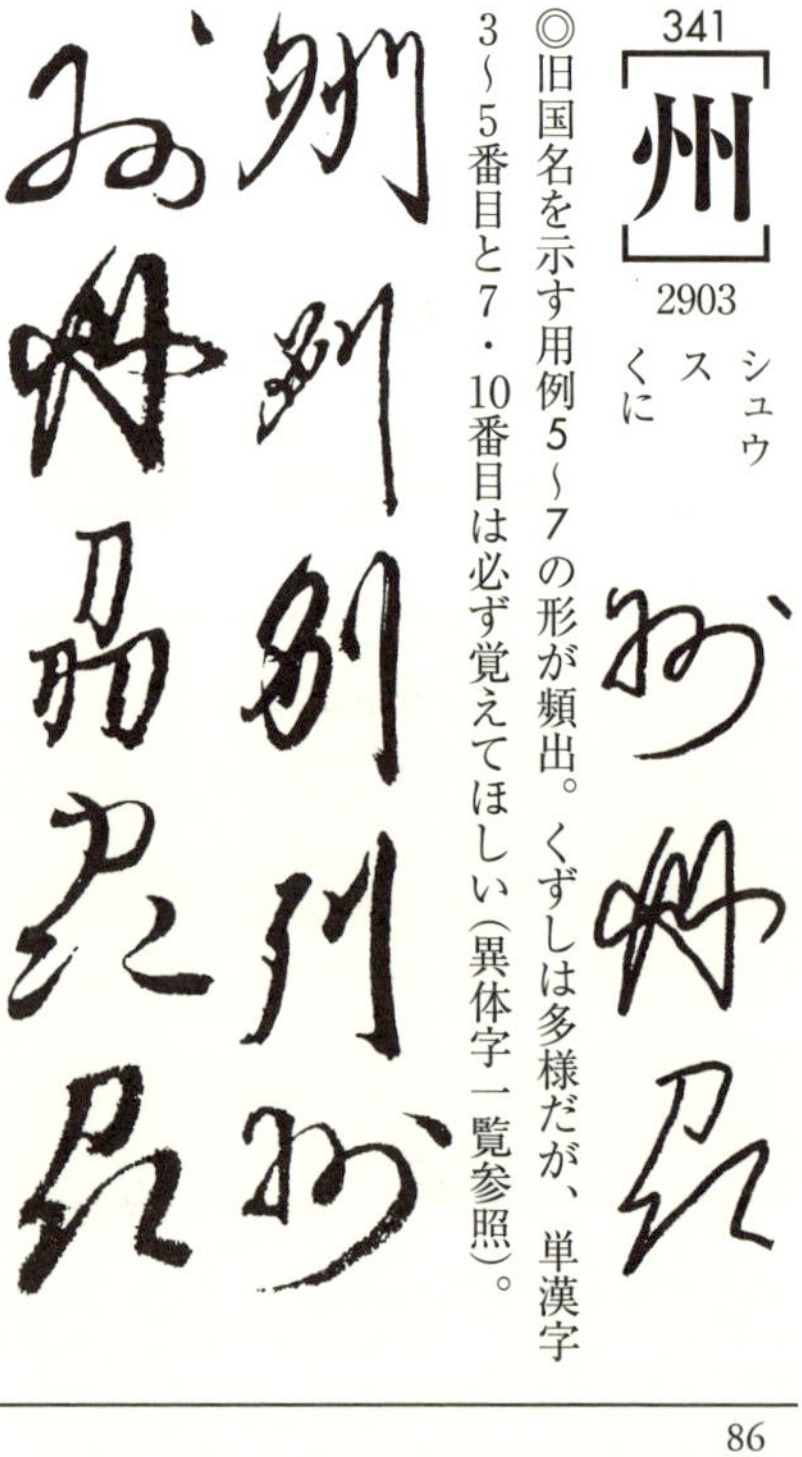

【用例】

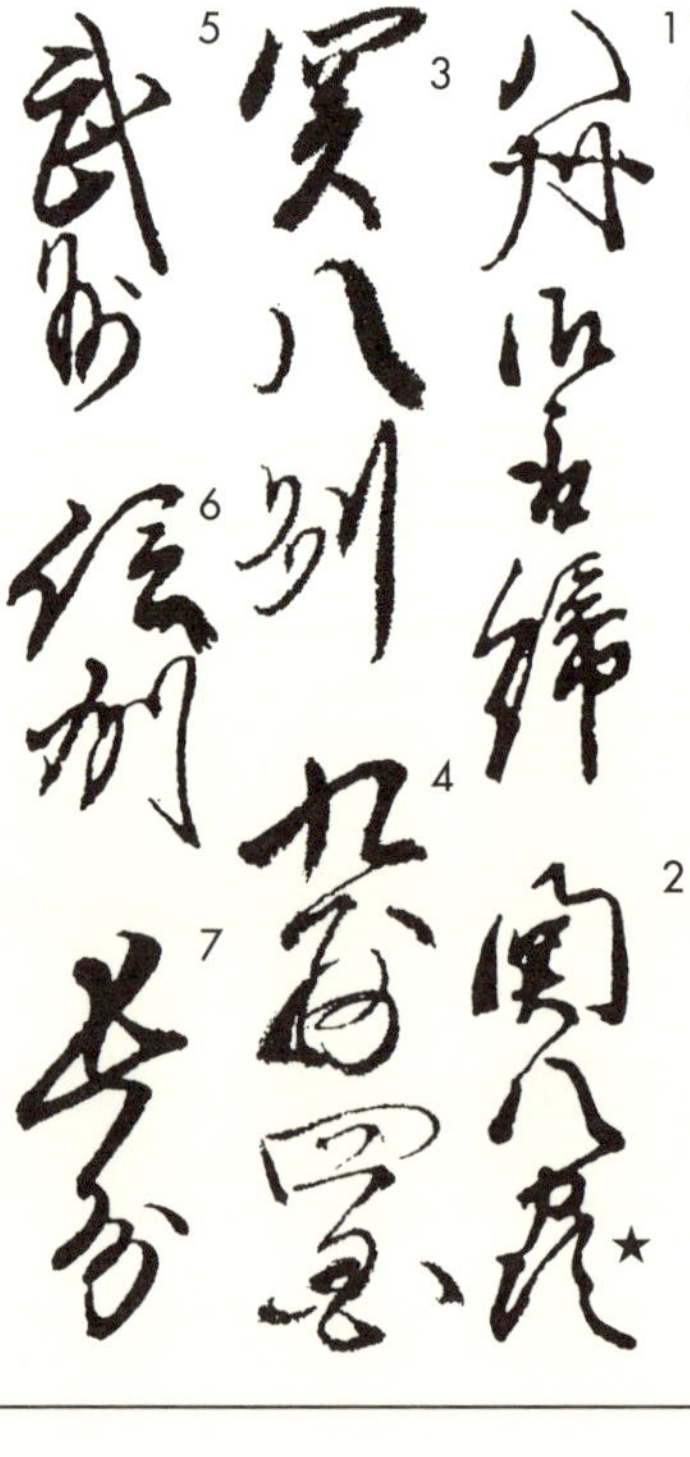

1 八州御取締《はっしゅうおとりしまり》 2・3 関八州《かんはっしゅう》 4 九州《きゅうしゅう》・四国《しこく》 5 武州《ぶしゅう》 6 信州《しんしゅう》 7 長州《ちょうしゅう》

342 巳 5465

イ／のみ　すでに　やむ

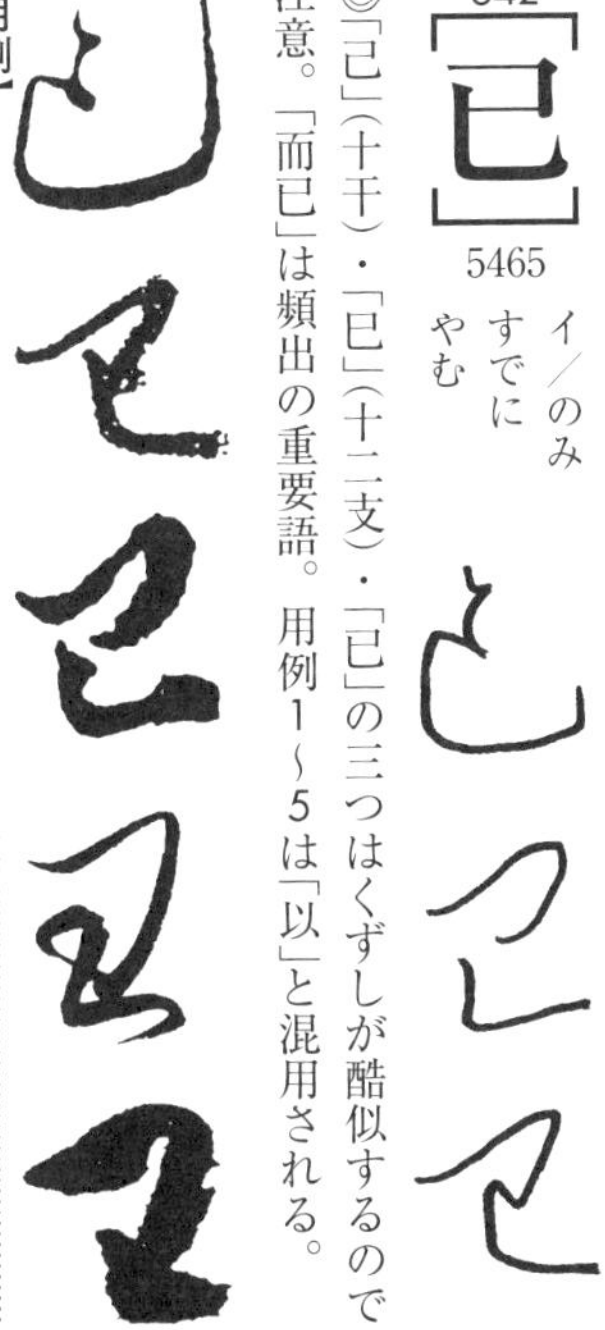

◎「己」（十干）・「巳」（十二支）・「已」の三つはくずしが酷似するので注意。「而已」は頻出の重要語。用例1～5は「以」と混用される。

【用例】

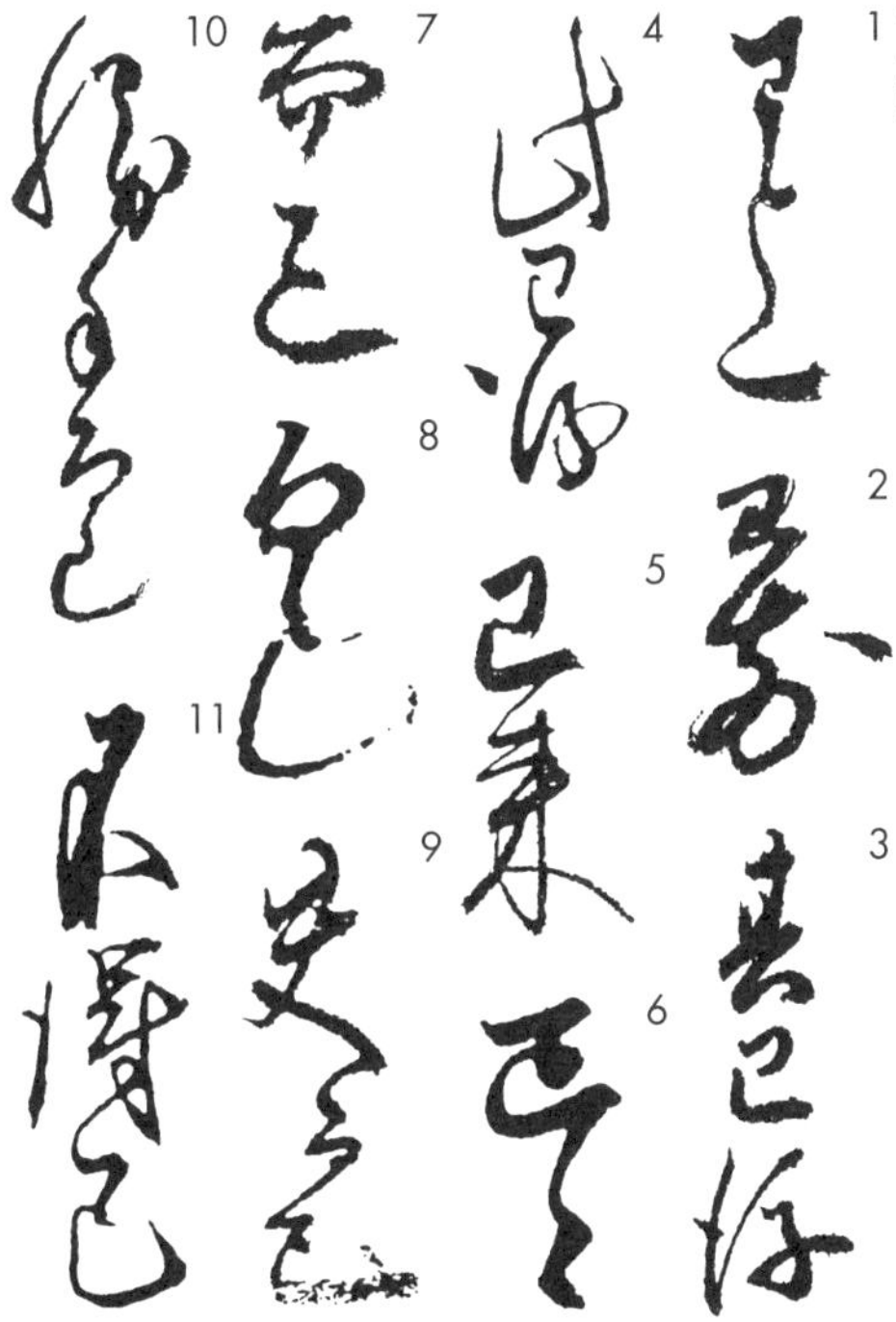

1 已上《いじょう》　2 已前《いぜん》　3 其已後《それいご》　4 此已後《これいご》　5 已来《いらい》　6 已ニ《すでに》　7・8 而已《のみ》　9 夫而已《それのみ》　10 勝手而已《かってのみ》　11 不レ得レ已《やむをえず》

343 市 2752

シ　いち

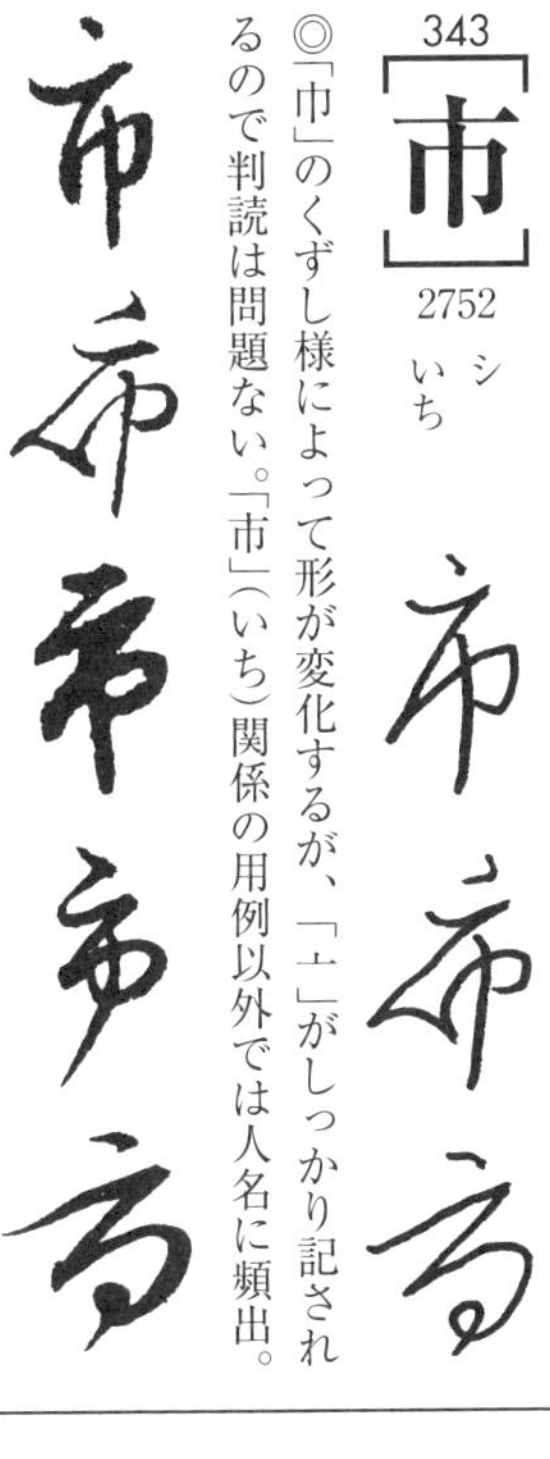

◎「市」のくずし様によって形が変化するが、「亠」がしっかり記されるので判読は問題ない。「市」（いち）関係の用例以外では人名に頻出。

【用例】

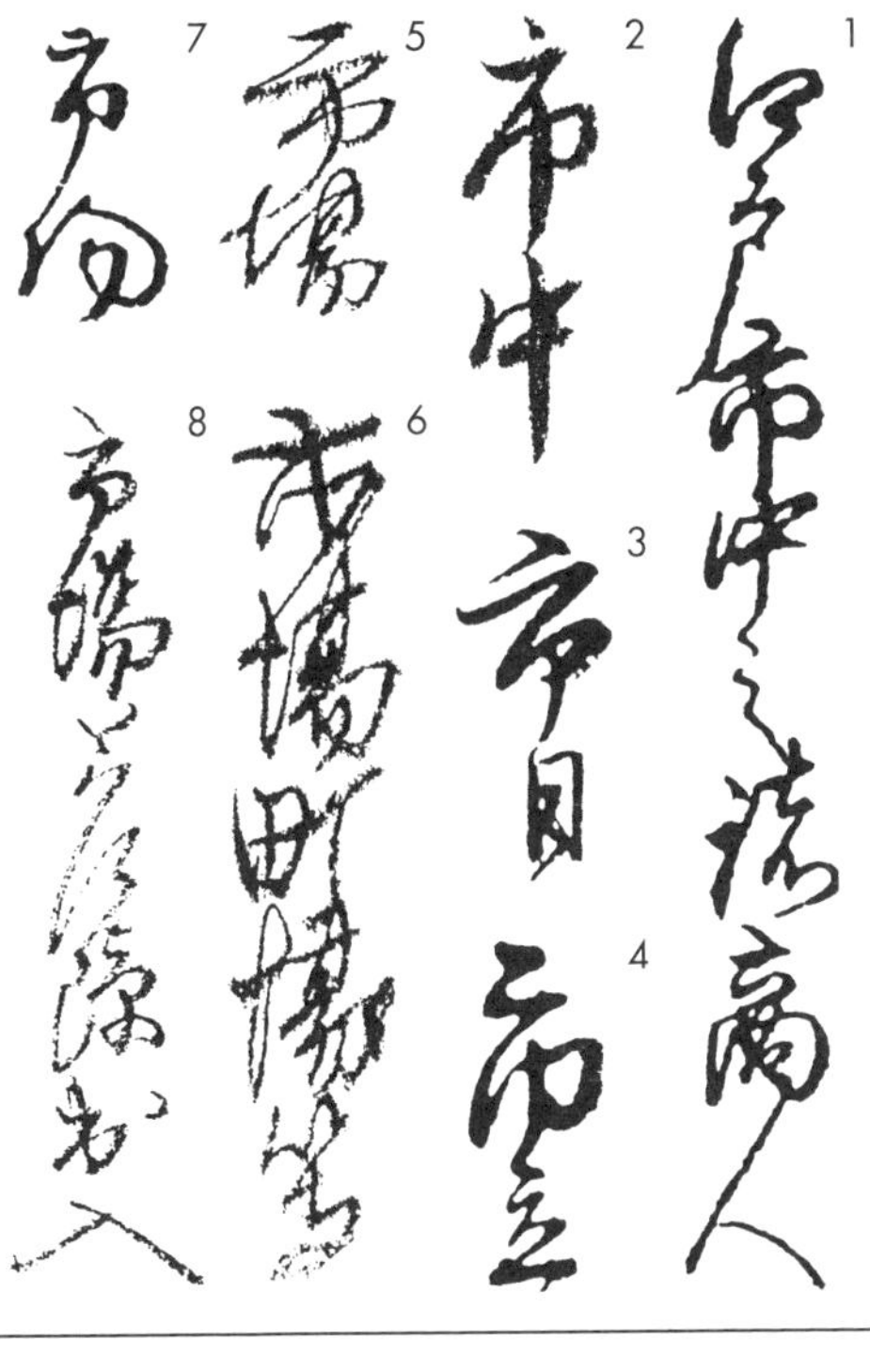

1 江戸市中之諸商人《えどしちゅうのしょしょうにん》　2 市中《しちゅう》　3 市日《いちび》　4 市立《いちだて》　5 市場《いちば》　6 市場《いちば》・町場等《まちばなど》　7 市場《いちば》　8 市場差障出入《いちばさしさわりでいり》

344 帰（歸）

2102
6137

キ
かえる

◎原形のない単漢字3番目のくずしが基本形となるのでぜひ覚えたい。「婦」（未収録）の旁も同じくずしになる。「帰村」「罷帰」が頻出。

【用例】

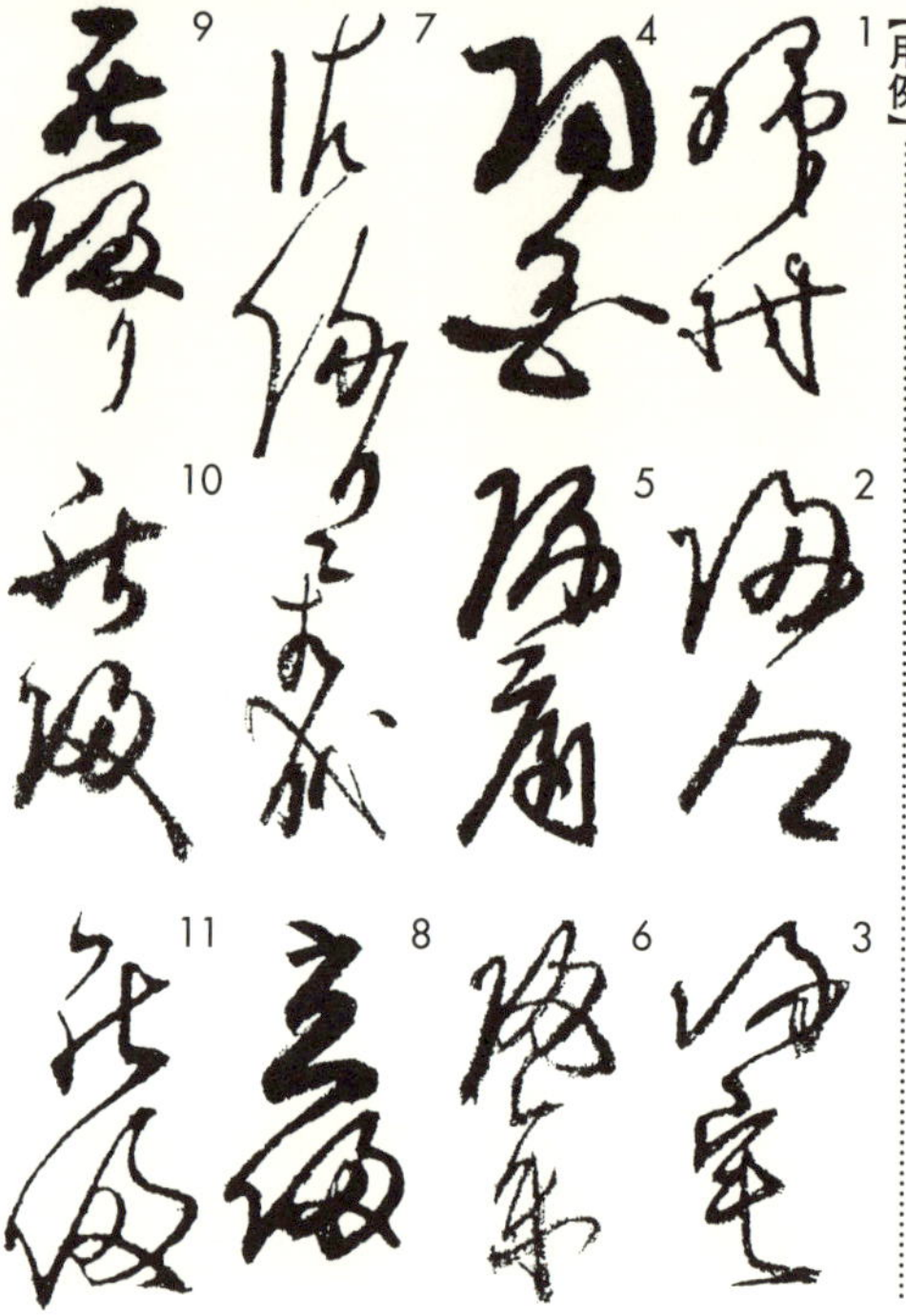

1 帰村《きそん》　2 帰郷《ききょう》　3 帰宅《きたく》　4 帰国《きこく》　5 帰府《きふ》　6 帰参《きさん》

7 御帰リニ相成《おかえりにあいなり》　8 立帰《たちかえり》　9 罷帰《まかりかえり》リ　10・11 罷帰《まかりかえる》

345 常

3079

ジョウ
つね
とこ

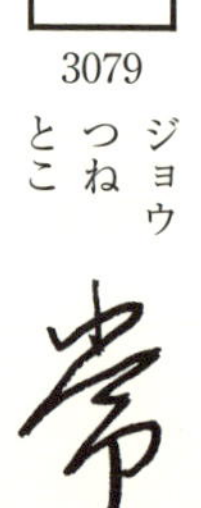

◎単漢字3～5番目の特殊なくずしは、覚えていないと絶対に判読できないので必ず覚えておきたい。「常々」「非常」が重要である。

【用例】

1 常々《つねづね》　2 常々心《つねづねこころ》を付《つけ》　3 常々心掛《つねづねこころがけ》致《いたし》二吟味《ぎんみ》一　4 如《ごとし》レ常《つねの》　5 常躰《じょうたい》

6 平常《へいじょう》　7 非常《ひじょう》　8 非常之節者《ひじょうのせつは》

346 帳 3602

チョウ
とばり

◎「～帳」という形で頻出する重要語であり、特に帳簿（竪帳・横帳）の表紙に頻出。「巾」は「忄」のようにくずされる。「長」は251頁を参照。

【用例】

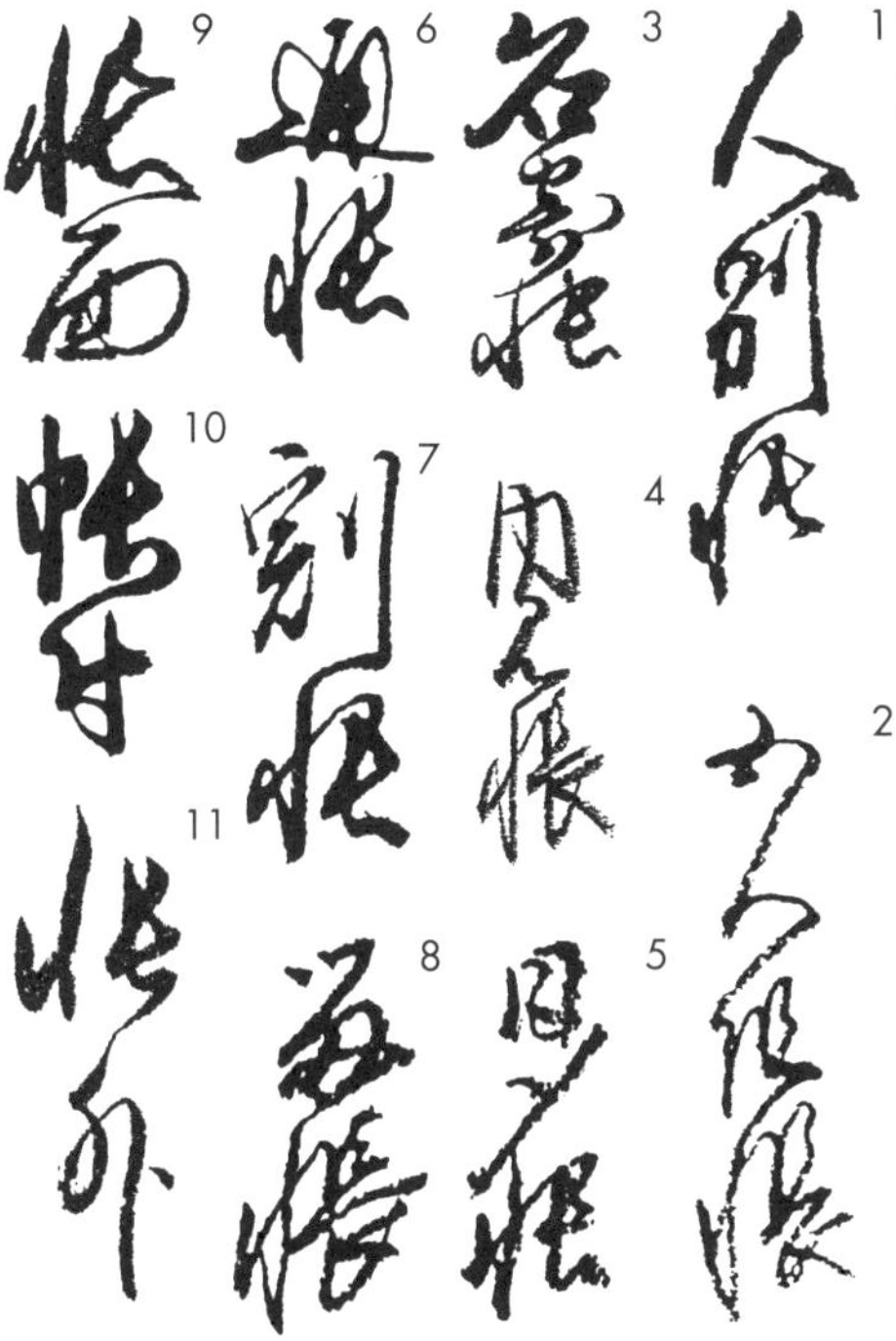

1 人別帳《にんべつちょう》　2 五人組帳《ごにんぐみちょう》　3 名寄帳《なよせちょう》　4 内見帳《ないみちょう ないけんちょう》　5 日〆帳《ひじめちょう》　6 通帳《つうちょう かよいちょう》　7 割帳《わりちょう》　8 留帳《とめちょう》　9 帳面《ちょうめん》　10 帳付《ちょうづけ》　11 帳外《ちょうはずれ ちょうがい》

347 平 4231

ヘイ
ビョウ
たいら・ひら

◎四画目の横棒が縦棒からくるっと巻いて最後に記される単漢字4・5番目のくずしに注意したい。223頁「評」も参照。人名にも頻出する。

【用例】

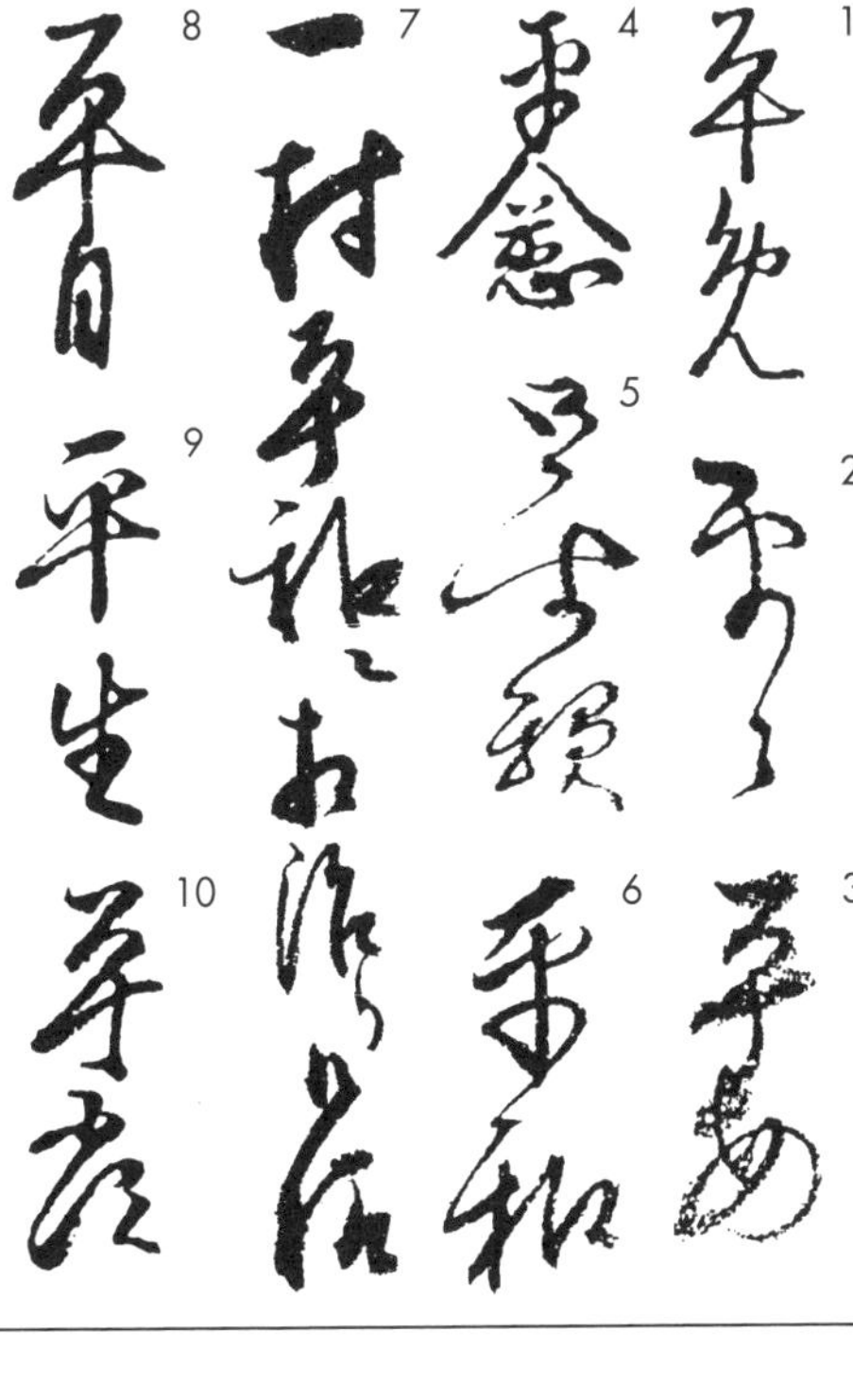

1 平免《ならしめん》　2 平ニ《ひらに》　3 平安《へいあん》　4 平愈《へいゆ》（※「癒」の誤記）　5 御平穏《ごへいおん》　6 平和《へいわ》　7 一村平和ニ相治リ候様《いっそんへいわにあいおさまりそうろうよう》　8 平日《へいじつ》　9 平生《へいぜい》　10 平常《へいじょう》

348 幾

2086

キ
いく

◎省画されて「義」のようにもなるが、前後から判断すれば問題ない。「幾重二も〜」は決り文句。「幾久（幾久敷）」は書状に頻出する。

【用例】

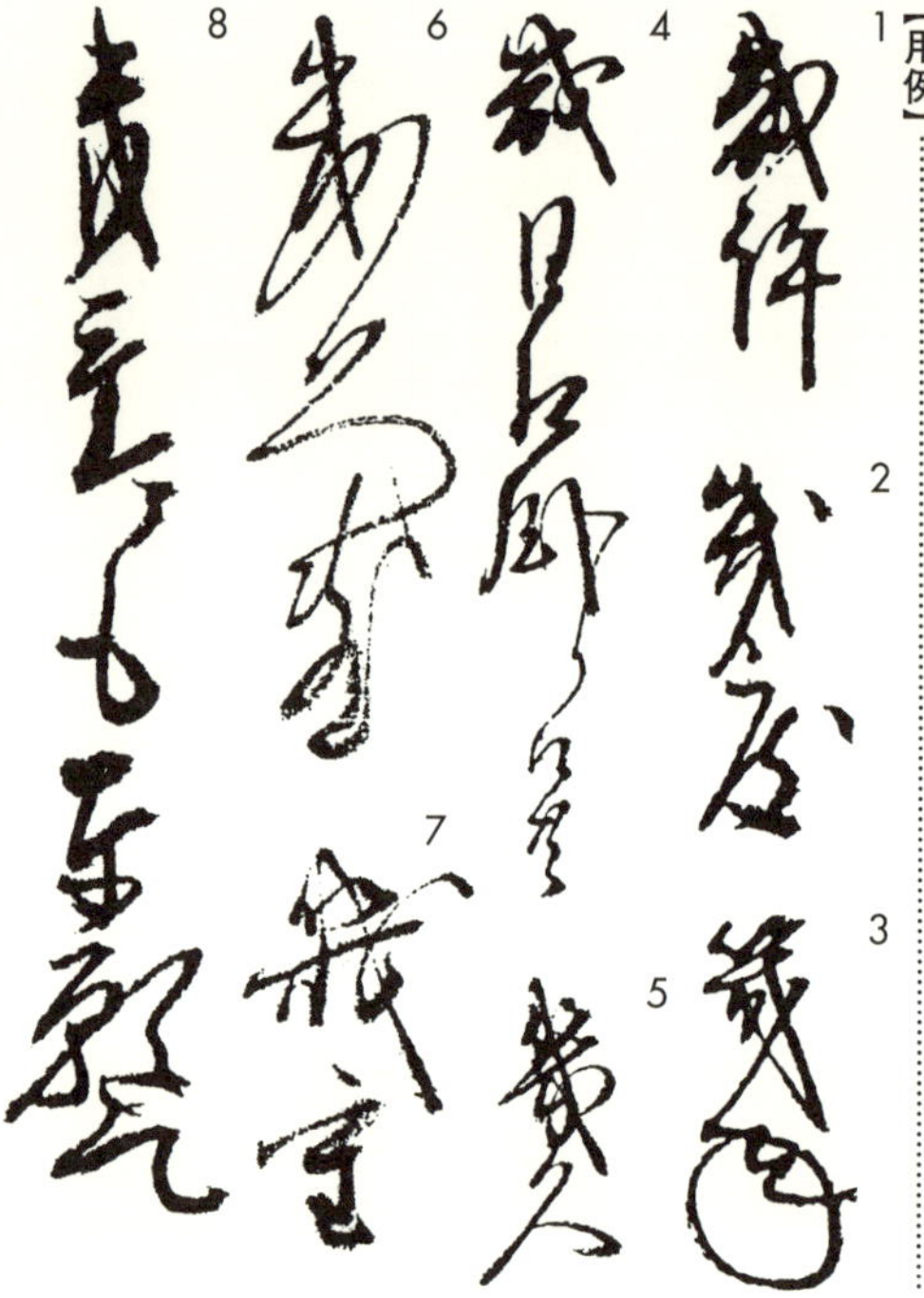

1 幾許《いくばく》　2 幾度《いくど》　3 幾年《いくねん》　4 幾日相掛リ候共《いくにちあいかかりそうろうとも》　5 幾久《いくひさし》　6 幾久敷《いくひさしく》
7 幾重《いくえ》　8 幾重二《いくえに》も 奉二願上一候《ねがいあげたてまつりそうろう》

349 広（廣）

2513
5502

コウ
ひろい

◎旧字「廣」のくずしが基本形。原形をとどめているので判読は容易。「前廣」（以前。前もって。あらかじめの意）は「前廉」（93頁）と同義。

【用例】

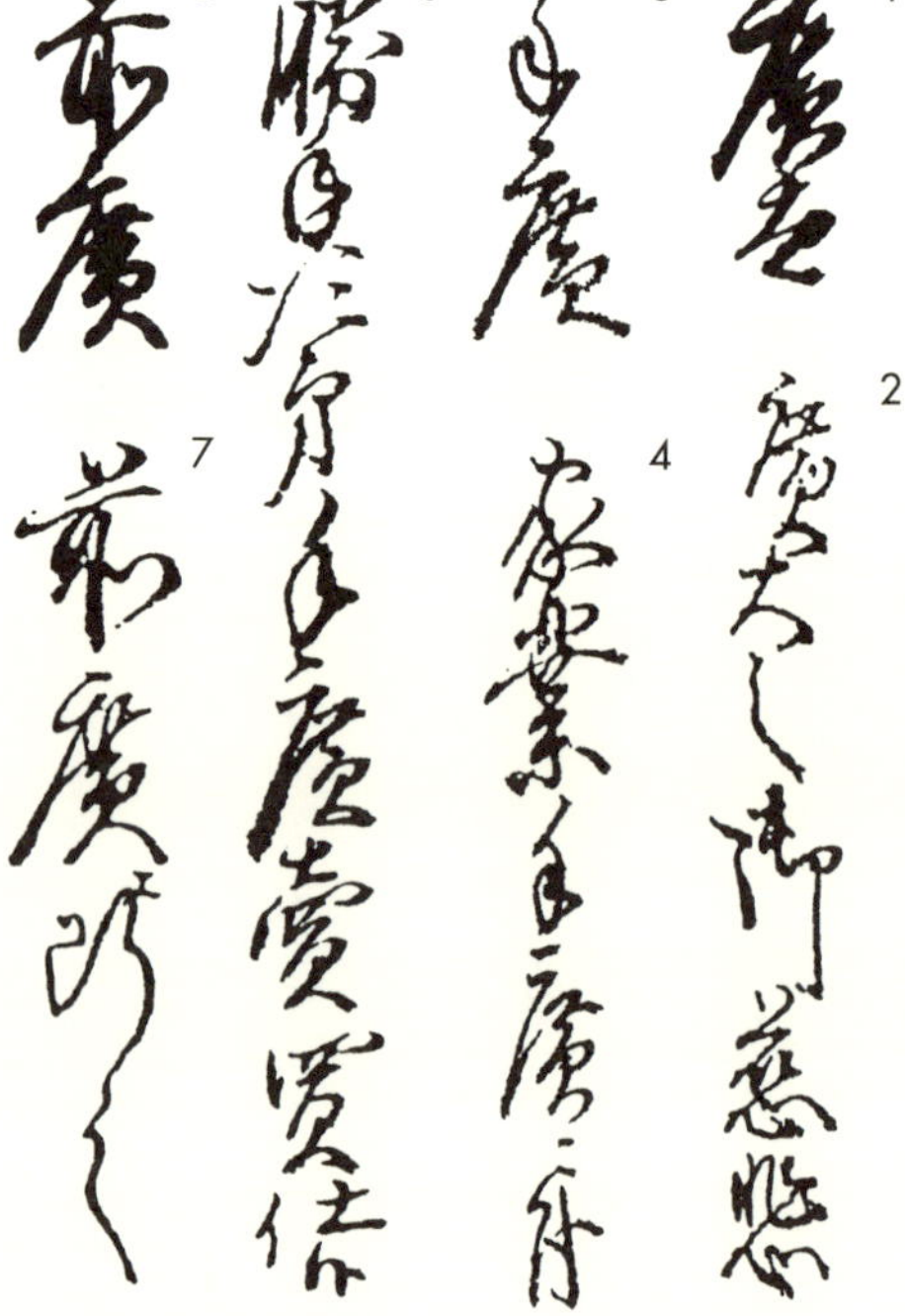

1 廣太《こうだい》　2 廣大之御慈悲《こうだいのごじひ》　3 手廣《てびろ》　4 家業手廣二付《かぎょうてびろにつき》
5 勝手次第手廣賣買仕候《かってしだいてびろばいばいつかまつりそうろう》　6 前廣《まえびろ》　7 前廣二断ㇾ之《まえびろにこれをことわり》

350 庄 3017 ソウ ショウ

◎地名の「〜庄」や人名を除けば「庄屋」以外の用例はないので、「屋」と併せてぜひ覚えたい。「店」(未収録)とも類似するので注意。

【用例】

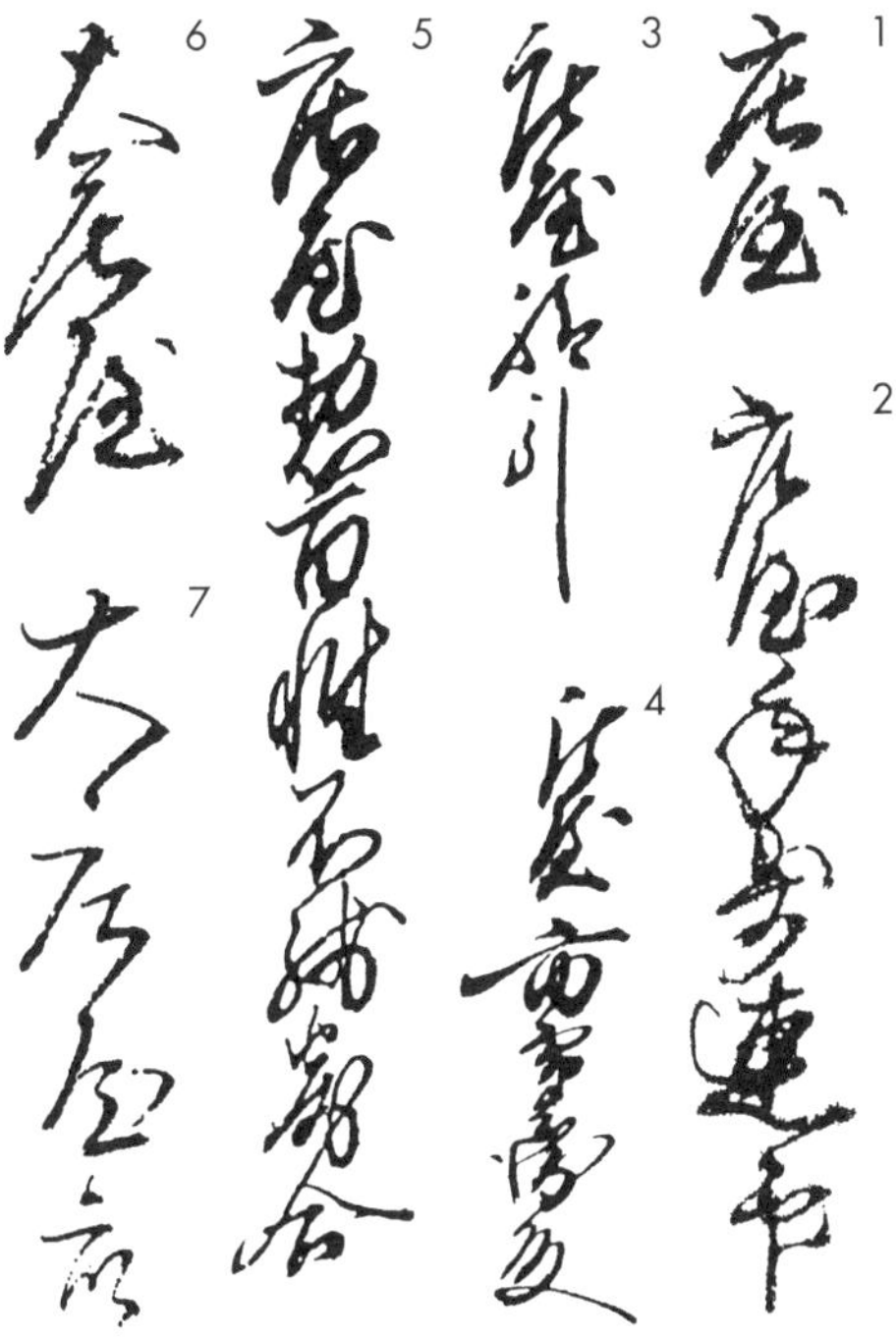

1 庄屋《しょうや》
2 庄屋《しょうや》・年寄連印《としよりれんいん》
3 庄屋給引《しょうやきゅうびき》
4 庄屋市郎兵衛殿《しょうやいちろうべいどの》
5 庄屋《しょうや》・惣百性不レ残寄合《そうびゃくしょうのこらずよりあい》
6 大庄屋《おおじょうや》
7 大庄屋衆《おおじょうやしゅう》

351 序 2988 ジョ ついで

◎ここでは「序」を「ついで」と読む点に注意し、「乍レ序」「序之砌(節・刻など)」をぜひ覚えたい。くずしは「席」(未収録)とも類似する。

【用例】

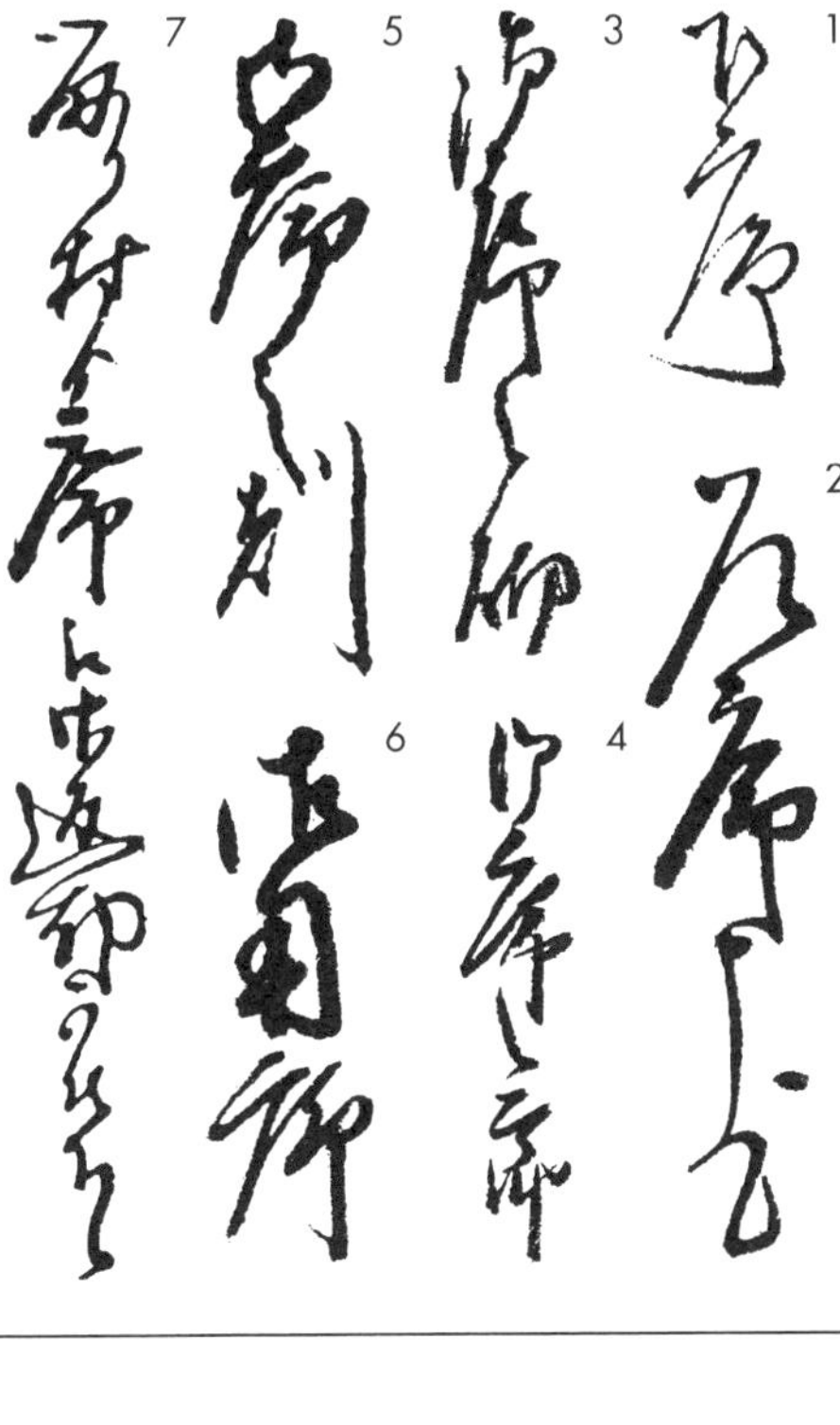

1 乍レ序《ついでながら》
2 乍レ序申上候《ついでながらもうしあげそうろう》
3 御序之砌《おついでのみぎり》
4 御序之節《おついでのせつ》
5 御序之刻《おついでのとき》
6 御用序《ごようついで》
7 留リ村ゟ序江御返却可レ被レ下候《とまりむらよりついでへごへんきゃくくださるべくそうろう》

352 [底] 3676 テイ そこ

◎単漢字2・3番目のような「广」の中に「止」（153頁）を記して下に横棒を引いたくずしに注意。物価に関わる「拂底」は頻出の重要語。

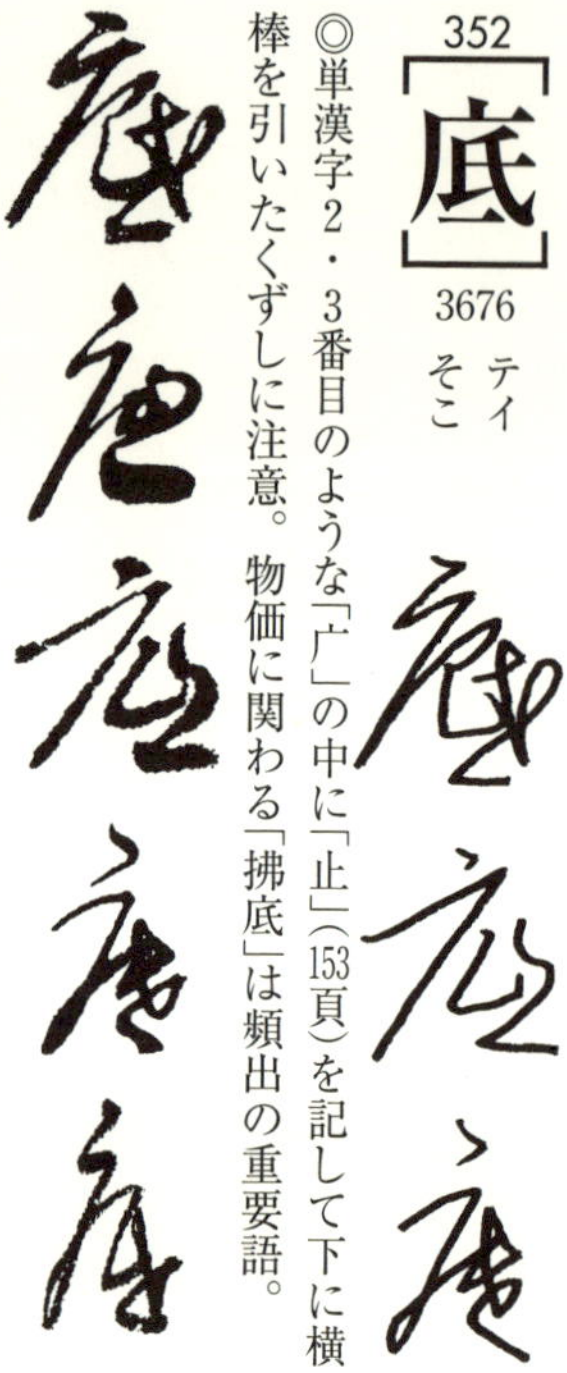

【用例】

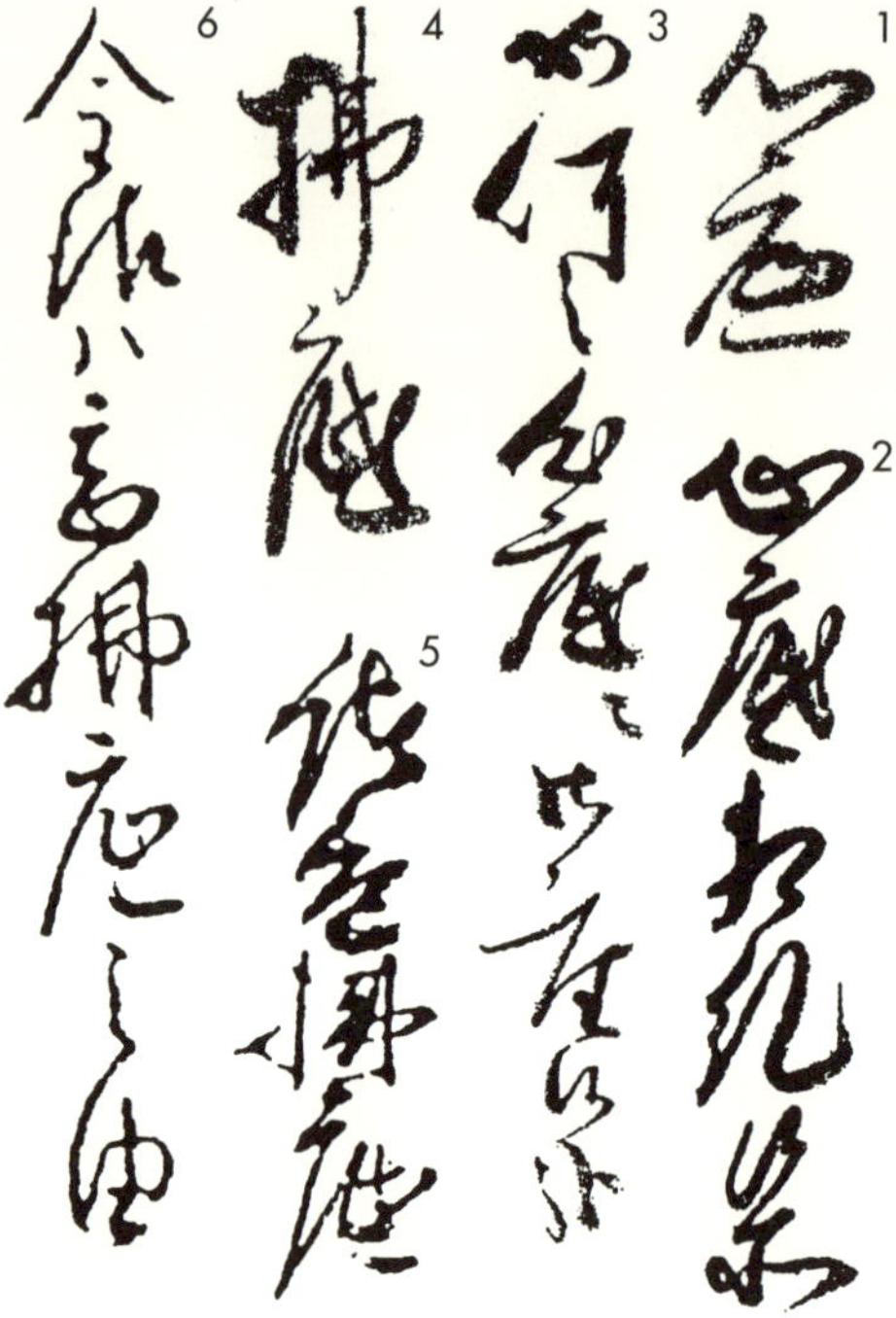

1 心底《しんてい》　2 心底《しんてい》相紏《あいただし》候所《そうろうところ》　3 如何《いかが》之《の》心底《しんてい》ニ《に》御座候哉《ござそうろうや》　4 拂底《ふってい》

5 諸色《しょしき》拂底《ふってい》　6 金銀《きんぎん》ハ《は》 甚《はなはだ》 拂底《ふってい》之由《のよし》

353 [府] 4160 フ

◎くずしは原形をとどめているので判読は容易。「府」は幕府の所在地である江戸を指し、「出府」（地方から江戸へ出ること）が頻出。

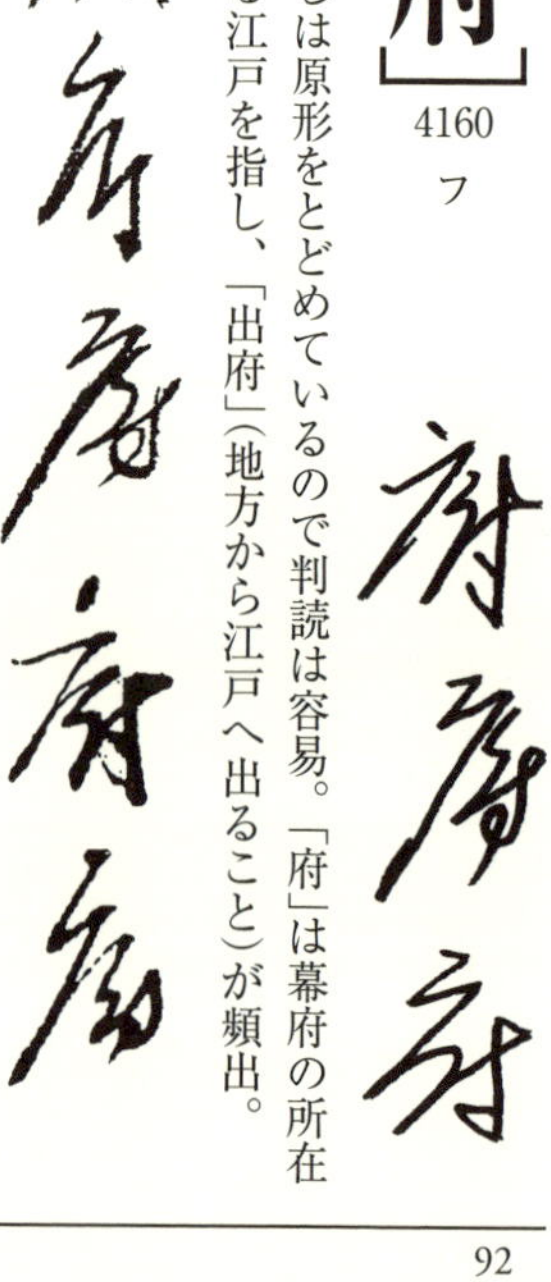

【用例】

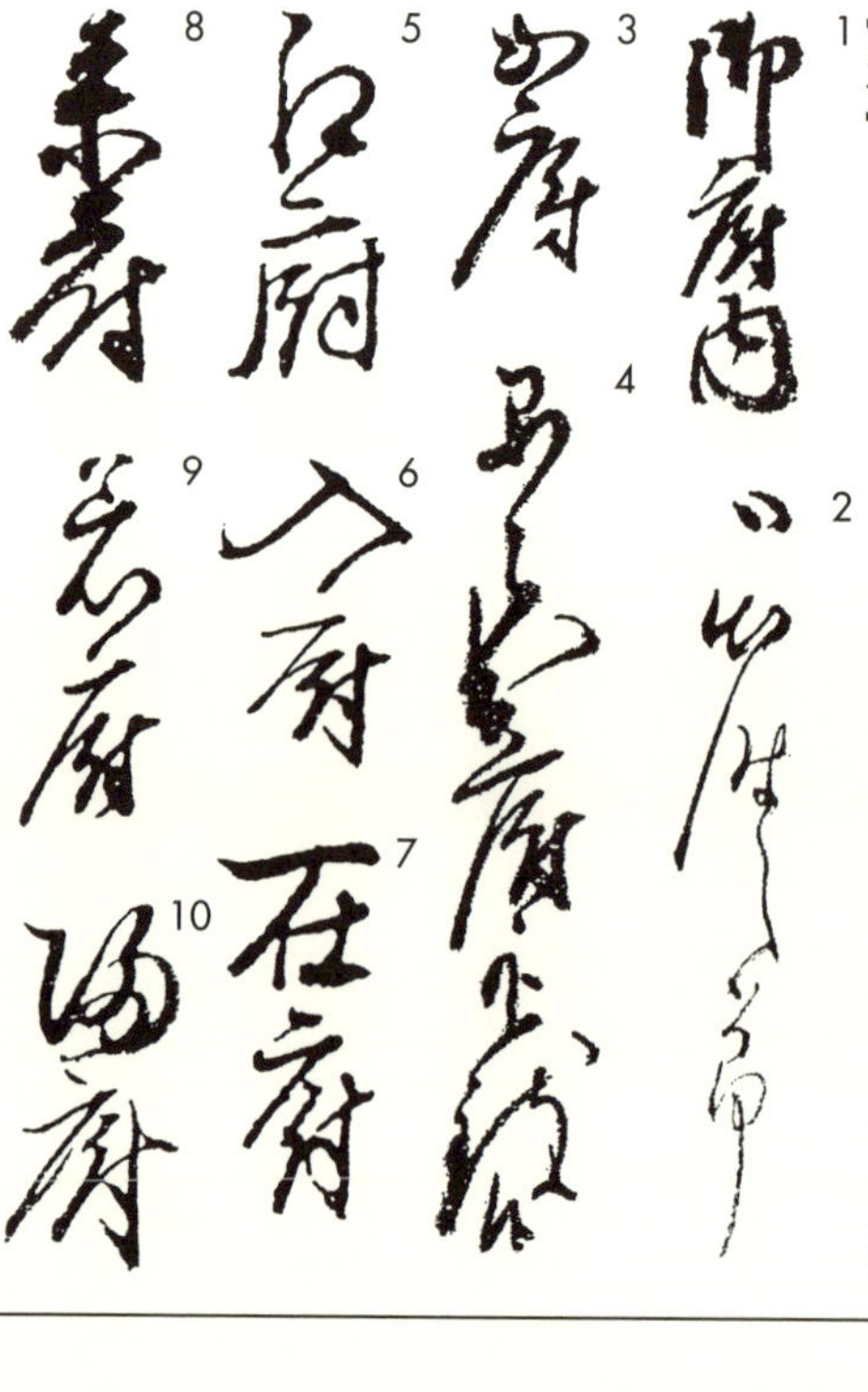

1 御府内《ごふない》　2 御出府之節《ごしゅっぷのせつ》　3 出府《しゅっぷ》　4 早々《そうそう》出府《しゅっぷ》可レ被レ致候《いたさるべくそうろう》

5 江府《こうふ》　6 入府《にゅうふ》　7 在府《ざいふ》　8 参府《さんぷ》　9 着府《ちゃくふ》　10 帰府《きふ》

354 庭 3677

テイ　にわ　ば

◎「壬」を「手」や「千」のように記した単漢字2番目以降のくずしが基本形。「相庭」は「相場」と同義。用例6～8は「底」の誤記である。

【用例】

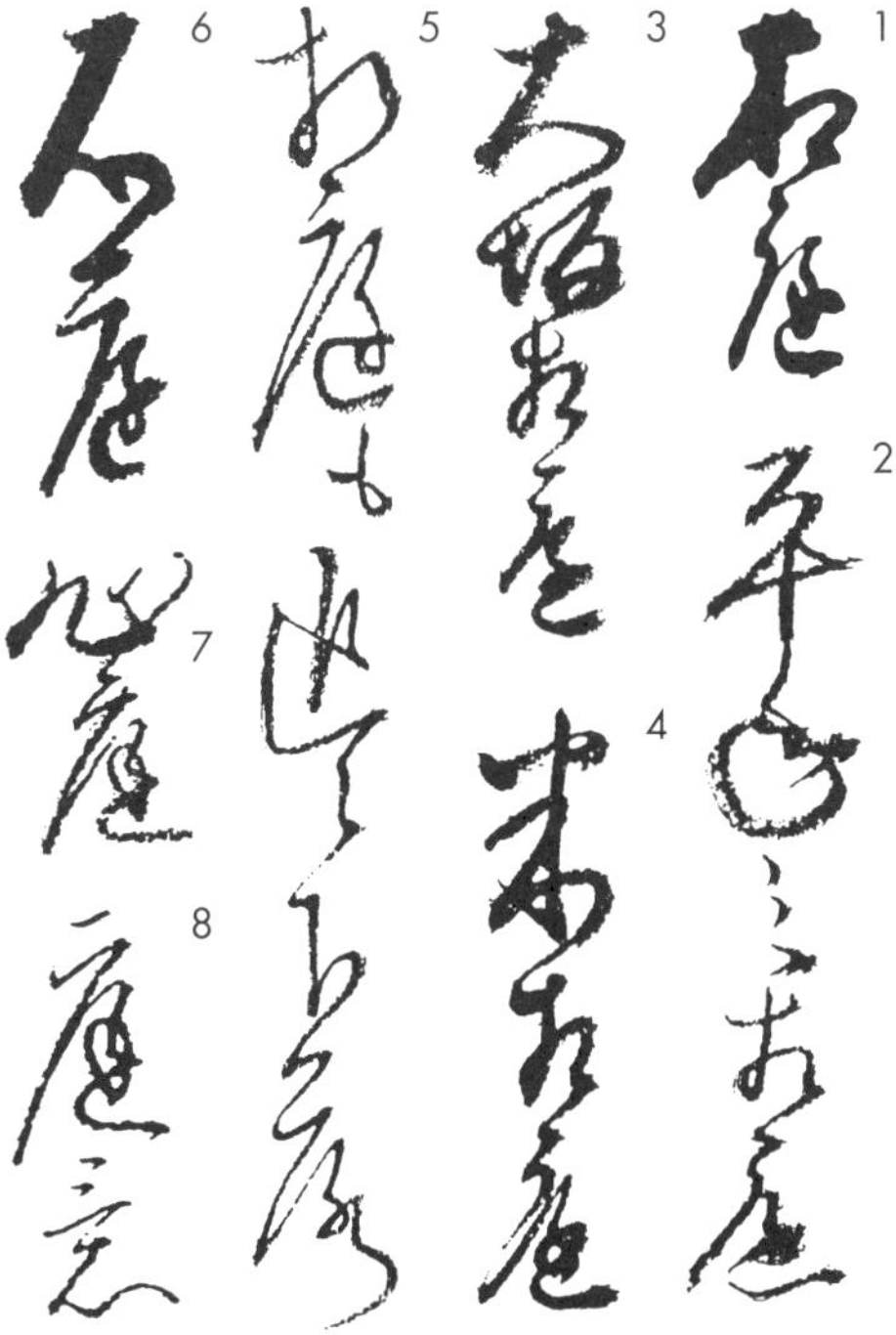

1 相庭《そうば》　2 平年《へいねん》之《の》相庭《そうば》　3 大坂相庭《おおさかそうば》　4 米相庭《こめそうば》　5 相庭《そうば》も追々《おいおい》下落《げらく》　6・7 心庭《しんてい》　8 庭意《ていい》

355 廉 4687

レン　かど

◎単漢字3～5番目の「兼」がくずれた形に注意。ここでは「～之廉（廉々）」という言い回しをぜひ覚えたい。「別廉」は特別の意。

【用例】

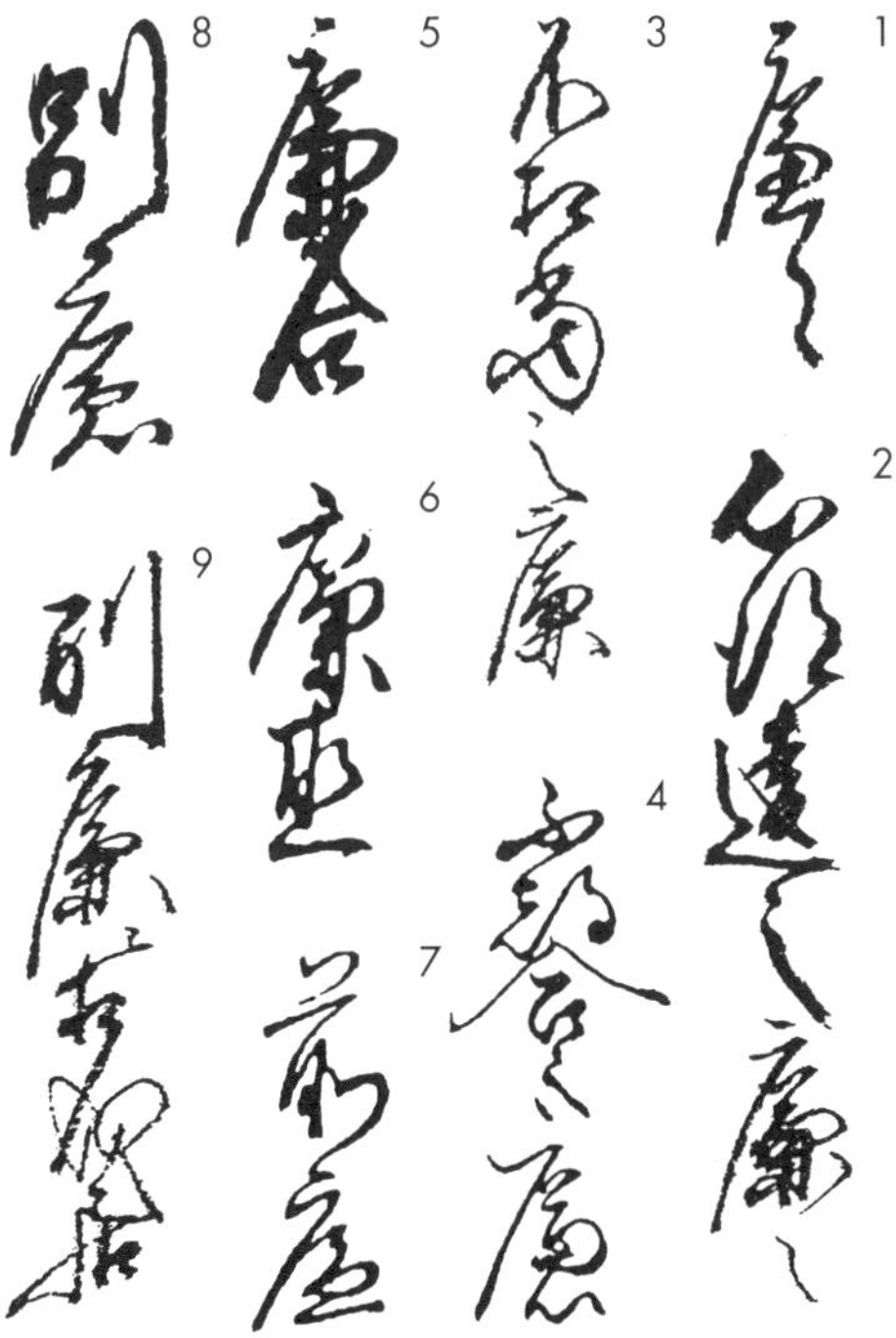

1 廉々《かどかど》　2 心得違《こころえちがい》之《の》廉々《かどかど》　3 不相当《ふそうとう》之《の》廉《かど》　4 不都合《ふつごう》之《の》廉《かど》　5 廉合《かどあい》　6 廉直《れんちょく》　7 前廉《まえかど》　8 別廉《べつかど》　9 別廉《べつかど》ニ《に》相成居《あいなりおり》

356 延 1768

エン　のびる　のべ

◎旁が「正」（154頁）と同じくずしになる。単漢字5・6番目の「廴」のくずしに注意。「延引」「日延」が頻出するのでぜひ覚えたい。

【用例】

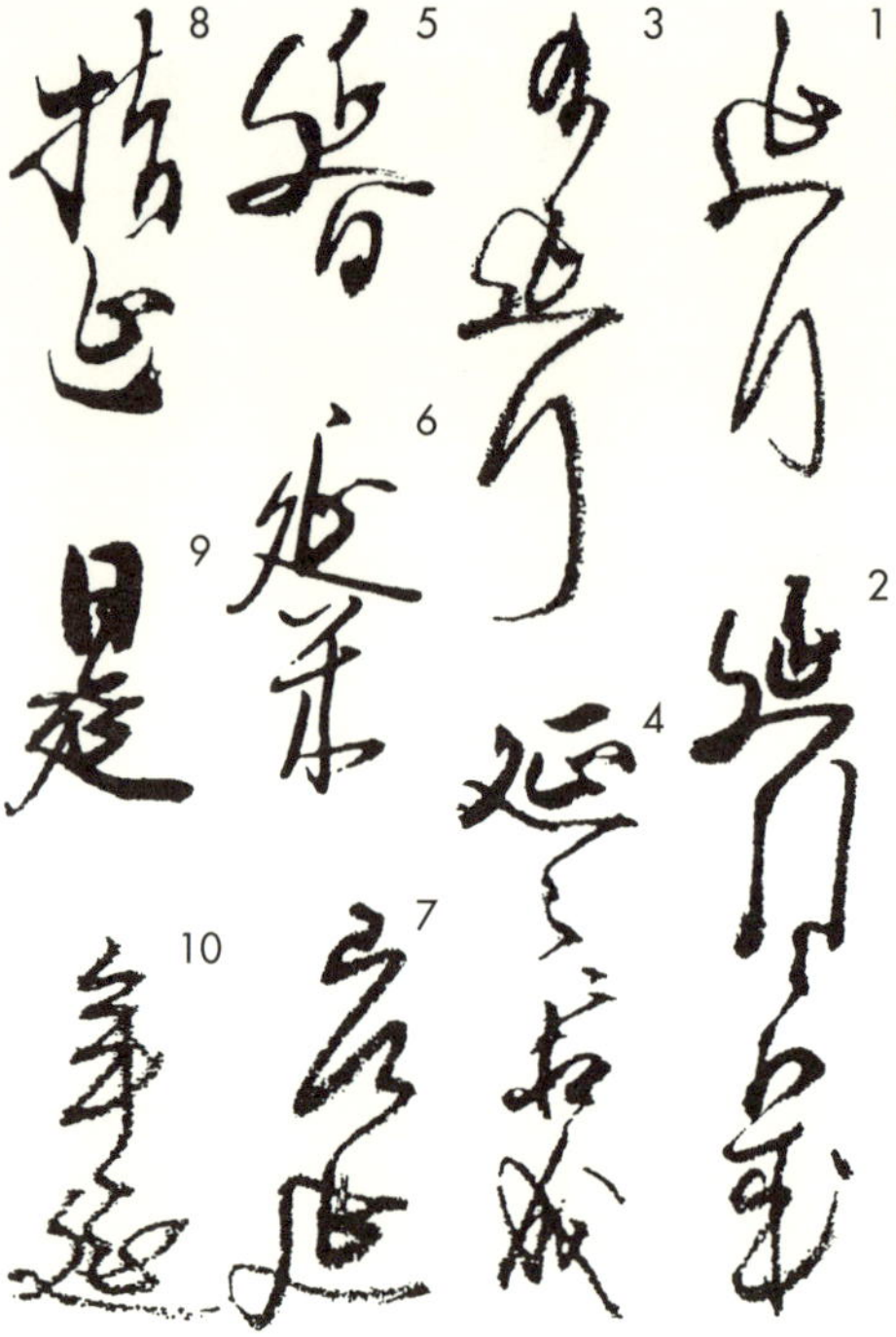

1 延引《えんいん》　2 延引二相成《えんいんにあいなり》　3 及二延引一《えんいんにおよび》　4 延々二相成《のびのびにあいなり》　5 延日《えんじつ》　6 延米《のべまい》　7 差延《さしのべ》　8 指延《さしのべ》　9 日延《ひのべ》　10 年延《としのべ》

357 弁 4259

ベン　わきまえる

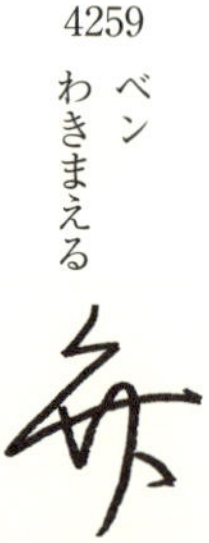

◎くずしは原形をとどめているので判読は困難ではないが、右脇に「丶」が打たれる点に注意したい。「相弁」「勘弁」が頻出する。

【用例】

1 弁居《わきまえおる》　2 相弁《あいわきまえ》　3 得与相弁《とくとあいわきまえ》　4 弁利《べんり》　5 弁理《べんり》　6 弁別《べんべつ》　7 弁納《べんのう》　8 弁金《べんきん》　9 弁當《べんとう》　10 勘弁《かんべん》　11 用弁《ようべん》　12 不レ弁《わきまえず》

358 ［強］ 2215

キョウ・ゴウ
つよい
しいる

◎「弓」偏のくずしの変化に気を付けたい。また旁は「色」（209頁）にも類似してくる。ここでは「強而」「強訴」「強談」を覚えたい。

【用例】

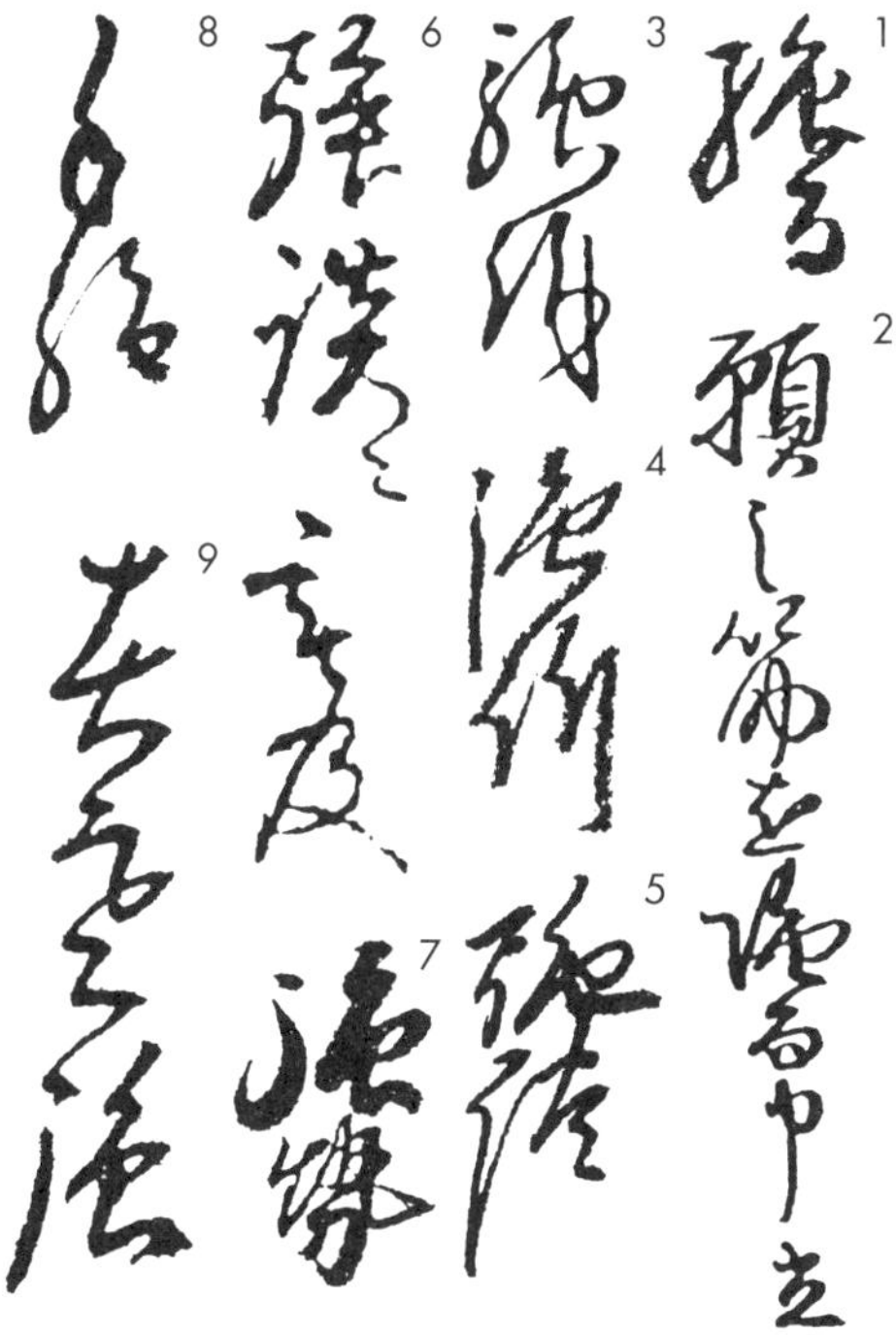

1 強而《しいて》
2 願之筋《ねがいのすじ》を強而《しいて》申立《もうしたて》
3・4 強訴《ごうそ》
5 強談《ごうだん》
6 強談《ごうだん》二《に》被《ばれ》レ及《およ》
7 強勢《ごうせい》
8 手強《てごわ》
9 春寒強《しゅんかんつよし》

359 ［張］ 3605

チョウ
はる

◎「弓」偏には注意したいが「長」（251頁）が判読できれば「張」は自然と出てくるだろう。「出張」が頻出する重要語なのでぜひ覚えたい。

【用例】

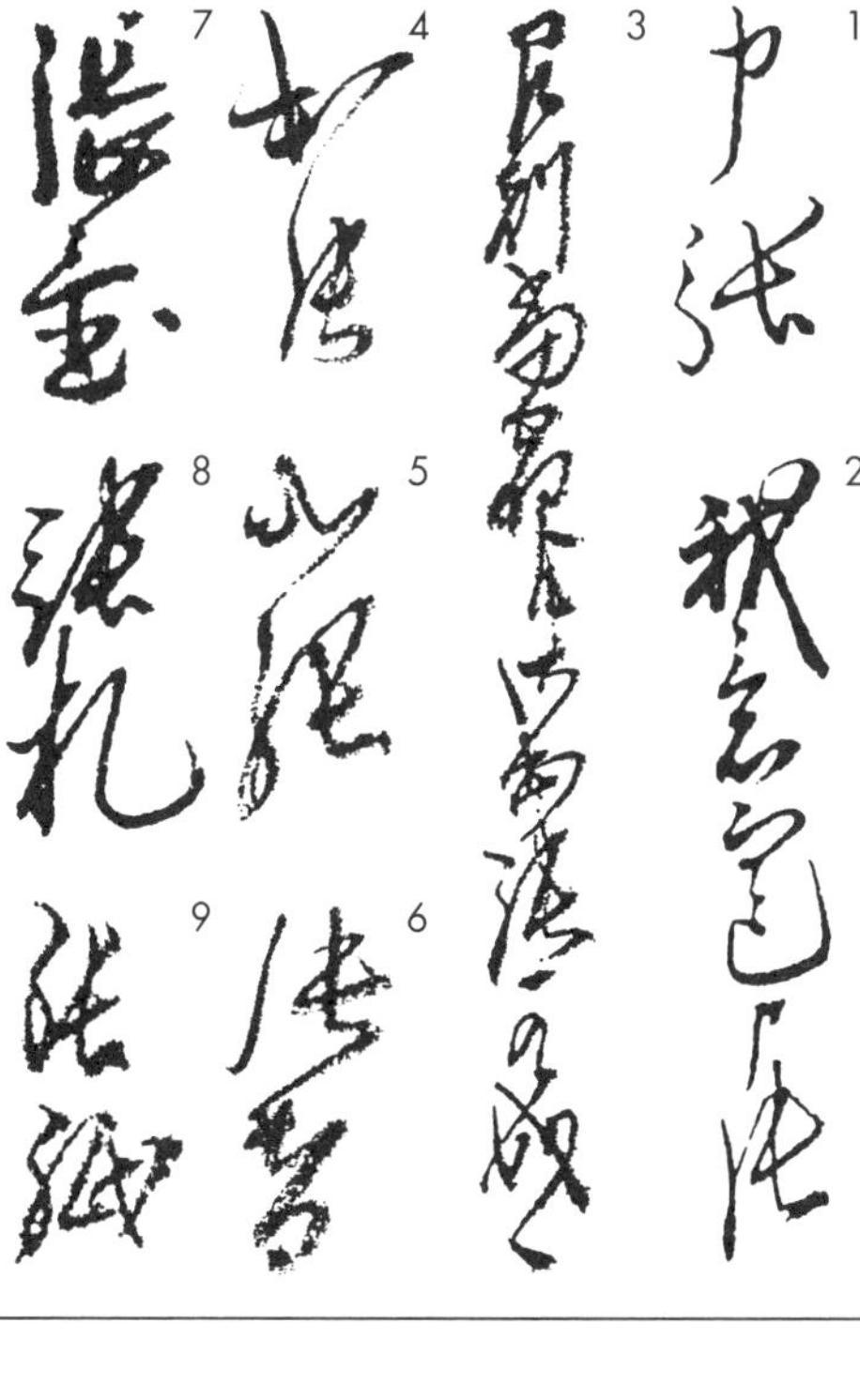

1 申張《もうしはる》
2 我意而已《がいのみ》申張《もうしはり》
3 即刻《そっこく》當宿《とうしゅく》江《へ》御出張《ごしゅっちょう》可《べく》レ被《なさる》レ成候《そうろう》
4・5 出張《しゅっちょう》《でばり》
6 張替《はりかえ》
7 張置《はりおく》
8 張札《はりふだ》
9 張紙《はりがみ》

360 形 2333

ギョウ
ケイ／かた
かたち

◎「彡」が「久」と記される点、「頁」(261頁)のくずしと類似する点に注意。ここでは単漢字4・5番目を覚えたい。「印形」「手形」が頻出。

【用例】

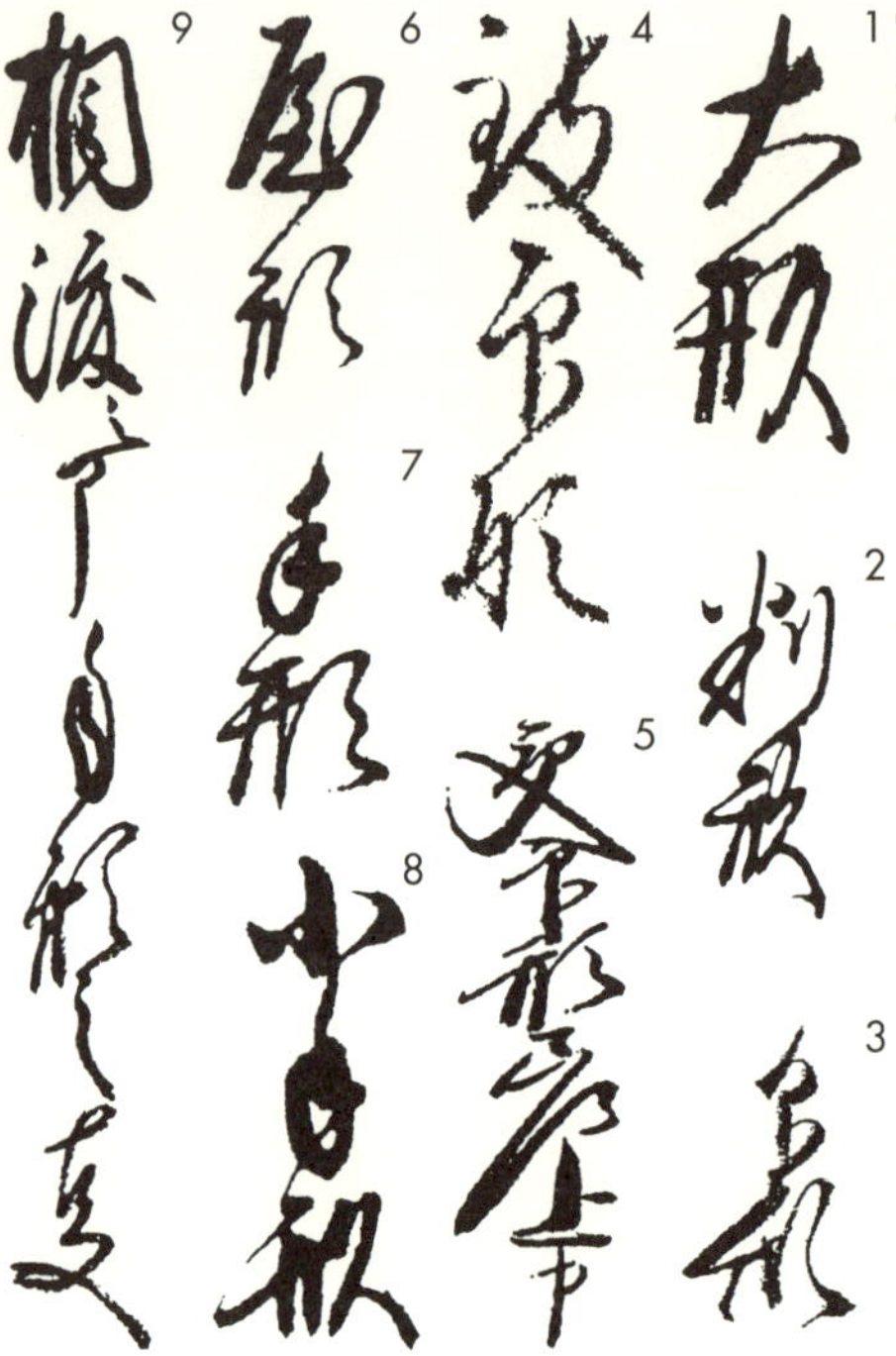

1 大形《おおぎょう》
2 判形《はんぎょう》
3 印形《いんぎょう》
4 致二印形一《いんぎょういたし》
5 受印形差上申《うけいんぎょうさしあげもうす》
6 屋形《やかた》
7 手形《てがた》
8 小手形《こてがた》
9 相渡シ申手形之事《あいわたしもうすてがたのこと》

361 往 1793

オウ
いく・ゆく
いにしえ

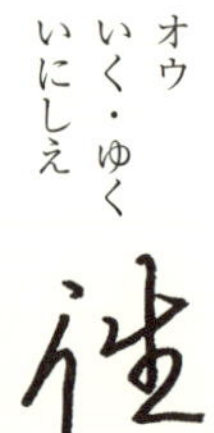

◎すべて「彳」に「生」(172頁)と記す異体字のくずし(異体字一覧参照)となる。「彳」は多様にくずされるので注意。「往来」が頻出する。

【用例】

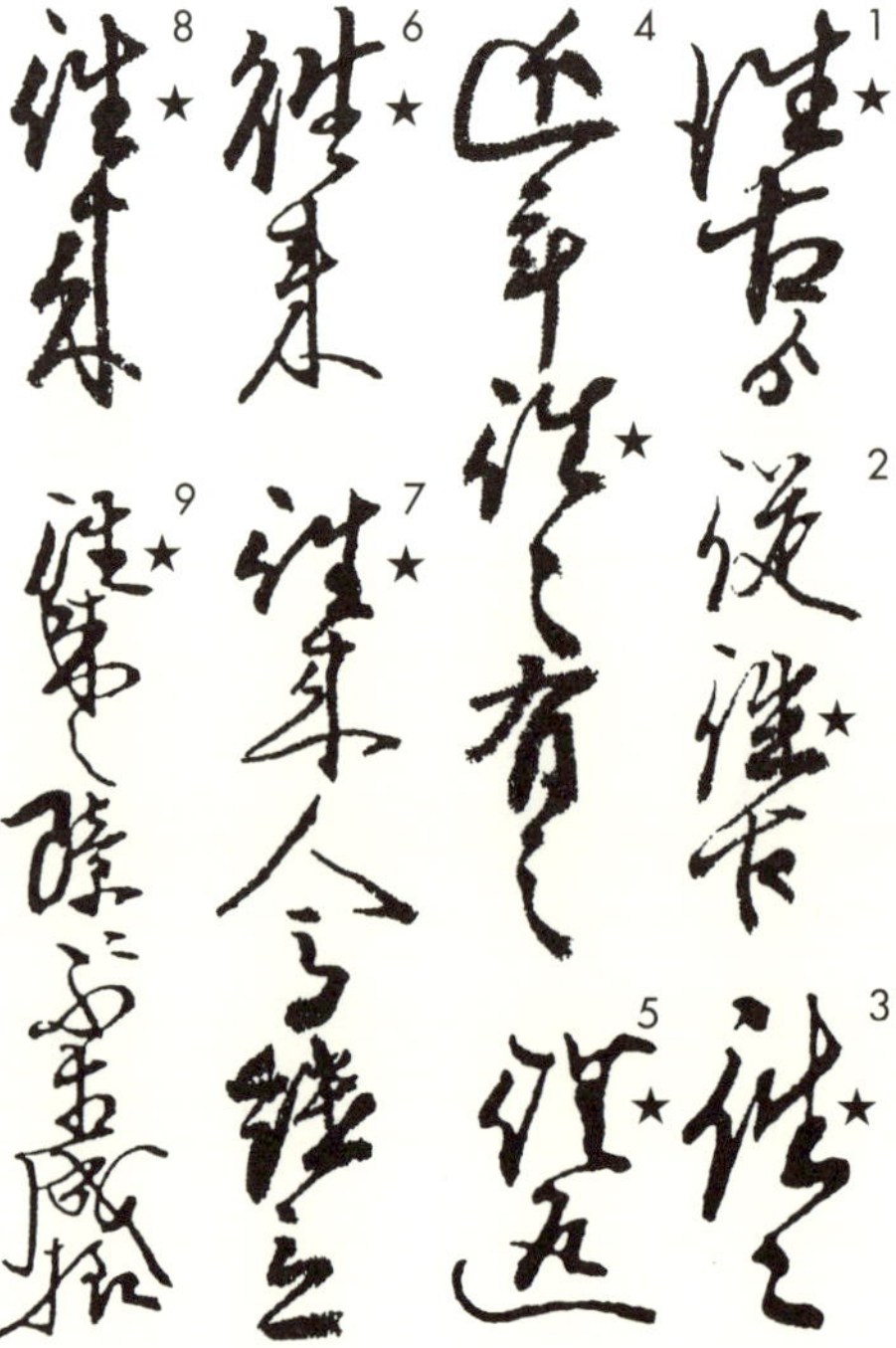

1 往古ゟ《おうこより》
2 従二往古一《おうこより》
3 往々《ゆくゆく》《おうおう》
4 近年往々有レ之《きんねんおうおうこれあり》
5 往返《おうへん》
6 往来《おうらい》
7 往来人馬継立《おうらいじんばつぎたて》
8 往来《おうらい》
9 往来之障ニ不二相成一様《おうらいのさわりにあいならざるよう》

362 【彼】

4064

ヒ
かれ
かの

◎旁の「皮」(未収録)の左払いが短いもの、「支」(127頁)のようにくずされるものに注意(121頁「披」、181頁「破」も参照)。「彼是」が重要。

【用例】

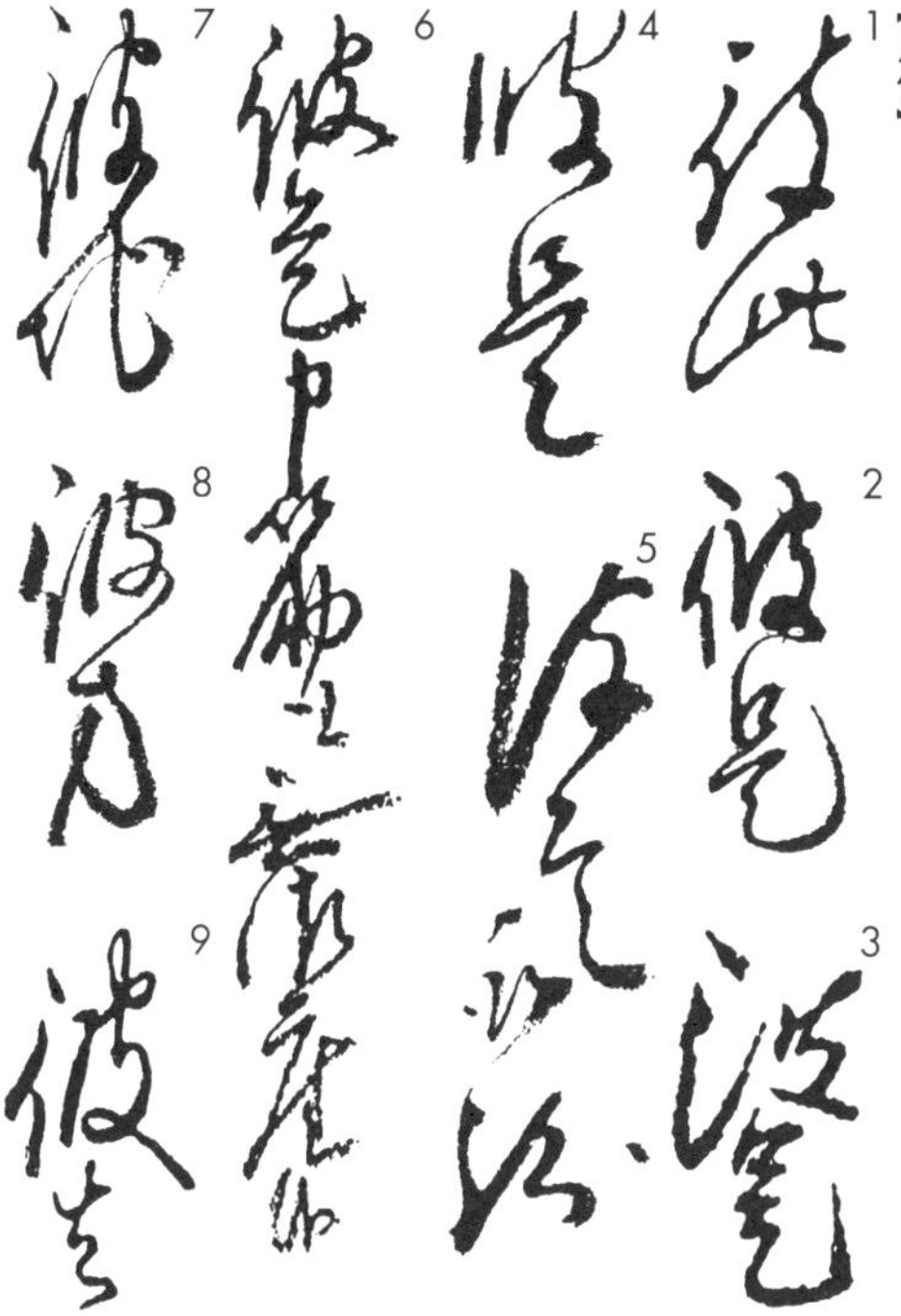

1 彼此《かれこれ》 2〜4 彼是《かれこれ》 5 彼是取紛《かれこれとりまぎれ》 6 彼是申筋も無二御座一候《かれこれもうすすじもござなくそうろう》 7 彼地《かのち》 8 彼方《かなた》 9 彼者《かのもの》

363 【従(從)】

2930
5547

ジュウ・ショウ
より・よる
したがう

◎「従」が用例4以降のように「〜より」と上に返って読むことがある点を頭に入れておきたい。くずしは「段」とも類似。「従前」が頻出。

【用例】

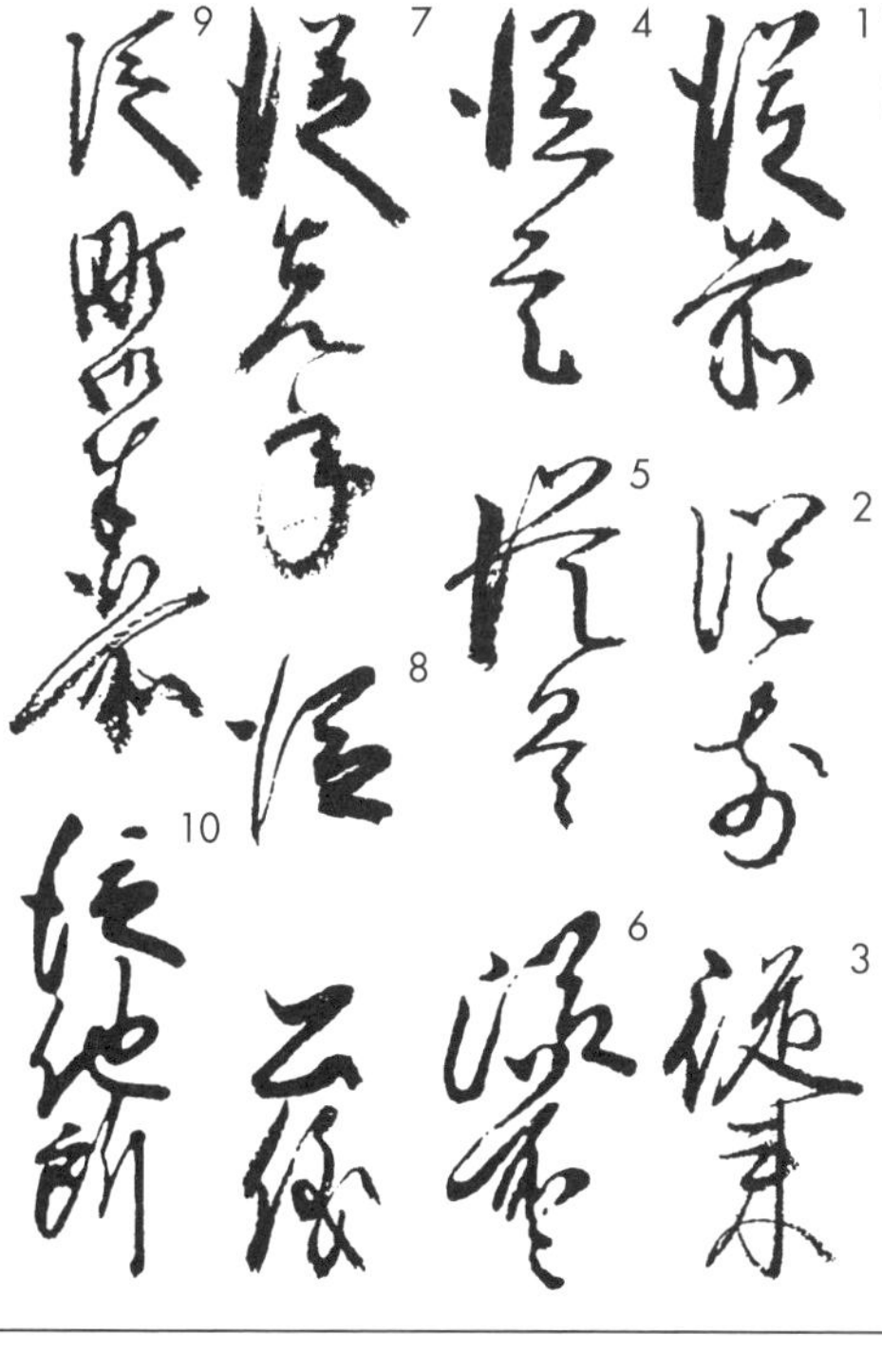

1・2 従前《じゅうぜん》 3 従来《じゅうらい》 4・5 従レ是《これより》 6 従二前々一《まえまえより》 7 従二先年一《せんねんより》 8 従二公儀一《こうぎより》 9 従二町御奉行所一《まちおぶぎょうしょより》 10 従二他所一《たしょより》

364
【徒】
3744

ト・ズ
かち
いたずらに

◎特徴的な「走」(234頁)のくずしが判読できれば「徒」が出てくるだろう。ここでは「徒黨」「御徒」を覚えておきたい。

【用例】

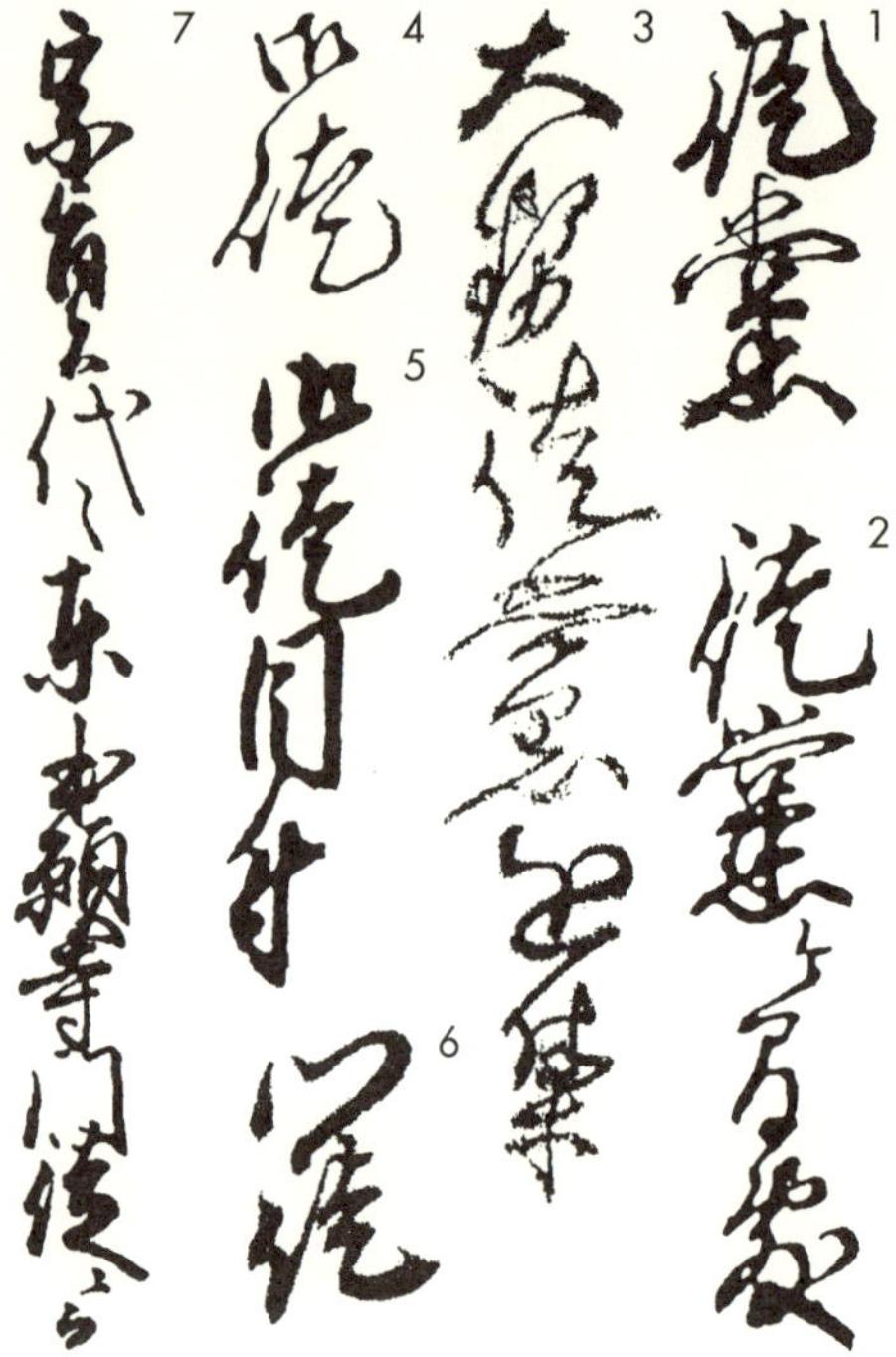

1 徒黨《ととう》 2 徒黨《ととう》ケ間敷《がましく》 3 大勢徒黨《おおぜいととう》を集《あつめ》 4 御徒《おかち》 5 御徒目付《おかちめつけ》
6 門徒《もんと》 7 宗旨者代々東本願寺門徒《しゅうしはだいだいひがしほんがんじもんと》二而《にて》

365
【復】
4192

フク
かえる
また

◎旁は70頁「夏」と酷似する。単漢字1〜3番目は異体字である(異体字一覧参照)。29頁「修」との熟語で「修復」をぜひ覚えたい。

【用例】

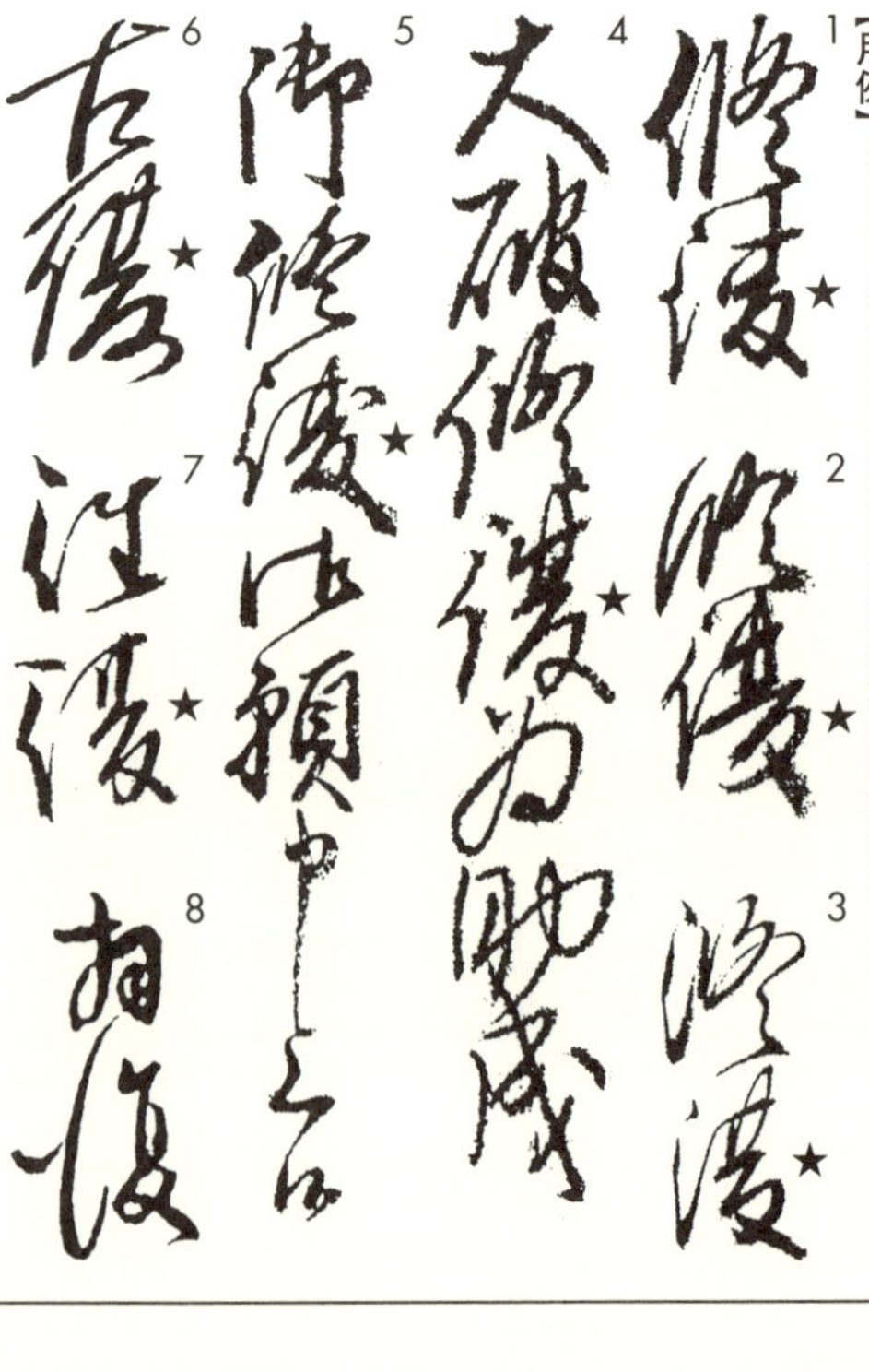

1〜3 修復《しゅうふく》 4 大破修復為二助成一《たいはしゅうふくじょせいとして》 5 御修復御願申上候《ごしゅうふくおねがいもうしあげそうろう》
6 古復《こふく》 7 往復《おうふく》 8 拝復《はいふく》

366 徳

3833

トク

◎非常に特徴的なくずしとなる「徳」の旁は「直」と酷似し、さらに右脇に「、」が打たれることもある。「作徳金（米）」はぜひ覚えたい。

【用例】

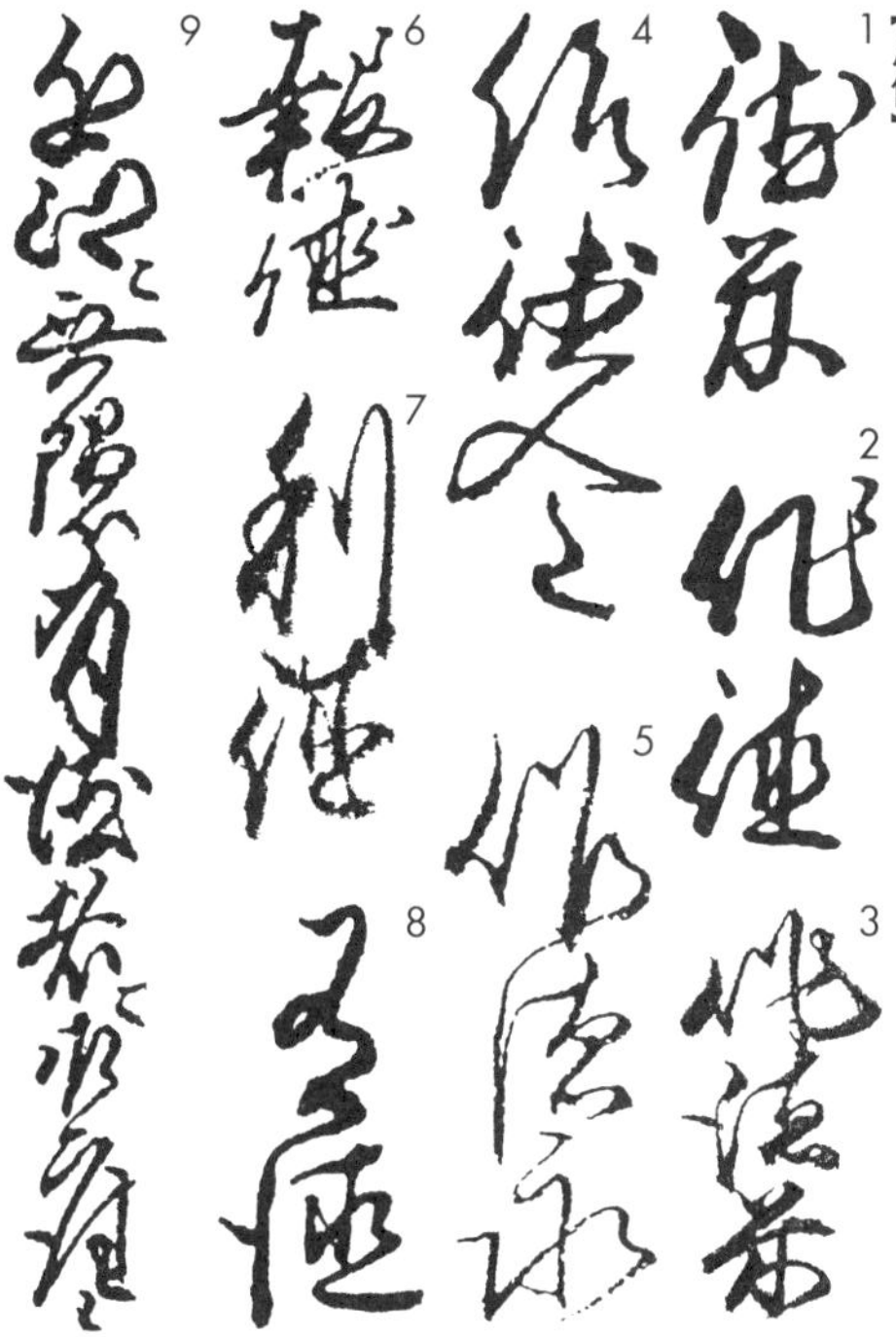

1 徳米《とくまい》　2 作徳《さくとく》　3 作徳米《さくとくまい》　4 作徳金《さくとくきん》　5 作徳永《さくとくえい》　6 報徳《ほうとく》　7 利徳《りとく》　8 有徳《うとく》　9 近郷《きんごう》ニ《に》無《かくれなき》レ隠有徳者《うとくもの》ニ御座候《ござそうろう》

367 厳（嚴）

2423
5178

ゲン
ゴン
きびしい

◎旁が「取」や「殿」のようにもくずされるが、類似のくずしがないので判読は可能だろう。「嚴重」「嚴敷（鋪）」は頻出の重要語である。

【用例】

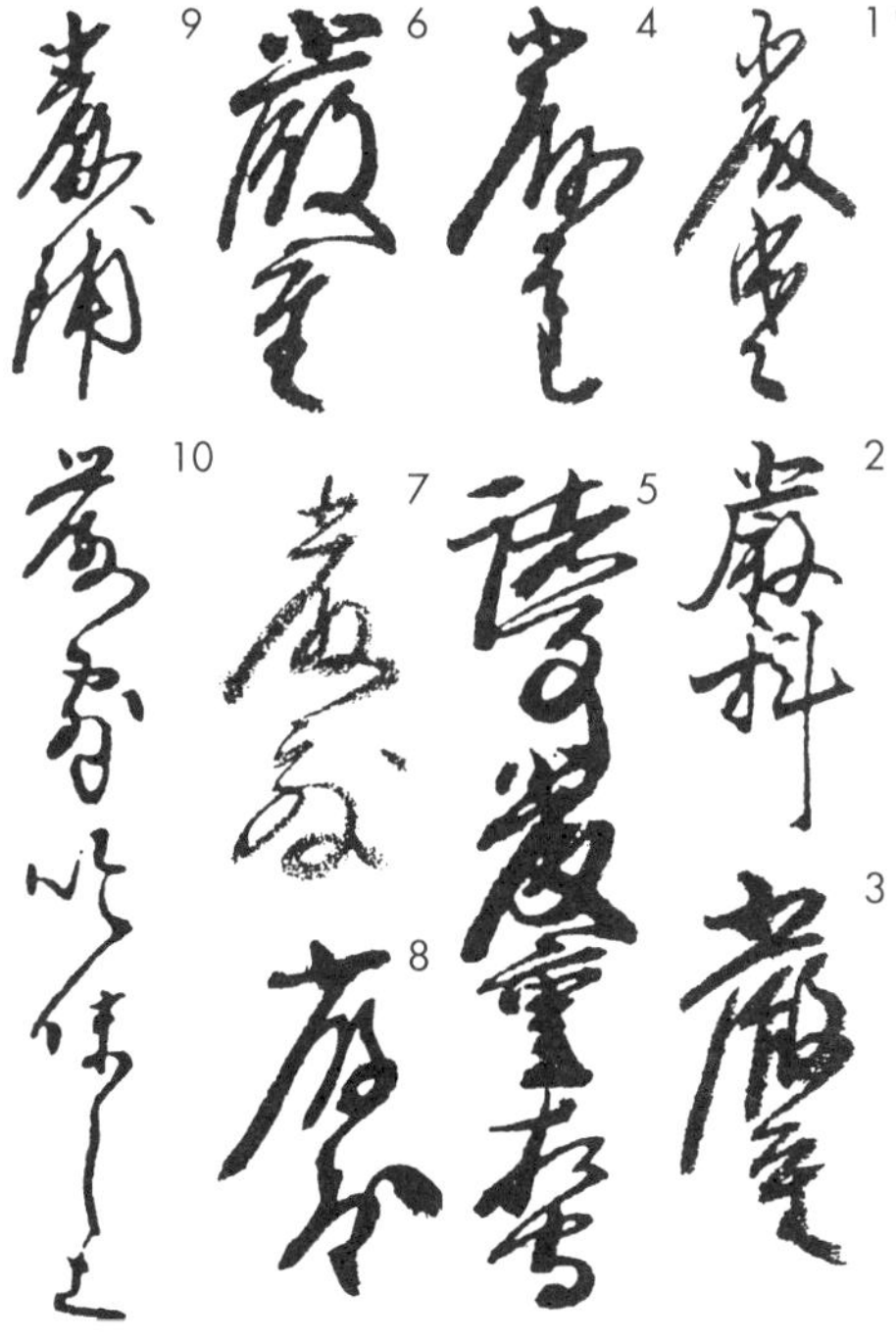

1 嚴寒《げんかん》　2 嚴科《げんか》　3・4 嚴重《げんじゅう》　5 諸事《しょじ》嚴重《げんじゅうに》相守《あいまもり》　6 嚴重《げんじゅう》　7・8 嚴敷《きびしく》　9 嚴鋪《きびしく》　10 嚴敷《きびしく》吟味《ぎんみ》之上《のうえ》

368 必

4112 ヒツ かならず

◎「乍」に類似した単漢字3番目や4〜6番目の「国」(63頁)に似た特殊なくずしを押さえておきたい。ここでは「必至(必至与)」が頻出。

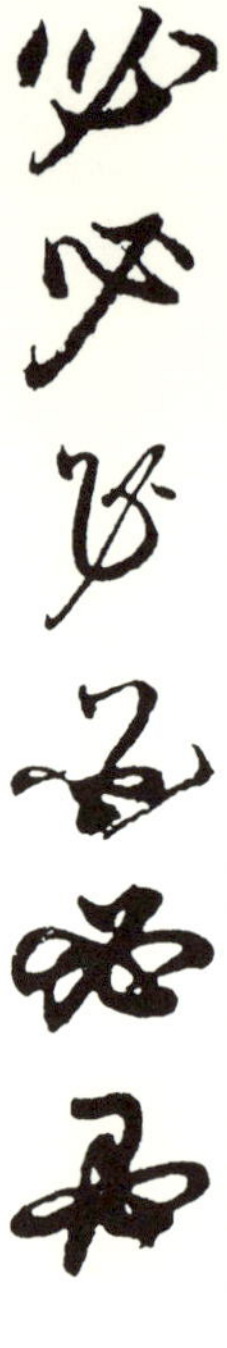

【用例】

1 必々《ひつひつ》 2 必々無二間違一頼入候《ひつひつまちがいなくたのみいりそうろう》 3 必至《ひっし》

4 必至《ひっし》 迷惑《めいわく》 仕《つかまつり》 候《そうろう》 処《ところ》 5 必至与《ひっしと》 6 必至与差支《ひっしとさしつかえ》 7 必定《ひつじょう》

8 必定之事二付《ひつじょうのことにつき》

369 応(應)

1794 5670 オウ／あたる こたえる まさに

◎旧字「應」のくずしが基本形であり、特に省画された単漢字4・5番目をぜひ頭に入れておきたい。「相應」が頻出の重要語。

【用例】

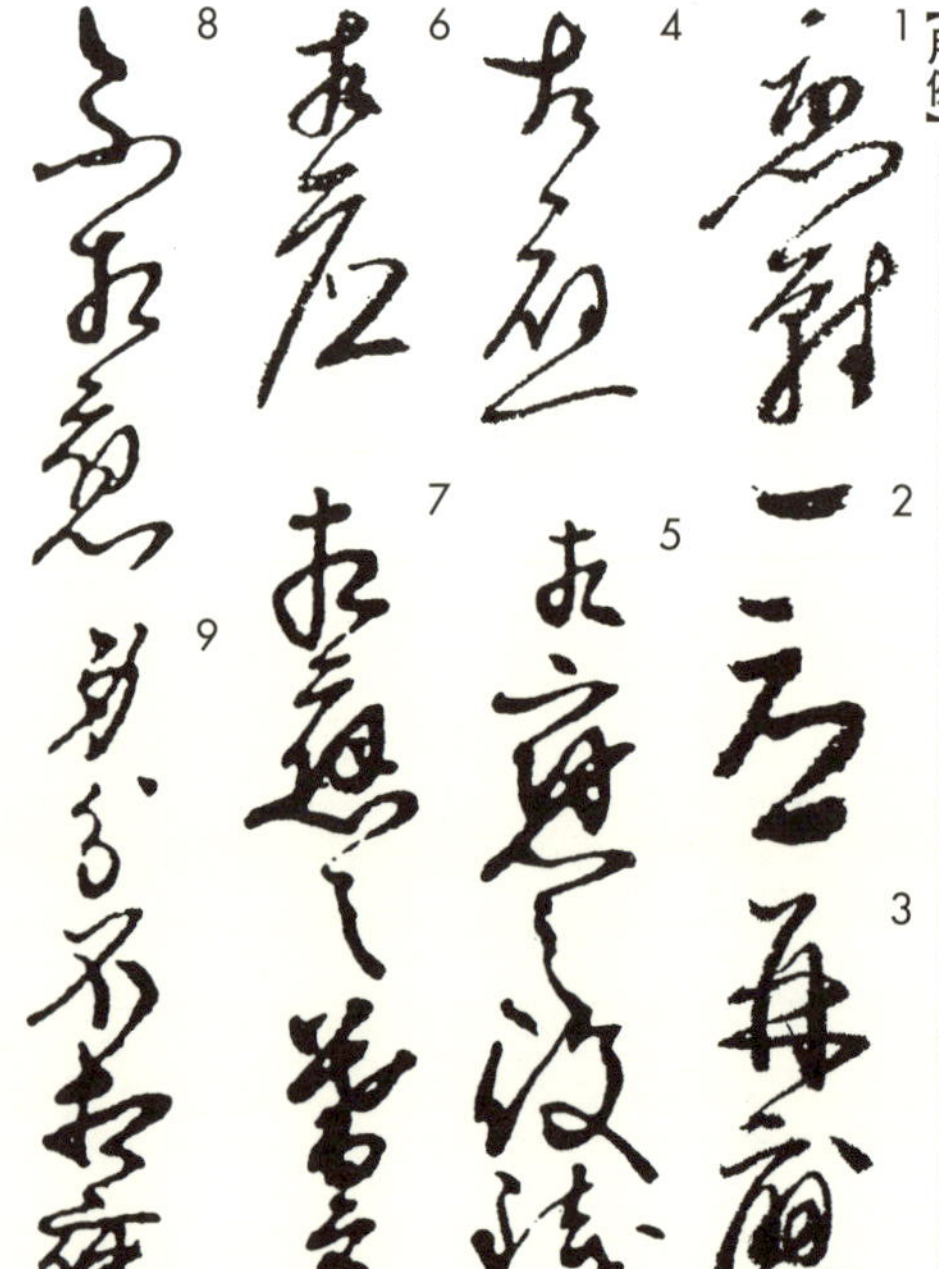

1 應對《おうたい》 2 一應《いちおう》 3 再應《さいおう》 4 相應《そうおう》 5 相應之役銭《そうおうのやくせん》 6 相應《そうおう》

7 相應之暮方《そうおうのくらしかた》 8 不相應《ふそうおう》 9 身分不相應《みぶんふそうおう》

370 忝 5559

テン
かたじけない

◎「夭」の部分が「三」とくずされるのが特徴的である。単漢字5番目は異体字のくずし（異体字一覧参照）。「忝奉レ存候」は決り文句。

【用例】

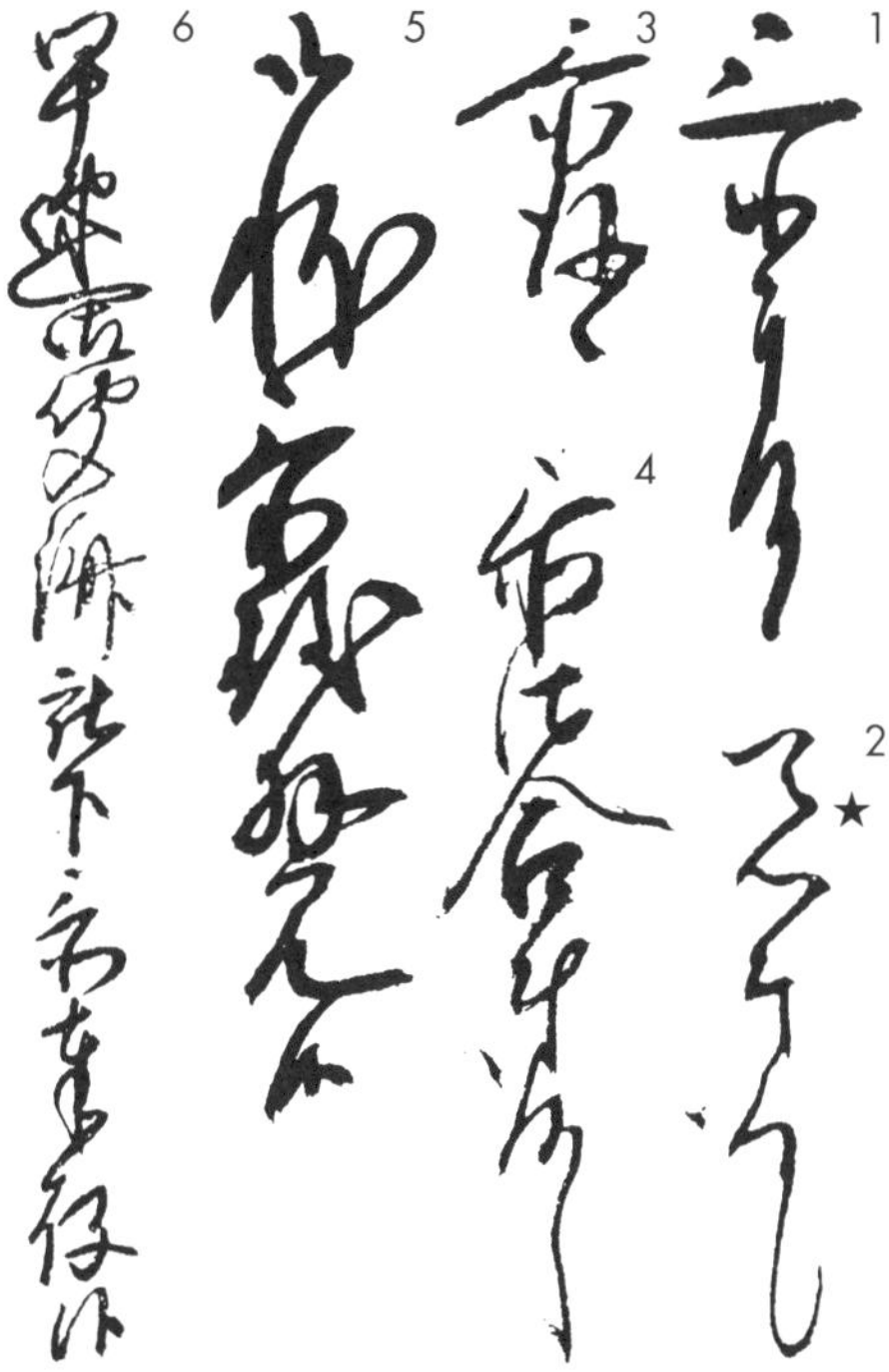

1・2 忝奉レ存候《かたじけなくぞんじたてまつりそうろう》　3 忝存候《かたじけなくぞんじそうろう》
4 忝仕合奉レ存候《かたじけなきしあわせにぞんじたてまつりそうろう》　5 御状忝致二拝見一候《ごじょうかたじけなくはいけんいたしそうろう》
6 早速御聞済被レ下忝奉レ存候《さっそくおききすましくだされかたじけなくぞんじたてまつりそうろう》

371 念 3916

ネン
おもう
ねんじる

◎単漢字2番目が基本形。くずしは「急」や「会」にも類似するが前後から判断すれば問題ない。用例はいずれも重要なので覚えたい。

【用例】

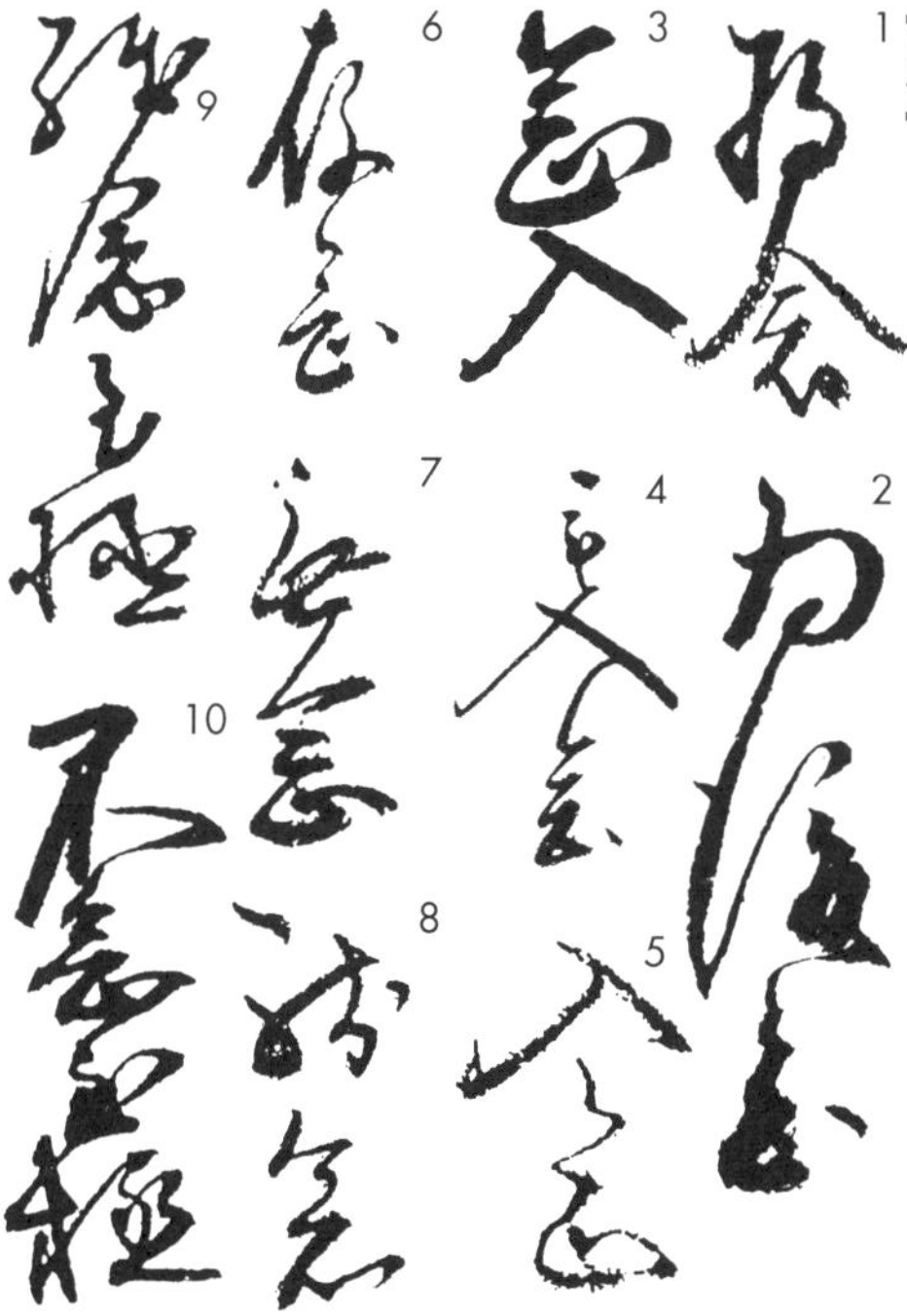

1 為レ念《ねんのため》　2 為二後念一《ごねんのため》　3 念入《ねんいり》《ねんをいれ》　4 被レ入レ念《ねんをいれられ》　5 入念《にゅうねん》／入レ念《ねんをいれ》
6 存念《ぞんねん》　7 無念《むねん》　8 残念《ざんねん》　9 残念至極《ざんねんしごく》　10 不念至極《ふねんしごく》

372 思 2755

シ
おもう
おぼす

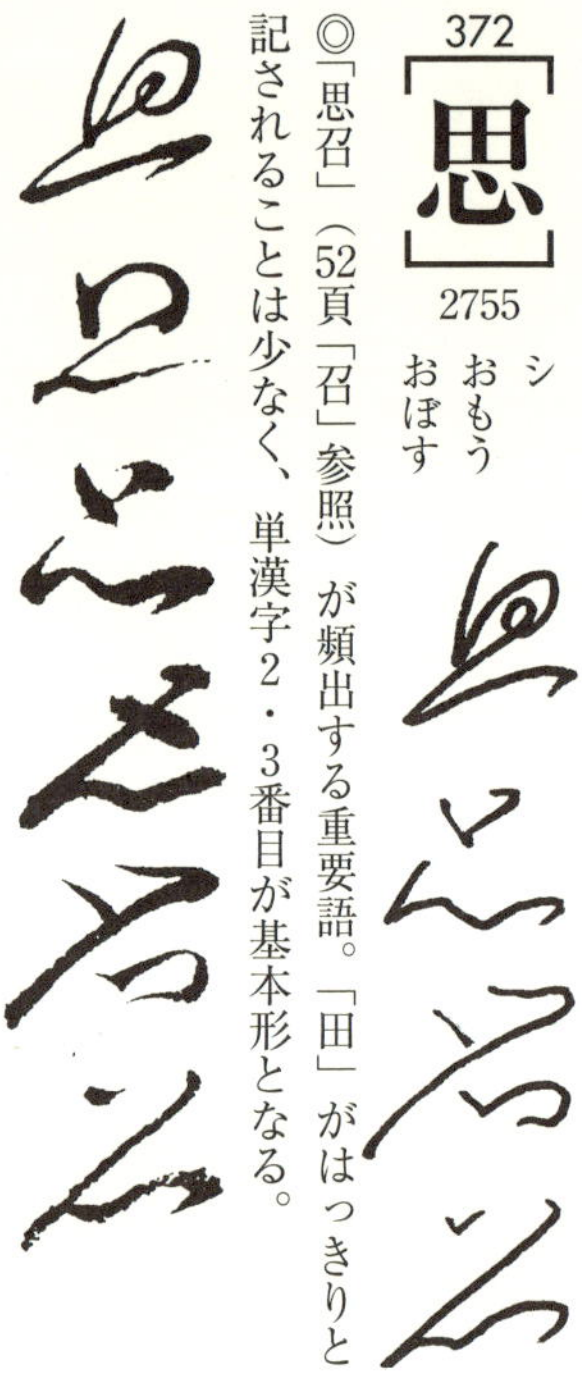

◎「思召」（52頁「召」参照）が頻出する重要語。「田」がはっきりと記されることは少なく、単漢字2・3番目が基本形となる。

【用例】

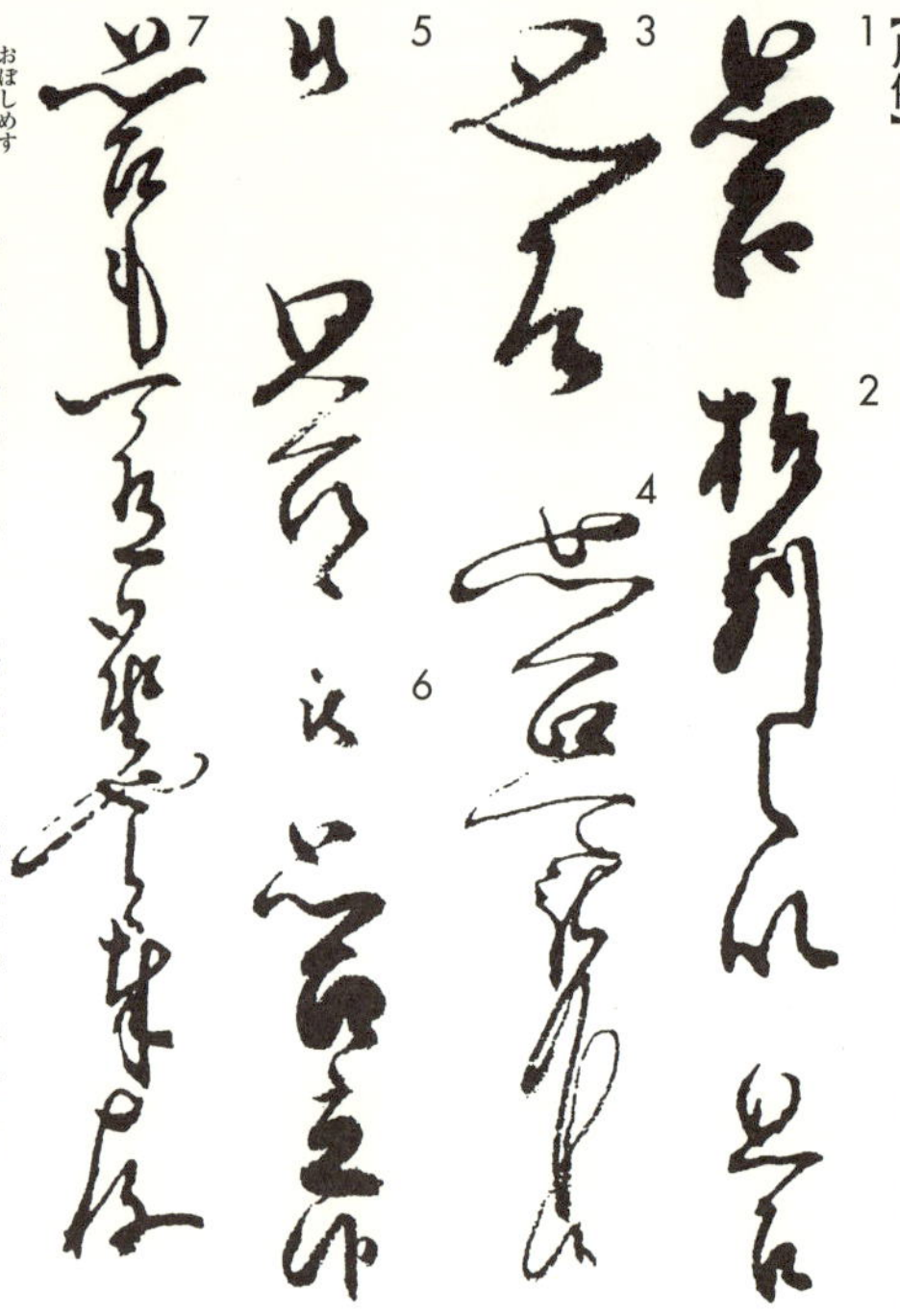

1 思召《おぼしめす》《おぼしめし》　2 格別《かくべつ》之《の》以二《おぼしめしをもって》　思召　3 思召《おぼしめし》　4 思召可レ被レ下候《おぼしめしくださるべくそうろう》
5 被二《おぼしめされそうろう》　思召一候　6 被二《おぼしめしたてられそうろう》　思召立一候
7 思召《おぼしめし》も可レ有二御坐一《ござあるべき》やと　奉レ存《ぞんじたてまつり》

373 性 3213

セイ
ショウ

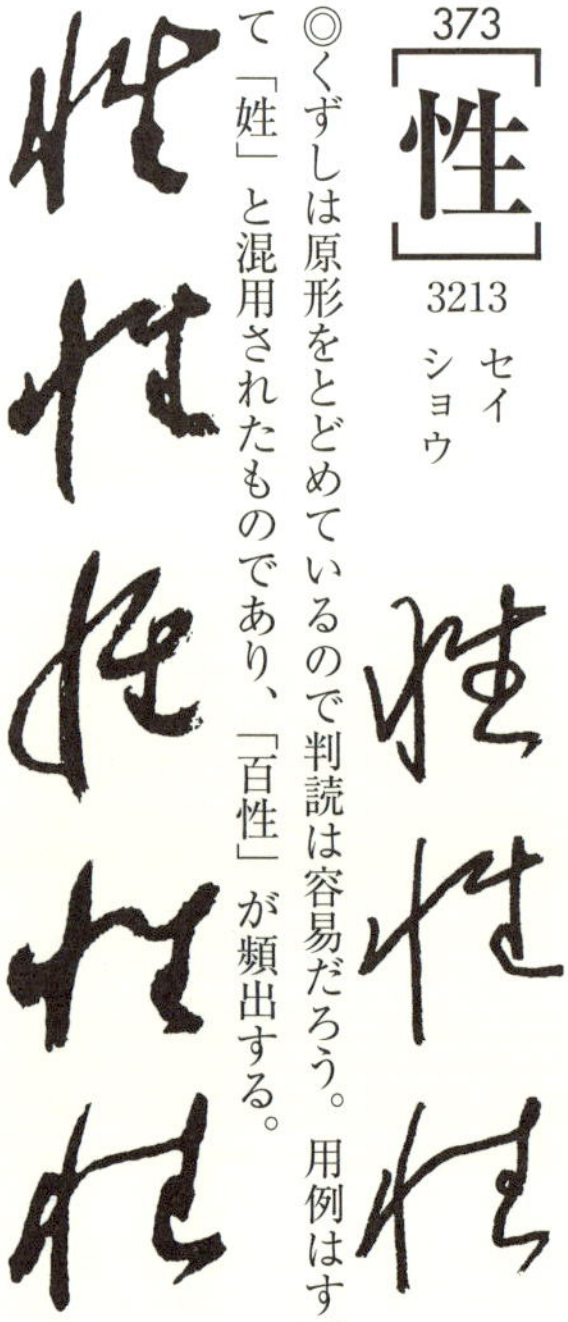

◎くずしは原形をとどめているので判読は容易だろう。用例はすべて「姓」と混用されたものであり、「百性」が頻出する。

【用例】

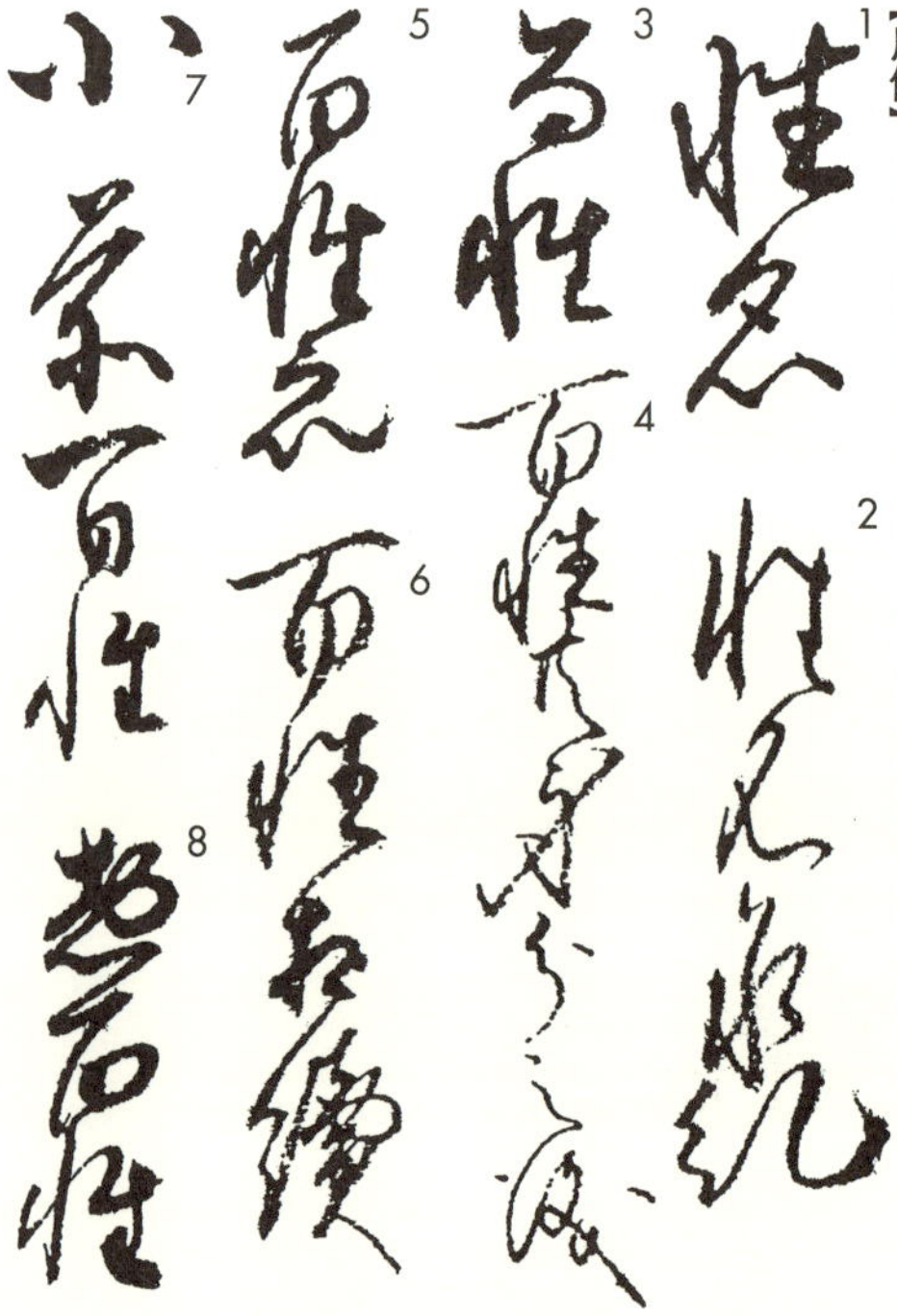

1 性名《せいめい》　2 性名承紀《せいめいうけただし》　3 百性《ひゃくしょう》　4 百性共身分之儀《ひゃくしょうどもみぶんのぎ》
5 百性衆《ひゃくしょうしゅう》　6 百性相續《ひゃくしょうそうぞく》　7 小前百性《こまえびゃくしょう》　8 惣百性《そうびゃくしょう》

374 恩

1824
オン

◎「田」をはっきり記さない「思」(前頁)との誤読はないだろうが、単漢字4・5番目のくずしが「忍」(未収録)と類似するので注意する。

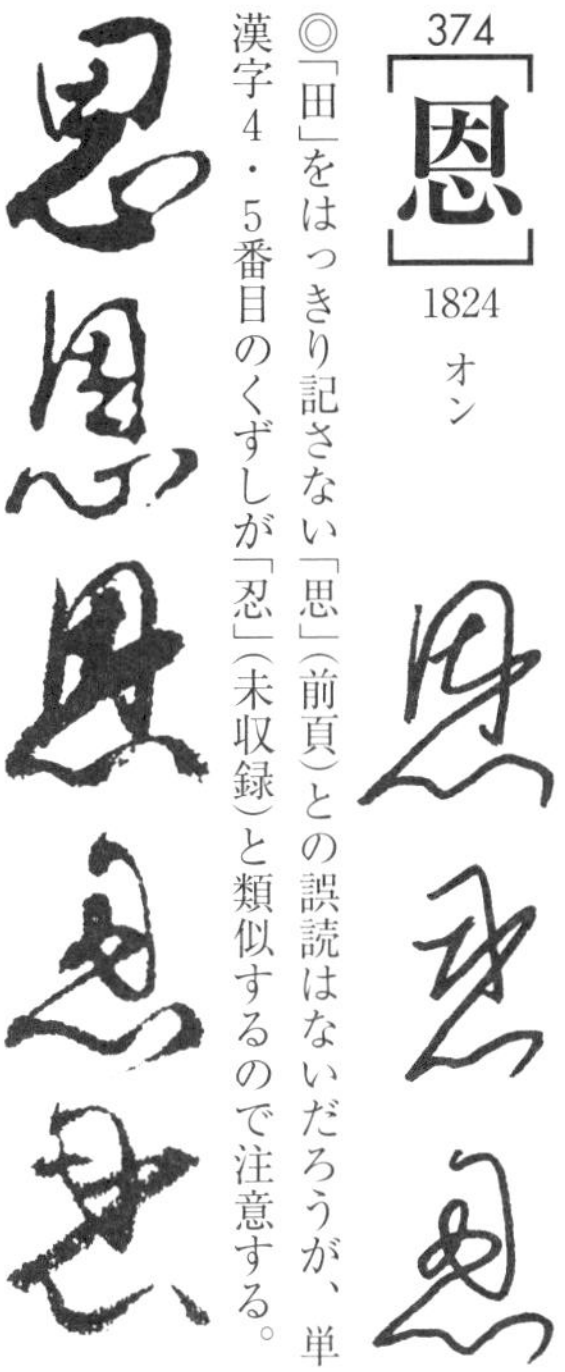

【用例】

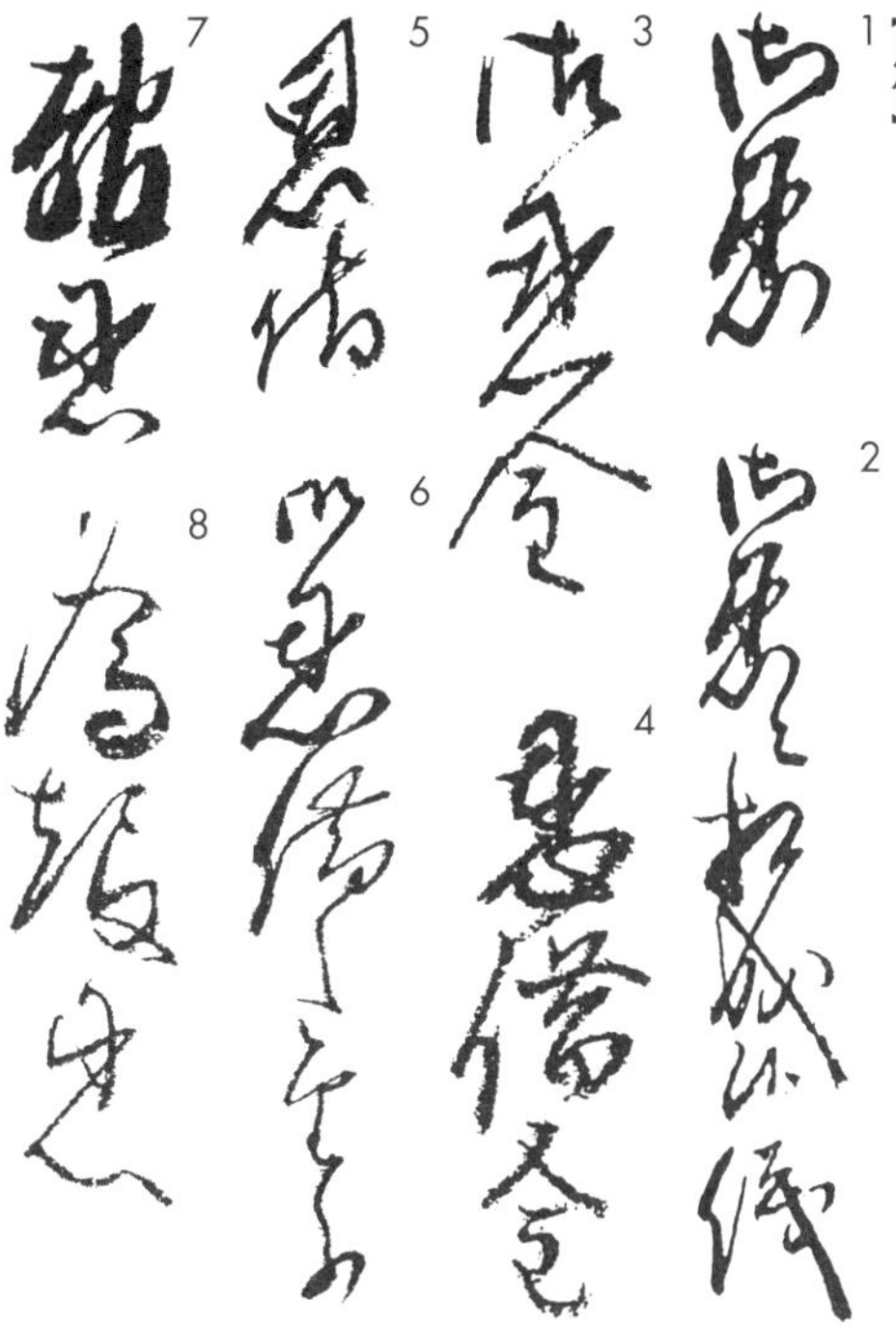

1 御恩《ごおん》 2 御恩二相成候儀《ごおんにあいなりそうろうぎ》 3 御恩金《ごおんきん》 4 恩借金《おんしゃくきん》 5 恩借《おんしゃく》 6 御恩借之金子《ごおんしゃくのきんす》 7 報恩《ほうおん》 8 為二報恩一《ほうおんのため》《ほうおんとして》

375 悪(惡)

1613
5608
アク・オ
わるい
あし

◎「亜」が216頁「西」と同じくずしになる。「西」の下に「心」と覚えておけばよい(異体字一覧参照)。「惣」とも類似。「悪敷」は読み方に注意。

【用例】

1 悪黨《あくとう》 2 悪言《あくごん》《あくげん》 3 悪病《あくびょう》 4 悪風《あくふう》 5 悪水《あくすい》 6 悪米《あくまい》 7 悪事《あくじ》 8・9 悪敷《あしく》 10 悪口《わるぐち》《あっこう》 11 悪者《わるもの》 12 不レ悪《あしからず》

376
悦
1757

エツ
よろこぶ
よろこび

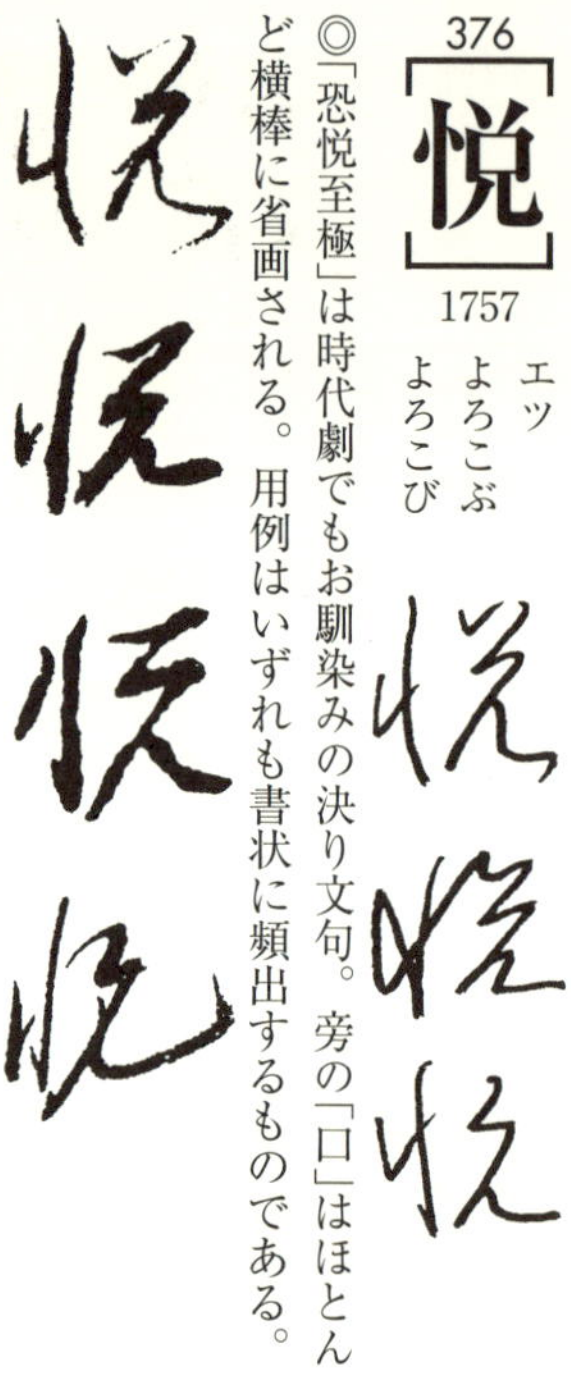

◎「恐悦至極」は時代劇でもお馴染みの決り文句。旁の「口」はほとんど横棒に省画される。用例はいずれも書状に頻出するものである。

【用例】

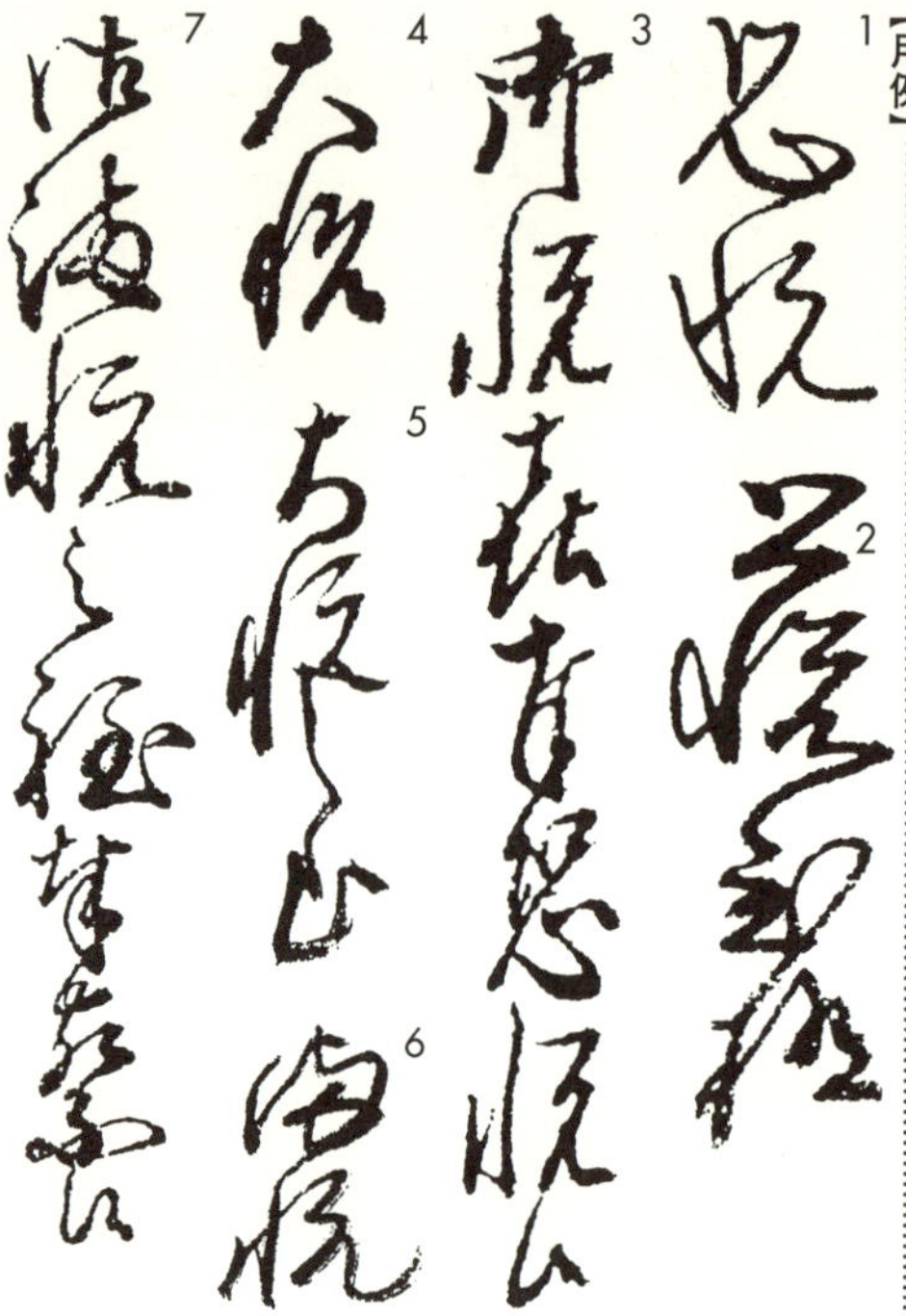

1 恐悦《きょうえつ》　2 恐悦至極《きょうえつしごく》　3 御悦喜《ごえっき》　奉二恐悦一候《きょうえつにたてまつりそうろう》　4 大悦《たいえつ》

5 大悦之至《たいえつのいたり》　6 満悦《まんえつ》　7 御満悦之程《ごまんえつのほど》　奉レ察候《さっしたてまつりそうろう》

377
情
3080

セイ
ジョウ
なさけ

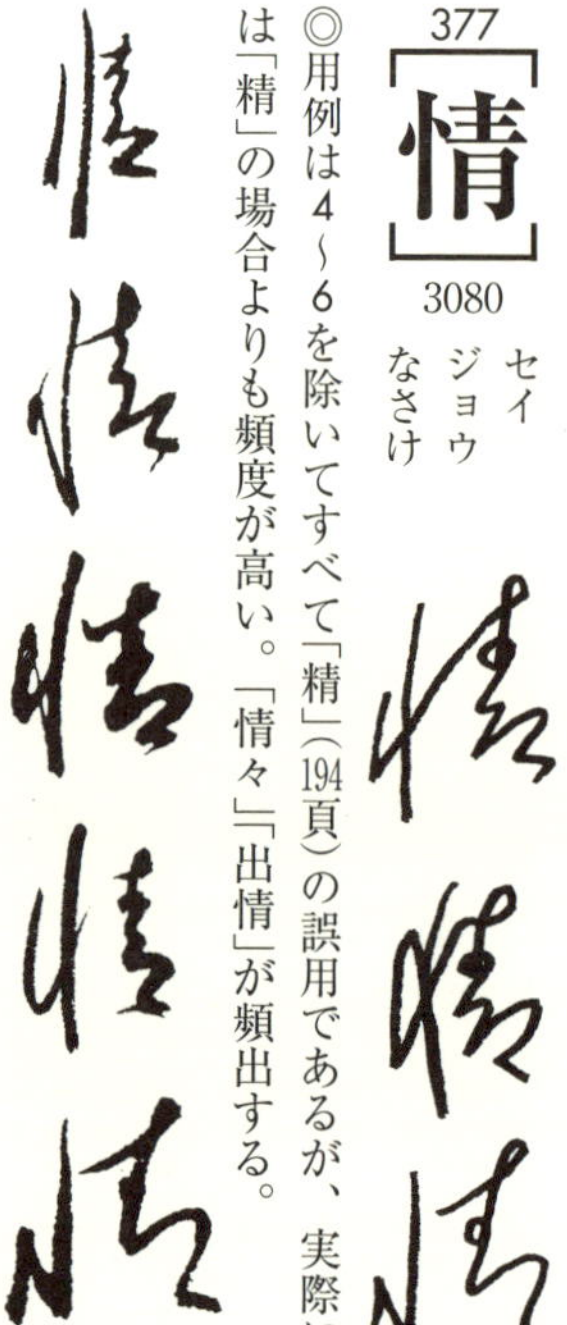

◎用例は4〜6を除いてすべて「精」（194頁）の誤用であるが、実際には「精」の場合よりも頻度が高い。「情々」「出情」が頻出する。

【用例】

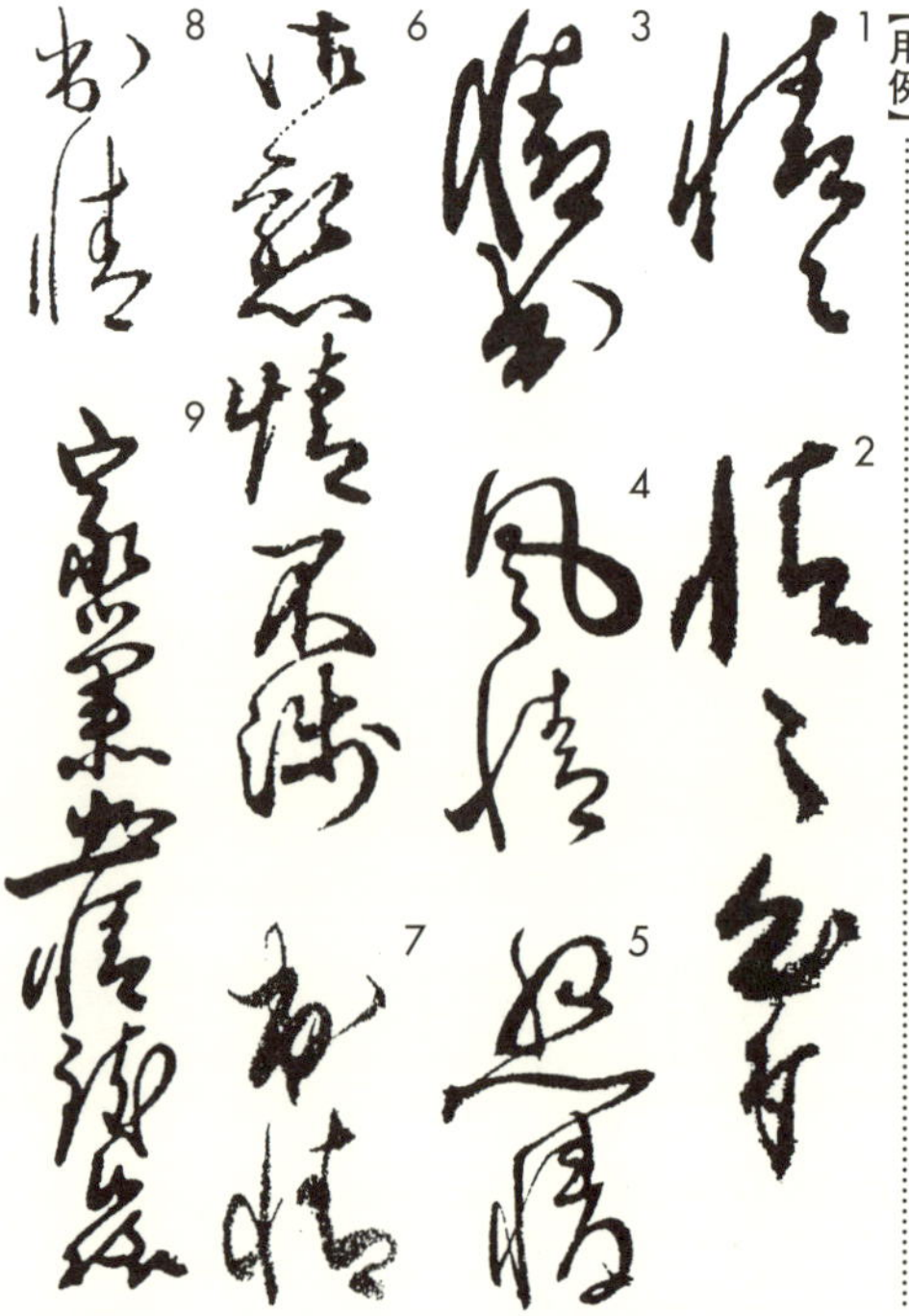

1 情々《せいぜい》　2 情々心付《せいぜいこころづけ》　3 情出《せいだし》　4 風情《ふぜい》　5 懇情《こんじょう》　6 御懇情不レ浅《ごこんじょうあさからず》

7・8 出情《しゅっせい》　9 家業出情致候様《かぎょうしゅっせいいたしそうろうよう》

378 悴 5612

スイ せがれ

◎すべて48頁「卒」の異体字「卆」を記した「忰」のくずしとなる（異体字一覧参照）。原形をとどめたくずしなので判読は容易だろう。

【用例】

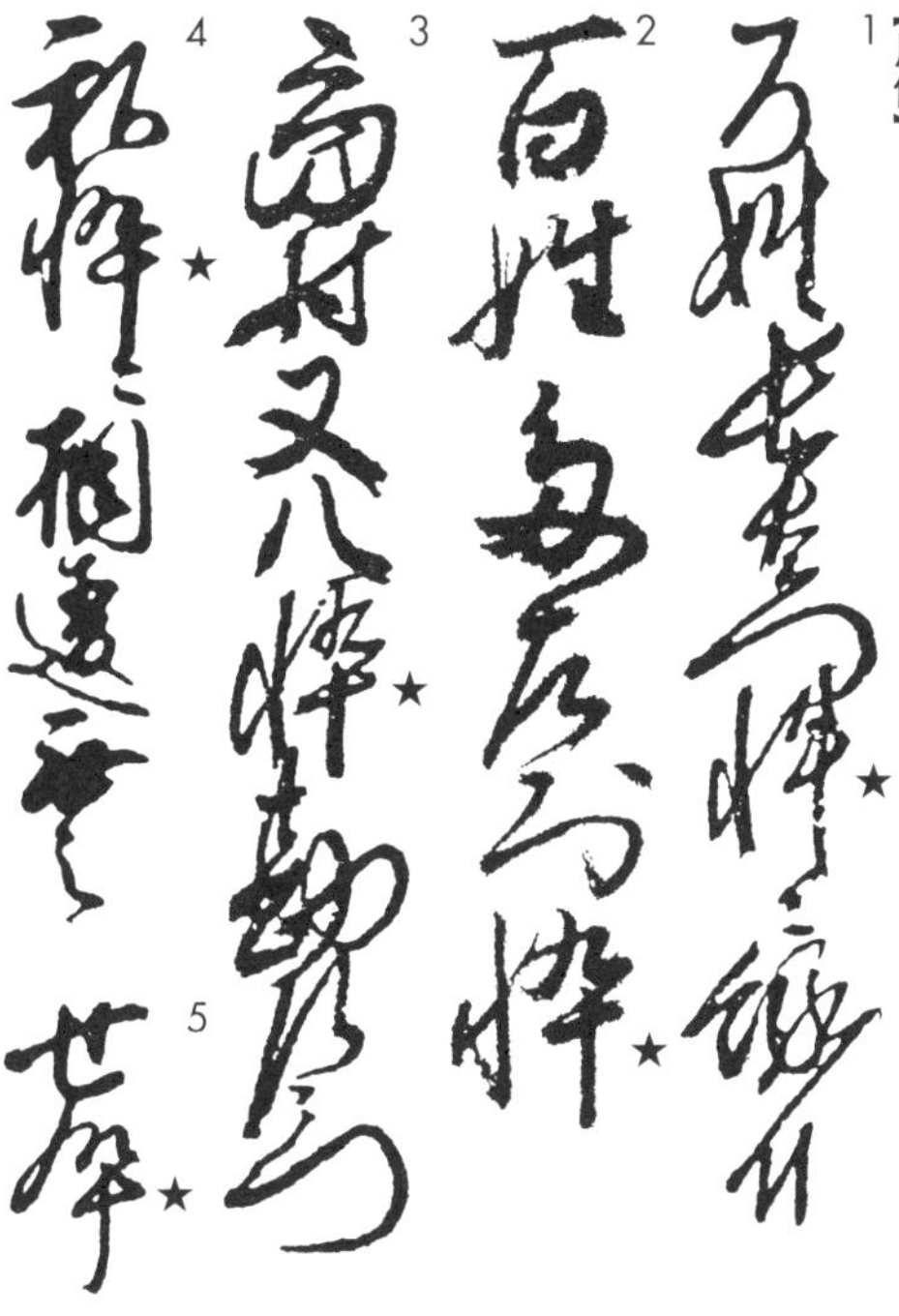

1 百姓長右衛門悴ニ縁付《ひゃくしょうちょうえもんせがれにえんづき》　2 百姓《ひゃくしょう》多左衛門《たざえもん》悴《せがれ》　3 當村又八《とうそんまたはち》悴《せがれ》勘左衛門《かんざえもん》　4 私悴ニ相違無レ之《わたくしせがれにそういこれなく》　5 世悴《せがれ》

379 悲 4065

ヒ かなしい

◎「御慈悲」が頻出し、用例8は決り文句。旁の「非」（260頁）のくずし様に注意したい。用例3〜6は「是非」の誤用であるが頻度は高い。

【用例】

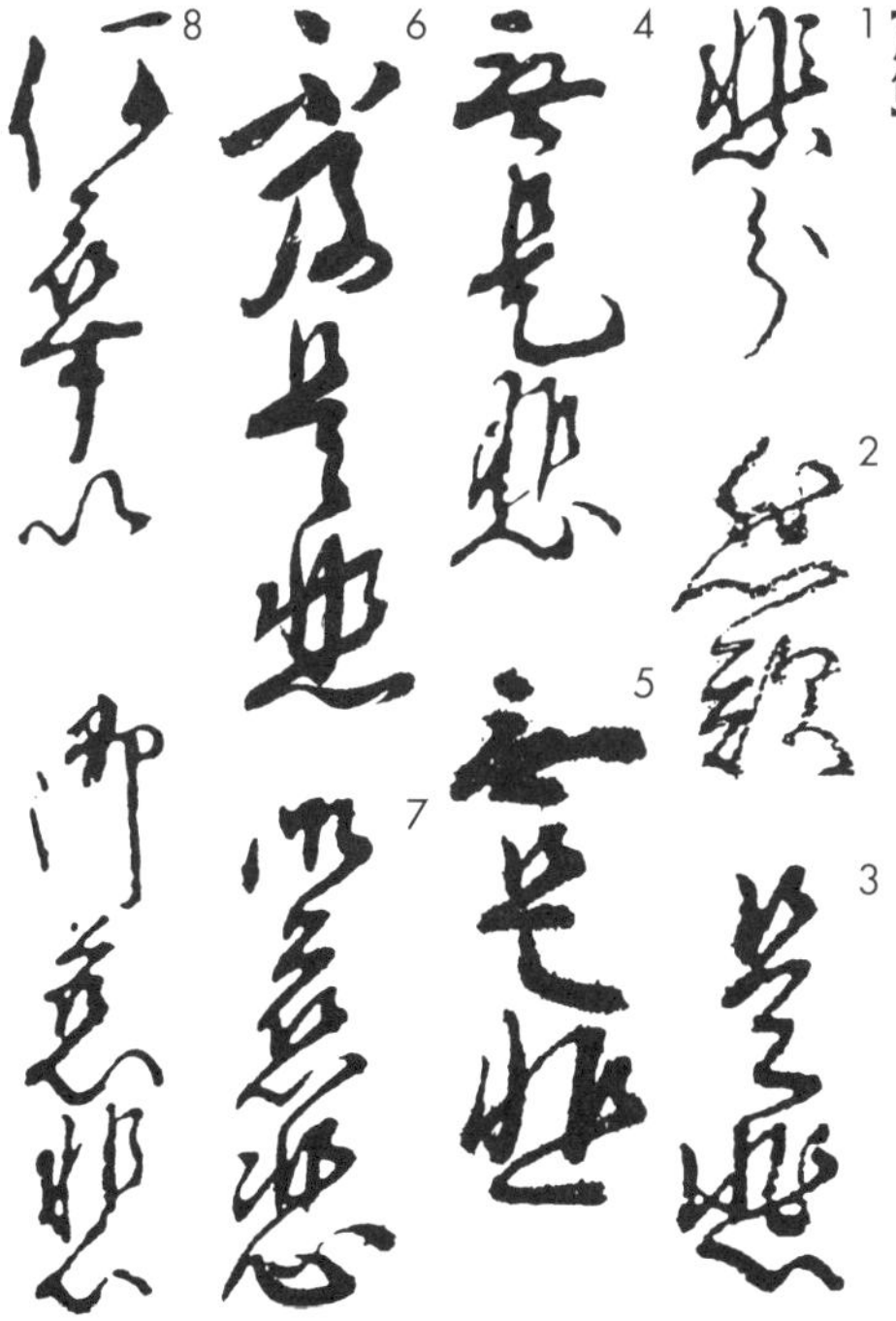

1 悲分《ひぶん》（※「非分」の誤用）　2 悲歎《ひたん》　3 是悲《ぜひ》　4・5 無二是悲一《ぜひなく》　6 不レ及二是悲一《ぜひにおよばず》　7 御慈悲《ごじひ》　8 何卒以二御慈悲一《なにとぞごじひをもって》

380 惑 4739

ワク まどう

◎旁は「或」(113頁)であるが、「弐」や「哉」、「式」(未収録)とも類似する。単漢字1・2番目が基本形。「迷惑」「当惑」が頻出する。

【用例】

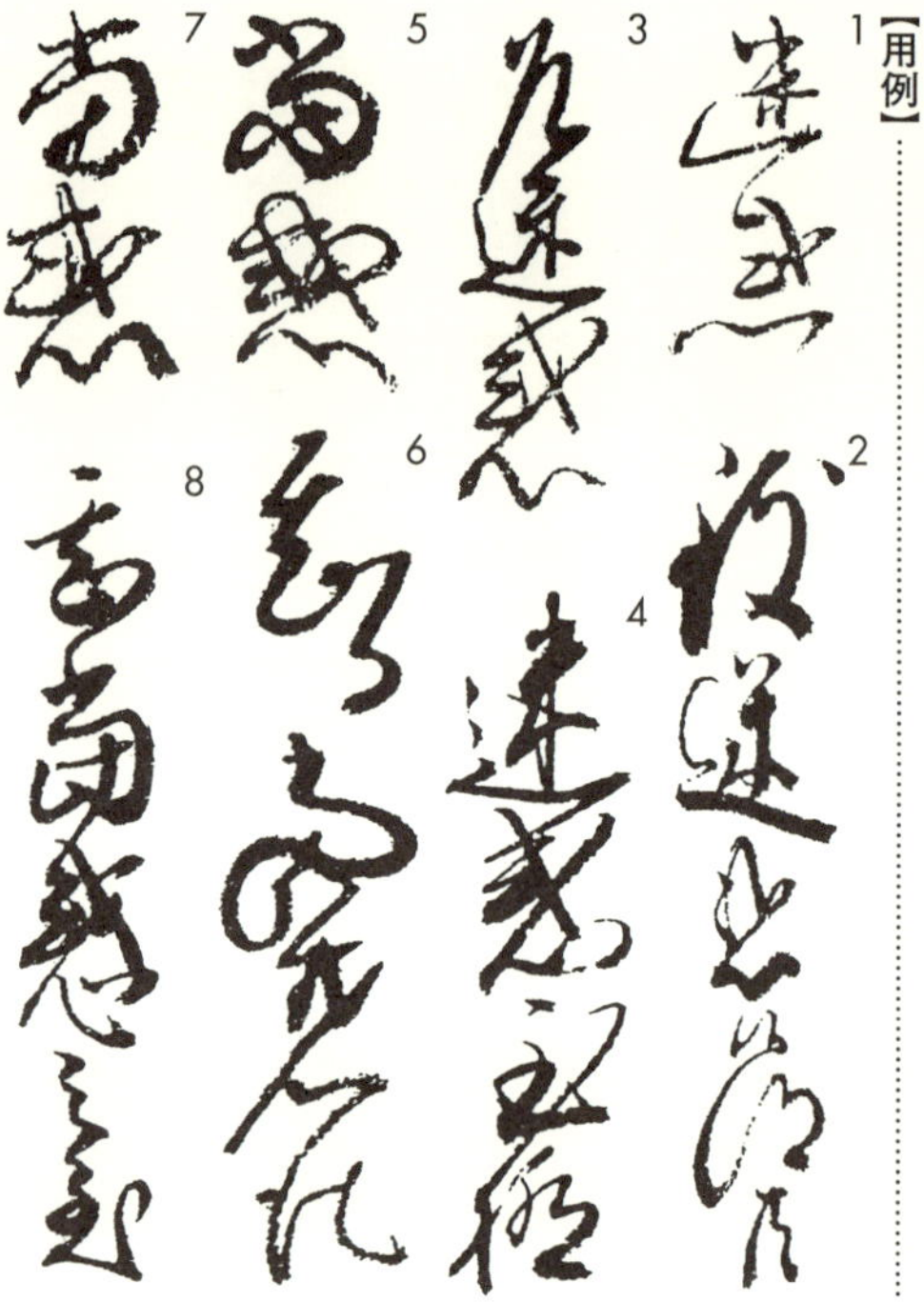

1 迷惑《めいわく》 2 致㆓迷惑㆒候得共《めいわくいたしそうらえども》 3 乍㆓迷惑㆒《めいわくながら》 4 迷惑至極《めいわくしごく》 5 當惑《とうわく》 6 甚夕當惑仕《はなはだとうわくつかまつり》 7 當惑《とうわく》 8 甚當惑之至《はなはだとうわくのいたり》

381 愚 2282

グ おろか

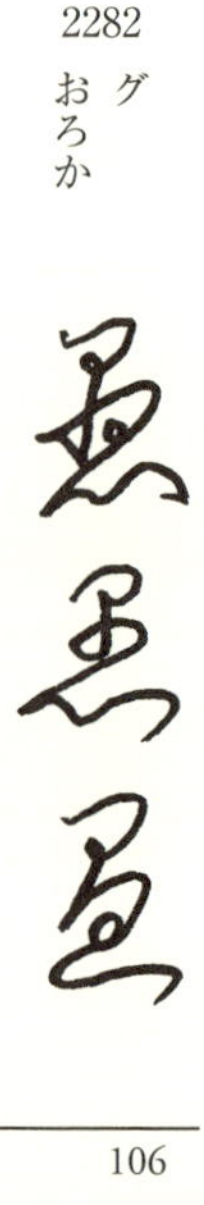

◎自分自身や自分の行為などをへりくだって言う場合に用いられ、書状に多く見られる。単漢字1・4番目が基本形。「懸」にも類似。

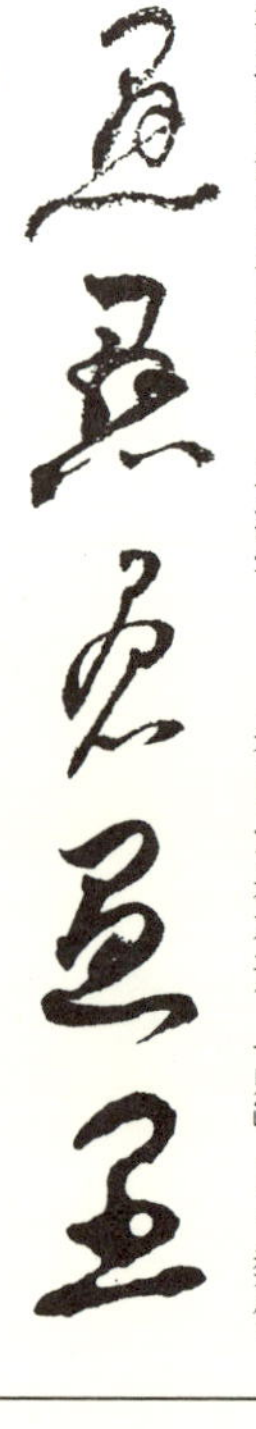

【用例】

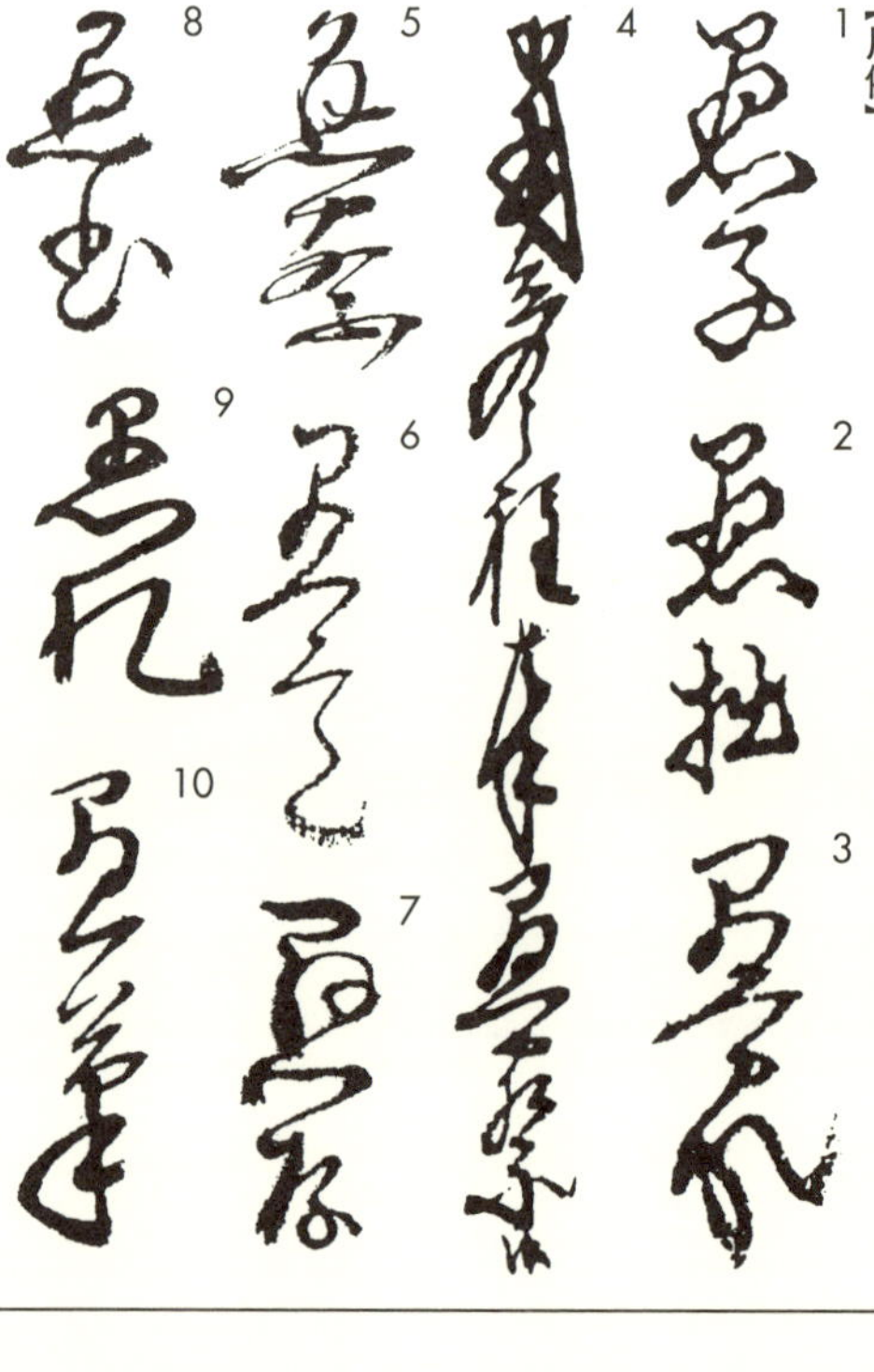

1 愚子《ぐし》 2 愚拙《ぐせつ》 3 愚家《ぐか》 4 御用多之程奉㆓愚察㆒候《ごようたのほどぐさつたてまつりそうろう》 5 愚察《ぐさつ》 6 愚意《ぐい》 7 愚存《ぐぞん》 8 愚書《ぐしょ》 9 愚札《ぐさつ》 10 愚筆《ぐひつ》

382
慈
2792
ジ
いつくしむ

◎105頁「悲」との熟語で「御慈悲」が頻出する。単漢字2番目が基本形。旁の「幺」二つは省画されて原形をとどめないのが普通である。

【用例】

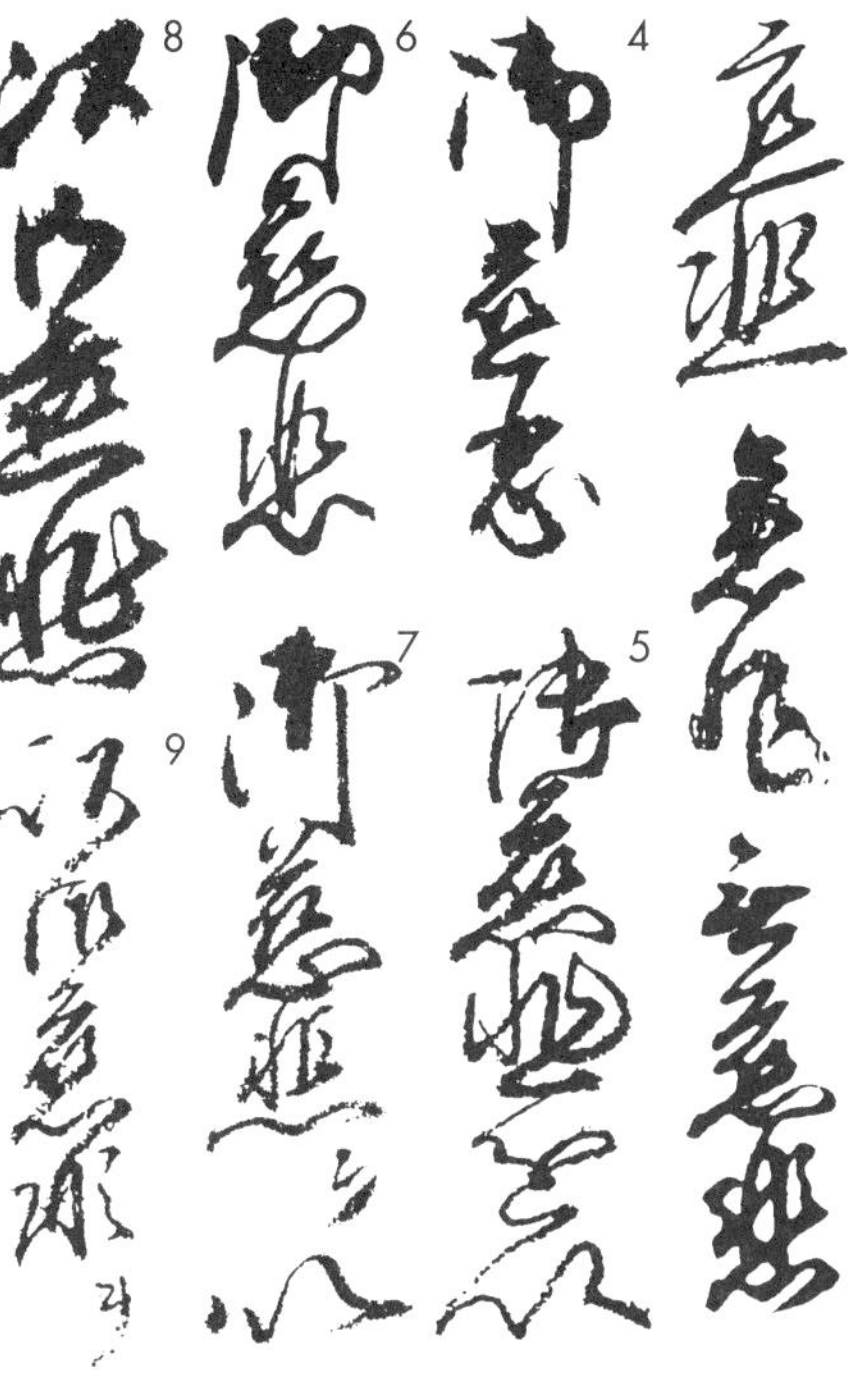

1 慈悲《じひ》 2 慈非《じひ》（※「慈悲」の誤用） 3 無慈悲《むじひ》 4 御慈悲《ごじひ》
5 御慈悲《ごじひ》を以《もって》 6 御慈悲《ごじひ》 7 御慈悲《ごじひ》ヲ以《をもって》 8 以二御慈悲《ごじひをもって》一
9 以二御慈非《ごじひをもって》ヲ一

383
愍
5630
ビン
ミン
あわれむ

◎「御憐愍」は何かをお願いする際の決り文句として「御慈悲」とともに頻出するのでぜひ覚えたい。単漢字2・4番目が基本形となる。

【用例】

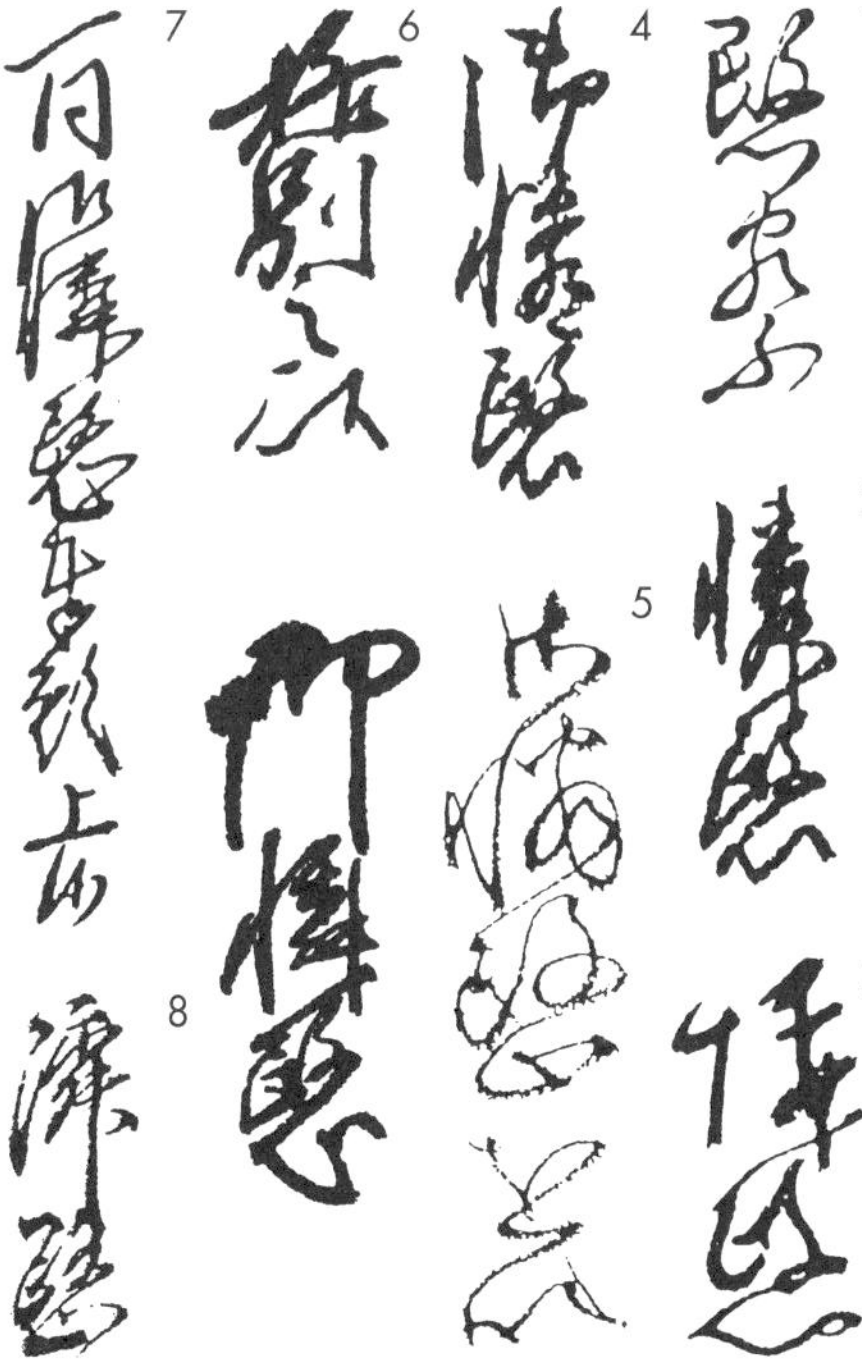

1 愍察《びんさつ》 2・3 憐愍《れんびん》 4 御憐愍《ごれんびん》 5 御憐愍《ごれんびん》を以《もって》
6 格別之以二御憐愍一《かくべつのごれんびんをもって》 7 一同御憐愍奉二願上一候《いちどうごれんびんねがいあげたてまつりそうろう》
8 隣愍《れんびん》（※「憐愍」の誤用）

384 愈

4492

ユ

いよいよ

◎「弥(弥々)」(いっそう。ますますの意)と同義で書状に頻出。くずしは多様だが、単漢字二列目2番目以降のくずしを覚えたい。

【用例】

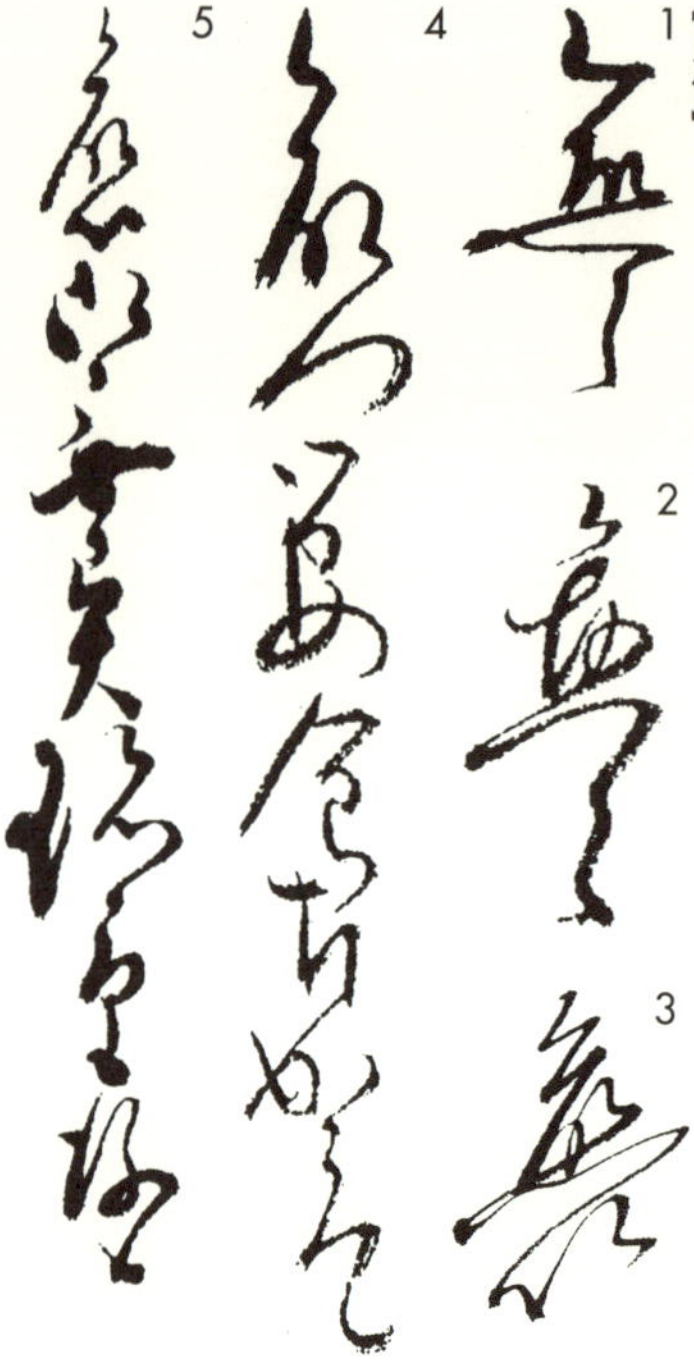

1・2 愈々《いよいよ》 3 愈以《いよいよもって》 4 愈御安全奉レ賀候《いよいよごあんぜんにがしたてまつりそうろう》 5 愈御無異珍重存候《いよいよごぶいちんちょうにぞんじそうろう》

385 慎(愼)

3121
5638

シン

つつしむ

◎旁の「真」(180頁)のくずしは非常に特徴的なので、覚えてなければ判読は困難である。また110頁「慥」とも類似。「相慎」が頻出する。

【用例】

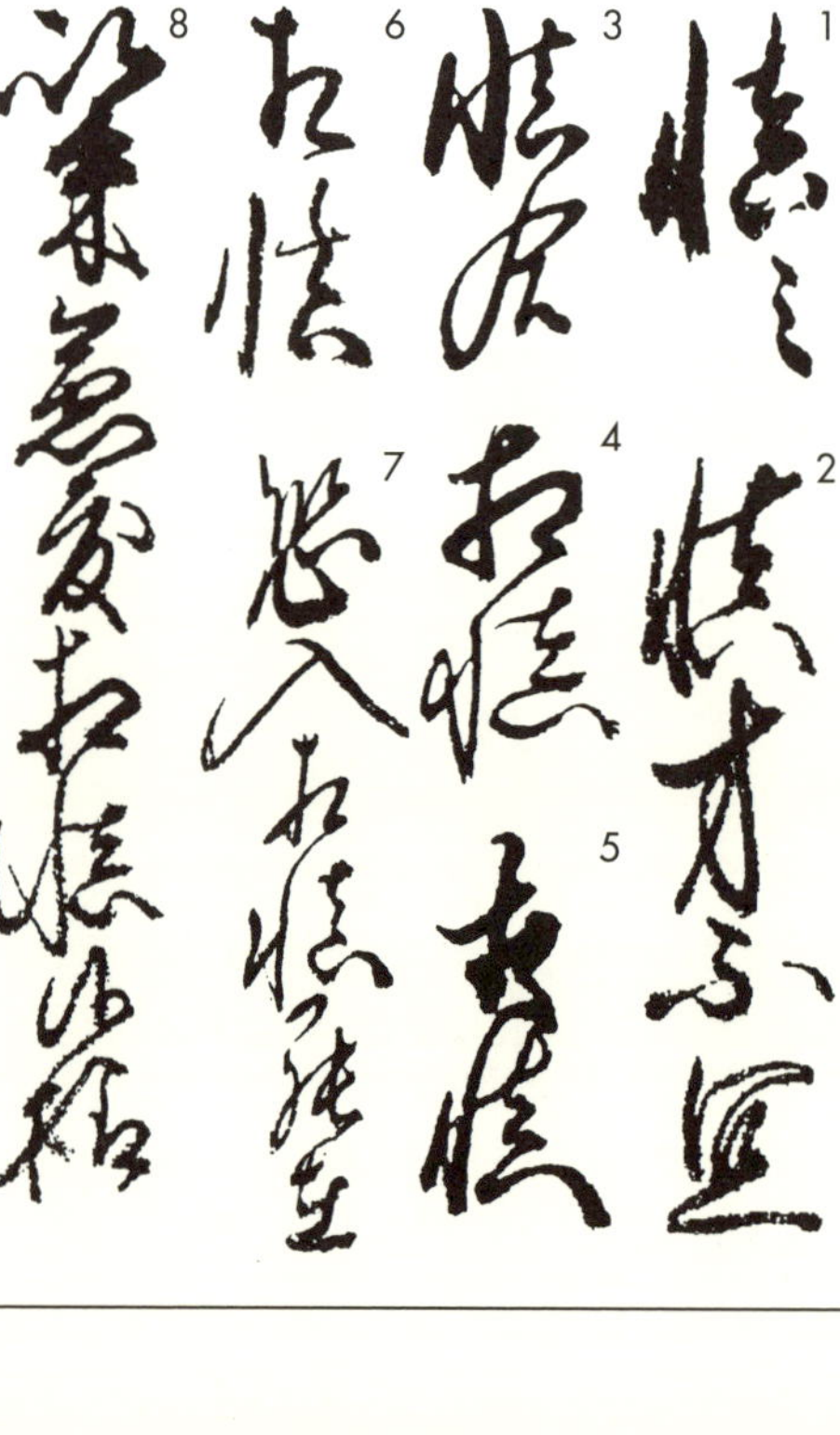

1 慎ミ《つつしみ》 2 慎方不レ宜《つつしみかたよろしからず》 3 慎合《つつしみあう》 4～6 相慎《あいつつしみ》 7 恐入相慎罷在《おそれいりあいつつしみまかりあり》 8 以来急度相慎候様《いらいきっとあいつつしみそうろうよう》

386 態

3454

タイ
わざと
わざわざ

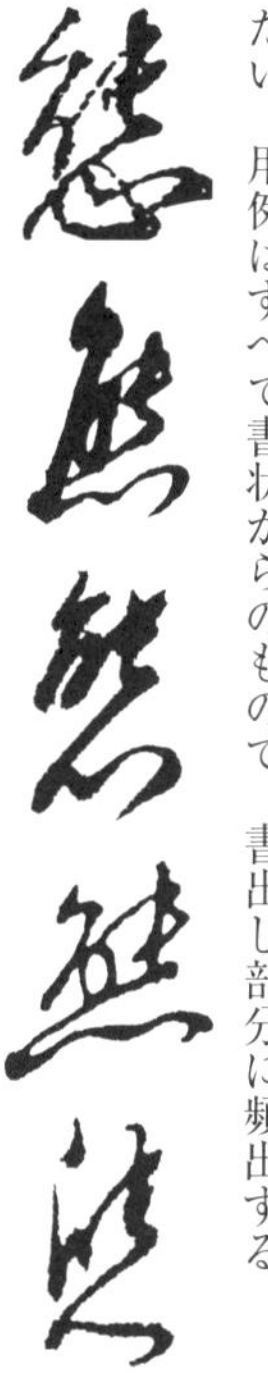

◎「態」を「わざわざ」(特別に。とりたての意)と読むことに注意したい。用例はすべて書状からのもので、書出し部分に頻出する。

【用例】

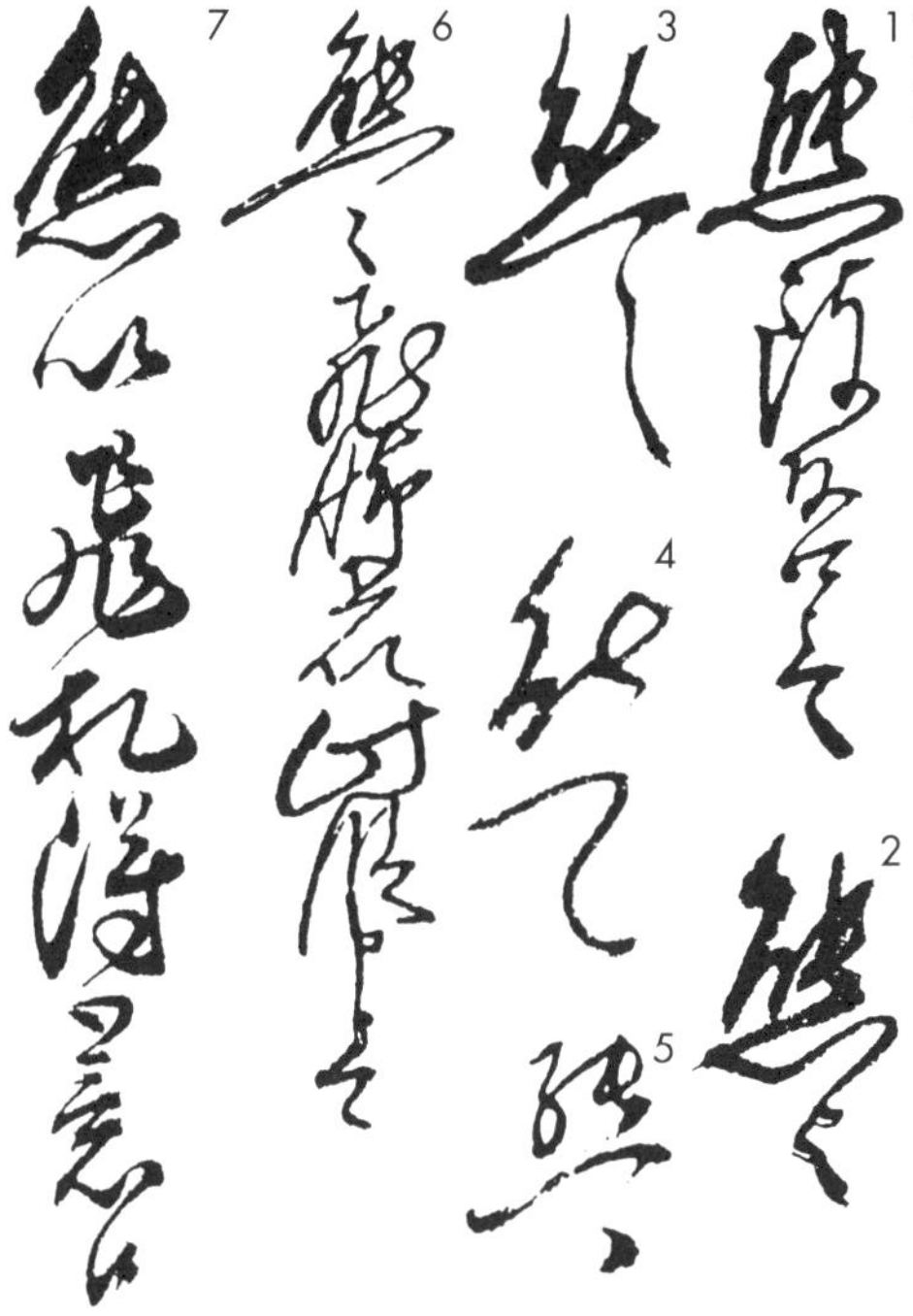

1 態致㆓啓上㆒候《わざわざけいじょういたしそうろう》　2 態与《わざと》　3～5 態々《わざわざ》

6 態々飛脚を《わざわざひきゃく》以此段申上候《もってこのだんもうしあげそうろう》

7 態以㆓飛札㆒得㆓御意㆒候《わざわざひさつをもってぎょいをえそうろう》

387 慶

2336

ケイ
よろこぶ

◎くずされると上に「艹」がのる単漢字2番目以降の形になるので注意。「余計」を「余慶」(24頁「余」も参照)と記す頻度は高い。

【用例】

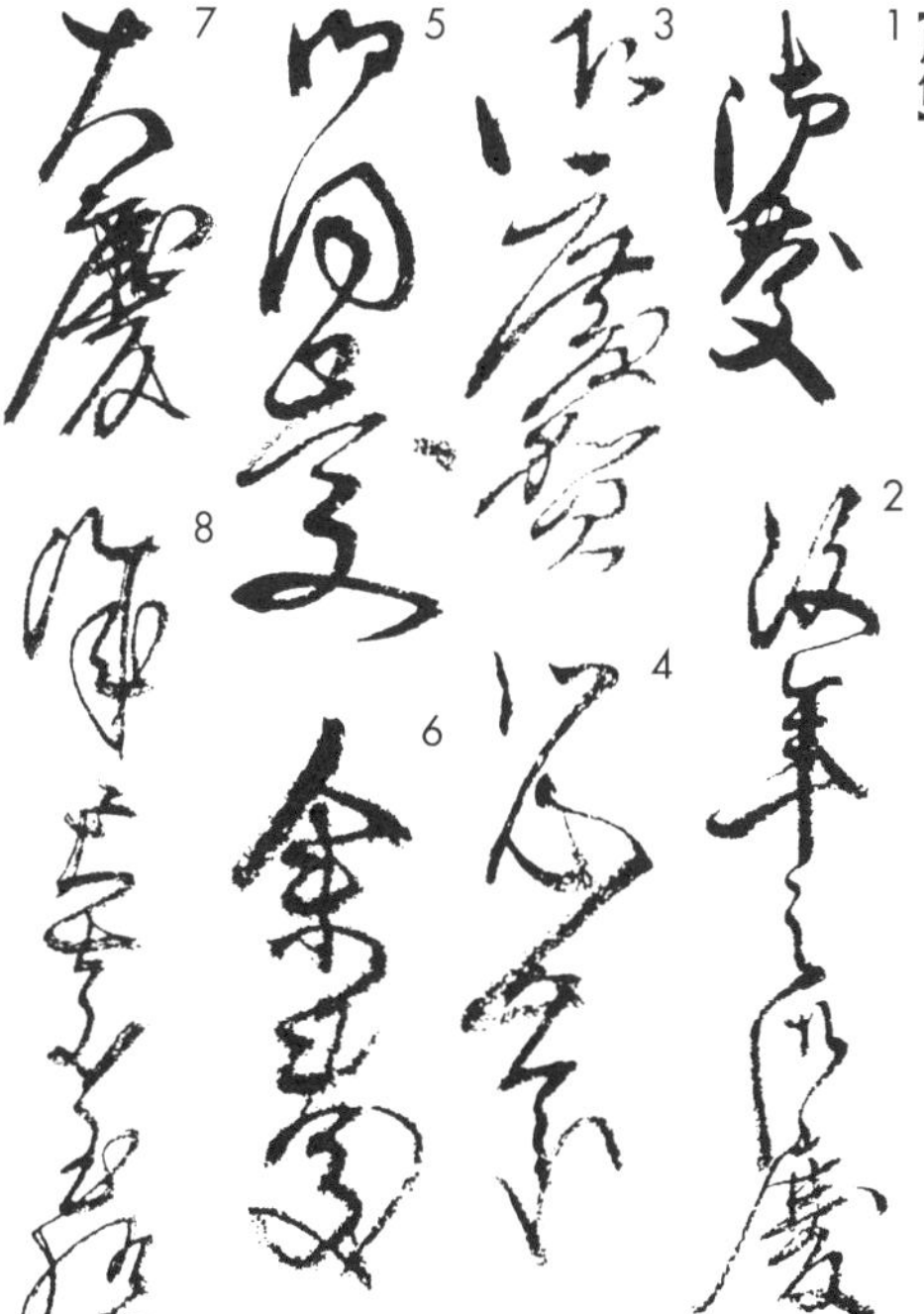

1 御慶《およろこび》《ぎょけい》　2 改年《かいねん》之《の》御慶《ぎょけい》　3 御慶賀《ごけいが》　4 御心慶《ごしんけい》　5 御同慶《ごどうけい》　6 余慶《よけい》

7 大慶《たいけい》　8 誠ニ大慶至極《まことにたいけいしごく》

388 慥 5652

ゾウ
たしか
たしかに

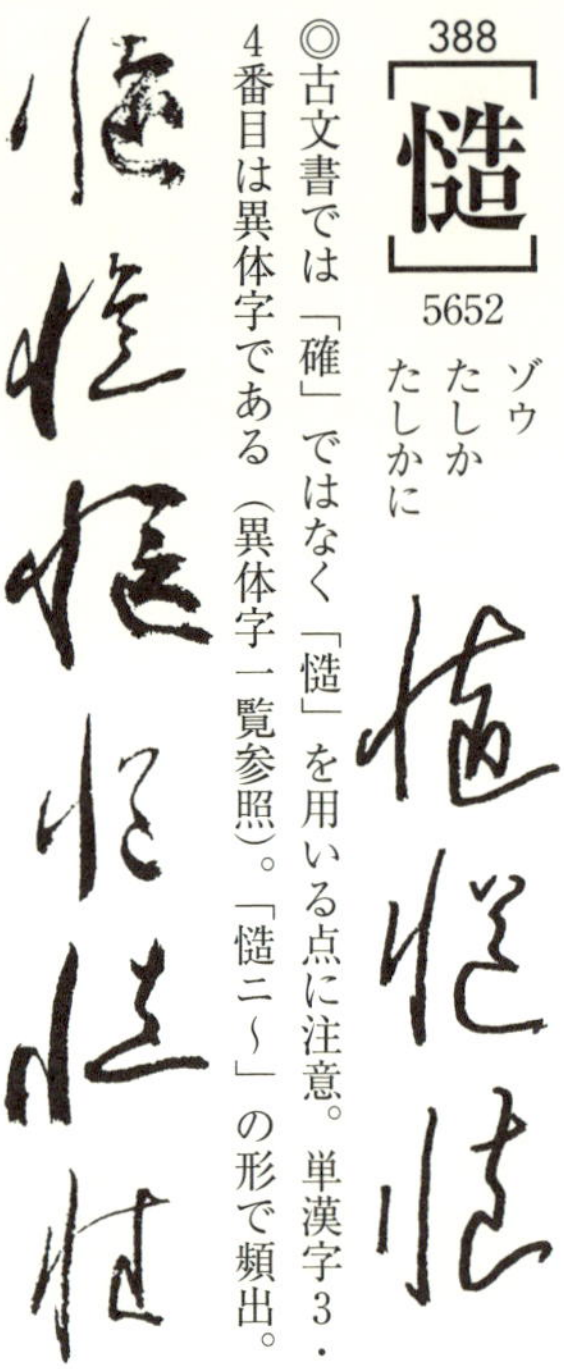

◎古文書では「確」ではなく「慥」を用いる点に注意。単漢字3・4番目は異体字である（異体字一覧参照）。「慥ニ～」の形で頻出。

【用例】

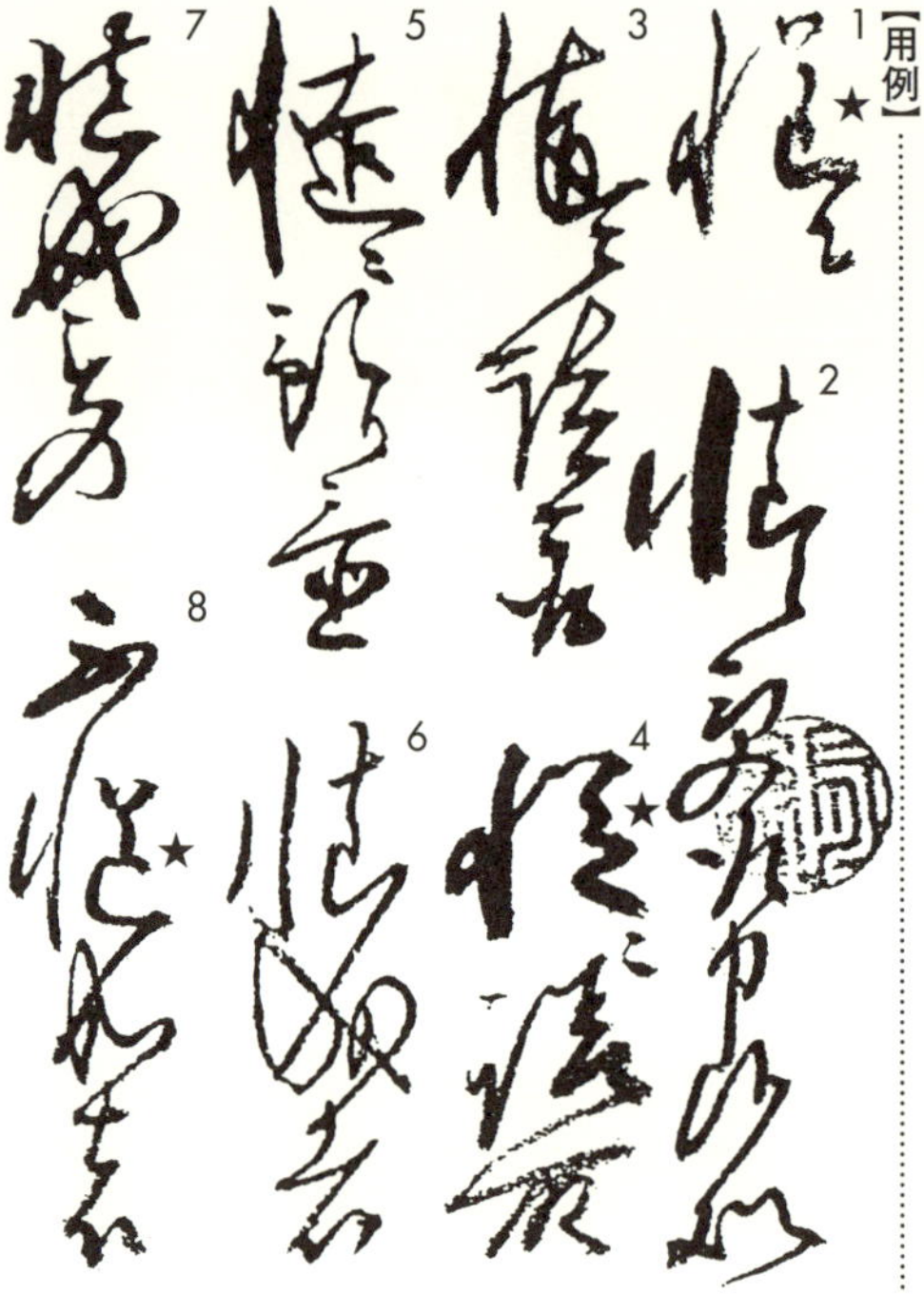

1 慥ニ《たしかに》　2 慥ニ受取申候処《たしかにうけとりもうしそうろうところ》　3・4 慥ニ請取《たしかにうけとり》　5 慥ニ預リ置《たしかにあずかりおき》

6 慥成者《たしかなるもの》　7 慥成もの《たしかなる》　8 不慥成者《ふたしかなるもの》／不二慥成一者《たしかならざるもの》

389 慮 4624

リョ
おもんぱかる

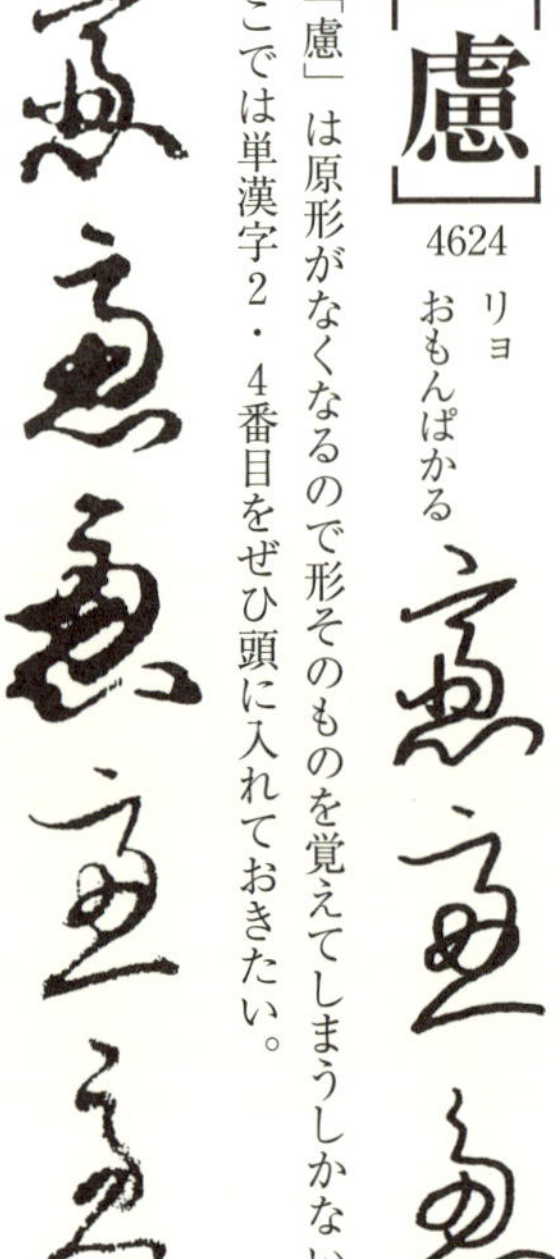

◎「慮」は原形がなくなるので形そのものを覚えてしまうしかない。ここでは単漢字2・4番目をぜひ頭に入れておきたい。

【用例】

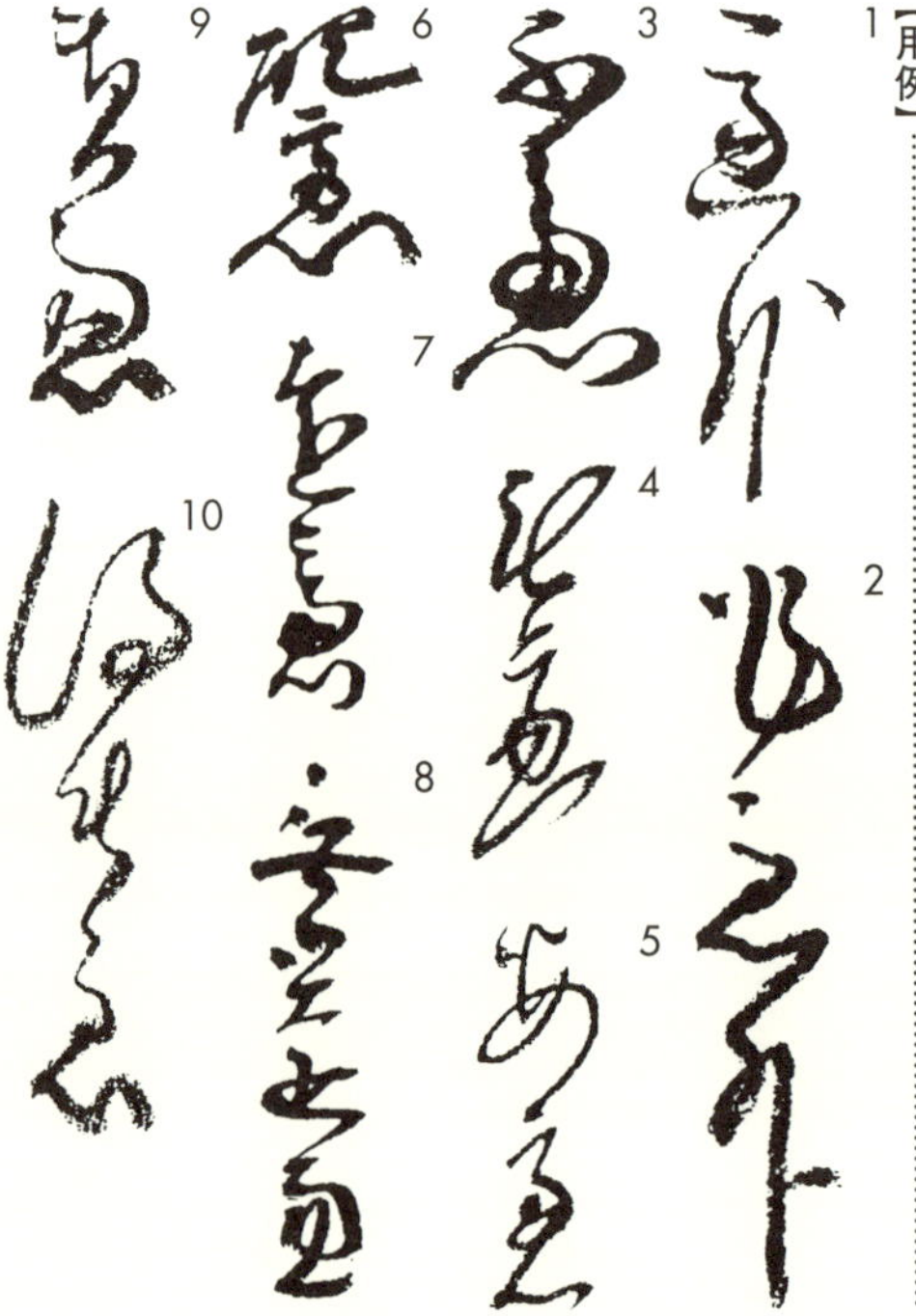

1 慮外《りょがい》　2 乍二慮外一《りょがいながら》　3 不慮《ふりょ》　4 無慮《むりょ／ぶりょ》　5 安慮《あんりょ》　6 配慮《はいりょ》　7 遠慮《えんりょ》

8 無二御遠慮一《ごえんりょなく》　9 貴慮《きりょ》　10 得二貴慮一《きりょをえ》

390 憚 5663

タン はばかる

◎「乍レ憚」(恐れ多いことながらの意)が頻出の重要語。旁は多様にくずされるが、「早」の上に「ツ」を記した形となることが多い。

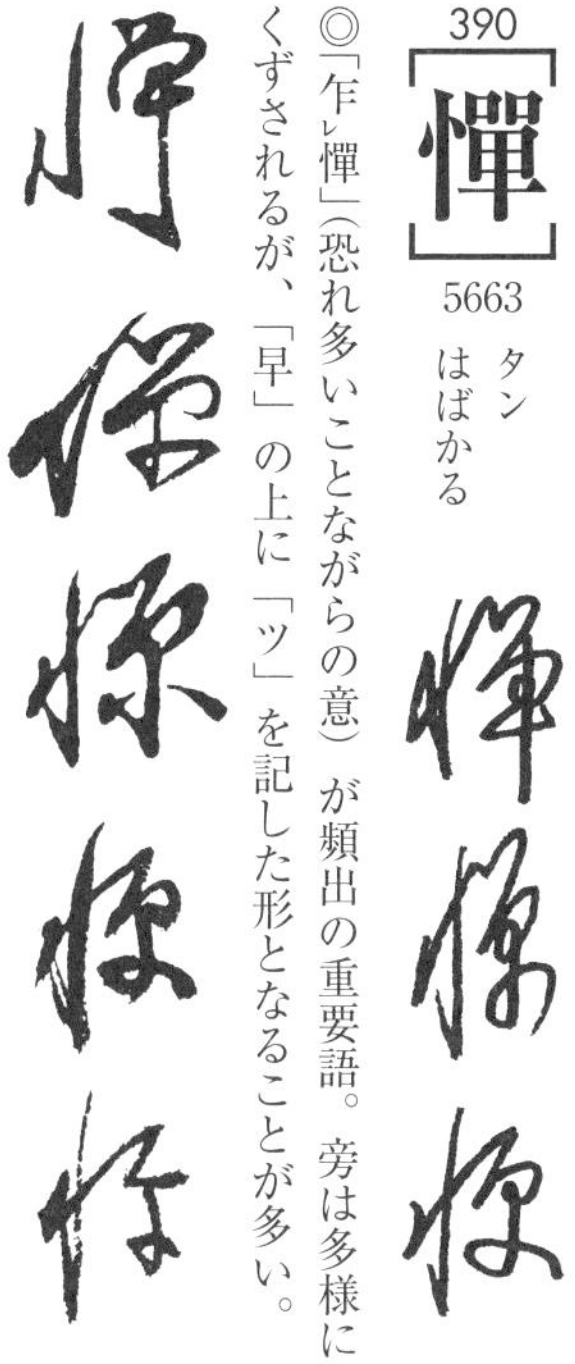

【用例】

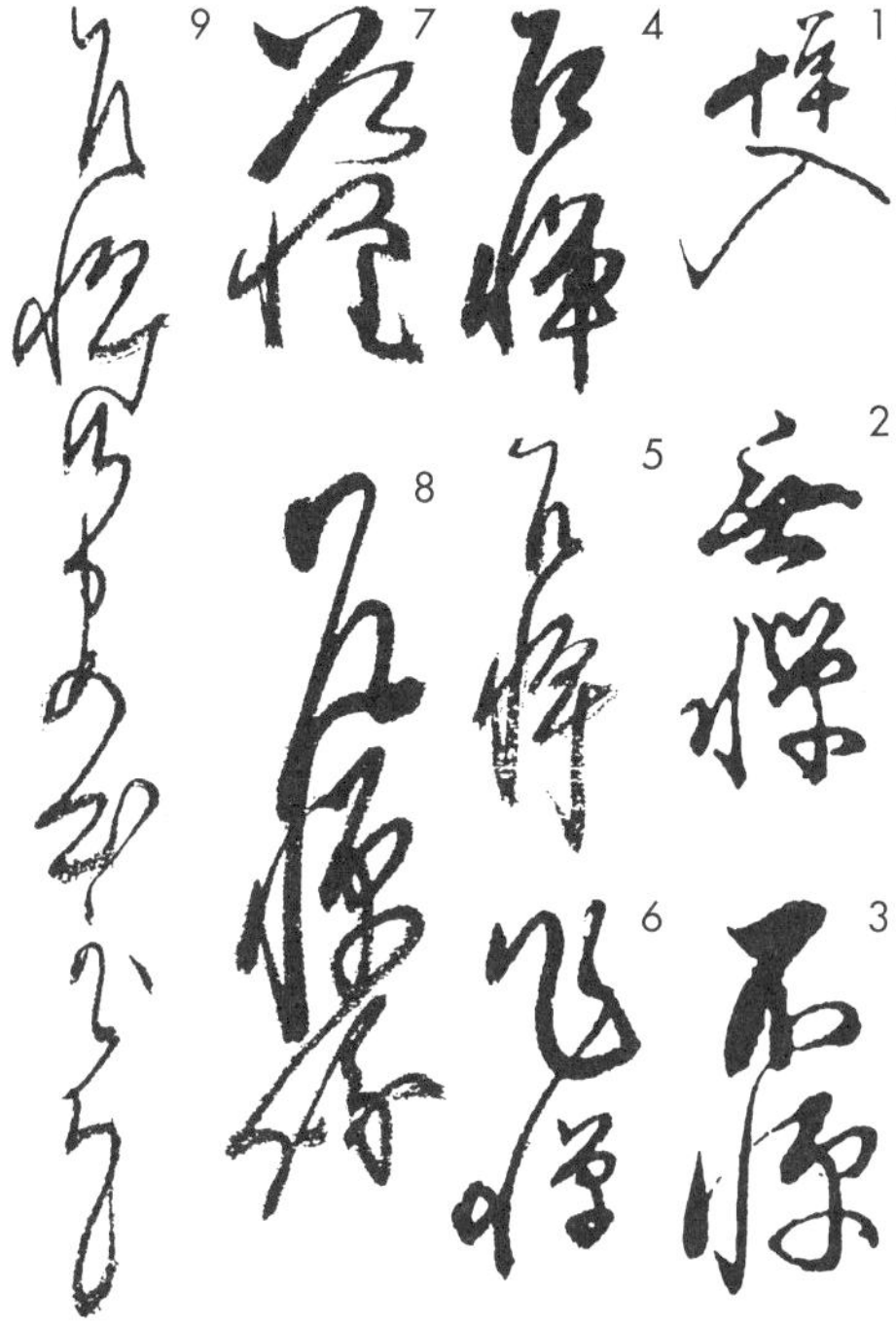

1 憚入《はばかりいる》 2 無レ憚《はばかりなく》 3 不レ憚《はばからず》 4〜7 乍レ憚《はばかりながら》 8 乍二憚様一《はばかりさまながら》
9 乍レ憚御安心可レ被レ下候《はばかりながらごあんしんくださるべくそうろう》

391 憐 4689

レン あわれむ

◎くずしは原形をとどめているので判読は容易。「憐愍」「憐察」を覚えたい。しばしば「隣」(256頁)との誤用が見られるので注意する。

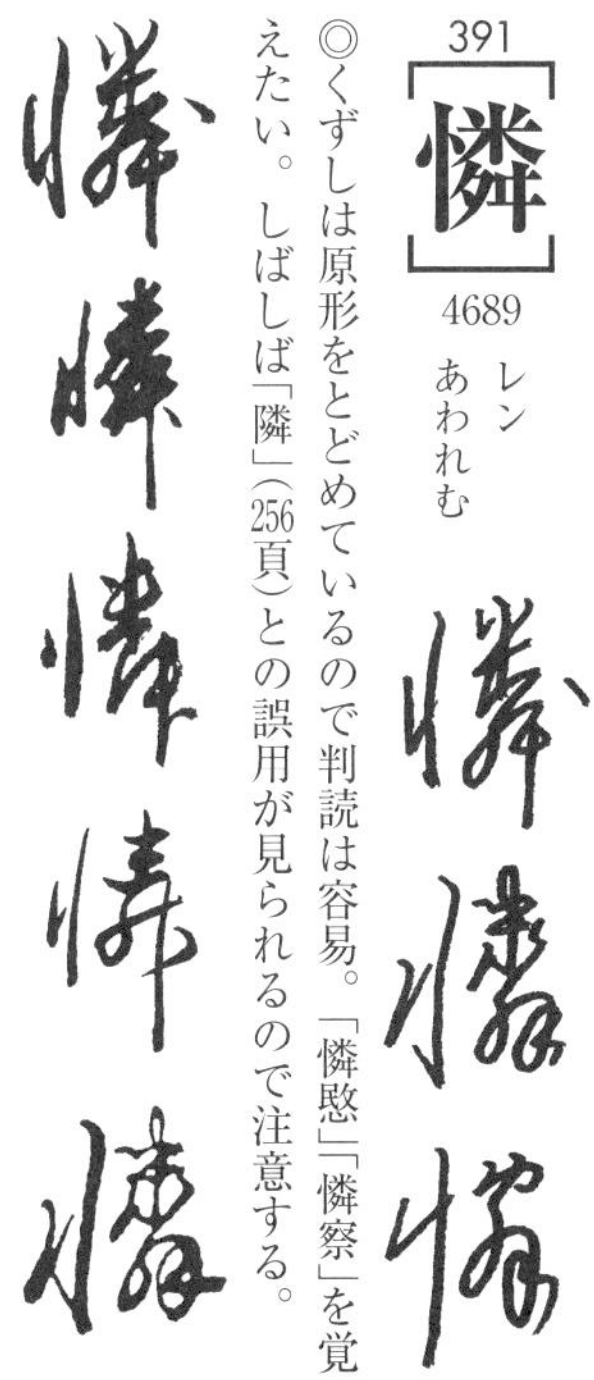

【用例】

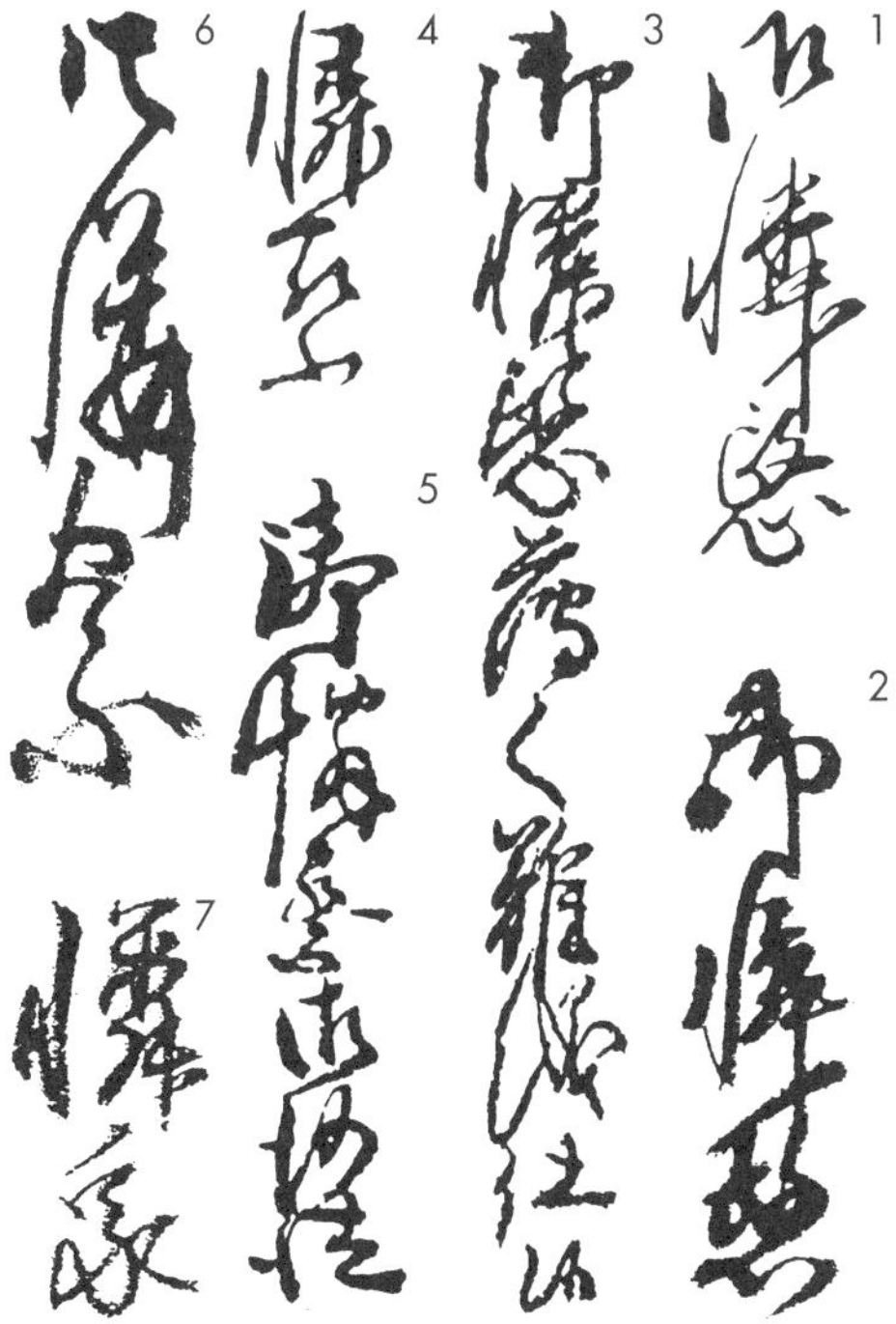

1・2 御憐愍《ごれんびん》 3 御憐愍薄く難儀仕候《ごれんびんうすくなんぎつかまつりそうろう》 4 憐察《れんさつ》
5 御憐察御沙汰《ごれんさつのごさた》 6 御憐察《ごれんさつ》 7 憐家《りんか》(※「隣」の誤用)

392 ［懇］ 2609

コン
ねんごろ

◎「豸」も「艮」も省画され、「豸」は「弓」偏（95頁）や「馬」偏（265頁）のようにくずされる。単漢字3～5番目のくずしを覚えたい。

【用例】

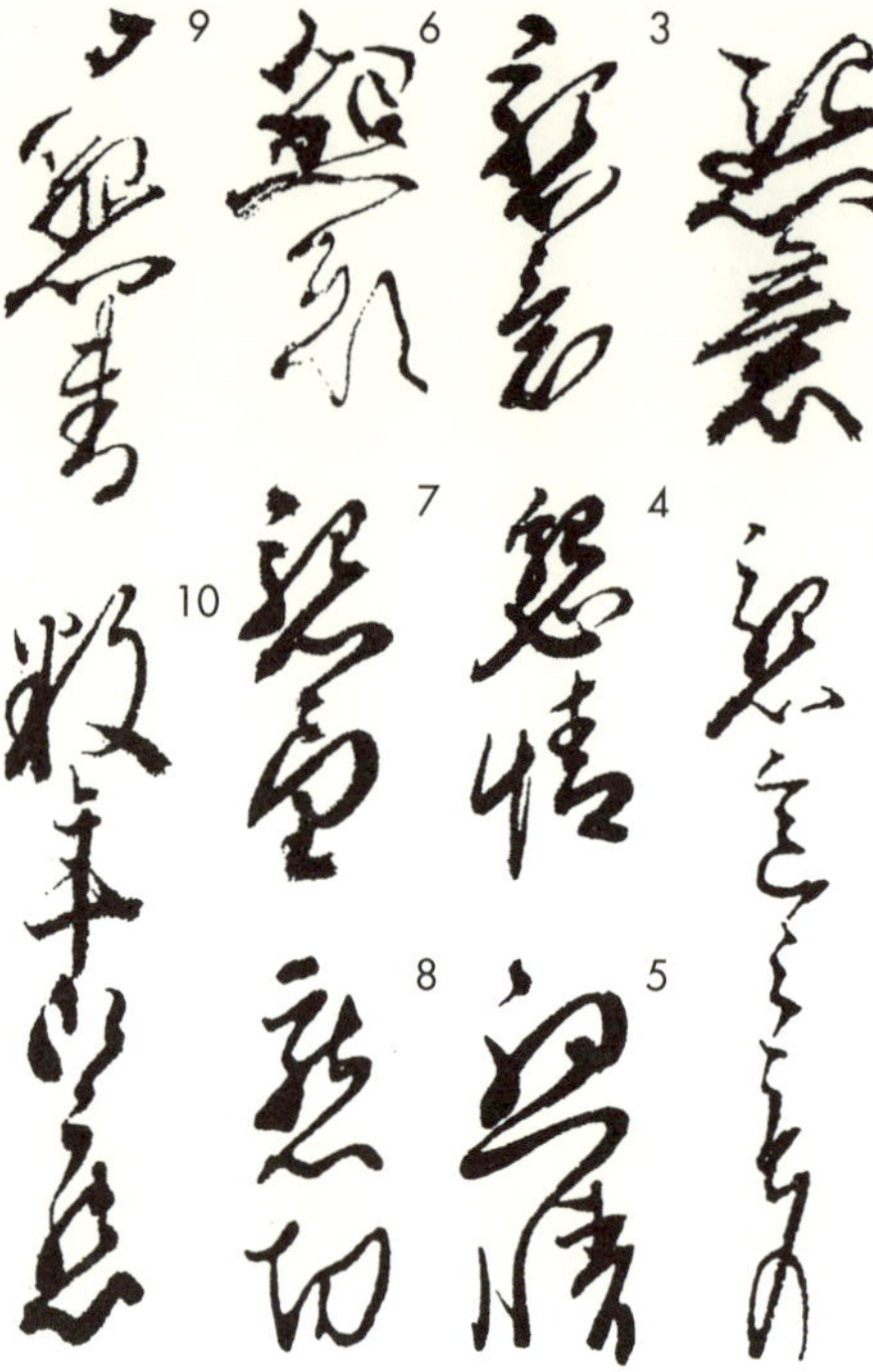

1 懇意《こんい》　2 懇意之《こんいの》もの　3 懇意《こんい》　4・5 懇情《こんじょう》　6 懇願《こんがん》　7 懇望《こんもう》
8 懇切《こんせつ》　9 御懇書《ごこんしょ》　10 数年御懇《すうねんおねんごろ》

393 ［我］ 1870

ガ
われ
わが

◎ここでは単漢字2番目以降の特殊なくずしを必ず覚えてほしい。「我等」「我儘」が頻出し用例7は決り文句。「家」「敬」（128頁）と類似。

【用例】

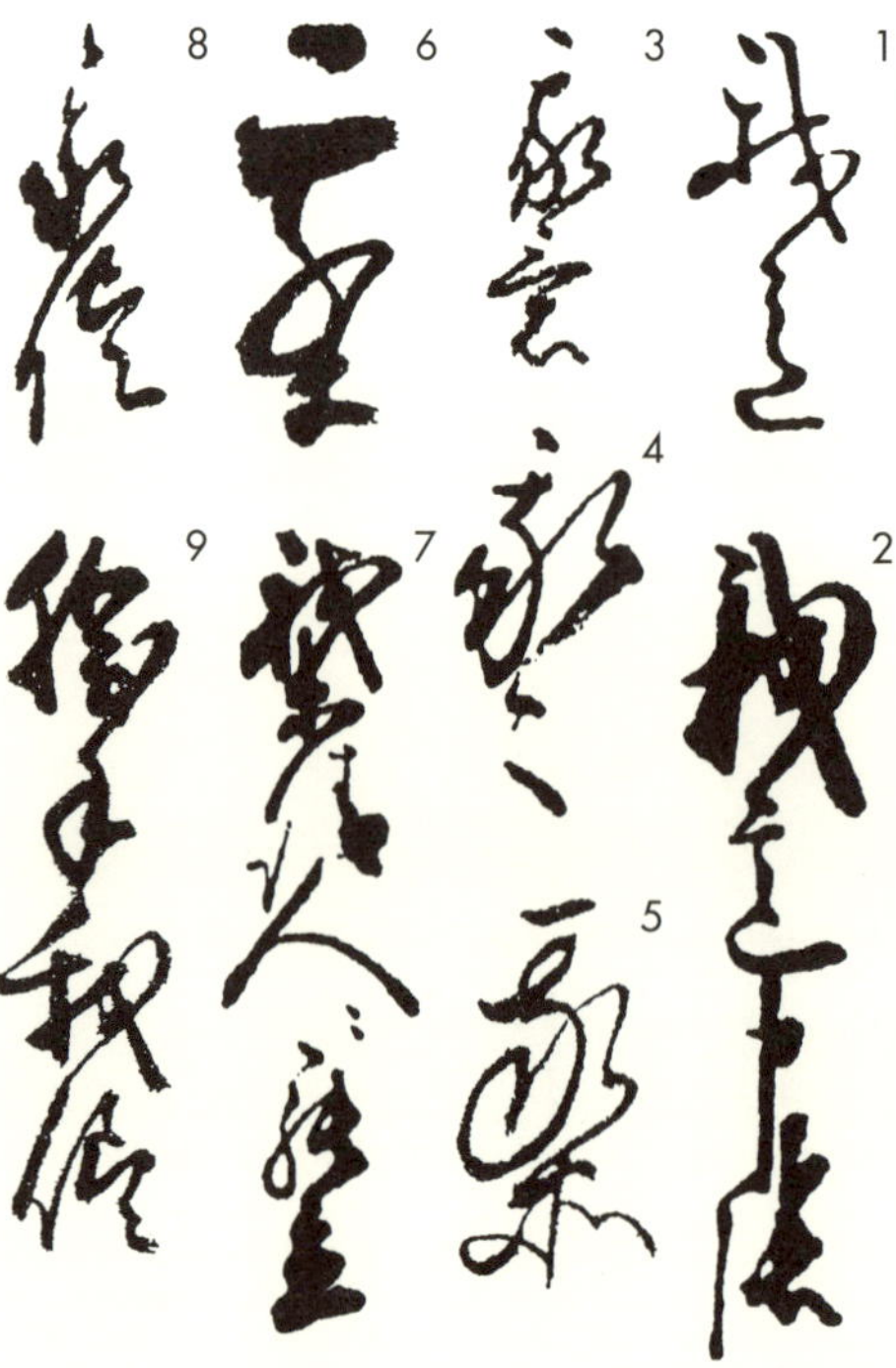

1 我意《がい》　2 我意申張《がいもうしはり》　3 我意《がい》　4 我々《われわれ》　5・6 我等《われら》
7 我等請人ニ罷立《われらうけにんにまかりたち》　8 我儘《わがまま》　9 勝手我儘《かってわがまま》

394 ［或］ 1631

ワク
あるいは
ある

◎「〜或者（ハ）〜」の形が基本。くずしは横棒から「口」へいくものと、縦棒へつなげるものに分かれる。「戠」「弐」「式」（未収録）と類似。

【用例】

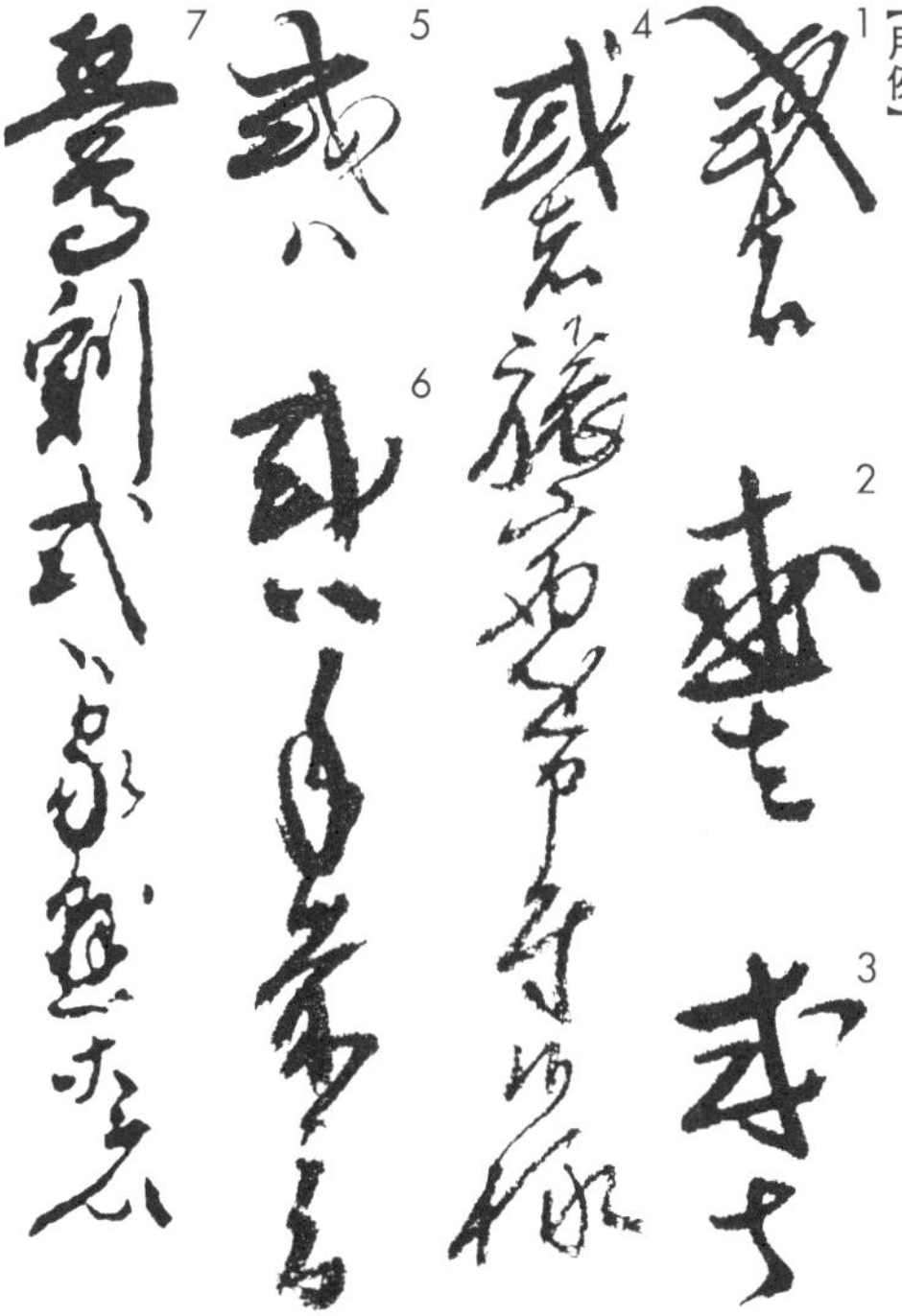

1〜3 或者《あるいは》　4 或者《あるいは》旅宿《りょしゅく》を申付候様《もうしつけそうろうよう》　5 或ハ《あるいは》　6 或ハ《あるいは》手前ニ而《てまえにて》

7 惣高割或ハ家懸等ヲ以《そうたかわりあるいはいえがけなどをもって》

395 ［戴］ 3455

タイ
いただく

◎「頂戴」が頻出の重要語であり、「頂」（261頁）との熟語でぜひ覚えたい。「異」は異体字（異体字一覧参照）が記されることも多い。

【用例】

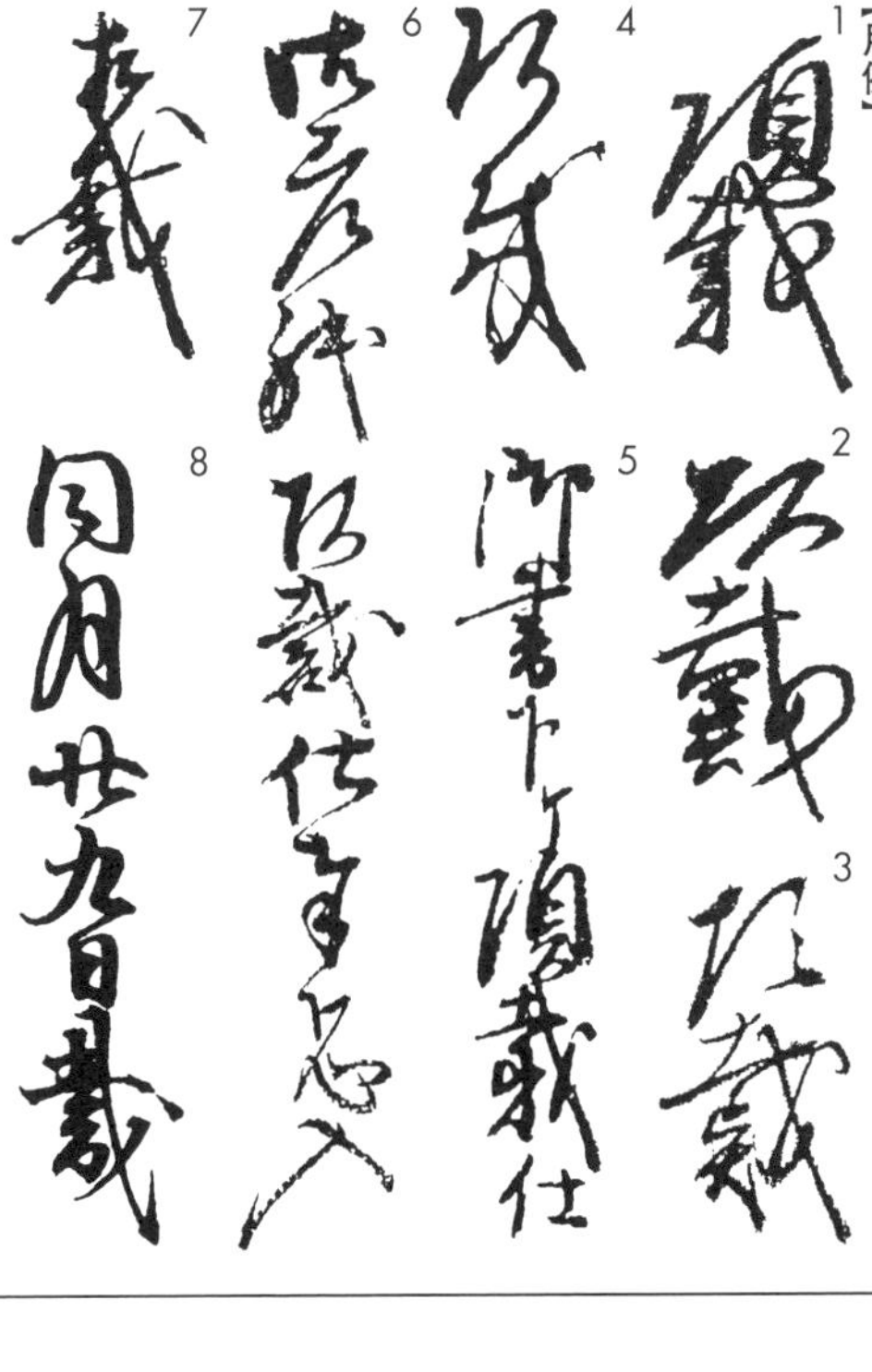

1〜4 頂戴《ちょうだい》　5 御書下ケ《おかきさげ》頂戴仕《ちょうだいつかまつり》

6 御差紙《おさしがみ》頂戴仕《ちょうだいつかまつり》奉㆓恐入㆒《おそれいりたてまつる》　7 相戴《あいいただき》　8 同月廿九日戴《どうつきにじゅうくにちいただき》

396 【戸】 2445

と
コ

◎「江戸」を含んだ用例が頻出する。「江」が判れば多少くずされていても判読は可能だろう。「戸〆」は庶民に科せられた刑罰の一つ。

【用例】

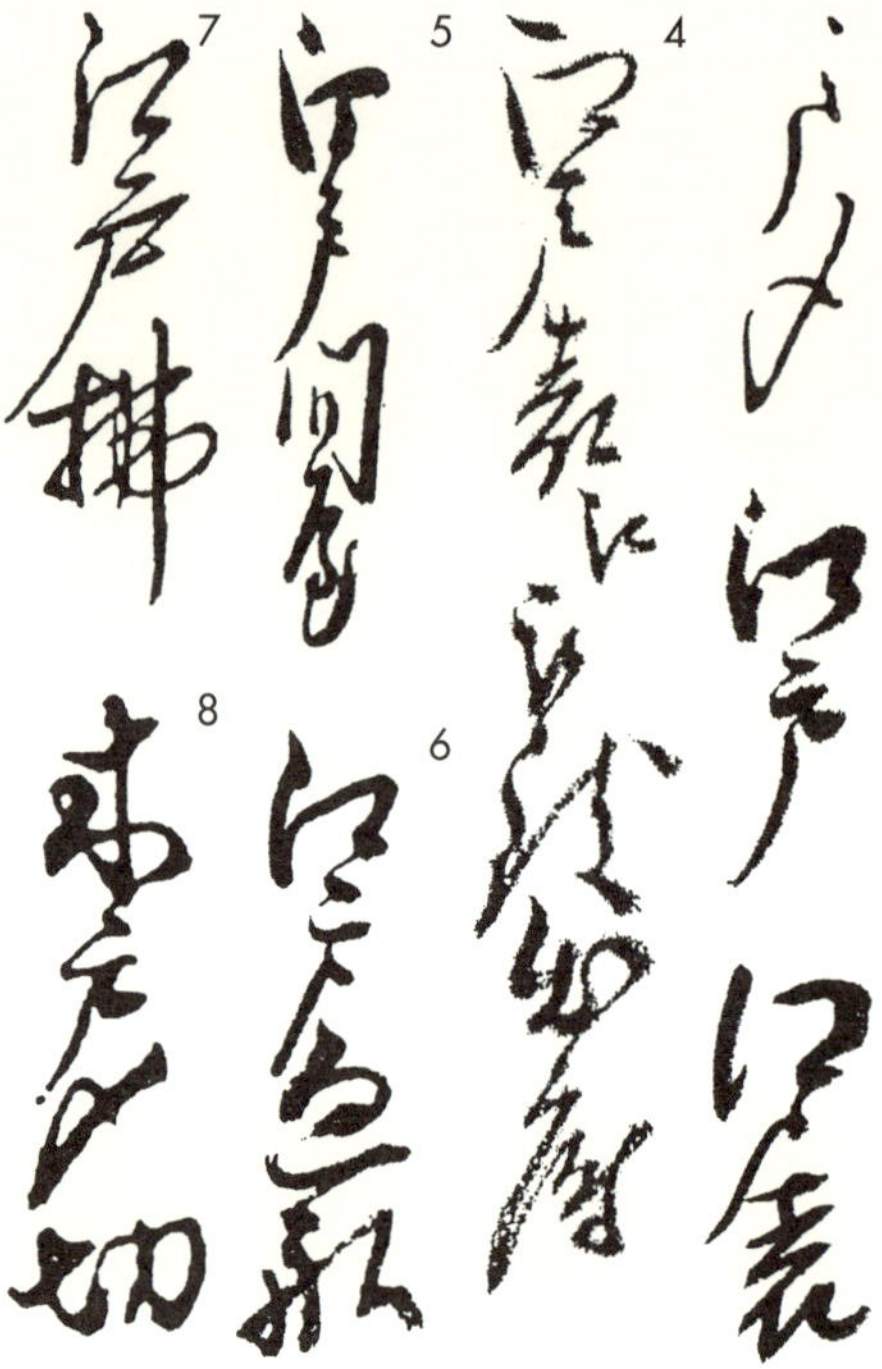

1 戸〆《とじめ》　2 江戸《えど》　3 江戸表《えどおもて》　4 江戸表江被レ致二出府一《えどおもてへしゅっぷいたされ》　5 江戸問屋《えどといや》
6 江戸廻船《えどかいせん》　7 江戸拂《えどばらい》　8 木戸〆切《きどしめきり》

397 【戻(戾)】 4465

レイ
もどる
もどす

◎旧字「戾」のくずしが基本形となるが、原形をとどめているので判読は容易だろう。用例3は廻状の末尾に記される決り文句。

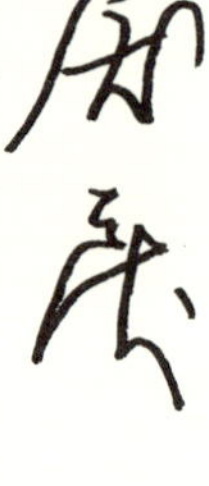

【用例】

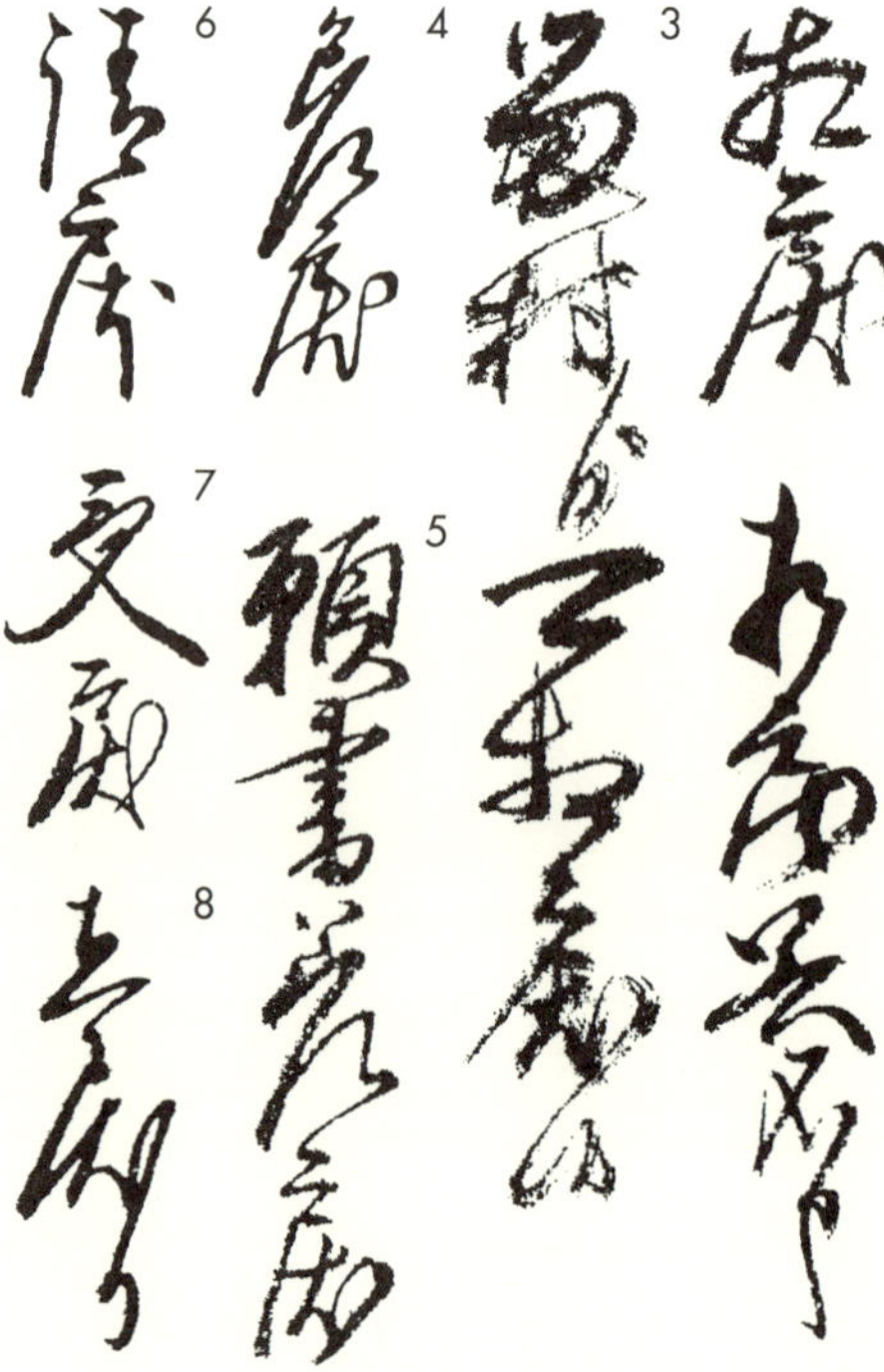

1 相戻《あいもどす》　2 相戻呉不レ申《あいもどしくれもうさず》　3 留村ゟ可二相戻一候《とまりむらよりあいもどすべくそうろう》　4 差戻《さしもどす》
5 願書差戻《がんしょさしもどし》　6 請戻《うけもどす》　7 受戻《うけもどす》　8 立戻リ《たちもどり》

398

打

3439

ダ
チョウ
うつ

◎「相」「差」などと同様に接頭語として下に続く動詞を強調する用法が多く見られる。「折」(118頁)、「相」と酷似するので注意したい。

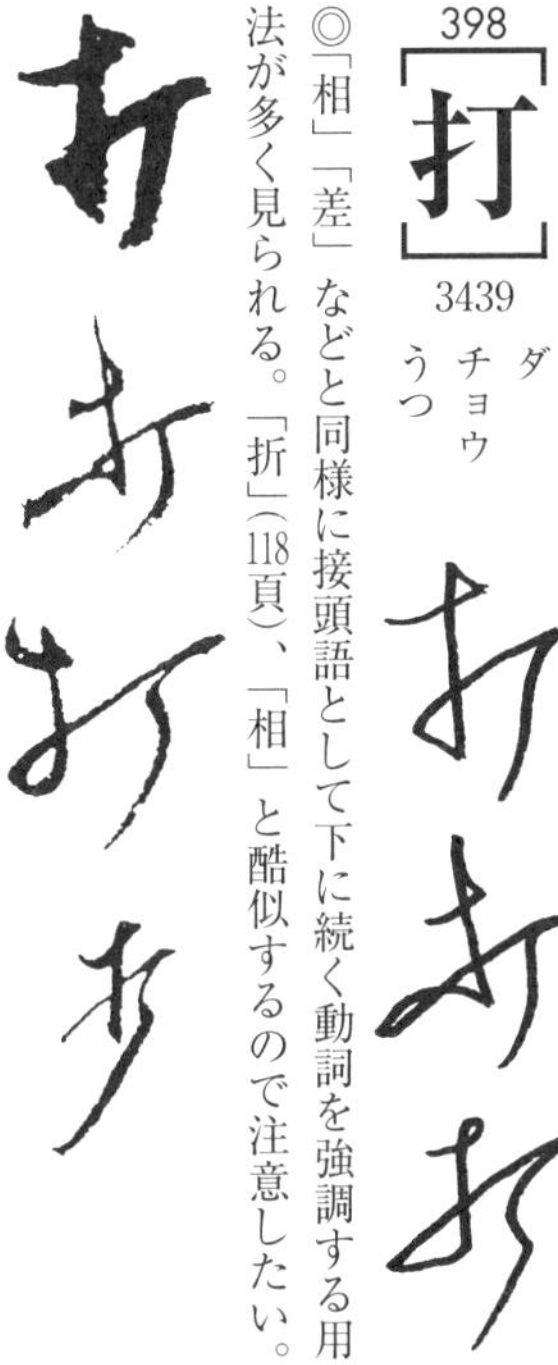

【用例】

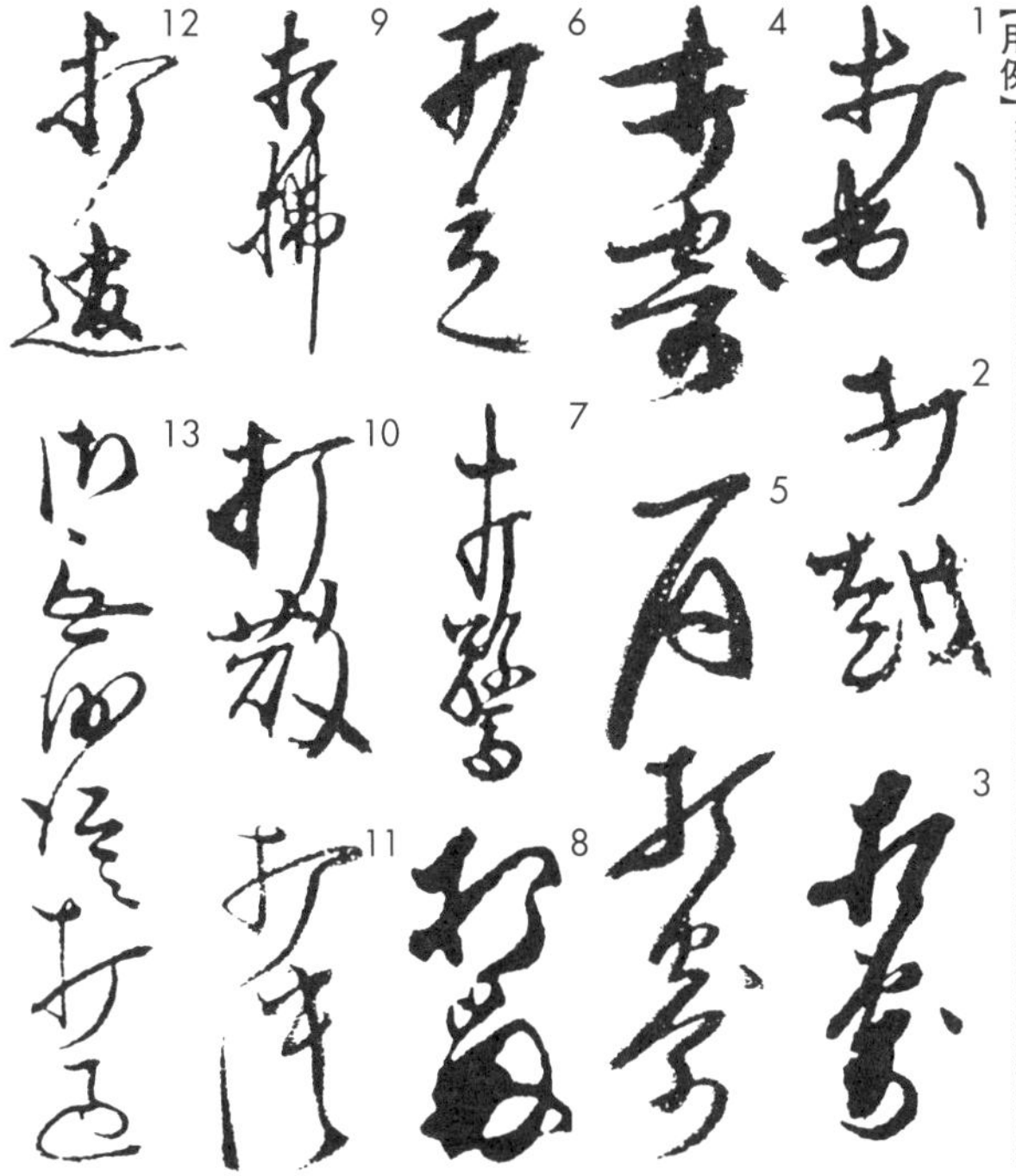

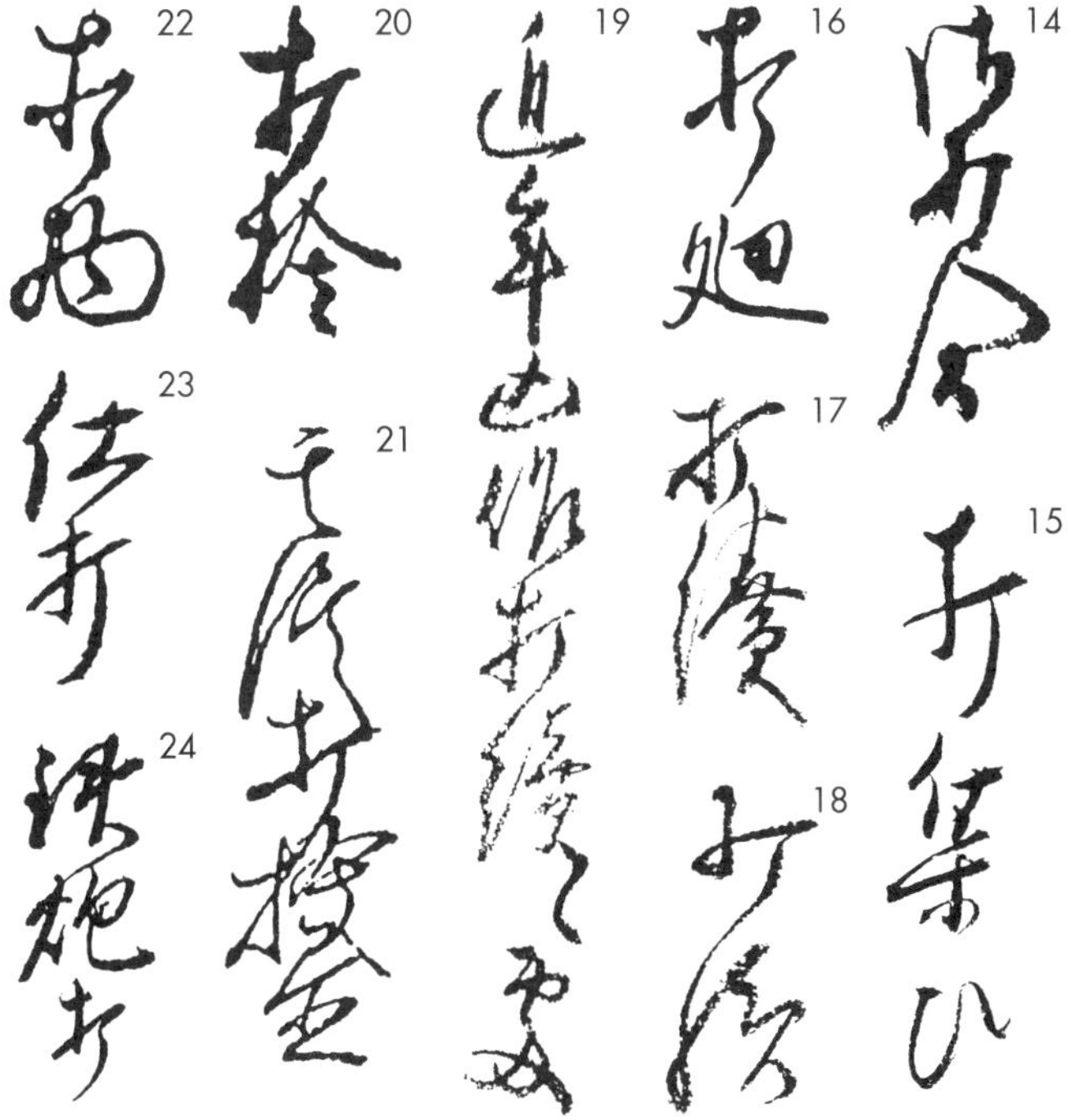

1 打出《うちだす》　2 打越《うちこす》　3・4 打寄《うちよる》　5 一同打寄《いちどううちより》　6 打立《うちたつ》　7 打驚《うちおどろく》

8 打留《うちどめ》　9 打拂《うちはらう》　10 打散《うちちらす》　11 打潰《うちつぶす》　12 打過《うちすぐ》　13 御無沙汰二打過《ごぶさたにうちすぎ》

14 御打合《おうちあわせ》　15 打集ひ《うちつど》　16 打廻《うちまわす》　17・18 打續《うちつづく》

19 近年凶作打續候處《きんねんきょうさくうちつづきそうろうところ》　20 打捨《うちすて》　21 其儘打捨置《そのままうちすておく》　22 打物《うちもの》

23 仕打《しうち》　24 鉄炮打《てっぽううち》

399 払(拂)

4207
5736
フツ
はらう

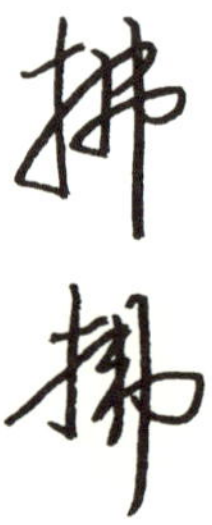

◎旧字「拂」のくずしが基本形となるが判読は容易。用例11・12は居住地から追放する刑罰のこと。「拂底」「賣拂」を覚えたい。

【用例】

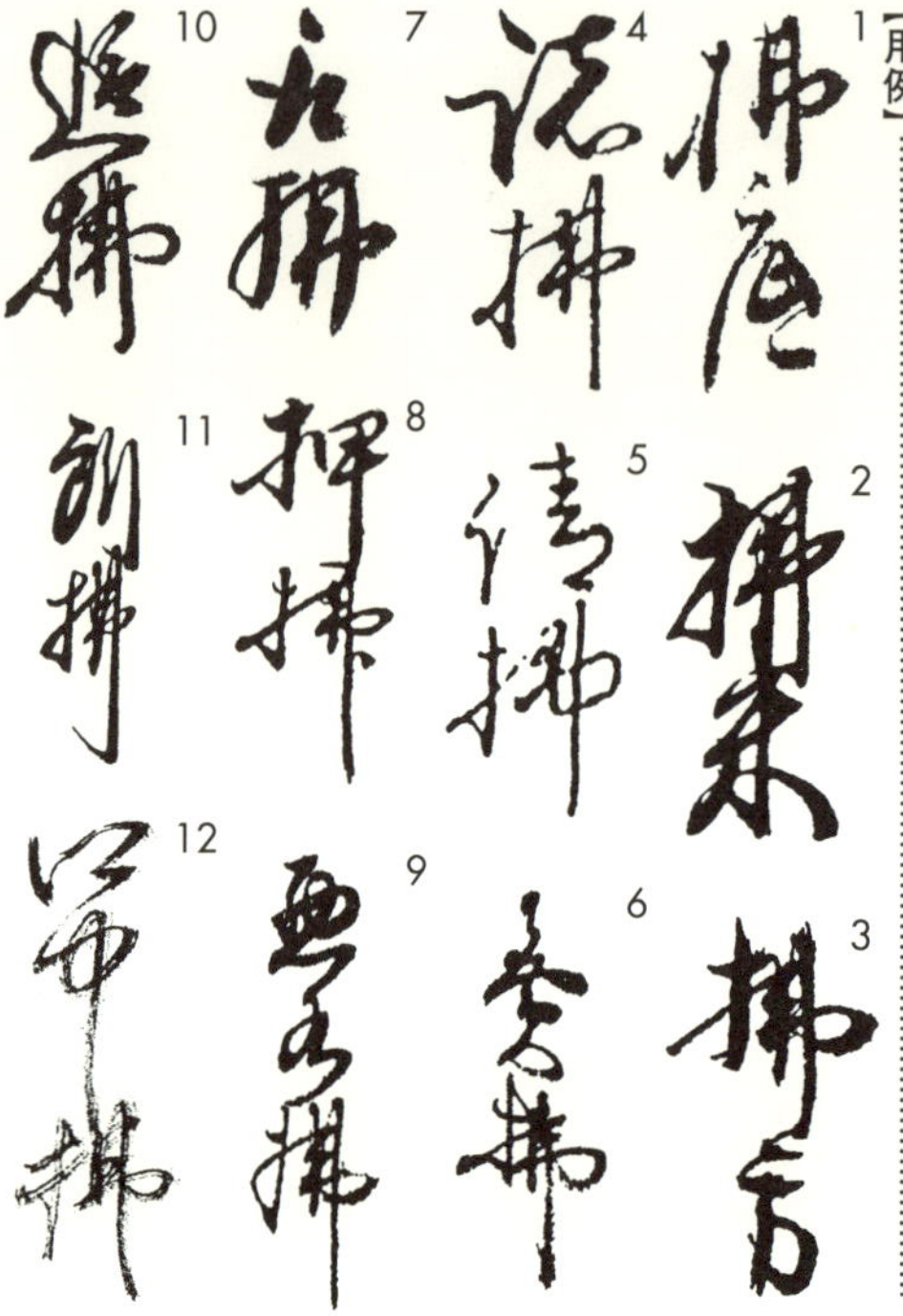

1 拂底《ふってい》　2 拂米《はらいまい》　3 拂方《はらいかた》　4 諸拂《しょばらい》　5 請拂《うけはらい》　6 賣拂《うりはらい》　7 取拂《とりはらい》　8 押拂《おしはらう》　9 悪水拂《あくすいばらい》　10 追拂《おいはらい》　11 所拂《ところばらい》　12 郷中拂《ごうちゅうばらい》

400 扣

5711
コウ
ひかえる

◎「控」(未収録)とは別字で、「ひかえる」の用法では「控」よりも圧倒的に頻度が高い。ここでは「差扣」をぜひ覚えておきたい。

【用例】

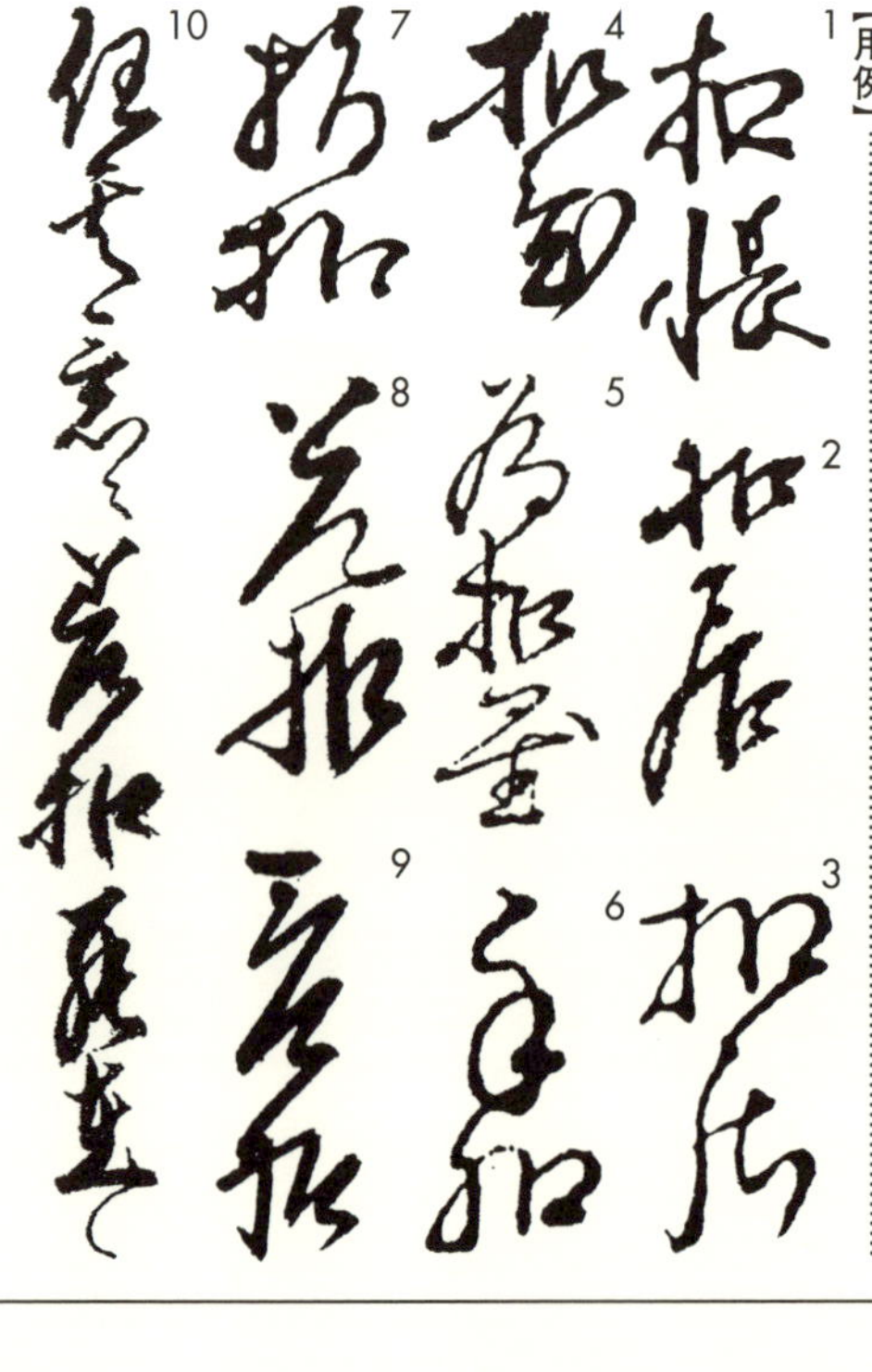

1 扣帳《ひかえちょう》　2・3 扣居《ひかえおる》　4 扣置《ひかえおく》　5 為㆓扣置㆒《ひかえおかせ》　6 手扣《てびかえ》　7 指扣《さしひかえ》　8・9 差扣《さしひかえ》　10 任㆓其意㆒差扣罷在候《そのいにまかせさしひかえまかりありそうろう》

401 扨

5714

サ

さて

◎旁の「刁」の中が「人」や「の」のように記された単漢字1・4番目が基本形。用例1・2の「扨～」（ところで～）の形は書状に頻出する。

【用例】

1 扨《さて》、昨年《さくねん》　2 扨《さて》、過日者《かじつは》　3 扨々《さてさて》　4 扨々困入申候《さてさてこまりいりもうしそうろう》　5 扨々《さてさて》

6・7 扨亦《さてまた》　8 扨又《さてまた》　9 扨ハ《さては》　10 扨置《さておき》

402 扱

1623

キュウ／こく

あつかう

あつかい

◎旁の「及」が極端にくずされないかぎり判読は容易である。「扱人」（和解の仲裁・調停人）や「取扱」は出入・訴訟関係の文書に頻出。

【用例】

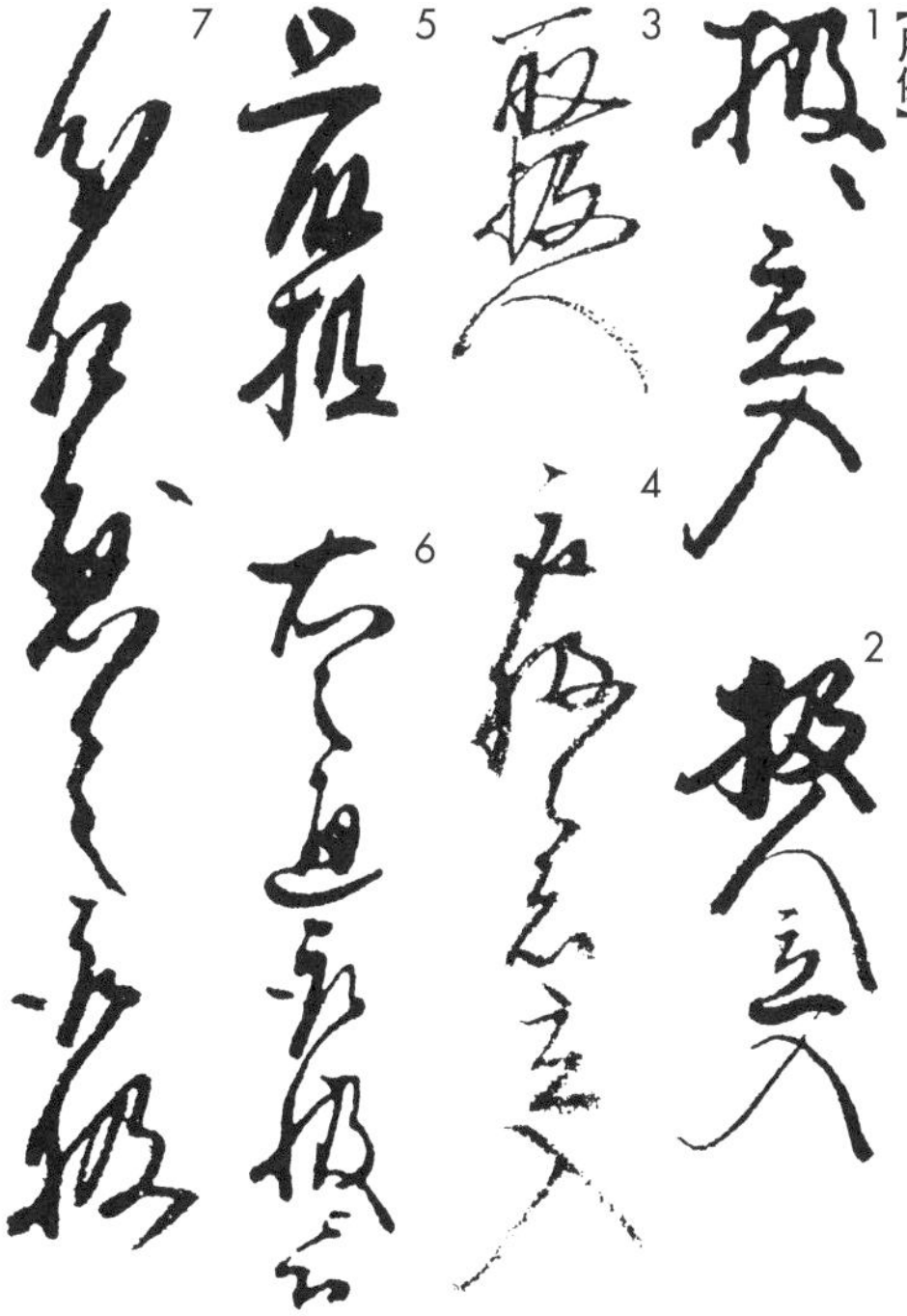

1 扱ニ立入《あつかいにたちいり》　2 扱人立入《あつかいにんたちいり》　3 取扱人《とりあつかいにん》　4 取扱之者立入《とりあつかいのものたちいり》

5 御取扱《おとりあつかい》　6 右之通取扱ニ而《みぎのとおりとりあつかいにて》　7 分相應之取扱《ぶんそうおうのとりあつかい》

403 折 3262

セツ
おり
おる

◎くずしは115頁「打」と酷似するので注意したい。「斤」は131頁を参照。ここでは「折節」（その時。時々の意）、「折柄」を覚えたい。

【用例】

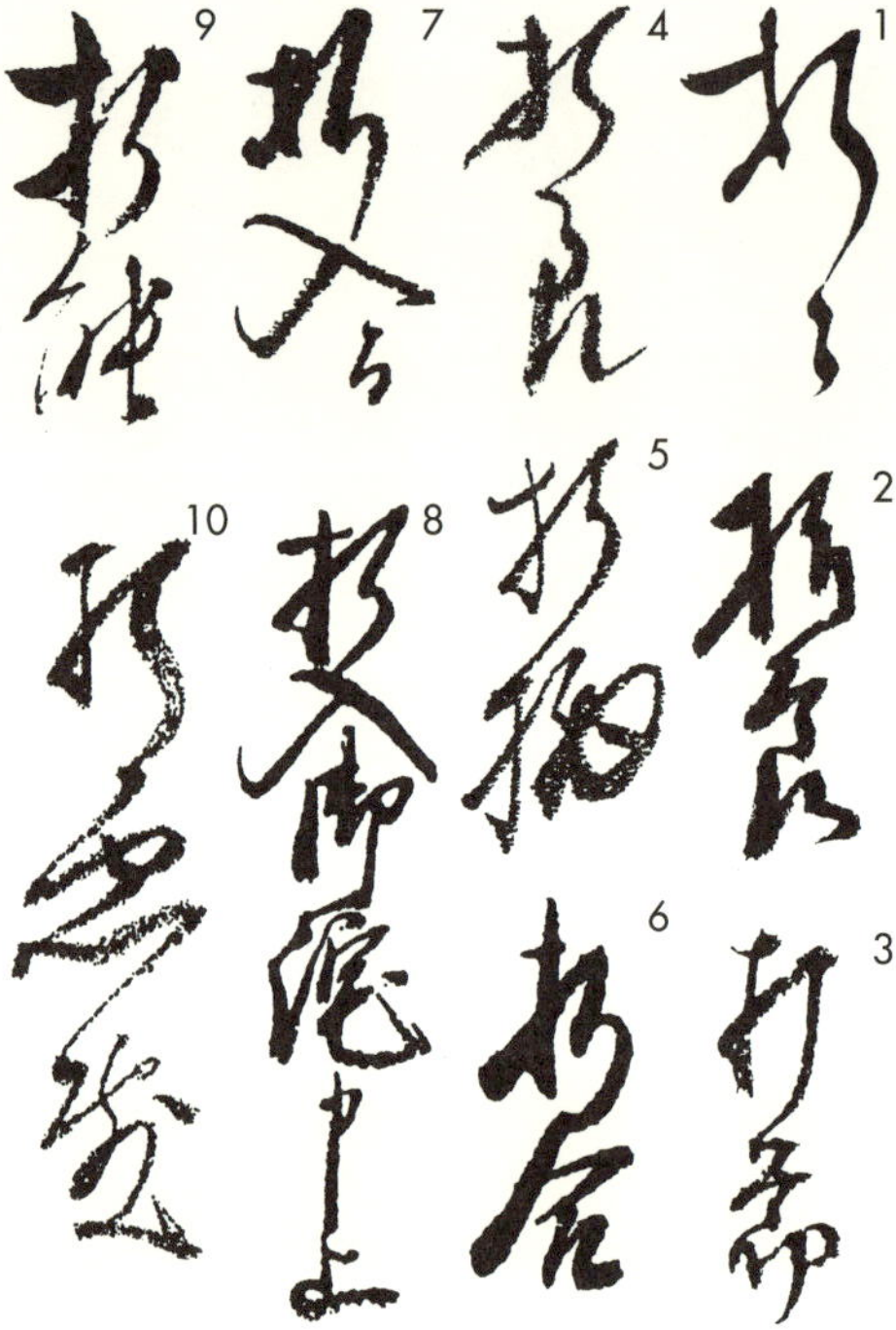

1 折々《おりおり》　2〜4 折節《おりふし》　5 折柄《おりがら》　6 折合《おりあい》　7 折入而《おりいって》　8 折入御詫申上《おりいっておわびもうしあげ》　9 折能《おりよく》　10 折悪敷《おりあしく》

404 扶 4162

フ
たすける

◎72頁「夫」のくずし様によって字形が変化するので判読には気を付ける。「持」「助」（43頁）との熟語で「扶持（扶持米）」「扶助」が頻出。

【用例】

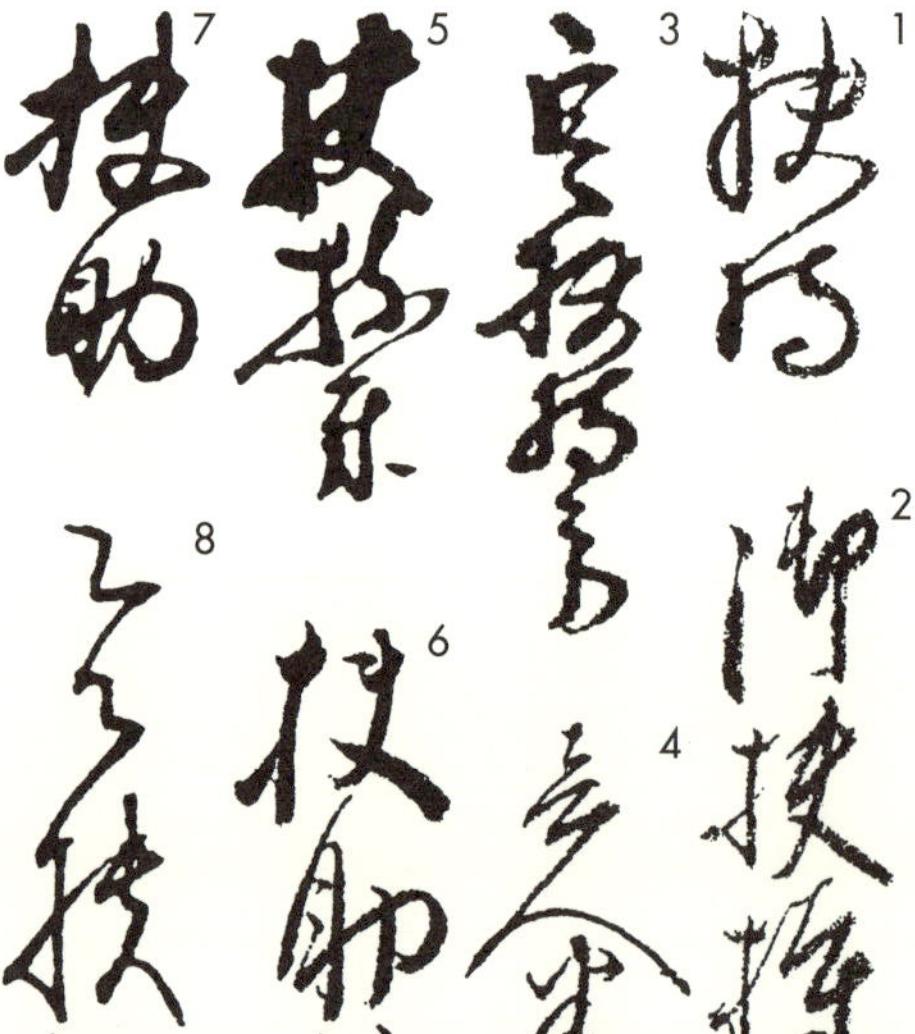

1 扶持《ふち》　2 御扶持人《ごふちにん》　3 定扶持方《ていぶちかた》　4 壱人半扶持《いちにんはんぶち》　5 扶持米《ふちまい》　6 扶助米《ふじょまい》　7 扶助《ふじょ》　8 令二扶助一《ふじょせしめ》

405 抔

5724 ホウ など

◎江戸時代の古文書独特の「など」のくずし字であり、「等」と混用される点を覚えてほしい。旁は「不」と「ふ」のものに分けられる。

【用例】

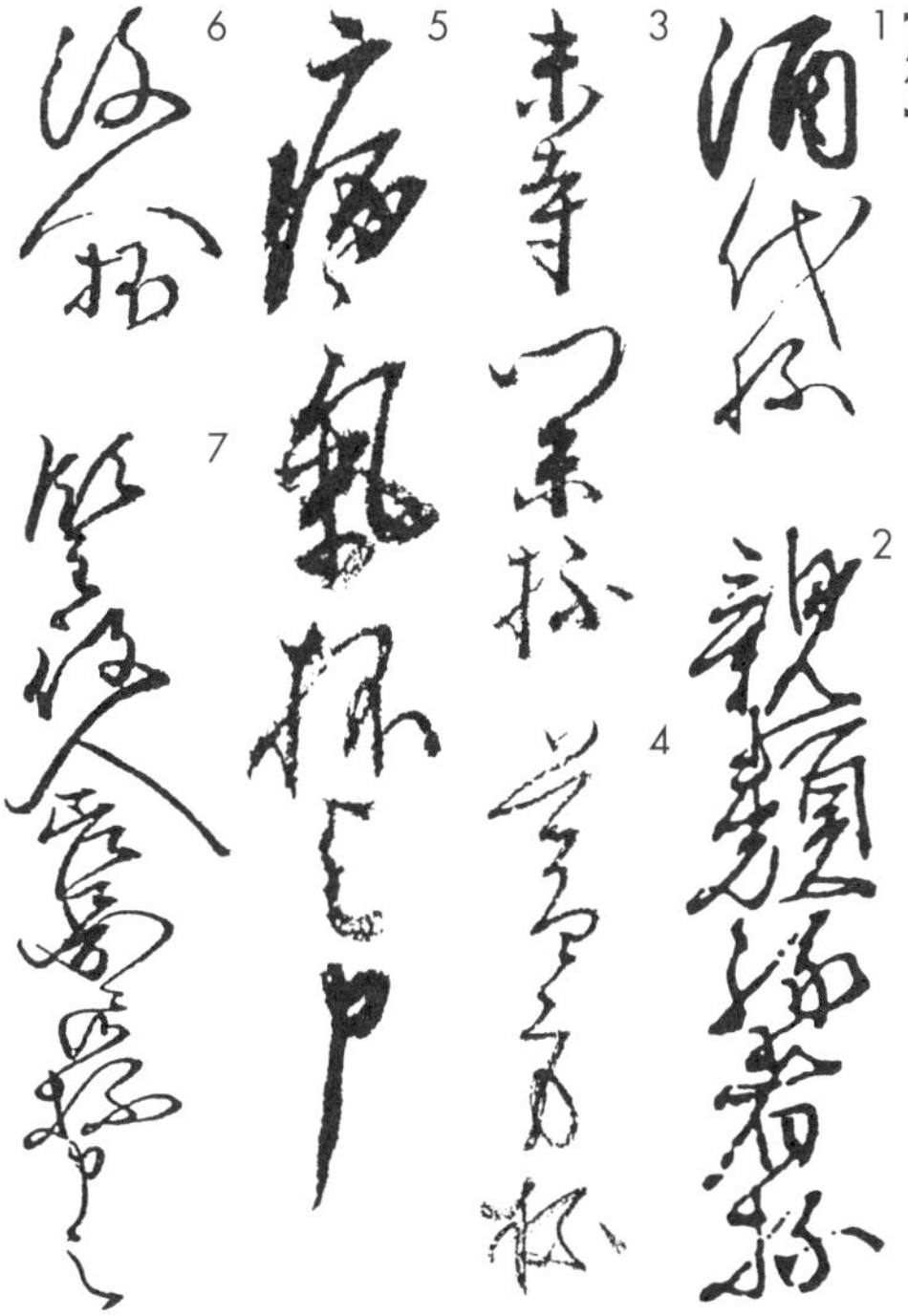

1 酒代抔《さかだいなど》 2 親類《しんるい》・縁者抔《えんじゃなど》 3 末寺《まつじ》・門末抔《もんまつなど》 4 暮方抔《くらしかたなど》 5 病氣抔与申《びょうきなどともうし》 6 役人抔《やくにんなど》 7 領主《りょうしゅ》・役人差圖《やくにんさしず》二《に》候抔申レ之《そうろうなどこれをもうし》

406 押

1801 オウ おす

◎くずしは原形をとどめているので判読は容易。用例3の「押領」は「横領」と同義だが、古文書では「押」の頻度が圧倒的に高い。

【用例】

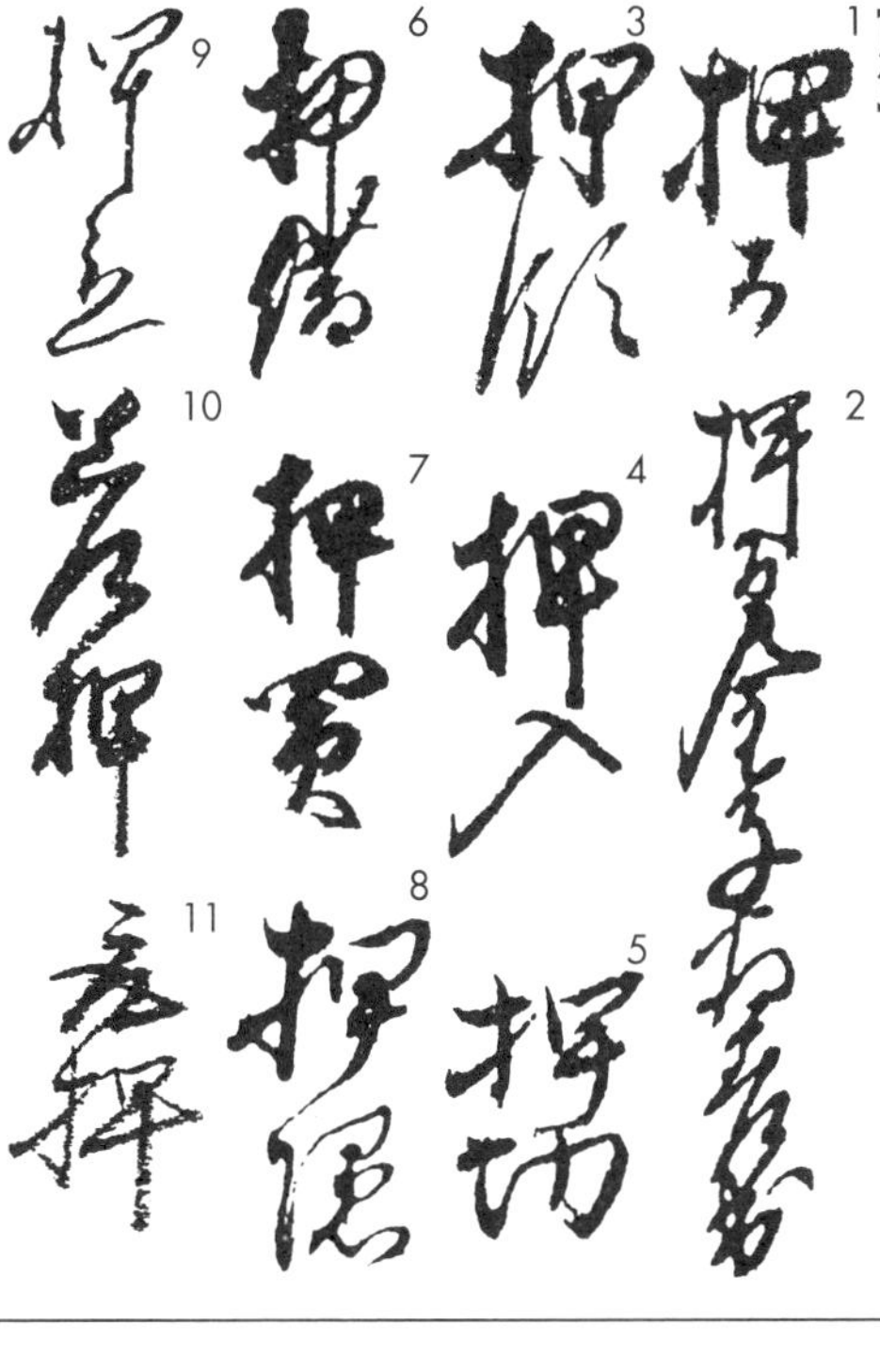

1 押而《おして》 2 押而金子為二差出一《おしてきんすさしださせ》 3 押領《おうりょう》 4 押入《おしいる》 5 押切《おしきり》 6 押借《おしがり》 7 押買《おしがい》 8 押隠《おしかくす》 9 押立《おしたて》 10 差押《さしおさえ》 11 取押《とりおさえ》

407 拠（據）

2182
5801

キョ・コ
よんどころ
よる

◎旧字「據」のくずしが基本形で、旁は「處」（＝「処」の旧字）と同じくずしになる。「無レ據」（読み方に注意）は頻出するのでぜひ覚えたい。

【用例】

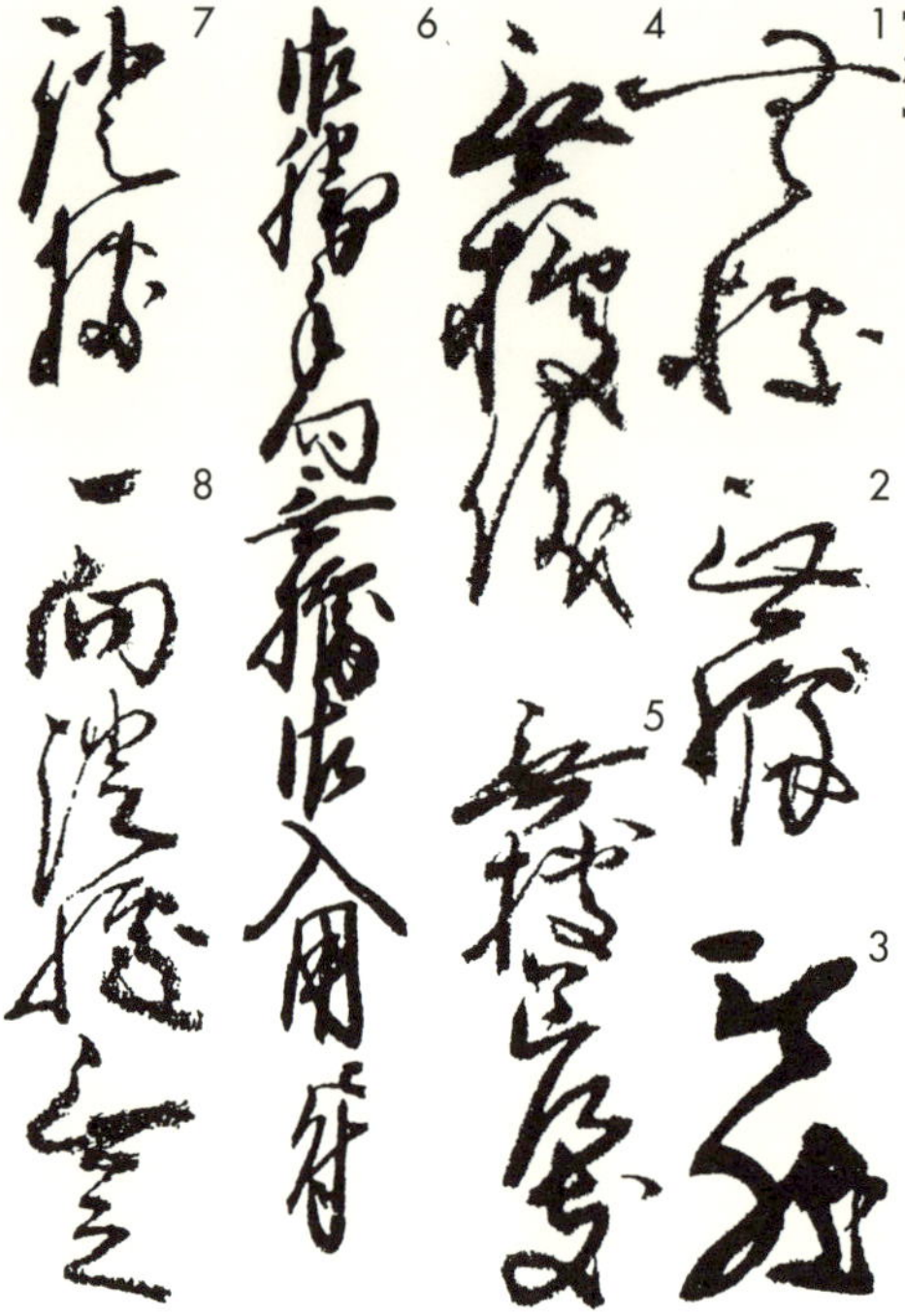

1～3 無レ據《よんどころなく》　4 無レ據儀《よんどころなきぎ》　5 無レ據差支《よんどころなくさしつかえ》　7 証據《しょうこ》　8 一向証據無レ之《いっこうしょうこれなく》

6 御勝手向無レ據御入用ニ付《おかってむきよんどころなきごにゅうようにつき》

408 拙

3259

セツ
つたない

◎「出」のくずし様によっては判読が困難な単漢字4・5番目の形が出てくる。用例7は「宗門（旨）人別帳」に頻出する決り文句。

【用例】

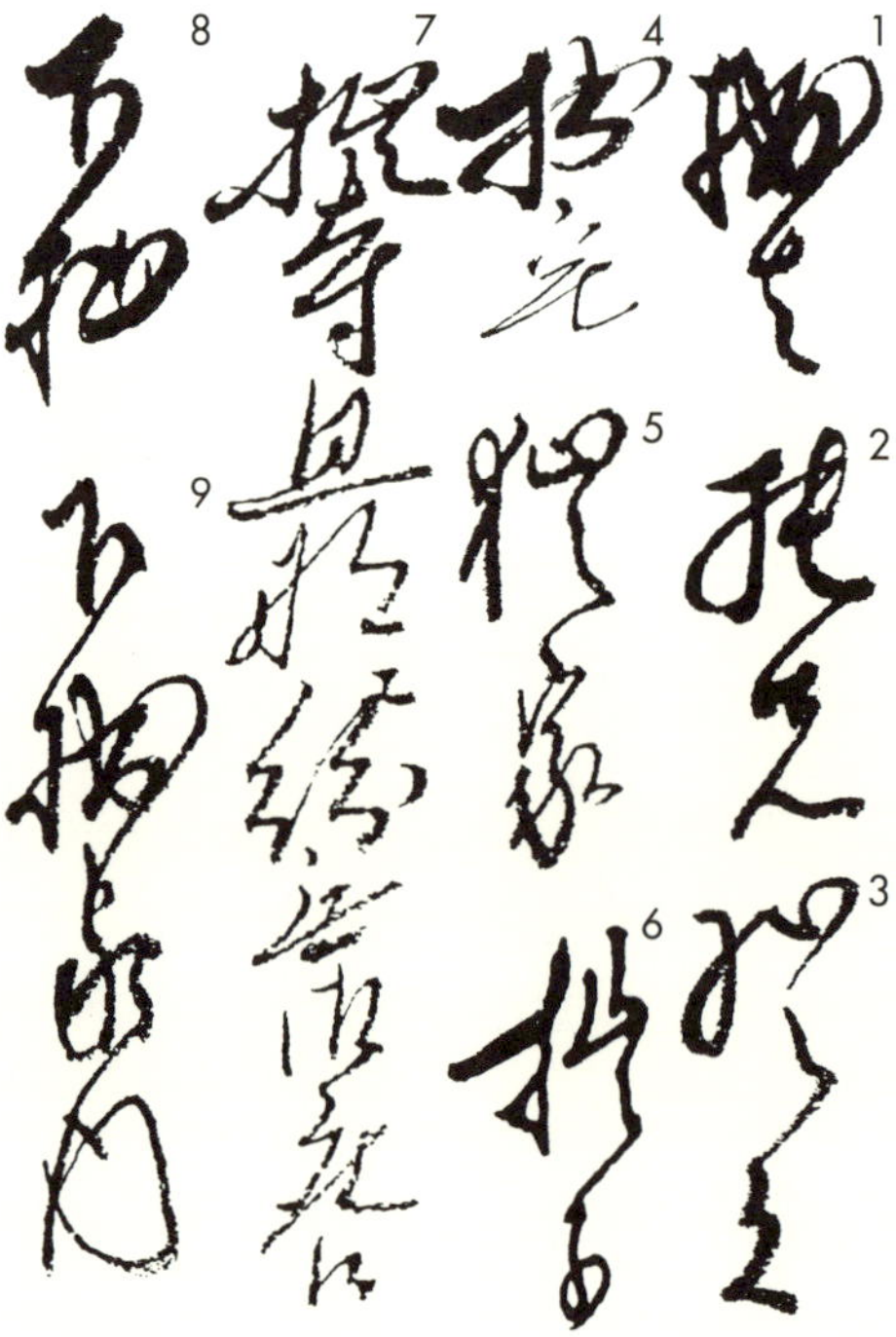

1～3 拙者《せっしゃ》　4 拙宅《せったく》　5 拙家《せっか・せっけ》　6 拙子《せっし》　7 拙寺旦那ニ紛無二御座一候《せつじだんなにまぎれござなくそうろう》

8 下拙《げせつ》　9 下拙家内《げせつかない》

409
披
4068
ヒ
ひらく

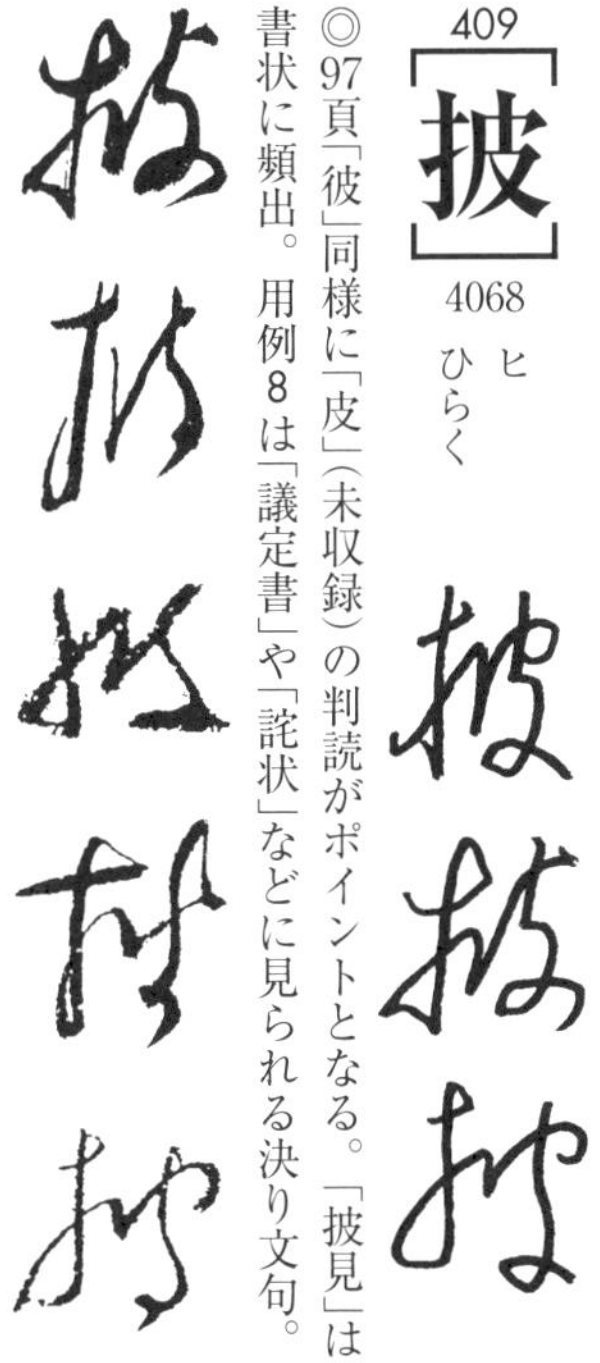

◎97頁「彼」同様に「皮」（未収録）の判読がポイントとなる。「披見」は書状に頻出。用例8は「議定書」や「詫状」などに見られる決り文句。

【用例】

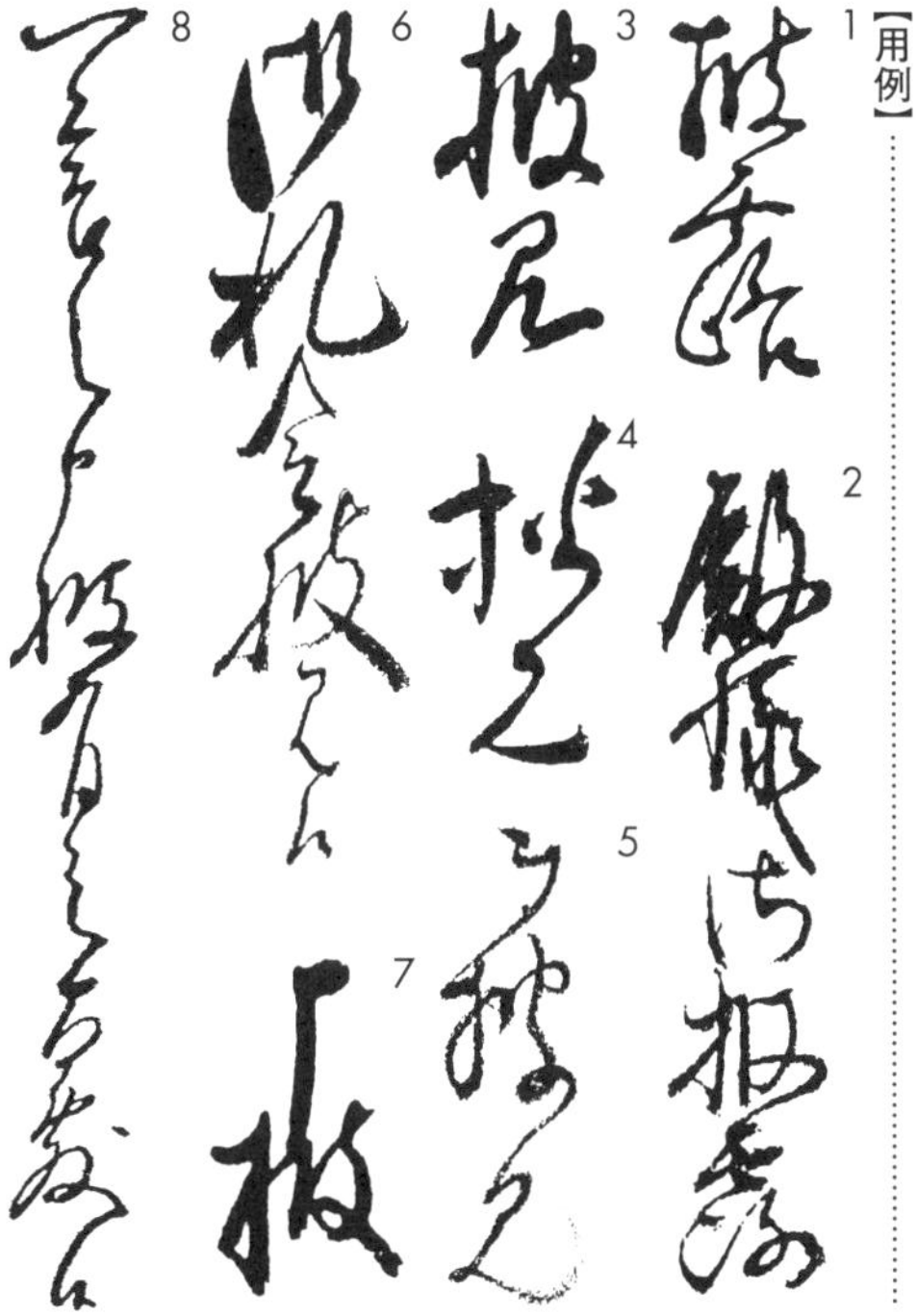

1 披露《ひろう》 2 殿様《とのさま》へ御披露《ごひろう》 3・4 披見《ひけん》 5 奉㆓披見㆒《ひけんたてまつる》
6 御札令㆓披見㆒候《ぎょさつひけんせしめそうろう》 7 申披《もうしひらく》 8 一言之申披有㆑之間敷候《いちごんのもうしひらきこれあるまじくそうろう》

410
抱
4290
ホウ
いだく
かかえる

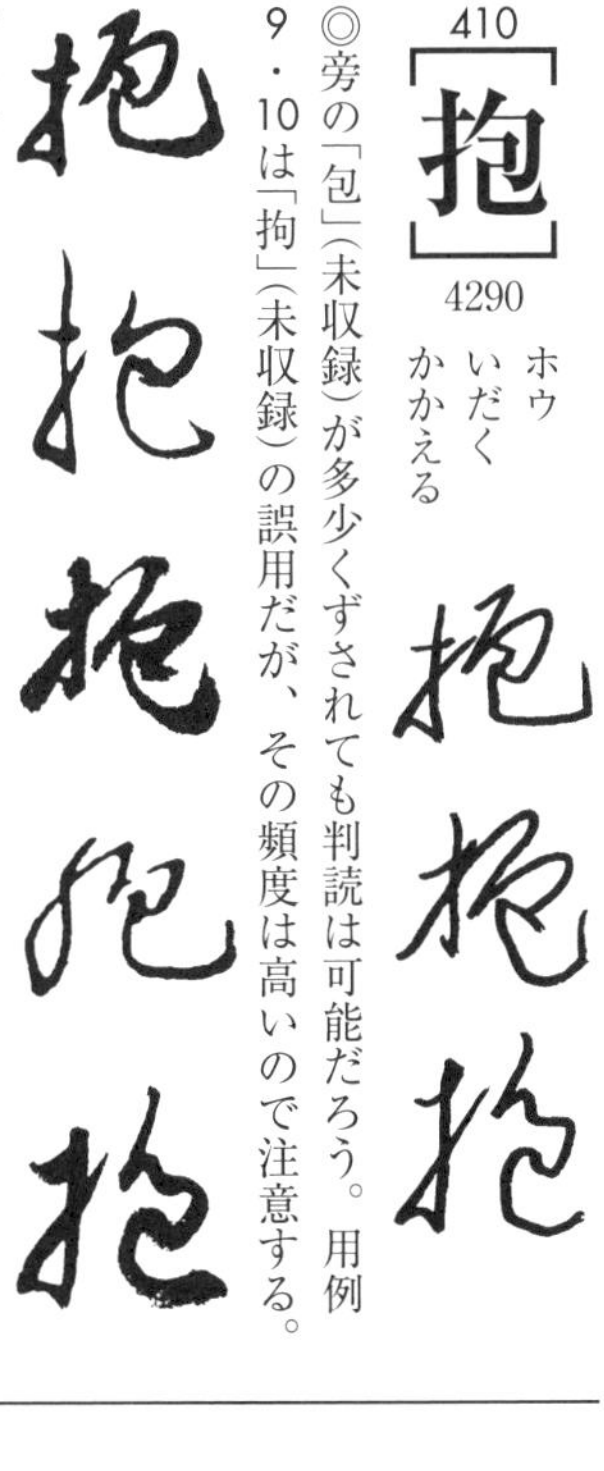

◎旁の「包」（未収録）が多少くずされても判読は可能だろう。用例9・10は「拘」（未収録）の誤用だが、その頻度は高いので注意する。

【用例】

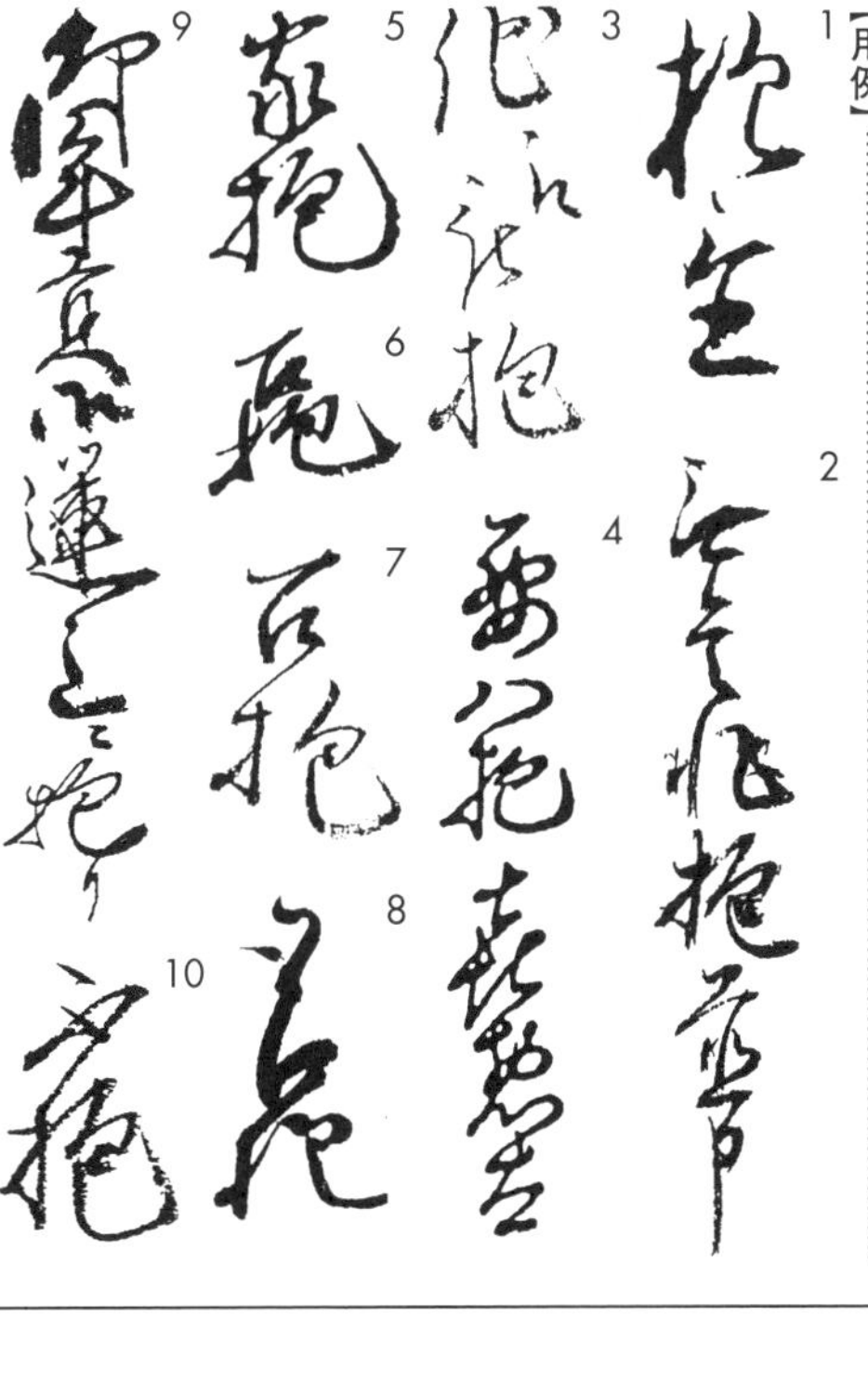

1 抱置《かかえおく》 2 無㆓是非㆒抱置申《ぜひなくかかえおきもうし》 3 他江被㆑抱《ほかへかかえられ》 4 要八抱喜惣太《ようはちかかえきそうた》 10 不㆑抱《かかわらず》
5 家抱《けほう》 6・7 召抱《めしかかえ》 8 御召抱《おめしかかえ》 9 御年貢御運上ニ抱リ《おねんぐごうんじょうにかかわり》

411
摋
2702
サツ

◎次頁「挨」との熟語で「挨摋」（応答・返事の意）が頻出する重要語。旁の「巛」が省略されたり、「ツ」のように記されることも多い。

【用例】

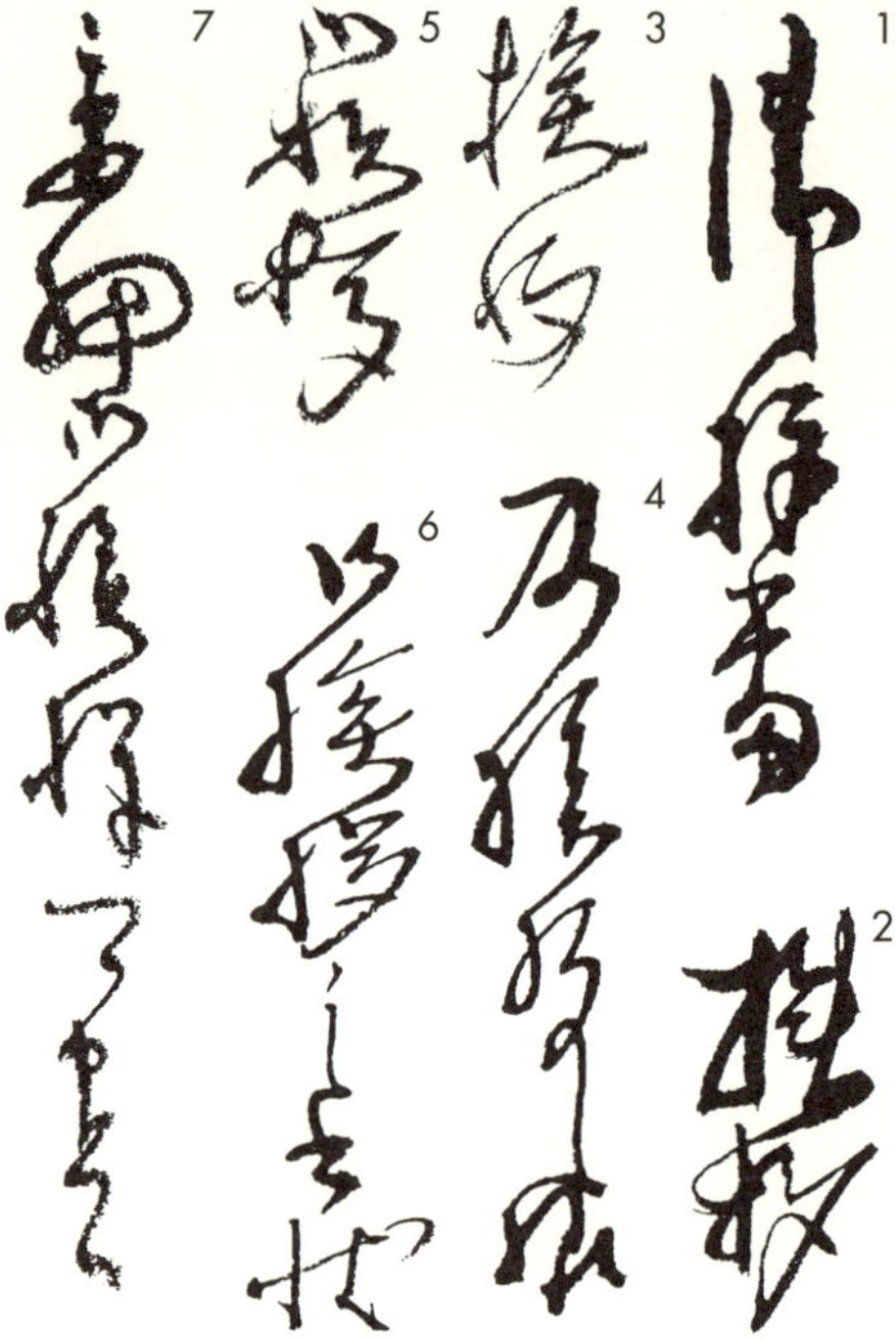

1 御摋當《ごさっとう》 2・3 挨摋《あいさつ》 4 及二挨摋一候様《あいさつにおよびそうろうよう》 5 御挨摋《ごあいさつ》
6 御挨摋之書状《ごあいさつのしょじょう》 7 委細御挨摋可二申上一候《いさいごあいさつもうしあぐべくそうろう》

412
指
2756
シ
さす
ゆび

◎接頭語として頻出する重要語で、基本的に「差」との書き換えが可能。旁の「旨」のくずし様によっては難読なものになるので注意。

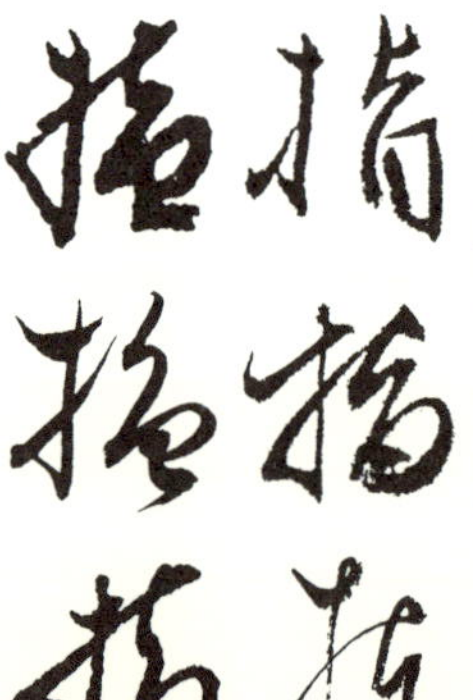

【用例】

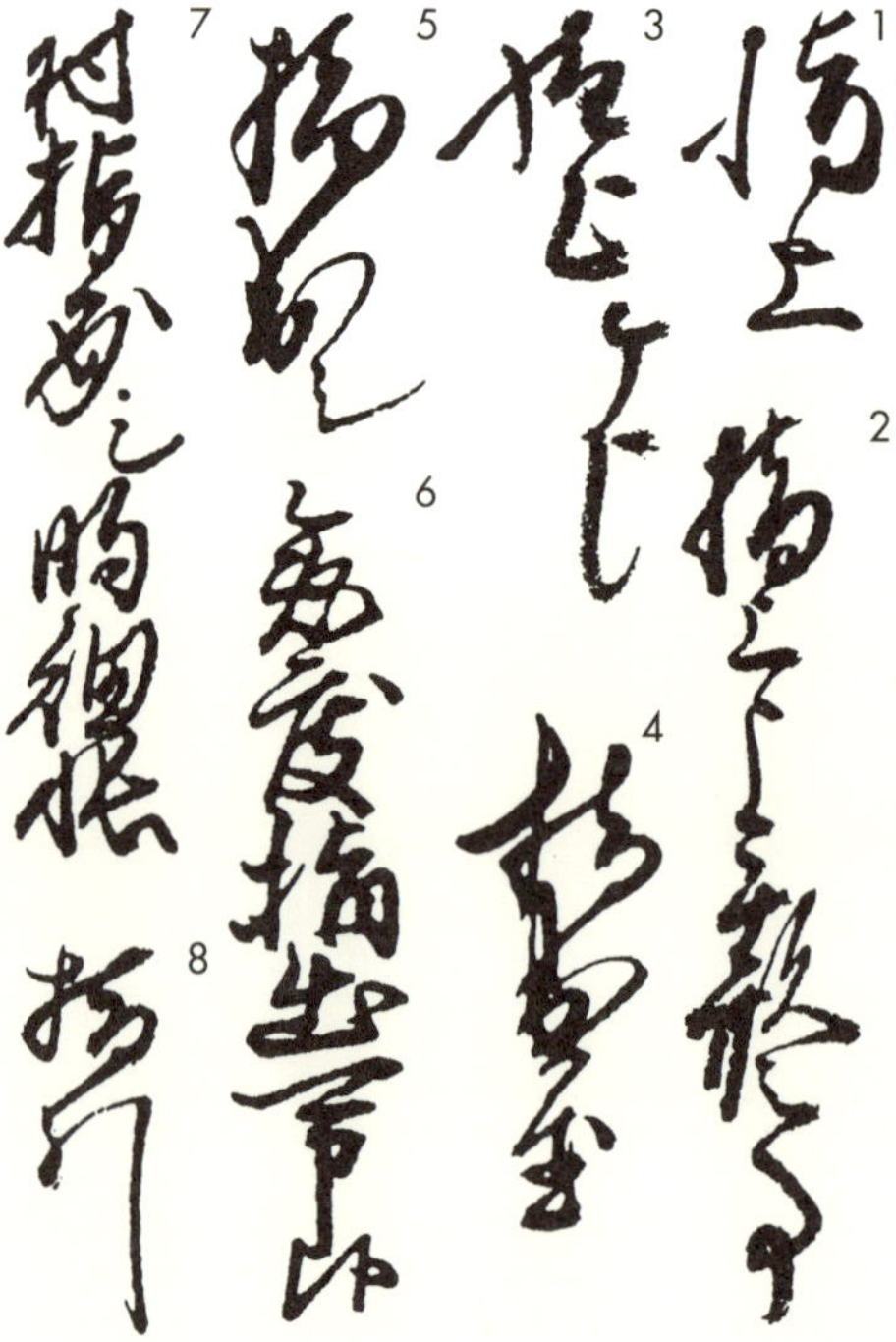

1 指上《さしあぐ》
2 指上申《さしあげもうす》手形《てがた》之事《のこと》
3 指《さし》上《あ》ケ《げ》申候《もうしそうろう》
4 指出置《さしだしおく》
5 指《さし》出《だ》シ《し》
6 急度《きっと》指出《さしだし》可レ申候《もうすべくそうろう》
7 村指出《むらさしだ》シ《し》明細帳《めいさいちょう》
8 指引《さしひき》
9 指置《さしおく》
10 指圖《さしず》
11 指構《さしかまい》
12 指詰《さしつまる》
13 指支《さしつかえ》
14 指障《さしさわり》
15 指 遣《さしつかわす》
16 指越《さしこす》
17 指押《さしおさえ》
18 指添《さしそえ》
19 指急《さしいそぎ》
20 指留《さしとめ》《さしとどむ》
21 指村《さしむら》
22 指紙《さしがみ》
23 脇指《わきざし》

413 挨 1607 アイ

◎ここでは前頁「拶」と併せて「挨拶」のさまざまなくずしを覚えてほしい。旁の「ム」は省画されて記されないことも多い。

【用例】

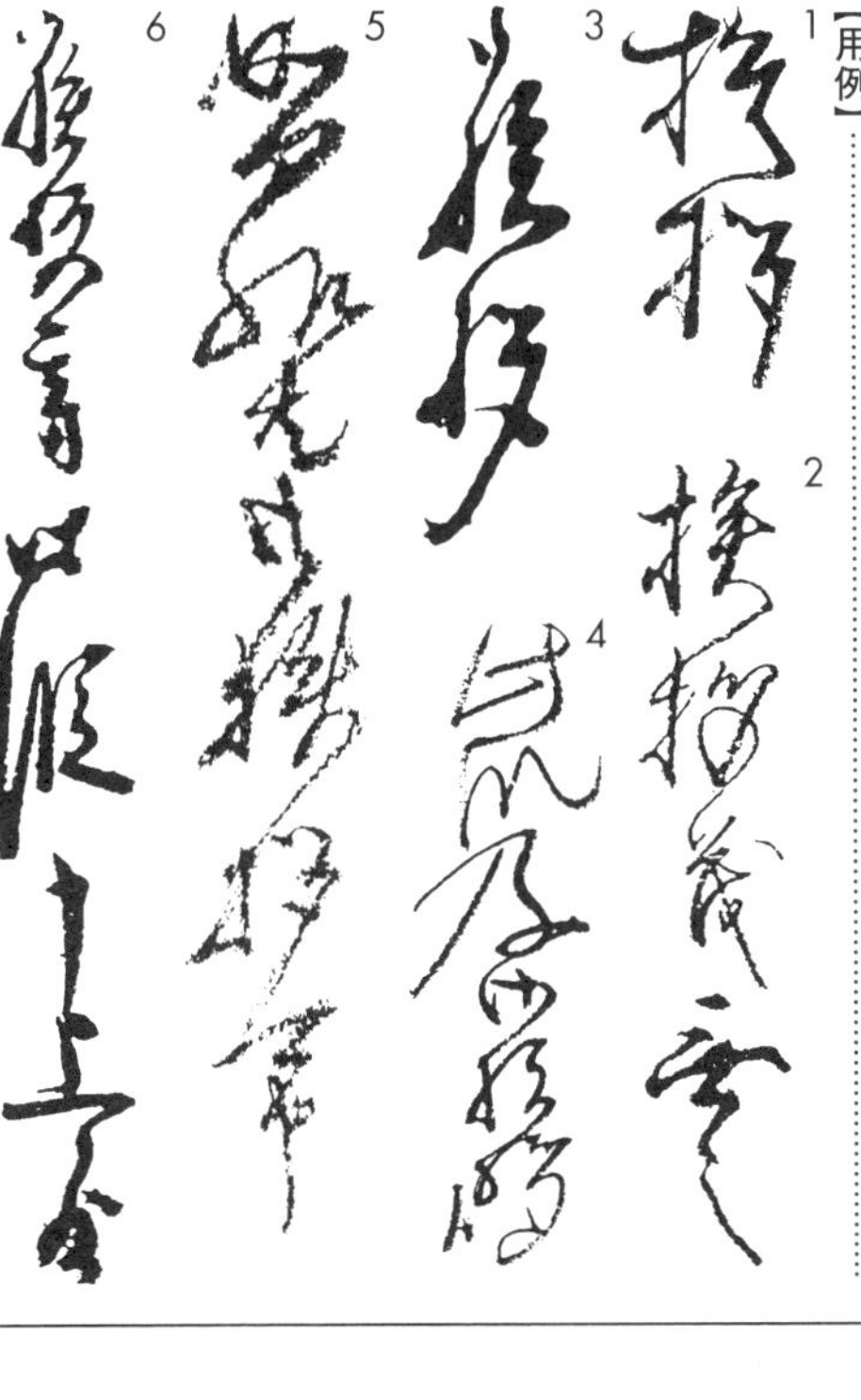

1 挨拶《あいさつ》
2 挨拶茂無レ之《あいさつもこれなく》
3 御挨拶《ごあいさつ》
4 此段及二御挨拶一候《このだんごあいさつにおよびそうろう》
5 如何様共御挨拶可レ申《いかようともごあいさつもうすべく》
6 御挨拶《ごあいさつ》 旁《かたがた》 此段申上度《このだんもうしあげたく》

414 [振] 3122

シン
ふる

◎旁の「辰」（未収録）のくずしは原形をとどめているので判読は可能。ここでは「振合」（状況。都合。ありさまの意）、「振舞」を覚えたい。

【用例】

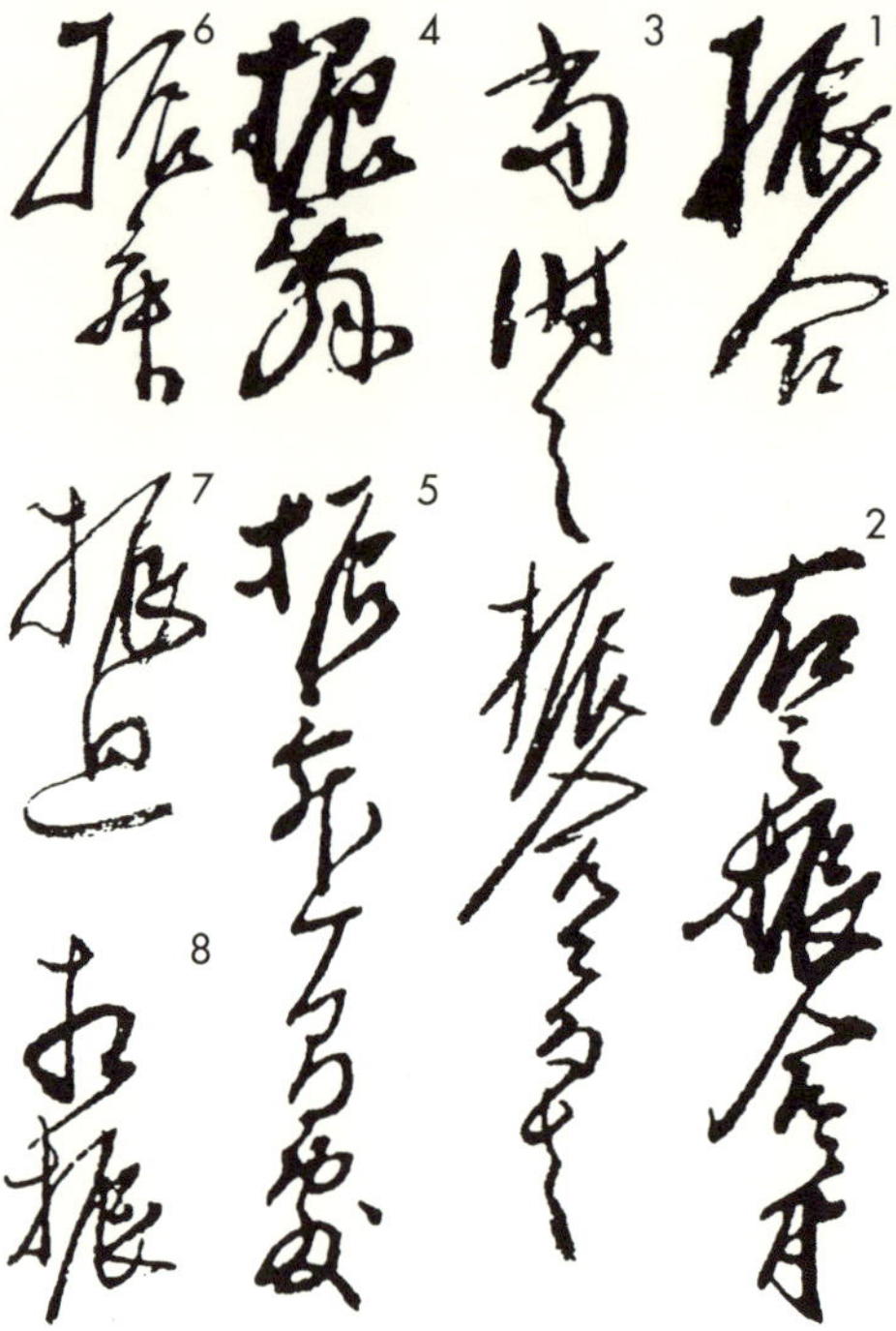

1 振合《ふりあい》　2 右《みぎ》之《の》振合《ふりあい》ニ付《につき》　3 當時《とうじ》之《の》振合《ふりあい》ニ而者《にては》　4 振舞《ふるまい》
5 振舞《ふるまい》ケ《が》間敷《ましく》　6 振舞《ふるまい》　7 振廻《ふるまい》　8 相振《あいふる》

415 [捕] 4265

ホ・ブ
とる
とらえる

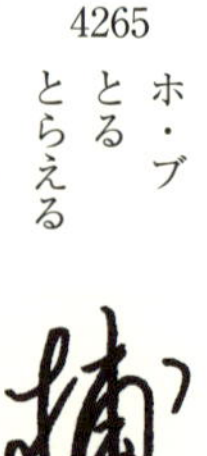

◎旁の「甫」が極端にくずされることは稀なので判読は容易だろう。「召捕」は人相書や無宿者・浪人などを取締まる触書に頻出。

【用例】

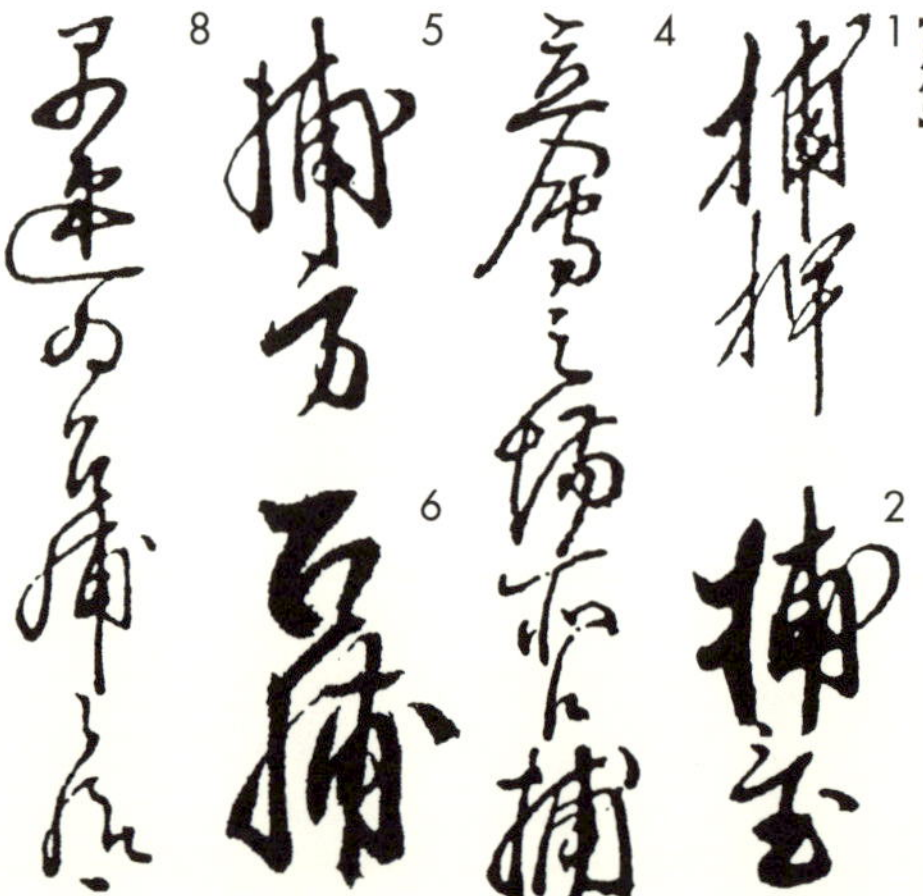

1 捕押《とりおさえ》　2 捕置《とりおく／とらえおく》　3 捕手《とりて》　4 立會《たちあい》之《の》場所《ばしょ》江《へ》捕手《とりて》差向《さしむけ》　5 捕方《とらえかた》
6・7 召捕《めしとらえ／めしとり》　8 早速《さっそく》為ニ召捕一《めしとらせ》候様《そうろうよう》可レ被レ致候《いたさるべくそうろう》

416 [掠] 4611

リャク
リョウ
かすめる

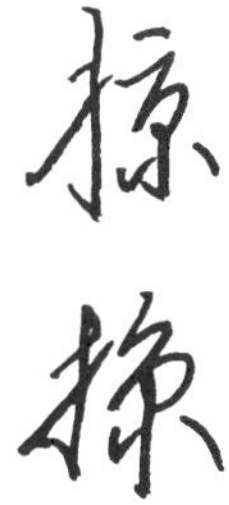

◎ここでは17頁「京」が判読できれば問題ない。用例2以降の言い回しは古文書独特のものなのでぜひ覚えておきたい。

【用例】

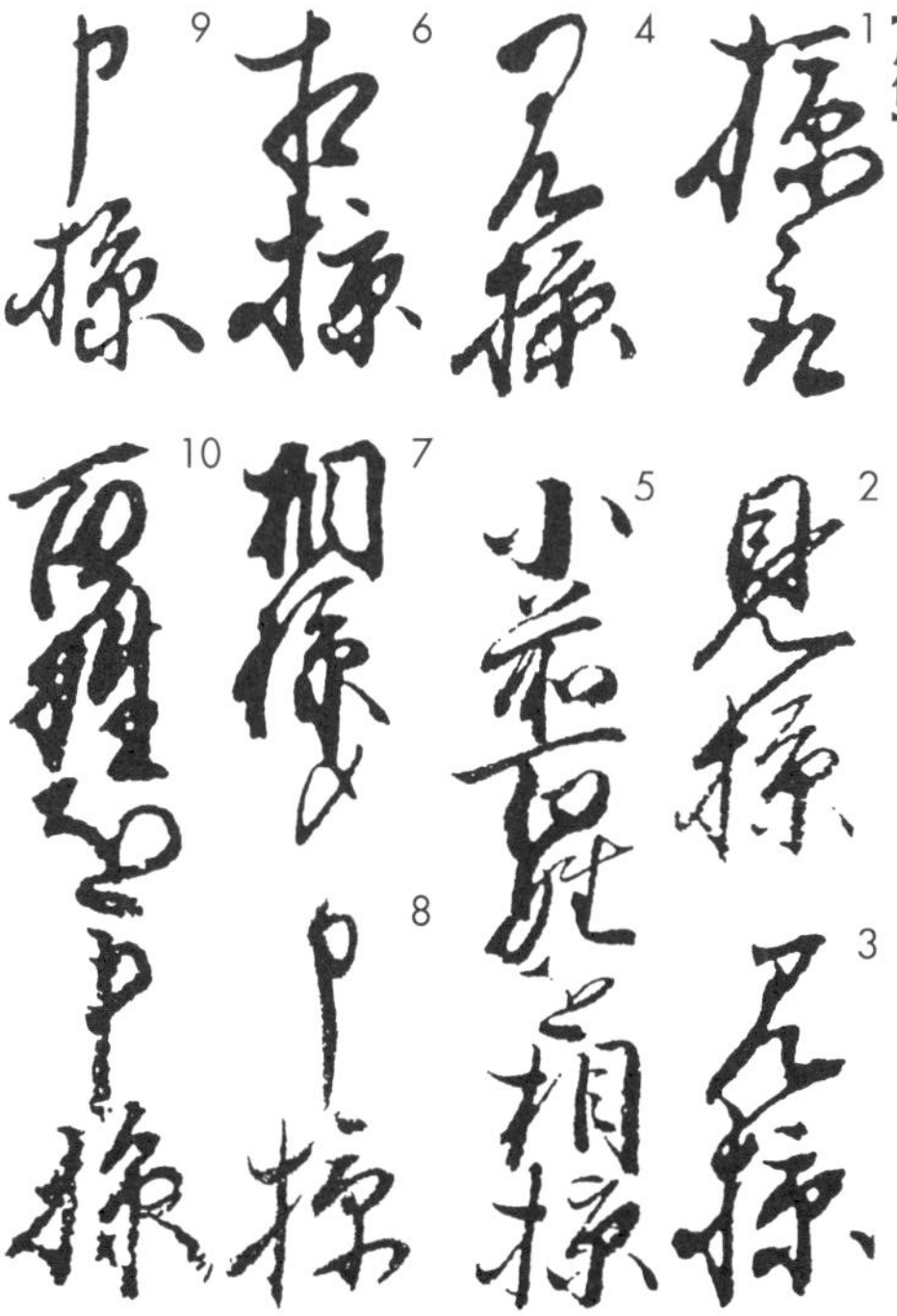

1 掠取《かすめとる》　2〜4 見掠《みかすむ》　5 小前百姓《こまえびゃくしょう》を相掠《あいかすめ》　6 相掠《あいかすむ》　7 相掠メ《あいかすめ》　8・9 申掠《もうしかすむ》　10 百姓《ひゃくしょう》を申掠《もうしかすめ》

417 [揃] 3423

セン
そろい
そろう

◎「前」の特殊なくずしが判読できるかどうかがポイント。用例2〜6は書状に頻出し、相手の安否をたずねる場合に用いられる。

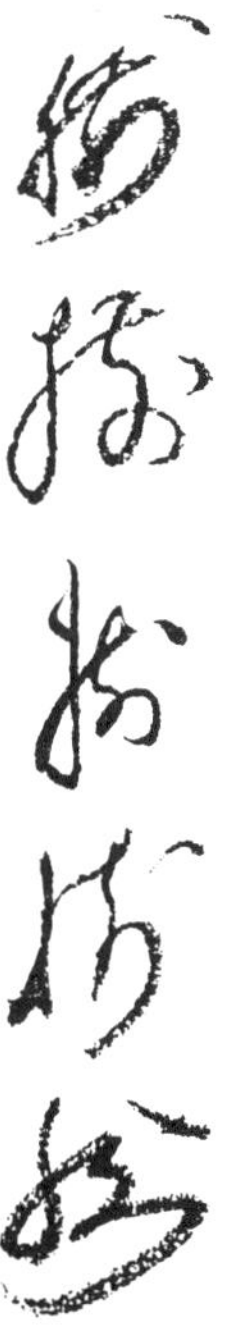

【用例】

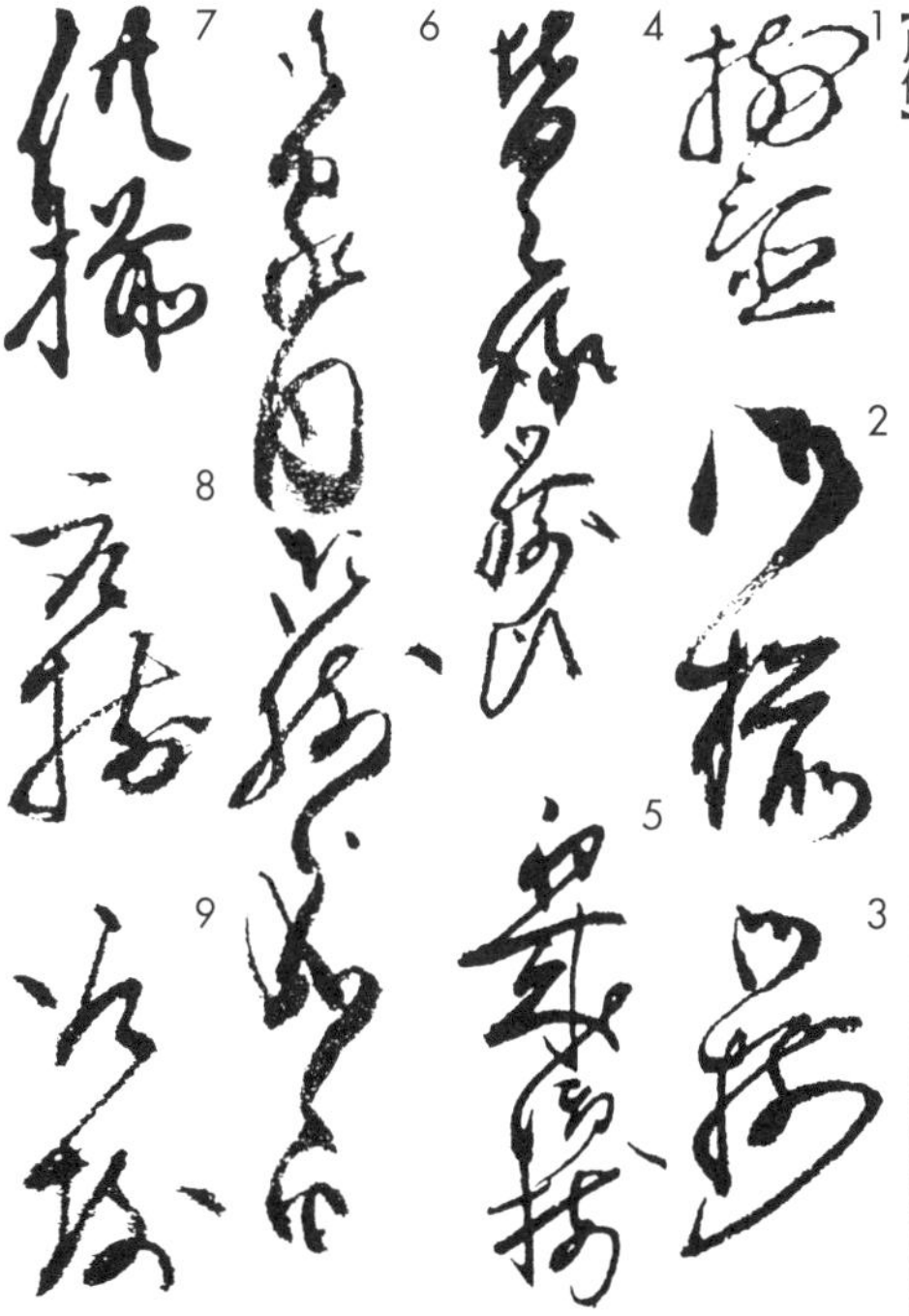

1 揃置《そろえおく》　2・3 御揃《おそろい》　4 皆々様《みなみなさま》御揃《おそろ》ひ　5 被レ成二御揃一《おそろいなされ》　6 御家内《ごかない》御揃《おそろい》被レ成《なされ》候由《そうろうよし》　7 供揃《ともぞろえ》　8・9 取揃《とりそろえ》

418 ［損］ 3427

ソン
そこなう

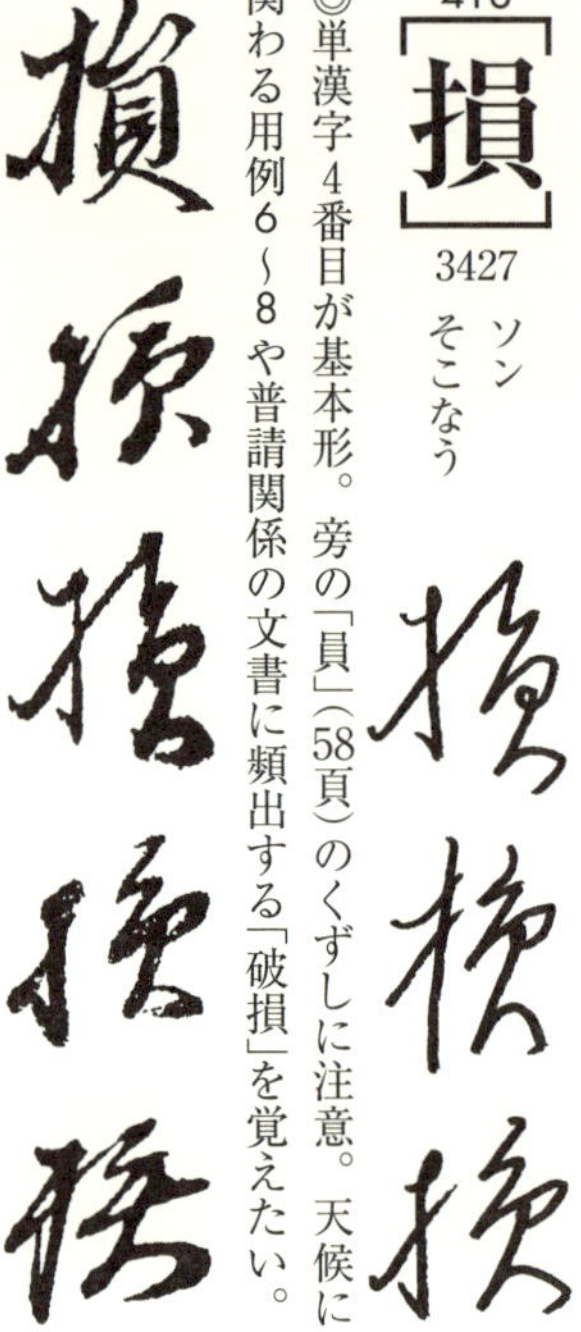

◎単漢字4番目が基本形。旁の「員」(58頁)のくずしに注意。天候に関わる用例6～8や普請関係の文書に頻出する「破損」を覚えたい。

【用例】

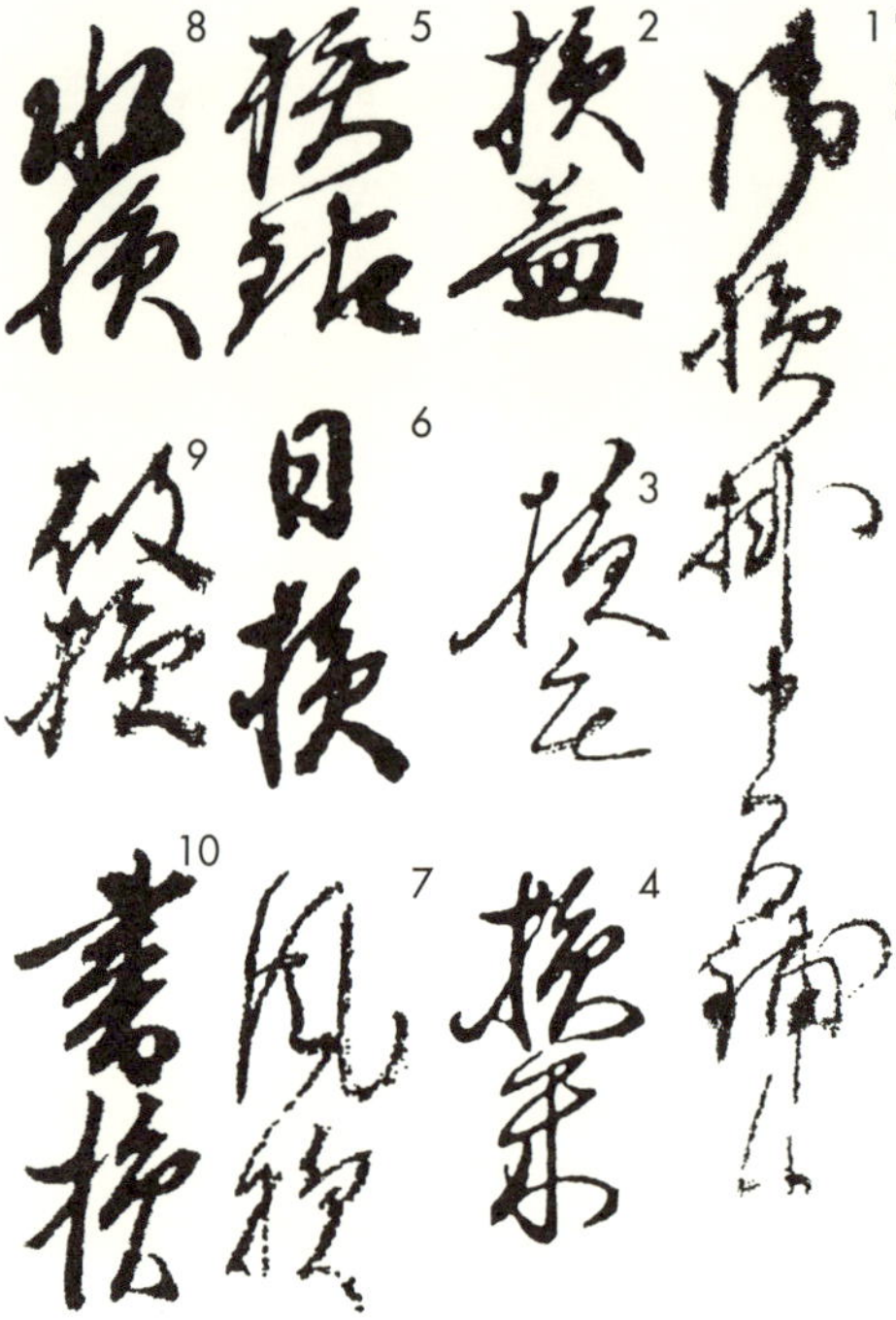

1 御損掛申間鋪候《ごそんかけもうすまじくそうろう》 2 損益《そんえき》 3 損毛《そんもう》 4 損米《そんまい》 5 損銀《そんぎん》 6 日損《にっそん》 7 風損《ふうそん》 8 水損《すいそん》 9 破損《はそん》 10 書損《かきそんず》

419 ［操］ 3364

ソウ
あやつる
みさお

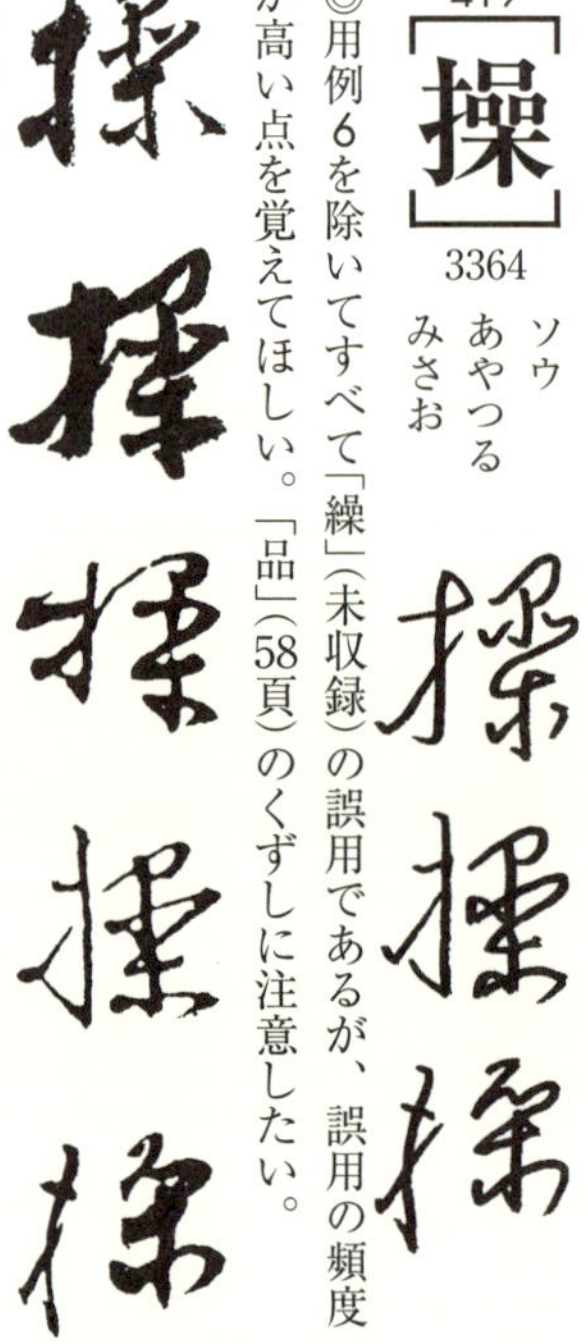

◎用例6を除いてすべて「繰」(未収録)の誤用であるが、誤用の頻度が高い点を覚えてほしい。「品」(58頁)のくずしに注意したい。

【用例】

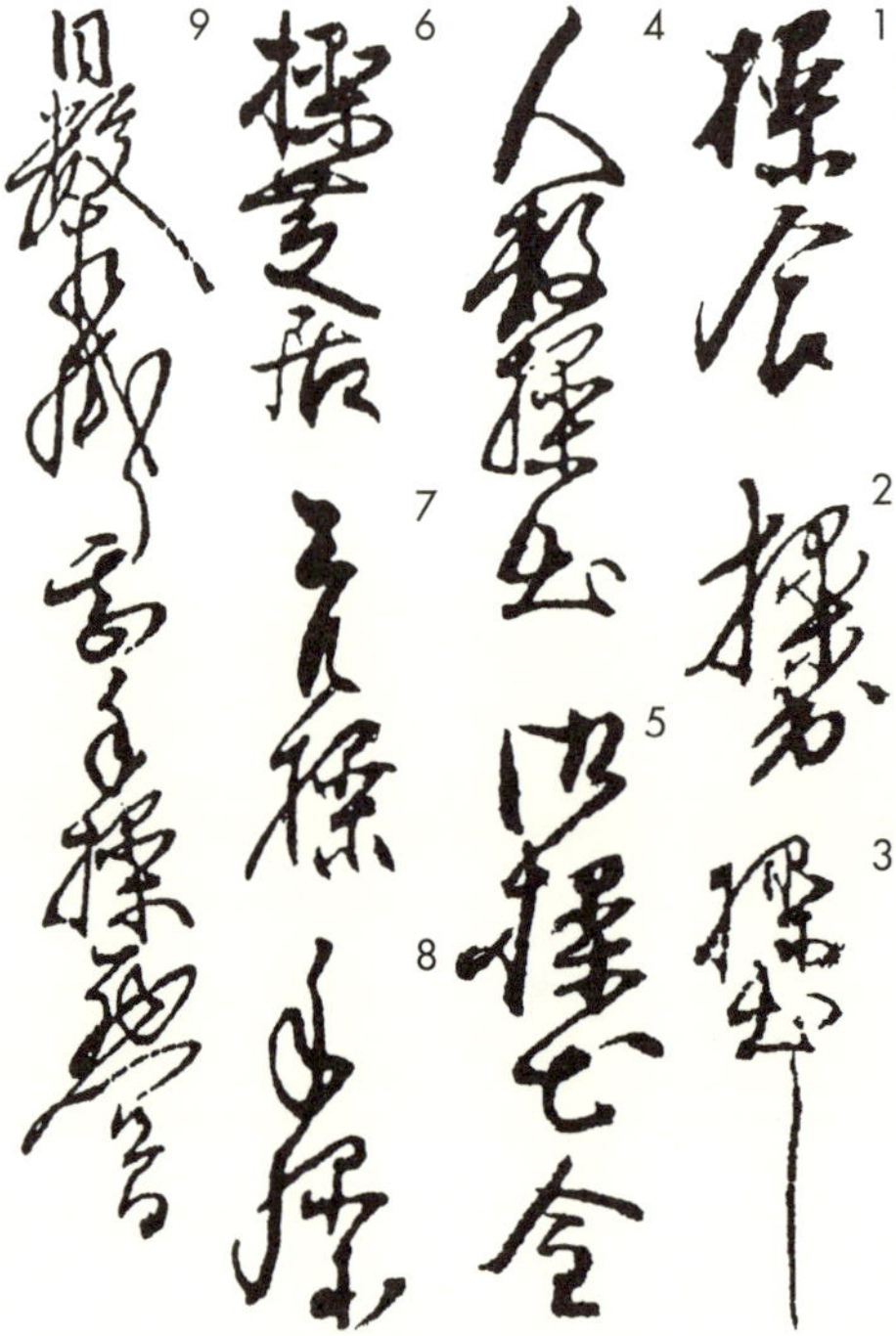

1 操合《くりあわせ》 2 操出《くりだす》 3 操出し《くりだし》 4 人数操出《にんずうくりだし》 5 御操出金《おくりだしきん》 6 操芝居《あやつりしばい》 7 差操《さしぐり》 8 手操《たぐり》 9 日数相掛リ甚手操悪候間《にっすうあいかかりはなはだたぐりあしくそうろうあいだ》

420 支 2757

シ
ささえる
つかえる

◎「支配」「差支」が頻出の重要語なのでぜひ覚えたい。右脇に「、」が付される異体字のくずしが基本形である（異体字一覧参照）。

【用例】

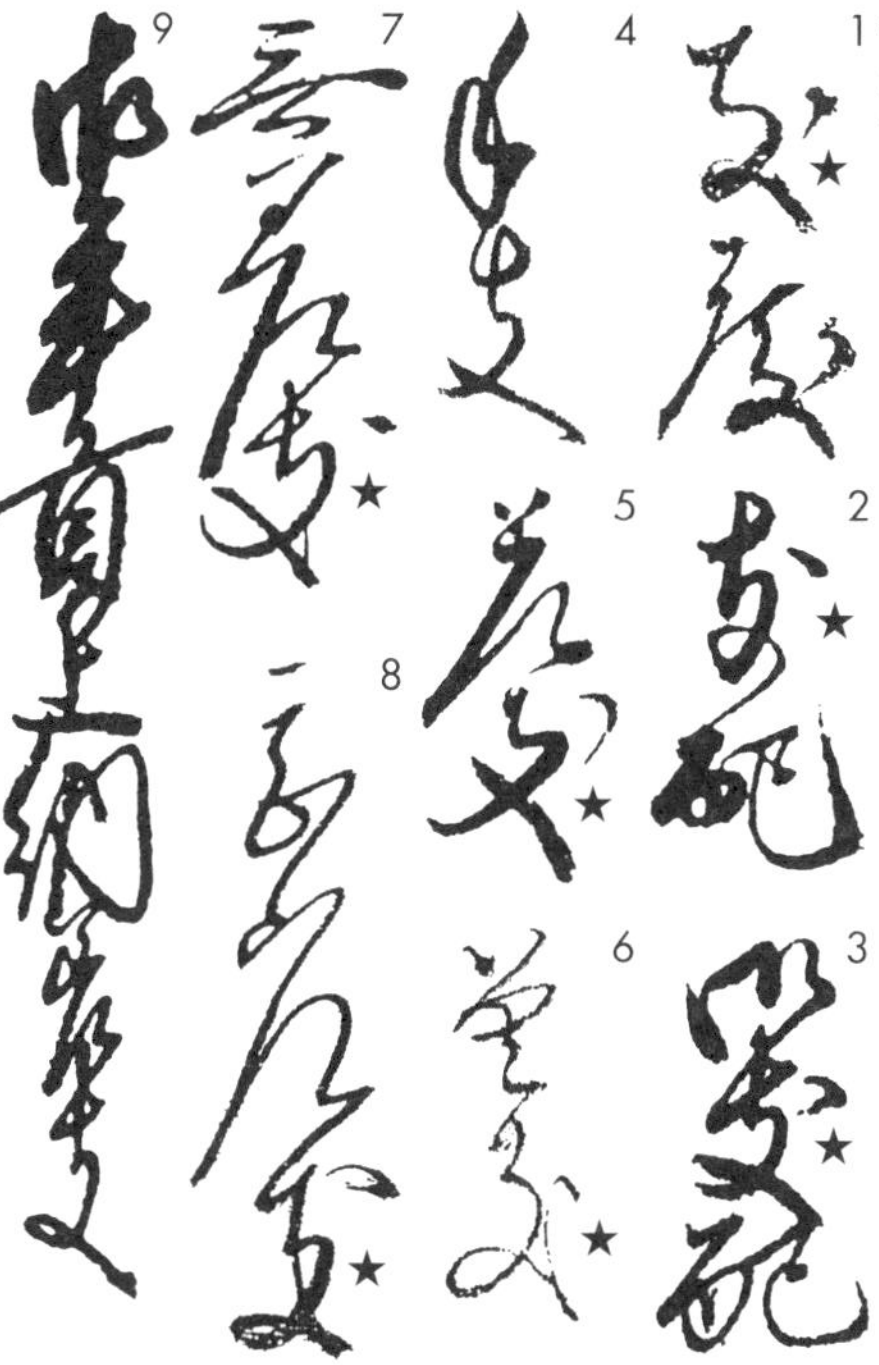

1 支度《したく》　2 支配《しはい》　3 御支配《ごしはい》　4 手支《てづかえ》　5・6 差支《さしつかえ》　7 無差支《さしつかえなく》　8 甚《はなはだ》差支《さしつかえ》　9 御年貢上納差支《おねんぐじょうのうにさしつかえ》

421 改 1894

カイ
あらためる
あらため

◎「己」が「卩」のようにくずされたり、単漢字4番目のように省画されることも多い。「御改」「相改」および「～日改」の形が頻出する。

【用例】

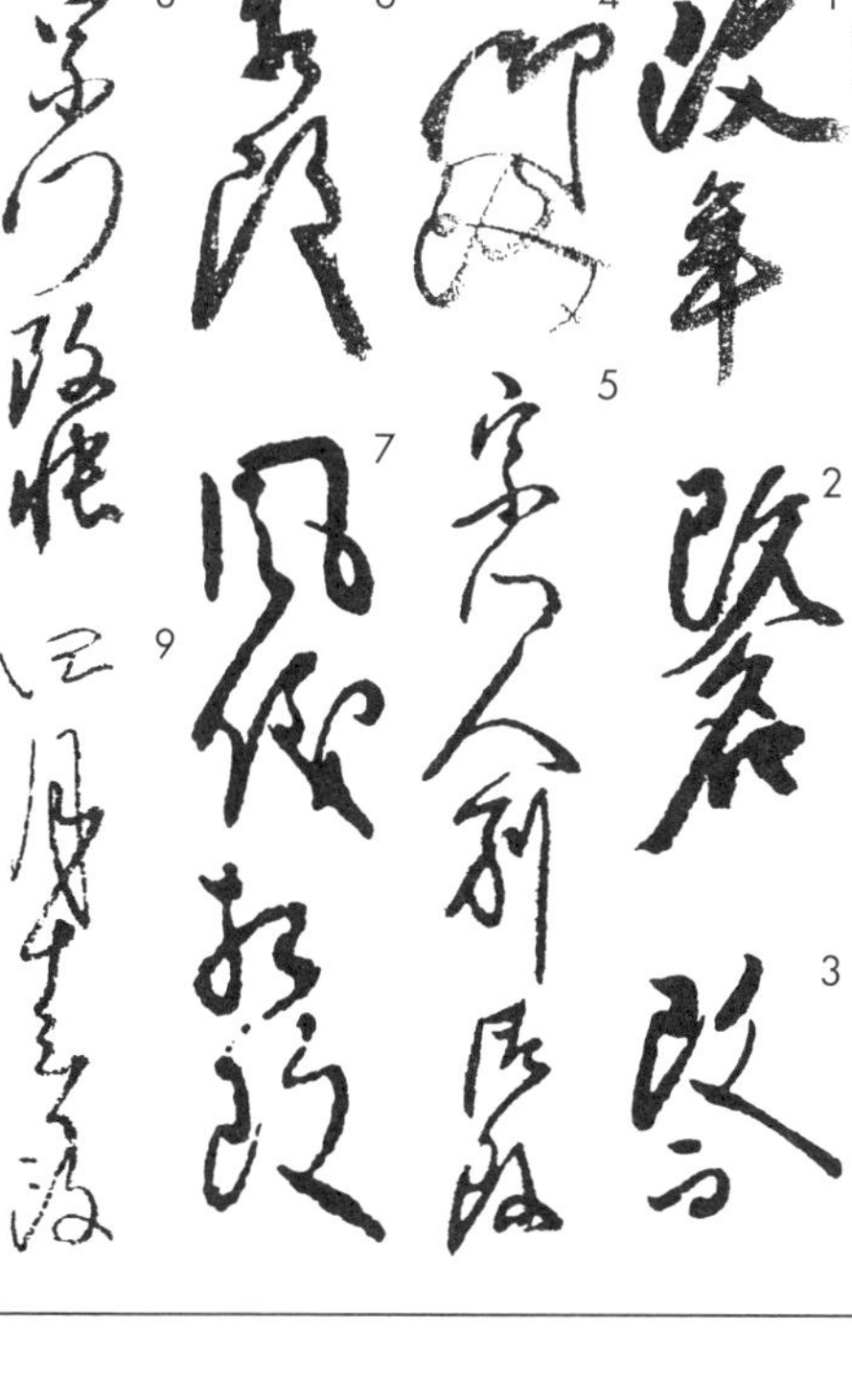

1 改年《かいねん》　2 改名《かいめい》　3 改而《あらためて》　4 御改メ《おあらため》　5 宗門人別御改《しゅうもんにんべつおあらため》　6 相改《あいあらため》　7 風儀相改《ふうぎあいあらため》　8 宗門改帳《しゅうもんあらためちょう》　9 四月十三日 改《しがつじゅうさんにちあらため》

422
救
2163

キュウ・ク
グ／すくい
すくう

◎「求」（未収録）は「ホ」のようにも省画され、また右上の「、」は付されない。凶作の際などに出される触書や救撫を求める願書に頻出。

【用例】

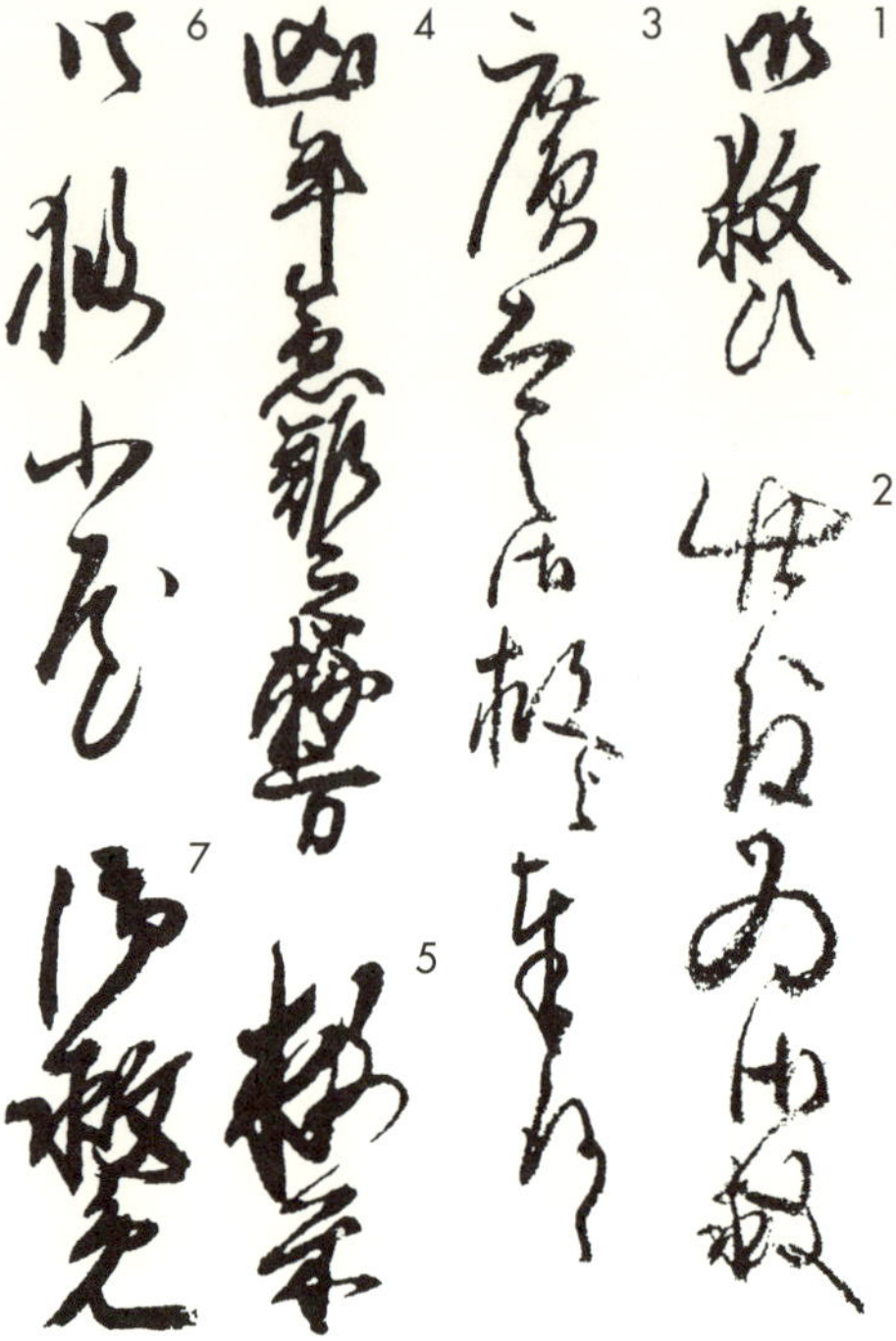

1 御救《おすく》ひ　2 此度為二御救一《このたびおすくいとして》　3 廣太《こうだい》之《の》御救《おすくい》与《と》奉レ存候《ぞんじたてまつりそうろう》　4 凶年急難之救方《きょうねんきゅうなんのすくいかた》　5 救米《すくいまい》　6 御救小屋《おすくいごや》　7 御救免《おすくいめん》

423
敬
2341

ケイ
キョウ
うやまう

◎単漢字2番目が基本形。「苟」は省画されて原形をとどめないことが多い。「夂」がくずれた単漢字5番目や用例3の形に注意したい。

【用例】

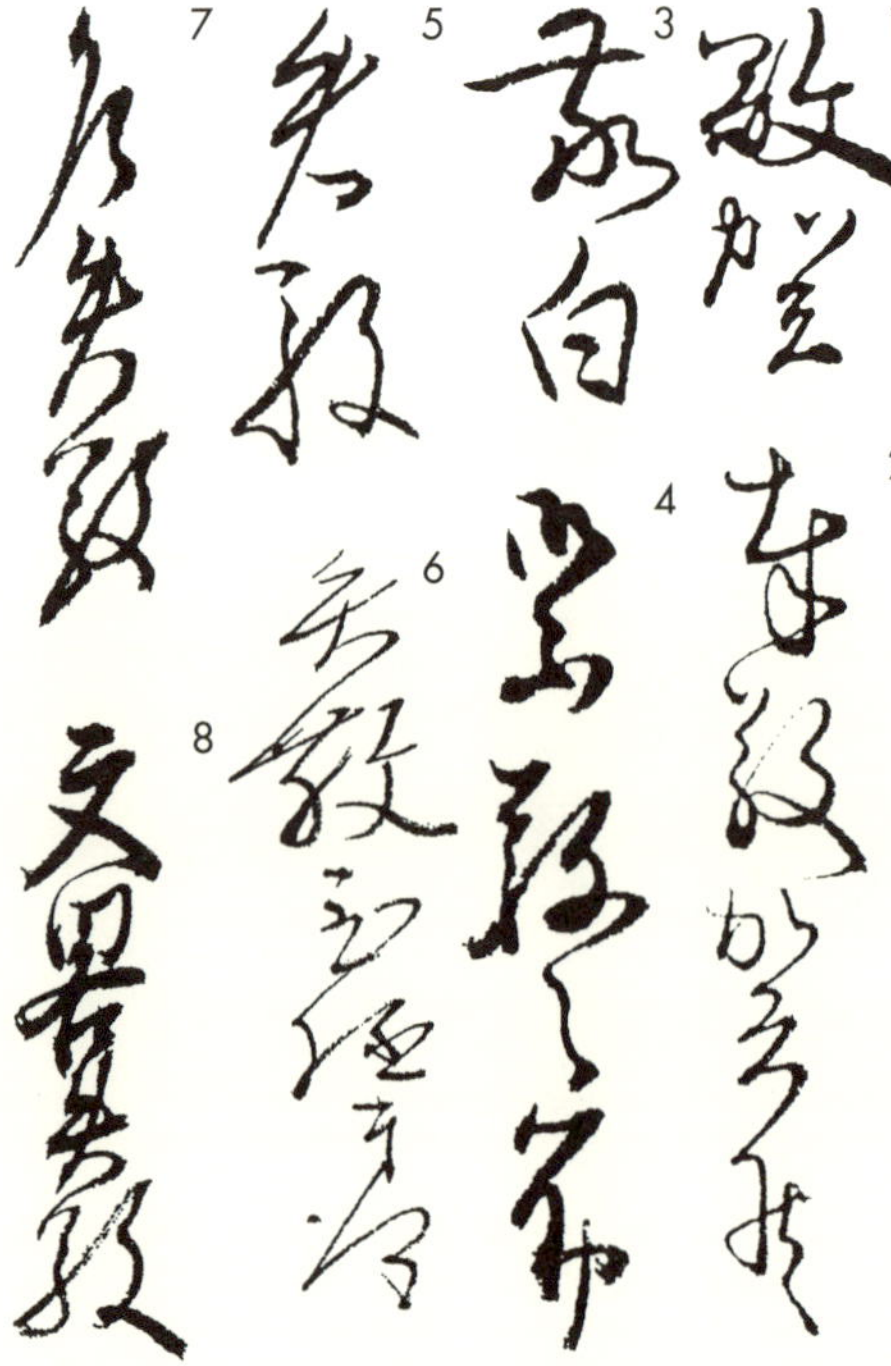

1 敬賀《けいが》　2 奉二敬賀一候《けいがたてまつりそうろう》　3 敬白《けいはく》　4 御不敬之筋《ごふけいのすじ》　5 失敬《しっけい》　6 失敬至極奉レ存候《しっけいしごくにぞんじたてまつりそうろう》　7 乍二失敬一《しっけいながら》　8 文略失敬《ぶんりゃくしっけい》

424 散

2722

サン ちる ちらす

◎くずしは多様であるが、ここでは単漢字3・4番目の特徴的なくずしをぜひ頭に入れておきたい。「敷」とも類似するので注意。

【用例】

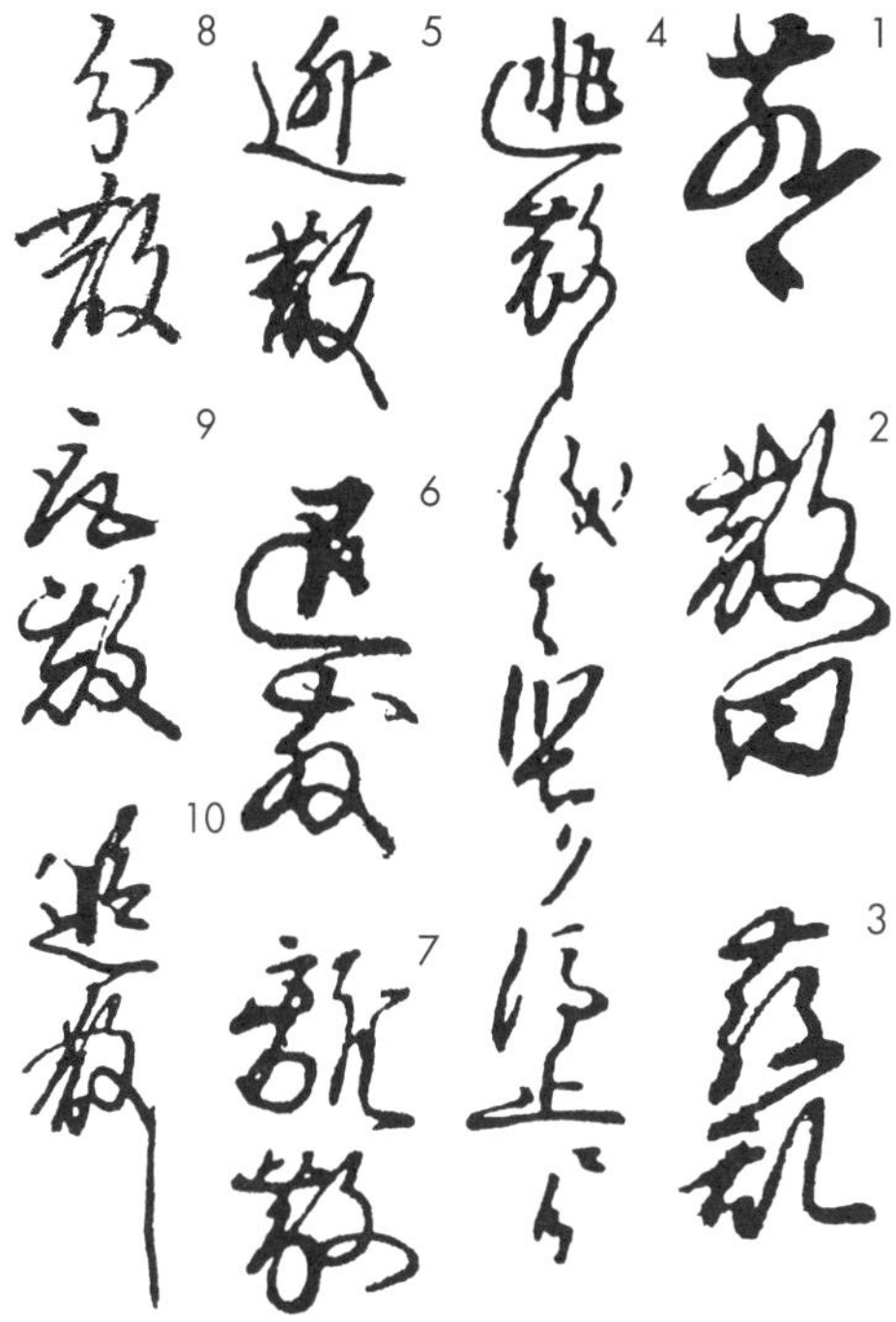

1 散々《さんざん》
2 散田《さんでん》
3 散乱《さんらん》
4 逃散之《ちょうさんの》儀《ぎ》者《は》堅ク《かたく》停止ニ《ちょうじに》候《そうろう》
5 逃散《ちょうさん》
6 退散《たいさん》
7 離散《りさん》
8 分散《ぶんさん》
9 取散《とりちらす》
10 追散《おいちら》し

425 数(數)

3184
5843

スウ・ス かず かぞえる

◎偏は「女」を省画して「米」のみを記すことが多い（異体字一覧参照）。用例はいずれも頻出するが、ここでは「数多」を覚えたい。

【用例】

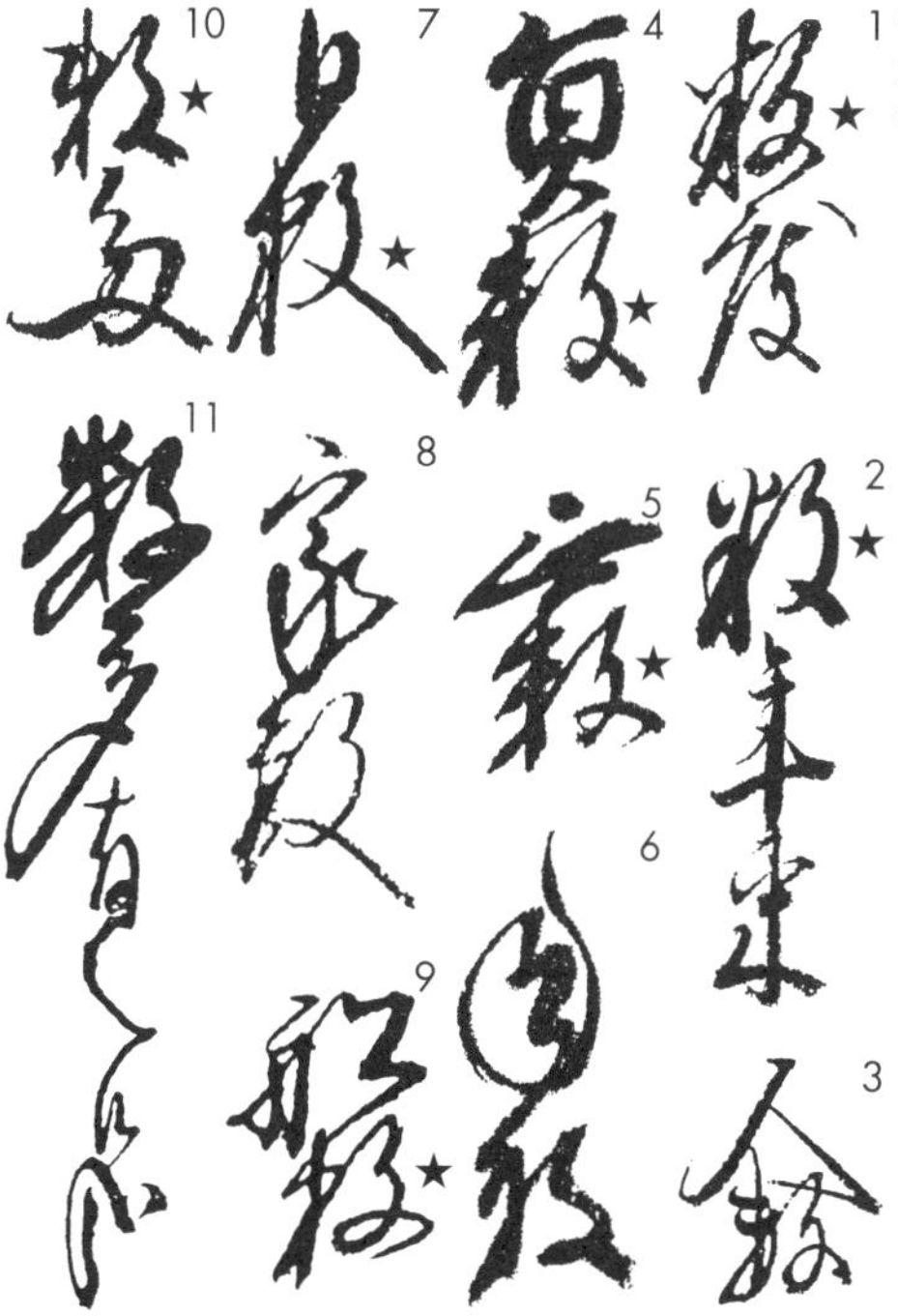

1 数度《すうど》
2 数年来《すうねんらい》
3 人数《にんずう》
4 員数《いんずう》
5 無数《むすう》
6 年数《ねんすう》
7 日数《にっすう》
8 家数《いえかず》
9 船数《ふなかず》
10 数多《あまた》
11 数多《あまた》有レ之《これあり》候哉《そうろうや》

426
斗
3745
ト

◎容量の単位「斗」は石高や米の単位として頻出。くずしは「計」とまったく同じなので文脈から読み分けてほしい。「不斗」に注意。

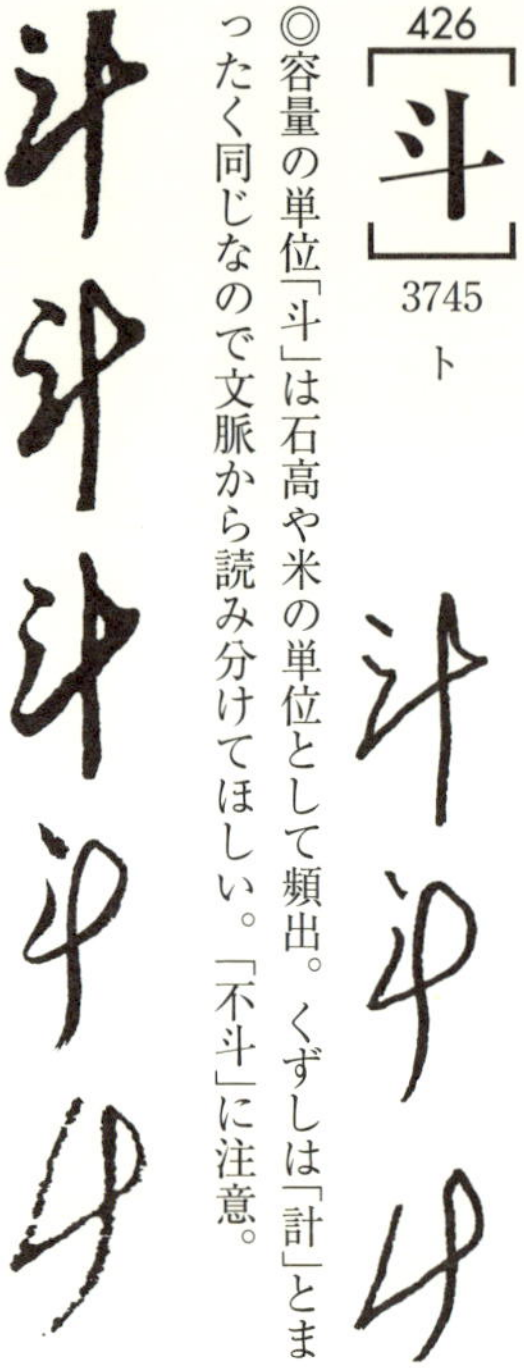

【用例】

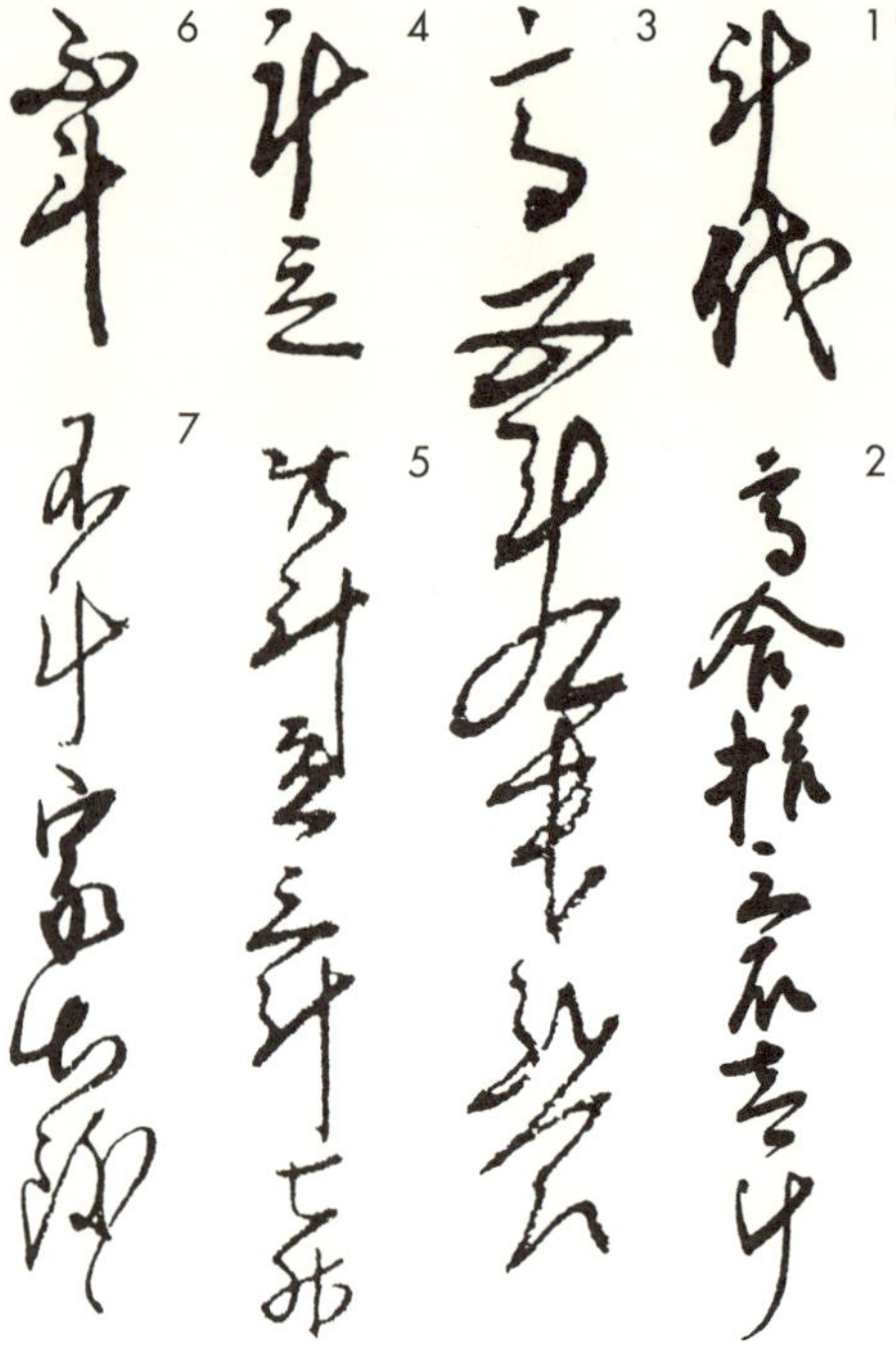

1 斗代《とだい》　2 高合拾三石壱斗《たかあわせてじゅうさんごくいっと》　3 高五斗九升弐合《たかごときゅうしょうにごう》　4 斗立《とだて》　5 此斗立三斗七升《このとだてさんとななしょう》　6 不斗《ふと》　7 不斗家出致候《ふといえでいたしそうろう》

427
料
4633
リョウ
はかる

◎頻出の「御料(御料所)」は「幕領(天領)」のことで、触書などに頻出する文言である。184頁「科」との誤用も稀に見られるので注意。

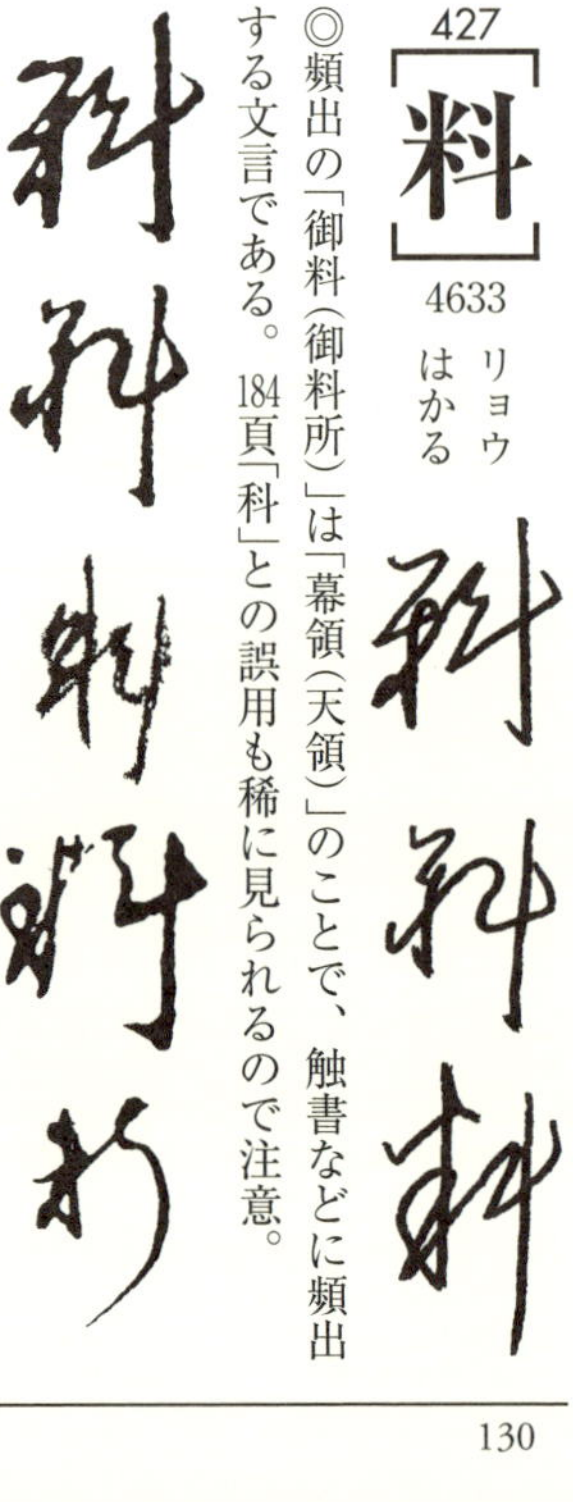

【用例】

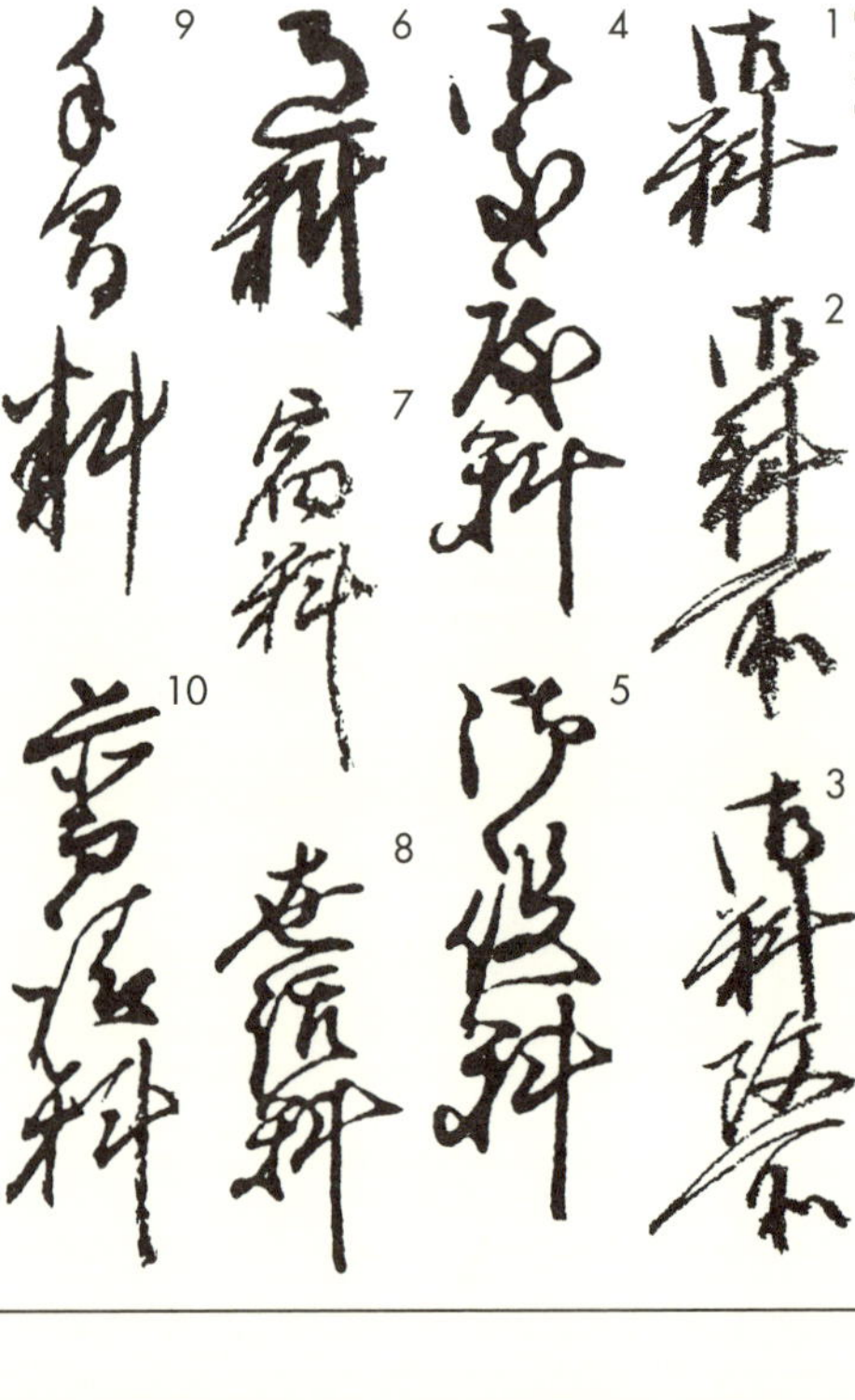

1 御料《ごりょう》　2 御料所《ごりょうしょ》　3 御料改所《ごりょうあらためしょ》　4 御支度料《おしたくりょう》　5 御役料《おやくりょう》　6 過料《かりょう》　7 宿料《やどりょう》　8 世話料《せわりょう》　9 手間料《てまりょう》　10 普請料《ふしんりょう》

428 【断(斷)】

3539
5850

ダン／たつ
ことわる
ことわり

◎偏の「㡭」が「阝」のようにくずされる単漢字3番目が基本形。極端にくずされると「引」や「行」と酷似するので注意。「同断」が頻出。

【用例】

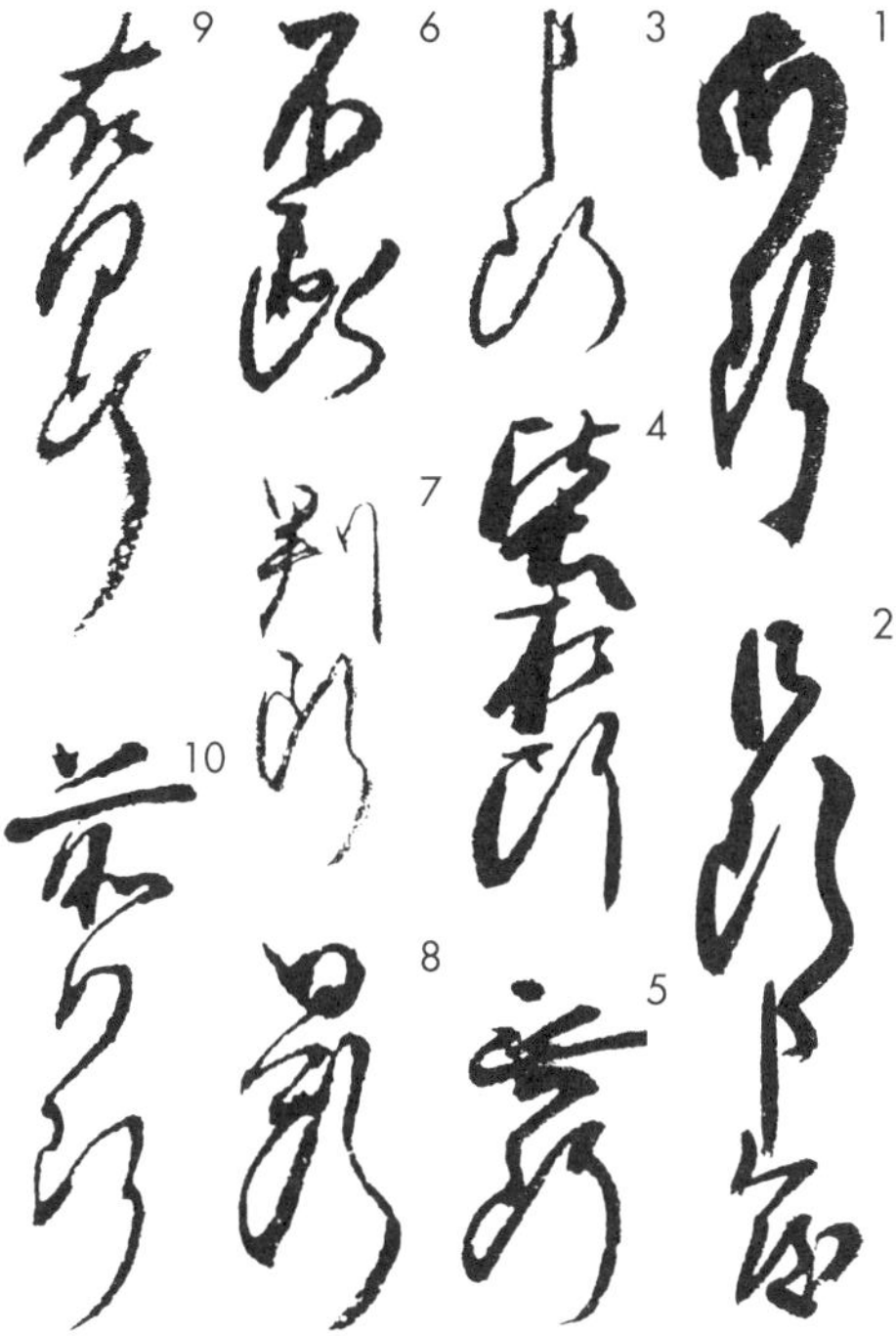

1 御断《おことわり》
2 御断申上度《おことわりもうしあげたく》
3 申断《もうしことわり》
4 堅相断《かたくあいことわり》
5 無断《むだん》／無レ断《ことわりなく》
6 不断《ふだん》
7 判断《はんだん》
8 同断《どうだん》
9 右同断《みぎどうだん》
10 前同断《まえどうだん》

429 【斯】

2759

シ
これ
かく

◎「其」の特殊なくずしが判読できるかどうかがポイントとなる。ここでは「如レ斯」という言い回しを必ず覚えてほしい。

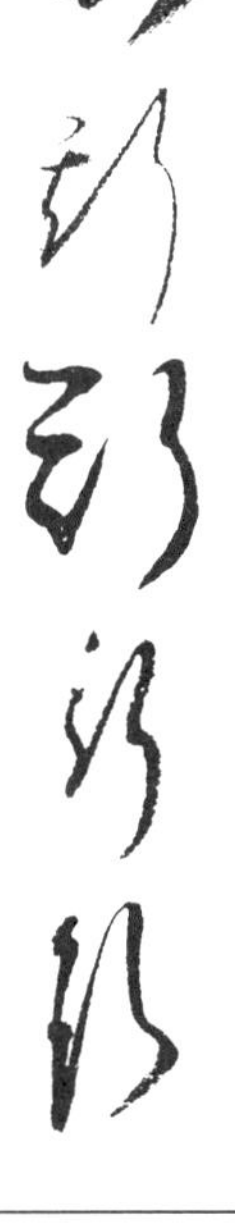

【用例】

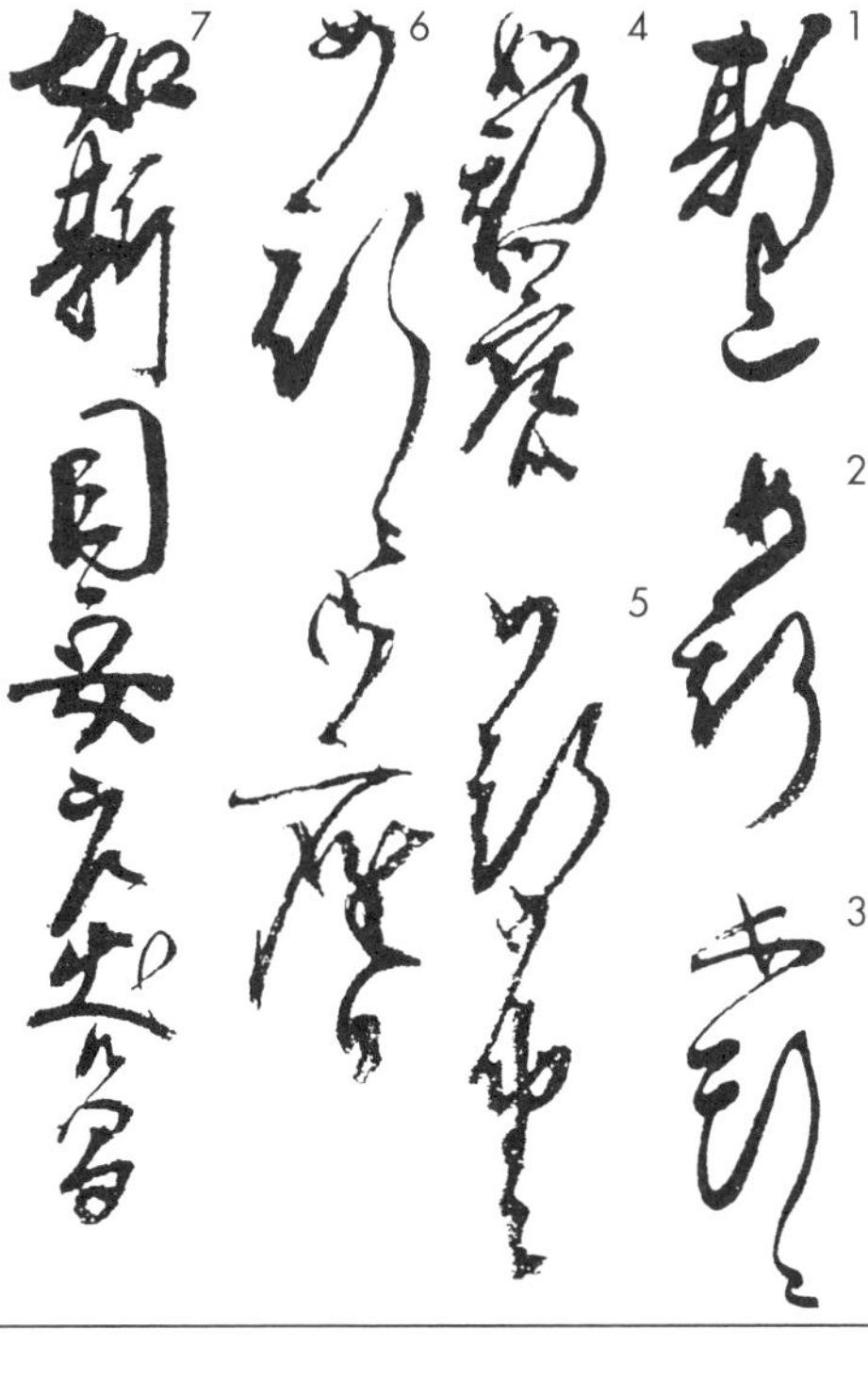

1 斯迄《かくまで》
2 如レ斯《かくのごとし》
3 如レ斯ニ《かくのごとくに》
4 如レ斯御座候《かくのごとくにござそうろう》
5 如レ斯御坐候《かくのごとくにござそうろう》
6 如レ斯ニ御座候《かくのごとくにござそうろう》
7 如レ斯目安差出候間《かくのごとくめやすさしだしそうろうあいだ》

430 【新】 3123

シン／にい
あたらしい
あらた

◎単漢字2・4番目が基本形となる。「立」は「三」のように記され、「木」も省画されることが多いので注意したい（218頁「親」も参照）。

【用例】

1

2

3

4

5

6

7

8

9

1 新春之御慶《しんしゅんのぎょけい》　2 新年《しんねん》　3 新古《しんこ》　4 新規《しんき》　5 新道《しんどう》　6 新田《しんでん》
7 新類《しんるい》（※「親類」の誤用）　8 新川敷潰地代金《しんかわしきつぶれちだいきん》　9 新敷《あたらしく》

431 【於】 1787

オ
おいて

◎「於～」（～において）と上に返って読む形で頻出。「方」が「扌」と記され（異体字一覧参照）、単漢字4・5番目は「出」「村」と酷似する。

【用例】

1

2★

3

4★

5

6★

7★

8

9

1 於レ然者《しかるにおいては》　2 於レ有レ之者《これあるにおいては》　3 於二此方一《こなたにおいて／このほうにおいて》　4 於二當地一《とうちにおいて》　5 於二国元一《くにもとにおいて》
6 於二在々一《ざいざいにおいて》　7 於二江戸表一《えどおもてにおいて》も　8 於二奉行所一《ぶぎょうしょにおいて》　9 おゐて

432 ［旁］ 5853

ボウ かたわら かたがた

◎類似のくずしはなく、「方」もはっきりと記されるので判読は可能か。「旁」（いろいろ。ついでに。～がてらの意）の用法に注意。

【用例】

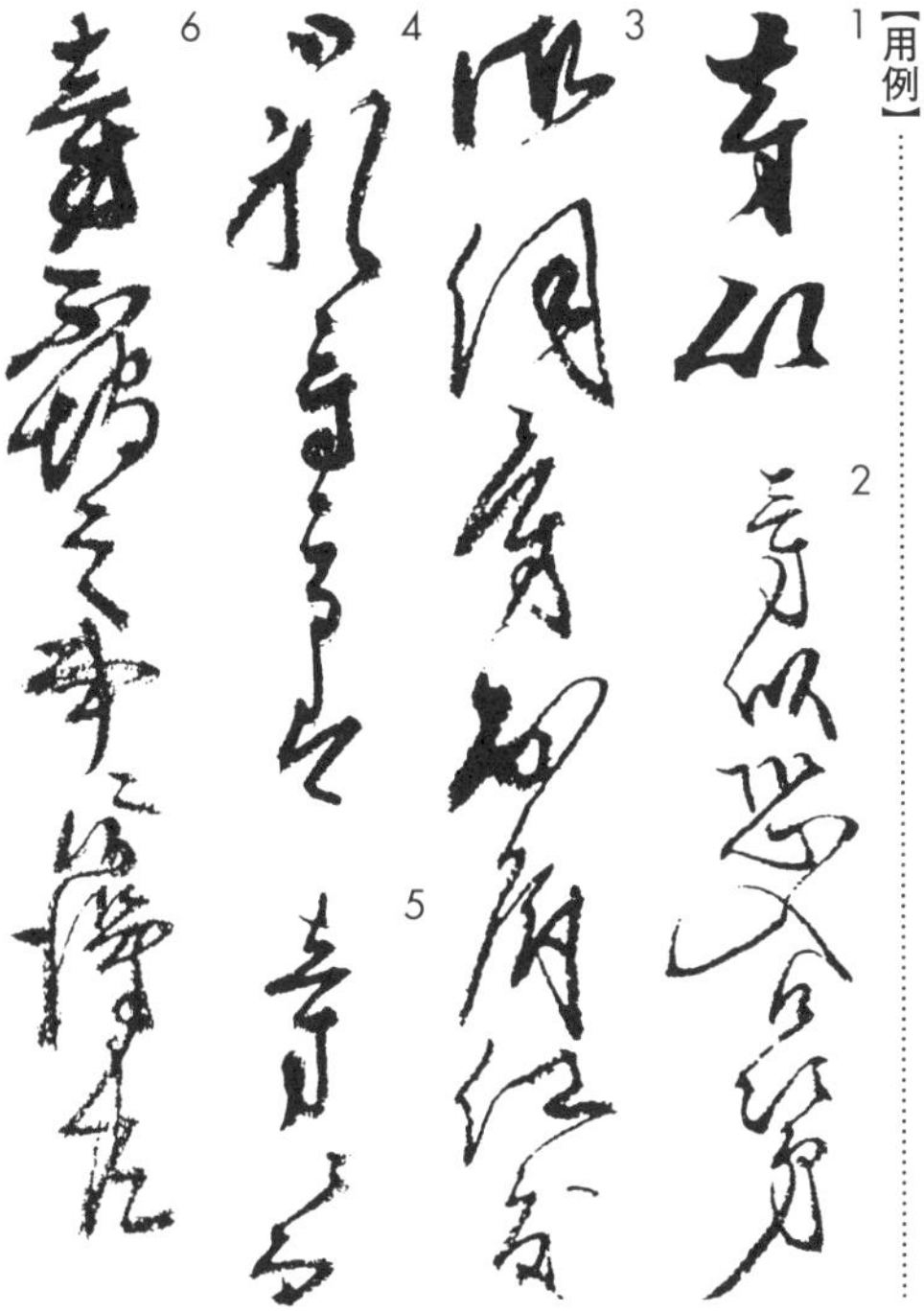

1 旁以《かたがたもって》
2 旁以恐入候次第《かたがたもっておそれいりそうろうしだい》
3 御伺旁出府仕度《おうかがいかたがたしゅっぷつかまつりたく》
4 御礼旁可二申上一候《おれいかたがたもうしあぐべくそうろう》
5 旁ニ而《かたがたにて》
6 旁不埒之事ニ候得共《かたがたふらちのことにそうらえども》

433 ［旅］ 4625

リョ たび

◎79頁「宿」および193頁「籠」とセットで覚えておけば、多少くずされていても判読は可能だろう。旁は「衣」（未収録）のように記される。

【用例】

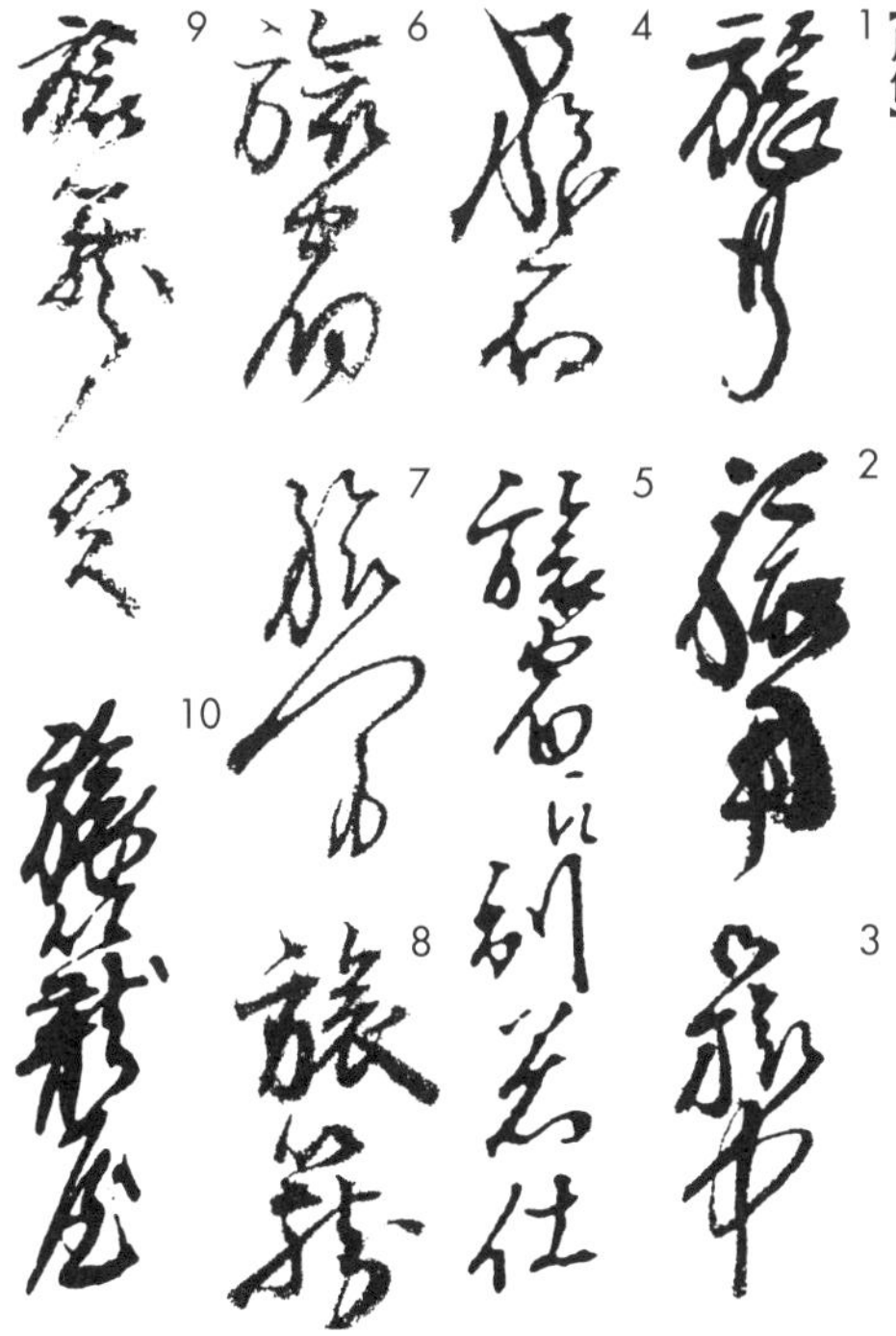

1 旅行《りょこう》
2 旅用《りょよう》
3 御旅中《ごりょちゅう》
4 御旅宿《ごりょしゅく》
5 旅宿江到着仕《りょしゅくへとうちゃくつかまつり》
6 旅宿《りょしゅく》
7 旅人方《たびにんかた》
8 旅籠《はたご》
9 旅籠賃《はたごちん》
10 旅籠屋《はたごや》

434 既 2091 キ すでに

◎偏が「見」や「阝」のように、旁が「元」のようにくずされた単漢字2・4番目が基本形となる。用例は「既ニ～」のみである。

【用例】

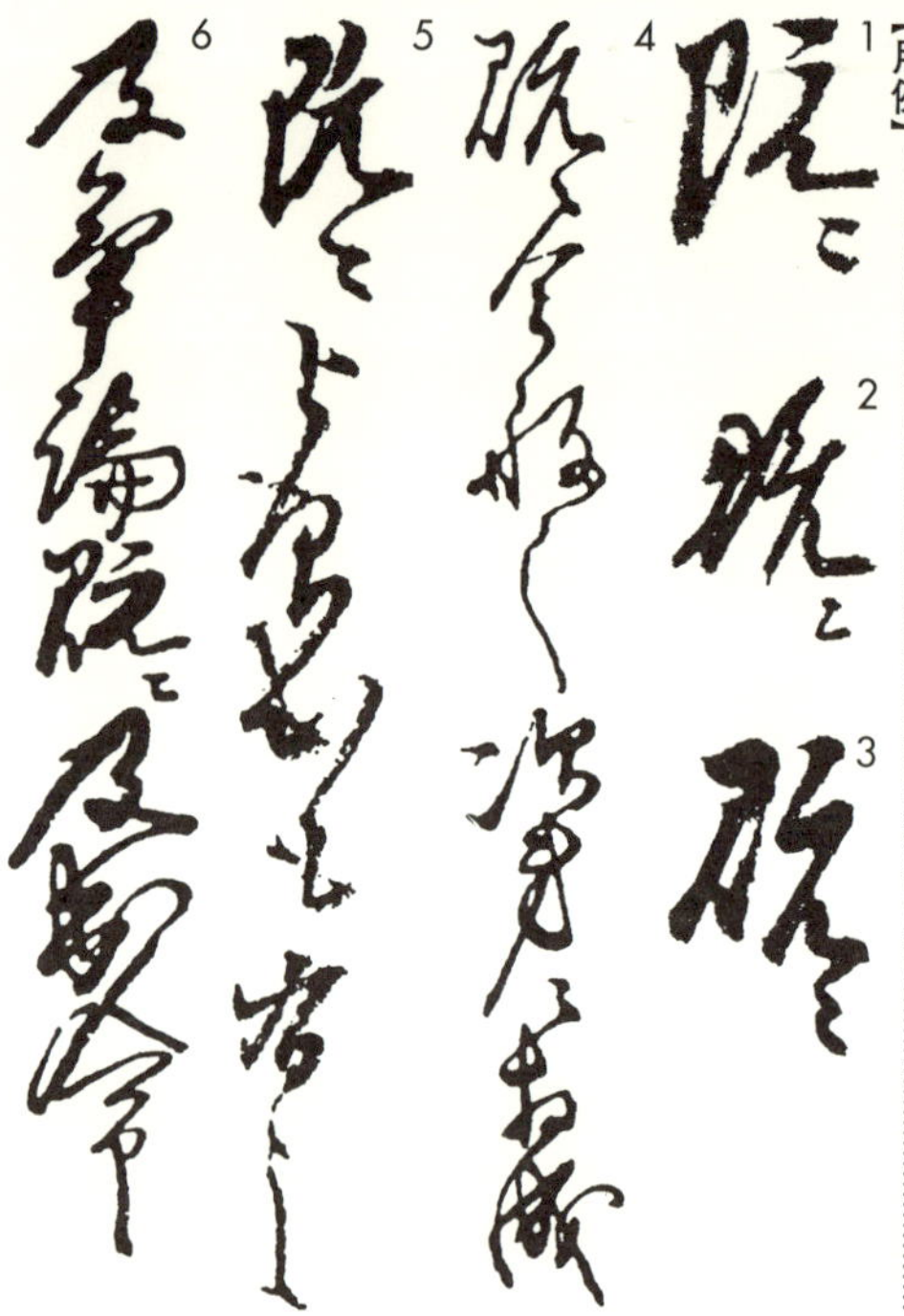

1～3 既ニ《すでに》　4 既ニ《すでに》今般《こんぱん》之《の》次第《しだい》ニ《に》相成《あいなり》　5 既ニ《すでに》被ニ仰出一《おおせいだされ》も有レ之《これあり》

6 及ニ争論一《そうろんにおよび》、既ニ及ニ出入一可レ申《すでにでいりにおよびもうすべく》

435 旦 3522 タン ダン

◎11頁「且」と酷似するが、文脈から判読すれば問題ないだろう。用例1～7は「檀」とも混用されるが、「旦」の頻度が高い。

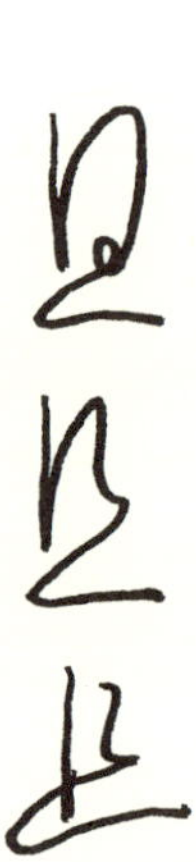

【用例】

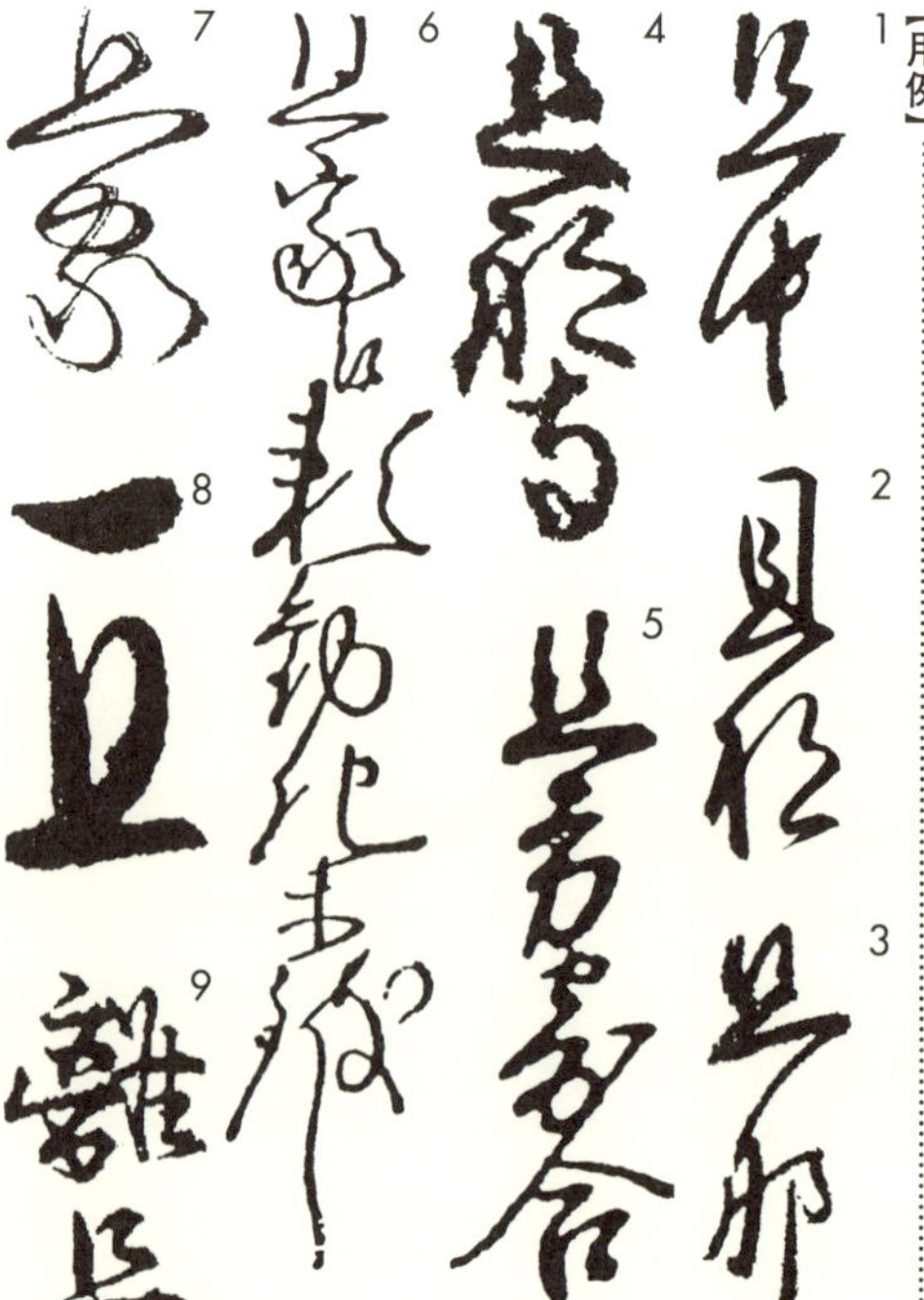

1 旦中《だんちゅう》　2・3 旦那《だんな》　4 旦那寺《だんなでら》　5 旦方寄合《だんかたよりあい》

6 旦家《だんか》江《へ》頼、勧化《かんげ》等致《などいた》し　7 旦家《だんか》　8 一旦《いったん》　9 離旦《りだん》

436
昨
2682
サク

◎年月日や時の表現法（朝・夜など）との熟語で頻出する重要語。ここでは「乍」とは異なる単漢字4番目の形を必ず覚えてほしい。

【用例】

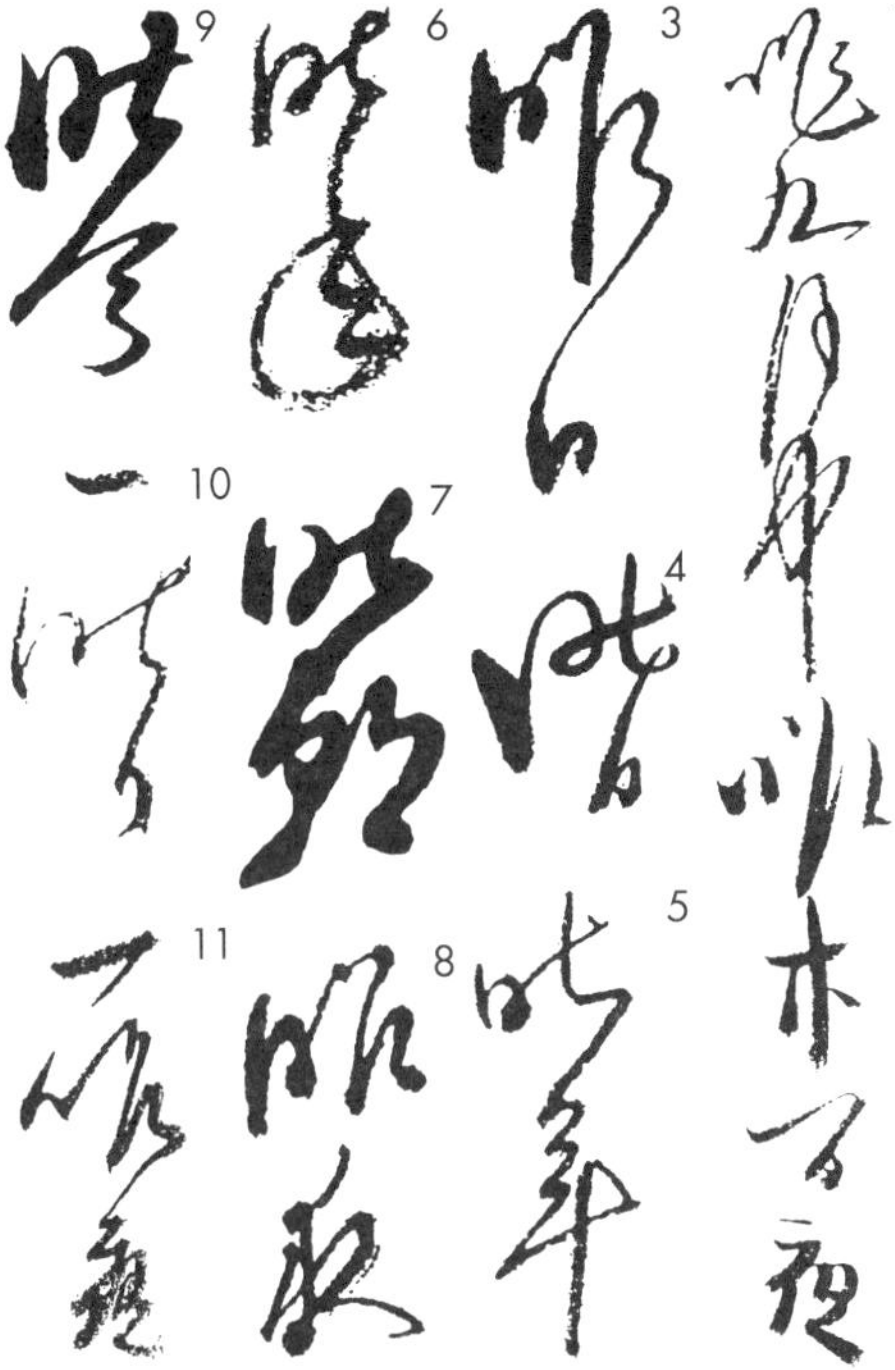

1 昨九月中《さくくがつちゅう》　2 昨廿一日夜《さくにじゅういちにちよる》　3・4 昨日《さくじつ》　5・6 昨年《さくねん》　7 昨朝《さくちょう》　8 昨夜《さくや》　9 昨今《さっこん》　10 一昨日《いっさくじつ》　11 一昨夜《いっさくや》

437
春
2953
シュン
はる

◎原形をとどめない特殊なくずしに注意し、特に単漢字1・5番目を覚えておきたい。なお単漢字5番目は仮名の「す」としても頻出。

【用例】

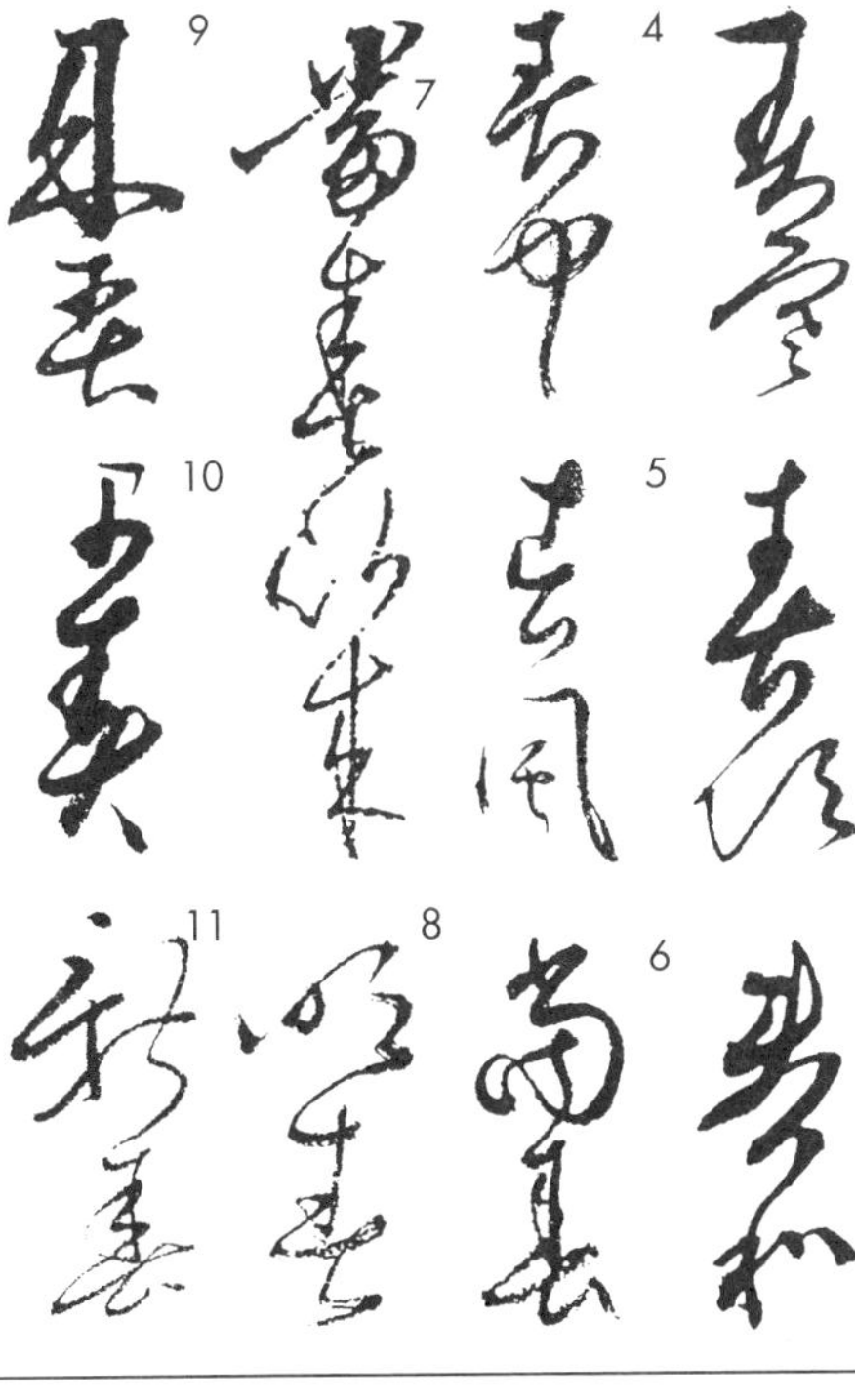

1 春寒《しゅんかん》　2 春冷《しゅんれい》　3 春和《しゅんわ》　4 春中《しゅんちゅう》　5 春風《しゅんぷう》　6 當春《とうしゅん》　7 當春以来《とうしゅんいらい》　8 明春《みょうしゅん》　9 来春《らいしゅん》　10 早春《そうしゅん》　11 新春《しんしゅん》

438

是

3207

ゼ

これ

◎用例はいずれも頻出の重要語。「日」は「口」や「ン」と記され、前者は「足」（235頁）とも類似する。右払いが上にはねるのが特徴的。

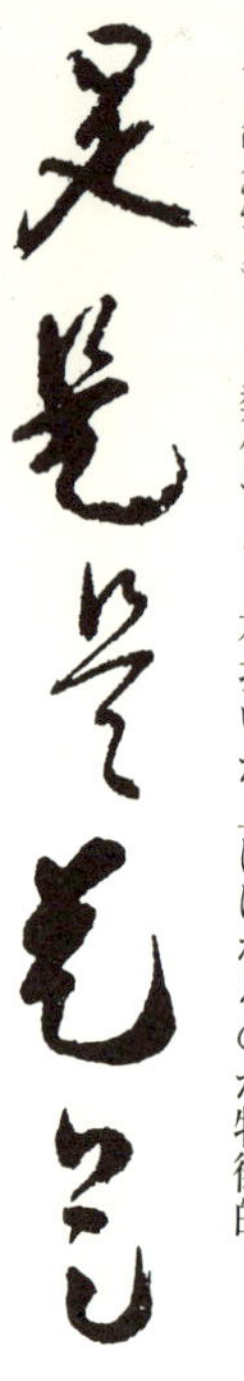

【用例】

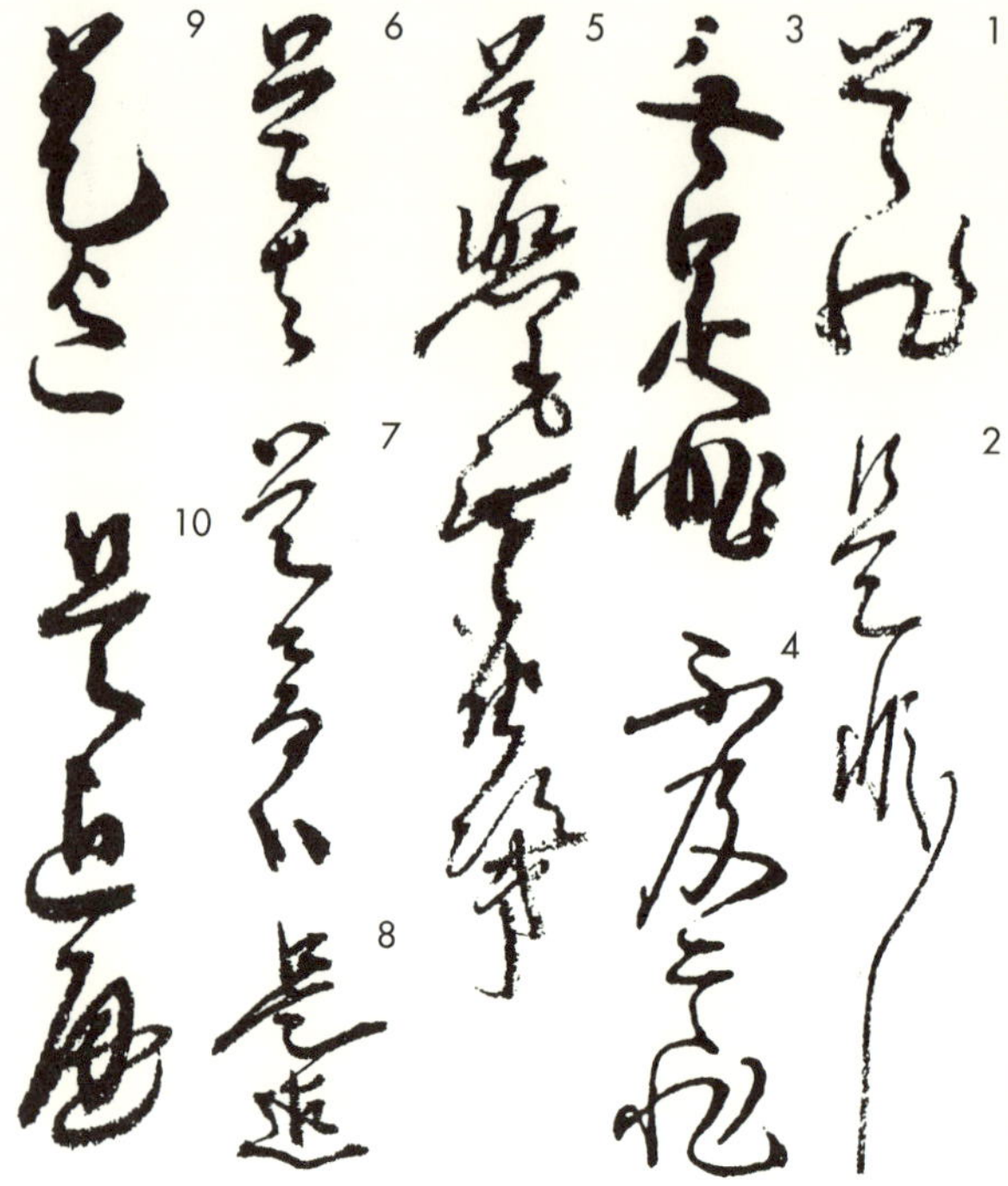

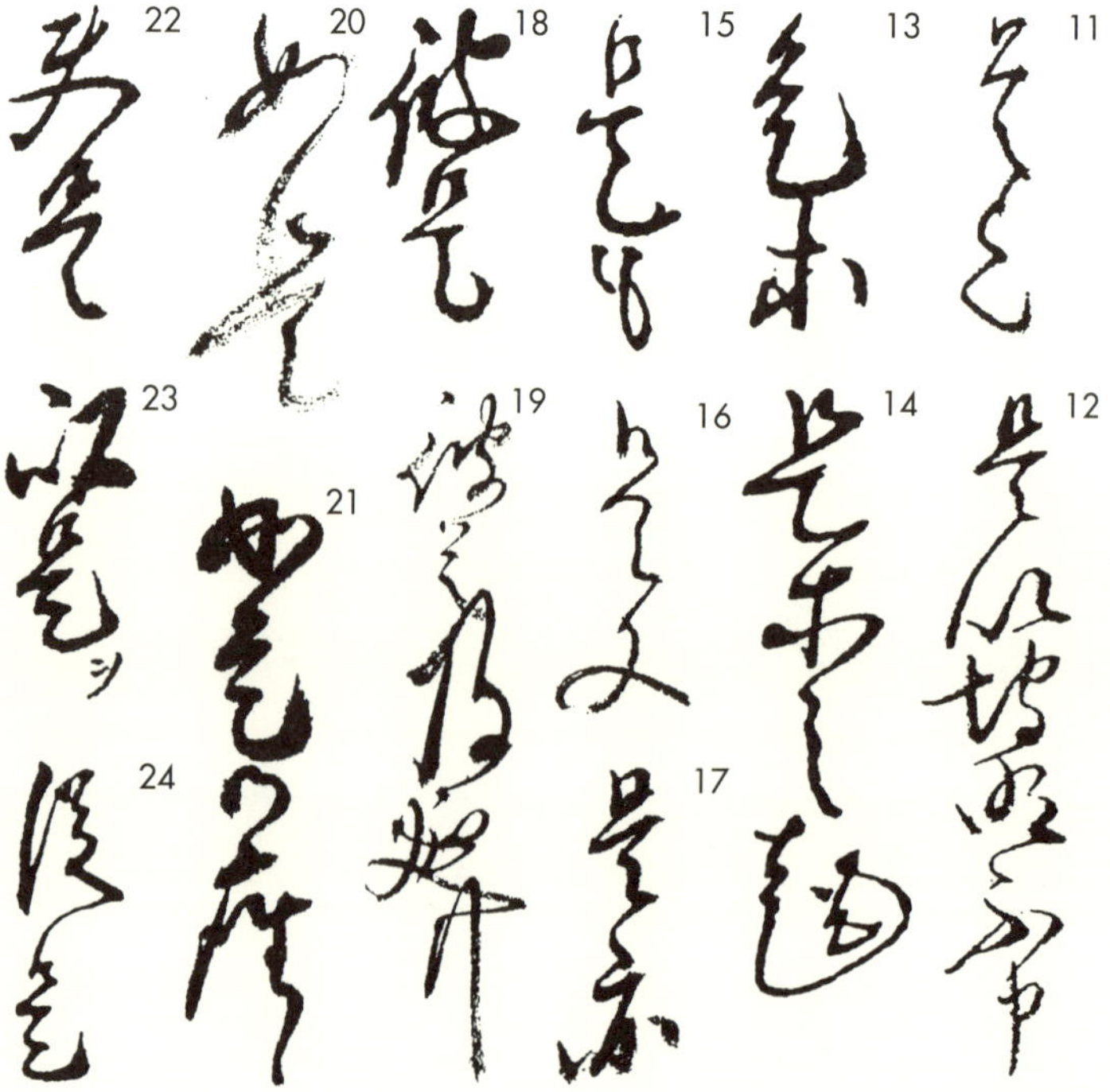

1 是非《ぜひ》　2 是非〱《ぜひぜひ》　3 無二是非一《ぜひなく》　4 不レ及二是非一《ぜひにおよばず》

5 是悲《ぜひ》も無二御坐一《ござなき》次第《しだい》　6 是者《これは》　7 是二而ハ《これにては》　8・9 是迄《これまで》

10 是迄通《これまでどおり》　11 是迄《これまで》　12 是以埒明不レ申《これをもってらちあけもうさず》　13 是等《これら》　14 是等之趣《これらのおもむき》

15 是《これ》も　16 是又《これまた》　17 是亦《これまた》　18 彼是《かれこれ》　19 彼是及二延引一《かれこれえんいんにおよび》

20 如レ是《かくのごとし》　21 如レ是御座候《かくのごとくにござそうろう》　22 夫是《それこれ》　23 以二是ヲ一《これをもって》　24 従レ是《これより》

439 昼(晝)

3575
5876

チュウ
ひる

◎「尺」は左右の払いが小さく記されたり、「己」のようにくずされることもあるので注意したい。ここでは「昼夜」をぜひ覚えたい。

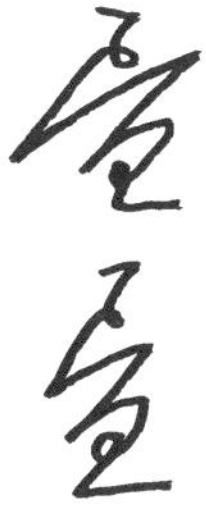

【用例】

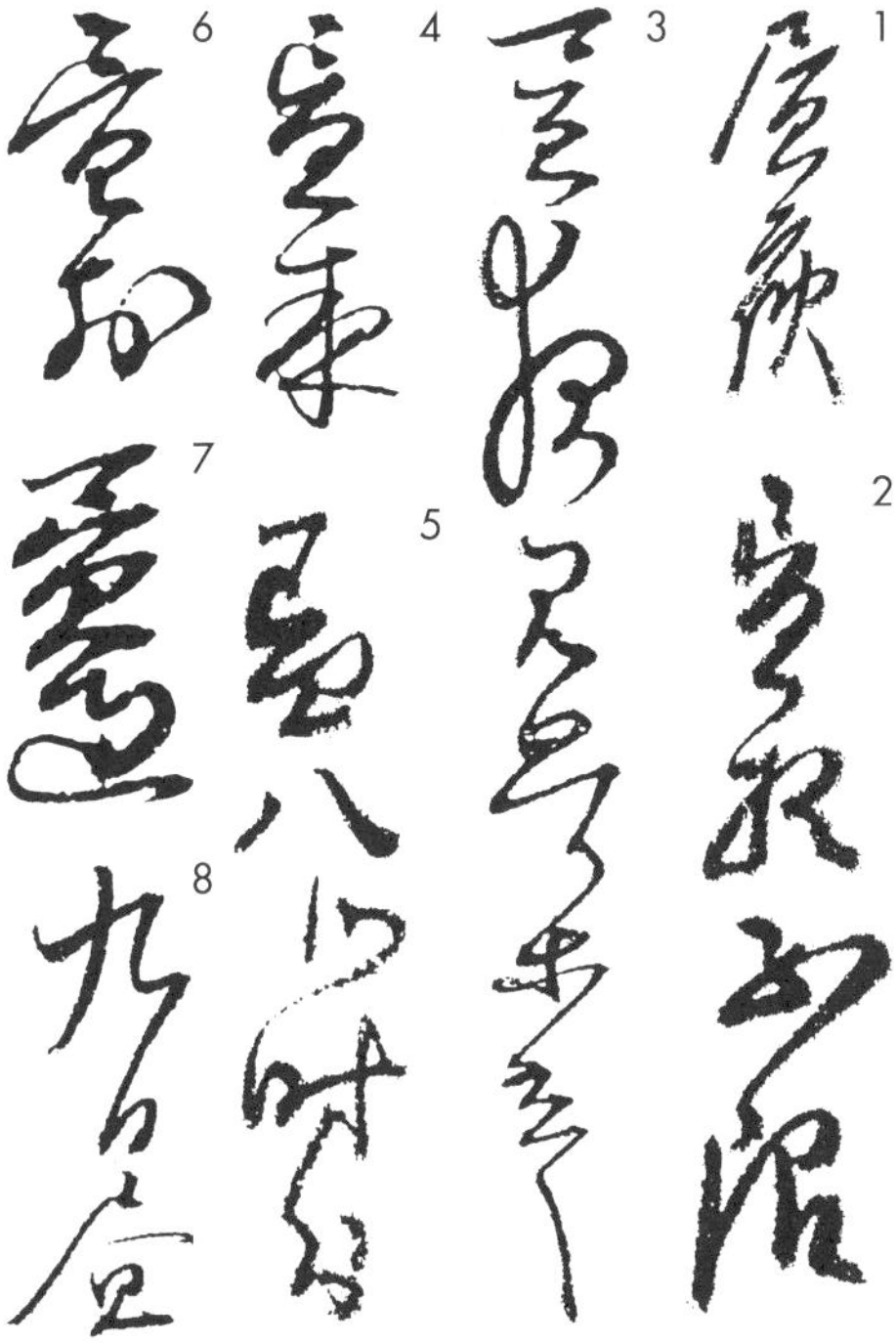

1 昼夜《ちゅうや》 2 昼夜《ちゅうや》不レ限《にかぎらず》 3 昼夜《ちゅうや》見廻リ《みまわり》等《など》有レ之《これあり》 4 昼夜《ちゅうや》
5 昼八ツ《ひるやっ》時分《じぶん》 6 昼前《ひるまえ》 7 昼過《ひるすぎ》 8 九日昼《ここのかひる》

440 時

2794

ジ
とき

◎単漢字2・3番目が基本形で、特に後者は旁を「寸」と記す異体字である(異体字一覧参照)。用例はいずれも頻出するので覚えたい。

【用例】

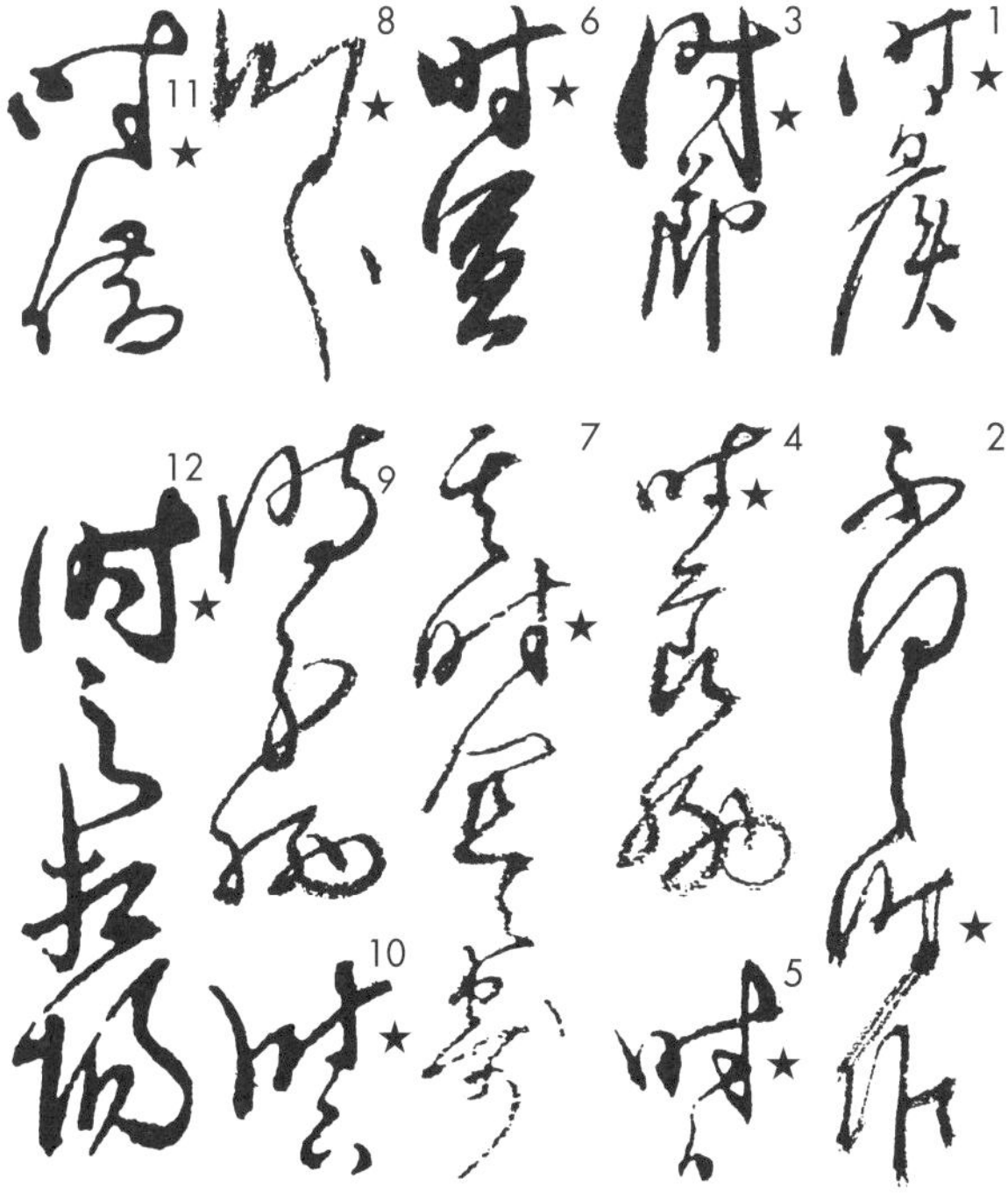

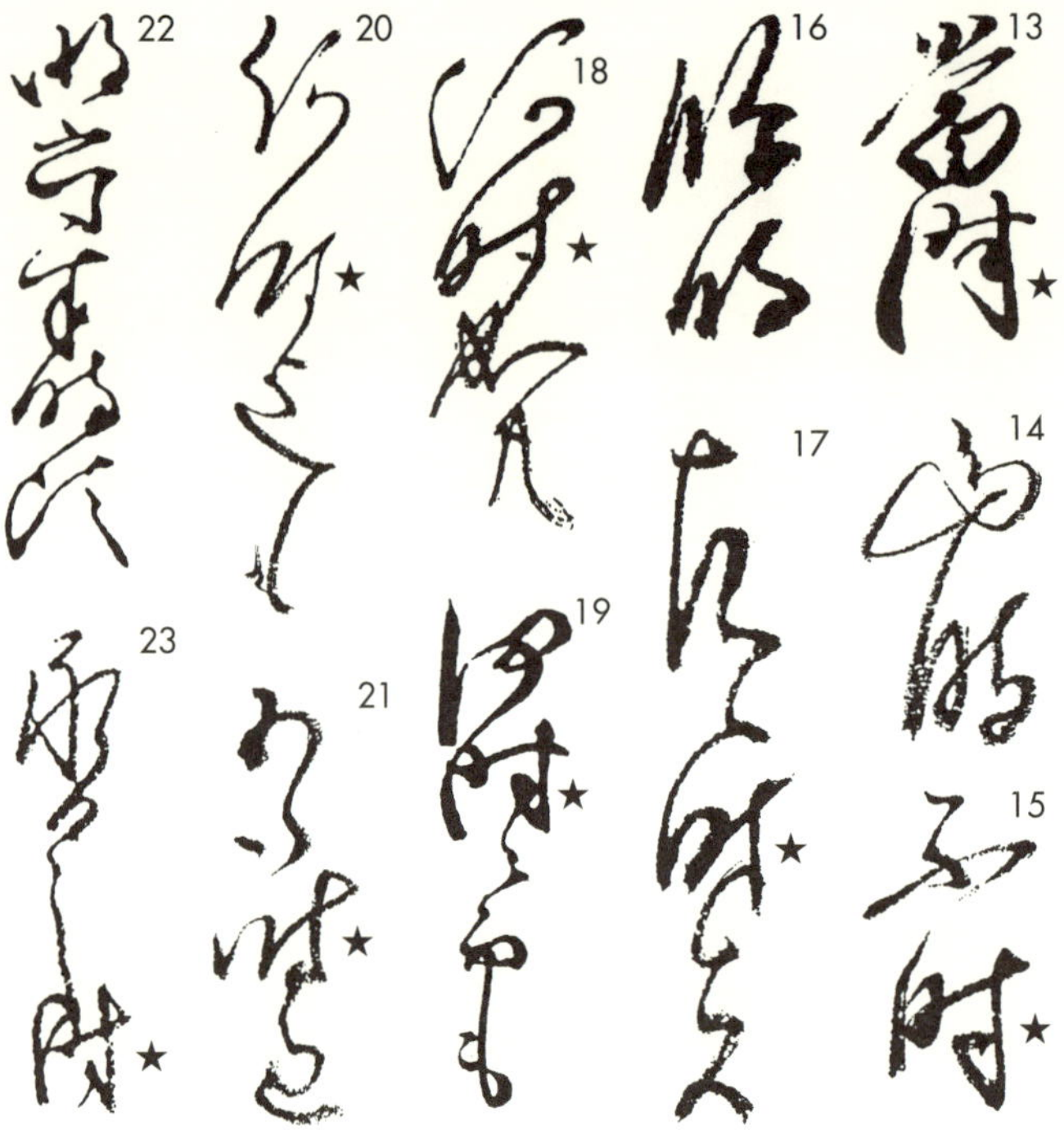

1 時候《じこう》 2 不同之時候《ふどうのじこう》 3 時節《じせつ》 4 時節柄《じせつがら》 5 時日《じじつ》 6 時宜《じぎ》
7 其時宜ニ寄《そのじぎにより》 8 時分《じぶん》 9 時分柄《じぶんがら》 10 時下《じか》 11 時借《ときがり》《じしゃく》 12 時之相場《ときのそうば》
13・14 當時《とうじ》 15 不時《ふじ》 16 臨時《りんじ》 17 左候時者《さそうろうときは》 18 何時成共《なんどきなりとも》
19 何時ニ而も《なんどきにても》 20 何時迄も《なんどきまで》 21 五ツ時過《いつつどきすぎ》 22 明六ツ半時頃《あけてむつはんどきごろ》
23 永日之時《えいじつのとき》

441
【晦】
1902
カイ
つごもり
みそか

◎用例は「晦日」だけであり、旁の「毎」（156頁）が「あ」（用例3・5）のようにくずされることを覚えておけば判読は容易だろう。

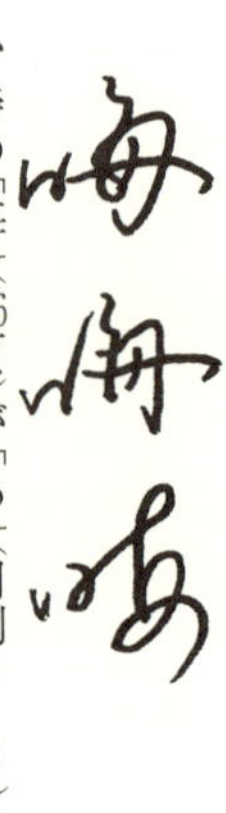

【用例】

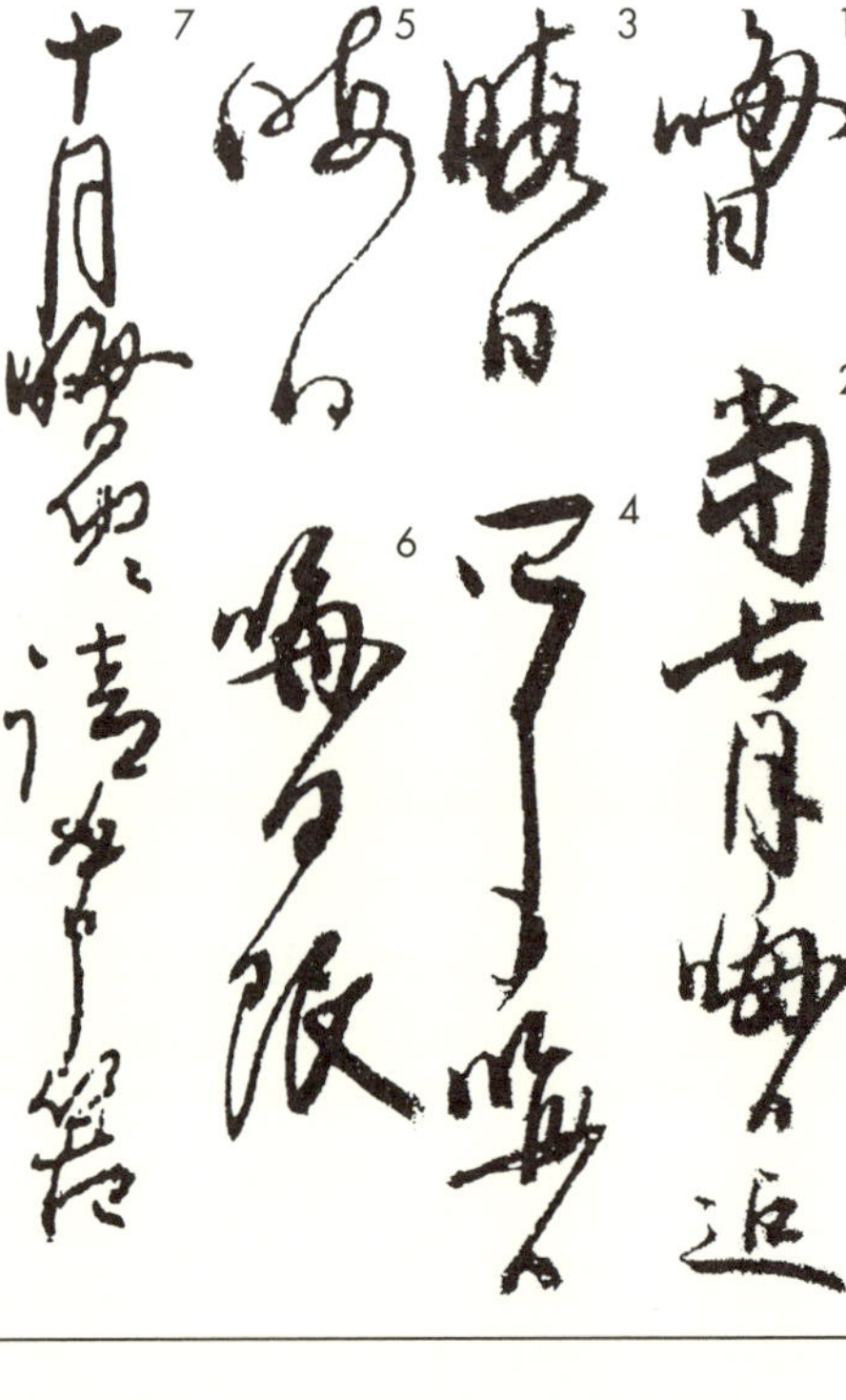

1 晦日《みそか》 2 當七月晦日迄《とうしちがつみそかまで》 3 晦日《みそか》 4 四月晦日《しがつみそか》 5 晦日《みそか》 6 晦日限《みそかぎり》
7 十月晦日切ニ請取申筈《じゅうがつみそかぎりにうけとりもうすはず》

442 【暑】 2975

ショ あつい

◎「者」のくずし様によって単漢字1・2・4番目の形が出てくる。ここでは単漢字5番目の「日」が左に記されるくずしに注意したい。

【用例】

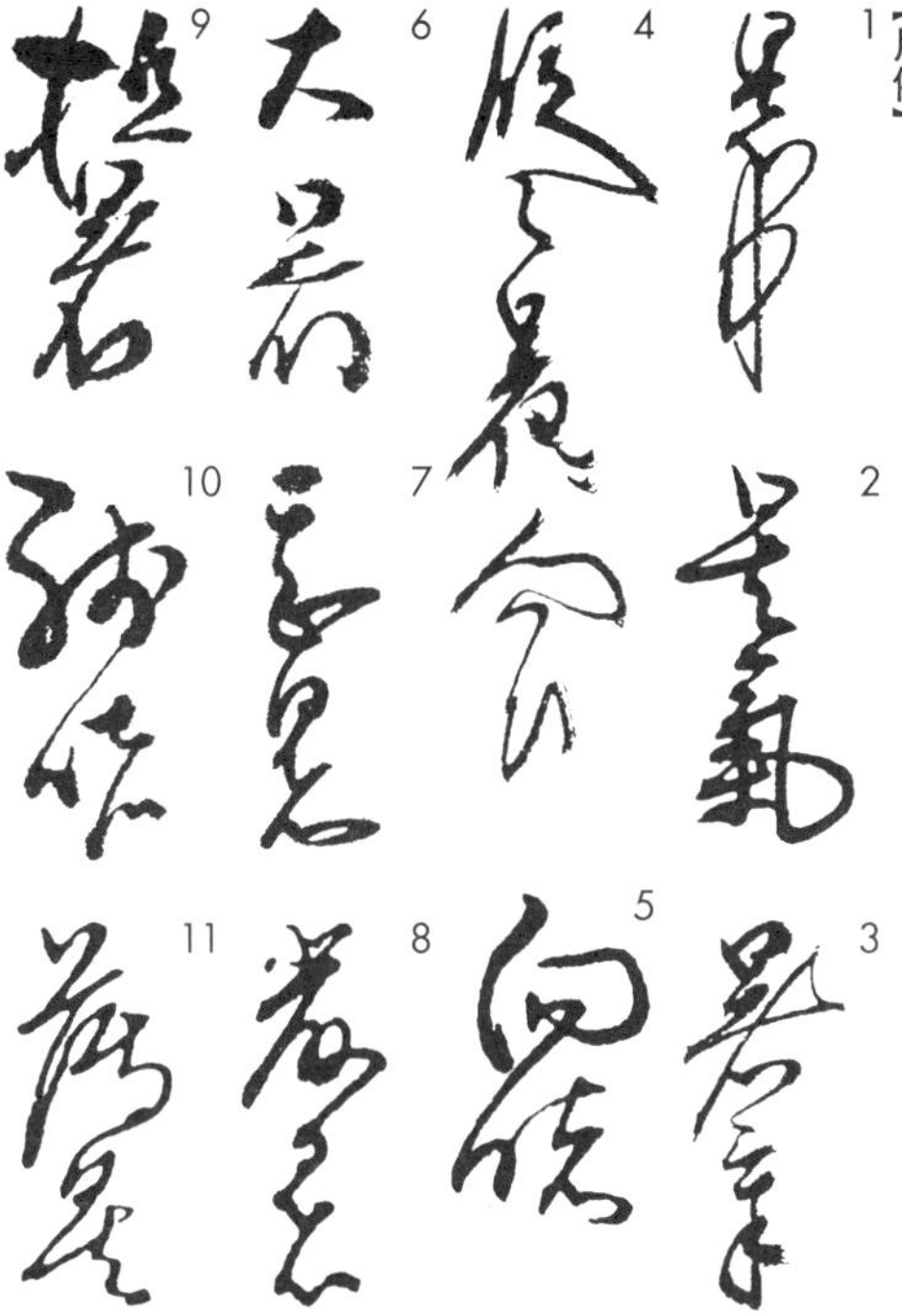

1 暑中《しょちゅう》 2・3 暑氣《しょき》 4 段々暑《だんだんしょ》ニ《に》向《むか》ひ 5 向暑《こうしょ》 6 大暑《たいしょ》 7 甚暑《じんしょ》 8 嚴暑《げんしょ》 9 極暑《ごくしょ》 10 残暑《ざんしょ》 11 薄暑《はくしょ》

443 【普】 4165

フ あまねし

◎「請」との熟語で「普請」が頻出の重要語である。単漢字4・5番目の「日」の記されないくずしを押さえておけば判読は可能だろう。

【用例】

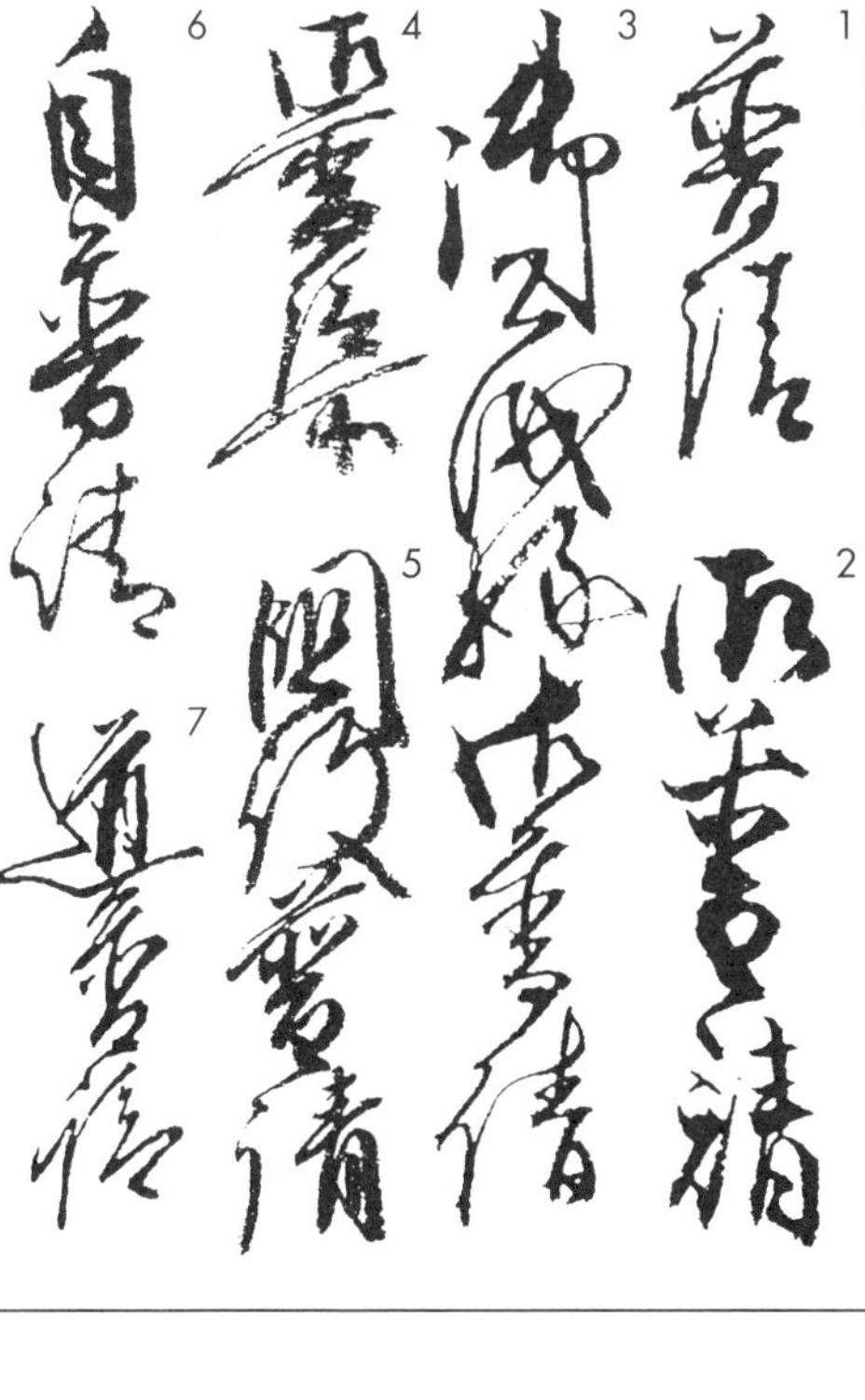

1 普請《ふしん》 2 御普請《ごふしん》 3 御公儀様御普請《ごこうぎさまごふしん》 4 御普請所《ごふしんしょ》 5 國役普請《くにやくふしん》 6 自普請《じふしん》 7 道普請《みちぶしん》

444 【暇】 1843

カ
ひま
いとま

◎旁はすべて「段」と酷似するため、「段」の判読の可否がポイントとなる。単漢字4・5番目のくずしになると138頁「晦」にも似てくる。

【用例】

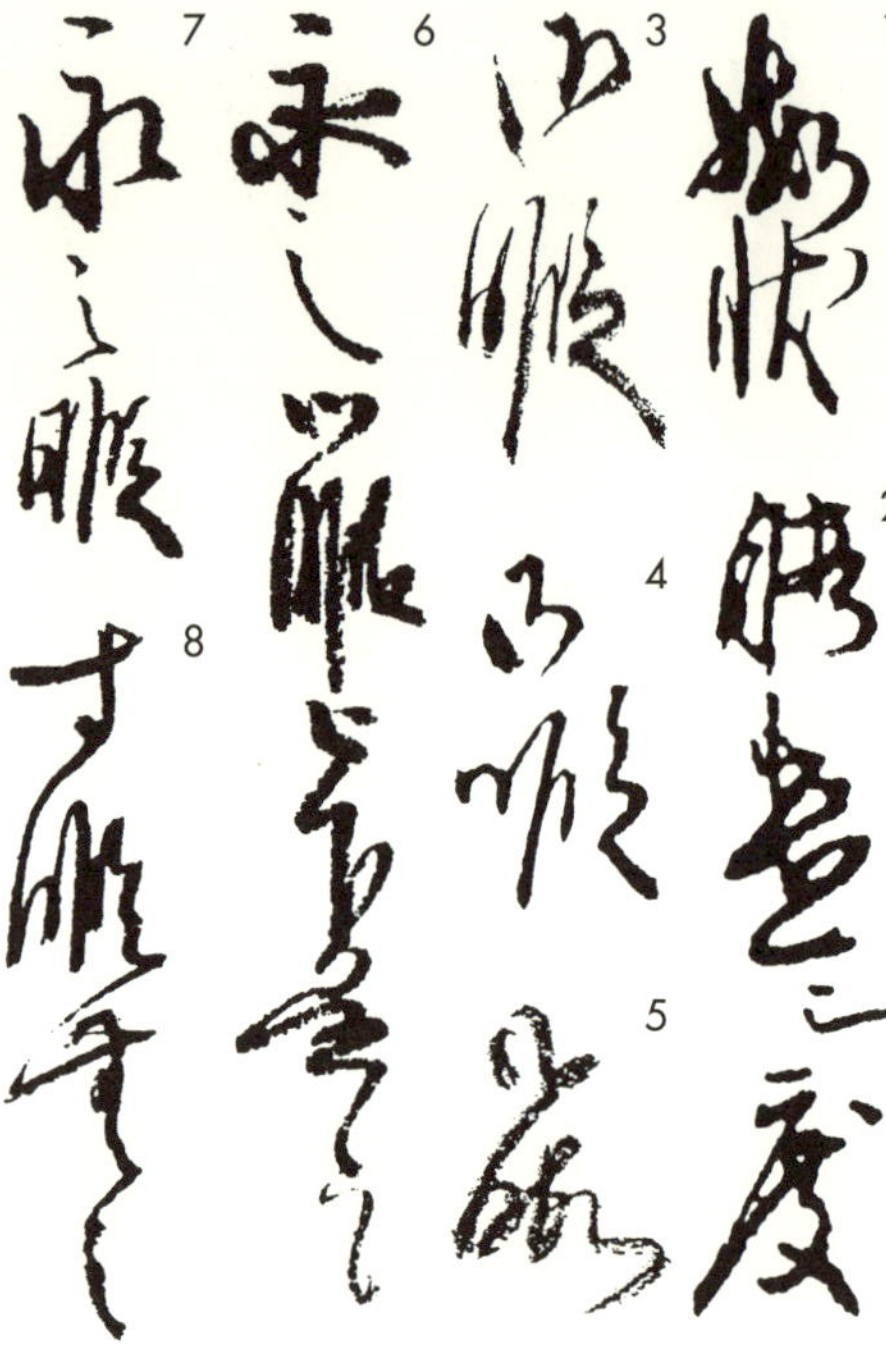

1 暇状《いとまじょう》　2 暇遣シ度《いとまつかわしたく》　3～5 御暇《おいとま》　6 永《えい》之《の》御暇《おいとま》被二下置一《くだしおかれ》候ハヽ《そうらわば》、　7 永《えい》之《の》暇《いとま》　8 寸暇《すんか》無レ之《これなく》

445 【暮】 4275

ボ／くれ
くれる
くらす

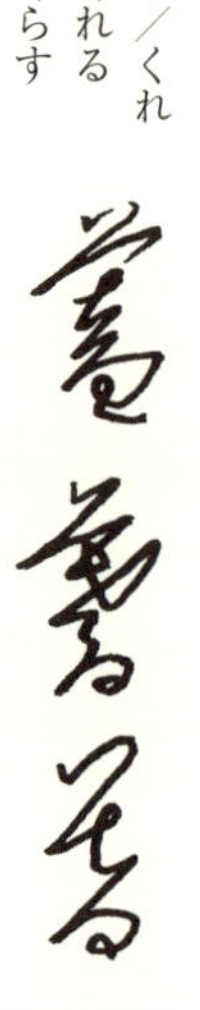

◎真ん中の「日」が「七」や「才」のように記される単漢字1・3番目が基本形である。単漢字5番目の省画形も押さえておきたい。

【用例】

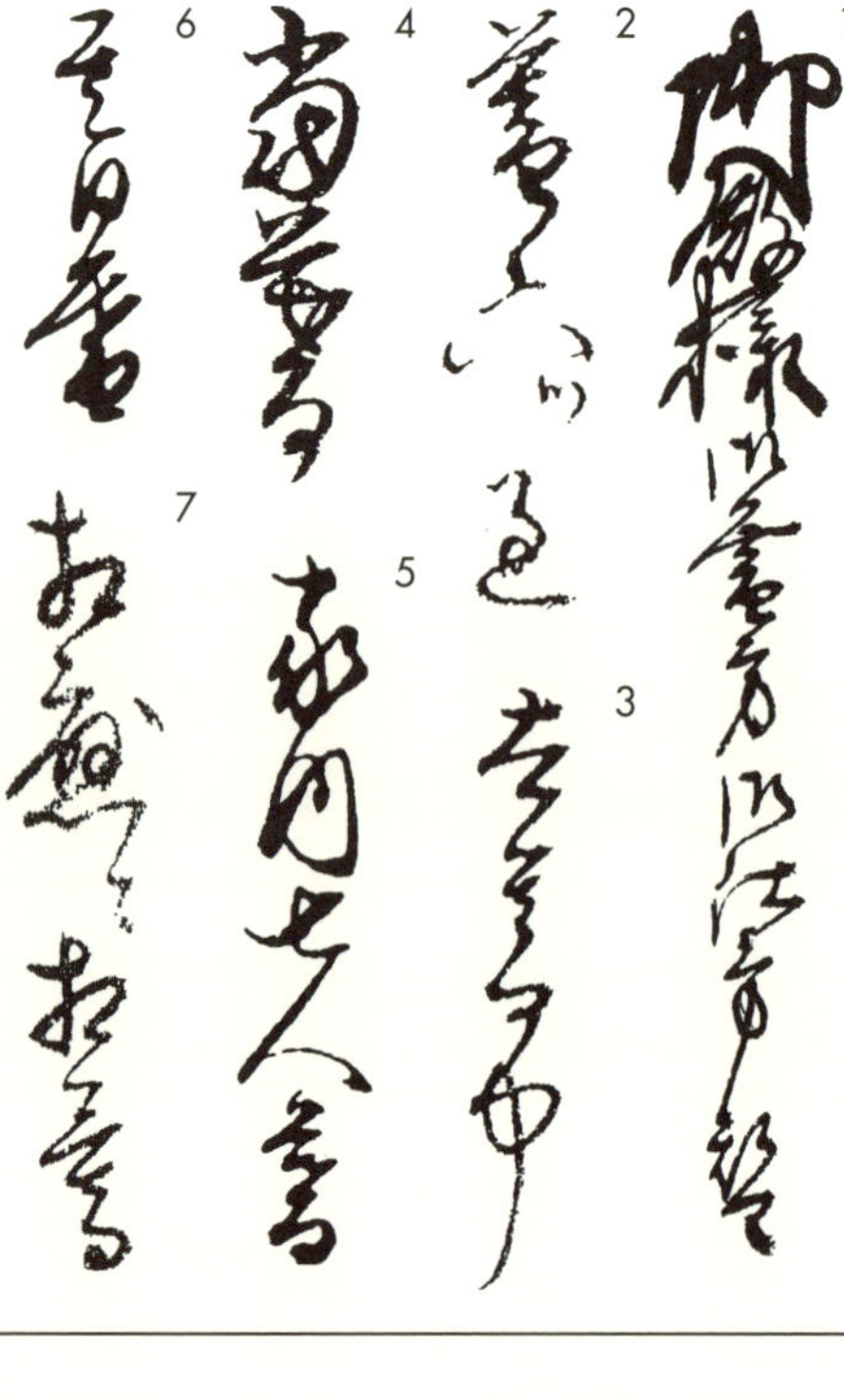

1 御殿様《おとのさま》御暮方《おくらしかた》御《ご》仕方替《しほうがえ》　2 暮六ツ過《くれむつすぎ》　3 去暮中《さるくれちゅう》　4 當暮《とうくれ》　5 家内七人暮《かないしちにんぐらし》　6 其日暮《そのひぐらし》　7 相應《そうおう》ニ《に》相暮《あいくらし》

446 暫

2735

ザン
しばらく

◎特徴的な「車」のくずし（238頁以降参照）の判読の可否がポイントで、単漢字1・3番目が基本形となる。166頁「漸」も参照されたい。

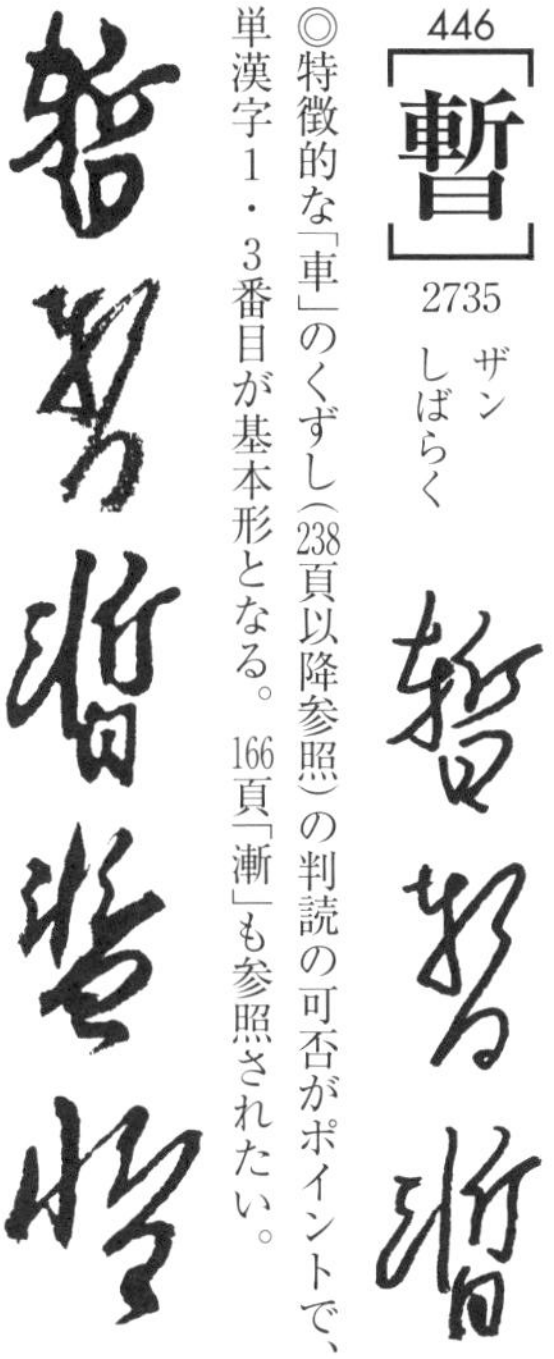

【用例】

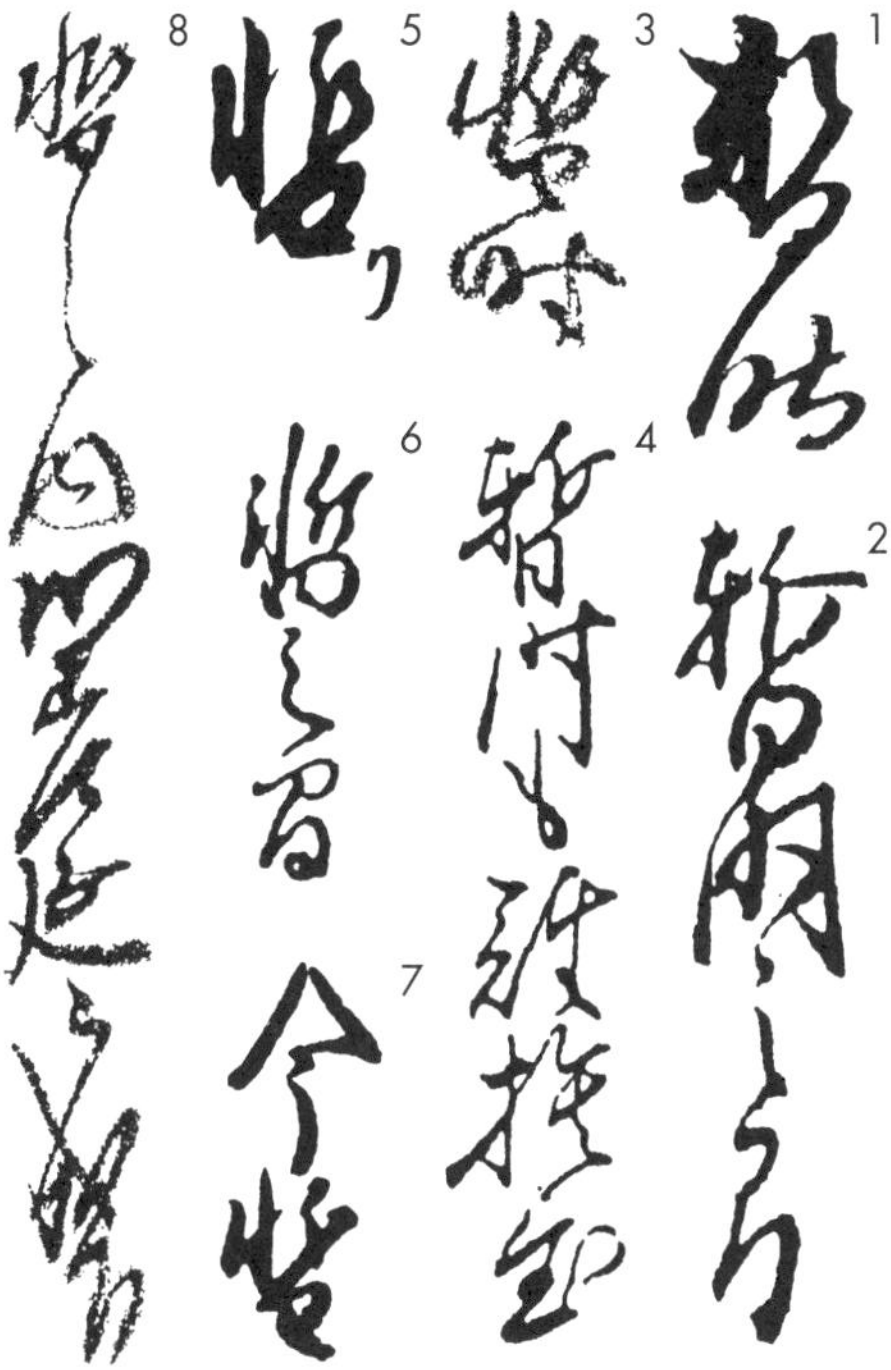

1 暫時《ざんじ》　2 暫時之間《ざんじのあいだ》　3 暫時《ざんじ》　4 暫時《ざんじ》も難二捨置一《すておきがたく》　5 暫ク《しばらく》

6 暫之間《しばらくのあいだ》　7 今暫《いましばらく》　8 暫之内御差延被二成下一《しばらくのうちおさしのべなしくだされ》

447 曲

2242

キョク
まがる
くせ

◎単漢字2番目の特徴的なくずしが基本形となるので覚えたい。「曲事」（読み方注意）は頻出の重要語で、用例2・4・5は決り文句。

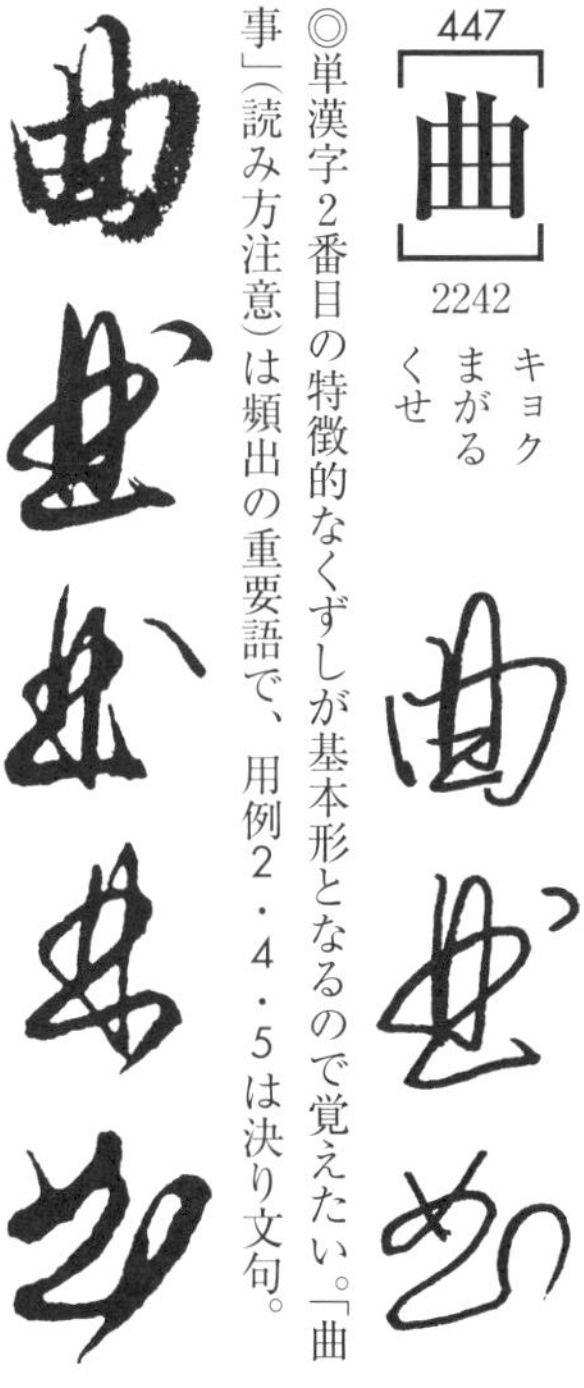

【用例】

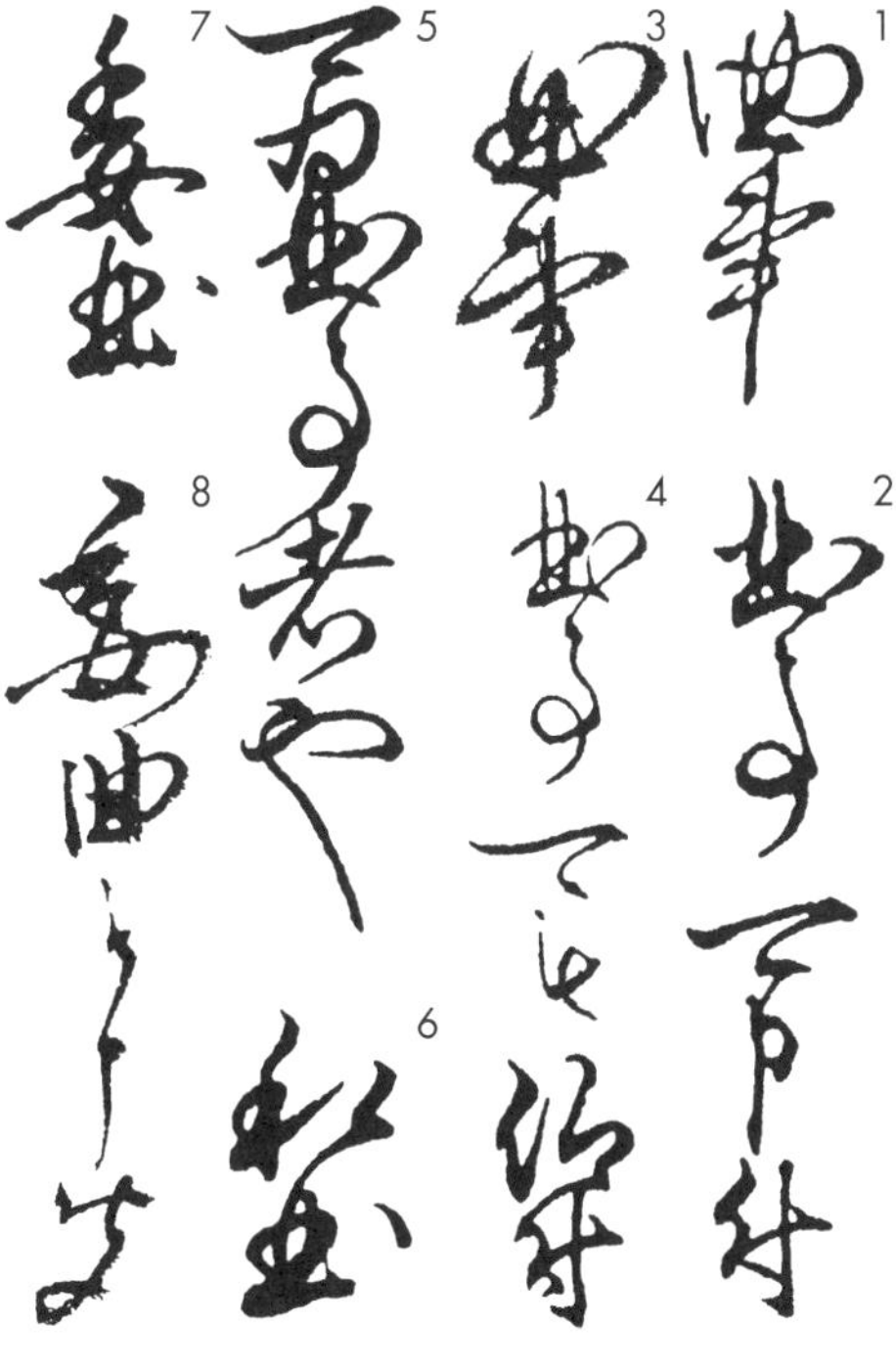

1 曲事《くせごと》　2 曲事可二申付一《くせごともうしつくべく》　3 曲事《くせごと》　4 曲事可レ被二仰付一《くせごとおおせつけらるべく》

5 可レ為二曲事一者也《くせごとたるべきものなり》　6 私曲《しきょく》　7 委曲《いきょく》　8 委曲被二申聞一《いきょくもうしきかされ》

448
［更］
2525

コウ
さら
ふける

◎ここでは単漢字3番目が基本形。くずしは「受」とも酷似するが、文脈から判読すれば問題ない。用例1・2の言い回しを覚えたい。

【用例】

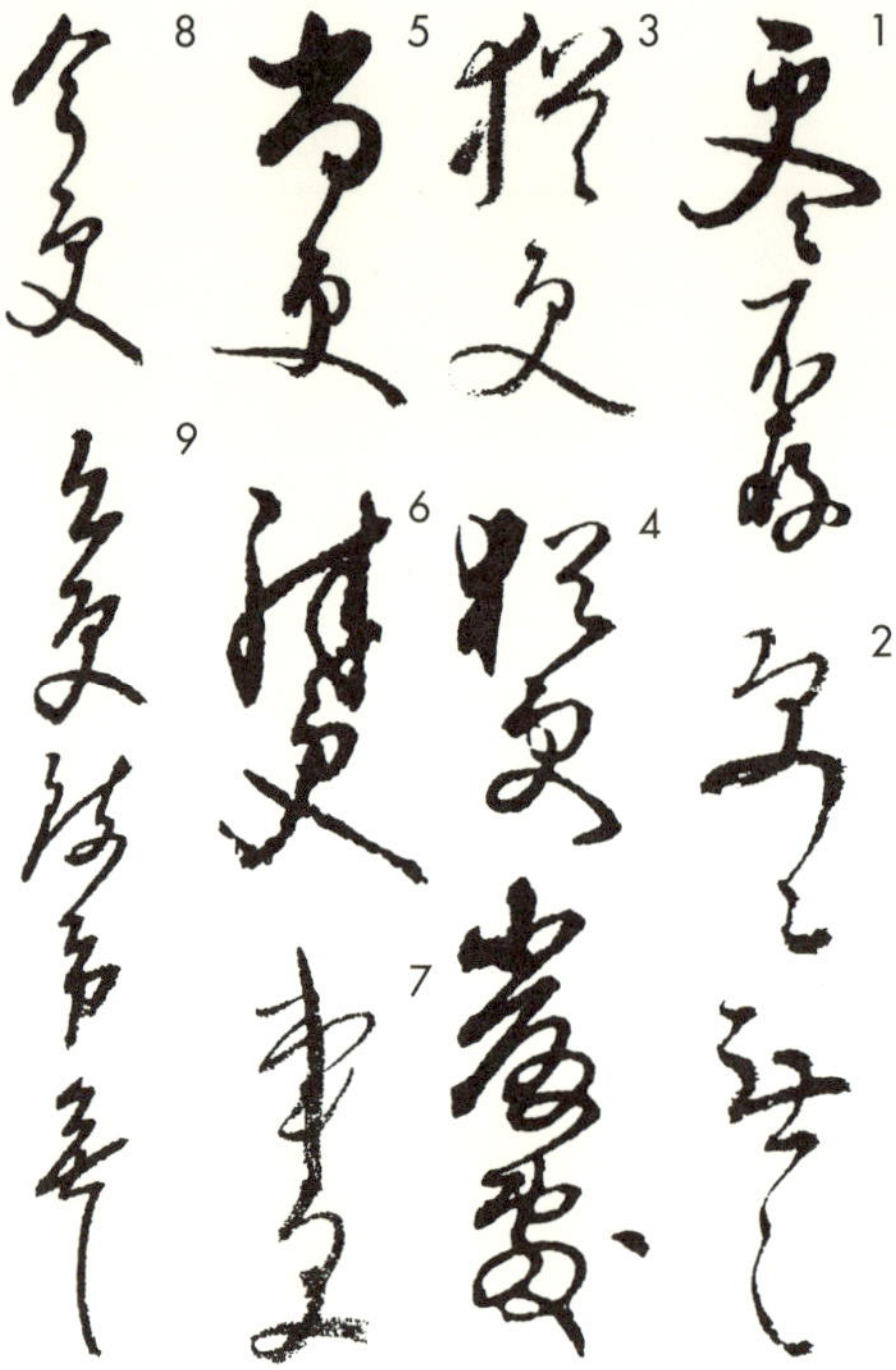

1 更《さら》二《に》不《ぞん》レ存《ぜず》　2 更《さら》二《に》無《これ》レ之《なく》　3 猶更《なおさら》　4 猶更嚴敷《なおさらきびしく》　5 尚更《なおさら》
6 殊更《ことさら》　7 事更《ことさら》（※「殊更」の誤用）　8 今更《いまさら》　9 今更致方無レ之《いまさらいたしかたこれなく》

449
［曾］
3329

ソ・ソウ
かつて
すなわち

◎すべて異体字「曽」のくずしで（異体字一覧参照）、「間」のくずしの上に「丷」が付いた形をとる。「曾而」（少も。全然の意）が重要。

【用例】

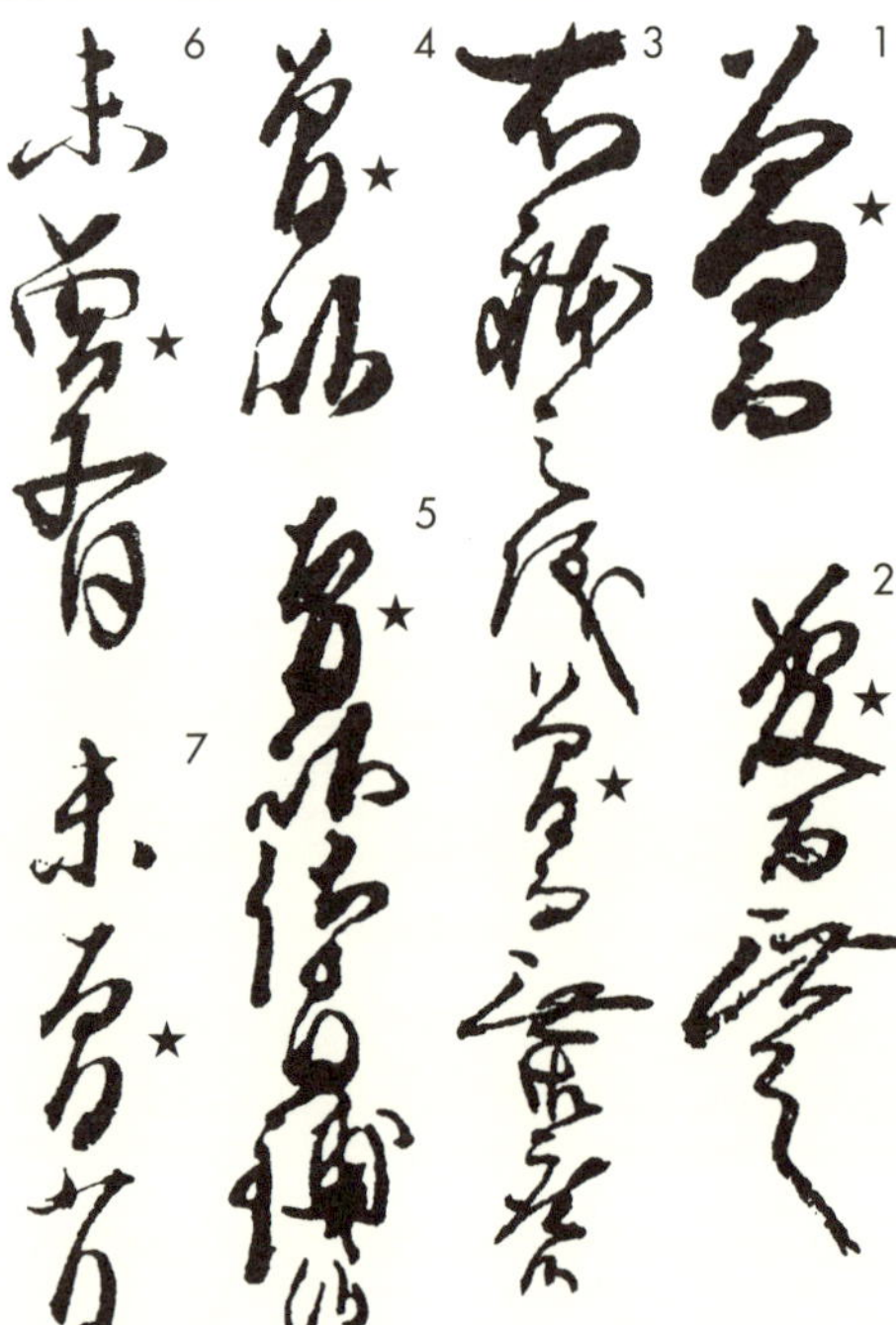

1 曾而《かって》　2 曾而無レ之《かってこれなく》　3 右躰之儀曾而無二御座一候《みぎていのぎかってござなくそうろう》　4 曾以《かってもって》
5 曾以仕間鋪候《かってもってつかまつるまじくそうろう》　6・7 未曾有《みぞう》

450
朔
2683
サク
ついたち

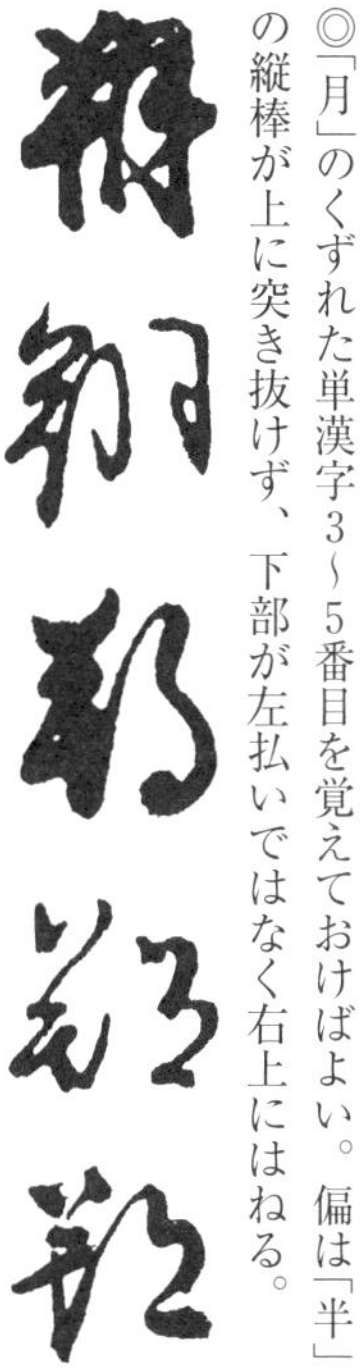

◎「月」のくずれた単漢字3～5番目を覚えておけばよい。偏は「半」の縦棒が上に突き抜けず、下部が左払いではなく右上にはねる。

【用例】

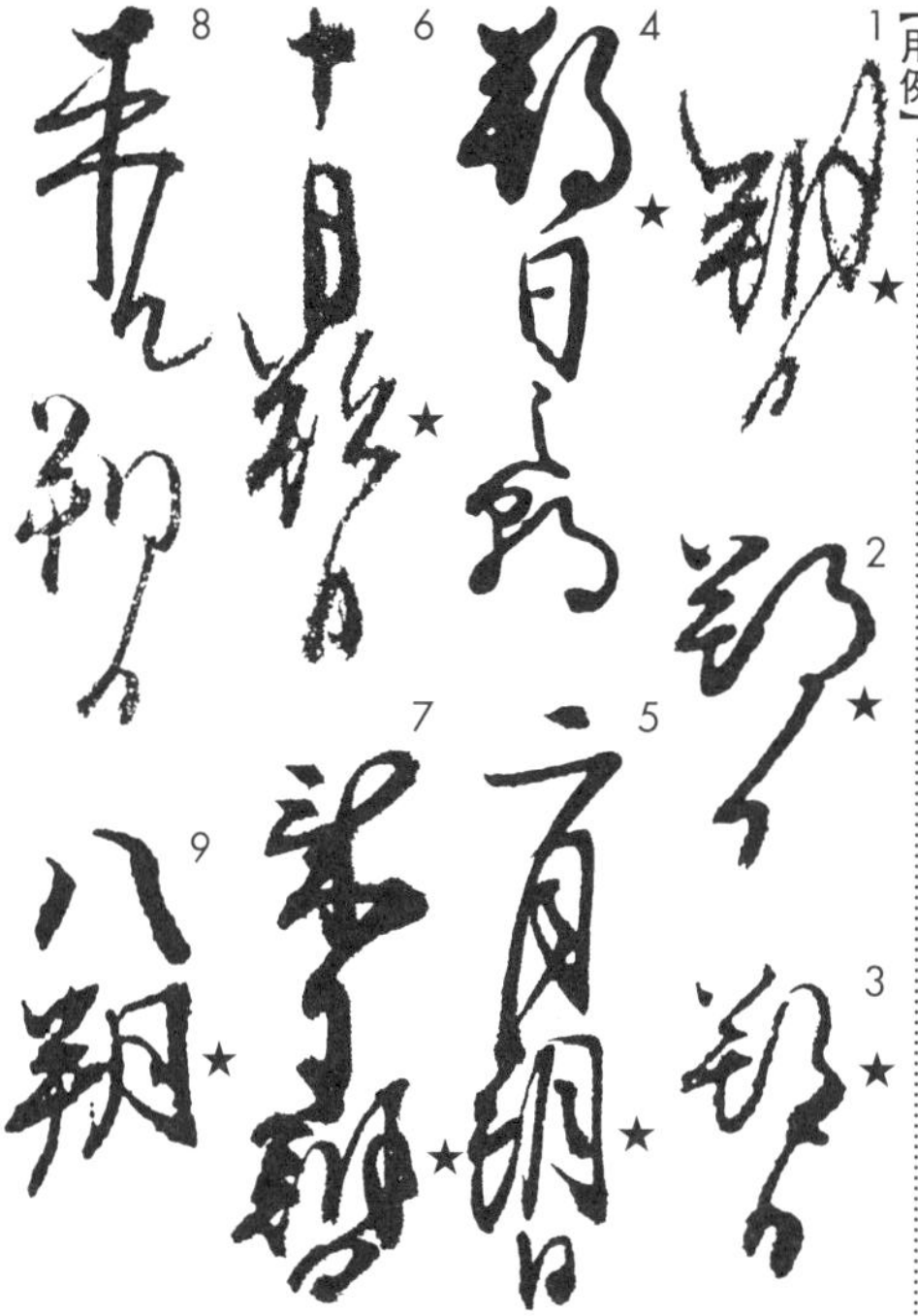

1～3 朔日《さくじつ/ついたち》 4 朔日之朝《ついたちのあさ》 5 二月朔日《にがつついたち》 6 十月朔日《じゅうがつついたち》 7 来月朔日《らいげつついたち》 8 来ル朔日《きたるついたち》 9 八朔《はっさく》

451
望
4330
ボウ・モウ
のぞむ
のぞみ

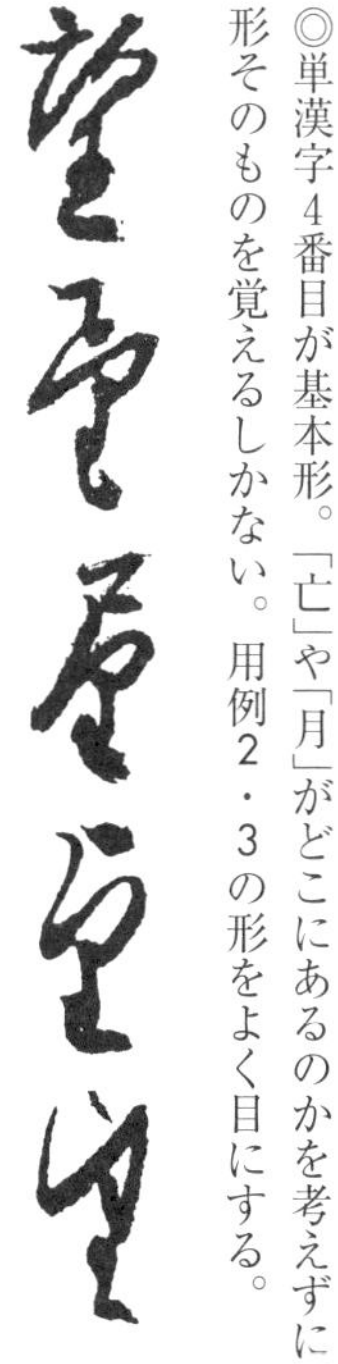

◎単漢字4番目が基本形。「亡」や「月」がどこにあるのかを考えずに形そのものを覚えるしかない。用例2・3の形をよく目にする。

【用例】

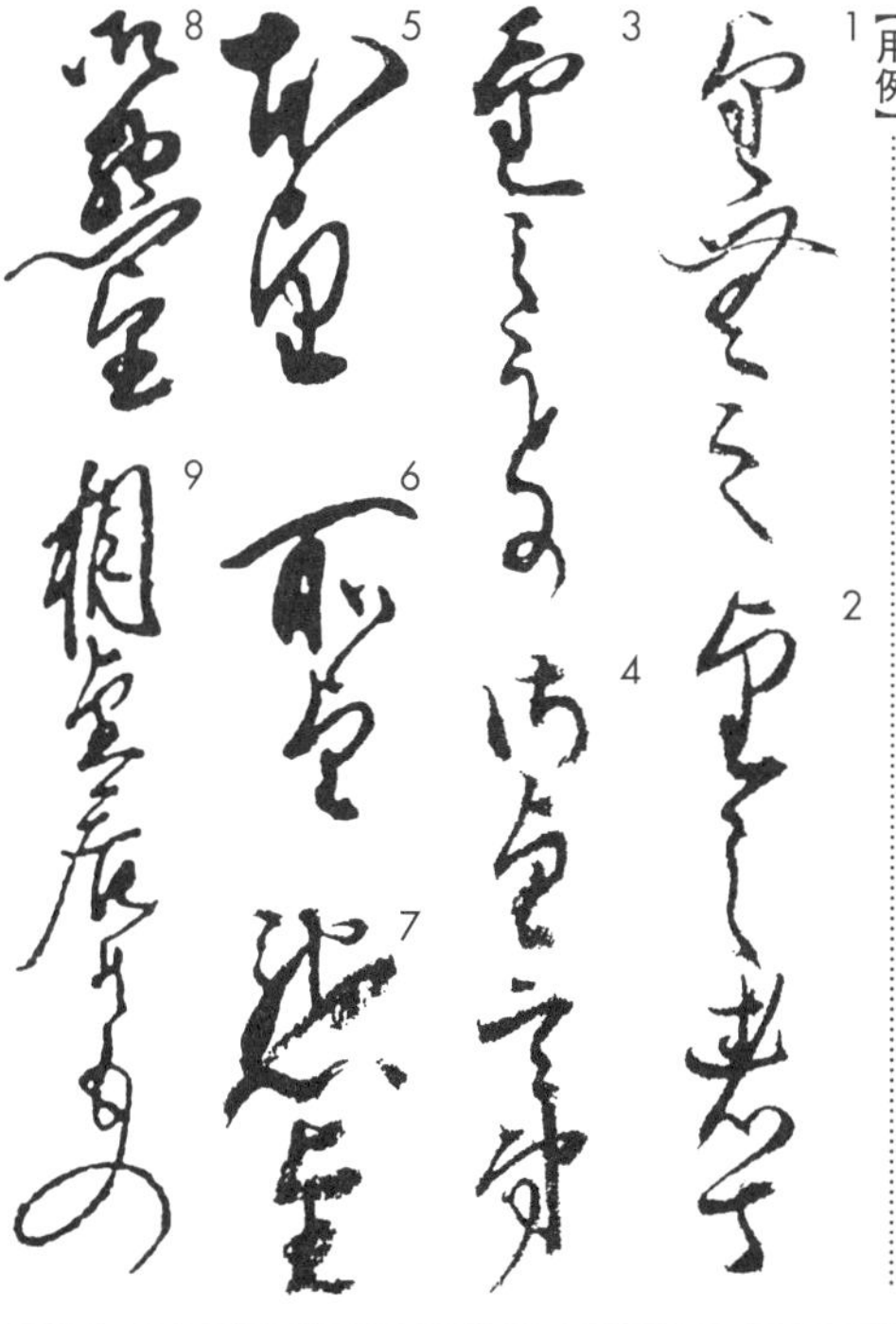

1 望無レ之《のぞみこれなく》 2 望之者《のぞみのものは》 3 望之もの《のぞみの》 4 御望次第《おのぞみしだい》 5 本望《ほんもう》 6 所望《しょもう》 7 懇望《こんもう》 8 御懇望《ごこんもう》 9 相望居候もの《あいのぞみおりそうろう》

452 期 2092

キ・ゴ
きす
ごす

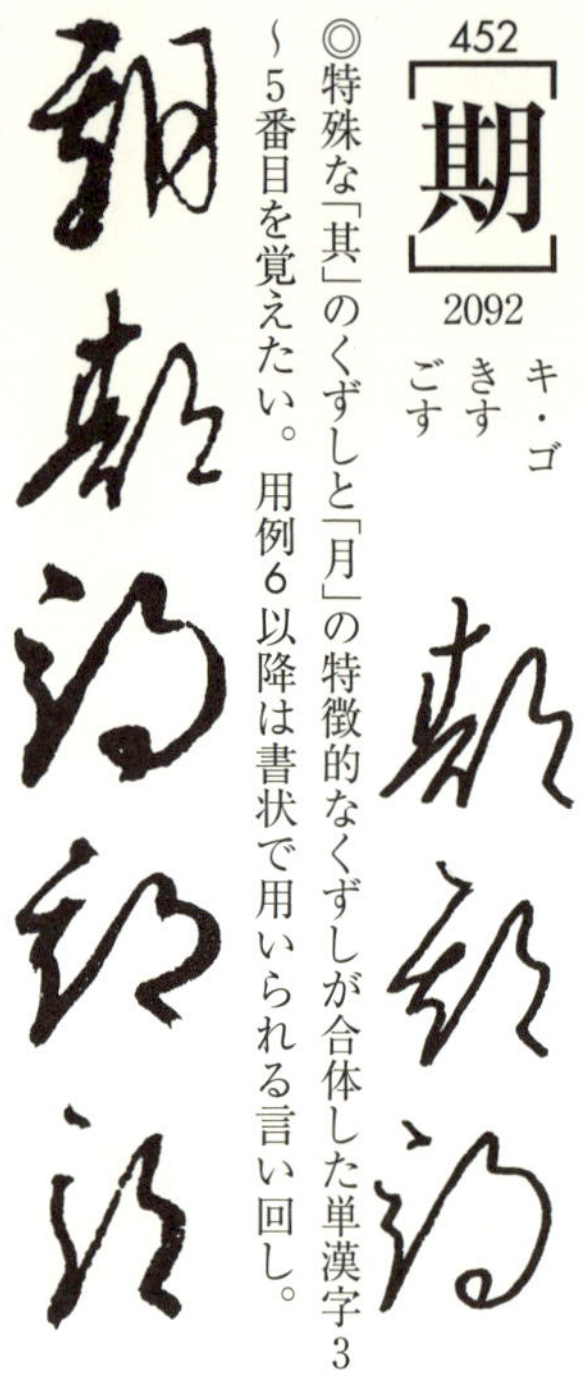

◎特殊な「其」のくずしと「月」の特徴的なくずしが合体した単漢字3～5番目を覚えたい。用例6以降は書状で用いられる言い回し。

【用例】

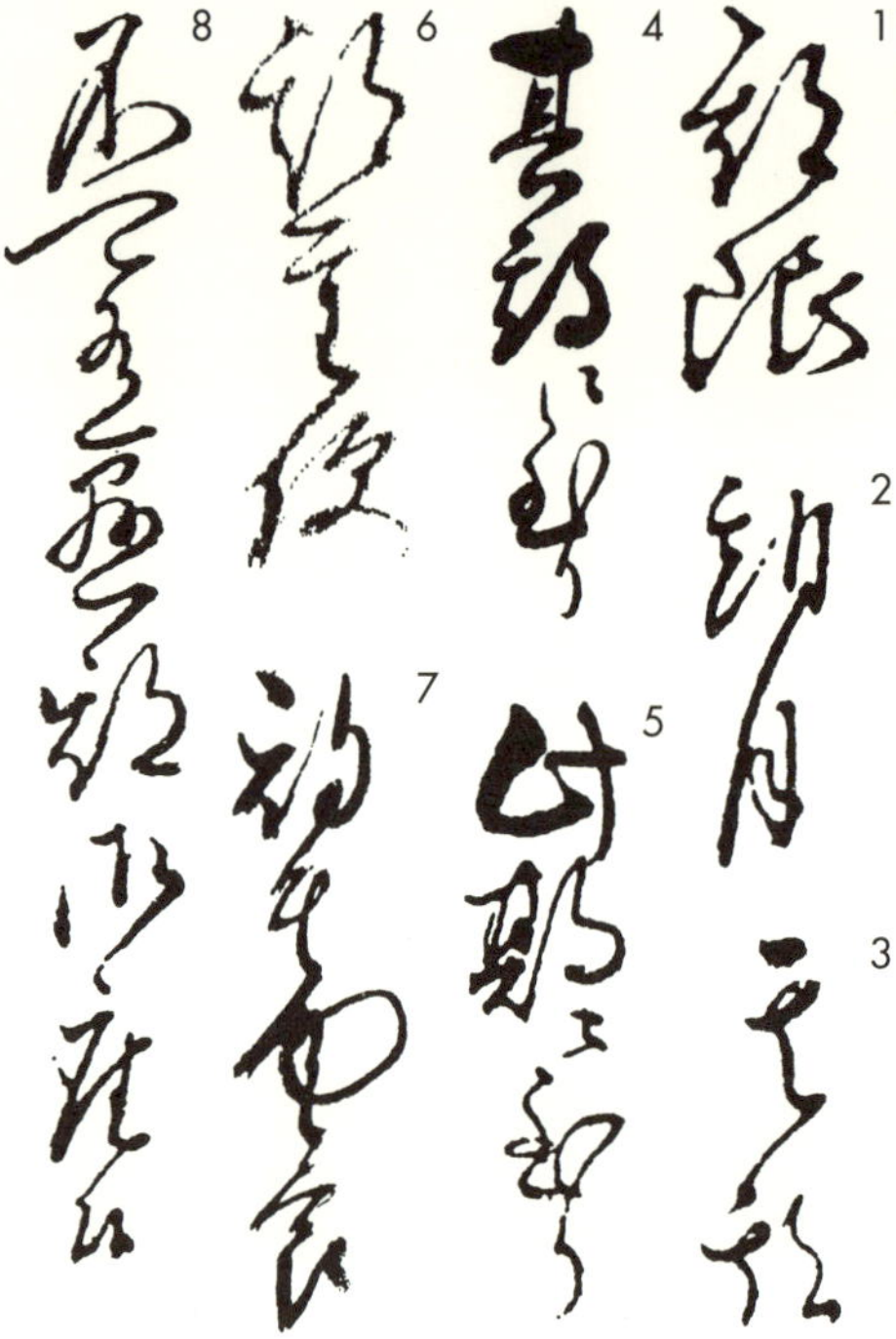

1 期限《きげん》　2 期月《きげつ》　3 其期《そのご》　4 其期《そのご》ニ至《いたり》リ　5 此期《このご》ニ至《いたり》リ
6 期二重便一《じゅうびんをごす》　7 期二貴面一候節《きめんをごしそうろうせつ》　8 不レ可レ有二盡期御座一候《じんごござあるべからずそうろう》

453 朝 3611

チョウ
あさ

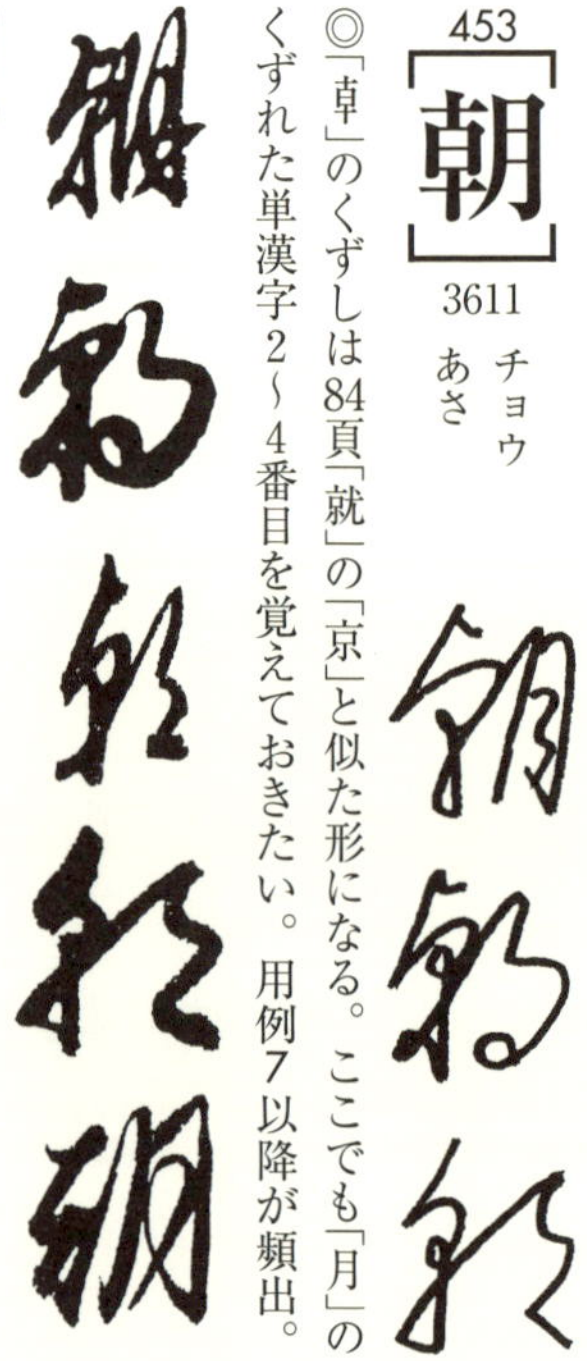

◎「𠦝」のくずしは84頁「就」の「京」と似た形になる。ここでも「月」のくずれた単漢字2～4番目を覚えておきたい。用例7以降が頻出。

【用例】

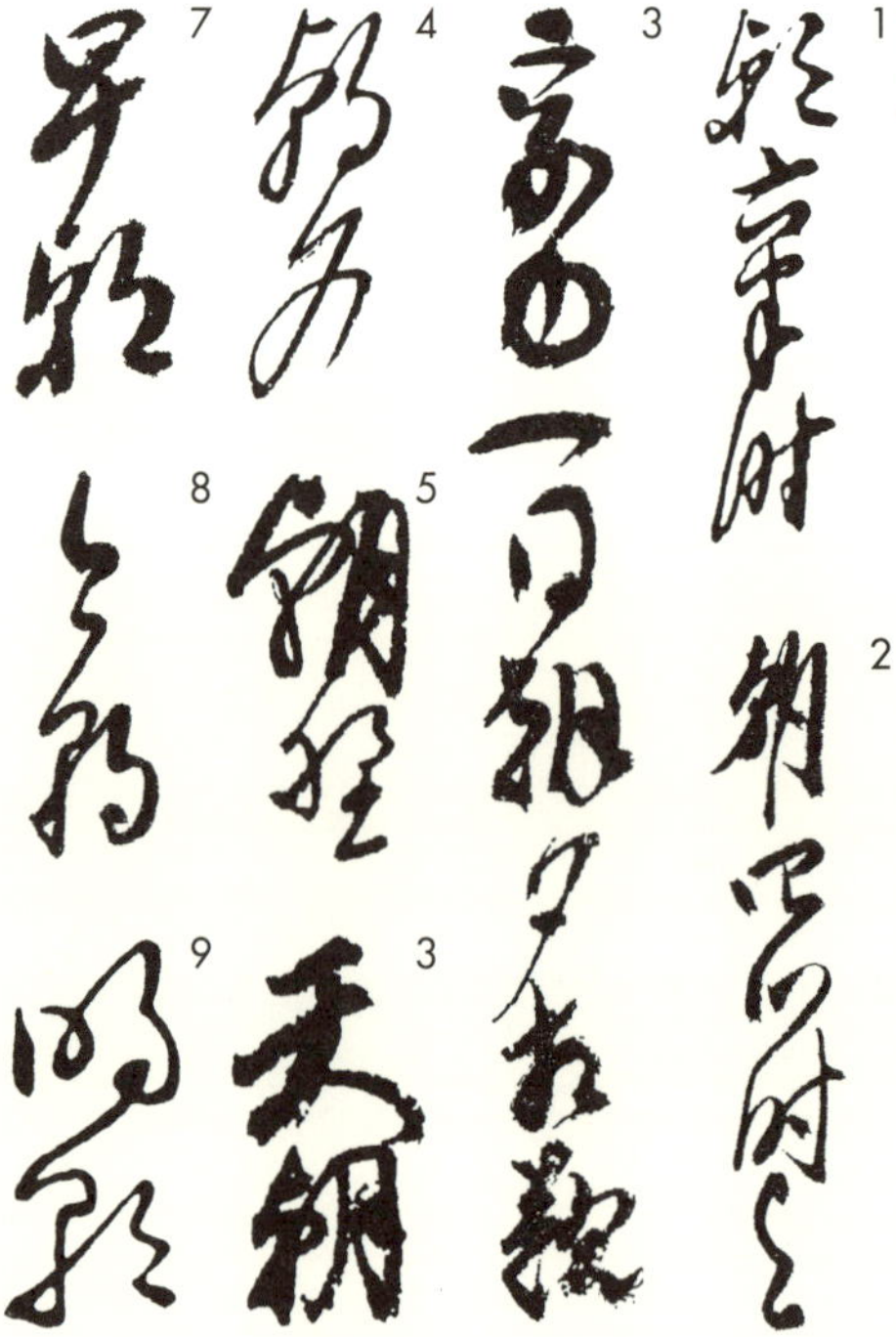

1 朝六半時《あさむつはんどき》　2 朝四ツ時迄《あさよつどきまで》　3 家内一同朝夕相歎《かないいちどうあさゆうあいなげき》　4 朝夕《ちょうせき・あさゆう》
5 朝野《ちょうや》　6 天朝《てんちょう》　7 早朝《そうちょう》　8 今朝《こんちょう・けさ》　9 明朝《みょうちょう》

454【本】4360

ホン
もと

◎用例も豊富な重要語である。単漢字4番目が基本形だが、1・3番目も頻出。ここでは「本意」を含んだ用例18～23を覚えたい。

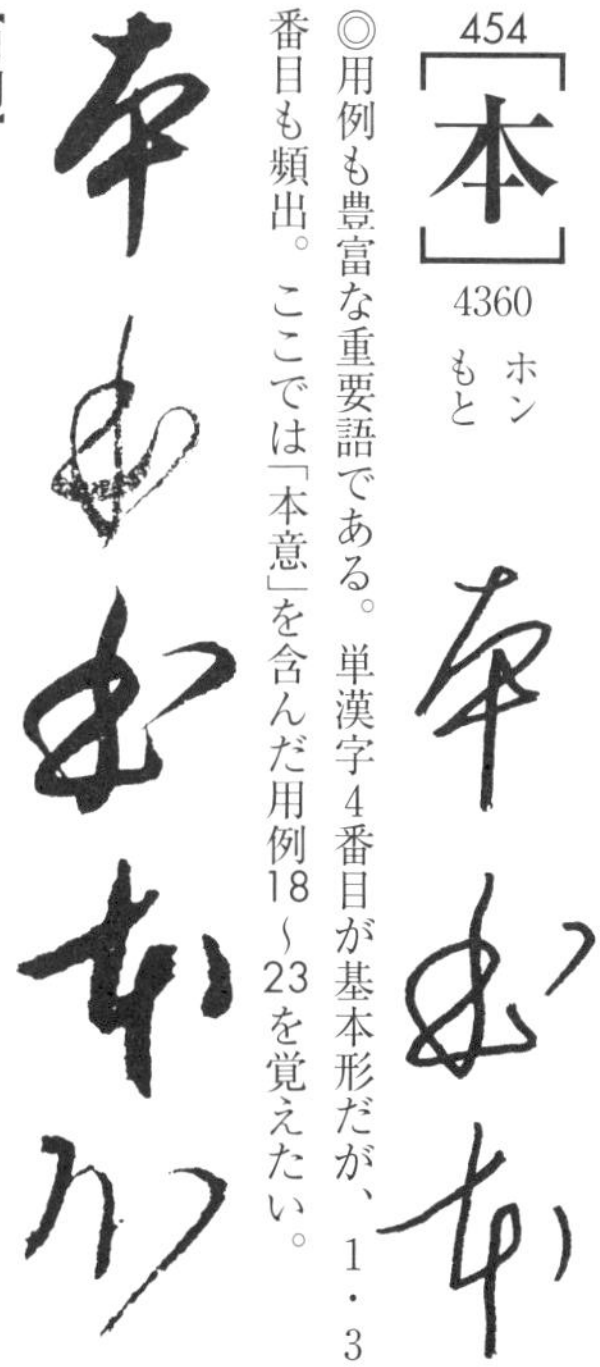

【用例】

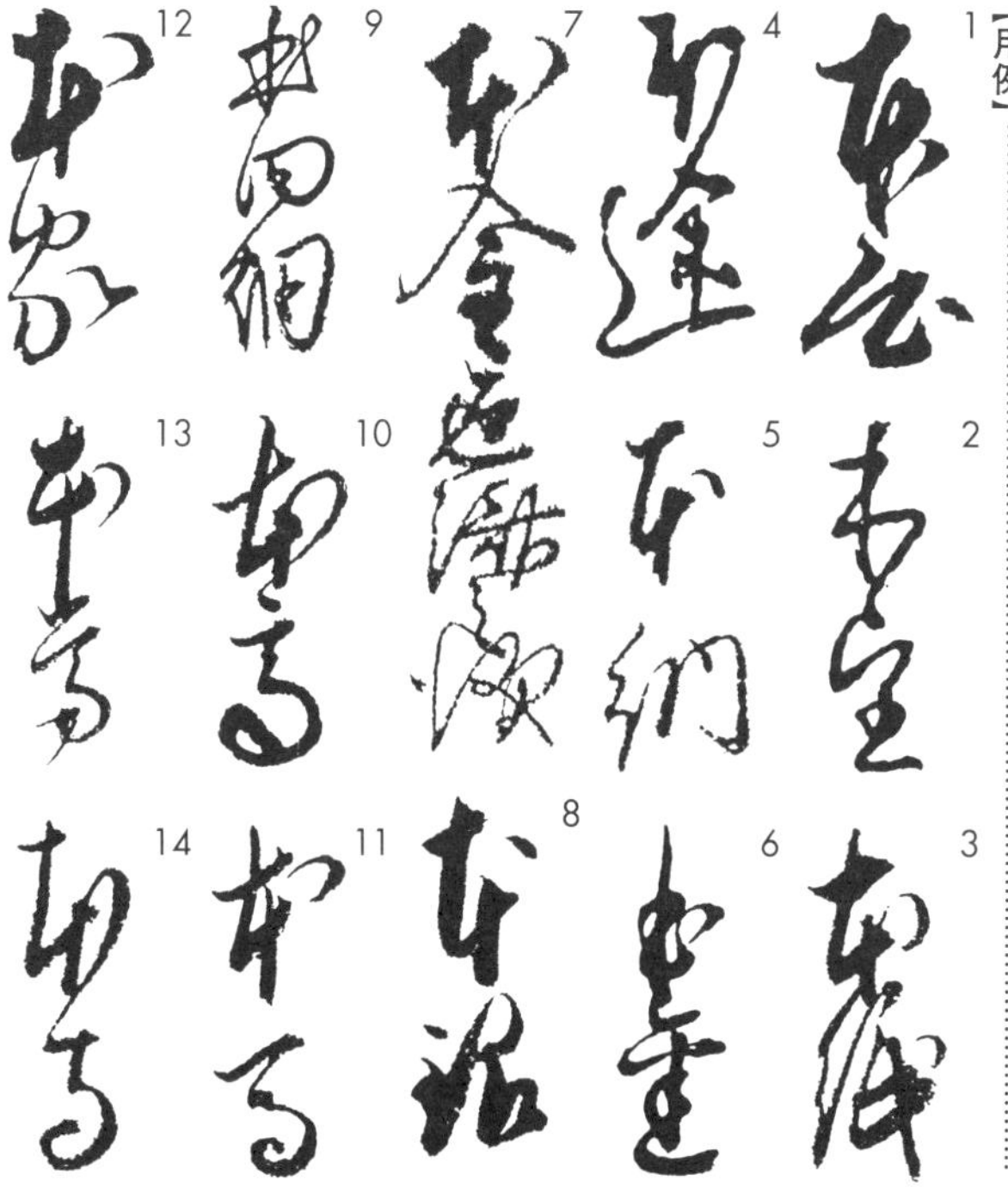

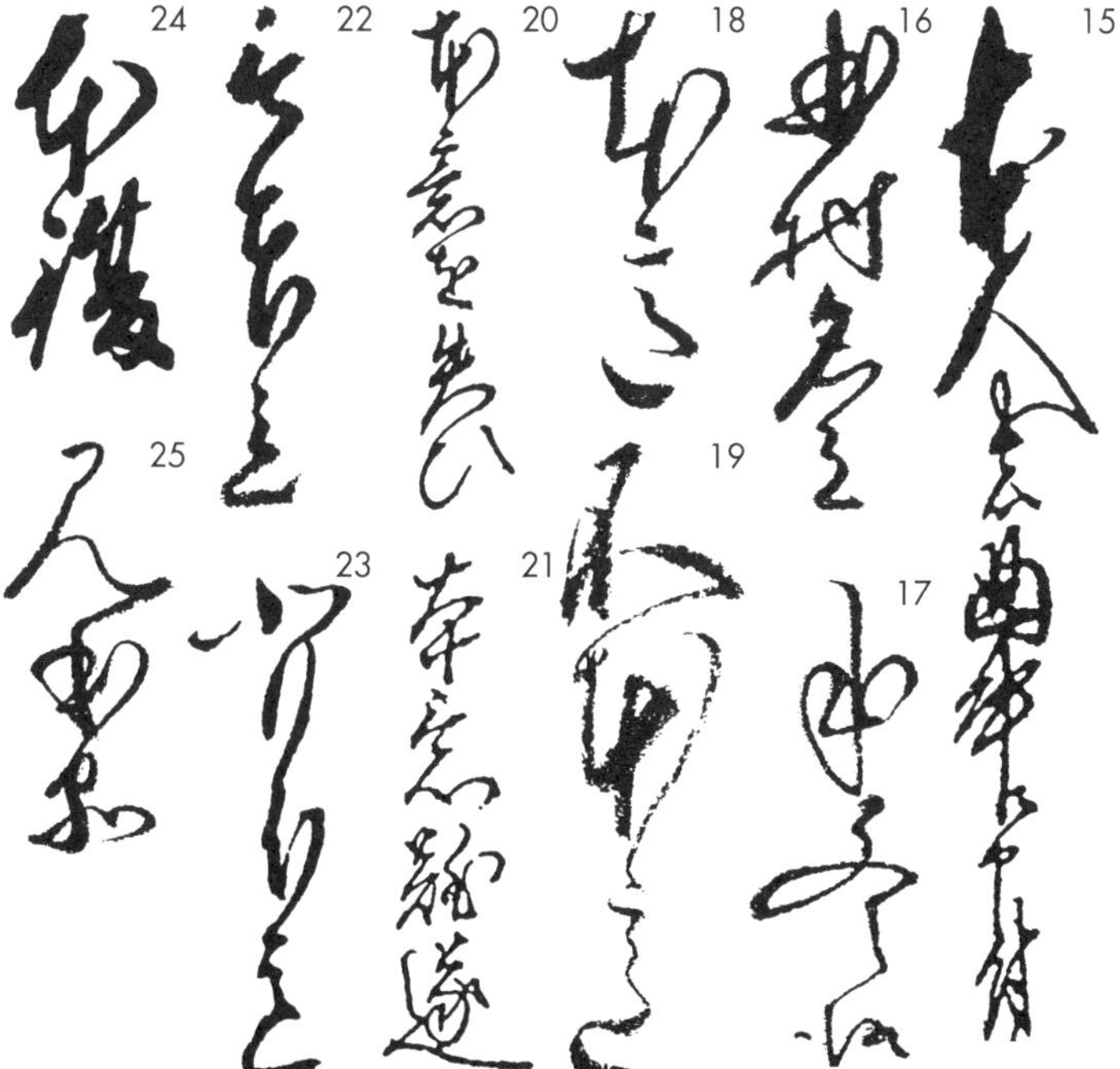

1 本心《ほんしん》　2 本望《ほんもう》　3 本紙《ほんし》　4 本途《ほんと》　5 本納《ほんのう》　6 本金《ほんきん》

7 本金返済之儀《ほんきんへんさいのぎ》　8 本銀《ほんぎん》　9 本田畑《ほんでんばた》　10 本高《ほんだか》　11 本馬《ほんば》　12 本家《ほんけ》

13 本尊《ほんぞん》　14 本寺《ほんじ》　15 本人者曲事二申付《ほんにんはくせごとにもうしつけ》　16 本村名主《ほんそんなぬし》　17 本文之趣《ほんもんのおもむき》

18 本意《ほんい》　19 不本意《ふほんい》　20 本意《ほんい》を失《うしな》ひ　21 本意難レ遂《ほんいをとげがたく》　22 無二本意《ほんいなく》一

23 背二本意《ほんいにそむき》一　24 本復《ほんぷく》　25 見本品《みほんひん》

455 条（條）

3082
5974

ジョウ

◎旧字「條」の頻度も高い。くずしは原形をとどめているので判読は容易。「右之条（條）々～」は決り文句。用例6～8も重要である。

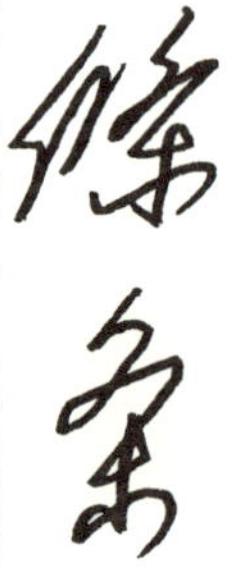

【用例】

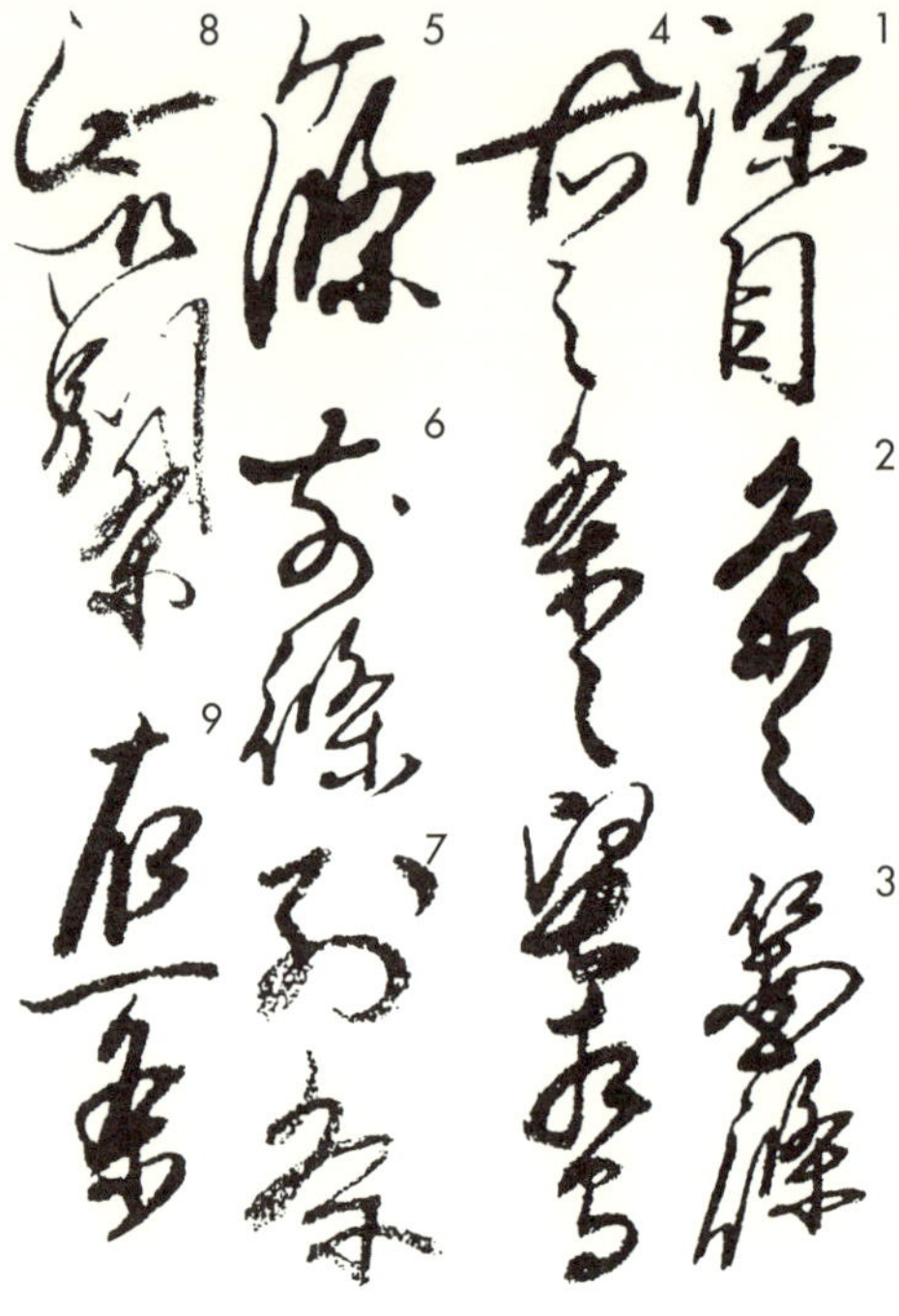

1 條目《じょうもく》　2 条々《じょうじょう》　3 箇條《かじょう》　4 右之条々《みぎのじょうじょう》堅相守《かたくあいまもり》　5 ケ條《かじょう》
6 前條《ぜんじょう》　7 別条《べつじょう》　8 無二御別条一《ごべつじょうなく》　9 右一条《みぎいちじょう》

456 束

3411

ソク
つか・たば
たばねる

◎一画目の横棒が右に突き抜けないくずしが基本となる。用例1・2は「速」（242頁）の誤用だが、その頻度は高い。「無二覚束一」が重要。

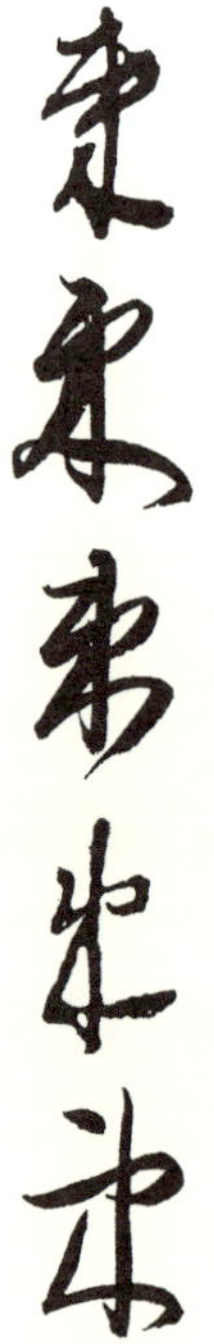

【用例】

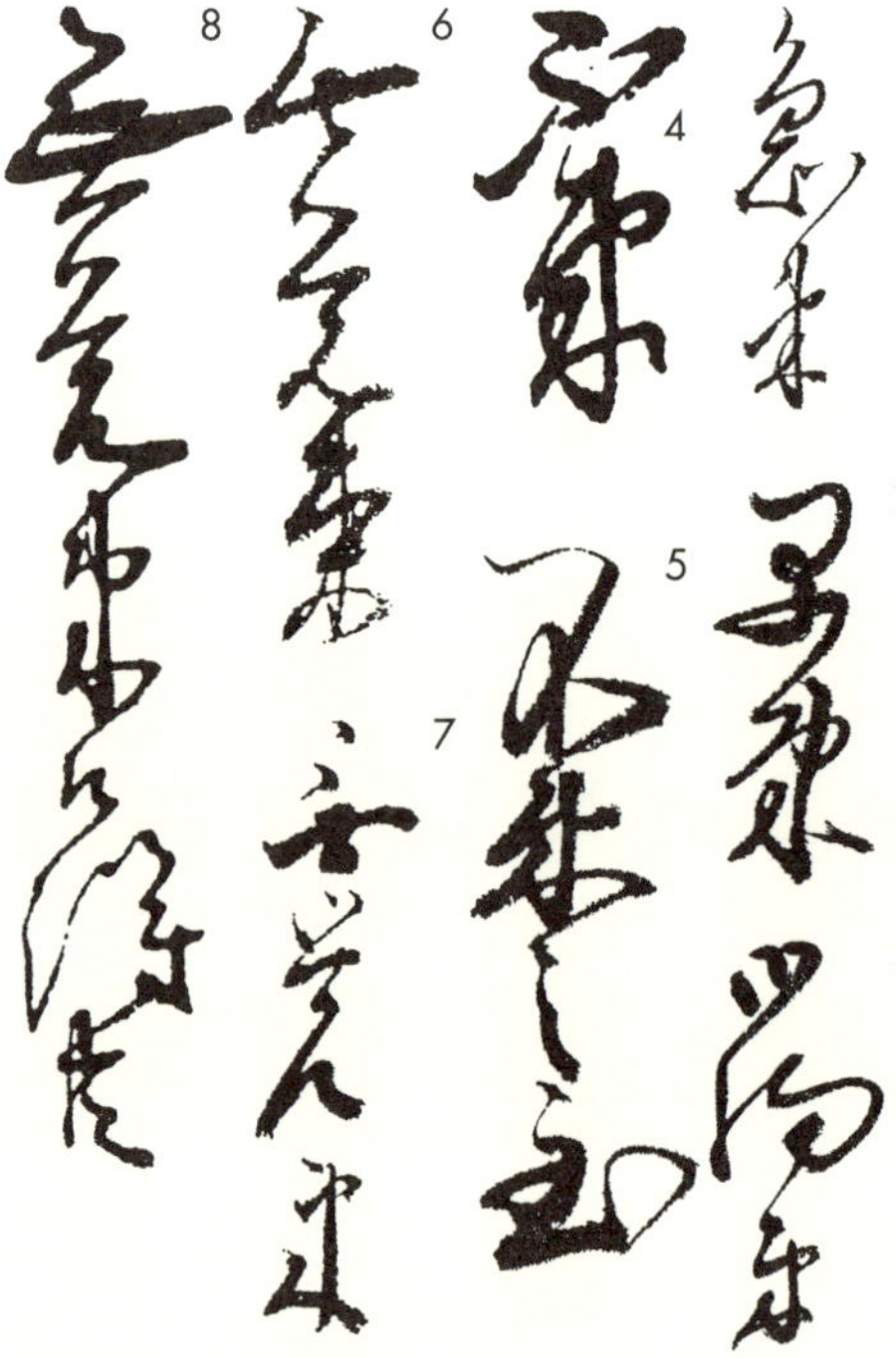

1 急束《きゅうそく》　2 早束《さっそく》　3 御約束《おやくそく》　4 不束《ふつつか》　5 不束之至《ふつつかのいたり》
6・7 無二覚束一《おぼつかなく》　8 無二覚束一候得共《おぼつかなくそうらえども》

457 ［東］ 3776

トウ　ひがし　あずま

◎特徴的な単漢字2・4番目が基本形となり、途中まで「本」（145頁）の運筆と同じ。用例は「関東」を含んだ形（252頁「関」も参照）で頻出。

【用例】

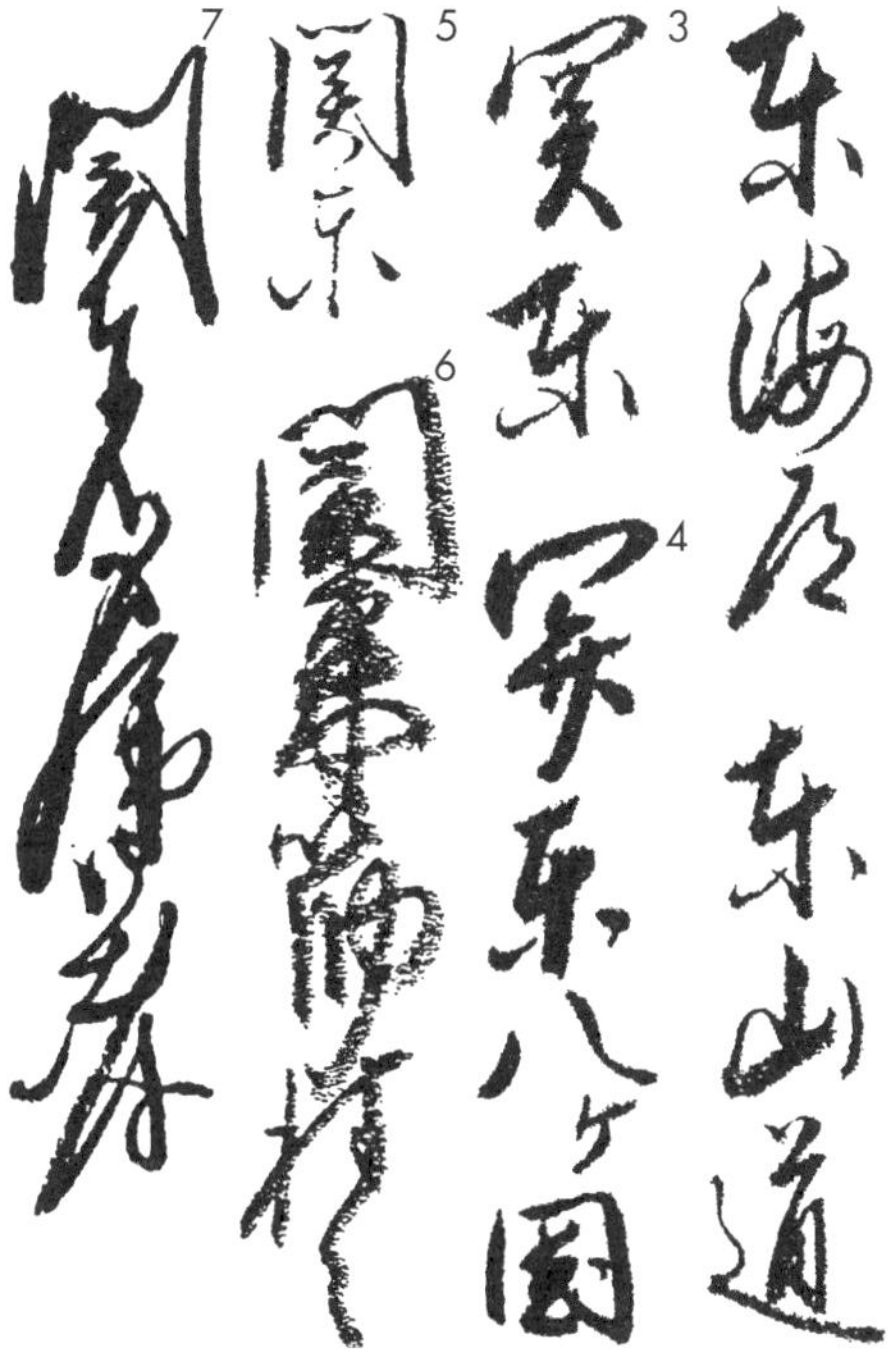

1 東海道《とうかいどう》　2 東山道《とうさんどう》　3 関東《かんとう》　4 関東八ヶ国《かんとうはちかこく》　5 関東《かんとう》
6 関東筋村々《かんとうすじむらむら》　7 関東御取締御出役《かんとうおとりしまりごしゅつやく》

458 ［柄］ 4233

ヘイ／え　がら　つか

◎旁の「丙」は216頁「西」と酷似したくずしとなり、単漢字2・4番目が基本形となる。ここでは用例4・5・7をぜひ覚えておきたい。

【用例】

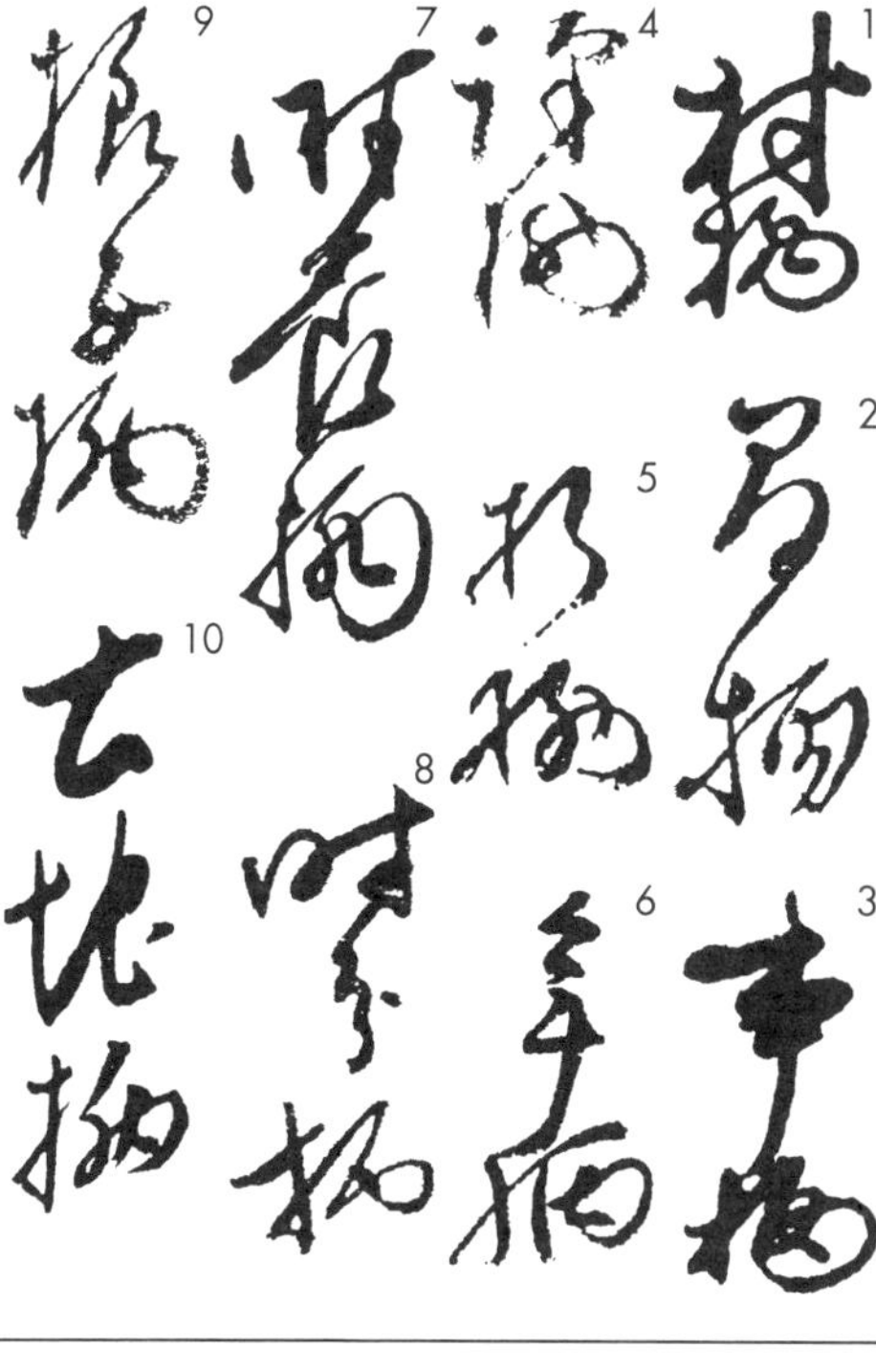

1 村柄《むらがら》　2 間柄《あいだがら》　3 事柄《ことがら》　4 譯柄《わけがら》　5 折柄《おりがら》　6 年柄《としがら》　7 時節柄《じせつがら》
8 時分柄《じぶんがら》　9 様子柄《ようすがら》　10 土地柄《とちがら》

459 案 1638

アン

◎「木」は「ホ」のように記されるが、76頁「安」が判読しやすいので問題はない。用例2・3のようにしばしば「安」との誤用が見られる。

【用例】

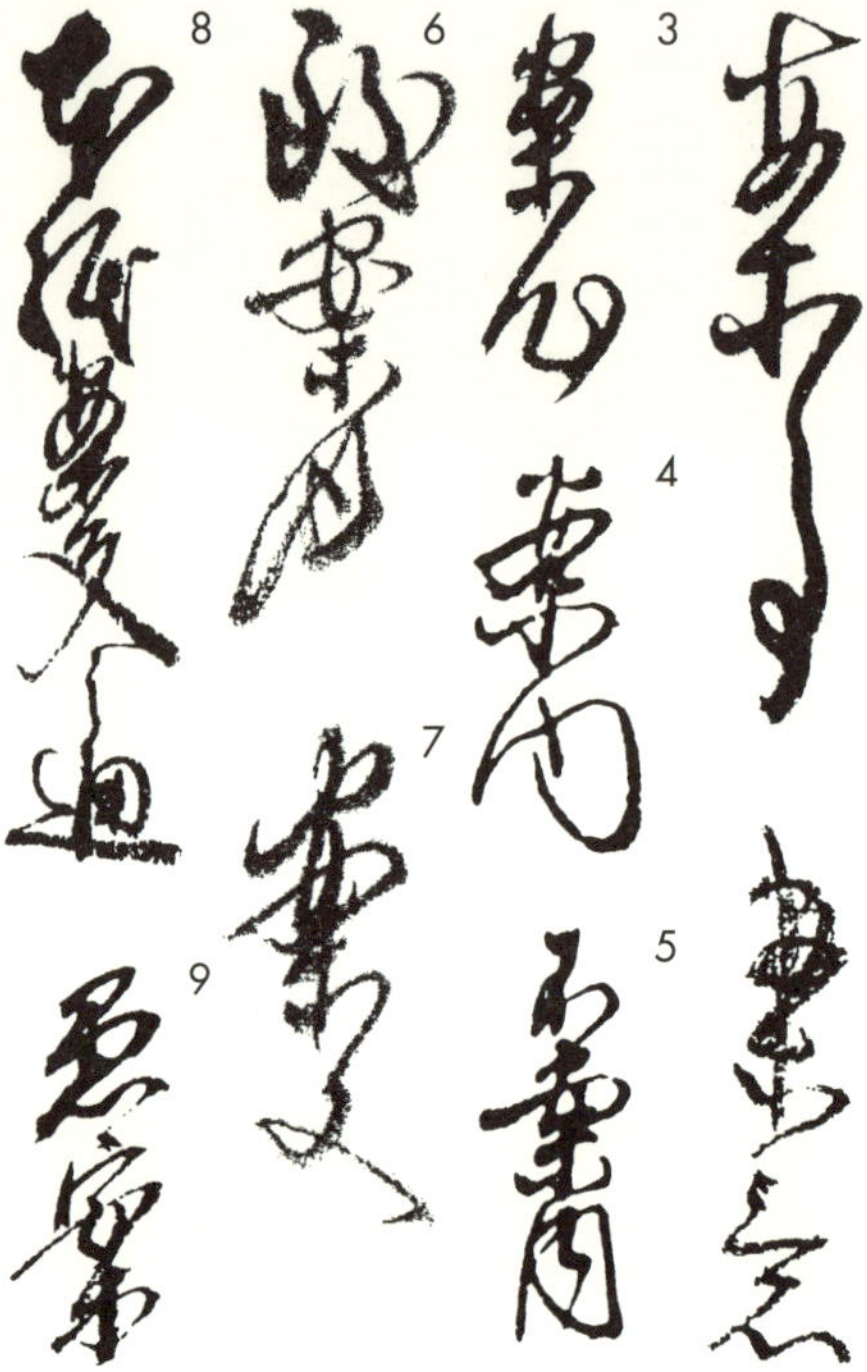

1 案事《あんじ》 2 案意《あんい》 3 案心《あんしん》 4 案内《あない》《あんない》 5 不案内《ふあんない》 6 致二案内一《あんないいたし》 7 案文《あんもん》 8 本紙案文之通《ほんしあんもんのとおり》 9 愚案《ぐあん》

460 格 1942

カク コウ

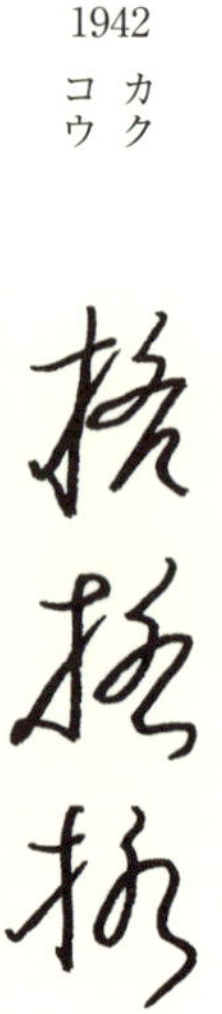

◎単漢字2・4番目が基本形だが、53頁「各」のくずしの変化に注意。難読の「別」との熟語で頻出する「格別」をぜひ覚えてほしい。

【用例】

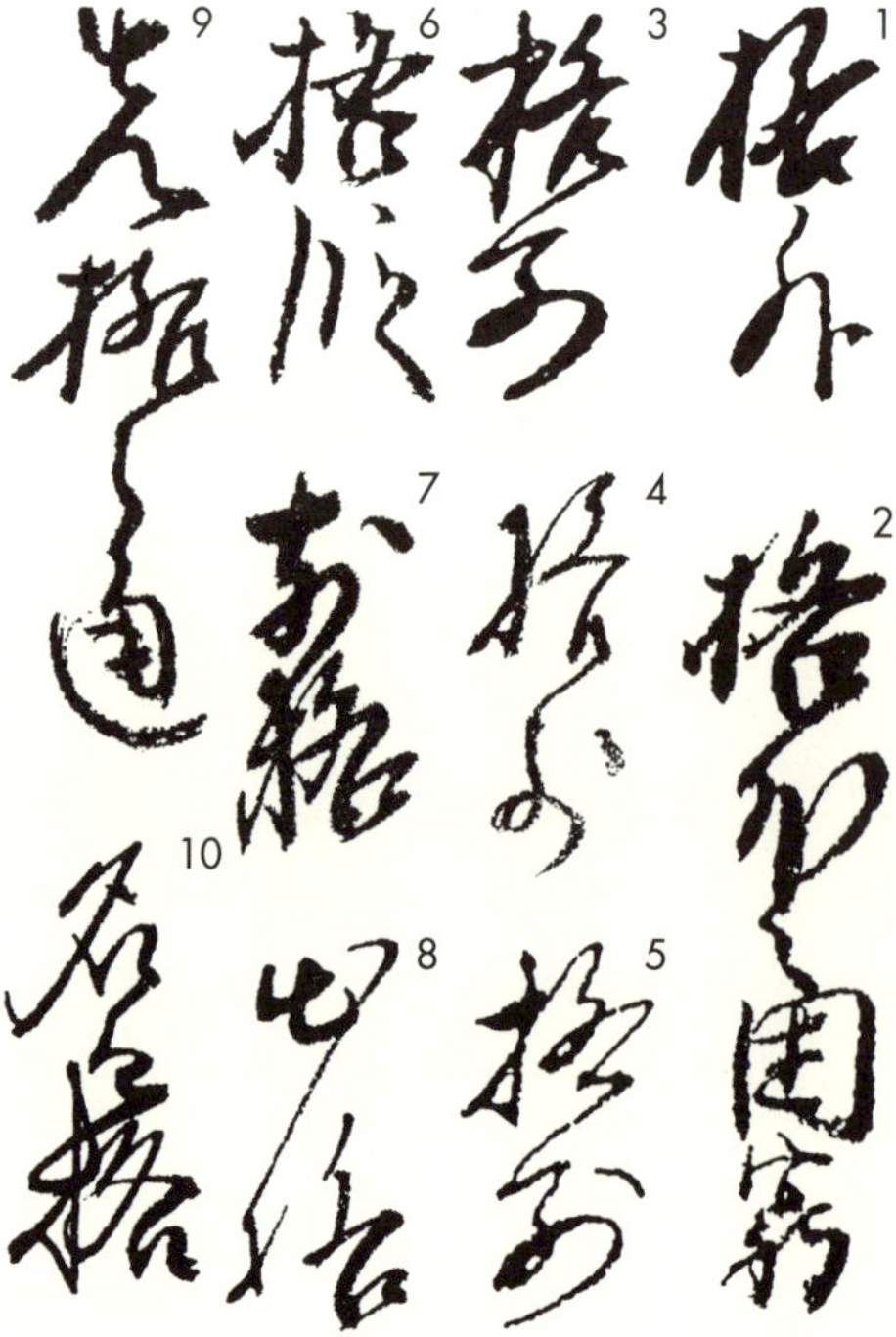

1 格外《かくがい》 2 格外之困窮《かくがいのこんきゅう》 3〜5 格別《かくべつ》 6 格段《かくだん》 7 前格《ぜんかく》 8 出格《しゅっかく》 9 先格之通《せんかくのとおり》 10 名主格《なぬしかく》

461

検（檢）

2401
6093

ケン
しらべる

◎旁の「⿱人一」が特徴的なくずしとなる単漢字4・5番目は必ず押さえておきたい。「検地」「検見」は年貢関係の文書に頻出の重要語。

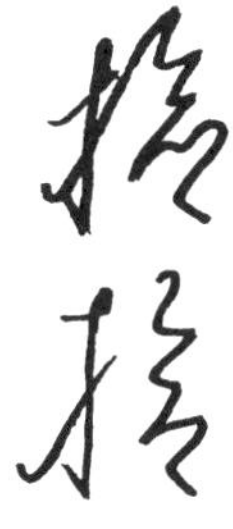

【用例】

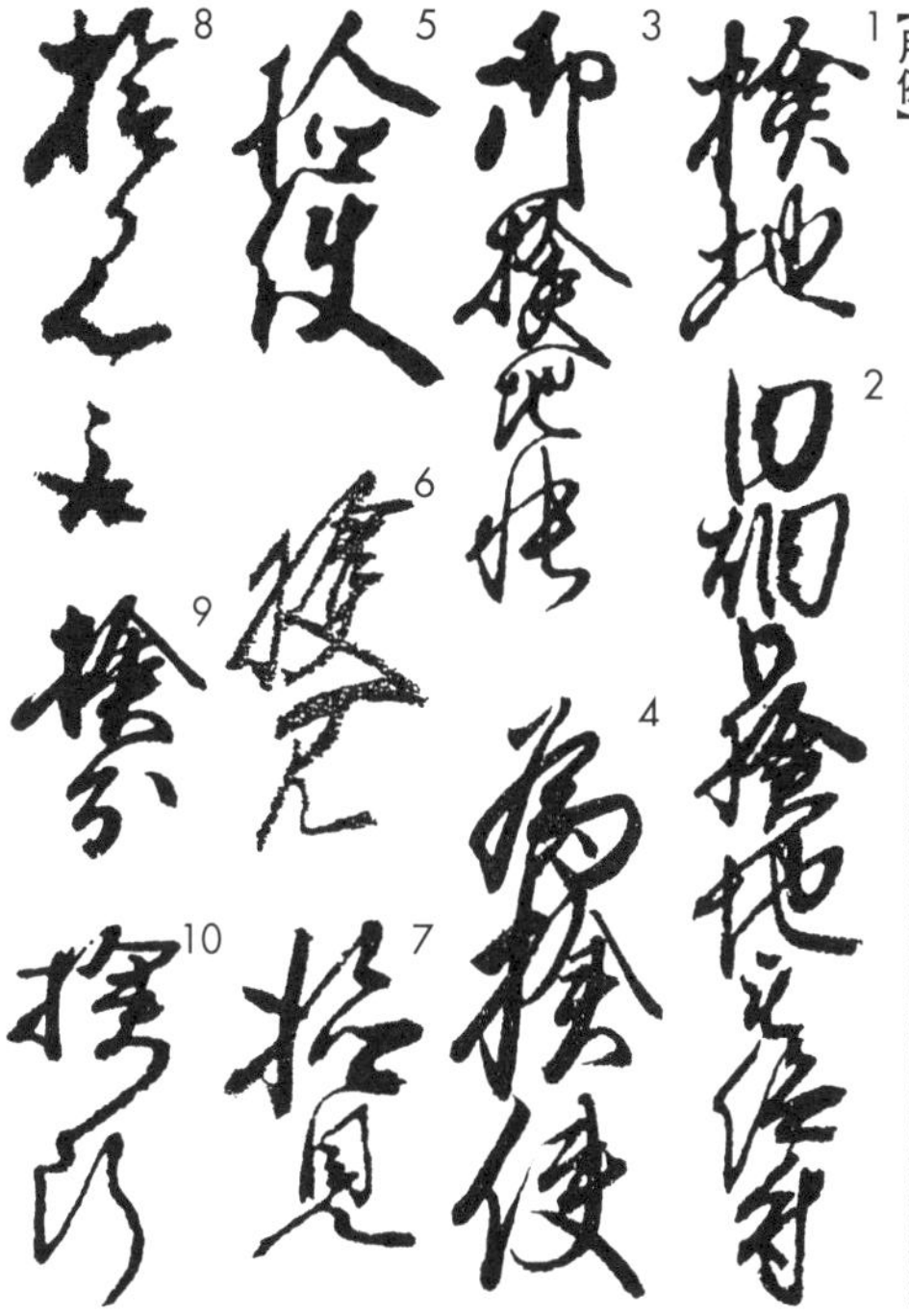

1 検地《けんち》

2 田畑御検地被二仰付一《でんばたごけんちおおせつけられ》

3 御検地帳《ごけんちちょう》

4 為二検使一《けんしとして》

5 検使《けんし》

6・7 検見《けみ》

8 検見取《けみとり》

9 検分《けんぶん》

10 検断《けんだん》

462

構

2529

コウ
かまえる
かまい

◎単漢字3番目が基本形だが、旁の「冓」は「三」や「七」のようにもくずされる。「無」や「無二御座一」とのセットで用いられることが多い。

【用例】

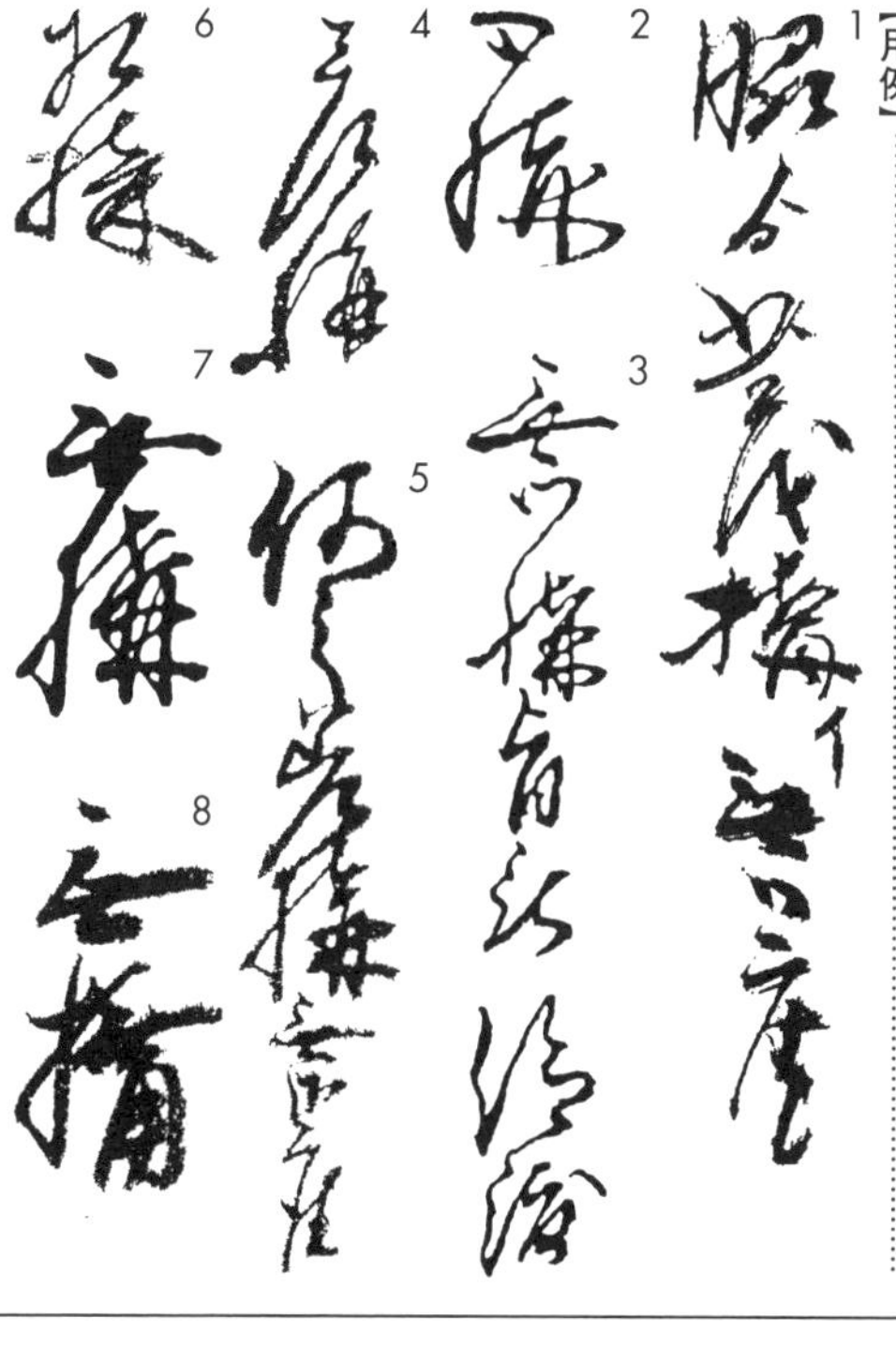

1 脇ゟ少茂構イ《わきよりすこしもかまい》無二御座一《ござなく》候《そうろう》

2 御構《おかまい》

3 無二御構一旨被二仰渡一《おかまいなきむねおおせわたされ》

4 差構《さしかまい》

5 何之差構無二御座一《なんのさしかまいござなく》

6 相構《あいかまい》

7・8 無レ構《かまいなく》

463 模

4447
モ ボ

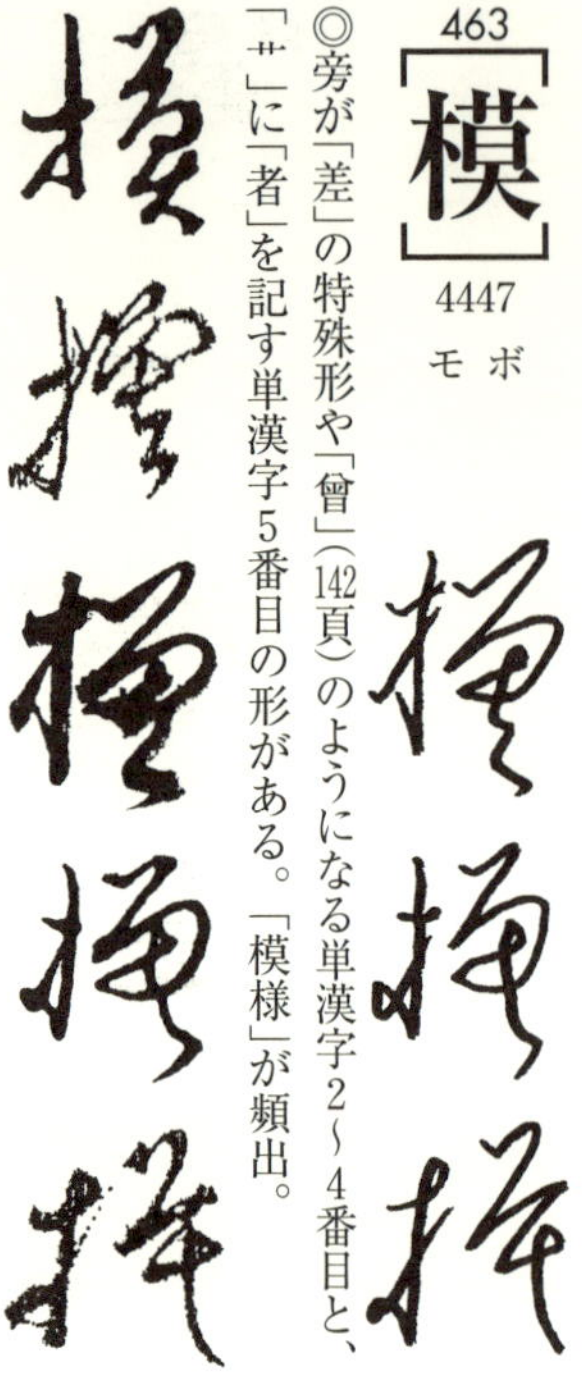

◎旁が「差」の特殊形や「曾」（142頁）のようになる単漢字2～4番目と、「艹」に「者」を記す単漢字5番目の形がある。「模様」が頻出。

【用例】

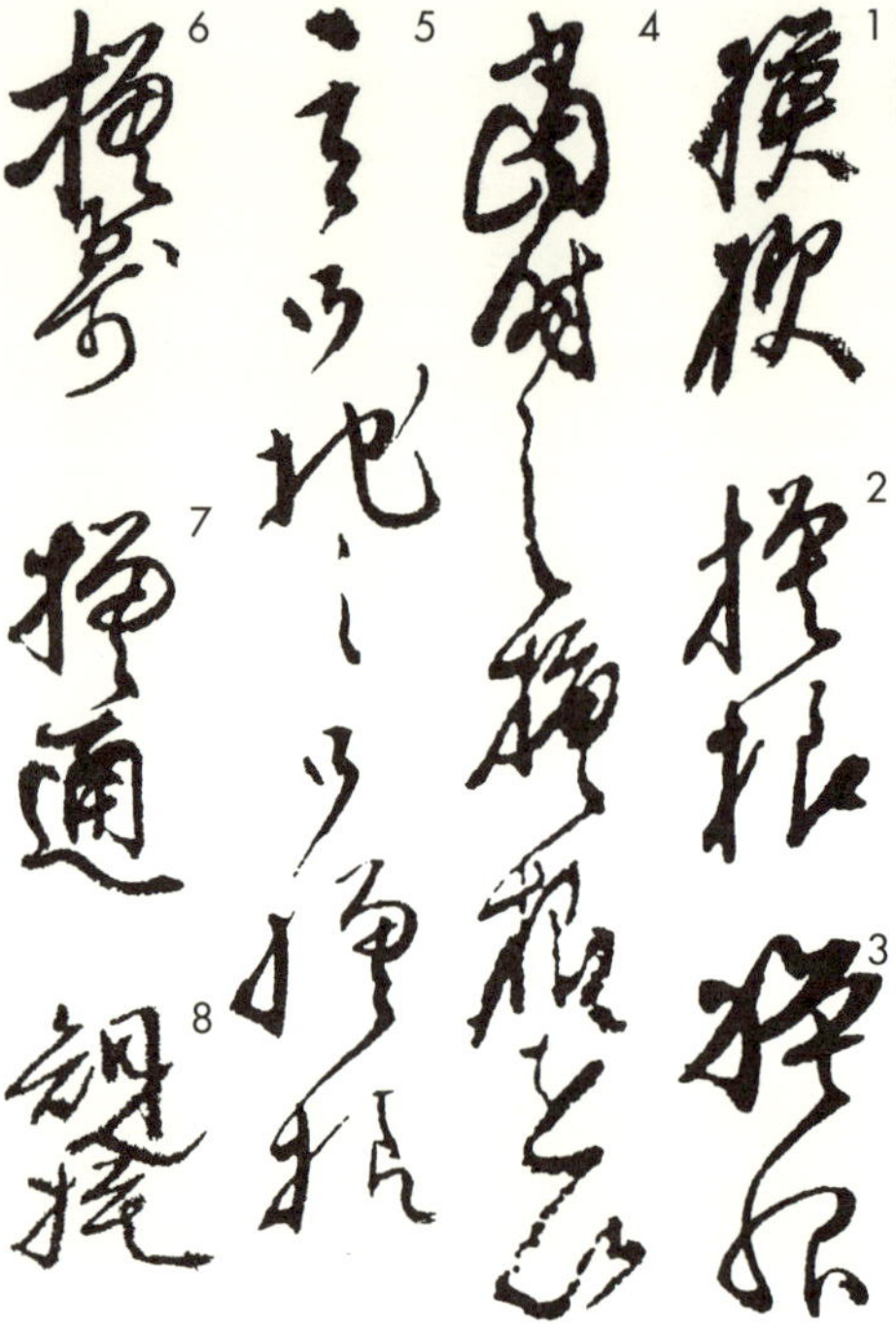

1～3 模様《もよう》　4 當時《とうじ》之《の》模様《もよう》を以《もって》　5 其御地《そのおんち》之《の》御模様《ごもよう》　6 模寄《もより》（※「最寄」の誤用）　7 模通《もとおり》　8 規模《きぼ》

464 権（權）

2402
6062
ケン
ゴン

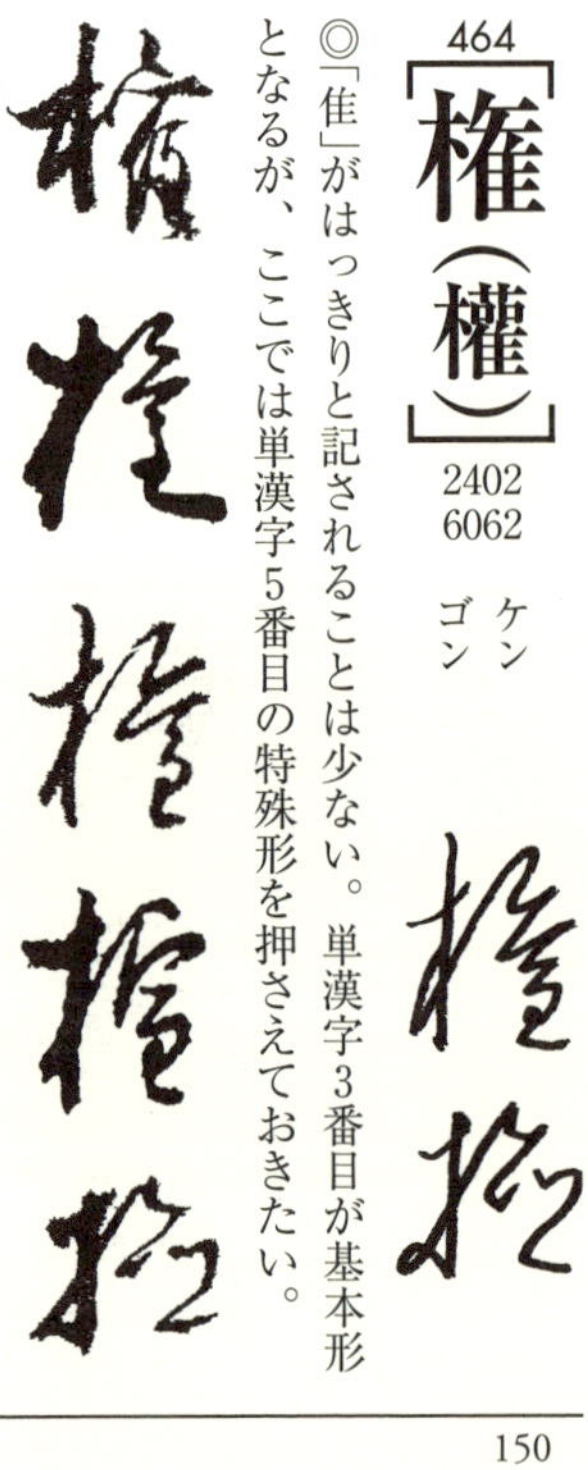

◎「隹」がはっきりと記されることは少ない。単漢字3番目が基本形となるが、ここでは単漢字5番目の特殊形を押さえておきたい。

【用例】

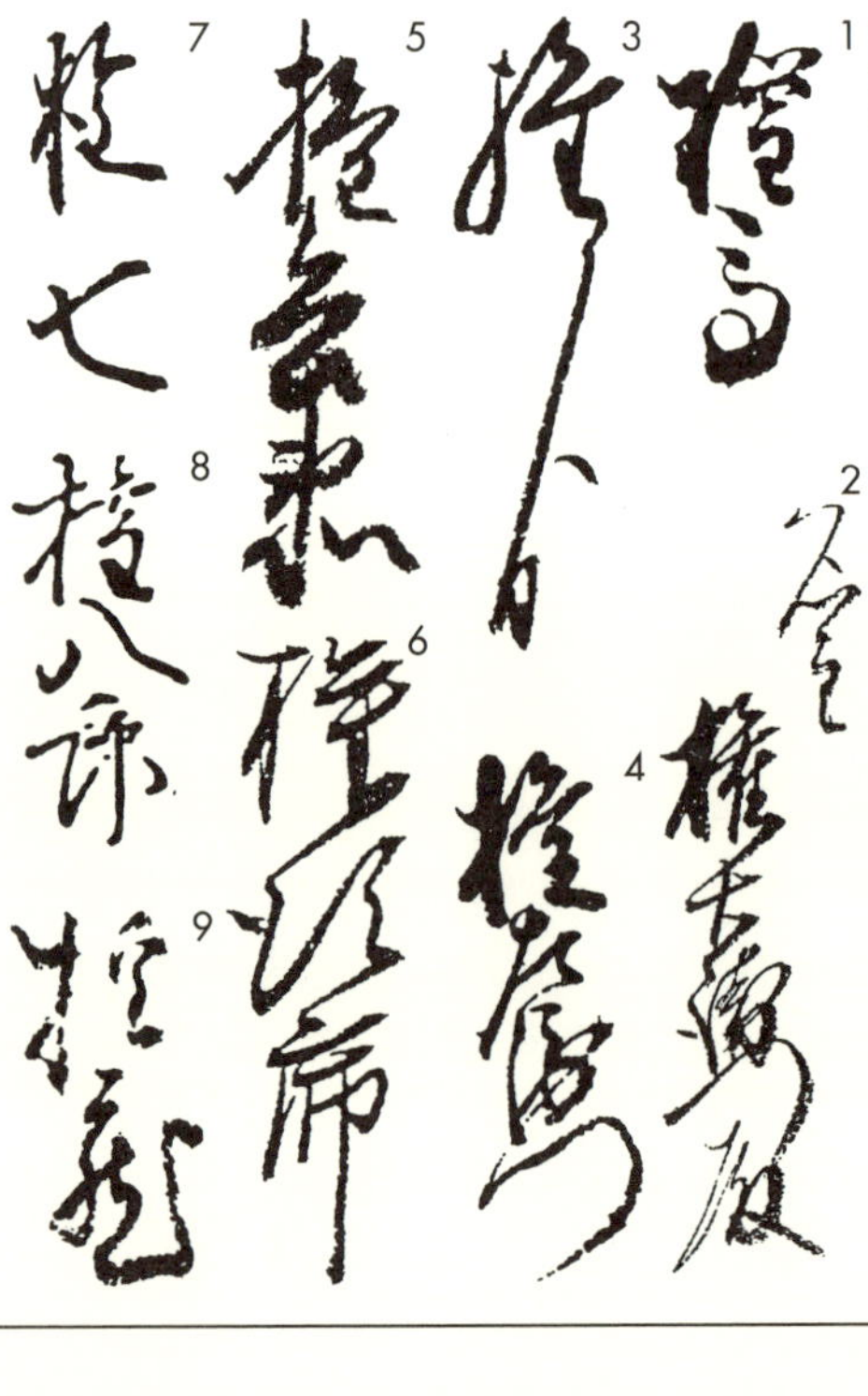

1 権高《けんだか》　2 名主権右衛門殿《なぬしごんえもんどの》　3 権右衛門《ごんえもん》　4 権左衛門《ごんざえもん》　5 権兵衛《ごんべえ》　6 権次郎《ごんじろう》　7 権七《ごんしち》　8 権八郎《ごんぱちろう》　9 権蔵《ごんぞう》

465 機

2101

キ

はた

◎75頁「嫌」との熟語で「機嫌」が主として書状に頻出する。旁の「幾」（90頁）は多様にくずされ、「遣」に類似したくずしにもなる。

【用例】

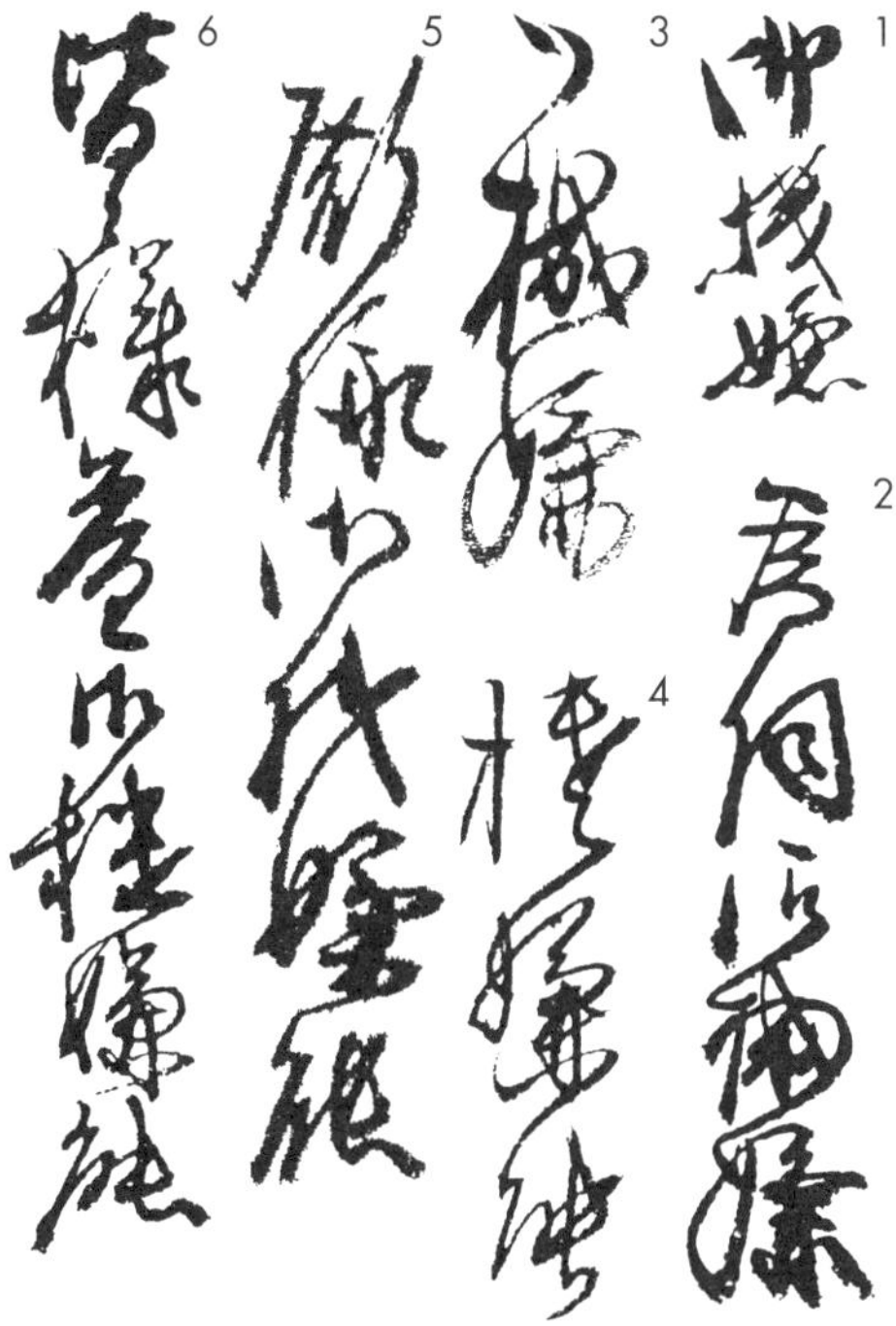

1 御機嫌《ごきげん》 2 為㆑伺㆓御機嫌㆒《ごきげんうかがいとして》 3 御機嫌《ごきげん》 4 機嫌能《きげんよく》

5 殿様御機嫌能《とのさまごきげんよく》 6 皆々様益御機嫌能《みなみなさまますますごきげんよく》

466 橋

2222

キョウ

はし

◎多くが旁の「呑」が「右」と記される異体字のくずしとなり（異体字一覧参照）、単漢字1番目が基本形。普請関係の文書に頻出する。

【用例】

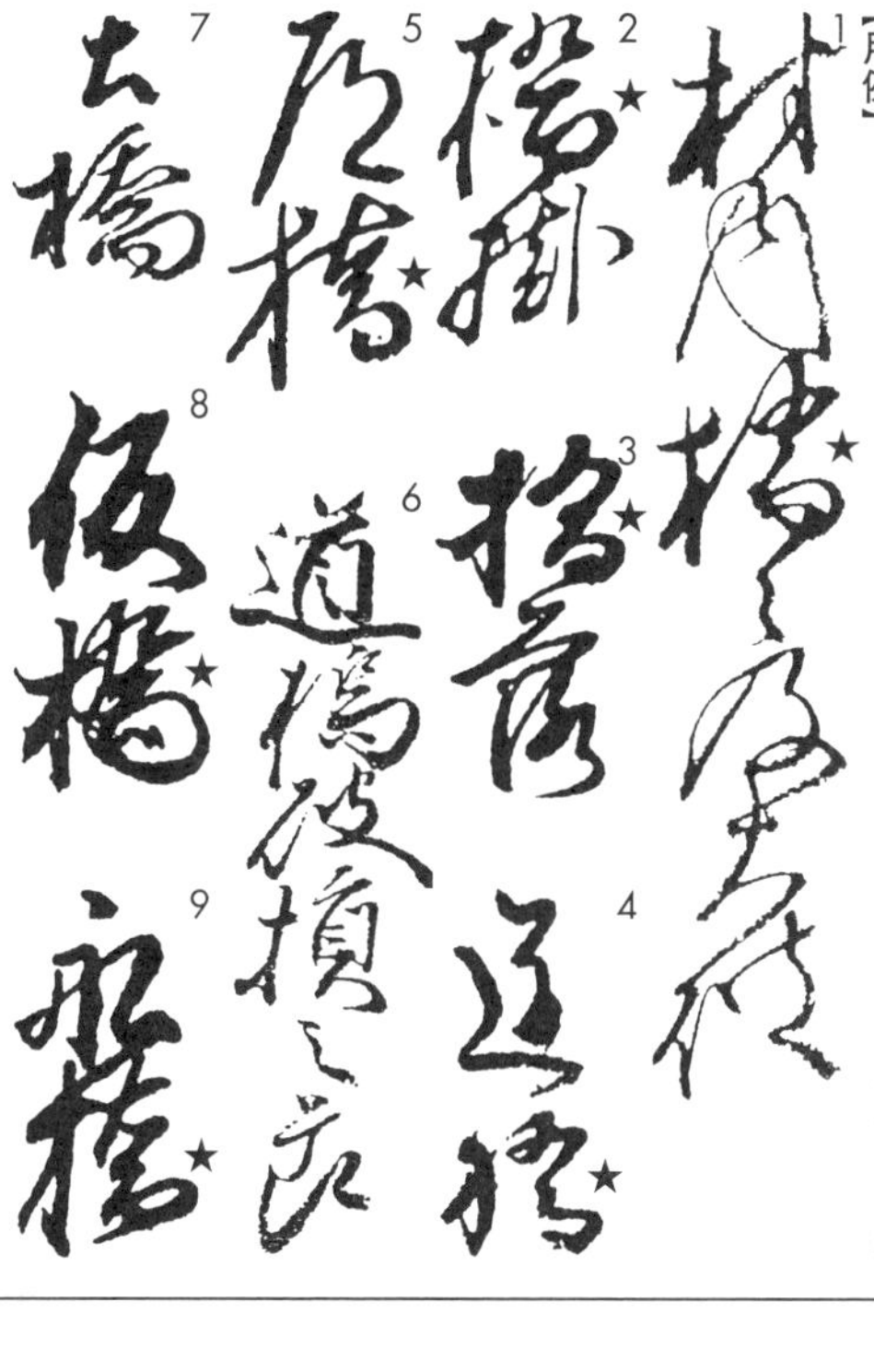

1 村内橋々及㆓大破㆒《そんないはしばしたいはにおよび》 2 橋掛《はしかけ》 3 橋落《はしおち》 4・5 道橋《みちはし》

6 道橋《みちはし》破《は》損《そん》之《の》節《せつ》 7 土橋《どばし》 8 仮橋《かりはし》 9 船橋《ふなばし》

467 欠(缺)

2371
6994

ケツ
かける

◎くずしは原形をとどめており判読は容易。用例4〜8は「駆(駈)」(未収録)の誤用だが、その頻度は高い。「欠落」が頻出の重要語。

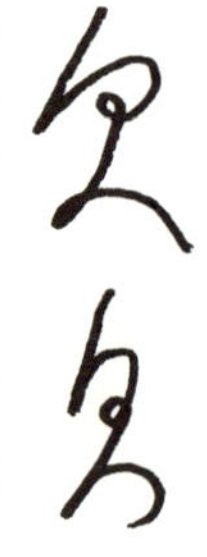

【用例】

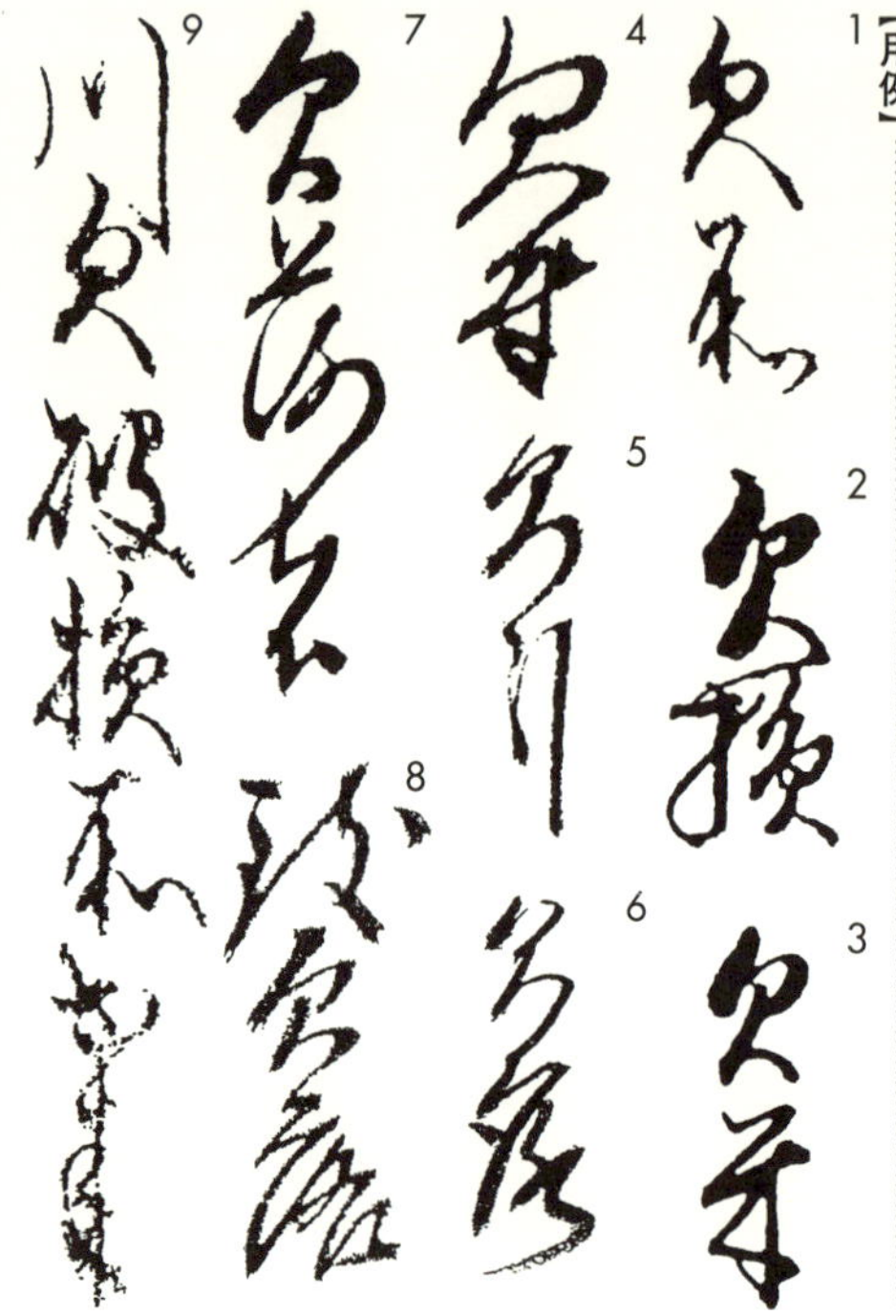

1 欠所《けっしょ》 2 欠損《けっそん》 3 欠米《かんまい》《かけまい》 4 欠付《かけつけ》 5 欠引《かけひき》 6 欠落《かけおち》 7 欠落者《かけおちもの》
8 致二欠落一《かけおちいたし》 9 川欠破損所出来《かわかけはそんしょしゅったい》

468 歎

3523

タン
なげく

◎異体字のくずしが多く用いられ(異体字一覧参照)、単漢字4番目が基本形。「歎願」「歎敷(歎ヶ敷)」は頻出するので覚えたい。

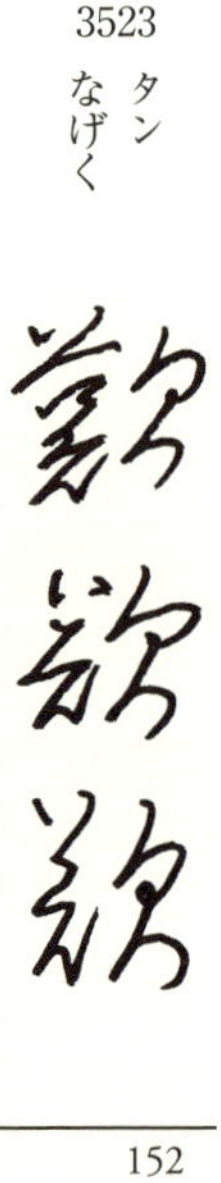

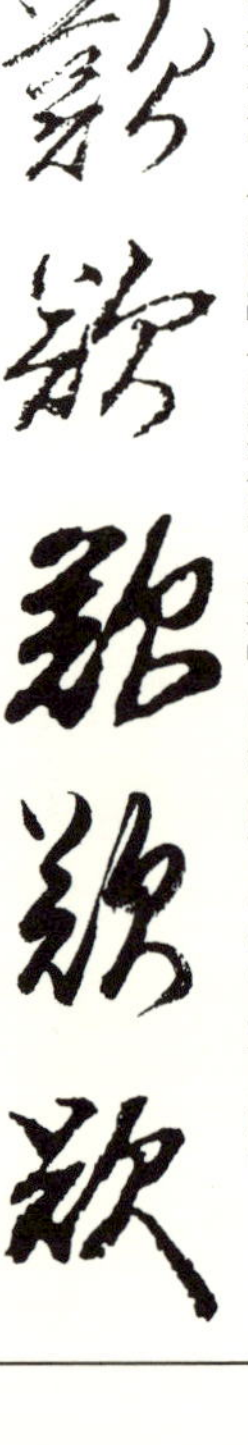

【用例】

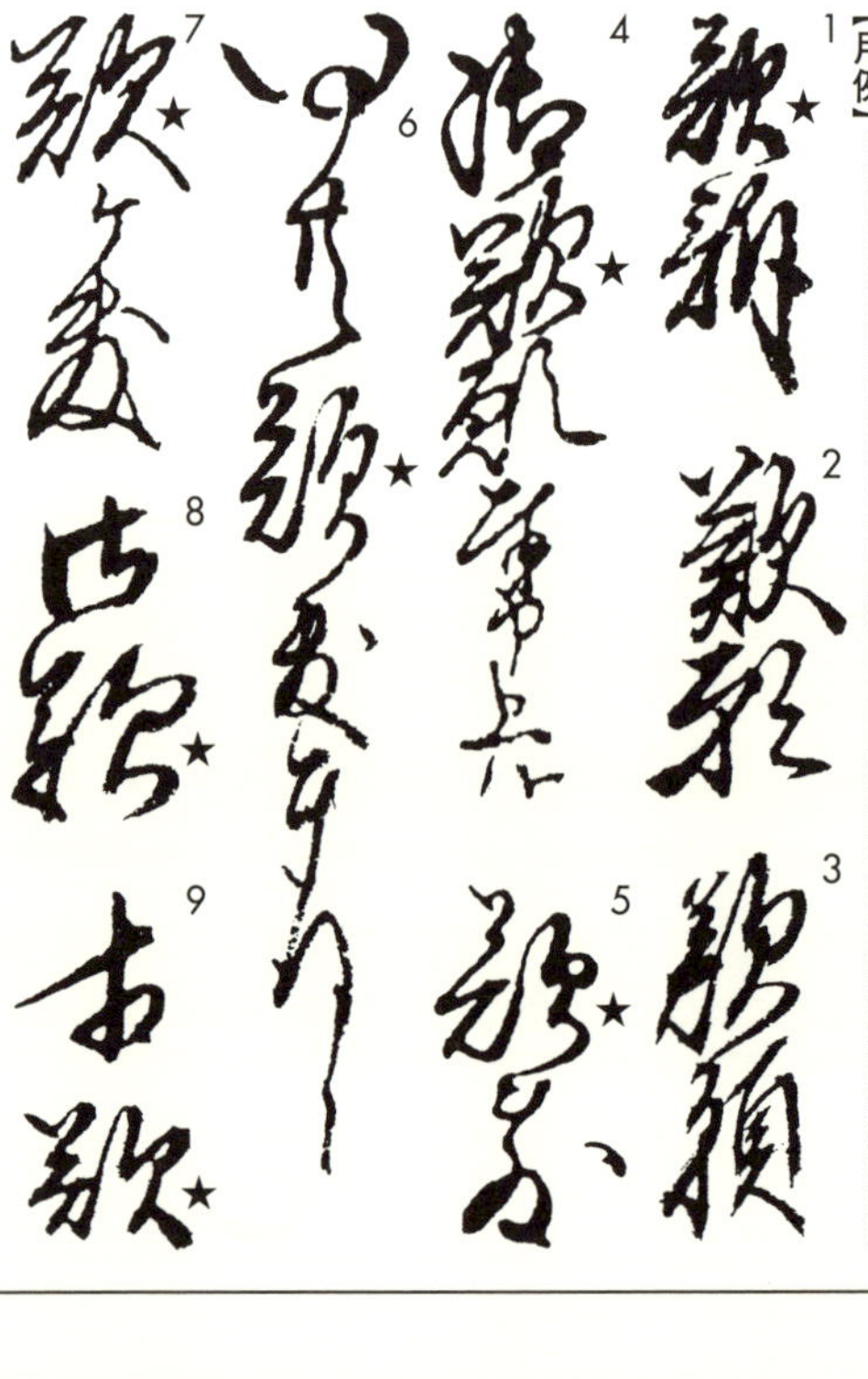

1 歎訴《たんそ》 2・3 歎願《たんがん》 4 御歎願奉二申上一候《ごたんがんもうしあげたてまつりそうろう》 5 歎敷《なげかわしく》
6 何共歎敷奉レ存候《なんともなげかわしくぞんじたてまつりそうろう》 7 歎ヶ敷《なげかわしく》 8 御歎《おなげき》 9 相歎《あいなげき》

469
歟
6135
ヨ
か

◎すべて異体字のくずしとなる（異体字一覧参照）。「欠」が原形のない特殊なくずしとなる単漢字2番目以降を必ず覚えておきたい。

【用例】

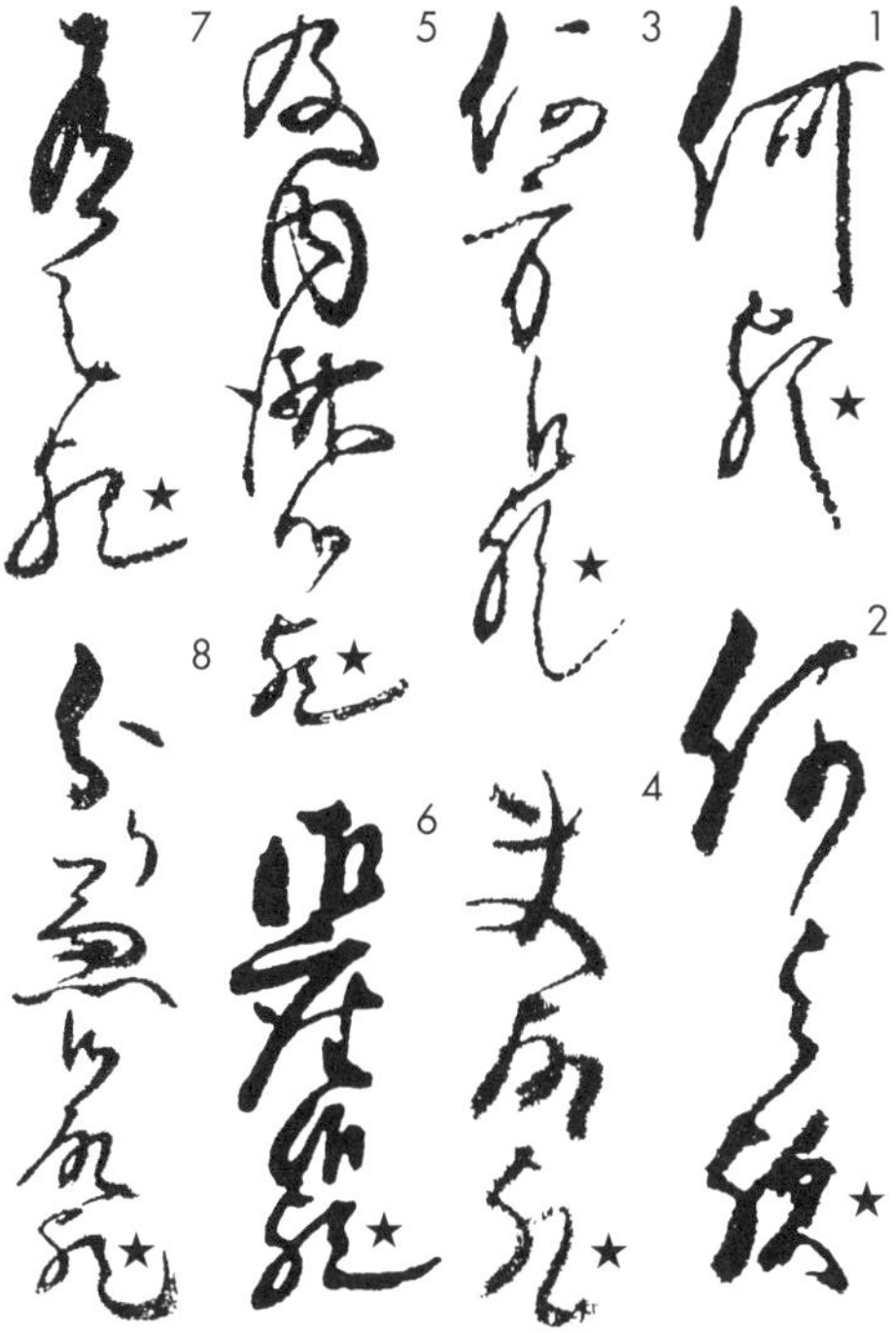

1 何《なに》歟《か》　2 何《なん》与《と》歟《か》　3 何方《いずかた》江《へ》歟《か》　4 夫故《それゆえ》歟《か》　5 及二内済《ないさいにおよび》一候歟《そうろうか》
6 御座《ござ》候《そうろう》歟《か》　7 有レ之《これある》歟《か》　8 分リ《わかり》兼《かね》候《そうろう》故《ゆえ》歟《か》

470
止
2763
シ／やむ
とめる
とどめる

◎「心」や「止」（次頁）とも類似する特徴的なくずしとなり、単漢字3・5番目が基本形となる。用例3～5の言い回しを覚えておきたい。

【用例】

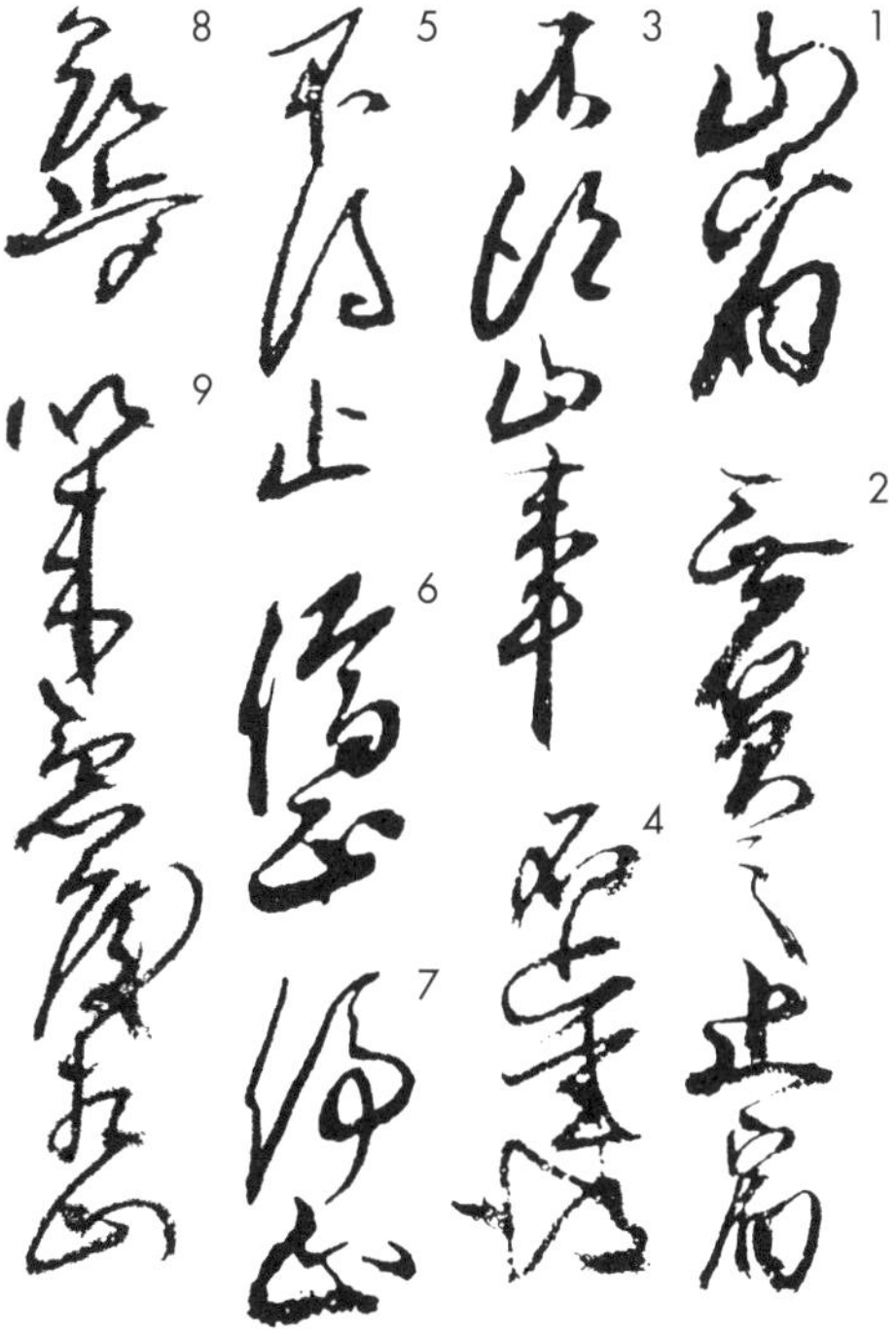

1 止宿《ししゅく》　2 無賃之止宿《むちんのししゅく》　3 不レ得二止事一《やんごと》《やむことをえず》　4 不二止事得一《やむことをえず》
5 不レ得レ止《やむをえず》　6・7 停止《ちょうじ》　8 差止メ《さしとめ》　9 以来急度相止《いらいきっとあいやめ》

471
【正】
3221

ショウ
セイ／まさ
ただしい

◎前頁「止」のくずしの上に横棒を短く引いたものが基本形となる。ここでは「正路」「実正」「不正」を押さえておきたい。

【用例】

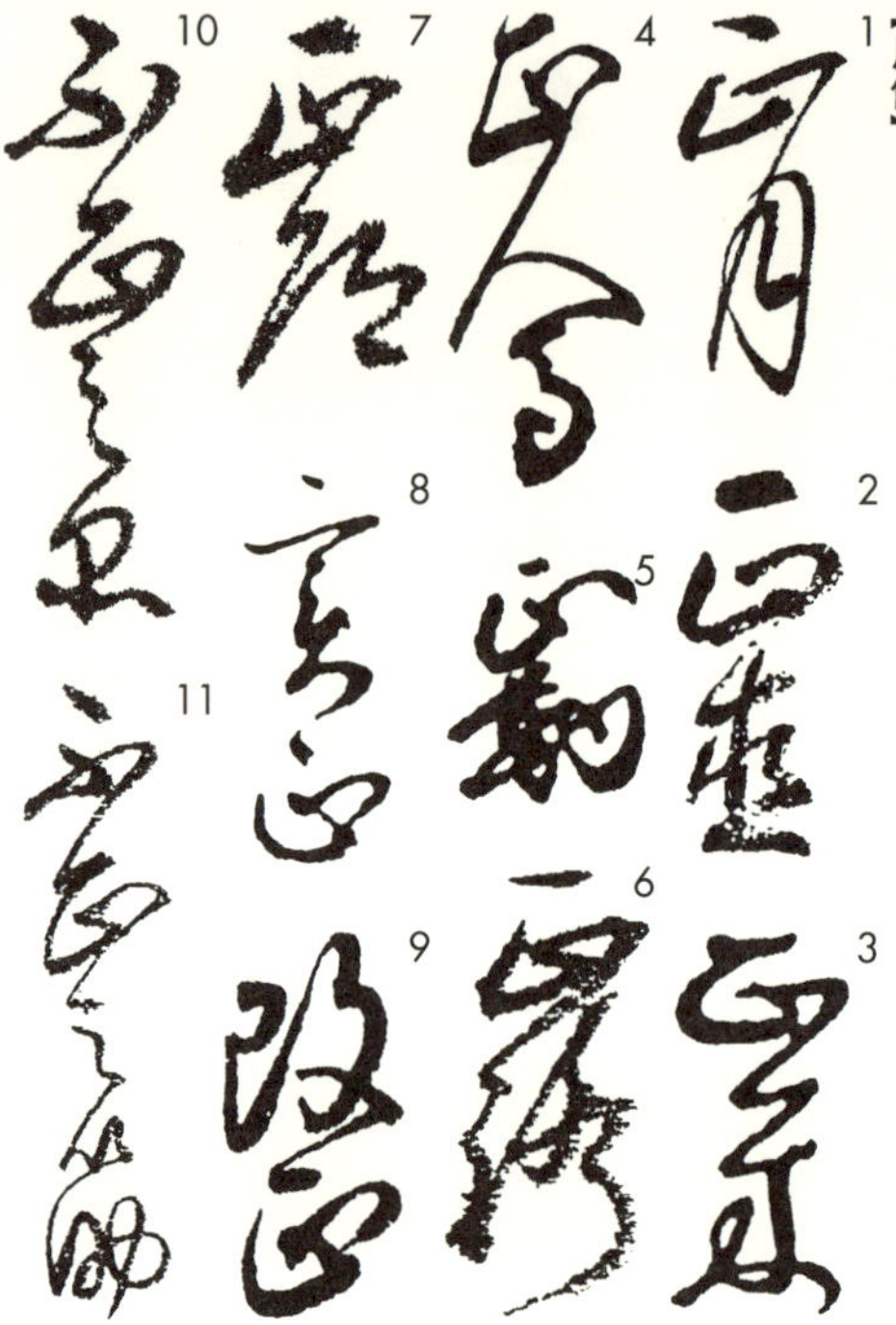

1 正月《しょうがつ》　2 正直《しょうじき》　3 正米《しょうまい》　4 正人馬《しょうじんば》　5 正勤《しょうきん》　6 正路《せいろ》　7 正道《せいどう》　8 実正《じっしょう》　9 改正《かいせい》　10 不正之品《ふせいのしな》　11 不正之筋《ふせいのすじ》

472
【歩】
4266

ホ・ブ
あるく
あゆむ

◎田畑などの面積の単位「歩」(町・反・畝・歩)が頻出の重要語。この場合「分」や「卜」のように記されることが多いので注意する。

【用例】

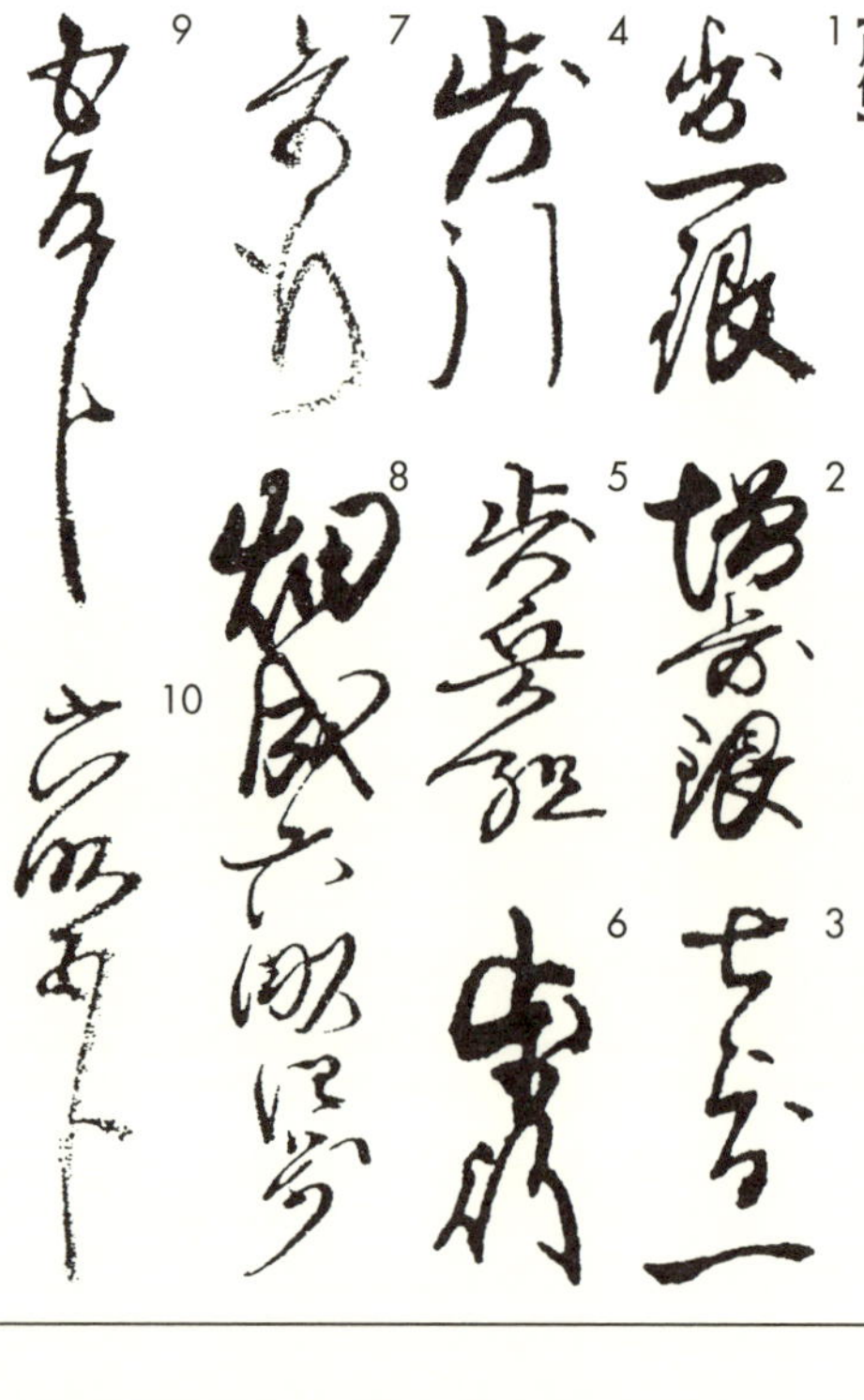

1 歩一銀《ぶいちぎん》　2 増歩銀《ましぶぎん》　3 七歩一《しちぶいち》　4 歩引《ぶびき》　5 歩兵組《ほへいぐみ》　6・7 歩行《ほこう》《あるき》　8 畑成六畝四歩《はたなりろくせよんぶ》　9 五反歩《ごたんぶ》　10 六畝五歩《ろくせごぶ》

473
武
4180
ブ ム
たけし

◎「止」部分のくずしが特徴的だが、原形をとどめているので判読は可能か。単漢字5番目に注意。「武蔵（武州）」「武家」が頻出する。

【用例】

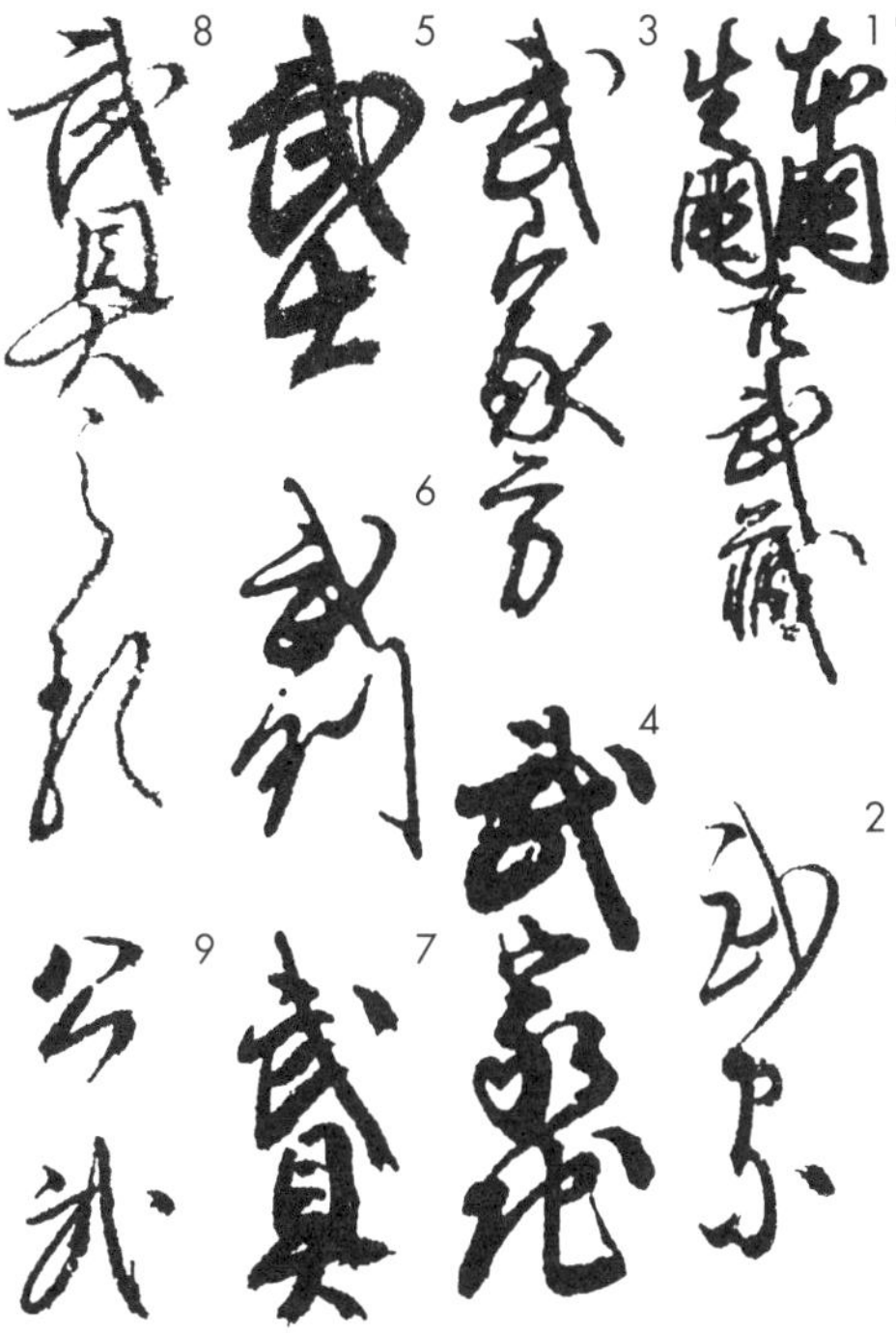

1 本國《ほんごく》・生國《しょうごく》共《とも》武蔵《むさし》　2 武家《ぶけ》　3 武家方《ぶけかた》　4 武家地《ぶけち》　5 武士《ぶし》　6 武州《ぶしゅう》　7 武具《ぶぐ》　8 武具之類《ぶぐのたぐい》　9 公武《こうぶ》

474
歳
2648
セイ・サイ
とし・ねん
よわい

◎「止」の下部分のくずしは二つに分けられ、単漢字2・3番目の形が出てくる。特に後者は「成」の特殊形と同じくずしになる。

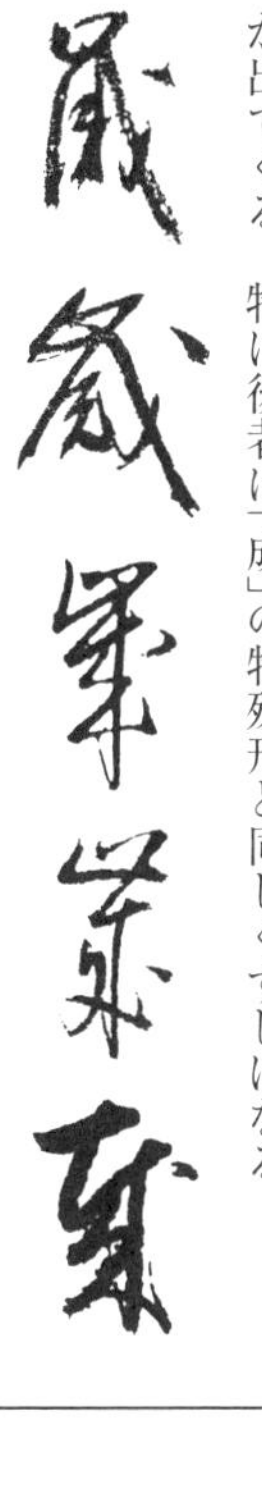

【用例】

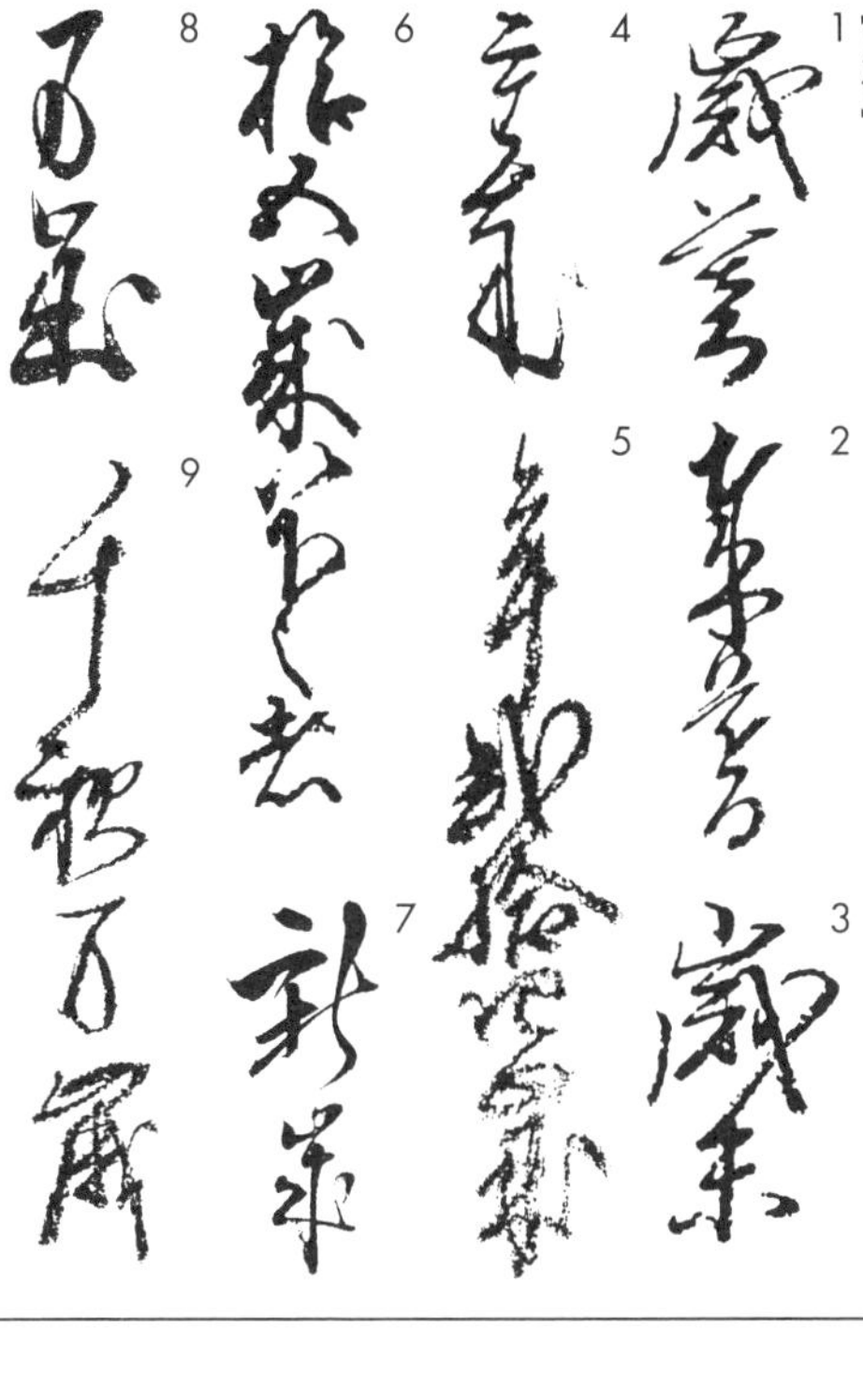

1・2 歳暮《せいぼ》　3 歳末《さいまつ》　4 重歳《ちょうさい》　5 年弐拾四歳《としにじゅうよんさい》　6 拾五歳以下之者《じゅうごさいいかのもの》　7 新歳《しんねん》　8 万歳《まんざい》《ばんぜい》　9 千秋万歳《せんしゅうばんぜい》

475 毎（毎） 4372

マイ・バイ
ごとに
つねに

◎二画目の横棒が短く記されるが、くずしは原形をとどめおり判読は可能。「～毎」（～ごとに）の形が頻出。用例6は特殊な読み。

【用例】

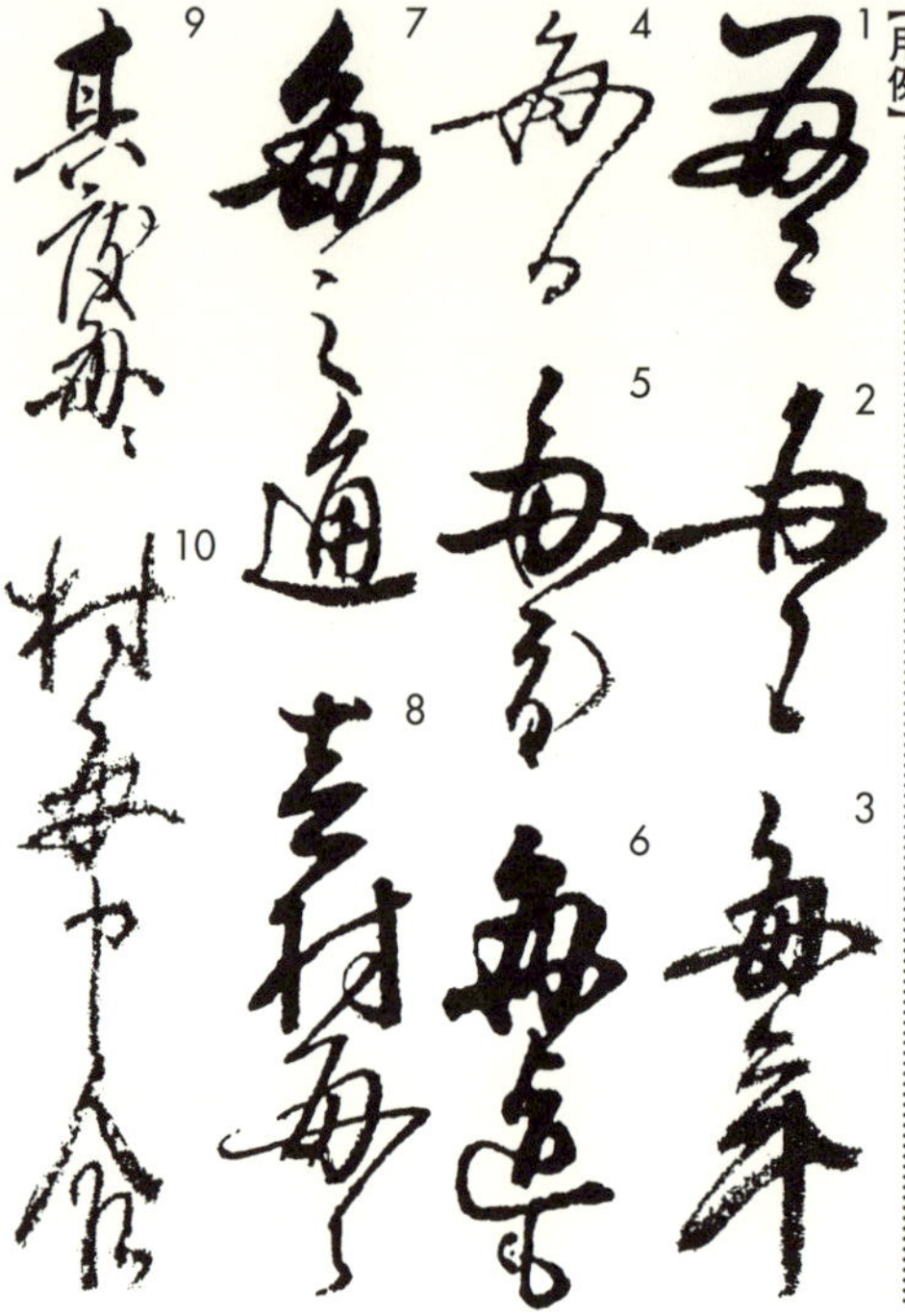

1・2 毎々《まいまい》　3 毎年《まいとし まいねん》　4 毎日《まいにち》　5 毎度《まいど》　6 毎迄《いつまで》も　7 毎之通《つねのとおり》
8 壱村毎二《いっそんごとに》　9 其度毎二《そのたびごとに》　10 村毎《むらごとに》　申合《もうしあわせ》

476 比 4070

ヒ・ビ
ころ
くらべる

◎用例4からは「此」とのくずしの違いが判るだろう。用例2以外は「頃」の誤用で、くずしも類似するが、右側の「ヒ」の部分で見分ける。

【用例】

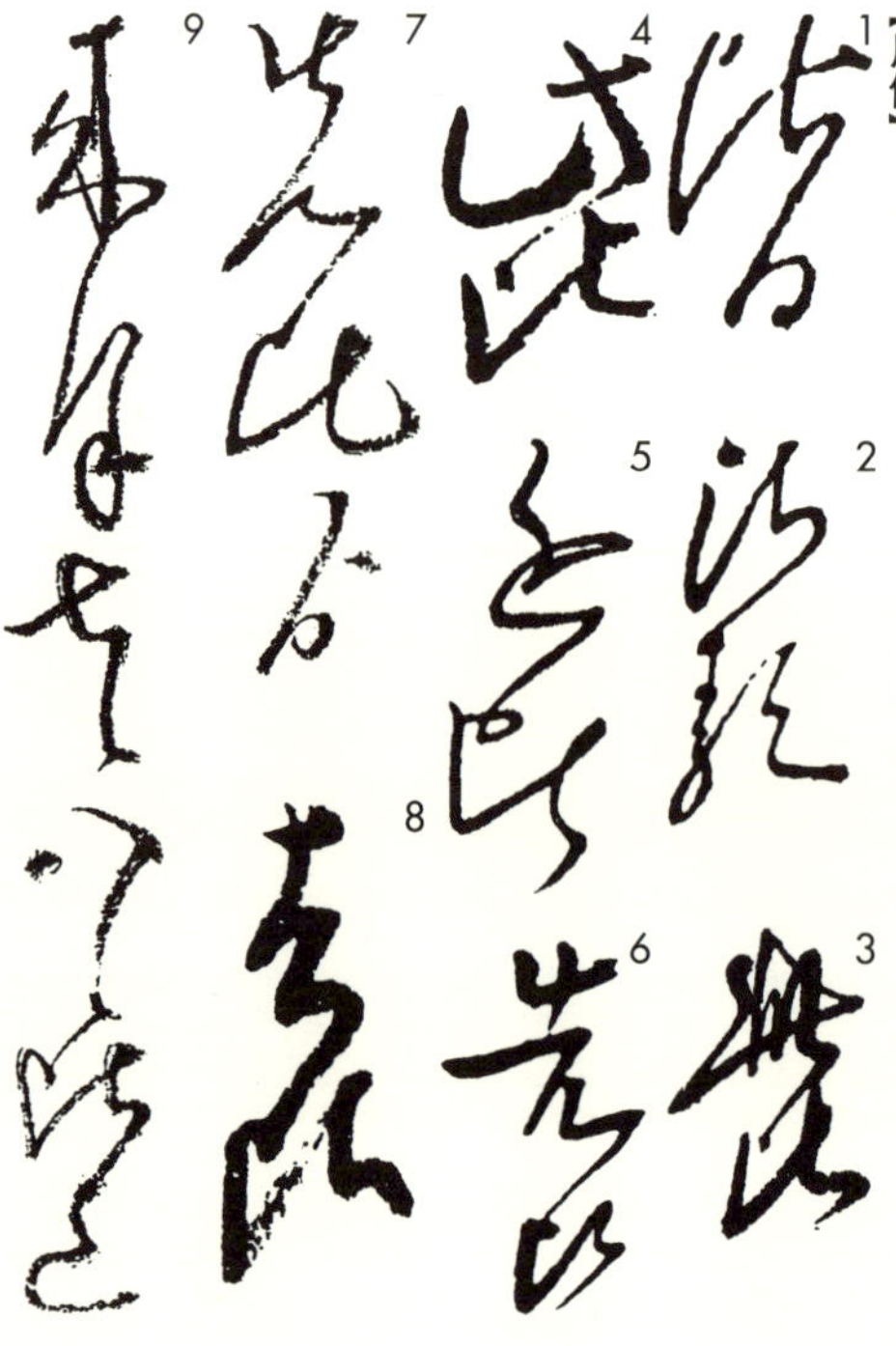

1 比日《けいじつ》　2 比類《ひるい》　3・4 此比《このごろ》　5 近比《ちかごろ》　6 先比《さきごろ》　7 先比ゟ《さきごろより》　8 去比《さるころ》
9 来月七日八日比迄《らいげつなのかようかころまで》

477 【毛】

4451
モウ
け

◎「毛頭」が頻出の重要語。単漢字2・4番目を覚えたい。なお、単漢字5番目は仮名の「も」で、「もの」は「者」と同頻度で用いられる。

【用例】

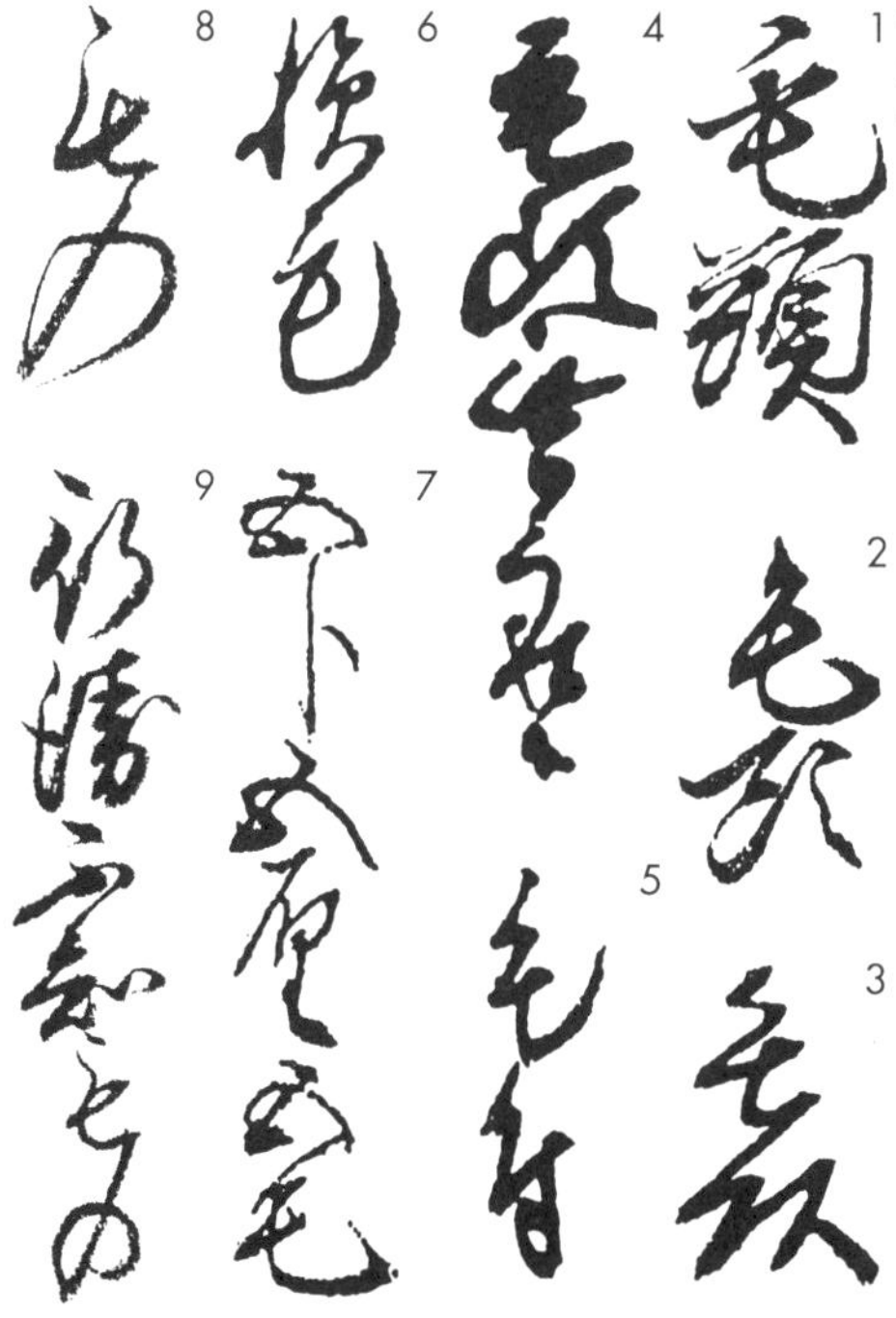

1〜3 毛頭《もうとう》　4 毛頭無㆓御座㆒候《もうとうござなくそうろう》　5 毛付《けづけ》　6 損毛《そんもう》
7 五分五厘五毛《ごぶごりんごもう》　8 もの　9 行衛不㆑知もの《ゆくえしれざる》

478 【気(氣)】

2104
6170
キ
ケ

◎気がまえが「三」のように記されて上に乗る単漢字4番目のくずしを覚えておけば判読の心配はない。旧字「氣」の頻度が高い。

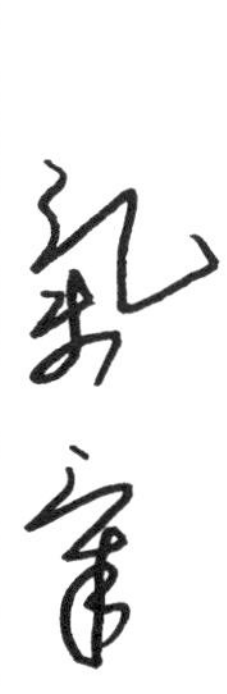

【用例】

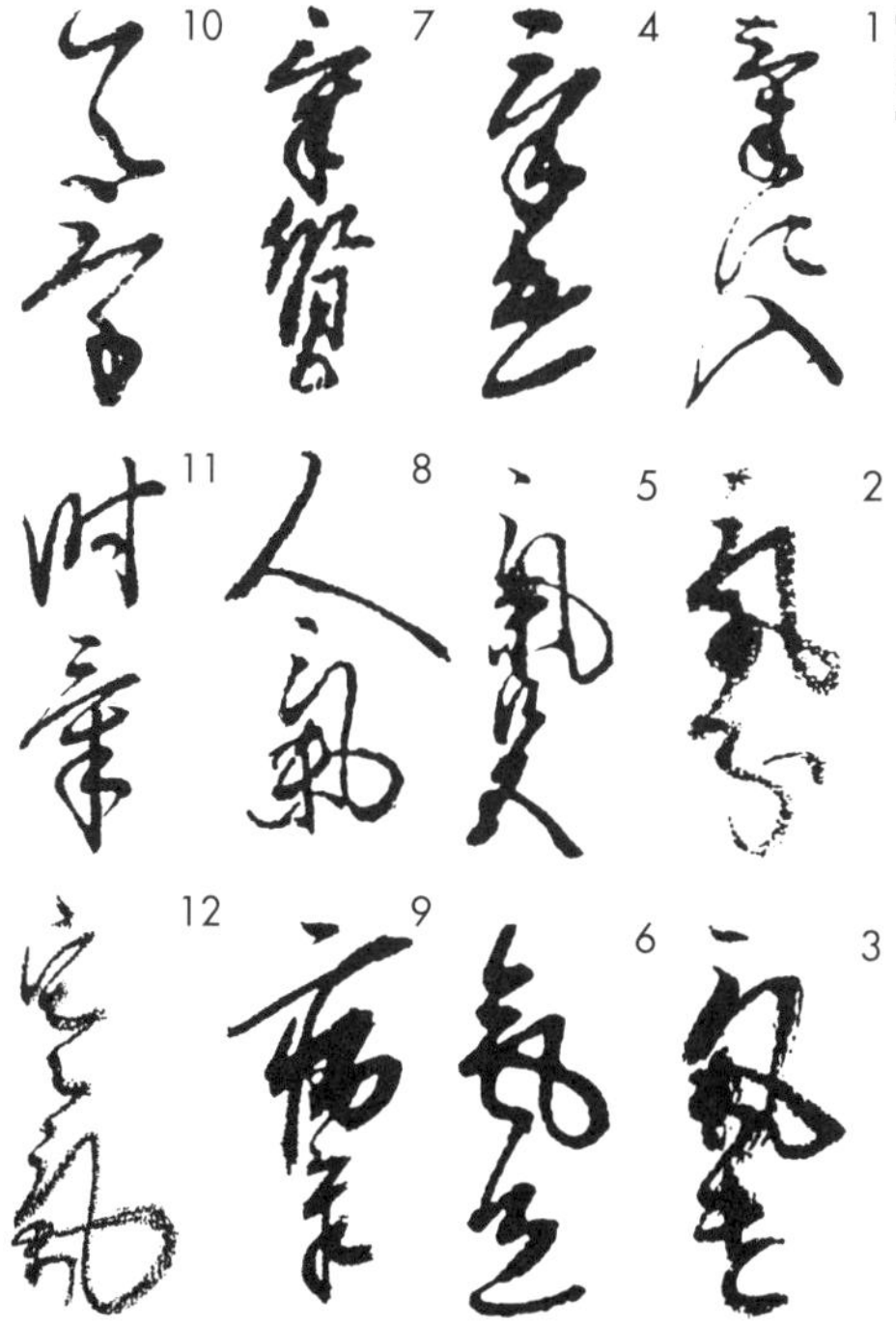

1 氣《き》に入《いる》　2 氣分《きぶん》　3・4 氣遣《きづかい》　5 氣色《けしき》　6 気色《けしき》　7 氣質《きしつ》　8 人氣《じんき》
9 病氣《びょうき》　10 天氣《てんき》　11 時氣《じき》　12 寒氣《かんき》

479 水 3169

スイ
みず

◎単漢字2〜4番目の特殊なくずしをぜひ覚えてほしい。用例5・6は読み方に注意。「水帳」は「御図帳」の宛字で「検地帳」のこと。

【用例】

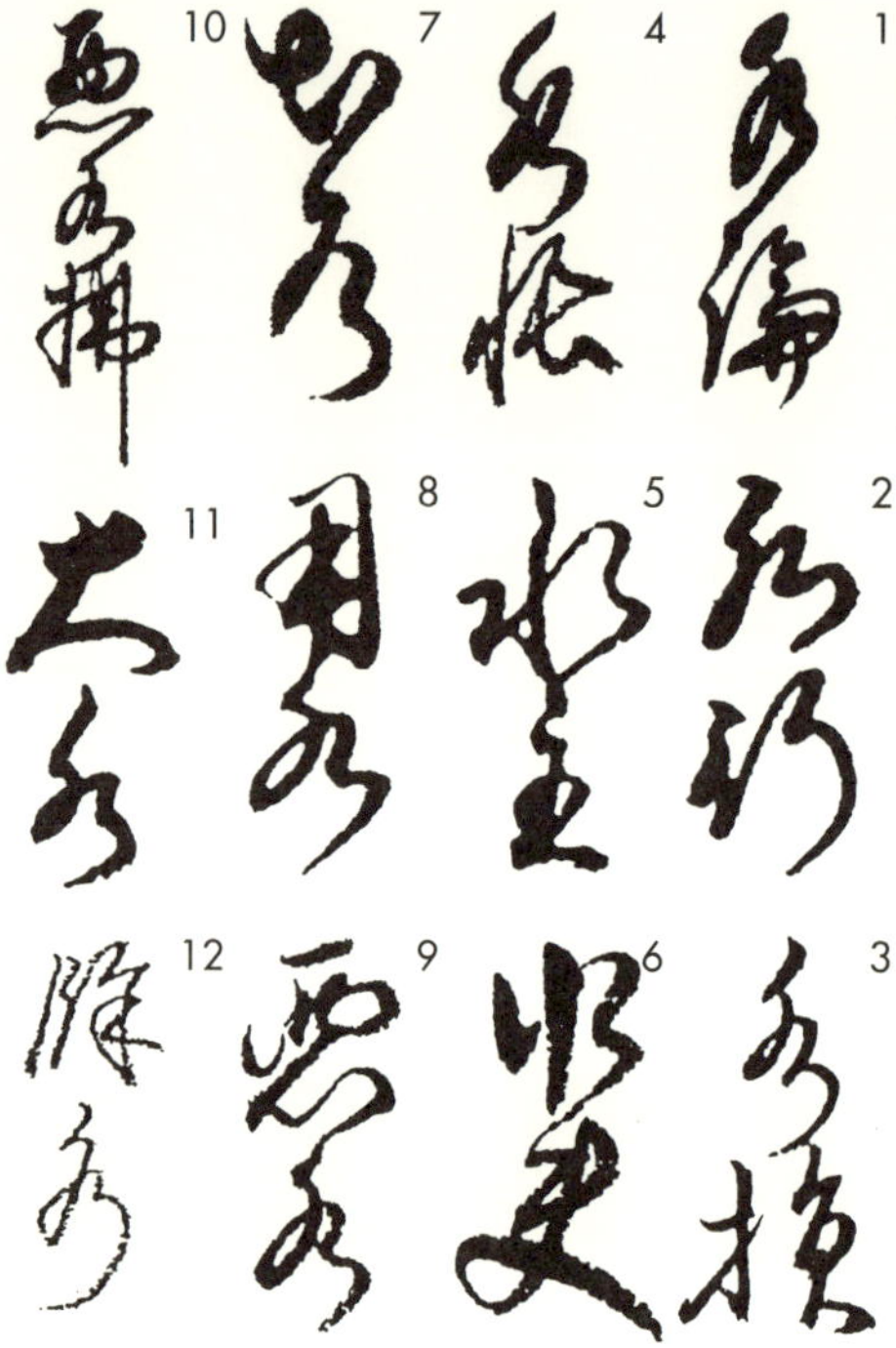

1 水論《すいろん》　2 水行《すいぎょう》　3 水損《すいそん》　4 水帳《みずちょう》　5 水主《かこ》　6 水夫《かこ》　7 出水《しゅっすい》　8 用水《ようすい》　9 悪水《あくすい》　10 悪水拂《あくすいばらい》　11 大水《おおみず》　12 餘水《あまりみず》

480 永 1742

エイ
ながい
とこしえに

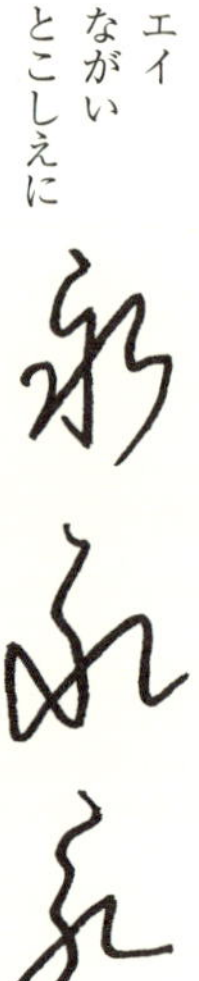

◎用例6以降の「永」は、江戸時代の年貢や物価表示の名目的な銭貨の計算単位で、年貢関係の文書に頻出(特に関東地方)。

【用例】

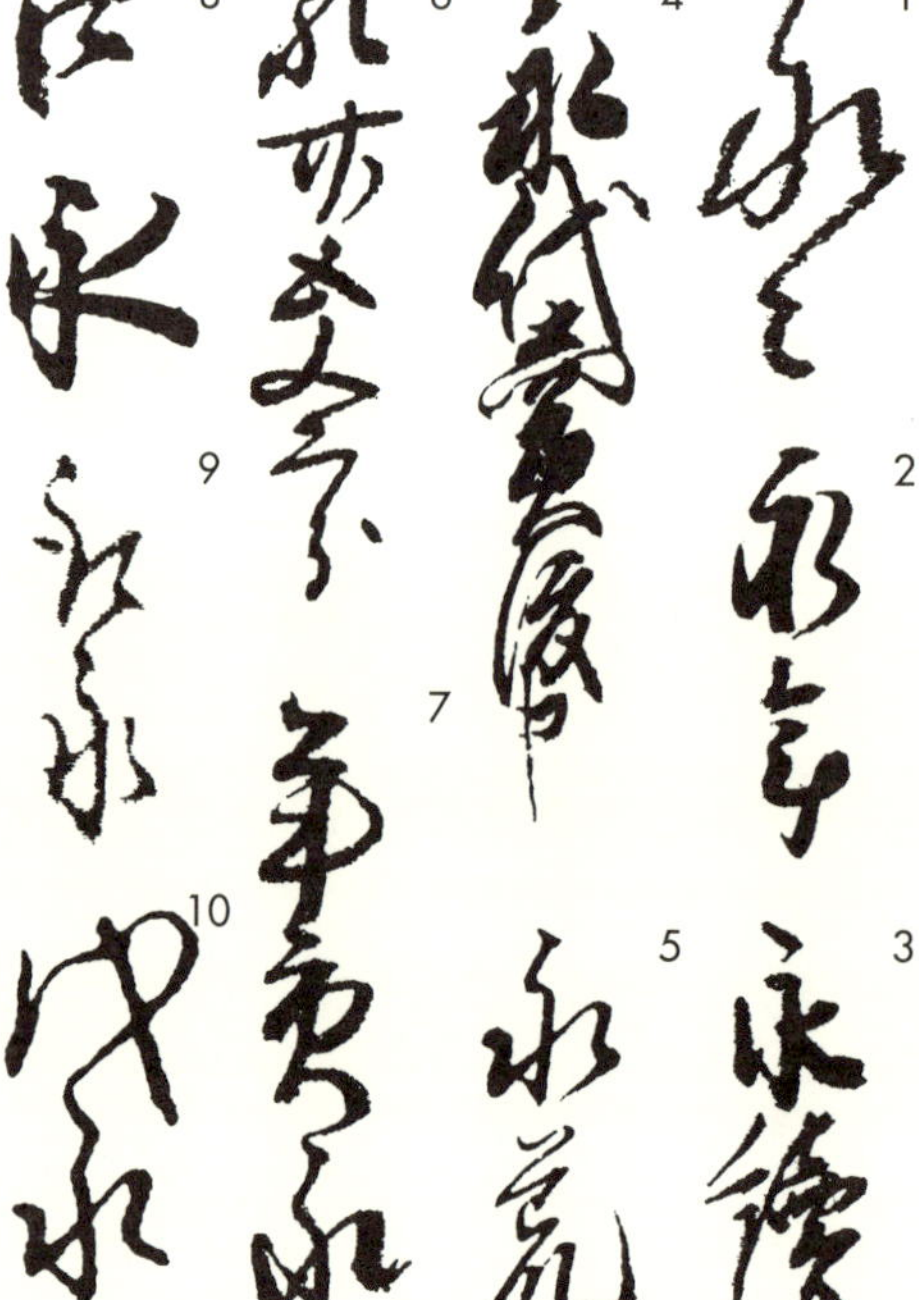

1 永々《ながなが》《えいえい》　2 永年《えいねん》　3 永續《えいぞく》　4 永代賣渡申《えいだいうりわたしもうす》　5 永荒《えいあれ》　6 永廿五文二分《えいにじゅうごもんにぶ》　7 年貢永《ねんぐえい》　8 口永《くちえい》　9 取永《とりえい》　10 代永《だいえい》

481
沙
2627
サ
シャ

◎下段「汰」との熟語で「沙汰」（指図。命令。報告などの意）が頻出する。ここでは「沙汰」を含んださまざまな言い回しを覚えたい。

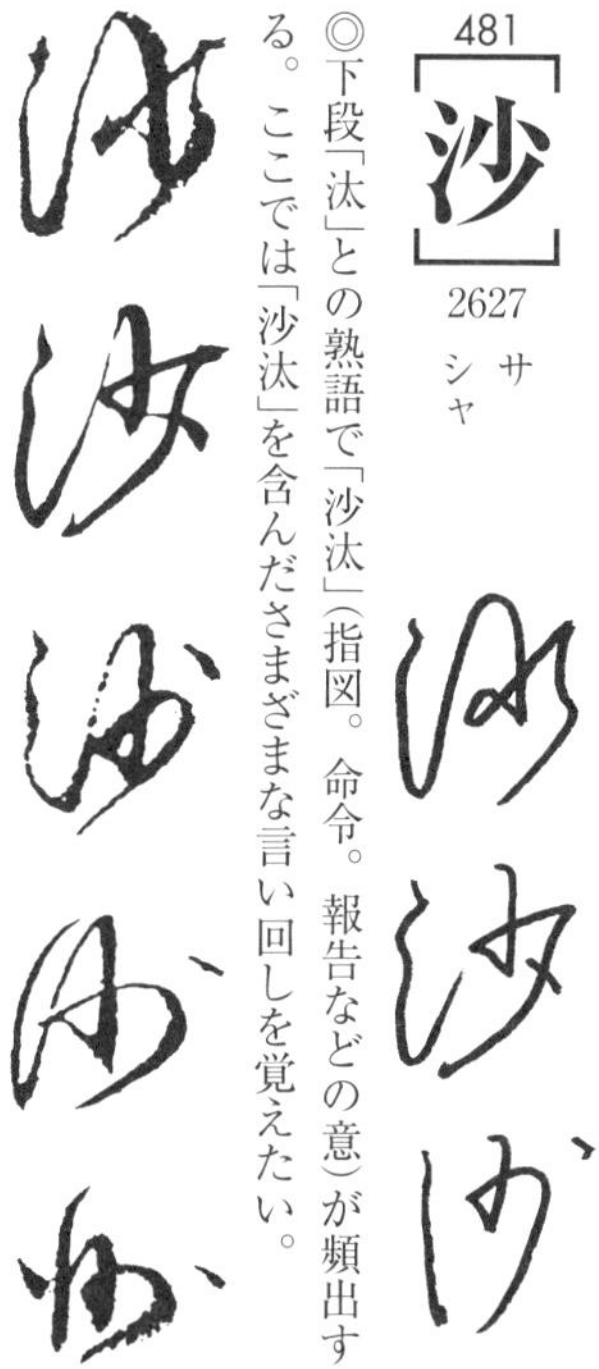

【用例】

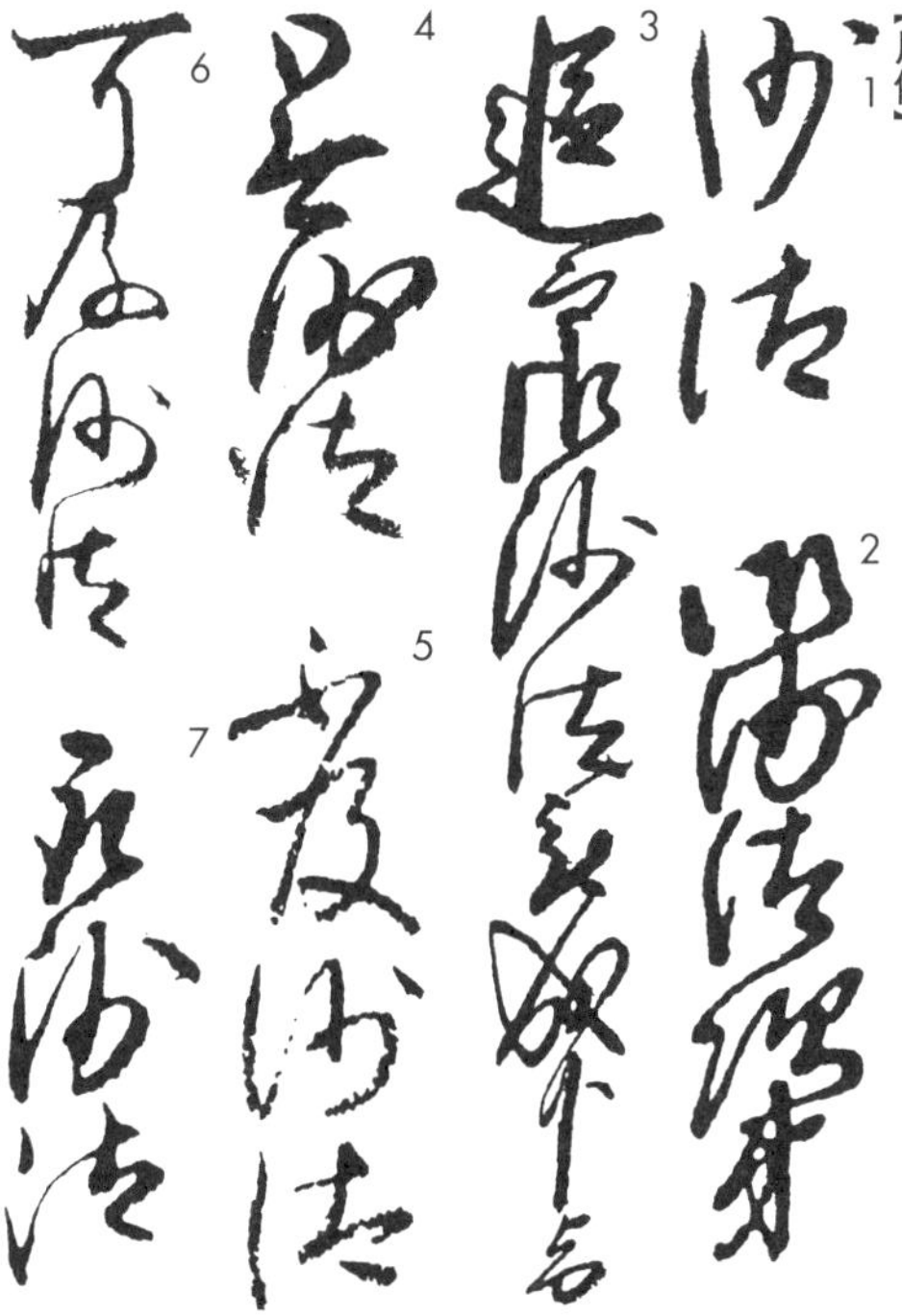

1 沙汰《さた》　2 御沙汰次第《ごさたしだい》　3 追而御沙汰被二成下一旨《おってごさたなしくださるむね》　4 御無沙汰《ごぶさた》　5 不レ及二沙汰一《さたにおよばず》　6 可レ及二沙汰一《さたにおよぶべく》　7 取沙汰《とりざた》

482
汰
3433
タ

◎上段「沙」も「汰」も「沙汰」の熟語のみが出てくるので、旁の「太」（71頁）が極端にくずされても「沙」から判読すれば問題ない。

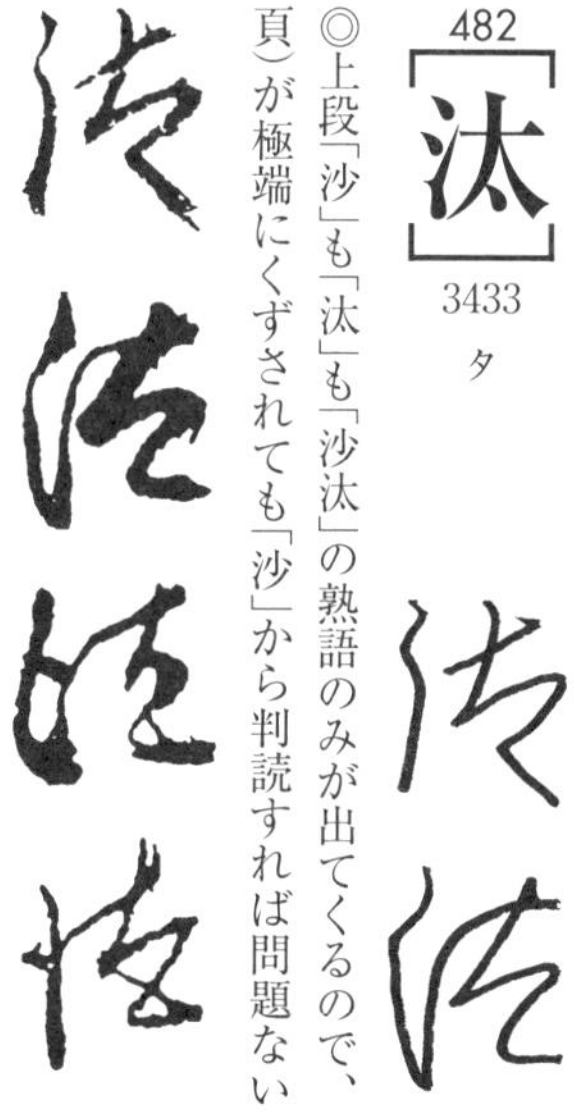

【用例】

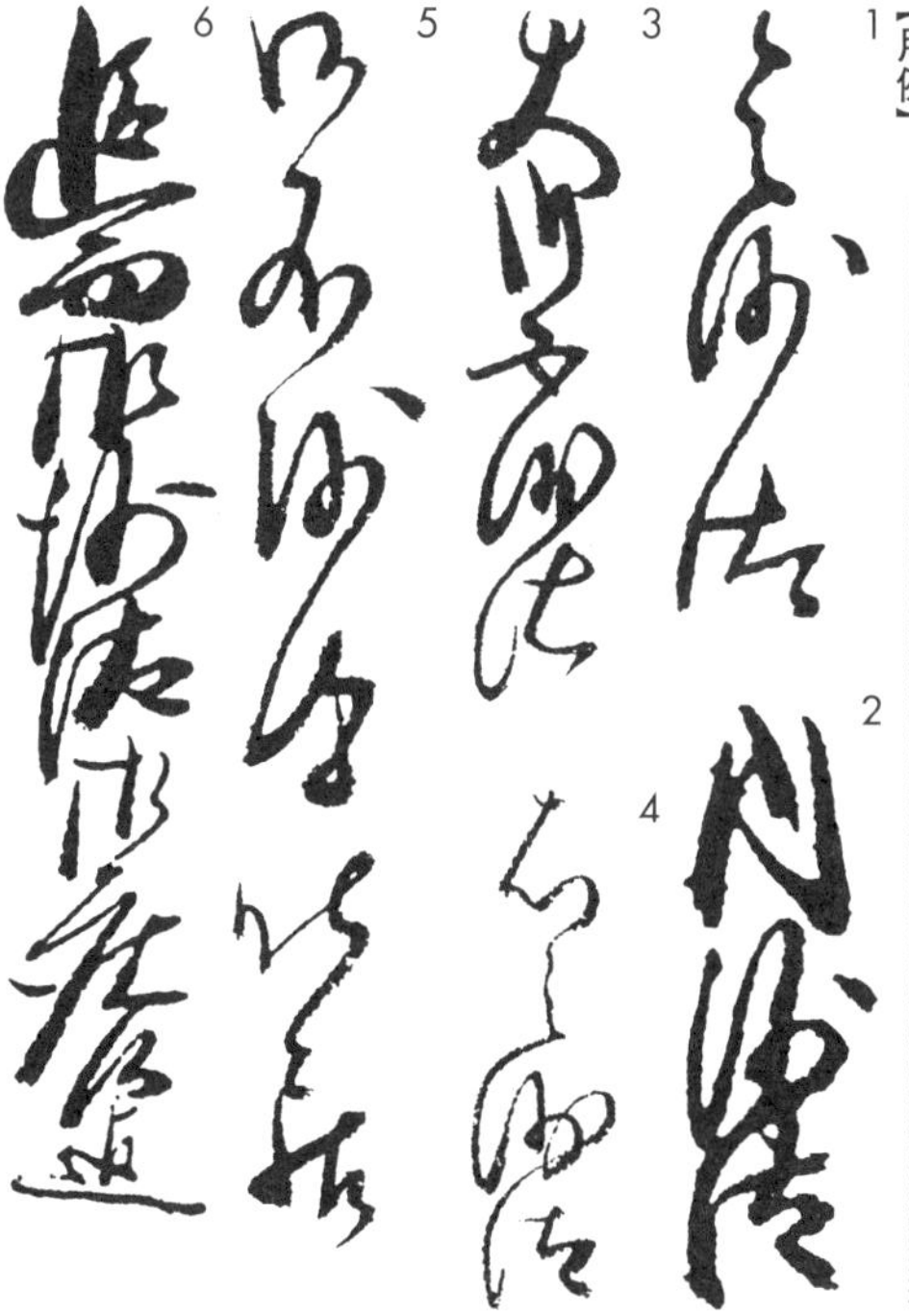

1 令二沙汰一《さたせしめ》　2 内沙汰《うちざた》　3 大御不沙汰《だいごぶさた》　4 右之沙汰《みぎのさた》　5 御不沙汰《ごぶさた》 仕《つかまつり》居《おり》　6 追而御沙汰御座候迄《おってごさたござそうろうまで》

483
治
2803

チ・ジ
おさめる
なおる

◎「台」は「ム」からそのまま「口」につなげるくずしとなる点に注意（74頁「始」も参照）。ここに挙げた用例よりも人名に頻出する。

【用例】

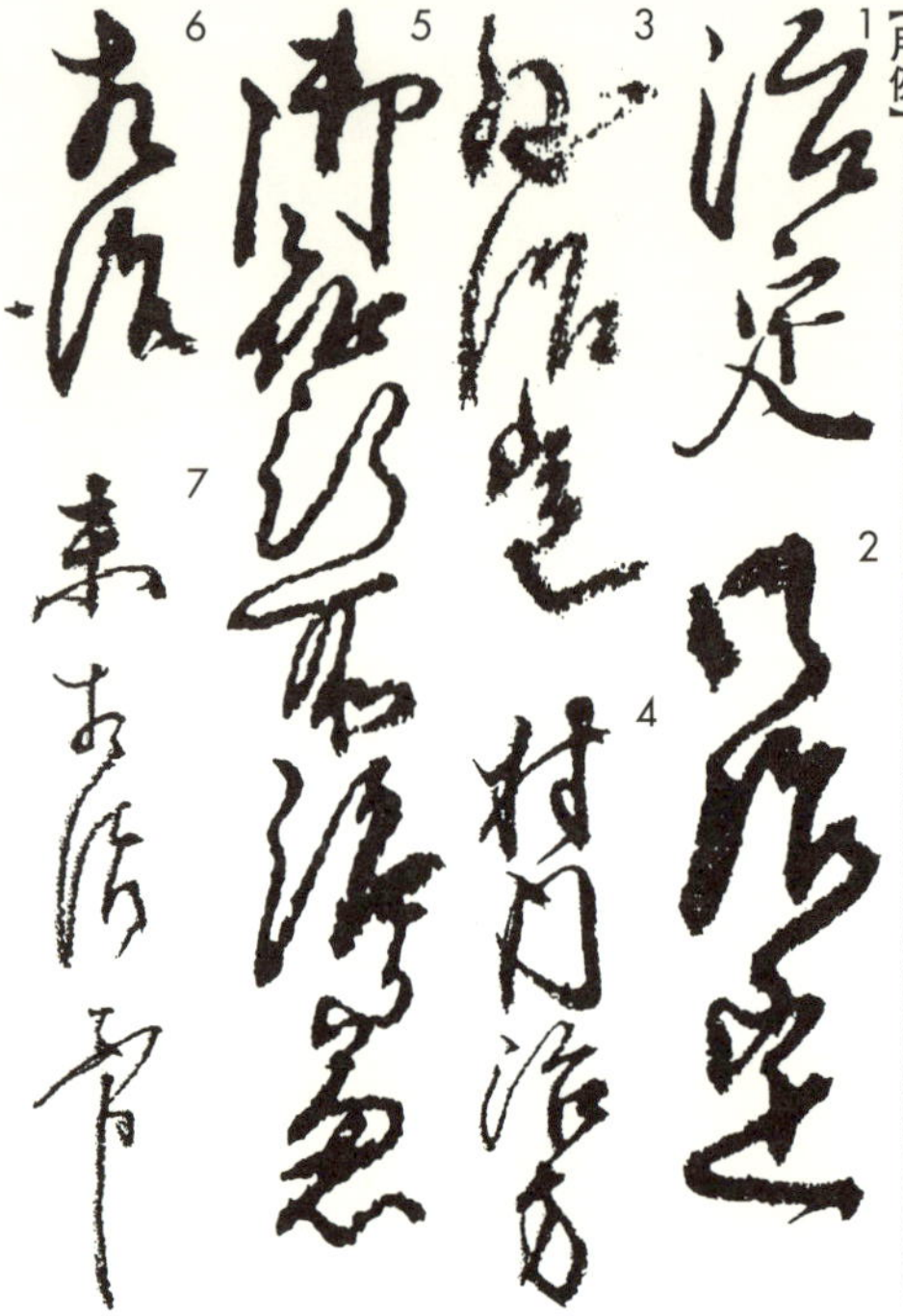

1 治定《ちじょう》　2 御治定《ごちじょう》　3 致二治定一《ちじょういたし》　4 村内治方《そんないおさまりかた》

5 御知行所治リ兼《ごちぎょうしょおさまりかね》　6 相治《あいおさめ あいおさまり》　7 未相治不レ申《いまだあいおさまりもうさず》

484
洩
1744

エイ
もれる
もらす

◎「曳」が「義」に似ることもあるが判読は困難ではない。「不レ洩様」が頻出し、特に用例5・6は触書や廻状の最後に記される決り文句。

【用例】

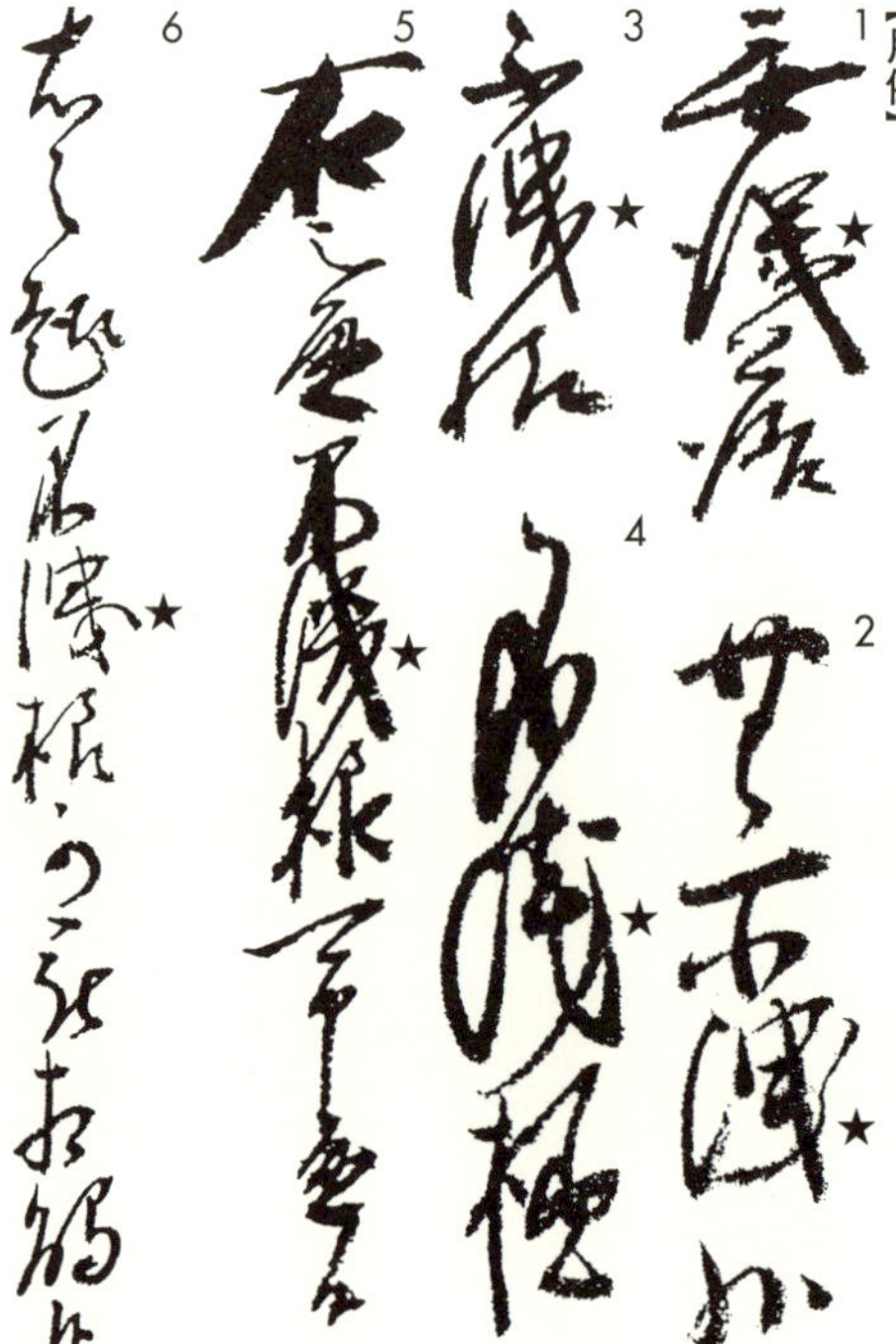

1 無二洩落一《もれおとしなく》　2 無二所洩一様《ところもれなきよう》　3・4 不レ洩様《もれざるよう もらさざるよう》

5 右之通不レ洩様可二申通一候《みぎのとおりもらさざるようもうしとおすべくそうろう》　6 右之趣不レ洩様可レ被二相觸一候《みぎのおもむきもらさざるようあいふれらるべくそうろう》

485 海（海）

1904

カイ
うみ

◎「毎」（156頁）が「あ」のようになる単漢字2番目以降を押さえたい。「海道」は「街道」と同義。「渡海」は海防関係の文書に頻出する。

【用例】

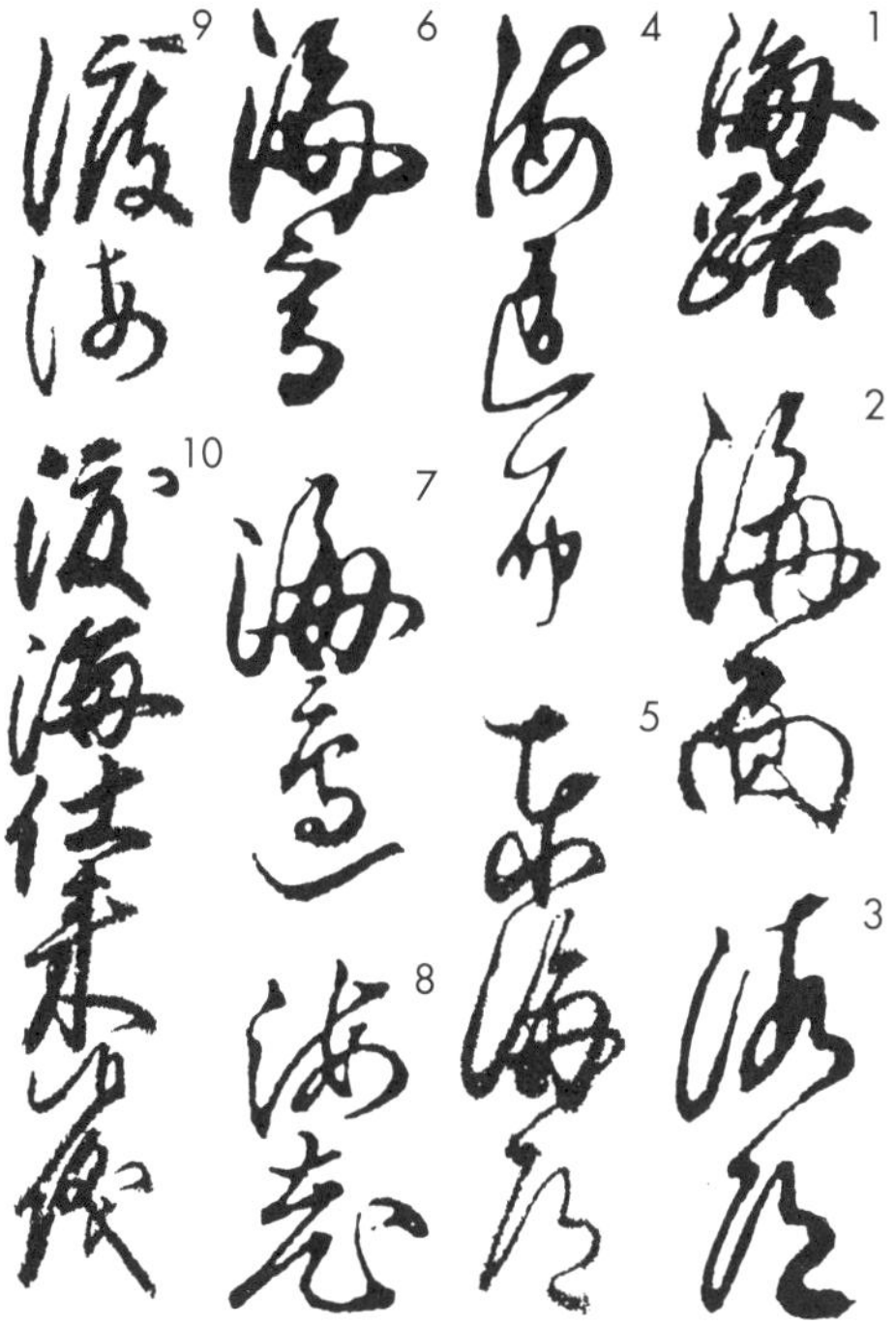

1 海路《かいろ》　2 海面《かいめん》　3 海道《かいどう》　4 海道筋《かいどうすじ》　5 東海道《とうかいどう》　6 海高《うみだか》　7 海邊《うみべ》　8 海老《えび》　9 渡海《とかい》　10 渡海仕来候儀《とかいしきたりそうろうぎ》

486 津

3637

シン
つ

◎旁の「聿」が「半」（48頁）と同じくずしになる単漢字4・5番目を覚えたい。「津出（し）」は年貢の輸送に関わる文書に頻出する。

【用例】

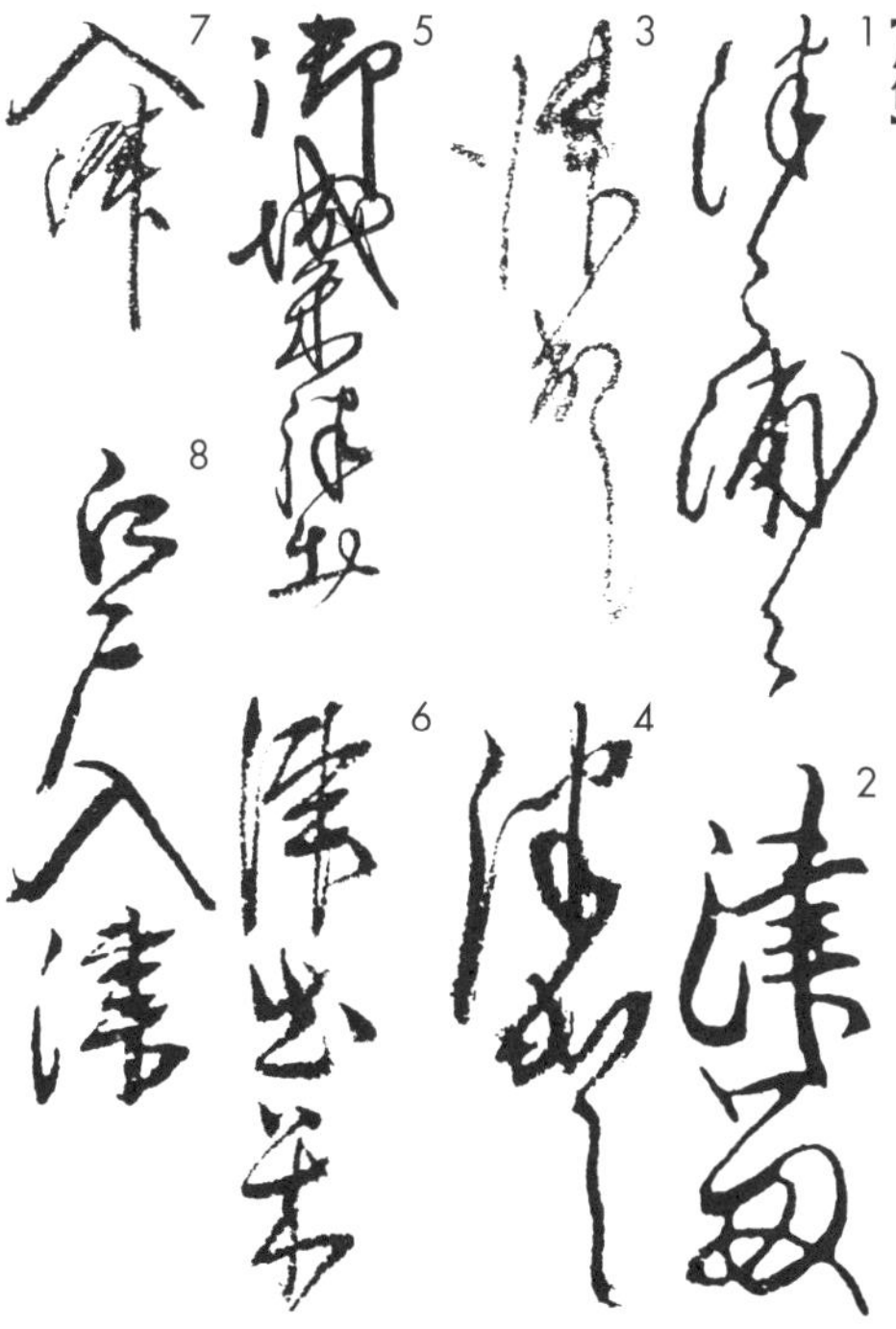

1 津々浦々《つつうらうら》　2 津留《つどめ》　3・4 津出《つだ》し　5 御城米津出《ごじょうまいつだし》　6 津出米《つだしまい》　7 入津《にゅうしん》　8 江戸入津《えどにゅうしん》

487 浅(淺)

3285
6241

セン
あさい

◎ここでは単漢字4・5番目の特殊形を覚えておきたい(「残」や「銭」にも同じくずしがある)。「不レ浅」は書状によく見られる文言。

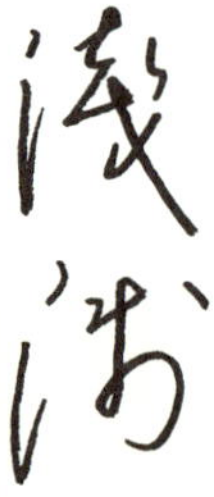

【用例】

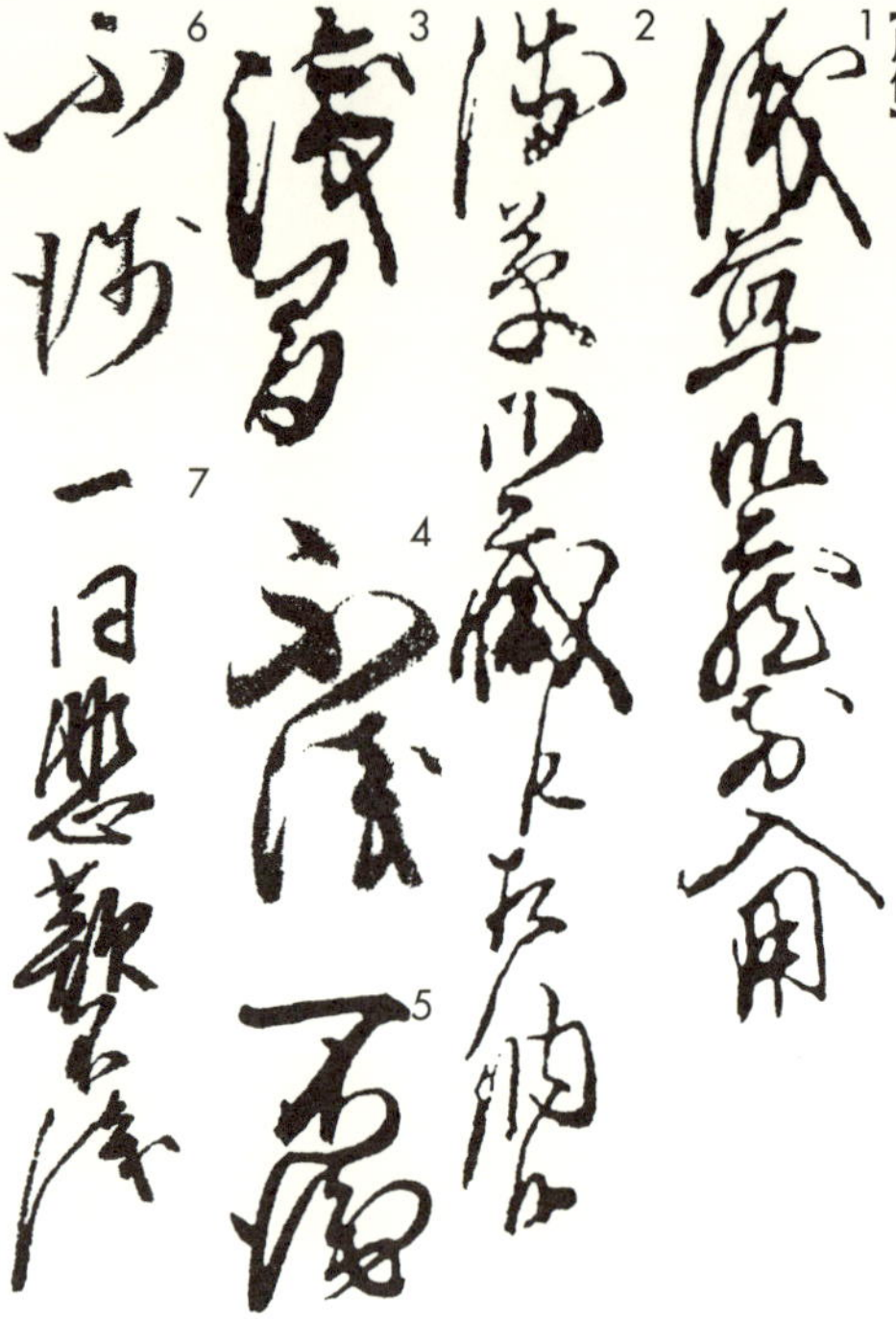

1 浅草《あさくさ》御蔵《おくら》前《まえ》入用《にゅうよう》
2 浅草《あさくさ》御蔵《おくら》江《へ》相納《あいおさめ》候《そうろう》
3 浅間《せんげん》
4～6 不レ浅《あさからず》
7 一同《いちどう》悲歎《ひたん》不レ浅《あさからず》

488 浦

1726

ホ
うら

◎「甫」が運筆まで変化する単漢字3～5番目のくずしをぜひ覚えておきたい。「浦」は海付の村のこと。「浦山敷」は「羨」の宛字。

【用例】

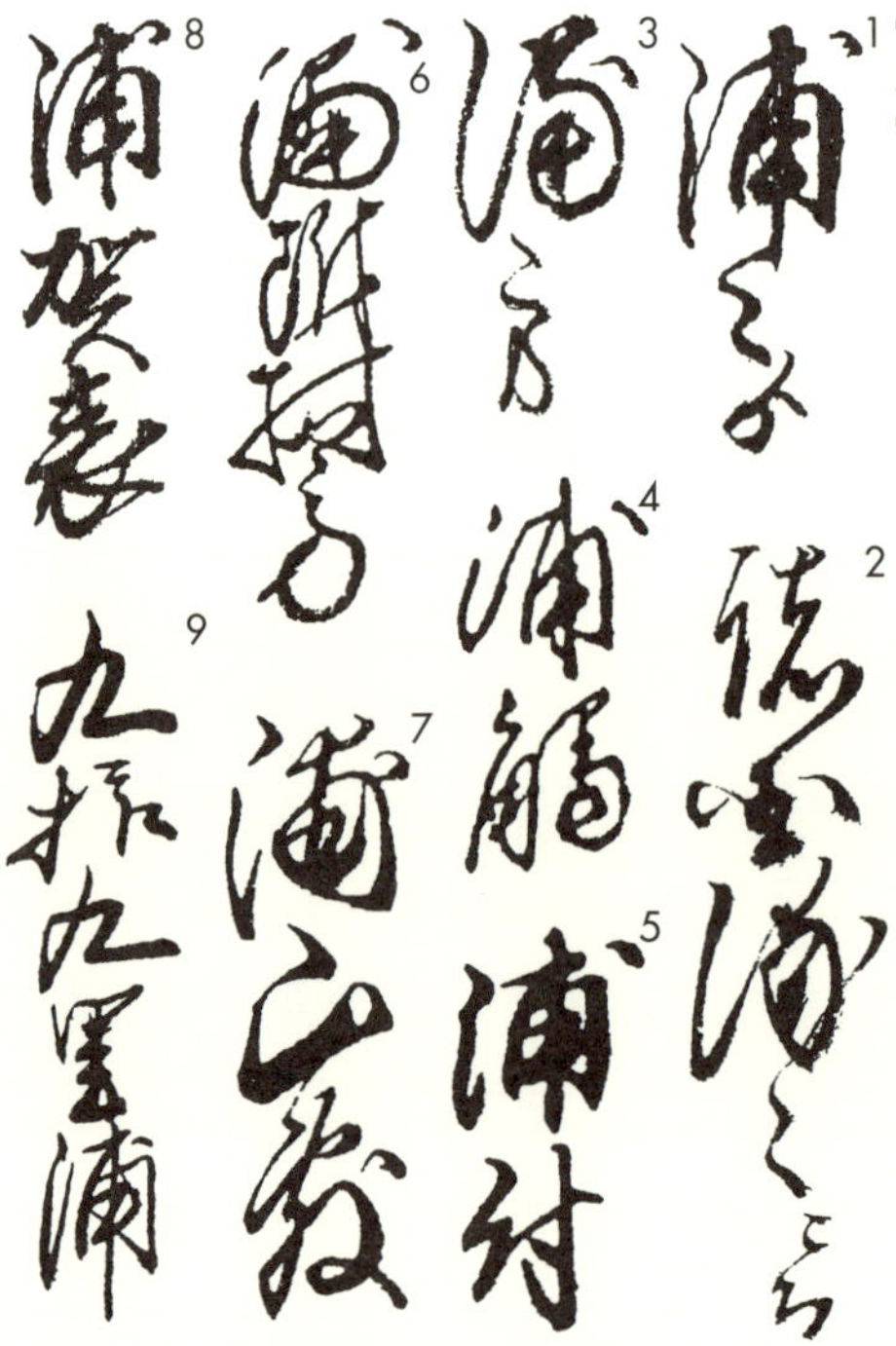

1 浦々ゟ《うらうらより》
2 諸国《しょこく》浦々《うらうら》ニ而《にて》
3 浦方《うらかた》
4 浦觸《うらぶれ》
5 浦付《うらつき》
6 浦附《うらつき》村方《むらかた》
7 浦山敷《うらやましく》
8 浦賀《うらが》表《おもて》
9 九拾九里《くじゅうくり》浦《うら》

489 流

4614

リュウ ル ながれる

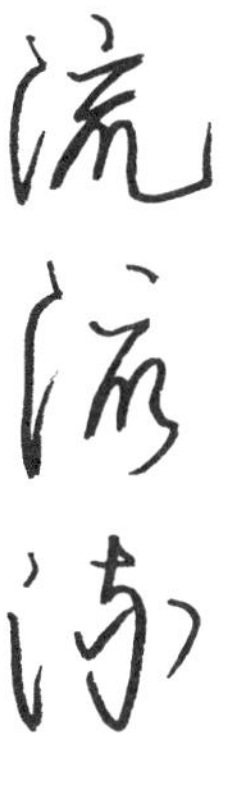

◎仮名の「る」とも読む単漢字5番目の特殊形を覚えたい。「流行」は病気や伝染病が蔓延した際に出される触書などによく見られる。

【用例】

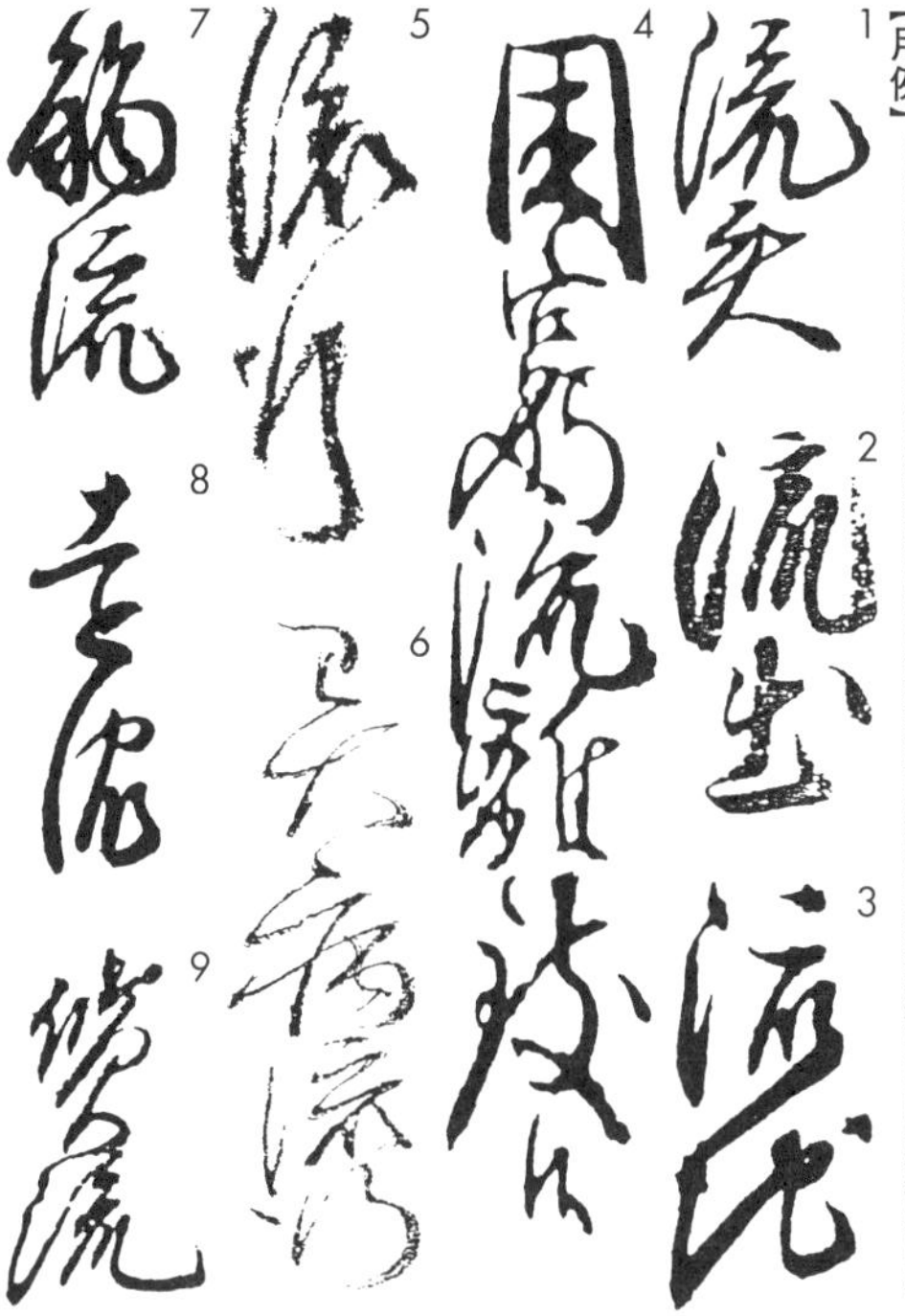

1 流失《りゅうしつ》 2 流出《ながれいで》《りゅうしゅつ》 3 流地《ながれち》《りゅうち》 4 困窮流離致候《こんきゅうりゅうりいたしそうろう》 5 流行《りゅうこう》《はやり》
6 異病流行《いびょうはやり》 7 觸流《ふれながし》 8 遠流《おんる》 9 質流《しちながれ》

490 渋(澁)

2934
6307

ジュウ しぶ しぶい

◎「難」との熟語で「難渋」が頻出し、なかでも用例7・8が重要である。多少くずされても「難」が判読できれば「渋」が出てくるだろう。

【用例】

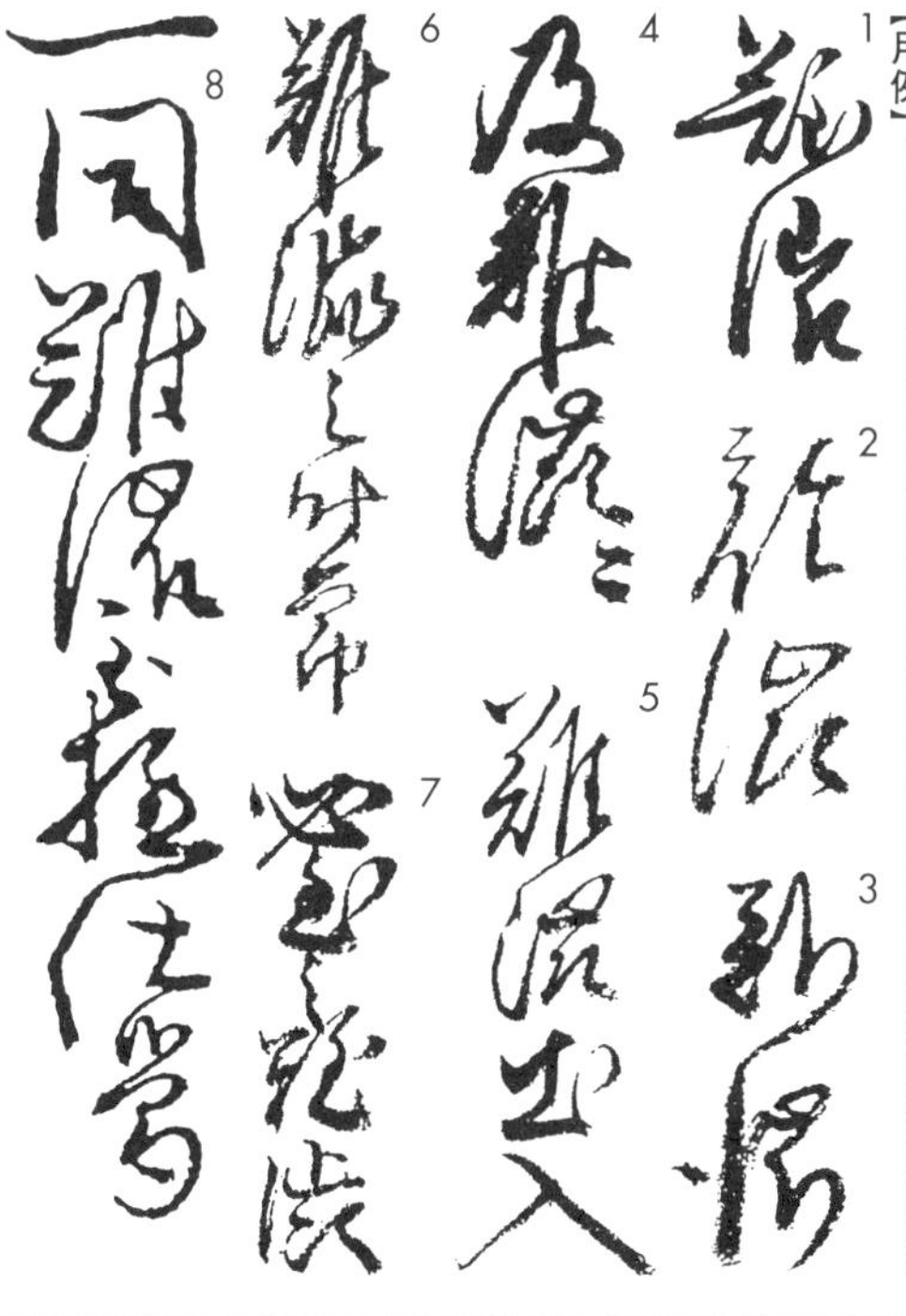

1〜3 難渋《なんじゅう》 4 及二難渋一《なんじゅうにおよび》 5 難渋出入《なんじゅうでいり》 6 難澁之時節《なんじゅうのじせつ》
7 必至与難渋《ひっしとなんじゅう》 8 一同難渋至極仕候間《いちどうなんじゅうしごくつかまつりそうろうあいだ》

491 深

3128

シン ふかい

◎単漢字2・4番目が基本形だが、特殊な形なので覚えてしまうしかない。「深切」は「親切」と同義だが、後者は古文書には見られない。

【用例】

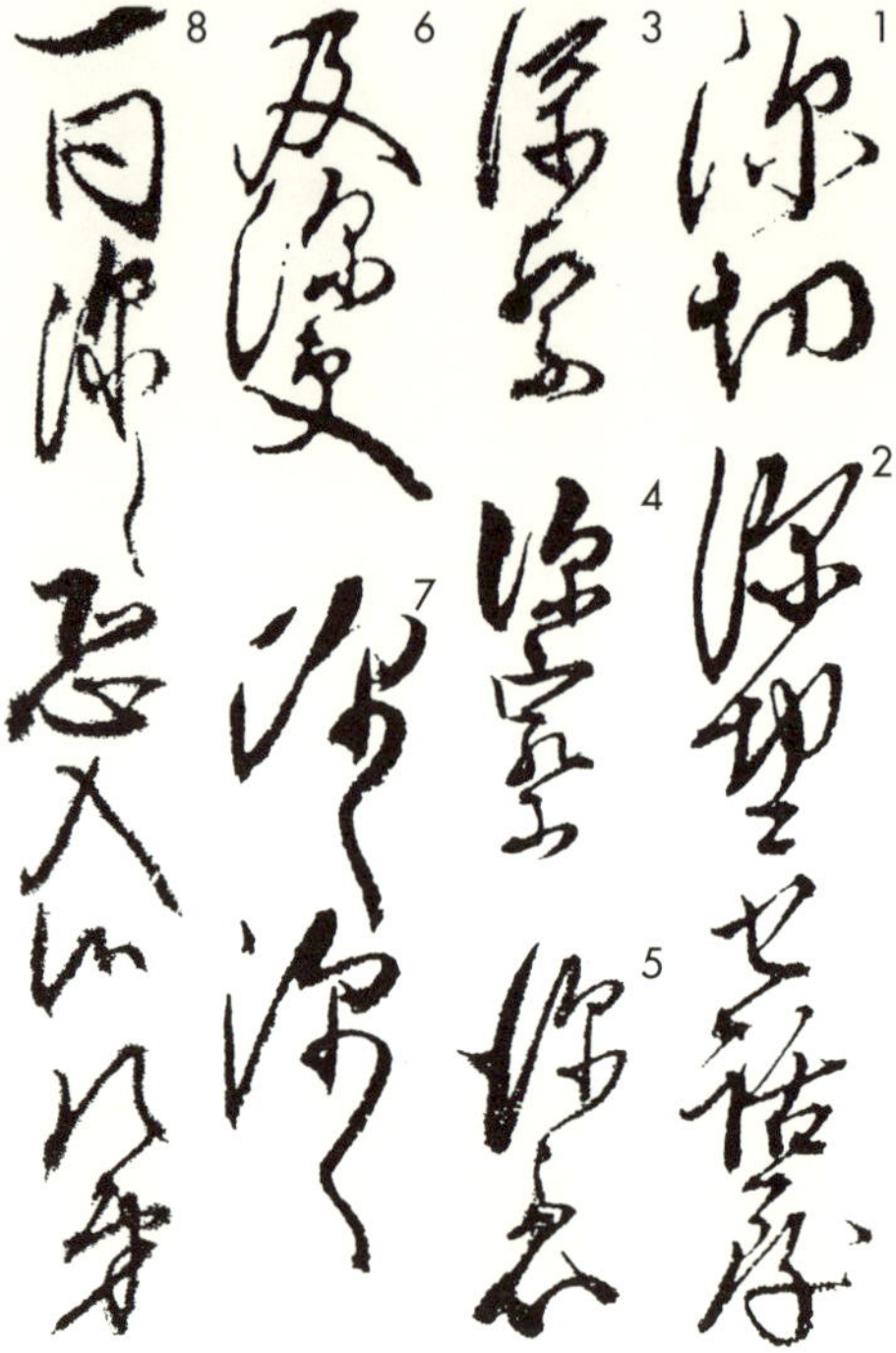

1 深切《しんせつ》 2 深切《しんせつ》二《に》世《せ》話致《わいたし》 3・4 深察《しんさつ》 5 深慮《しんりょ》 6 及二深更一《しんこうにおよび》

7 深《ふか》く深《ふか》く 8 一同《いちどう》深《ふか》く恐入候次第《おそれいりそうろうしだい》

492 添

3726

テン そえる そう

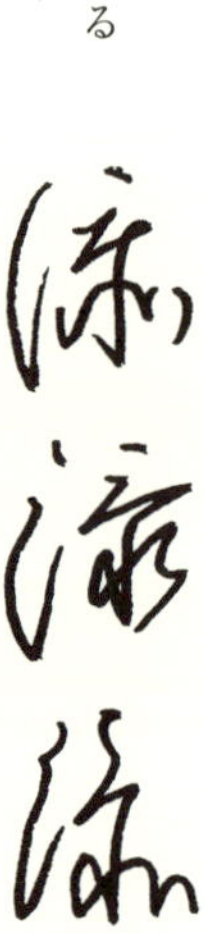

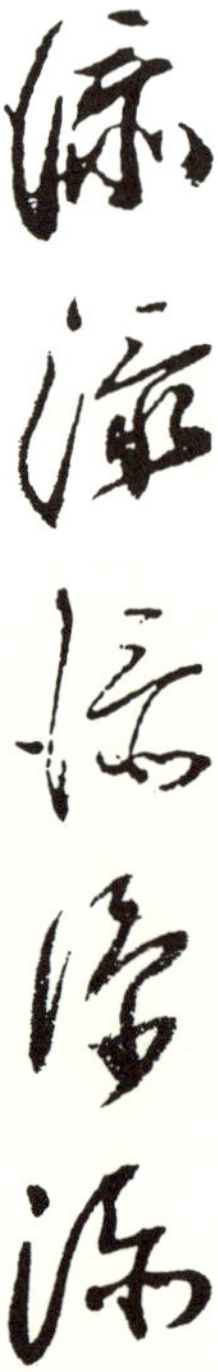

◎旁の「𠀋」は「三」のように記されることが多く、単漢字2・3番目が基本形となる。「添書」「差添」「相添」がよく見られる文言。

【用例】

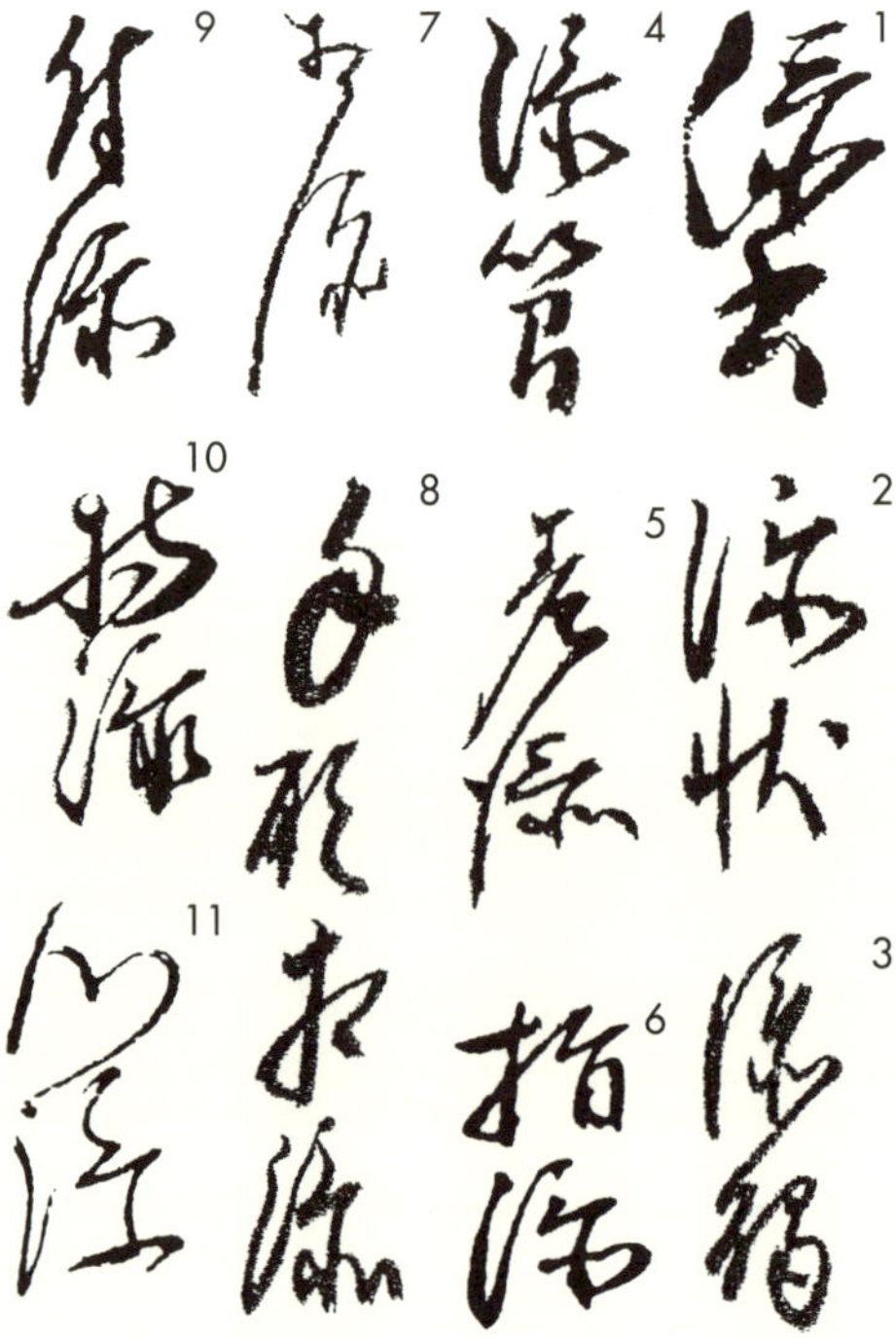

1 添書《そえがき》 2 添状《そえじょう》 3 添觸《そえぶれ》 4 添簡《そえかん》 5 差添《さしそえ》 6 指添《さしそえ》 7 相添《あいそえ》

8 手形相添《てがたあいそえ》 9 付添《つきそい》 10 持添《もちぞえ》 11 心添《こころぞえ》

493

満(滿)

4394
6264
マン
みちる

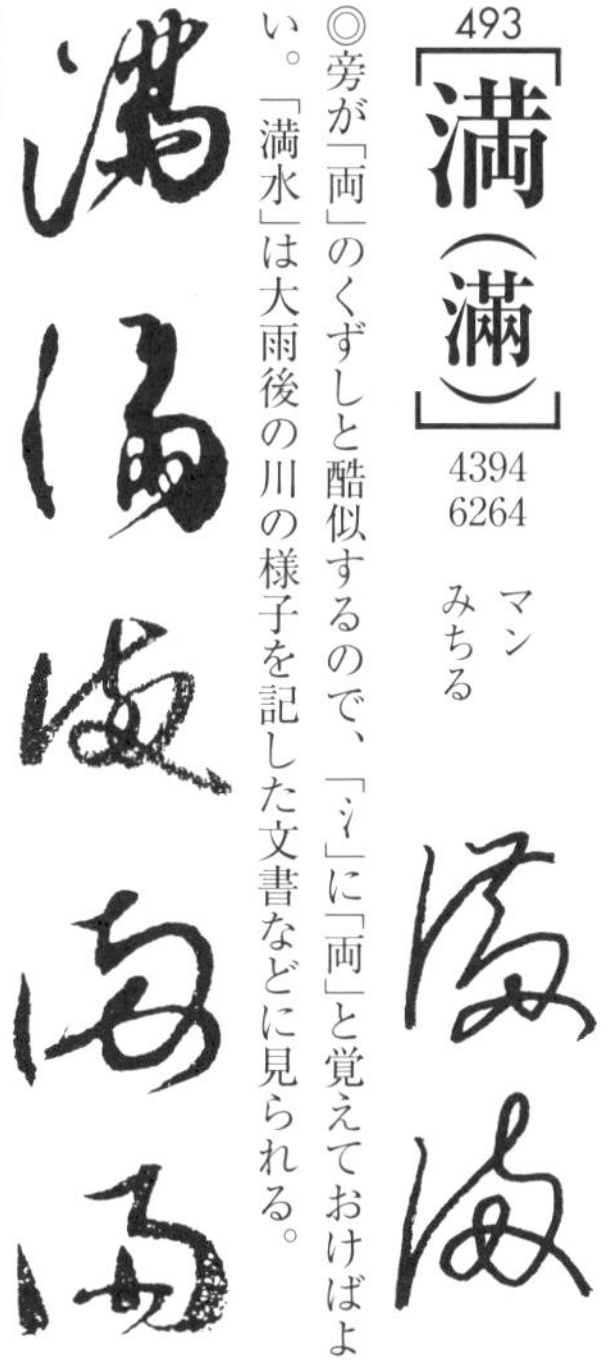

◎旁が「両」のくずしと酷似するので、「氵」に「両」と覚えておけばよい。「満水」は大雨後の川の様子を記した文書などに見られる。

【用例】

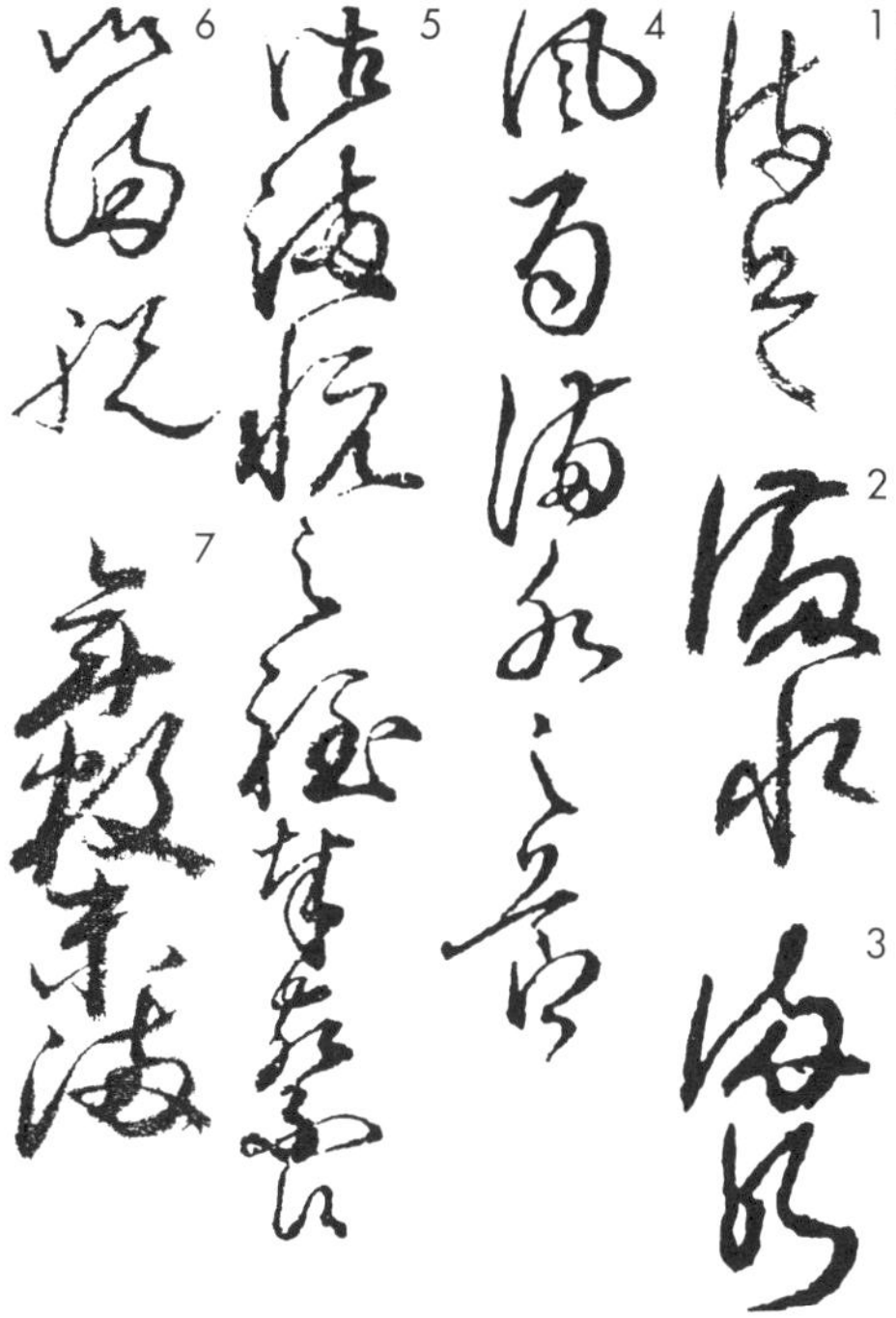

1 満足《まんぞく》 2・3 満水《まんすい》 4 風雨満水之節《ふううまんすいのせつ》 5 御満悦之程奉レ察候《ごまんえつのほどさっしたてまつりそうろう》 6 御満悦《ごまんえつ》 7 年数未満《ねんすうみまん》

494

滞(滯)

3458
6292
タイ
とどこおる

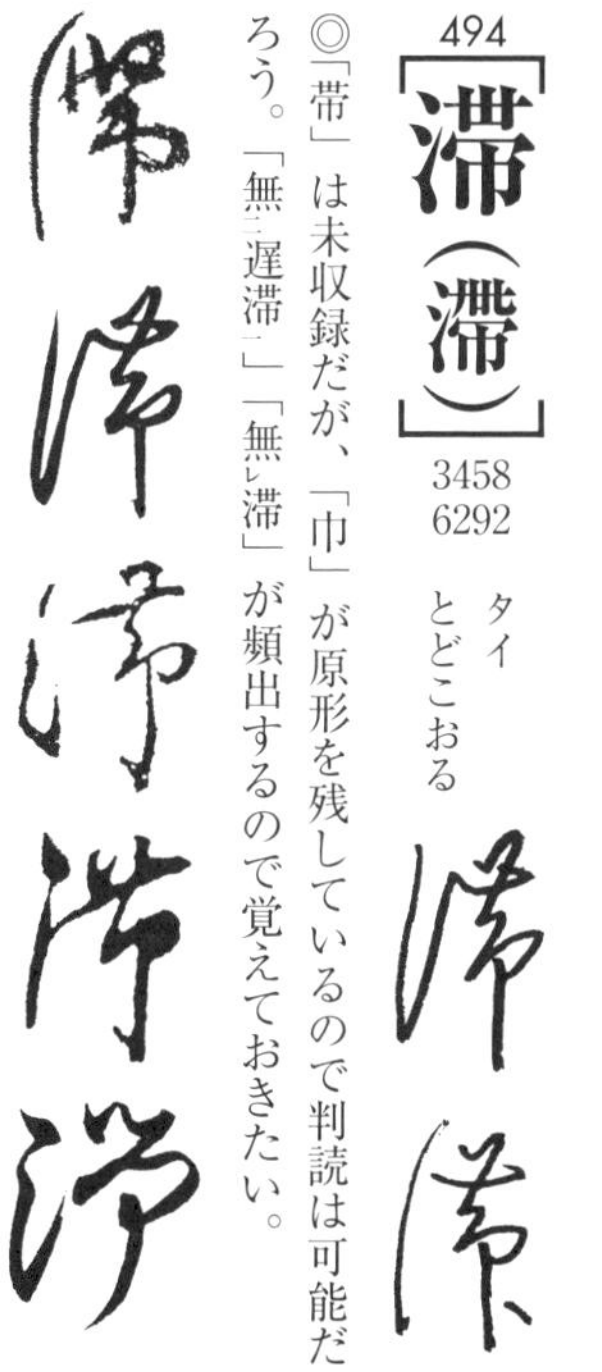

◎「帯」は未収録だが、「巾」が原形を残しているので判読は可能だろう。「無二遅滞一」「無レ滞」が頻出するので覚えておきたい。

【用例】

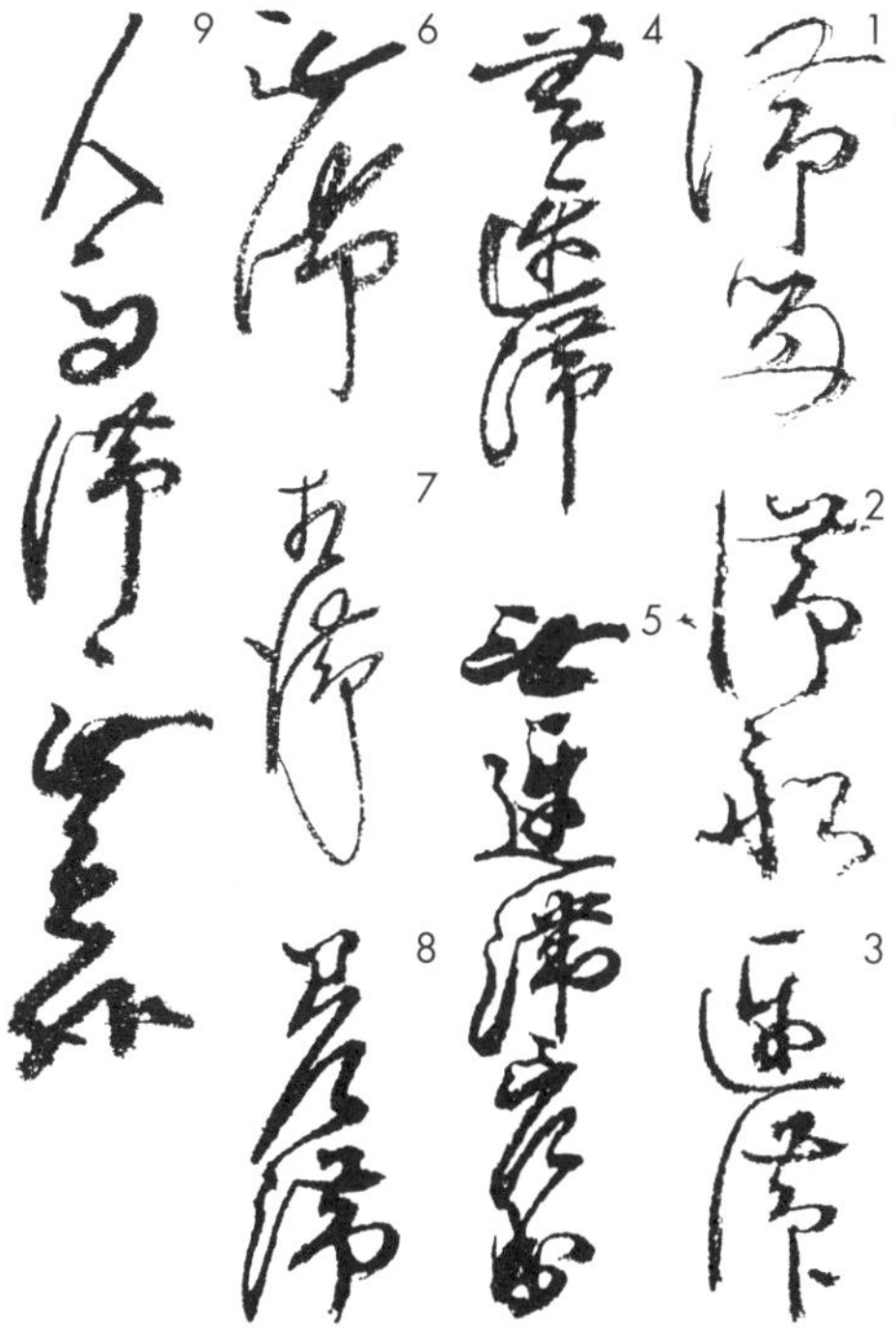

1 滞留《たいりゅう》 2 滞船《たいせん》 3 遅滞《ちたい》 4 無二遅滞一《ちたいなく》 5 無二遅滞差出一《ちたいなくさしだし》 6 無レ滞《とどこおりなく》 7 相滞《あいとどこおり》 8 差滞《さしとどこおり》 9 人馬滞無レ之様《じんばとどこおりこれなきよう》

495 漸

3318

ゼン
ようやく

◎「暫」（141頁）のように「車」（238頁以降）が特殊なくずしにはならず、「斤」（131頁）も基本形でくずされる。ここでは「漸々」を覚えたい。

【用例】

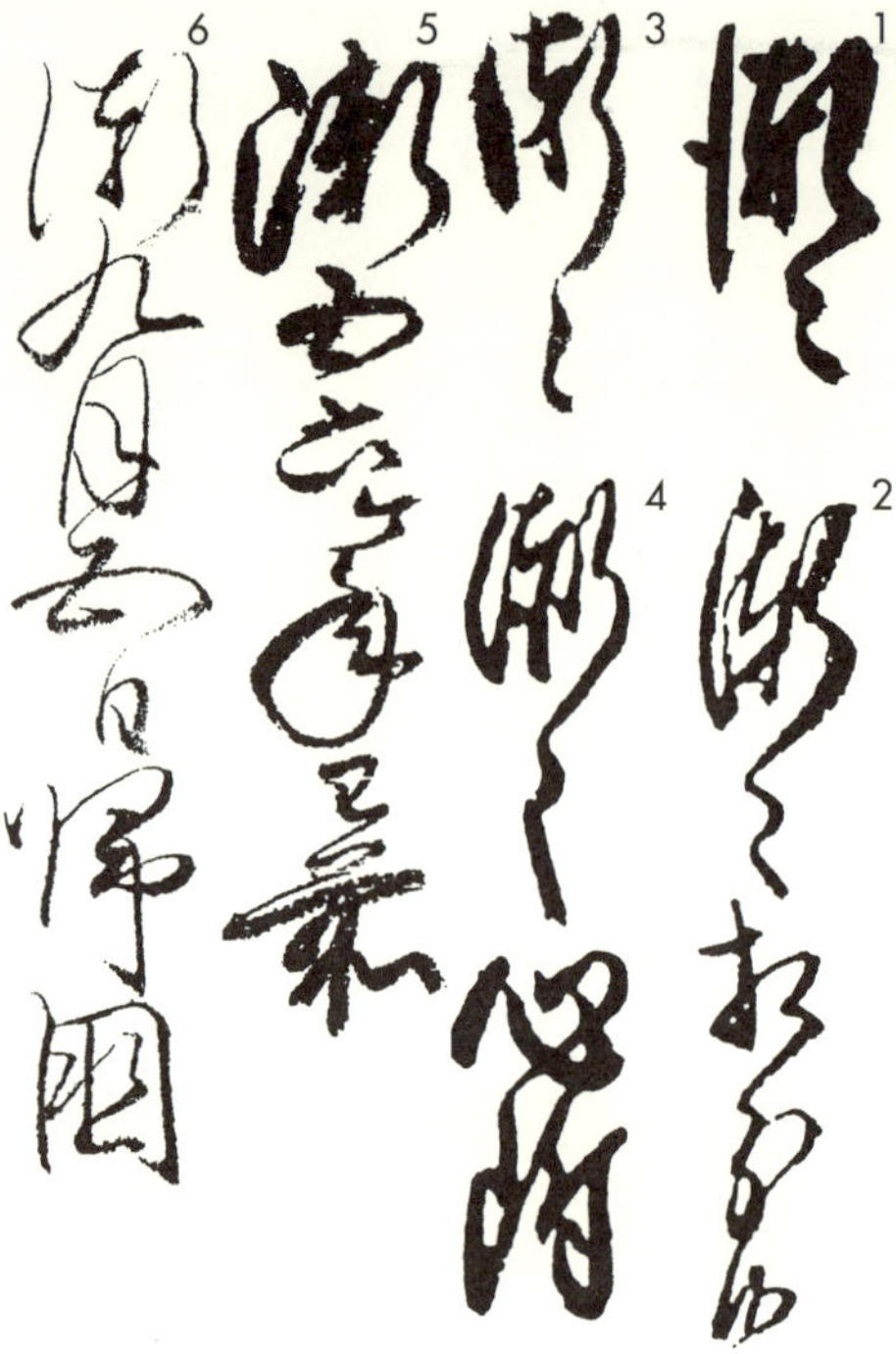

1 漸々《ようよう》 2 漸々《ようよう》相分候《あいわかりそうろう》 3 漸々《ようよう》 4 漸々《ようよう》心附《こころづけ》
5 漸《ようやく》五六ケ年《ごろくかねん》已前《いぜん》 6 漸《ようやく》九月五日《くがついつか》帰國《きこく》

496 潰

3657

カイ
ついえる
つぶれる

◎単漢字1・3番目が基本形だが、「貴」が判読できるかどうかがポイント。用例5・7・8の「潰」の言い回しを覚えたい。「潰地」が頻出。

【用例】

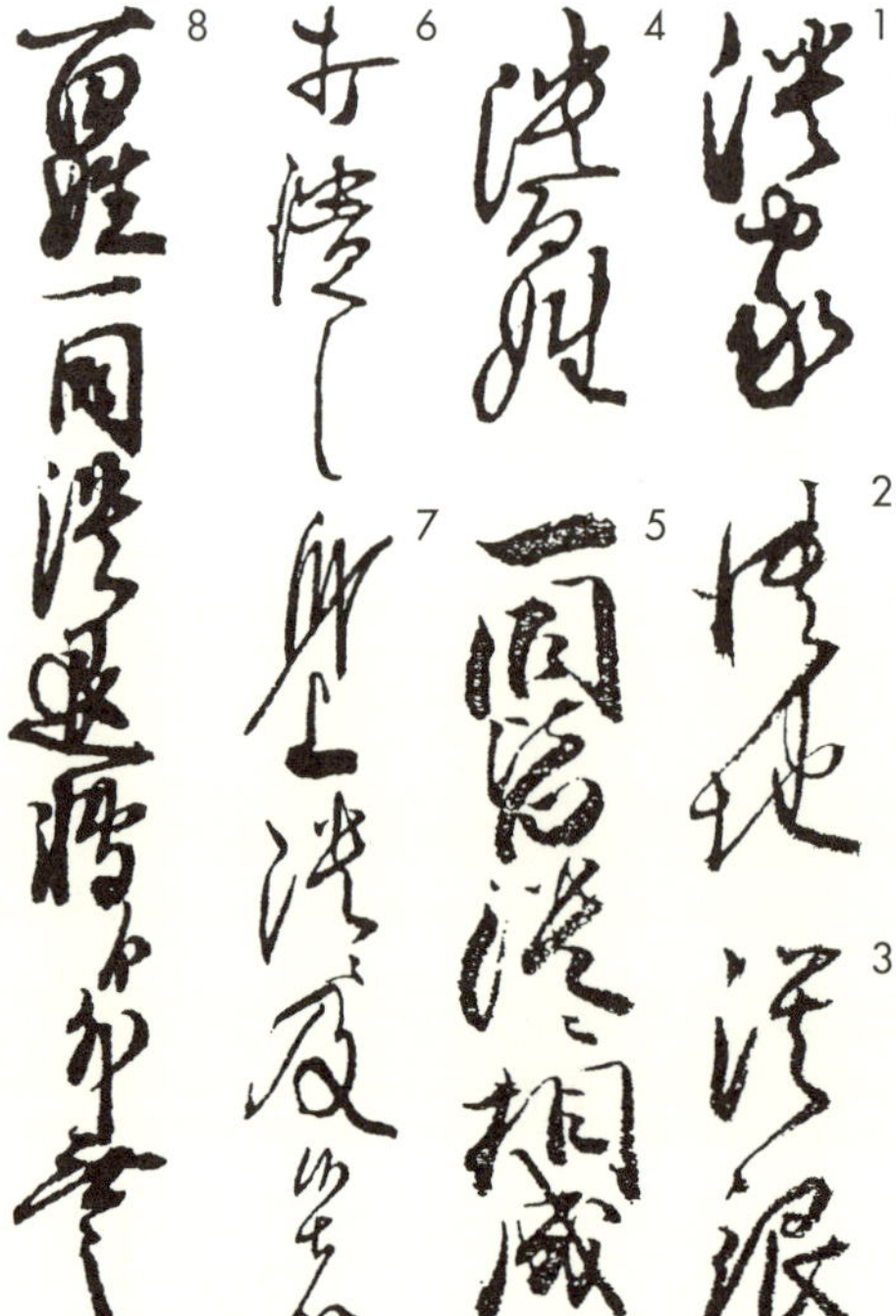

1 潰家《つぶれや》 2 潰地《つぶれち》 3 潰銀《つぶれぎん》 4 潰《つぶれ》百姓《びゃくしょう》 5 一同《いちどう》皆《みな》潰《つぶれ》ニ相成《あいなり》
6 打潰《うちつぶ》し 7 身上《しんしょう》潰《つぶれ》ニ及《および》候者《そうろうもの》 8 百姓《ひゃくしょう》一同《いちどう》潰《つぶれ》退転《たいてん》ゟ《より》外無レ之《ほかこれなく》

497 炮

6360

ホウ

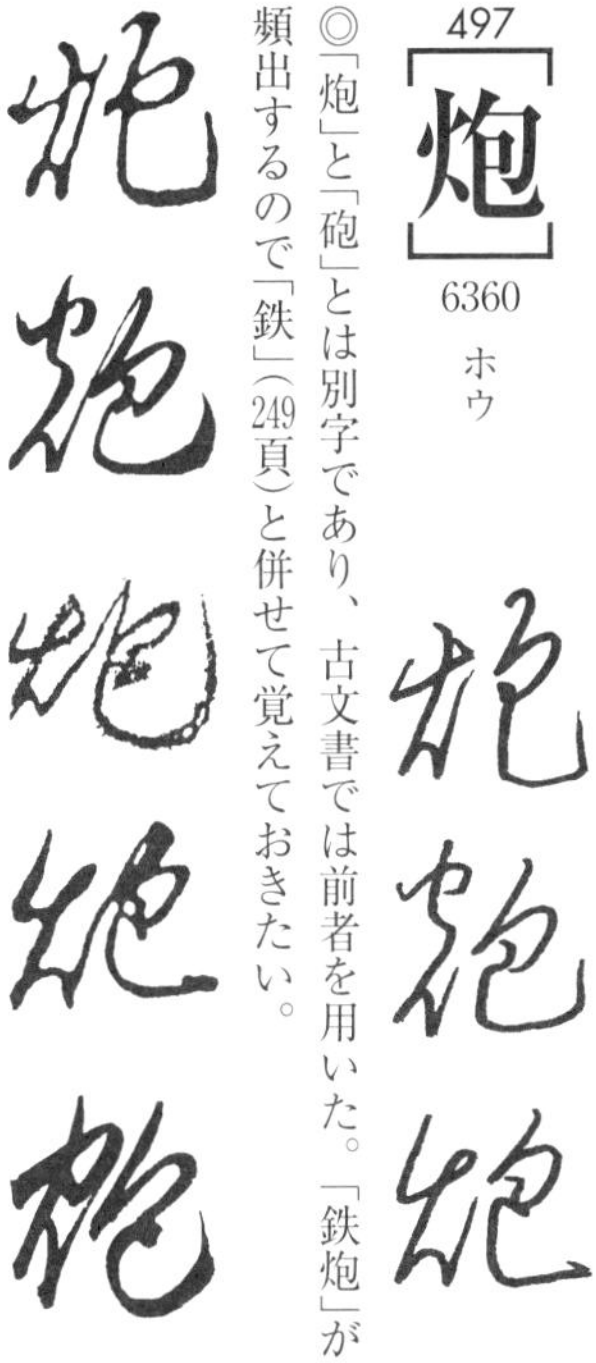

◎「炮」と「砲」とは別字であり、古文書では前者を用いた。「鉄炮」が頻出するので「鉄」(249頁)と併せて覚えておきたい。

【用例】

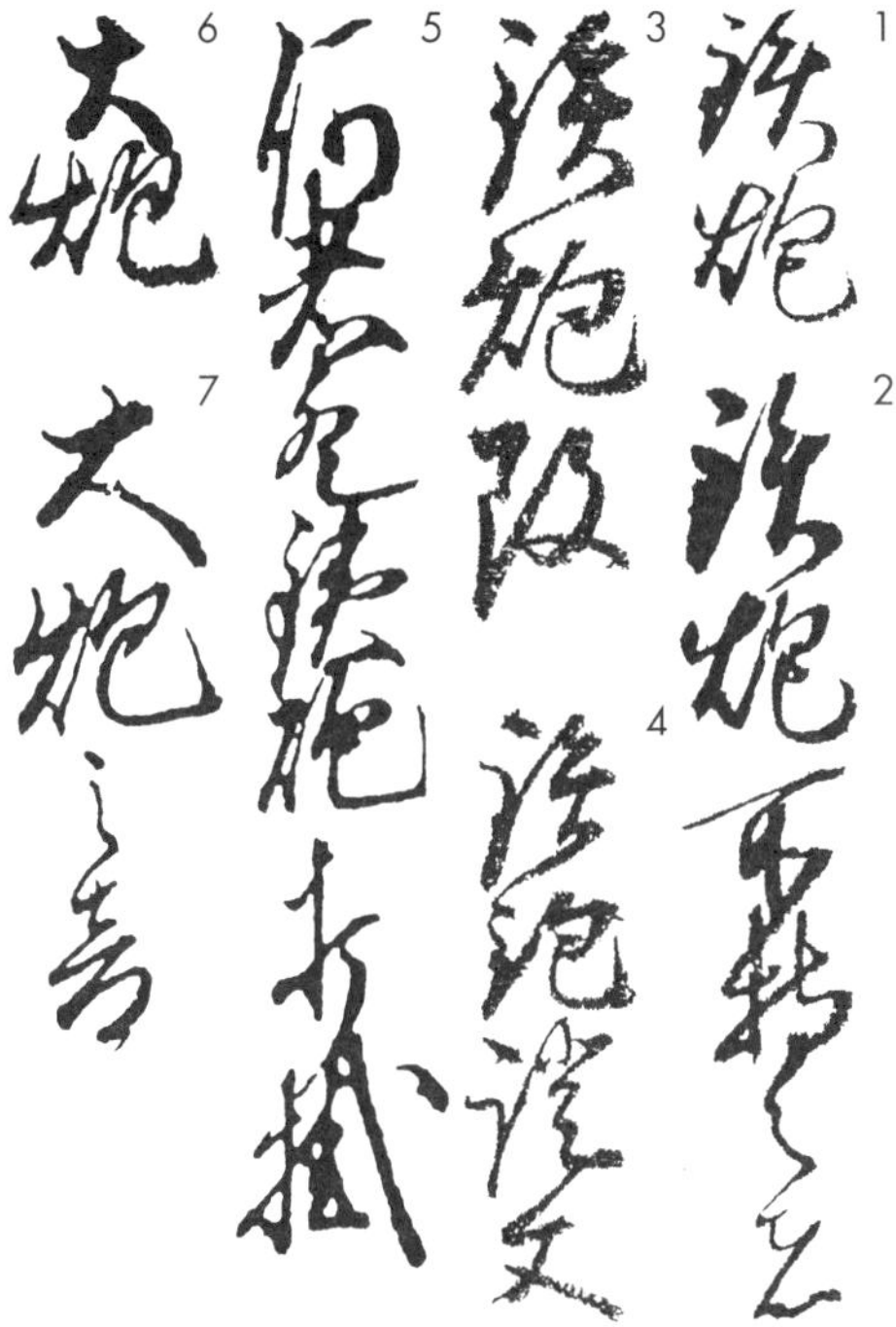

1 鉄炮《てっぽう》　2 鉄炮所持《てっぽうしょじ》之者《のもの》　3 鉄炮改《てっぽうあらため》　4 鉄鉋證文《てっぽうしょうもん》(※「炮」の誤記)　5 何者《なにもの》歟《か》鉄炮打掛《てっぽううちかけ》　6 大炮《たいほう》　7 大炮《たいほう》之《の》音《おと》

498 焼(燒)

3038
6386

ショウ
やく

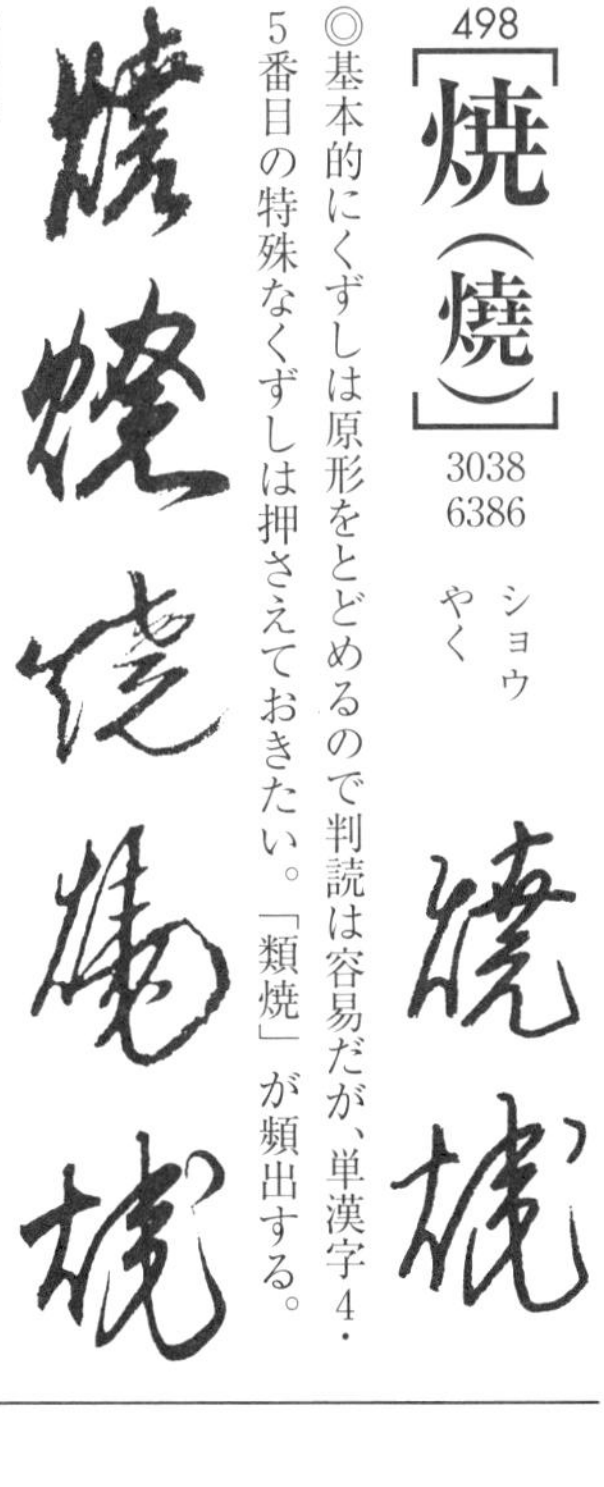

◎基本的にくずしは原形をとどめるので判読は容易だが、単漢字4・5番目の特殊なくずしは押さえておきたい。「類焼」が頻出する。

【用例】

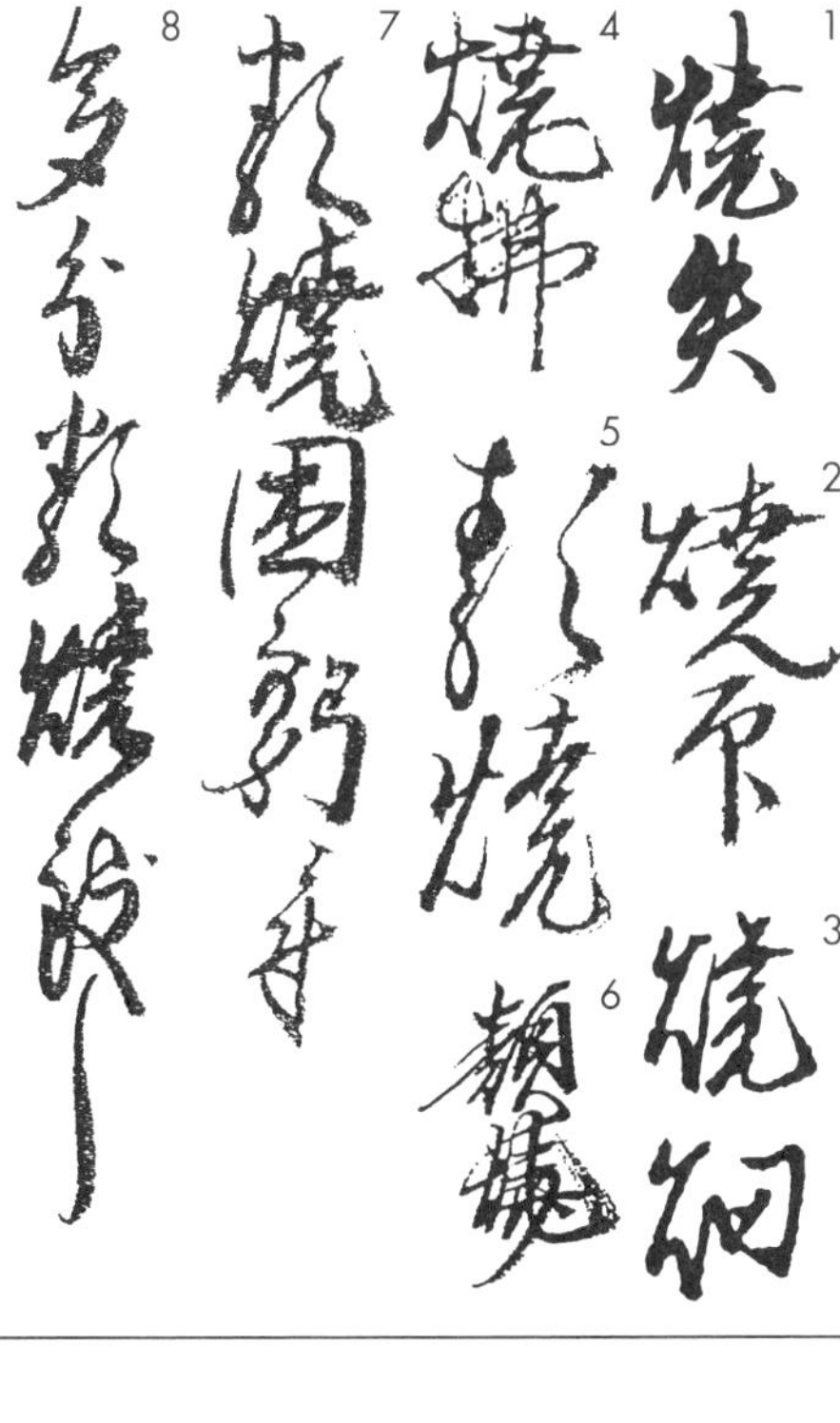

1 焼失《しょうしつ》　2 焼印《やきいん》　3 焼畑《やきはた》　4 焼拂《やきはらい》　5・6 類焼《るいしょう》　7 類焼《るいしょう》困窮《こんきゅう》二付《につき》　8 多分《たぶんに》類焼《るいしょう》致《いた》し

499 煩 4049

ハン
ボン
わずらう

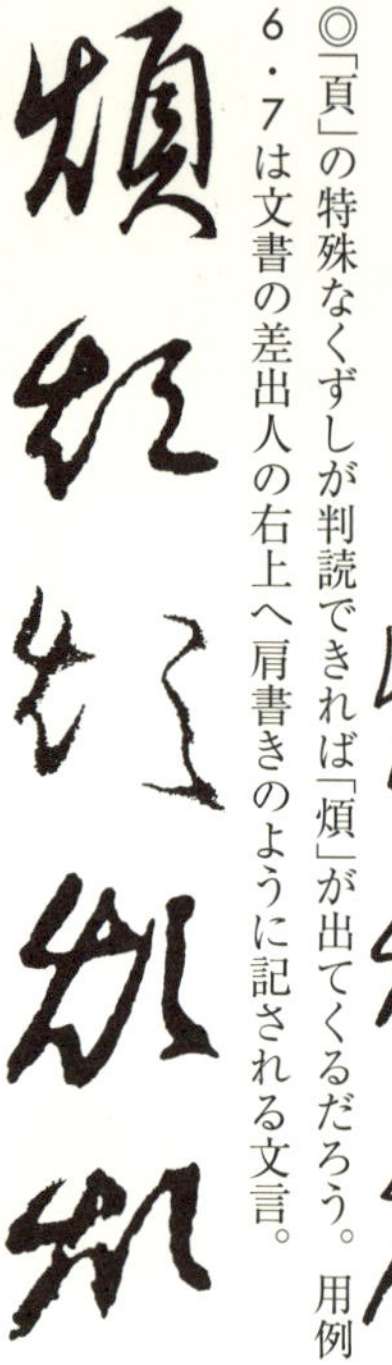

◎「頁」の特殊なくずしが判読できれば「煩」が出てくるだろう。用例6・7は文書の差出人の右上へ肩書きのように記される文言。

【用例】

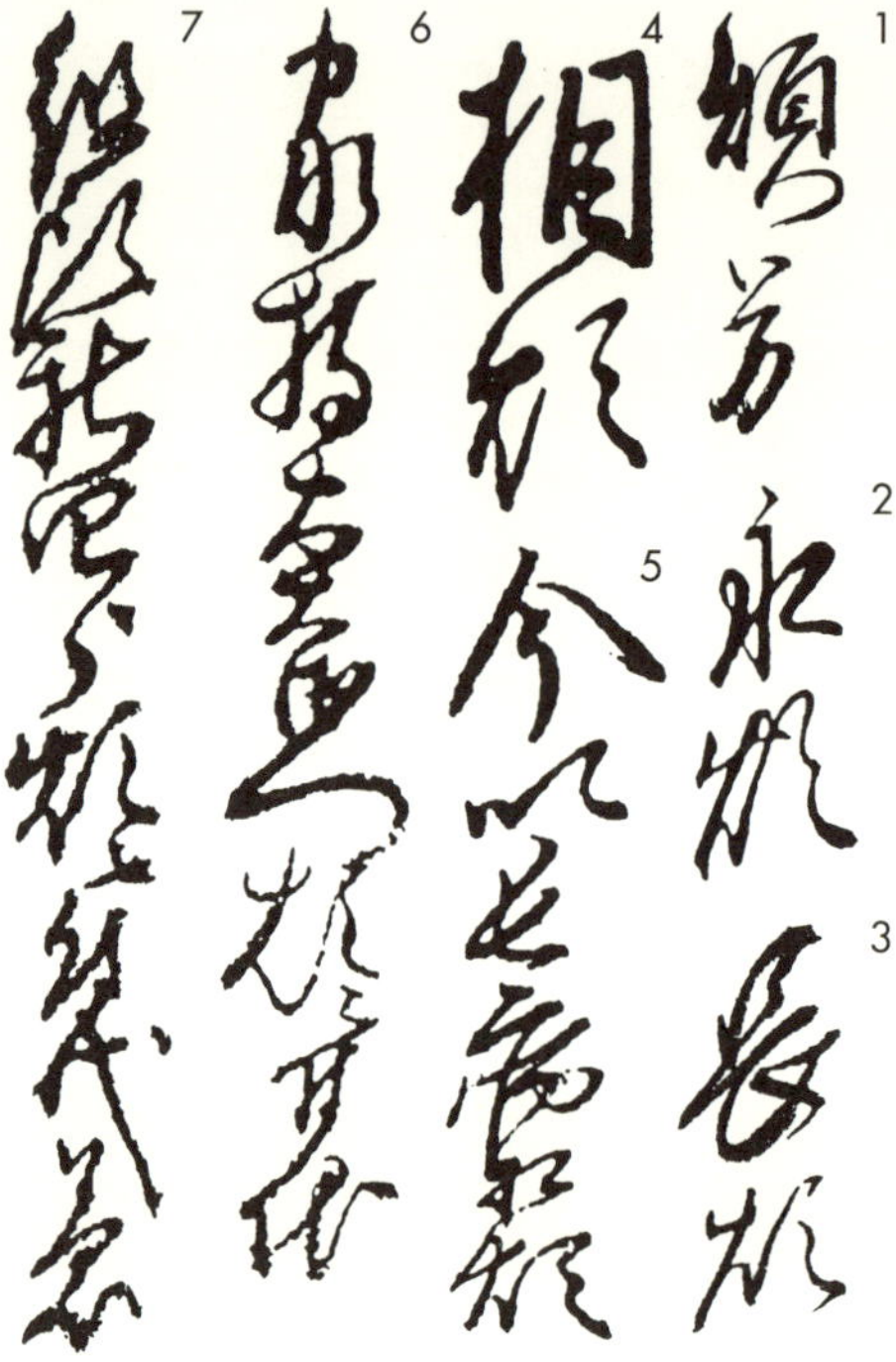

1 煩労《はんろう》 2 永煩《ながわずらい》 3 長煩《ながわずらい》 4 相煩《あいわずらい》 5 今以《いまもって》長病《ちょうびょう》相煩《あいわずらい》

6 家持《いえもち》太右衛門《たえもん》煩ニ付代《わずらいにつきだい》 7 組頭《くみがしら》新四郎《しんしろう》煩ニ付代兼《わずらいにつきだいけん》

500 熟 2947

ジュク
うれる
つらつら

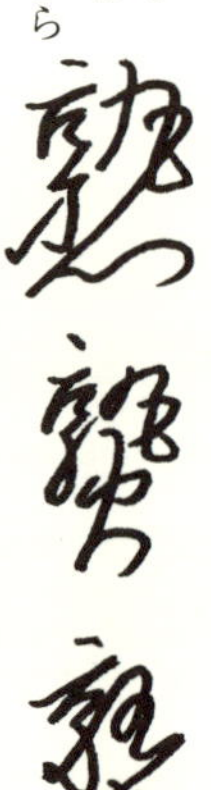
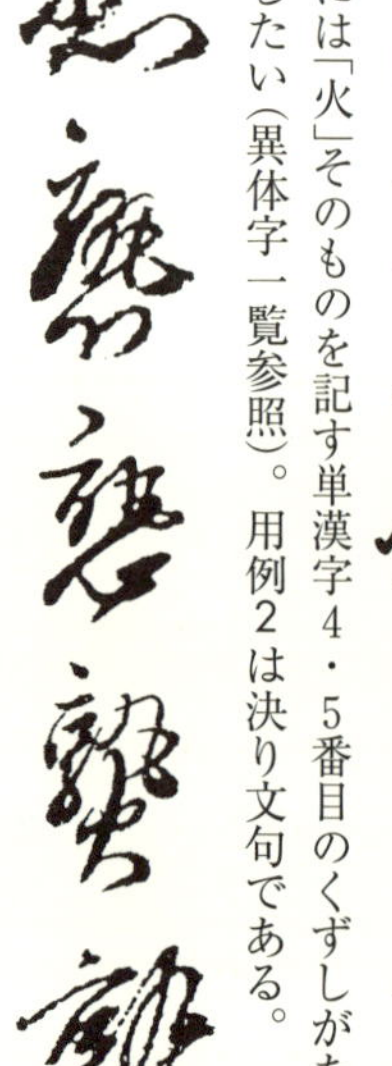

◎「灬」には「火」そのものを記す単漢字4・5番目のくずしがある点に注意したい（異体字一覧参照）。用例2は決り文句である。

【用例】

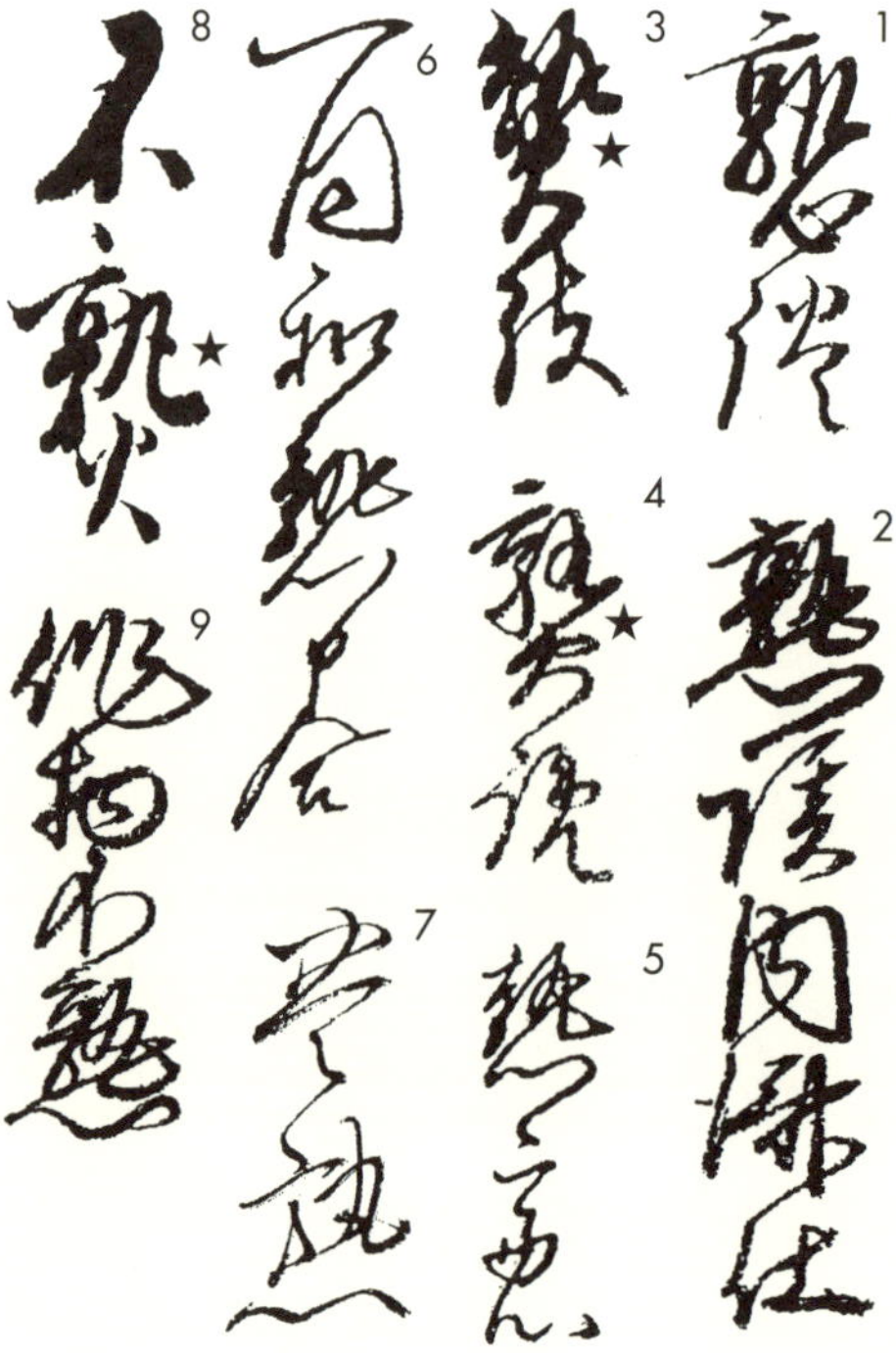

1 熟談《じゅくだん》 2 熟談《じゅくだん》内済《ないさい》仕《つかまつり》 3 熟談《じゅくだん》 4 熟覧《じゅくらん》 5 熟慮《じゅくりょ》

6 一同《いちどう》和熟《わじゅく》申合《もうしあわせ》 7 豊熟《ほうじゅく》 8 不熟《ふじゅく》 9 作物《さくもつ》不熟《ふじゅく》

501
【物】
4210
モツ
ブツ
もの

◎偏が「牛」ではなく「扌」で記される単漢字3・5番目が基本形なので覚えておきたい。用例は豊富で「物入」「物成」「小物成」が頻出。

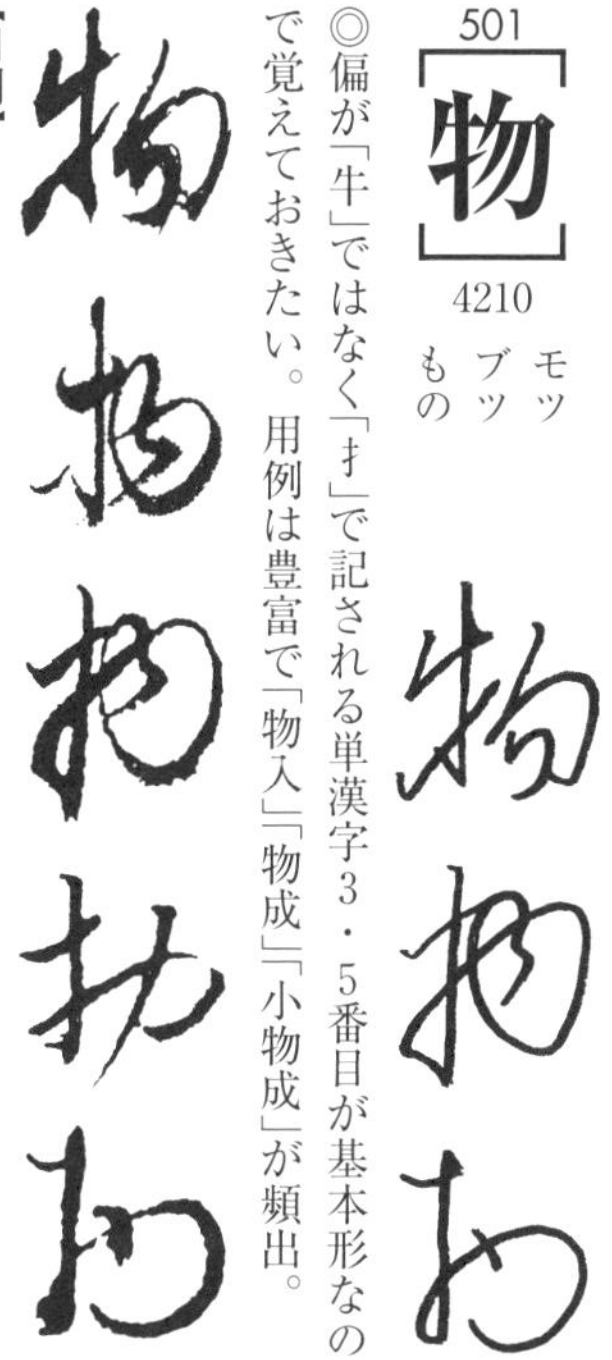

【用例】

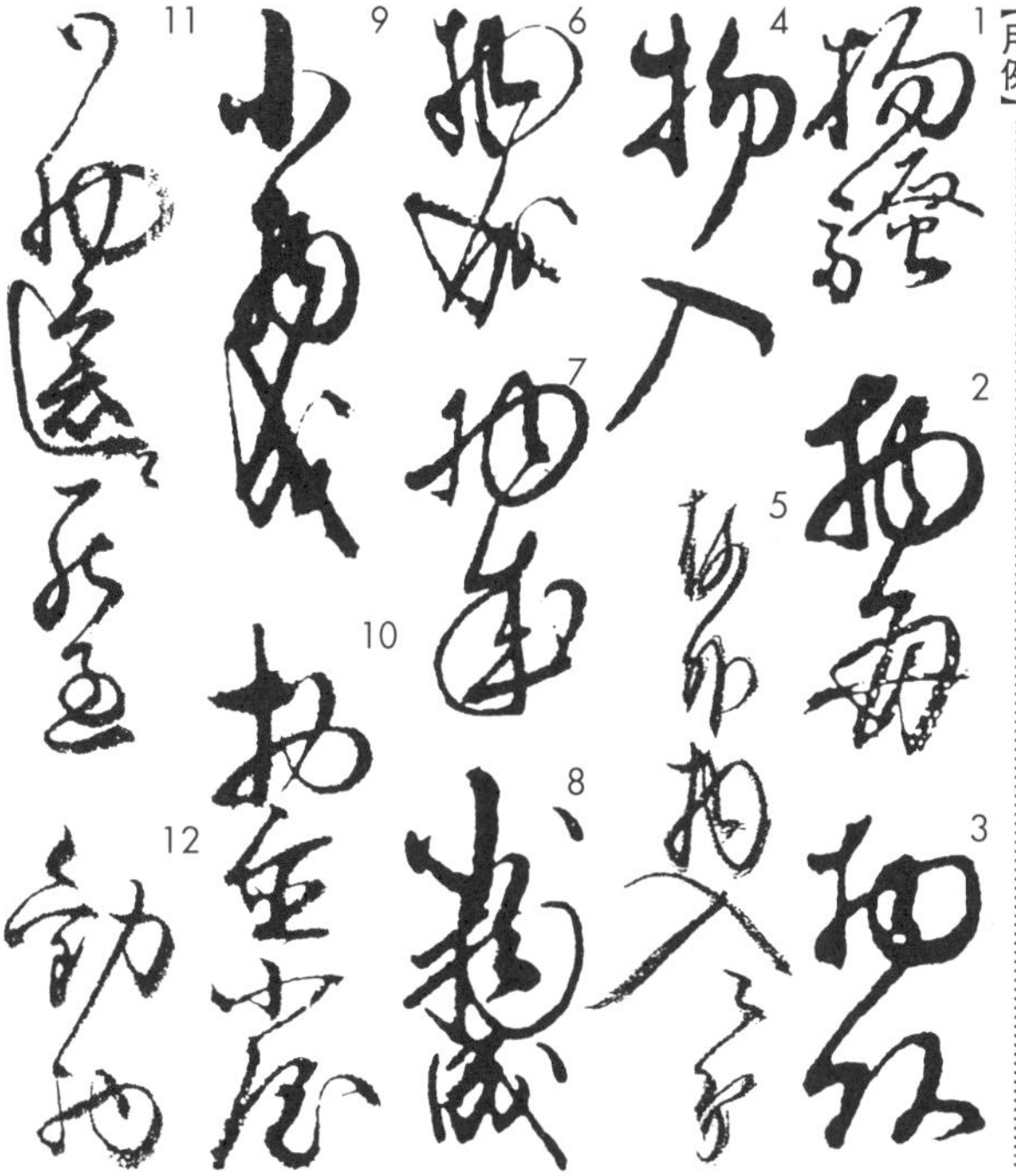

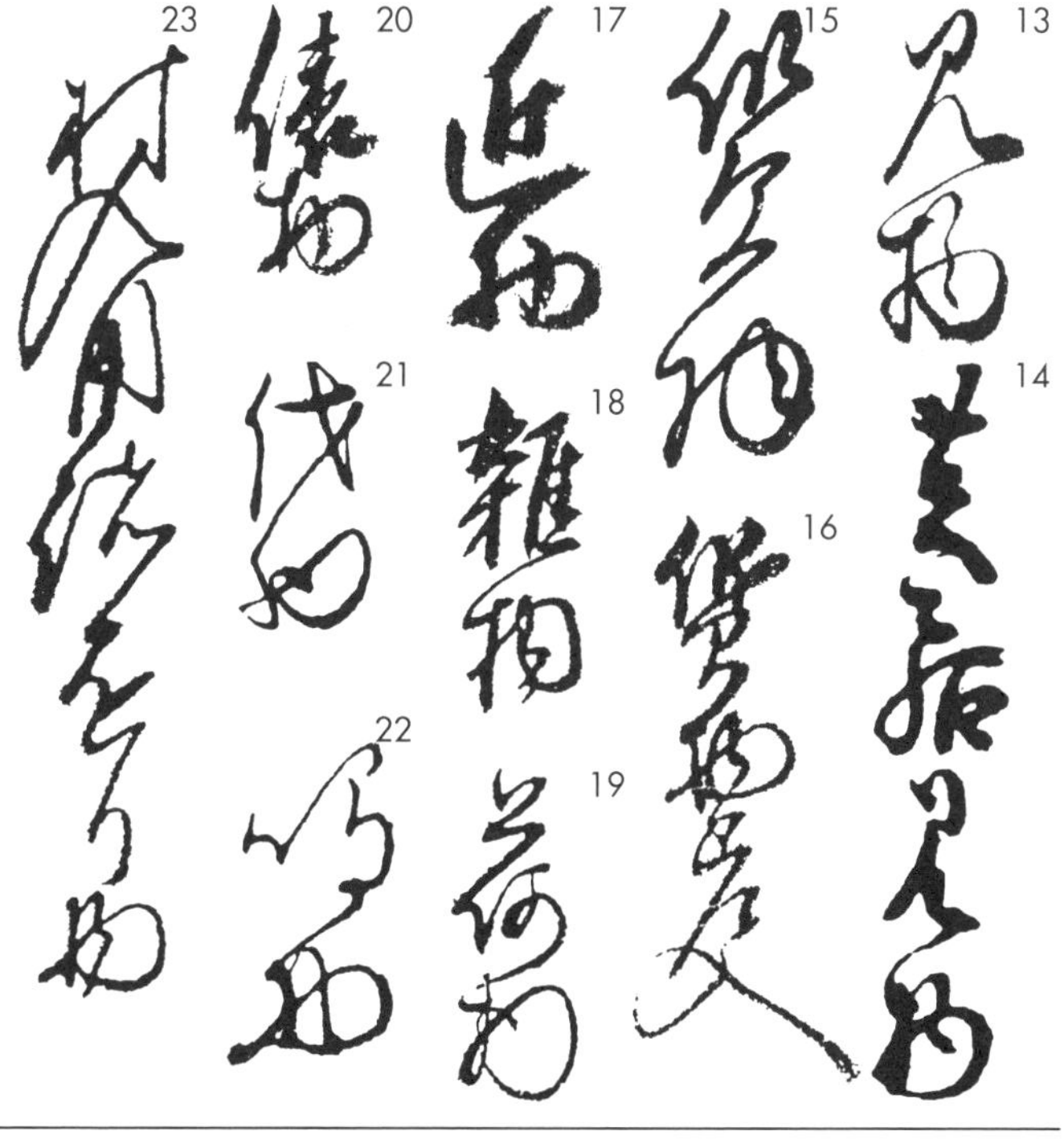

1 物騒《ものさわがし》《ぶっそう》
2 物毎《ものごと》
3 物頭《ものがしら》
4 物入《ものいり》
5 存外物入《ぞんがいものいり》ニ而《にて》
6・7 物成《ものなり》
8・9 小物成《こものなり》
10 物置小屋《ものおきごや》
11 御物遠《おものどお》ニ《に》罷過《まかりすごし》
12 勧物《かんぶつ》
13 見物《けんぶつ》
14 芝居見物《しばいけんぶつ》
15 質物《しちもつ》
16 質物差入《しちもつさしいれ》
17 進物《しんもつ》
18 雑物《ぞうもつ》
19 荷物《にもつ》
20 俵物《たわらもの》
21 代物《しろもの》
22 鳴物《なりもの》
23 村入用諸懸《むらにゅうようしょかか》り物《もの》

502 猶

4517

ユウ なお

◎旁は「首」（未収録）のくずしと酷似し、単漢字2・3番目が基本形。用例2～6は83頁「尚」と書換え可能。用例7は書状特有の言い回し。

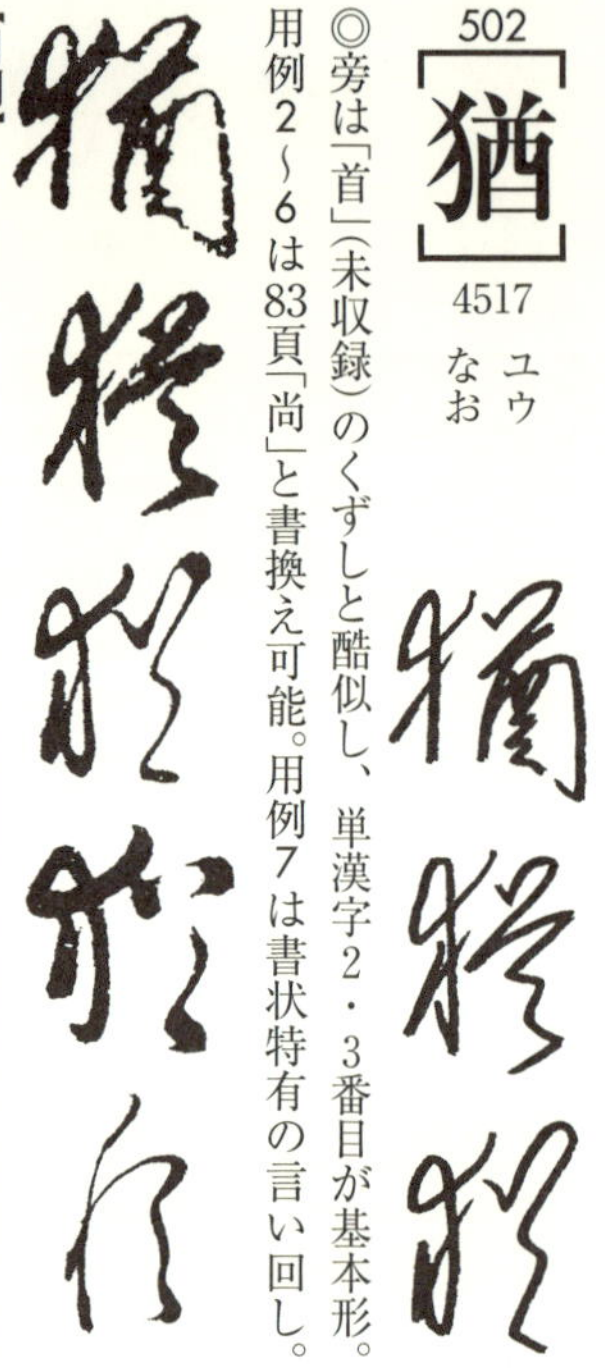

【用例】

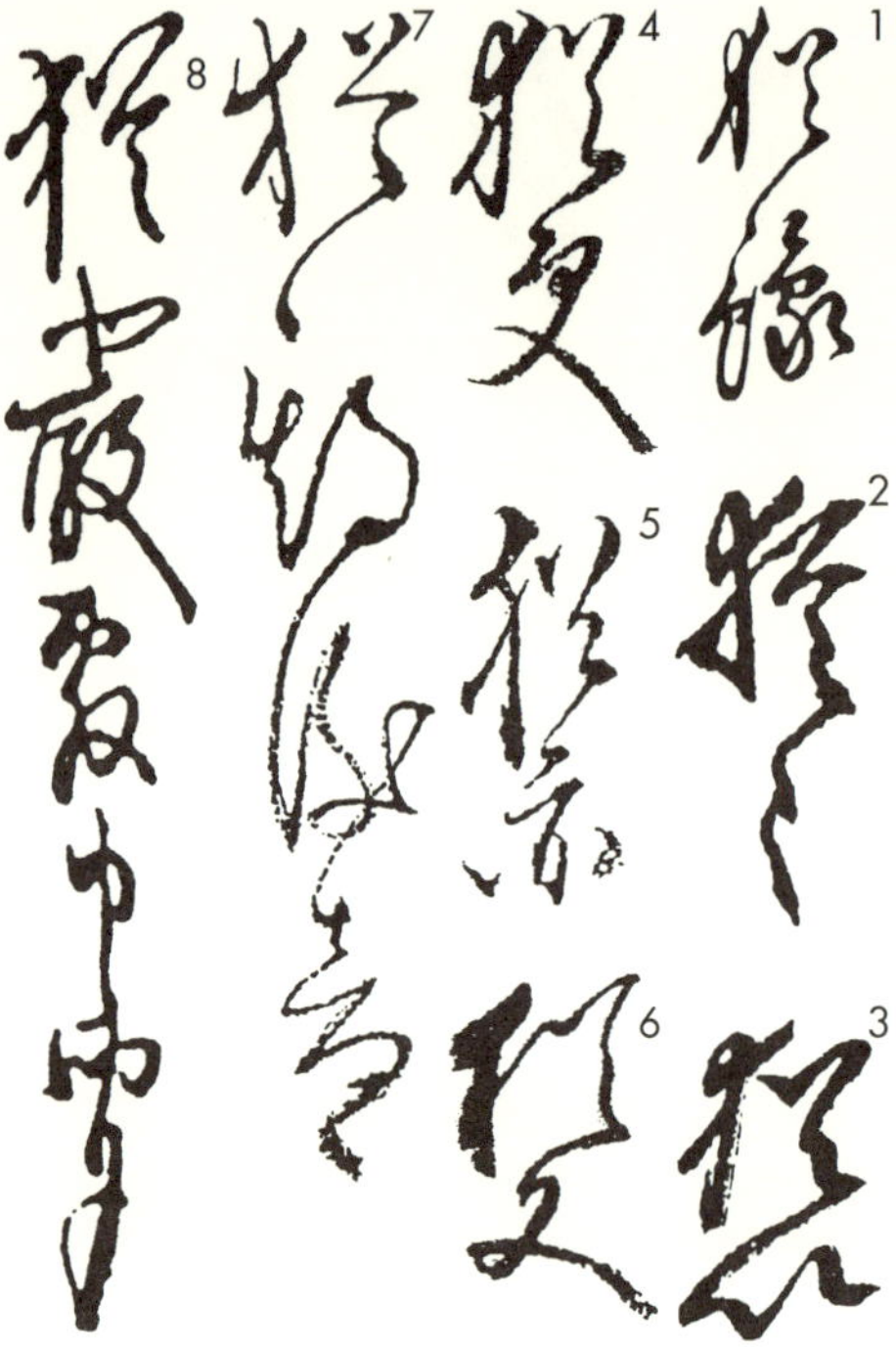

1 猶豫《ゆうよ》 2 猶々《なおなお》 3 猶以《なおもって》 4 猶更《なおさら》 5 猶亦《なおまた》 6 猶又《なおまた》

7 猶期二後音一候《なおこういんをごしそうろう》 8 猶嚴敷申聞《なおきびしくもうしきかせ》

503 猥

6448

ワイ みだりに

◎旁の「畏」（173頁）が原形をとどめているので判読は容易だろう。「猥（リ）ニ～」の形で風俗取締りの触書などに頻出する。

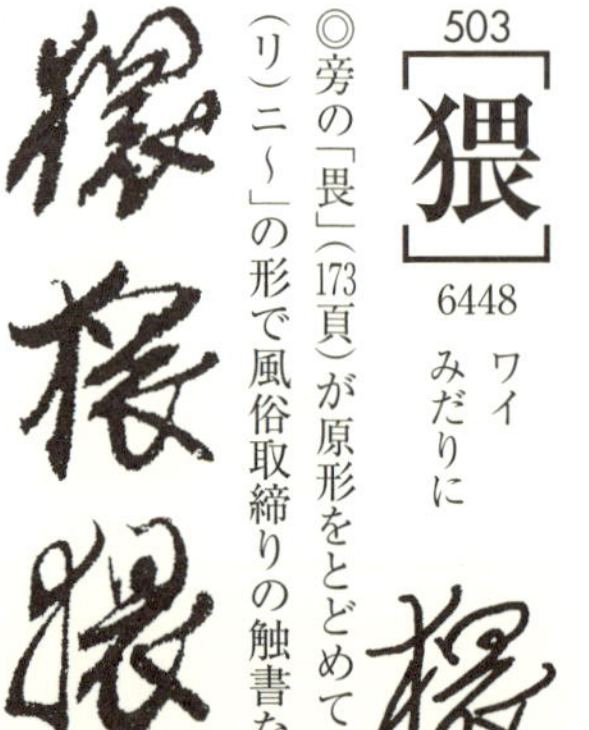

【用例】

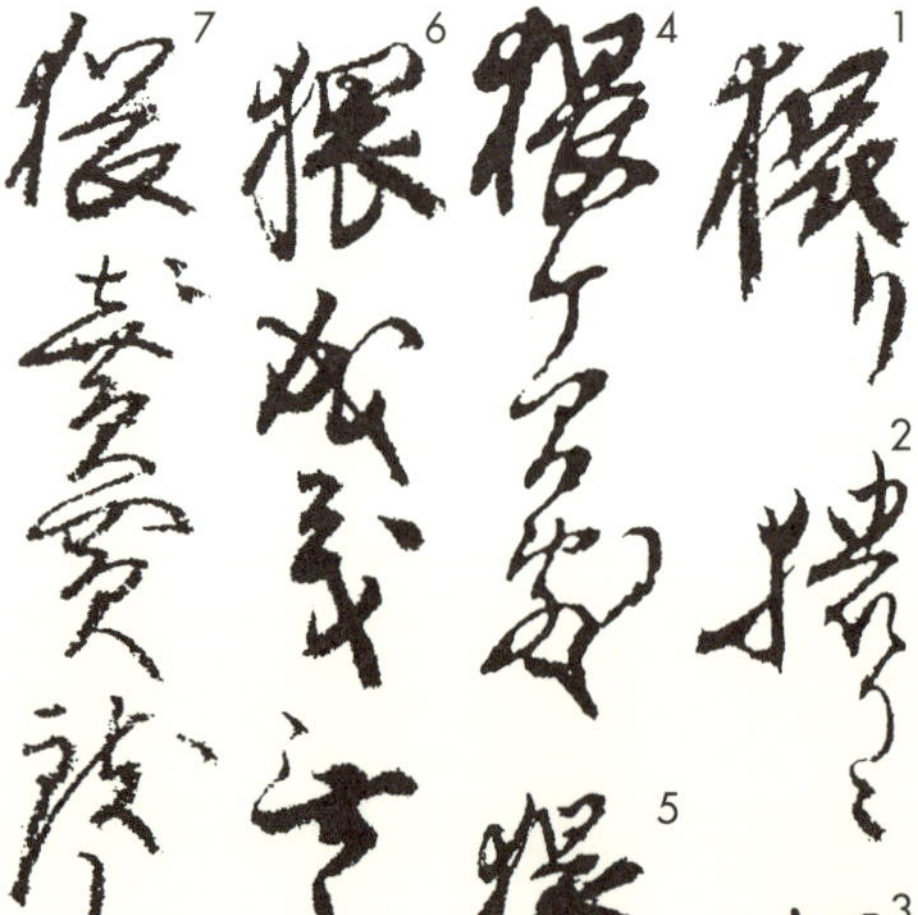

1 猥リ《みだり》 2 猥リニ《みだりに》 3 猥成《みだりなる》 4 猥ケ間敷《みだりがましく》 5 猥ニ相成《みだりにあいなり》

6 猥成義無レ之様《みだりなるぎこれなきよう》 7 猥ニ賣買致し《みだりにばいばいいたし》

504
珍
3633　チン　めずらしい

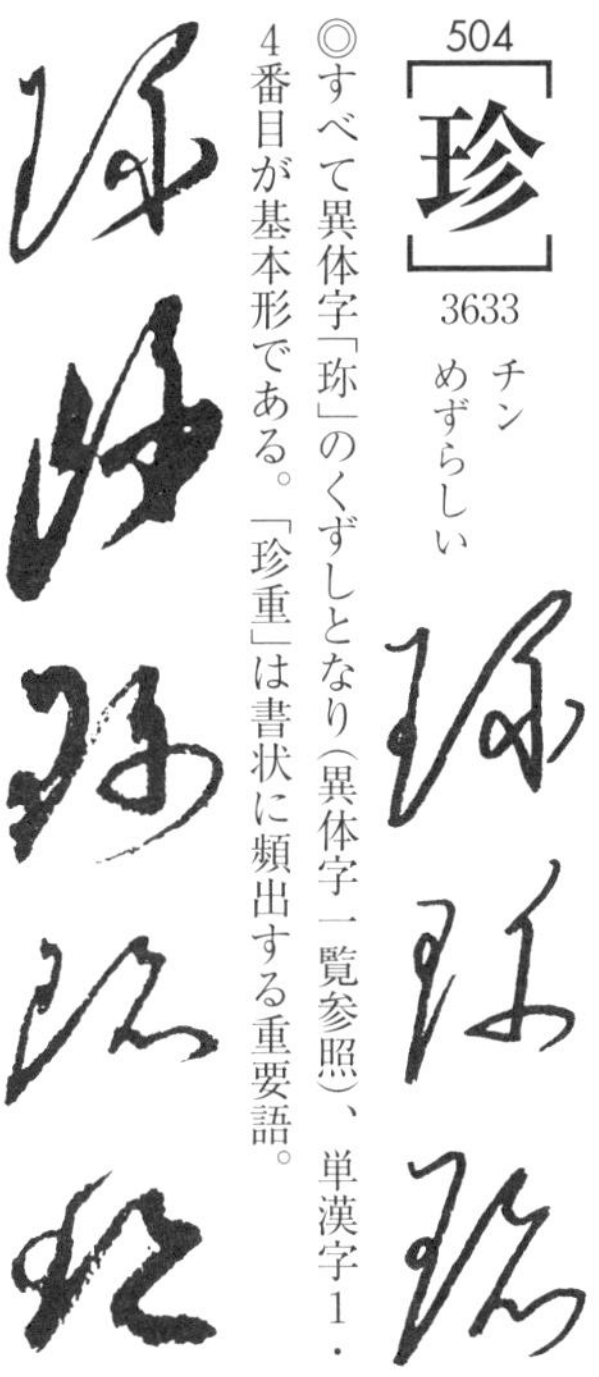

◎すべて異体字「弥」のくずしとなり（異体字一覧参照）、単漢字1・4番目が基本形である。「珍重」は書状に頻出する重要語。

【用例】

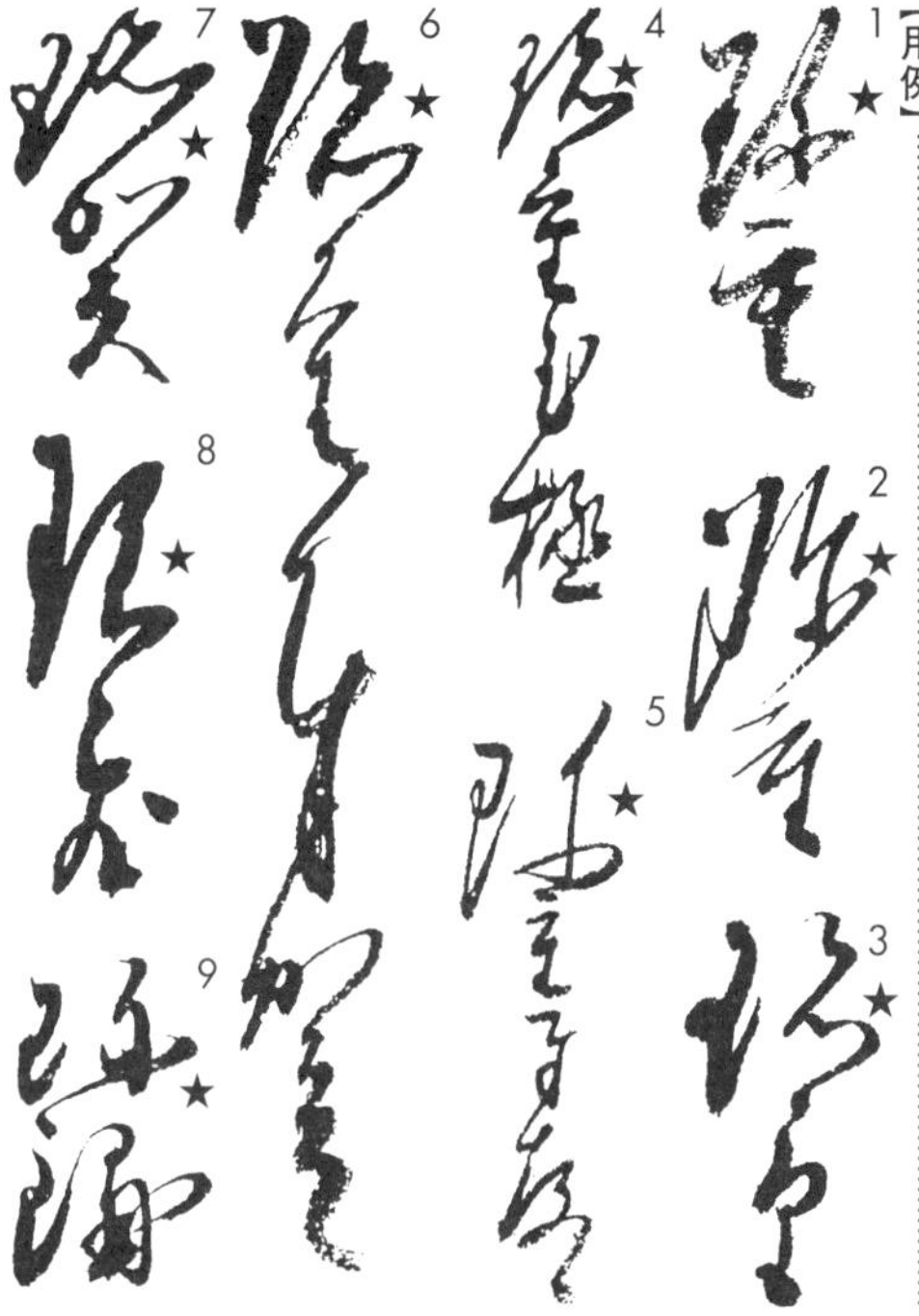

1～3珍重《ちんちょう》　4珍重至極《ちんちょうしごく》　5珍重奉レ存候《ちんちょうにぞんじたてまつりそうろう》　6珍重奉レ賀候《ちんちょうにがしたてまつりそうろう》　7珍賀《ちんが》　8珍敷《めずらしく》　9珍鋪《めずらしく》

505
理
4593　リ　ことわり

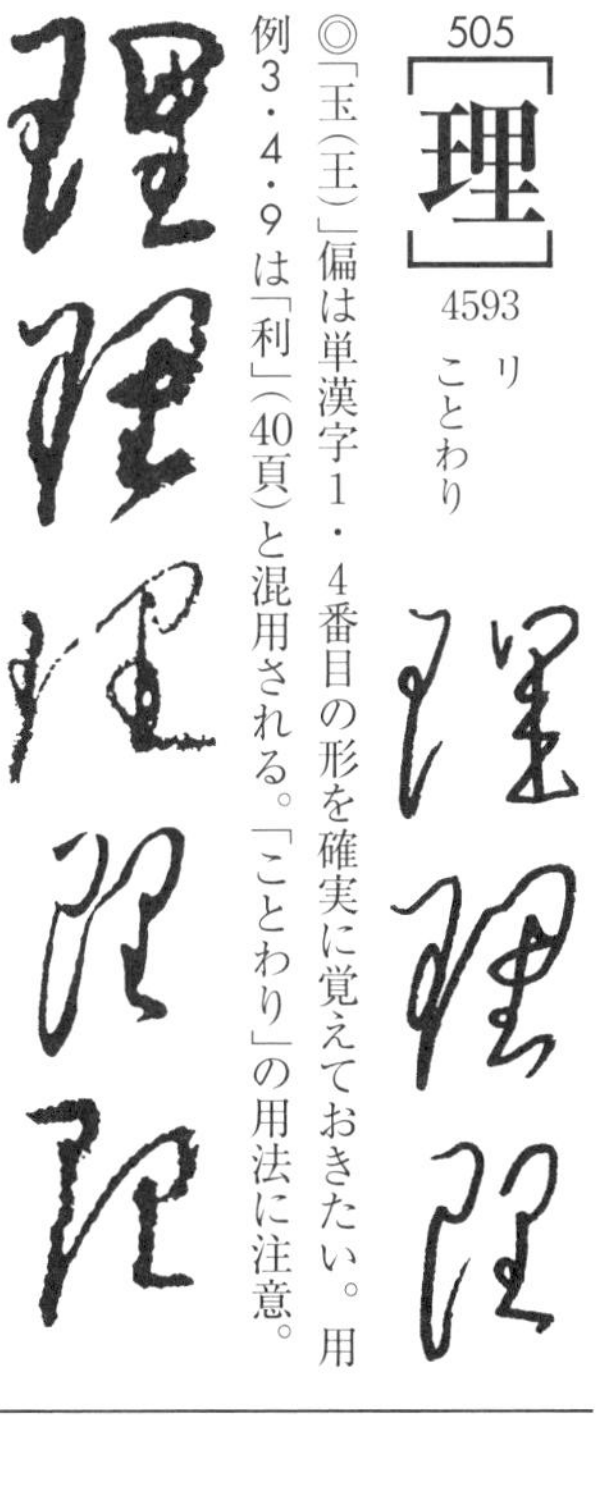

◎「玉（王）」偏は単漢字1・4番目の形を確実に覚えておきたい。用例3・4・9は「利」（40頁）と混用される。「ことわり」の用法に注意。

【用例】

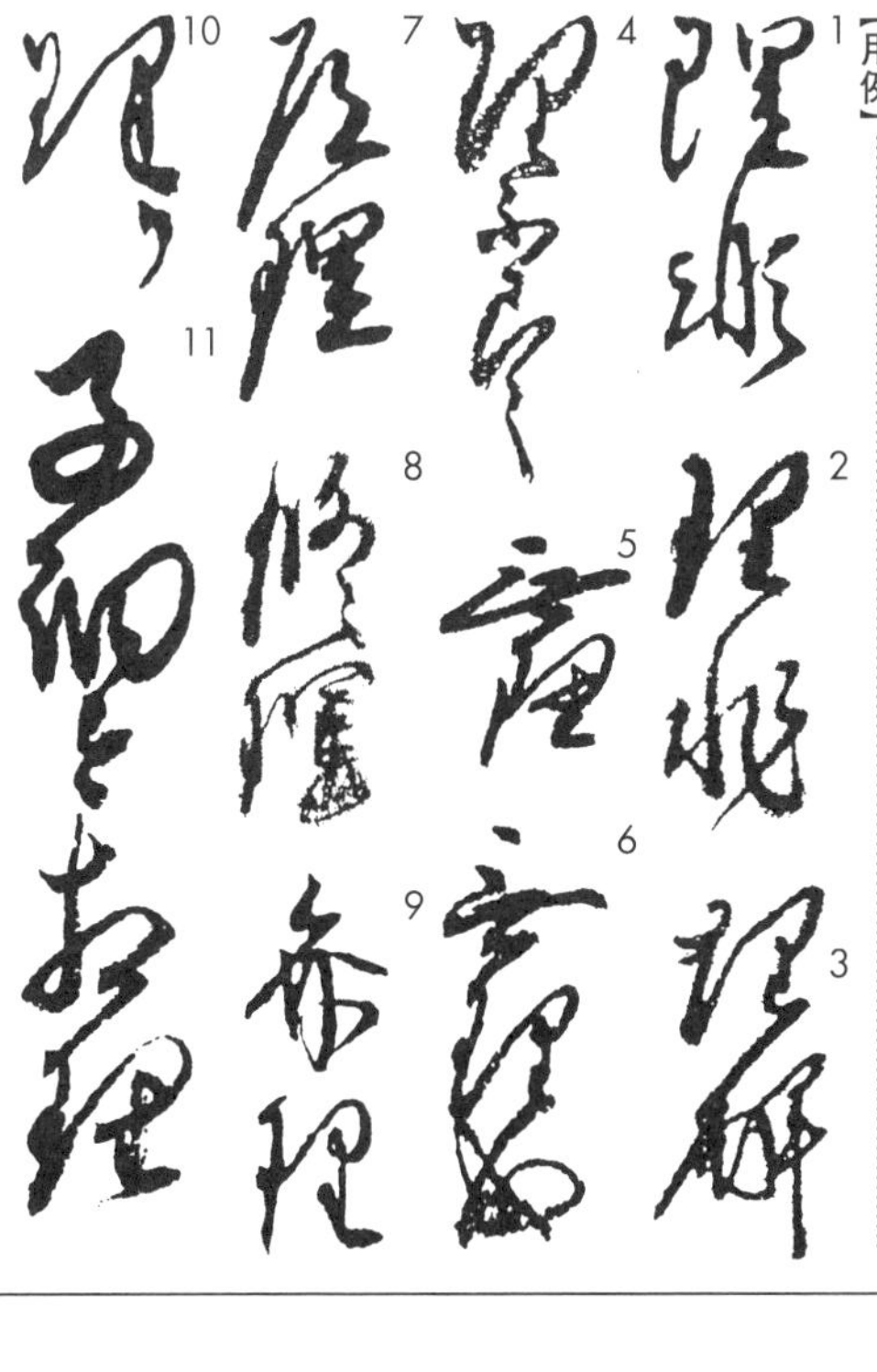

1・2理非《りひ》　3理解《りかい》　4理不尽《りふじん》　5無理《むり》　6無理成《むりなる》　7道理《どうり》　8修理《しゅうり》　9弁理《べんり》　10理リ《ことわり》　11子細を相理《しさいをあいことわり》

506 【生】 3224

セイ・ショウ／き
なま・おう・いける
はえる・うまれる

◎真ん中の横棒のくずし様によって単漢字2・3番目の二つの形が出てくる。これは「主」や「金」、「全」（19頁）などにも通じる。

【用例】

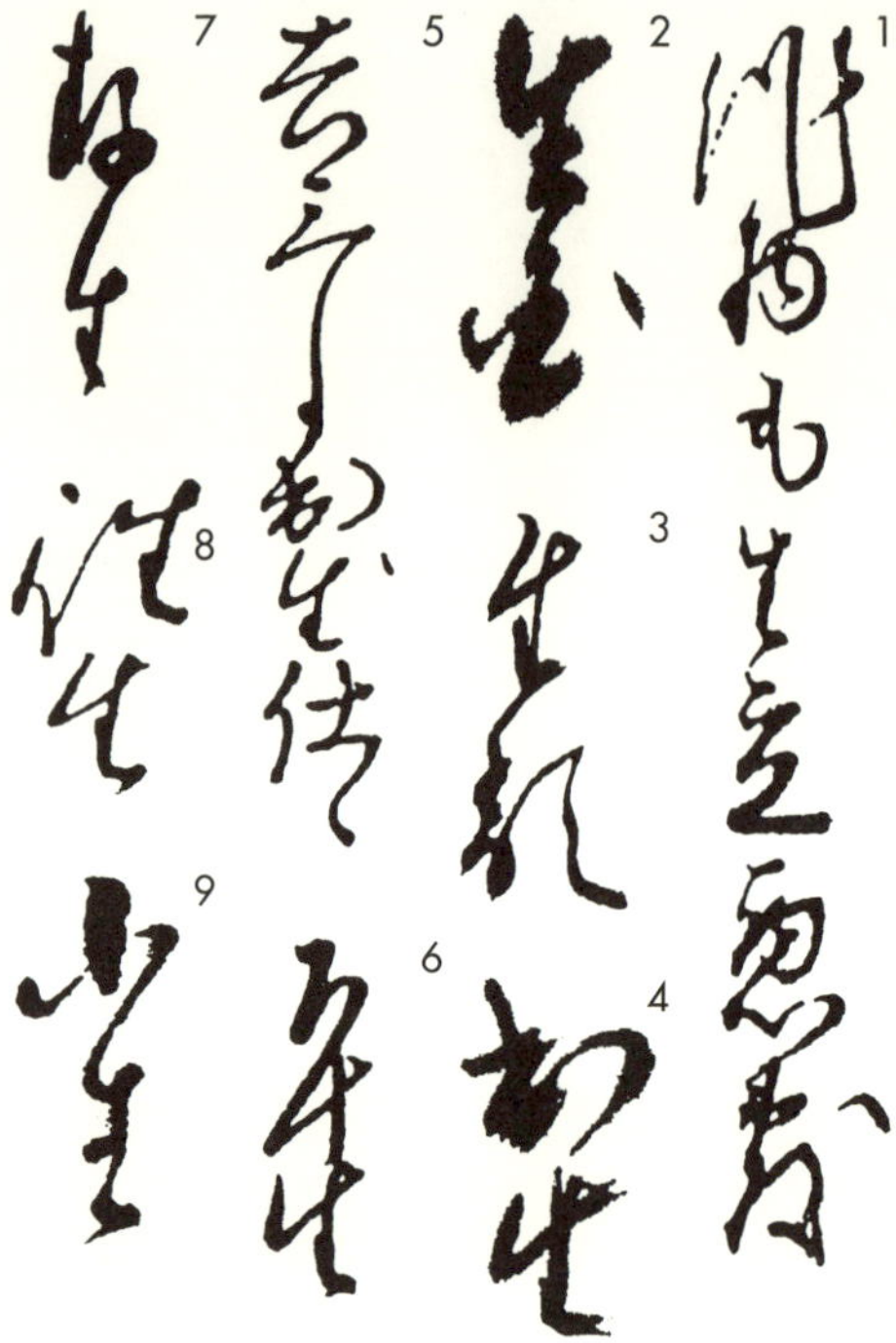

1 作物《さくもつ》も生立《おいたち》悪敷《あしく》　2 生国《しょうごく》　3 生類《しょうるい》　4 出生《しゅっせい／しゅっしょう》
5 去三月出生仕候《さるさんがつしゅっしょうつかまつりそうろう》　6 平生《へいぜい》　7 存生《ぞんせい》　8 往生《おうじょう》　9 小生《しょうせい》

507 【町】 3614

チョウ
まち

◎田畑などの面積の単位「町」（町・反・畝・歩）が頻出し、一町＝一〇反。また江戸時代の支配単位「町」に関わる種々の文言がある。

【用例】

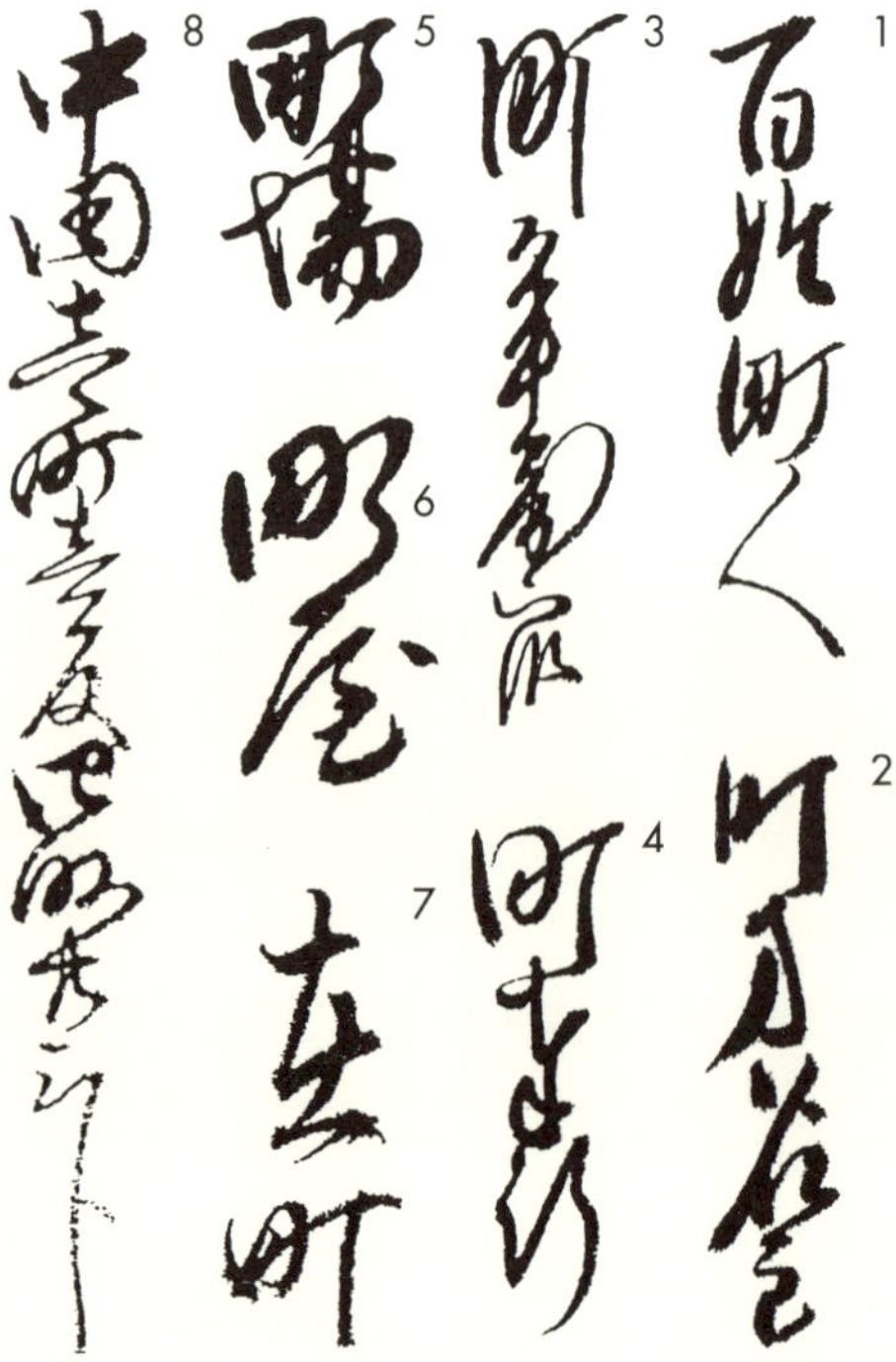

1 百姓町人《ひゃくしょうちょうにん》　2 町方名主《まちかたなぬし》　3 町年寄衆《まちどしよりしゅう》　4 町奉行《まちぶぎょう》　5 町場《まちば》
6 町屋《まちや》　7 在町《ざいちょう》　8 中田壱町壱反四畝廿三歩《ちゅうでんいっちょういったんよんせにじゅうさんぶ》

508 畏 1658

イ
おそれる
かしこまる

◎「奉レ畏候」(ひたすら恐れ入るの意)の形で頻出する重要語で、上に「承知」のつく形は決り文句。くずしは原形をとどめている。

【用例】

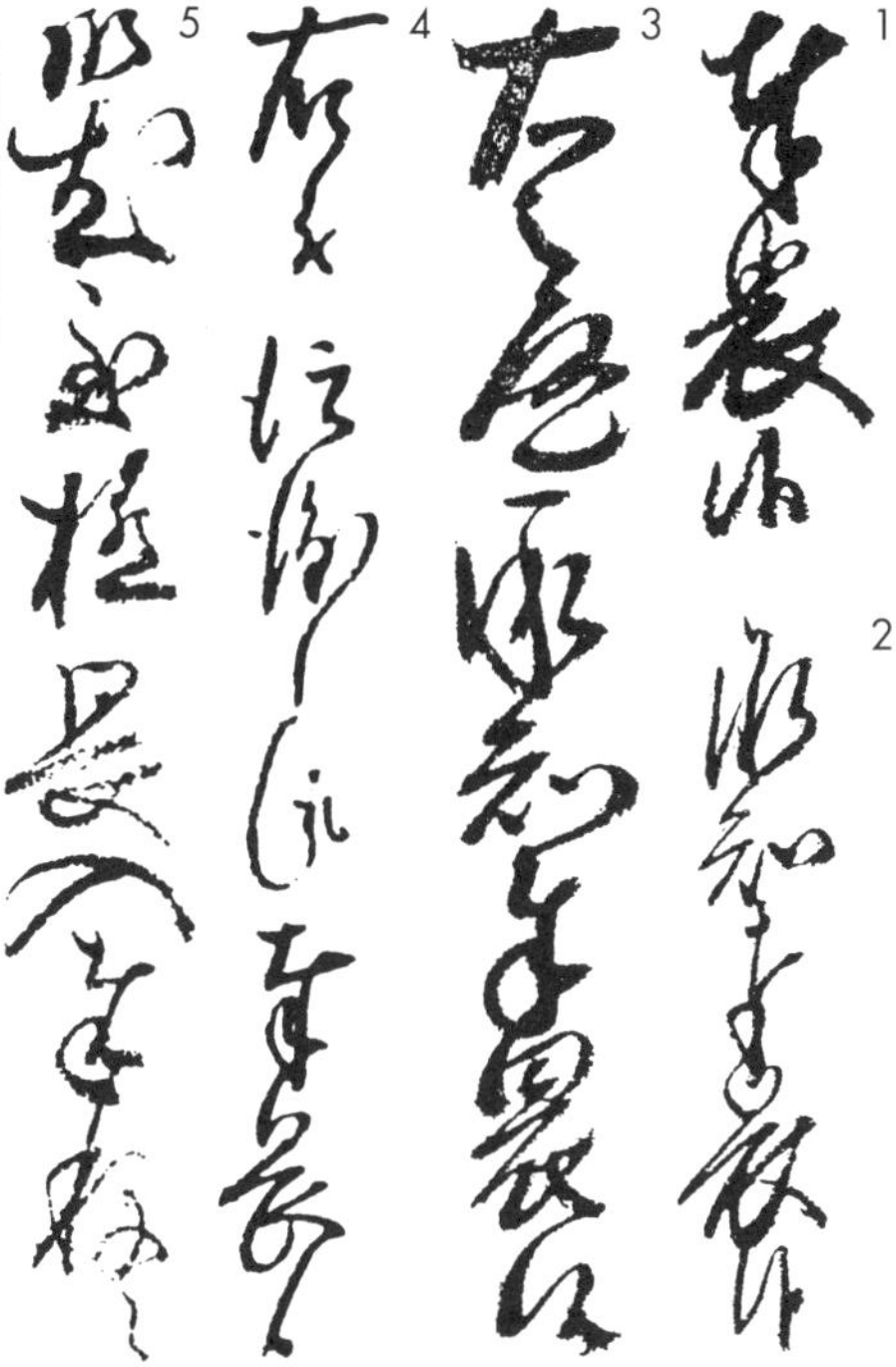

1 奉レ畏候《かしこまりたてまつりそうろう/かしこみたてまつりそうろう》 2 承知奉レ畏候《しょうちかしこみたてまつりそうろう》 3 右之通承知奉レ畏候《みぎのとおりしょうちかしこみたてまつりそうろう》 4 右被二仰渡一候趣奉レ畏候《みぎおおせわたされそうろうおもむきかしこみたてまつりそうろう》 5 御尤至極畏入奉レ存候《ごもっともしごくかしこまりいりぞんじたてまつりそうろう》

509 畝 3206

ボウ
せ
うね

◎田畑などの面積の単位「畝」(町・反・畝・歩)が頻出し、一反＝一〇畝。一畝＝三〇歩。くずしはすべて異体字である(異体字一覧参照)。

【用例】

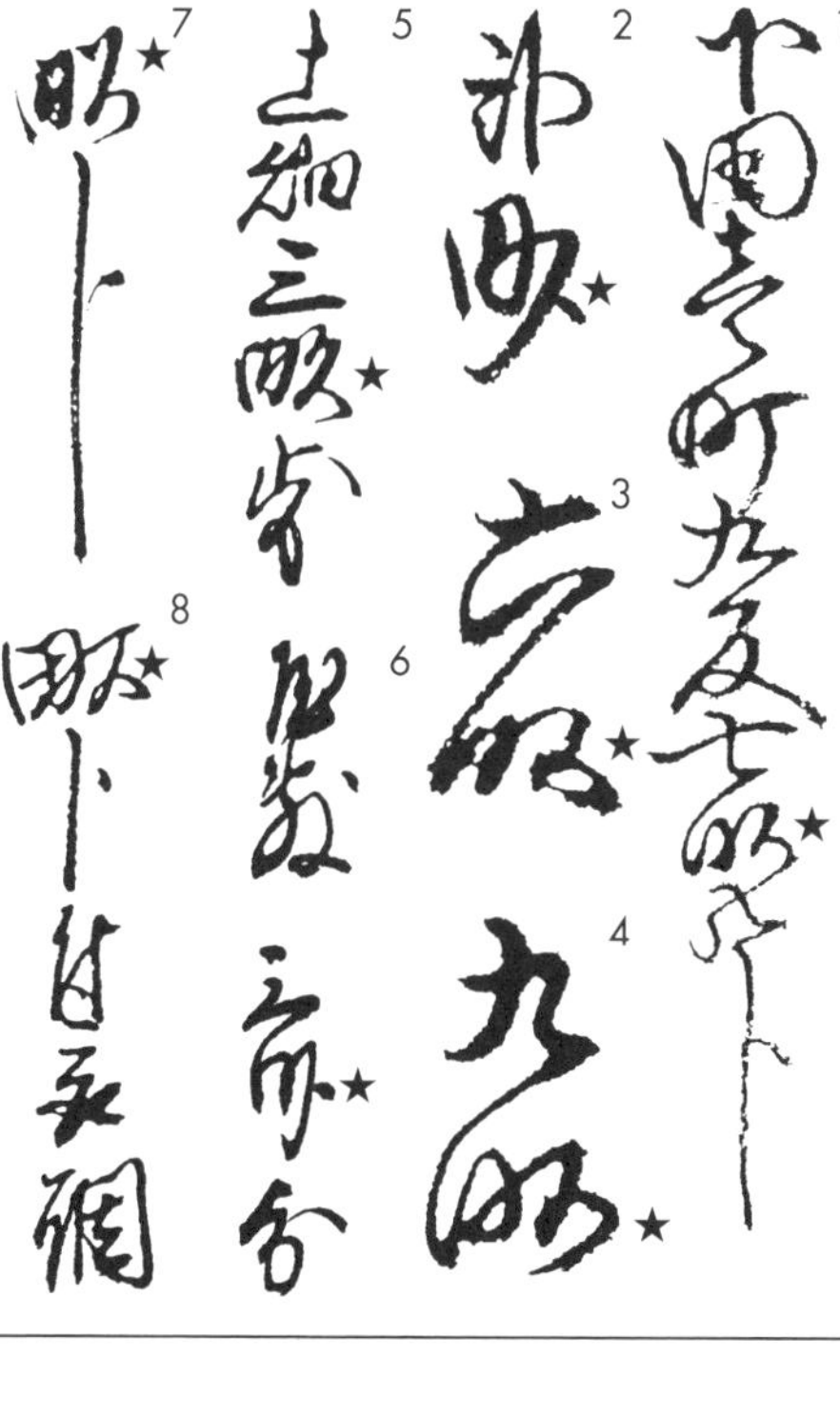

1 下田《げでん》壱町《いっちょう》九反《きゅうたん》七畝《ななせ》八歩《はちぶ》 2 弐畝《にせ》 3 六畝《ろくせ》 4 九畝《きゅうせ》 5 上畑《じょうはた》三畝《さんせ》歩《ぶ》 6 屋敷《やしき》三畝《さんせ》歩《ぶ》 7 畝《せ》歩《ぶ》 8 畝《せ》歩《ぶ》付取調《つきとりしらべ》

510 【異】 1659

イ　こと　ことなる

◎用例のくずしはすべて「己」の下に「大」を記す異体字である（異体字一覧参照）。用例はいずれも頻出するので覚えておきたい。

【用例】

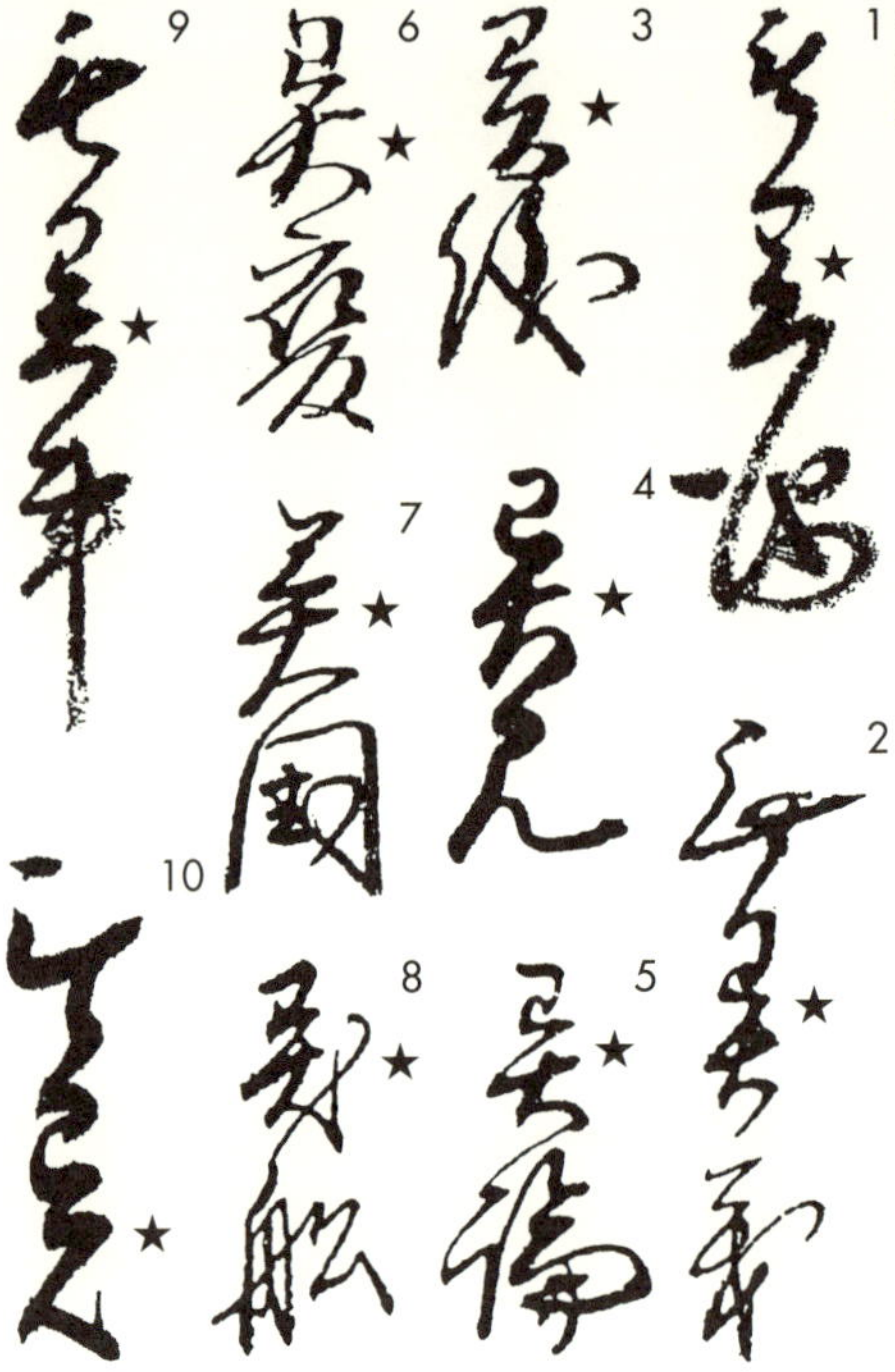

1 無㆓異儀㆒《いぎなく》　2 無㆓異義㆒《いぎなく》　3 異儀《いぎ》　4 異見《いけん》　5 異論《いろん》　6 異変《いへん》
7 異国《いこく》　8 異船《いせん》　9 無㆓異事㆒《いじなく》　10 無異《ぶい》

511 【略】 4612

リャク　はかる

◎「田」の下に「各」（53頁）を記す異体字「畧」の頻度も高いので注意したい。用例1〜5は書状によく見られる言い回しである。

【用例】

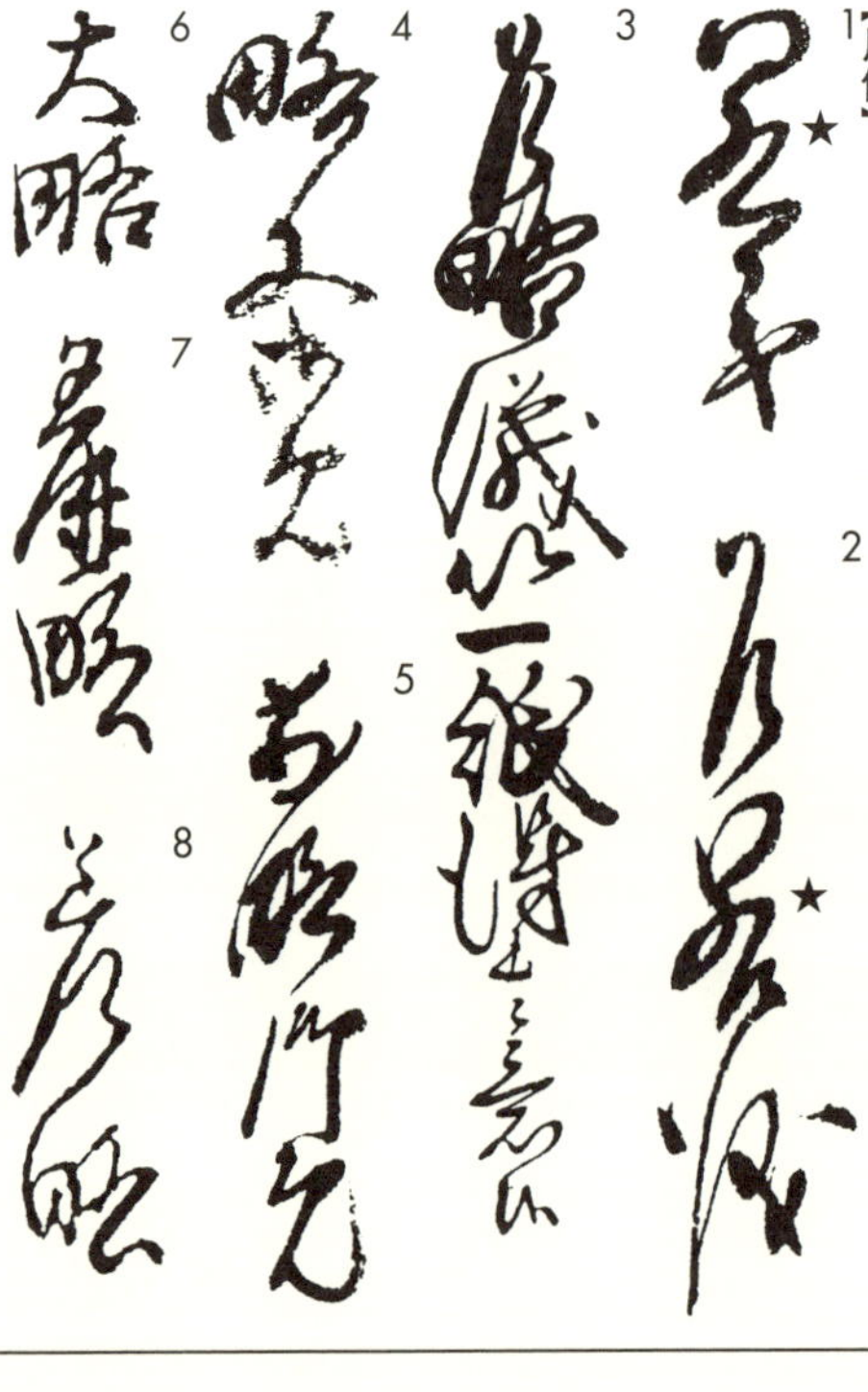

1 略義《りゃくぎ》　2 乍㆓略儀㆒《りゃくぎながら》　3 乍㆓略儀㆒以㆓一紙㆒得㆓貴意㆒候《りゃくぎながらいっしをもってきいをえそうろう》
4 略文御免《りゃくぶんごめん》　5 前略御免《ぜんりゃくごめん》　6 大略《たいりゃく》　7 麁略《そりゃく》　8 差略《さりゃく》

512 畳（疊）

3086
6540

ジョウ
たたむ
たたみ

◎「両」の下に「天」（71頁）を記したような特殊なくずしになるので、形そのものを覚えてしまうしかない。ここでは「重畳」を覚えたい。

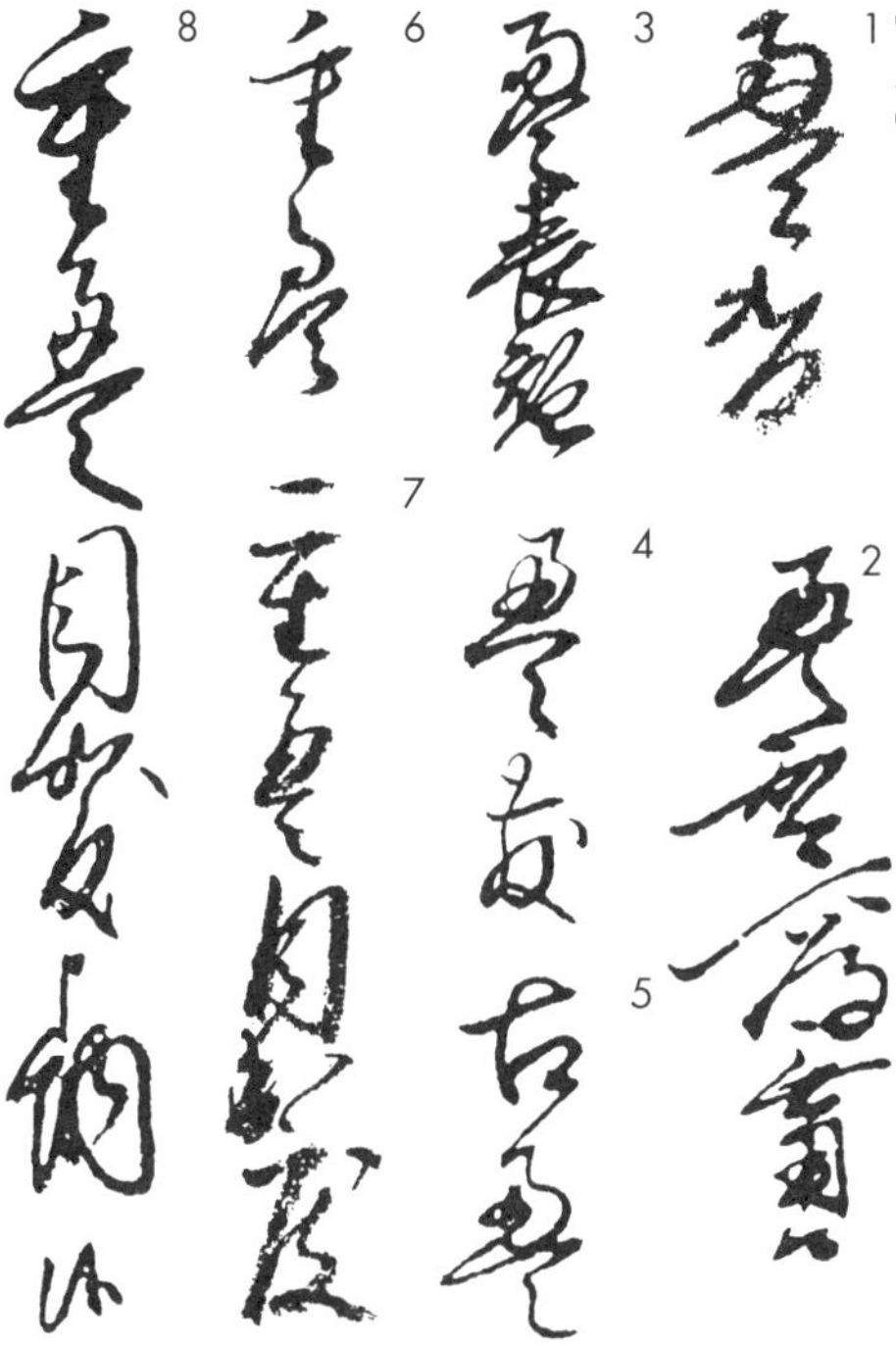

【用例】

1 畳替《たたみがえ》
2 畳替可レ為二無用一候《たたみがえむようたるべくそうろう》
3 畳表替《たたみおもてがえ》
4 畳敷《たたみじき》
5 古畳《ふるだたみ》
6 重畳《ちょうじょう》
7 重畳目出度《ちょうじょうめでたく》
8 重畳目出度申納候《ちょうじょうめでたくもうしおさめそうろう》

513 番

4054

バン
ハン
つがい

◎上は「釆」ではなく「米」や「半」（48頁）、下は「田」や「両」の下半分を記したようなくずしになる。ここでは単漢字1・4番目を覚えたい。

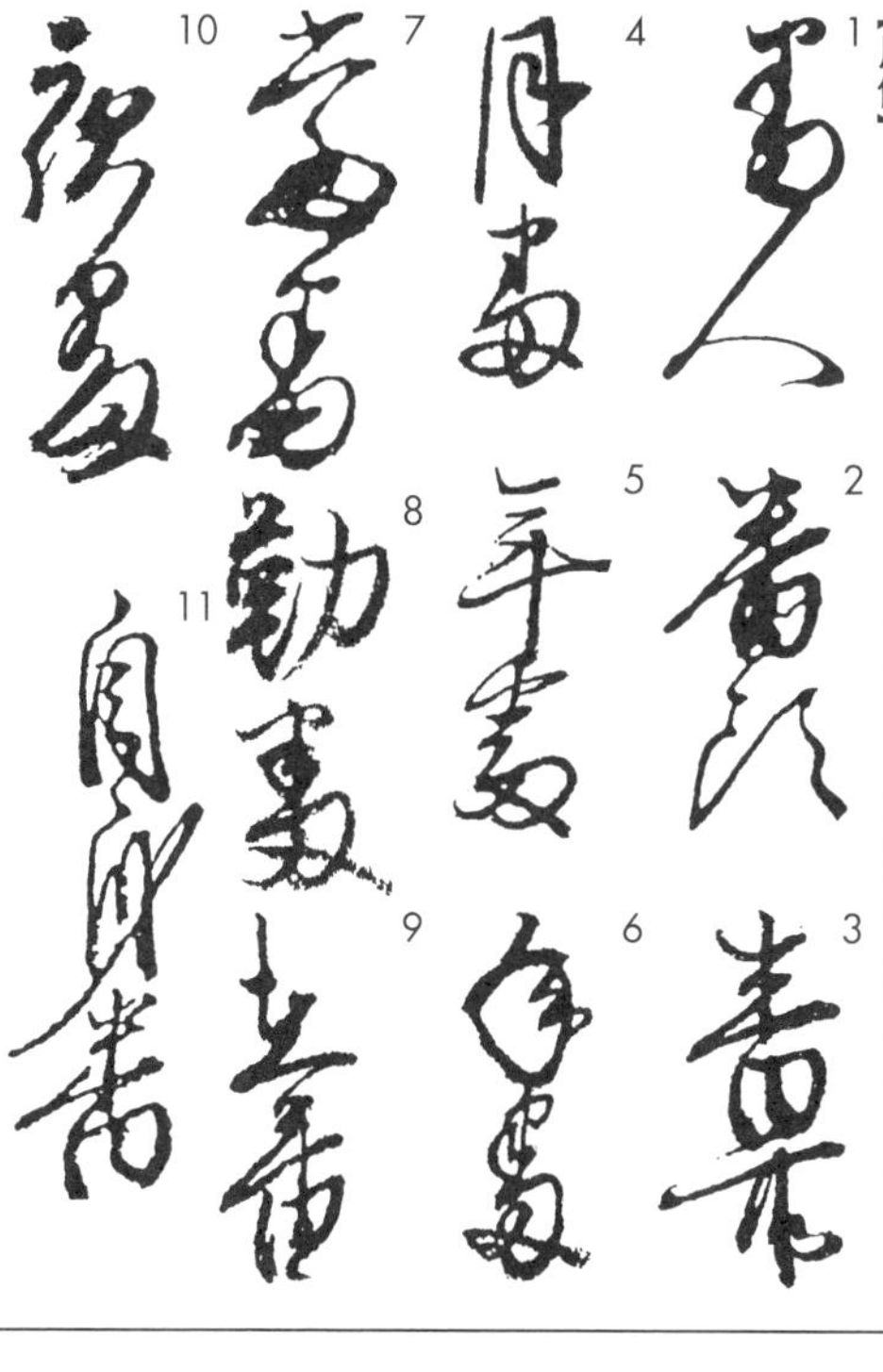

【用例】

1 番人《ばんにん》
2 番頭《ばんがしら》《ばんとう》
3 番所《ばんしょ》
4 月番《つきばん》
5・6 年番《ねんばん》
7 當番《とうばん》
8 勤番《きんばん》
9 在番《ざいばん》
10 夜番《やばん》《よばん》
11 自身番《じしんばん》

514 疋 4105

ソ・ヒツ
ひき
あし

◎古文書では牛馬などの動物を数える際には「匹」ではなく「疋」を用いる。用例1〜3の金は銭のことで、金百疋は銭一貫文のこと。

【用例】

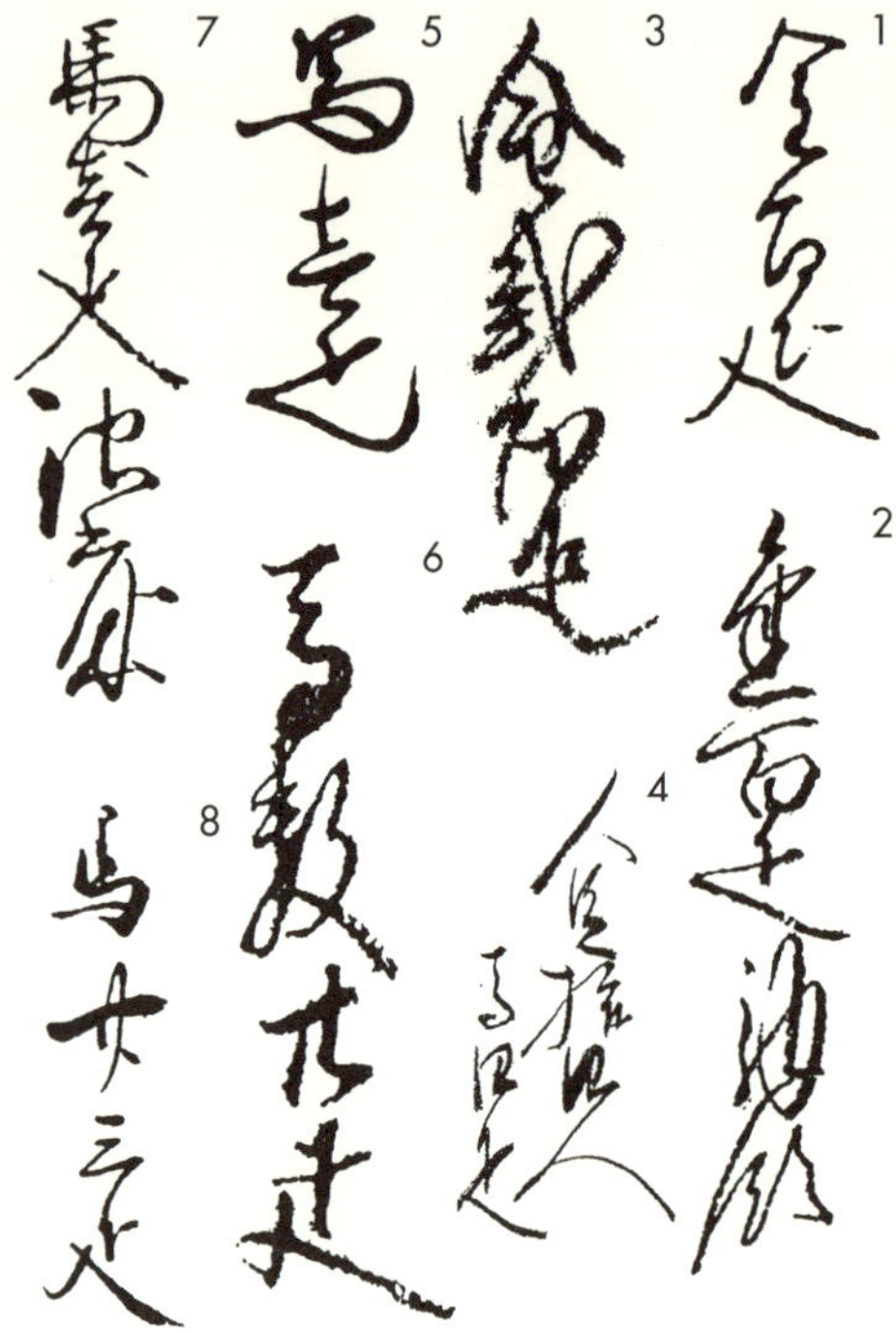

1 金百疋《きんひゃっぴき》 2 金百疋拝領《きんひゃっぴきはいりょう》 3 金弐百疋《きんにひゃっぴき》 4 人足拾四人《にんそくじゅうよにん》・馬四疋《うまよんひき》 5 馬壱疋《うまいっぴき》 6 馬数廿疋《うまかずにじゅっぴき》 7 馬壱疋《うまいっぴき》 銀六匁《ぎんろくもんめ》 8 馬廿三疋《うまにじゅうさんひき》

515 疎 3334

ソ
うとい
おろそか

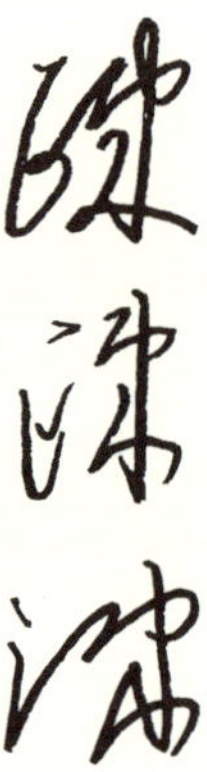

◎「⺪」が「正」（154頁）のようにくずされる単漢字1番目が基本形である（「束」は146頁参照）。「疎略」は「麁略」（174、270頁）と同義。

【用例】

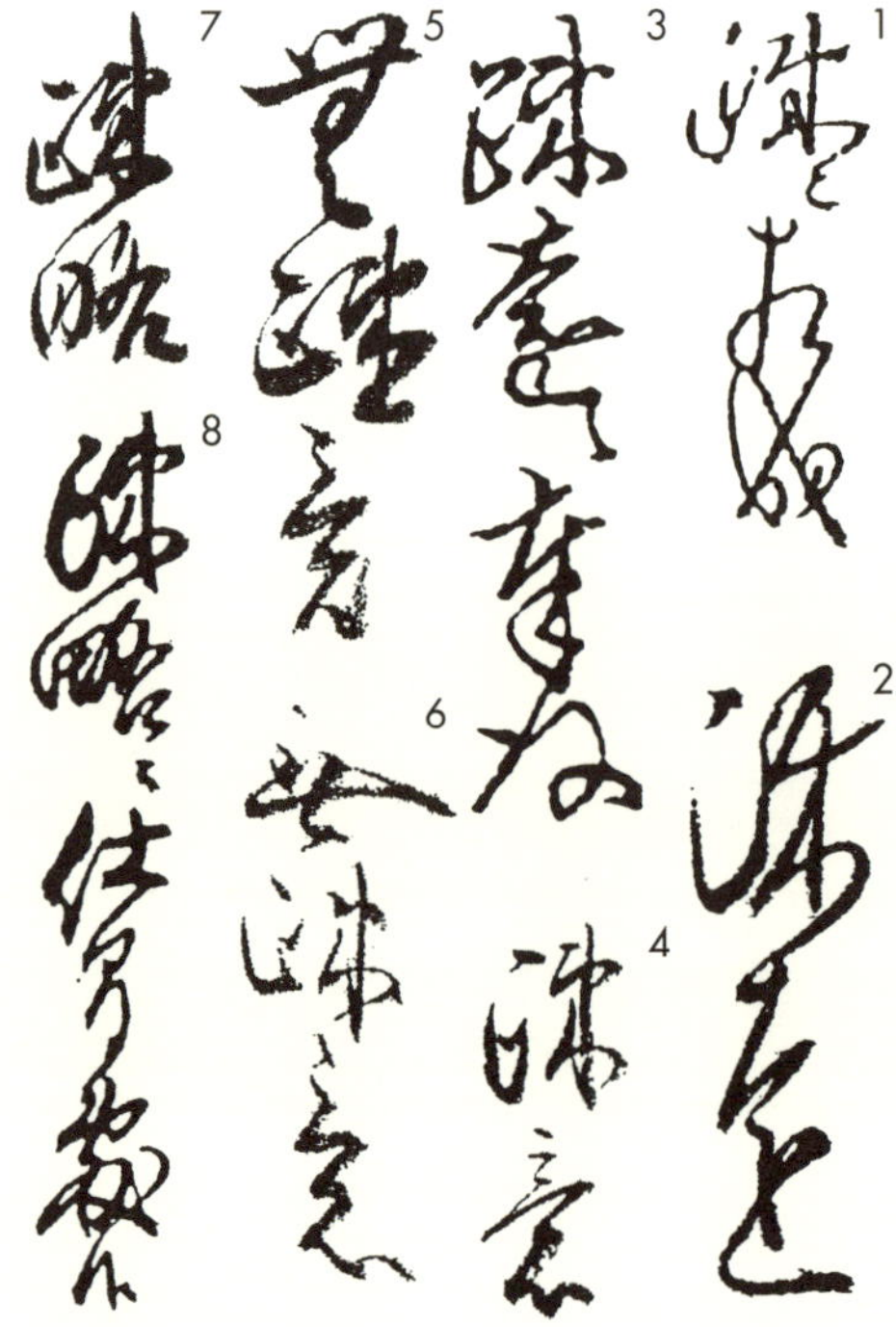

1 疎ニ相成《おろそかにあいなり》 2 疎遠《そえん》 3 疎遠ニ奉レ存《そえんにぞんじたてまつり》 4 疎意《そい》 5・6 無二疎意一《そいなく》 7 疎略《そりゃく》 8 疎略ニ仕間敷候《そりゃくにつかまつるまじくそうろう》

516 疑
2131
ギ
うたがう

◎「ヒ」が「上」や「止」（153頁）のようにくずされ、右側は「従」（97頁）や「段」の旁とほぼ同じくずしになる。ここでは「疑敷」を覚えたい。

【用例】

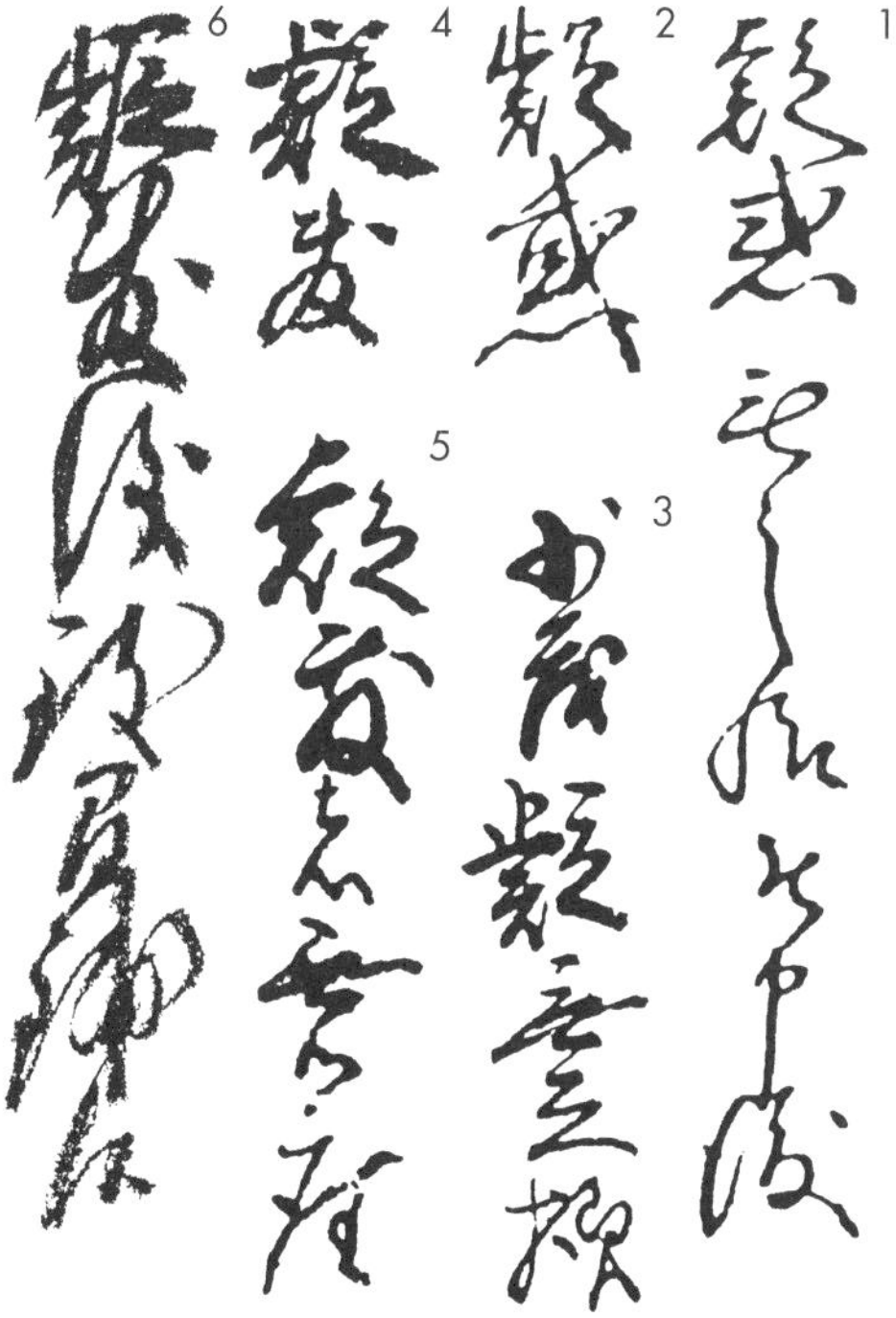

1 疑惑無レ之様被二申渡一《ぎわくこれなきようもうしわたされ》
2 疑惑《ぎわく》
3 少茂疑無レ之様《すこしもうたがいこれなきよう》
4 疑敷《うたがわしく》
5 疑敷者無二御座一《うたがわしきものござなく》
6 疑敷儀致間鋪候《うたがわしきぎいたすまじくそうろう》

517 病
4134
ビョウ・ヘイ
やむ
やまい

◎単漢字2番目が基本形。くずしは原形をとどめているので判読は問題ないだろう。「病気（氣）」「持病」が頻出するので覚えたい。

【用例】

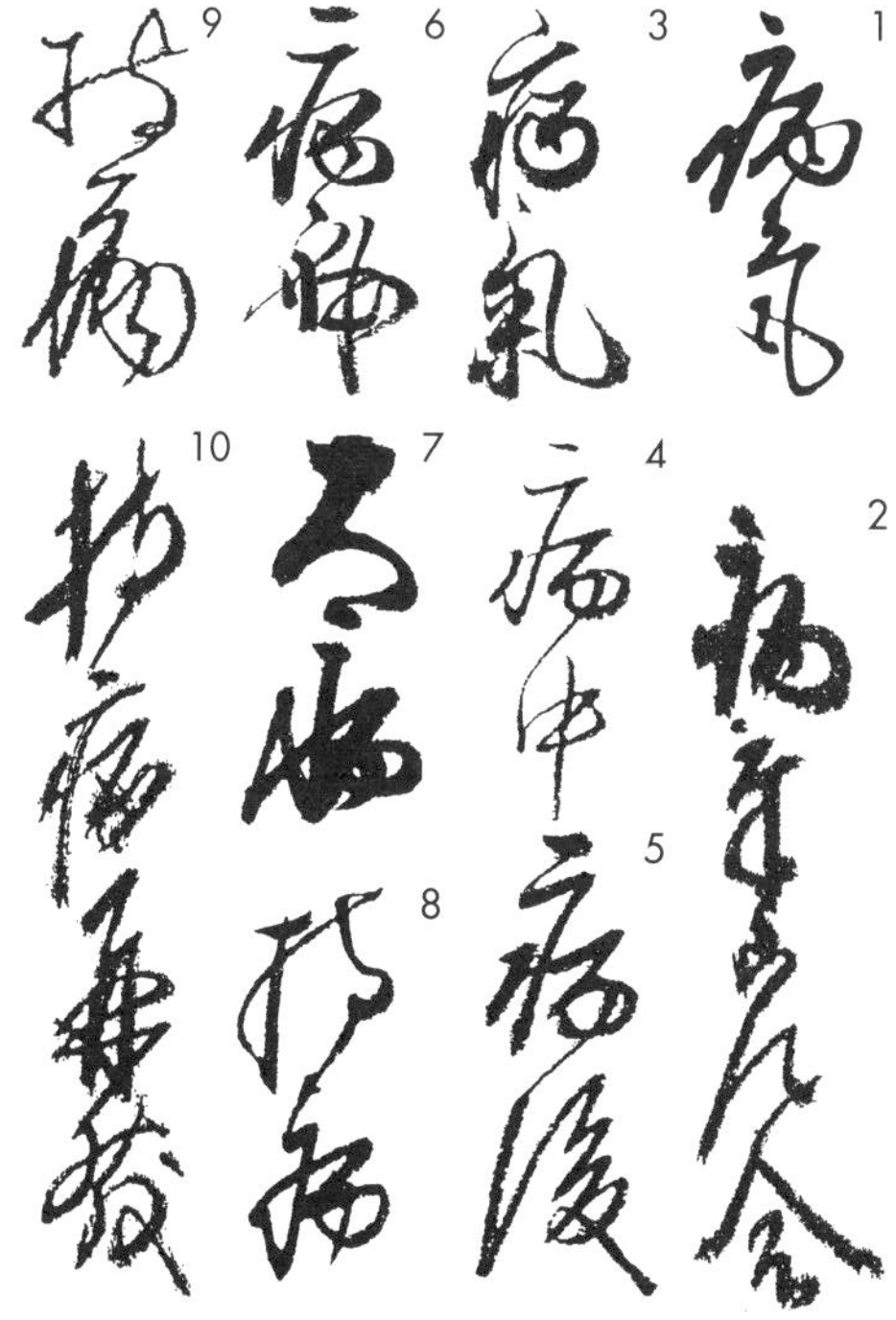

1 病気《びょうき》
2 病氣差合《びょうきさしあい》
3 病氣《びょうき》
4 病中《びょうちゅう》
5 病後《びょうご》
6 病躰《びょうてい》
7 大病《たいびょう》
8・9 持病《じびょう》
10 持病再發《じびょうさいはつ》

518 発(發)

4015
6604

ホツ・ハツ
おこる
ひらく

◎旧字「發」のくずしが基本形。「癶」が単漢字4・5番目のようにもくずされることに注意。用例9・10の「差発(發)」を覚えたい。

【用例】

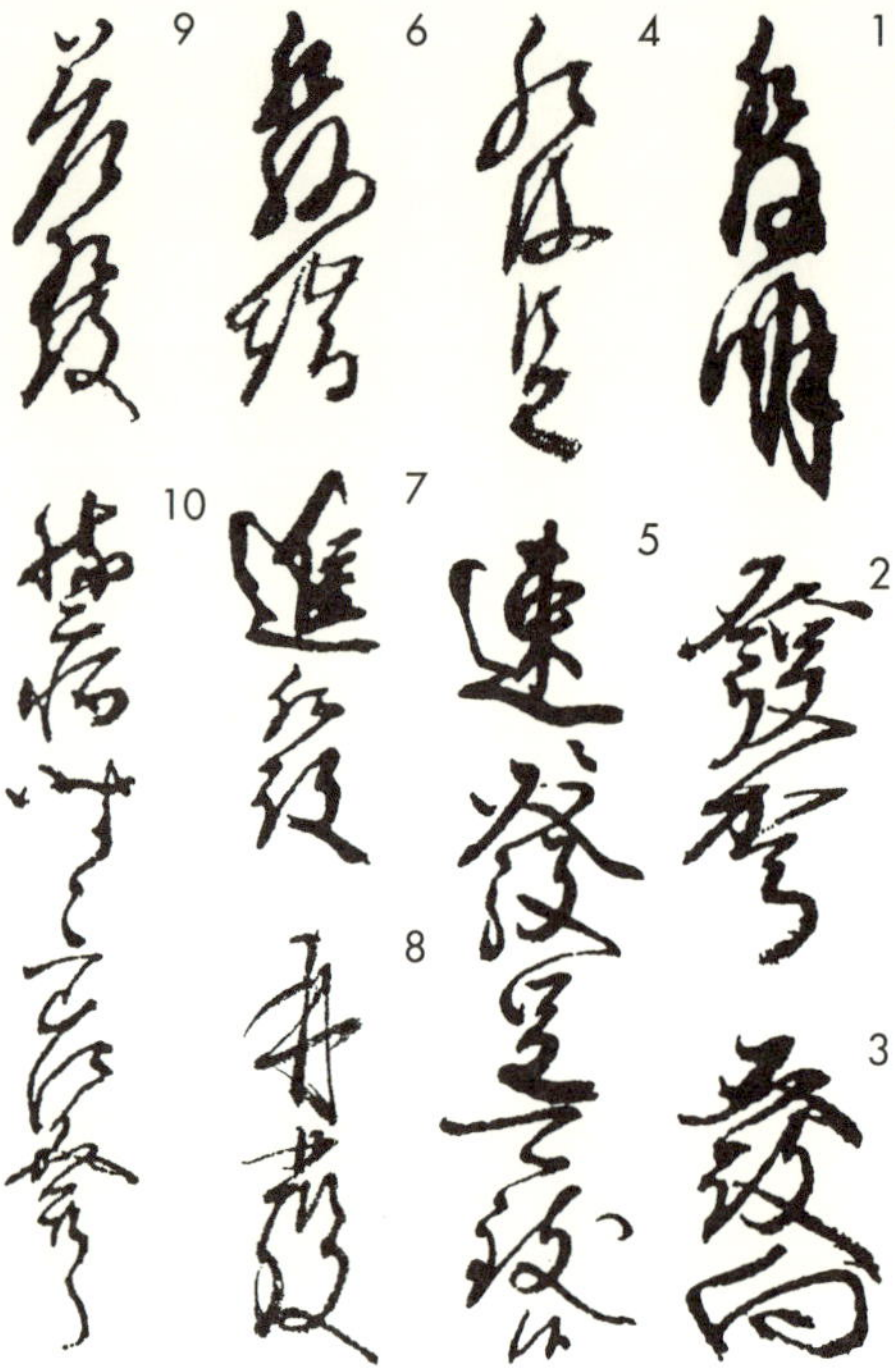

1 發明《はつめい》 2 發駕《はつが》 3 發向《はっこう》 4 發足《ほっそく》 5 速ニ發足可レ致候《すみやかにほっそくいたすべくそうろう》 6 發端《ほったん》

7 進發《しんぱつ》 8 再發《さいはつ》 9 差發《さしおこり》 10 持病時々差発リ《じびょうときどきさしおこり》

519 登

3748

トウ
ト
のぼる

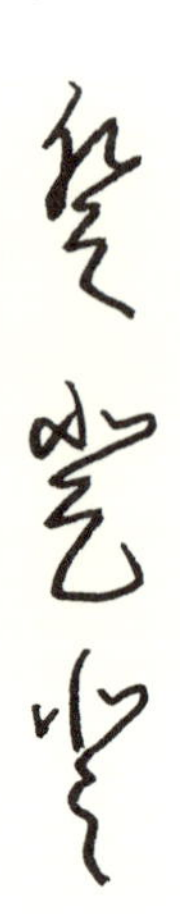

◎原形のない単漢字4・5番目の特殊なくずしが基本形なので必ず覚えてほしい。ここでは「為レ登」を含んだ言い回しに注意。

【用例】

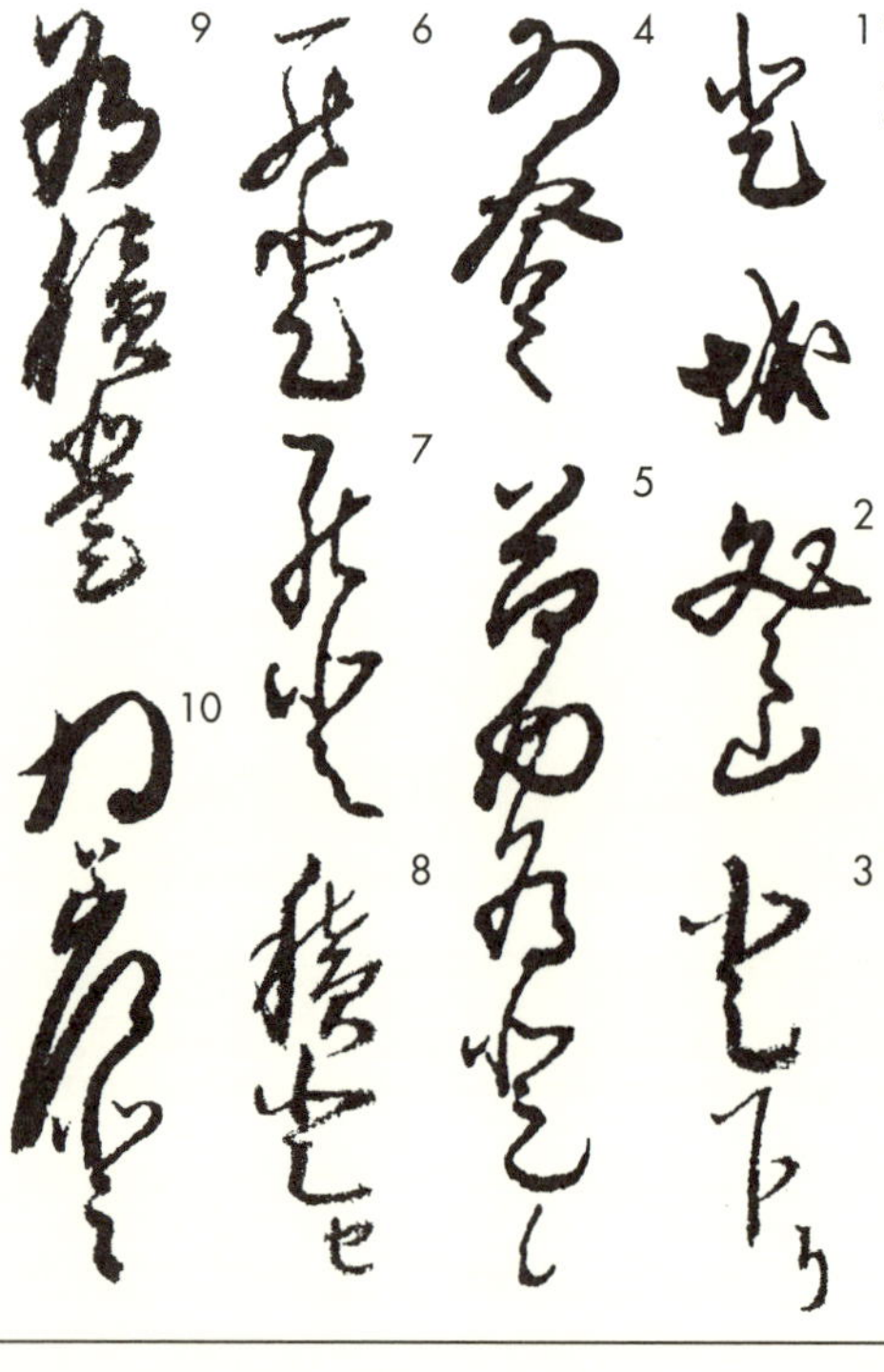

1 登城《とじょう》 2 登山《とざん・とうざん》 3 登下リ《のぼりくだり》 4 為レ登《のぼせ》 5 荷物為レ登候《にもつのぼせそうろう》

6・7 罷登《まかりのぼり》 8 積登セ《つみのぼせ》 9 為ニ積登一《つみのぼせ》 10 為ニ差登一《さしのぼせ》

520
白
3982

ハク・ビャク
しろ
しろい

◎ここでは単漢字3〜5番目の特殊形を覚えてほしい。「白米」が頻出。用例7〜9は書状の書止め文言。「諸白」は上等酒のこと。

【用例】

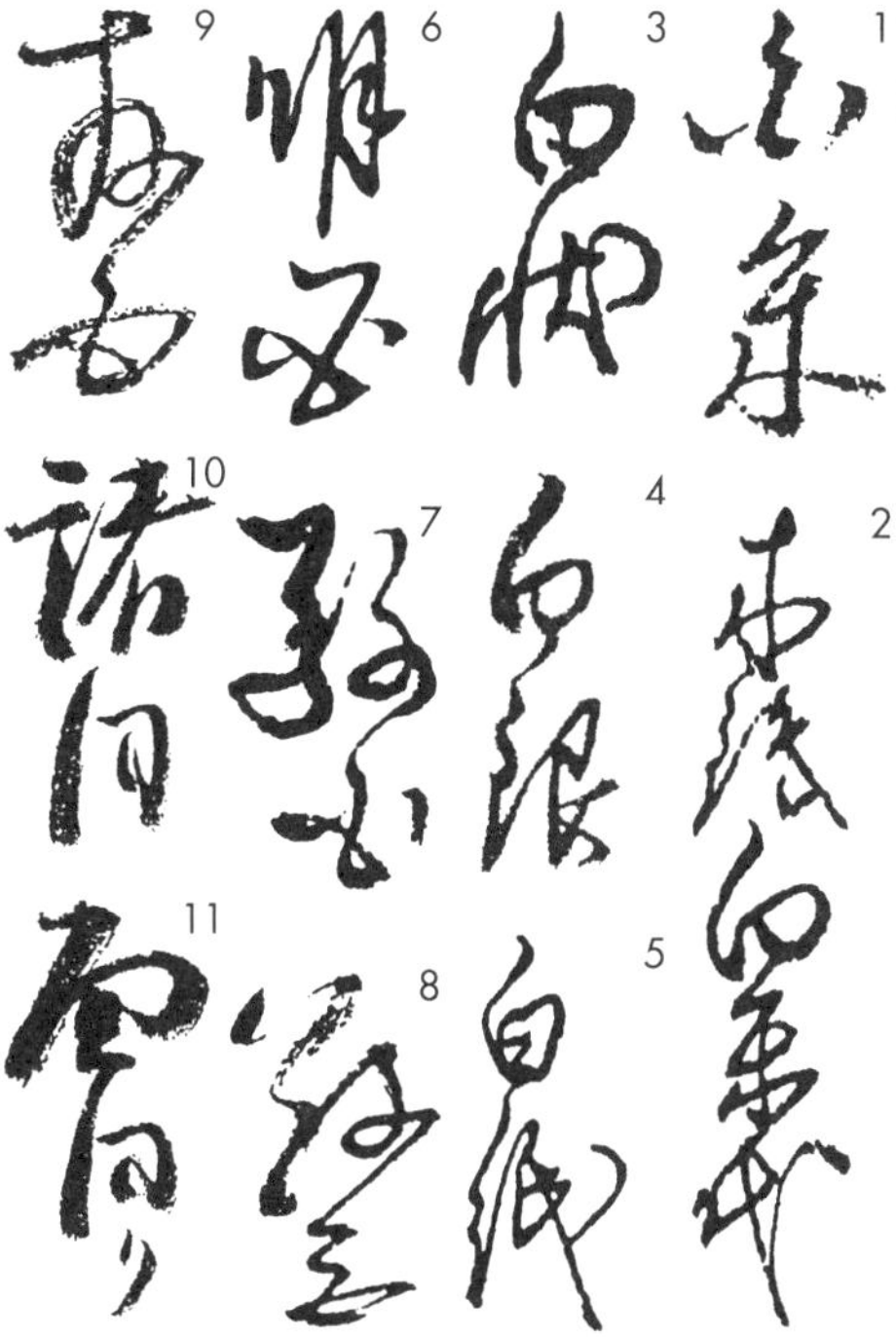

1 白米《はくまい》 2 木銭《きせん》・白米代《はくまいだい》 3 白状《はくじょう》 4 白銀《しろがね》《はくぎん》 5 白紙《はくし》 6 明白《めいはく》 7・8 敬白《けいはく》 9 拝白《はいはく》 10 諸白《もろはく》 11 面白ク《おもしろく》

521
益
1755

エキ・ヤク
ます
ますます

◎単漢字2番目が基本形。「皿」は「且」（11頁）や「旦」（134頁）のようにくずされる。用例4・5は書状に頻出する決り文句である。

【用例】

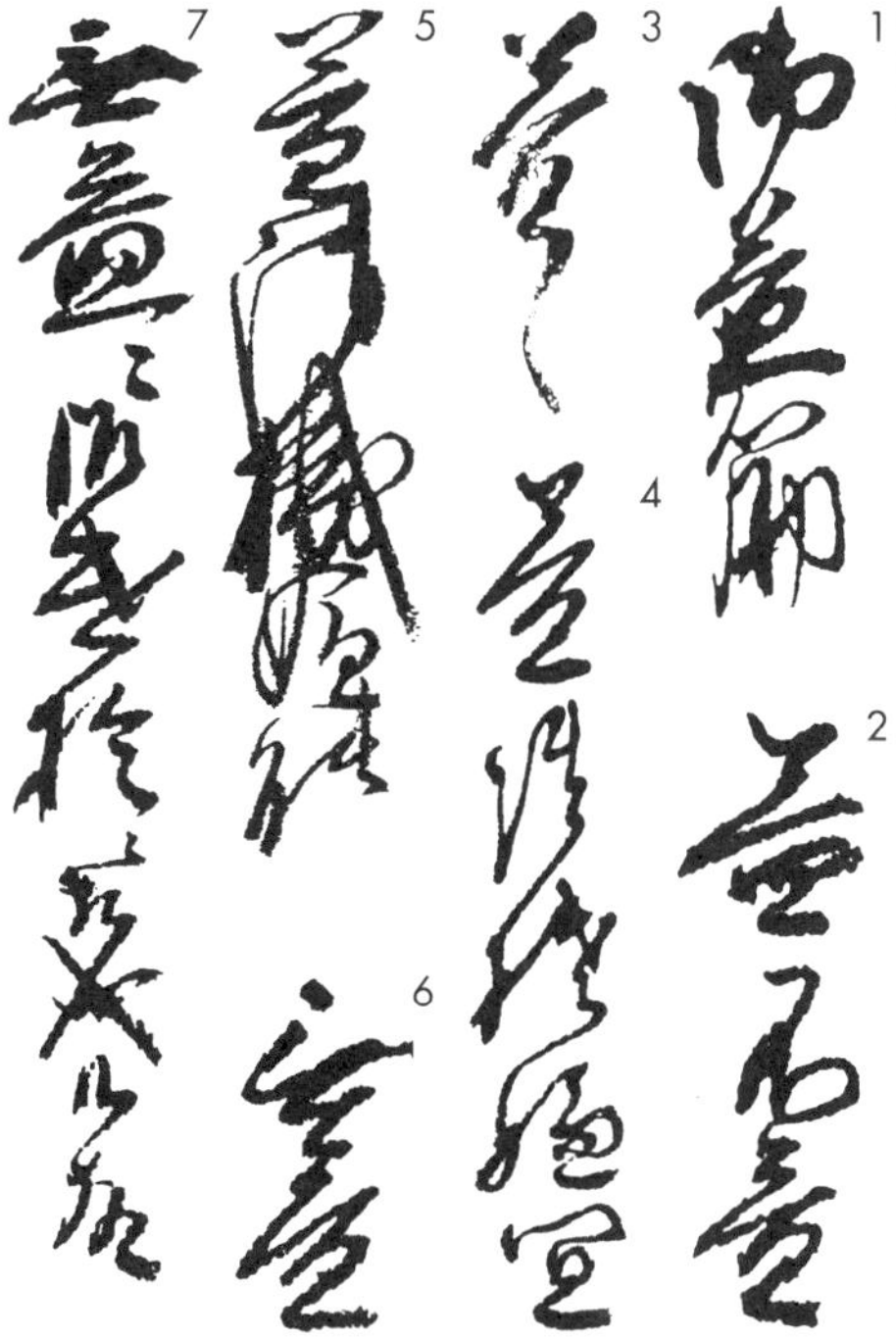

1 御益筋《おえきすじ》 2 益不益《えきふえき》 3 益々《ますます》 4 益《ますます》 御機嫌《ごきげん》宜《よろしく》 5 益《ますます》 御機嫌能《ごきげんよく》 6 無益《むえき》 7 無益《むえき》ニ御遣捨《おつかいすて》ニ相成《あいなり》候《そうろう》故《ゆえ》

522 真(眞)

3131
6635

シン
ま
まこと

◎原形をとどめない特殊なくずしとなり、単漢字2番目が基本形(108頁「慎」も参照)。「真木」(=「槙」)は杉や檜などの上等木のこと。

【用例】

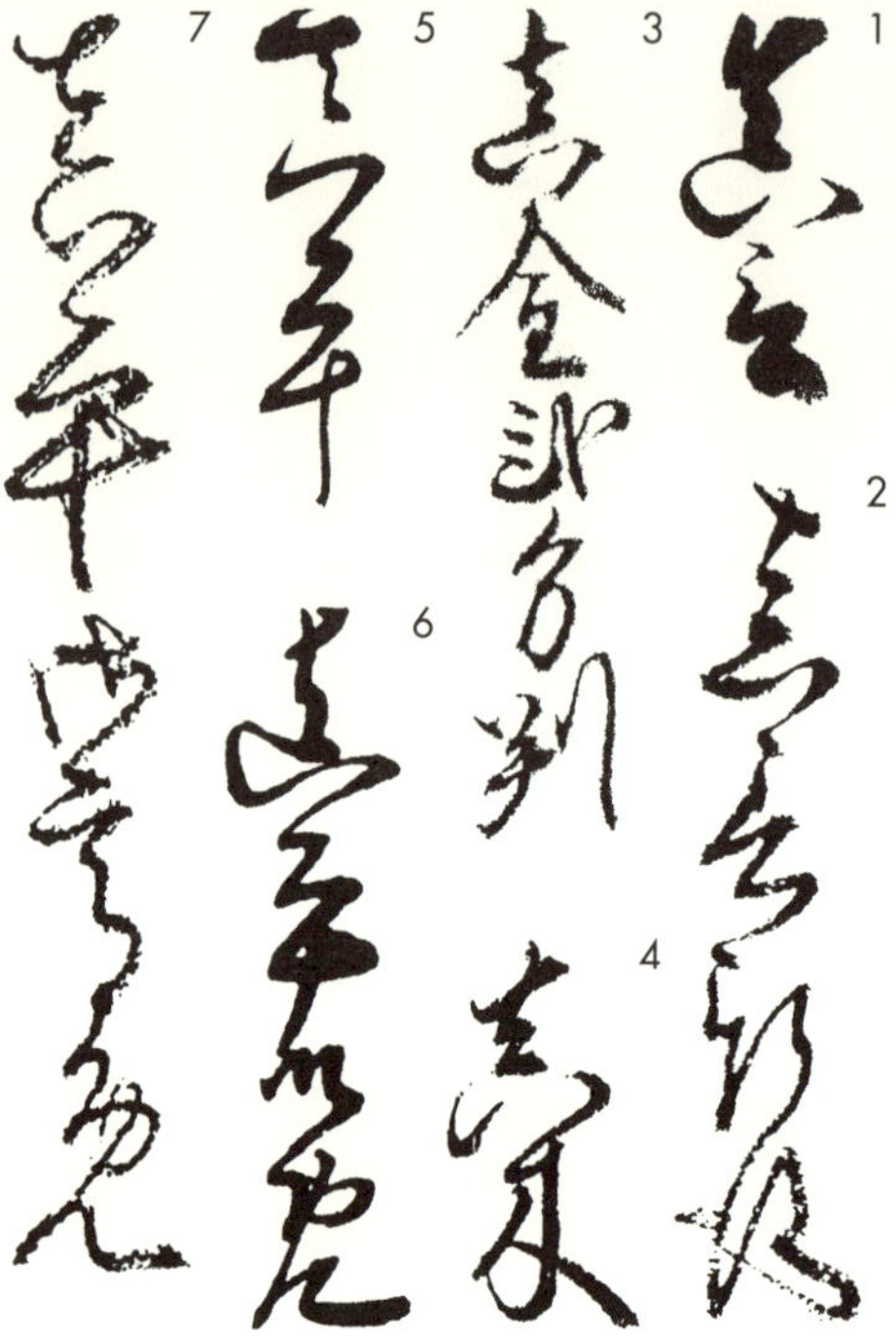

1 真言《しんごん》 2 真言新儀《しんごんしんぎ》 3 真金弐分判《しんきんにぶはん》 4 真木《まき》 5 真平《まっぴら》 6 真平御免《まっぴらごめん》
7 真平御高免《まっぴらごこうめん》

523 石

3248

シャク
セキ・コク
いし

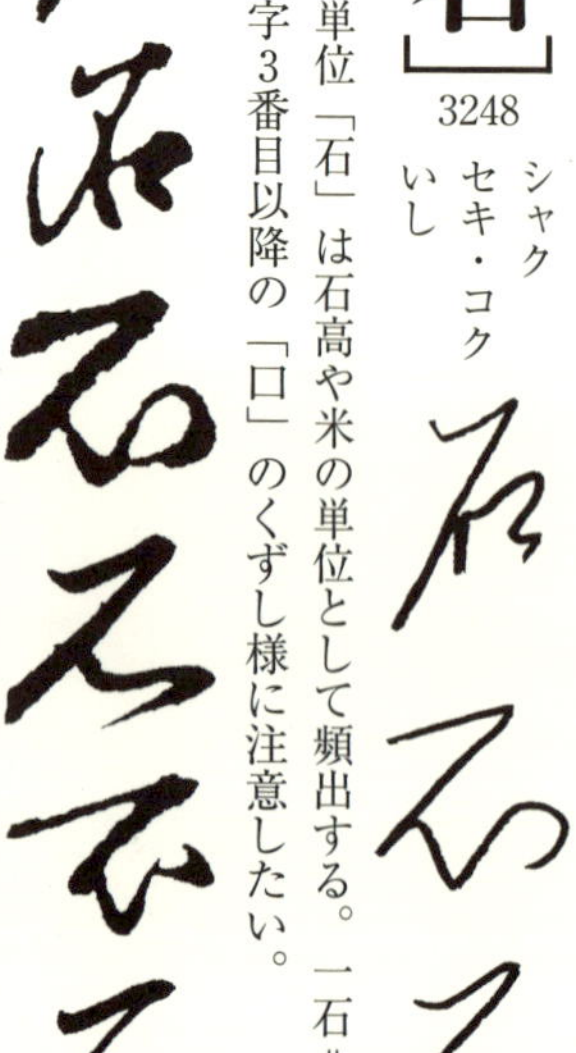

◎容量の単位「石」は石高や米の単位として頻出する。一石=一〇斗。単漢字3番目以降の「口」のくずし様に注意したい。

【用例】

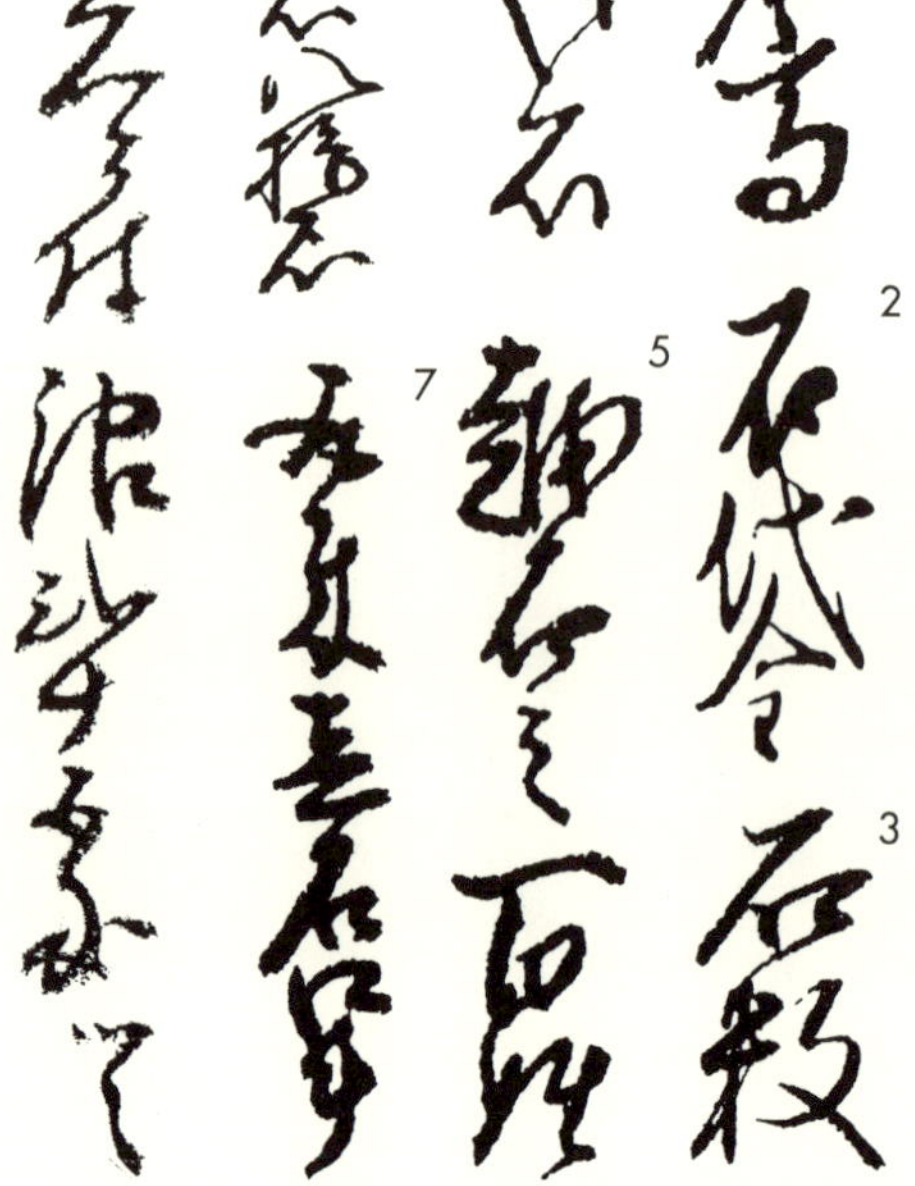

1 石高《こくだか》 2 石代金《こくだいきん》 3 石数《こくすう》 4 越石《こしこく》 5 越石之百姓《こしこくのひゃくしょう》
6 此石八拾石《このこくはちじゅっこく》 7 取米壱石四斗《とりまいいっこくよんと》
8 百石《ひゃっこく》ニ《に》付《つき》銀《ぎん》弐十五《にじゅうご》匁《もんめ》ツヽ《ずつ》

524 砌

6670

セイ

みぎり

◎ここでは下段「破」と併せて「石」偏のくずしを覚えてほしい。「切」は38頁を参照。「其砌」「～之砌」「～候砌」の形で頻出する。

【用例】

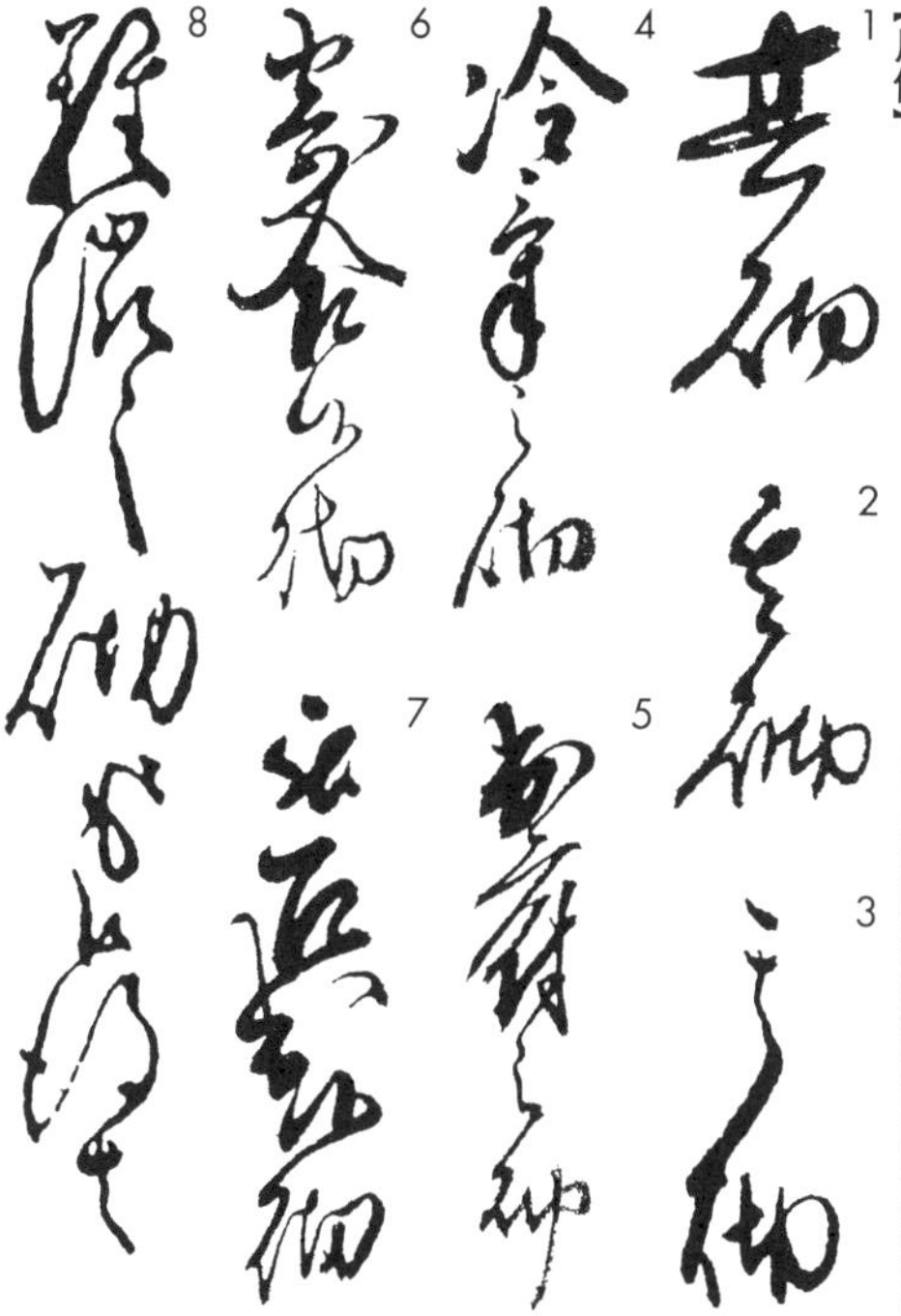

1～3 其砌《そのみぎり》　4 冷氣之砌《れいきのみぎり》　5 出府之砌《しゅっぷのみぎり》　6 寄合 候 砌《よりあいそうろうみぎり》　7 被二召出一候砌《めしいだされそうろうみぎり》　8 難渋之砌ニも候得者《なんじゅうのみぎりにそうらえば》

525 破

3943

ハ

やぶる

◎旁の「皮」のくずしについては97頁「彼」、121頁「披」を参照されたい。「破免」は年貢、用例4・6～8は災害・普請関係の文書に頻出。

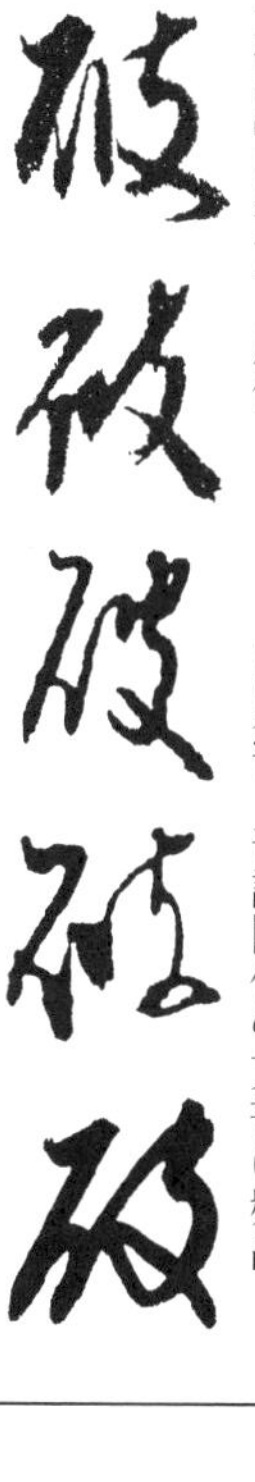

【用例】

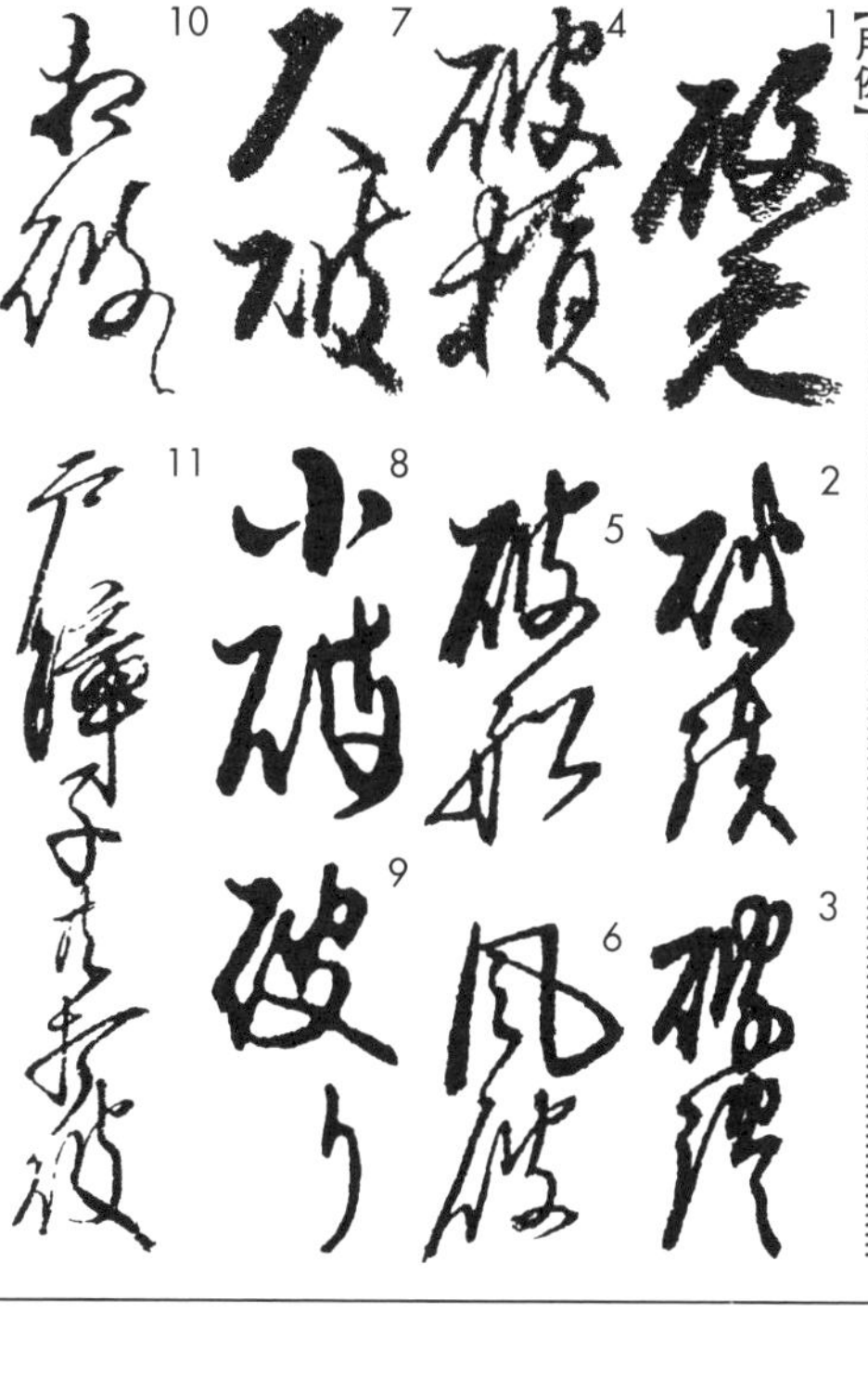

1 破免《はめん》　2・3 破談《はだん》　4 破損《はそん》　5 破船《はせん》　6 風破《ふうは》　7 大破《たいは》　8 小破《しょうは》　9 破リ《やぶり》　10 相破レ《あいやぶれ》　11 戸《と》・障子共打破《しょうじともうちやぶり》

526 【示】 2808

シ・ジ しめす しめし

◎ここでは単漢字3・4番目を覚えておきたい。「示談」は頻出の重要語。「談」には難読のくずしもあるので判読には注意したい。

【用例】

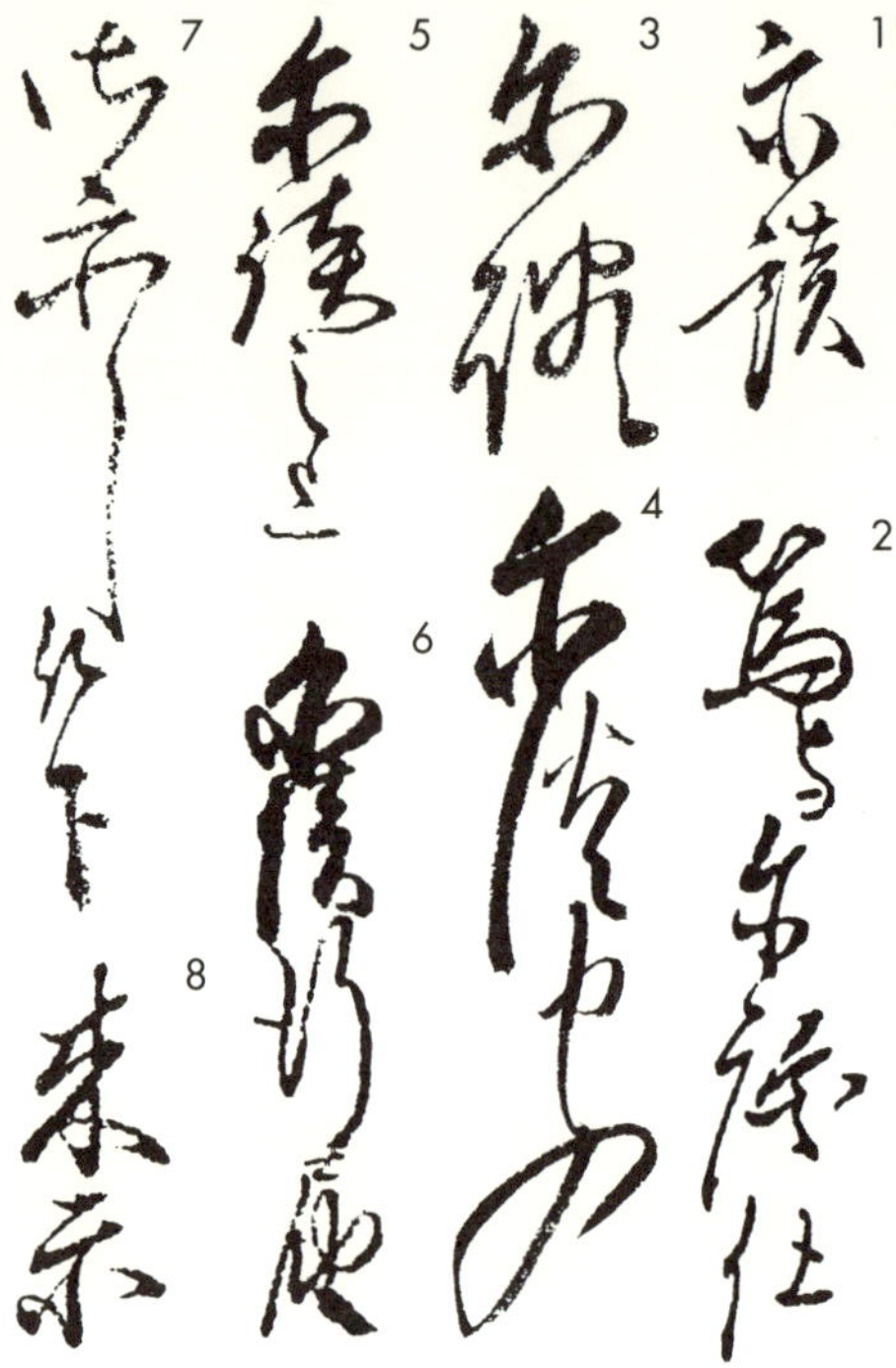

1 示談《じだん》 2 篤与《とくと》示談《じだん》仕《つかまつり》 3 示談《じだん》 4 示談《じだん》申入《もうしいれ》 5 示談《じだん》之《の》上《うえ》 6 示談《じだん》行届《ゆきとどき》 7 御示《おしめ》し被レ下《くだされ》 8 来示《らいじ》

527 【社】 2850

シャ やしろ こそ

◎No.529までの「ネ」偏を確実に覚えたい。「禾」や「衤」偏とも類似するので注意。「社人」「社家」は神官のこと。「寺社」が頻出する。

【用例】

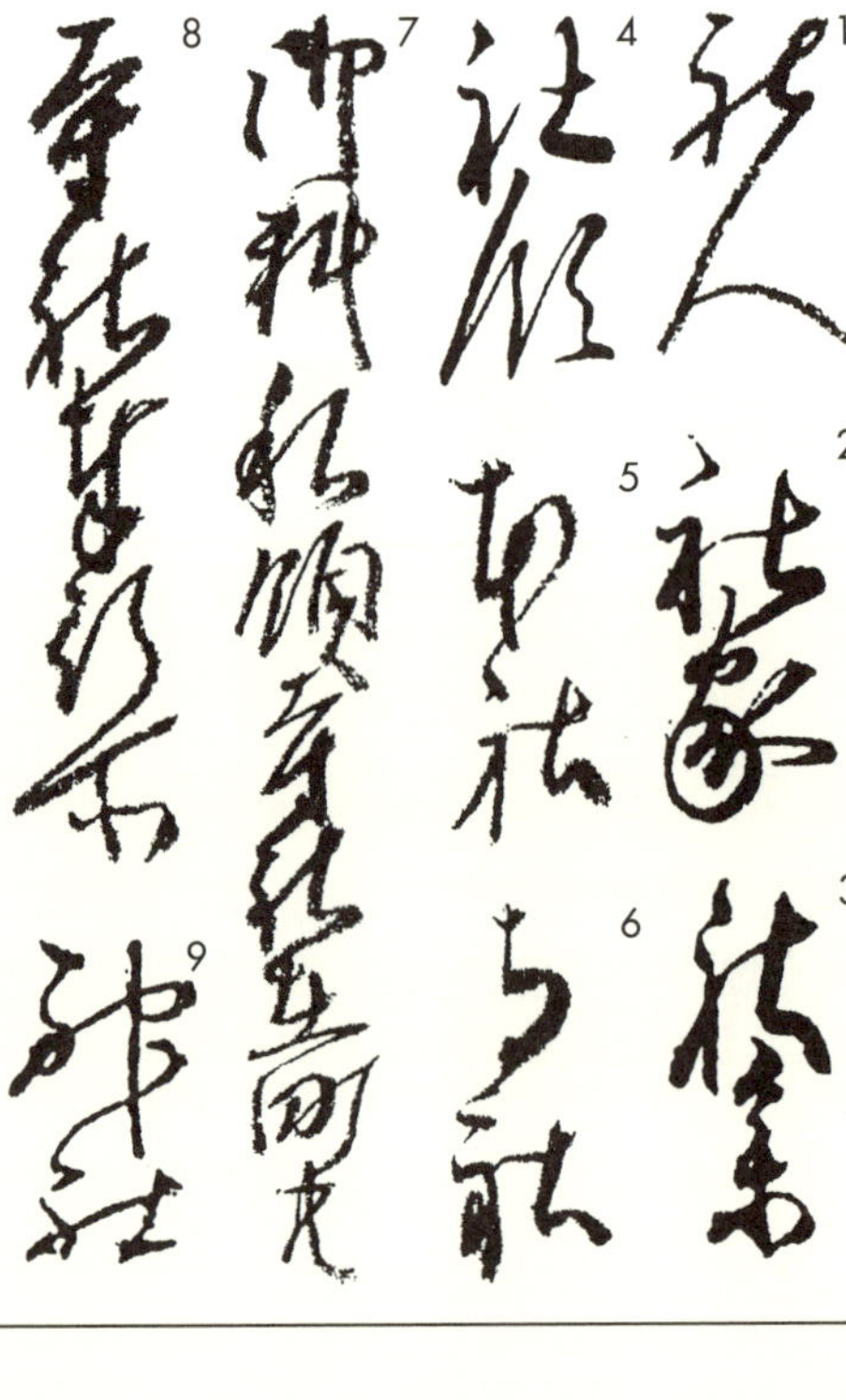

1 社人《しゃじん》《しゃにん》 2 社家《しゃけ》 3 社参《しゃさん》 4 社領《しゃりょう》 5 本社《ほんしゃ》 6 寺社《じしゃ》 7 御料《ごりょう》・私領《しりょう》・寺社《じしゃ》・在町共《ざいちょうとも》 8 寺社奉行所《じしゃぶぎょうしょ》 9 神社《じんじゃ》

528
祝
2943

シュク・シュウ
いわい
いわう

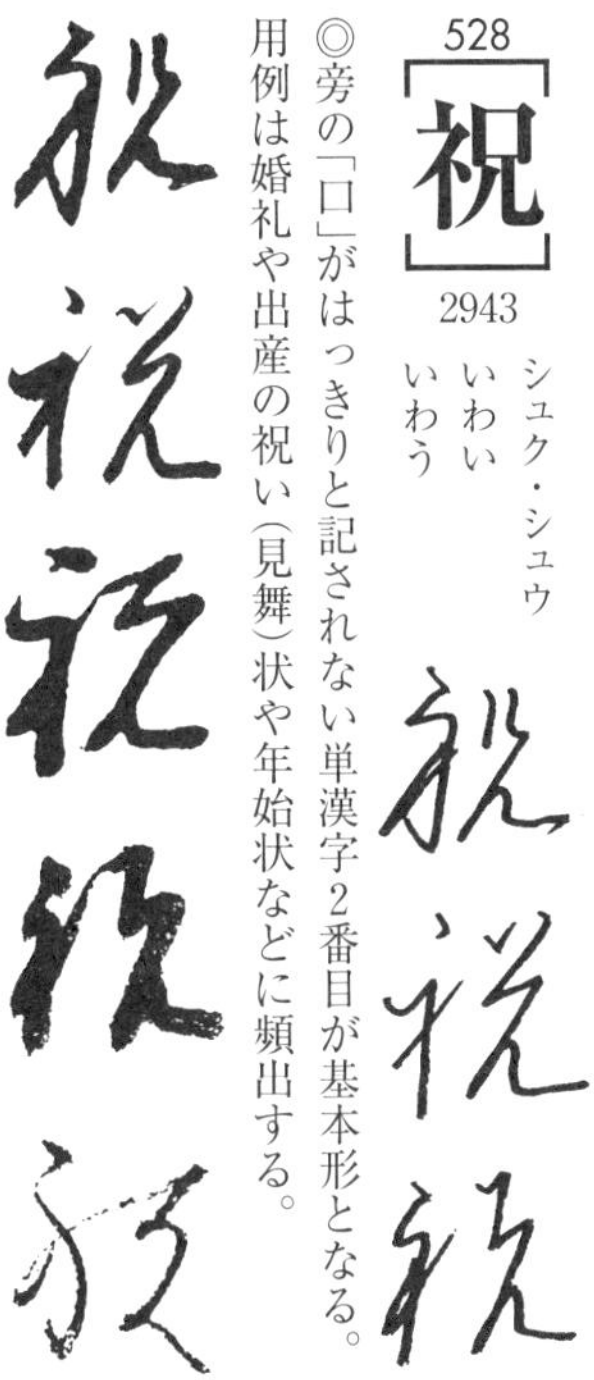

◎旁の「口」がはっきりと記されない単漢字2番目が基本形となる。用例は婚礼や出産の祝い（見舞）状や年始状などに頻出する。

【用例】

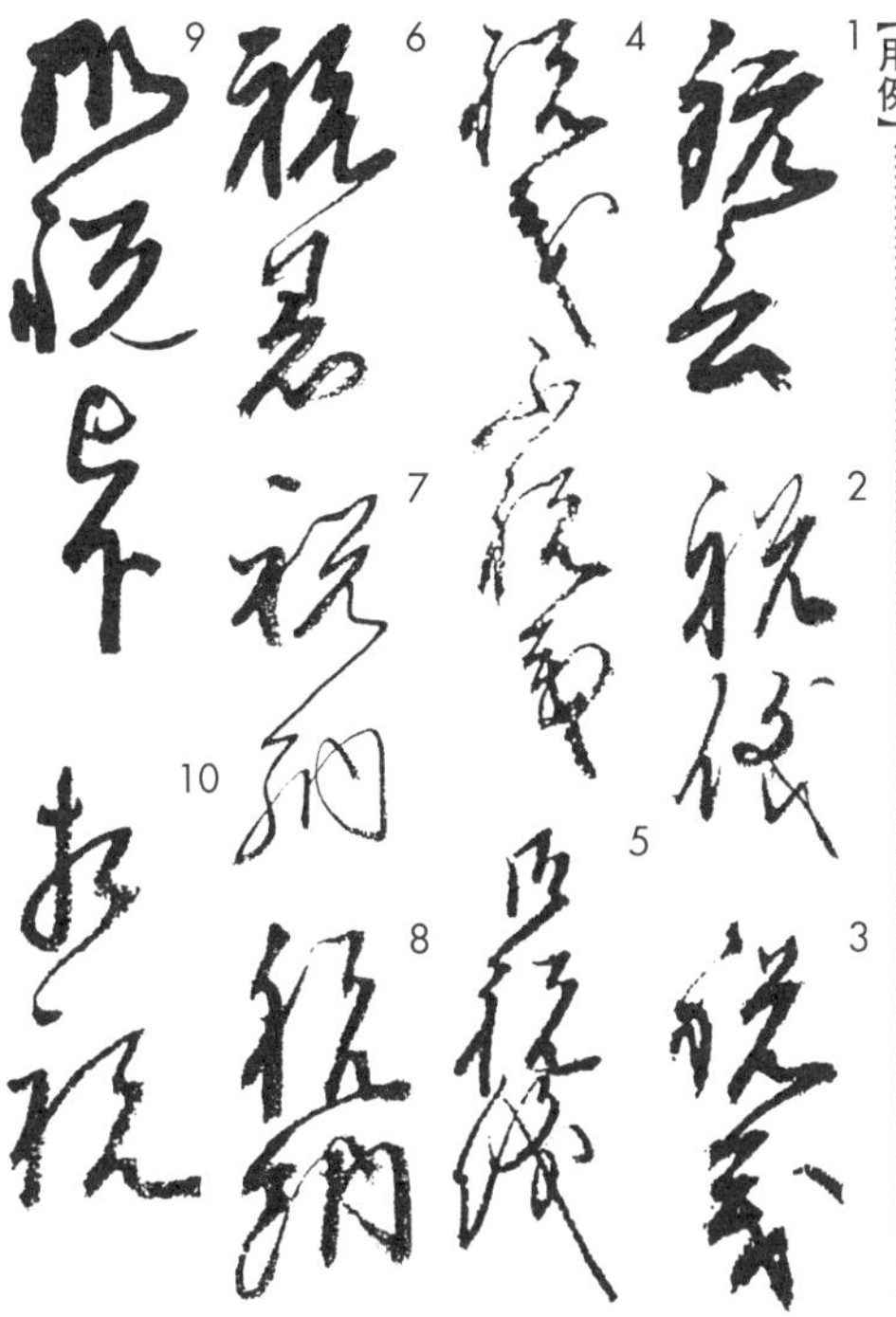

1 祝言《しゅうげん》
2 祝儀《しゅうぎ》
3 祝義《しゅうぎ》
4 祝義不祝義《しゅうぎぶしゅうぎ》
5 御祝儀《ごしゅうぎ》
6 祝着《しゅうちゃく》
7・8 祝納《しゅくのう》
9 御祝被下《おいわいくだされ》
10 相祝《あいいわう》

529
神
3132

シン・ジン
かみ・かん
こう

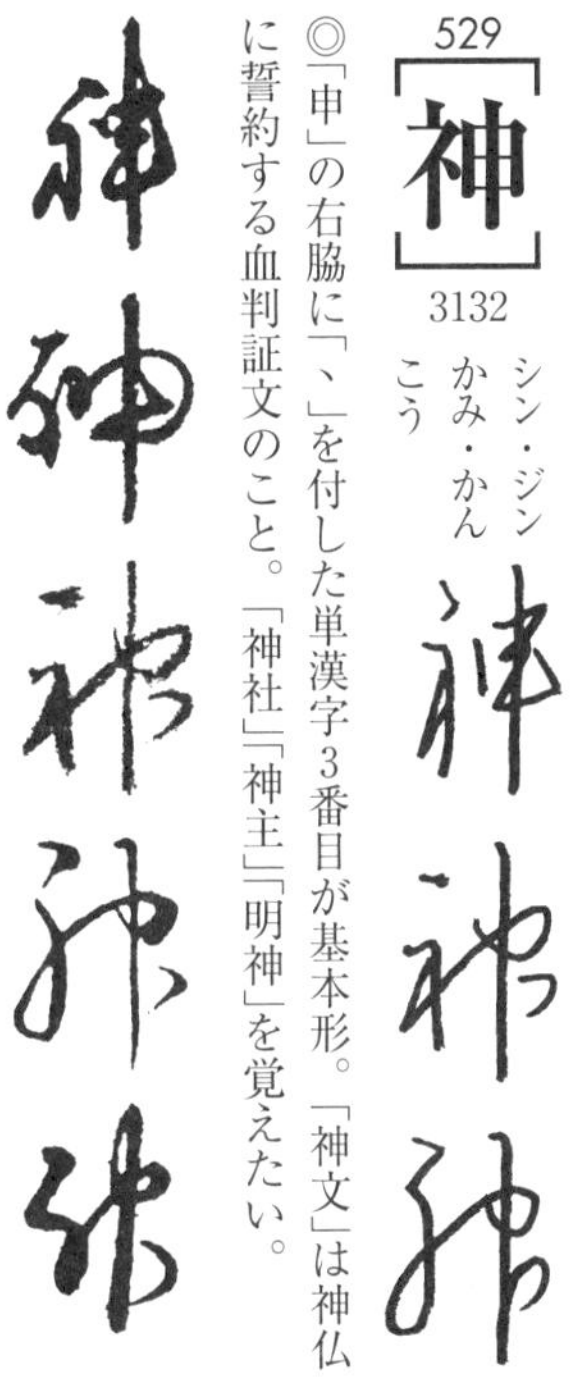

◎「申」の右脇に「、」を付した単漢字3番目が基本形。「神文」は神仏に誓約する血判証文のこと。「神社」「神主」「明神」を覚えたい。

【用例】

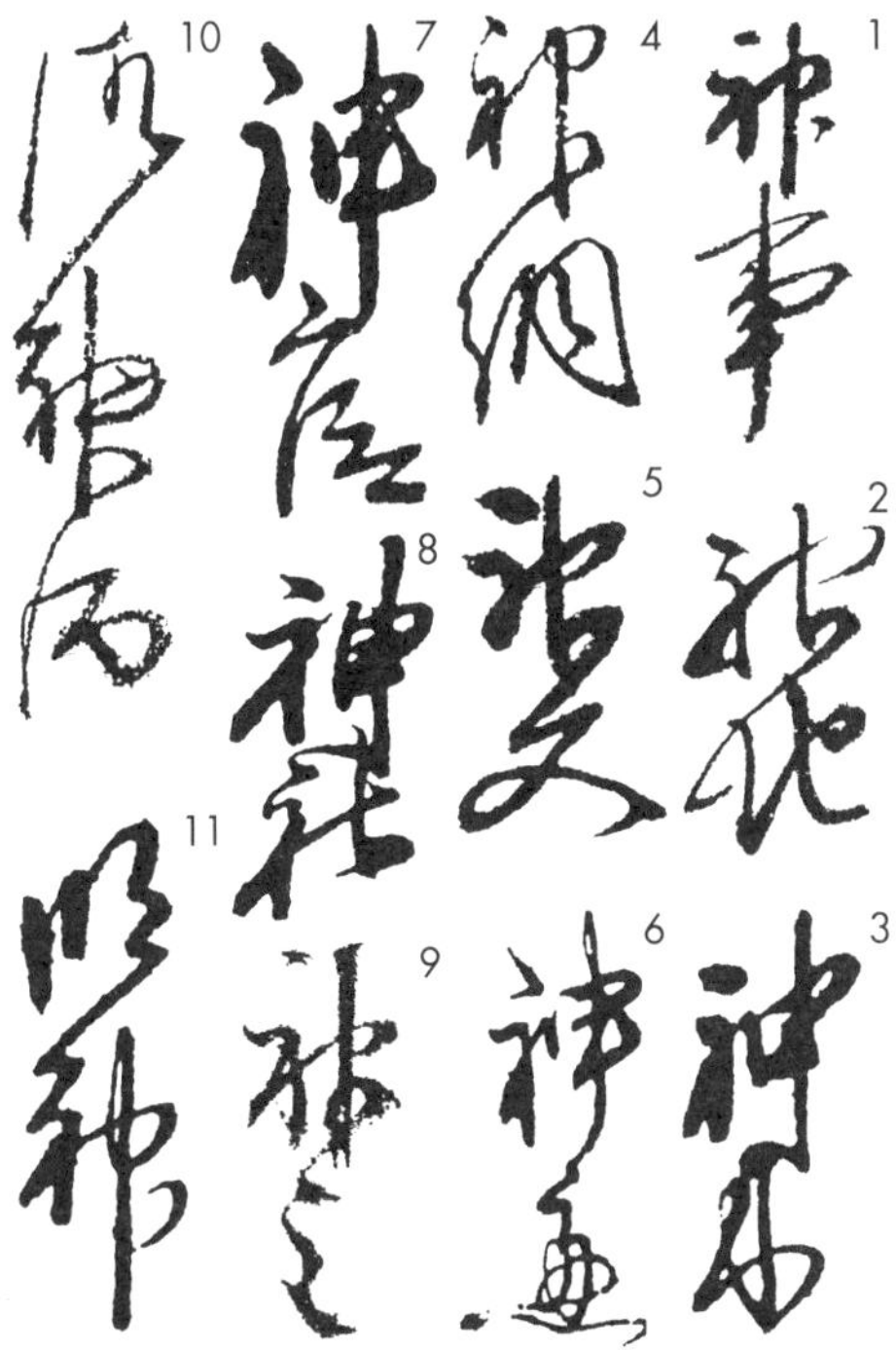

1 神事《しんじ》
2 神地《しんち》
3 神木《しんぼく》
4 神納《しんのう》
5 神文《しんもん》
6 神慮《しんりょ》
7 神官《しんかん》
8 神社《じんじゃ》
9 神主《かんぬし》
10 御神酒《おみき》
11 明神《みょうじん》

530
［私］
2768
シ
わたくし

◎まずNo.537までの「禾」偏を覚えてほしい。「私領」は触書に頻出する重要語で、用例4は決り文句。「私儀（義）」は種々の文書に頻出。

【用例】

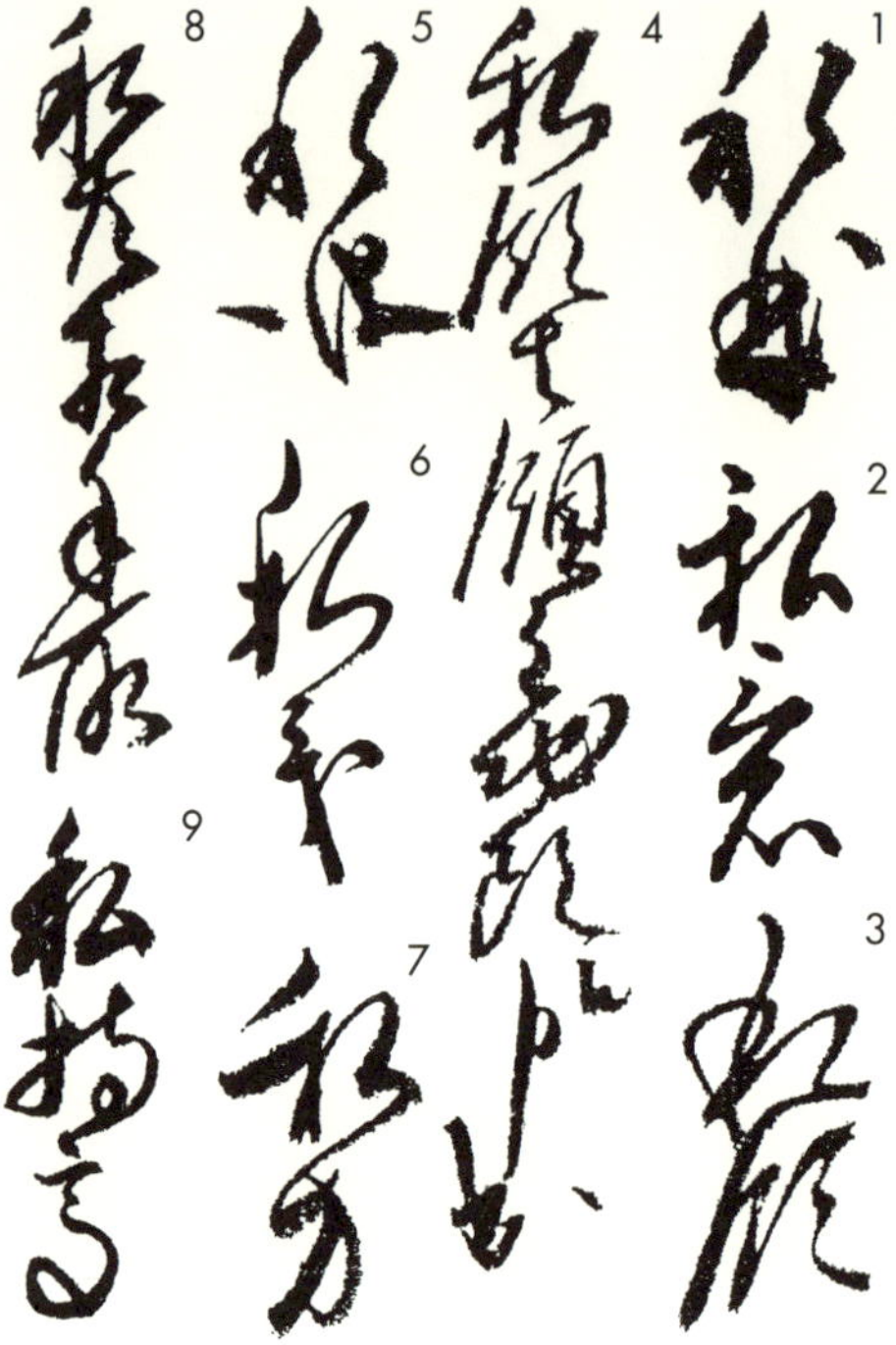

1 私曲《しきょく》 2 私意《しい》 3 私領《しりょう》 4 私領者領主・地頭江申出《しりょうはりょうしゅ・じとうへもうしいで》 5 私儀《わたくしぎ》
6 私義《わたくしぎ》 7 私方《わたくしかた》 8 私共相手取《わたくしどもあいてどり》 9 私持高《わたくしもちだか》

531
［科］
1842
カ
しな
とが

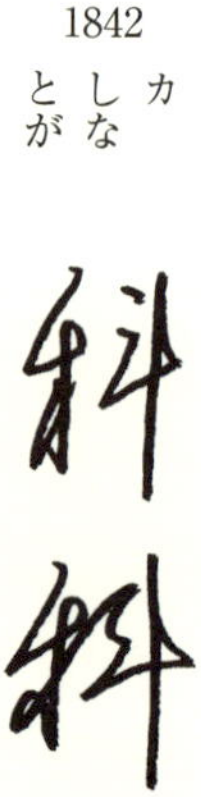

◎基本的に判読は容易だが、130頁「料」との誤記も見られる。用例5・6・8は種々の取締りに関わる触書などに頻出の決り文句。

【用例】

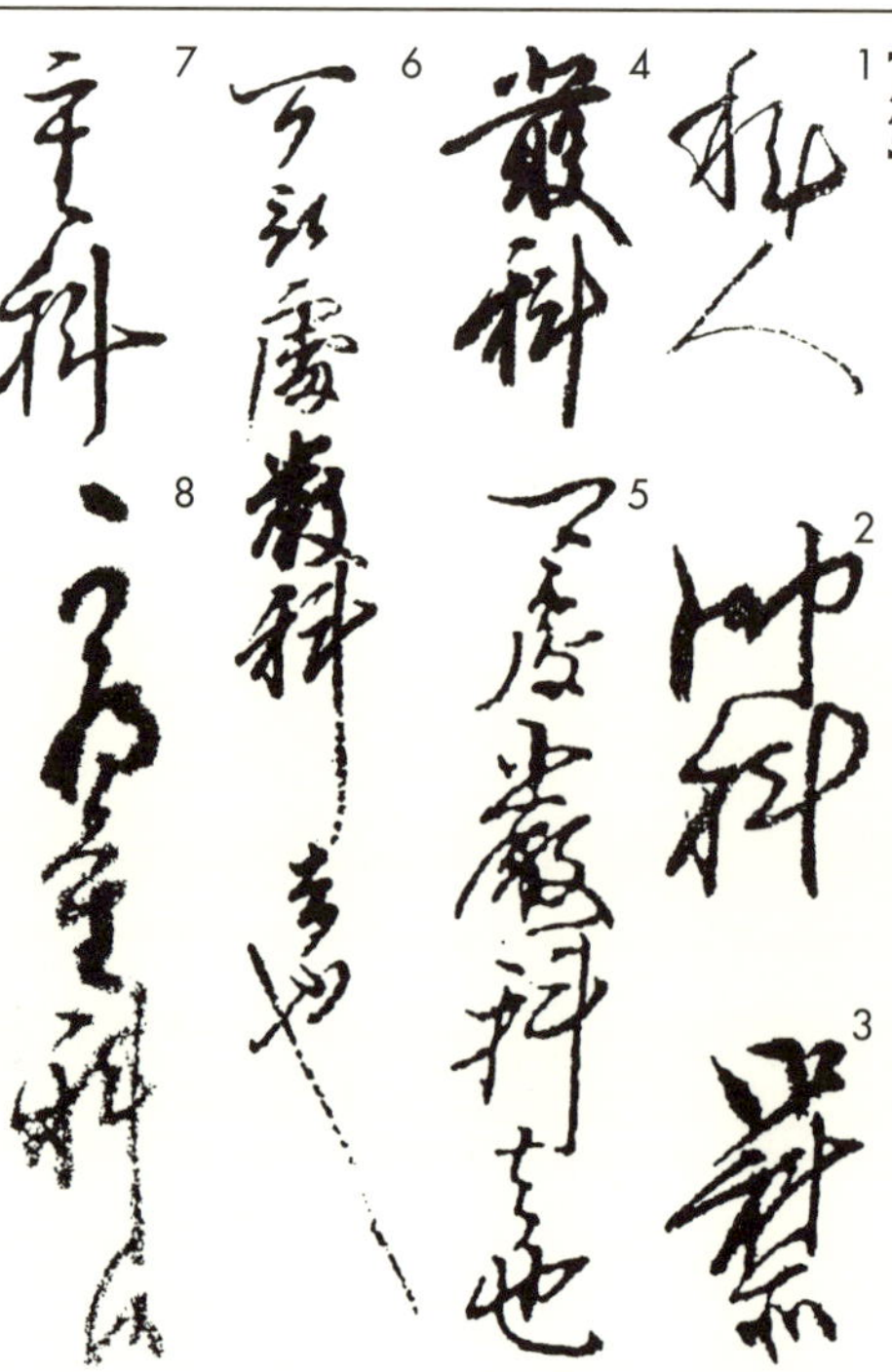

1 科人《とがにん》 2 御科《おとが》 3 御科所《ごりょうしょ》（※「料」の誤記） 4 嚴科《げんか》
5 可レ處二嚴科一者也《げんかにしょすべきものなり》 6 可レ被レ處二嚴科一者也《げんかにしょさるべきものなり》 7 重科《じゅうか》
8 可レ為二重科一候《じゅうかたるべくそうろう》

532 秋

2909

シュウ
あき

◎「火」の原形がない単漢字3番目や用例4・7は判読困難。単漢字4・5番目は左右が入れ替わった異体字である（異体字一覧参照）。

【用例】

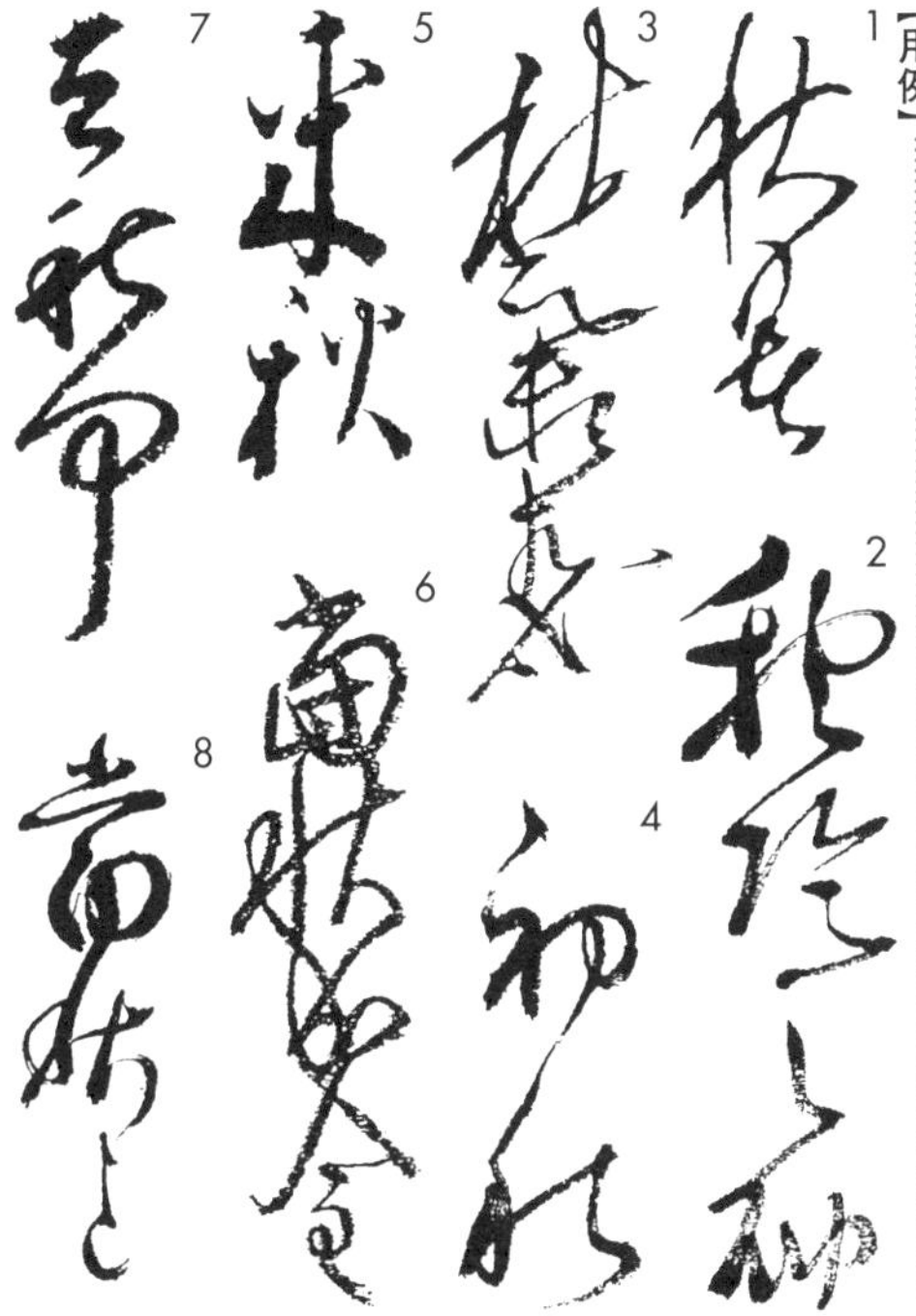

1 秋暑《しゅうしょ》
2 秋冷之砌《しゅうれいのみぎり》
3 秋氣二相成《しゅうきにあいなり》
4 初秋《しょしゅう》
5 来秋《らいしゅう》
6 當秋成金《とうあきなりきん》
7 去秋中《さるあきちゅう》
8 當秋迄《とうあきまで》

533 移

1660

イ
うつす
うつる

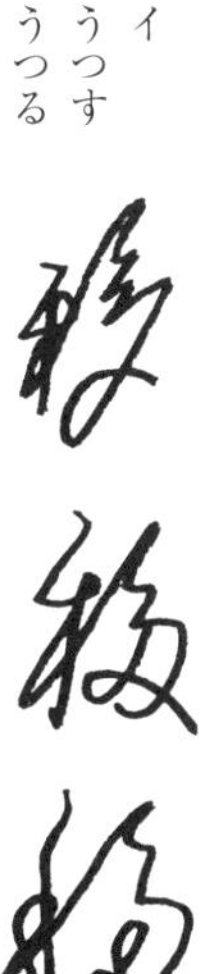

◎単漢字2番目以降の「多」が判読できるか否かがポイント。引越（屋敷替）や季節（時間）の変化などを表現する際に多く用いられる。

【用例】

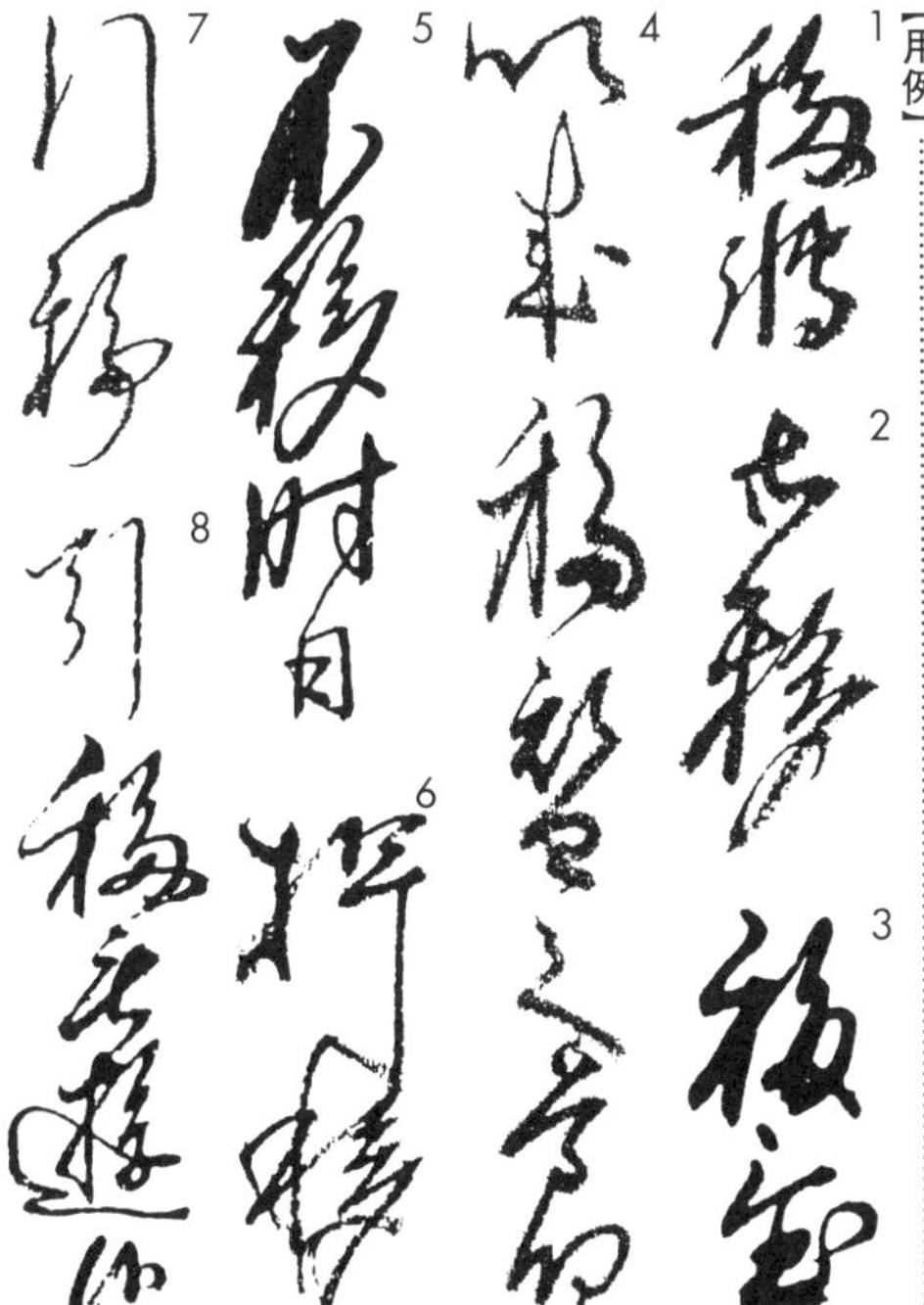

1 移轉《いてん》
2 御移《おうつり》
3 移置《うつしおく》
4 以来 移 替 之節《いらいうつりかわりのせつ》
5 不レ移二時日一《じじつをうつさず》
6 押移《おしうつる》
7 引移《ひきうつる》
8 引 移 被レ 遊 候《ひきうつりあそばされそうろう》

534
穀
2582
コク

◎「殳」が「夊」のようにもくずされる点に注意すれば判読は容易。幕府・藩財政、庶民の生活に大きく関わる「米穀」が頻出の重要語。

【用例】

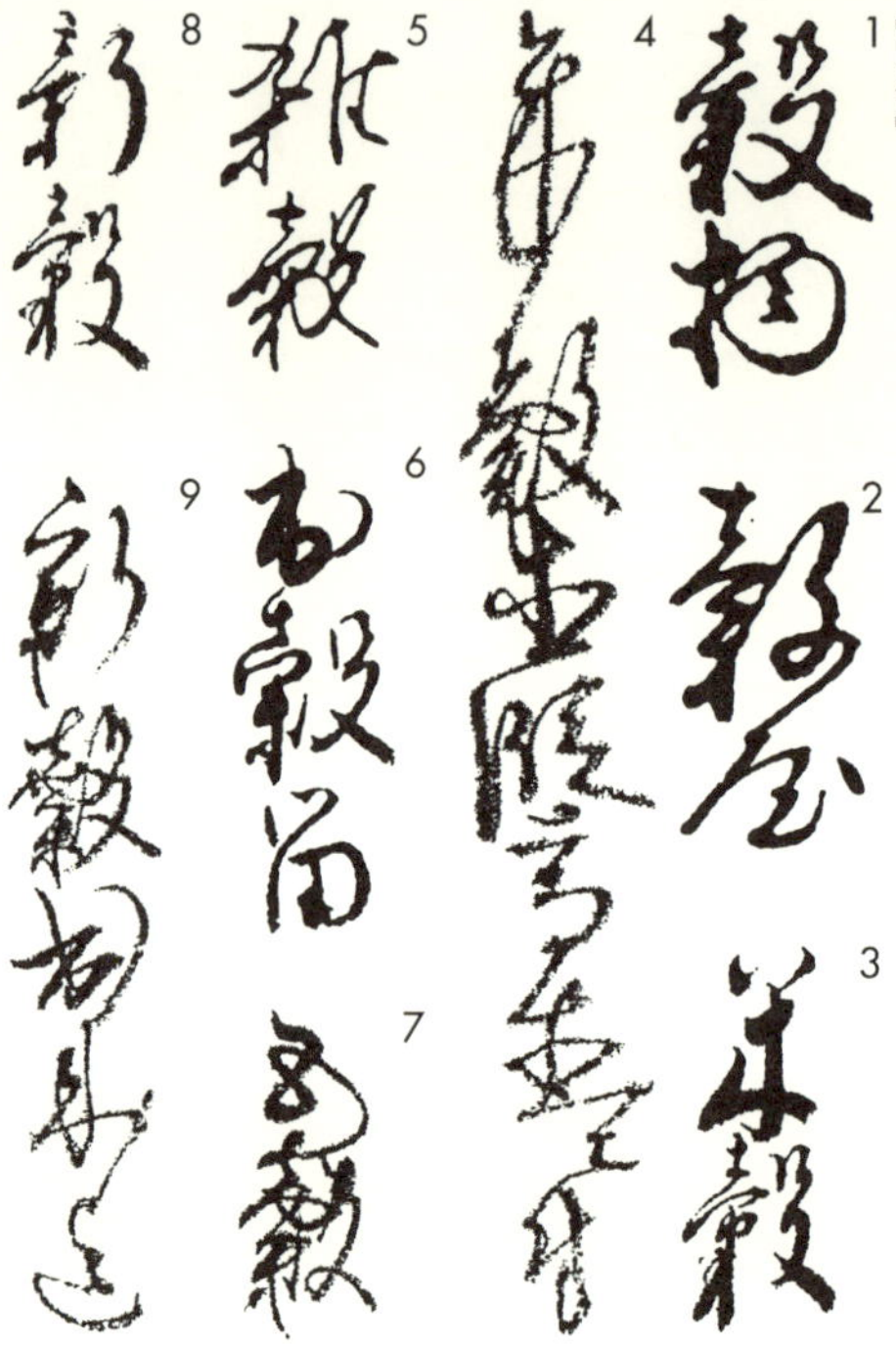

1 穀物《こくもつ》
2 穀屋《こくや》
3 米穀《べいこく》
4 米穀《べいこく》直段《ねだん》高直《こうじき》《たかね》二《に》付《つき》
5 雑穀《ざっこく》
6 出穀留《しゅっこくどめ》
7 五穀《ごこく》
8 新穀《しんこく》
9 新穀出来迄《しんこくしゅったいまで》

535
種
2879
シュ
たね
くさ

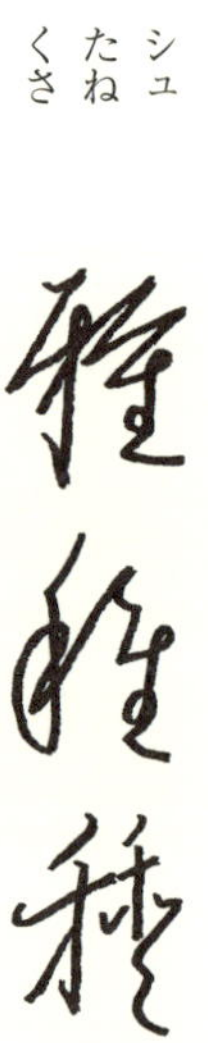

◎単漢字1番目が基本形。ここでは明らかに「重」のくずしと異なる単漢字5番目の特殊形を押さえておきたい。「種々〜」の形で頻出。

【用例】

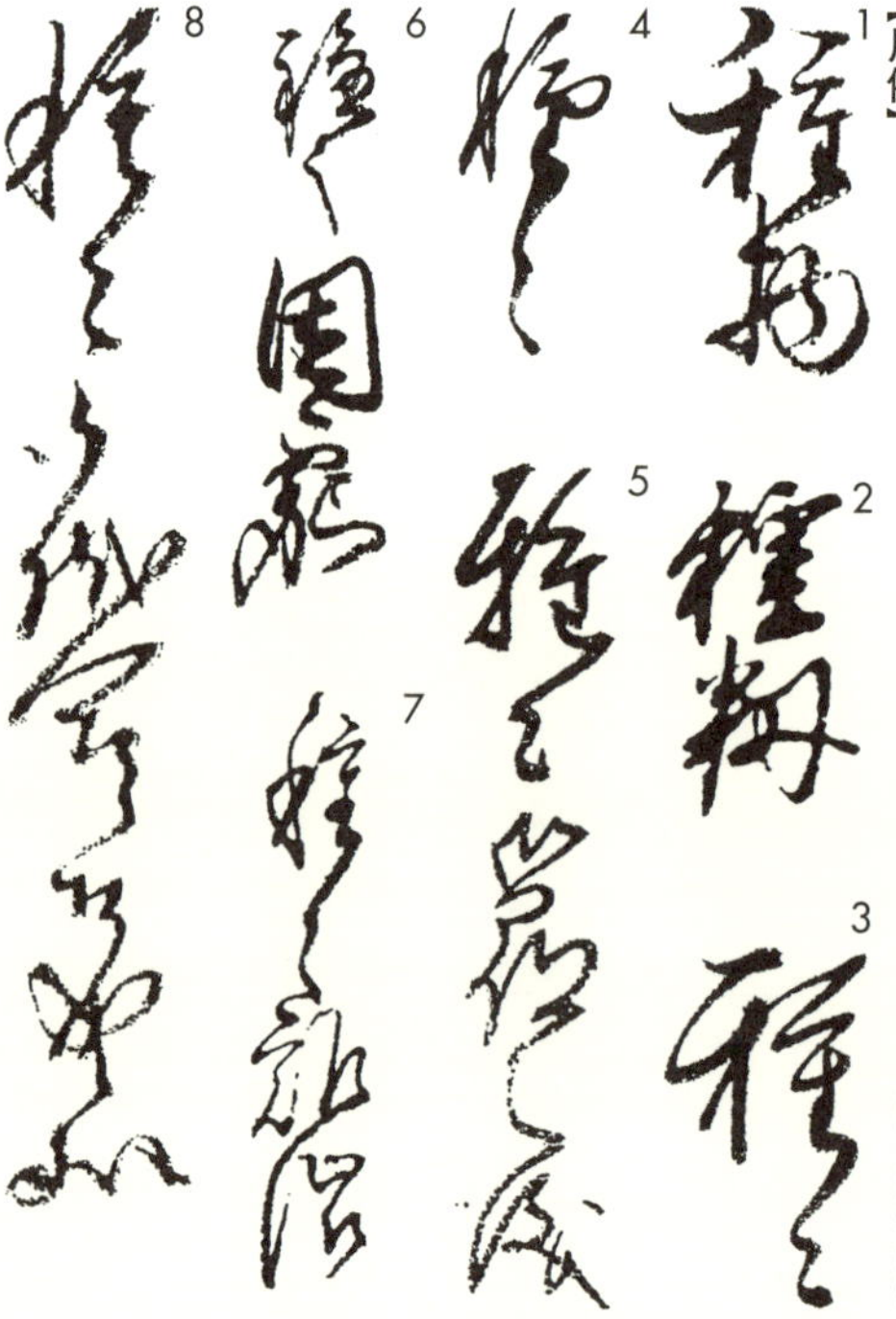

1 種物《たねもの》
2 種籾《たねもみ》
3・4 種々《しゅじゅ》
5 種々御尋之儀《しゅじゅおたずねのぎ》
6 種々困窮《しゅじゅこんきゅう》
7 種々難渋《しゅじゅなんじゅう》
8 種々御掛合二相成候処《しゅじゅおかけあいにあいなりそうろうところ》

536

穏（穩）

1826
6751

オン
おだやか

◎旁が106頁「愚」と酷似する単漢字2番目が基本形となる（255頁「隠」も参照）。ここでは「不穏」が頻出するので覚えておきたい。

【用例】

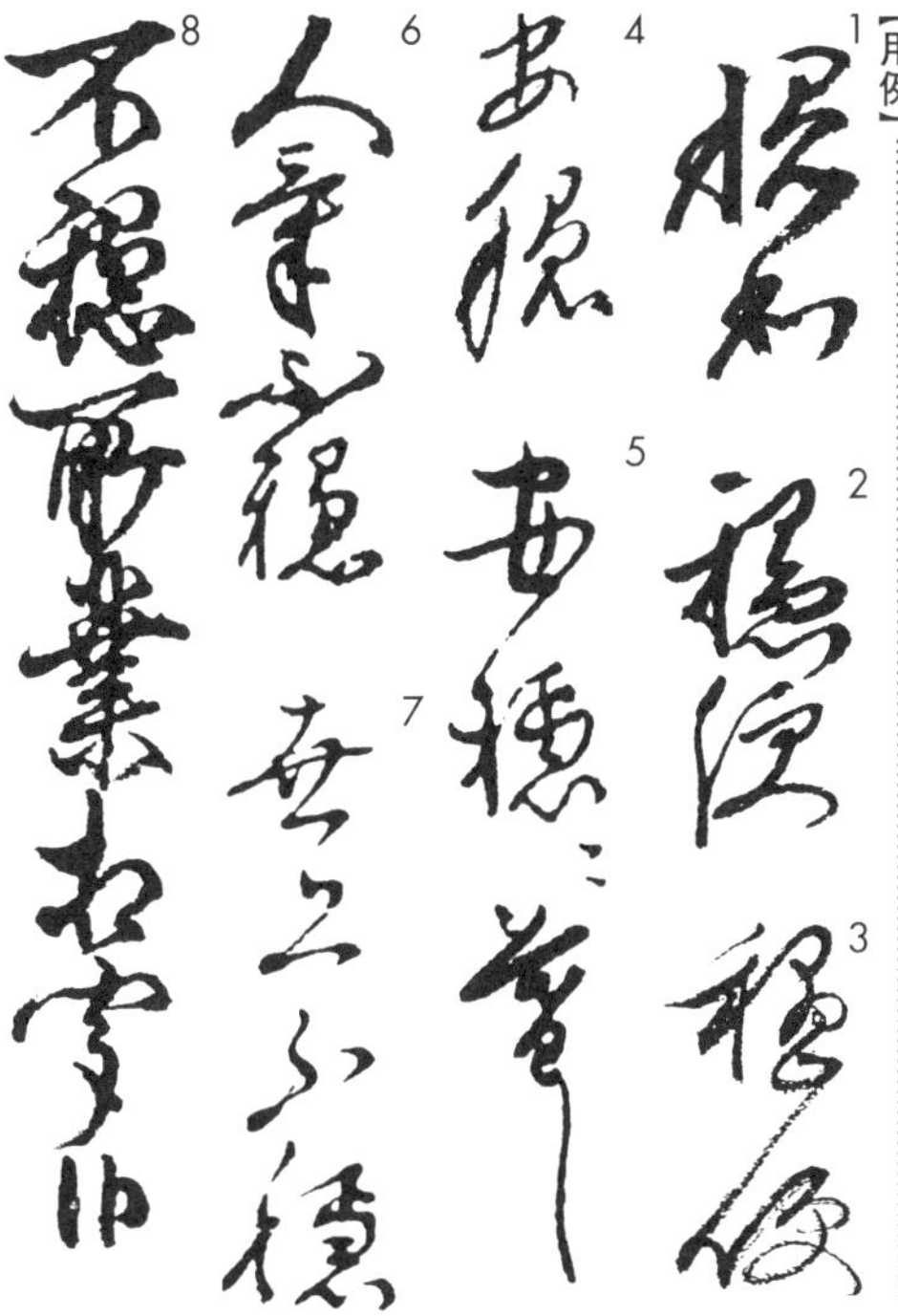

1 穏和《おんわ》　2・3 穏便《おんびん》　4 安穏《あんのん》　5 安穏ニ暮《あんのんにくら》し　6 人氣不穏《じんきふおん》　7 世上不穏《せじょうふおん》　8 不穏所業《ふおんのしょぎょう》 相聞候《あいきこえそうろう》

537

積

3249

セキ・シャク
つむ・つもる
つもり

◎単漢字1・2番目が基本形である。諸物資の運送に関する文書に頻出する。また「〜（之）積リ」という言い回しにも注意したい。

【用例】

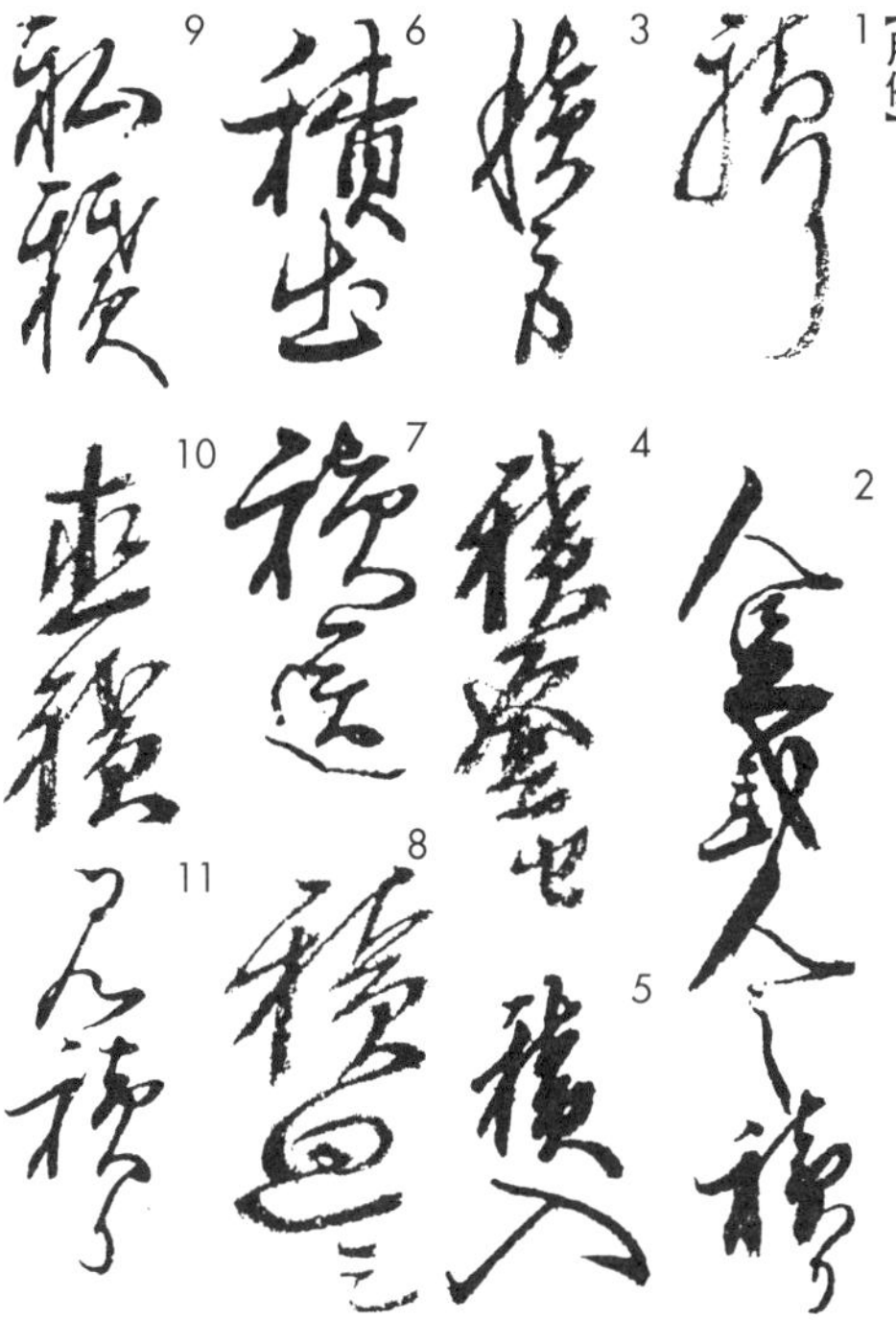

1 積リ《つもり》　2 人足弐人之積リ《にんそくふたりのつもり》　3 積方《つみかた》　4 積登セ《つみのぼせ》　5 積入《つみいれ》　6 積出《つみだす》　7 積送《つみおくり》　8 積廻シ《つみまわし》　9 船積《ふなづみ》　10 直積《じきづみ》　11 見積リ《みつもり》

538 〔究〕 2170

キュウ
きわめる
きめる

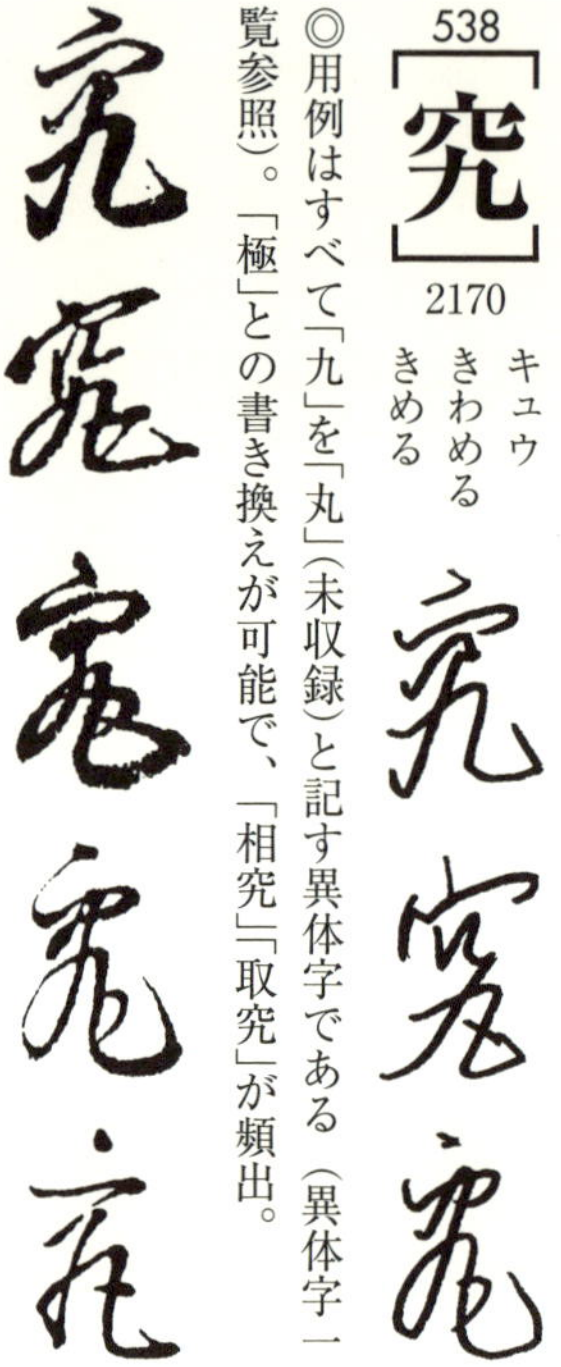

◎用例はすべて「九」を「丸」（未収録）と記す異体字である（異体字一覧参照）。「極」との書き換えが可能で、「相究」「取究」が頻出。

【用例】

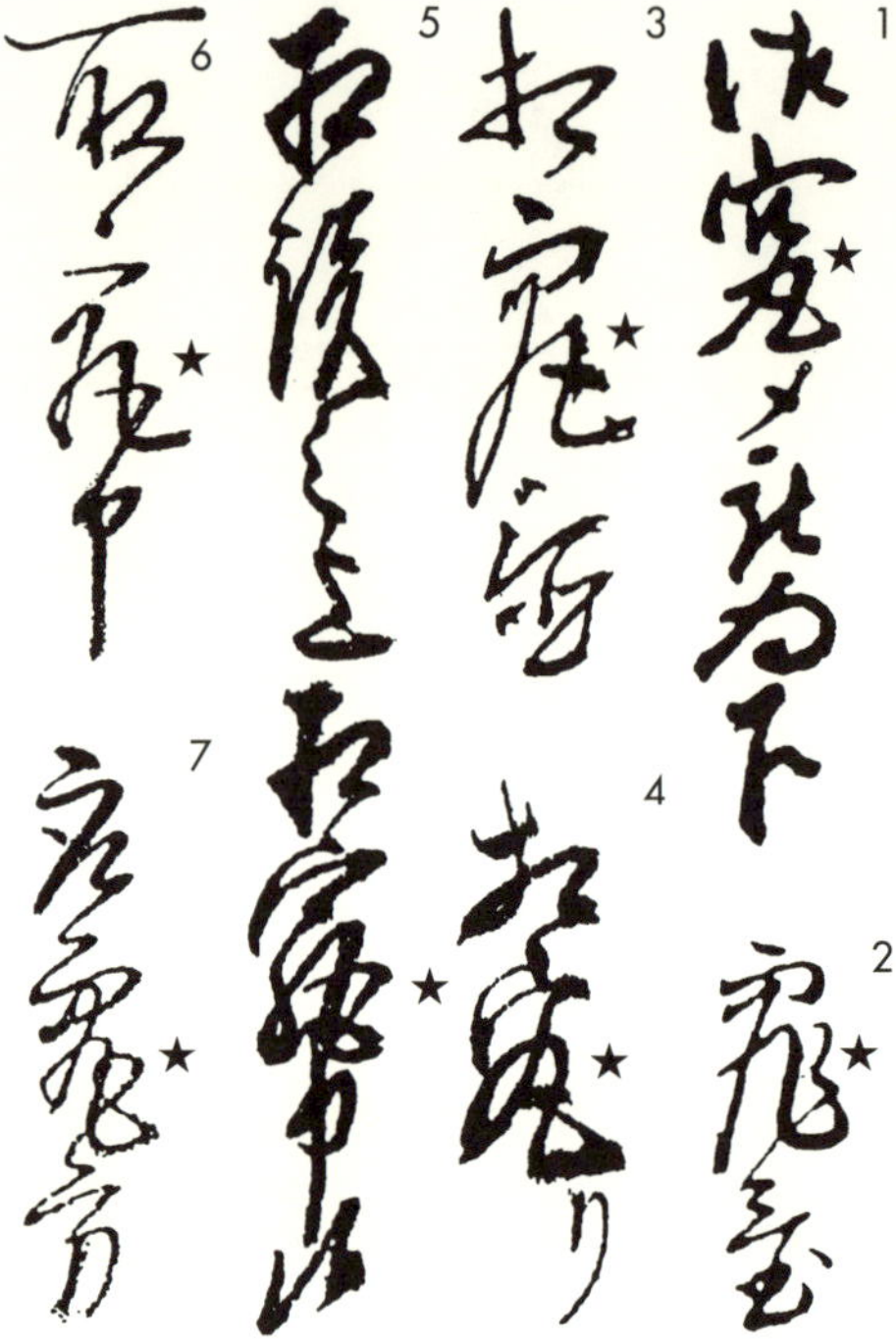

1 御究メ《おきめ》被レ為レ下《くださせられ》 2 究置《きめおく》 3 相究置《あいきめおく》 4 相究リ《あいきまり》
5 相談之上相究申候《そんだんのうえあいきめもうしそうろう》 6 取究申《とりきめもうす》 7 取究方《とりきめかた》

539 〔窮〕 2171

キュウ
きわめる

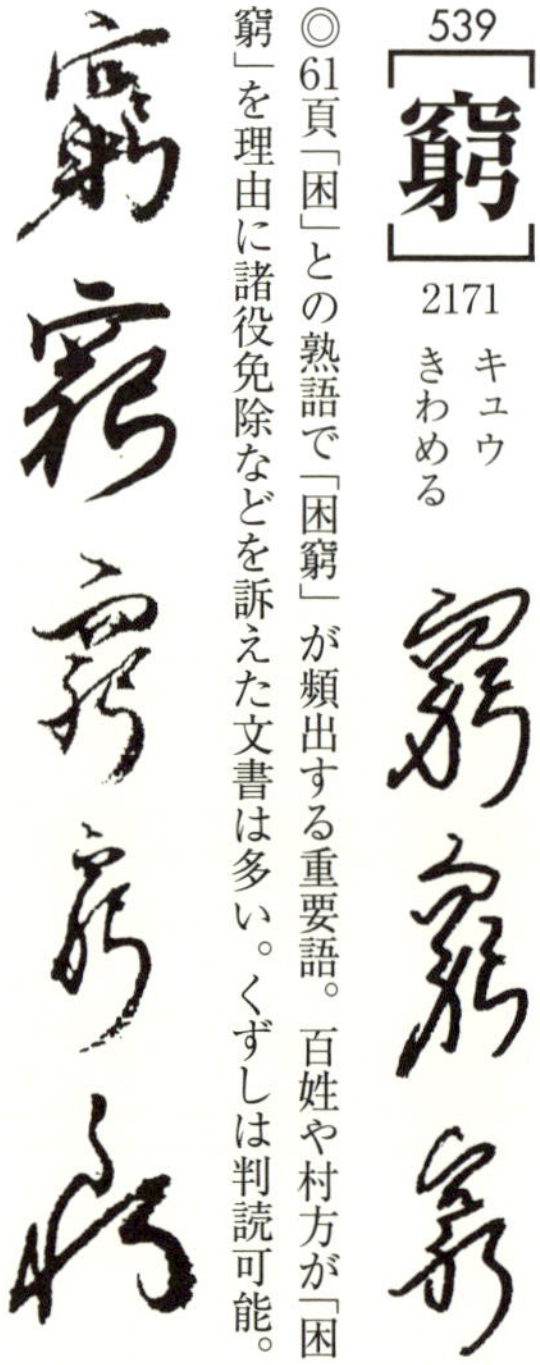

◎61頁「困」との熟語で「困窮」が頻出する重要語。百姓や村方が「困窮」を理由に諸役免除などを訴えた文書は多い。くずしは判読可能。

【用例】

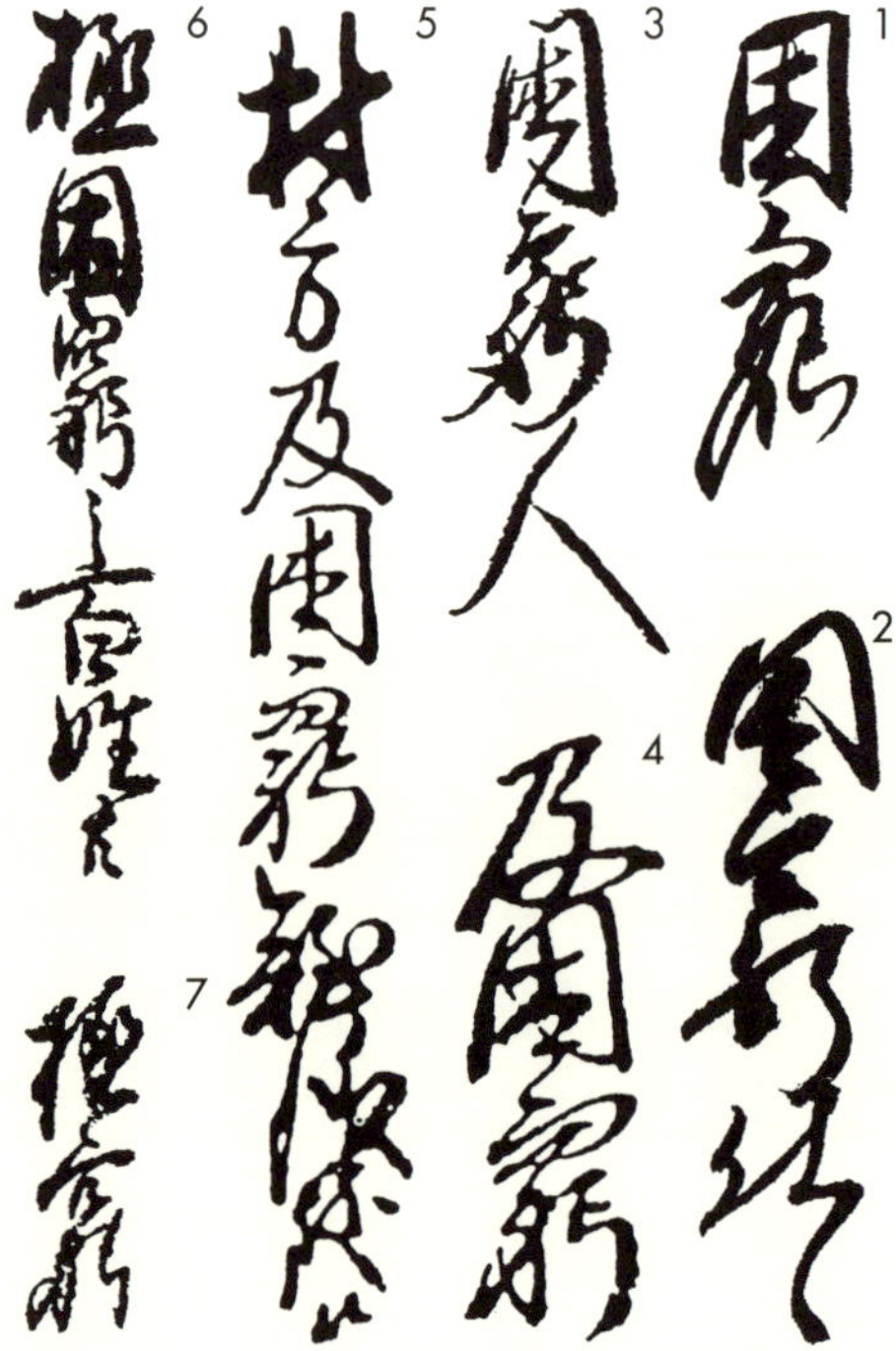

1 困窮《こんきゅう》 2 困窮仕候《こんきゅうつかまつりそうろう》 3 困窮人《こんきゅうにん》 4 及二困窮一《こんきゅうにおよび》
5 村方及二困窮一難儀致候《むらかたこんきゅうにおよびなんぎいたしそうろう》 6 極困窮之百姓共《ごくこんきゅうのひゃくしょうども》 7 極窮《ごくきゅう》

540 端 3528

タン
はし・は
はた

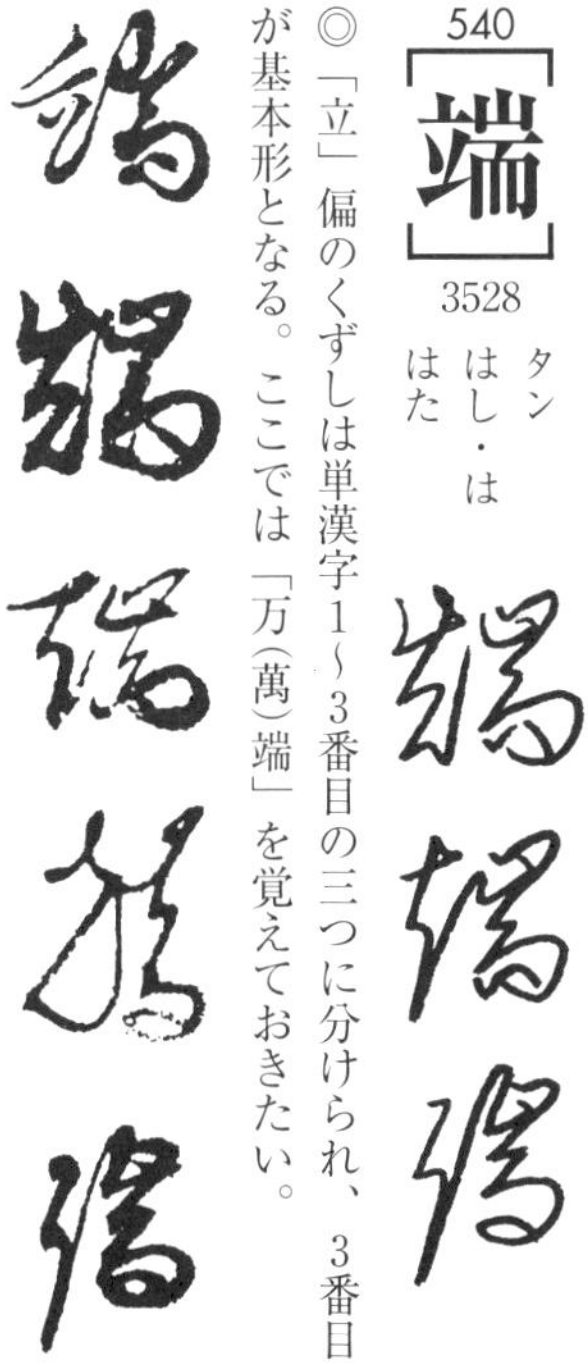

◎「立」偏のくずしは単漢字1～3番目の三つに分けられ、3番目が基本形となる。ここでは「万(萬)端」を覚えておきたい。

【用例】

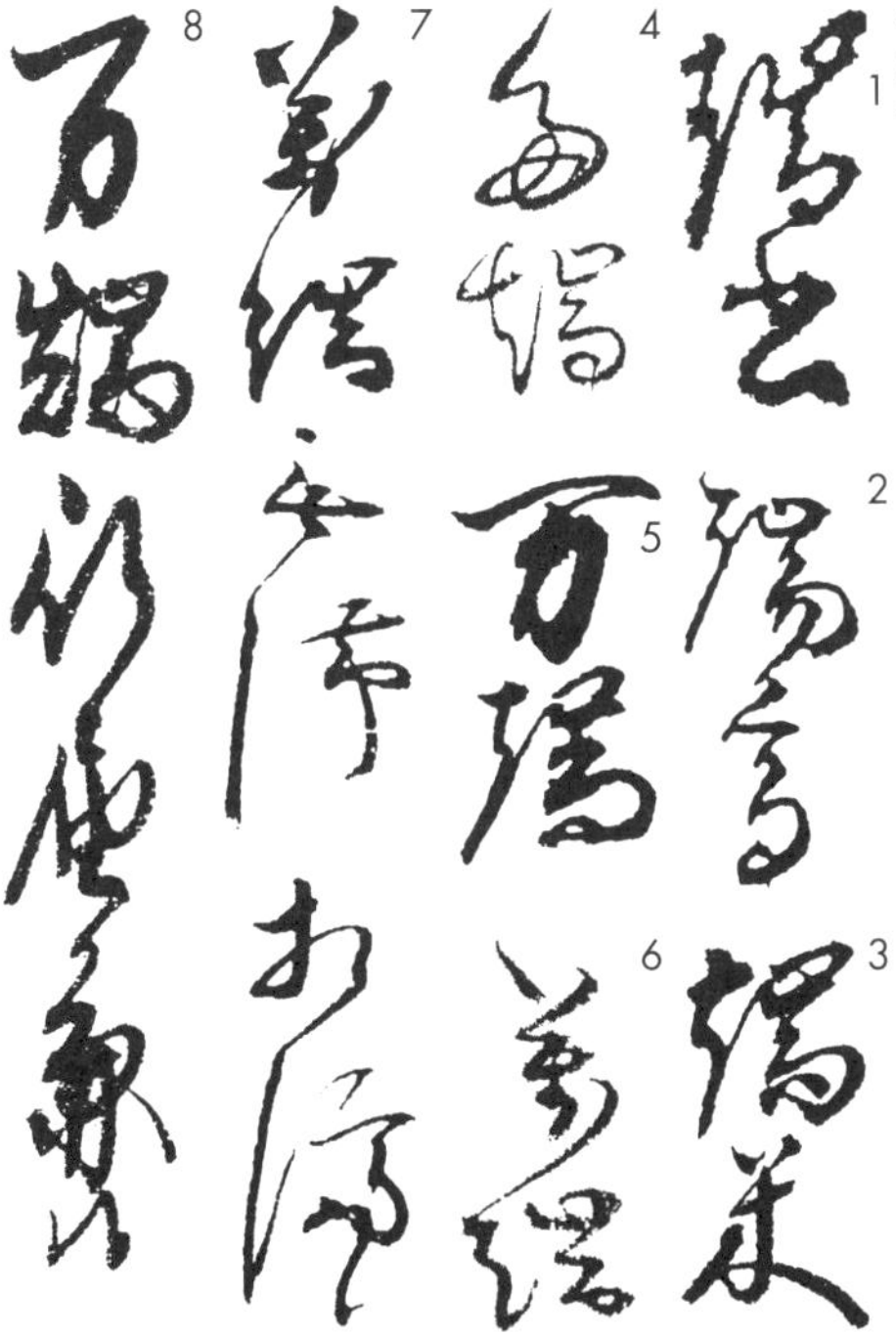

1 端書《はしがき》　2 端高《はしだか》　3 端米《はしまい》　4 多端《たたん》　5 万端《ばんたん》　6 萬端《ばんたん》
7 萬端《ばんたん》無レ滞《とどこおりなく》相済《あいすみ》候《そうろう》
8 万端《ばんたん》行届《ゆきとどき》兼《かね》候《そうろう》

541 筈 4006

カツ
はず

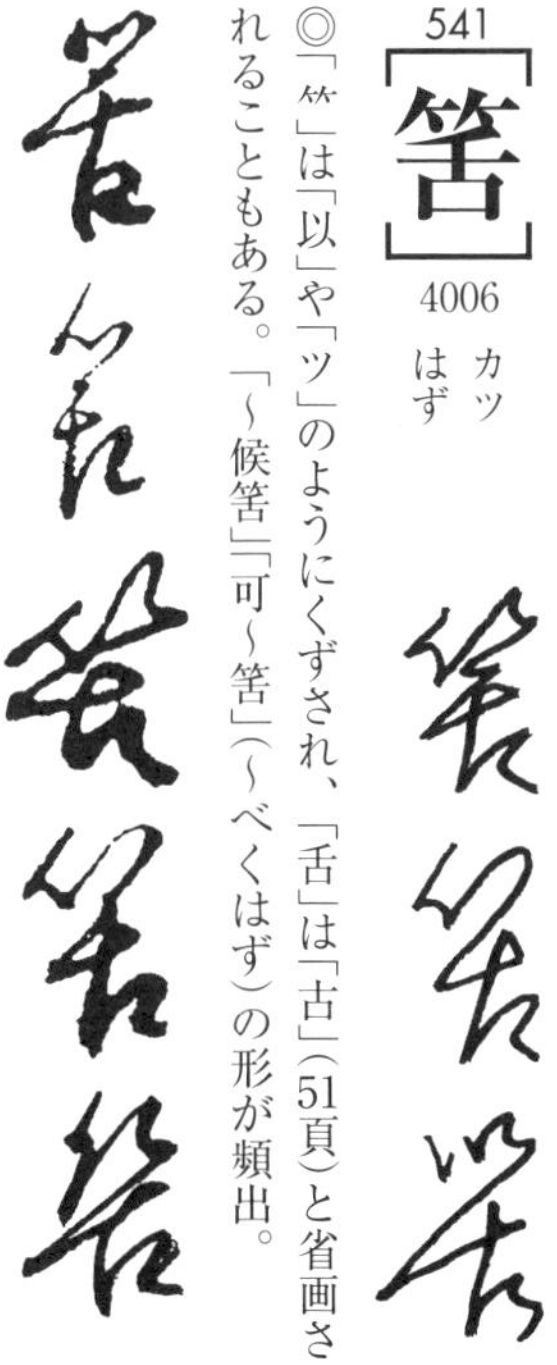

◎「竹」は「以」や「ツ」のようにくずされ、「舌」は「古」(51頁)と省画されることもある。「～候筈」「可～筈」(～べくはず)の形が頻出。

【用例】

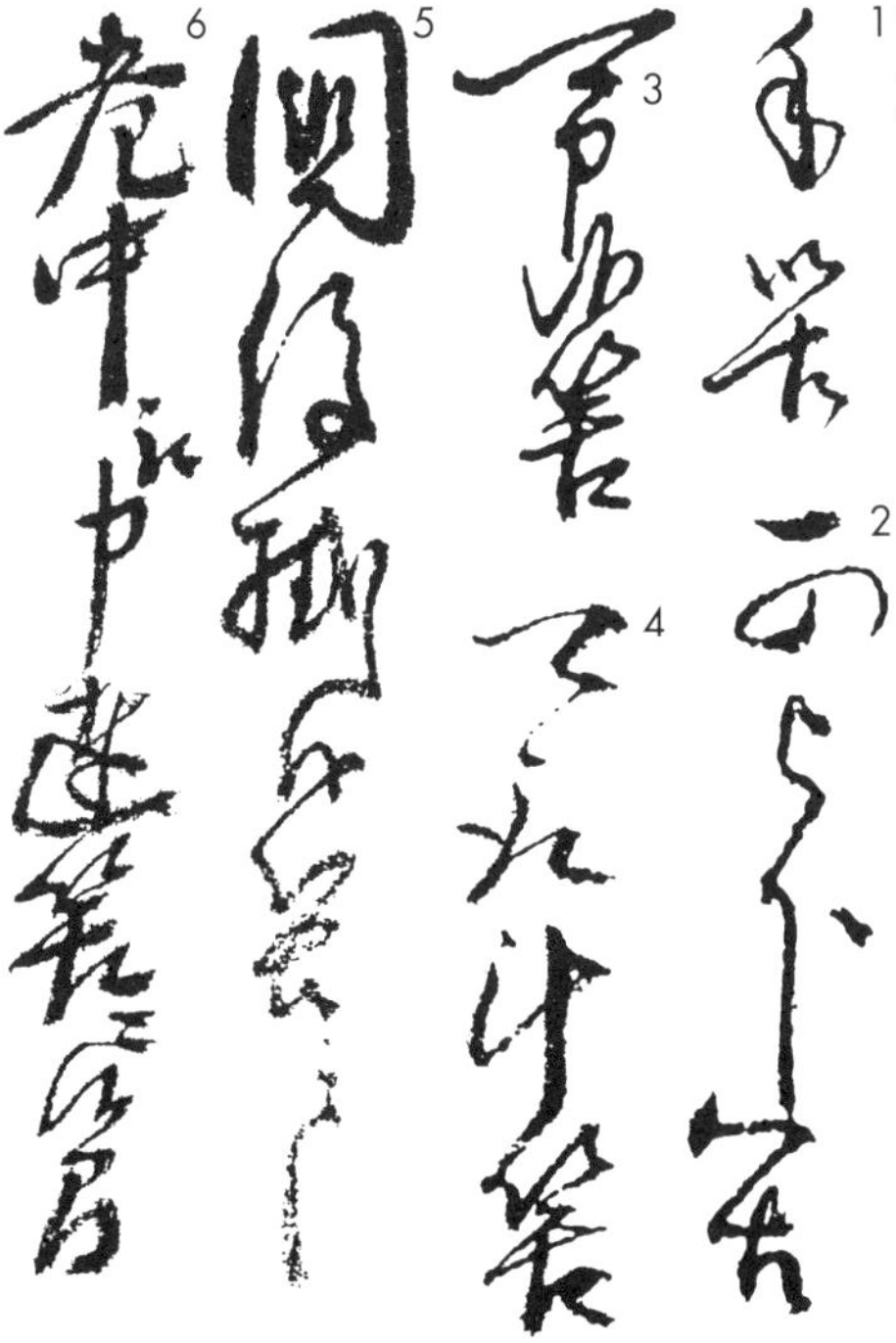

1 手筈《てはず》　2 可レ被レ下筈《くださるべくはず》　3 可レ申候筈《もうすべくそうろうはず》　4 可二取計一筈《とりはからうべくはず》
5 國役《くにやく》掛《かかり》候《そうろう》筈《はず》ニ候《にそうろう》
6 老中《ろうじゅう》江《へ》申達《もうしたつ》筈《はず》ニ候《にそうろう》間《あいだ》

542 【筋】 2258

キン
すじ

◎「月」が「日」のようになることも多いが、「力」がはっきり記されるので判読は可能。用例は豊富だが、ここでは「為筋」を覚えたい。

【用例】

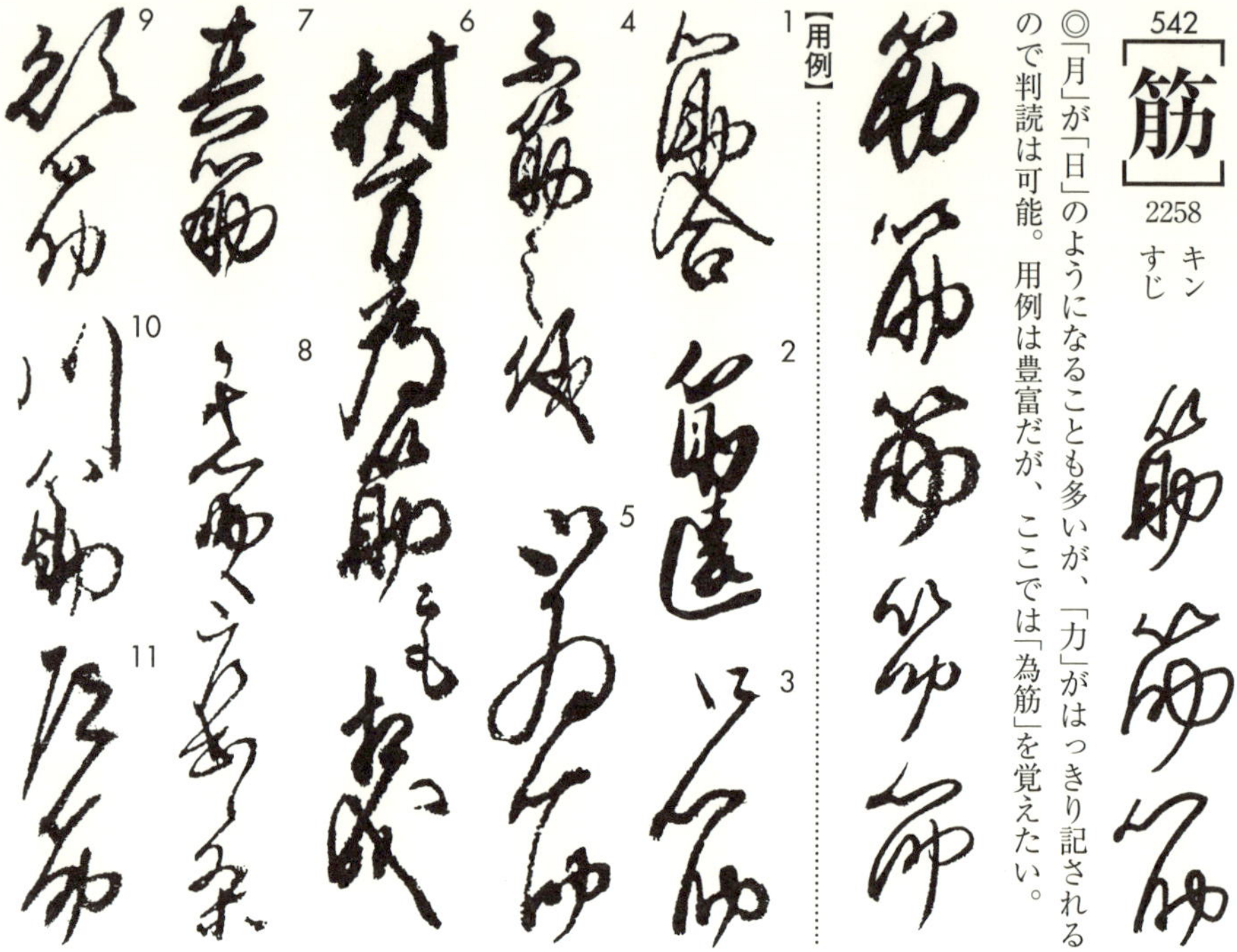

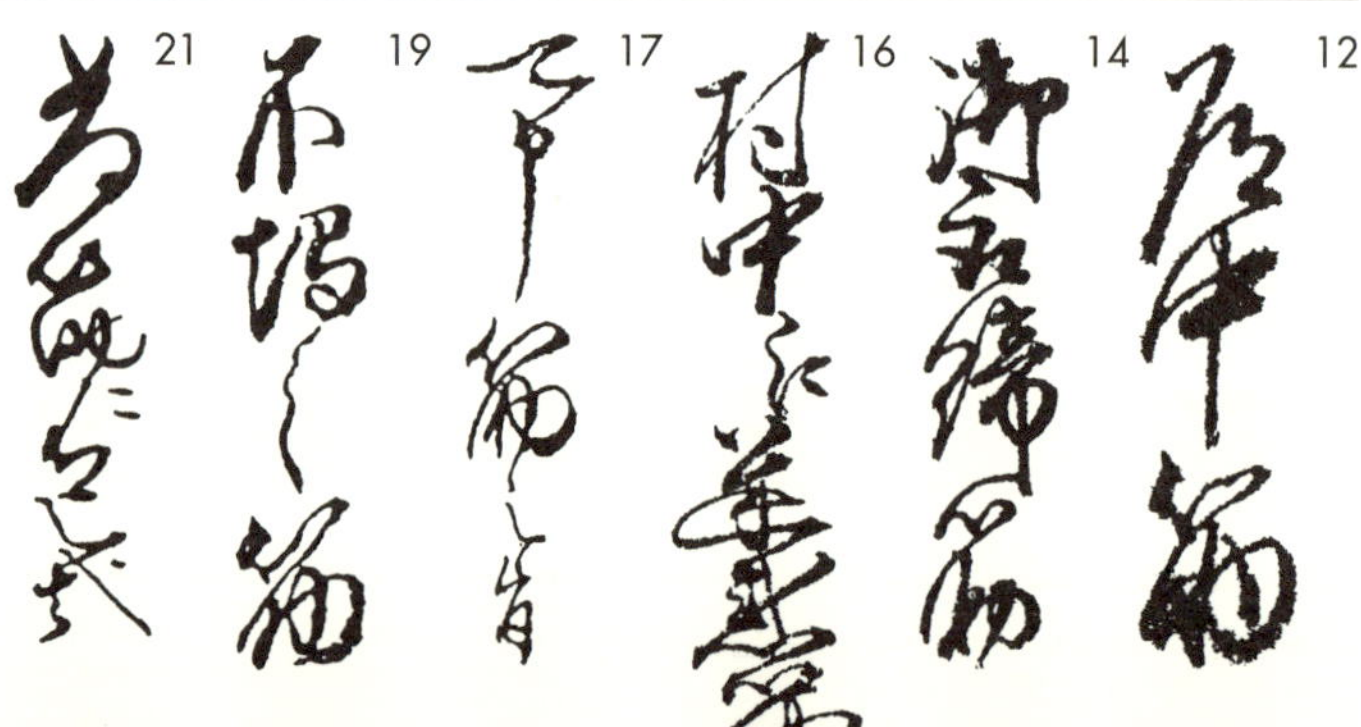

1 筋合《すじあい》 2 筋違《すじちがい》 3 御筋《おんすじ》 4 不筋之儀《ふすじのぎ》 5 御為筋《おためすじ》 6 村方為筋《むらかたためすじ》ニ《に》も相成《あいなり》 7 其筋《そのすじ》 8 其筋《そのすじ》へ差出候条《さしだしそうろうじょう》 9 願筋《ねがいすじ》 10 川筋《かわすじ》 11 道筋《みちすじ》 12 道中筋《どうちゅうすじ》 13 関東筋《かんとうすじ》 14 御取締筋《おとりしまりすじ》 15 御用筋《ごようすじ》 16 村中《むらじゅう》江《へ》迷惑筋《めいわくすじ》相掛《あいかけ》申間敷《もうすまじく》 17 可レ申筋之旨《もうすべきすじのむね》 18 不得心之筋《ふとくしんのすじ》 19 不埒之筋《ふらちのすじ》 20 不正之筋《ふせいのすじ》 21 如何筋《いかがのすじ》ニ《に》有レ之哉《これあるや》 22 懸合筋《かけあいすじ》

543 答 3790

トウ こたえ こたえる

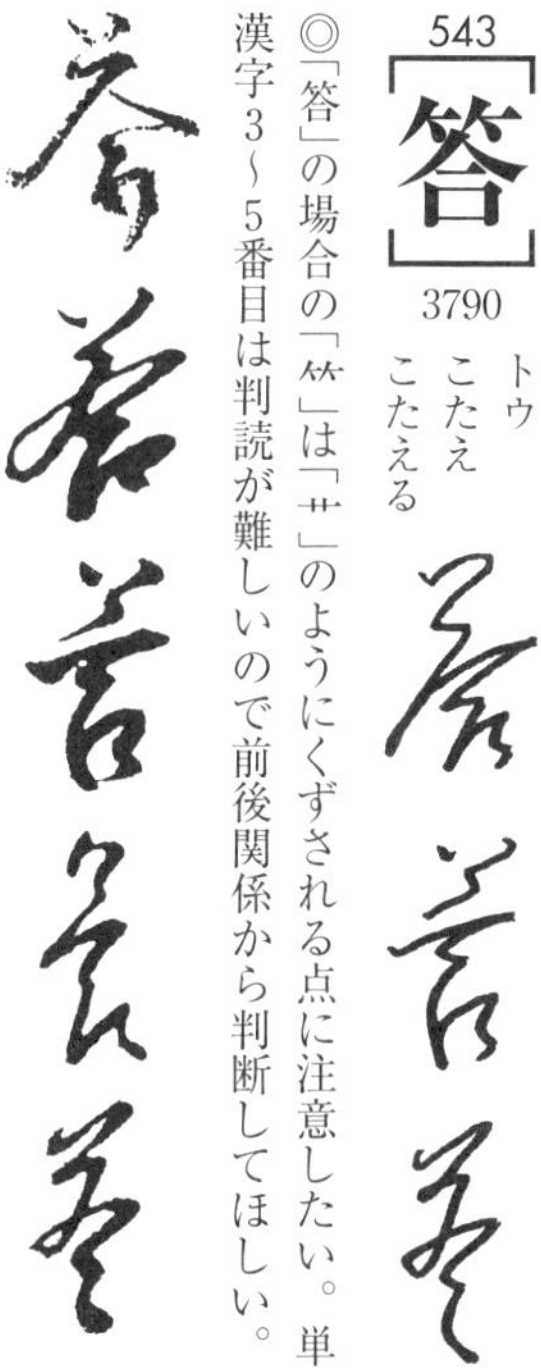

◎「答」の場合の「⺮」は「艹」のようにくずされる点に注意したい。単漢字3～5番目は判読が難しいので前後関係から判断してほしい。

【用例】

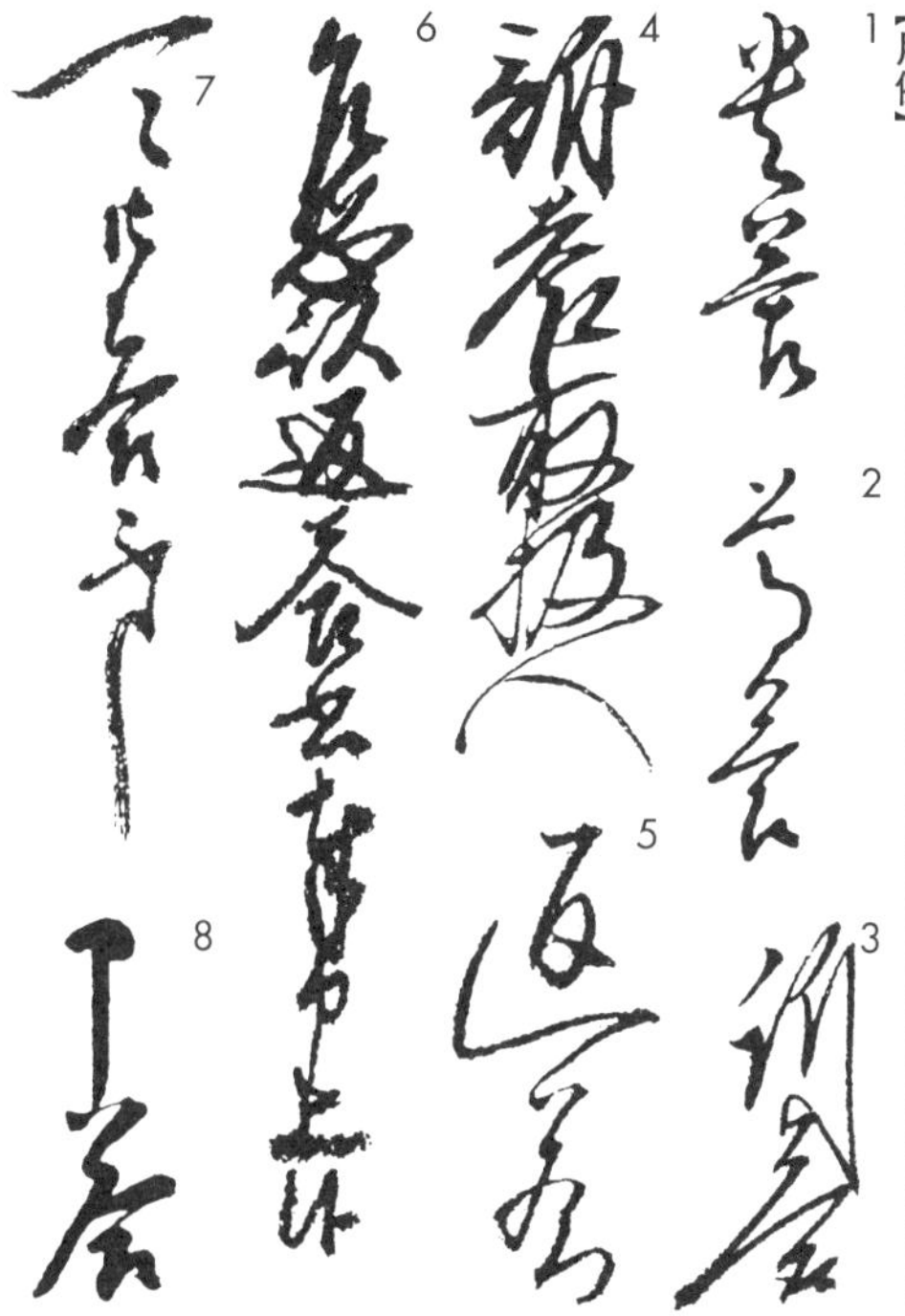

1 貴答《きとう》 2 尊答《そんとう》 3 訴答《そとう》 4 訴答《そとう》取扱人《とりあつかいにん》 5 返答《へんとう》 6 乍レ恐以二返答書一奉二申上一候《おそれながらへんとうしょをもってもうしあげたてまつりそうろう》 7 一々御答不レ申《いちいちおこたえもうさず》 8 申答《もうしこたえ》

544 筆 4114

ヒツ ふで

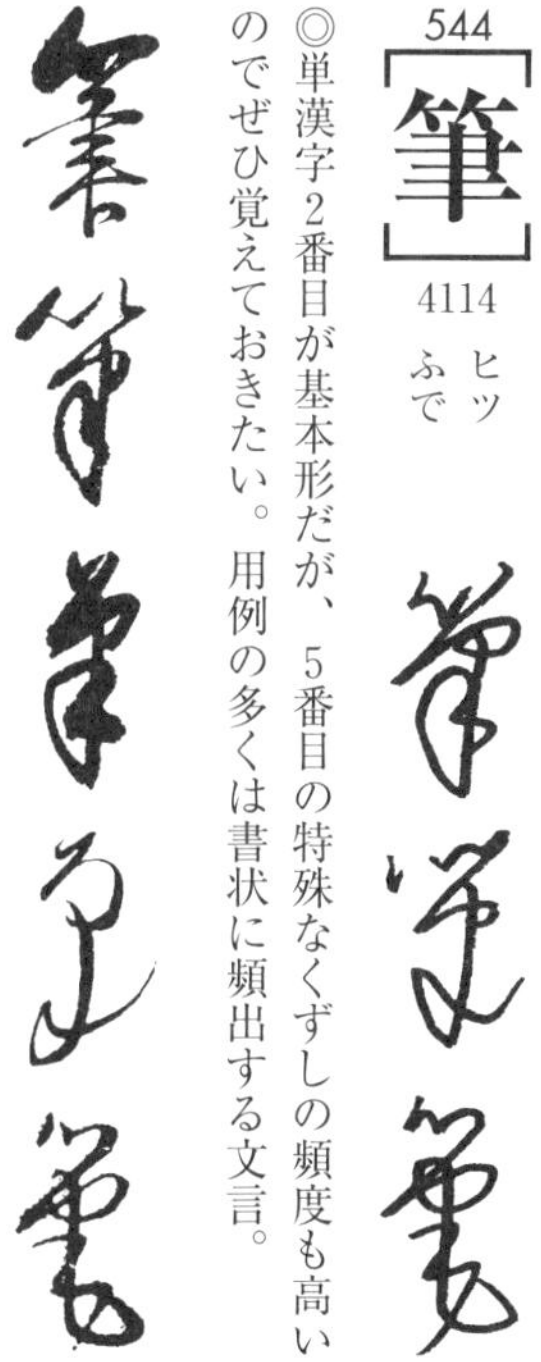

◎単漢字2番目が基本形だが、5番目の特殊なくずしの頻度も高いのでぜひ覚えておきたい。用例の多くは書状に頻出する文言。

【用例】

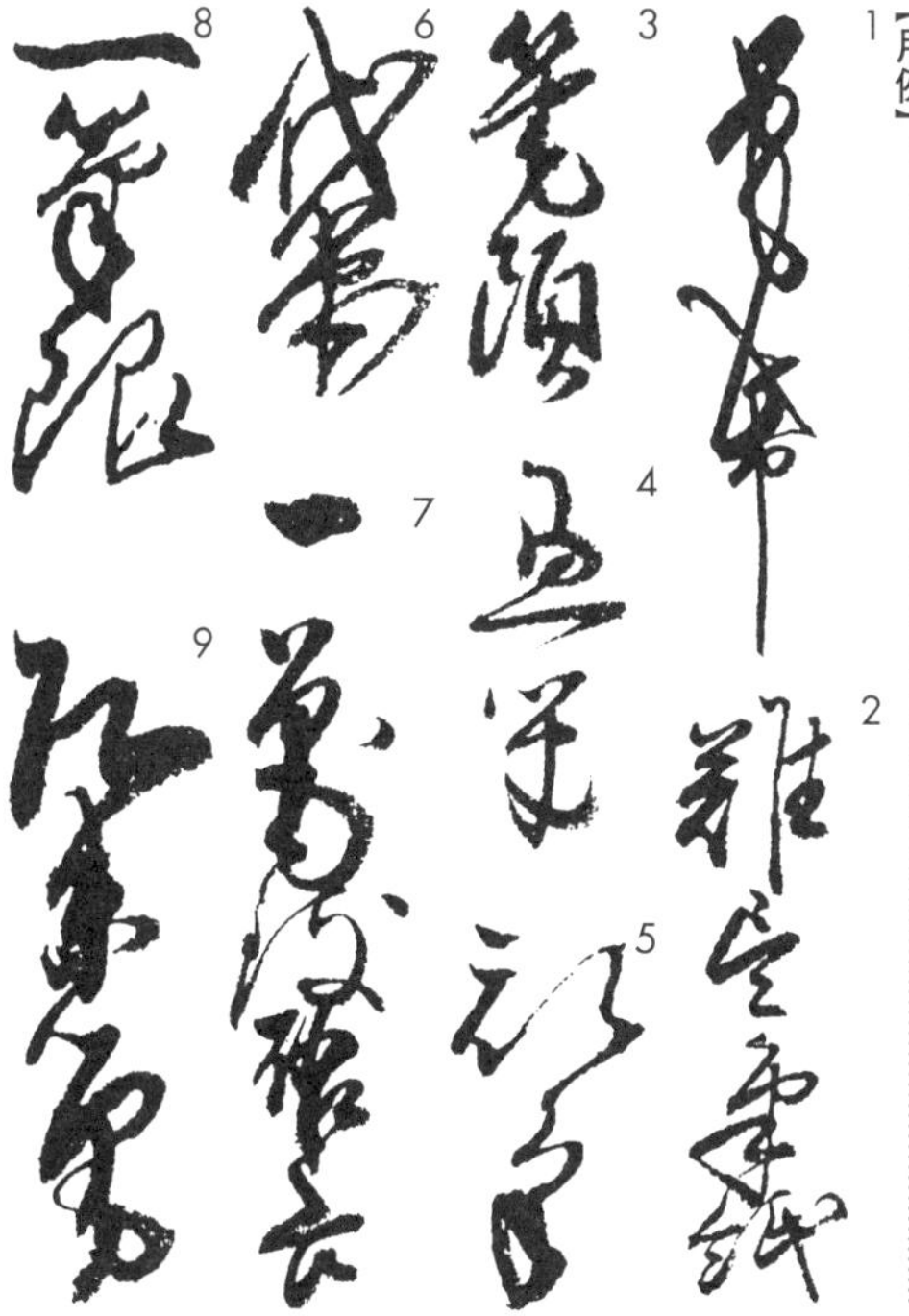

1 筆紙《ひっし》 2 難レ尽二筆紙一《ひっしにつくしがたく》 3 筆頭《ひっとう》 4 愚筆《ぐひつ》 5 乱筆《らんぴつ》 6 代筆《だいひつ》 7 一筆致二啓上一候《いっぴつけいじょういたしそうろう》 8 一筆限《いっぴつぎり》 9 乍二末筆一《まっぴつながら》

545
箇
1853
カ
コ

◎国がまえが特徴的な単漢字3〜5番目のくずしを押さえたい。「成箇」「取箇」は年貢のこと。用例1〜6は「ケ」と混用される。

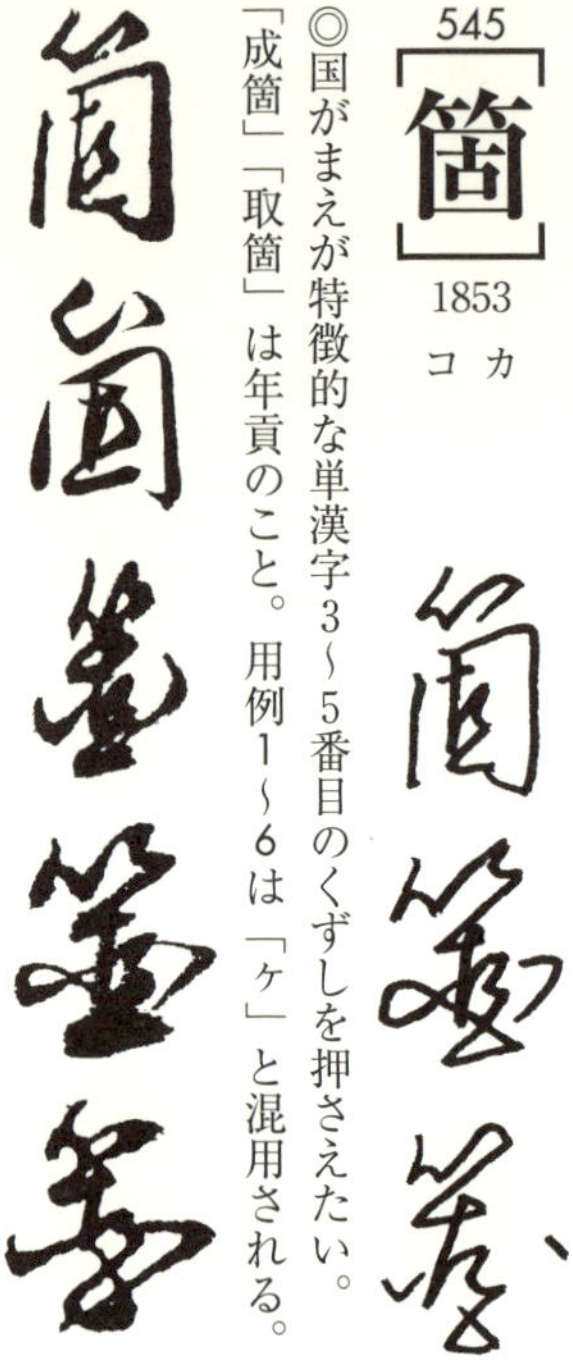

【用例】

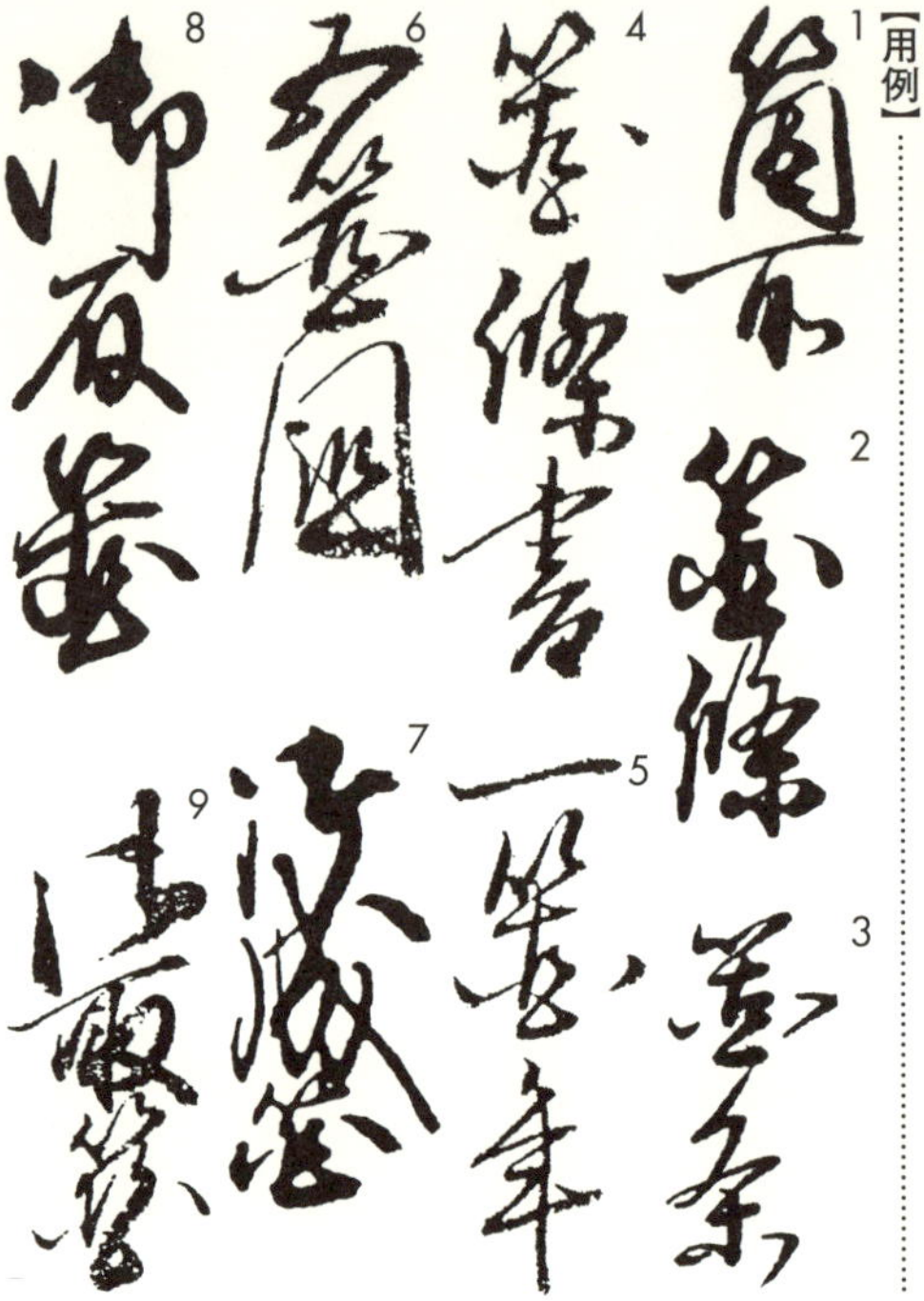

1 箇所《かしょ》　2 箇條《かじょう》　3 箇条《かじょう》　4 箇條書《かじょうがき》　5 一箇年《いっかねん》　6 五箇國《ごかこく》　7 御成箇《おなりか》　8・9 御取箇《おとりか》

546
篤
3838
トク
あつい

◎「篤与（ト）〜」の形で頻出する重要語で、「得与」と同義である。「馬」（265頁）がくずれた単漢字3〜5番目のくずしに注意したい。

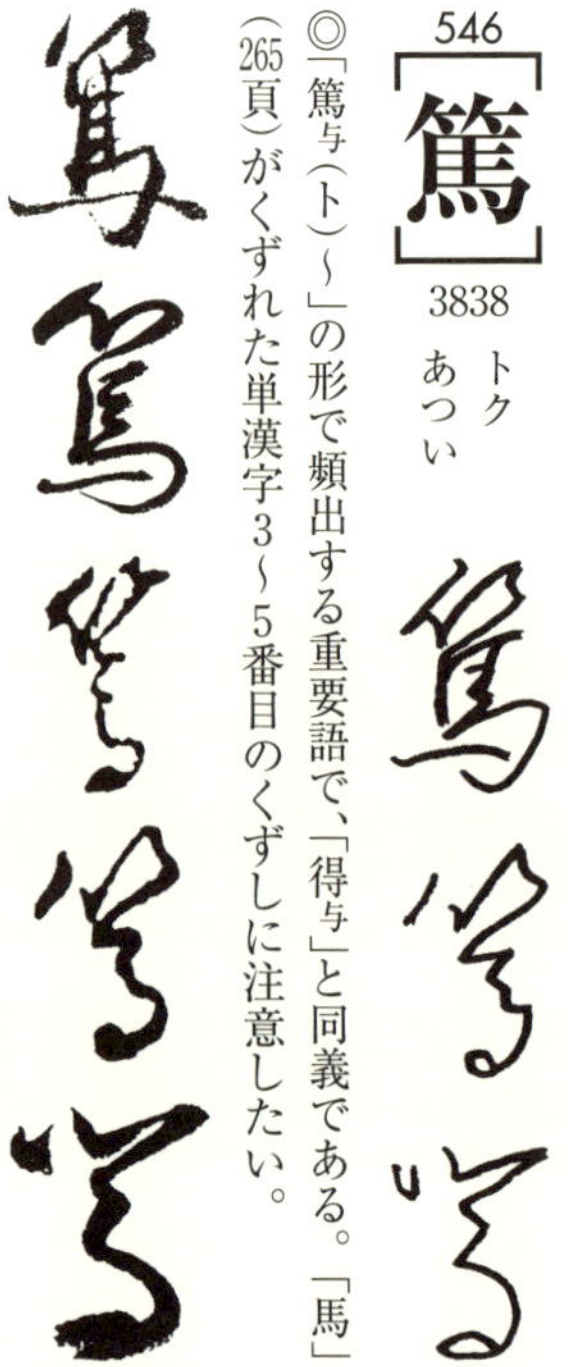

【用例】

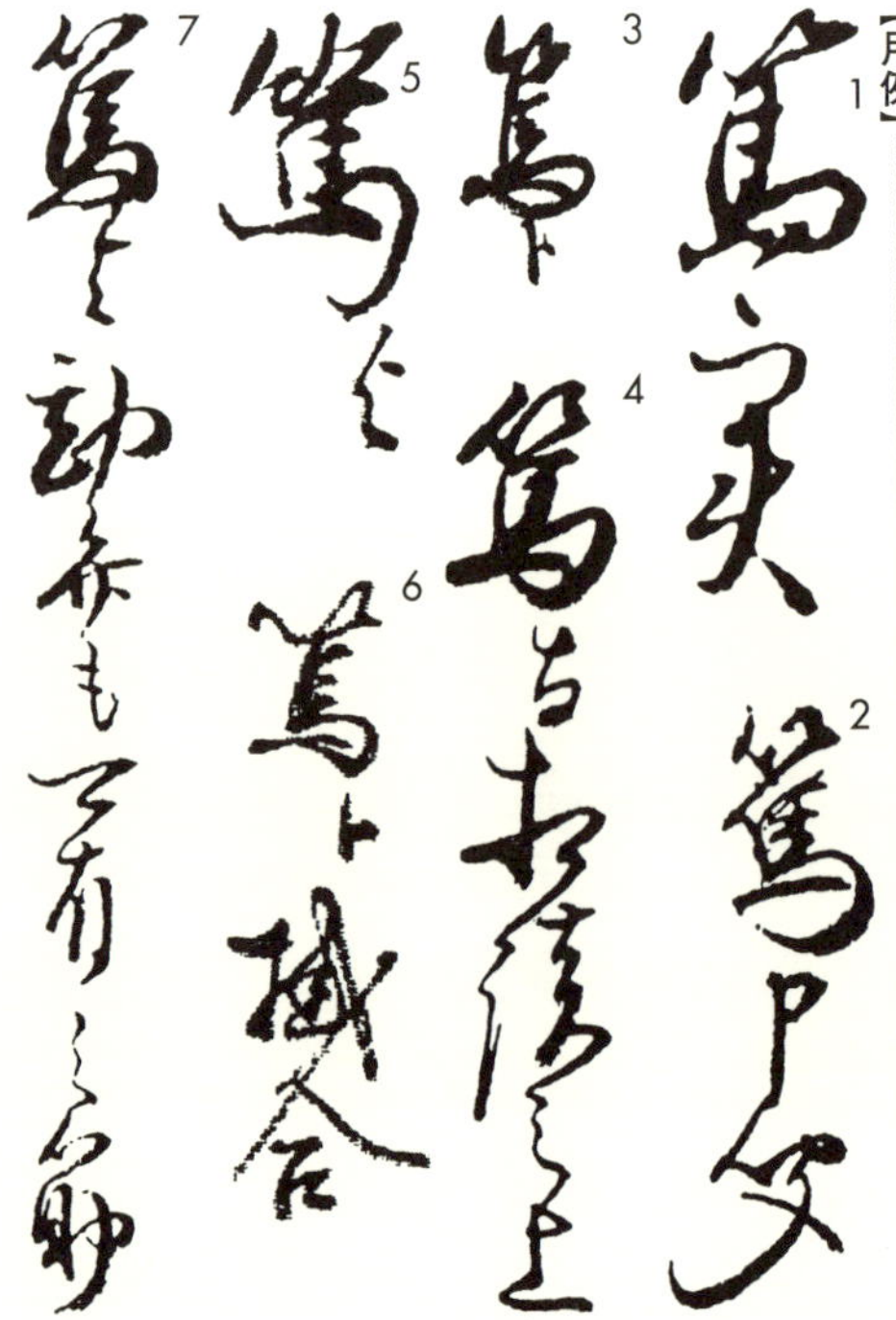

1 篤実《とくじつ》　2 篤申聞《とくともうしきかせ》　3 篤卜《とくと》　4 篤与相談之上《とくとそうだんのうえ》　5 篤与《とくと》　6 篤卜掛合《とくとかけあい》　7 篤与勘弁《とくとかんべん》も可レ有レ之筋《これあるべきすじ》

547 簡 2042

カン
ケン
ふだ

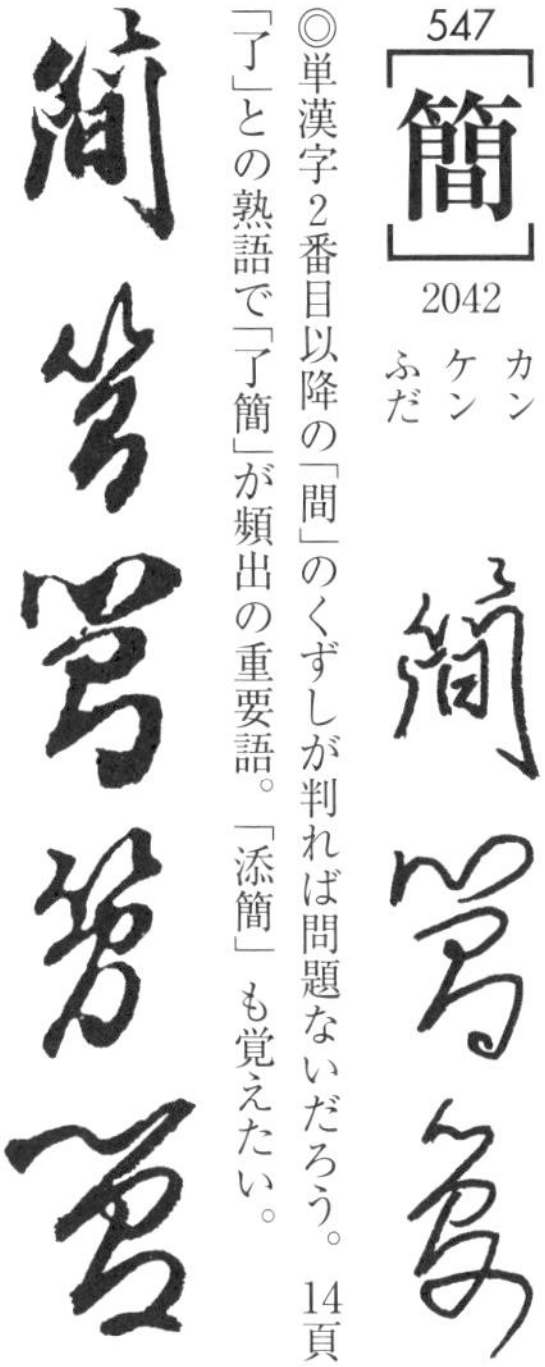

◎単漢字2番目以降の「間」のくずしが判れば問題ないだろう。14頁「了」との熟語で「了簡」が頻出の重要語。「添簡」も覚えたい。

【用例】

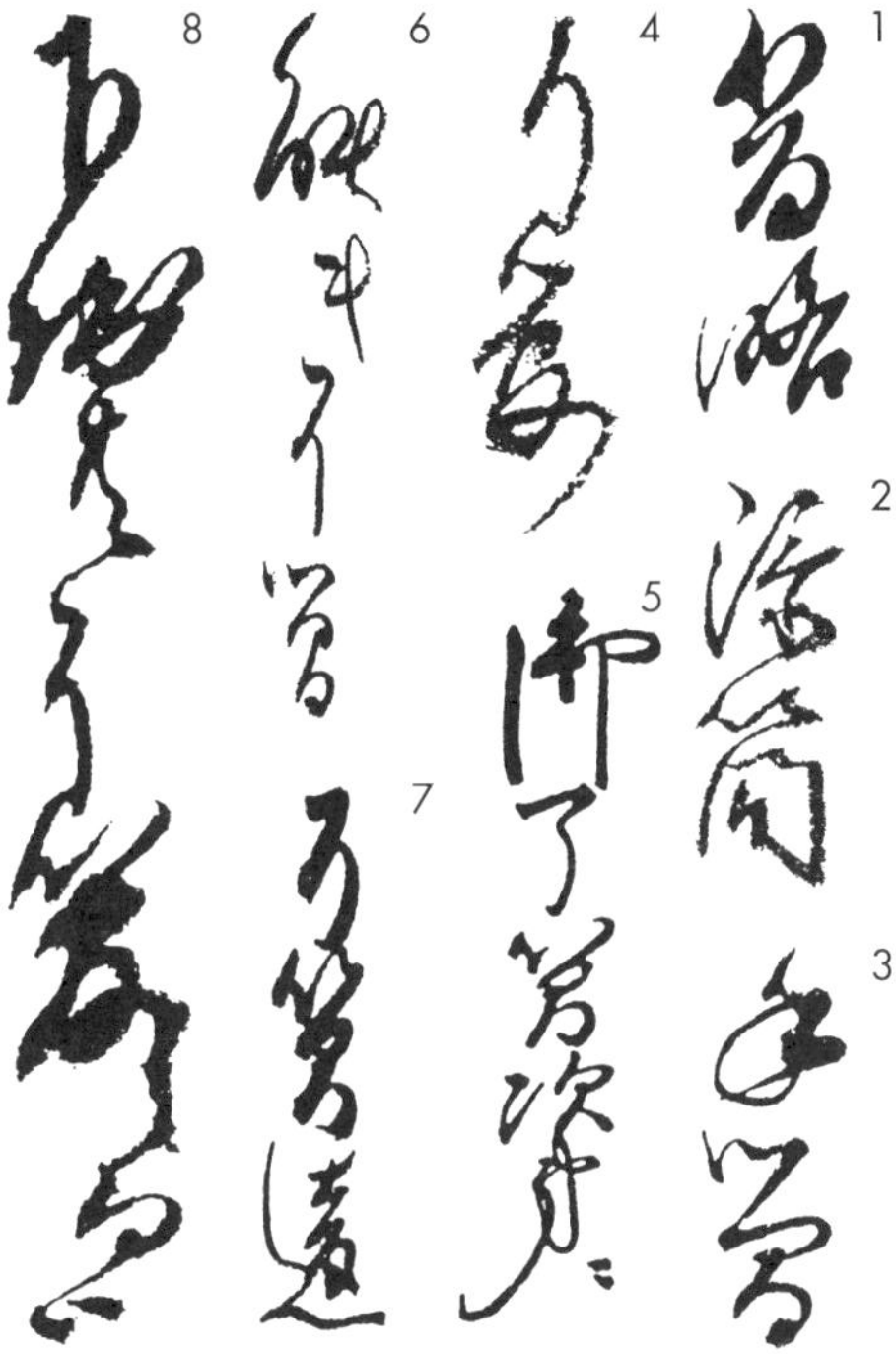

1 簡略《かんりゃく》 2 添簡《そえかん》 3 手簡《しゅかん》 4 了簡《りょうけん》 5 御了簡次第二《ごりょうけんしだいに》 6 能《よ》キ了簡《きりょうけん》 7 了簡違《りょうけんちがい》 8 下拙共了簡ニ而ハ《げせつともりょうけんにては》

548 籠 6838

ロウ
かご
こもる

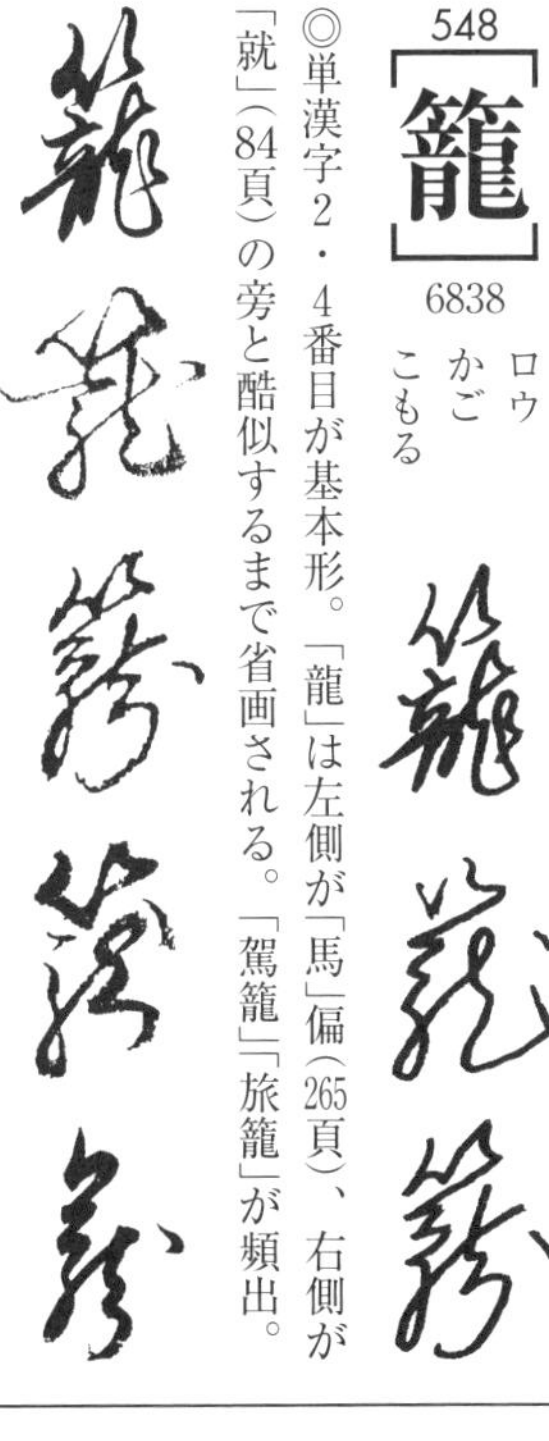

◎単漢字2・4番目が基本形。「龍」は左側が「馬」偏（265頁）、右側が「就」（84頁）の旁と酷似するまで省画される。「駕籠」「旅籠」が頻出。

【用例】

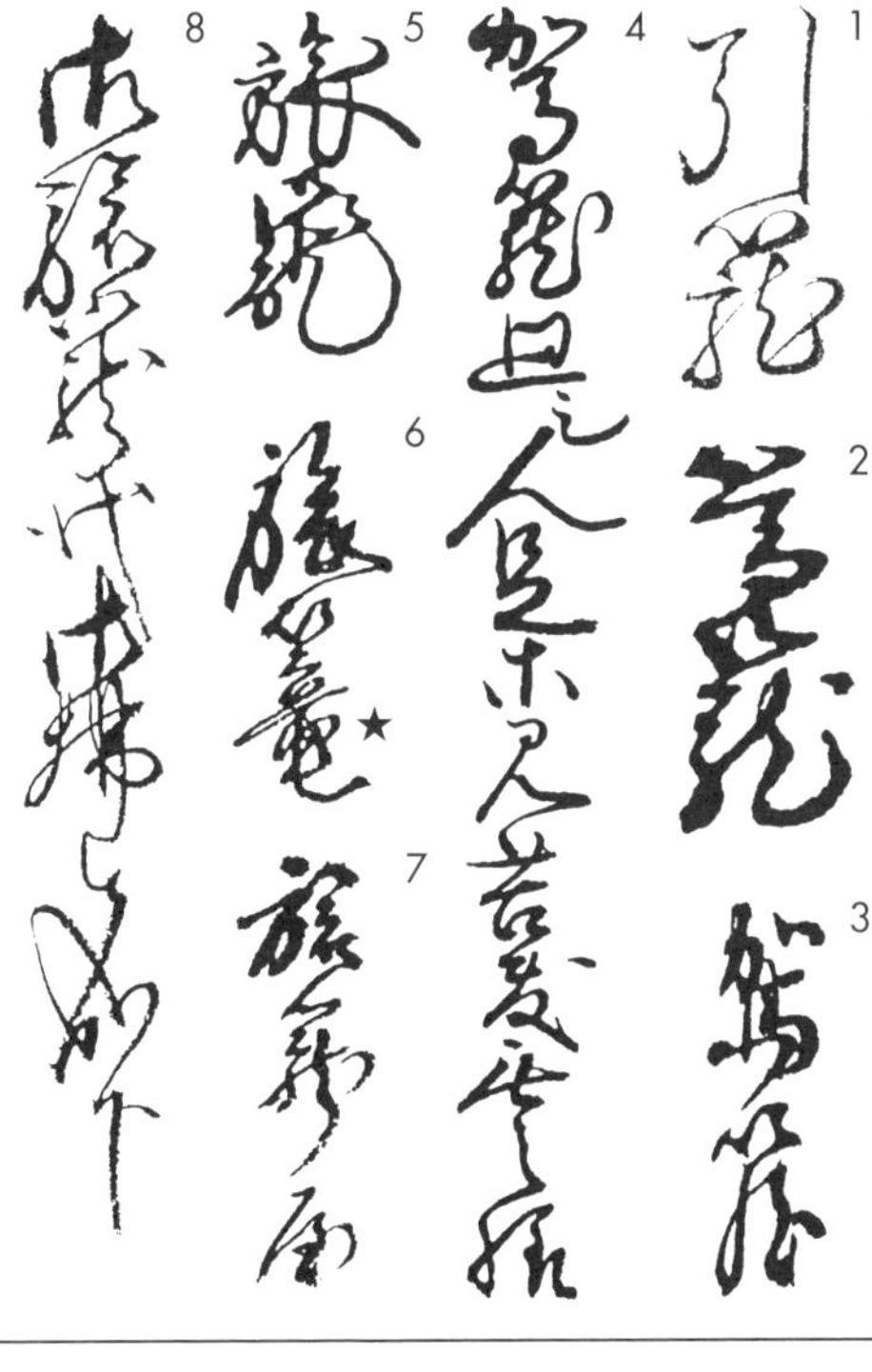

1 引籠《ひきこもる》 2・3 駕籠《かご》 4 駕籠廻シ人足等見苦敷無レ之様《かごまわしにんそくなどみぐるしくこれなきよう》 5 旅籠《はたご》 6 旅籠《はたご》 7 旅籠屋《はたごや》 8 御旅籠代御拂被二成下一《おはたごだいおはらいなしくだされ》

549
【籾】
4466
もみ

◎旁は117頁「扨」と同じ。くずしは原形をとどめているので判読は容易。「囲籾」「置籾」は非常時に備えて貯えておく籾のことを指す。

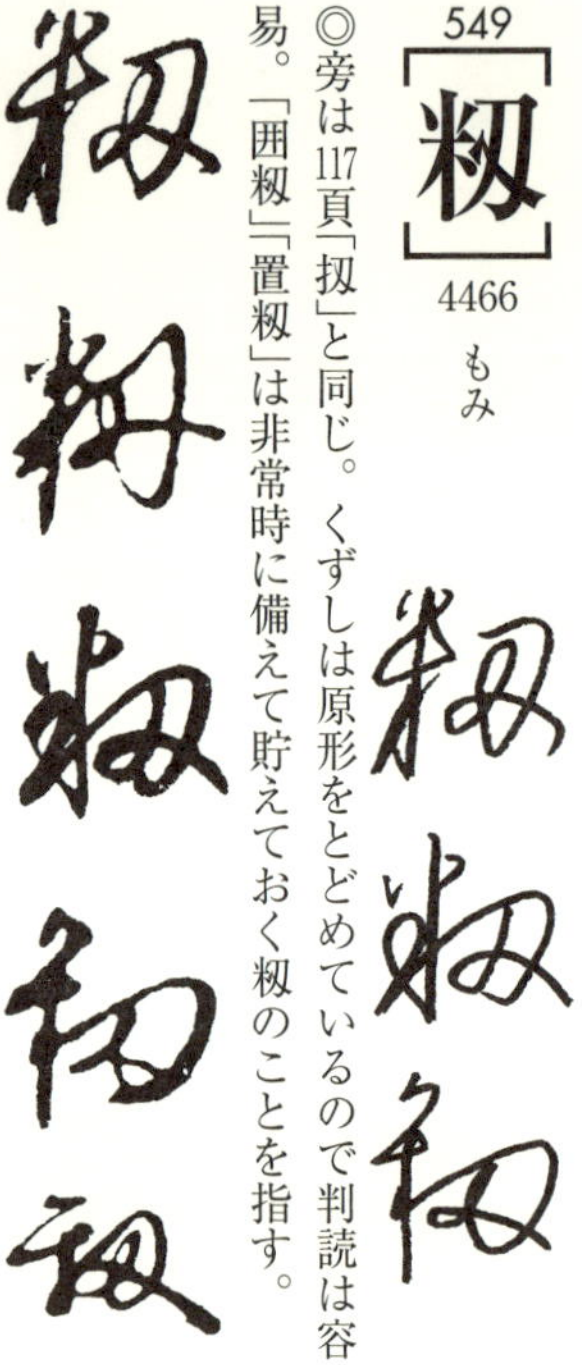

【用例】

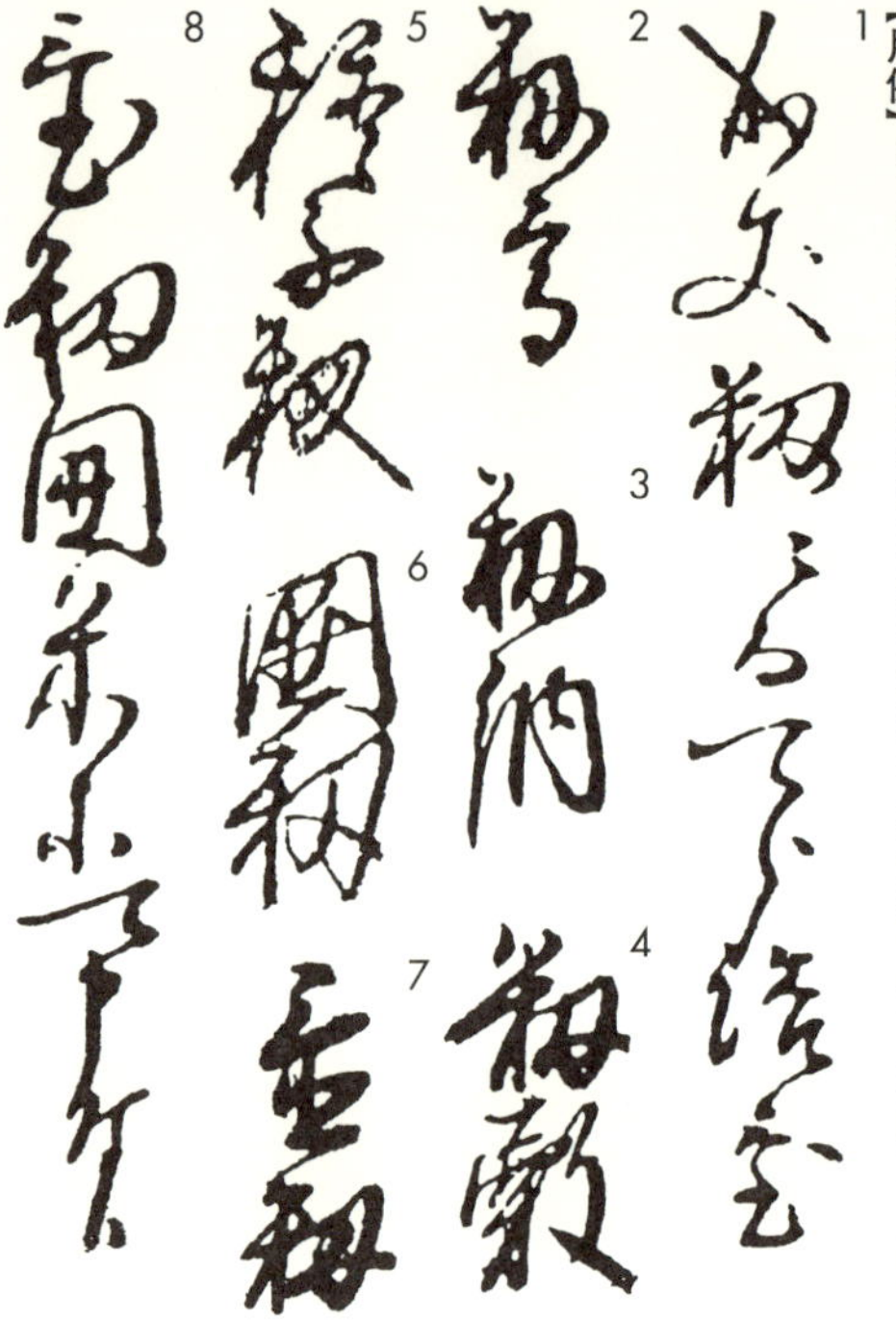

1 成丈《なるたけ》籾《もみ》二《に》而《て》可レ被二詰置一《つめおかるべく》　2 籾高《もみだか》　3 籾納《もみおさめ》　4 籾穀《もみこく》　5 種子籾《しゅしもみ》《たねこもみ》
6 囲籾《かこいもみ》　7 置籾《おきもみ》　8 置籾《おきもみ》・囲米《かこいまい》等《など》可二申付一候《もうしつくべくそうろう》

550
【精】
3226
セイ
ショウ

◎特徴的な「青」のくずしが判れば問題ないだろう。104頁「情」が記される誤用の頻度が高いので注意したい。「精々」「出精」が頻出。

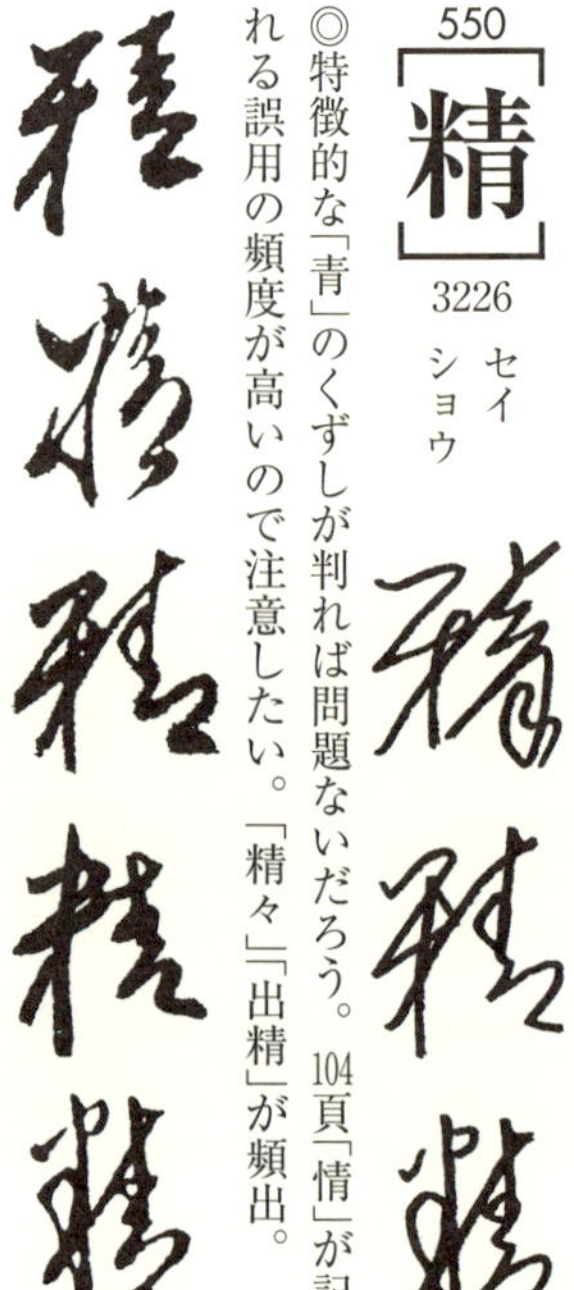

【用例】

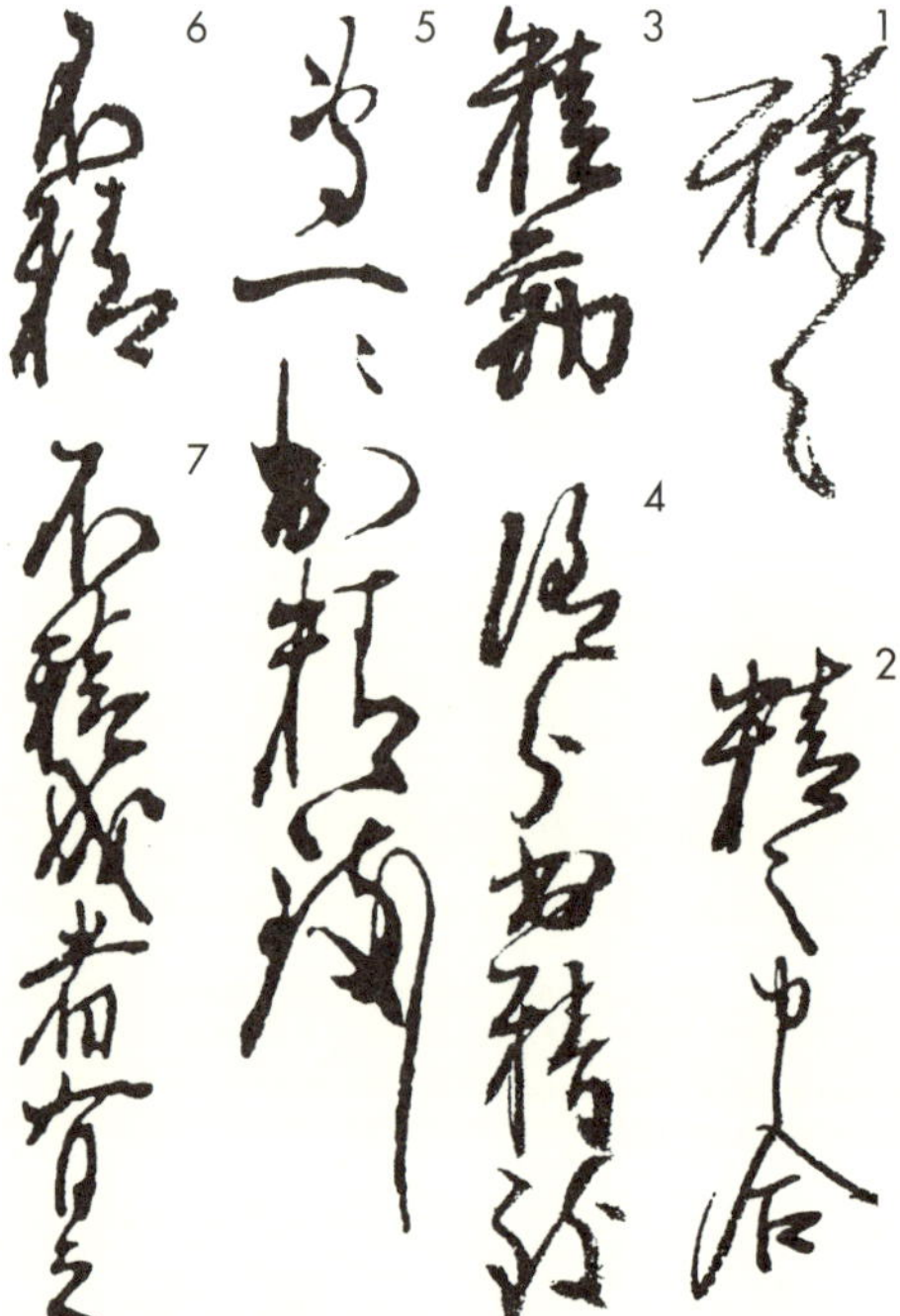

1 精々《せいぜい》　2 精々申合《せいぜいもうしあわせ》　3 精勤《せいきん》　4 随分出精致《ずいぶんしゅっせいいたし》
5 専一《せんいつ》二《に》出精致《しゅっせいいた》し　6 不精《ぶしょう》　7 不精成者有レ之《ぶしょうなるものこれあり》

551 糺 6893

キュウ ただす

◎まずNo.564までの多様な「糸」偏のくずしを確実に覚えたい。「糺」（取調べ。吟味の意）は「糾」（未収録）と同義。「御糺」「相糺」が頻出。

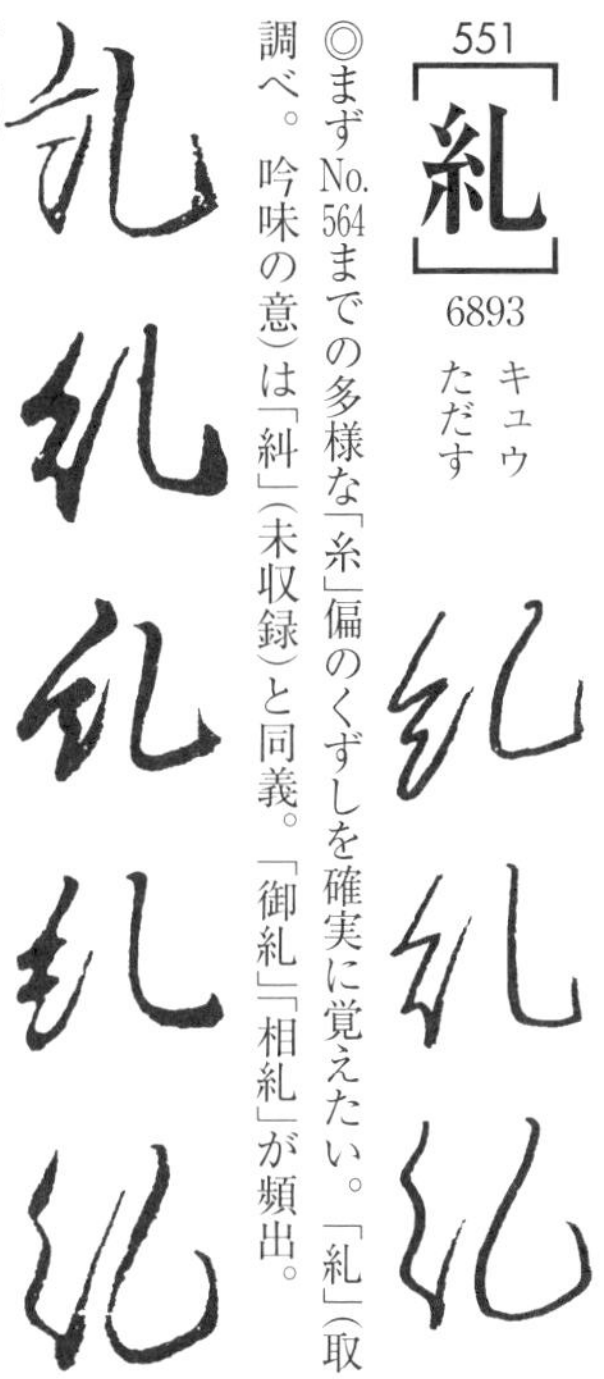

【用例】

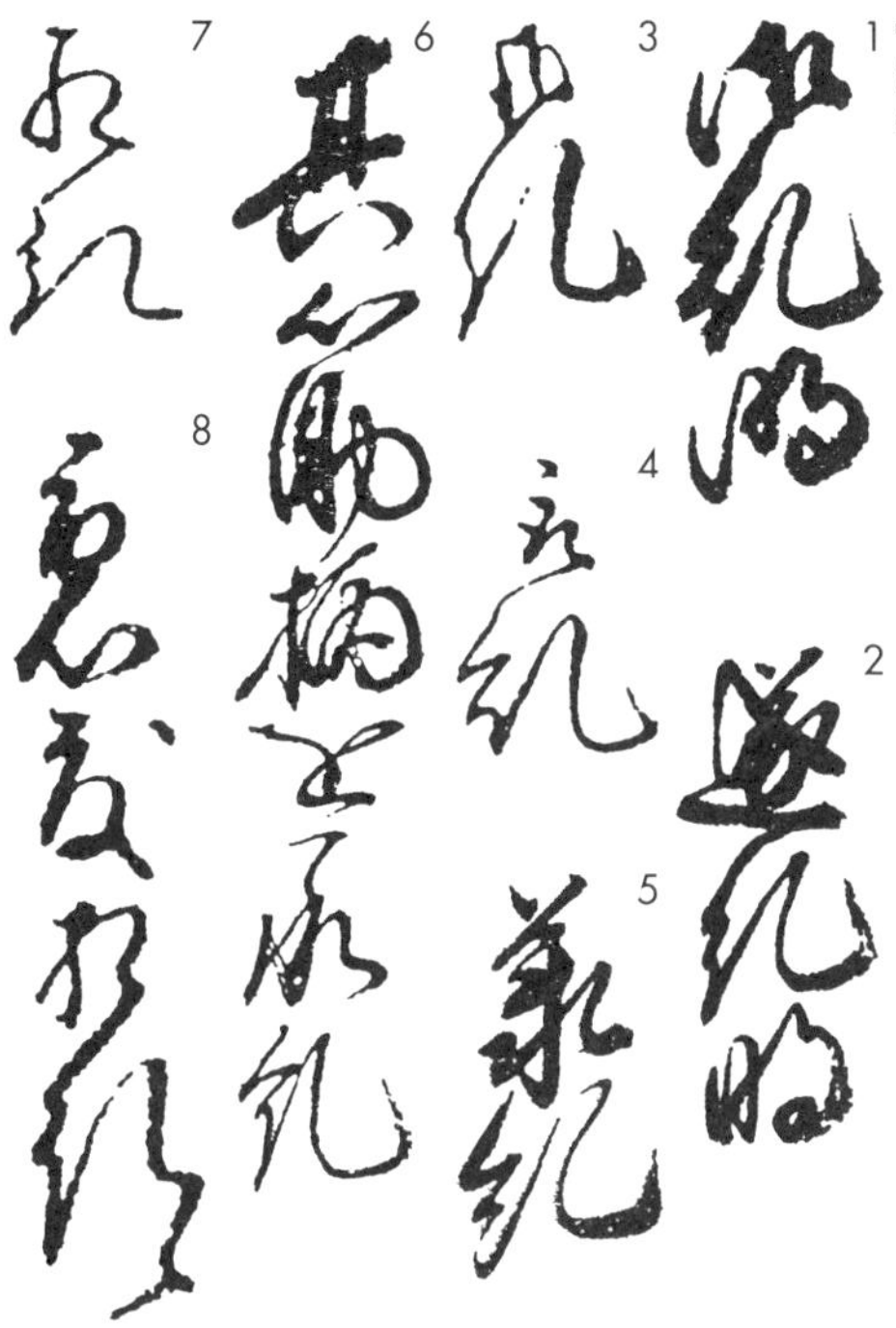

1 御糺明《ごきゅうめい》　2 遂二糺明一《きゅうめいをとげ》　3 御糺《おただし》　4 取糺《とりただす》　5 承糺《うけただす》

6 其筋柄《そのすじがら》を承糺《うけただし》　7 相糺《あいただす》　8 急度《きっと》相糺候《あいただしそうろう》

552 約 4483

ヤク

◎単漢字3番目が基本形。「勺」の中の点がはっきり記されるくずしは少ない。用例4・5のように「約速」と誤用されることも多い。

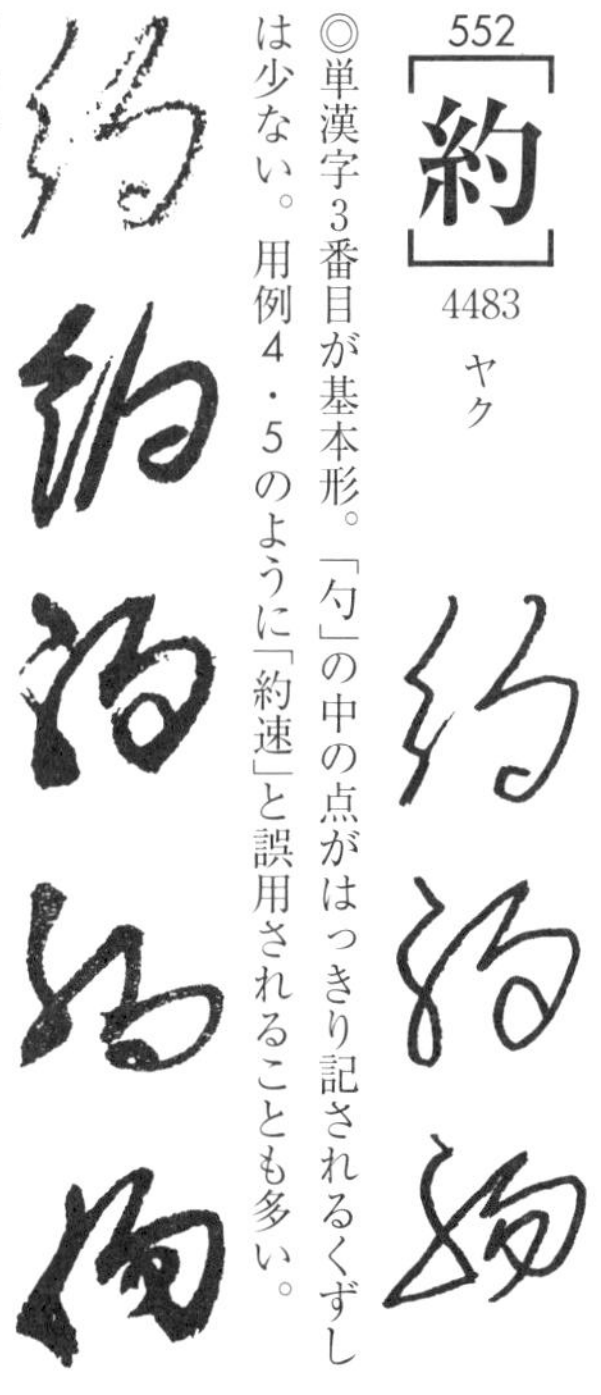

【用例】

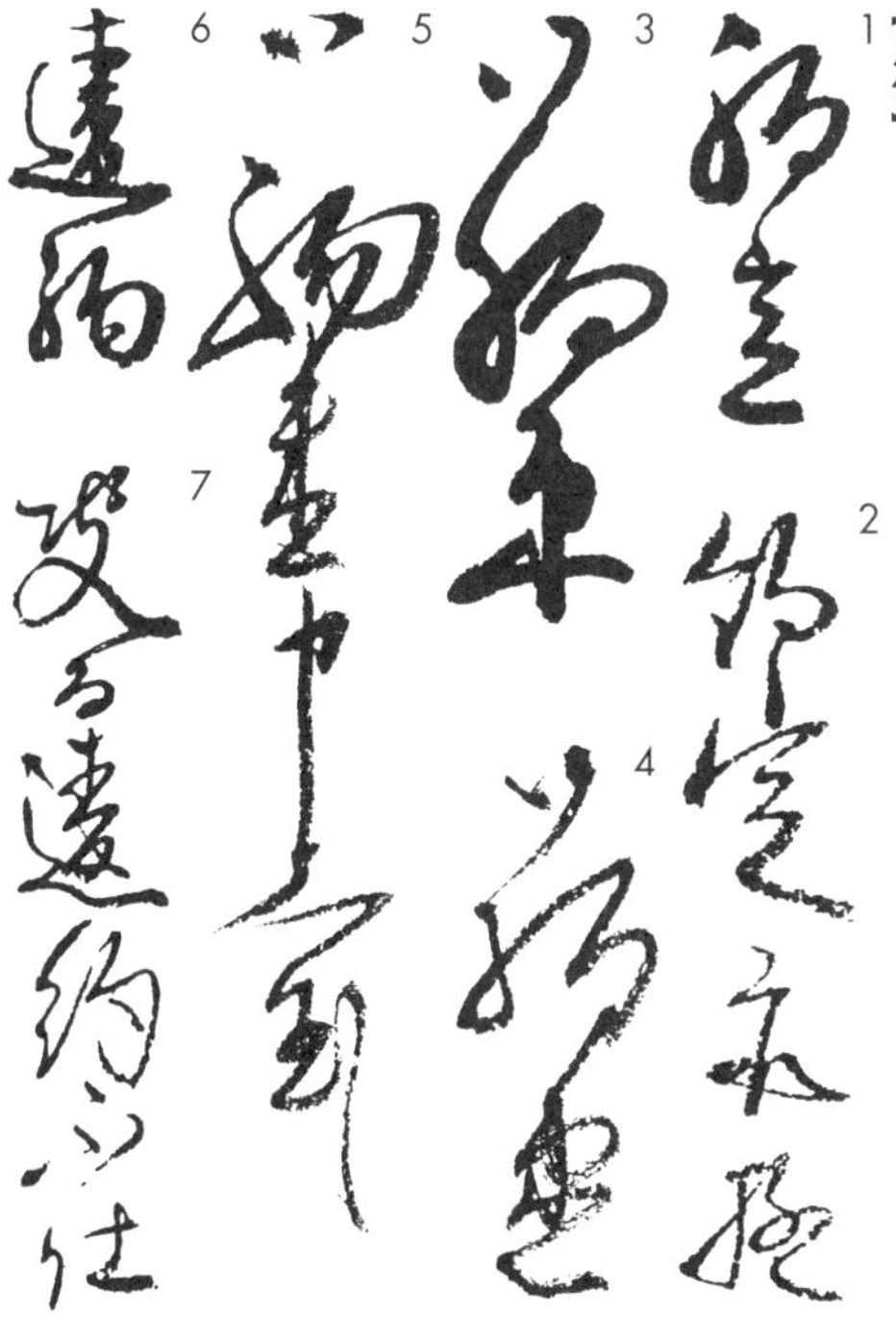

1 約定《やくじょう》　2 約定取極《やくじょうとりきめ》　3 御約束《おやくそく》　4 御約速《おやくそく》　5 御約速申上置候《おやくそくもうしあげおきそうろう》

6 違約《いやく》　7 決而違約不レ仕《けっしていやくつかまつらず》

553 紙 2770

シ
かみ

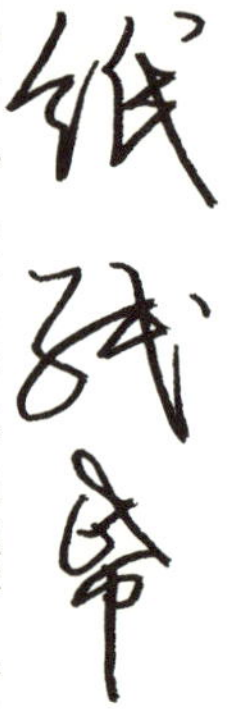

◎「氏」は「キ」の右脇に点を打ったくずしにもなる。単漢字5番目は異体字「帋」である（異体字一覧参照）。「別紙」「差紙」が頻出する。

【用例】

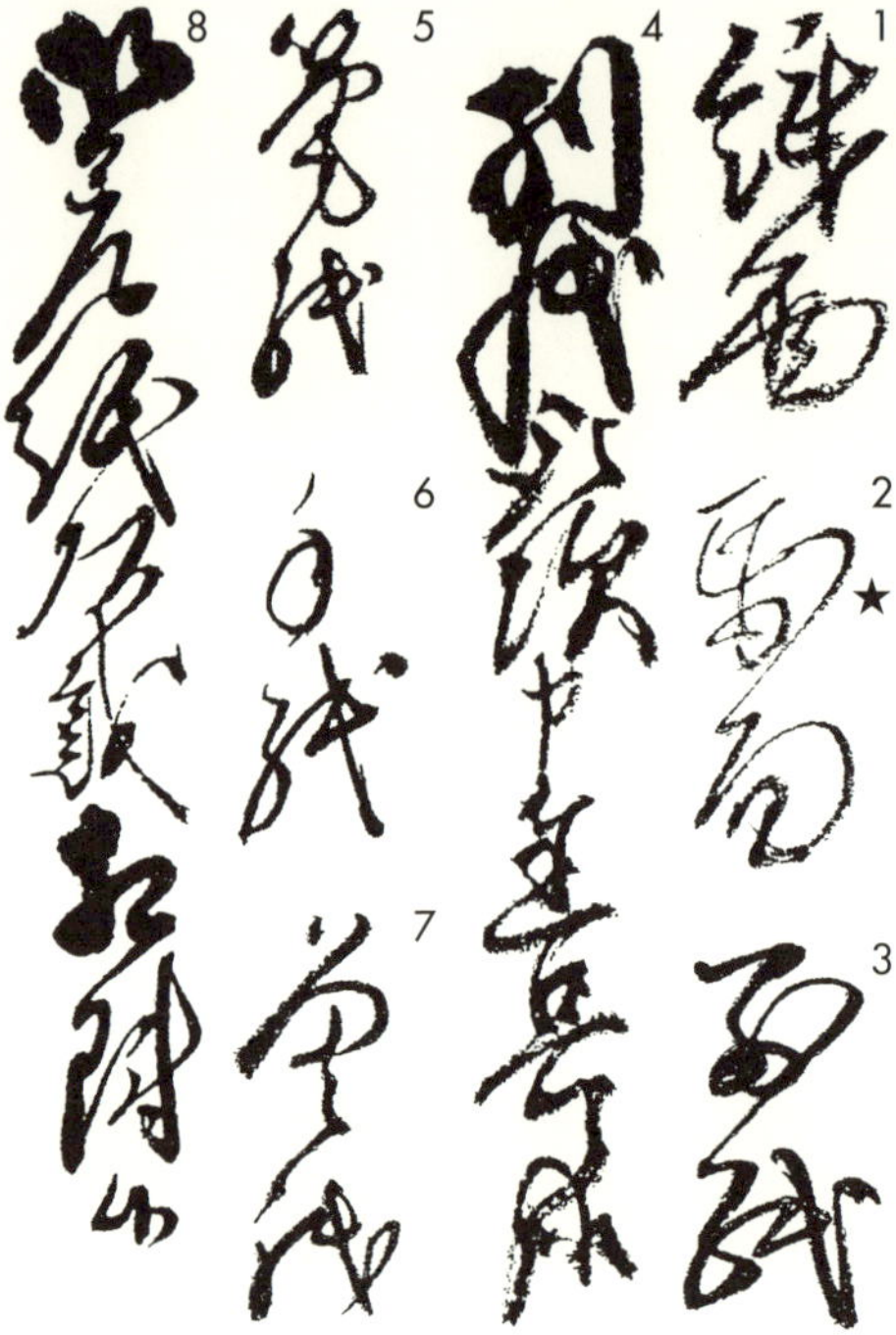

1・2 紙面《しめん》 3 別紙《べっし》 4 別紙《べっし》取次《とりつぎ》申達《もうしたっし》呉《くれ》候様《そうろうよう》 5 筆紙《ひっし》 6 手紙《てがみ》
7 差紙《さしがみ》 8 御《お》差紙《さしがみ》頂戴《ちょうだい》相附《あいつけ》候《そうろう》

554 紛 4222

フン
まぎれ
まぎれる

◎「分」がくずれた単漢字3〜5番目は確実に覚えたい。用例4・5の「まぎれ〜なく」の言い回しに注目。「紛失」「紛敷」が頻出する。

【用例】

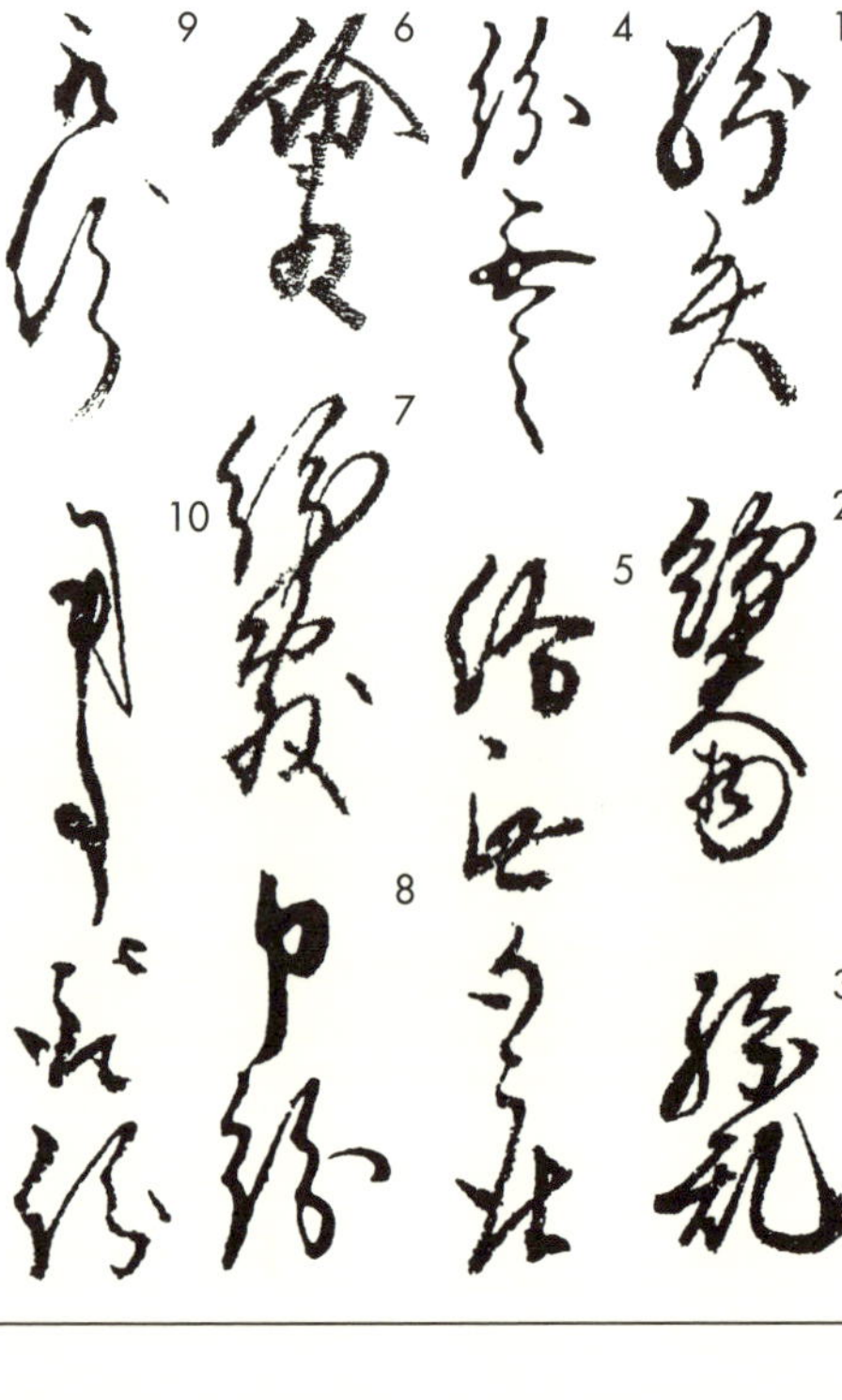

1 紛失《ふんしつ》 2 紛失物《ふんしつぶつ》 3 紛乱《ふんらん》 4 紛無レ之《まぎれこれなく》 5 紛無二御座一《まぎれござなく》
6・7 紛敷《まぎらわしく》 8 申紛《もうしまぎれ》 9 取紛《とりまぎれ》 10 用事《ようじ》ニ取紛《にとりまぎれ》

555 【細】 2657

サイ
ほそい
こまかい

◎「田」が特殊なくずしとなる単漢字2番目以降をぜひ覚えてほしい。なお、このくずしの時の「糸」偏には注意。「委細」が頻出する。

【用例】

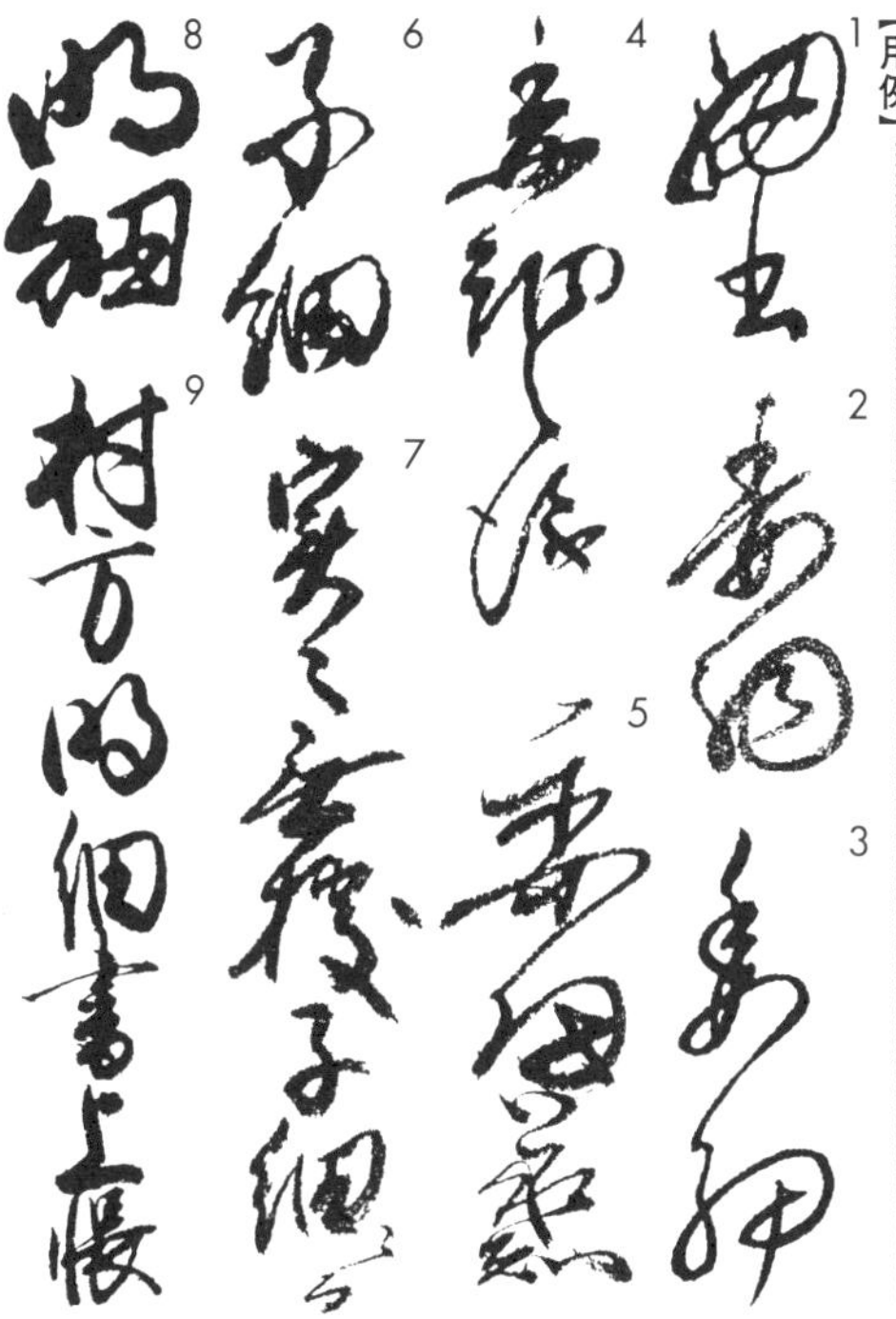

1 細書《さいしょ》 2・3 委細《いさい》 4 委細之儀《いさいのぎ》 5 委細御承知《いさいごしょうち》 6 子細《しさい》
7 実々無レ據子細ニ而《じつじつよんどころなきしさいにて》 8 明細《めいさい》 9 村方明細書上帳《むらかためいさいかきあげちょう》

556 【絵(繪)】 1908 6973

カイ
エ

◎旧字「繪」の頻度も高く、この場合「亼」の下は82頁「専」と同じくずしになる。また、単漢字3〜5番目は次頁「給」とも類似する。

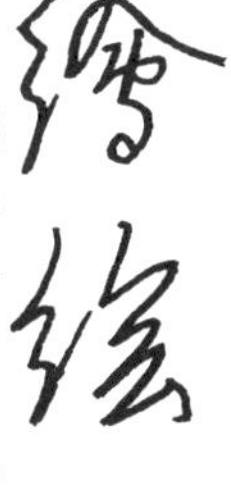

【用例】

1 絵圖《えず》 2 御国繪圖《おくにえず》 3 絵圖《えず》 4 御裁許繪圖《ごさいきょえず》 5 地引繪圖《じびきえず》
6 繪圖面《えずめん》 7 村繪圖《むらえず》 8 麁絵圖《あらえず》

557
給
2175

キュウ
たまう
たべる

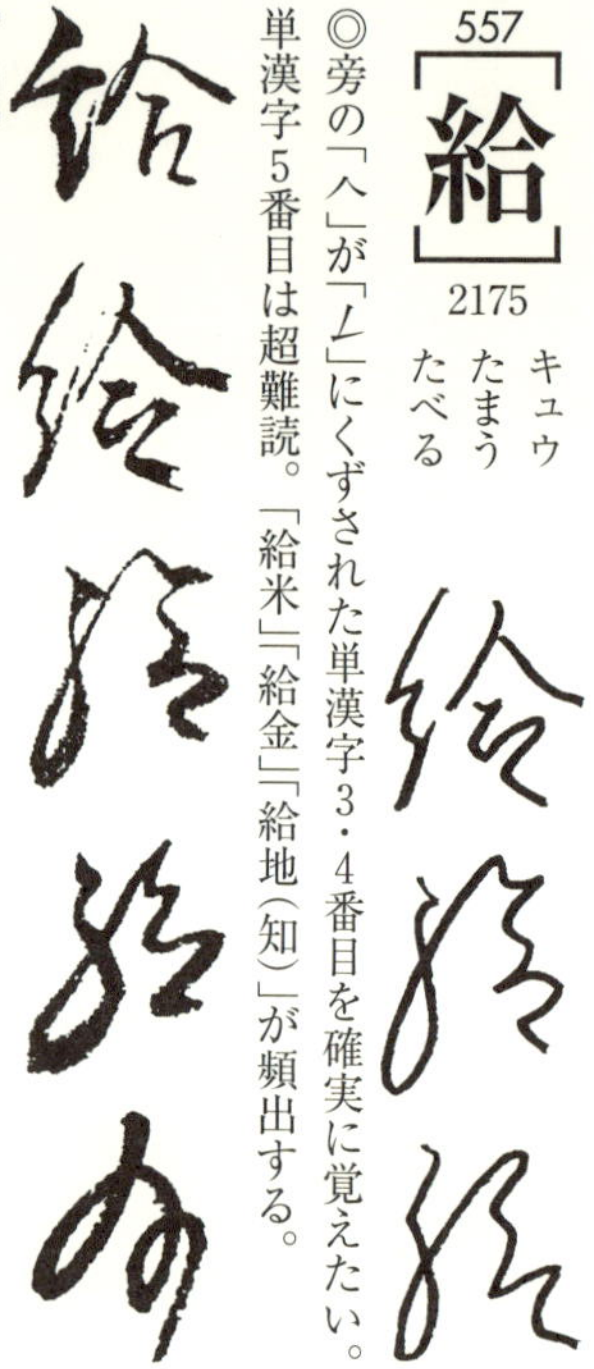

◎旁の「𠆢」が「ノ」にくずされた単漢字3・4番目を確実に覚えたい。単漢字5番目は超難読。「給米」「給金」「給地（知）」が頻出する。

【用例】

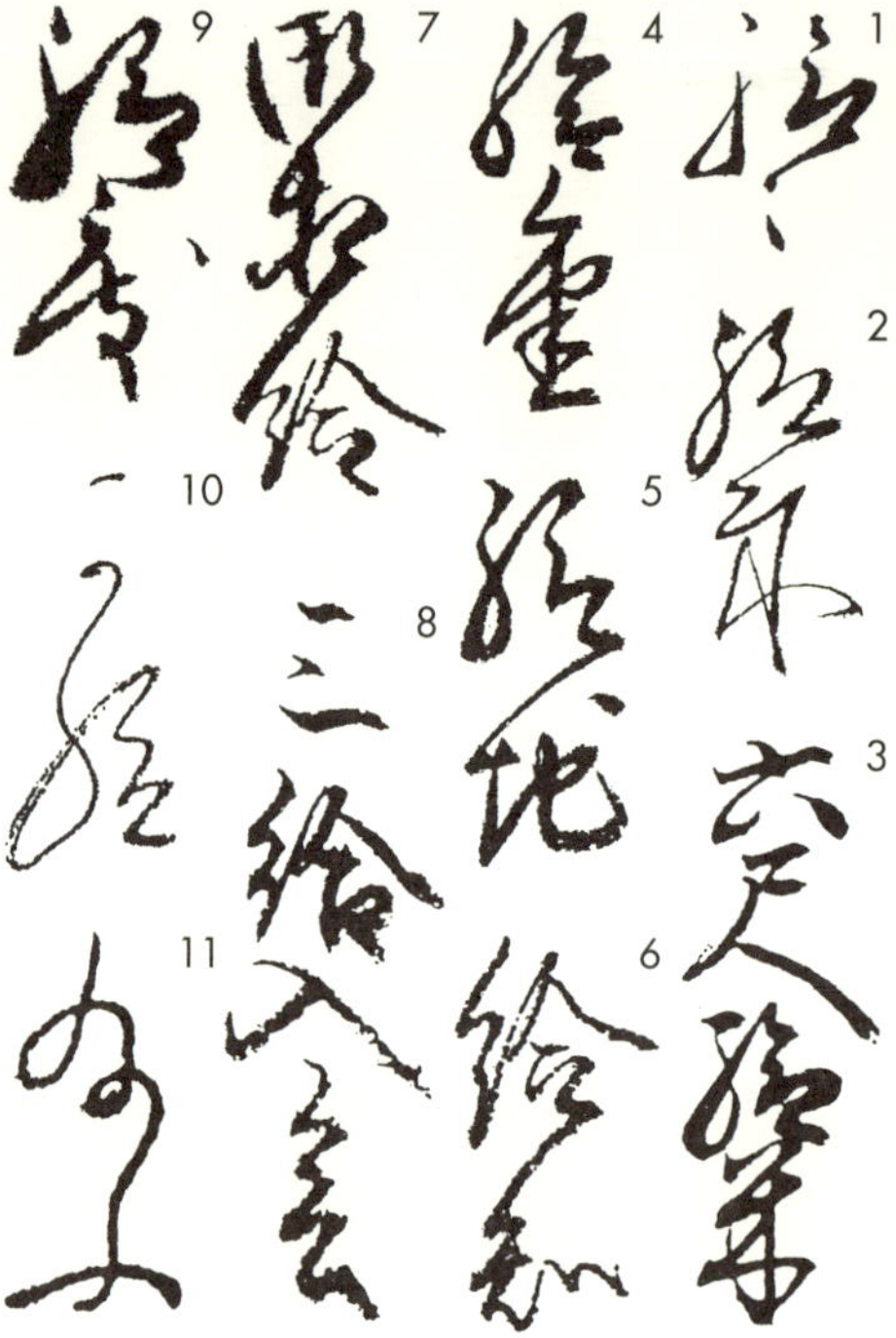

1 給々《きゅうきゅう》　2 給米《きゅうまい》　3 六尺給米《ろくしゃくきゅうまい》　4 給金《きゅうきん》　5 給地《きゅうち》　6 給知《きゅうち》
7 御相給《ごあいきゅう》　8 三給入会《さんきゅういりあい》　9 給度《たまわりたく》　10 可レ給《たまわるべく》　11 給《たま》ふ

558
統
3793

トウ
すべる
おさめる

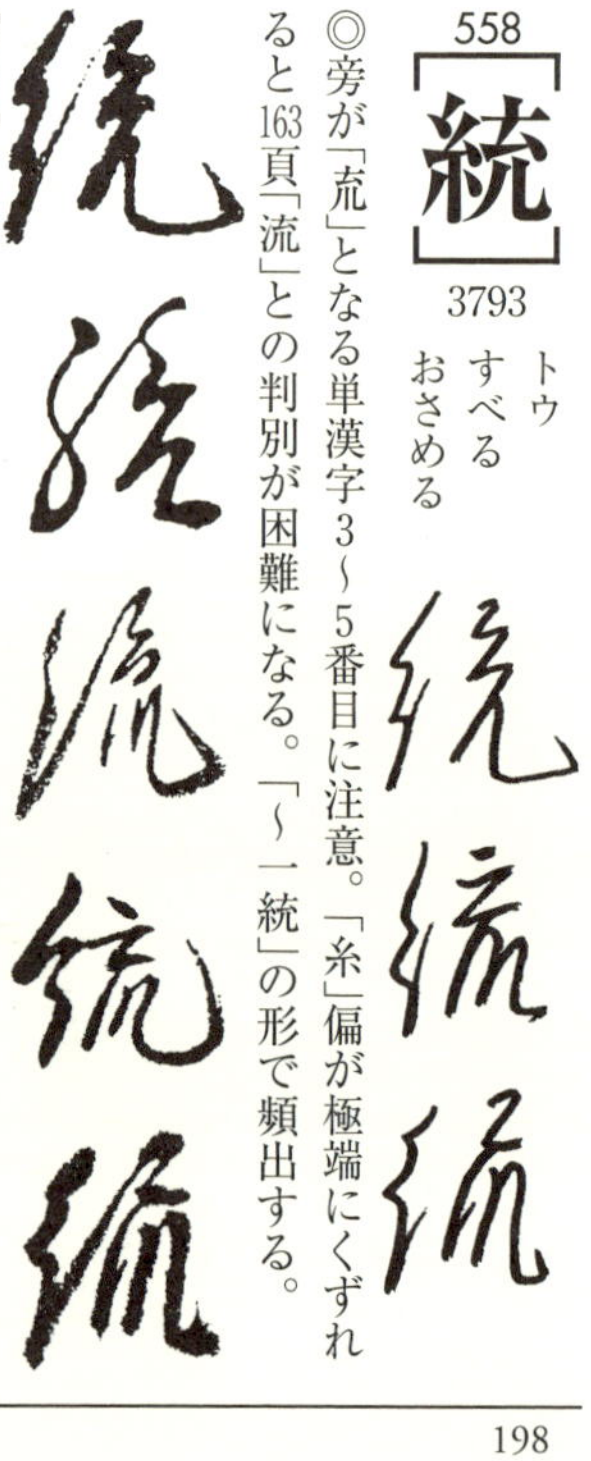

◎旁が「㐬」となる単漢字3〜5番目に注意。「糸」偏が極端にくずれると163頁「流」との判別が困難になる。「〜一統」の形で頻出する。

【用例】

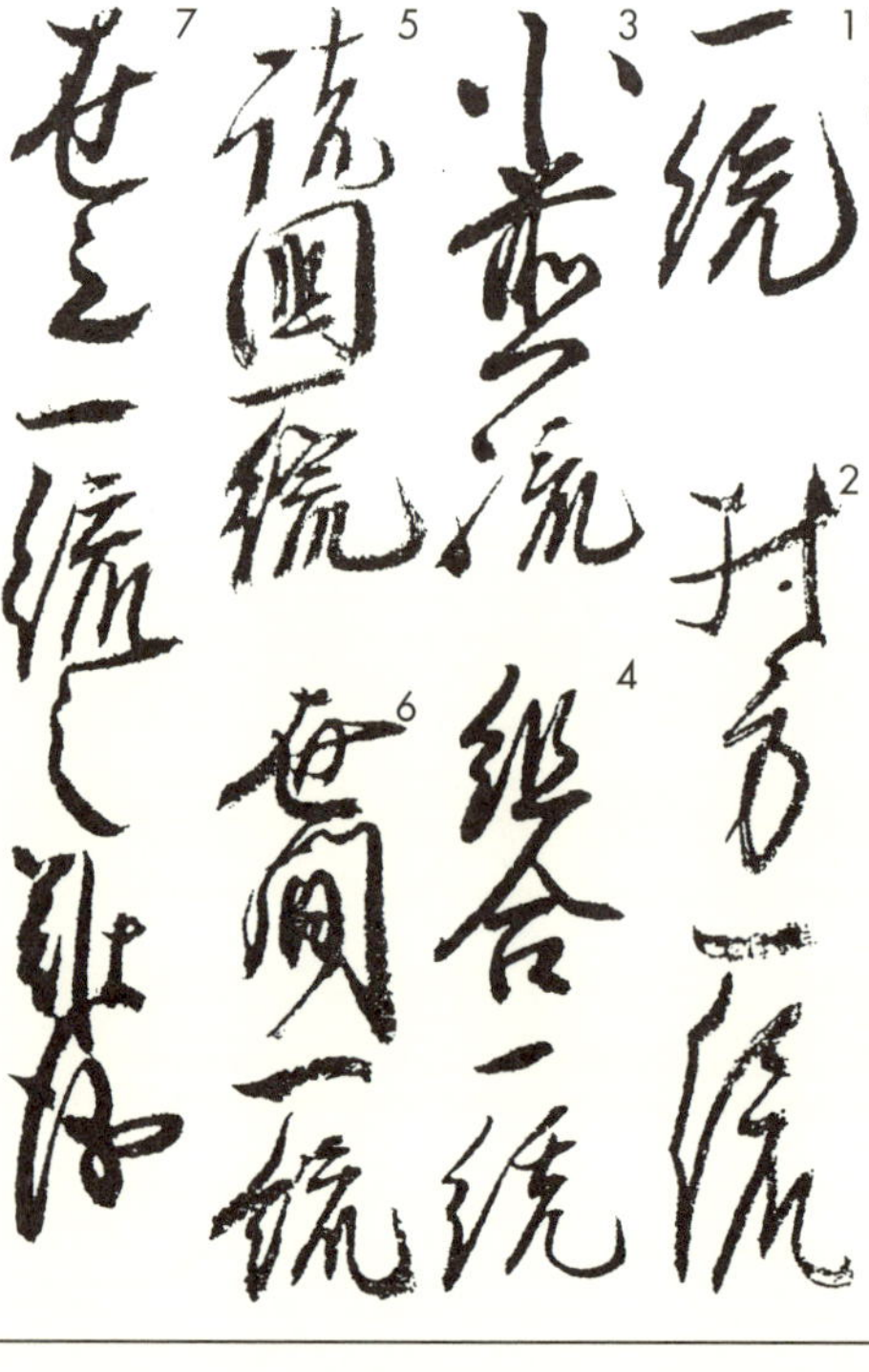

1 一統《いっとう》　2 村方一統《むらかたいっとう》　3 小前一統《こまえいっとう》　4 組合一統《くみあいいっとう》　5 諸國一統《しょこくいっとう》
6 世間一統《せけんいっとう》　7 世上一統之難儀《せじょういっとうのなんぎ》

559 継（繼）

2349
6975

ケイ
つぐ

◎単漢字2・4番目が基本形。旁が「遣」と酷似したくずしになることを覚えておきたい。助郷や伝馬など交通関係の文書に頻出する。

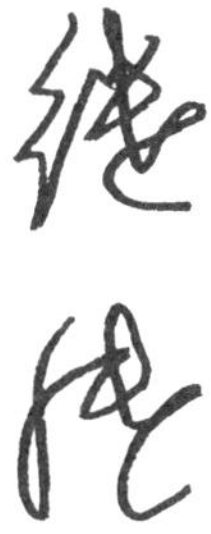

【用例】

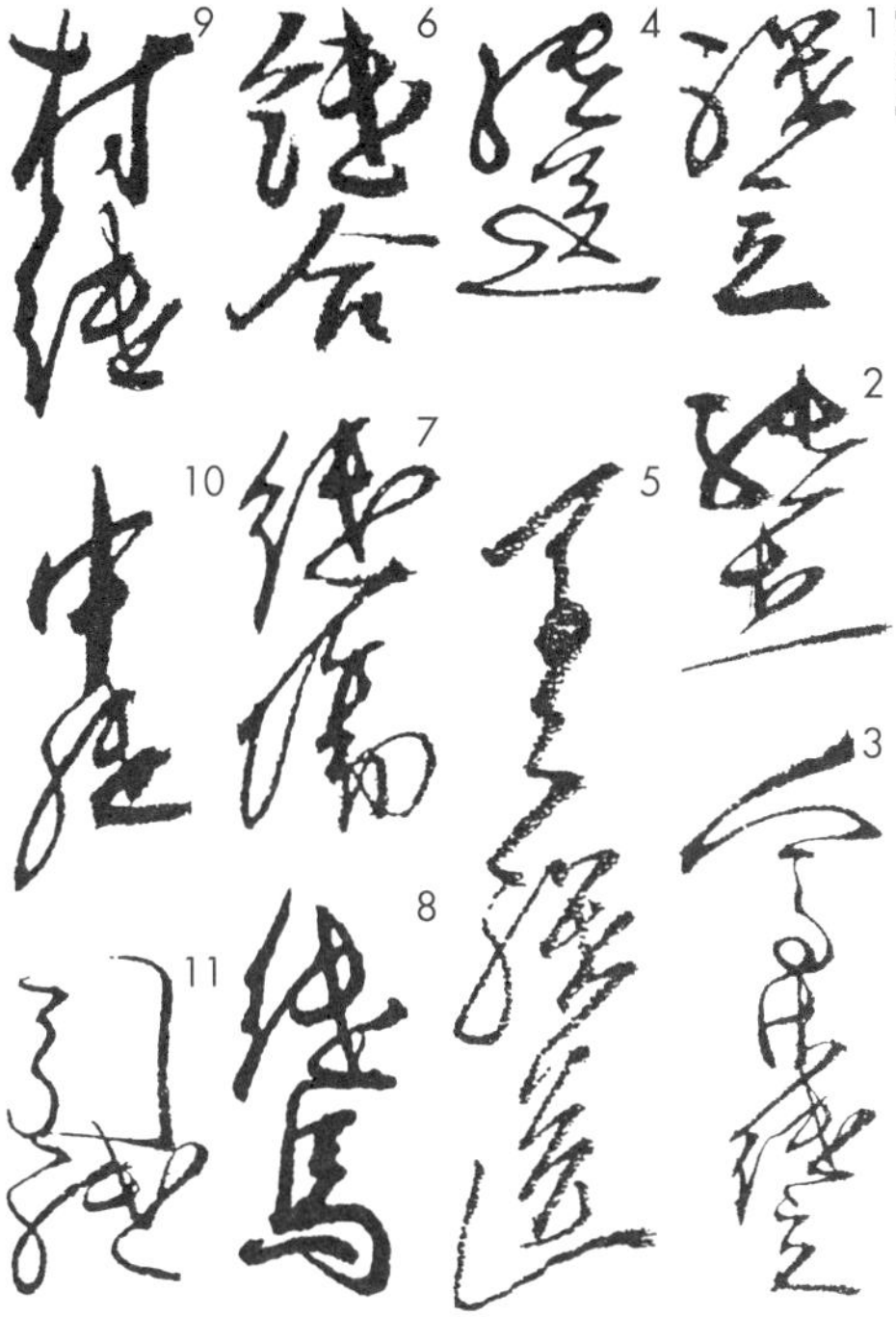

1・2 継立《つぎたて》 3 人馬《じんば》御《お》継立《つぎたて》 4 継送《つぎおくり》 5 早々継送《そうそうつぎおくり》 6 継合《つぎあい》 7 継場《つぎば》 8 継馬《つぎうま》 9 村継《むらつぎ》 10 中継《なかつぎ》 11 引継《ひきつぎ》

560 続（續）

3419
6984

ゾク
ショク
つづく

◎旧字「續」のくずしが基本形となるが、原形をとどめているので判読は容易。ここでは「百姓永續」「百姓相續」「打續」を覚えたい。

【用例】

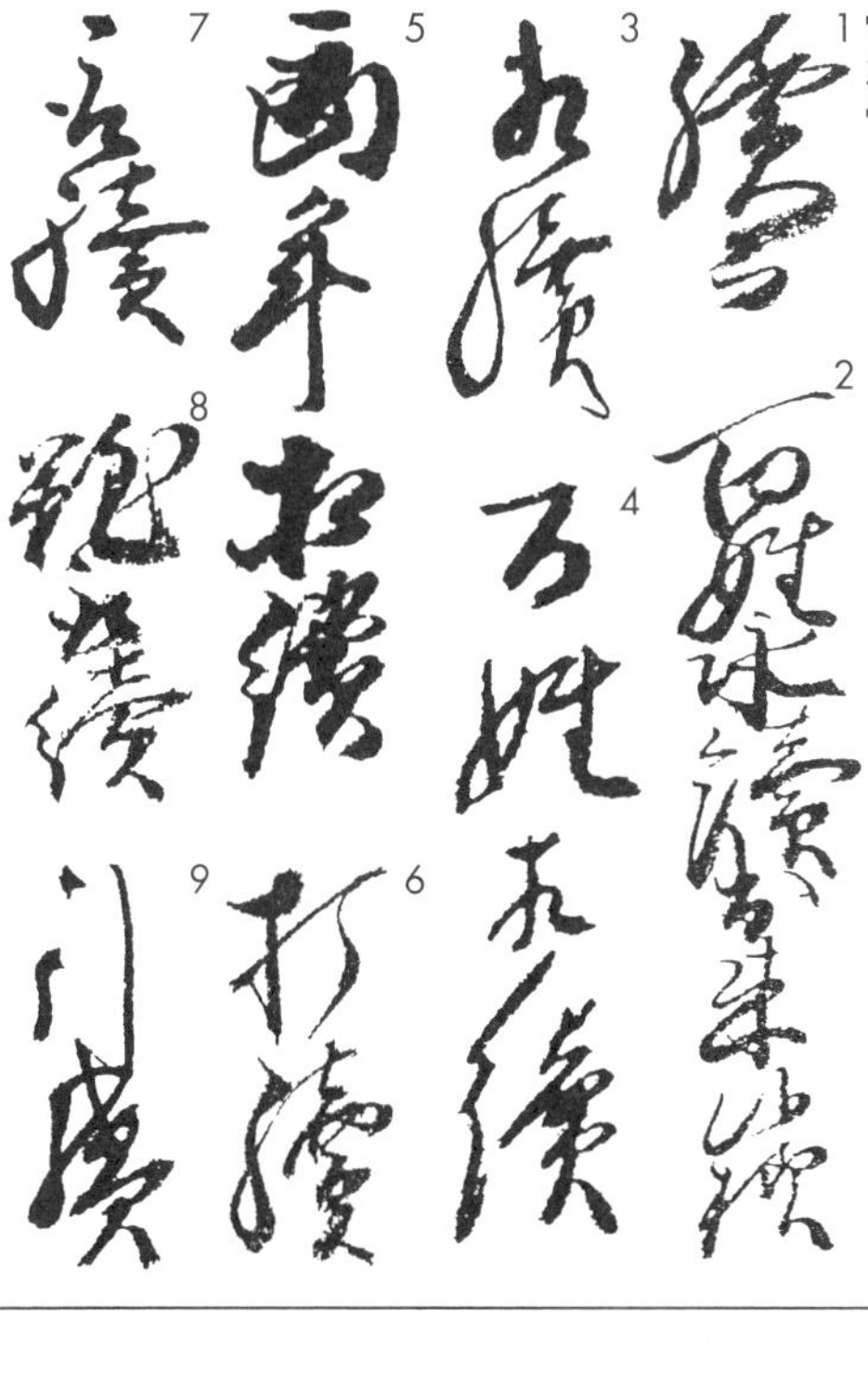

1 續而《つづいて》 2 百姓永續出来候様《ひゃくしょうえいぞくしゅったいそうろうよう》 3 相續《そうぞく》 4 百姓相續《ひゃくしょうそうぞく》 5 凶年相續《きょうねんあいつづき》 6 打續《うちつづき》 7 取續《とりつづき》 8 難㆓取續㆒《とりつづきがたく》 9 引續《ひきつづき》

561 【縁】 1779

エン
ふち・へり
ゆかり

◎「縁談」「離縁」など主として婚礼や離婚に関する文書に頻出。旁は「家」のくずしと類似するが、基本的に縦棒が上に突き抜けない。

【用例】

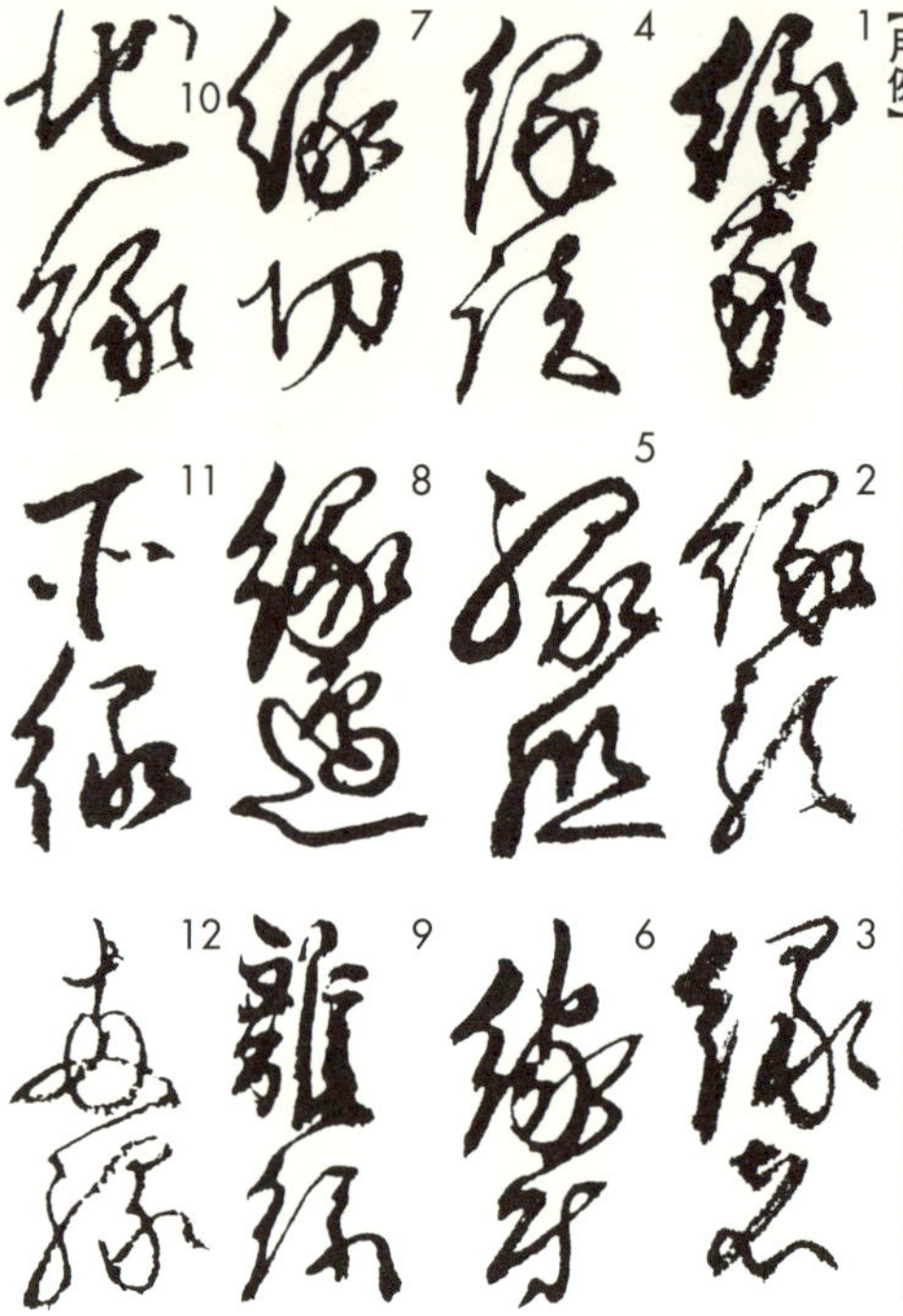

1 縁家《えんか》　2 縁類《えんるい》　3 縁者《えんじゃ》　4 縁談《えんだん》　5 縁組《えんぐみ》　6 縁付《えんづく》　7 縁切《えんきり》　8 縁邊《えんぺん》　9 離縁《りえん》　10 地縁《ちえん》　11 所縁《しょえん》　12 両縁《りょうべり》

562 【締】 3689

テイ／しめ
しまる
しめる

◎「帝」の上半分が省画されても「巾」がしっかり記されるので判読は可能。「取締」が頻出の重要語。270頁「〆」と混用されることも多い。

【用例】

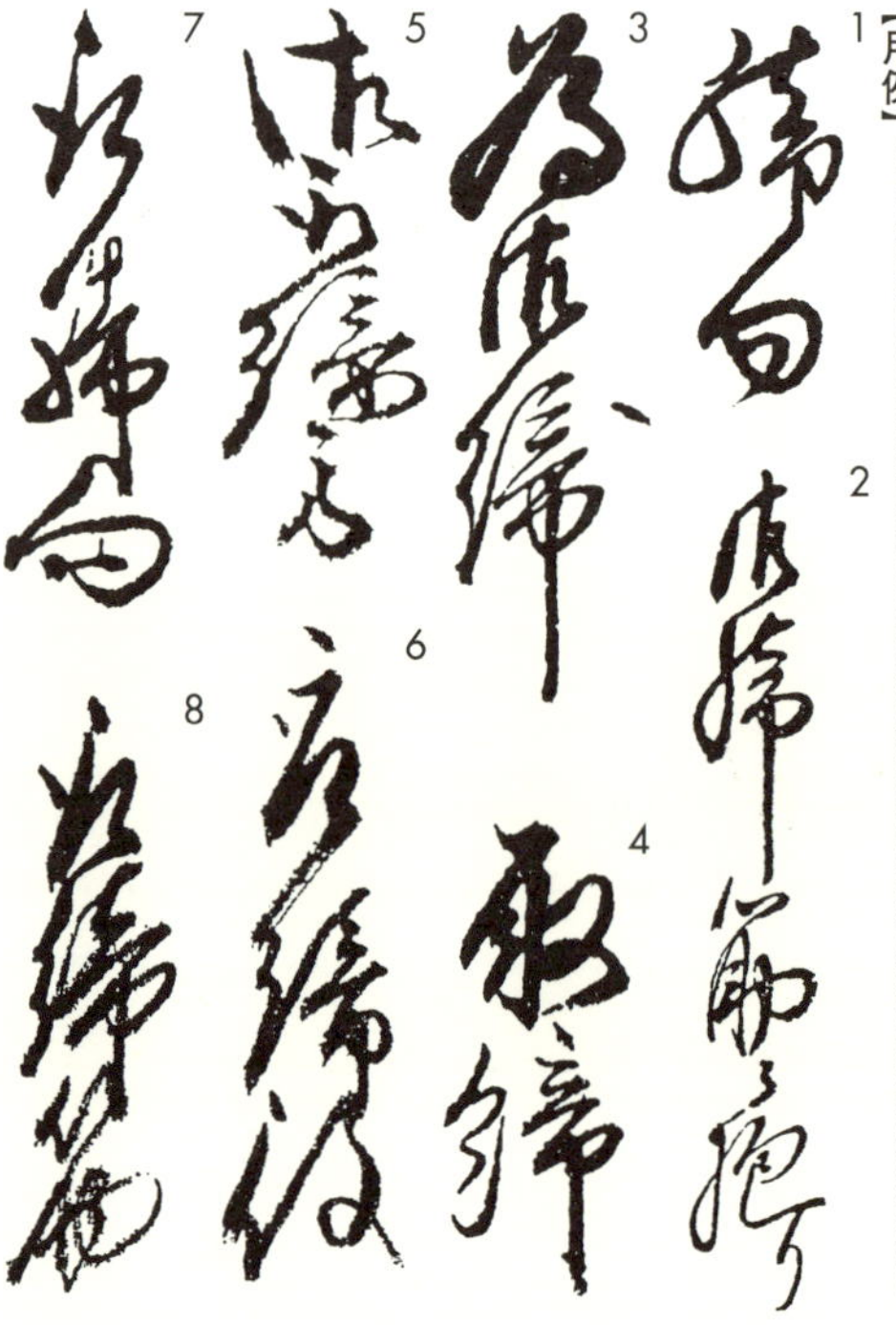

1 締向《しまりむき》　2 御締筋《おしまりすじ》ニ《に》抱リ《かかわり》　3 為二御締一《おしまりとして》　4 取締《とりしまり》　5 御取締方《おとりしまりかた》　6 取締役《とりしまりやく》　7 取締向《とりしまりむき》　8 取締筋《とりしまりすじ》

563
縦(縱)
2936
6952
ジュウ
たて・たとい
たとえ

◎18頁「令」との熟語で「縦令」が頻出の重要語である。「仮(假)令」と同義。旁の「従」(97頁)が「段」と同じくずしになる点に注意したい。

【用例】

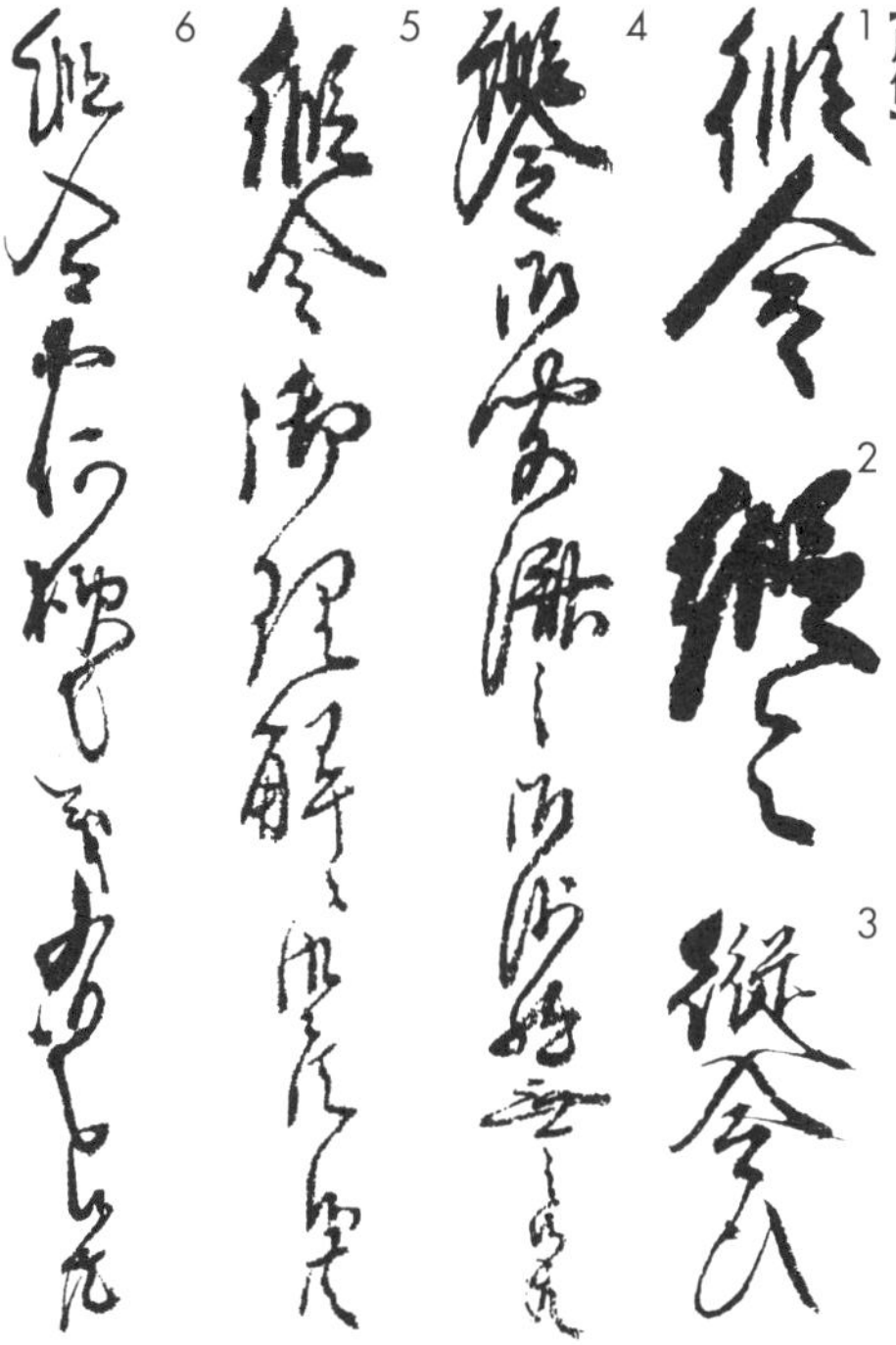

1・2 縦令《たとえ・たとい》 3 縦令《たと》ひ 4 縦令《たとい》御聞済之《おききすましの》御沙汰《ごさた》無レ之《これなく》候共《そうろうとも》 5 縦令《たとい》御理解《ごりかい》ニ御座候共《ござそうろうとも》 6 縦令《たとい》如何様之《いかようの》義有レ之候共《ぎこれありそうろうとも》

564
繁
4043
ハン
しげる

◎ここでの「糸」は「石」(180頁)や「ふ」のようにまったく異形となるので注意してほしい。また「毎」(156頁)もいろいろにくずされる。

【用例】

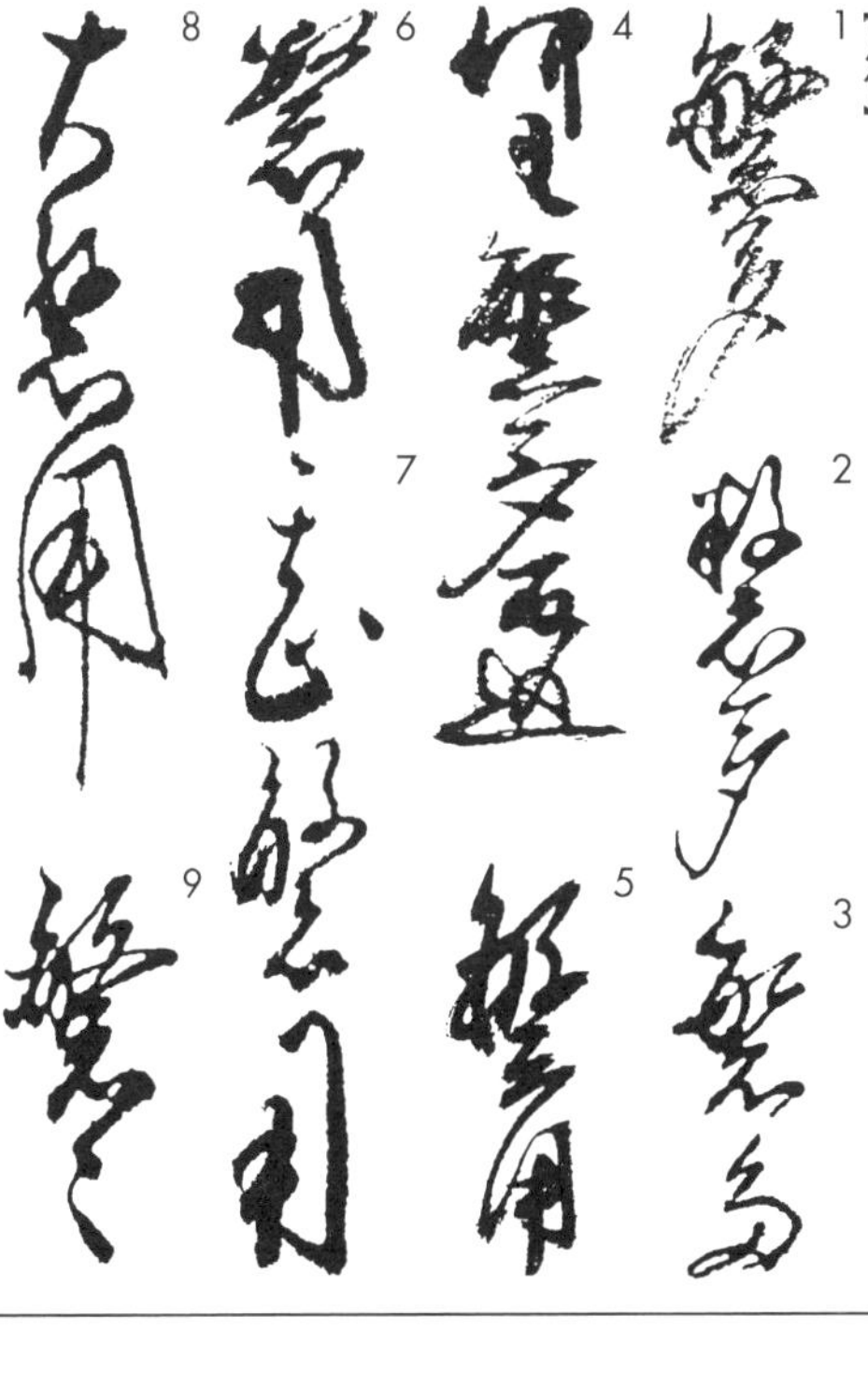

1〜3 繁多《はんた》 4 何《いずれ》も繁多《はんた》取込《とりこみ》 5・6 繁用《はんよう》 7 甚《はなはだ》繁用《はんよう》 8 大繁用《だいはんよう》 9 繁々《しげしげ》

565 着 3569

チャク
きる
つく

◎単漢字2番目が基本形である。途中までは「差」と同じくずしになり、「目」は「口」や「心」のようになる。用例1・2の形が頻出する。

【用例】

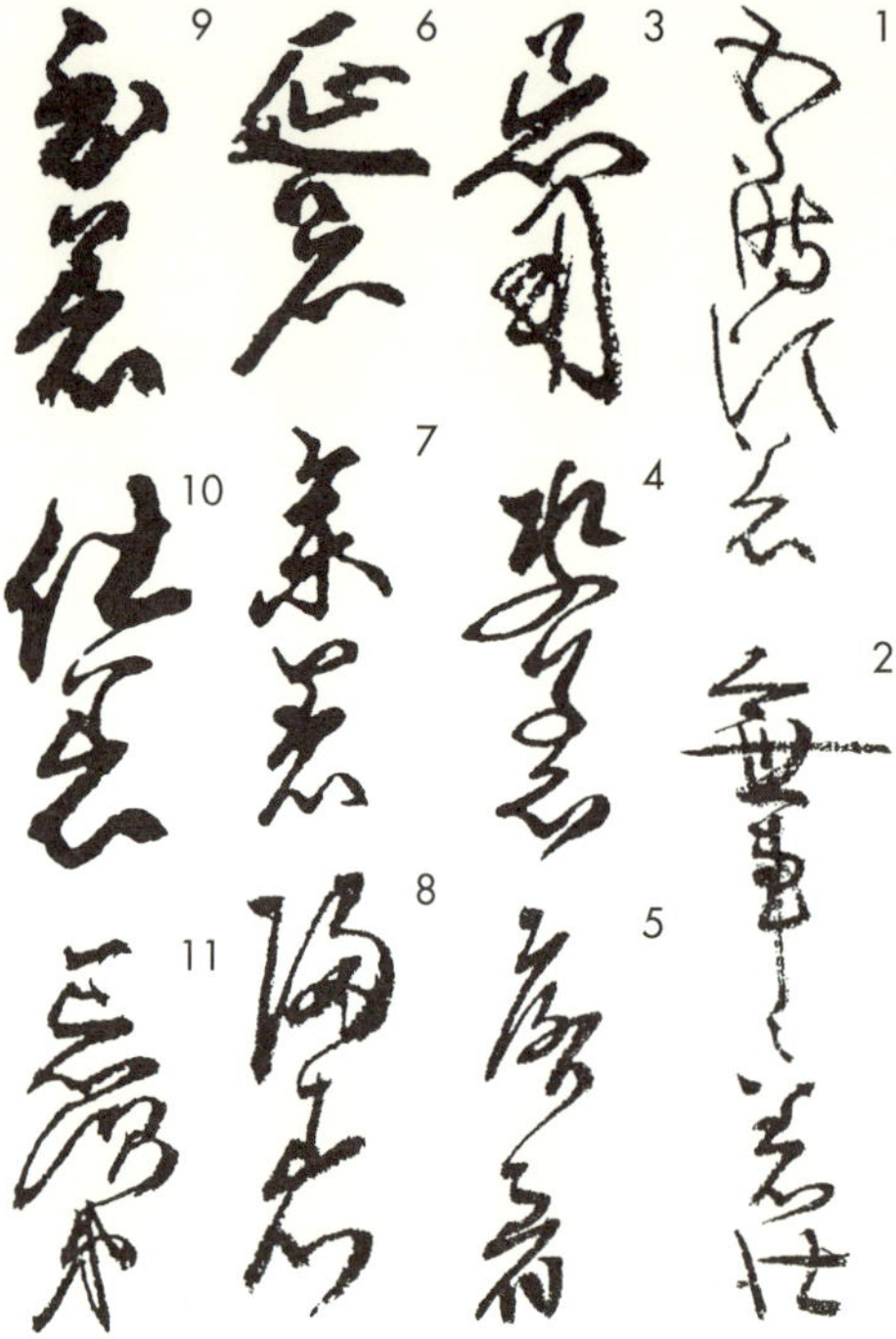

1 五ツ時頃着《いつつどきごろちゃく》
2 無事二着仕《ぶじにちゃくつかまつり》
3 着用《ちゃくよう》
4 決着《けっちゃく》
5 落着《らくちゃく》
6 延着《えんちゃく》
7 参着《さんちゃく》
8 帰着《きちゃく》
9 到着《とうちゃく》
10 仕着《しきせ》
11 着次第《つきしだい》

566 老 4723

ロウ
おいる
ふける

◎特徴的な単漢字3・4番目を覚えたい。これは234頁「走」の右脇に「、」を打ったくずしと同じ。単漢字5番目は「左」の特殊形と類似。

【用例】

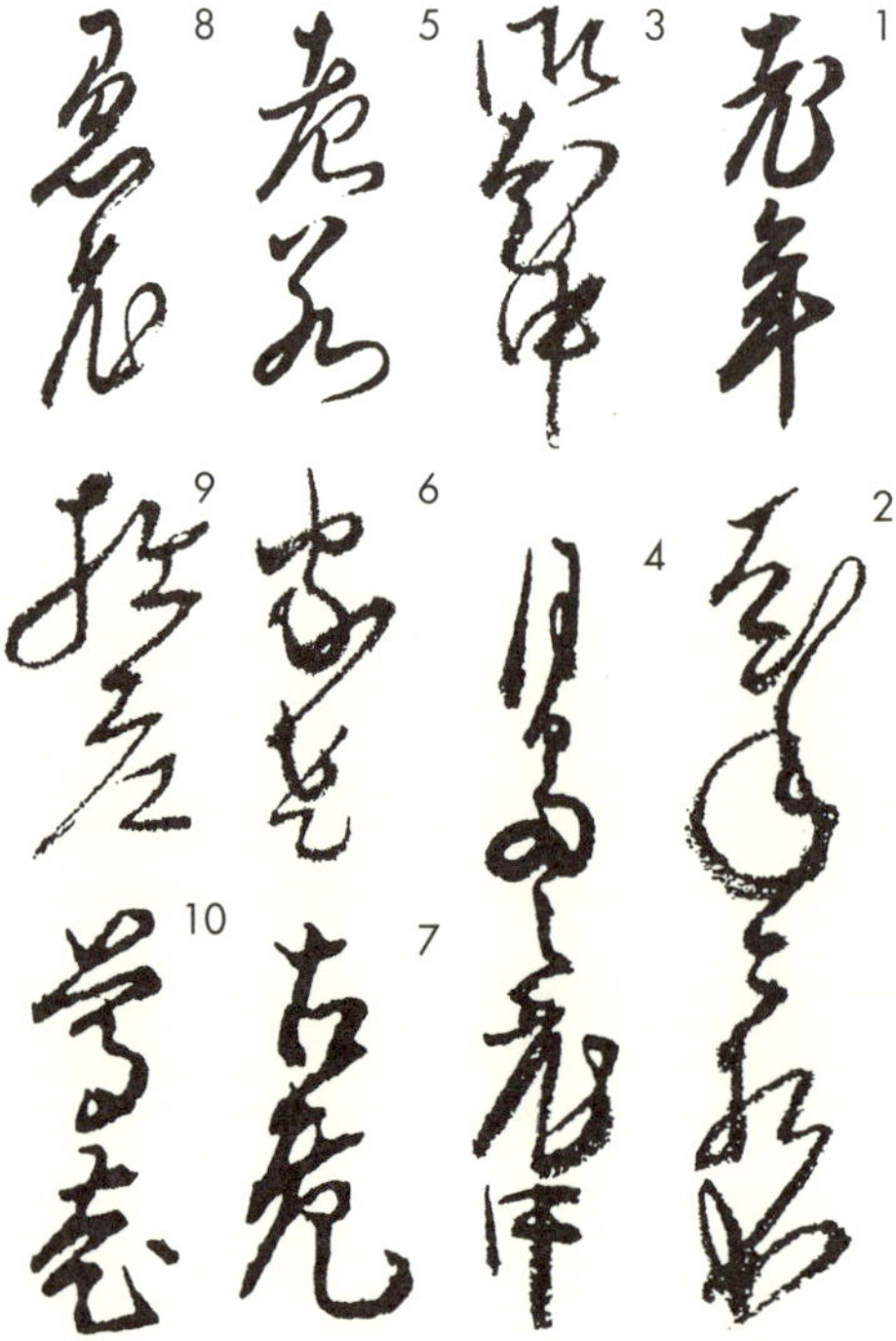

1 老年《ろうねん》
2 老年二相成《ろうねんにあいなり》
3 御老中《ごろうじゅう》
4 月番之老中《つきばんのろうじゅう》
5 老若《ろうにゃく》
6 家老《かろう》
7 古老《ころう》
8 愚老《ぐろう》
9 拙老《せつろう》
10 尊老《そんろう》

567 聊 7056

リュウ いささか

◎すべて異体字のくずしである（異体字一覧参照）。「耳」偏は単漢字1番目が基本形。用例5～8の形で頻出するのでぜひ覚えたい。

【用例】

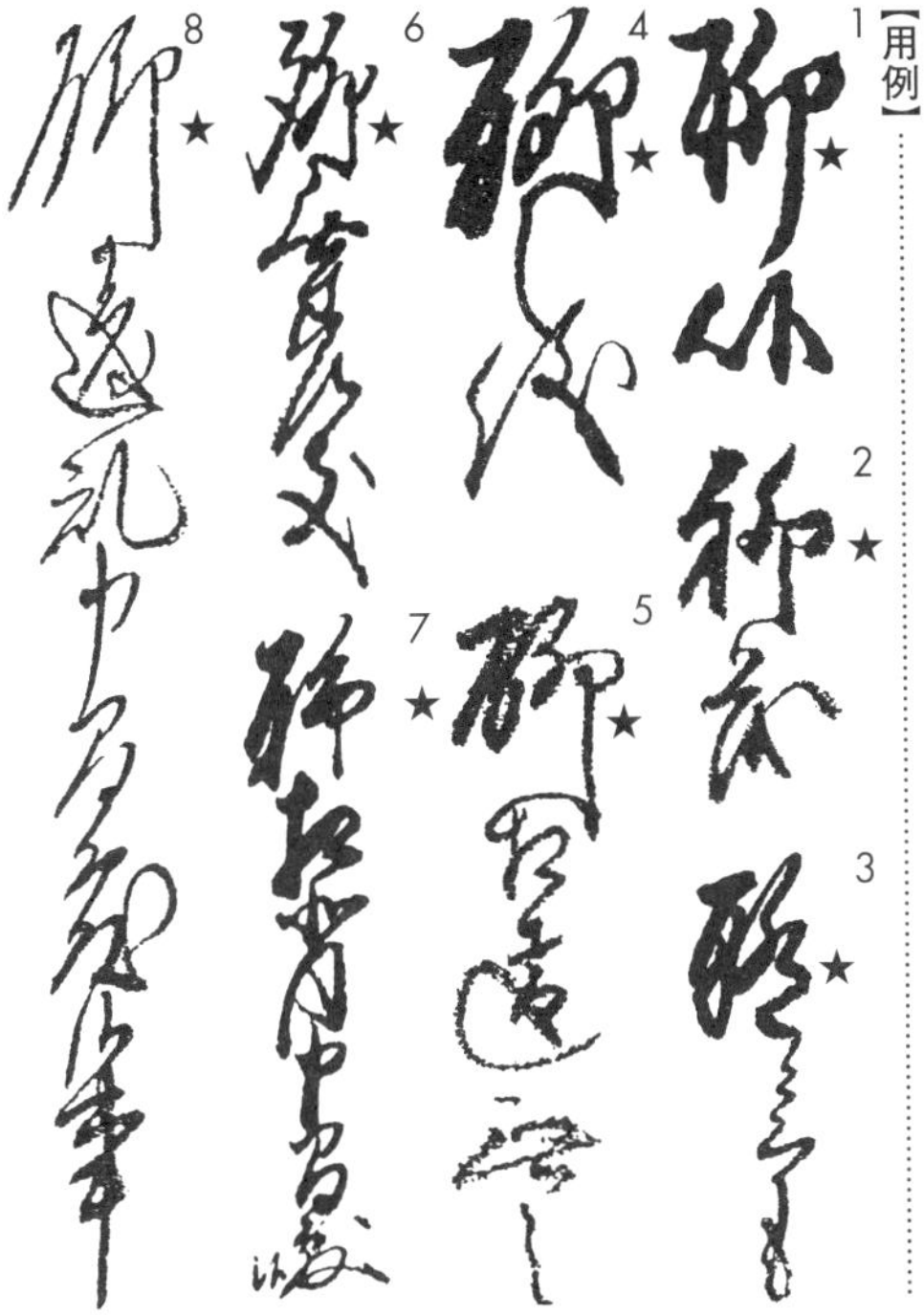

1 聊以《いささかもって》　2 聊茂《いささかも》　3 聊二而も《いささかにても》　4 聊之儀《いささかのぎ》　5 聊相違無レ之《いささかそういこれなく》　6 聊無二差支一《いささかさしつかえなく》　7 聊相背申間敷候《いささかあいそむきもうすまじくそうろう》　8 聊違乱申間敷候事《いささかいらんもうすまじくそうろうこと》

568 聢 7062

しかと

◎ここでは単漢字2・4番目が基本形となる。「聢与」は用例に挙げたように、下に打ち消し語を伴う形をとることが多い。

【用例】

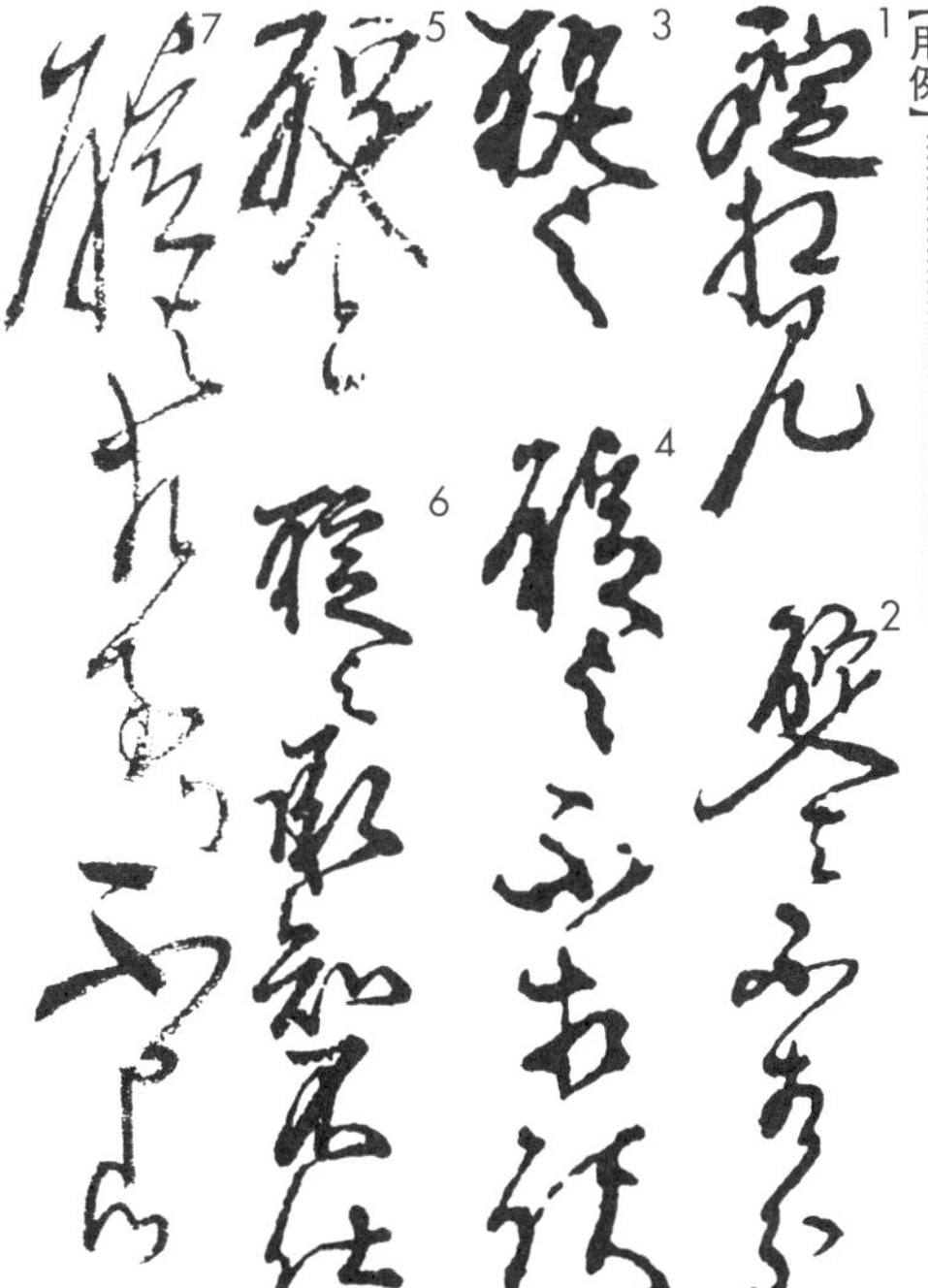

1 聢相見《しかとあいみえ》　2 聢与不二相分一《しかとあいわからず》　3 聢与《しかと》　4 聢与不二相訳一《しかとあいわからず》　5 聢《しか》と　6 聢与承知不レ仕《しかとしょうちつかまつらず》　7 聢与相分リ不レ申候《しかとあいわかりもうさずそうろう》

569
背
3956

ハイ
せ
そむく

◎「北」が「小」のようにくずされる単漢字3・4番目が基本形である。「違背」「相背」が頻出の重要語。上に返って読む用例6・7に注意。

【用例】

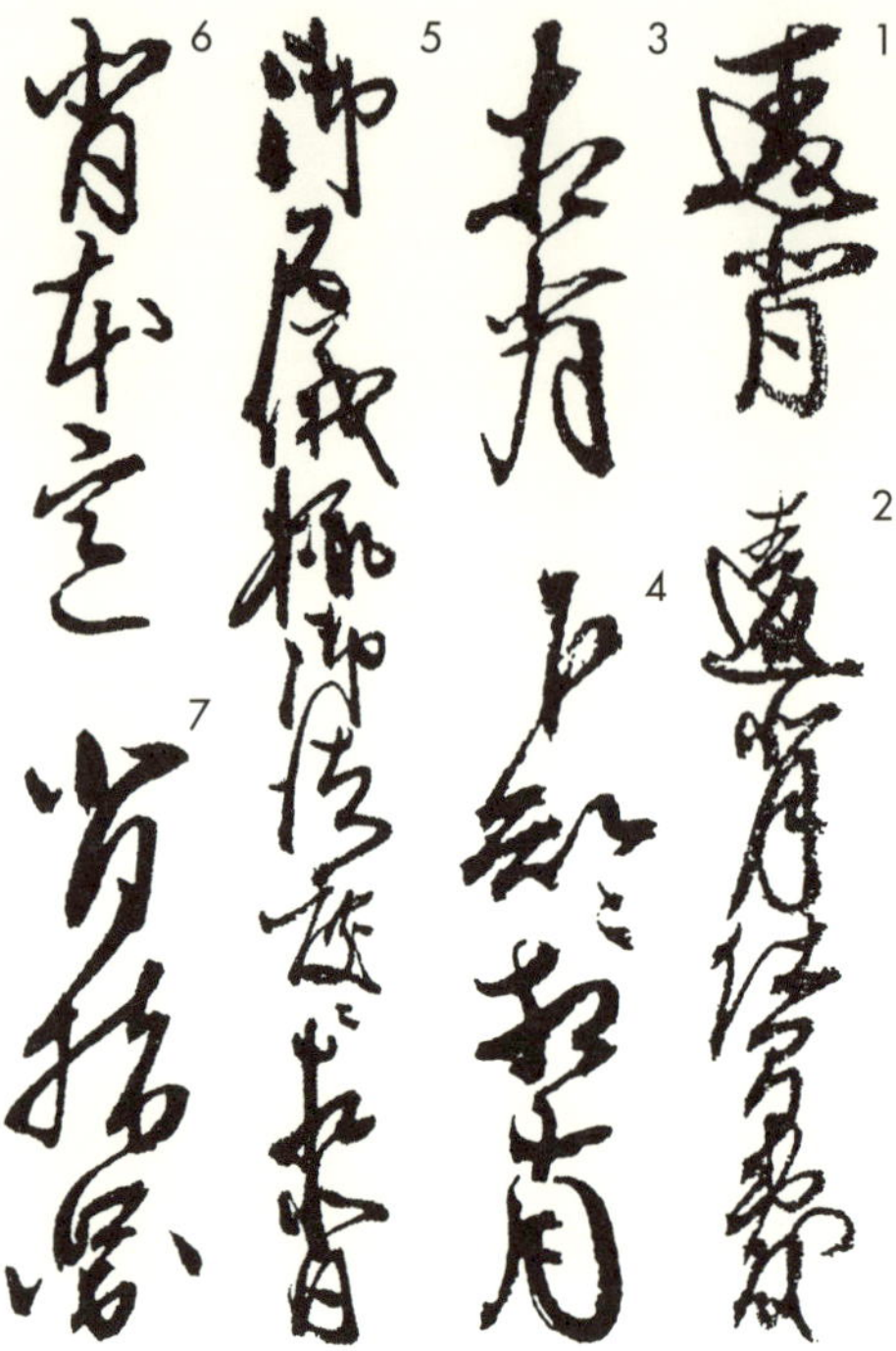

1 違背《いはい》 2 違背仕間敷《いはいつかまつるまじく》 3 相背《あいそむく》 4 下知ニ相背《げちにあいそむき》
5 御公儀様御法度ニ相背《ごこうぎさまごはっとにあいそむき》 6 背二本意一《ほんいにそむき》 7 背二指圖一《さしずにそむき》

570
脇
4738

キョウ
わき

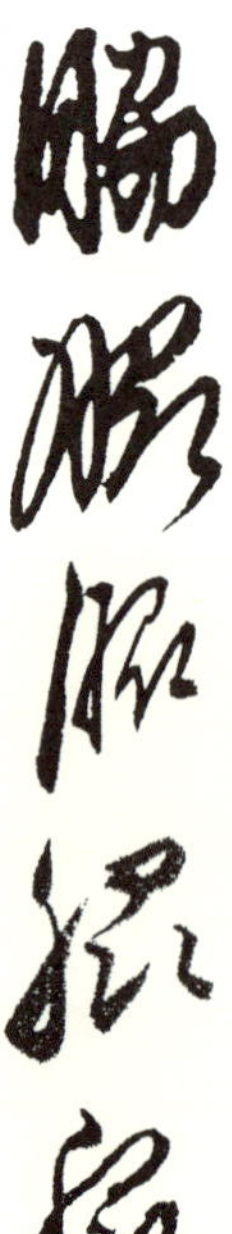

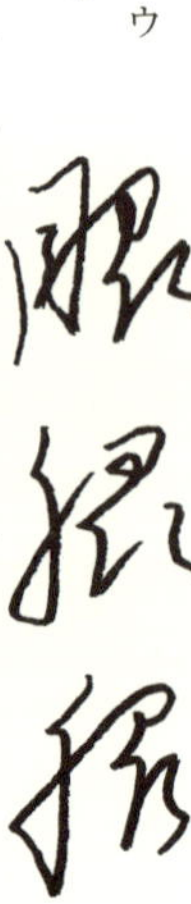

◎ここでは異体字のくずしが基本形となる（異体字一覧参照）。「月」のくずしに注意。「脇ゟ〜」の形で頻出し、用例4・7は決り文句。

【用例】

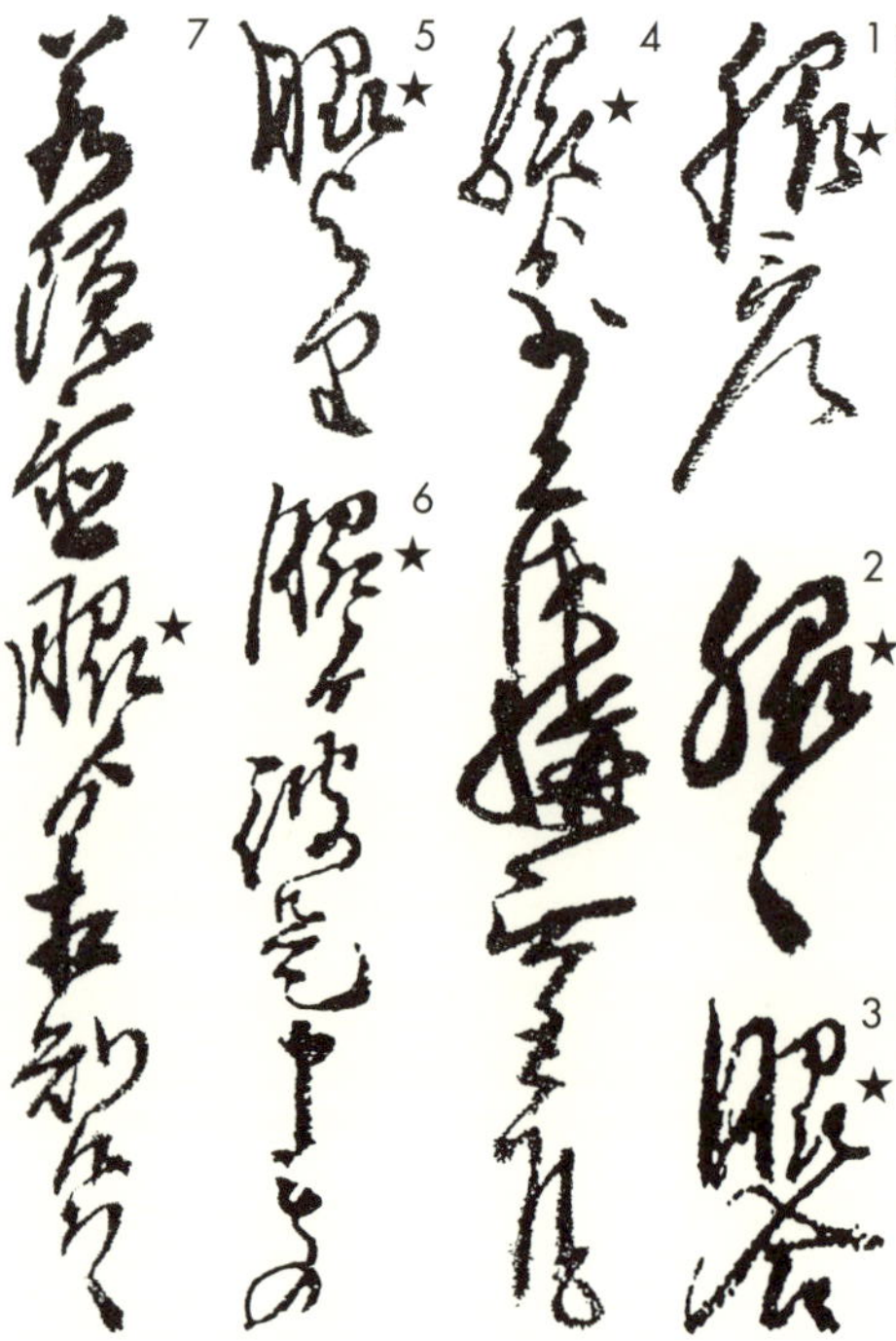

1 脇差《わきざし》 2 脇々《わきわき》 3 脇合《わきあい》 4 脇ゟ少茂構無二御座一候《わきよりすこしもかまいござなくそうろう》 5 脇《わき》より
6 脇ゟ彼是申もの《わきよりかれこれもうす》 7 若隠置《もしかくしおき》、脇ゟ相知候ハ、《わきよりあいしれそうらわば》

571 能 3929

ノウ
あたう
よく

◎旁は251頁「長」と似たくずしになり、単漢字2番目が基本形である。「能」を「よく」と読ませる用例が頻出するので注意してほしい。

【用例】

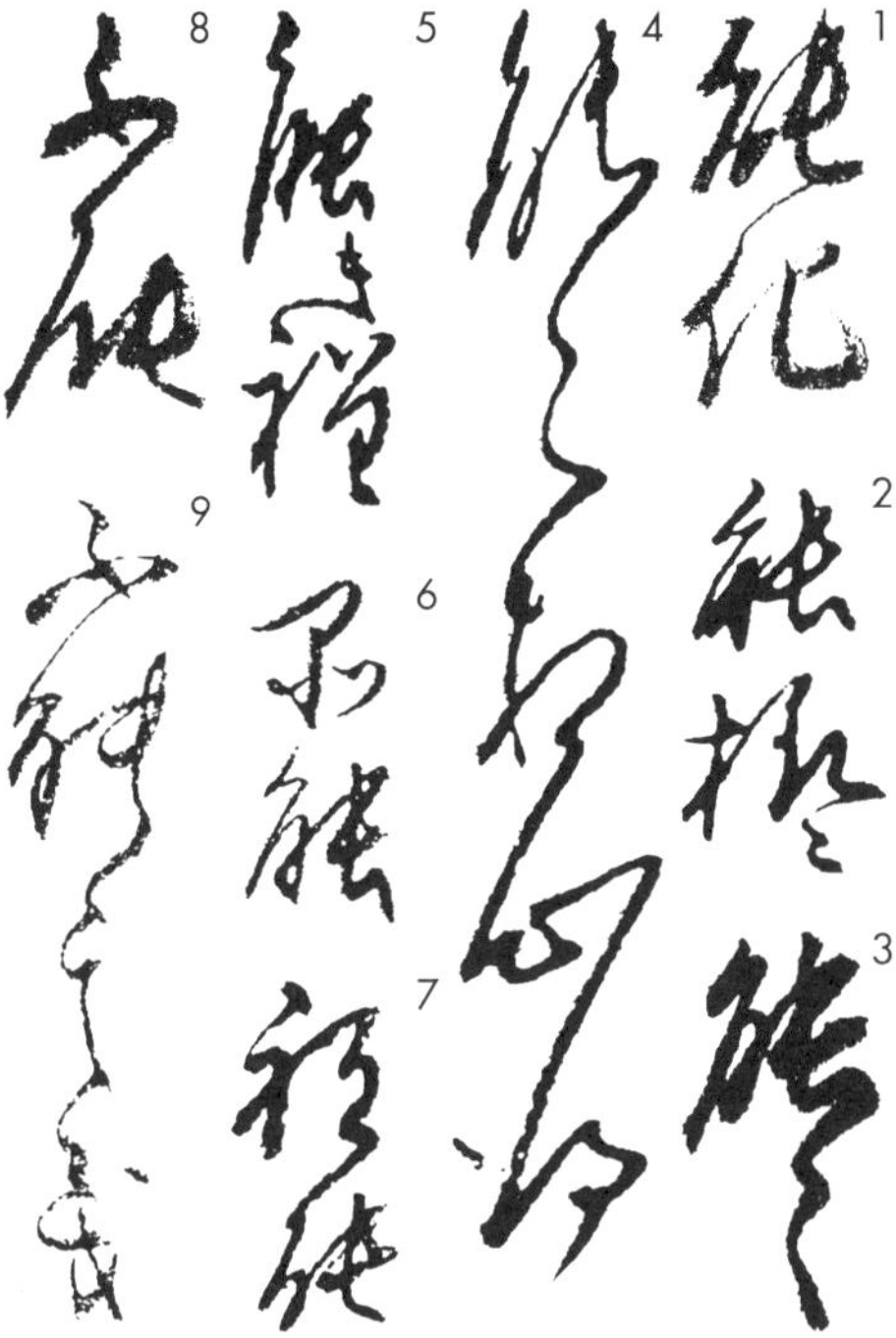

1 能化《のうけ》 2 能様二《よきように》 3 能々《よくよく》 4 能々相心得《よくよくあいこころえ》 5 能キ程《よきほど》 6 品能《しなよし》 7 程能《ほどよし》 8 不レ能《あたわず》 9 不レ能二其義一《そのぎにあたわず》

572 脚 2151

キャク
キャ
あし

◎264頁「飛」との熟語で「飛脚」が頻出する重要語である。旁の「却」(49頁)が省画されると「布」(未収録)のようなくずしになる。

【用例】

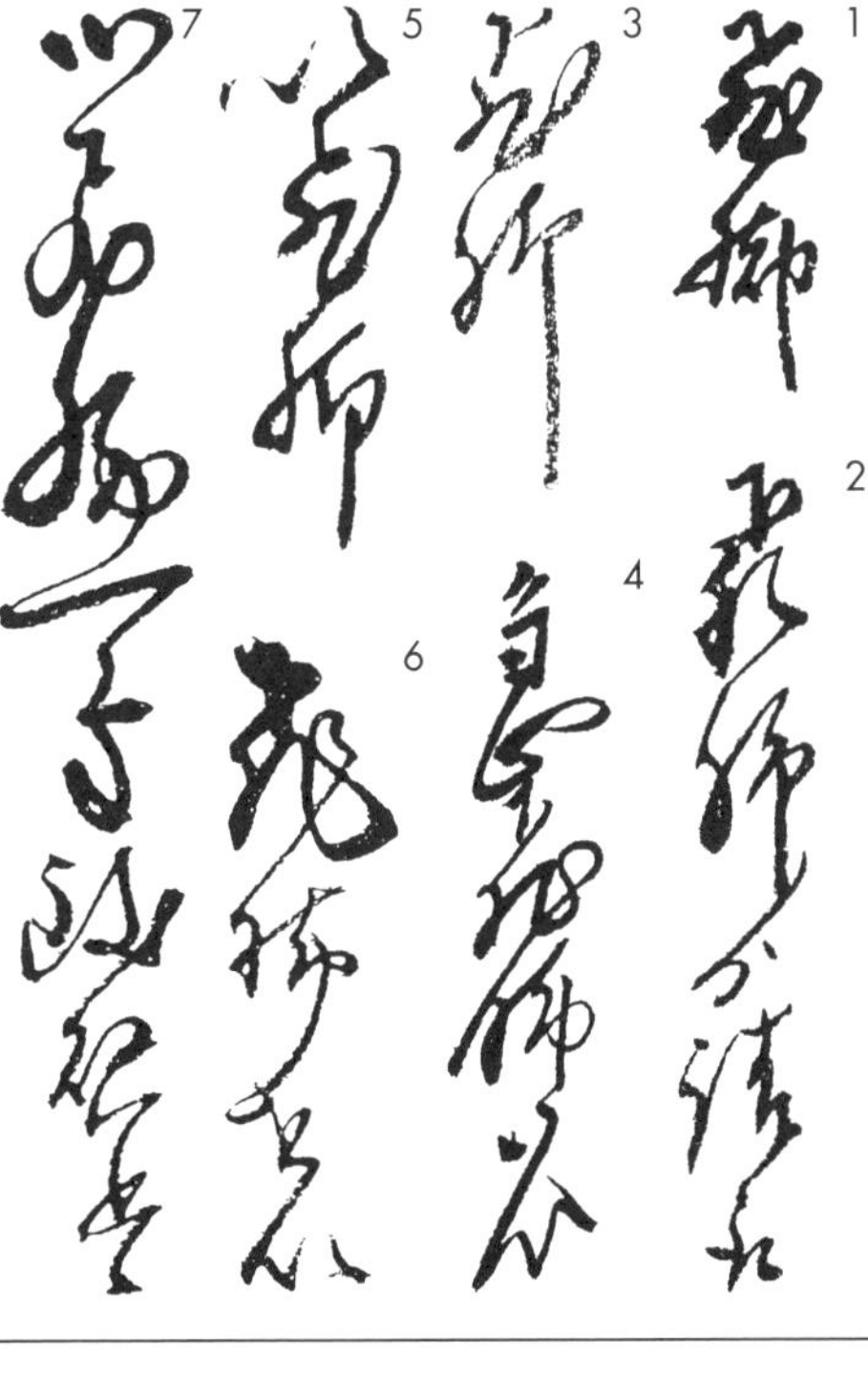

1 飛脚《ひきゃく》 2 飛脚ゟ請取《ひきゃくよりうけとり》 3 飛脚《ひきゃく》 4 急飛脚ヲ以《きゅうびきゃくをもって》 5 以二飛脚一《ひきゃくをもって》 6 飛脚を以《ひきゃくをもって》 7 以二飛脚一一筆致二啓上一候《ひきゃくをもっていっぴつけいじょういたしそうろう》

573
臨
4655
リン
のぞむ

◎「臣」が「食」偏（24頁「餘」参照）と同じになり、単漢字1・4番目が基本形。「品」（58頁）のくずしに注意。単漢字5番目は「段」と類似。

【用例】

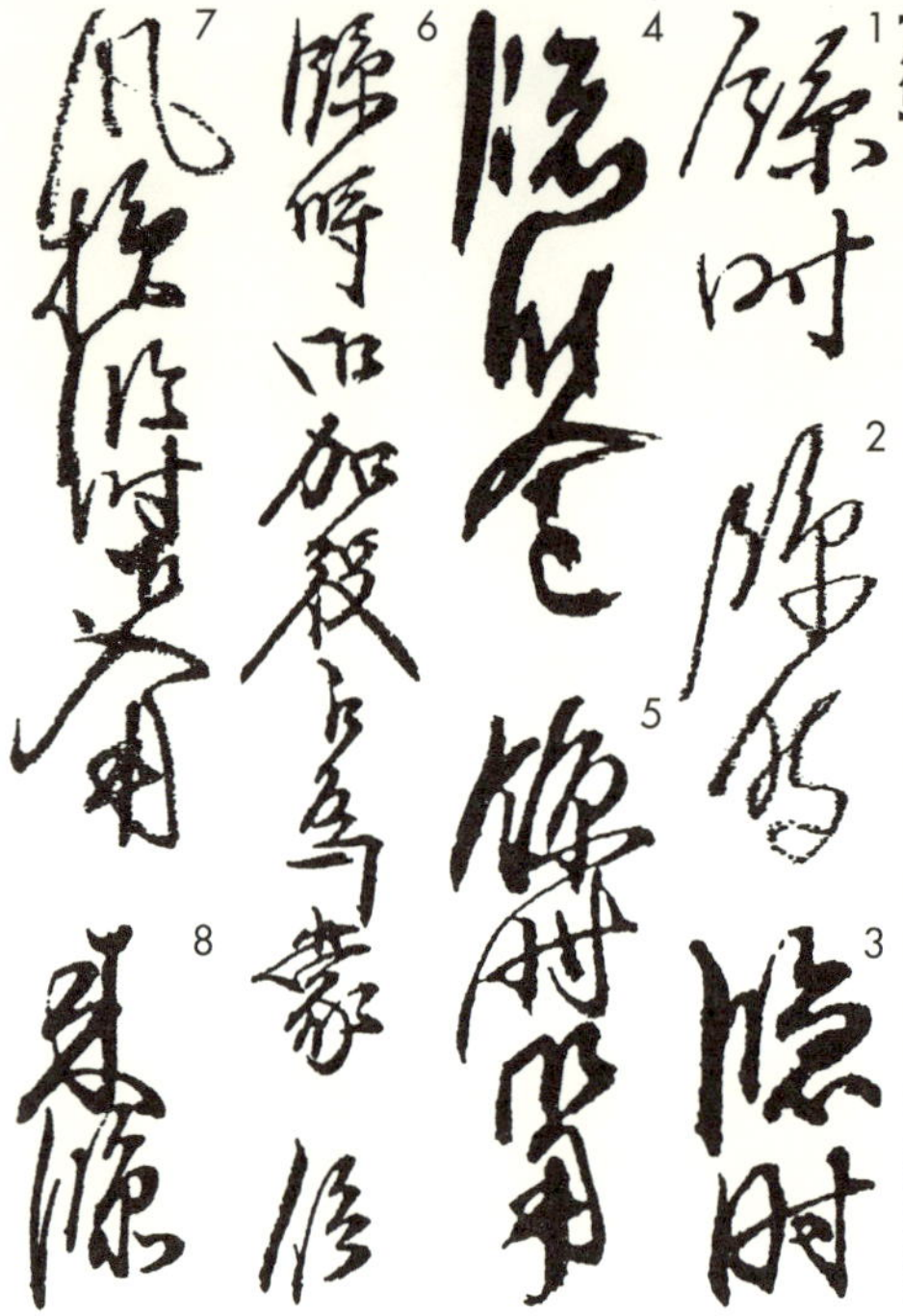

1〜3 臨時《りんじ》　4 臨時金《りんじきん》　5 臨時御用《りんじごよう》　6 臨時御加役被レ為レ蒙レ仰《りんじごかやくおおせこうむらせられ》　7 風損臨時御入用《ふうそんりんじごにゅうよう》　8 来臨《らいりん》

574
自
2811
シ・ジ／より
みずから
おのずから

◎「目」や「日」とも類似するが前後から判断してほしい。単漢字4・5番目を覚えたい。ここでは用例11の上に返って読む形に注意。

【用例】

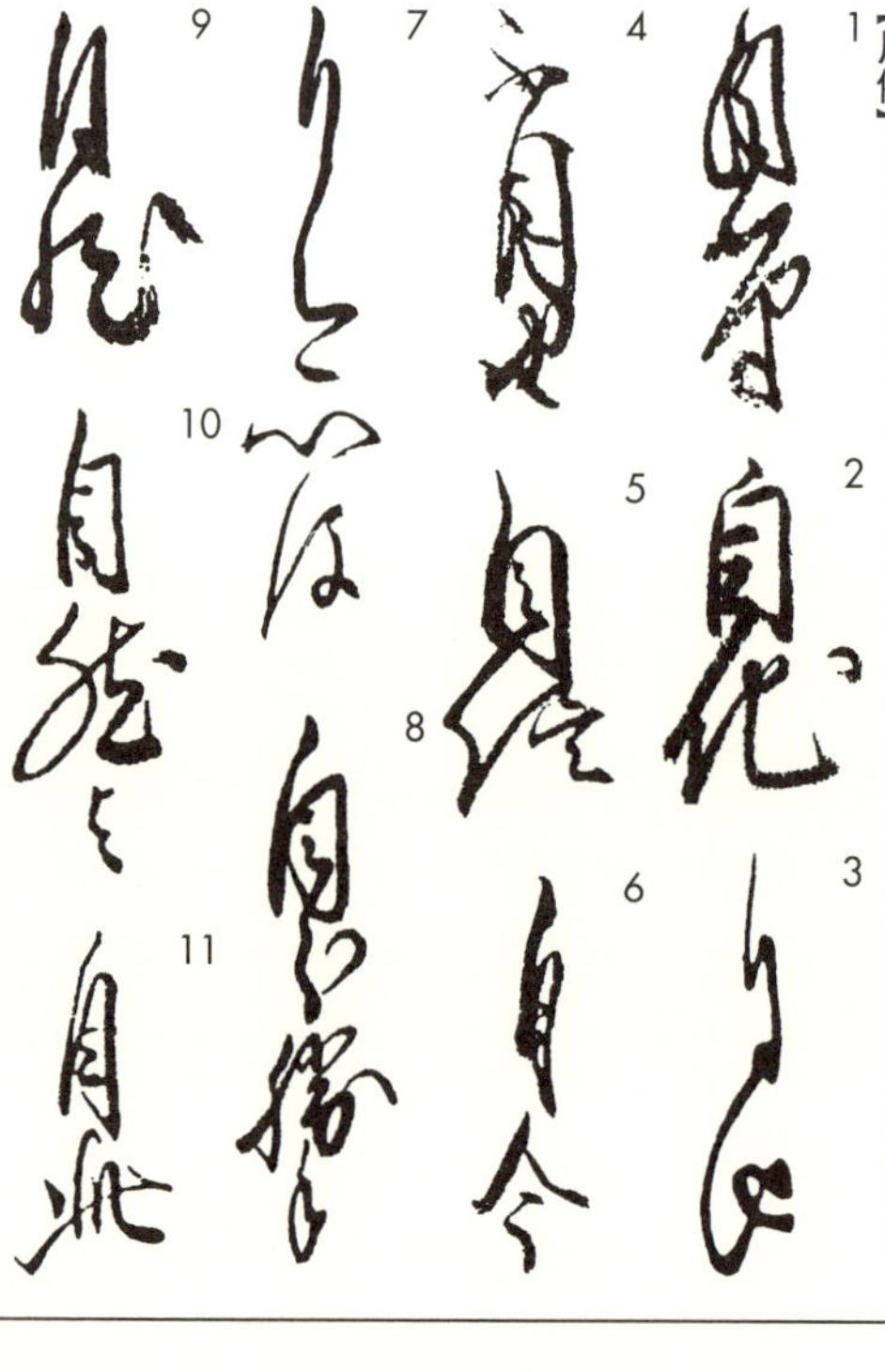

1 自筆《じひつ》　2 自他《じた》　3 自由《じゆう》　4 不自由《ふじゆう》　5 自儘《じまま》　6 自今《じこん》　7 自今以後《じこんいご》　8 自分勝手《じぶんかって》　9 自然《じねん》《しぜん》　10 自然与《しぜんと》　11 自レ此《これより》

575 舞 4181

ブ・ム
まう
まい

◎「舛」が原形をとどめない単漢字4・5番目のくずしに注意してほしい。また「無」はさまざまにくずされる。「見舞」が頻出する。

【用例】

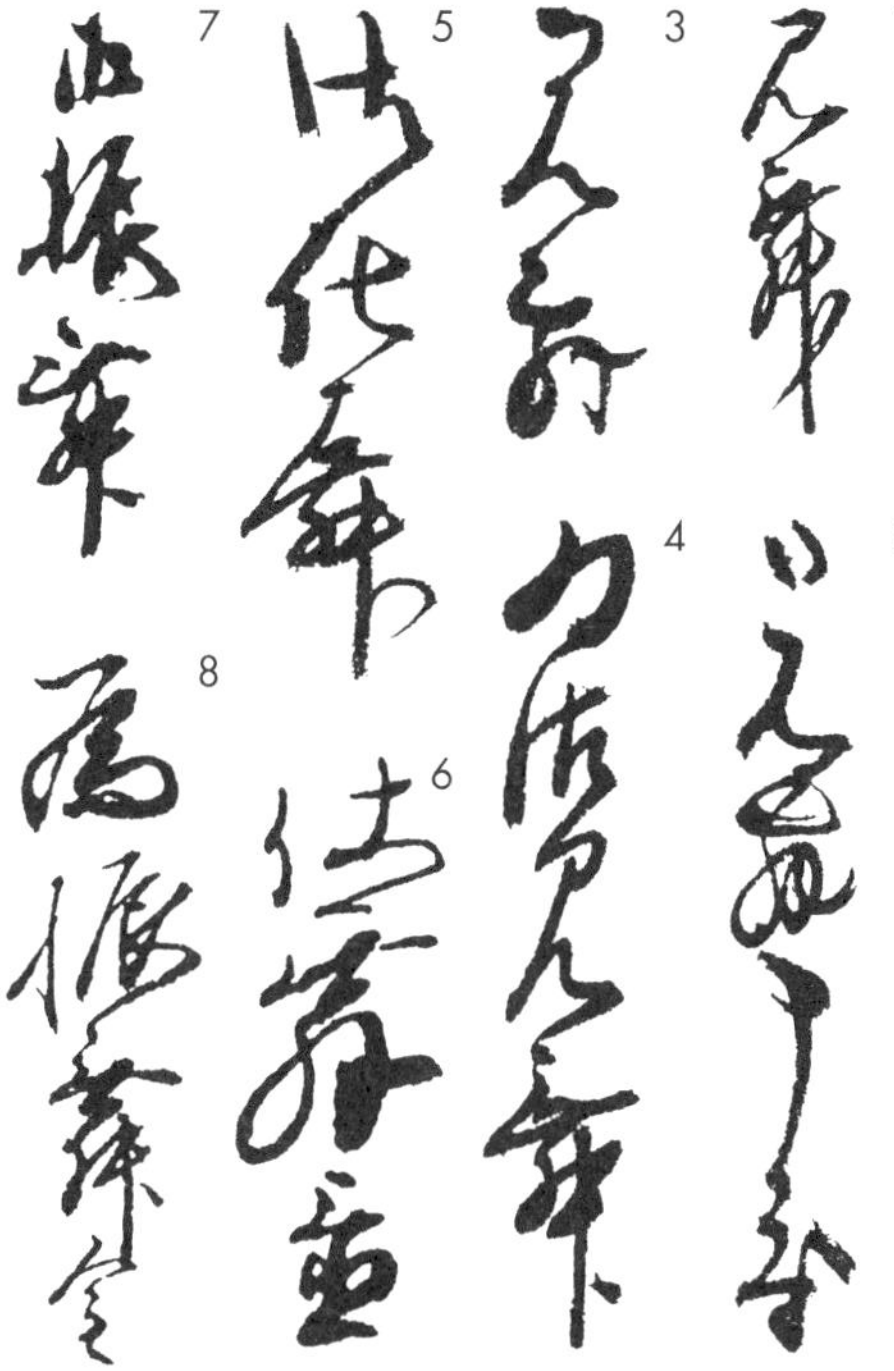

1 見舞《みまい》 2 御見舞申度《おみまいもうしたく》 3 見舞《みまい》 4 為二御見舞一《おみまいとして》 5 御仕舞《おしまい》 6 仕舞置《しまいおく》 7 御振舞《おふるまい》 8 為二振舞金一《ふるまいきんとして》

576 舟 2914

シュウ
シュ
ふね

◎くずしは二画目の左払いが省画されるのが普通で、単漢字2番目以降が基本形となる。用例は次頁「船」と混用されるものが多い。

【用例】

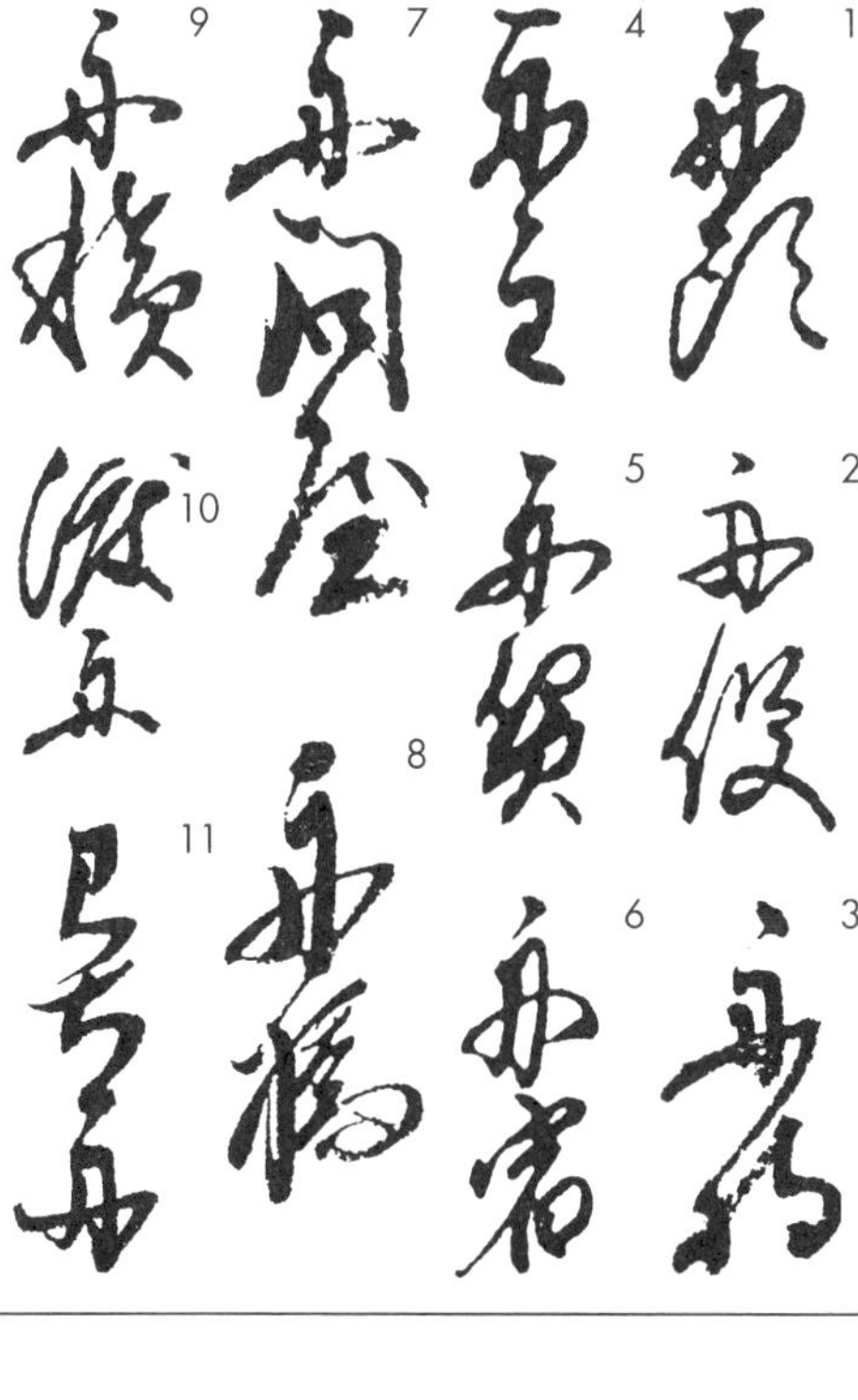

1 舟頭《せんどう》 2 舟役《ふなやく》 3 舟持《ふなもち》 4 舟主《ふなぬし》 5 舟賃《ふなちん》 6 舟宿《ふなやど》 7 舟問屋《ふなどんや》 8 舟橋《ふなばし》 9 舟積《ふなづみ》 10 渡舟《わたしぶね》 11 異舟《いせん》

577 般 4044

ハン
バン

◎「殳」が「攵」のくずしになることは学習済みである（186頁参照）。「舟」偏は前頁「舟」を参照されたい。「今般」「先般」が頻出する重要語。

【用例】

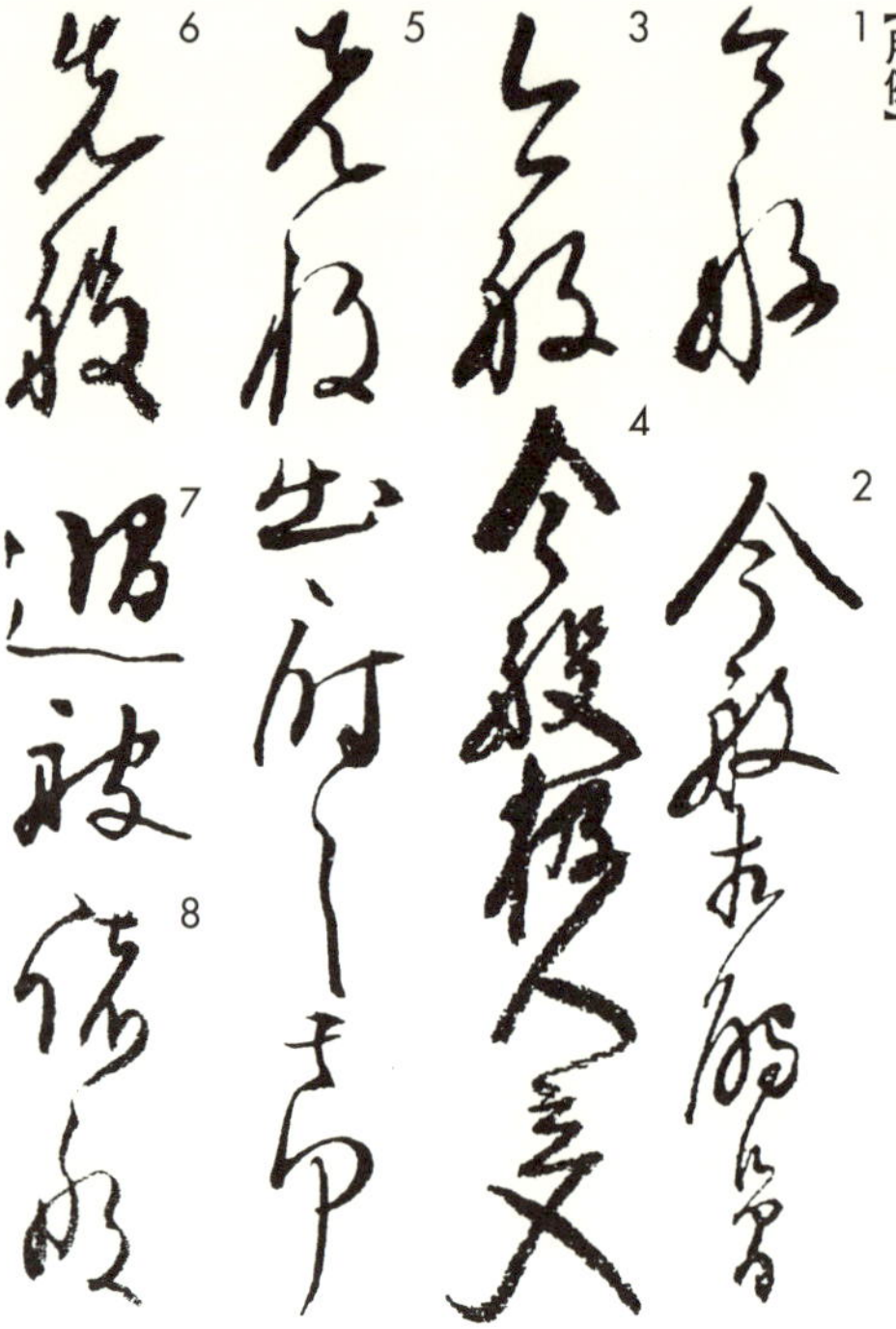

1 今般《こんぱん》　2 今般相觸候間《こんぱんあいふれそうろうあいだ》　3 今般《こんぱん》　4 今般扱人立入《こんぱんあつかいにんたちいり》　5 先般出府之節《せんぱんしゅっぷのせつ》　6 先般《せんぱん》　7 過般《かはん》　8 諸般《しょはん》

578 船 3305

セン
ふね

◎すべて旁が「公」と記される異体字「舩」のくずしになる（異体字一覧参照）。用例は豊富にあるが、ここでは重要なものを挙げた。

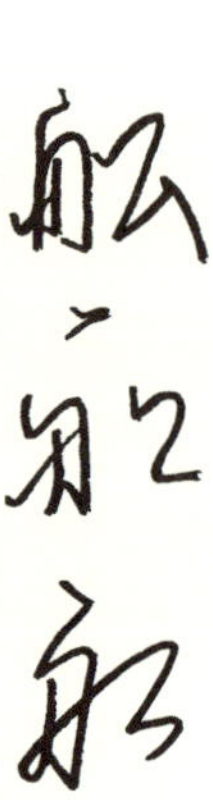

【用例】

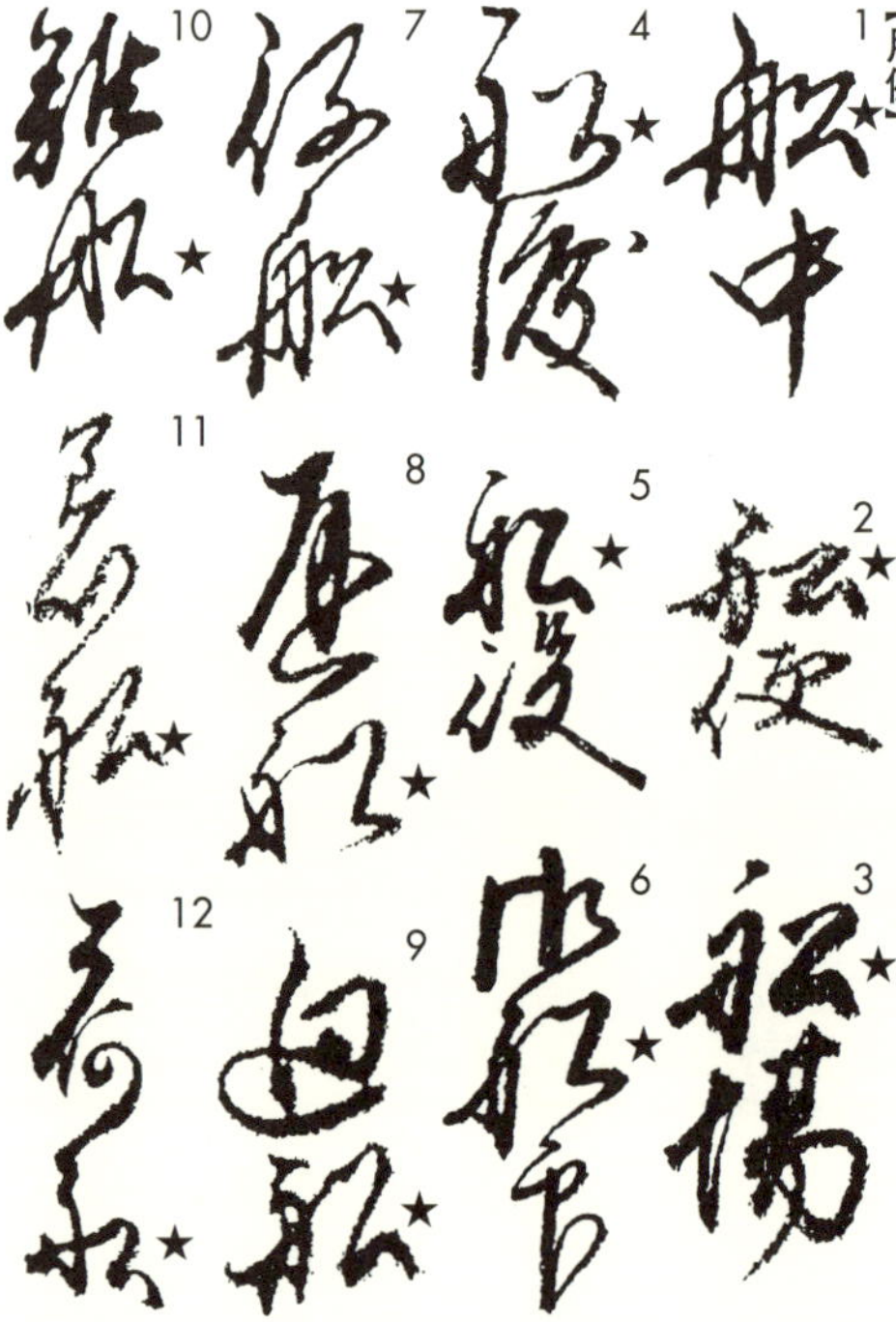

1 船中《せんちゅう》　2 船便《ふなびん》　3 船場《ふなば》　4 船渡《ふなわたし》　5 船役《ふなやく》　6 御船印《おふなじるし》　7 役船《やくせん》　8 通船《つうせん》　9 廻船《かいせん》　10 難船《なんせん》　11 着船《ちゃくせん》　12 荷船《にぶね》

579
［色］
3107
ショク
シキ
いろ

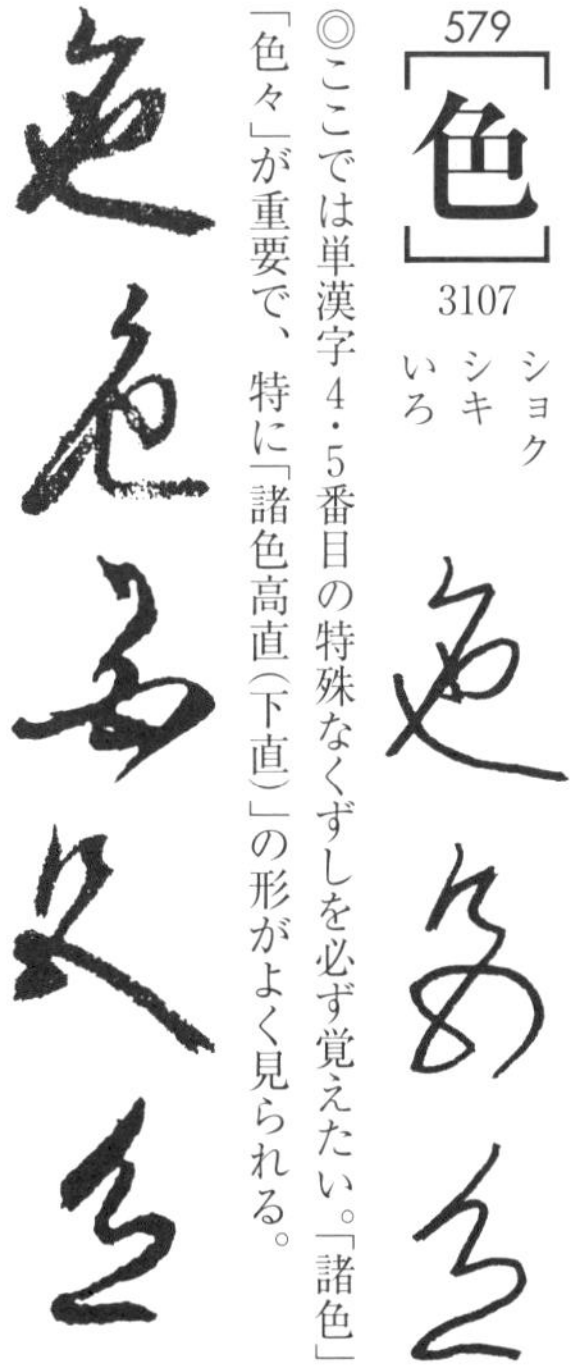

◎ここでは単漢字4・5番目の特殊なくずしを必ず覚えたい。「諸色」「色々」が重要で、特に「諸色高直（下直）」の形がよく見られる。

【用例】

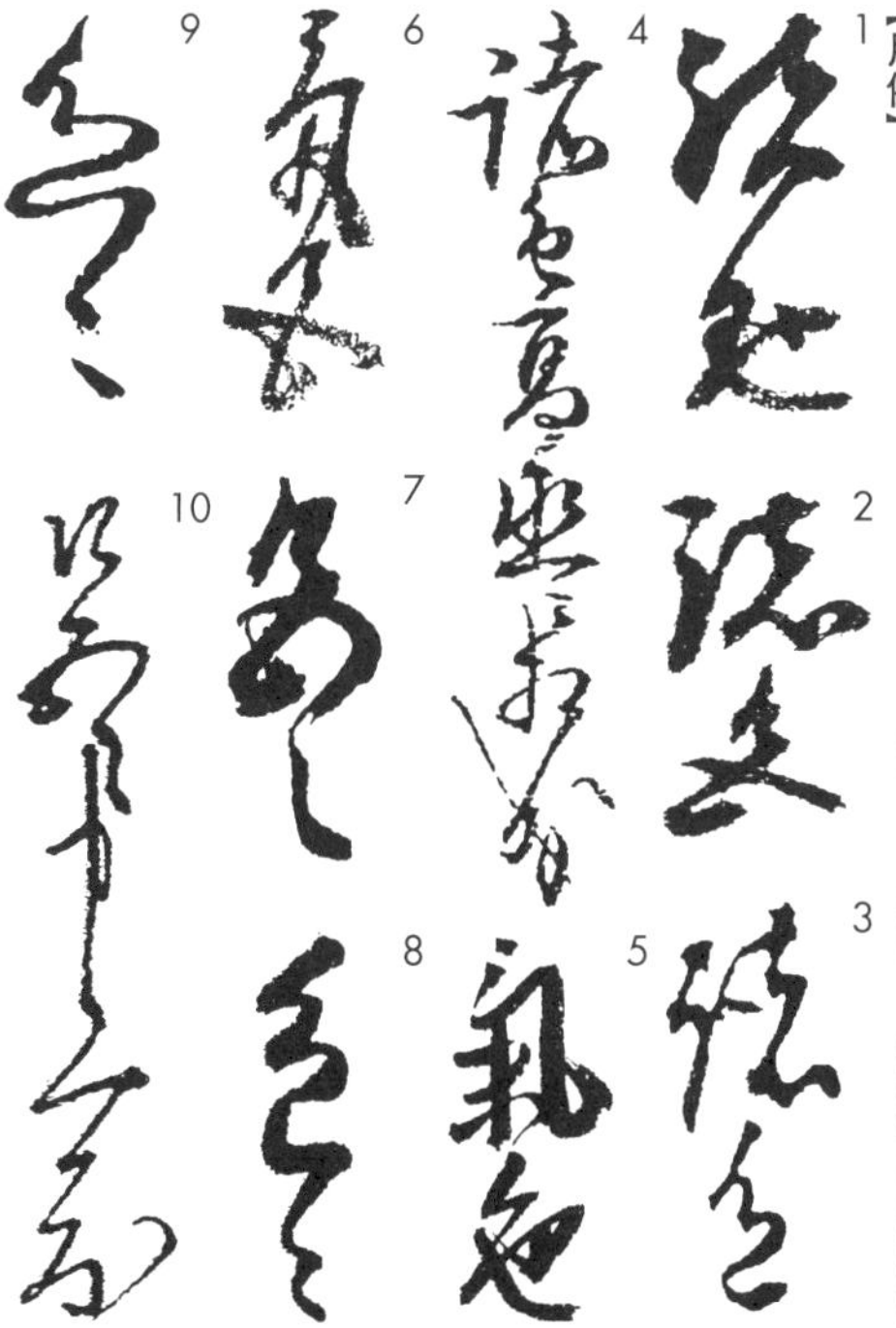

1～3 諸色《しょしき》　4 諸色高直二相成《しょしきこうじきたかねにあいなり》　5・6 氣色《きしょくけしき》　7～9 色々
10 色々申上度《いろいろもうしあげたく》

580
［苦］
2276
ク
にがい
くるしい

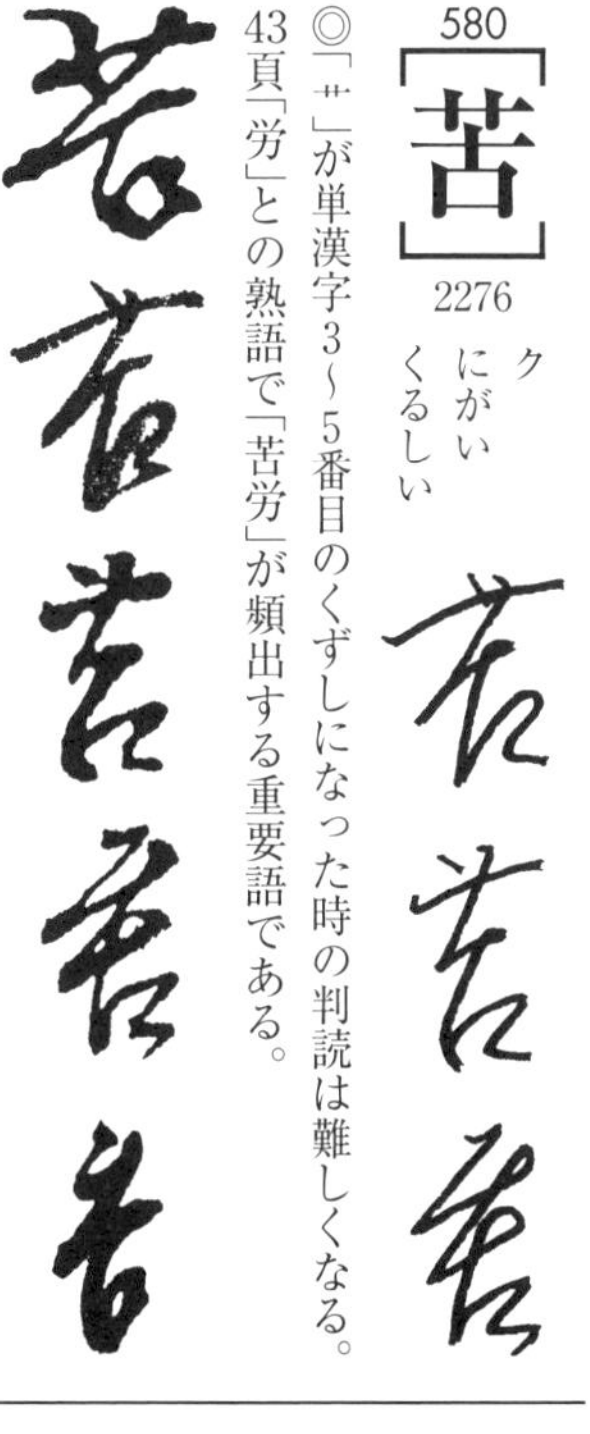

◎「艹」が単漢字3～5番目のくずしになった時の判読は難しくなる。43頁「労」との熟語で「苦労」が頻出する重要語である。

【用例】

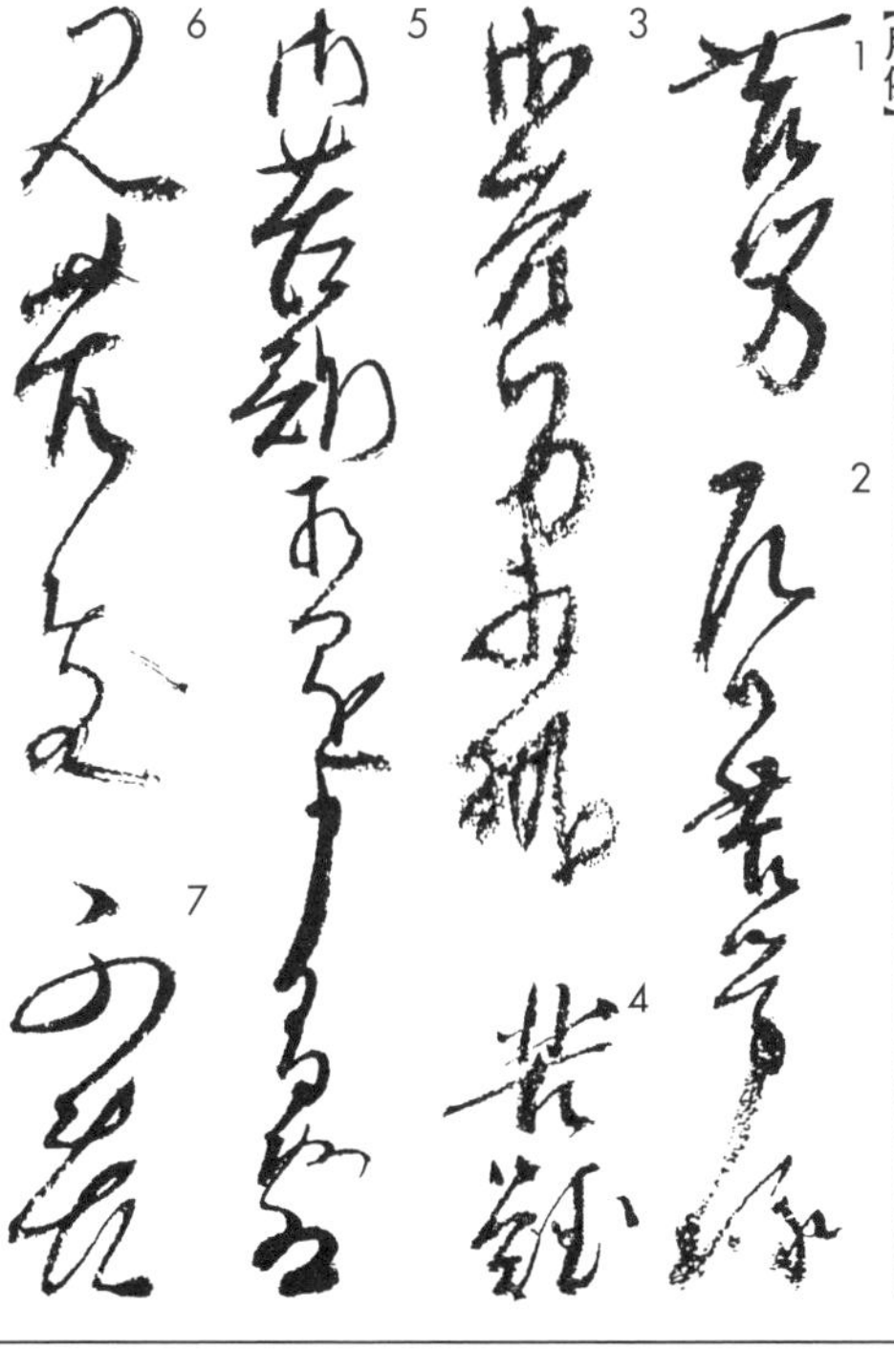

1 苦労《くろう》　2 乍二御苦労様一《ごくろうさまながら》　3 御苦労相掛《ごくろうあいかけ》　4 苦難《くなん》
5 御苦難相懸申間敷《ごくなんあいかけもうすまじく》　6 見苦敷《みぐるしく》　7 不レ苦《くるしからず》

581

若

2867

ジャク・ニャク
わかい・もし
もしくは

◎158頁「水」のようになる単漢字4・5番目の特殊形を必ず覚えたい。「もし」と読ませる用例が頻出。用例7〜10は決り文句である。

【用例】

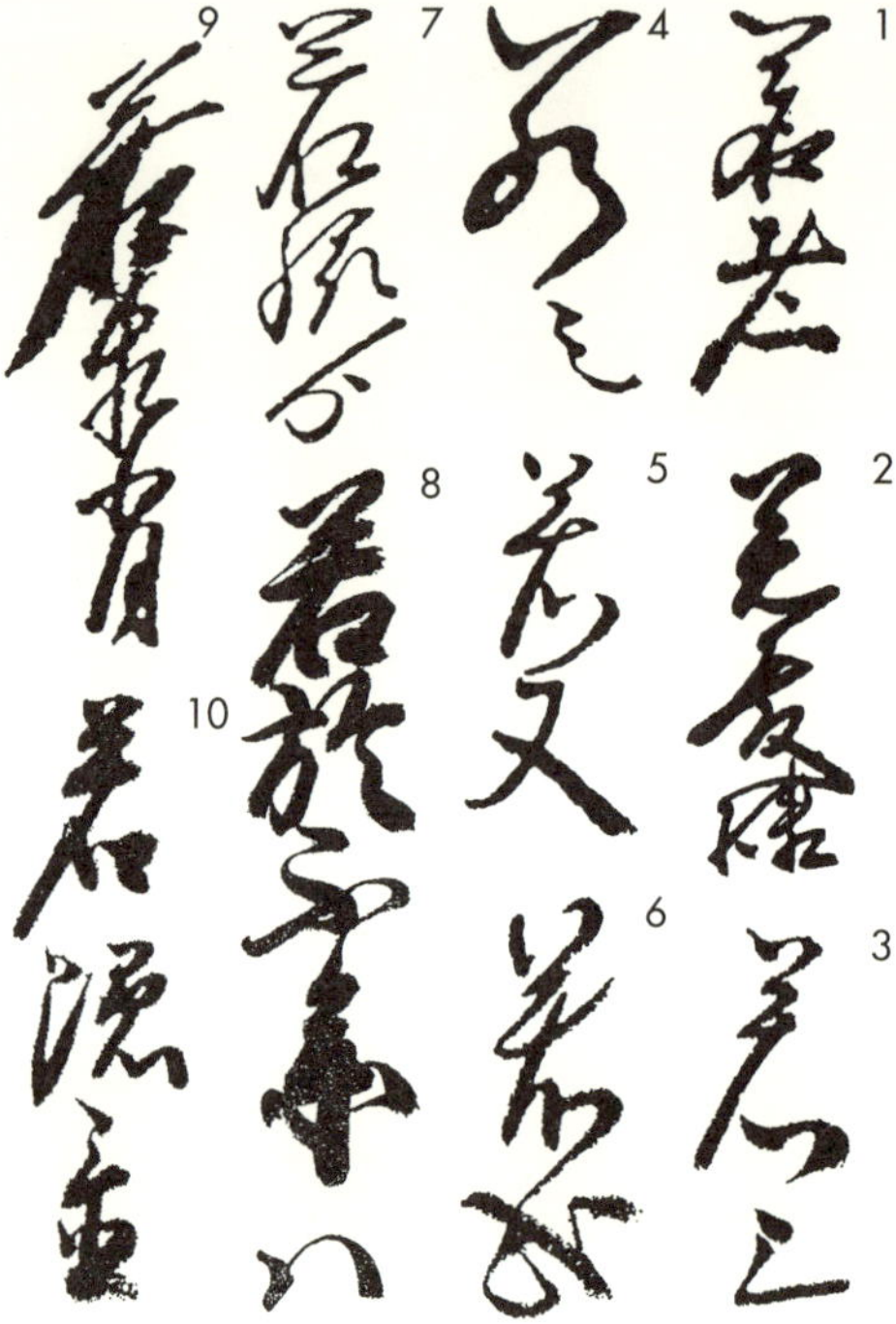

1 若者《わかもの》 2 若殿様《わかとのさま》 3・4 若シ《もし》 5 若又《もしまた》 6 若哉《もしや》 7 若脇ゟ《もしわきより》 8 若於ニ不参一ハ《もしふさんにおいては》 9 若相背《もしあいそむき》 10 若隠置《もしかくしおき》

582

荒

2551

コウ
あれる
あらい

◎多くは異体字のくずしである(異体字一覧参照)。「川」が「心」のようにくずされると判読は困難になる。土地に関する用例が頻出。

【用例】

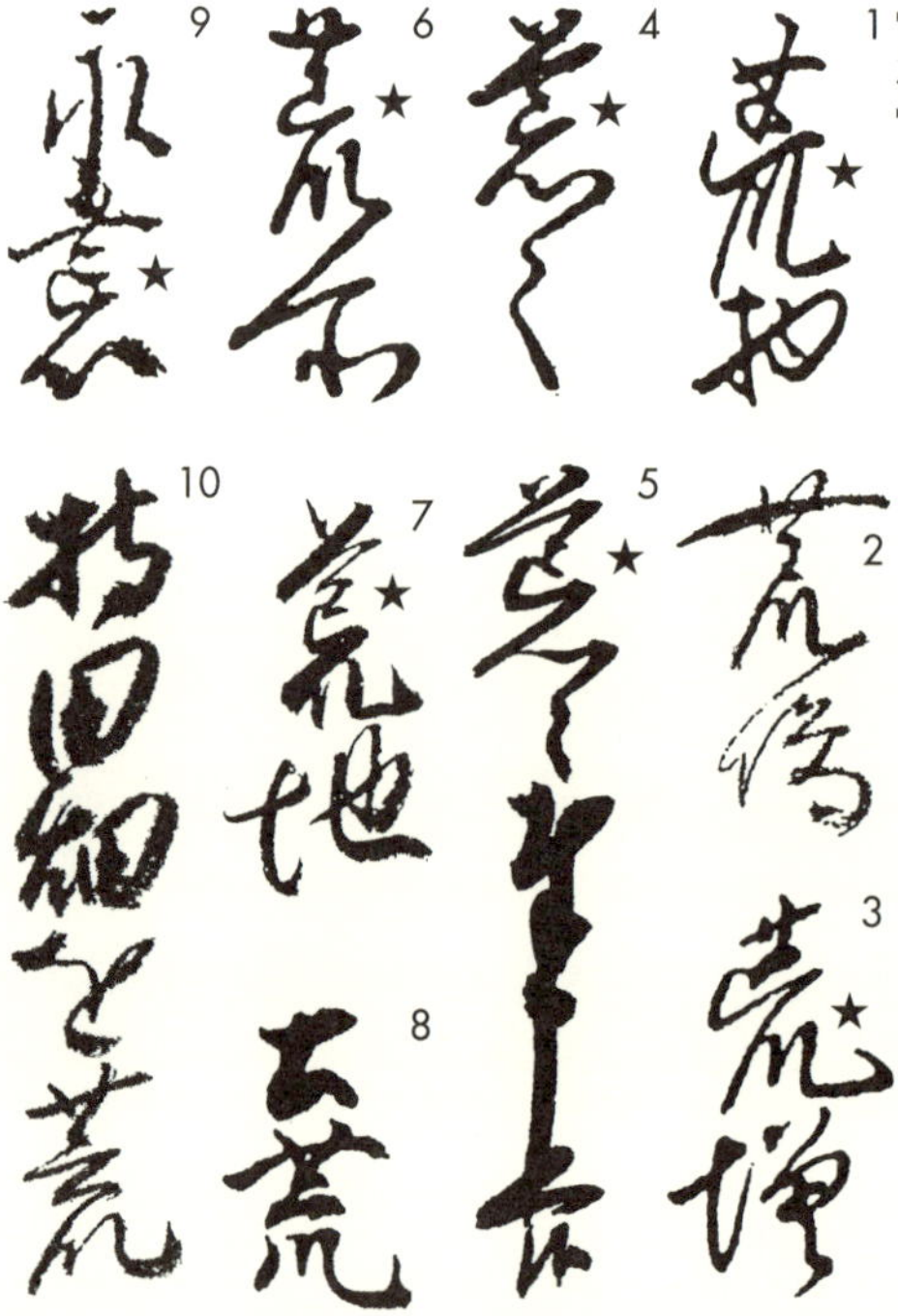

1 荒物《あらもの》 2・3 荒増《あらまし》 4 荒々《あらあら》 5 荒々奉ニ申上一候《あらあらもうしあげたてまつりそうろう》 6 荒所《あれしょ》 7 荒地《あれち》 8 土荒《つちあれ》 9 永荒《えいあれ》 10 持田畑を荒《もちでんばたをあらし》

583 草 3380

ソウ くさ

◎「早」が判れば問題ないが、単漢字5番目のくずしには注意したい。「草」をめぐる百姓や村同士の出入・訴訟関係の文書は少なくない。

【用例】

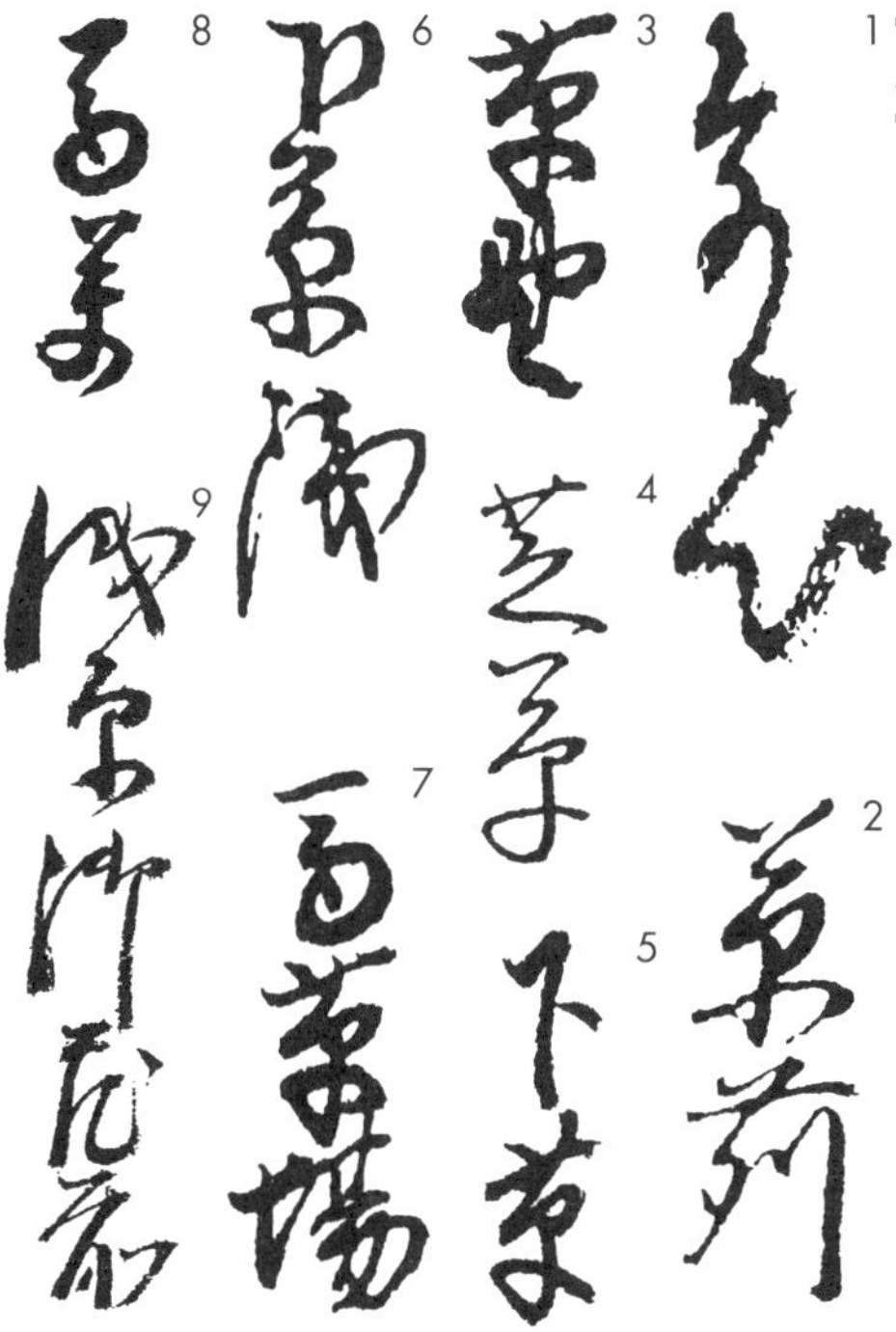

1 草々以上《そうそういじょう》 2 草刈《くさかり》 3 草野《くさの》 4 芝草《しばくさ》 5 下草《したくさ》 6 下草銭《したくさせん》 7 馬草場《まぐさば》 8 馬草《まぐさ》 9 浅草御蔵前《あさくさおくらまえ》

584 荷 1857

カ に になう

◎単漢字2番目が基本形だが、「何」がくずれた単漢字4・5番目を押さえておきたい。「与(余)荷」は臨時の課税(負担)のこと。

【用例】

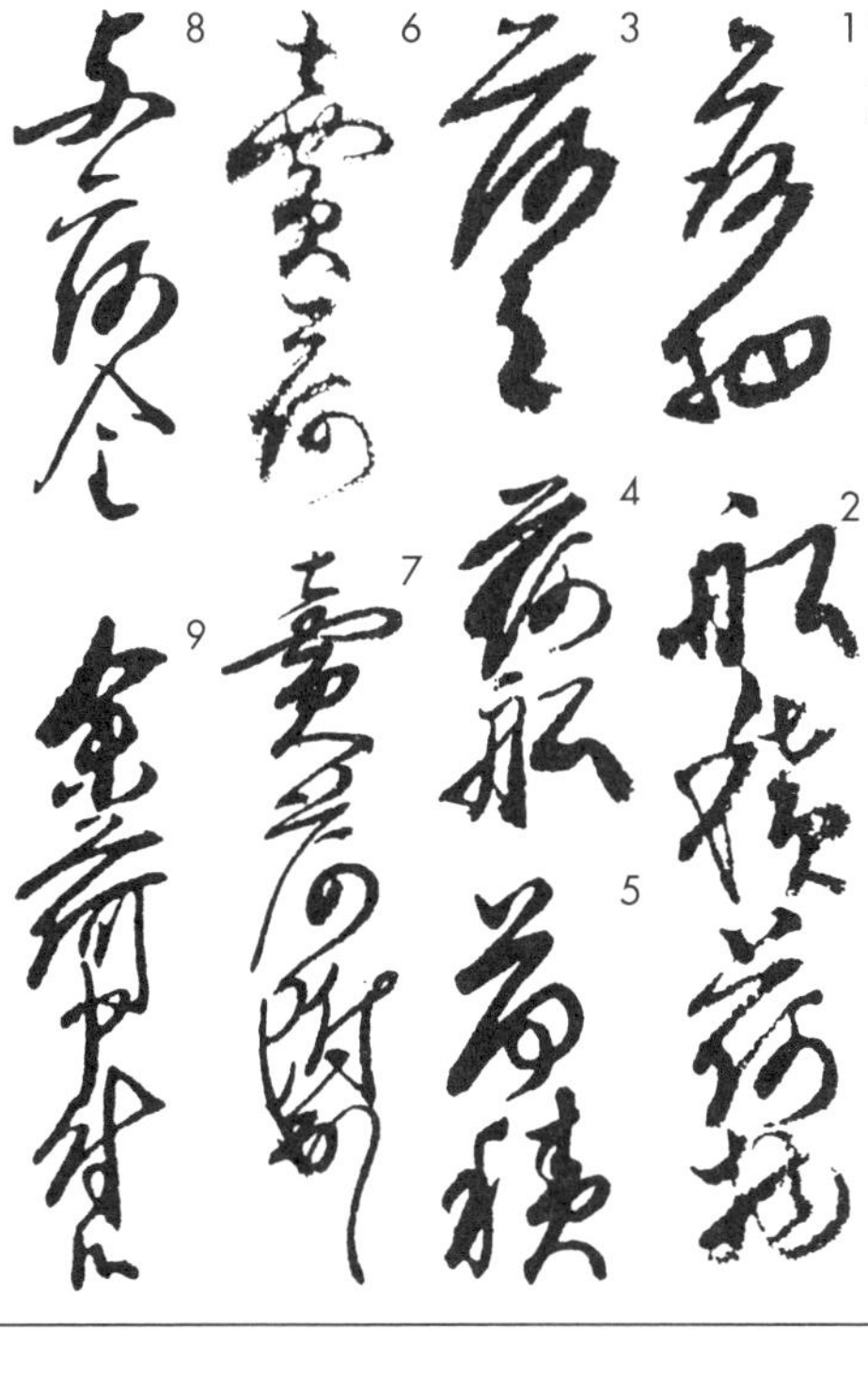

1 荷物《にもつ》 2 船積荷物《ふなづみにもつ》 3 荷主《にぬし》 4 荷船《にぶね》 5 荷積《にづみ》 6 賣荷《うりに》 7 賣荷附出し《うりにつけだし》 8 与荷金《よないきん》 9 余荷 申 付 候《よないもうしつけそうろう》

585
【莫】
3992
ボ
バク
なかれ

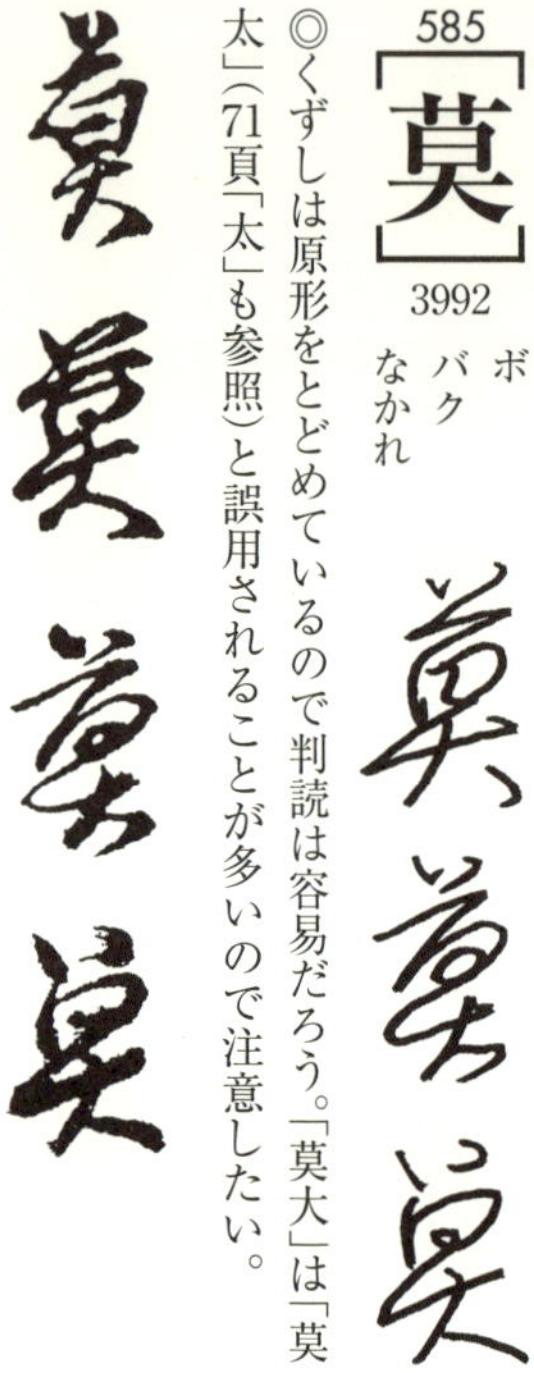

◎くずしは原形をとどめているので判読は容易だろう。「莫大」は「莫太」（71頁「太」も参照）と誤用されることが多いので注意したい。

【用例】

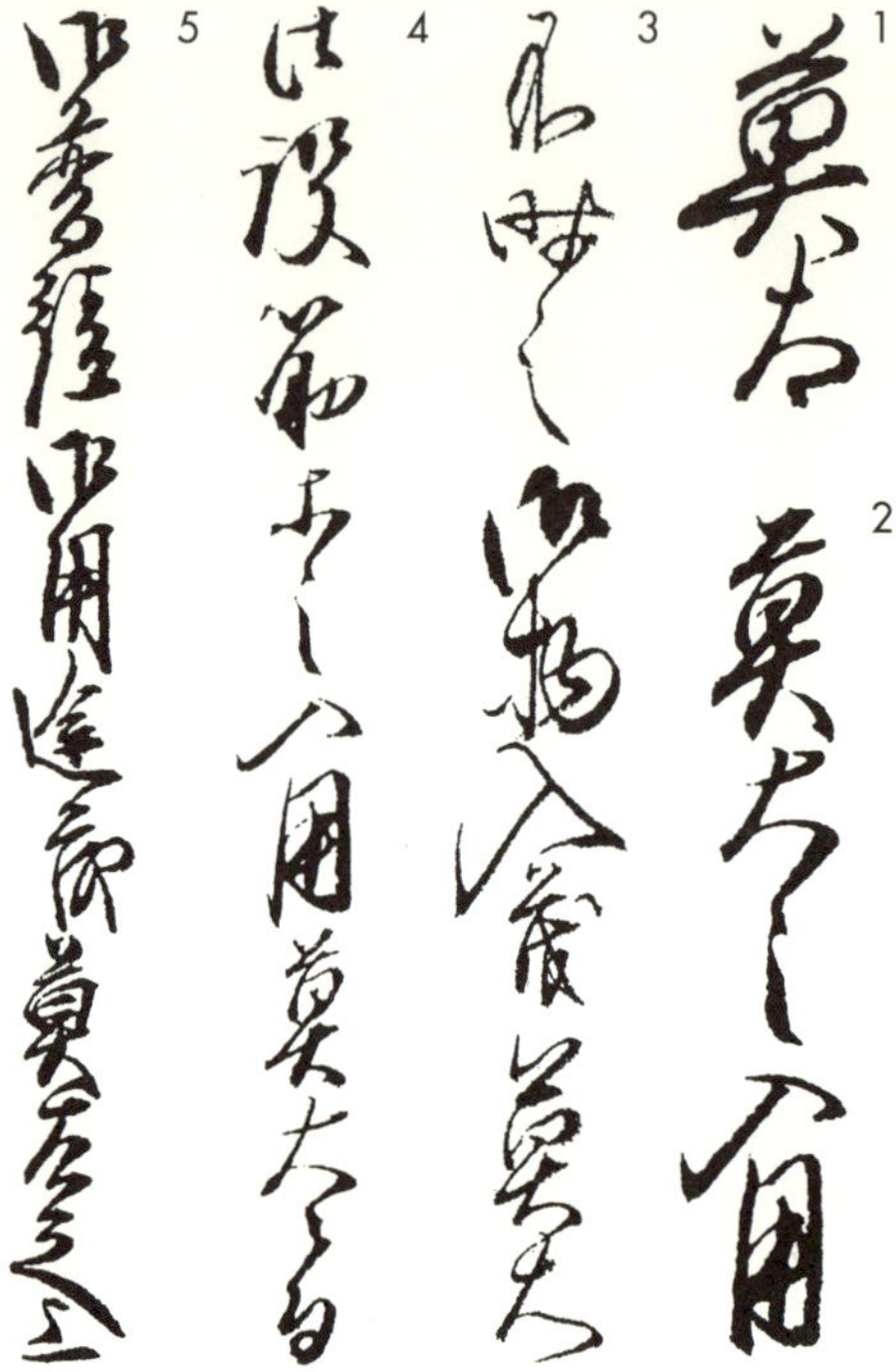

1 莫太《ばくだい》　2 莫大之入用《ばくだいのにゅうよう》　3 不時之御物入茂莫太《ふじのおものいりもばくだい》　4 御役筋等之入用莫太ニ而《おやくすじなどのにゅうようばくだいにて》　5 御普請御用途茂莫太之上《ごふしんごようともばくだいのうえ》

586
【落】
4578
ラク
おちる

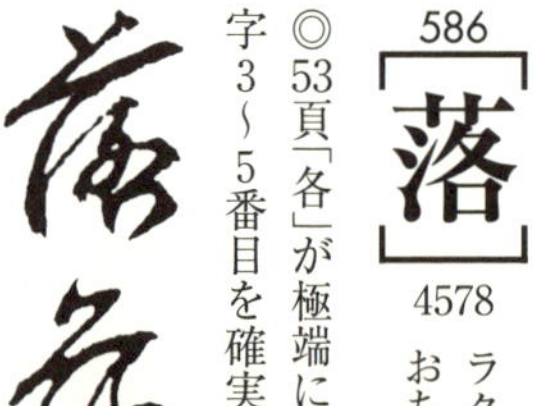

◎53頁「各」が極端にくずされると判読は困難になる。ここでは単漢字3～5番目を確実に覚えてほしい。「欠落」が頻出する。

【用例】

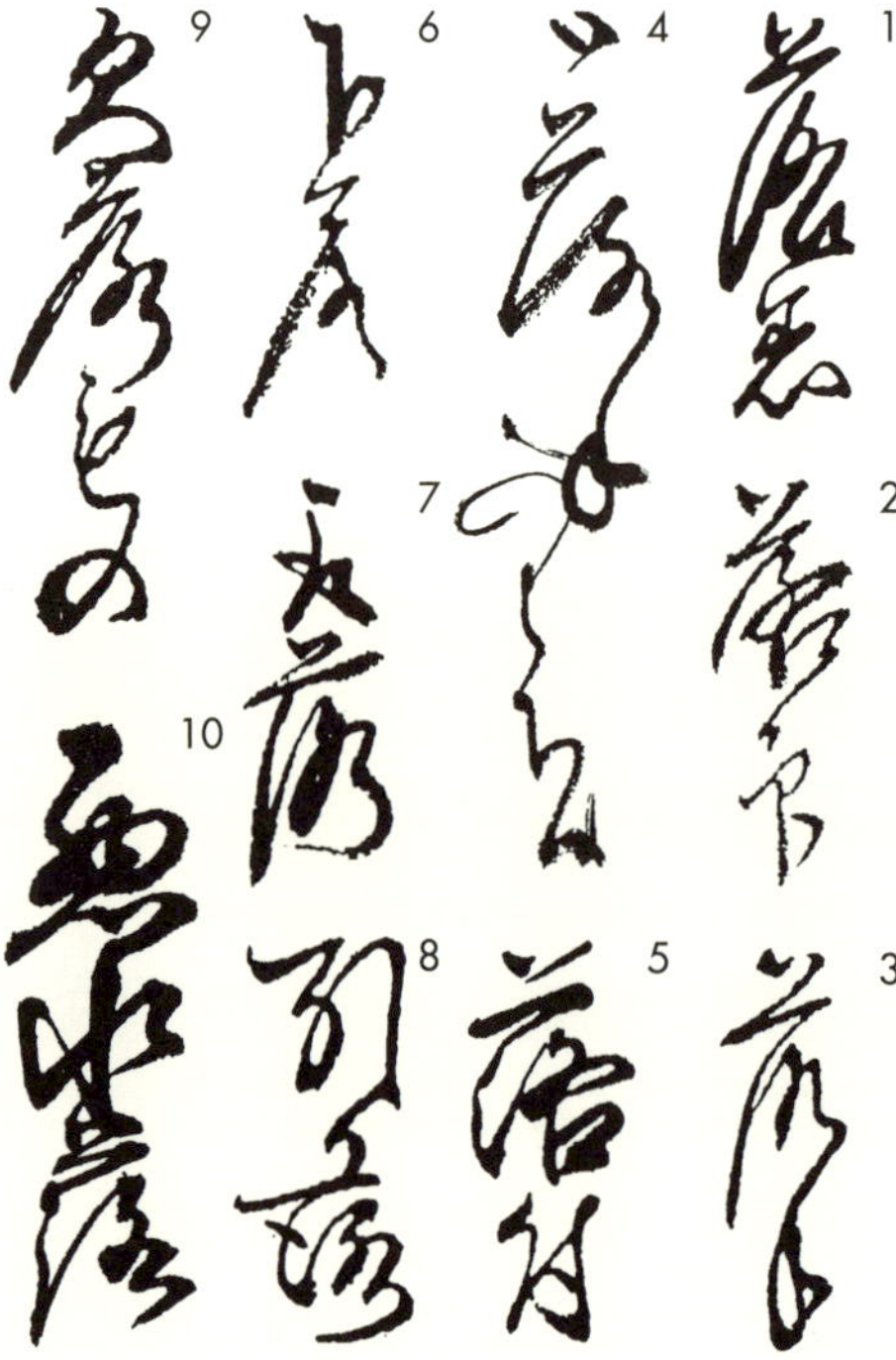

1 落着《らくちゃく》　2 落印《らくいん》　3 落手《らくしゅ》　4 御落手可レ被レ下候《ごらくしゅくだされべくそうろう》　5 落付《おちつく》　6 下落《げらく》　7 取落《とりおとす》　8 引落《ひきおとす》　9 欠落《かけおち》もの　10 悪水落《あくすいおとし》

587

［蒙］

4456

ボウ
モウ
こうむる

◎用例3～7のように上に返って読み、次に続く字を一字分以上あける「欠字」や行を改める「平出」という形をとることが多い。

【用例】

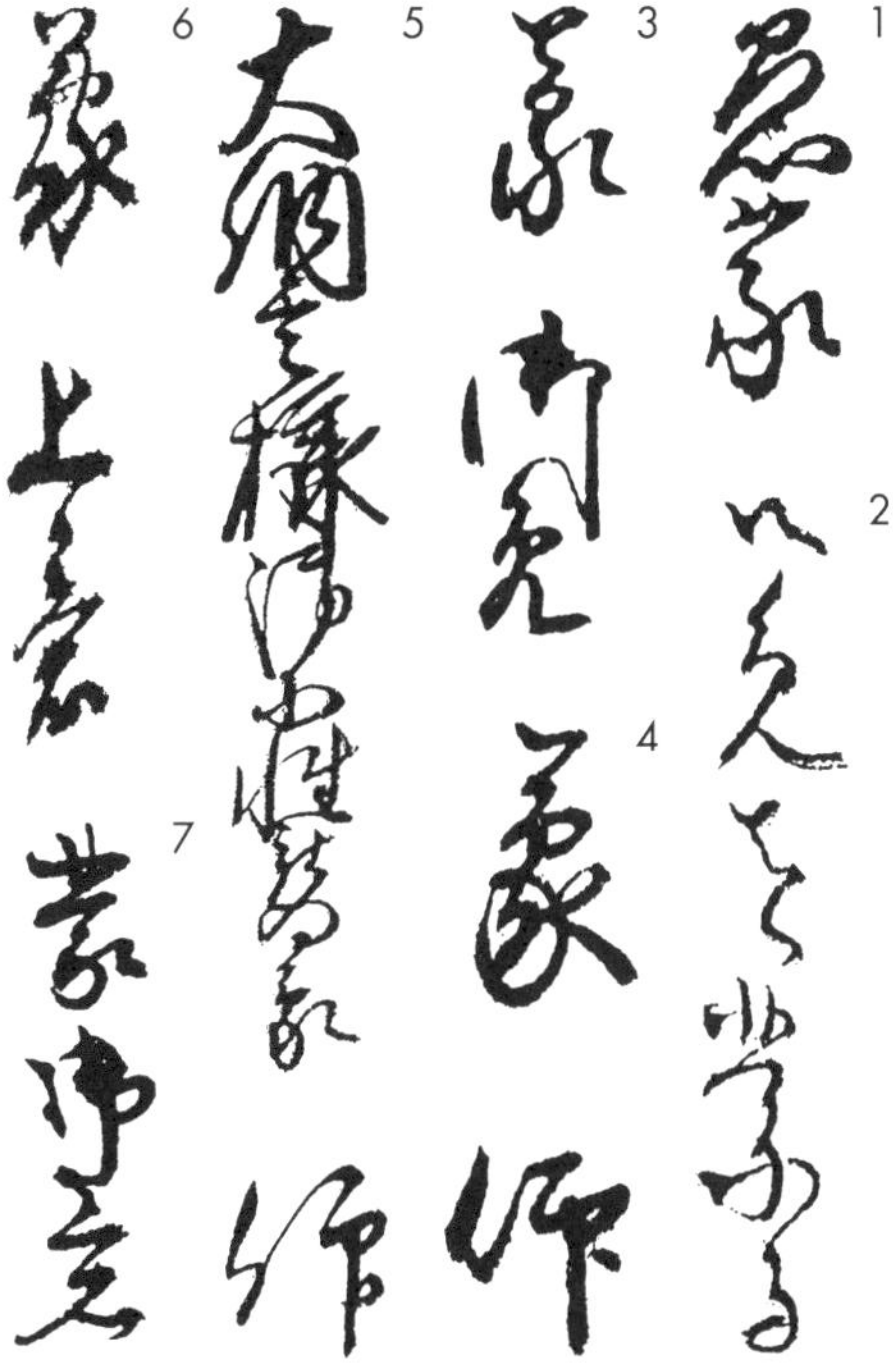

1 愚蒙《ぐもう》 2 御免《ごめん》を蒙《こうむ》る 3 蒙二 御免一《ごめんをこうむり》 4 蒙レ 仰《おおせをこうむり》 5 大納言様御小性被レ為レ蒙 仰《だいなごんさまおこしょうおおせこうむらせられ》 6 蒙二 上意一《じょういをこうむり》 7 蒙二御意一《ぎょいをこうむり》

588

［薄］

3986

ハク
うすい
すすき

◎82頁「専」が判れば「薄」が出てくるだろう。「薄暑」は時候の挨拶に頻出し、季節は夏。ここでは「薄々」「手薄」を覚えたい。

【用例】

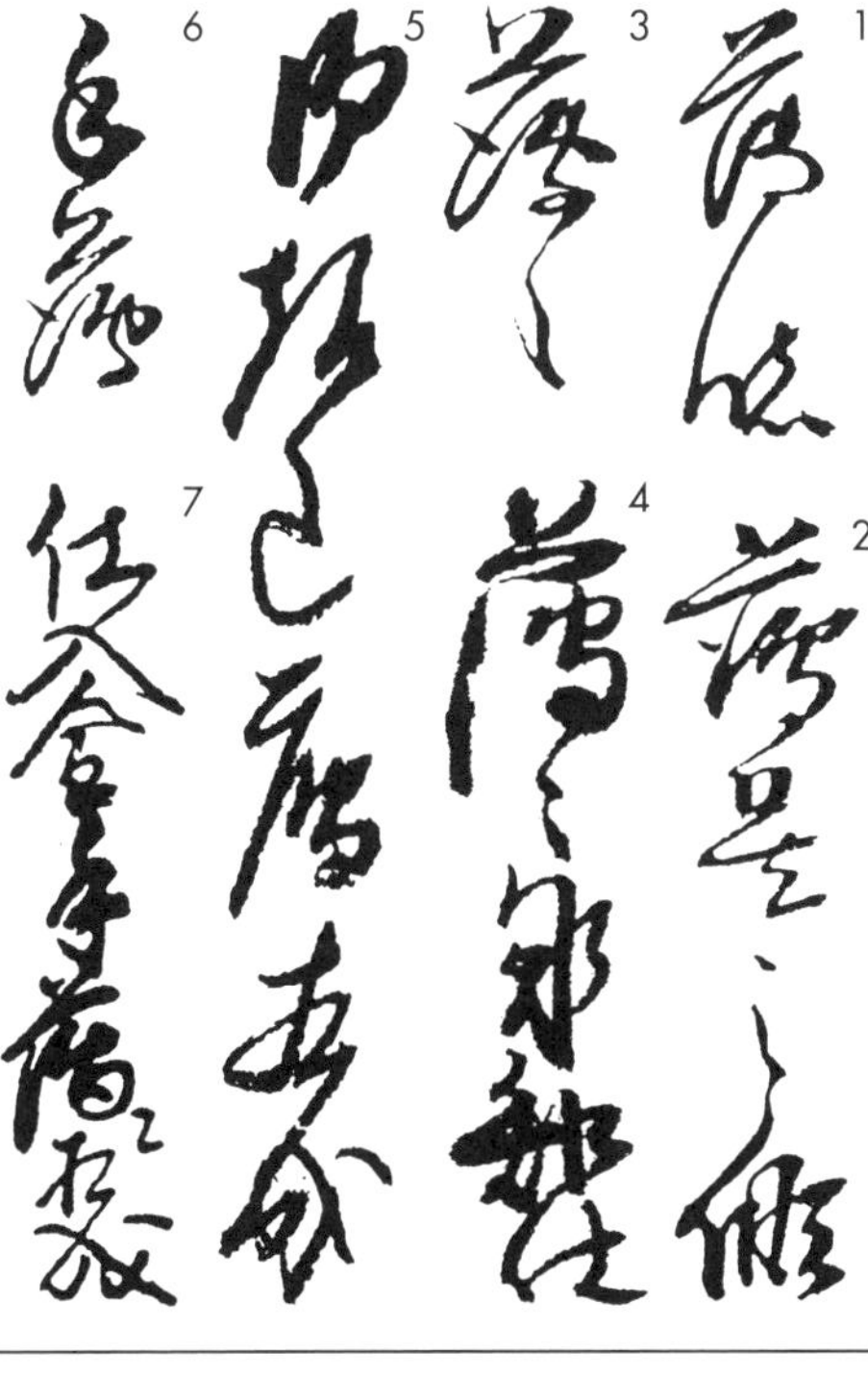

1 薄暑《はくしょ》 2 薄暑之候《はくしょのこう》 3 薄々《うすうす》 4 薄々承知仕《うすうすしょうちつかまつり》 5 御趣意薄相成《ごしゅいうすくあいなり》 6 手薄《てうす》 7 仕入金手薄ニ相成《しいれきんてうすにあいなり》

589 ［藤］ 3803

トウ
ふじ

◎人名に頻出する「藤」は原形をとどめない非常に特殊なくずしとなるので注意。ここでは単漢字2番目以降を確実に覚えてほしい。

【用例】

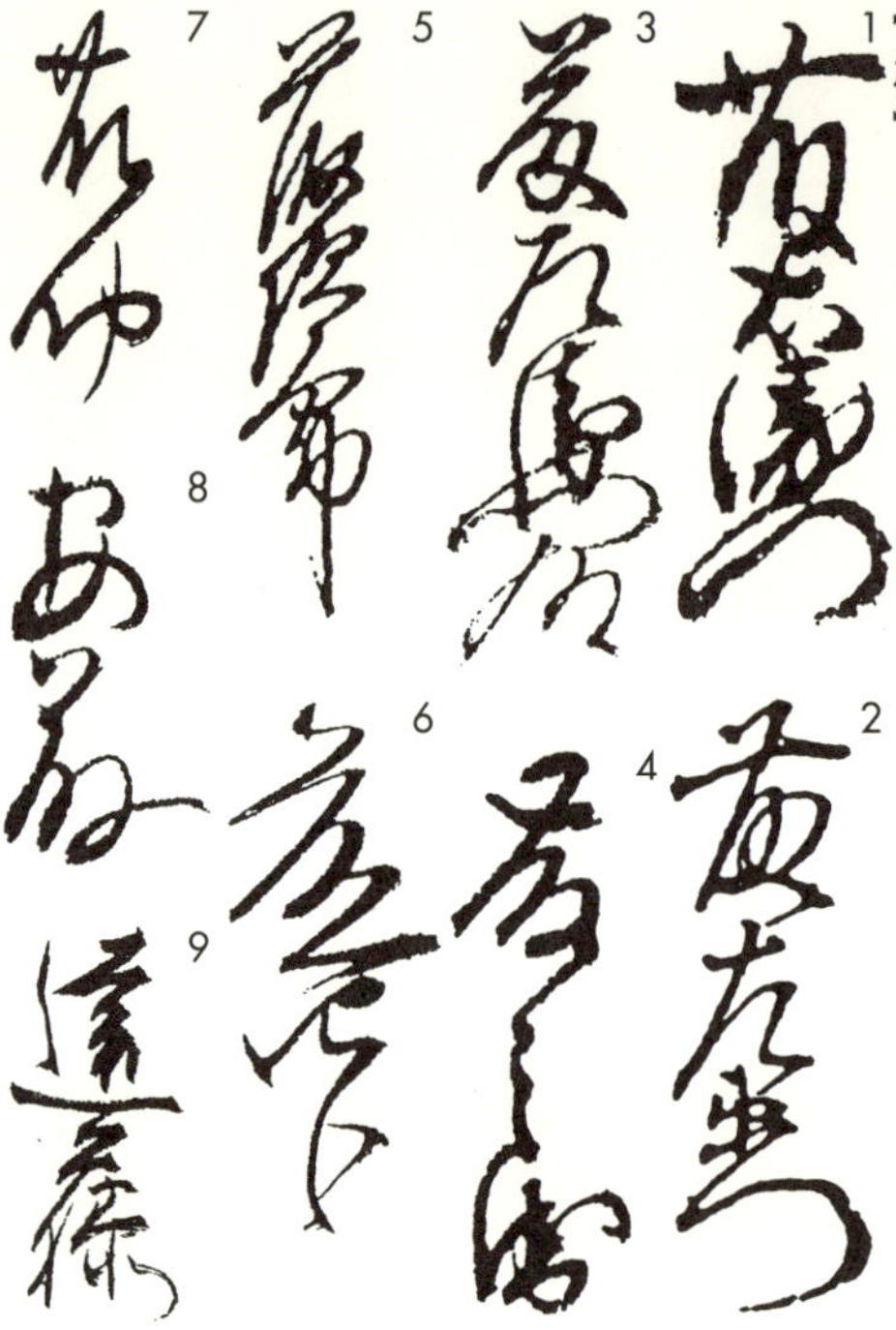

1 藤右衛門《とうえもん》　2 藤左衛門《とうざえもん》　3 藤左衛門殿《とうざえもんどの》　4 藤兵衛《とうべえ》　5 藤次郎《とうじろう》
6 藤四郎《とうしろう》　7 藤助《とうすけ》　8 安藤《あんどう》　9 遠藤《えんどう》

590 ［表］ 4129

ヒョウ
おもて
あらわす

◎くずしは原形をとどめているので判読は可能。用例4～10の「～表」（「表」は土地や地方の意）という文言が頻出する重要語である。

【用例】

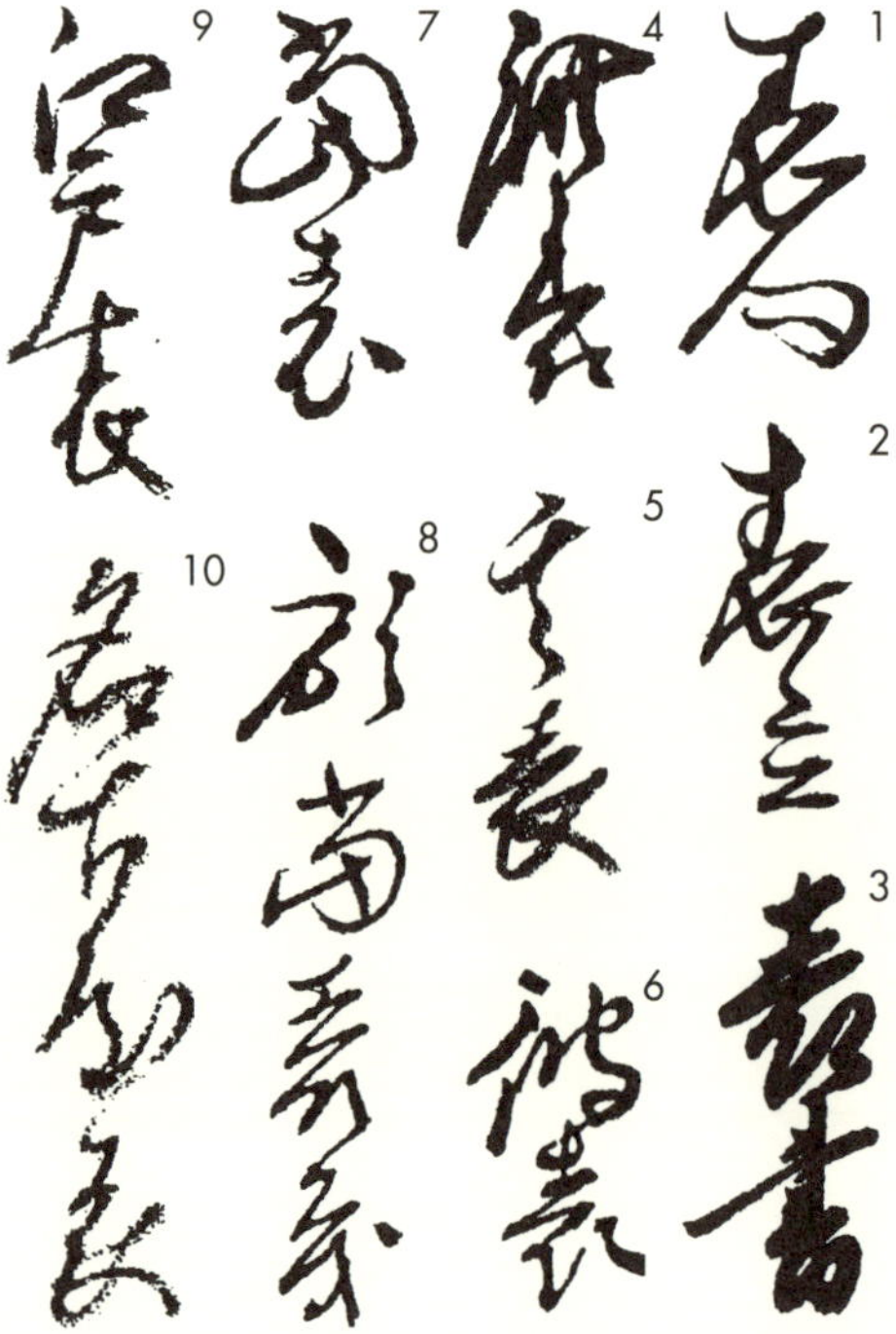

1 表向《おもてむき》　2 表立《おもてだつ》　3 表書《おもてがき》　4 此表《このおもて》　5 其表《そのおもて》　6 彼表《かのおもて》　7 當表《とうおもて》
8 於二當表一茂《とうおもてにおいても》　9 江戸表《えどおもて》　10 名古屋表《なごやおもて》

591 裁 2659

サイ たつ

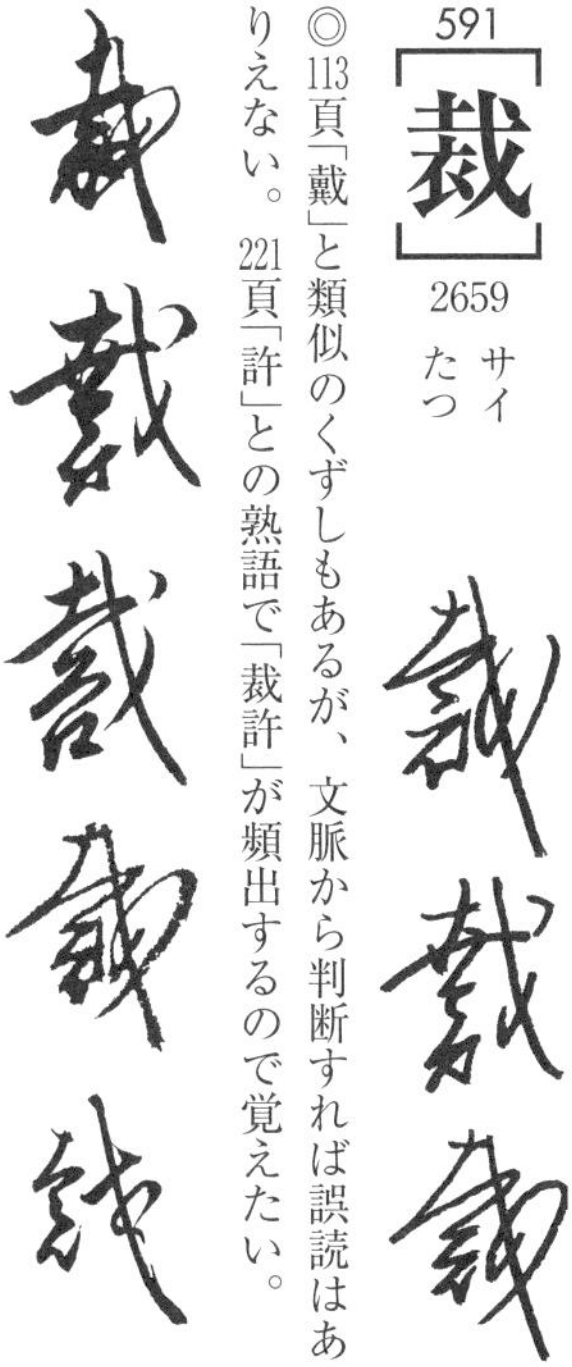

◎113頁「戴」と類似のくずしもあるが、文脈から判断すれば誤読はありえない。221頁「許」との熟語で「裁許」が頻出するので覚えたい。

【用例】

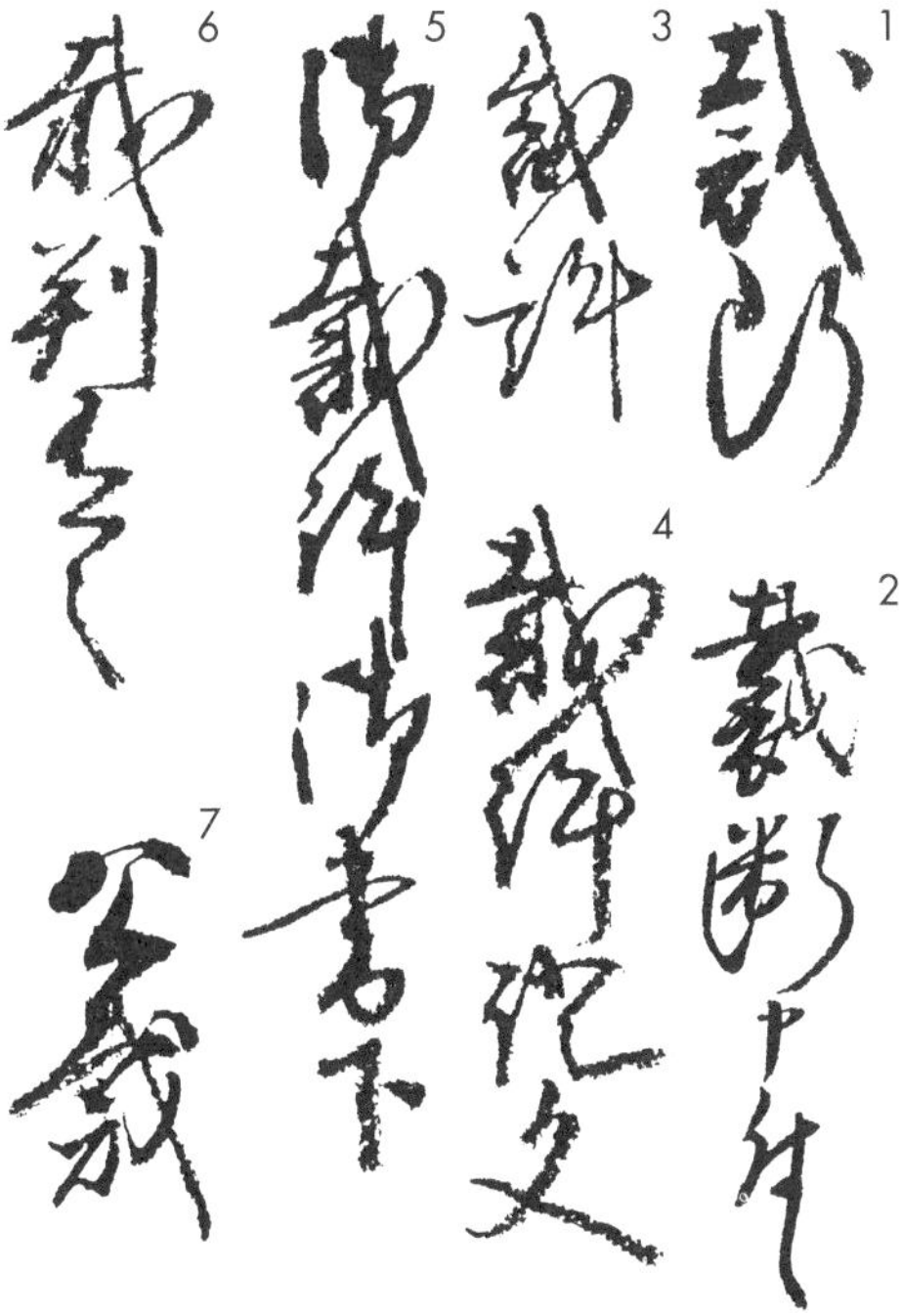

1 裁断《さいだん》 2 裁断申付候《さいだんもうしつけそうろう》 3 裁許《さいきょ》 4 裁許證文《さいきょしょうもん》 5 御裁許御書下《ごさいきょおかきさげ》 6 裁判有レ之《さいばんこれあり》 7 公裁《こうさい》

592 裏 4602

リ うら

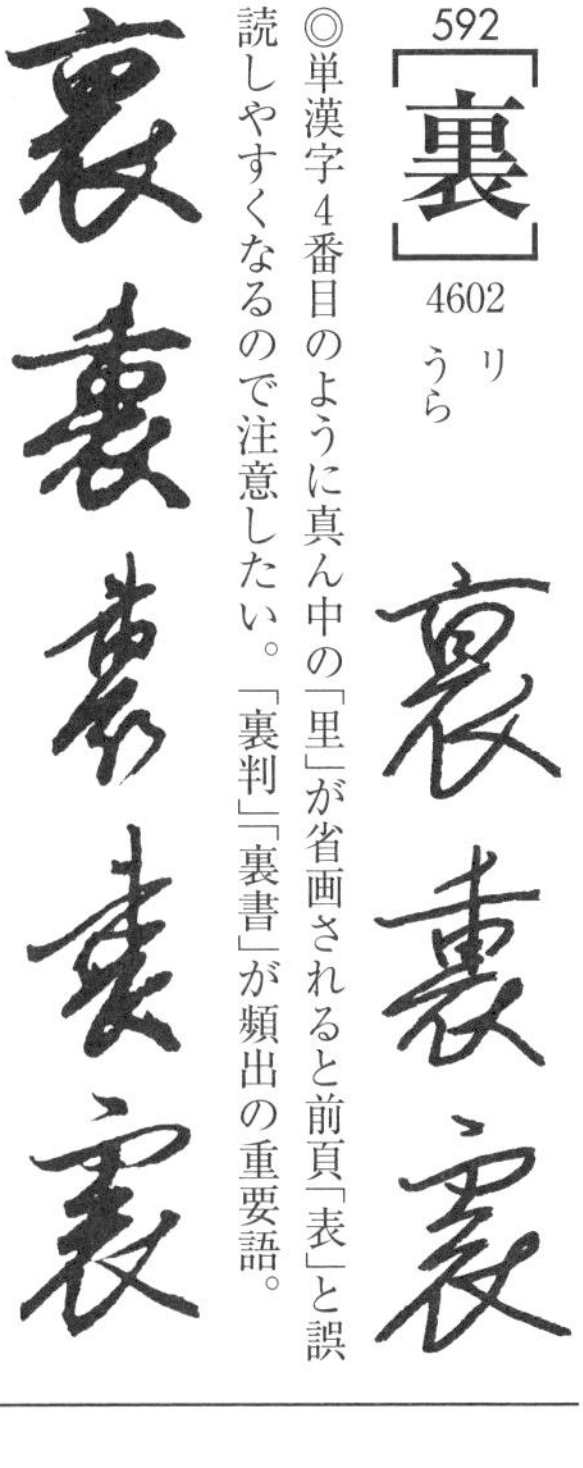

◎単漢字4番目のように真ん中の「里」が省画されると前頁「表」と誤読しやすくなるので注意したい。「裏判」「裏書」が頻出の重要語。

【用例】

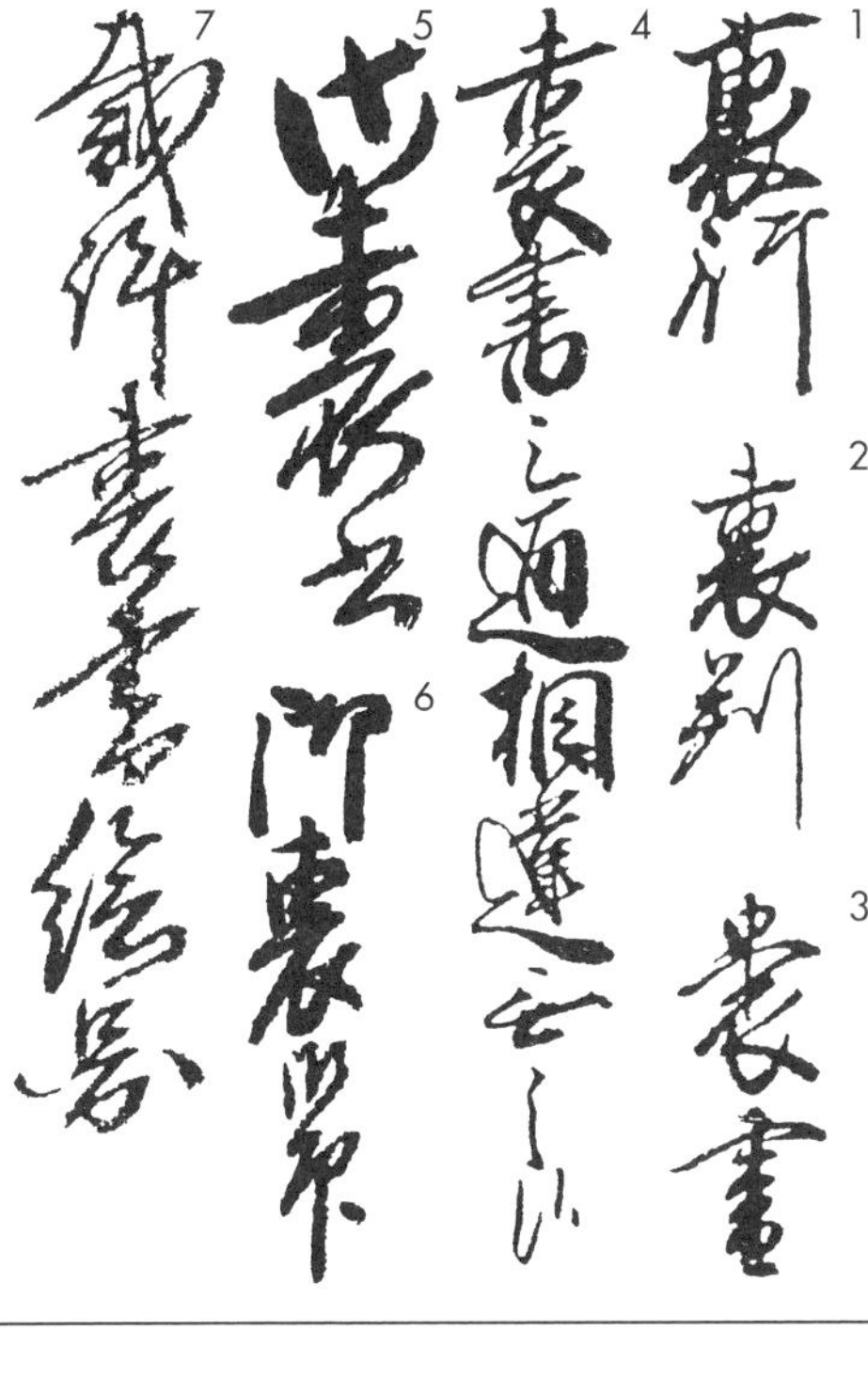

1 裏行《うらゆき》 2 裏判《うらはん》 3 裏書《うらがき》 4 裏書之通相違無レ之候《うらがきのとおりそういこれなくそうろう》 5 御裏書《おうらがき》 6 御裏御印《おうらごいん》 7 裁許裏書絵圖《さいきょうらがきえず》

593 ［西］ 3230

セイ　サイ　にし

◎単漢字3番目が基本形となり、169頁「物」とも類似する。103頁「悪」や147頁「柄」も参照されたい。「西国（筋）」は幕府の触書に頻出。

【用例】

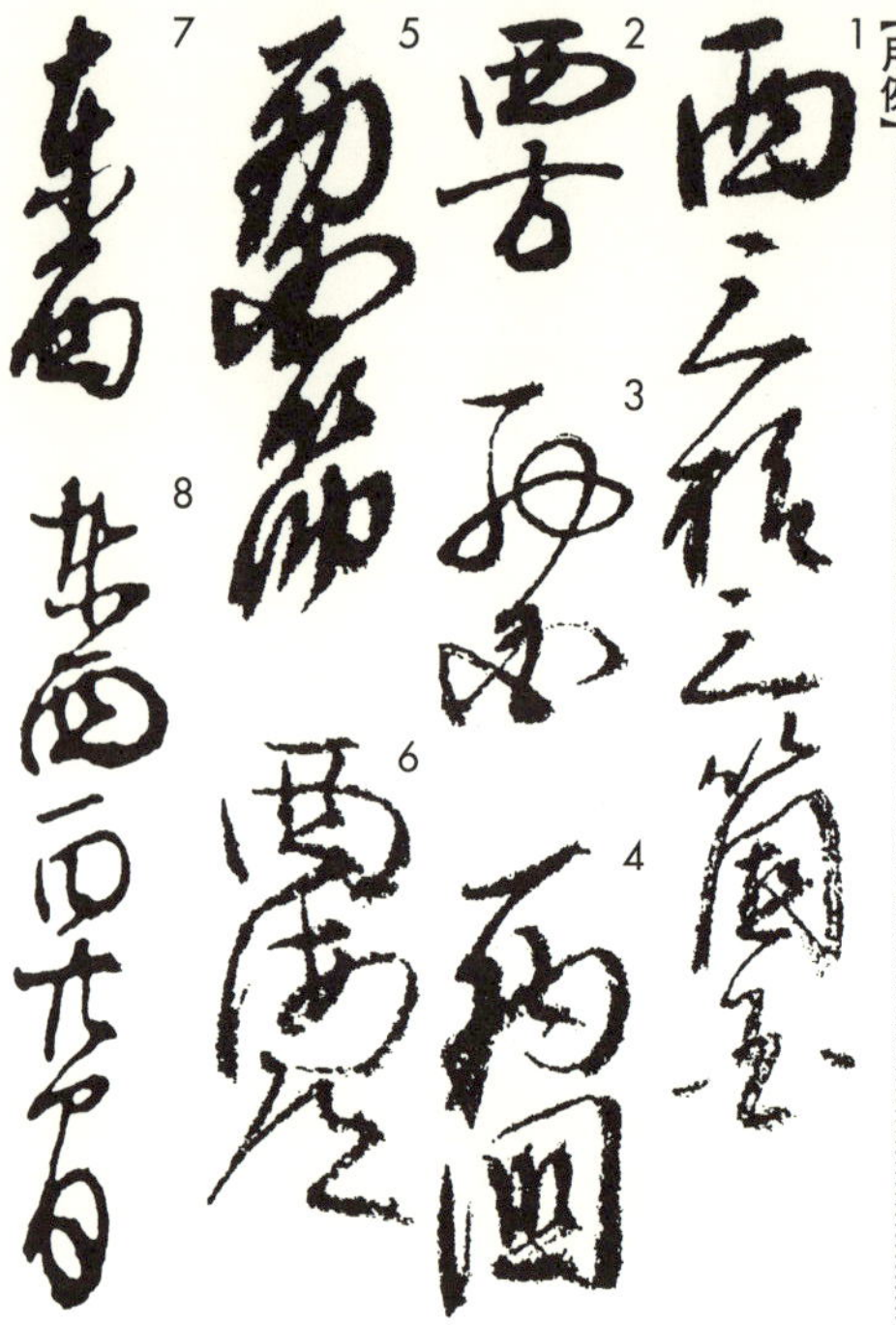

1 西三拾三箇国《にしさんじゅうさんかこく》　2 西方《せいほう》　3 西国《さいごく》　4 西國《さいごく》　5 西国筋《さいごくすじ》　6 西海道《さいかいどう》　7 東西《とうざい》　8 東西百廿間《とうざいひゃくにじゅっけん》

594 ［要］ 4555

ヨウ　いる　かなめ

◎ここでは「覀」が上段「西」の基本形と同じくずしになる単漢字4番目を押さえておきたい。「要用」（必要な金銭の意もある）が頻出。

【用例】

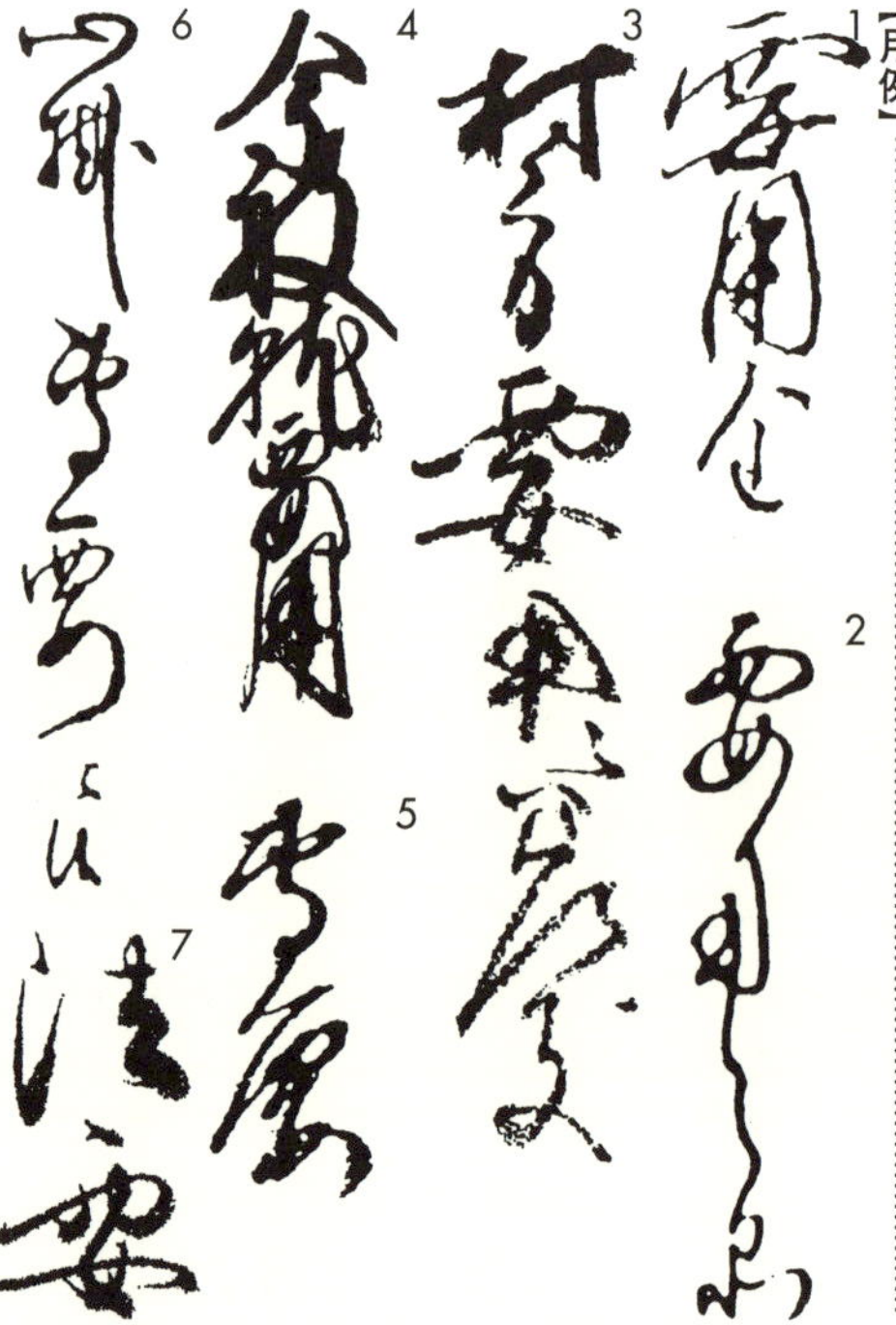

1 要用金《ようようきん》　2 要用之品《ようようのしな》　3 村方要用ニ差支《むらかたようようにさしつかえ》　4 今般就二要用一《こんぱんようようにつき》　5 専要《せんよう》　6 心掛専要ニ候《こころがけせんようにそうろう》　7 法要《ほうよう》

595
覆
4204

フク
おおう
くつがえす

◎29頁「修」との熟語で「修覆」が頻出する。「修覆」は「修復」の誤用ではない点に注意。「襾」は雨かんむり（259頁）のようにくずされる。

【用例】

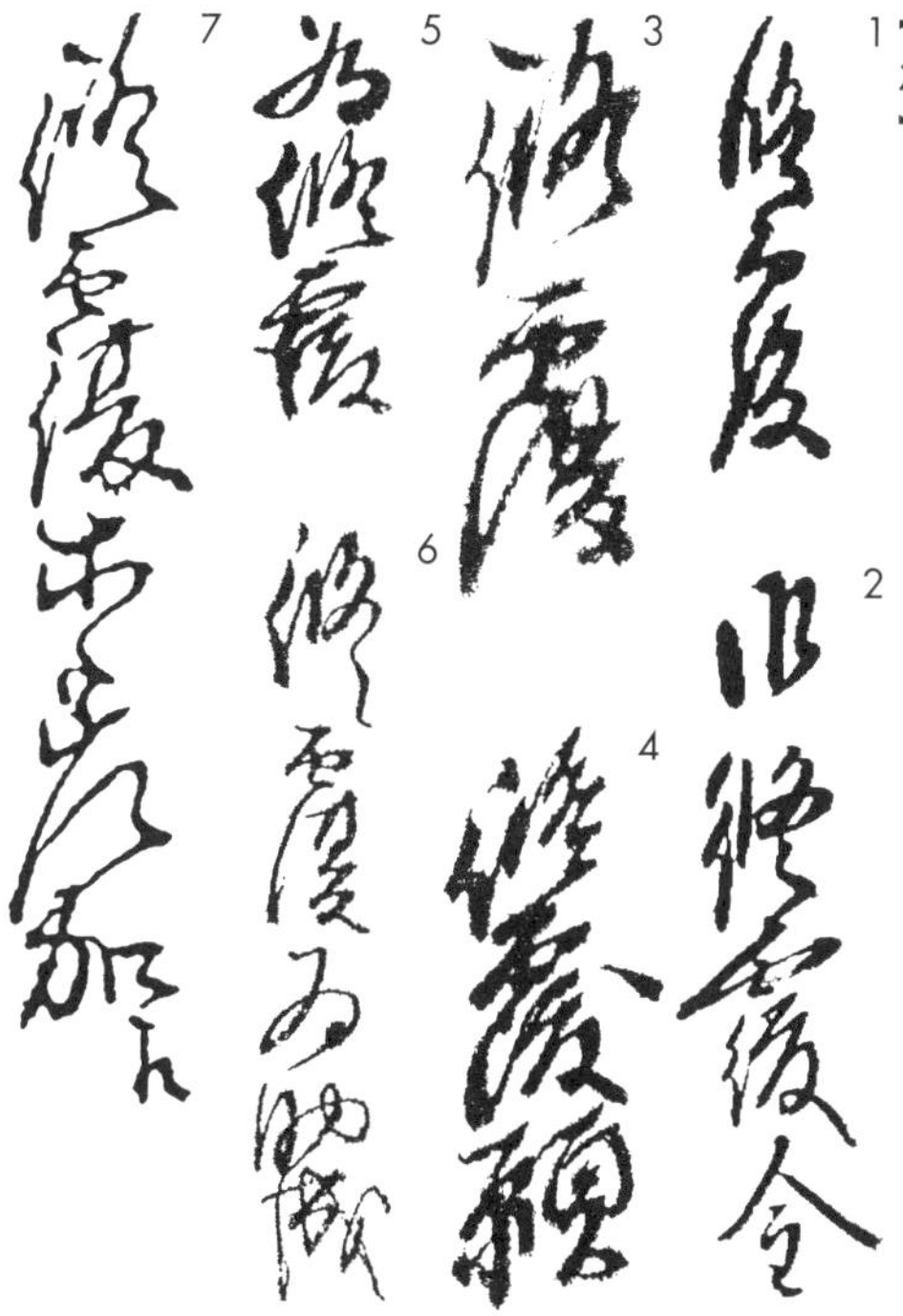

1 修覆《しゅうふく》 2 御修覆金《ごしゅうふくきん》 3 修覆《しゅうふく》 4 修覆願《しゅうふくねがい》 5 為二修覆一《しゅうふくのため》 6 修覆為二助成一《しゅうふくじょせいとして》 7 修覆等差加《しゅうふくなどさしくわ》江《え》

596
規
2112

キ
のり

◎偏が「矢」（未収録）と記された異体字のくずしが基本形（異体字一覧参照）。「規定」は「議（儀）定」と同義。「先規」が頻出する。

【用例】

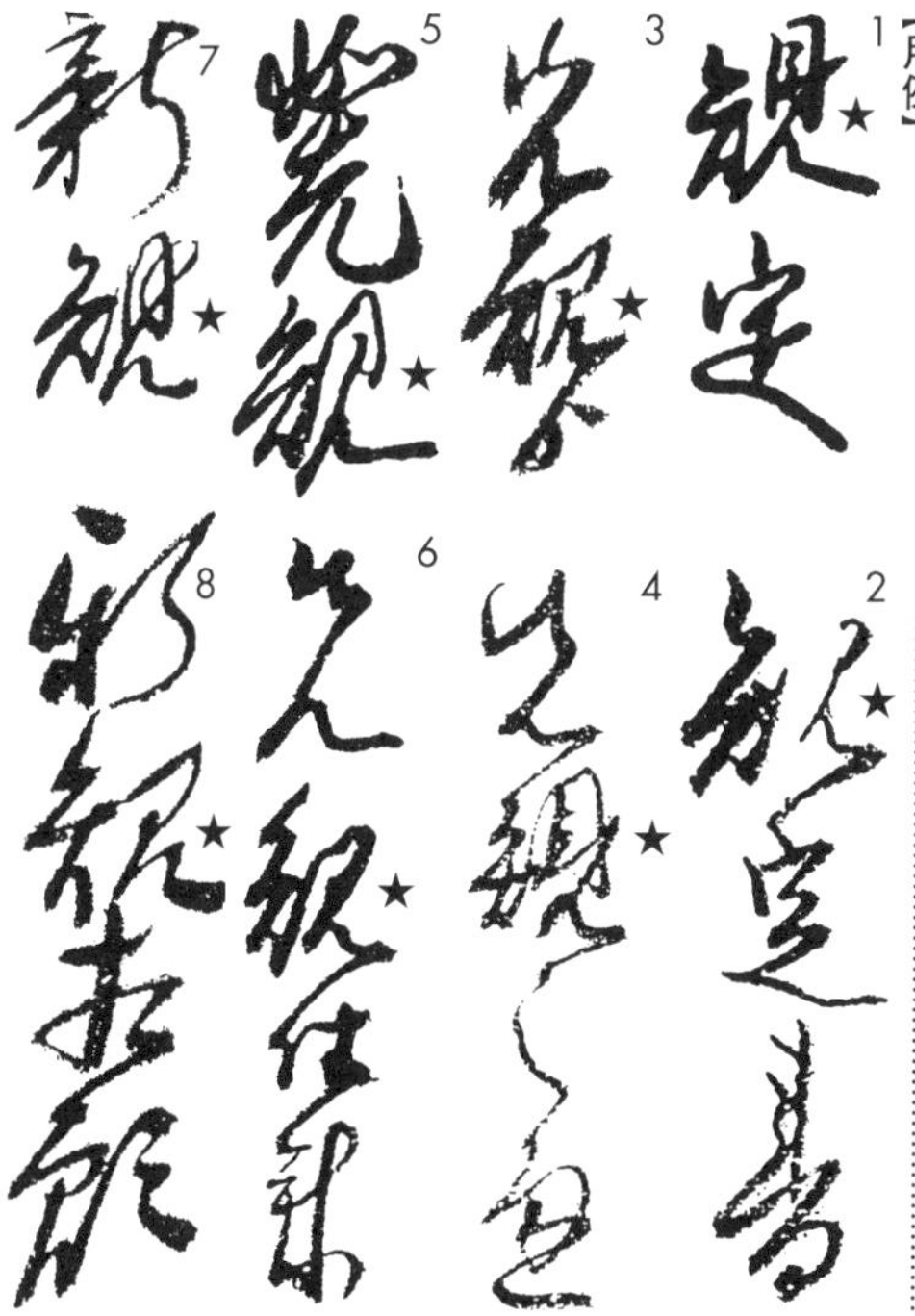

1 規定《ぎじょう》 2 規定書《ぎじょうしょ》 3 先規《せんき》ゟ《より》 4 先規《せんき》之通《のとおり》 5 如二先規一《せんきのごとく》 6 先規仕来《せんきしきたり》 7 新規《しんき》 8 新規相願《しんきあいねがい》

597
［覚（覺）］
1948
7520

カク／おぼえ
おぼえる
さます

◎文書の表題として「覚」が頻出する重要語。ここでは単漢字5番目のくずしを確実に覚えたい。「見」はかなり省画されるので注意。

【用例】

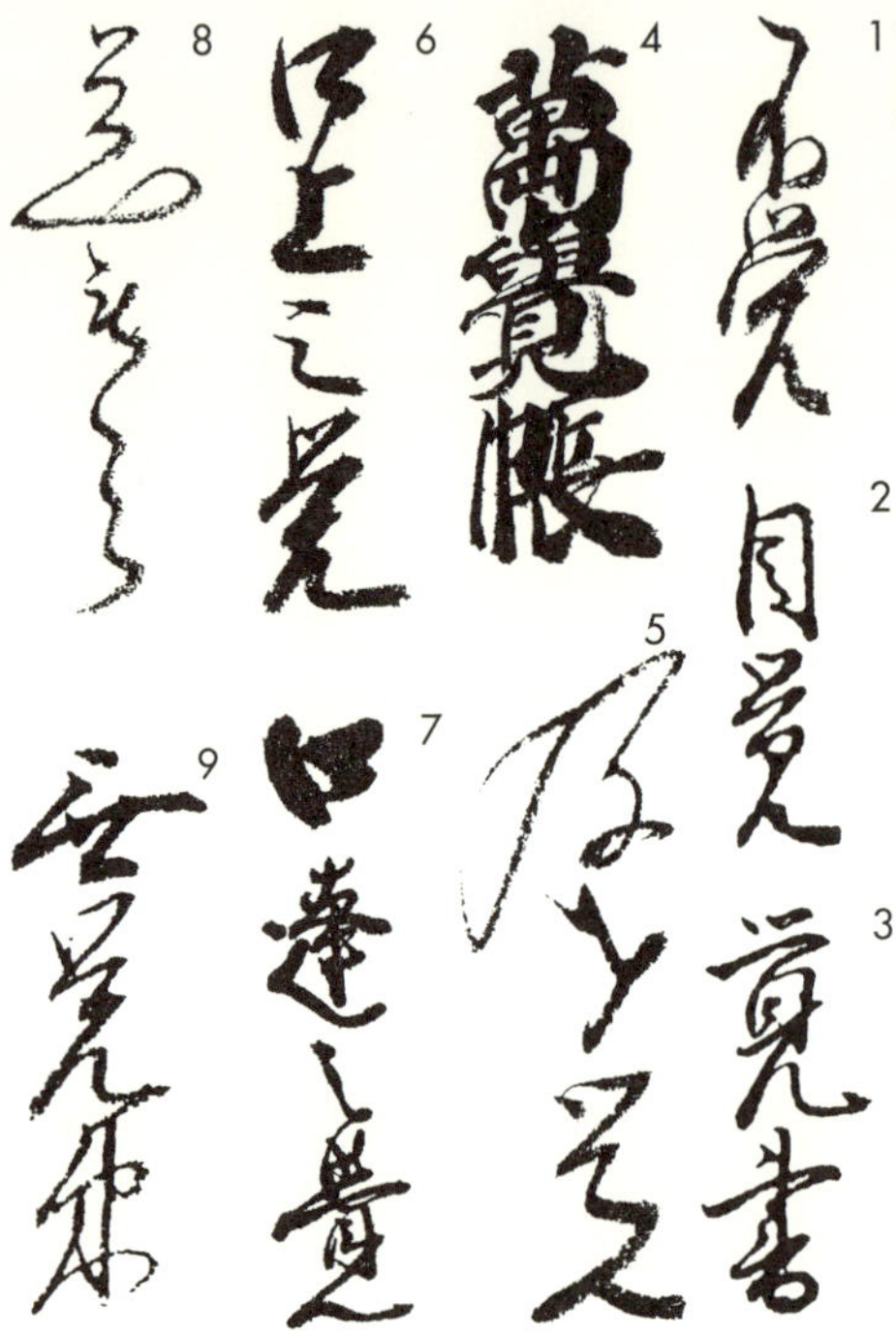

1 不覚《ふかく》 2 目覚《めざめ》 3 覚書《おぼえがき》 4 萬覺帳《よろずおぼえちょう》 5 及二才覚一《さいかくにおよび》 6 口上之覚《こうじょうのおぼえ》 7 口達之覺《くたつのおぼえ》 8 覚無レ之《おぼえこれなく》 9 無二覚束一《おぼつかなく》

598
［親］
3138

シン
おや
したしい

◎ここでは単漢字2・4番目が基本形となる。偏の「亲」は132頁「新」と併せて参照されたい。「親類」「親村」が頻出する重要語である。

【用例】

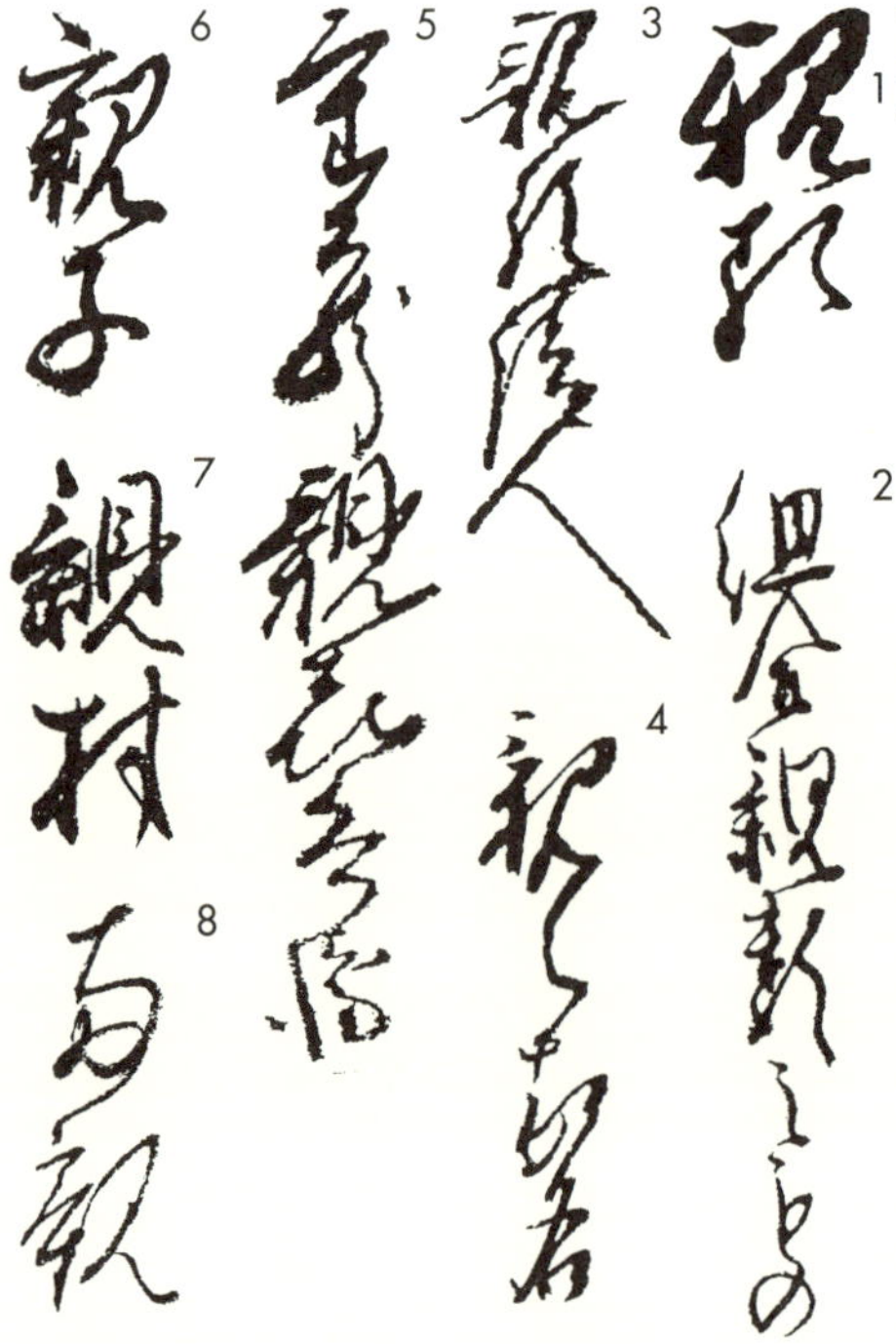

1 親類《しんるい》 2 組合《くみあい》・親類之《しんるいの》もの 3 親類請人《しんるいうけにん》 4 親之家名《おやのかめい》 5 重蔵親喜兵衛《じゅうぞうおやきへえ》 6 親子《おやこ》 7 親村《おやむら》 8 両親《りょうしん》

599

【覧】

4587

ラン

みる

◎「臣」の部分が「言」偏（221頁）と酷似して「読」（未収録）と誤読しやすいので注意したい。単漢字3番目が基本形。「御覧」が頻出する。

【用例】

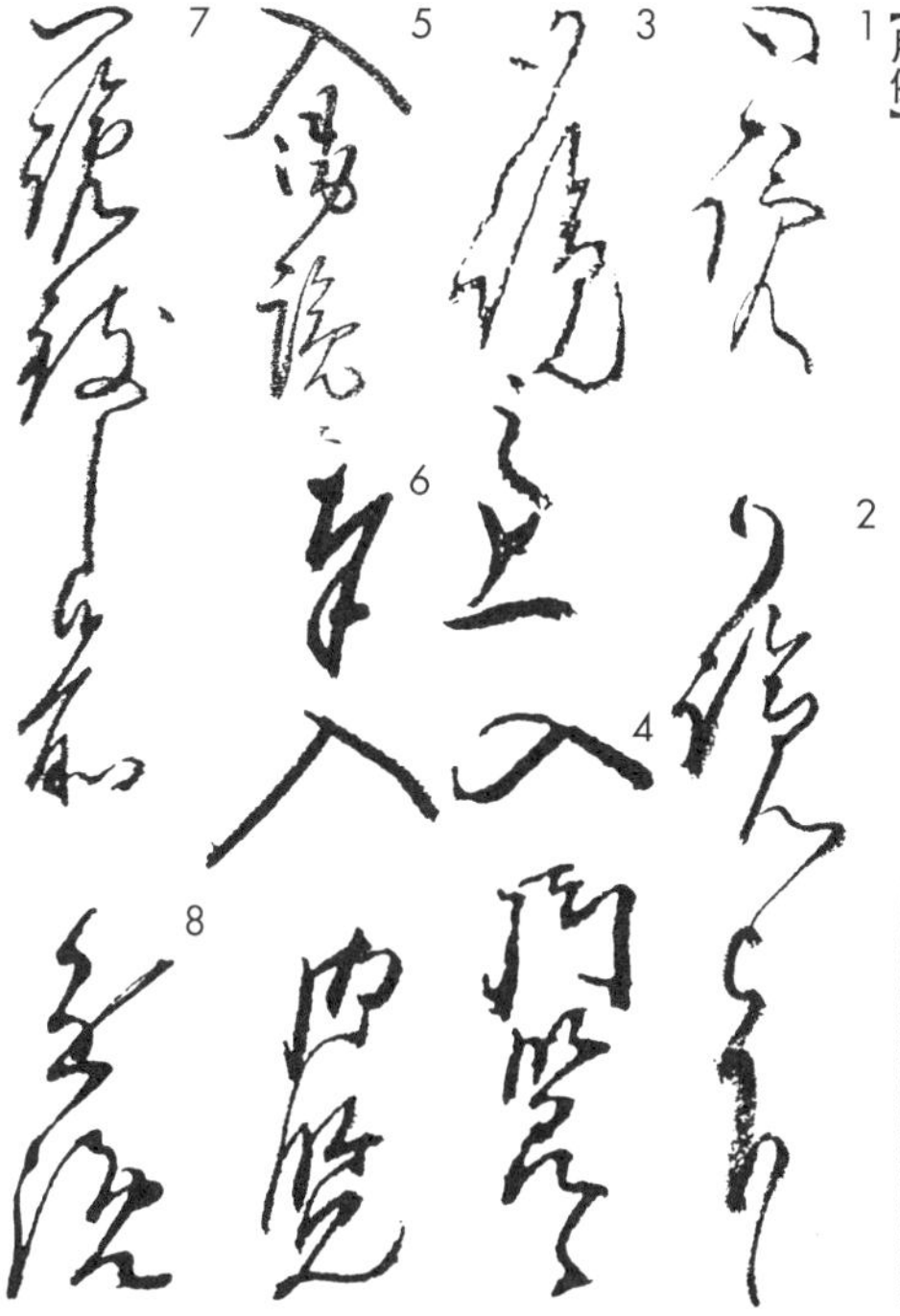

1 御覧《ごらん》　2 御覧被レ下候《ごらんくだされそうろう》　3 御覧之上《ごらんのうえ》　4 入二御覧一候《ごらんにいれそうろう》

5 入二御覧一《ごらんにいれ》　6 奉レ入二御覧一《ごらんにいれたてまつり》　7 一覧致し候所《いちらんいたしそうろうところ》

8 進覧《しんらん》

600

【解】

1882

カイ

ゲ

とく

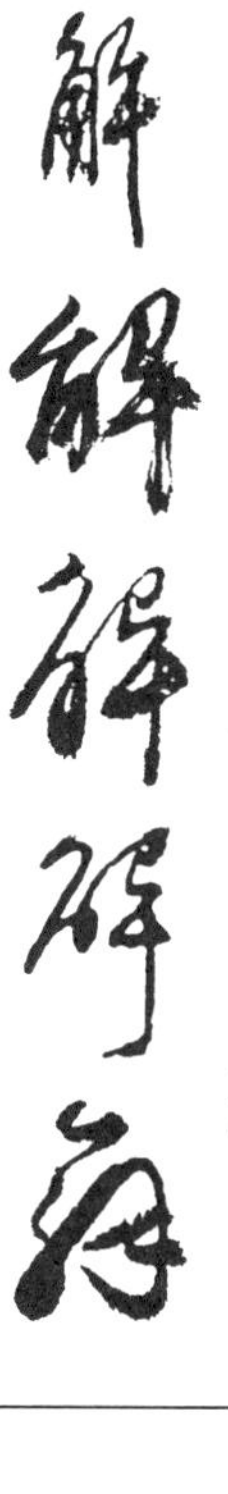

◎異体字のくずしが基本形となる（異体字一覧参照）。ここでは単漢字5番目のくずしを覚えたい。「利解」が頻出する重要語である。

【用例】

1 利解《りかい》　2 格別之御利解《かくべつのごりかい》　3 御利解被二仰聞一《ごりかいおおせきかされ》　4 御利解相弁《ごりかいあいわきまえ》

5 理解《りかい》　6 可レ然御理解被二成下一《しかるべきごりかいなしくだされ》

601
触（觸）
3108
7529

ショク
ふれる
ふれ

◎旧字「觸」のくずしが基本形となる。ここでは偏が205頁「能」と同じくずしで、旁が省画された単漢字3～5番目を覚えておきたい。

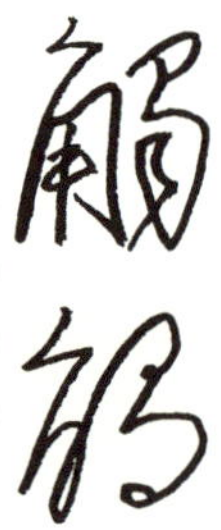

【用例】

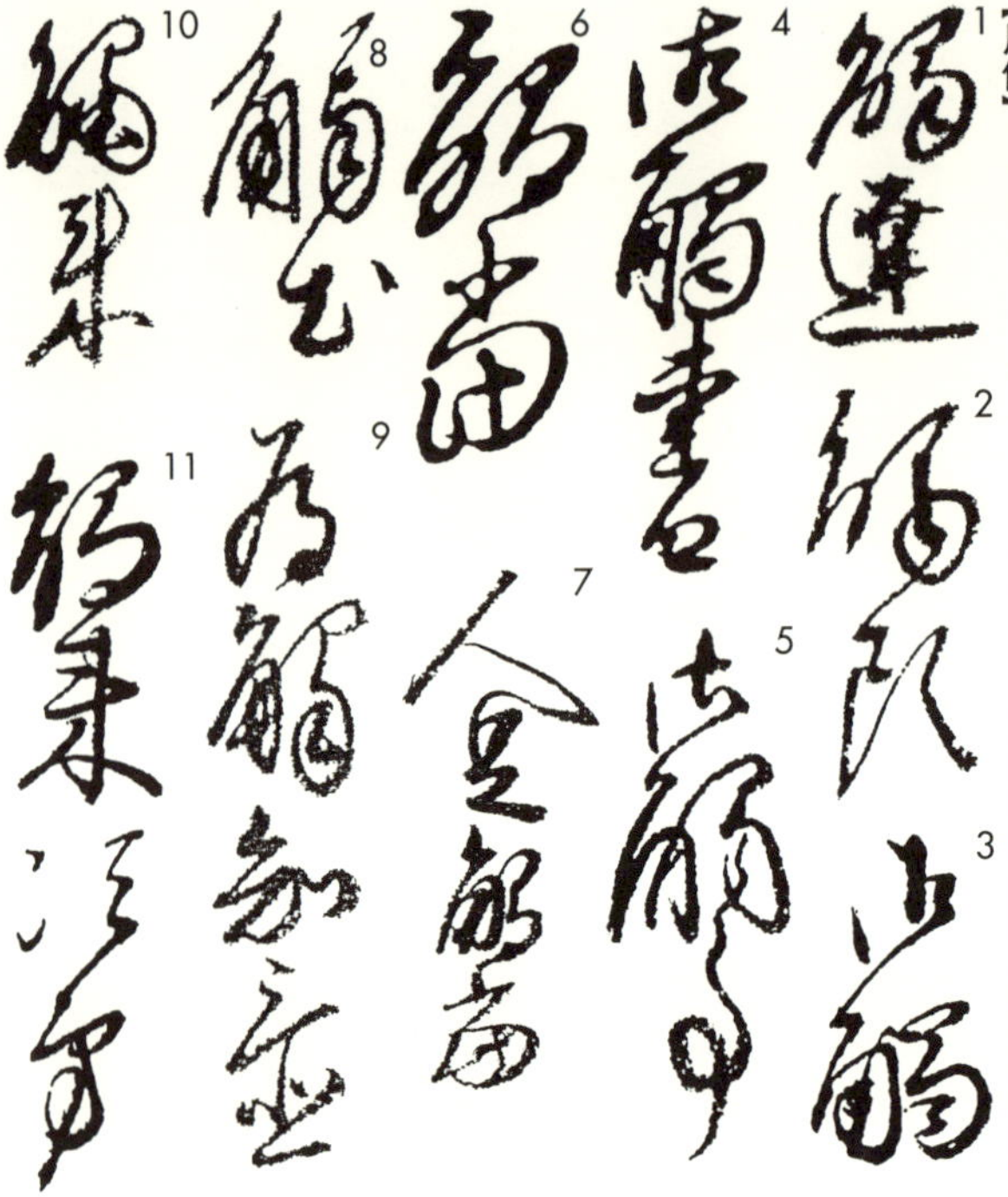

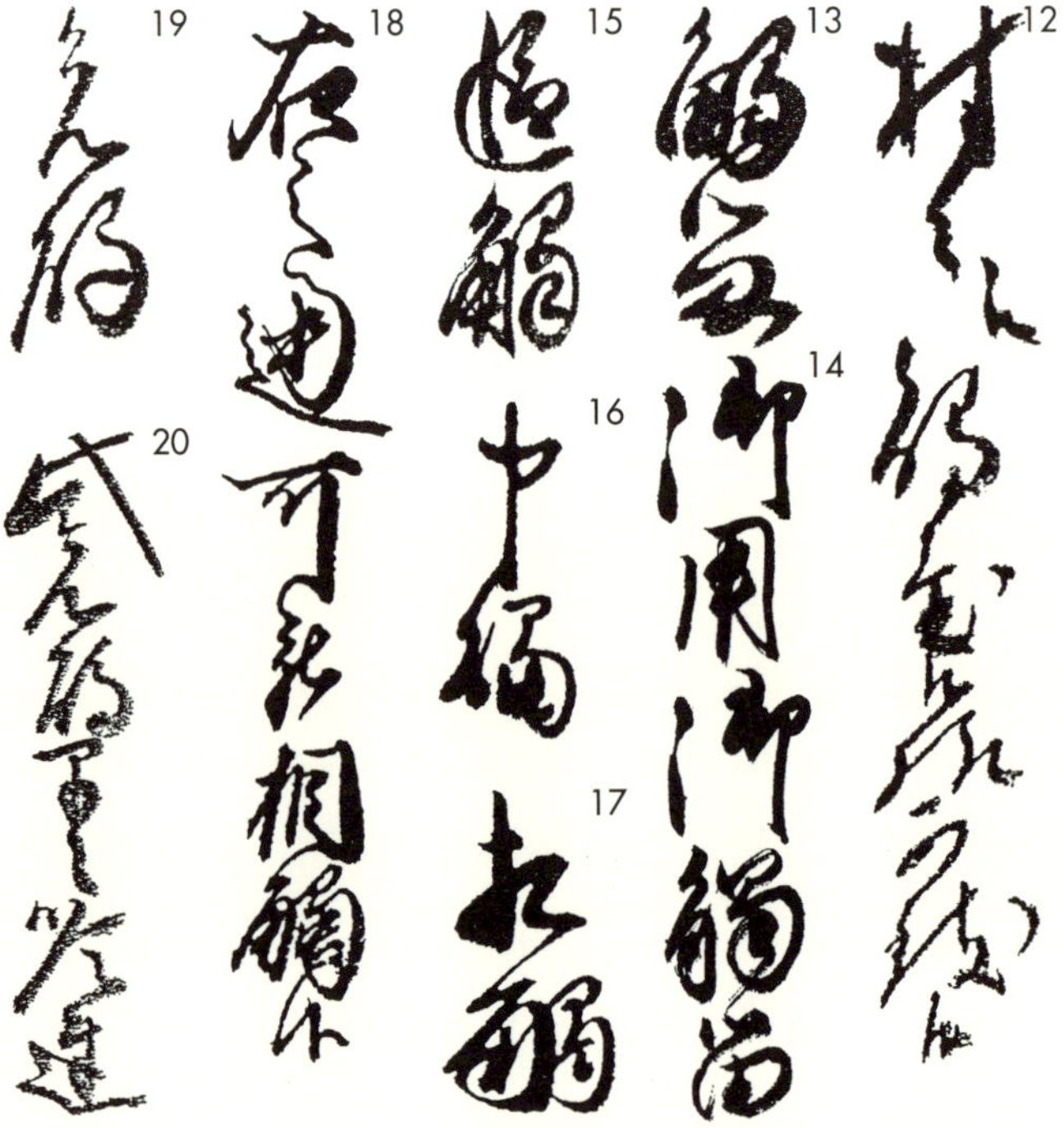

1 觸達《ふれたっし》　2 觸頭《ふれがしら》　3 御觸《おふれ》　4 御觸書《おふれがき》　5 御觸事《おふれごと》　6 觸當《ふれあて》

7 人足觸當《にんそくふれあて》　8 觸出《ふれだし》《ふれだす》　9 為㆓觸知㆒置《ふれしらせおく》　10 觸来《ふれきたる》　11 觸来次第《ふれきたりしだい》

12 村々江觸置候様可㆑致候《むらむらへふれおきそうろうよういたすべくそうろう》　13 觸留《ふれどめ》　14 御用御触留《ごようおふれどめ》　15 追觸《おいぶれ》

16 申觸《もうしふれ》　17 相觸《あいふれ》　18 右之通可㆑被㆓相觸㆒候《みぎのとおりあいふれらるべくそうろう》　19 先觸《さきぶれ》

20 此先觸早々順達《このさきぶれそうそうじゅんたつ》

602

［言］

2432

ゲン・ゴン

いう

こと

◎「口」が「ム」のようにくずされる単漢字2～4番目が基本形。「三」に「ム」と覚えておけばよい。「一言之～」という言い回しが重要。

【用例】

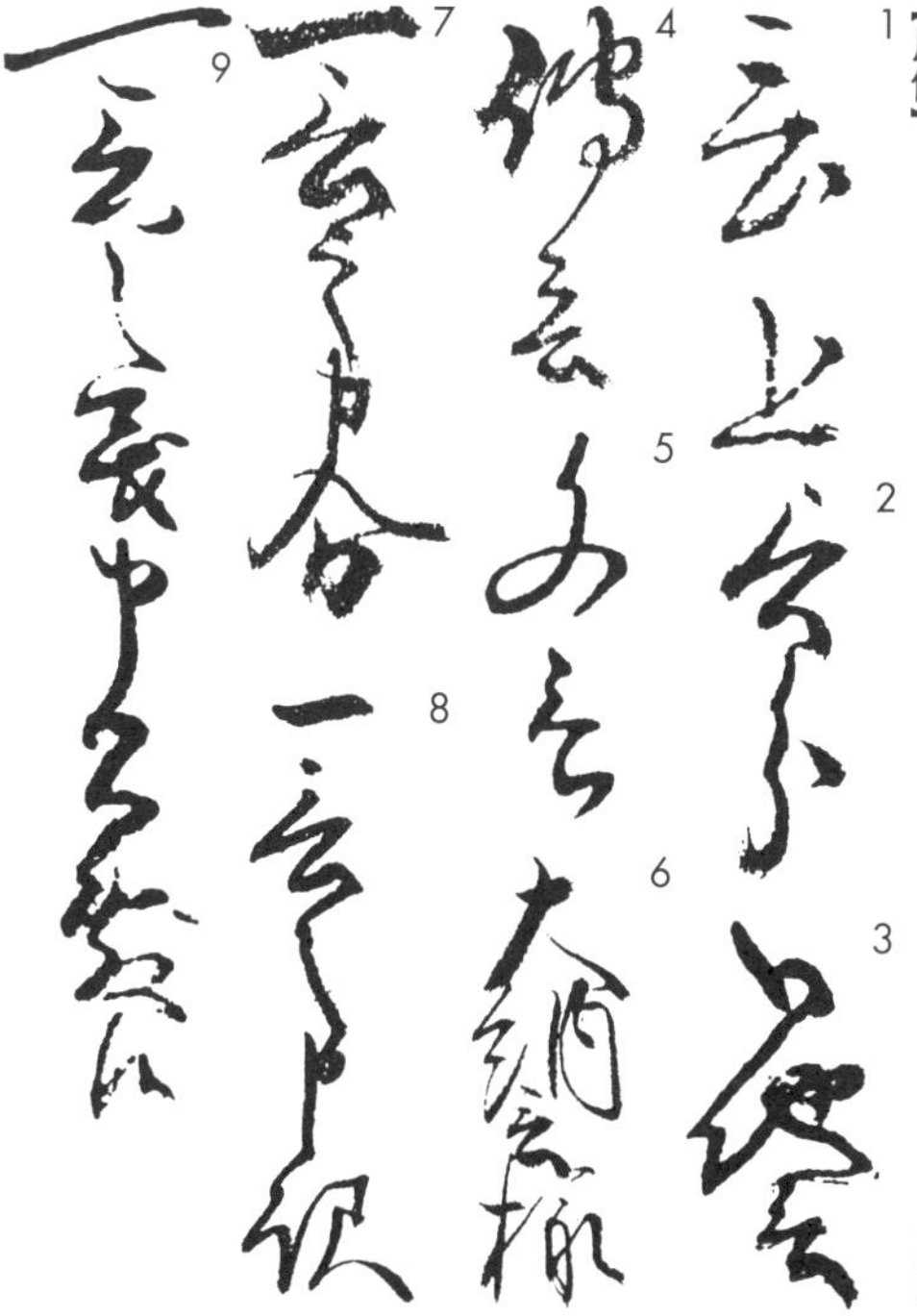

1 言上《ごんじょう》　2 言分《いいわけ／いいぶん》　3 御他言《ごたごん》　4 傳言《でんごん》　5 文言《もんごん》　6 大納言様《だいなごんさま》

7 一言之申分《いちごんのもうしぶん／もうしわけ》

8 一言之申訳《いちごんのもうしわけ》

9 一言之義申間敷候《いちごんのぎもうすまじくそうろう》

603

［許］

2186

キョ／もと

ゆるす

ばかり

◎まずNo.618までの「言」偏のくずしを覚えたい。旁は「午」の右脇に「丶」が打たれるものもある。用例5～9は「元」と書き換え可能。

【用例】

1 許状《きょじょう》　2 免許《めんきょ》　3 裁許《さいきょ》　4 裁許御請證文《さいきょおうけしょうもん》　5・6 其許《そこもと》　7 国許《くにもと》

8 手許《てもと》

9 無二心許一《こころもとなく》

10 御差許《おさしゆるし》

604 【訟】 3057 ショウ うったえる

◎「訴」との熟語で「訴訟」が頻出する重要語である。次頁「詔」と混用され、くずしも類似するので判読には注意。用例6は決り文句。

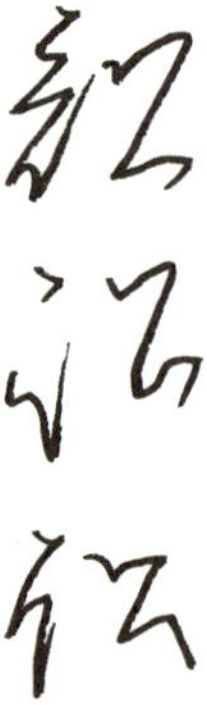

【用例】

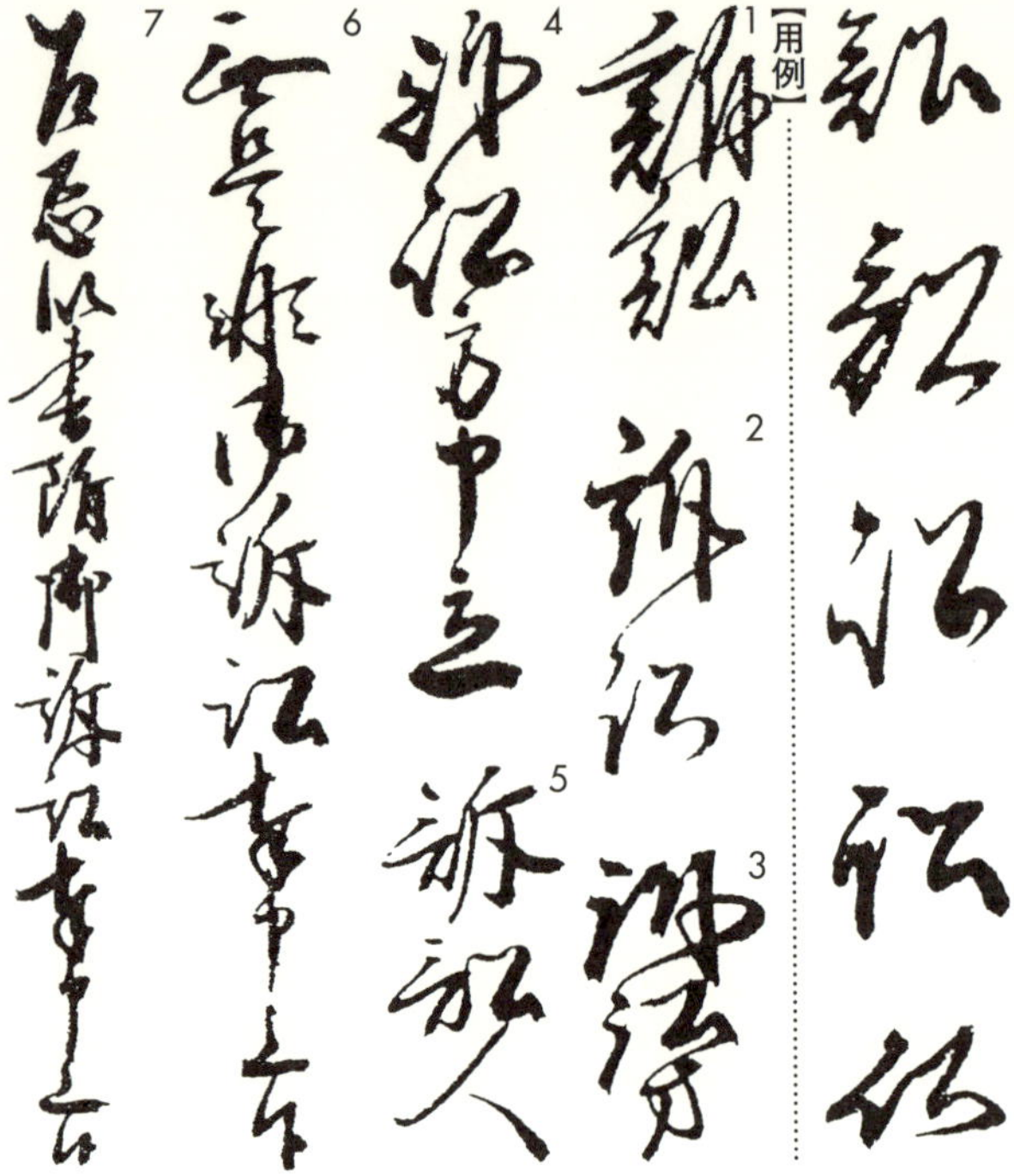

1・2 訴訟《そしょう》 3 訴訟方《そしょうかた》 4 訴訟方申立《そしょうかたもうしたて》 5 訴訟人《そしょうにん》 6 無二是非一《ぜひなく》御訴訟奉二申上一候《ごそしょうもうしあげたてまつりそうろう》 7 乍レ恐以二書附一御訴訟奉二申上一候《おそれながらかきつけをもってごそしょうもうしあげたてまつりそうろう》

605 【訳(譯)】 4485 7603 ヤク わけ

◎用例3・4は「分」とも混用される文言。また、用例7〜10は年貢関係の文書や石高・金銭を書上げた帳簿などに頻出する。判読は容易。

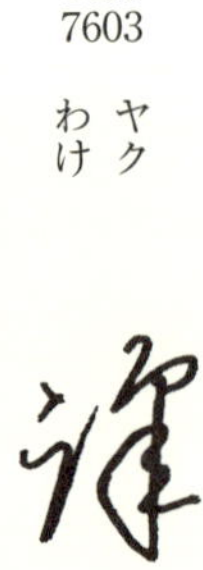

【用例】

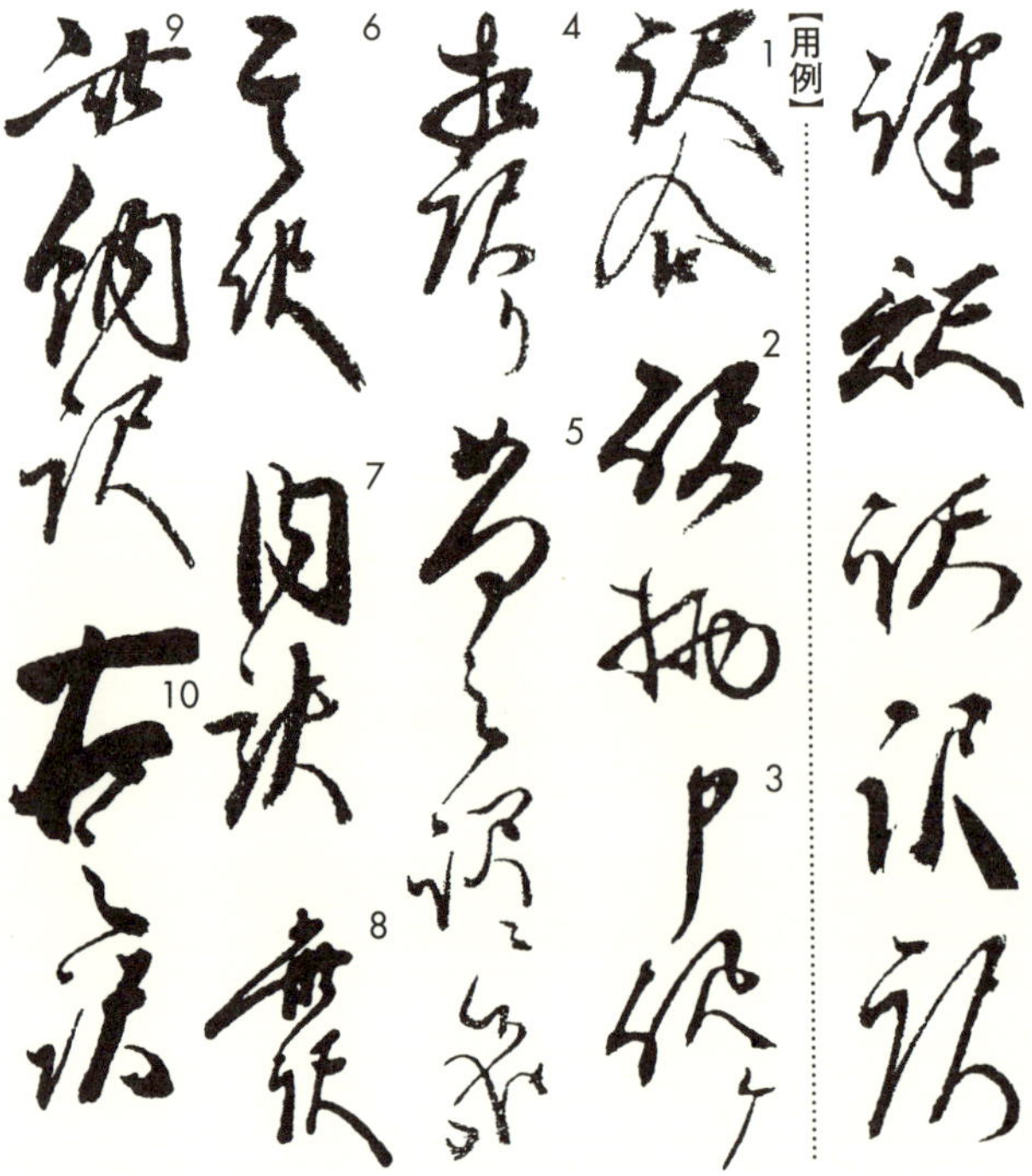

1 訳合《わけあい》 2 訳柄《わけがら》 3 申訳ケ《もうしわけ》 4 相訳リ《あいわかり》 5 如何之訳ニ候哉《いかがのわけにそうろうや》 6 其訳《そのわけ》 7 内訳《うちわけ》 8 此訳《このわけ》 9 此納訳《このおさめわけ》 10 右之訳《みぎのわけ》

606 詔 3059

ショウ　みことのり

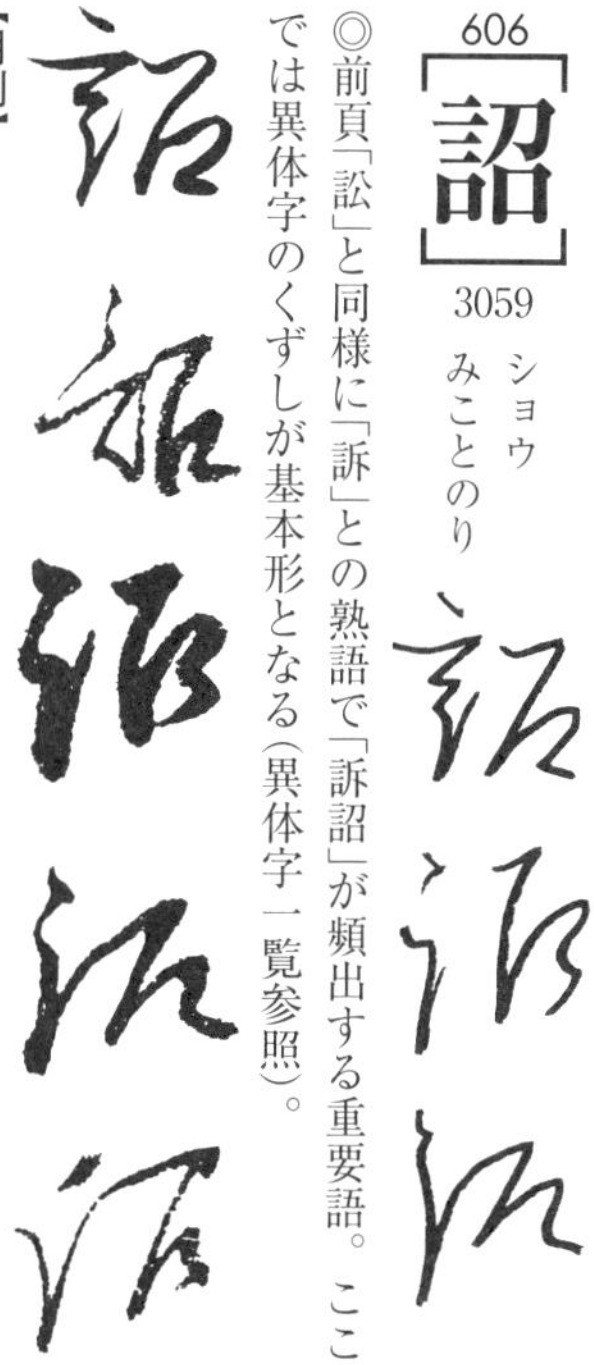

◎前頁「訟」と同様に「訴」との熟語で「訴詔」が頻出する重要語。ここでは異体字のくずしが基本形となる（異体字一覧参照）。

【用例】

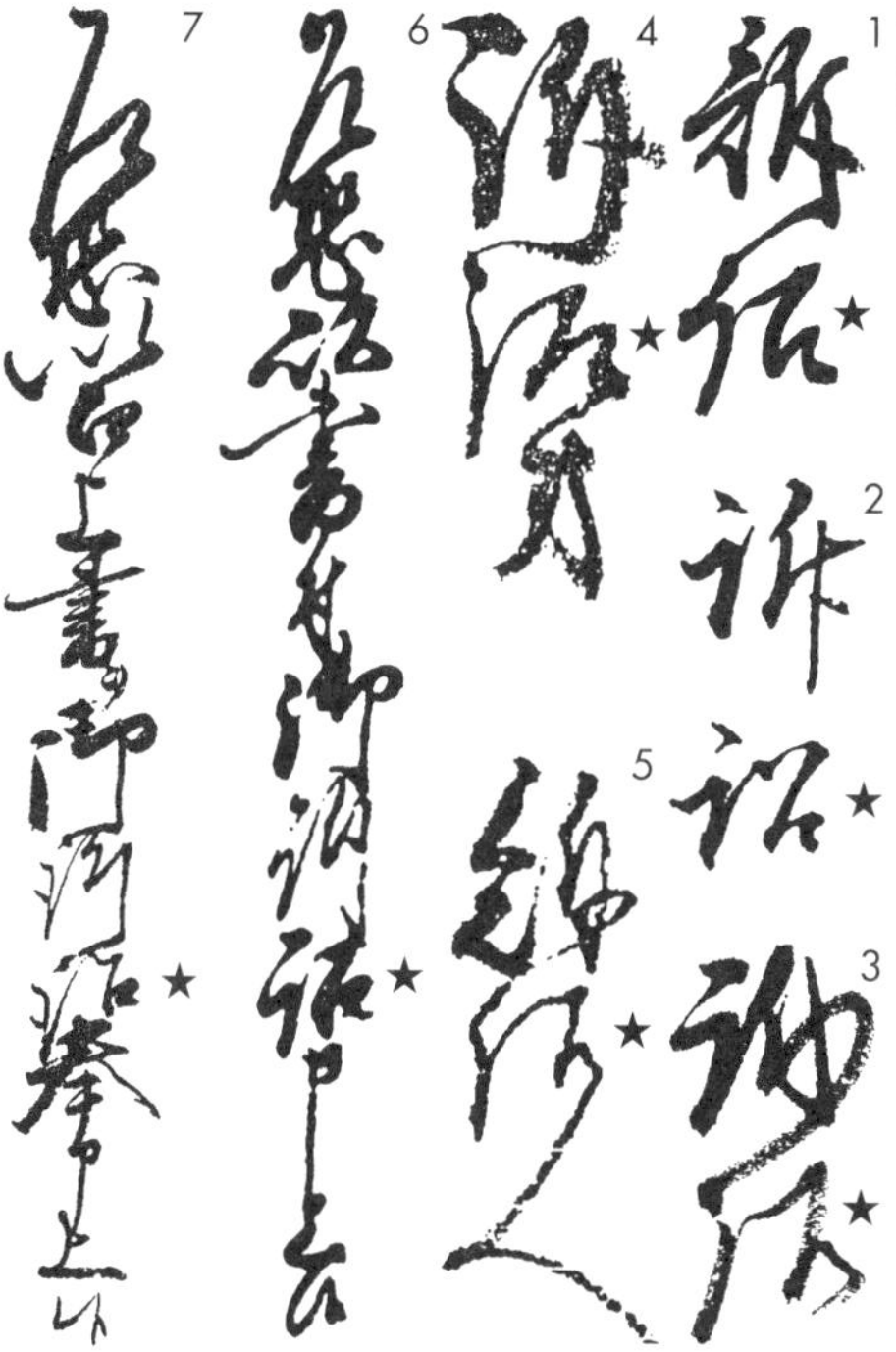

1〜3 訴詔《そしょう》　4 訴詔方《そしょうかた》　5 訴詔人《そしょうにん》

6 乍レ恐以二書付一御訴詔申上候《おそれながらかきつけをもってごそしょうもうしあげそうろう》

7 乍レ恐以二口上書ヲ一御訴詔奉二申上一候《おそれながらこうじょうがきをもってごそしょうもうしあげたてまつりそうろう》

607 評 4130

ヒョウ　はかる

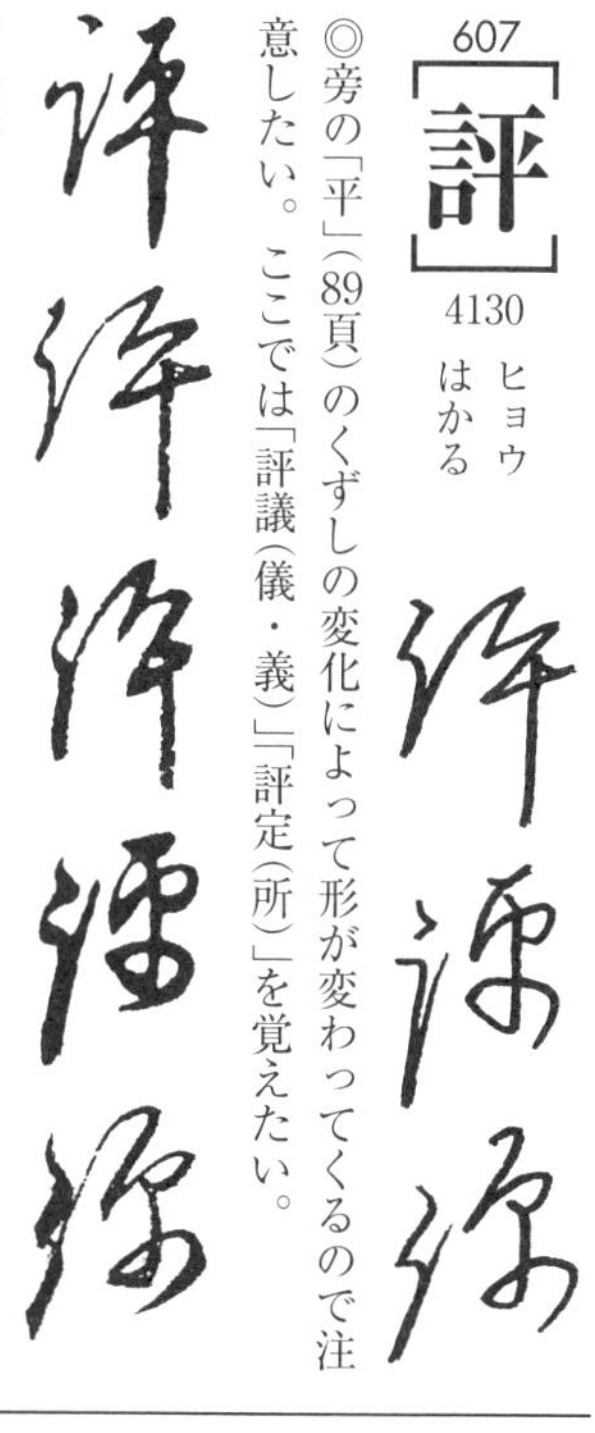

◎旁の「平」（89頁）のくずしの変化によって形が変わってくるので注意したい。ここでは「評議（儀・義）」「評定（所）」を覚えたい。

【用例】

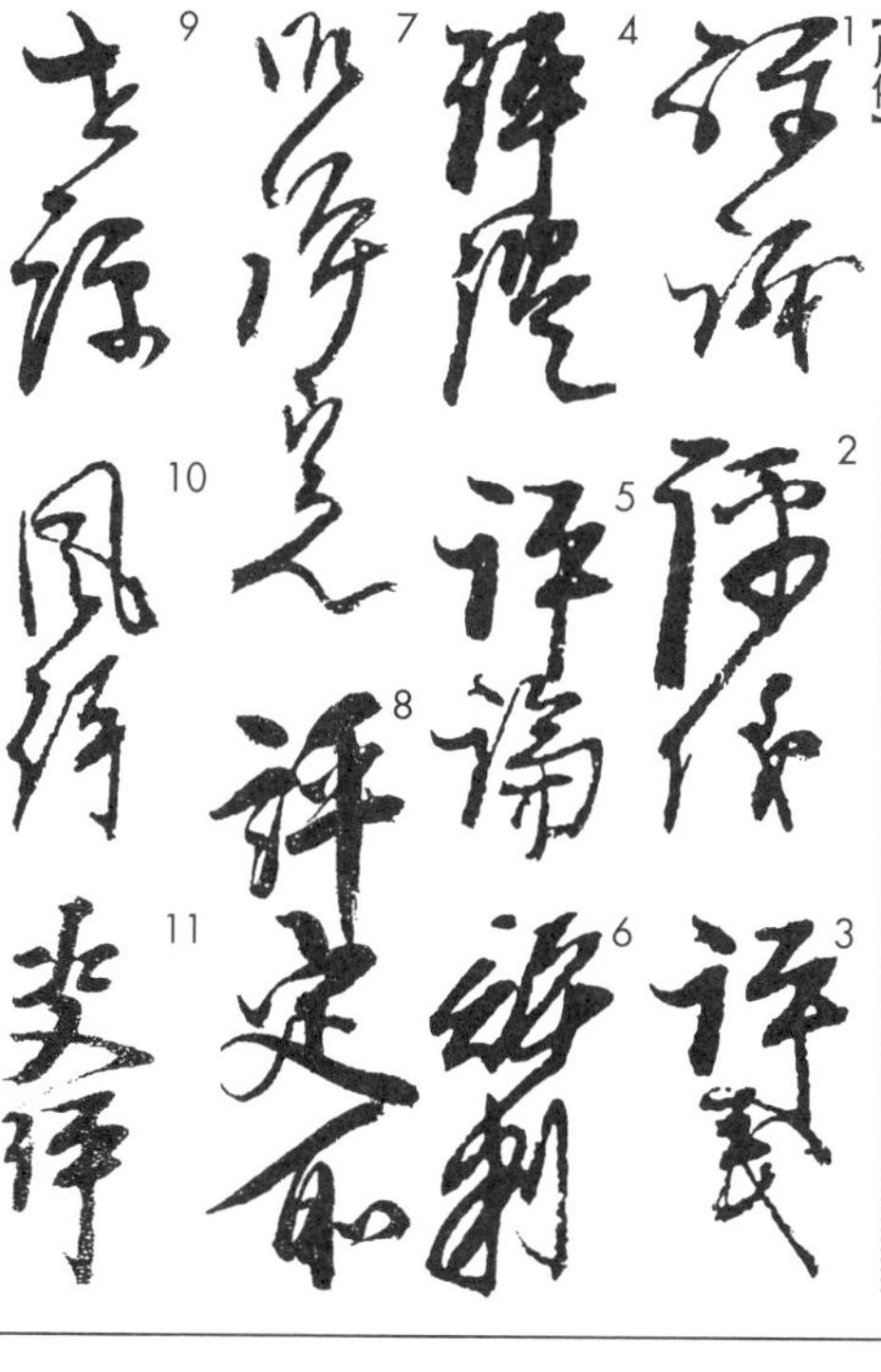

1 評議《ひょうぎ》　2 評儀《ひょうぎ》　3 評義《ひょうぎ》　4 評談《ひょうだん》　5 評論《ひょうろん》　6 評判《ひょうばん》　7 御評定《ごひょうじょう》　8 評定所《ひょうじょうしょ》　9 世評《せひょう》　10 風評《ふうひょう》　11 決評《けつびょう》

608 詰 2145

キツ　つめる　つめ

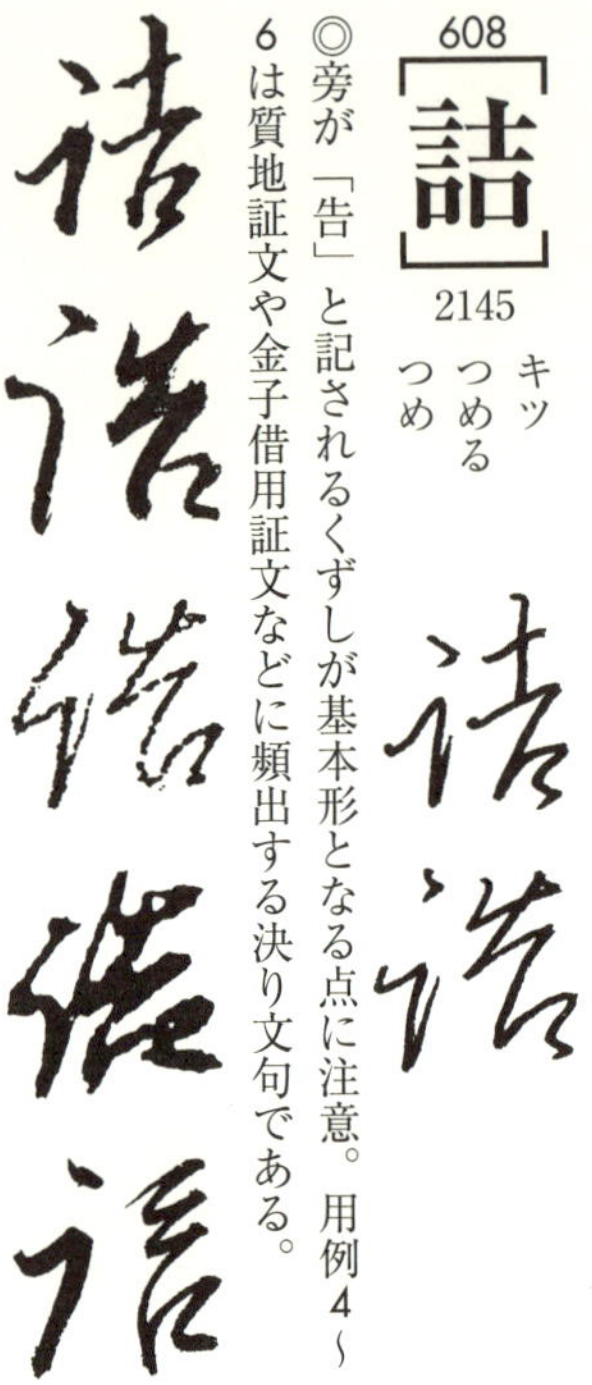

◎旁が「告」と記されるくずしが基本形となる点に注意。用例4～6は質地証文や金子借用証文などに頻出する決り文句である。

【用例】

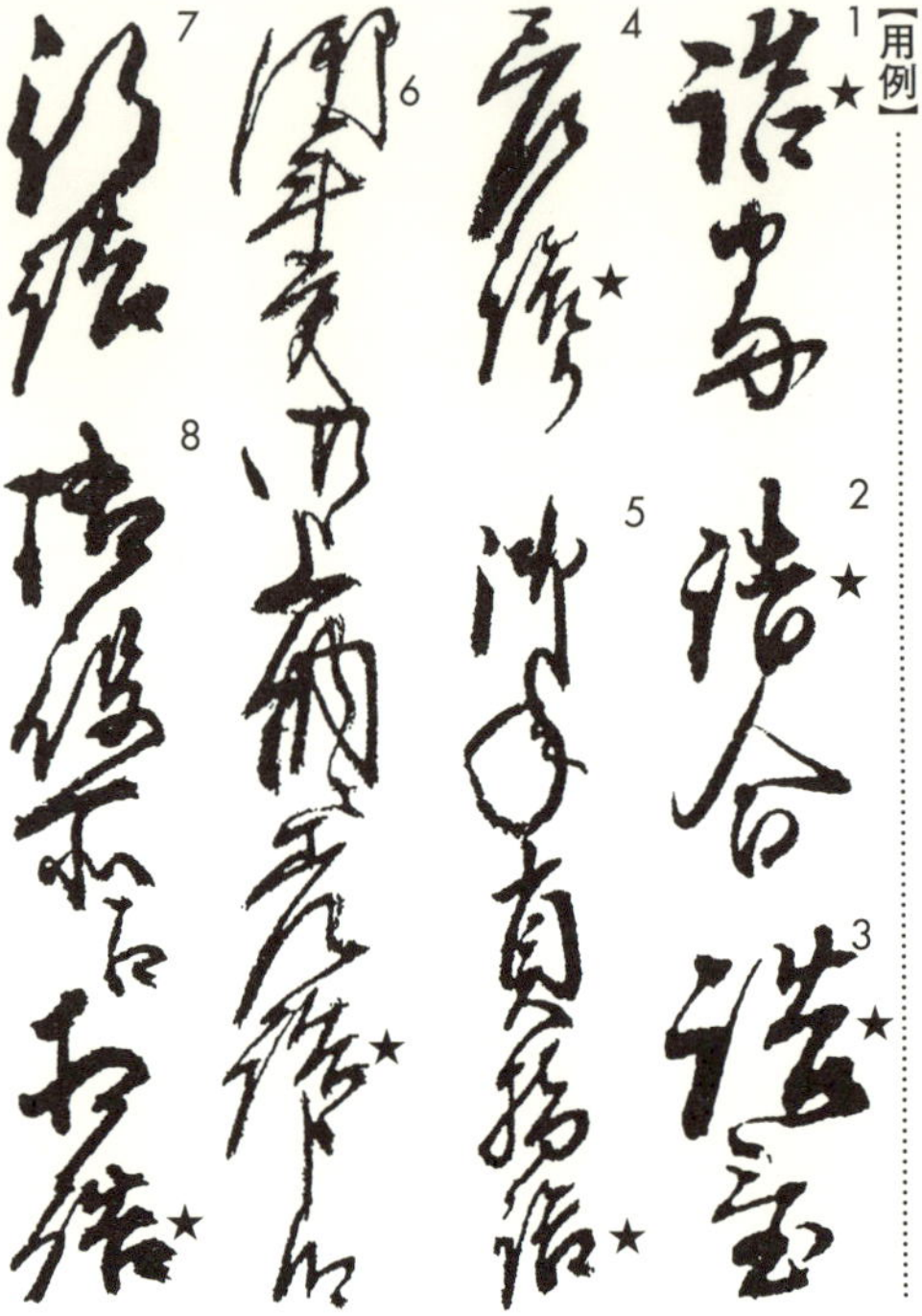

1 詰番《つめばん》　2 詰合《つめあい》　3 詰置《つめおく》　4 差詰《さしつま》リ　5 御年貢《おねんぐ》指詰《さしつまり》
6 御年貢《おねんぐ》御上納《ごじょうのう》ニ《に》差詰《さしつまり》申《もうし》候《そうろう》　7 行詰《ゆきづまり》　8 御役所《おやくしょ》江《へ》相詰《あいつめ》

609 誠 3231

セイ　まこと

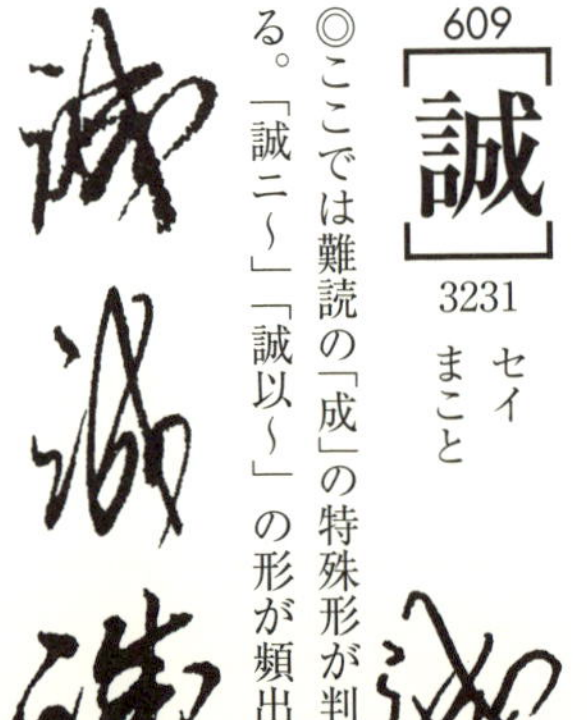

◎ここでは難読の「成」の特殊形が判読できるか否かがポイントとなる。「誠ニ～」「誠以～」の形が頻出するので覚えておきたい。

【用例】

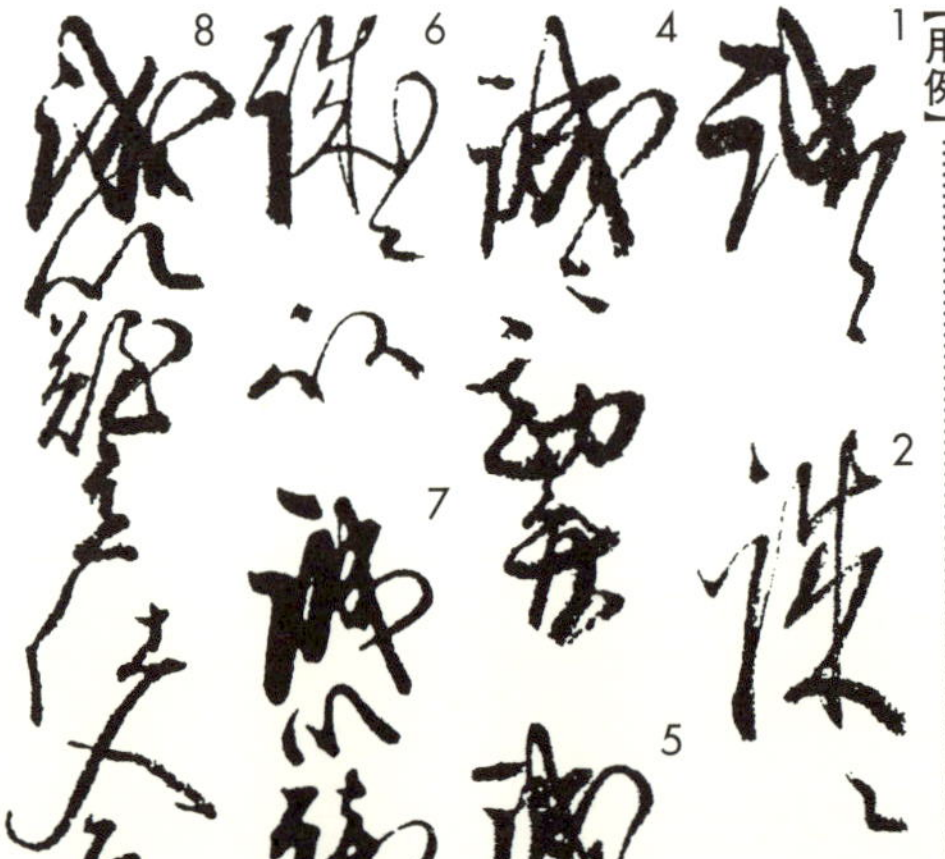

1～3 誠ニ《まことに》　4 誠ニ勘弁《まことにかんべん》　5 誠ニ難澁《まことになんじゅう》　6 誠ニ以《まことにもって》
7 誠以《まことにもって》残念《ざんねん》至極《しごく》　8 誠以《まことにもって》難レ有《ありがたき》仕合《しあわせ》　9 以レ誠《まことにもって》

610
詮
3307
セン

◎旁の「全」(19頁)は極端にくずされないので判読は容易だろう。「詮儀(義)」が頻出。ここでは「無レ詮」「無二詮方一」を覚えたい。

【用例】

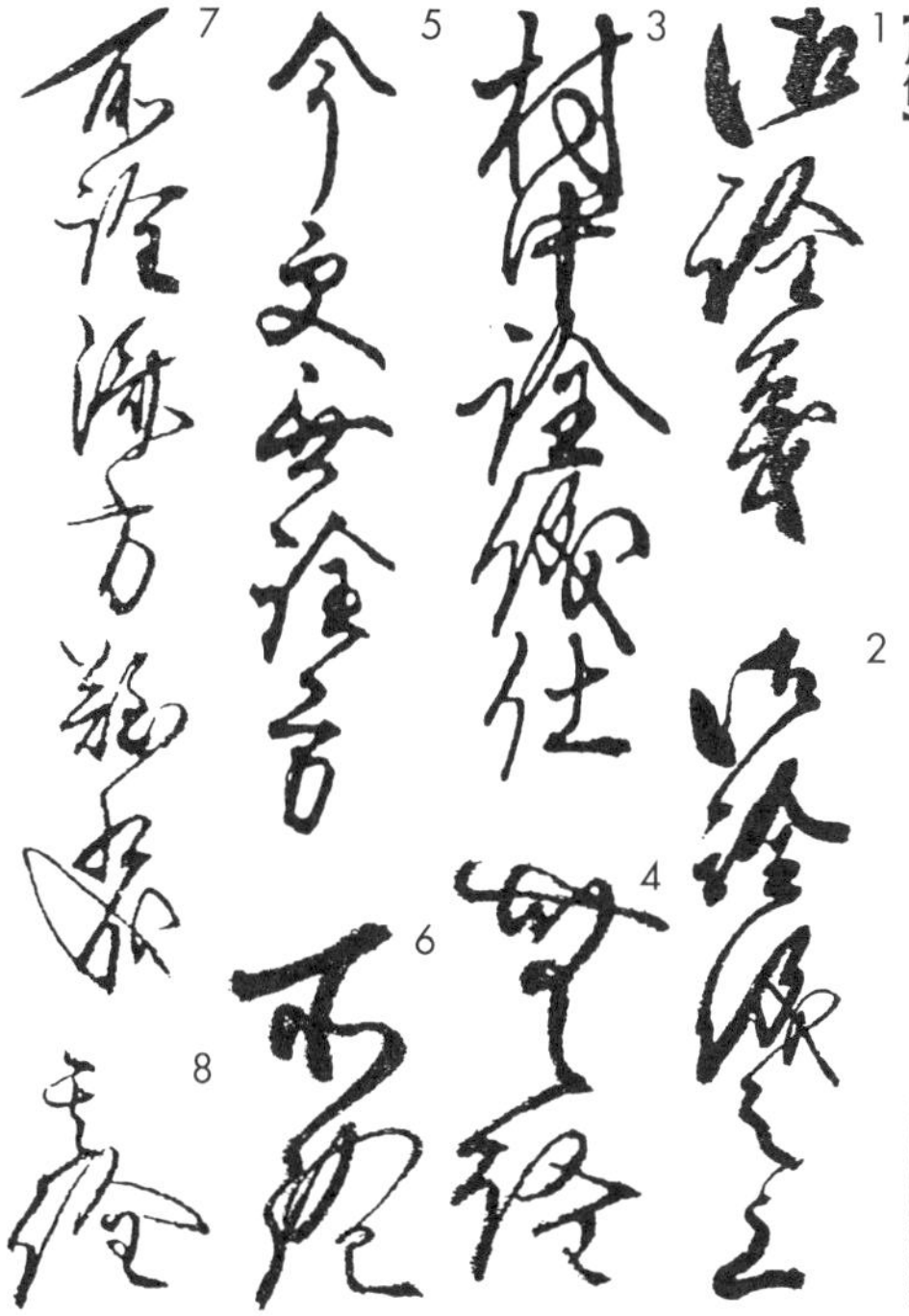

1 御詮義《ごせんぎ》
2 御詮儀之上《ごせんぎのうえ》
3 村中詮儀仕《むらじゅうせんぎつかまつり》
4 無レ詮《せんなく》
5 今更無二詮方一《いまさらせんかたなく》
6 所詮《しょせん》
7 所詮済方難二相成一《しょせんすましかたあいなりがたく》
8 其詮《そのせん》

611
詫
4745
タ／かこつ
わびる
わび

◎基本的に判読は容易だが、単漢字5番目の「宅」(77頁)の特殊形には注意してほしい。用例4は文書表題。「御詫」が頻出する。

【用例】

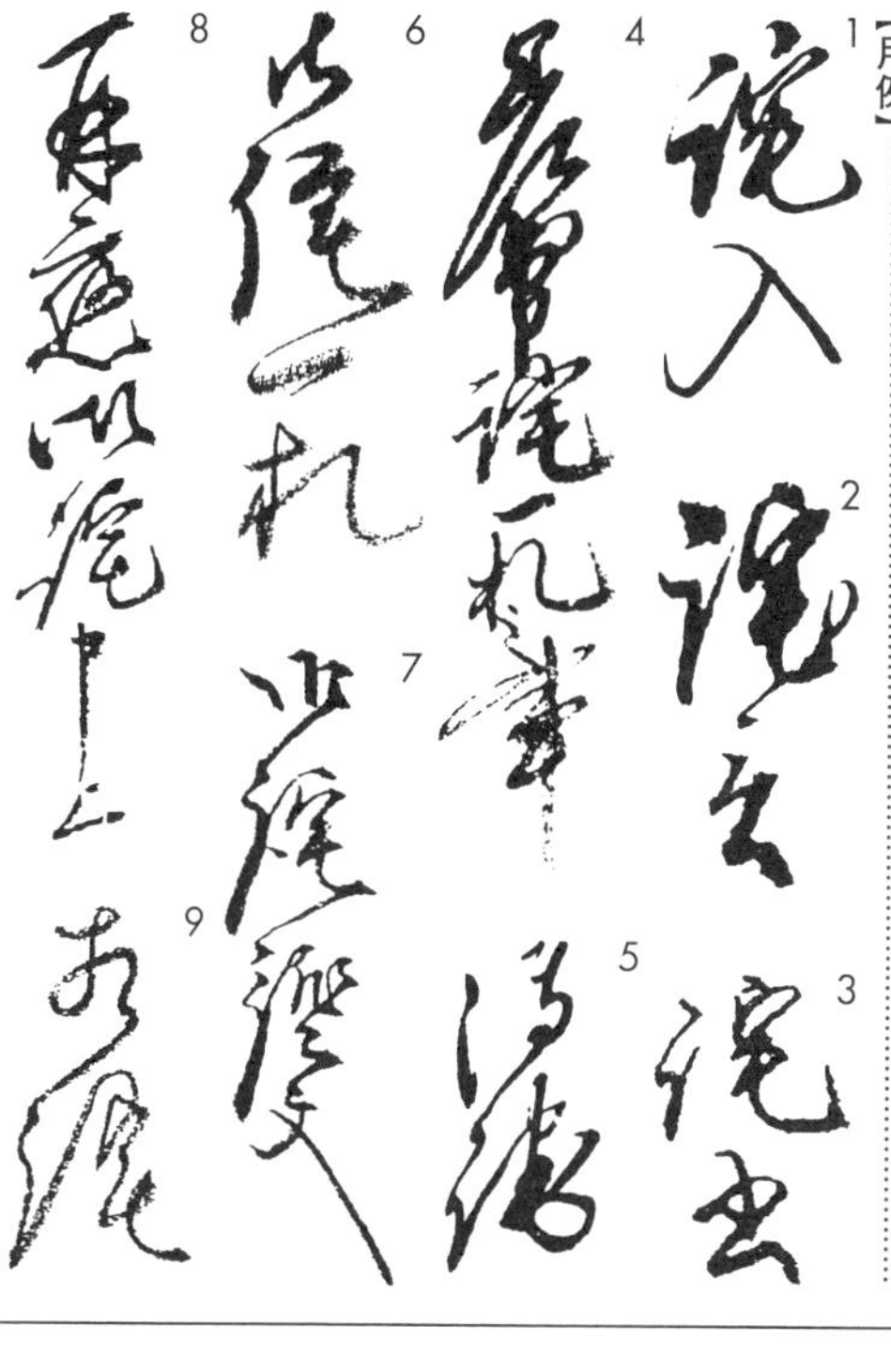

1 詫入《わびいれ》
2 詫言《わびごと》
3 詫書《わびがき》
4 差出申詫一札之事《さしだしもうすわびいっさつのこと》
5 御詫《おわび》
6 御詫一札《おわびいっさつ》
7 御詫證文《おわびしょうもん》
8 再應御詫申上《さいおうおわびもうしあげ》
9 相詫《あいわび》

612
話
4735

ワ
はなす
はなし

◎旁は「古」（51頁）の上に横棒か点を付した形になることが多い。「世話」が頻出するので「世」（12頁）と併せて覚えてしまいたい。

【用例】

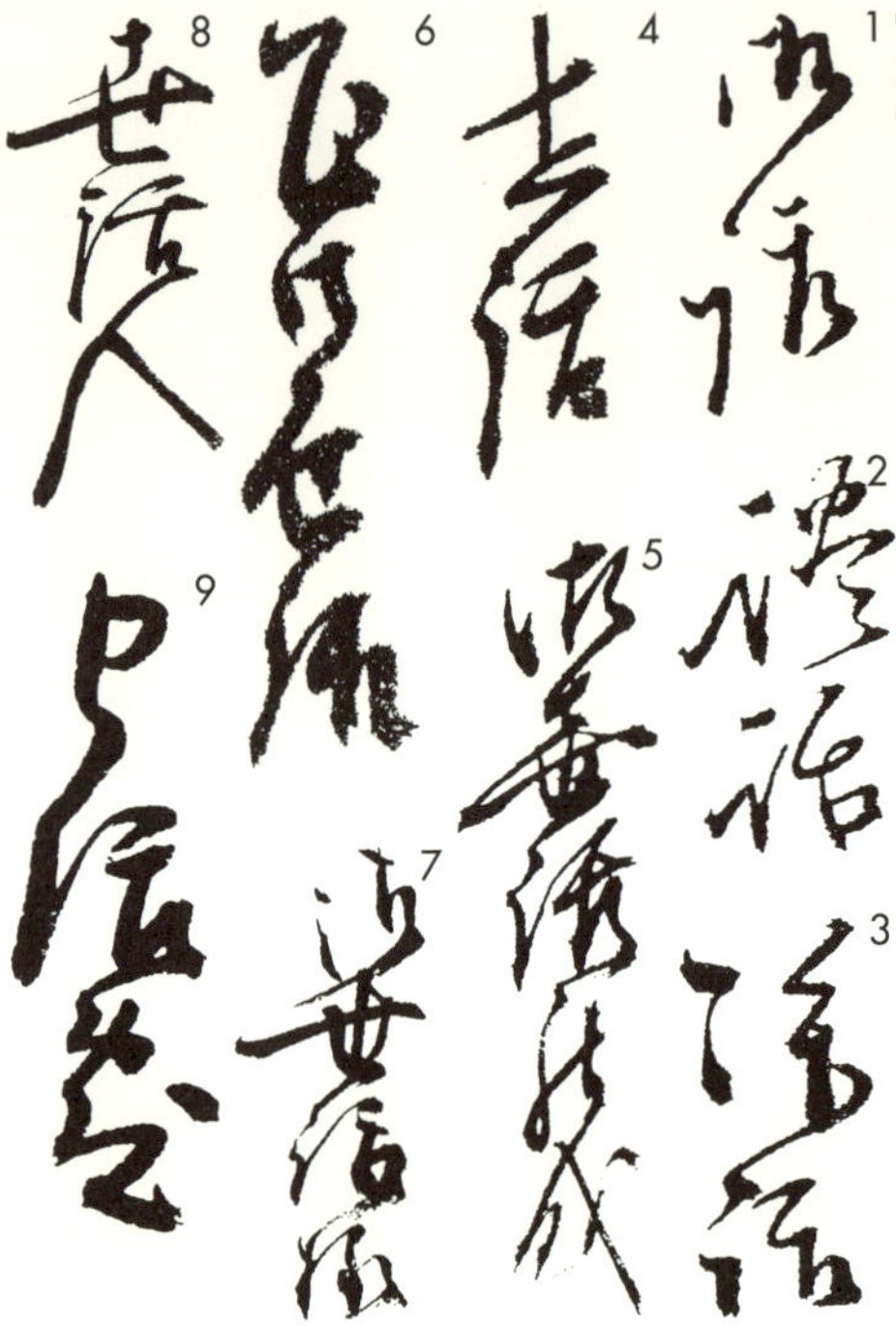

1 御話《おはなし》　2 談話《だんわ》　3 拝話《はいわ》　4 世話《せわ》　5 御世話《おせわ》罷成《まかりなり》　6 乍二御世話一《おせわながら》　7 御世話様《おせわさま》　8 世話人《せわにん》　9 世話敷《せわしく》

613
認
3907

ニン
みとめる
したためる

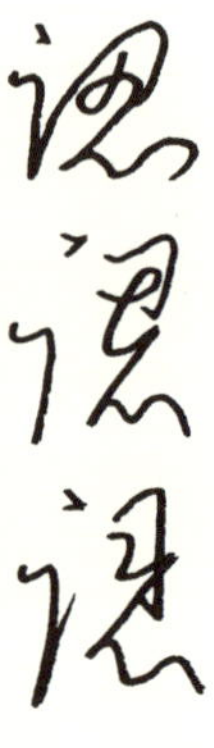

◎単漢字1・3番目が基本形で、旁の「忍」（未収録）は103頁「恩」と類似する。用例は「したため(む)」と読ませる形で頻出する。

【用例】

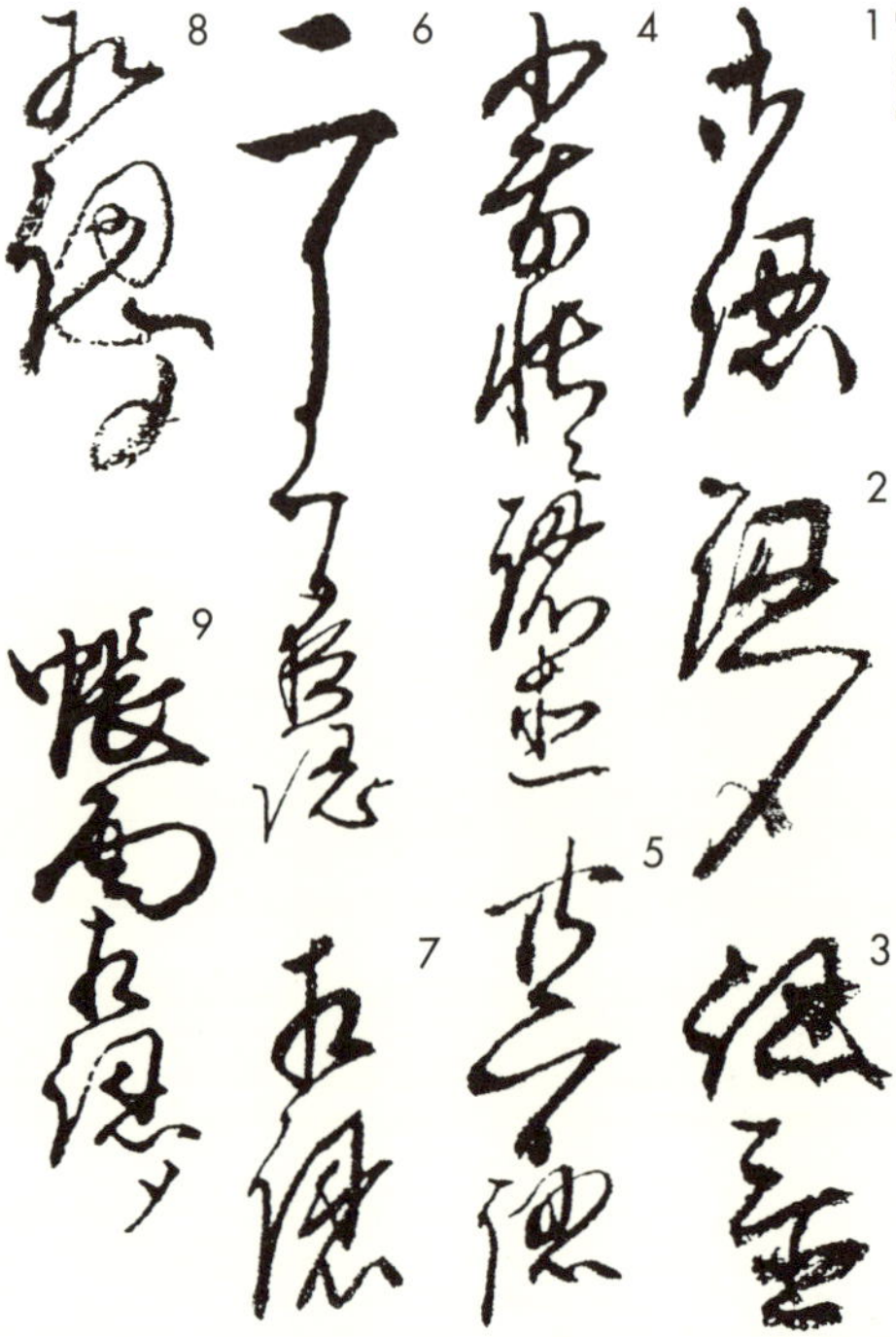

1 御認《おしたため》　2 認メ《したため》　3 認置《したためおく》　4 小前帳ニ認直《こまえちょうにしたためなおし》　5 廿二日認《にじゅうににちしたたむ》　6 二月一日夜認《にがつついたちよるしたたむ》　7 相認《あいしたたむ》　8 相認メ《あいしたため》　9 帳面相認メ《ちょうめんあいしたため》

614
調
3620
チョウ
しらべる
ととのえる

◎旁の「冂」の中が「者」の省画されたくずしになる単漢字3〜5番目が基本形。縦棒が上に突き抜ける用例1・7のくずしにも注意。

【用例】

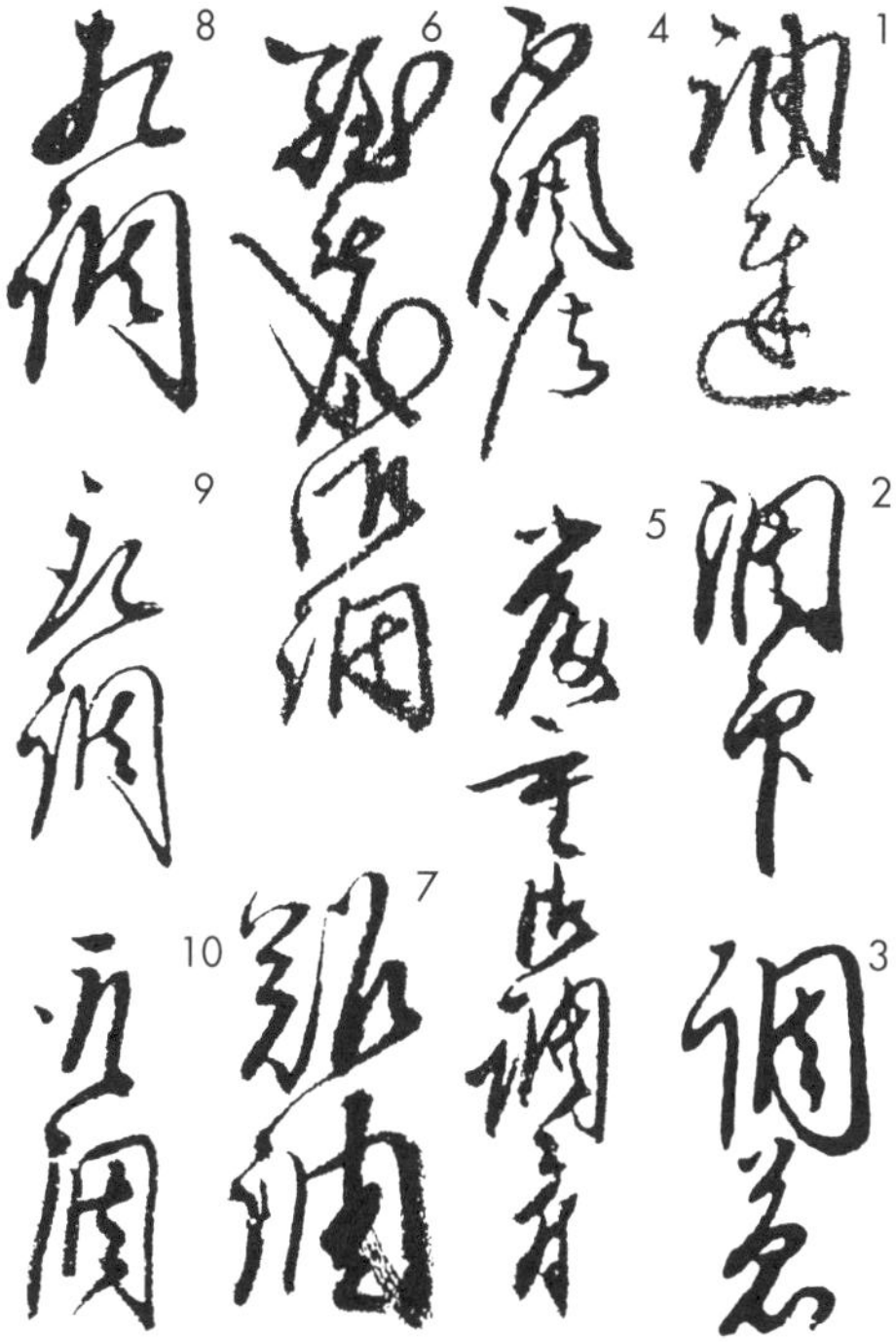

1 調達《ちょうたつ》
2 調印《ちょういん》
3 調兼《しらべかね》《ととのいかね》
4 不調法《ぶちょうほう》
5 厳重御調二付《げんじゅうおしらべにつき》
6 難レ被レ成二御調一《おととのいなされがたく》
7 難レ調《ととのいがたく》
8 相調《あいしらべる》《あいととのう》
9・10 取調《とりしらべ》

615
論
4732
ロン

◎旁が縦長にくずされると30頁「停」の旁と類似する。「亼」は「ム」とくずされるのが基本。「口論」「争論」「勿論」が頻出する重要語。

【用例】

1 論所《ろんしょ》
2 論外《ろんがい》
3 異論《いろん》
4 弁論《べんろん》
5 口論《こうろん》
6 争論《そうろん》
7 再論《さいろん》
8 山論《さんろん》
9 勿論《もちろん》
10 山野之論《さんやのろん》
11 目論見《もくろみ》

616
謂
1666
イ
いう
いい

◎旁の「月」が「日」とくずされた単漢字2番目以降に注意したい。ここでは「謂無レ之」「無レ謂」という言い回しをぜひ覚えてほしい。

【用例】

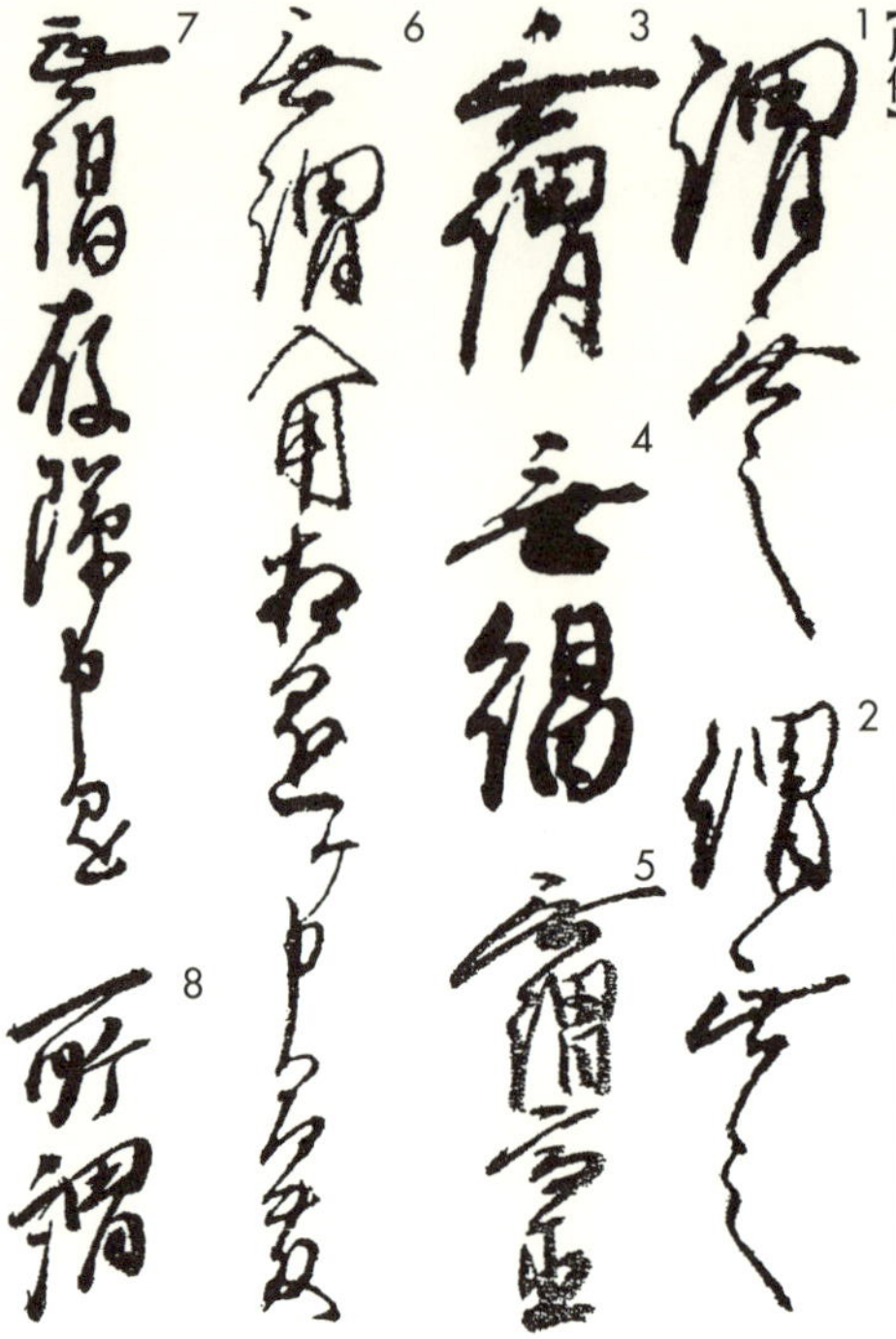

1・2 謂無レ之《いわれこれなく》　3・4 無レ謂《いわれなく》　5 無レ謂高直《いわれなきこうじき》《たかね》　6 無レ謂入用相懸ケ申間敷《いわれなきにゅうようあいかけもうすまじく》　7 無レ謂故障申懸《いわれなきこしょうもうしかけ》　8 所謂《いわゆる》

617
議
2136
ギ

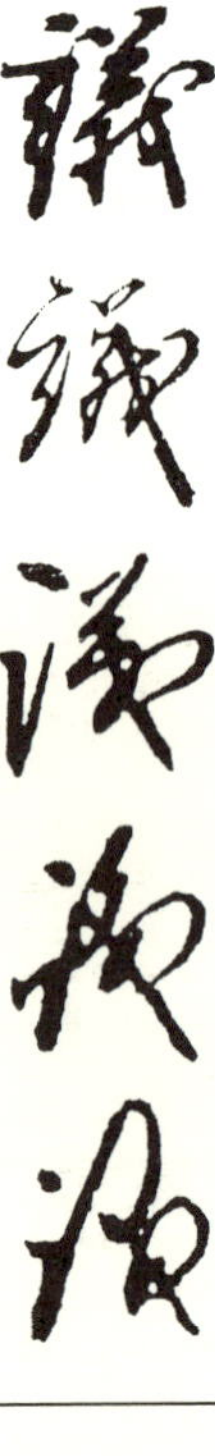
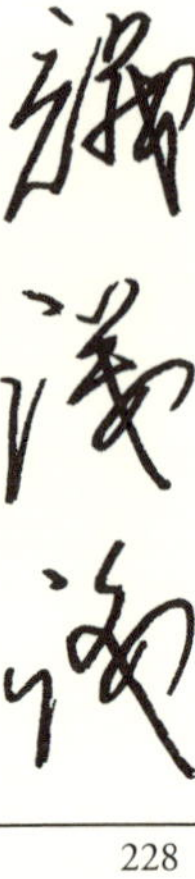

◎「議定」が頻出の重要語で、「儀」や「規」(217頁)と混用されることも多い。単漢字2〜4番目の「義」のくずし様の変化に注目。

【用例】

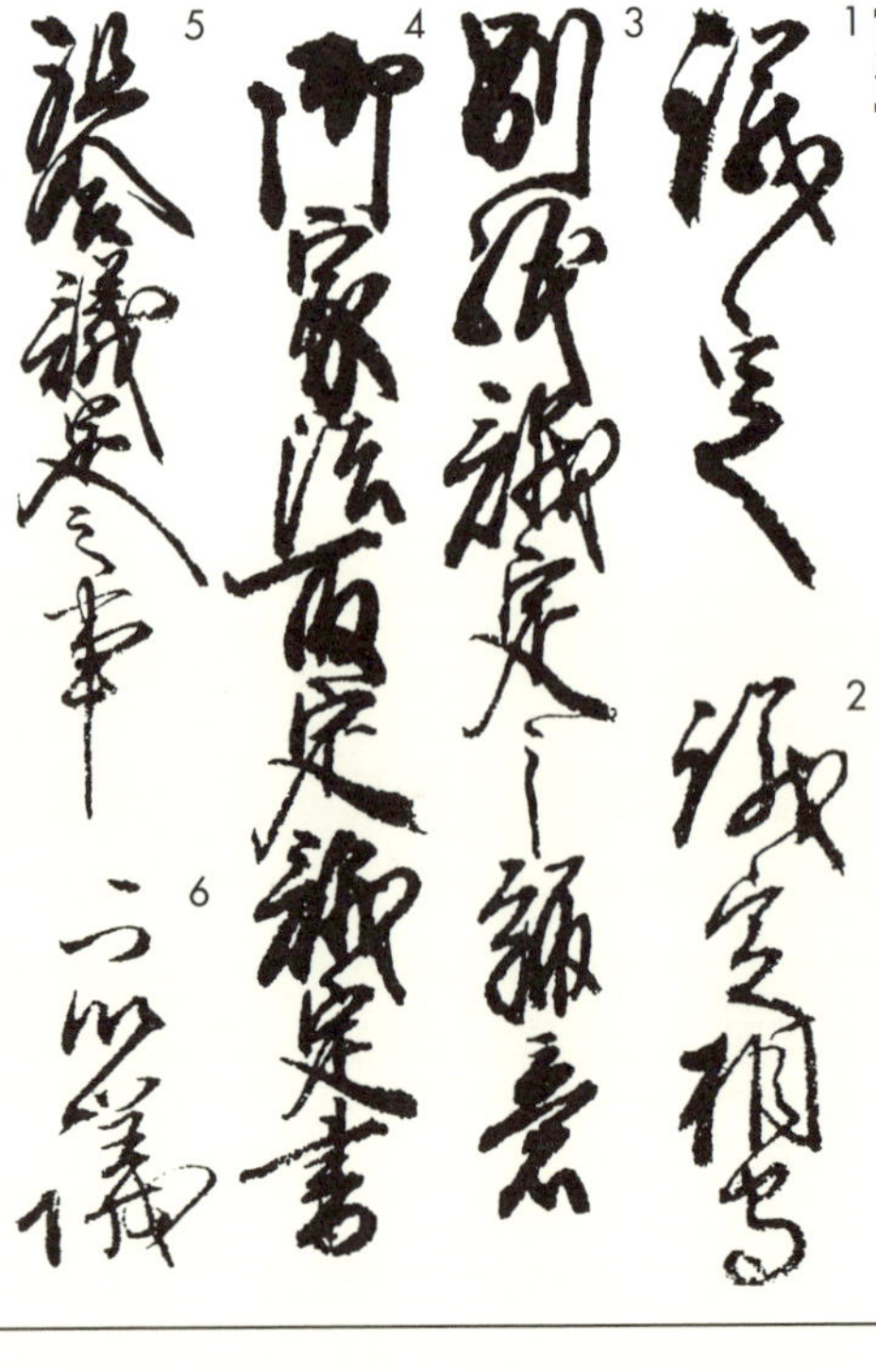

1 議定《ぎじょう》　2 議定相守《ぎじょうあいまもり》　3 別紙議定之趣意《べっしぎじょうのしゅい》　4 御家法取定議定書《ごかほうとりさだめぎじょうしょ》　5 組合議定之事《くみあいぎじょうのこと》　6 衆議《しゅうぎ》

618
譲（讓）
3089
7610
ジョウ
ゆずる

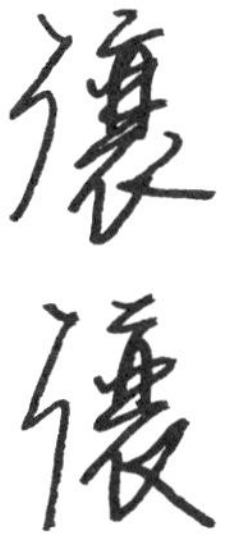

◎「譲」は田畑や屋敷などを子息や親類へ譲渡する際に記された証文類に頻出する。省画されても原形をとどめているので判読は可能。

【用例】

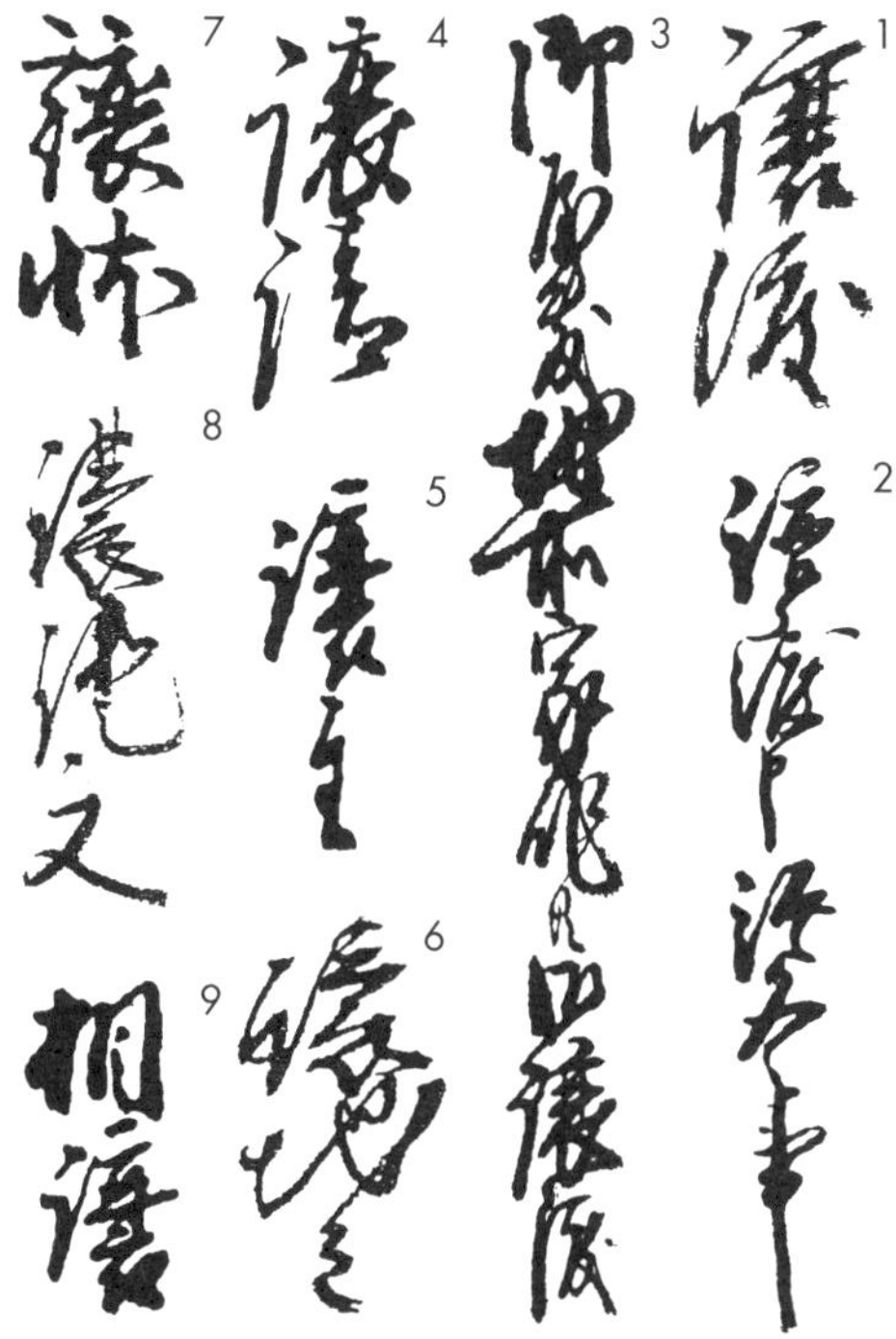

1 譲渡《ゆずりわたす》　2 譲渡申證文之事《ゆずりわたしもうすしょうもんのこと》　3 御屋敷《おやしき》・地所《じしょ》・家作《かさく》共《とも》御譲渡《おゆずりわたし》　4 譲請《ゆずりうく》　5 譲主《ゆずりぬし》　6 譲地主《ゆずりじぬし》　7 譲状《ゆずりじょう》　8 譲證文《ゆずりしょうもん》　9 相譲《あいゆずり》

619
豊（豐）
4313
7620
ホウ・フ
ゆたか
とよ

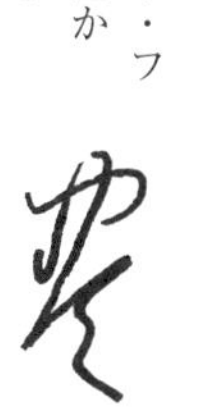

◎「曲」（141頁）が「中」のくずしと、「豆」（未収録）が「天」（71頁）のくずしと同形の、特徴的な単漢字2・3番目が基本形。「豊凶」が重要。

【用例】

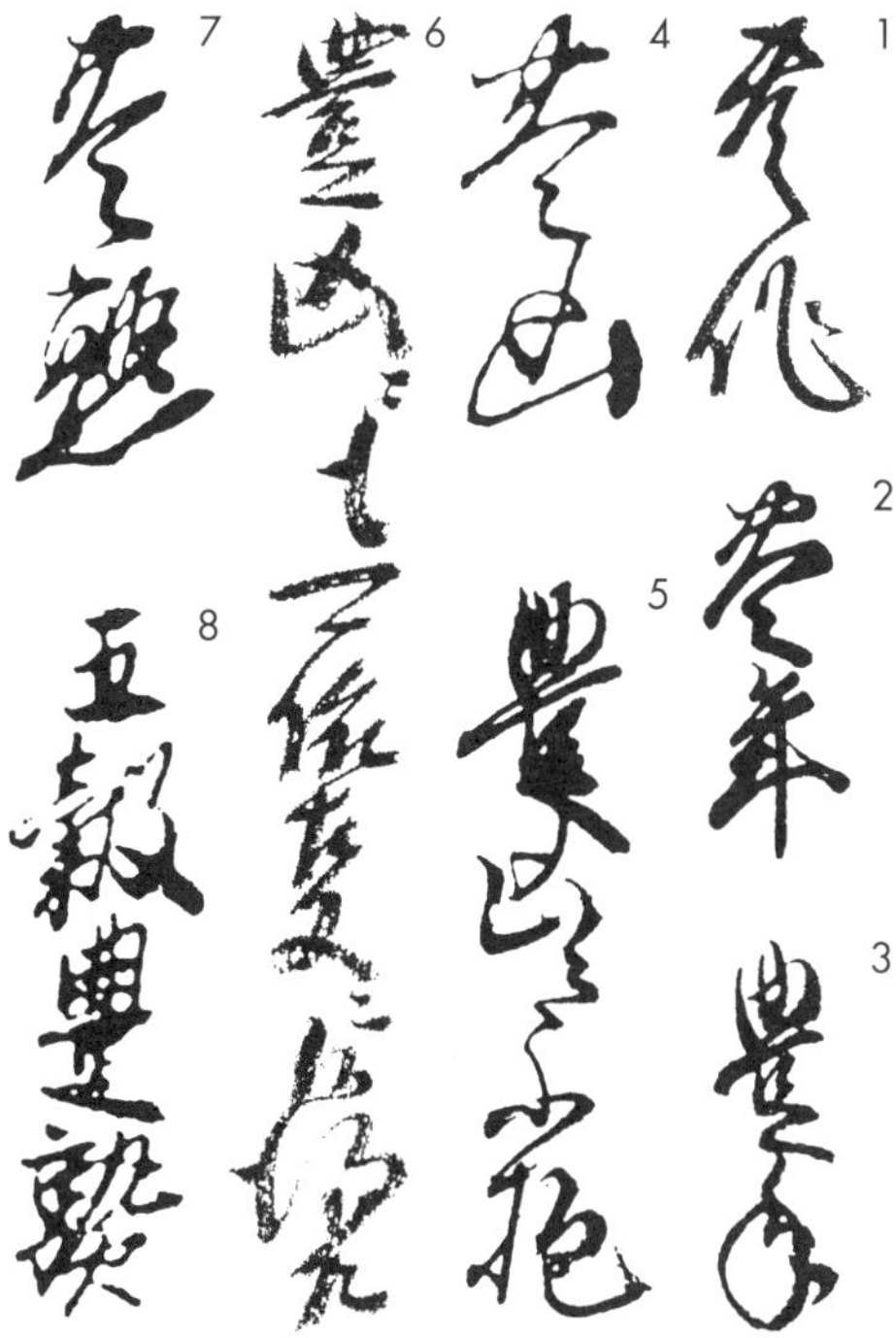

1 豊作《ほうさく》　2・3 豊年《ほうねん》　4 豊凶《ほうきょう》　5 豊凶ニ不ㇾ抱《ほうきょうにかかわらず》　6 豊凶ニも可ㇾ依事ニ候得共《ほうきょうによるべきことにそうらえども》　7 豊熟《ほうじゅく》　8 五穀豊熟《ごこくほうじゅく》

620
【負】
4173
フ
まける
おう

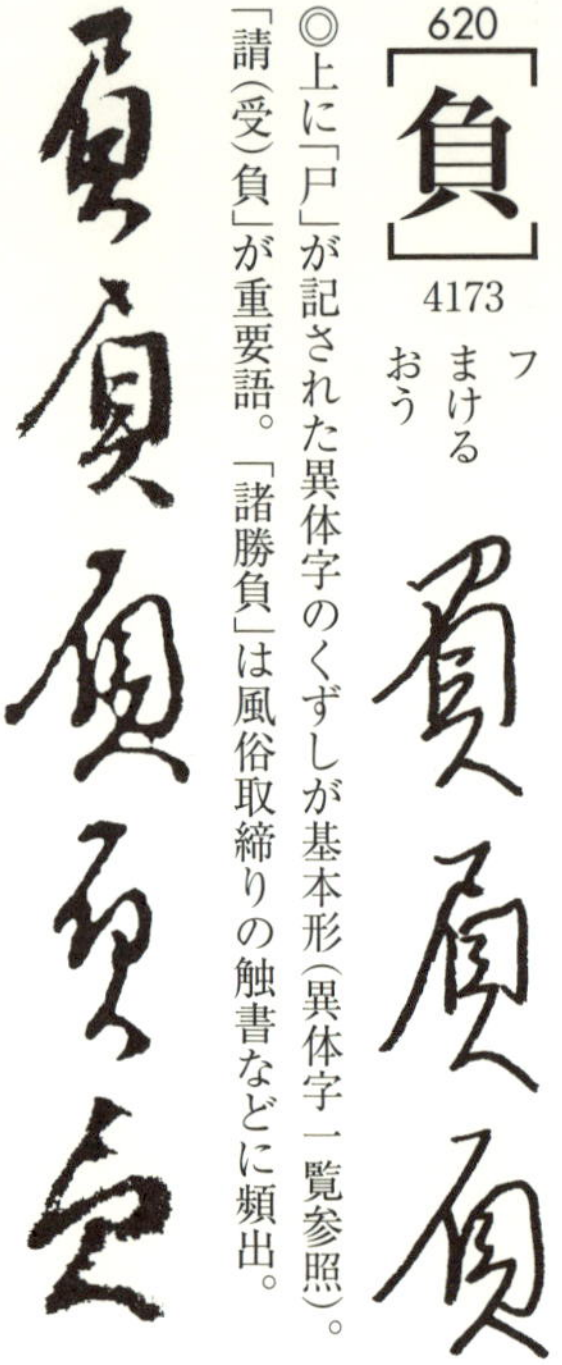

◎上に「尸」が記された異体字のくずしが基本形（異体字一覧参照）。「請（受）負」が重要語。「諸勝負」は風俗取締りの触書などに頻出。

【用例】

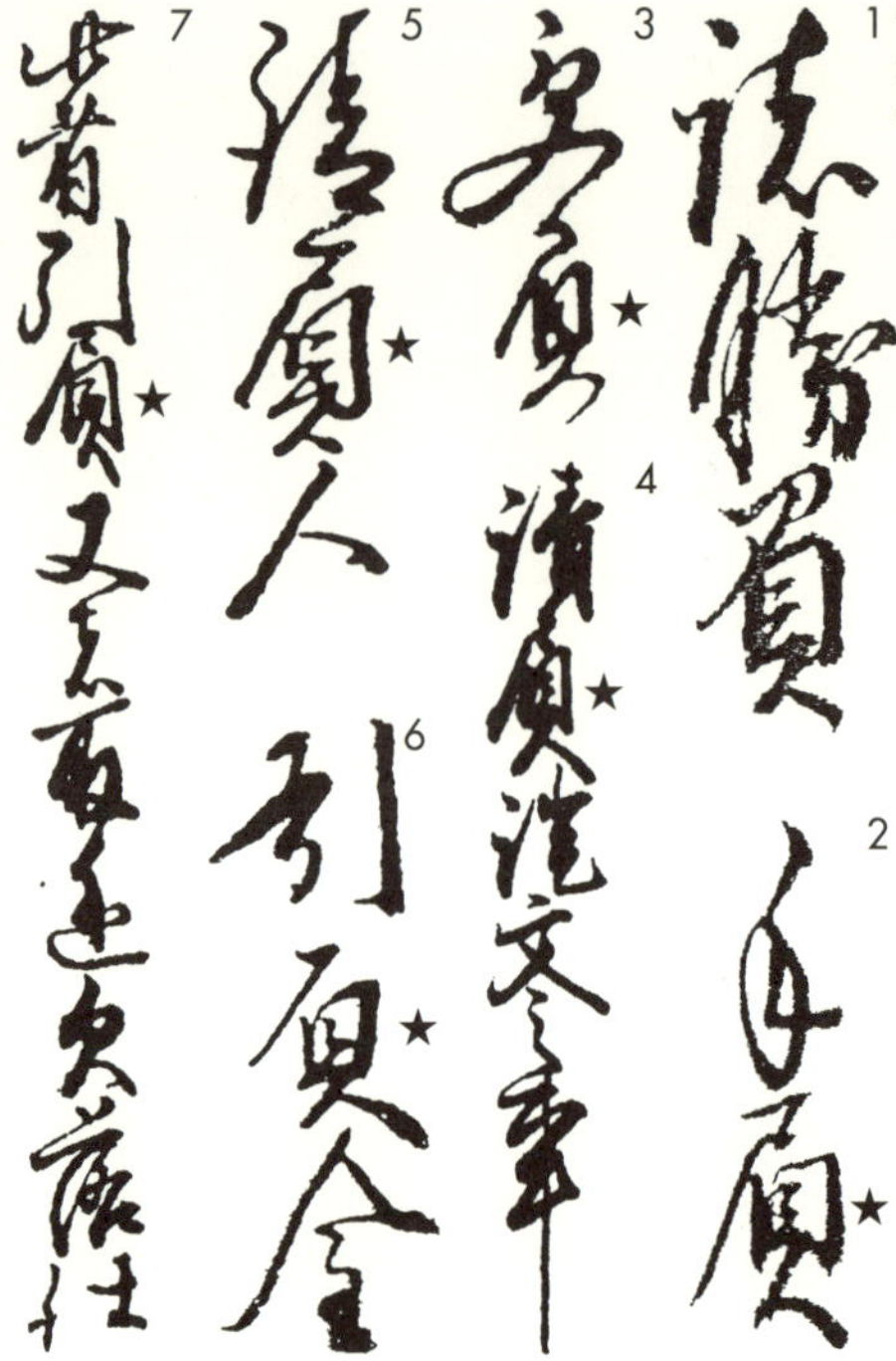

1 諸勝負《しょしょうぶ》　2 手負《ておい》　3 受負《うけおう》　4 請負證文之事《うけおいしょうもんのこと》　5 請負人《うけおいにん》　6 引負金《ひきおいきん》
7 此者《このもの》引負《ひきおい》、又者《または》取逃《とりにげ》・欠落《かけおち》仕《つかまつり》

621
【貫】
2051
カン
つらぬく
つなぐ

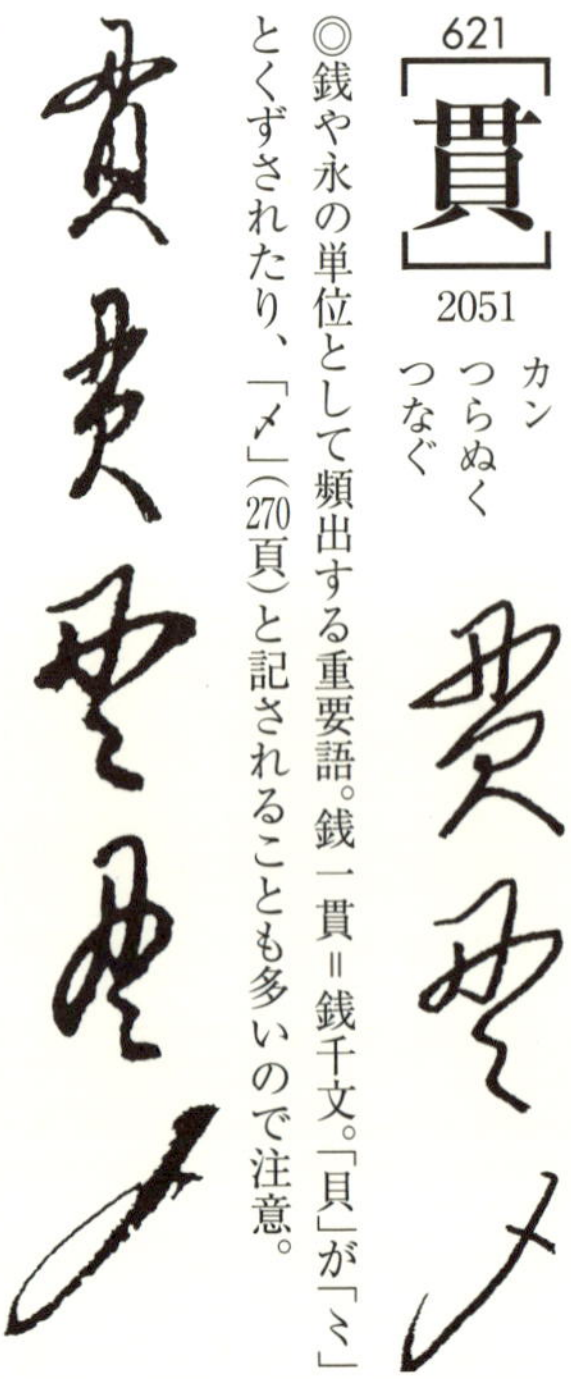

◎銭や永の単位として頻出する重要語。銭一貫＝銭千文。「貝」が「ミ」とくずされたり、「〆」（270頁）と記されることも多いので注意。

【用例】

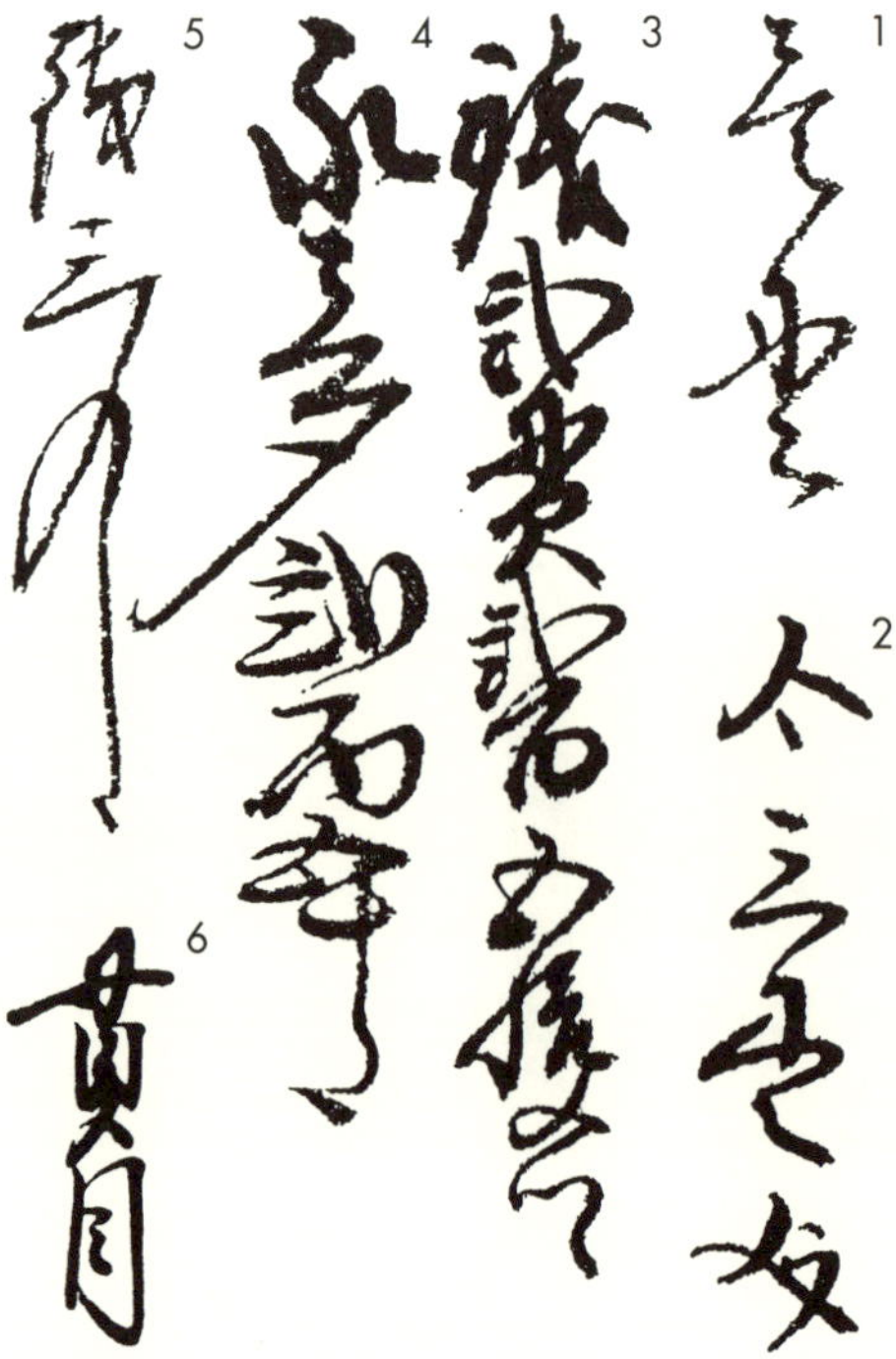

1 壱貫《いっかん》　2 合《あわせて》三貫文《さんかんもん》　3 銭《ぜに》弐《に》貫弐百五拾文《かんにひゃくごじゅうもん》ツヽ《ずつ》
4 永壱貫弐百五十文《えいいっかんにひゃくごじゅうもん》　5 銭三貫文《ぜにさんかんもん》　6 貫目《かんめ》

622 賀

1876

カ ガ

◎「貝」が「天」(71頁)や「土」(64頁)のようにくずされることもあるが、「加」(42頁)が判れば問題ない。用例は書状に頻出する。

【用例】

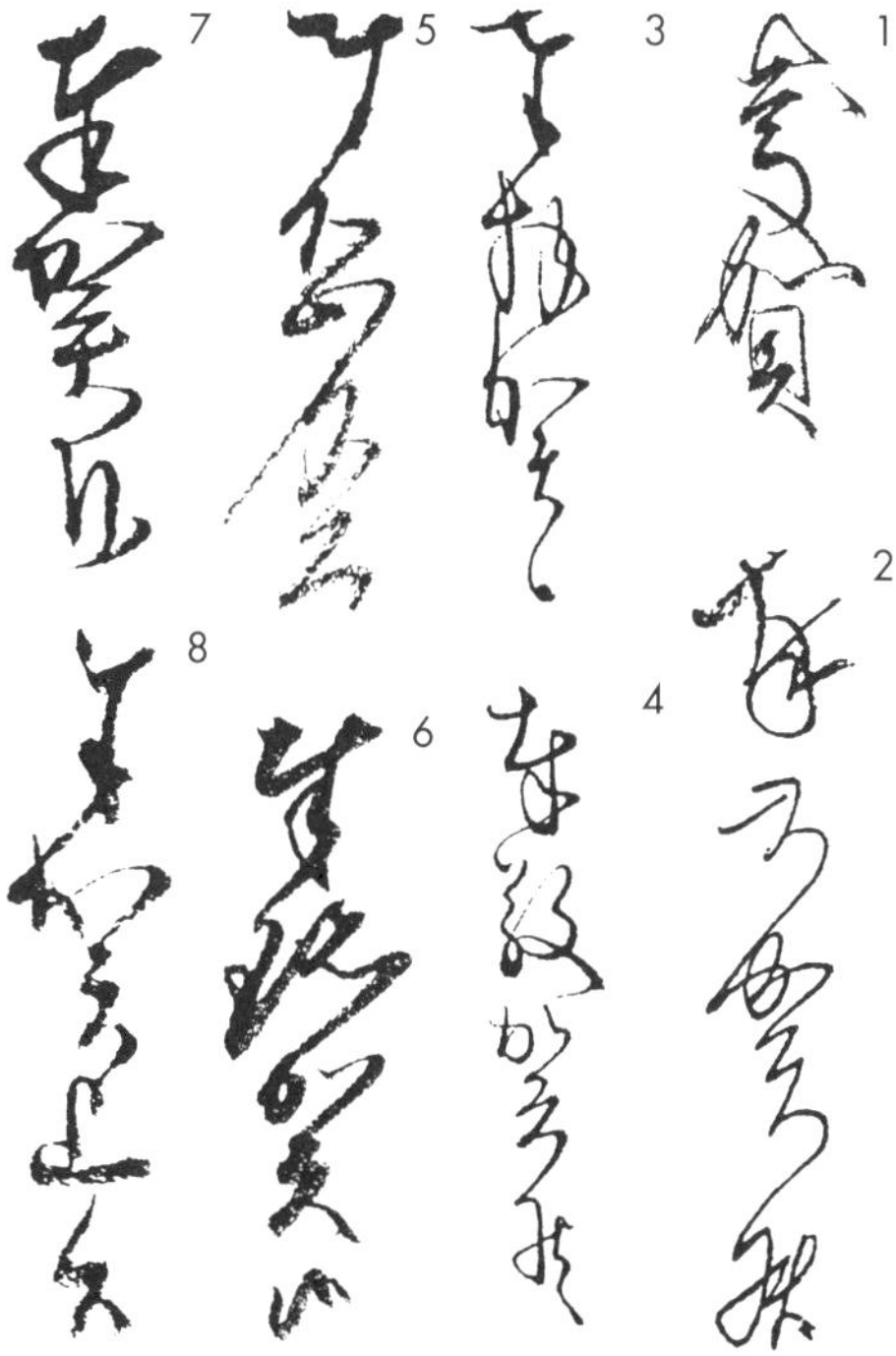

1 慶賀《けいが》 2 奉二大賀一候《たいがたてまつりそうろう》 3 奉二拝賀一候《はいがたてまつりそうろう》 4 奉二敬賀一候《けいがたてまつりそうろう》 5 奉二恐賀一《きょうがたてまつり》 6 奉二珍賀一候《ちんがたてまつりそうろう》 7 奉レ賀候《がしたてまつりそうろう》 8 奉二賀上一候《がしあげたてまつりそうろう》

623 買

3967

バイ かう

◎くずしは原形をとどめているので判読は容易だろう。頻出の「賣買」は69頁を参照。ここでは「買〆」「直買」「押買」を覚えたい。

【用例】

1 買入《かいいれ》 2 買上《かいあげ》 3 買取《かいとり》 4 買請《かいうけ》 5 在々買次《ざいざいかいつぎ》 6 買〆《かいしめ》 7 地小買《じこがい》 8 出買《でがい》 9 直買《じきがい》 10 下買《したがい》 11 押買《おしがい》

624 【賃】 3634

チン

◎「任」（21頁）のくずれた単漢字3番目が基本形となる。「賃銀」「賃銭」が頻出するので覚えておきたい。「切賃」は両替手数料のこと。

【用例】

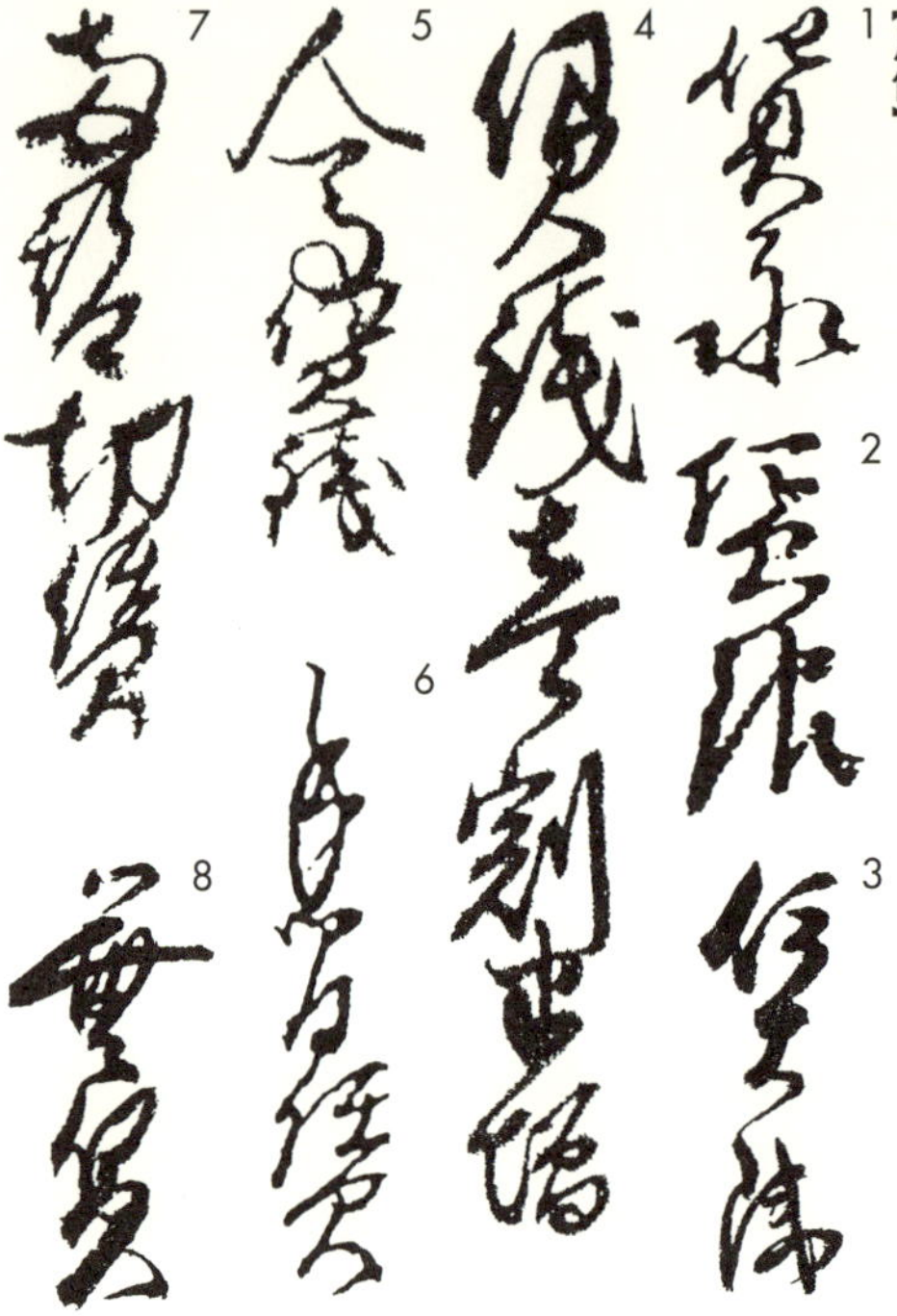

1 賃永《ちんえい》　2 賃銀《ちんぎん》　3 賃銭《ちんせん》　4 賃銭壱割半増《ちんせんいちわりはんまし》　5 人馬賃銭《じんばちんせん》　6 手間賃《てまちん》　7 両替切賃《りょうがえきりちん》　8 無賃《むちん》

625 【賄】 4737

ワイ／まかなう
まかない
まいない

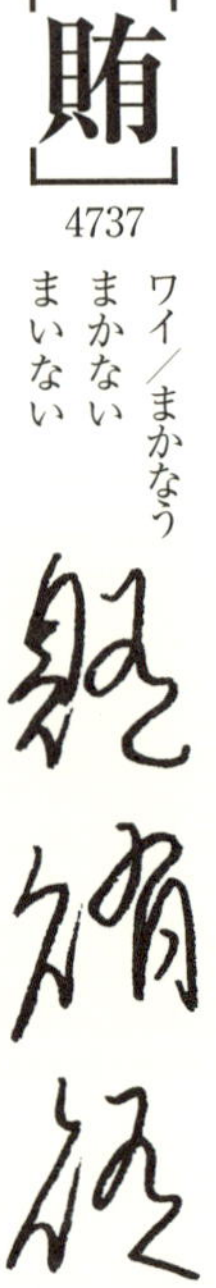

◎旁の「有」が特殊なくずしとなった単漢字3・4番目が基本形。また「貝」偏が左側にきた場合のくずしにも注意（41頁「則」も参照）。

【用例】

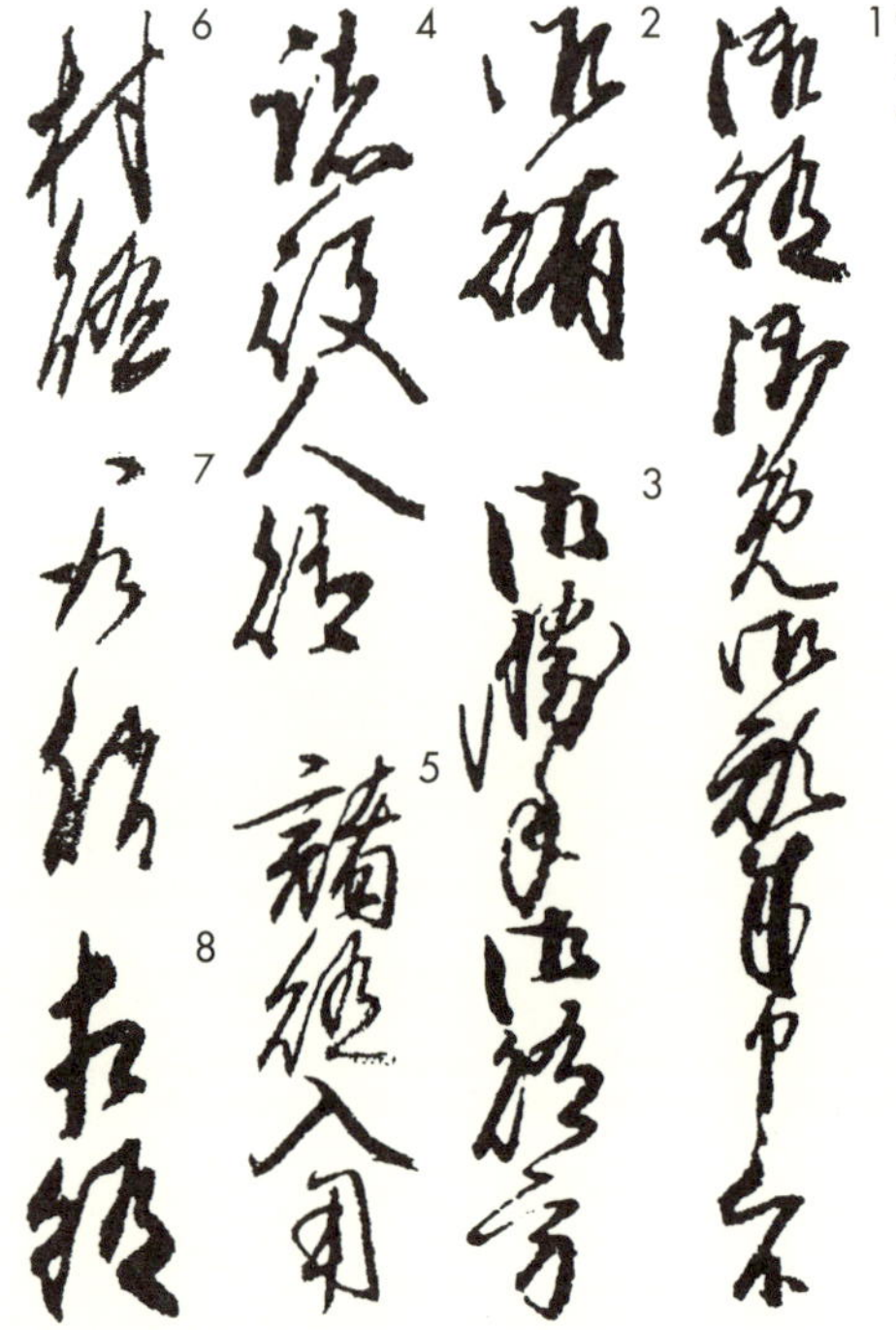

1 御賄《おまかない》御免《ごめん》御願《おねがい》奉二申上《もうしあげ》一候《たてまつりそうろう》　2 御賄《おまかない》　3 御勝手《おかって》御賄方《おまかないかた》　4 諸役人賄《しょやくにんまかない》　5 諸賄入用《しょまかないにゅうよう》　6 村賄《むらまかない》　7 取賄《とりまかない》　8 相賄《あいまかなう》

626 質 2833

シチ
シツ・チ
ただす

◎右側の「斤」がはっきり記されないことも多い。ここでは単漢字3～5番目を覚えておきたい。「質地」「質物」「質屋」が頻出の重要語。

【用例】

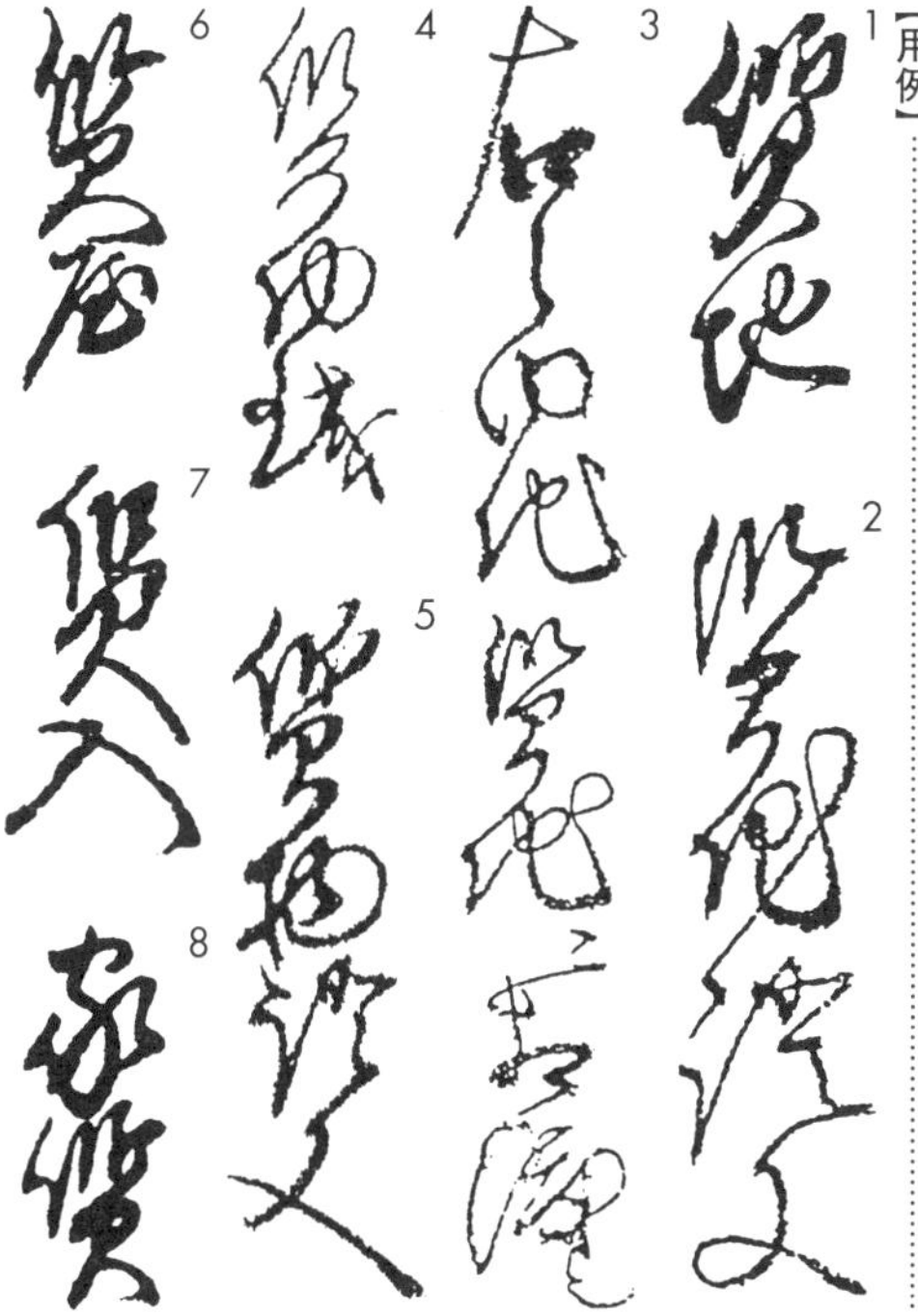

1 質地《しっち》　2 質地證文《しっちしょうもん》　3 右之田地質地ニ相渡シ《みぎのでんちしっちにあいわたし》　4 質物銭《しちもつせん》
5 質物證文《しちもつしょうもん》　6 質屋《しちや》　7 質入《しちいれ》　8 家質《いえじち》

627 賦 4174

フ
みつぎ

◎旁の「武」は155頁を参照。ここでは単漢字5番目を押さえておきたい。「年賦」は借金証文などに頻出。「割賦」「兵賦」も覚えたい。

【用例】

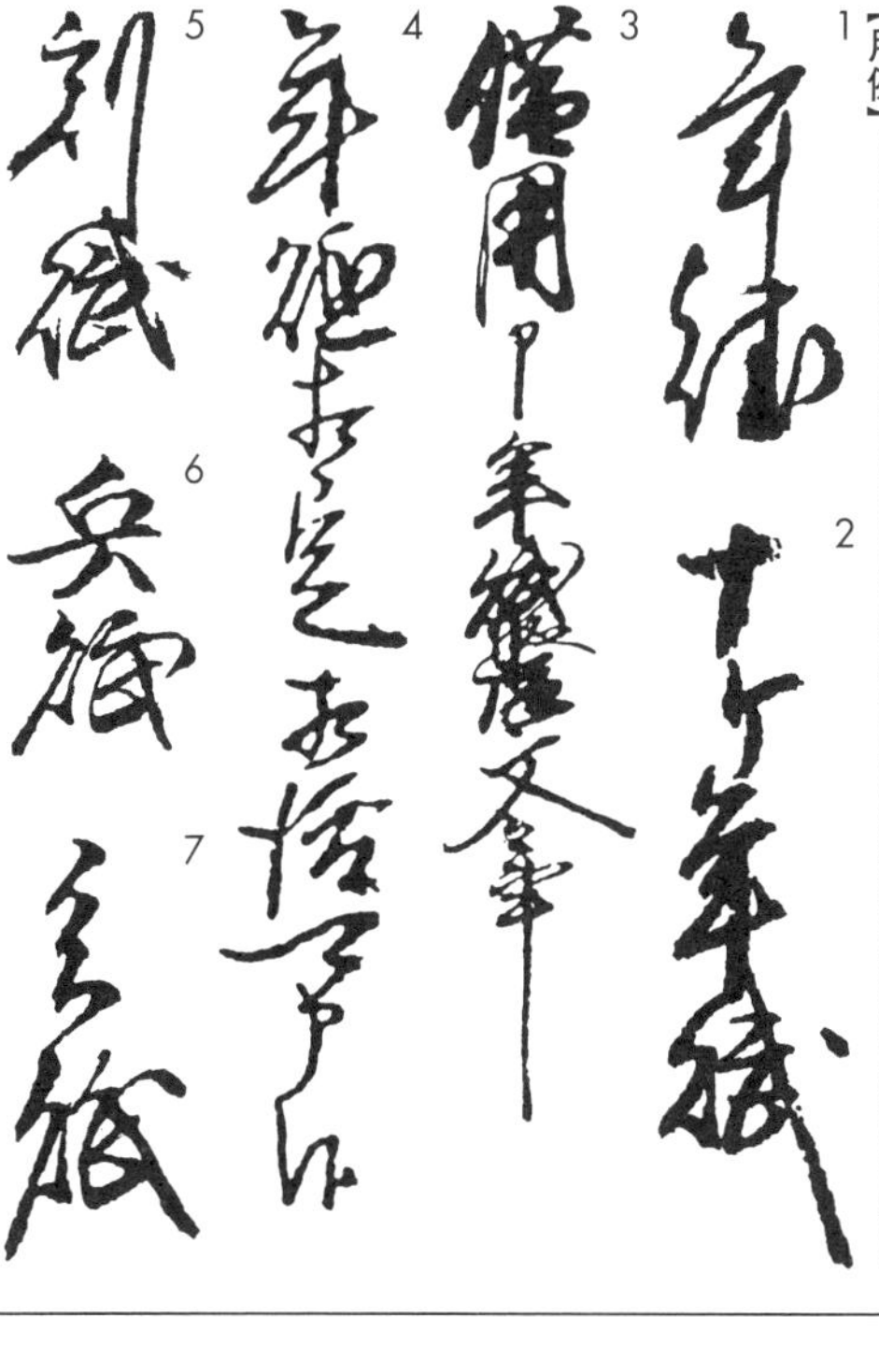

1 年賦《ねんぷ》　2 十ケ年賦《じゅっかねんぷ》　3 借用申年賦證文之事《しゃくようもうすねんぷしょうもんのこと》
4 年賦相定《ねんぷあいさだめ》、相渡可レ申候《あいわたしもうすべくそうろう》　5 割賦《わっぷ》　6・7 兵賦《へいぶ》

628
賢
2413
ケン
かしこい

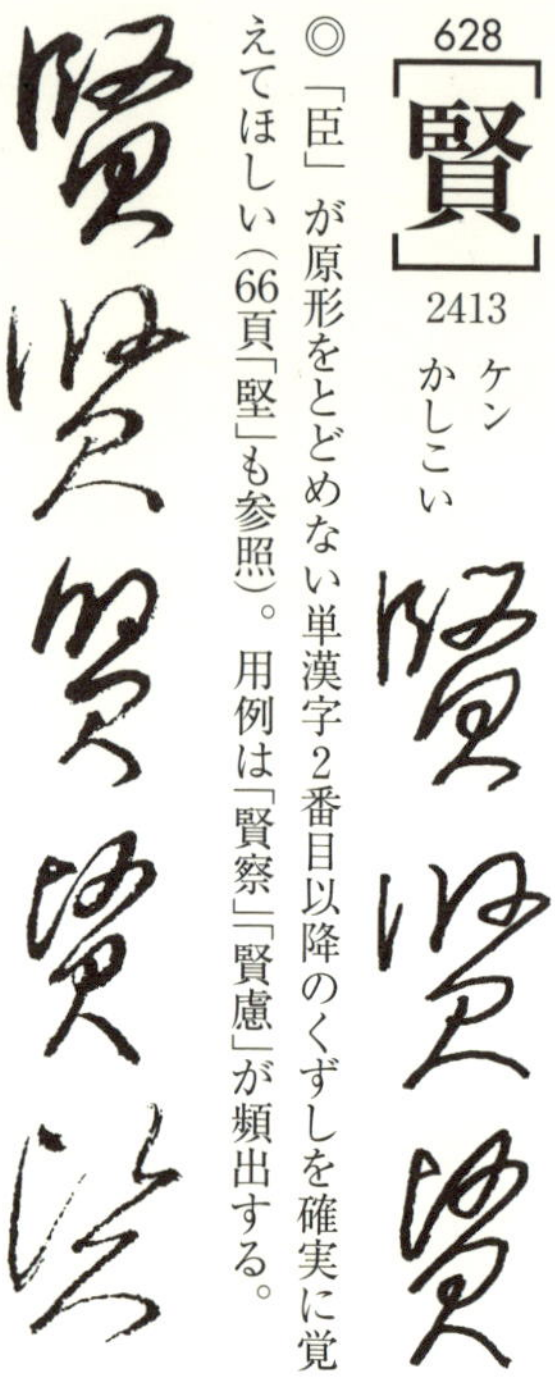

◎「臣」が原形をとどめない単漢字2番目以降のくずしを確実に覚えてほしい（66頁「堅」も参照）。用例は「賢察」「賢慮」が頻出する。

【用例】

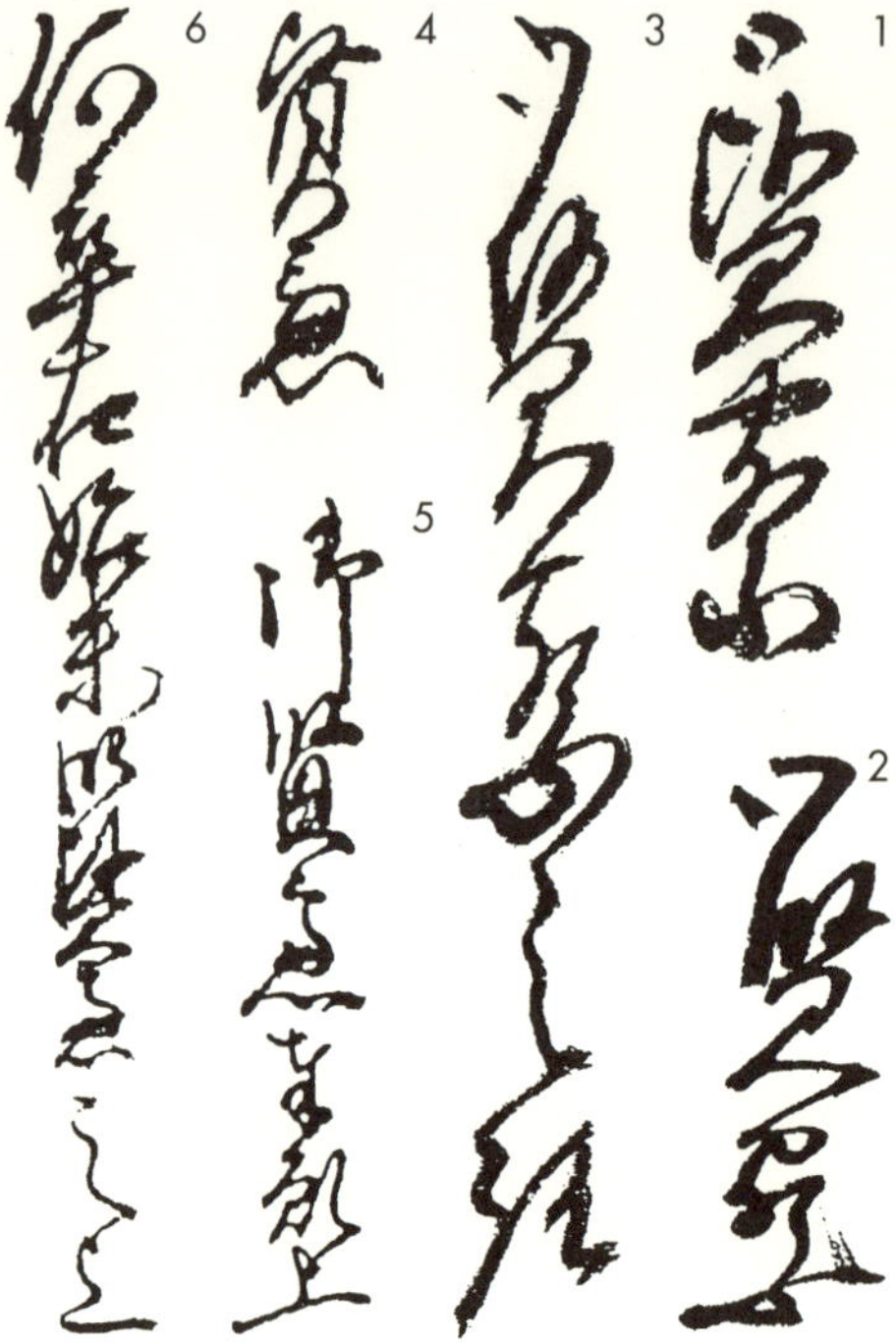

1・2 御賢察《ごけんさつ》　3 御賢察之程《ごけんさつのほど》　4 賢慮《けんりょ》　5 御賢慮《ごけんりょ》 奉二願上《ねがいあげたてまつり》一
6 何卒《なにとぞ》右《みぎ》始末《しまつ》御賢慮《ごけんりょ》之上《のうえ》

629
走
3386
ソウ
はしる

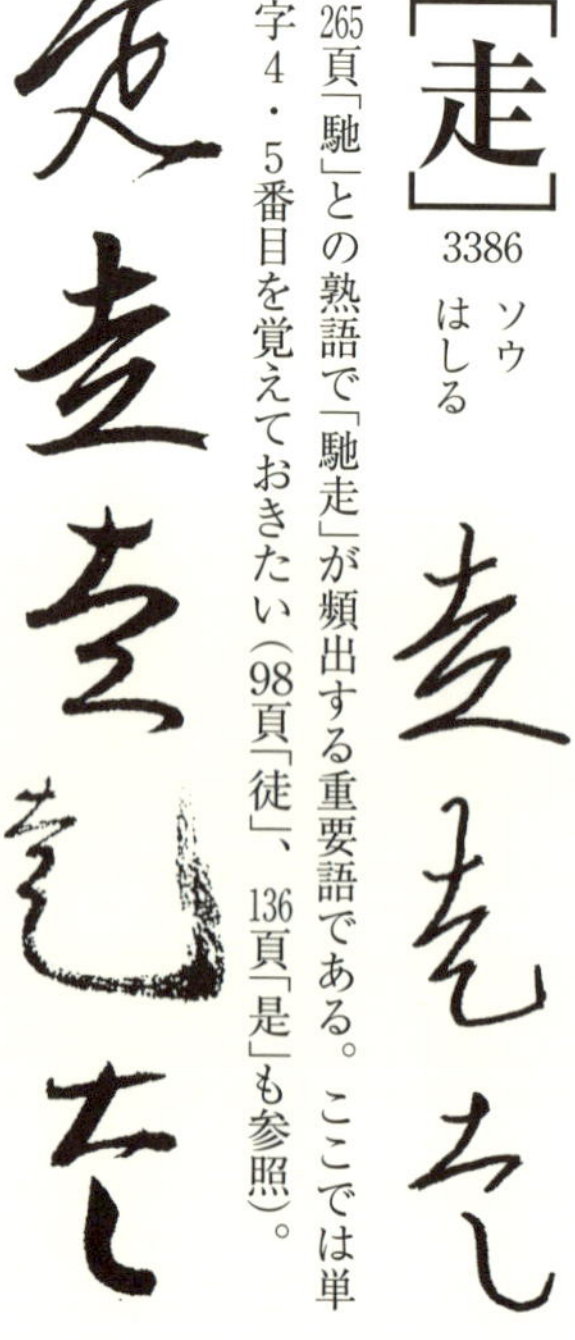

◎265頁「馳」との熟語で「馳走」が頻出する重要語である。ここでは単漢字4・5番目を覚えておきたい（98頁「徒」、136頁「是」も参照）。

【用例】

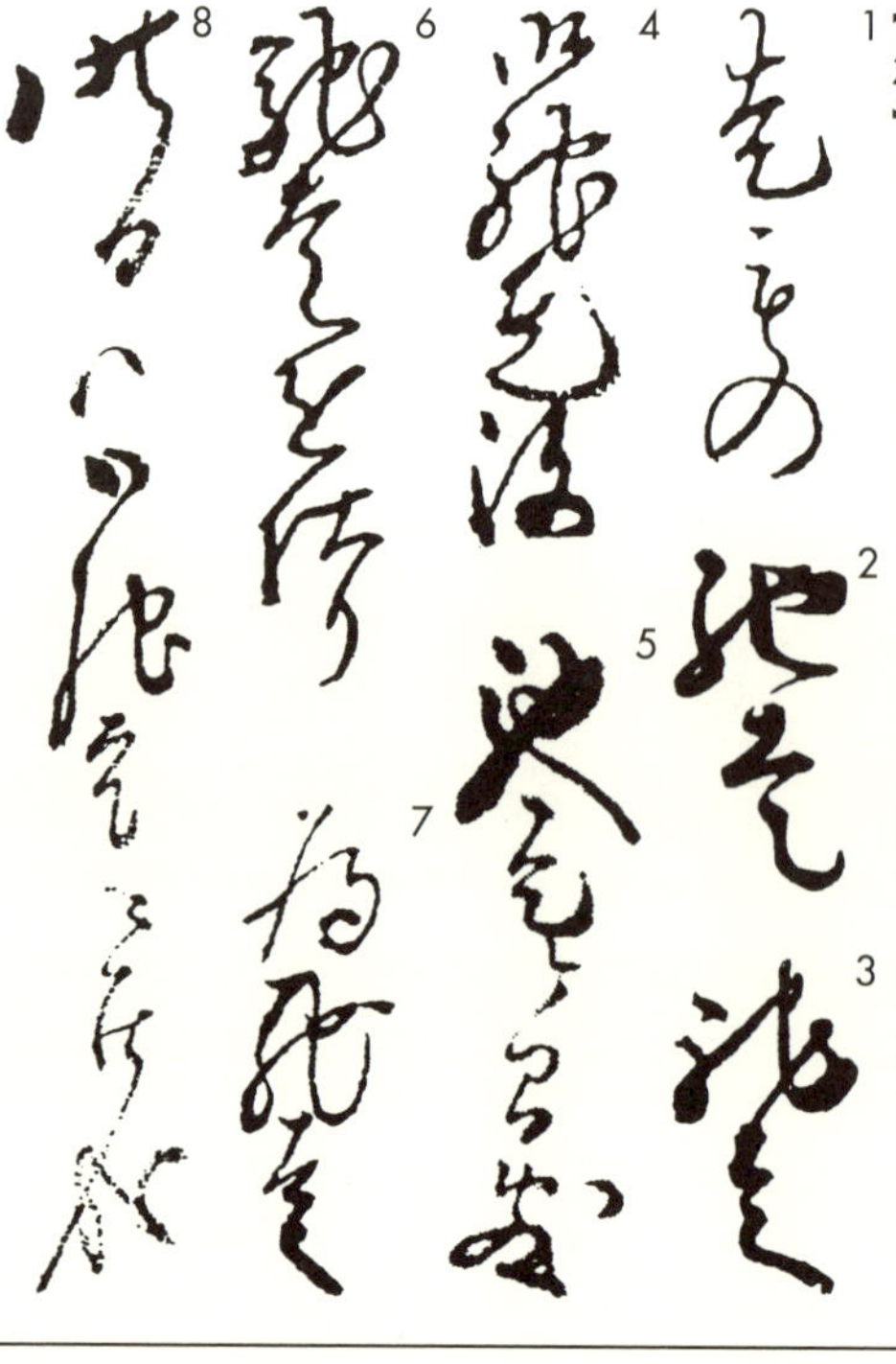

1 走《はしり》もの　2・3 馳走《ちそう》　4 御馳走役《ごちそうやく》　5 馳走《ちそう》ケ間敷《がましく》
6 馳走《ちそう》を仕リ《つかまつり》　7 為二馳走《ちそうとして》一　8 昨日《さくじつ》ハ《は》御馳走《ごちそう》ニ罷成《にまかりなり》

630 ［起］ 2115

キ／おきる
おこる
おこす

◎「走」は単漢字3～5番目のように左側に寄って偏のように記されることが多い。特に単漢字5番目の省画形に注意。「起返リ」が頻出。

【用例】

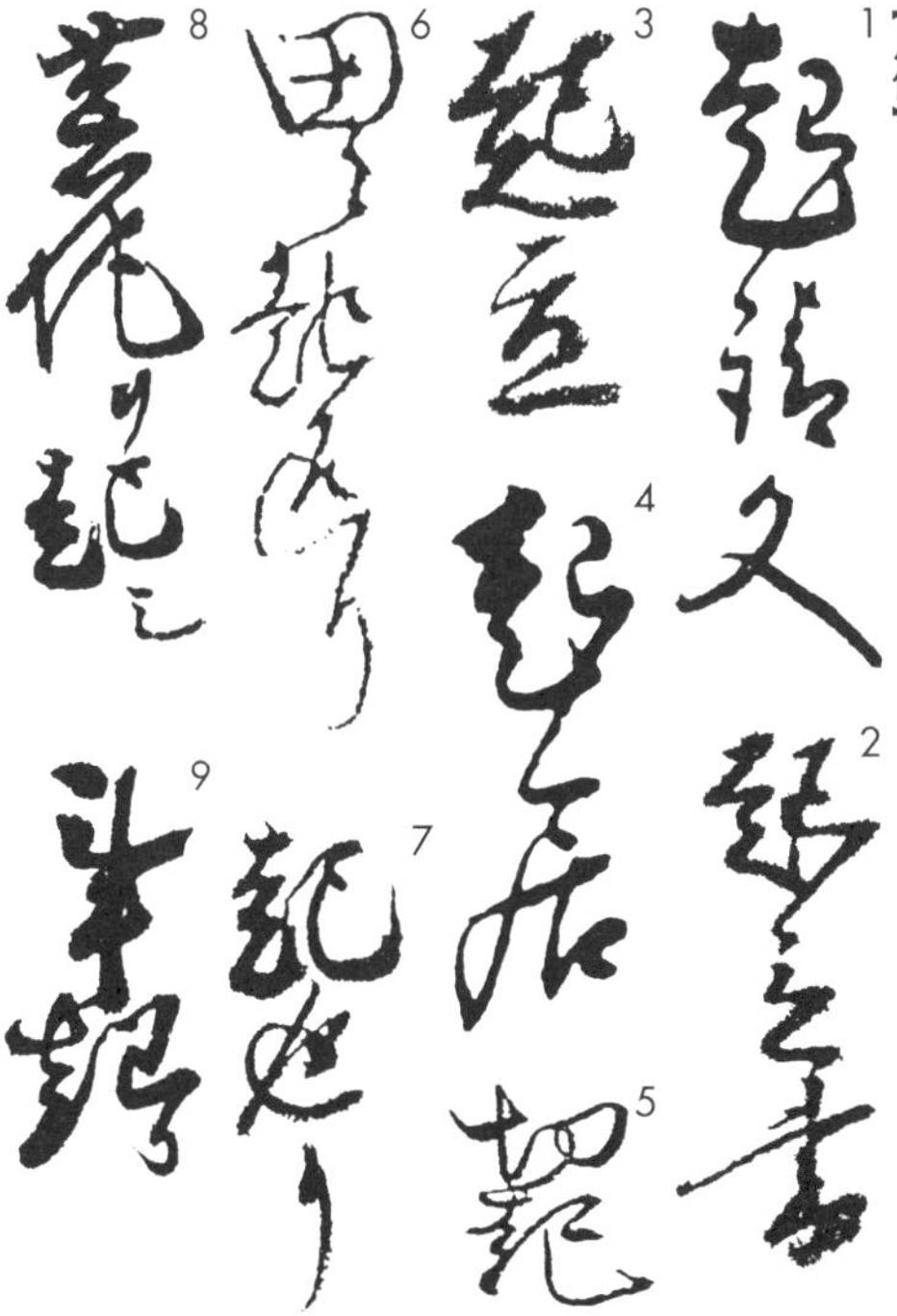

1 起請文《きしょうもん》
2 起立書《きりつしょ》
3 起立《きりつ》
4 起居《ききょ》
5 切起《きりおこし》
6 田《た》ニ《に》起返リ《おこしかえり》
7 起返《おこしかえ》り
8 荒地《あれち》ヲ《を》起シ《おこし》
9 事起リ《ことおこり》

631 ［足］ 3413

ソク
あし・たし
たりる

◎単漢字1・4番目が基本形となるので覚えておきたい。「人足」「利足」（古文書では「利息」とは記さない）が頻出の重要語である。

【用例】

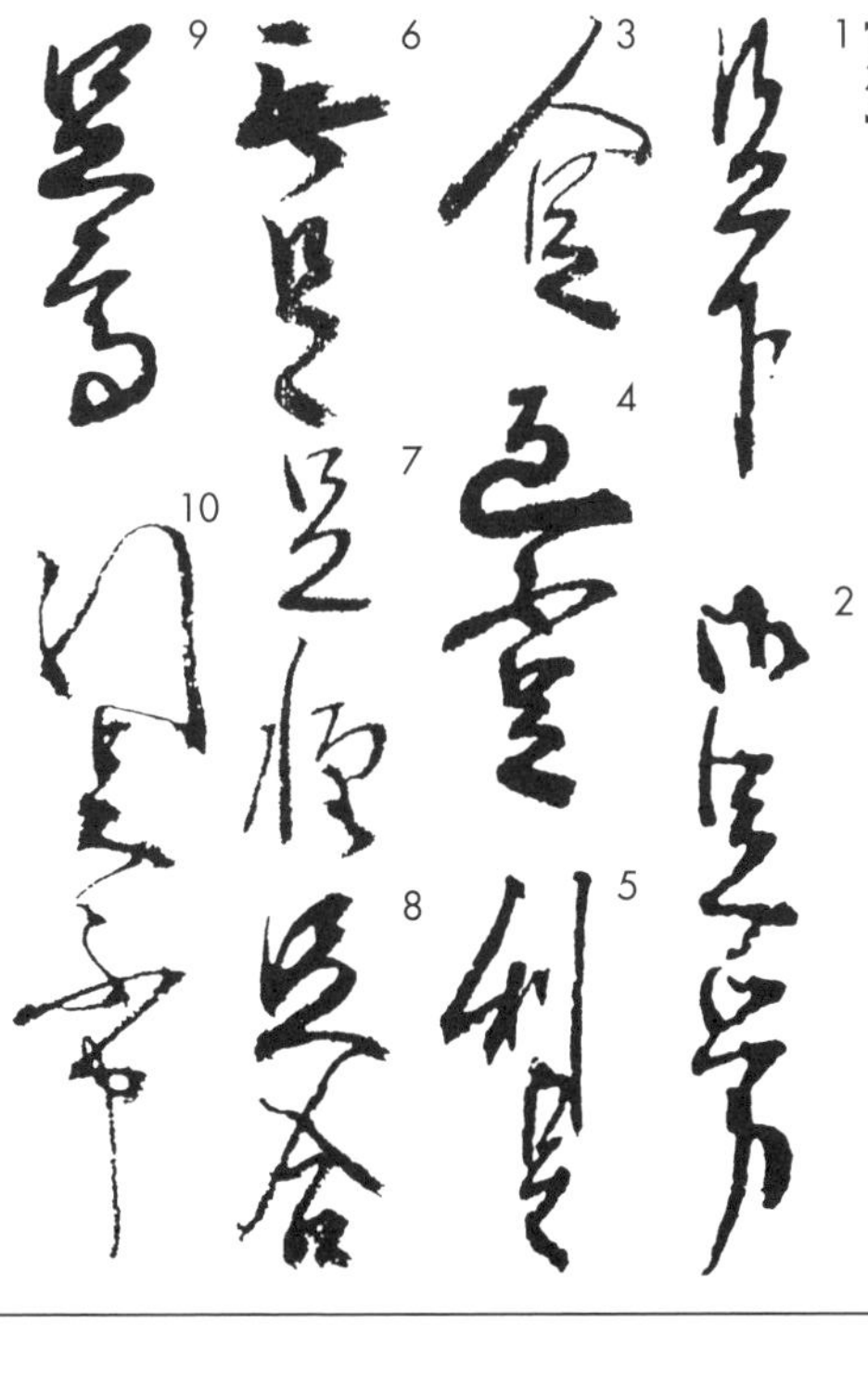

1 足下《そっか》
2 御足労《ごそくろう》
3 人足《にんそく》
4 過不足《かふそく》
5 利足《りそく》
6 無足《むそく》
7 足軽《あしがる》
8 足合《たしあい》
9 足高《たしだか》
10 引足不ㇾ申《ひきたりもうさず》

632

【跡】

3255

セキ
あと

◎偏は「踈」(174頁)や「言」偏(221頁)と同じくずしになるので注意。単漢字2番目と「得」と酷似する単漢字5番目は確実に覚えてほしい。

【用例】

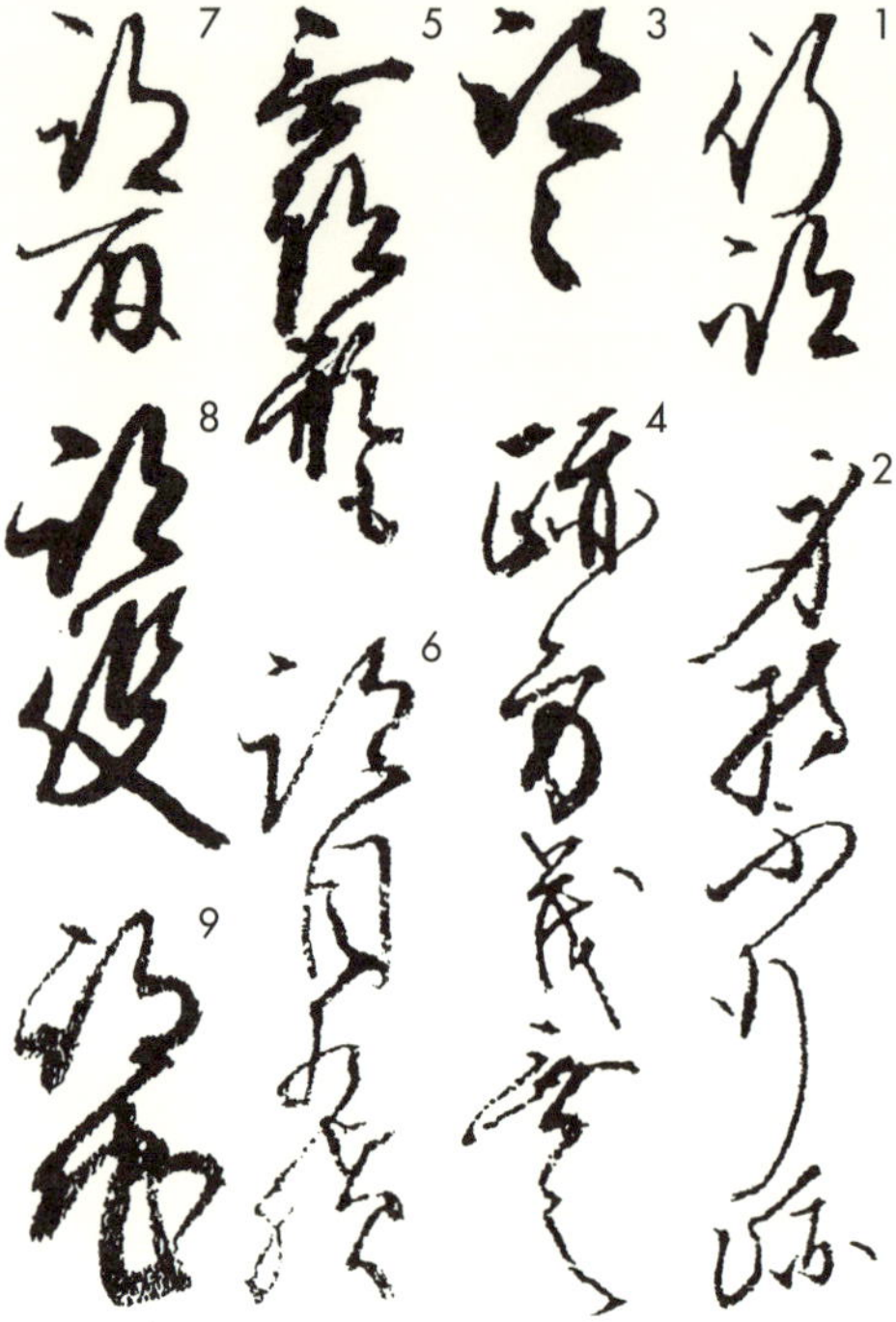

1 行跡《ぎょうせき》　2 身持不行跡《みもちふぎょうせき》　3 跡々《あとあと》　4 跡方茂無レ之《あとかたもこれなく》　5 無《なく》二跡形《あとかた》も一
6 跡目相續《あとめそうぞく》　7 跡取《あととり》　8 跡役《あとやく》　9 跡地《あとち》

633

【路】

4709

ロ
じ
みち

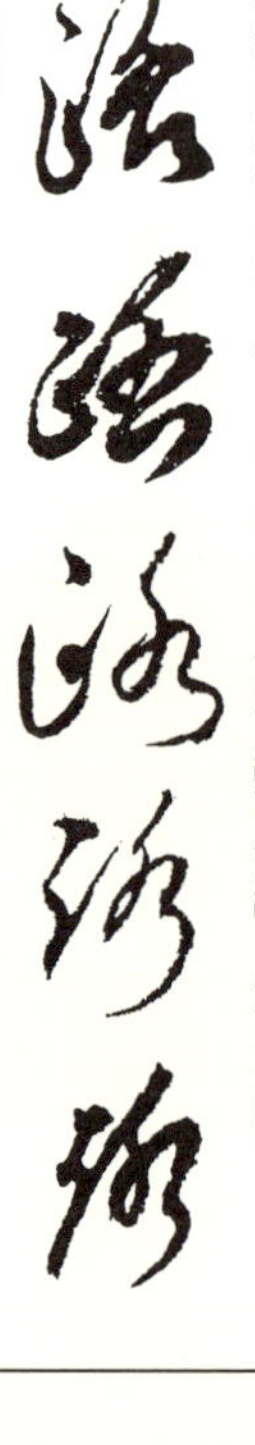

◎偏は上段「跡」参照。旁は「各」(53頁)だが(212頁「落」も参照)、(158頁)「水」と酷似したくずしにもなる。「路用」「正路」を覚えたい。

【用例】

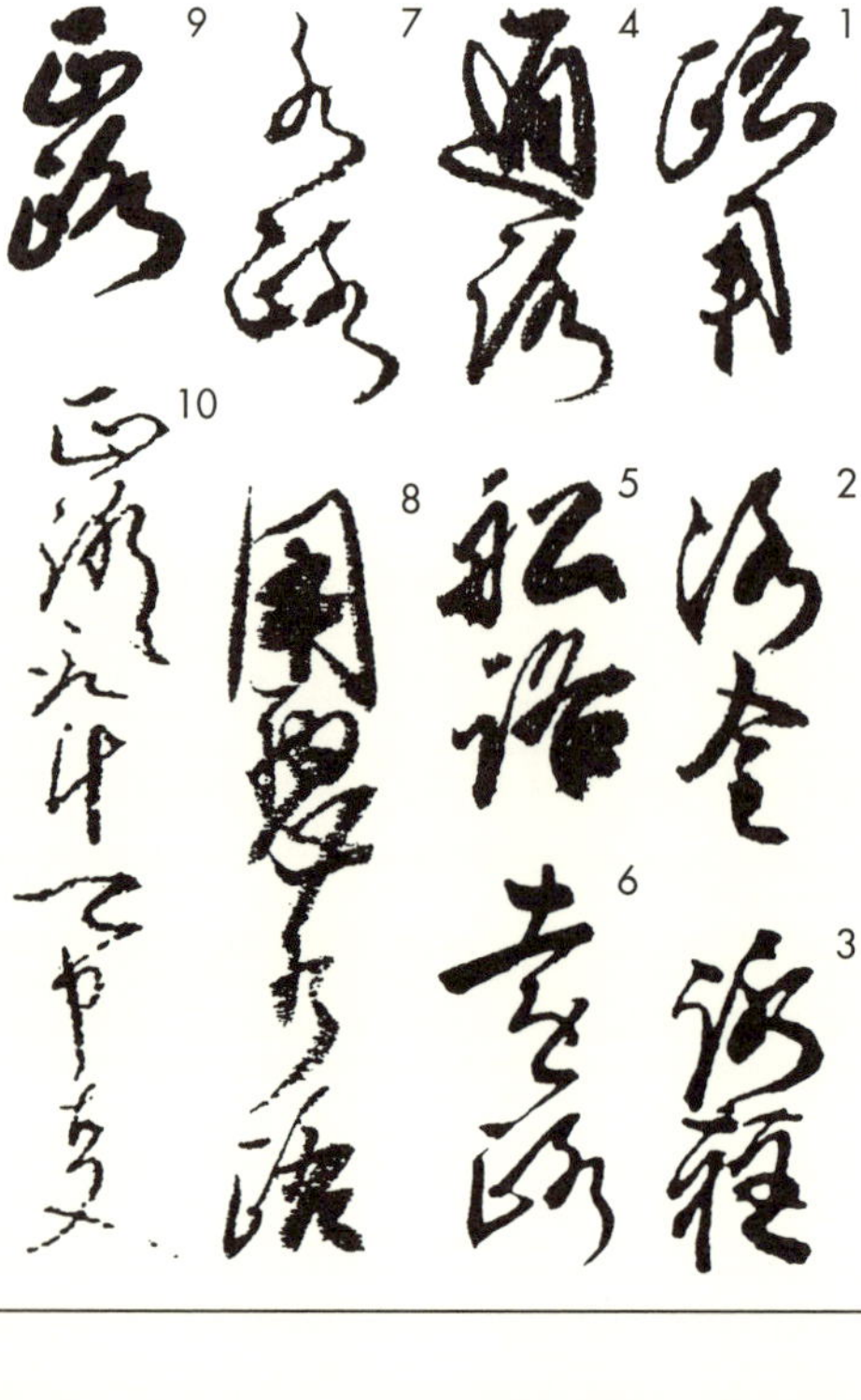

1 路用《ろよう》　2 路金《ろきん》　3 路程《ろてい》　4 通路《つうろ》　5 船路《せんろ》　6 遠路《えんろ》　7 水路《すいろ》
8 用悪水路《ようあくすいろ》　9 正路《せいろ》　10 正路ニ取計可レ申事《せいろにとりはからいもうすべきこと》

634 【身】 3140 シン み

◎長めの左払いが特徴的なくずしの「身」は、単漢字1・2番目が基本形となる。ここでは用例5・6の言い回しを覚えたい。

【用例】

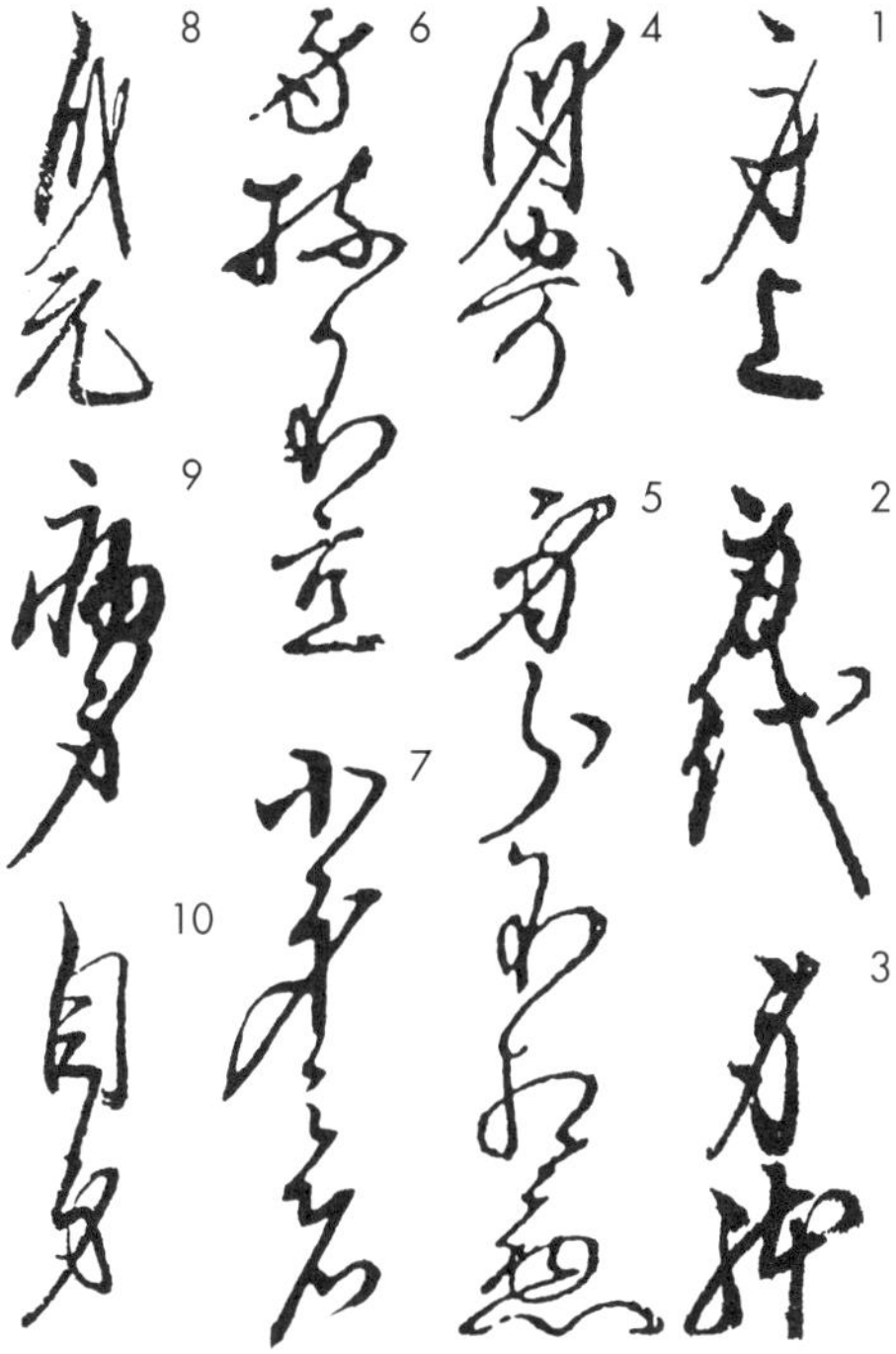

1 身上《しんじょう・しんしょう》 2 身代《みのしろ・しんだい》 3 身躰《しんてい・しんたい》 4 身寄《みより》 5 身分《みぶん》不《ふ》相應《そうおう》 6 身持不レ宜《みもちよろしからず》 7 小身之者《しょうしんのもの》 8 身元《みもと》 9 病身《びょうしん》 10 自身《じしん》

635 【躰】 7728 タイ テイ からだ

◎本来「躰」は「体（體）」（23頁）の俗字（異体字）だが、例外的に一項設けた。「身」偏のくずしの変化に注意したい。「右躰」が頻出する。

【用例】

1 躰能《ていよく》 2 一躰《いってい・いったい》 3 大躰《だいたい》 4 物躰《そうたい》 5 面躰《めんてい》 6 有躰《ありてい》 7 右躰《みぎてい》不埒《ふらち》之義《のぎ》 8 無躰《むたい》 9 餘リ《あまり》無躰《むたい》之様《のさま》

636 転(轉)

3730
7759

テン
ころぶ
ころがる

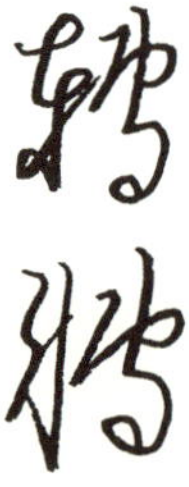

◎単漢字2番目の「車」偏の特徴的なくずしをぜひ覚えたい。ここでは旧字「轉」のくずしが基本形(82頁「専」参照)。「退轉」が頻出。

【用例】

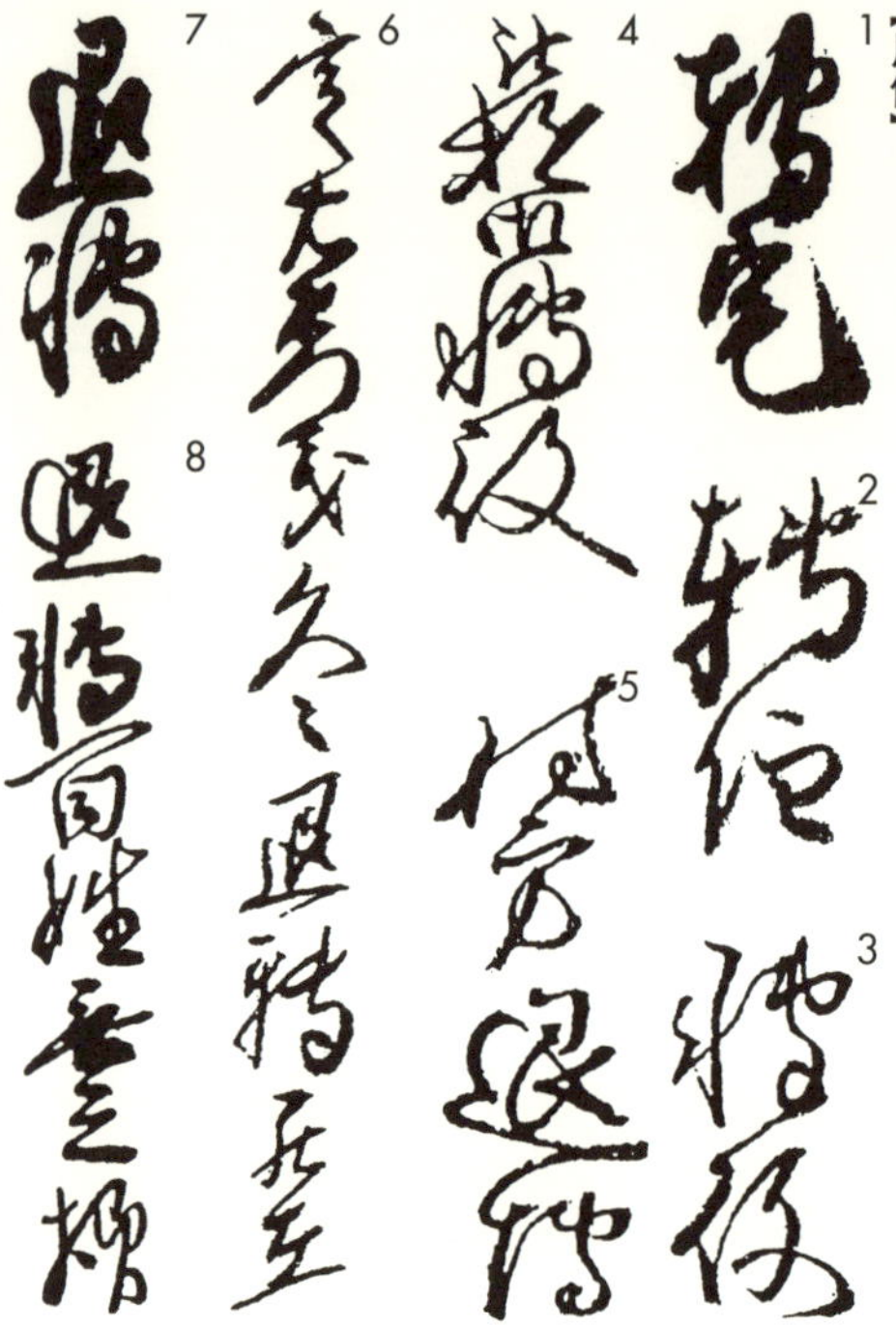

1 轉宅《てんたく》 2 轉住《てんじゅう》 3 轉役《てんやく》 4 被レ遊ニ御轉役一《ごてんやくあそばされ》 5 村方退轉《むらかたたいてん》 6 定右衛門《ていえもん》義久々退轉罷在《ぎひさびさたいてんまかりあり》 7 退轉《たいてん》 8 退轉百姓無レ之様《たいてんびゃくしょうこれなきよう》

637 軽(輕)

2358
7743

ケイ
かるい
かろやか

◎すべて旧字「輕」のくずしとなり、単漢字2・3番目が基本形である。また、単漢字1番目の「車」偏は147頁「東」と比較されたい。

【用例】

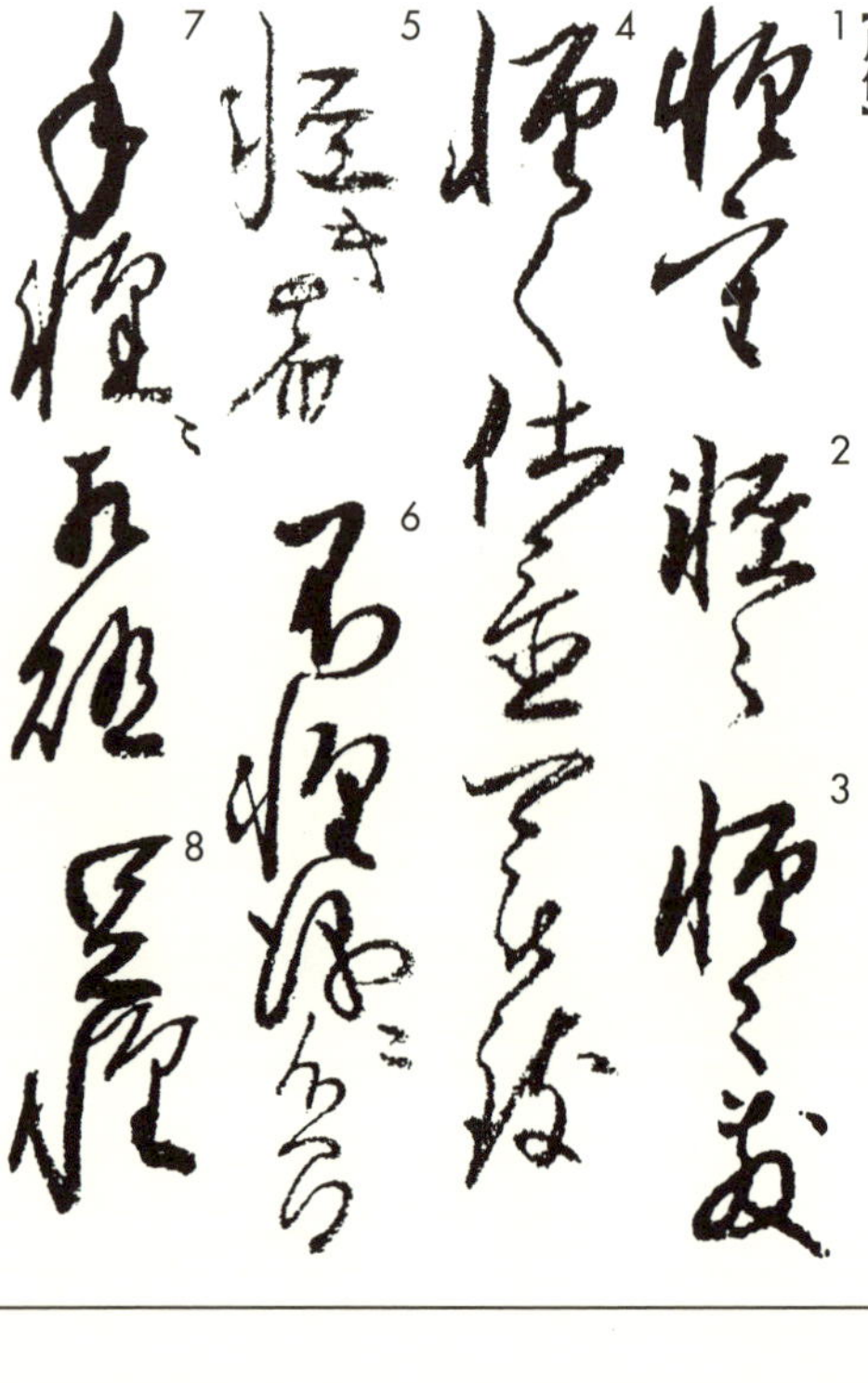

1 輕重《けいちょう》 2 輕々《かるがる》 3 輕々敷《かるがるしく》 4 輕《かる》く仕置《しおき》可レ被レ致《いたさるべく》 5 輕《かる》キ《き》者《もの》 6 不レ輕儀ニ候間《かるからざるぎにそうろうあいだ》 7 手《て》輕《がる》ニ《に》相賄《あいまかない》 8 足輕《あしがる》

638 輩 3958

ハイ
やから
ともがら

◎単漢字4番目が基本形。「非」(260頁)が「背」(204頁)の「北」と同じくずしになる点に注意。用例4以降の「〜之輩」の形が頻出する。

【用例】

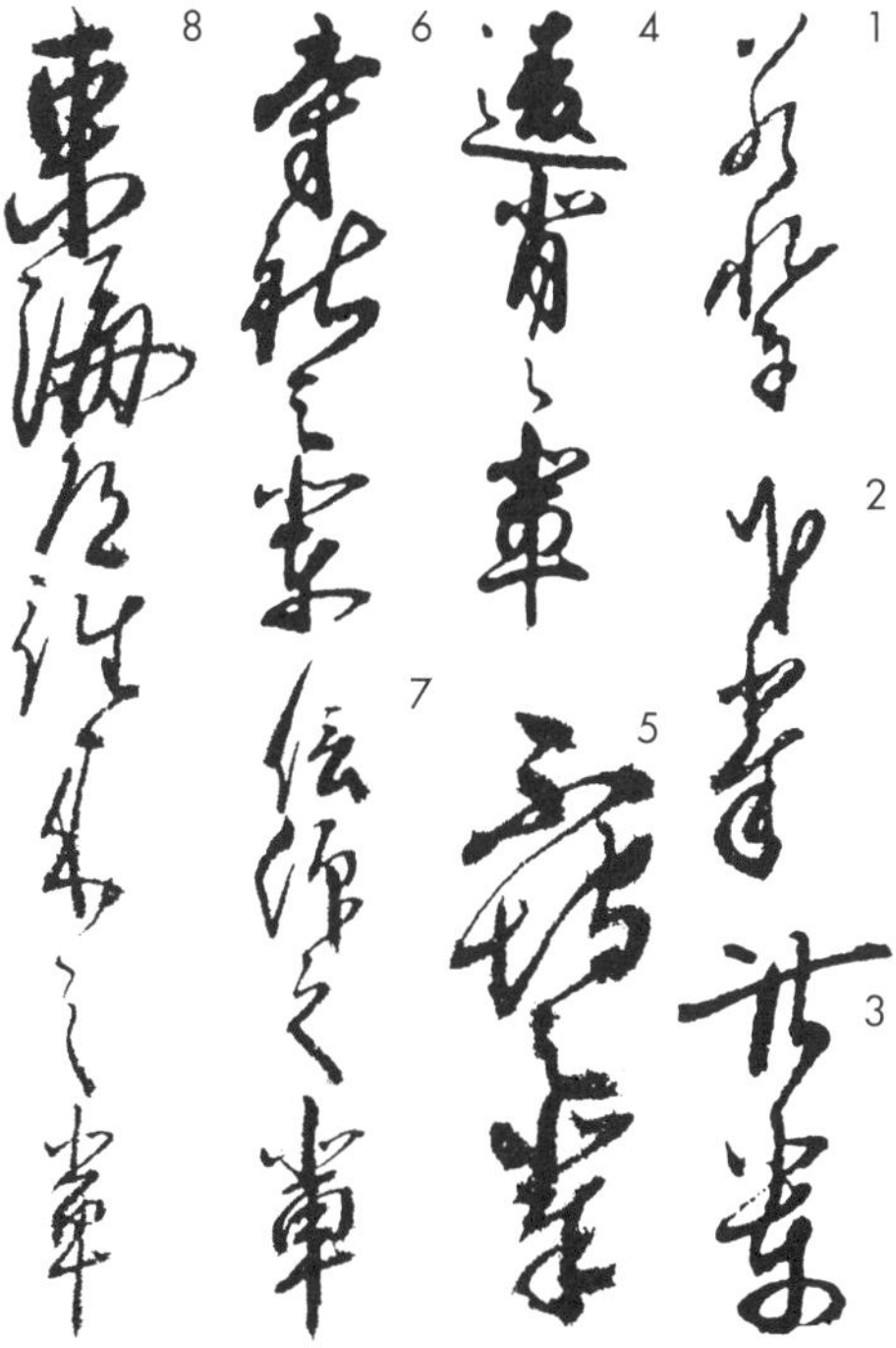

1 若輩《じゃくはい》 2 下輩《げはい》 3 此輩《このともがら・このやから》 4 違背《いはい》之輩《のやから》 5 不埒《ふらち》之輩《のやから》 6 寺社《じしゃ》之輩《のやから》 7 信仰《しんこう》之輩《のやから》 8 東海道往来《とうかいどうおうらい》之輩《のやから》

639 迚 7773

とて
とても

◎古文書特有の漢字。くずしは原形をとどめているので判読は容易だが、「とて」と読む点に注意。「迚茂(も)〜」「〜候迚」の形で頻出。

【用例】

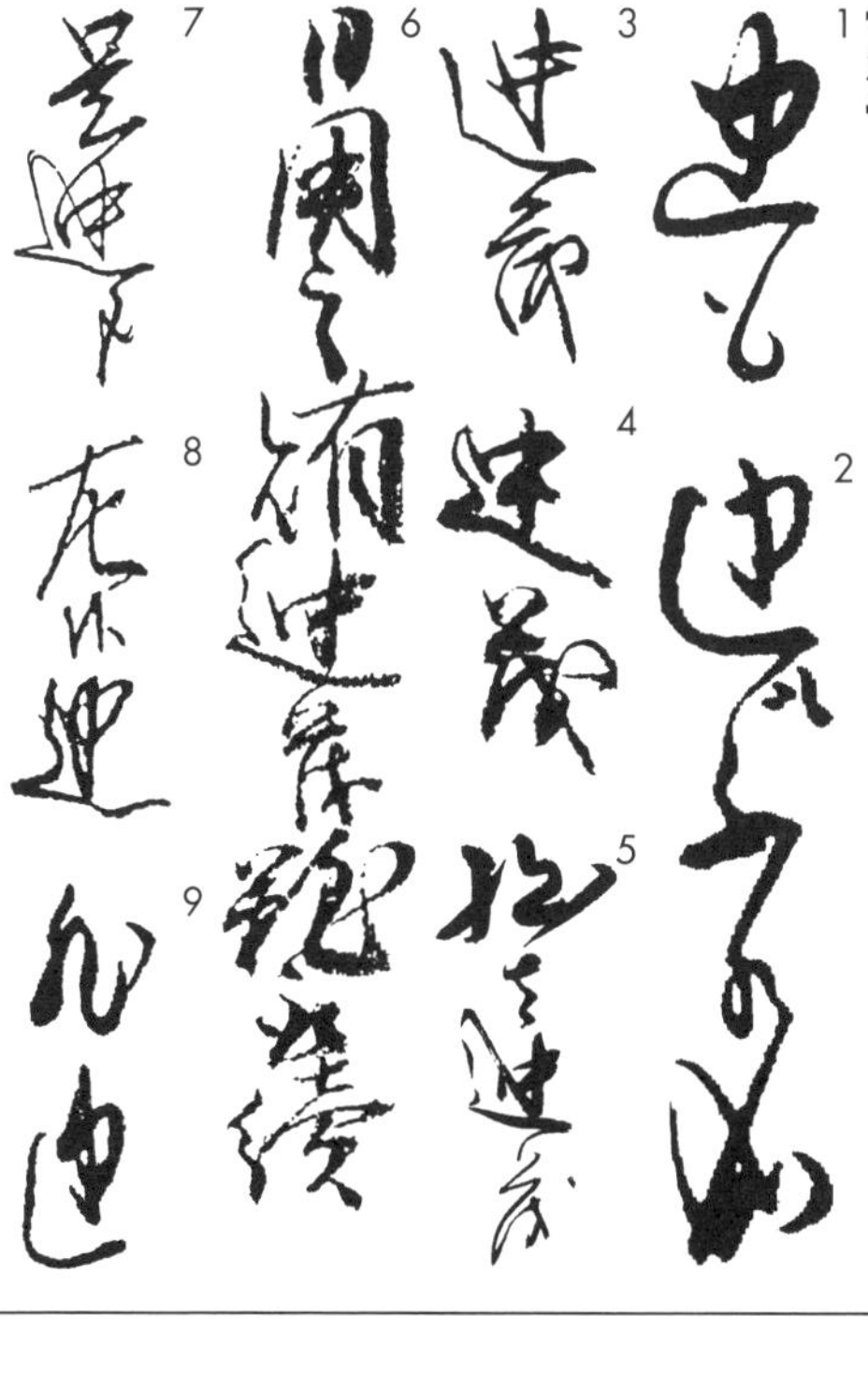

1 迚《とて》も 2 迚《とて》も不㆓相成《あいならず》㆒ 3・4 迚茂《とても》 5 拙者迚茂《せっしゃとても》 6 日用之賄迚茂難㆓取續《ひようのまかないとてもとりつづきがたく》㆒ 7 是迚《これとて》も 8 左候迚《さそうろうとて》 9 然迚《しかるとて》

640 退 3464

タイ
しりぞく
のく

◎旁の「艮」は「即」「銀」「限」をそれぞれ参照されたい（50・250・253頁）。単漢字5番目の「辶」の形に注意。「退轉」「退役」が頻出する。

【用例】

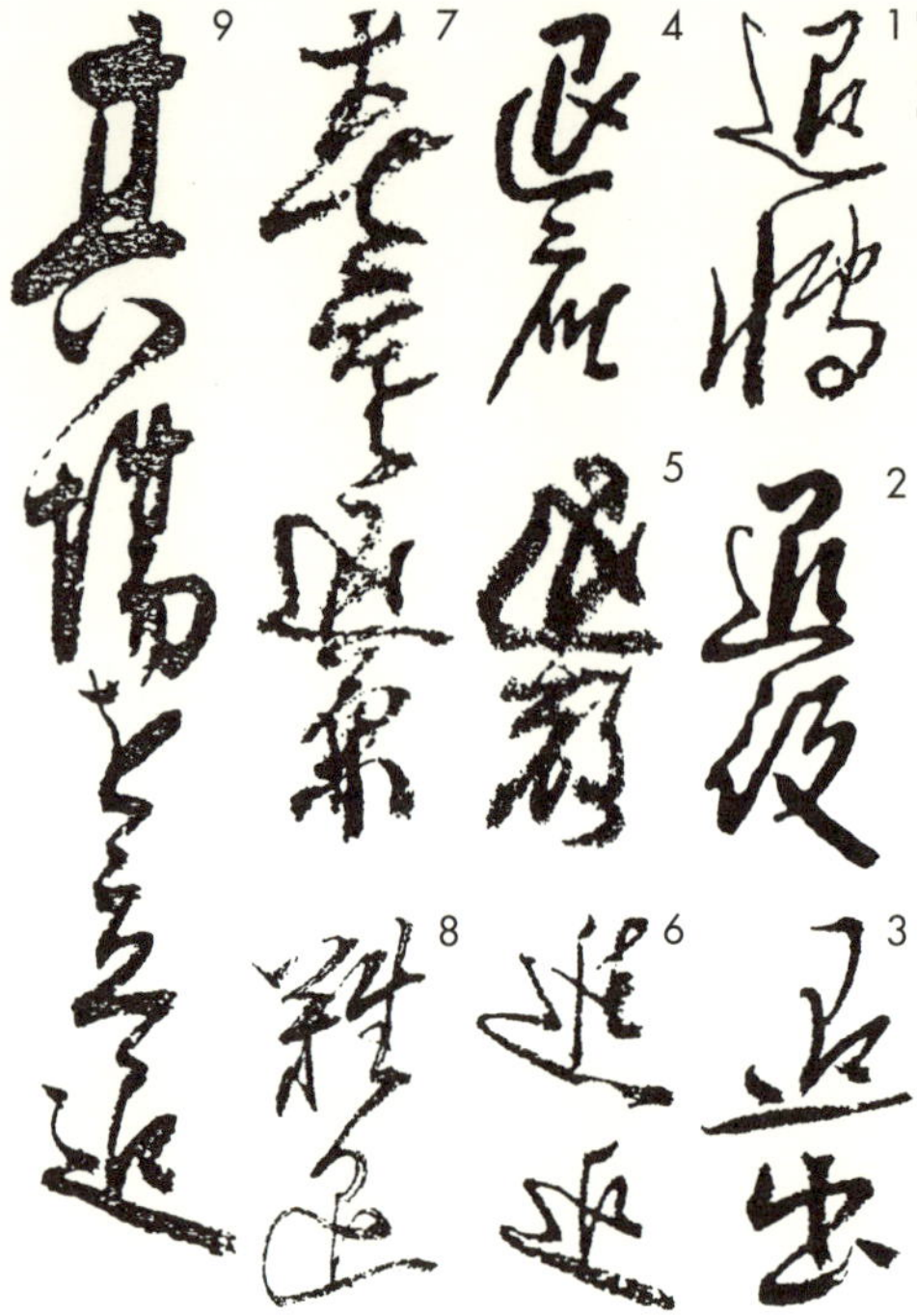

1 退轉《たいてん》 2 退役《たいやく》 3 退出《たいしゅつ》 4 退座《たいざ》 5 退散《たいさん》 6 進退《しんたい》

7 春寒退兼《しゅんかんしりぞきかね》 8 難ㇾ退《しりぞきがたく》 9 其場《そのば》を立退《たちのき》

641 逃 3808

トウ・チョウ
にげる
のがれる

◎旁に「兆」ではなく「外」を記す異体字のくずしが基本形（異体字一覧参照）。頻出の「取逃」は他人の物を奪って逃げることを指す。

【用例】

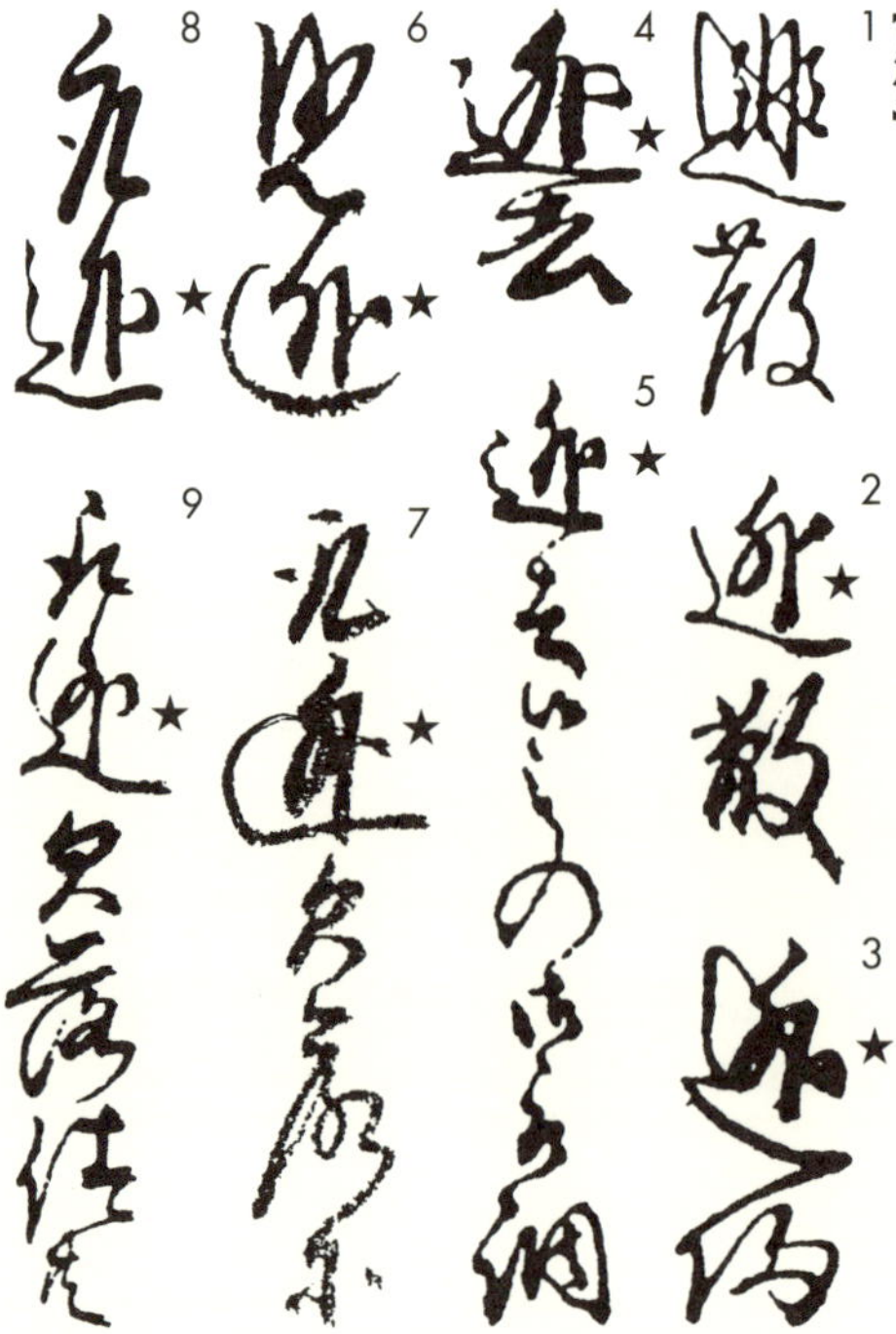

1・2 逃散《ちょうさん》 3 逃帰《にげかえる》 4 逃去《にげさる》 5 逃去候《にげさりそうろう》もの御取調《おとりしらべ》 6 見逃《みのがす》

7 取逃《とりにげ》・欠落等《かけおちなど》 8 取逃《とりにげ》 9 取逃《とりにげ》・欠落仕候共《かけおちつかまつりそうろうとも》

642 迷

4434

メイ まよう

◎ここでは「米」が「半」（48頁）のようにくずされた単漢字3・4番目を覚えておきたい。106頁「惑」との熟語で「迷惑」が頻出する。

【用例】

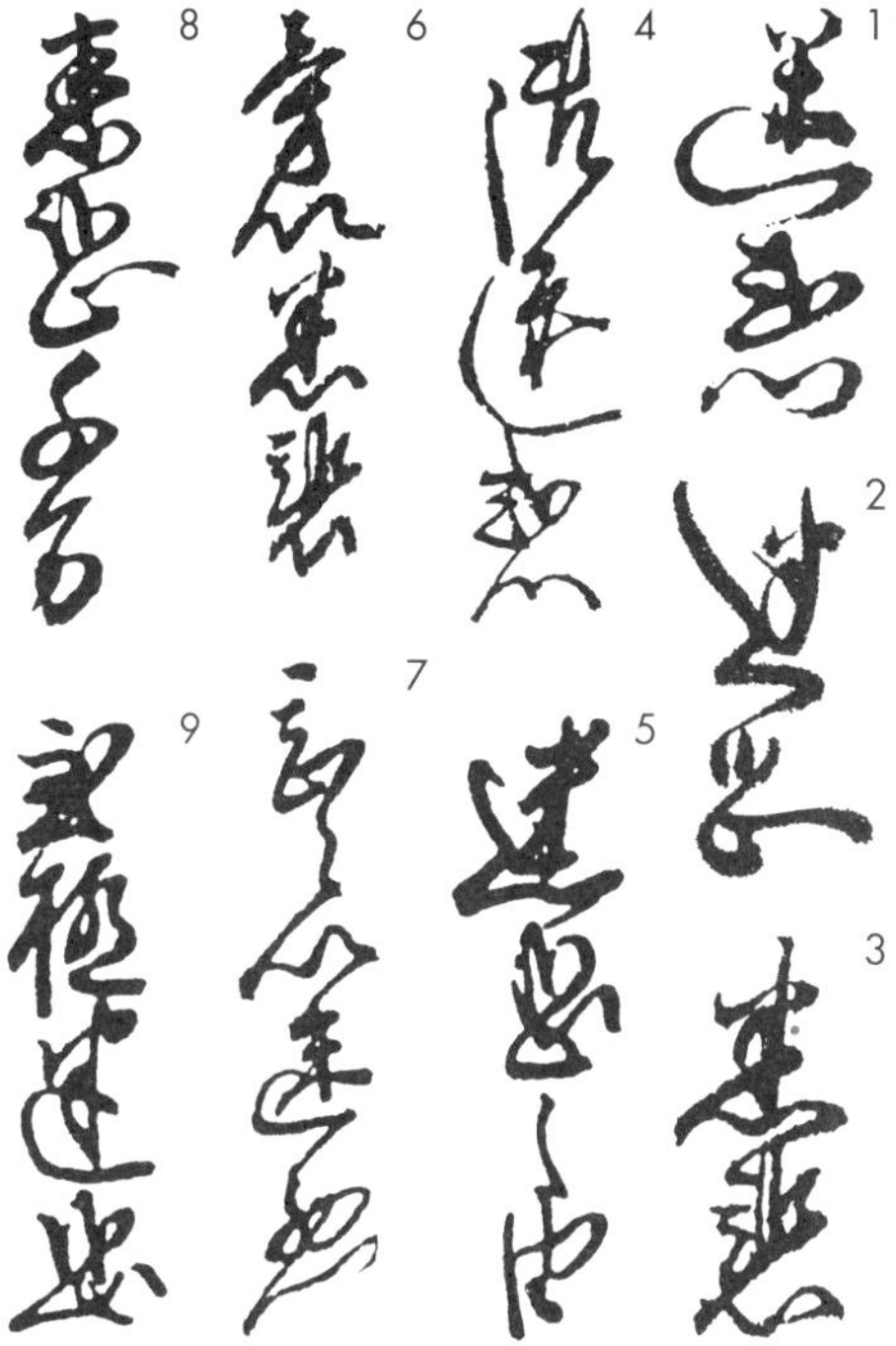

1～3 迷惑《めいわく》　4 御迷惑《ごめいわく》　5 迷惑之由《めいわくのよし》　6 旁以迷惑《かたがたもってめいわく》

7 甚々以迷惑《はなはだもってめいわく》　8 迷惑千万《めいわくせんばん》　9 至極迷惑《しごくめいわく》

643 造

3404

ゾウ つくる

◎単漢字5番目は難読だが、基本的にくずしは原形をとどめる。旁の「告」（未収録）は224頁「詰」を参照されたい。「酒造」が頻出。

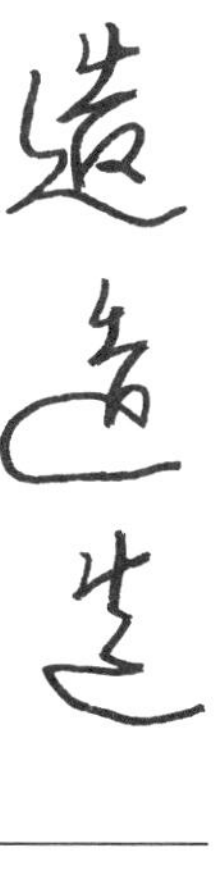

【用例】

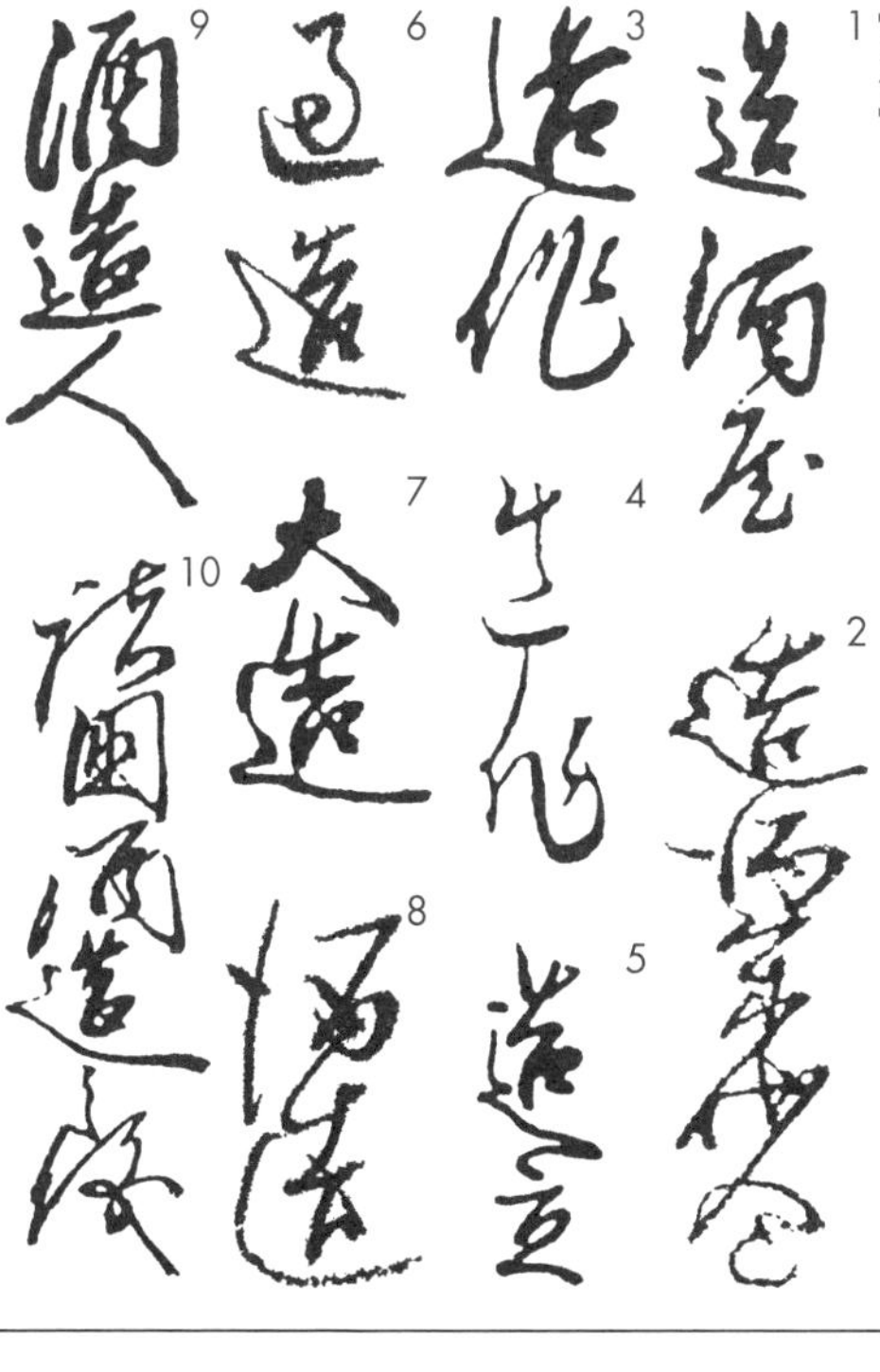

1 造酒屋《つくりざかや》　2 造酒米代金《ぞうしゅまいだいきん》　3・4 造作《ぞうさ》　5 造立《ぞうりゅう》　6 過造《かぞう》　7 大造《たいぞう》

8 酒造《しゅぞう》　9 酒造人《しゅぞうにん》　10 諸國酒造之儀《しょこくしゅぞうのぎ》

644
速
3414

ソク
はやい
すみやか

◎ここでは単漢字4番目および用例6のくずしに注意したい。旁の「束」は146頁参照。「急速」「早速」が頻出する重要語である。

【用例】

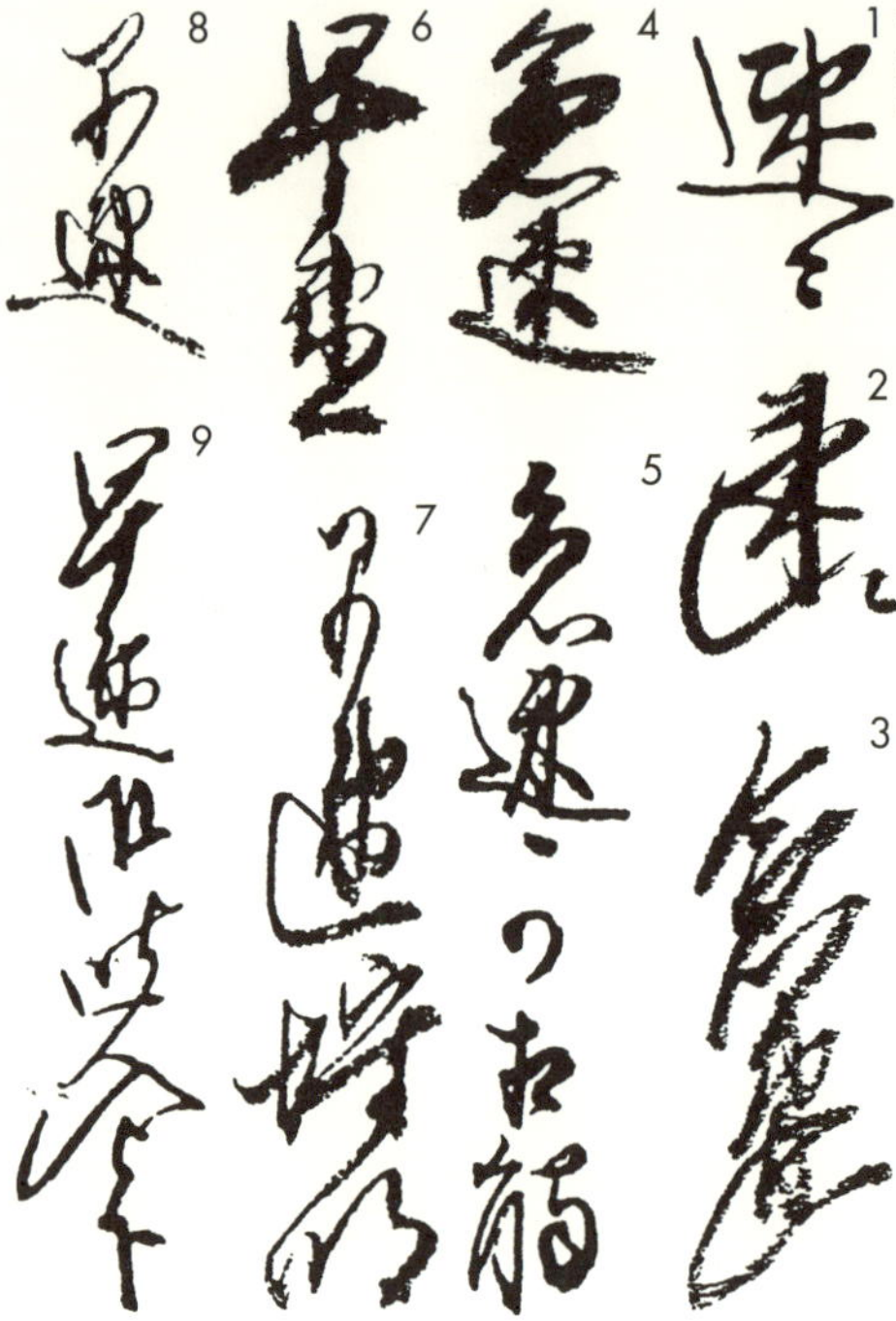

1・2 速二《すみやかに》 3・4 急速《きゅうそく》 5 急速可二相觸一《きゅうそくあいふれるべく》 6 早速《さっそく》 7 早速埒明《さっそくらちあけ》 8 早速《さっそく》 9 早速御聞入被レ下《さっそくおききいれくだされ》

645
途
3751

ト
ズ
みち

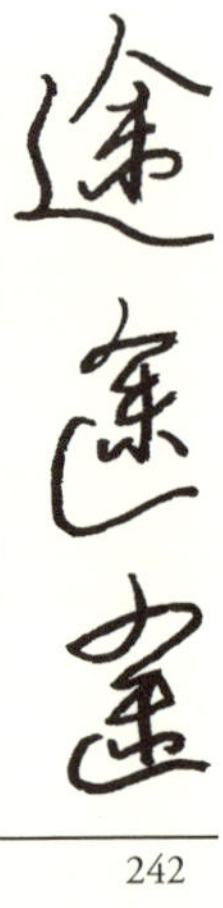

◎旁の「余」(24頁)は極端にくずされることがないので判読は容易。頻出の「本途」は「本途物成」(田畑・屋敷に課した本年貢)の略。

【用例】

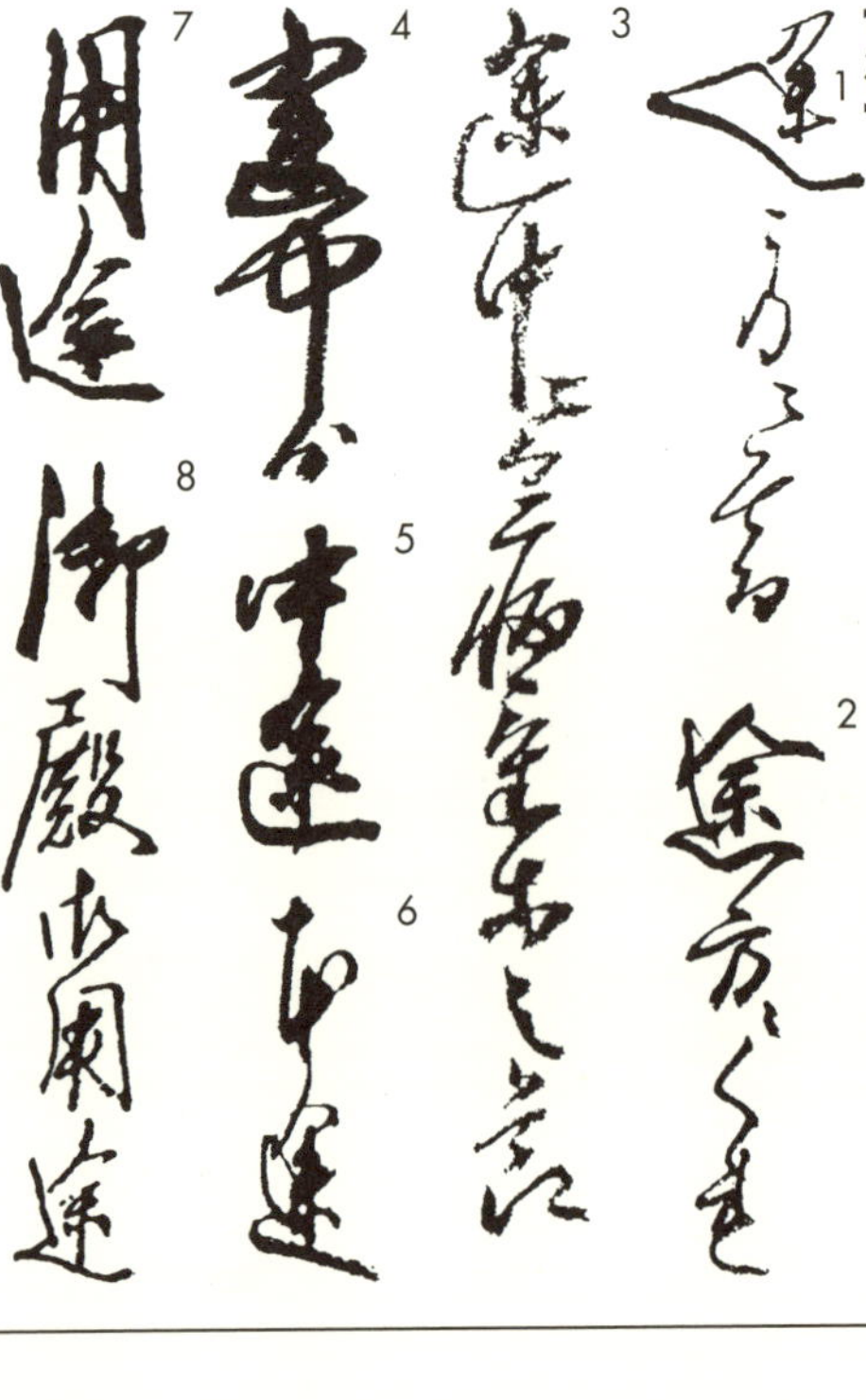

1 途方二暮《とほうにくれ》 2 途方二くれ《とほうに》 3 途中二而病氣等之節《とちゅうにてびょうきなどのせつ》 4 途中ゟ《とちゅうより》 5 中途《ちゅうと》 6 本途《ほんと》 7 用途《ようと》 8 御殿御用途《ごてんごようと》

646 逸

1679

イツ
イチ
はやる

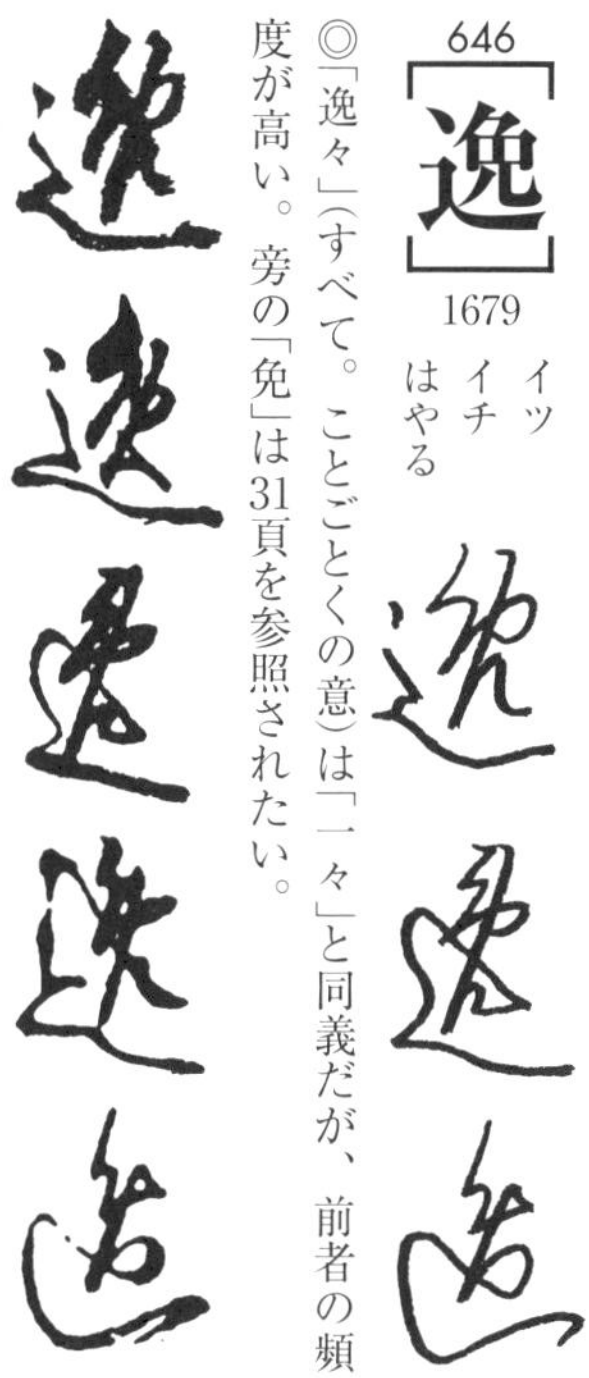

◎「逸々」(すべて。ことごとくの意)は「一々」と同義だが、前者の頻度が高い。旁の「免」は31頁を参照されたい。

【用例】

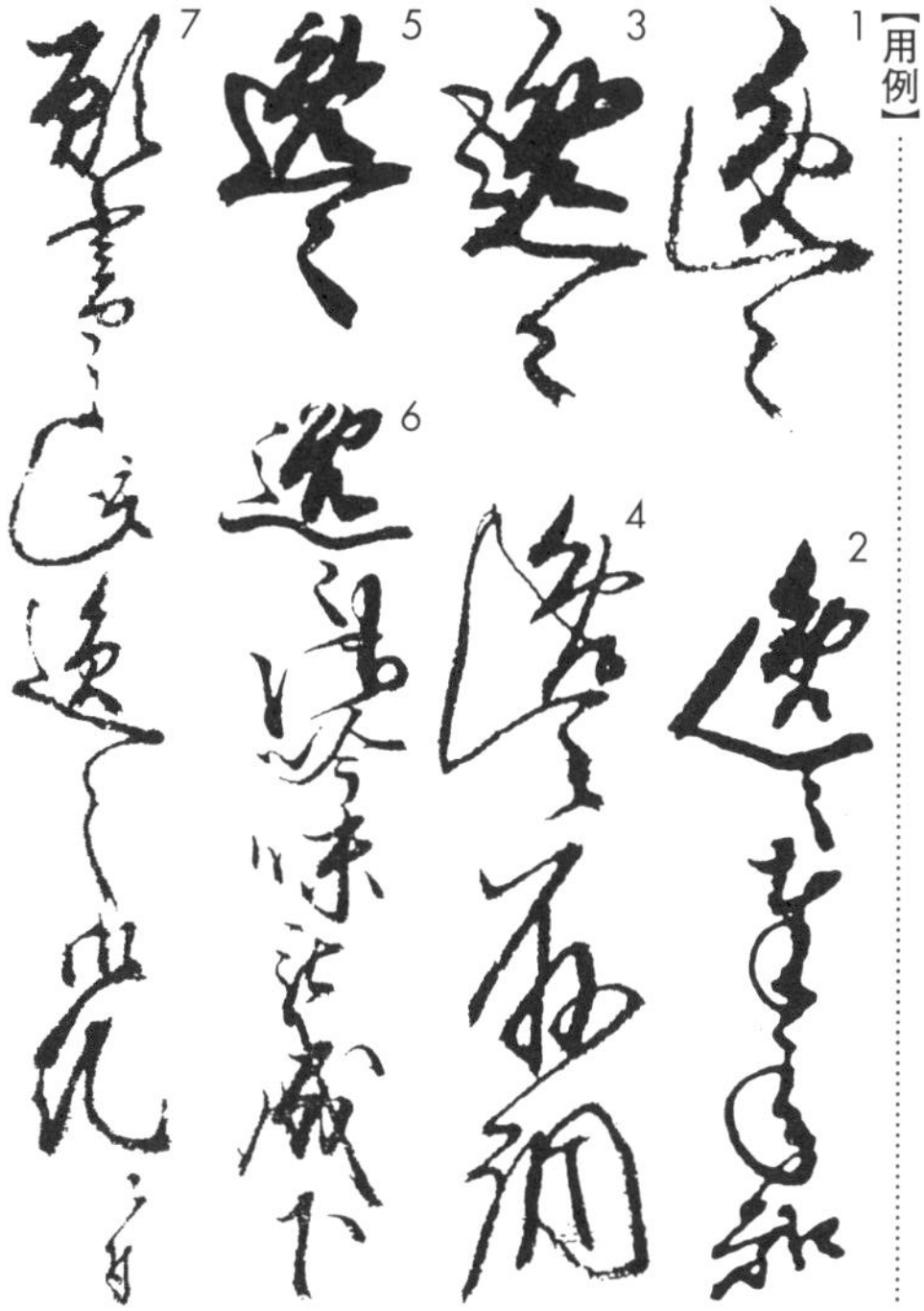

1 逸々《いついつ》《いちいち》 2 逸々奉二承知一《いちいちしょうちたてまつり》 3 逸々《いちいち》 4 逸々取調《いちいちとりしらべ》 5 逸々《いちいち》
6 逸々御吟味被二成下一《いちいちごぎんみなしくだされ》
7 願書之趣逸々御糺二付《がんしょのおもむきいちいちおただしにつき》

647 運

1731

ウン
はこぶ

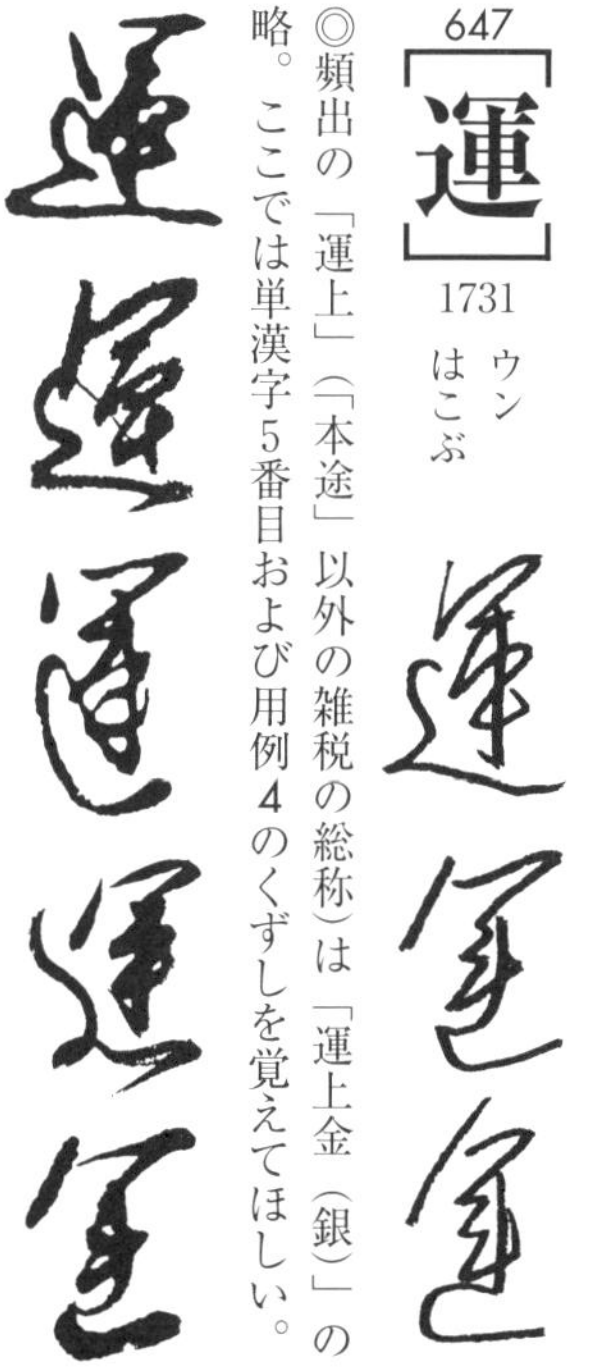

◎頻出の「運上」(「本途」以外の雑税の総称)は「運上金(銀)」の略。ここでは単漢字5番目および用例4のくずしを覚えてほしい。

【用例】

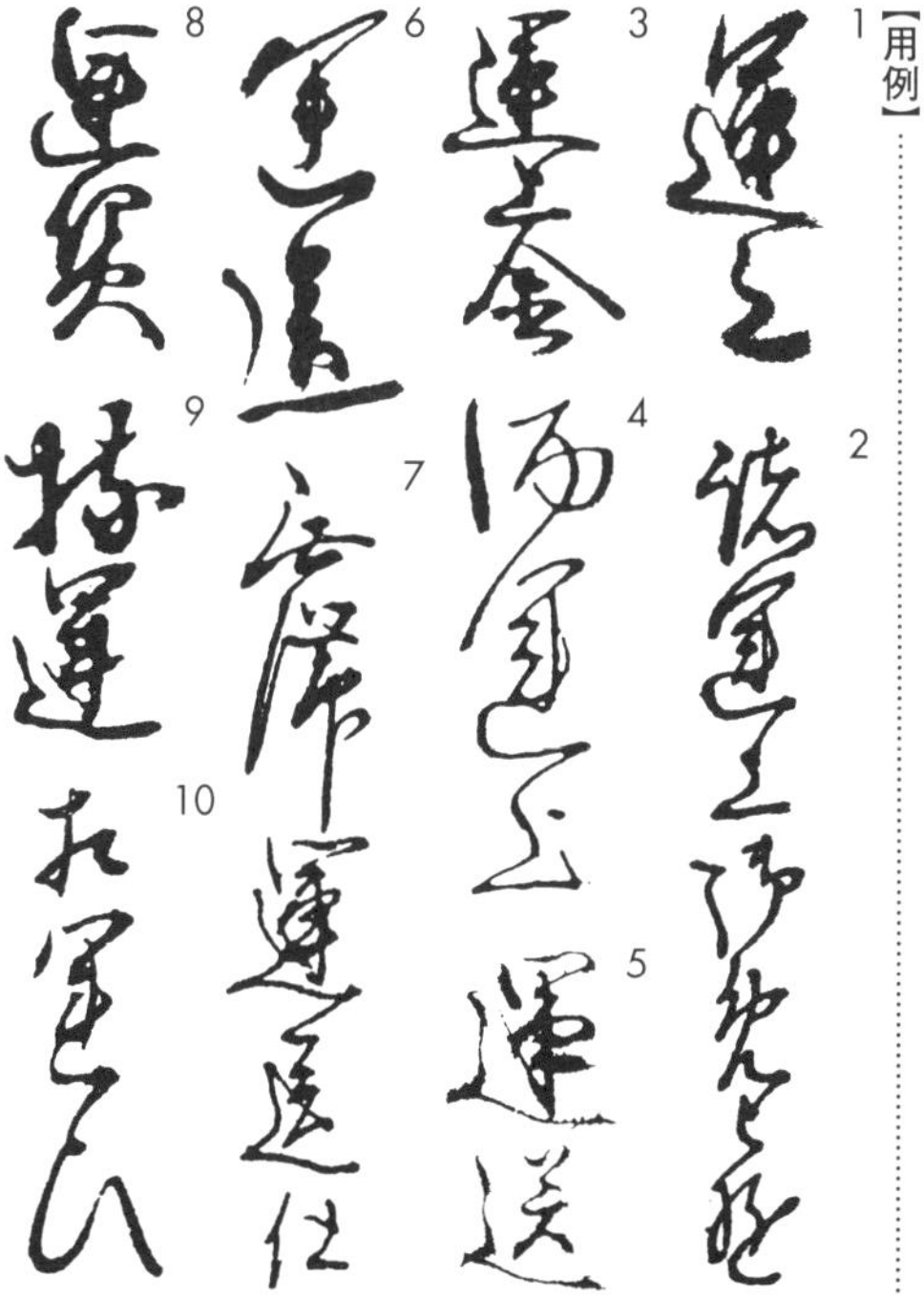

1 運上《うんじょう》 2 諸運上御免被レ遊《しょううんじょうごめんあそばされ》 3 運上金《うんじょうきん》 4 酒運上《さけうんじょう》 5・6 運送《うんそう》
7 無レ滞運送仕《とどこおりなくうんそうつかまつり》 8 運賃《うんちん》 9 持運《もちはこぶ》 10 相運ひ《あいはこ》

648 【遂】 3175

スイ
とげる
ついに

◎「を」の上に「⺌」を記した単漢字3～5番目のくずしが基本形となる。用例は「遂～」（～をとげ）と上に返って読む形で頻出する。

【用例】

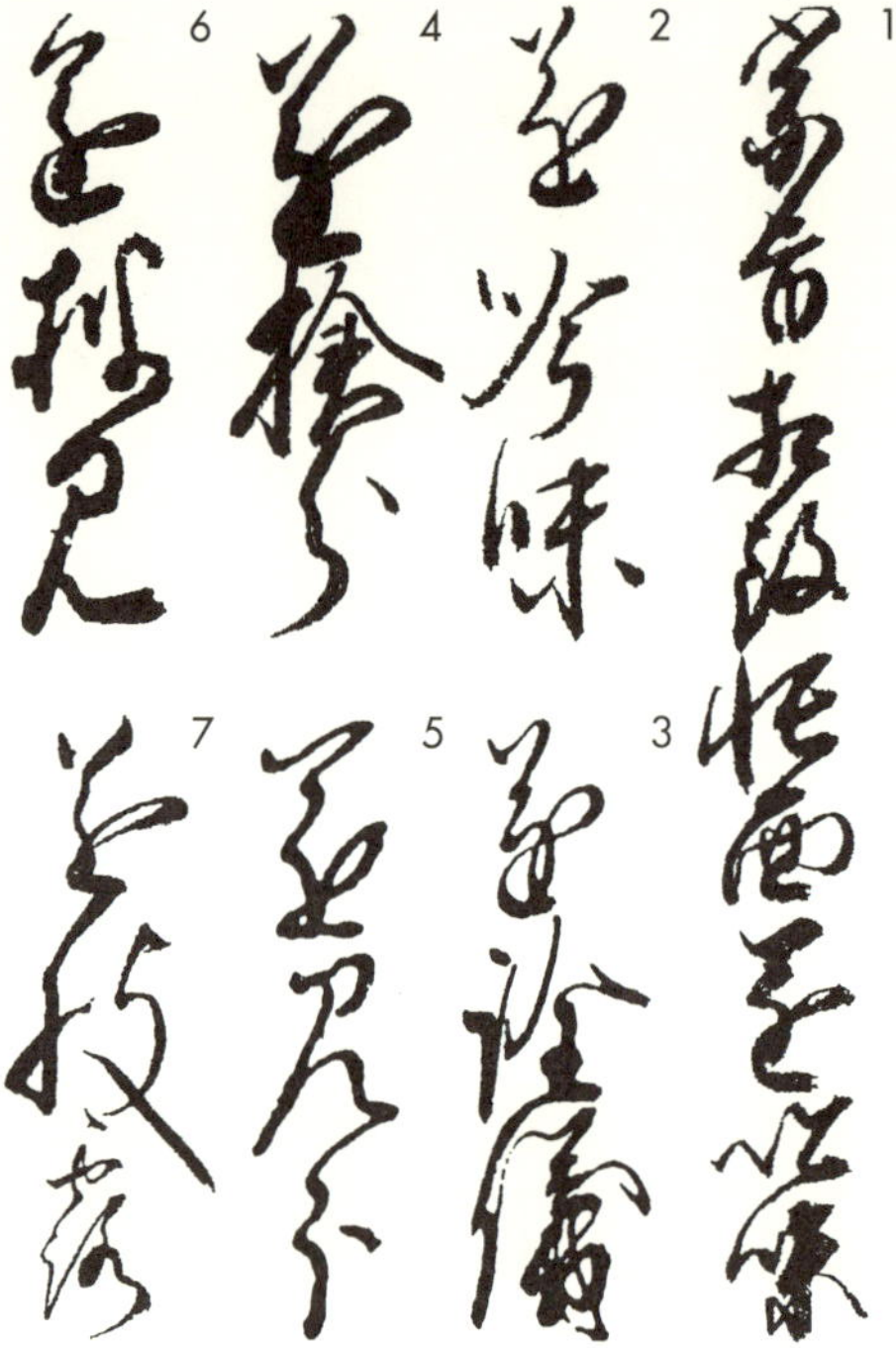

1 宗旨相改《しゅうしあいあらため》、帳面遂二吟味一《ちょうめんぎんみをとげ》　2 遂二吟味一《ぎんみをとげ》　3 遂二詮儀一《せんぎをとげ》
4 遂二検分一《けんぶんをとげ》　5 遂二見分一《けんぶんをとげ》　6 遂二披見一《ひけんをとげ》　7 遂二披露一《ひろうをとげ》

649 【遅】（遲） 3557 7815

チ
おくれる
おそい

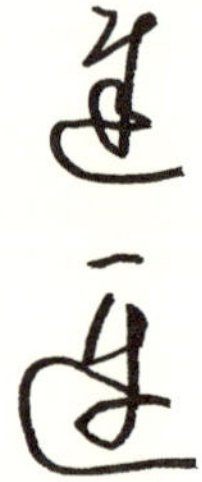

◎くずしが特殊な単漢字3・4番目が基本形。旁は「互」（16頁）と同じになる。用例6のように「辶」が省略されることもあるので注意。

【用例】

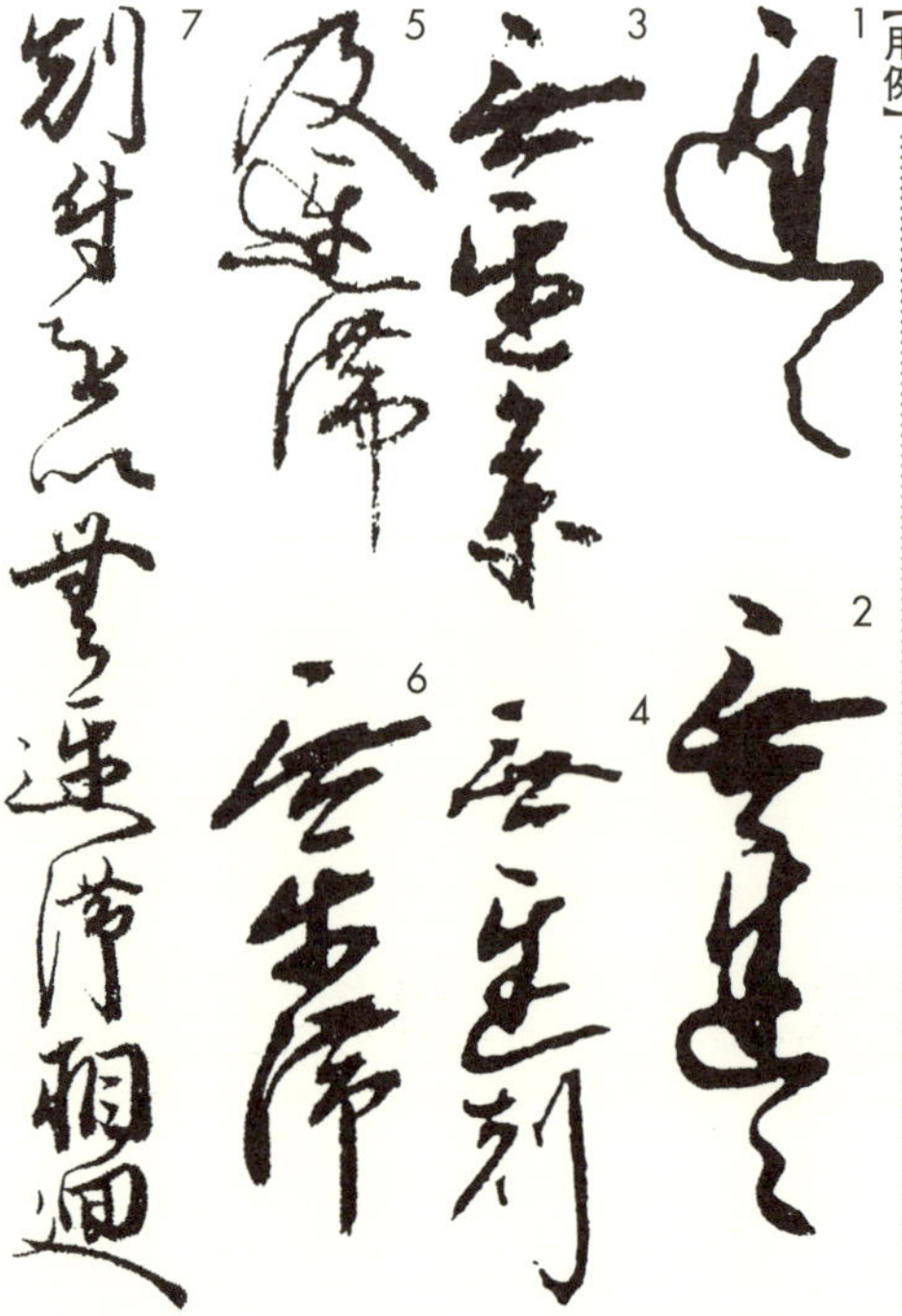

1 遅々《ちち》　2 無二遅々一《ちちなく》　3 無二遅参一《ちさんなく》　4 無二遅刻一《ちこくなく》　5 及二遅滞一《ちたいにおよび》
6 無二遅滞一《ちたいなく》　7 刻付《こくづけ》を以《もって》無二遅滞一《ちたいなく》相廻《あいまわし》

650
［遠］
1783

エン
オン
とおい

◎ほとんど原形のない単漢字2・4番目が基本形となる。「を」の上に「土」ないしは「大」と覚えておけばよい。「遠慮」が頻出する。

【用例】

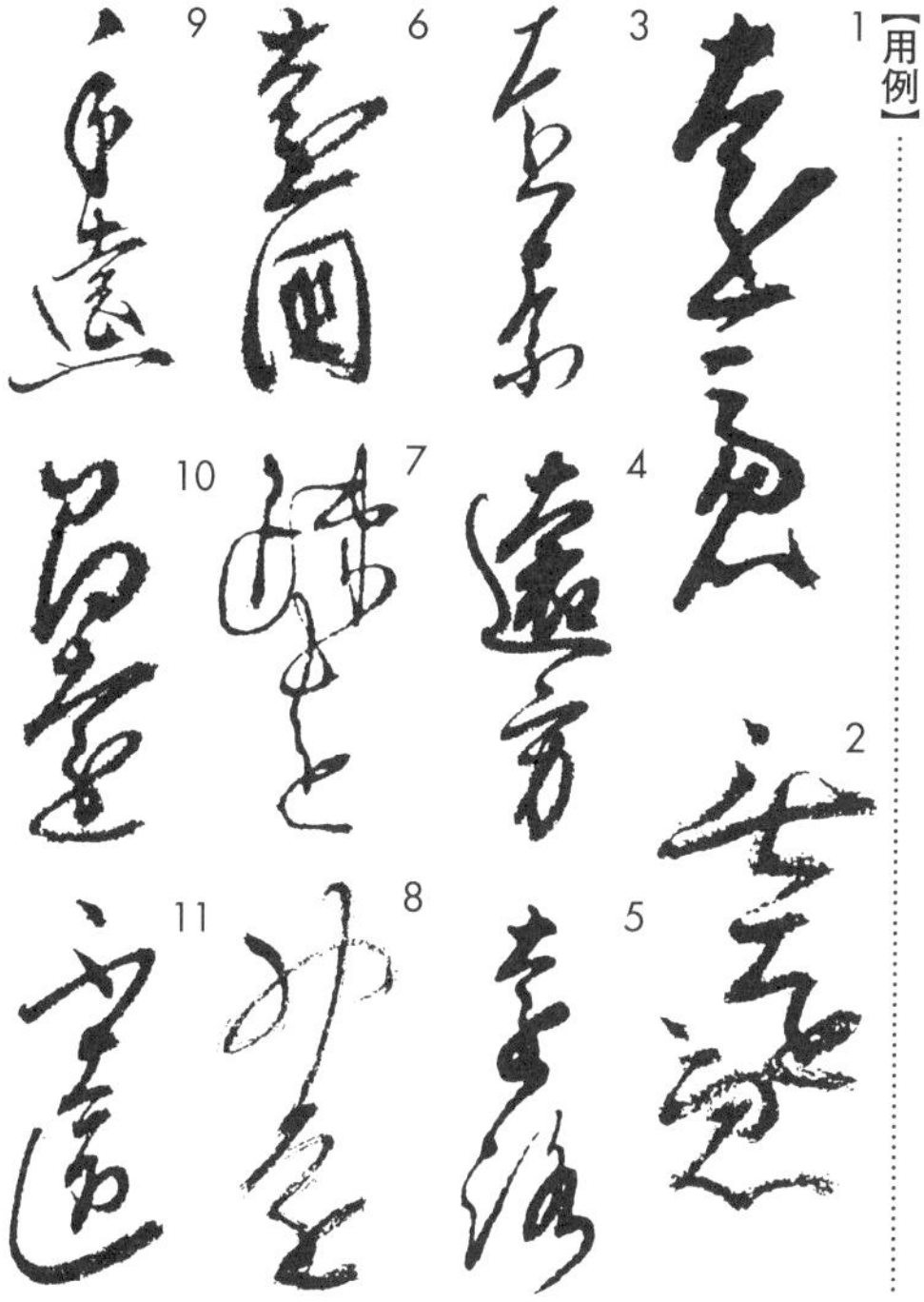

1 遠慮《えんりょ》
2 無二遠慮一《えんりょなく》
3 遠祭《えんさつ》
4 遠方《えんぽう》
5 遠路《えんろ》
6 遠國《おんごく》
7 疎遠《そえん》
8 物遠《ものどお》
9 手遠《てどお》
10 間遠《まどお》
11 不レ遠《とおからず》

651
［那］
3865

ナ
なんぞ

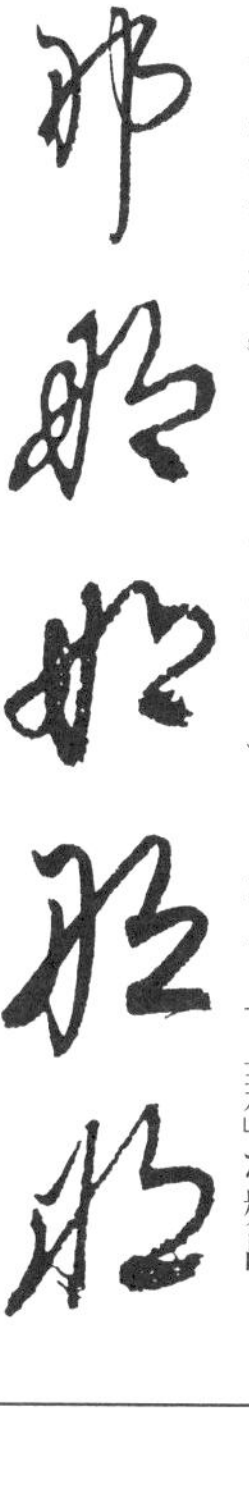

◎No.654までの「阝」（おおざと）のくずしをまず押さえてほしい。「阝」は「月」（144頁参照）とほとんど同じくずしとなる。「旦那」が頻出。

【用例】

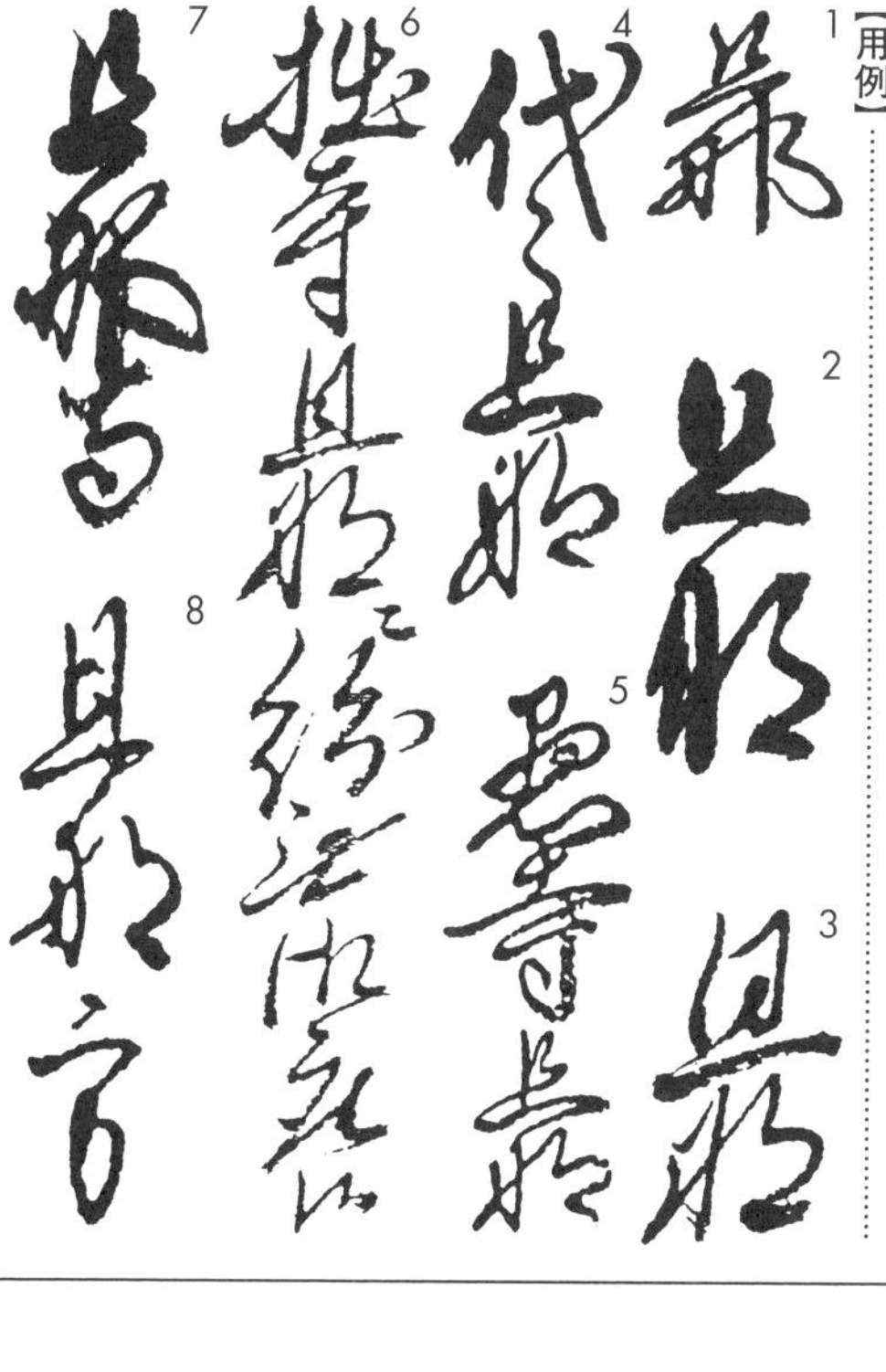

1〜3 旦那《だんな》
4 代々旦那《だいだいだんな》
5 愚寺旦那《ぐじだんな》
6 拙寺旦那二紛無二御座一候《せつじだんなにまぎれござなくそうろう》
7 旦那寺《だんなでら》
8 旦那方《だんなかた》

652 郡

2320

グン
こおり

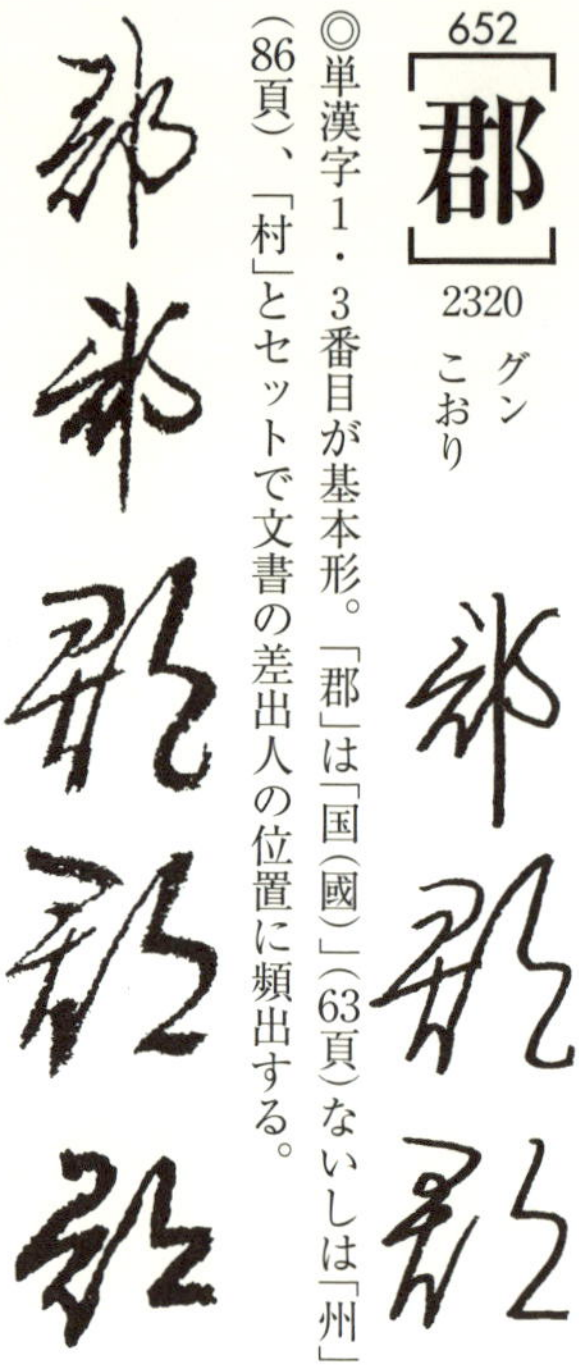

◎単漢字1・3番目が基本形。「郡」は「国(國)」(63頁)ないしは「州」(86頁)、「村」とセットで文書の差出人の位置に頻出する。

【用例】

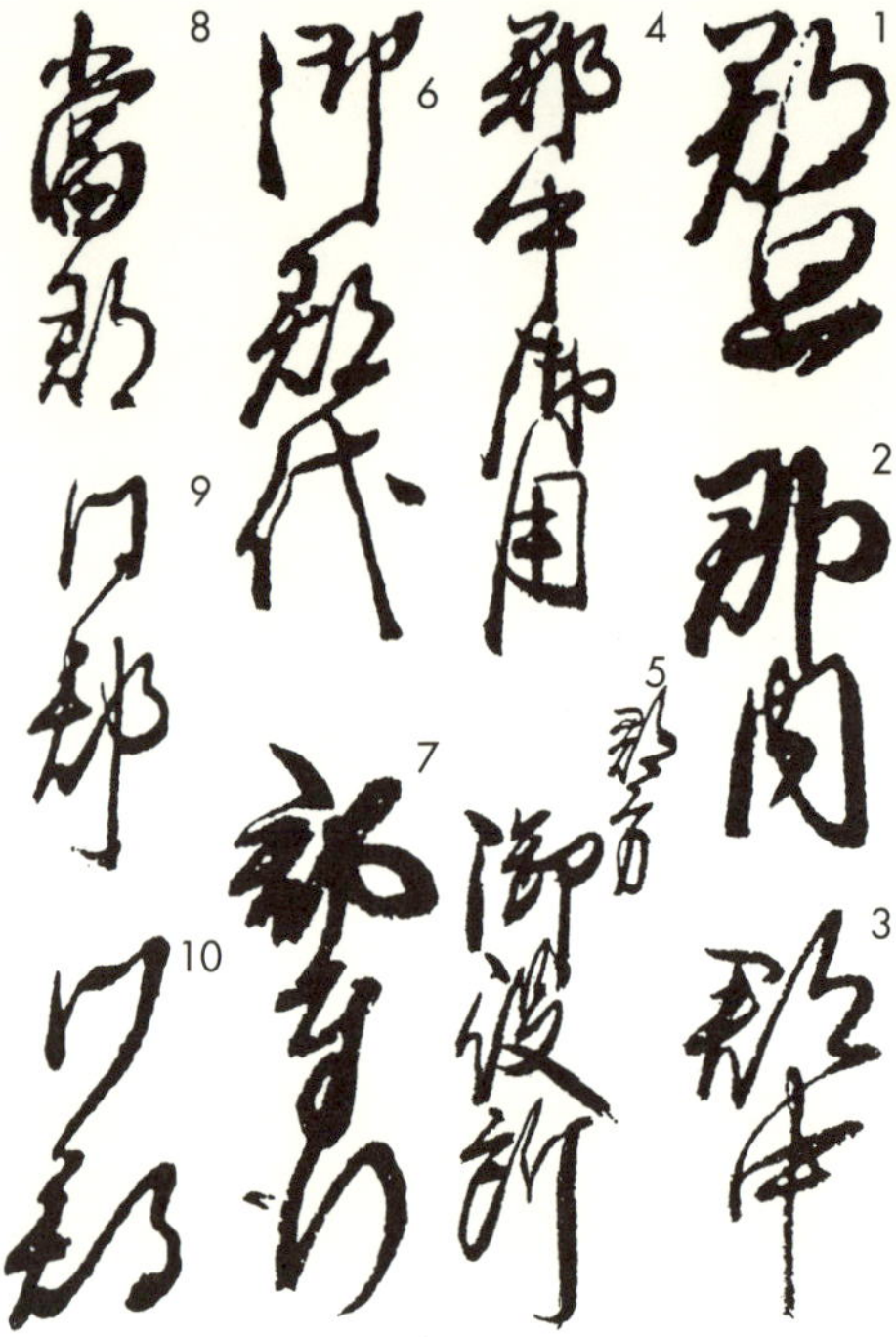

1 郡廻《ぐんまわり》　2 郡内《ぐんない》　3 郡中《ぐんちゅう》　4 郡中御用《ぐんちゅうごよう》　5 郡方御役所《ぐんかたおやくしょ》　6 御郡代《おぐんだい》

7 郡奉行《こおりぶぎょう》　8 當郡《とうぐん》　9・10 同郡《どうぐん》

653 郷

2231

キョウ
ゴウ
さと

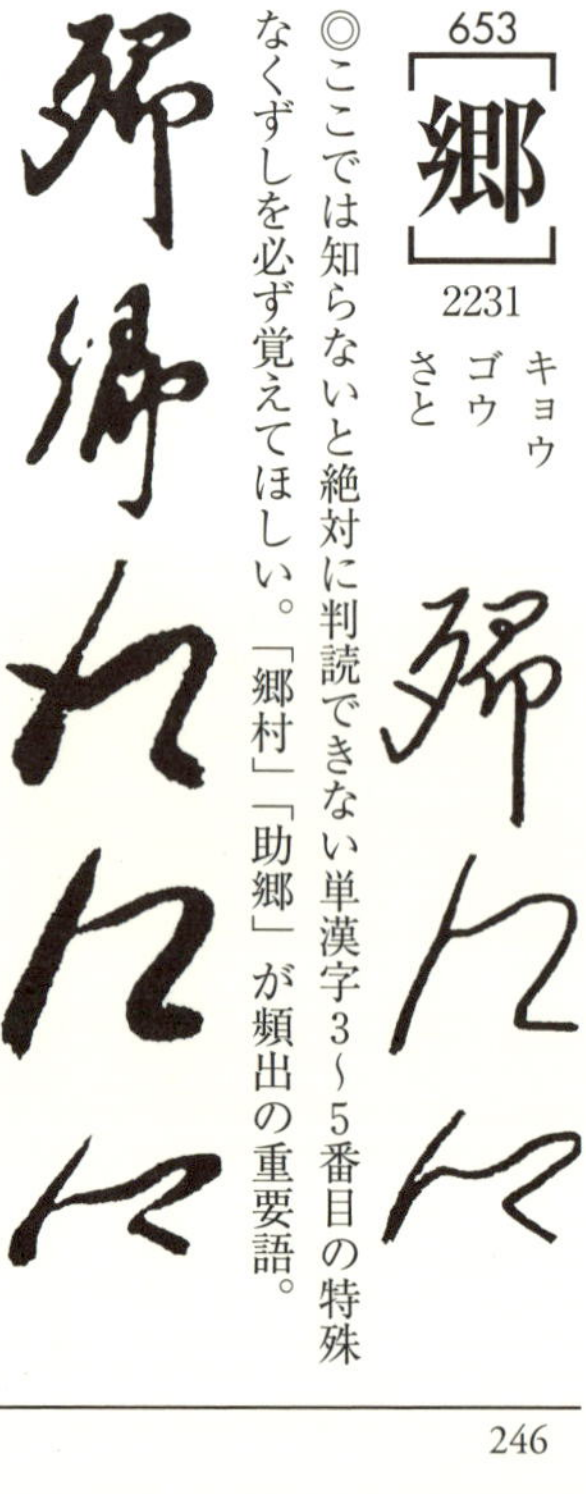

◎ここでは知らないと絶対に判読できない単漢字3〜5番目の特殊なくずしを必ず覚えてほしい。「郷村」「助郷」が頻出の重要語。

【用例】

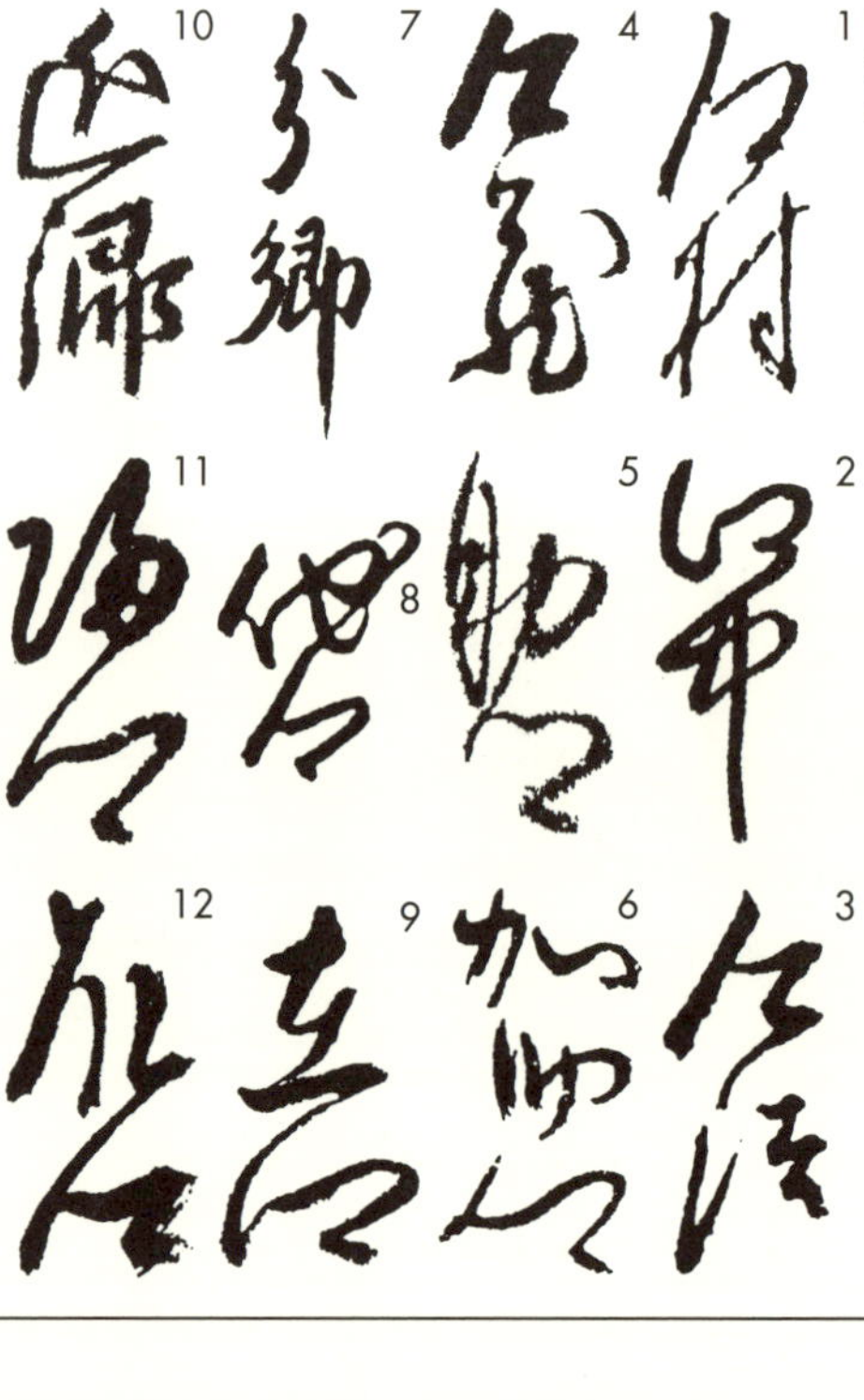

1 郷村《ごうそん》　2 郷中《ごうちゅう》　3 郷法《ごうほう》　4 郷蔵《ごうぐら》　5 助郷《すけごう》　6 加助郷《かすけごう》　7 分郷《わけごう》

8 他郷《たごう》　9 在郷《ざいごう》　10 近郷《きんごう》　11 帰郷《ききょう》　12 故郷《こきょう》

654 【都】 3752

ト・ツ
みやこ
すべて

◎「都合」「都而」が頻出する重要語。単漢字2・4番目が基本形なので覚えたい。「者」は「刻」（40頁）の「亥」と同じくずしになっている。

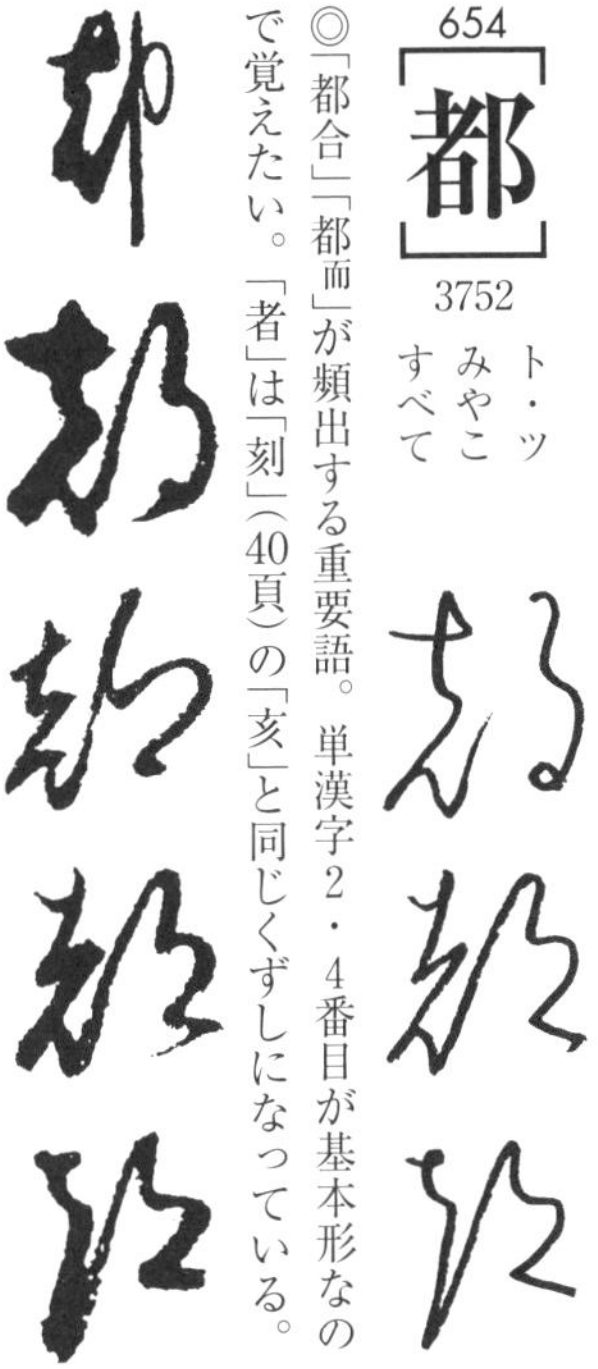

【用例】

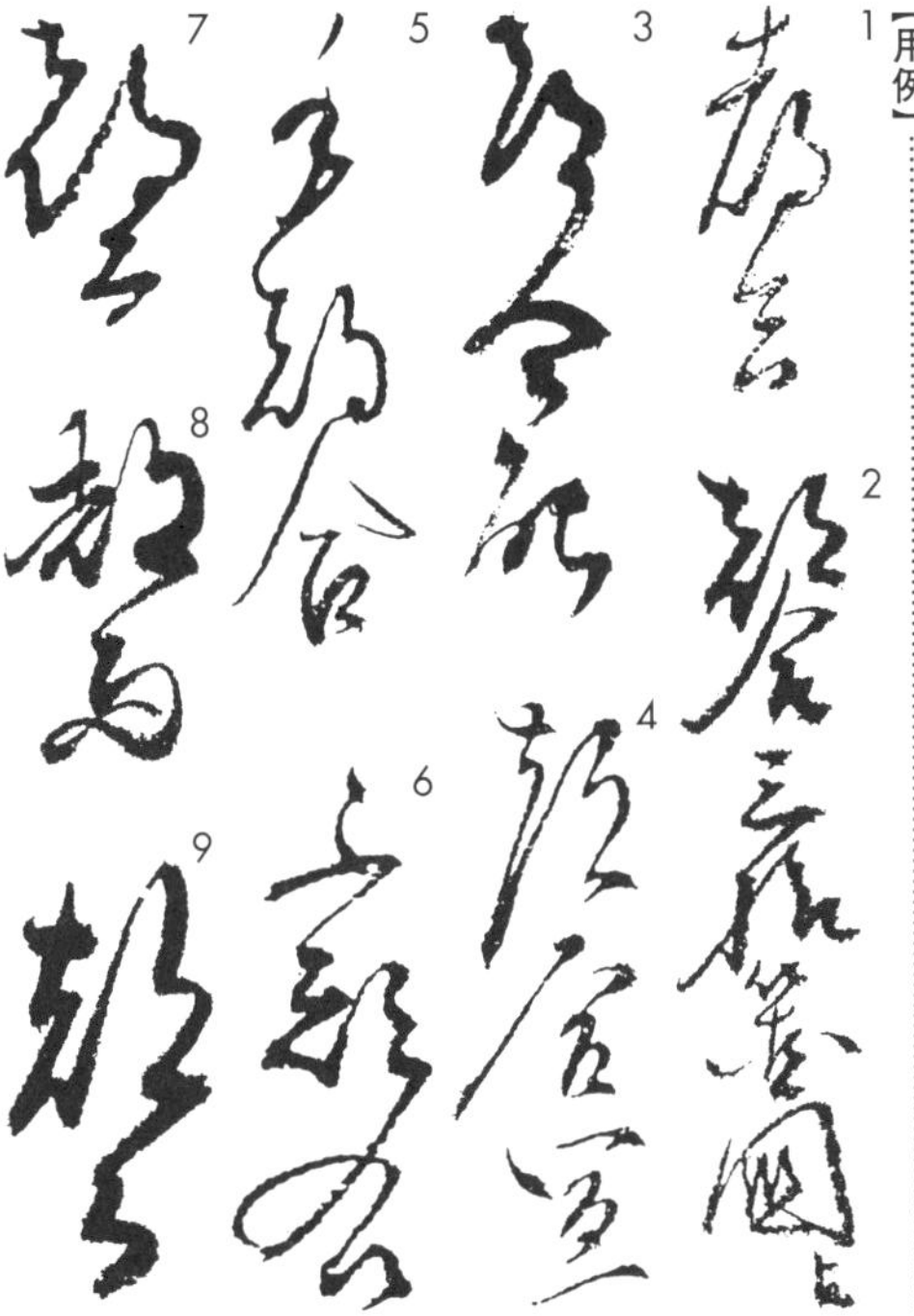

1 都合《つごう》　2 都合三拾箇國江《つごうさんじゅっかこくへ》　3 都合能《つごうよく》　4 都合宜《つごうよろしく》　5 手都合《てつごう》
6 不都合《ふつごう》　7〜9 都而《すべて》

655 【酒】 2882

シュ
さけ

◎単漢字3番目が基本形である。「酒手」（酒の代金。心づけの金銭のこと）は「酒代」と同義。「大酒」はよく争いごとの原因となった。

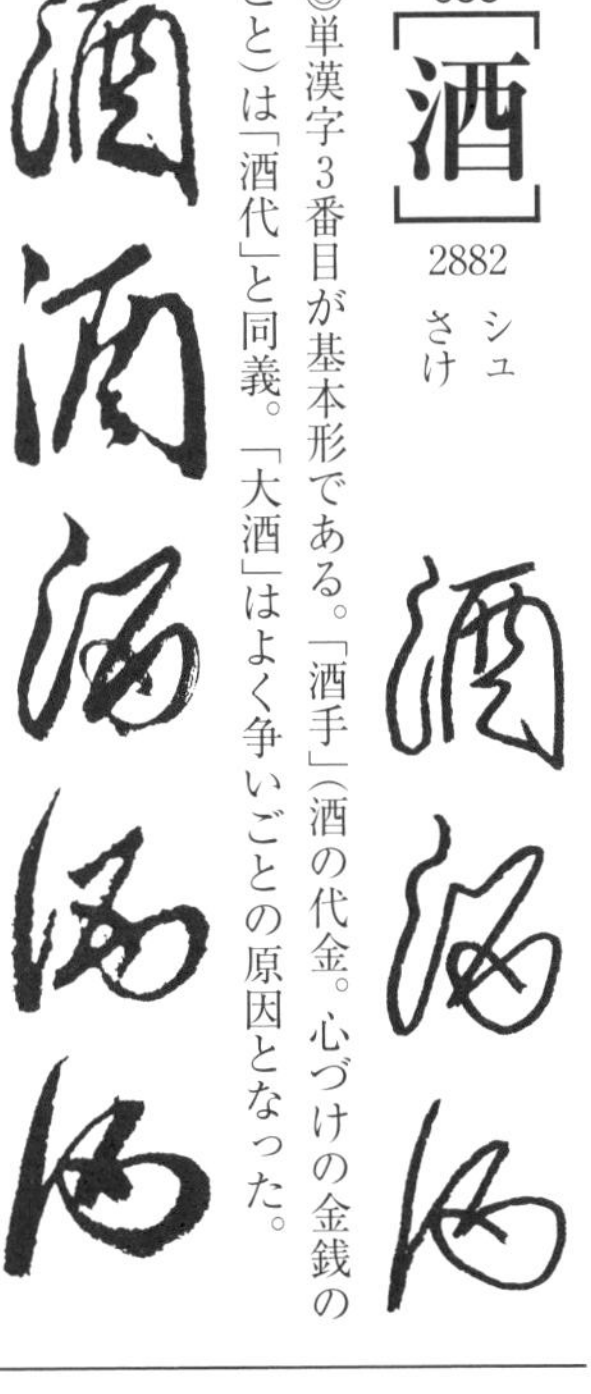

【用例】

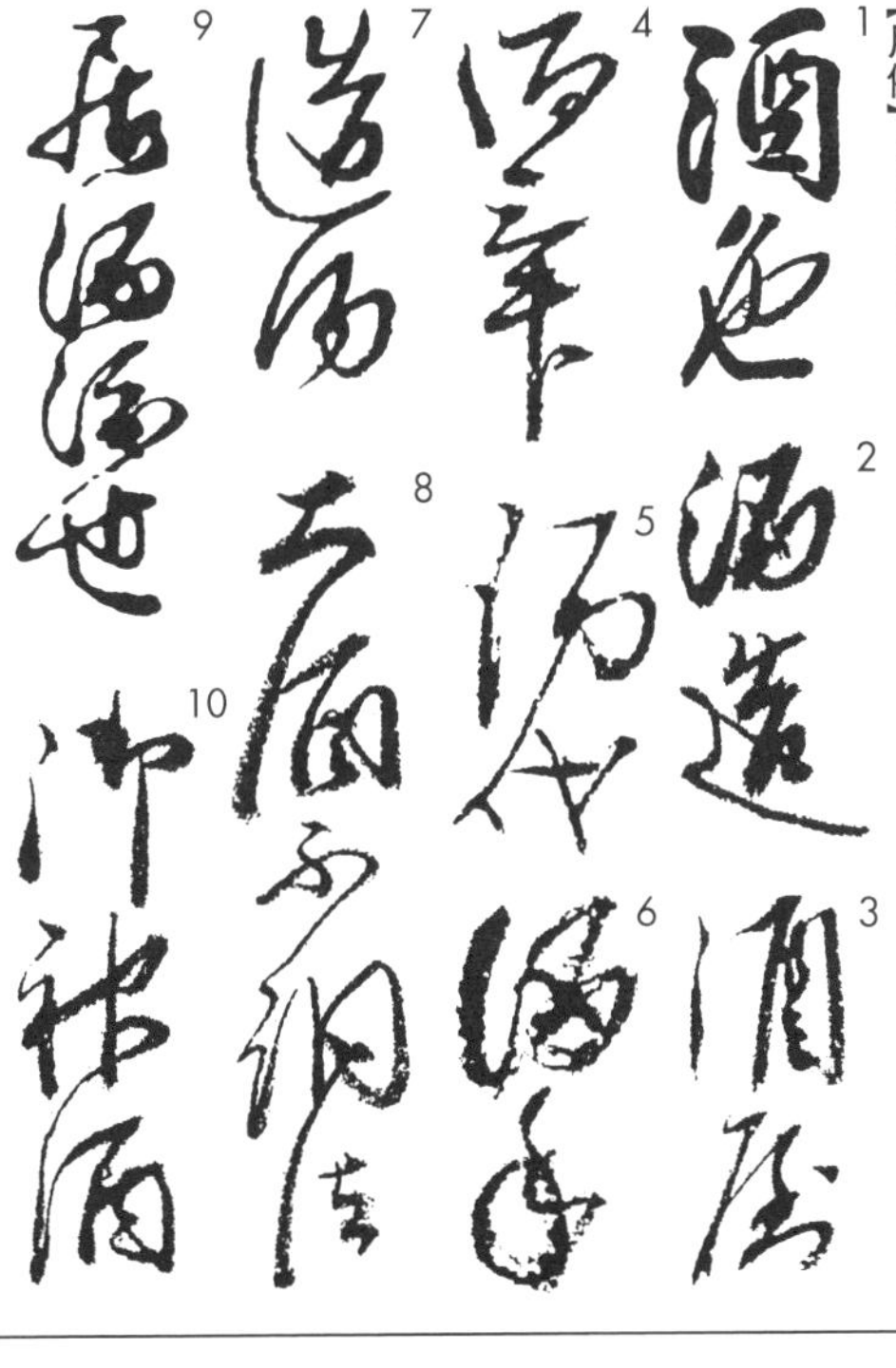

1 酒色《しゅしょく》　2 酒造《しゅぞう》　3 酒屋《さかや》　4 酒三升《さけさんしょう》　5 酒代《さかしろ》《さかだい》　6 酒手《さかて》　7 造酒《ぞうしゅ》
8 大酒不調法《おおざけぶちょうほう》　9 居酒渡世《いざけとせい》　10 御神酒《おみき》

656 配

3959

ハイ　くばる

◎「酉」偏は単漢字3・4番目の形を押さえたい。「支配」が頻出する重要語だが（127頁「支」も参照）、ここでは「心配」「差配」を覚えたい。

【用例】

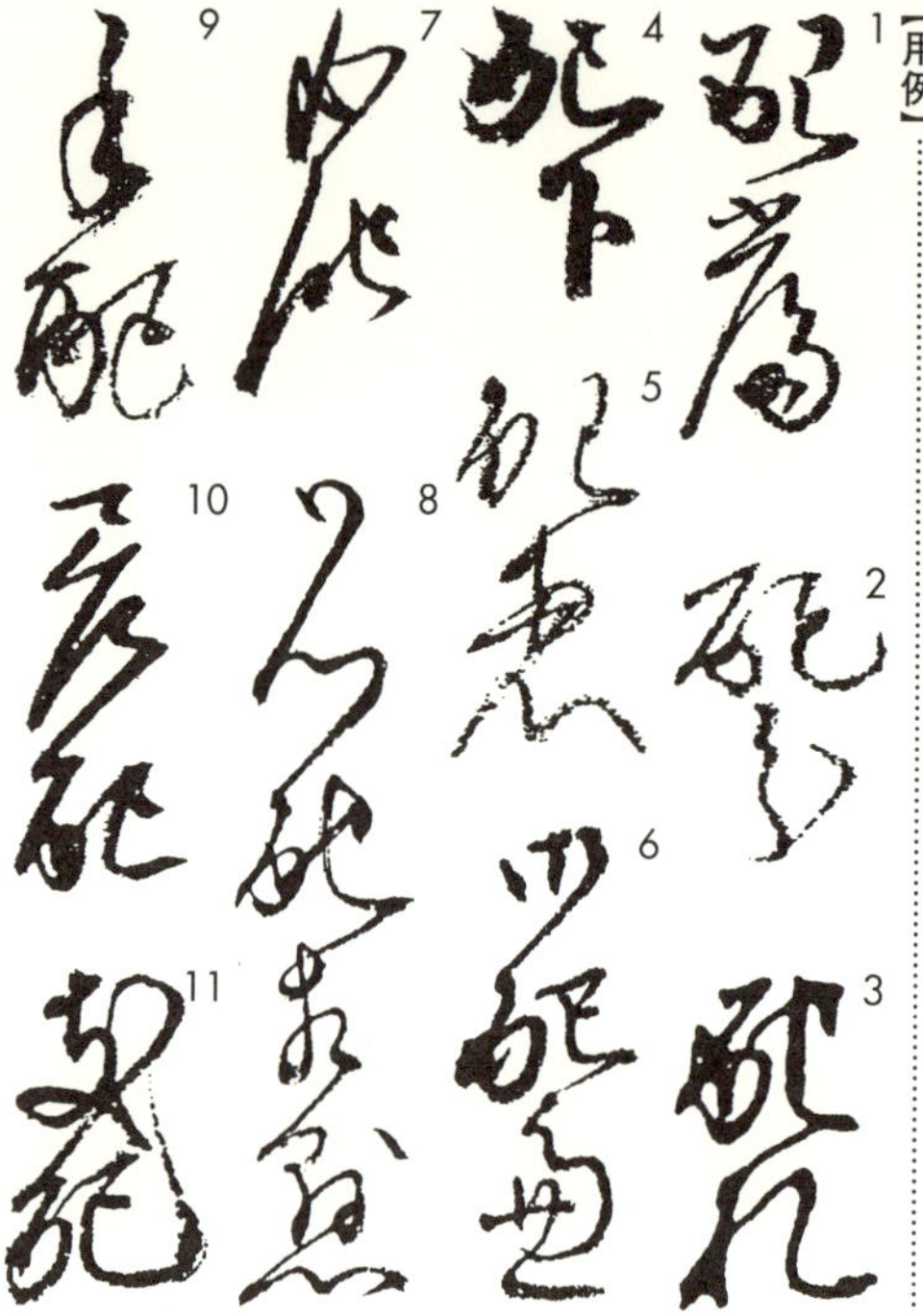

1 配當《はいとう》　2 配分《はいぶん》　3 配札《はいさつ》　4 配下《はいか》　5 配慮《はいりょ》　6 御配慮《ごはいりょ》　7 心配《しんぱい》　8 御心配相懸《ごしんぱいあいかけ》　9 手配《てはい》　10 差配《さはい》　11 支配《しはい》

657 里

4604

リ　さと

◎距離の単位「里」（一里＝約三・九㎞）が頻出。また、用例6・7のように仮名の「り」として「与」と併せて「より」と読ませることも多い。

【用例】

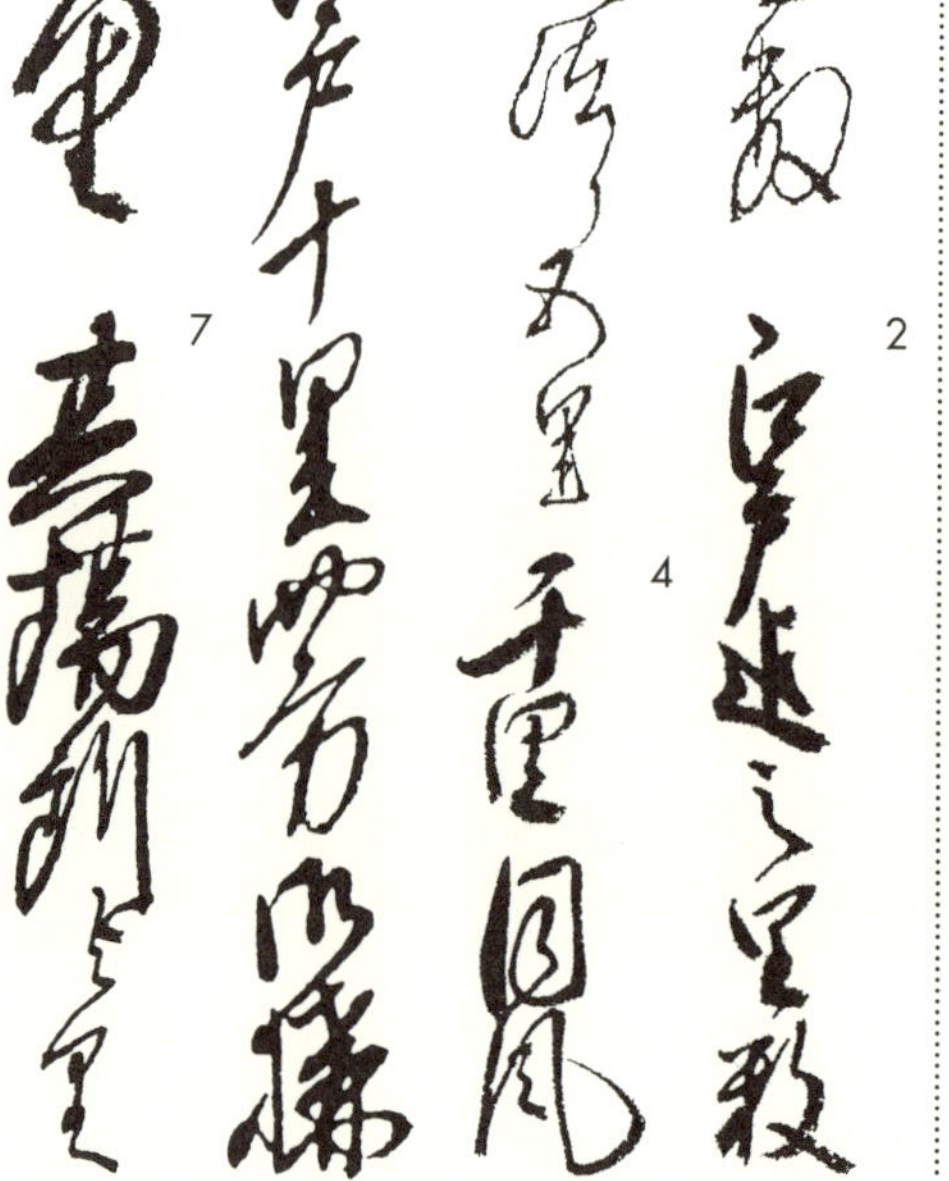

1 里数《りすう》　2 江戸迄之里数《えどまでのりすう》　3 道法リ五里《みちのりごり》　4 千里同風《せんりどうふう》　5 江戸十里四方御構《えどじゅうりしほうおかまい》　6 より　7 其場所《そのばしょ》より

658 野

4478
ヤ　の

◎くずしは異体字の頻度が高く、単漢字4番目が基本形となる（異体字一覧参照）。「田」が245頁「那」の偏と同じくずしになる点に注意。

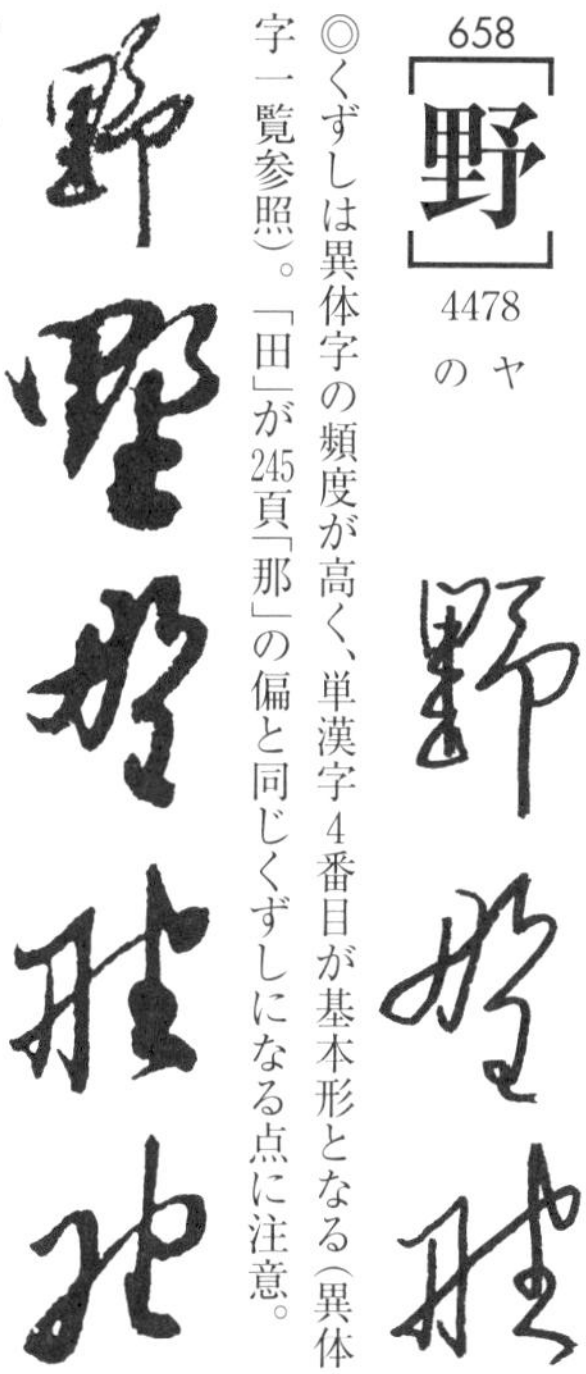

【用例】

1・2 野銭《のぜに・のせん》　3 野附《のづき》　4 野附村々《のづきむらむら》　5 御野馬《おんのま》　6 野論《のろん》　7 野境《のざかい》　8 芝野《しばの》　9 草野《くさの》　10 内野《うちの》　11 入会野《いりあいの》

659 鉄(鐵)

3720
7936
テツ　くろがね

◎No.662までの「金」偏を確実に押さえたい。単漢字4・5番目は異体字である（異体字一覧参照）。単漢字1番目が基本形。「鉄炮」が頻出。

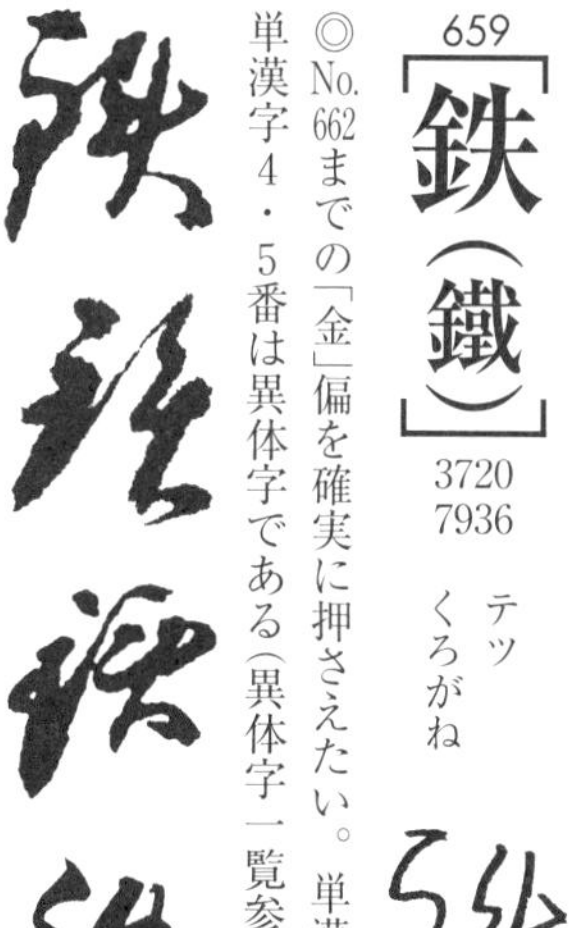

【用例】

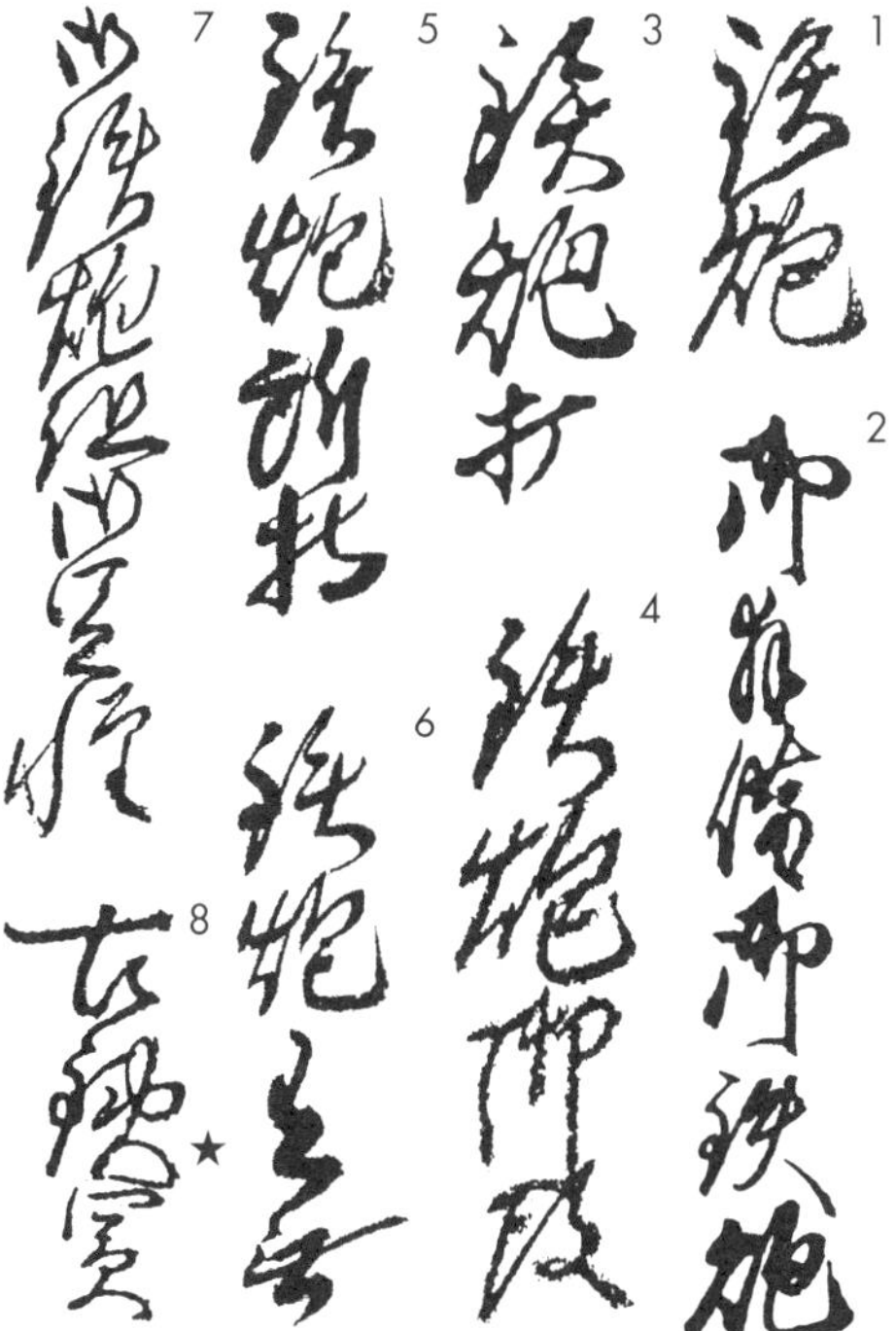

1 鉄炮《てっぽう》　2 御拝借御鉄炮《ごはいしゃくおてっぽう》　3 鉄炮打《てっぽううち》　4 鉄炮御改《てっぽうおあらため》　5 鉄炮所持《てっぽうしょじ》　6 鉄炮有無《てっぽううむ》　7 御鉄炮組御足軽《おてっぽうぐみおあしがる》　8 古鉄買《ふるてつがい》

660 銀 2268

ギン しろがね

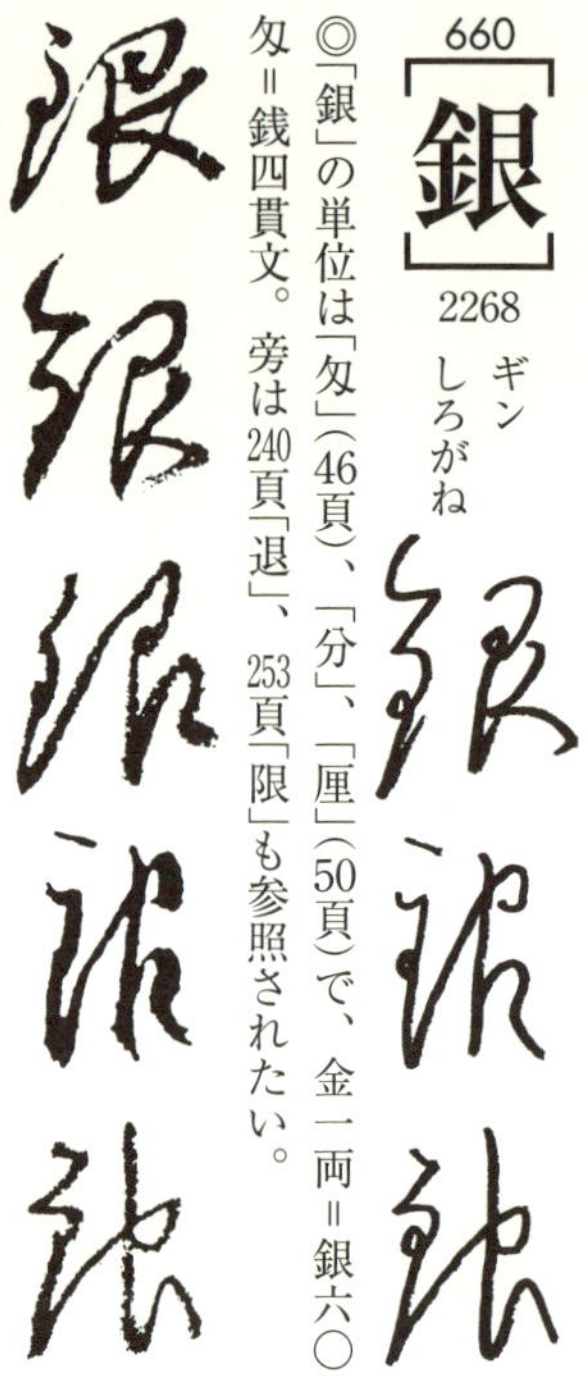

◎「銀」の単位は「匁」(46頁)、「分」、「厘」(50頁)で、金一両＝銀六〇匁＝銭四貫文。旁は240頁「退」、253頁「限」も参照されたい。

【用例】

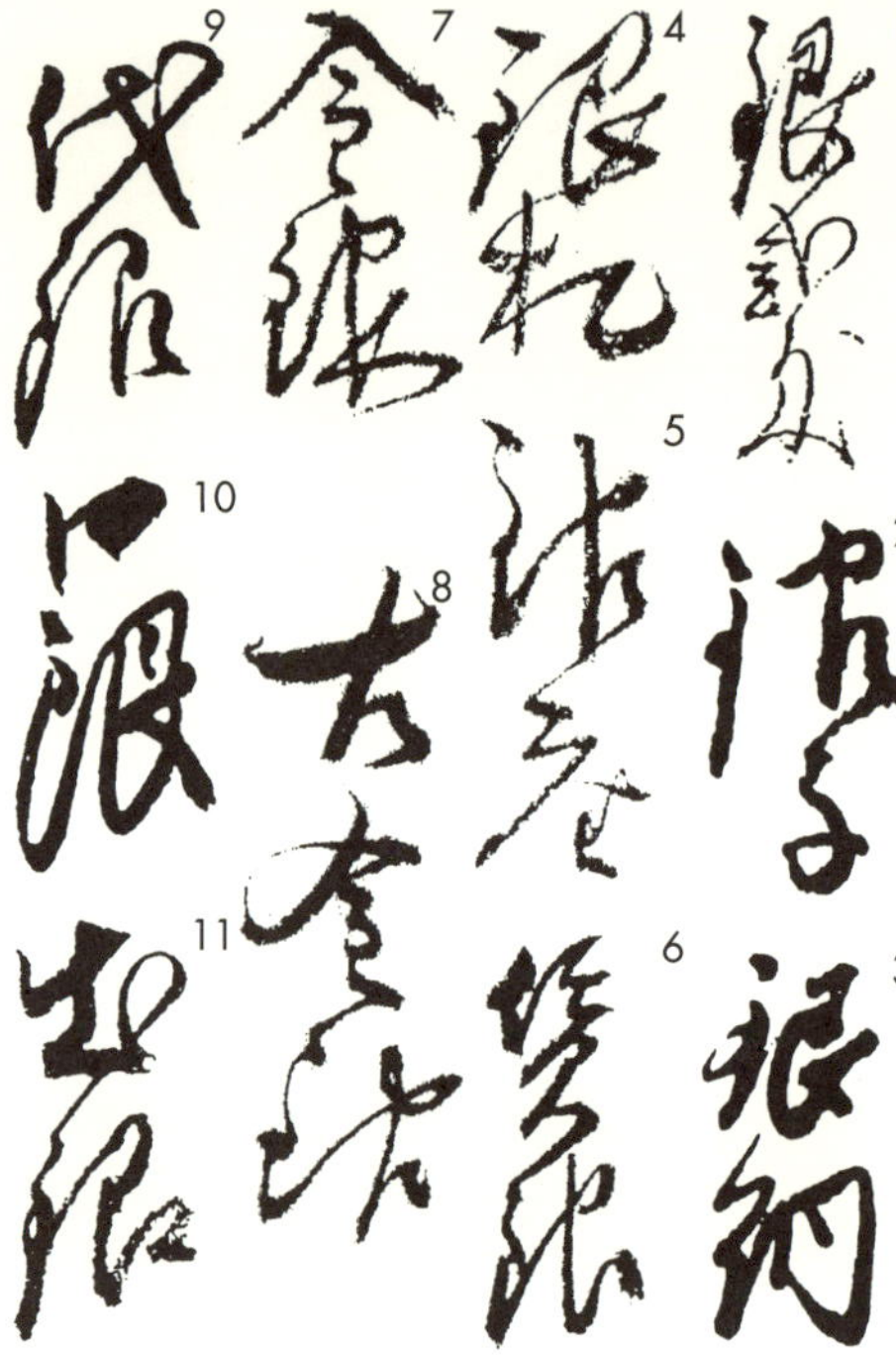

1 銀弐匁《ぎんにもんめ》 2 銀子《ぎんす》 3 銀納《ぎんのう》 4 銀札《ぎんさつ》 5 銀座《ぎんざ》 6 賃銀《ちんぎん》 7 金銀《きんぎん》 8 古金銀《こきんぎん》 9 代銀《だいぎん》 10 口銀《くちぎん》 11 出銀《しゅつぎん》

661 銘 4435

メイ

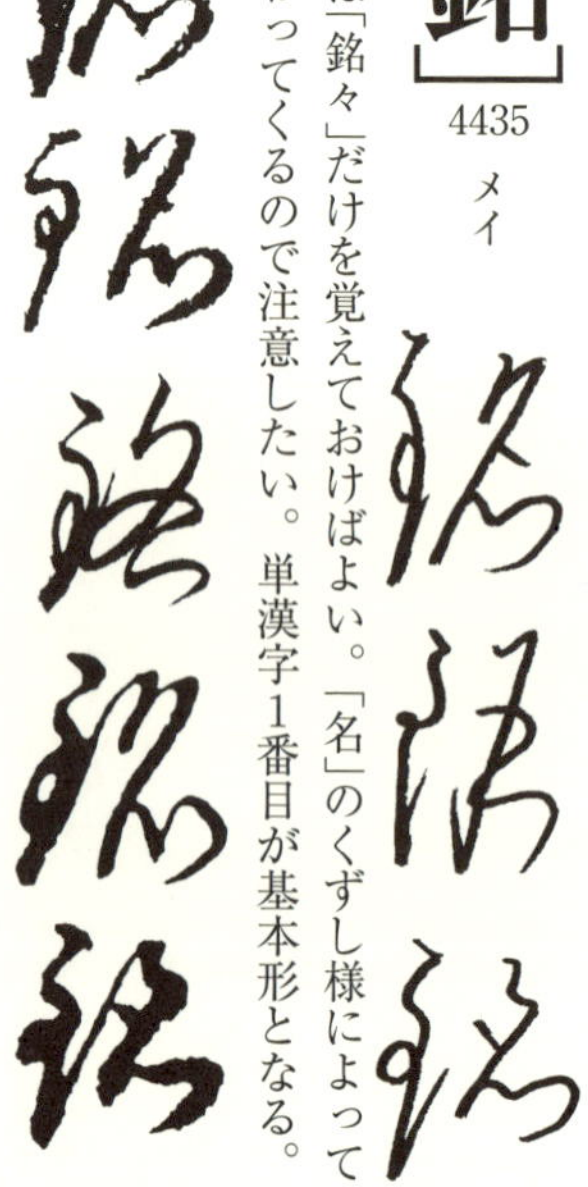

◎「銘」は「銘々」だけを覚えておけばよい。「名」のくずし様によって形が変わってくるので注意したい。単漢字1番目が基本形となる。

【用例】

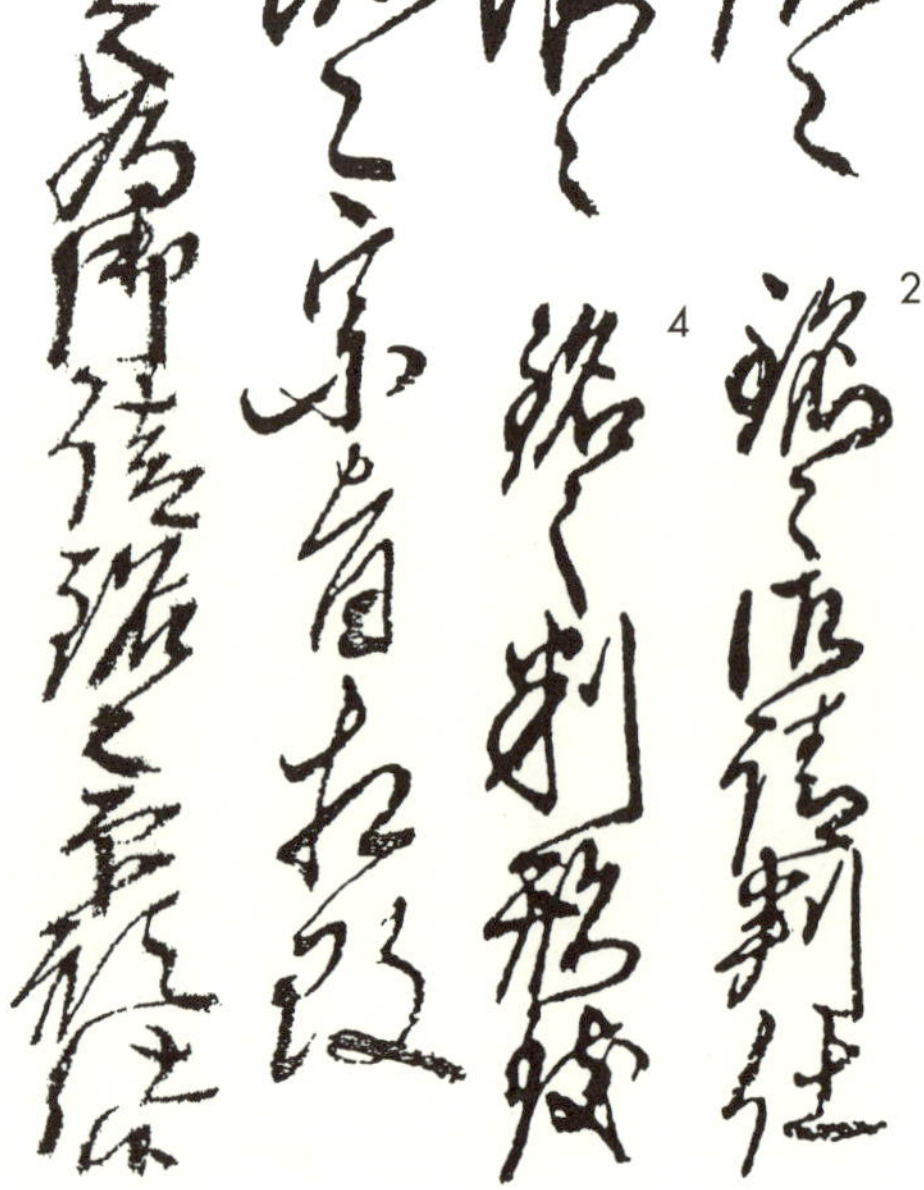

1 銘々《めいめい》 2 銘々御請判仕《めいめいおうけはんつかまつり》 3 銘々《めいめい》 4 銘々判形致《めいめいはんぎょういたし》 5 銘々宗旨相改《めいめいしゅうしあいあらため》 6 依レ之為二御請一銘々印形仕候《これによりおうけとしてめいめいいんぎょうつかまつりそうろう》

662 鋪 4263

ホ
フ
しく

◎「敷」と混用され、「屋鋪」「間鋪」が頻出する重要語。ここでは「甫」の運筆が変わる単漢字4・5番目を覚えたい（162頁「浦」も参照）。

【用例】

1 屋鋪《やしき》　2 宜鋪《よろしく》　3 嚴鋪《きびしく》　4 六ケ鋪《むつかしく》　5 如何鋪《いかがわしく》　6 間鋪《まじく》　7 決而致間鋪《けっしていたすまじく》　8 中間鋪《もうすまじく》　9 ケ間鋪《がましく》

663 長 3625

チョウ
ながい
おさ・たけ

◎特徴的なくずしの単漢字3番目が基本形となる（89頁「帳」、95頁「張」も参照されたい）。純粋な長さをあらわす用例8の形が頻出。

【用例】

1 長座《ちょうざ》　2 長坐《ちょうざ》　3 長病《ちょうびょう》　4 長煩《ながわずらい》　5 長屋《ながや》　6 長持《ながもち》　7 長脇差《ながわきざし》　8 長弐百間余《ながさにひゃっけんあまり》　9 長百性《おとなびゃくしょう・おさびゃくしょう》　10 増長《ぞうちょう》　11 成長《せいちょう》

664 閑 2055

カン
しずか

◎「門」が上に小さくのる単漢字2番目以降の形に注意したい。「木」は「ホ」と記されることが多い。「等閑」が頻出の重要語である。

【用例】

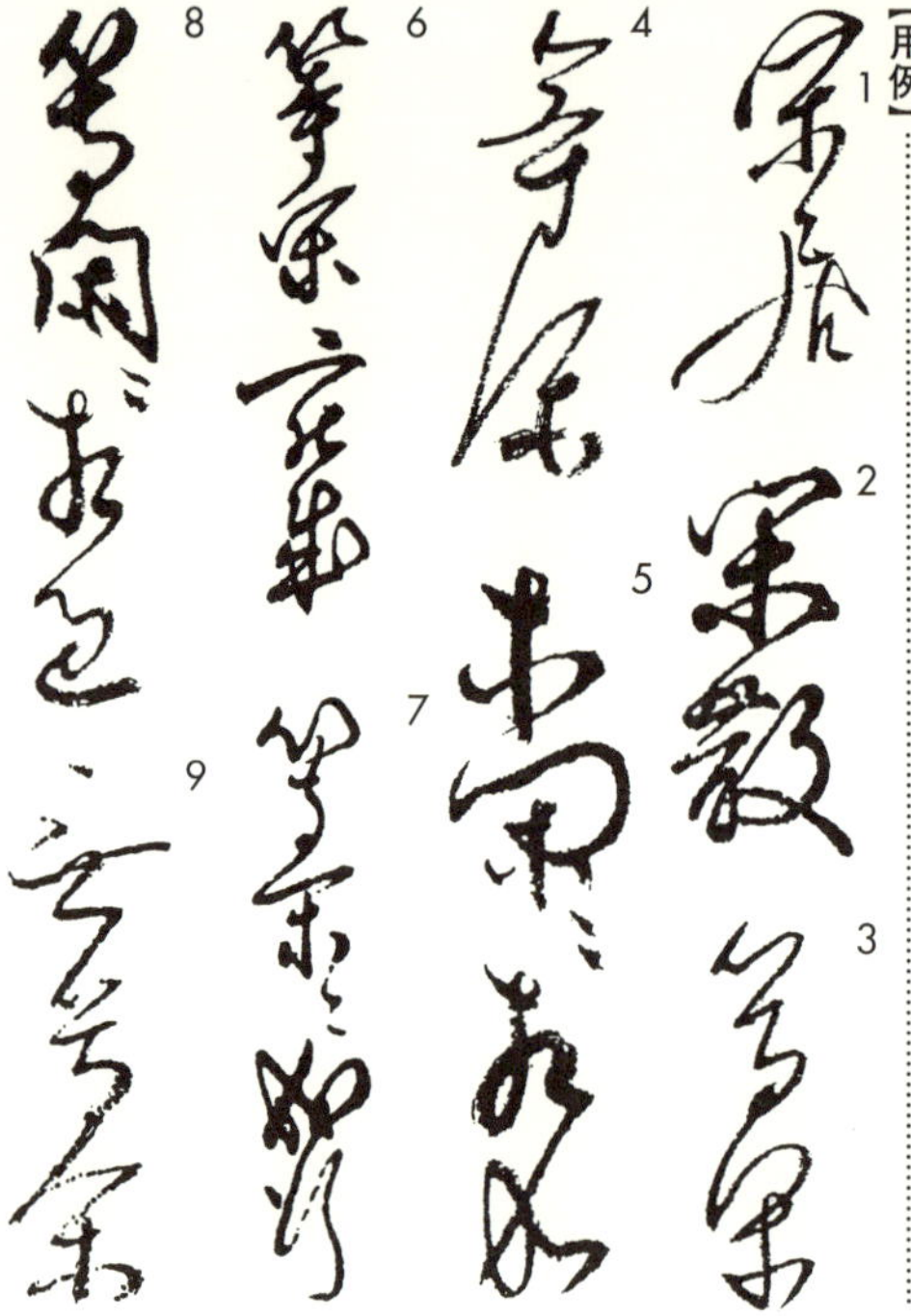

1 閑居《かんきょ》　2 閑散《かんさん》　3・4 等閑《なおざり／とうかん》　5 等閑《とうかん》二相成《あいなり》　6 等閑《とうかん》二罷成《まかりなり》　7 等閑《とうかん》二成行《なりゆき》　8 等閑《とうかん》二相過《あいすごし》　9 無二等閑一《とうかんなく》

665 関(關) 2056 7980

カン
せき
かかわる

◎上段「閑」同様に「門」の形に注意したい。単漢字3・4番目が基本形。「関東」(147頁「東」も参照)、「関所」が頻出の重要語である。

【用例】

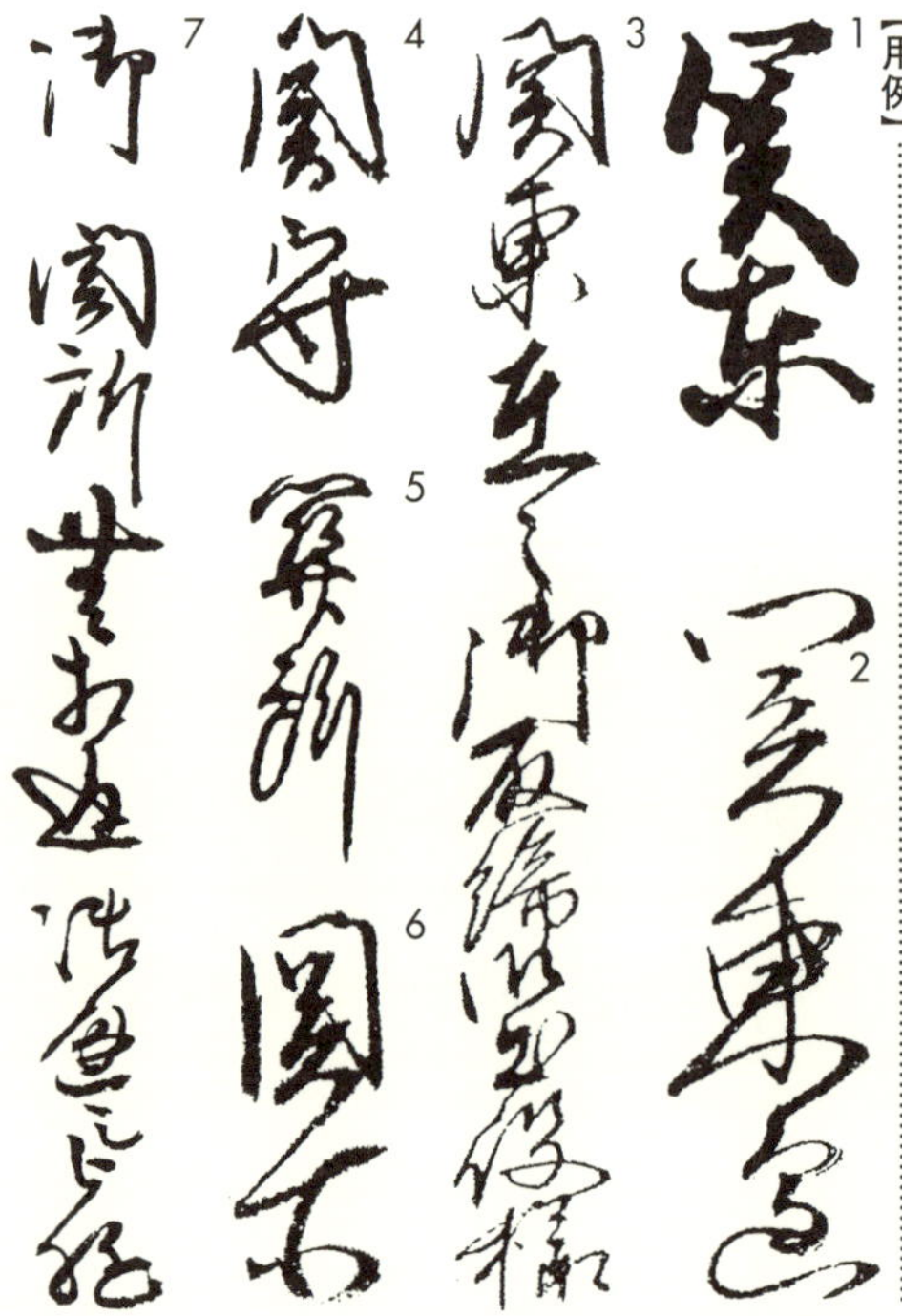

1 関東《かんとう》　2 関東邊《かんとうあたり》　3 関東在々御取締御出役様《かんとうざいざいおとりしまりごしゅつやくさま》　4 関守《せきもり》　5 關所《せきしょ》　6 関所《せきしょ》　7 御《お》関所無二相違一御通シ被レ遊《せきしょそういなくおとおしあそばされ》

666 附 4177

フ　つく

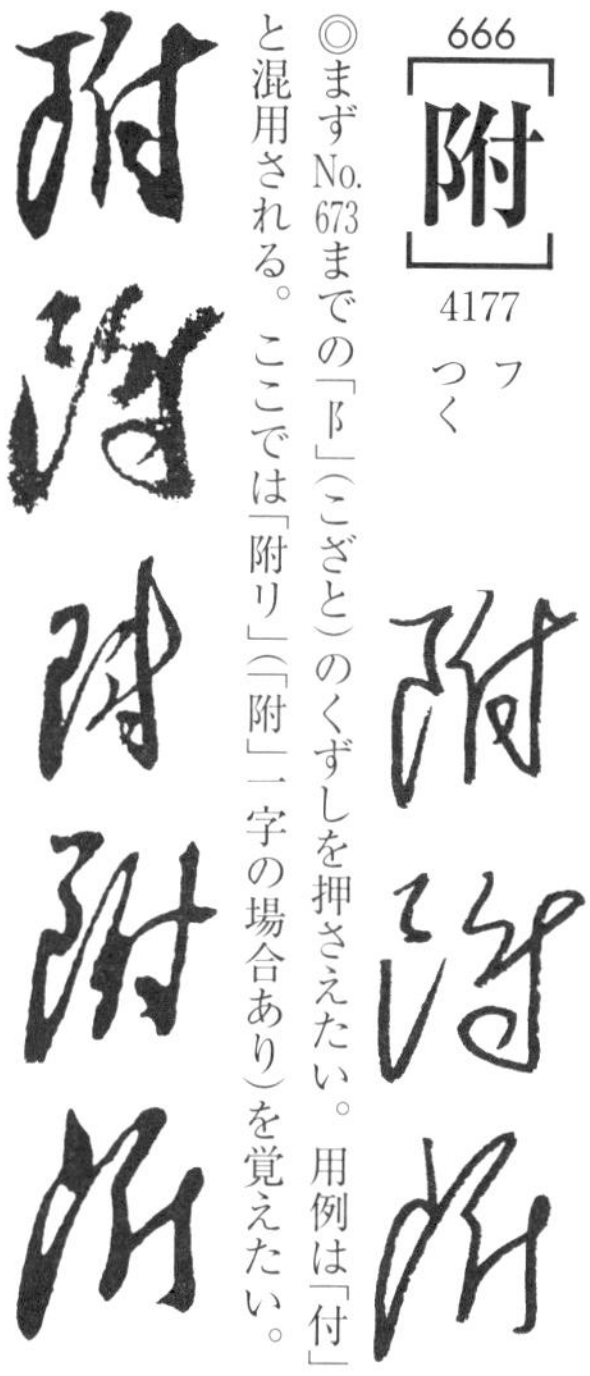

◎まずNo.673までの「阝」（こざと）のくずしを押さえたい。用例は「付」と混用される。ここでは「附リ」（「附」一字の場合あり）を覚えたい。

【用例】

1 寄附《きふ》　2 附リ《つけたり》　3 附送《つけおくり》　4 附添《つきそい》　5 割附《わりつけ》　6 仕附《しつけ》　7 相附《あいつけ》　8 手附《てつけ》　9 刻附《こくづけ》　10 書附《かきつけ》　11 心附《こころづけ》　12 入附《いりつけ》

667 限 2434

ゲン／きり　かぎる　かぎり

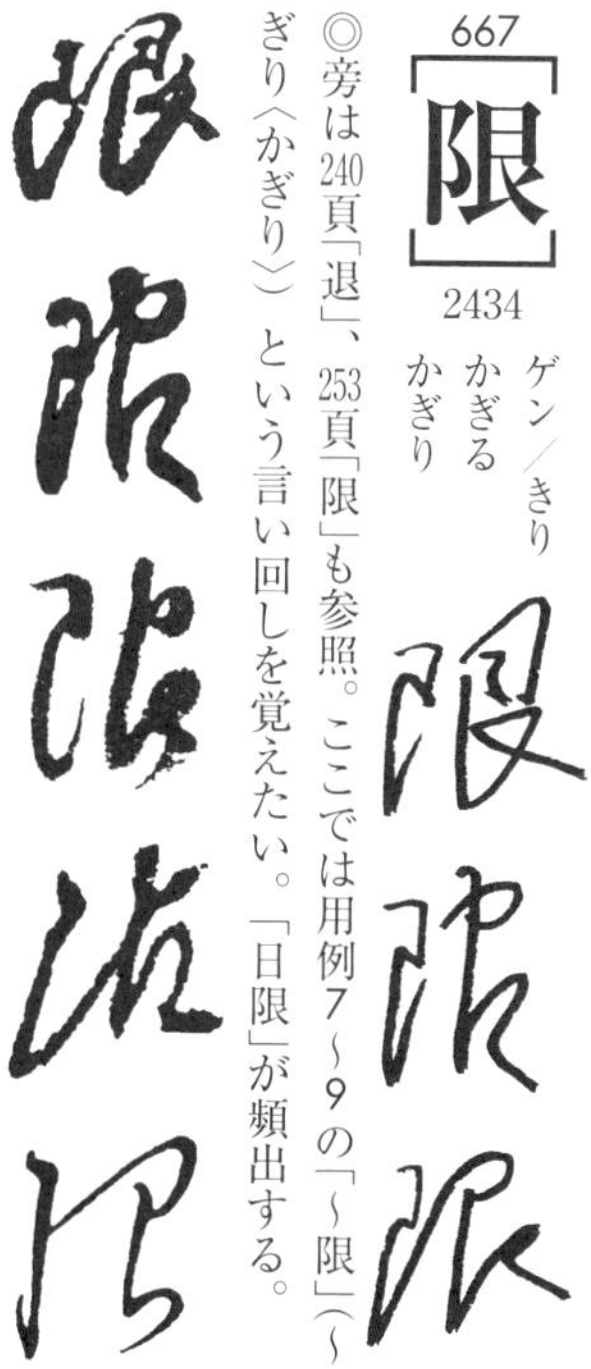

◎旁は240頁「退」、253頁「限」も参照。ここでは用例7〜9の「〜限」（〜ぎり〈かぎり〉）という言い回しを覚えたい。「日限」が頻出する。

【用例】

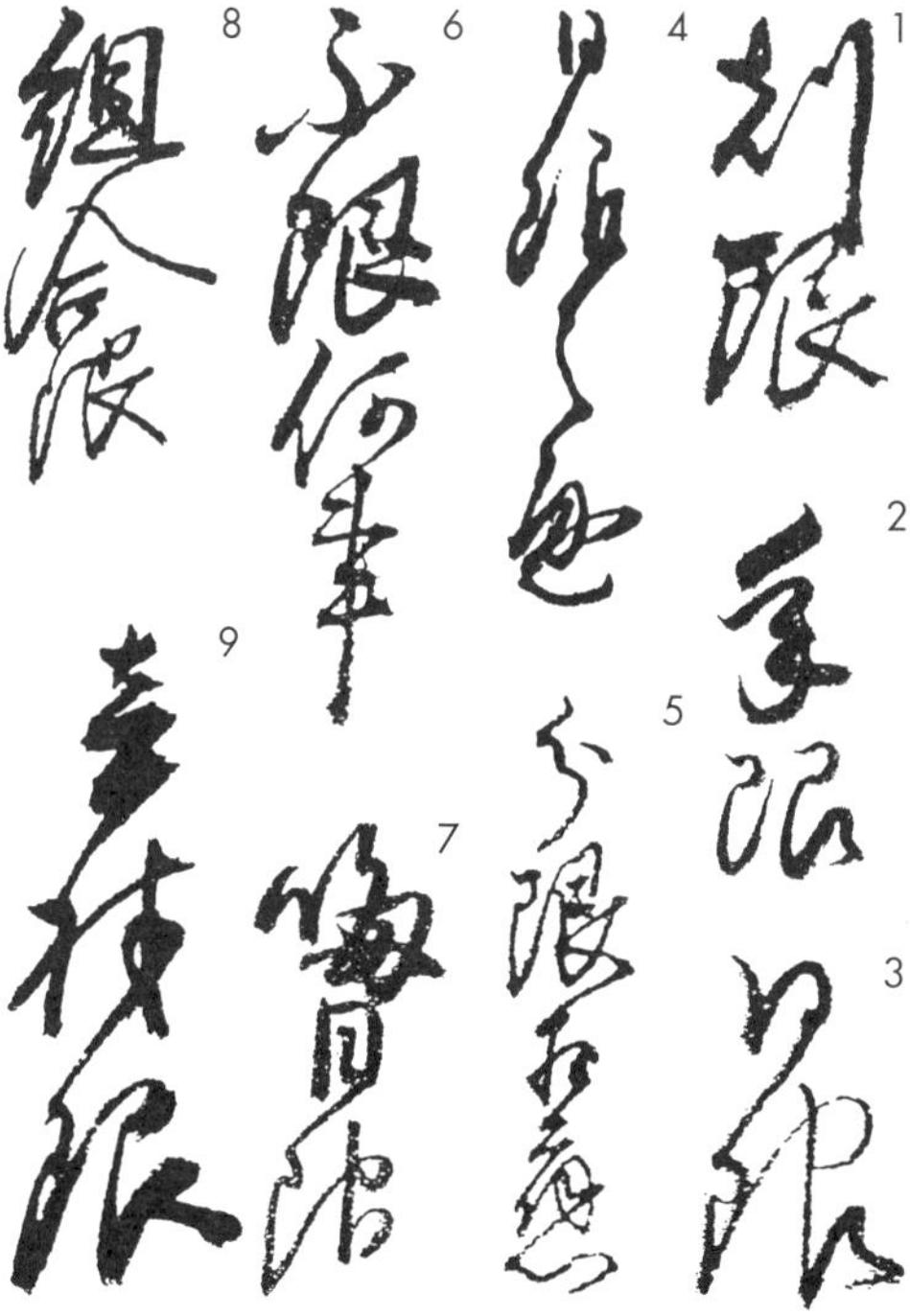

1 刻限《こくげん》　2 年限《ねんげん》　3 日限《ひぎり》《にちげん》　4 日限之通《にちげんのとおり》　5 分限相應《ぶんげんそうおう》《ぶげんそうおう》　6 不レ限二何事一《なにごとにかぎらず》　7 晦日限《みそかぎり》　8 組合限《くみあいかぎり》　9 壱村限《いっそんかぎり》

668
【院】
1701
イン

◎ここでは単漢字3〜5番目の「完」（未収録）の原形のない特殊なくずしをぜひ覚えてほしい。「寺院」が頻出する重要語である。

【用例】

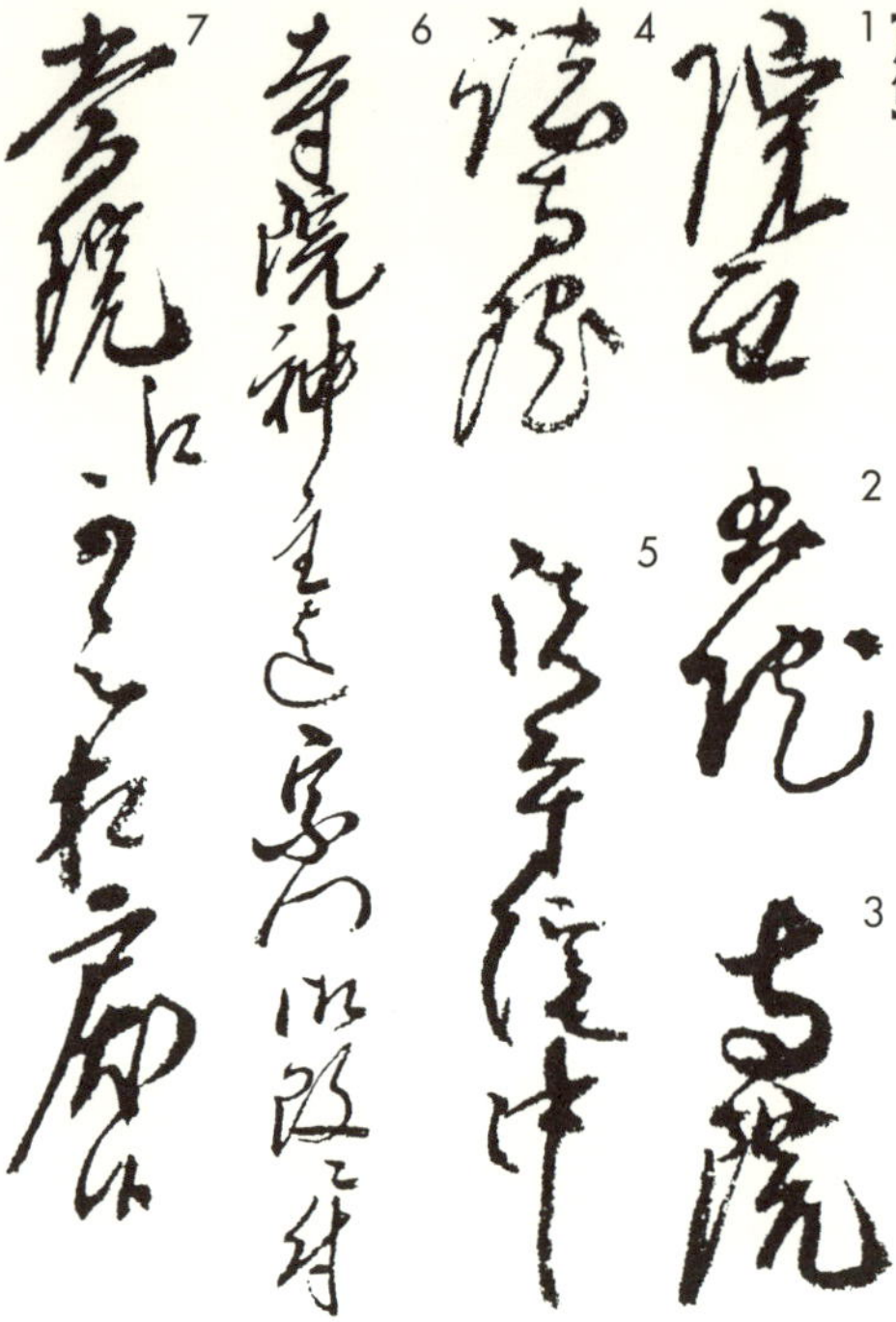

1 院主《いんしゅ》　2 書院《しょいん》　3 寺院《じいん》　4 諸寺院《しょじいん》　5 諸寺院中《しょじいんちゅう》
6 寺院《じいん》・神主迄宗門御改《かんぬしまでしゅうもんおあらため》ニ付《につき》　7 當院江《とういんへ》可レ被二相戻一候《あいもどさるべくそうろう》

669
【除】
2992
ジョ・ジ
のぞく
よける

◎基本的に判読は容易だが、旁の「ヘ」が「∠」と記された用例1・2・5のくずしには注意しておきたい。「除地」「相除」が頻出する。

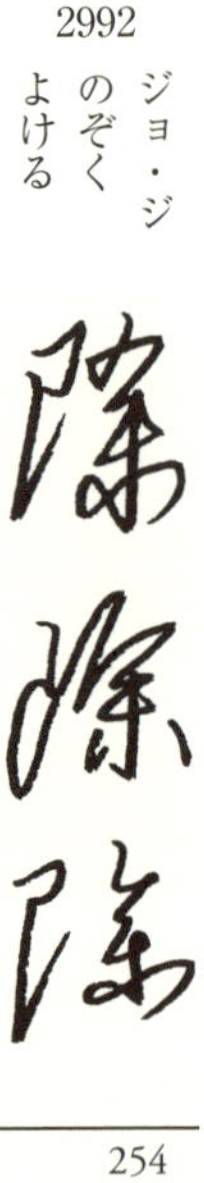

【用例】

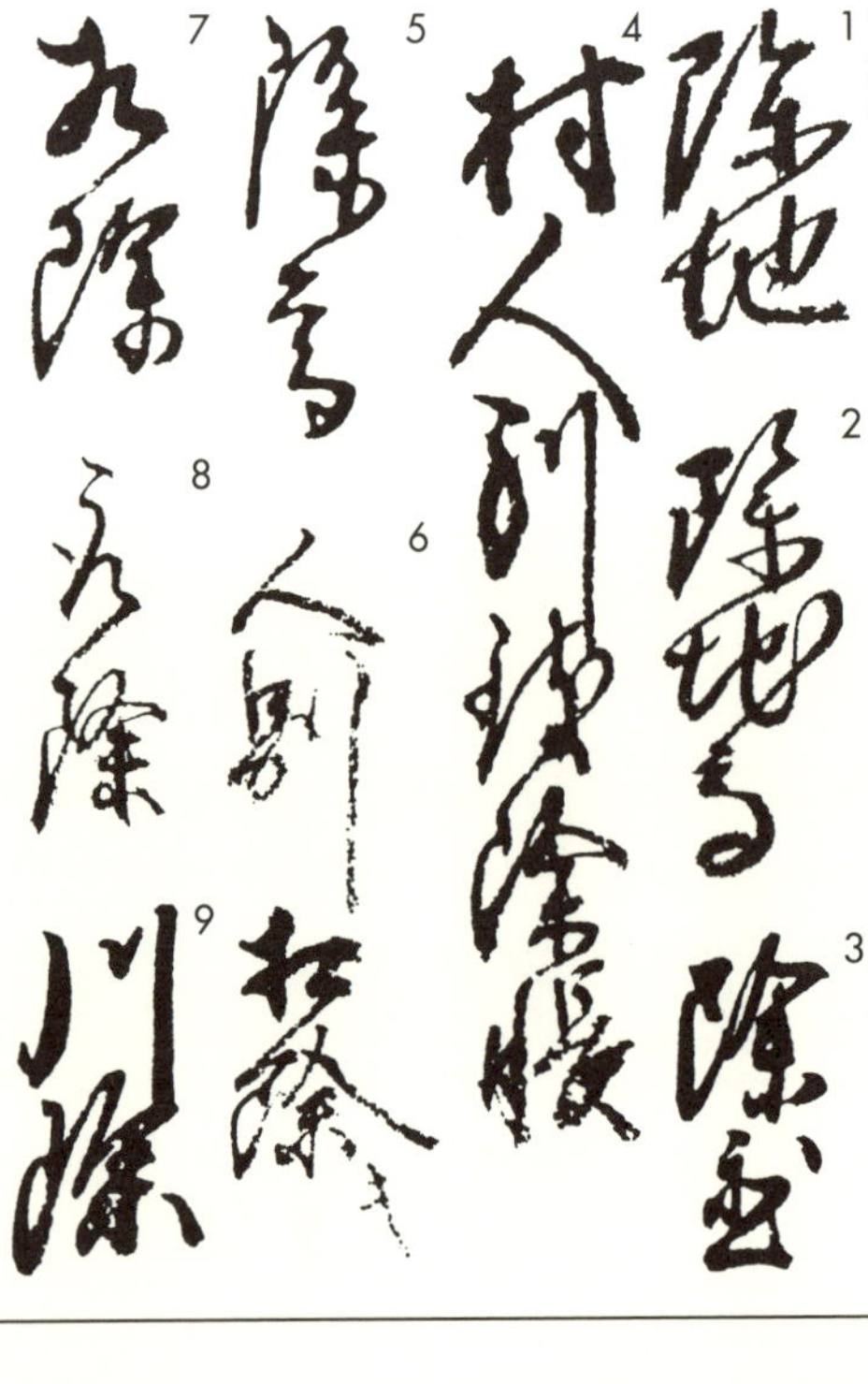

1 除地《よけち》《じょち》　2 除地高《じょちだか》　3 除置《のぞきおく》　4 村人別致二除帳一《むらにんべつよけちょういたし》　5 除高《よけだか》《のぞきだか》
6 人別相除キ《にんべつあいのぞき》　7 相除《あいのぞく》　8 取除《とりのく》　9 川除《かわよけ》

670 随(隨)

3179
7814

ズイ
したがう
したがって

◎「随分」「随而」が頻出する重要語である。ここでは旁が原形をとどめず「を」に類似した単漢字4・5番目を押さえておきたい。

【用例】

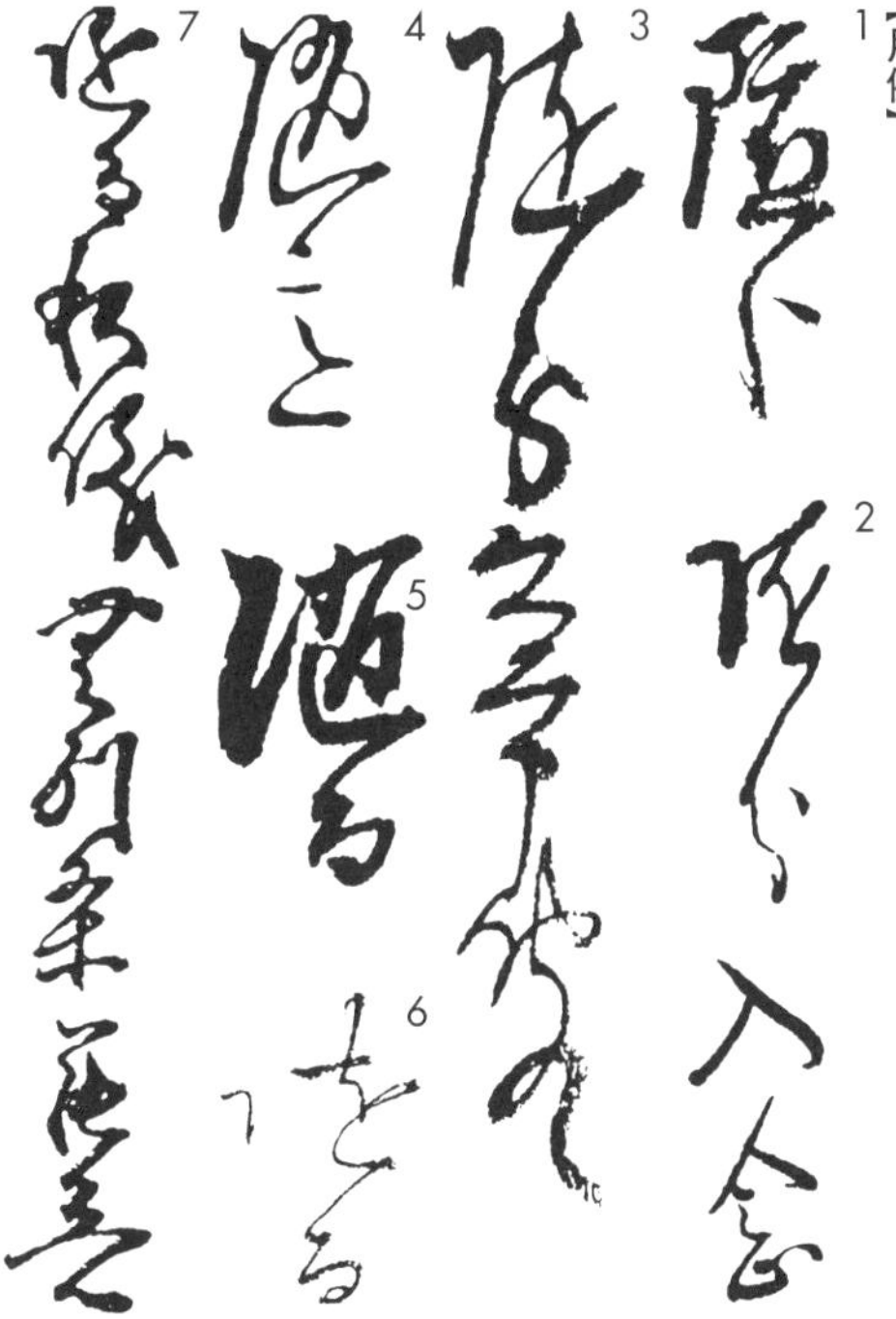

1 随分《ずいぶん》　2 随分入レ念《ずいぶんねんをいれ》　3 随分宜申聞候《ずいぶんよろしくもうしきかせそうろう》　4 随意《ずいい》

5・6 随而《したがって》　7 随而私儀無二別条一罷在候《したがってわたくしぎべつじょうなくまかりありそうろう》

671 隠(隱)

1703
8012

イン・オン
かくれる
かくす

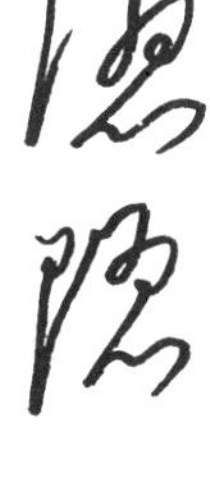

◎旁は106頁「愚」と酷似したくずしとなり、単漢字1番目が基本形。「隠居」「隠置」(204頁「脇」、210頁「若」も参照)が頻出の重要語である。

【用例】

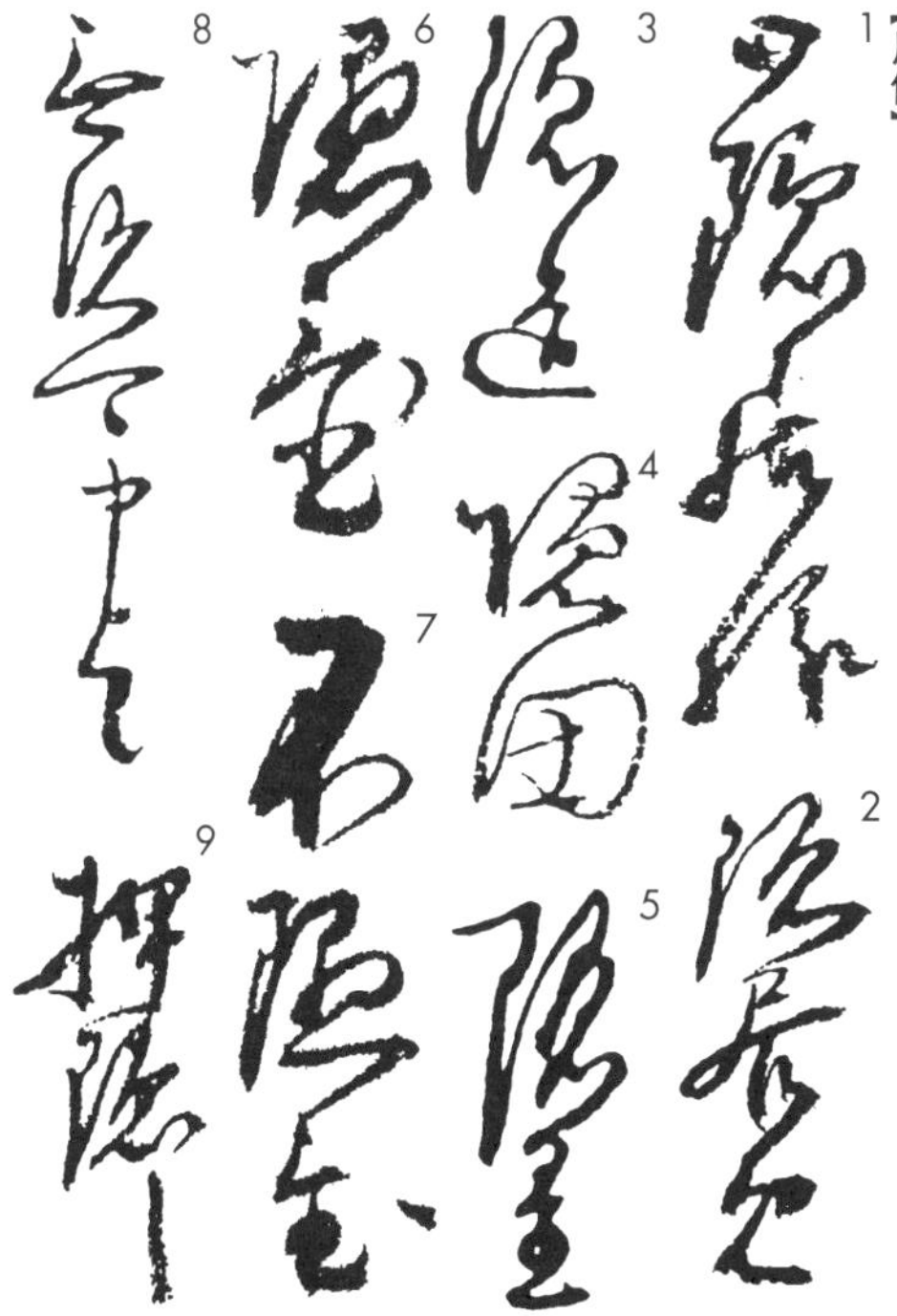

1 御隠居様《ごいんきょさま》　2 隠居免《いんきょめん》　3 隠造《いんぞう》　4 隠田《いんでん》　5・6 隠置《かくしおく》

7 不二隠置一《かくしおかず》　8 無レ隠可二申上一候《かくれなくもうしあぐべくそうろう》　9 押隠し《おしかくし》

672 障

3067

ショウ
さわる

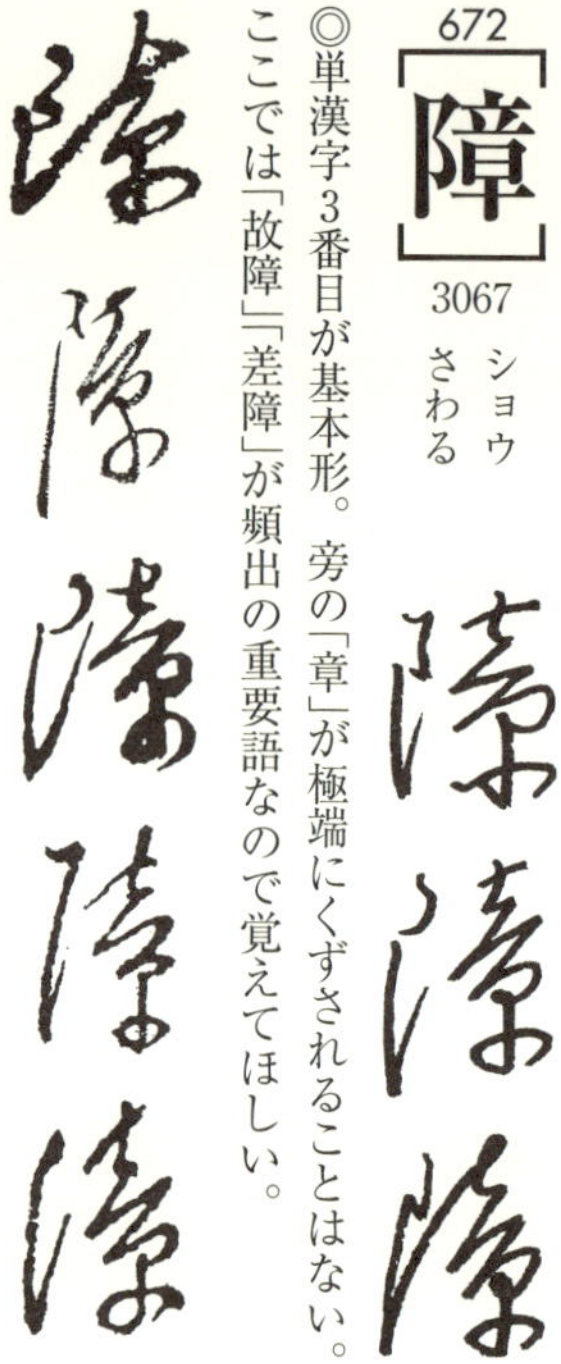

◎単漢字3番目が基本形。旁の「章」が極端にくずされることはない。ここでは「故障」「差障」が頻出の重要語なので覚えてほしい。

【用例】

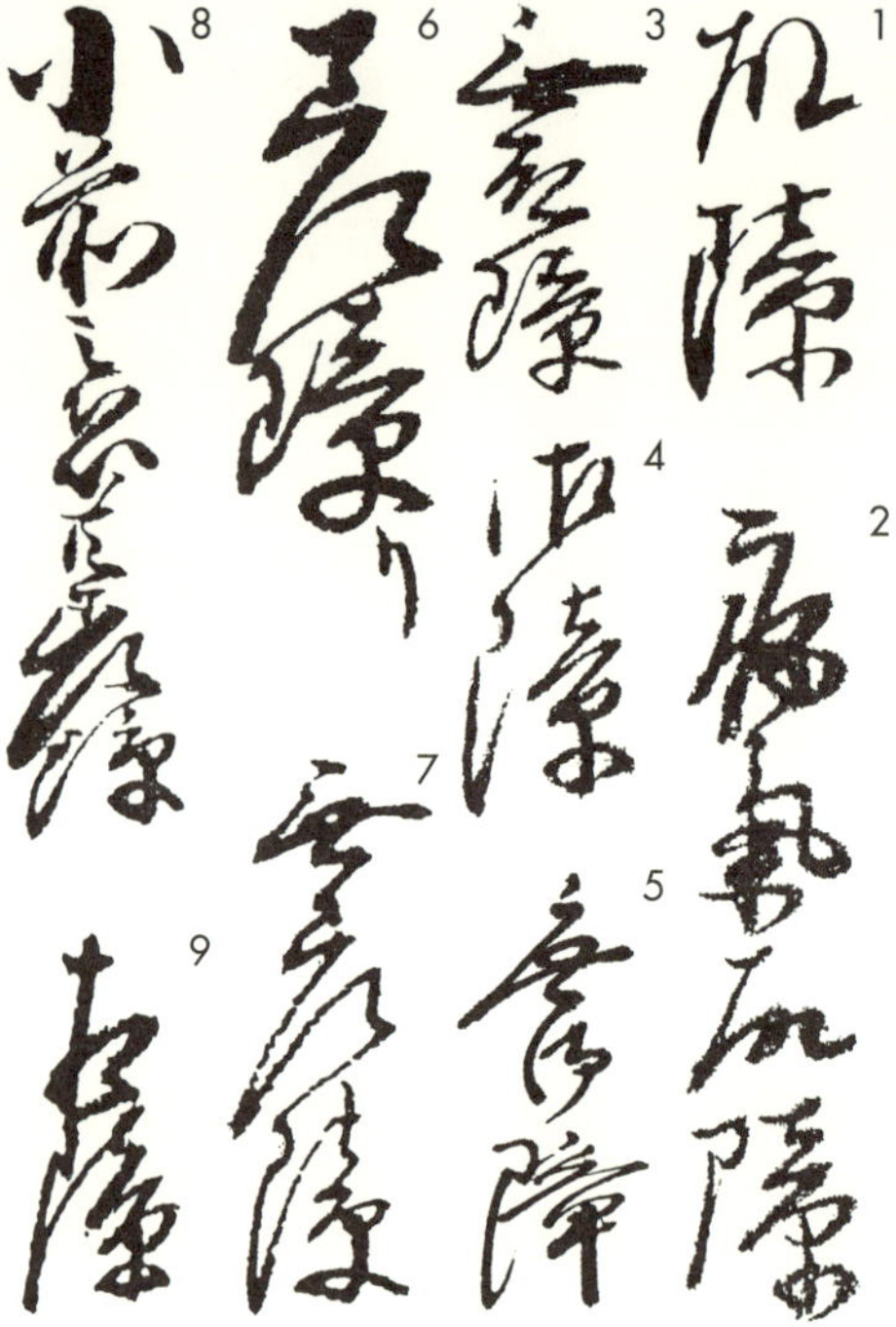

1 故障《こしょう》 2 病氣故障《びょうきこしょう》 3 無㆓故障㆒《こしょうなく》 4 御障《おさわり》 5 無㆓御障㆒《おさわりなく》 6 差障り《さしさわり》 7 無㆓差障㆒《さしさわりなく》 8 小前之者共差障《こまえのものどもさしさわり》 9 相障《あいさわり》

673 隣

4657

リン
となり

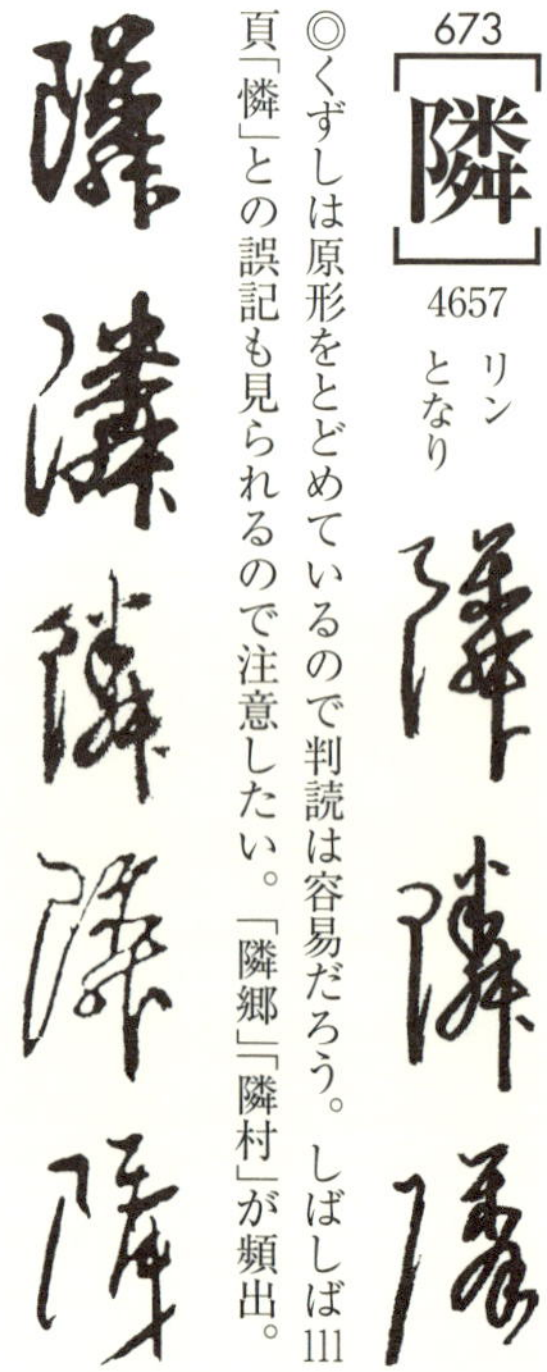

◎くずしは原形をとどめているので判読は容易だろう。しばしば111頁「憐」との誤記も見られるので注意したい。「隣郷」「隣村」が頻出。

【用例】

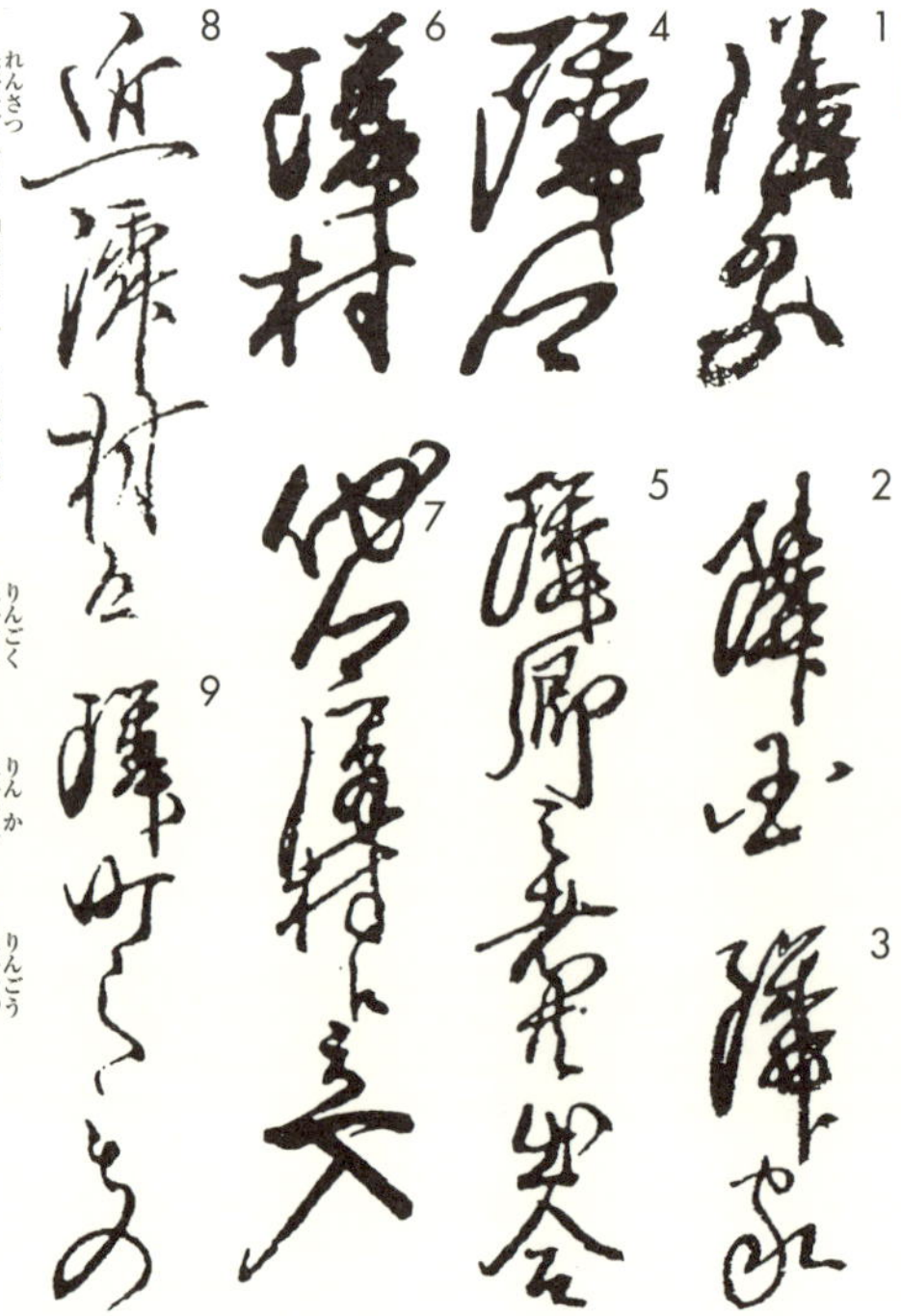

1 隣察《れんさつ》(※「憐察」の誤記) 2 隣国《りんごく》 3 隣家《りんか》 4 隣郷《りんごう》 5 隣郷之者共出合《りんごうのものどもであい》 6 隣村《となりむら りんそん》 7 他郷《たごう》・隣村《りんそん》江立入《へたちいり》 8 近隣村々《きんりんむらむら》 9 隣町之もの《となりまちの》

674 雇 2459

コ
やとう
やとい

◎「隹」（ふるとり）は単漢字3・4番目の形を確実に覚えておきたい。「雇」は「人足」や「馬」とセットで出てくることが多い。

【用例】

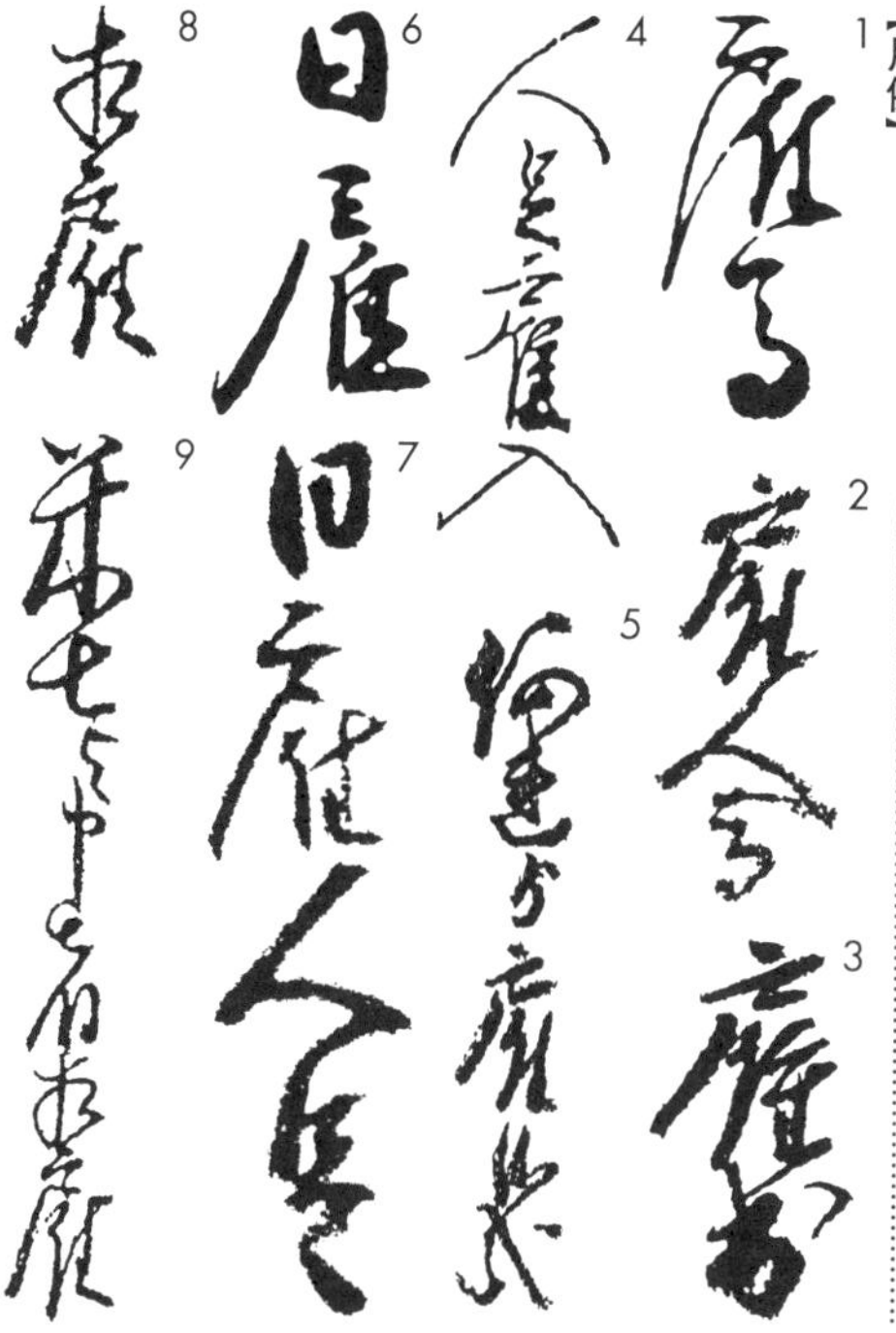

1 雇馬《やというま》　2 雇人馬《やといじんば》　3 雇出《やといだす》　4 人足雇入《にんそくやといいれ》　5 何《いず》れ分《より》雇《やとい》候《そうろう》哉《や》

6 日雇《ひやとい》　7 日雇人足《ひやといにんそく》　8 相雇《あいやとう》　9 米七《よねしち》与《と》申《もうす》者《もの》相雇《あいやとい》

675 集 2924

シュウ
あつまる
つどう

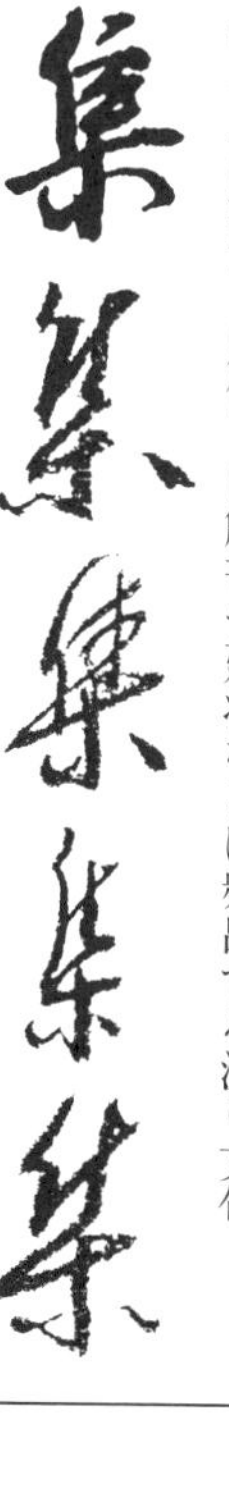

◎くずしは原形をとどめているので問題ないが、「木」が「ホ」と記される点に注意。用例7は触書や廻状などに頻出する決り文句。

【用例】

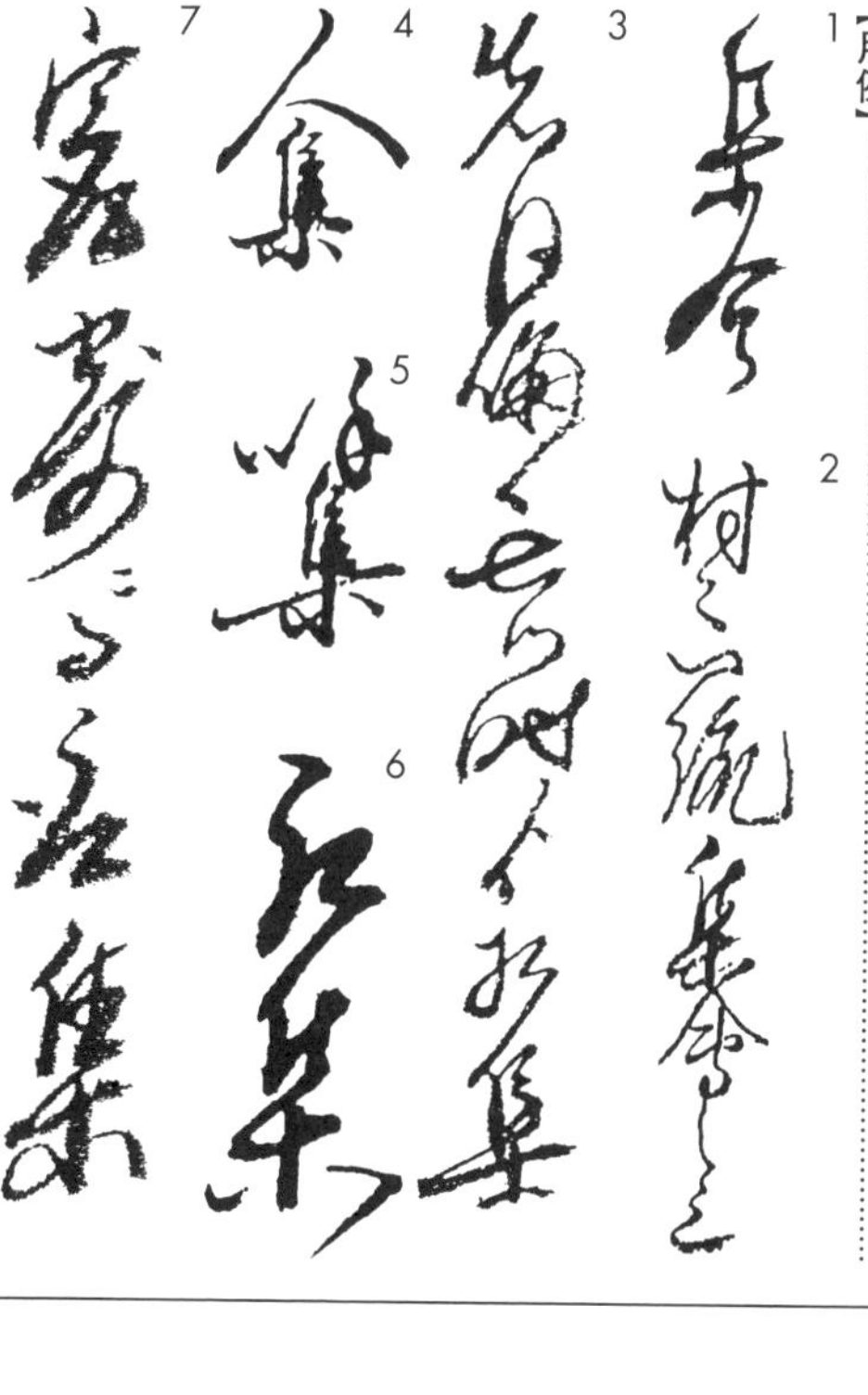

1 集會《しゅうかい》　2 村々一統集會之上《むらむらいっとうしゅうかいのうえ》　3 先月晦日七ツ時分相集《せんげつみそかななつどきよりあいあつまり》

4 人集《ひとあつめ》　5 呼集《よびあつめ》　6 取集《とりあつめ》　7 最寄二而取集《もよりにてとりあつめ》

676 雑（雜）

2708
8024

ザツ
ゾウ

◎旧字「雜」の場合、偏が132頁「新」や218頁「親」と同じくずしになる点に注意したい。ここでは「雑木」「雑用」が頻出する。

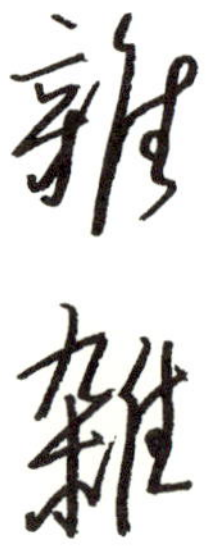

【用例】

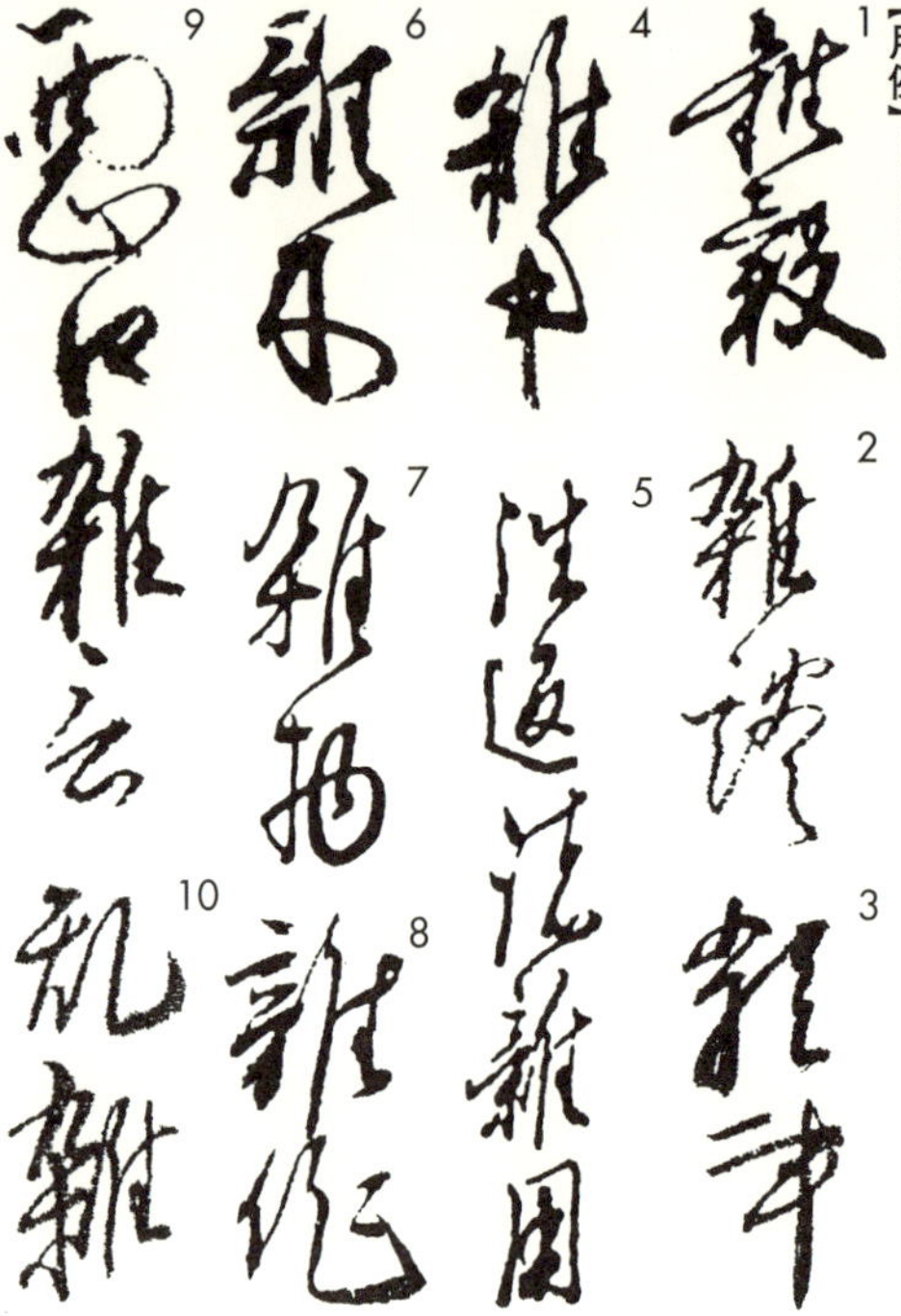

1 雑穀《ざっこく》　2 雑談《ざつだん》　3 雑事《ざつじ》　4 雑用《ざつよう》　5 往返諸雑用《おうへんしょざつよう》　6 雑木《ぞうぼく ぞうき》　7 雑物《ぞうもつ》　8 雑作《ぞうさ》　9 悪口雑言《あっこうぞうごん》　10 乱雑《らんざつ》

677 離

4605

リ
はなれる

◎「離縁」「離別」はいわゆる「三くだり半」に頻出する重要語。「久離」とは「欠落」（失踪・出奔・家出）した者との親族関係を断つこと。

【用例】

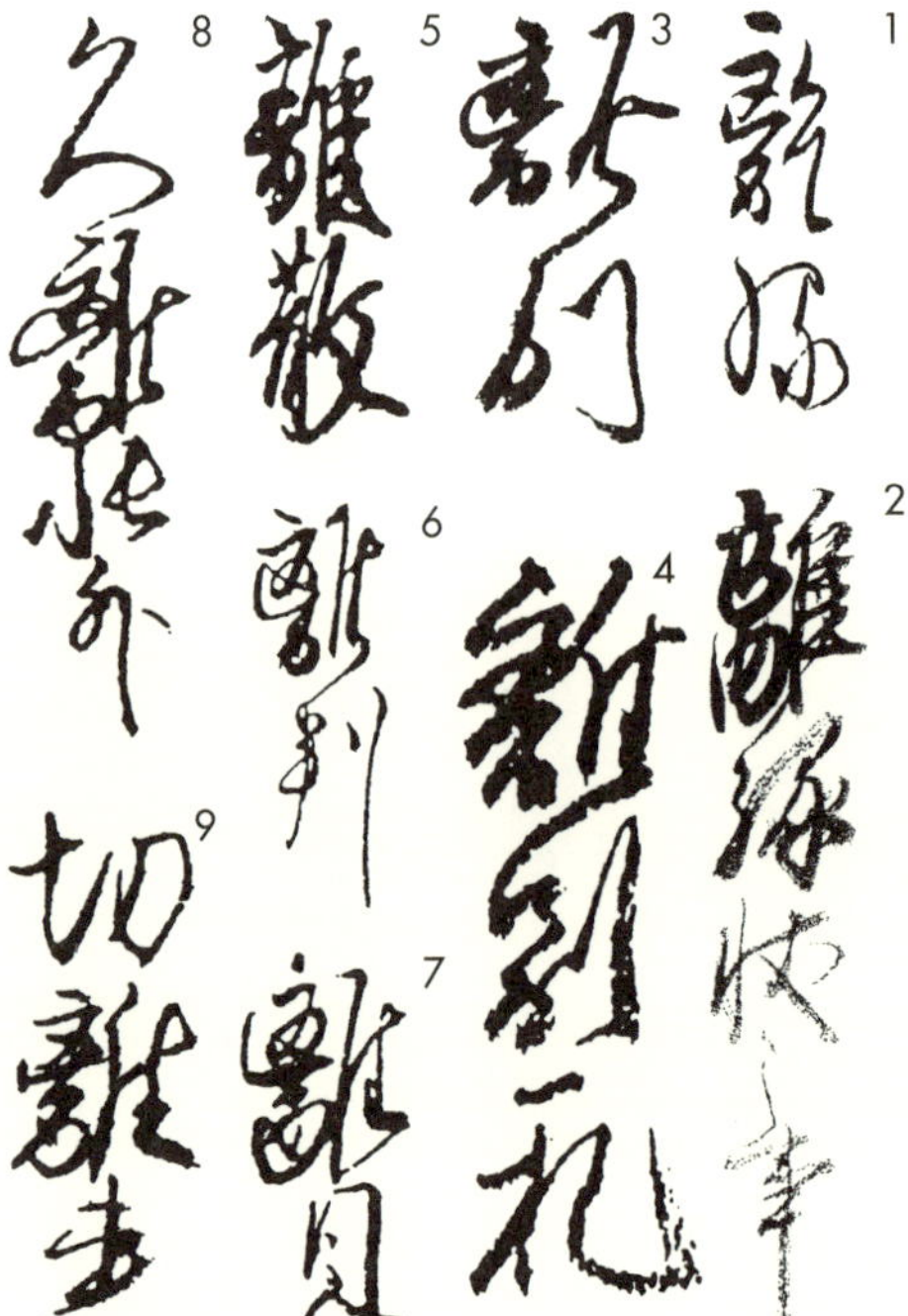

1 離縁《りえん》　2 離縁状之事《りえんじょうのこと》　3 離別《りべつ》　4 離別一札《りべついっさつ》　5 離散《りさん》　6 離判《りはん》　7 離旦《りだん》　8 久離帳外《きゅうりちょうがい》　9 切離《きりはな》れ

678 [雨] 1711 ウ あめ

◎単漢字3・4番目が基本形で、くずしは「両」や「留」とも酷似する。ここでは「雨天」「大(風)雨」が頻出するので覚えたい。

【用例】

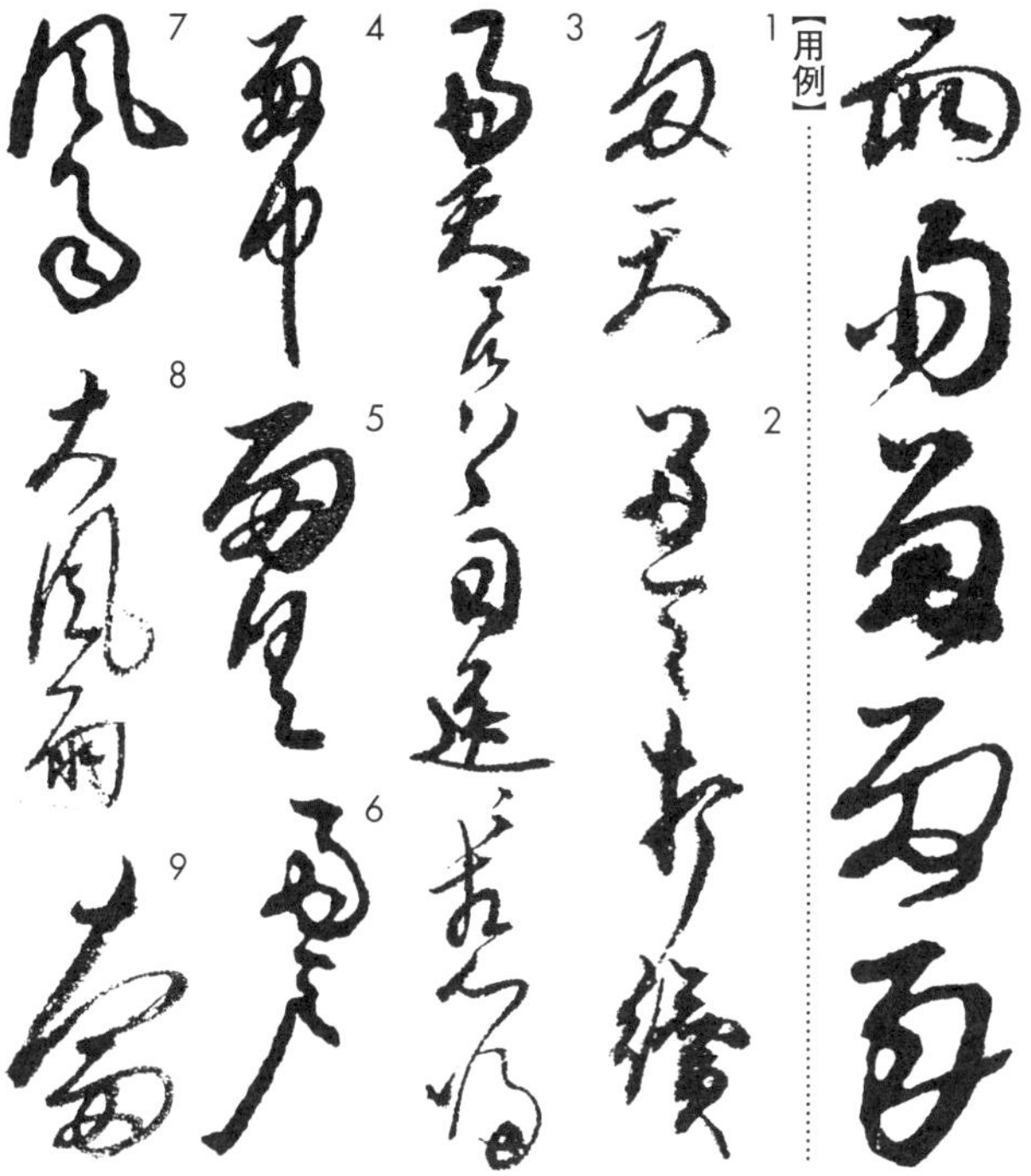

1 雨天《うてん》
2 雨天打續《うてんうちつづき》
3 雨天ニ候ハヽ日送ニ相心得《うてんにそうらわばひおくりにあいこころえ》
4 雨中《うちゅう》
5 雨具《あまぐ》
6 雨戸《あまど》
7 風雨《ふうう》
8 大風雨《だいふうう》
9 大雨《おおあめ》

679 [露] 4710 ロ つゆ

◎ここでは雨かんむりのくずしを覚えたい。217頁「覆」の「襾」も同じくずしになる。「路」は236頁参照。「露顕」「披露」が頻出の重要語。

【用例】

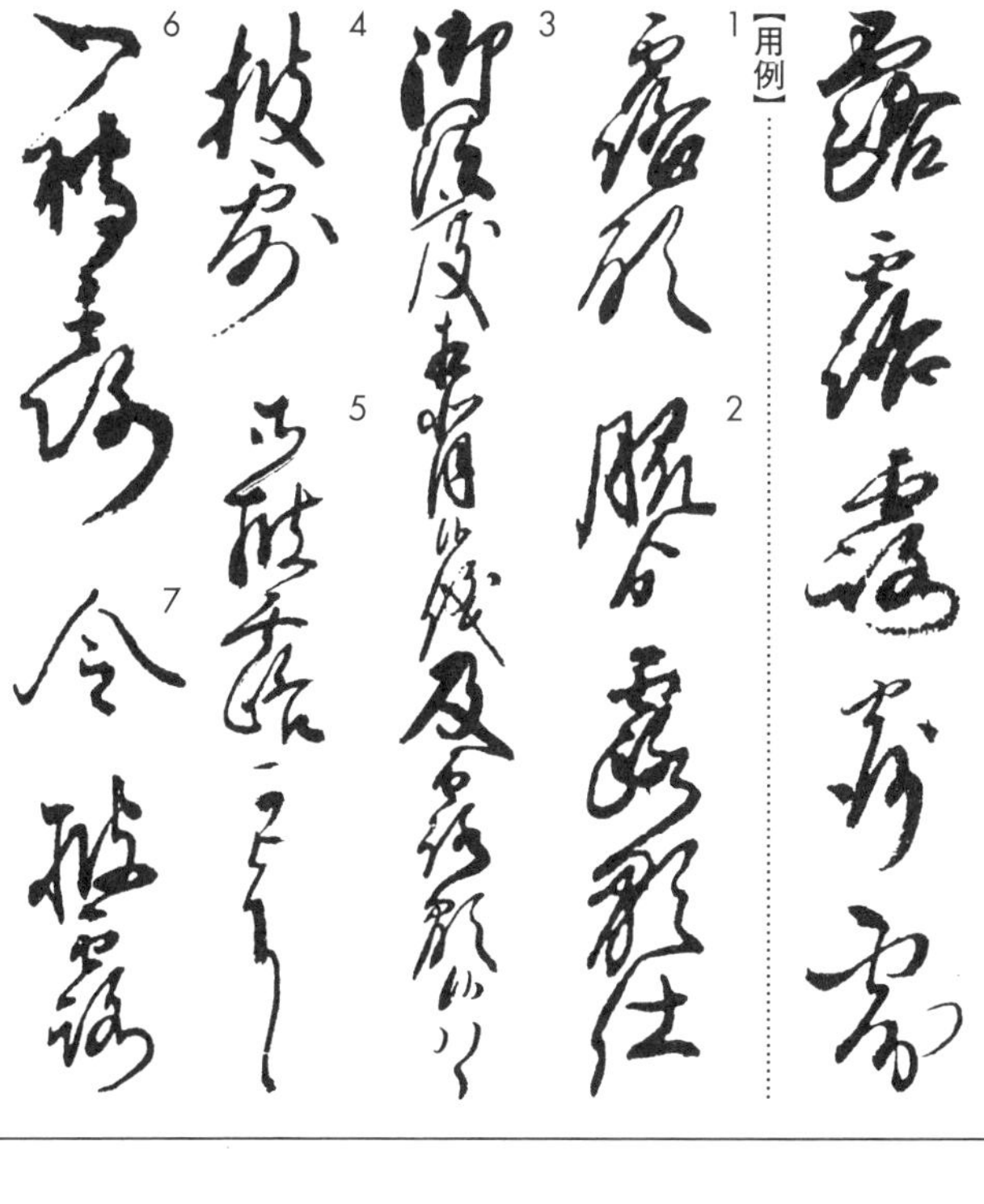

1 露顕《ろけん》
2 脇合《わきより》露顕《ろけん》仕《つかまつり》
3 御法度《ごはっと》相背候儀《あいそむきそうろうぎ》及二露顕一候ハヽ《ろけんにおよびそうらわば》
4 披露《ひろう》
5 御披露可レ被レ下候《ごひろうくださるべくそうろう》
6 御披露《ごひろう》
7 令二披露一《ひろうせしめ》

680
【非】
4083
ヒ　ピ　あらず

◎「是非」が最頻出の重要語である（136頁「是」も参照）。ここでは判読が困難な単漢字4・5番目のくずしをぜひ覚えておきたい。

【用例】

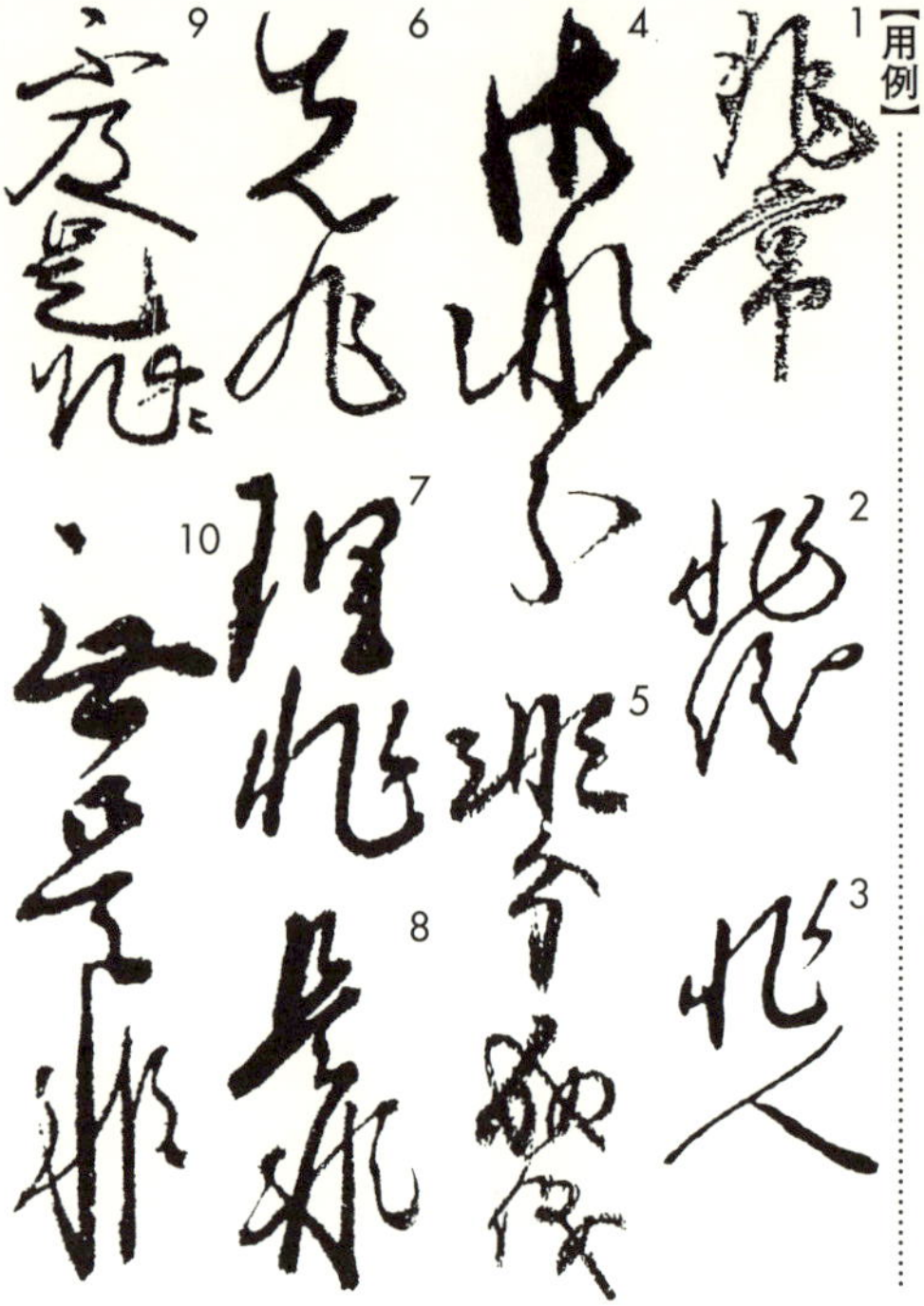

1 非常《ひじょう》　2 非儀《ひぎ》　3 非人《ひにん》　4 御非分《ごひぶん》　5 非分成儀《ひぶんなるぎ》　6 先非《せんぴ》　7 理非《りひ》
8 是非《ぜひ》　9 不㆑及㆓是非㆒《ぜひにおよばず》　10 無㆓是非㆒《ぜひなく》

681
【面】
4444
メン　おもて　おも・つら

◎くずしは216頁「西」と類似するが、文脈から判断すれば問題ないだろう。「面々」「書面」「帳面」が頻出する重要語である。

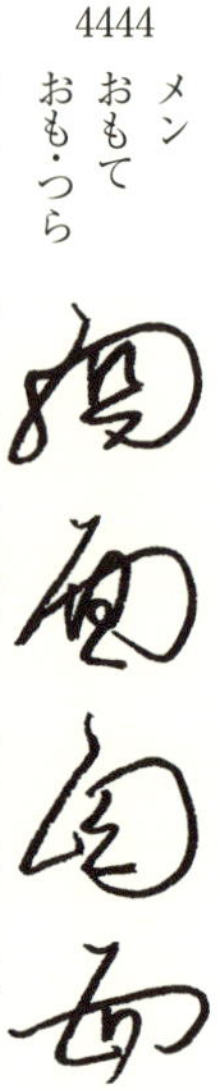

【用例】

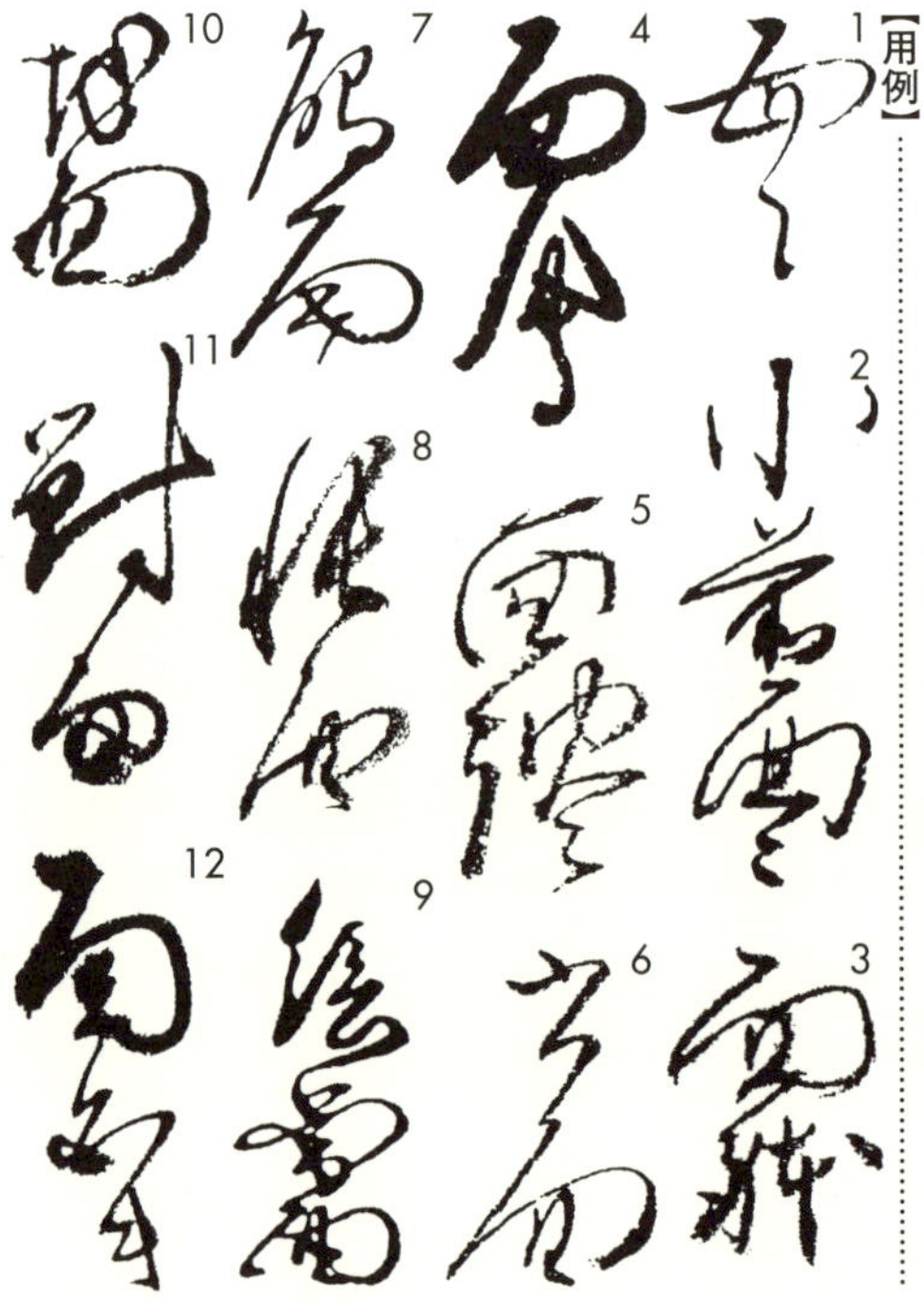

1 面々《めんめん》　2 小前面々《こまえめんめん》　3 面躰《めんてい》　4 面會《めんかい》　5 面談《めんだん》　6 書面《しょめん》　7 觸面《ふれめん》
8 帳面《ちょうめん》　9 絵圖面《えずめん》　10 地面《じめん》　11 對面《たいめん》　12 面白キ《おもしろき》

682
［音］
1827
オン
イン
おと・ね

◎ここでは単漢字2番目が基本形であるが、59頁「商」と類似するので注意したい。用例1～7は書状に頻出する言い回しである。

【用例】

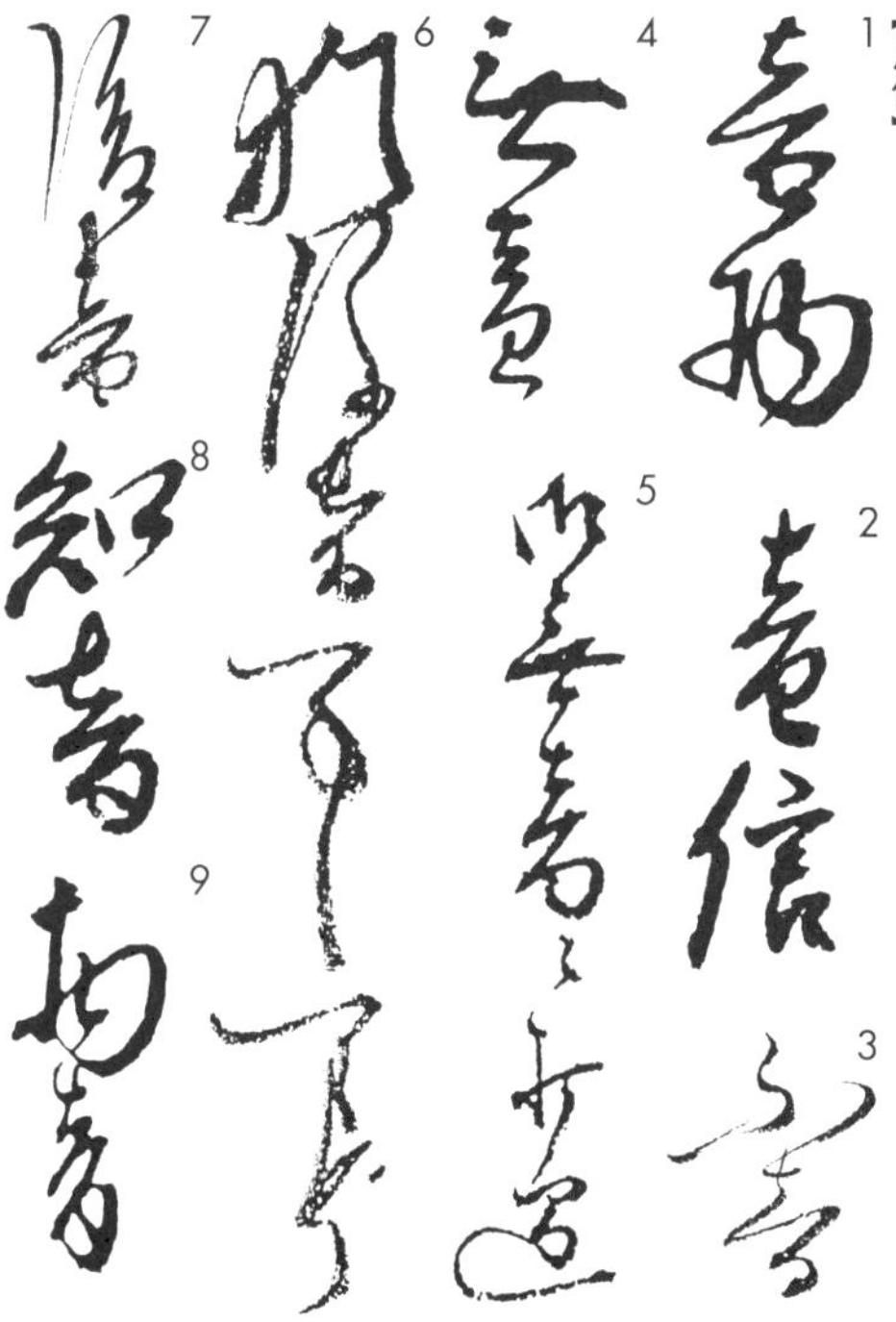

1 音物《いんもつ》　2 音信《いんしん》　3 不音《ぶいん》　4 無音《ぶいん》　5 御無音ニ打過《ごぶいんにうちすごし》
6 猶後音万々可ㇾ申上ㇾ候《なおこういんばんばんもうしあぐべくそうろう》　7 後音《こういん》　8 知音《ちいん》　9 物音《ものおと》

683
［頂］
3626
チョウ
いただき

◎113頁「戴」との熟語で「頂戴」が頻出する重要語である。「頁」の特殊なくずしには十分注意したい。単漢字4・5番目は「頭」と酷似。

【用例】

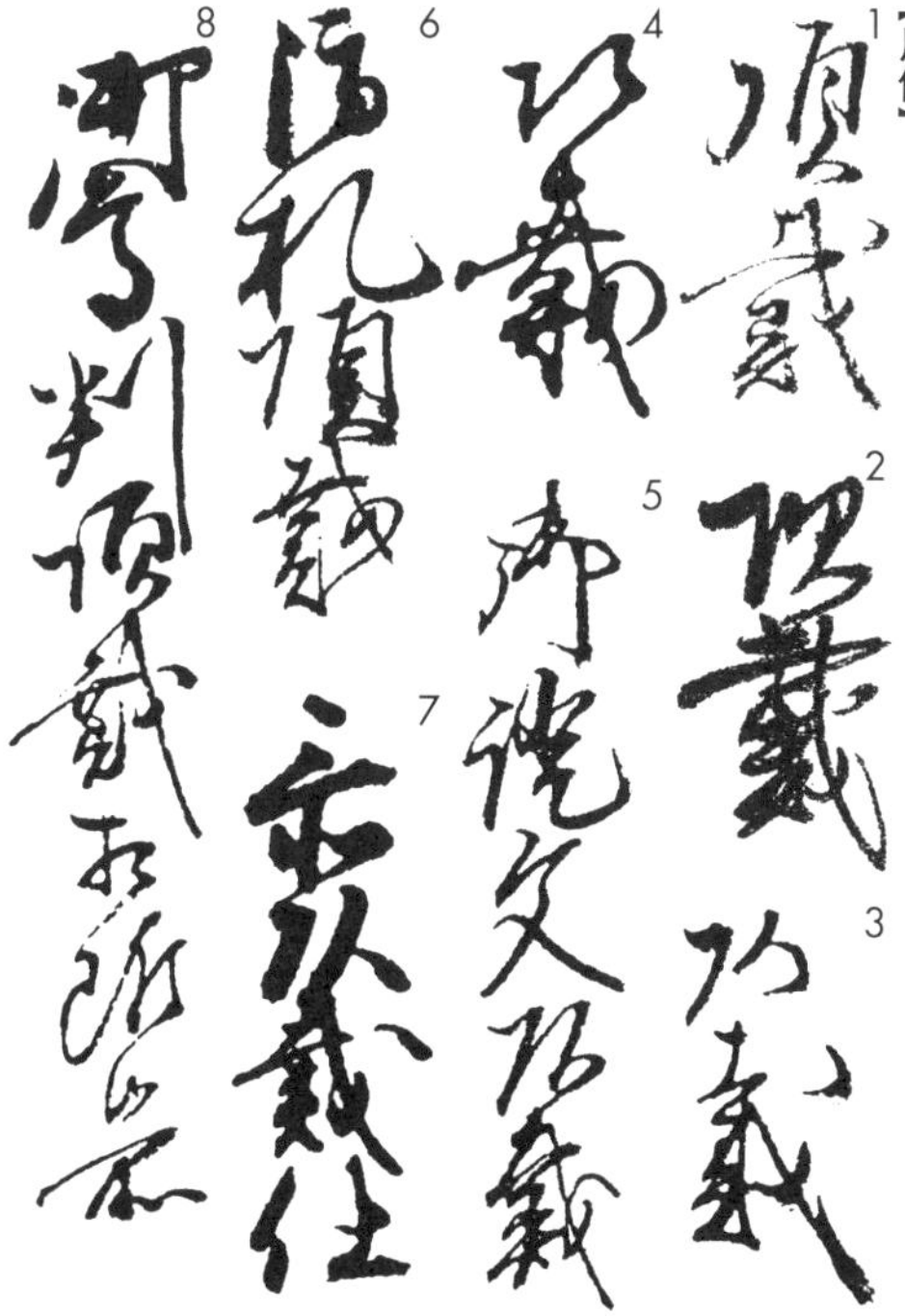

1～4 頂戴《ちょうだい》　5 御證文頂戴《ごしょうもんちょうだい》　6 御札頂戴《ぎょさつちょうだい》　7 忝頂戴仕《かたじけなくちょうだいつかまつり》
8 御尊判頂戴相附候所《ごそんぱんちょうだいあいつけそうろうところ》

684 順 2971

ジュン したがう

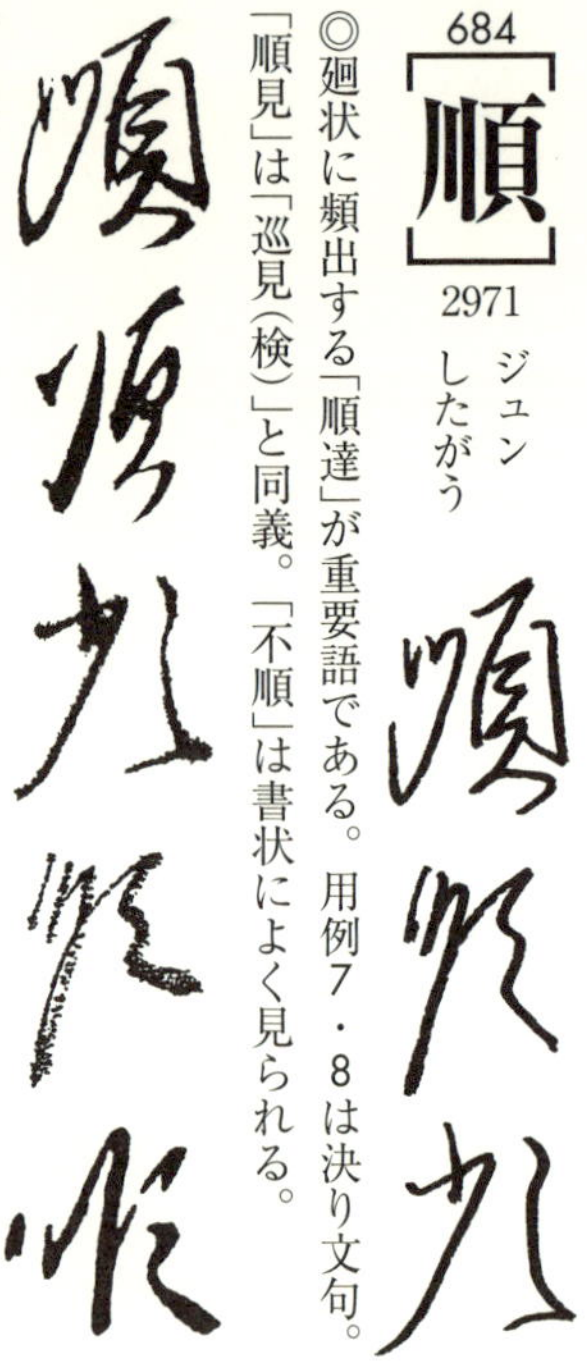

◎廻状に頻出する「順達」が重要語である。用例7・8は決り文句。「順見」は「巡見(検)」と同義。「不順」は書状によく見られる。

【用例】

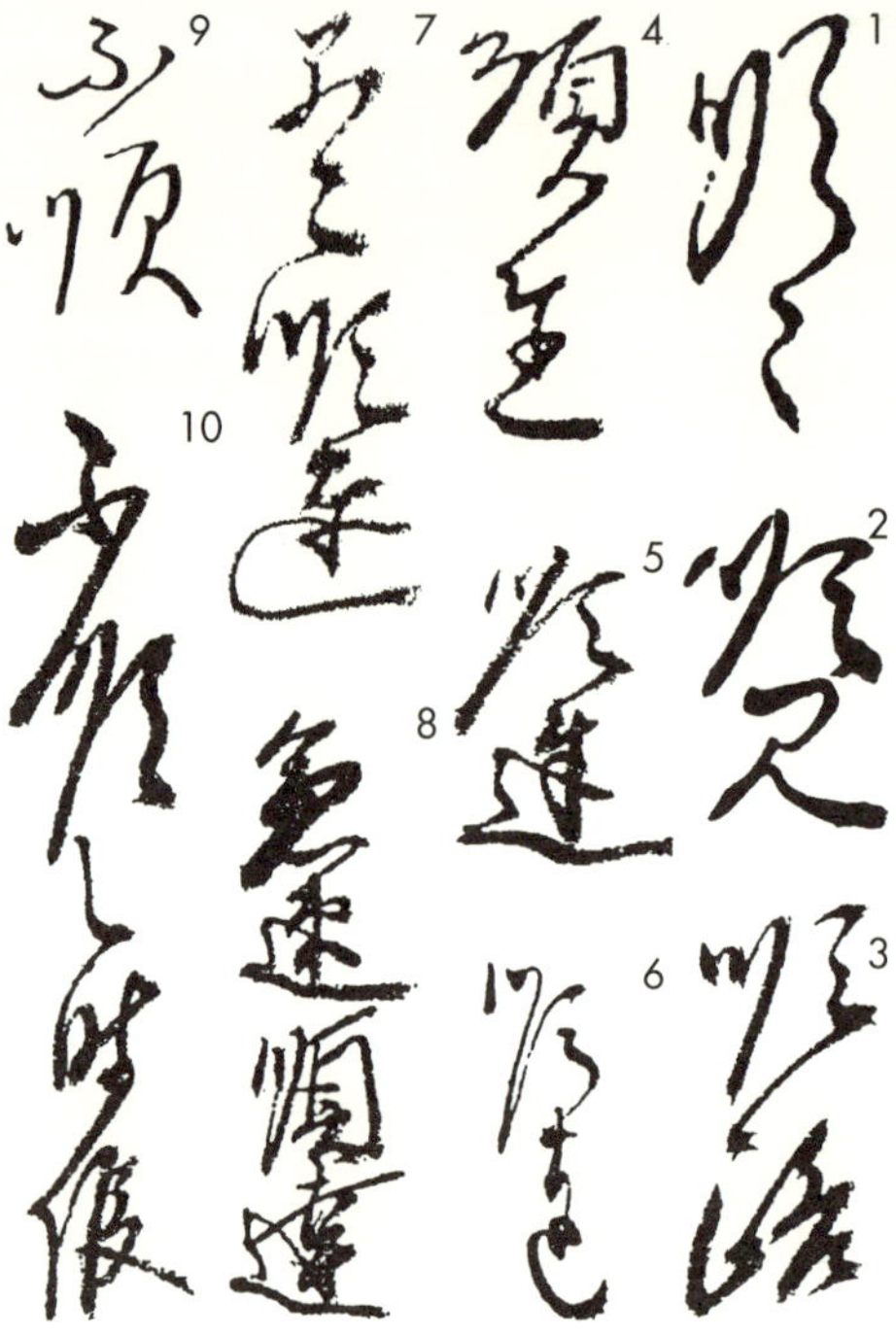

1 順々《じゅんじゅん》 2 順見《じゅんけん》 3 順路《じゅんろ》 4〜6 順達《じゅんたつ》 7 早々順達《そうそうじゅんたつ》
8 急速順達《きゅうそくじゅんたつ》 9 不順《ふじゅん》 10 不順之時候《ふじゅんのじこう》

685 顔 2073

ガン ゲン かお

◎単漢字2番目が基本形。用例はいずれも書状に頻出する特有の言い回しで、1〜4は尊敬を、5〜7は謙譲の意を示したものである。

【用例】

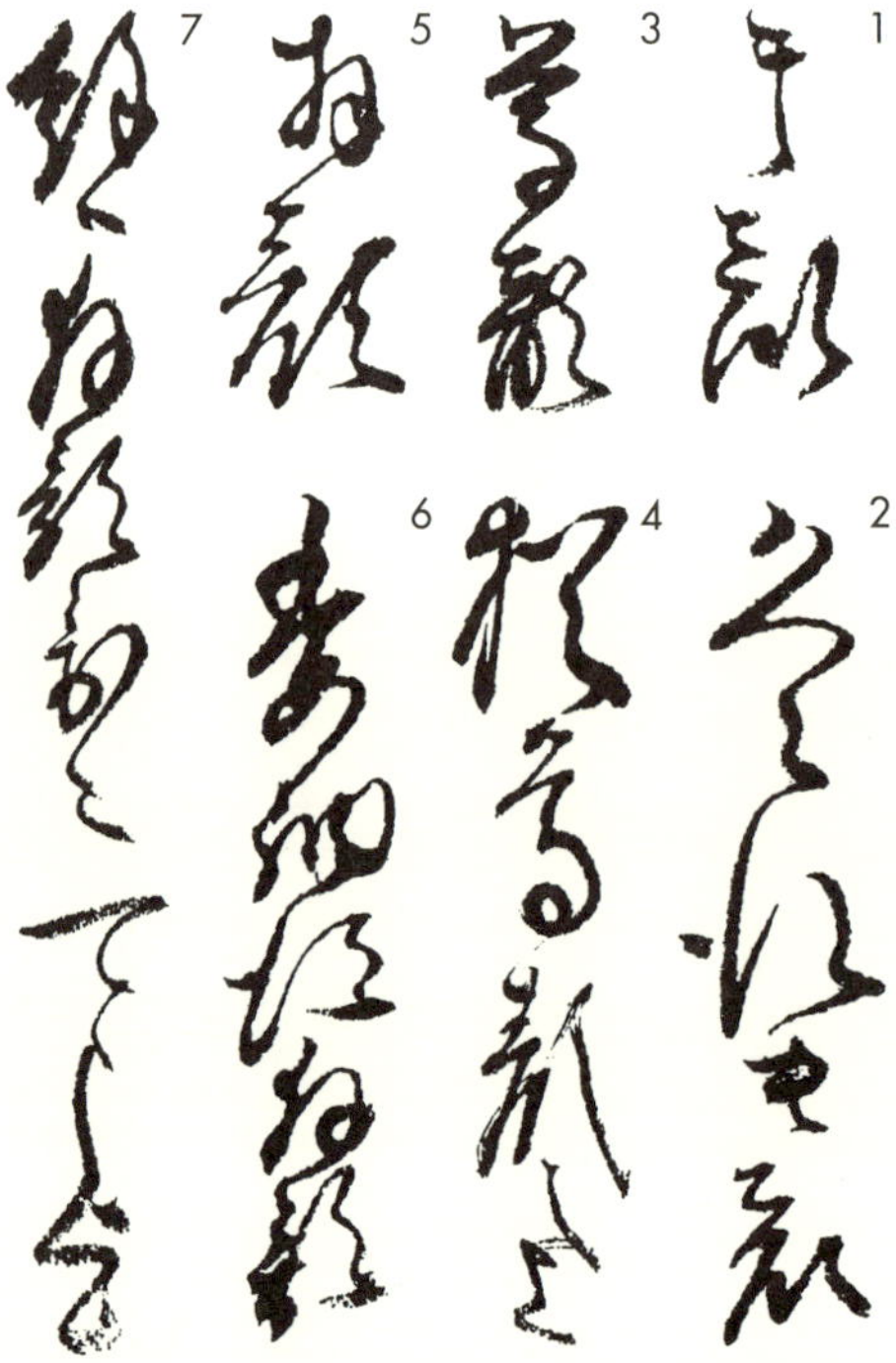

1 貴顔《きがん》 2 久々《ひさびさ》得二貴顔《きがんをえ》一 3 尊顔《そんがん》 4 猶尊顔之上《なおそんがんのうえ》 5 拝顔《はいがん》
6 委細得二拝顔《いさいはいがんをえ》一 7 餘ハ拝顔萬々可二申上一候《よははいがんばんばんもうしあぐべくそうろう》

686 顕(顯)

2418
8093

ケン
あらわれる

◎単漢字2・4番目が基本形だが、原形をとどめないので判読は難しい。用例6・8は決り文句で、「相知」と記されることも多い。

【用例】

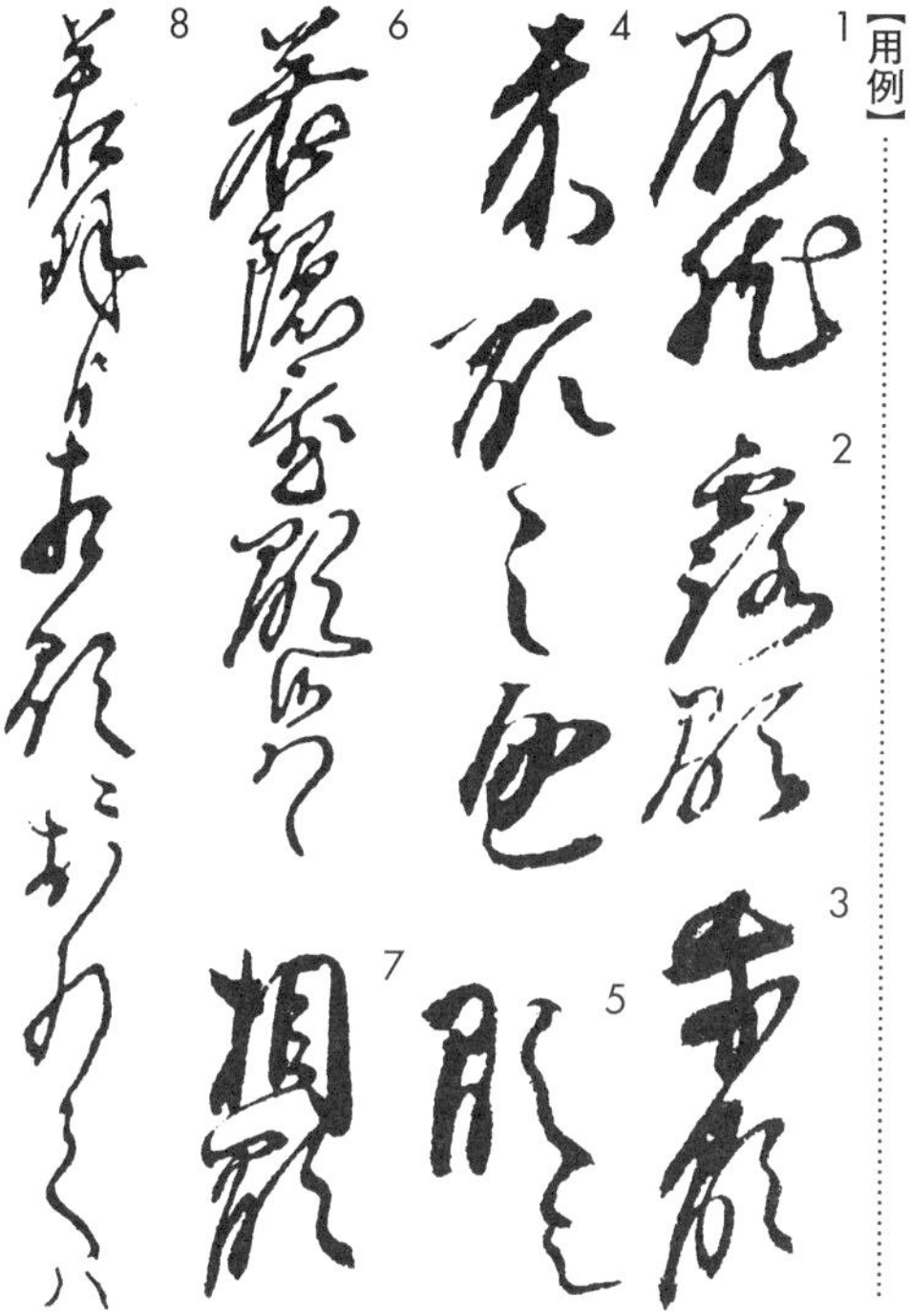

1 顕然《けんぜん》 2 露顕《ろけん》 3 前顕《ぜんけん》 4 前顕之通《ぜんけんのとおり》 5 顕シ《あらわし》

6 若隠置《もしかくしおき》、顕候ハヽ《あらわれそうらわば》 7 相顕《あいあらわれ》 8 若外ゟ《もしほかより》相顕《あいあらわるる》ニ《に》おゐてハ《は》

687 類

4664

ルイ
たぐい

◎「親類」(218頁「親」参照)、「〜之類」が頻出の重要語である。単漢字4・5番目の省画されたくずしが基本形となるので、ぜひ覚えたい。

【用例】

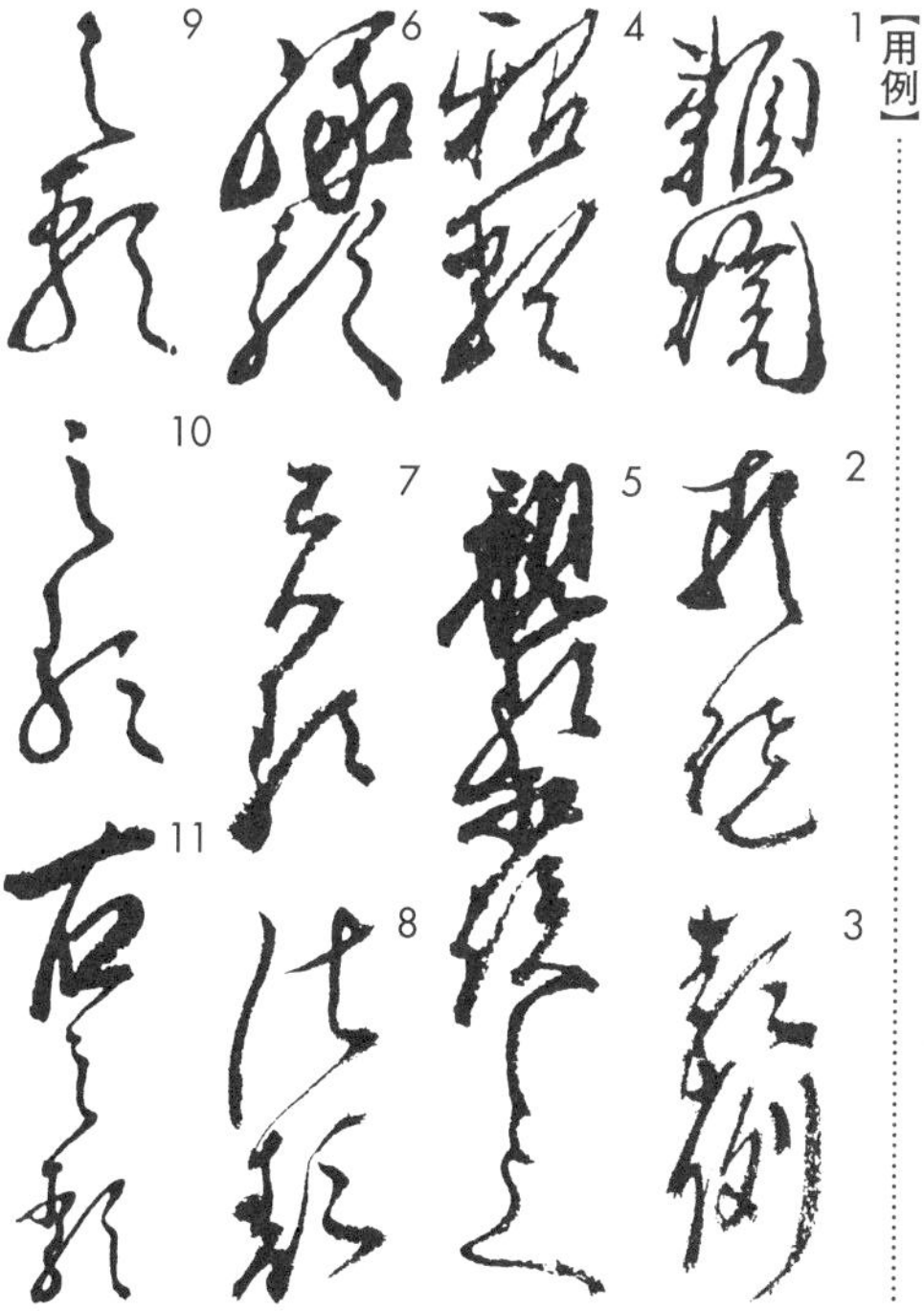

1・2 類焼《るいしょう》 3 類例《るいれい》 4 親類《しんるい》 5 親類相談之上《しんるいそうだんのうえ》 6 縁類《えんるい》 7 着類《きるい》

8 法類《ほうるい》 9・10 之類《のたぐい》 11 右之類《みぎのたぐい》

688 【風】 4187

フウ
フ
かぜ

◎「八」の中が極端に省略された単漢字1番目が基本形。「風雨」「風聞」が頻出。「風与（与レ風）」（急に。突然の意）は「不圖」「不斗」と同義。

【用例】

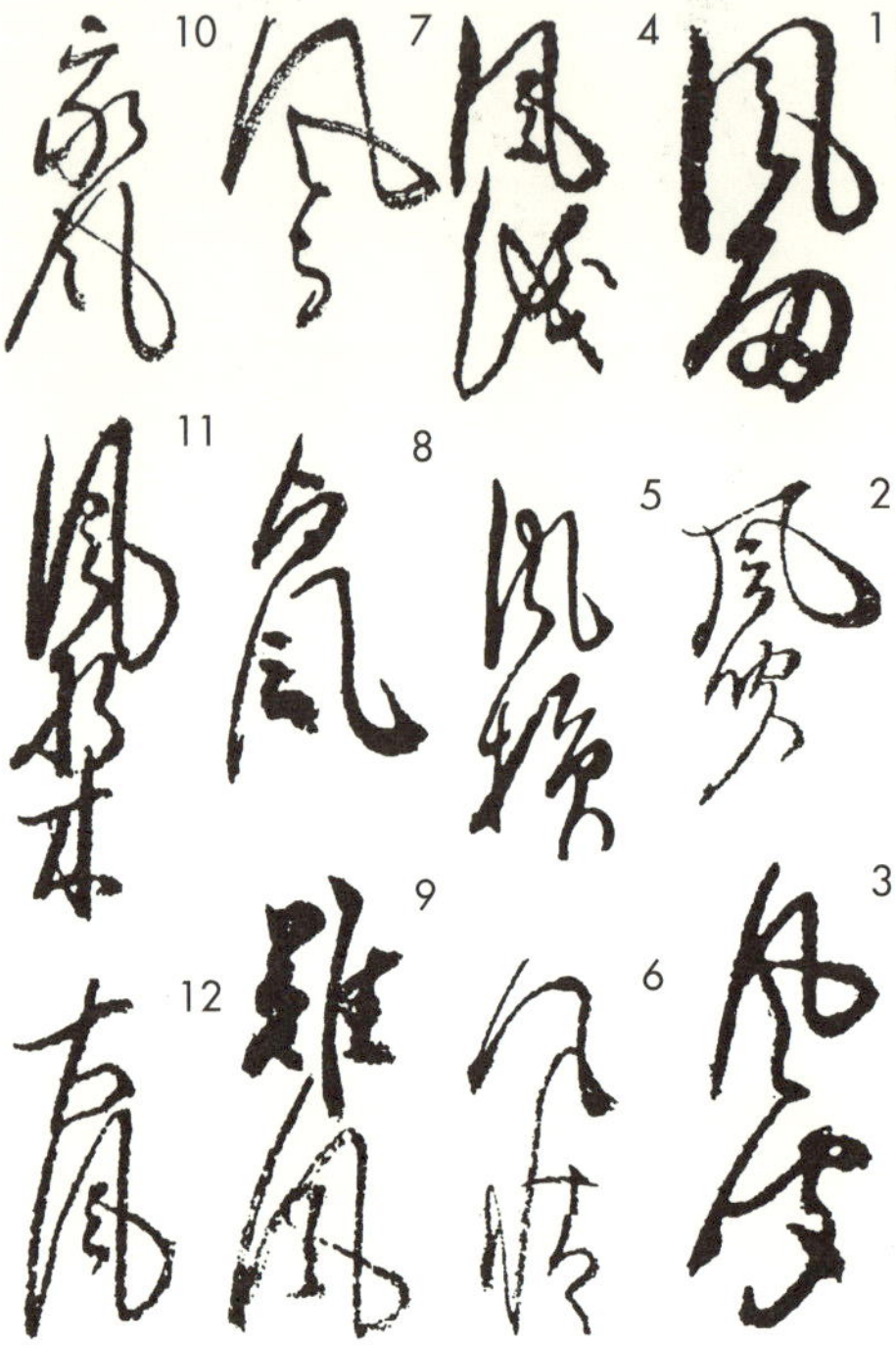

1 風雨《ふうう》
2・3 風聞《ふうぶん》
4 風儀《ふうぎ》
5 風損《ふうそん》
6 風情《ふぜい》
7 風与《ふと》
8 与レ風《ふと》
9 難風《なんぷう》
10 家風《かふう》
11 風折木《かざおれぎ》
12 大風《おおかぜ》

689 【飛】 4084

ヒ
とぶ

◎205頁「脚」との熟語で「飛脚」が頻出する重要語である。判読の困難な非常に特徴的なくずしとなり、単漢字1・3番目が基本形。

【用例】

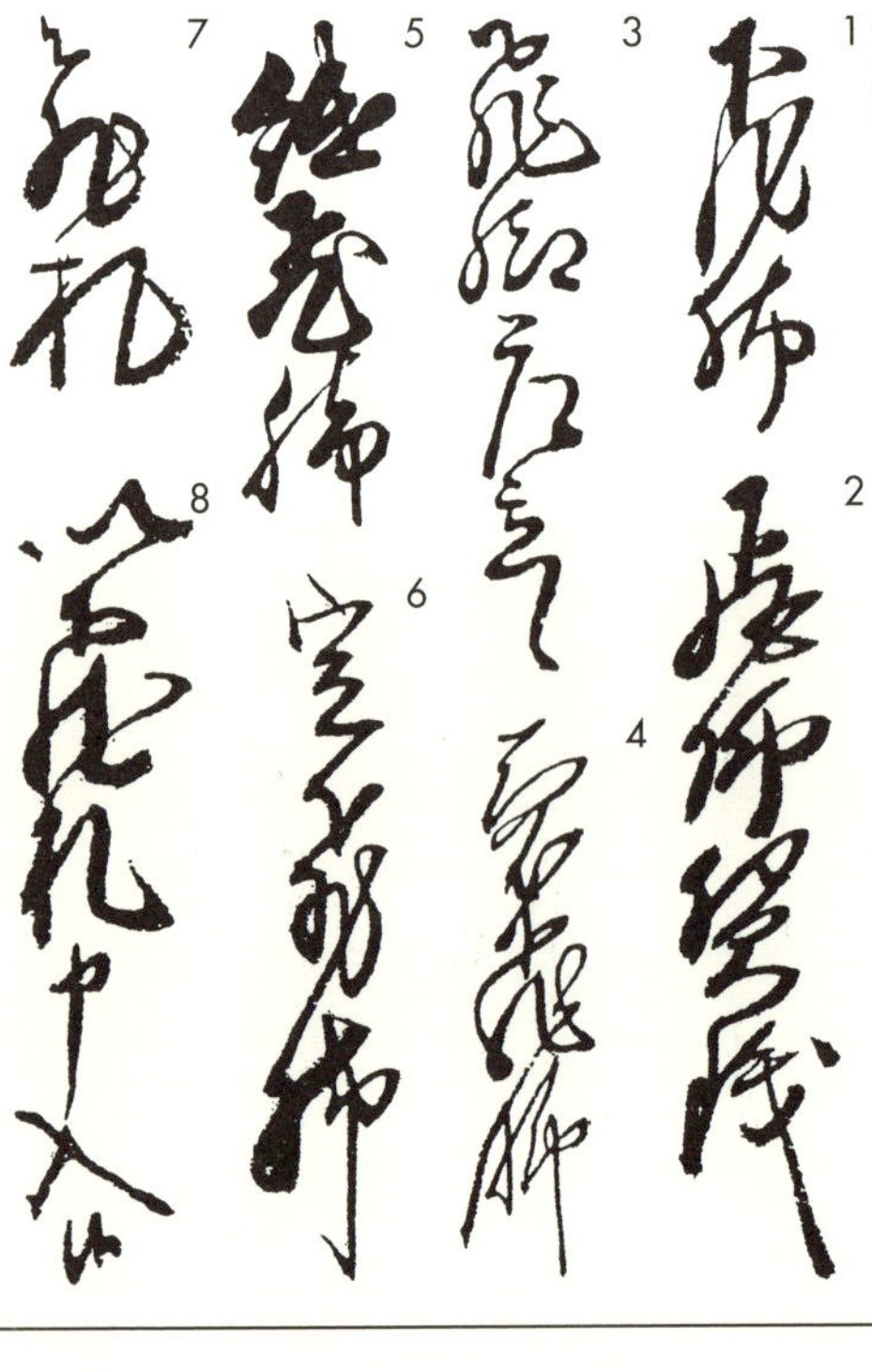

1 飛脚《ひきゃく》
2 飛脚賃銭《ひきゃくちんせん》
3 飛脚差立候《ひきゃくさしたてそうろう》
4 急飛脚《きゅうびきゃく》
5 継飛脚《つぎびきゃく》
6 定飛脚《じょうびきゃく》
7 飛札《ひさつ》
8 以二飛札一申入候《ひさつをもってもうしいれそうろう》

690 [馬] 3947

バ・メ
うま
ま

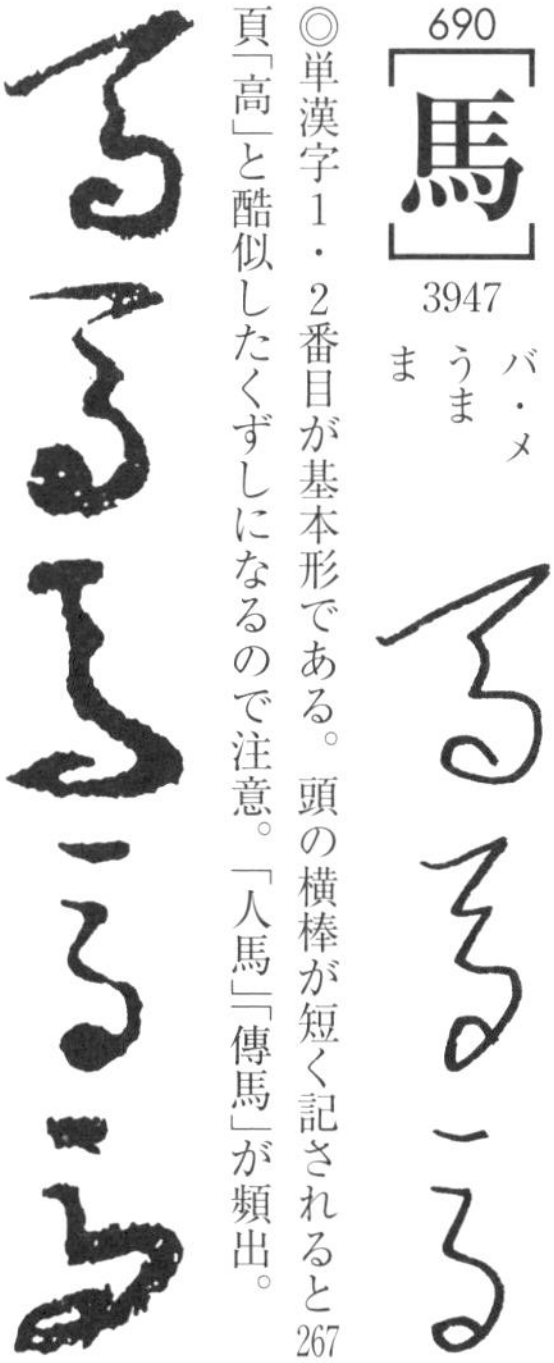

◎単漢字1・2番目が基本形である。頭の横棒が短く記されると267頁「高」と酷似したくずしになるので注意。「人馬」「傳馬」が頻出。

【用例】

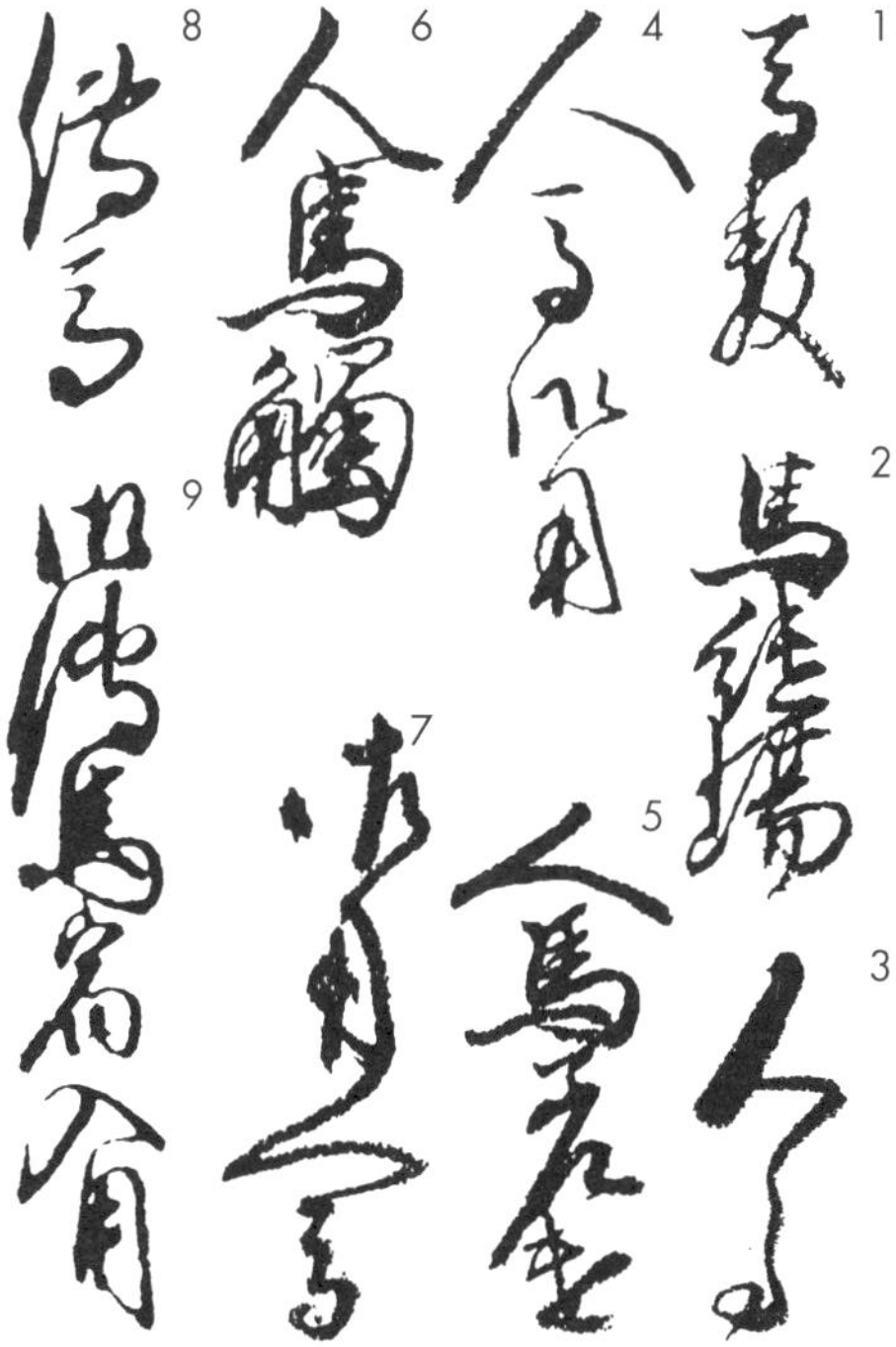

1 馬数《うまかず》 2 馬継場《うまつぎば》 3 人馬《じんば》 4 人馬《じんば》御用《ごよう》 5 人馬《じんば》 差遣《さしつかわし》 6 人馬《じんば》觸《ぶれ》 7 御用《ごよう》人馬《じんば》 8 傳馬《てんま》 9 御傳馬《ごてんま》宿《しゅく》 入用《にゅうよう》

691 [馳] 3558

チ
はせる

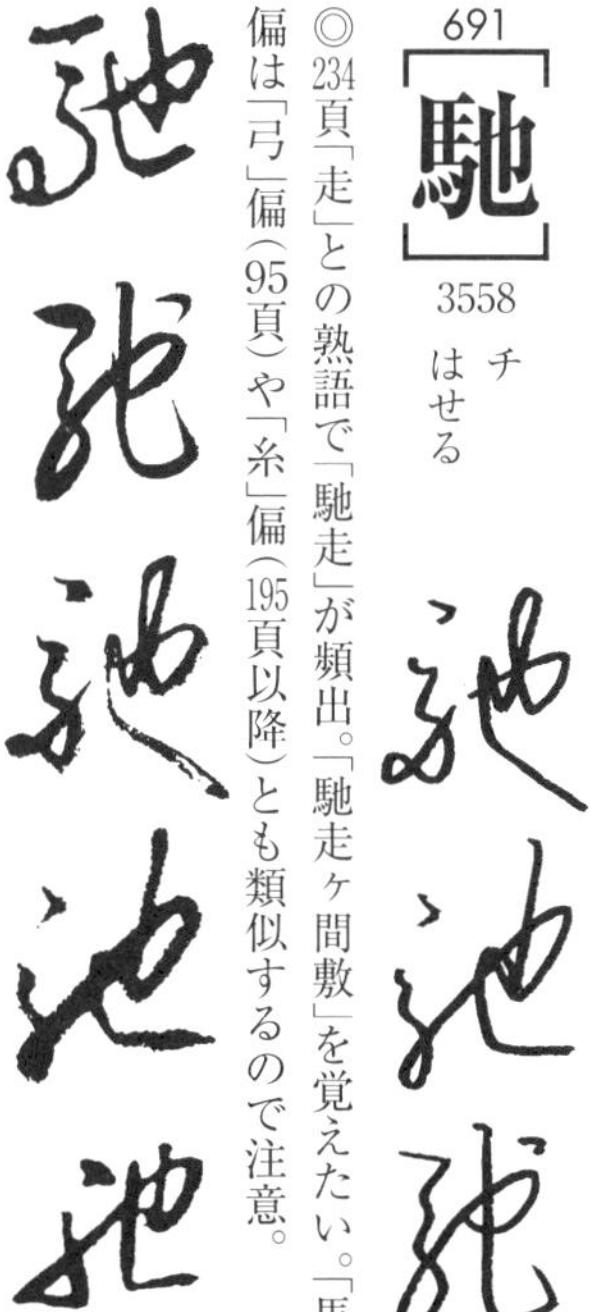

◎234頁「走」との熟語で「馳走」が頻出。「馳走ヶ間敷」を覚えたい。「馬」偏は「弓」偏（95頁）や「糸」偏（195頁以降）とも類似するので注意。

【用例】

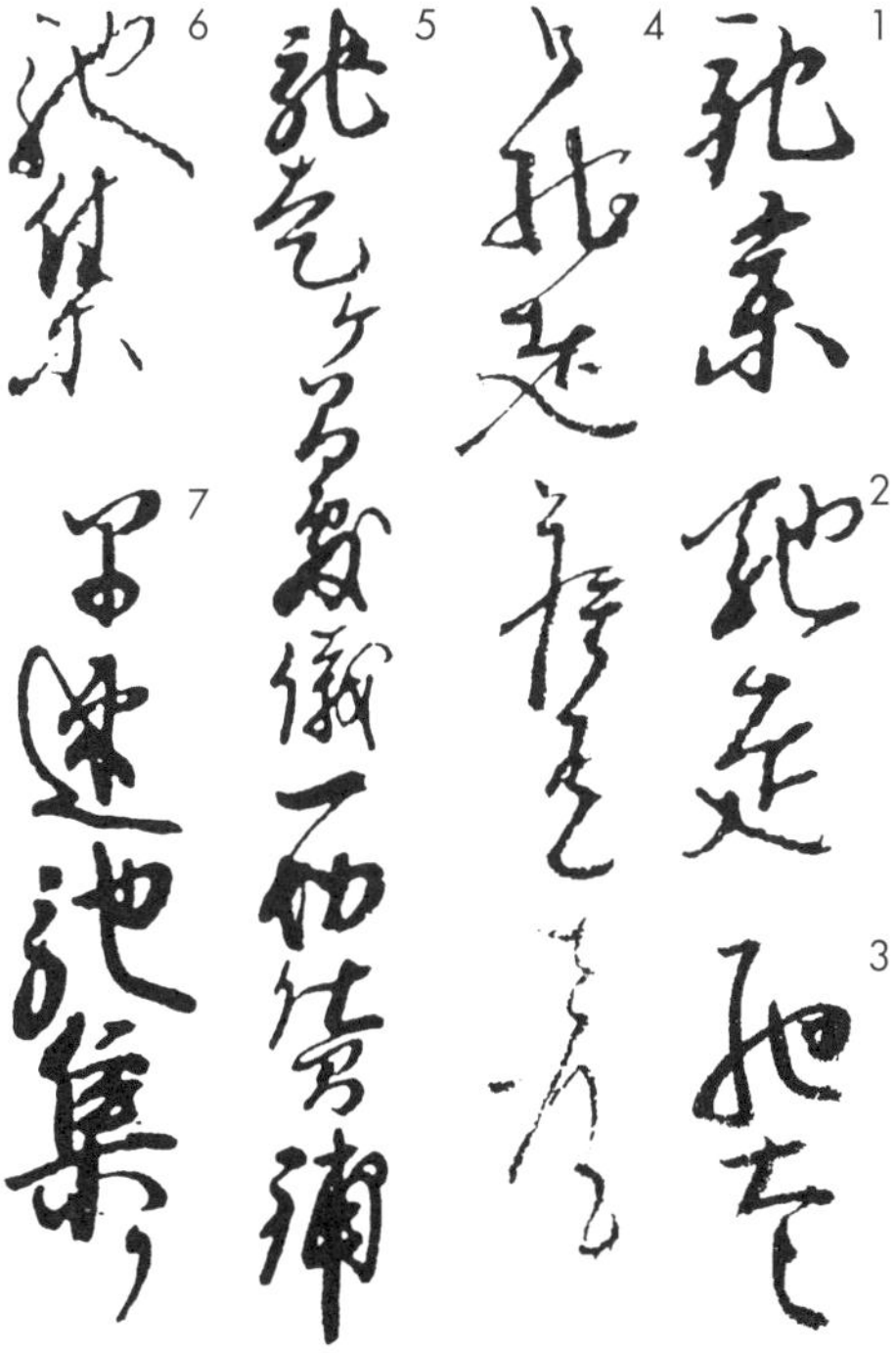

1 馳参《ちさん》 2・3 馳走《ちそう》 4 御馳走《ごちそう》難レ有《ありがたく》奉レ存《ぞんじたてまつり》候《そうろう》 5 馳走ヶ間敷儀《ちそうがましきぎ》一切《いっさい》仕間鋪《つかまつるまじく》 6 馳集《はせあつまる》 7 早速《さっそく》馳集《はせあつまり》リ

692
駕
1879
ガ かご

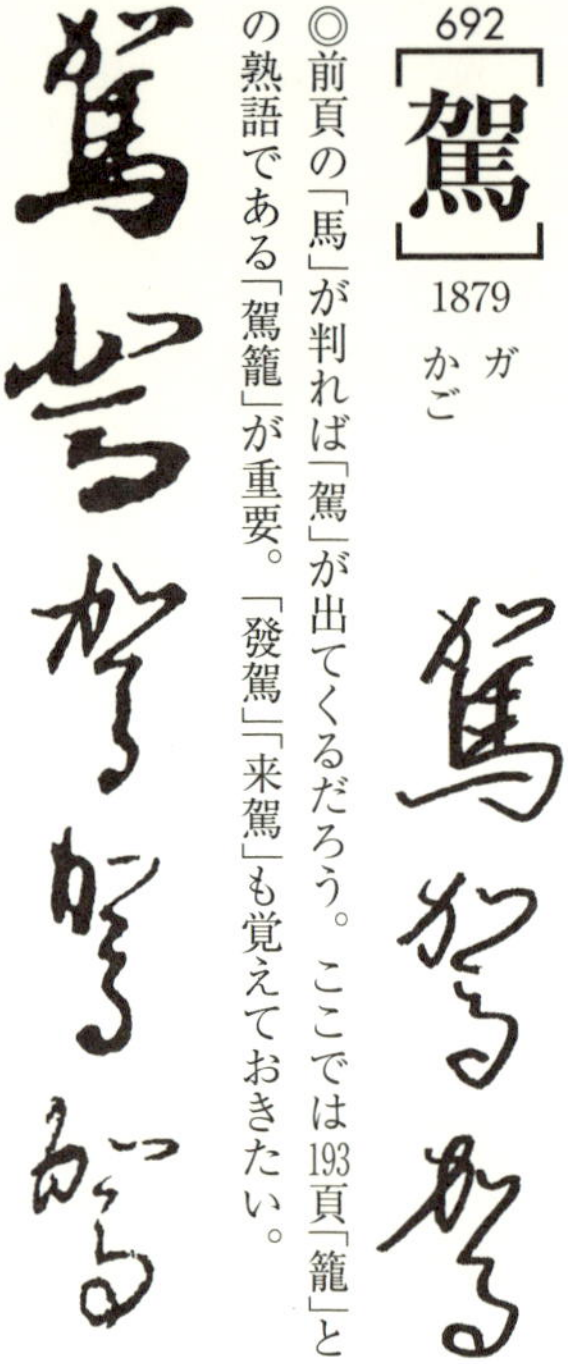

◎前頁の「馬」が判れば「駕」が出てくるだろう。ここでは193頁「籠」との熟語である「駕籠」が重要。「發駕」「来駕」も覚えておきたい。

【用例】

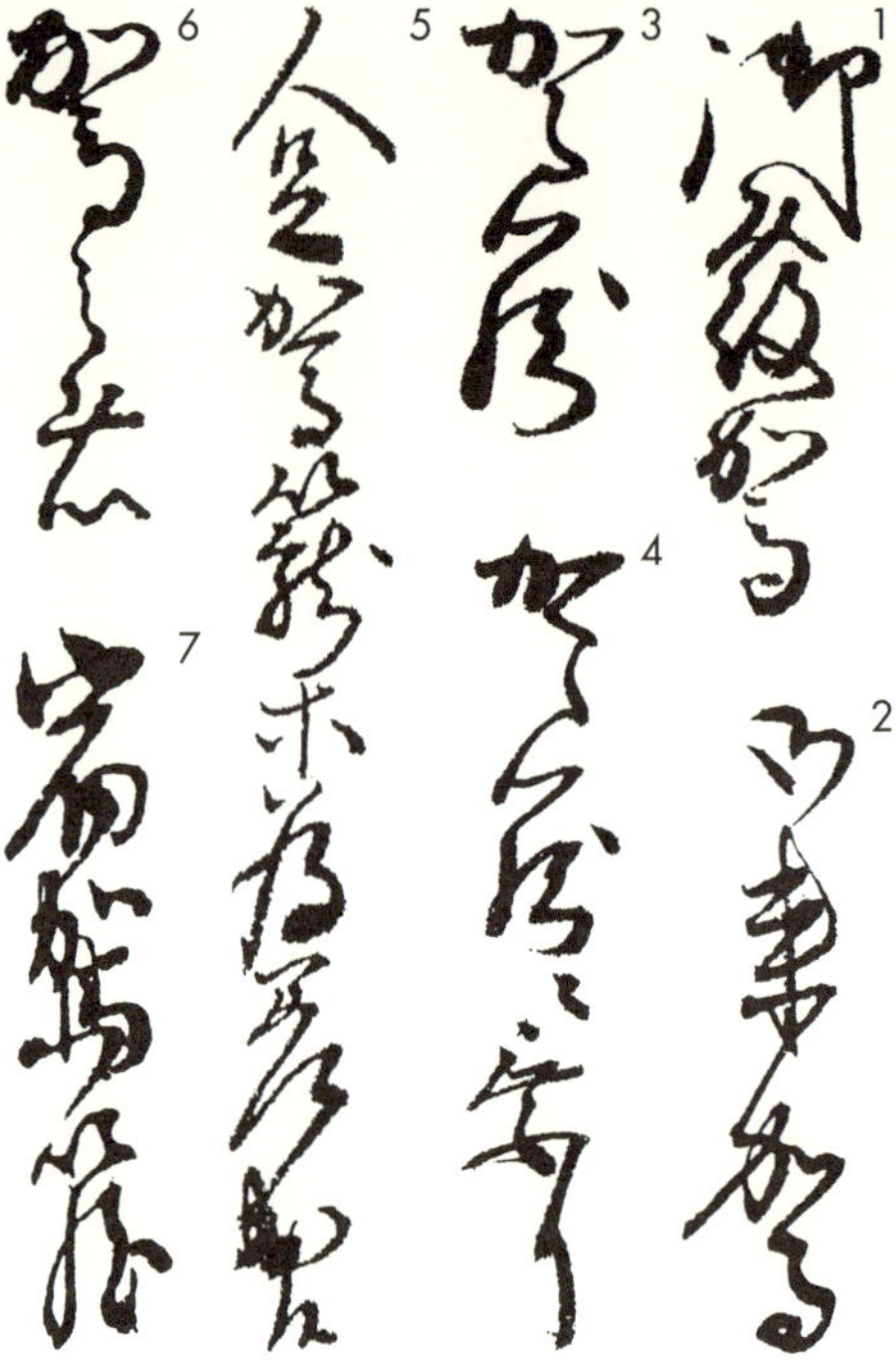

1 御發駕《ごはつが》　2 御来駕《ごらいが》　3 駕籠《かご》　4 駕籠《かご》ニ乗《の》り

5 人足《にんそく》・駕籠《かご》等《など》為《さ》二差出《しださせ》一候《そうろう》　6 駕之者《かごのもの》　7 宿駕籠《しゅくかご》

693
騒(騷)
3391
8159
ソウ さわぐ

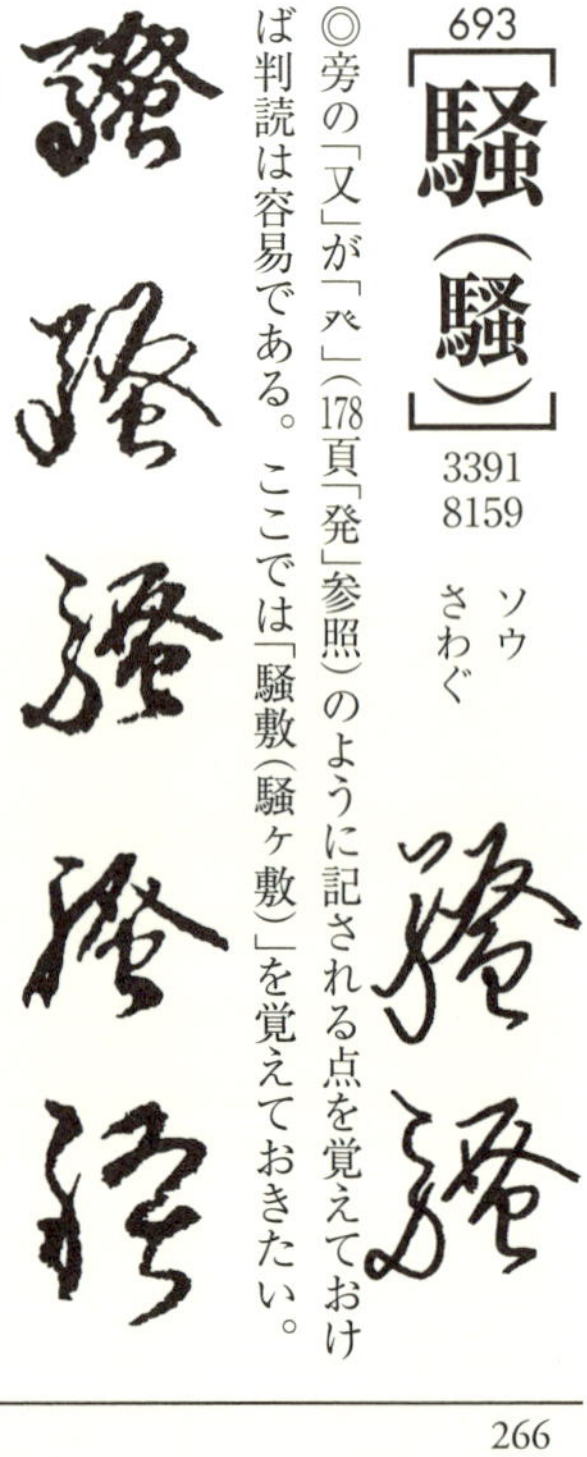

◎旁の「叉」が「癶」(178頁「発」参照)のように記される点を覚えておけば判読は容易である。ここでは「騒敷(騒ヶ敷)」を覚えておきたい。

【用例】

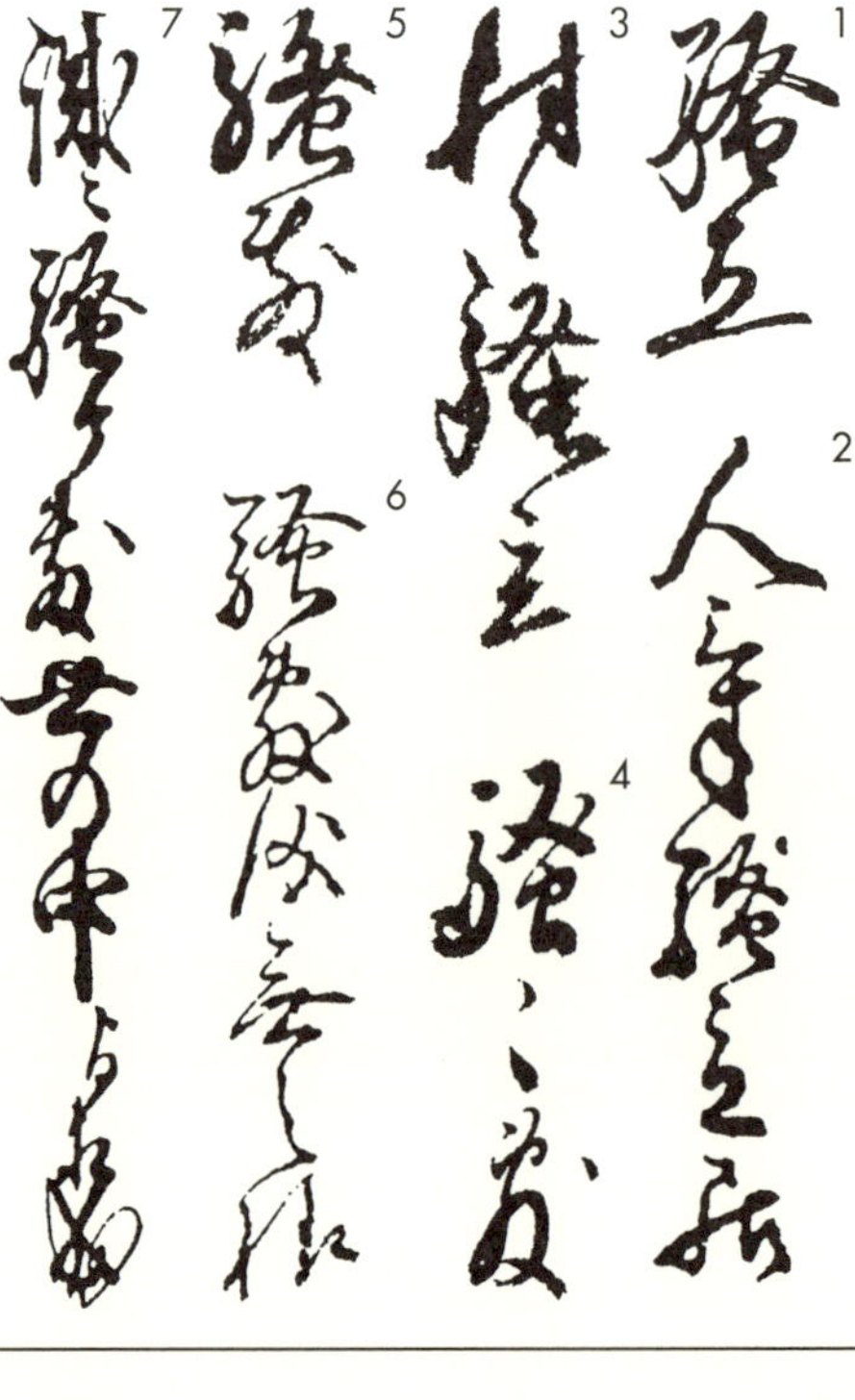

1 騒立《さわぎたつ》《さわだつ》　2 人氣《じんき》騒立居《さわだちおり》　3 村々騒立《むらむらさわだち》　4 騒々敷《そうぞうしく》　5 騒敷《さわがしく》

6 騒敷儀無《さわがしきぎこれなきよう》レ之様　7 誠ニ騒ヶ敷世の中与相成《まことにさわがしきよのなかとあいなり》

694
驚
2235
キョウ
おどろく

◎「敬」（128頁）は難読だが、「馬」（265頁）や文脈から判断すれば「驚」が出てくるだろう。ここでは「驚入」（非常に驚くの意）を覚えたい。

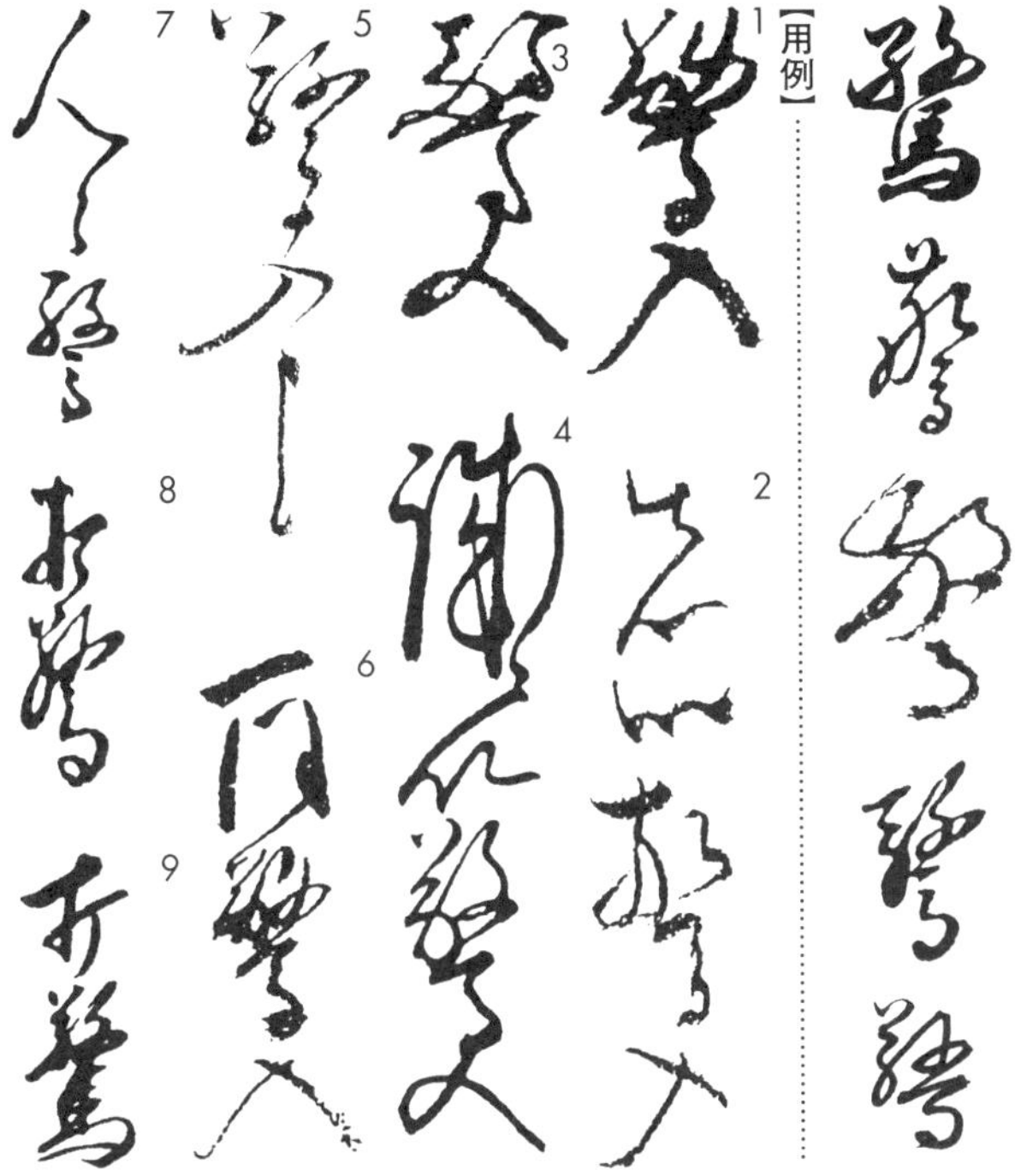

1 驚入《おどろきいる》　2 先以驚入《まずもっておどろきいり》　3 驚入《おどろきいる》　4 誠ニ以驚入《まことにもっておどろきいり》
5 驚入申候《おどろきいりもうしそうろう》　6 一同驚入《いちどうおどろきいり》　7 人々驚《ひとびとおどろき》　8・9 打驚《うちおどろく》

695
高
2566
コウ
たかい
たか

◎単漢字3番目が基本形。用例はいずれも頻出するものばかりだが、ここでは「高免」「無高下」（差別なく。公平にの意）を押さえたい。

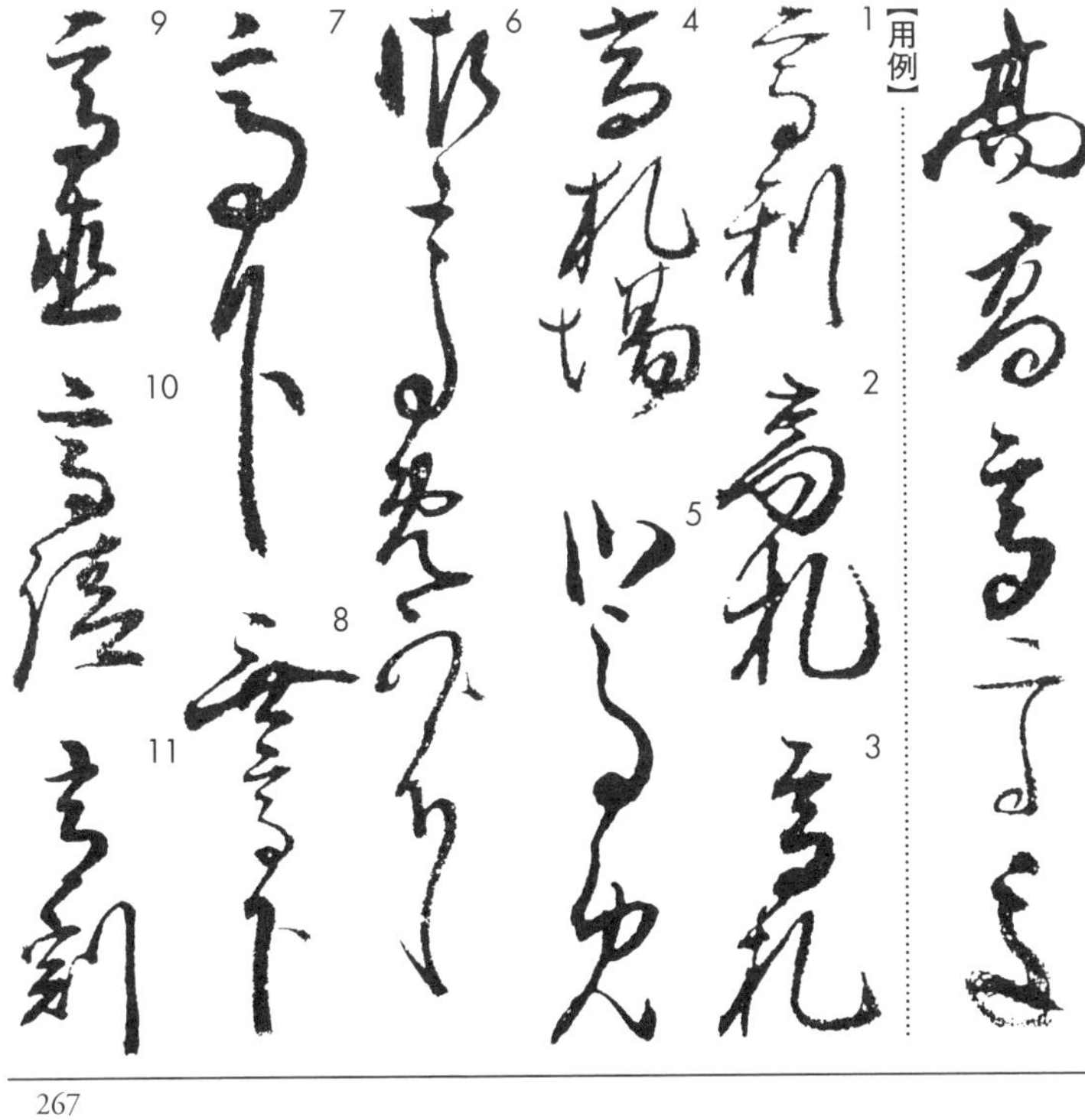

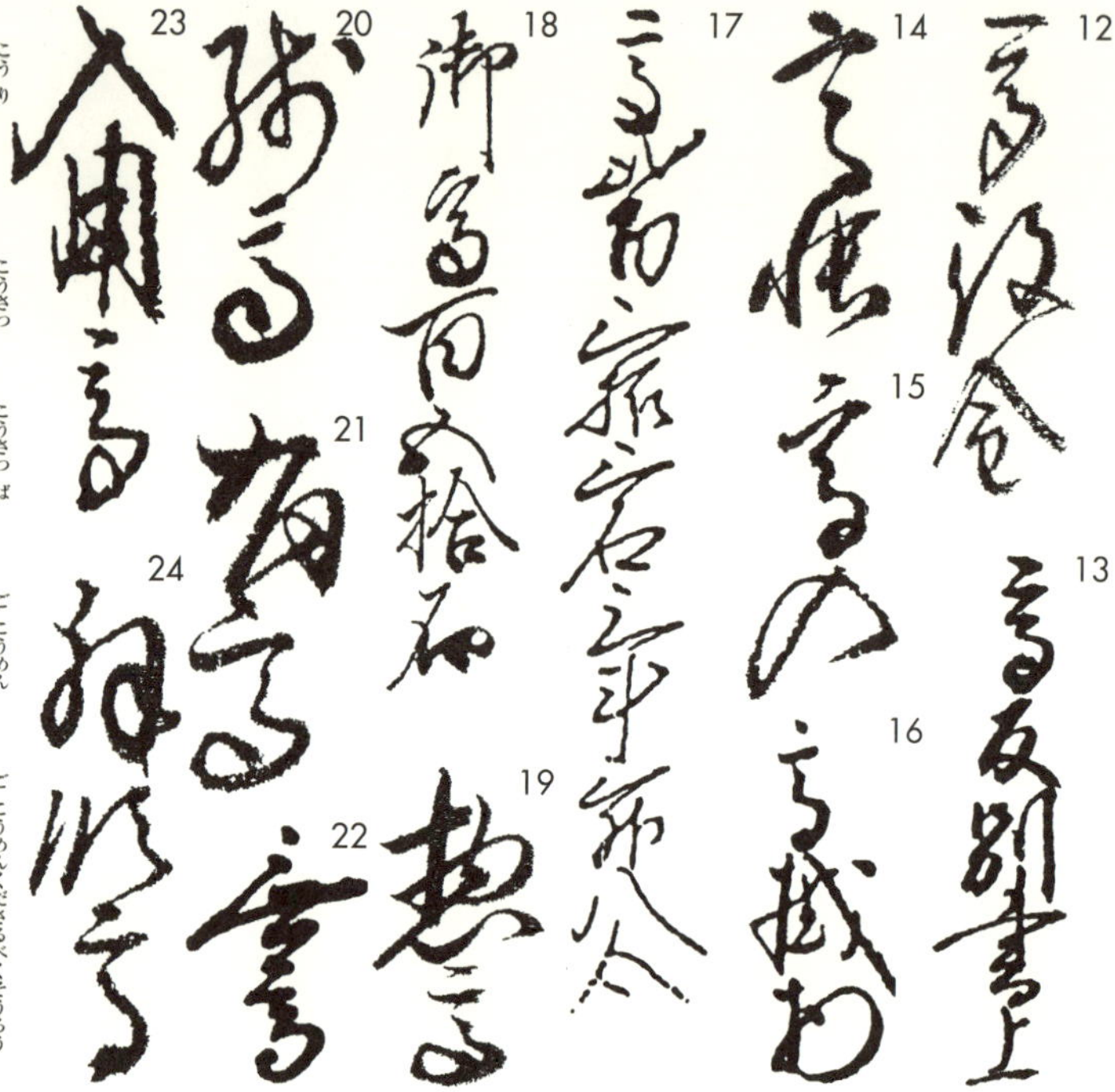

1 高利《こうり》　2・3 高札《こうさつ》　4 高札場《こうさつば》　5 御高免《ごこうめん》　6 御高免可レ被レ下候《ごこうめんくださるべくそうろう》

7 高下《こうげ》　8 無二高下一《こうげなく》　9 高直《たかね こうじき》　10 高請《たかうけ》　11 高割《たかわり》　12 高役金《たかやくきん》

13 高反別書上《たかたんべつかきあげ》　14 高帳《たかちょう》　15 高入《たかいれ》　16 高掛物《たかがかりもの》

17 高弐百三拾三石三斗三升八合《たかにひゃくさんじゅうさんこくさんとさんしょうはちごう》　18 御高百五拾石《おんたかひゃくごじゅっこく》　19 惣高《そうだか》

20 残高《ざんだか》　21 有高《ありだか》　22 無高《むだか》　23 入用高《にゅうようだか》　24 拝領高《はいりょうだか》

696 ［鳥］ 3627

チョウ　とり

◎特徴的なくずしの単漢字2・3番目が基本形。「灬」が記されたくずしはほとんど見かけない。ここでは「鳥渡（度）」を覚えてほしい。

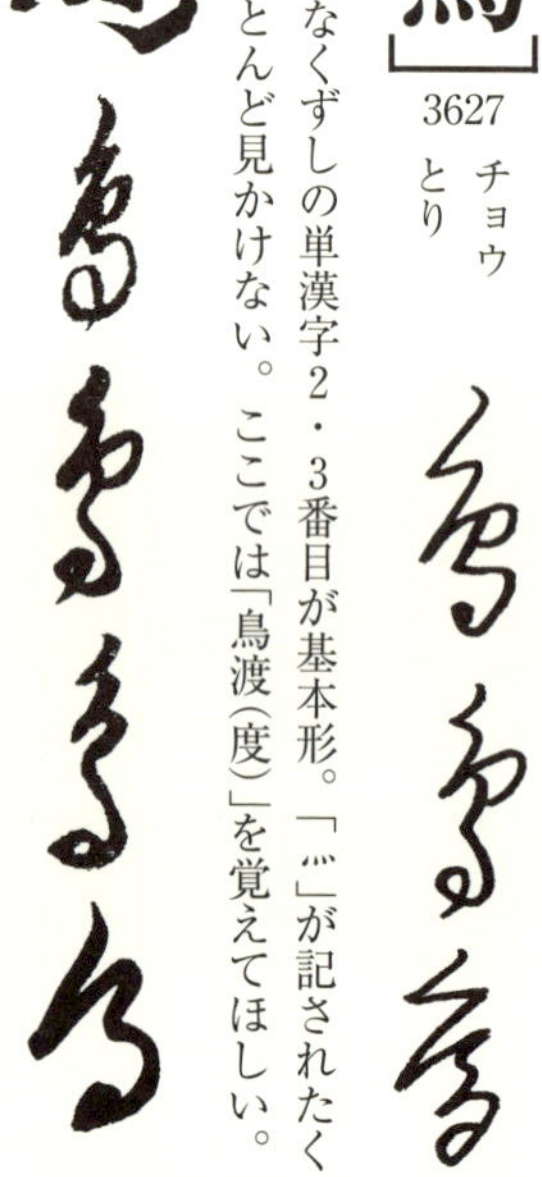

【用例】

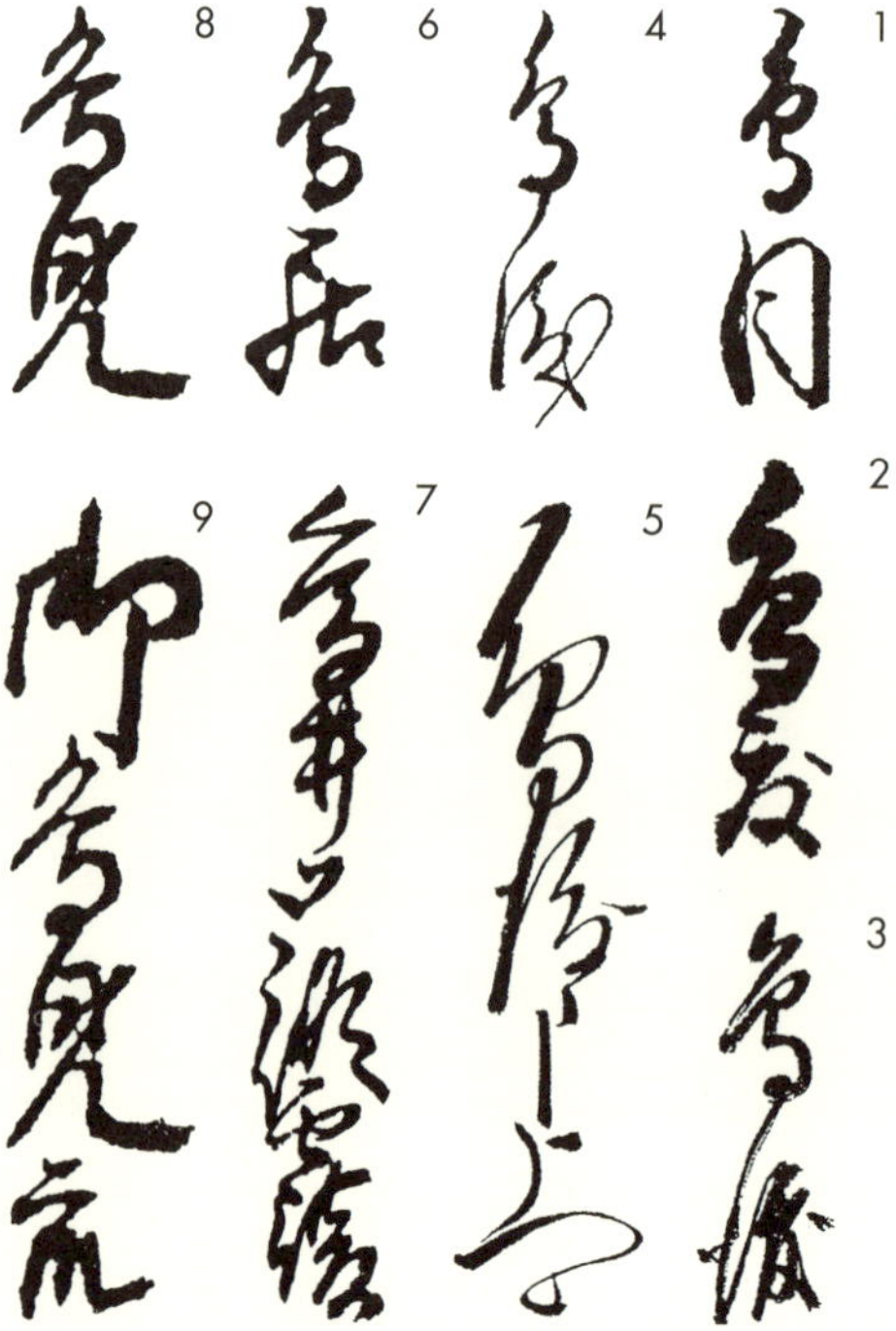

1 鳥目《ちょうもく》　2 鳥度《ちょっと》　3・4 鳥渡《ちょっと》　5 鳥渡申上候《ちょっともうしあげそうろう》　6 鳥居《とりい》

7 鳥井御修覆《とりいごしゅうふく》（※「鳥居」の誤用）　8 鳥見《とりみ》　9 御鳥見衆《おとりみしゅう》

697 鳴

4436

メイ なく なる

◎「鳥」が「間」のくずしのように記される単漢字3番目が基本形となる。「鳴物」は要人の逝去を告げる触書に「普請」とセットで頻出。

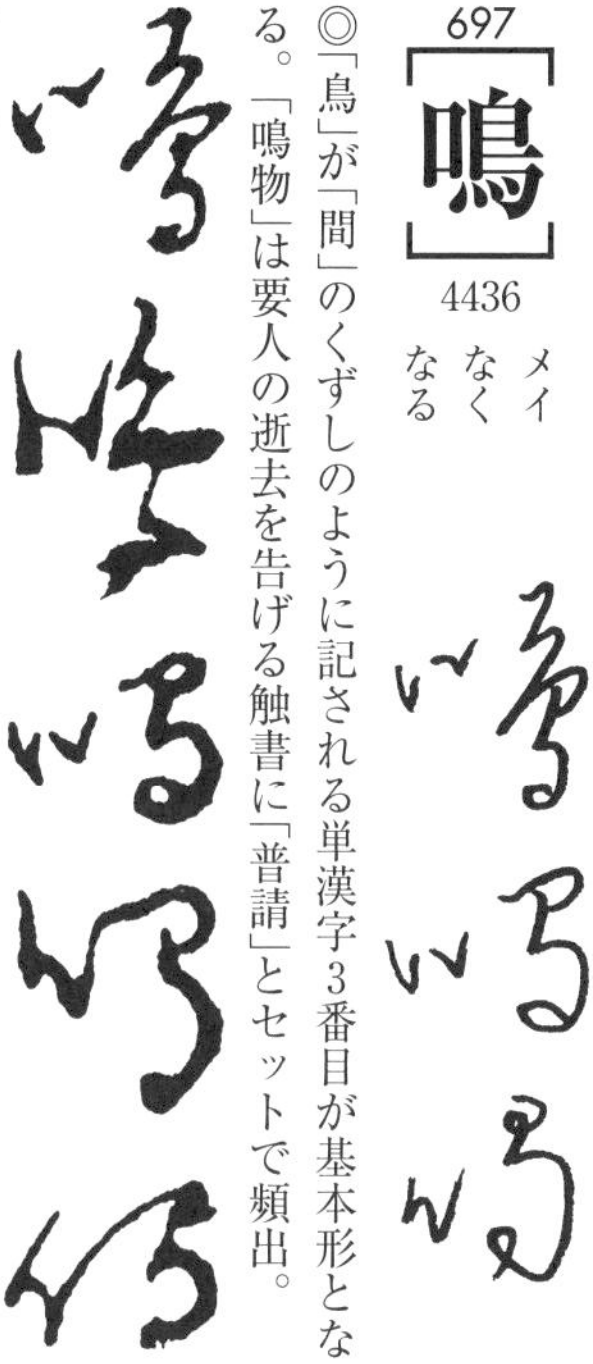

【用例】

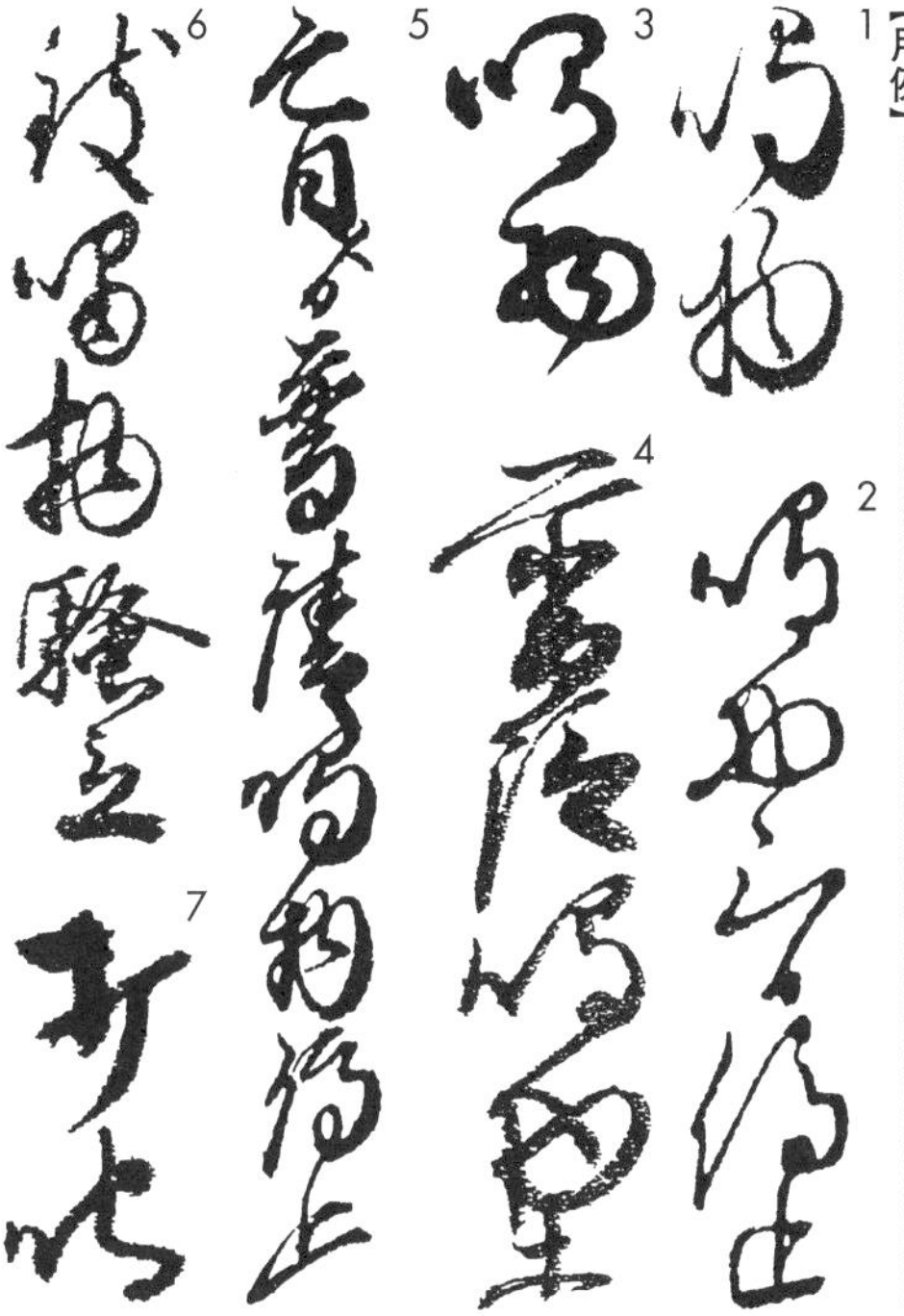

1 鳴物《なりもの》　2 鳴物三日停止《なりものみっかちょうじ》　3 鳴物《なりもの》　4 普請《ふしん》・鳴物等《なりものなど》　5 今日《きょう》ゟ《より》普請《ふしん》・鳴物停止《なりものちょうじ》　6 致《いたし》二鳴物《なりもの》一騒立《さわだち》　7 打鳴《うちならす》

698 鷹

3475

ヨウ たか

◎「鳥」の上は100頁「應」と同じくずしになる点に注意したい。ここでは単漢字2番目が基本形。「御鷹御用」に関わる文書に頻出する。

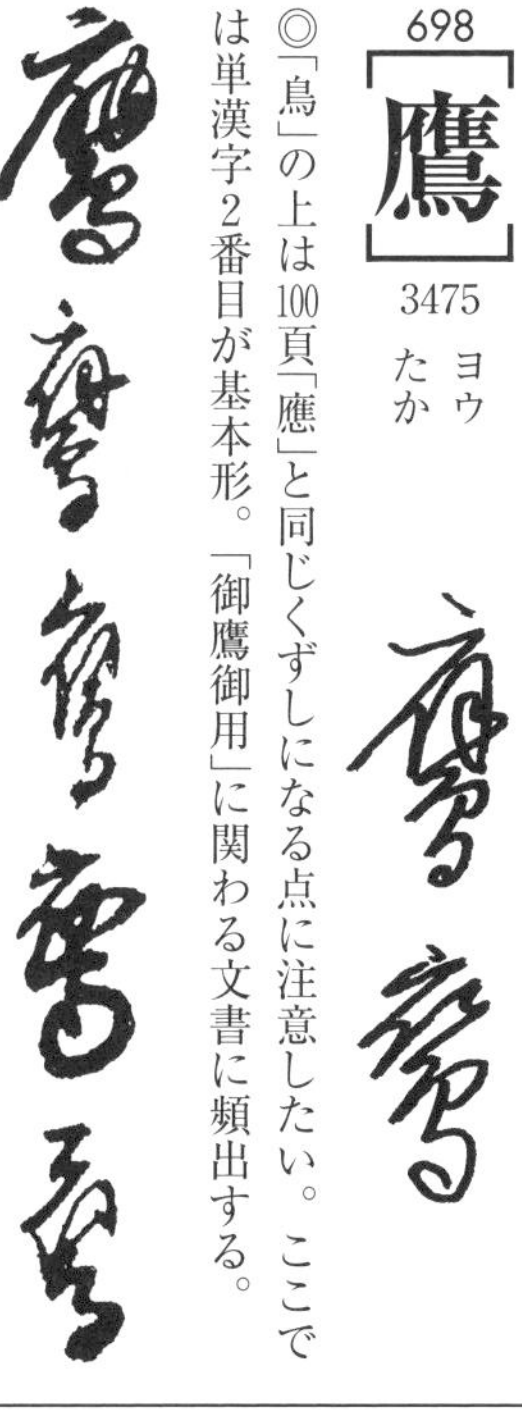

【用例】

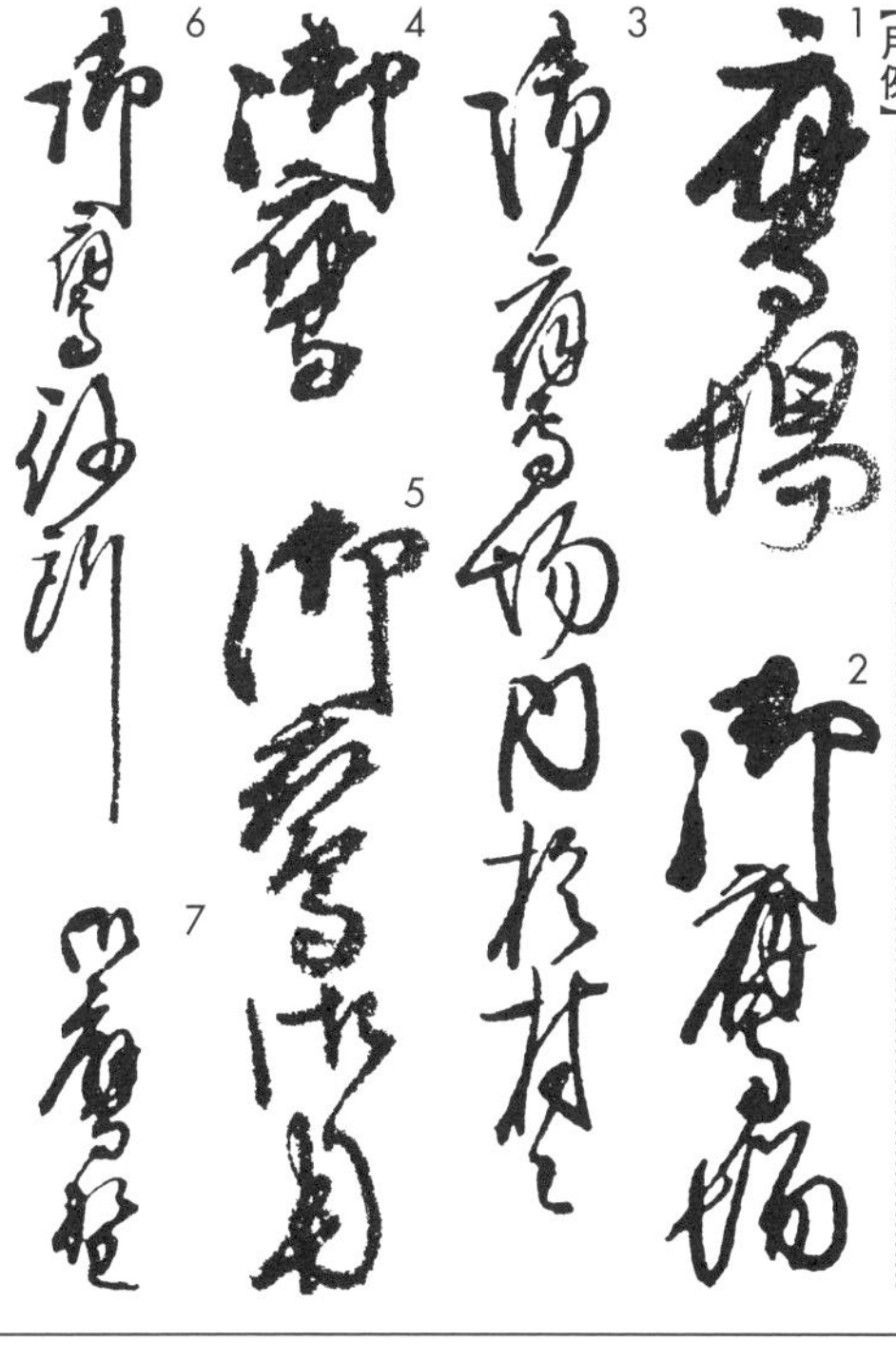

1 鷹場《たかば》　2 御鷹場《おたかば》　3 御鷹場内於二村々一《おたかばないむらむらにおいて》　4 御鷹《おたか》　5 御鷹御用《おたかごよう》　6 御鷹役所《おたかやくしょ》　7 御鷹野《おたかの》

699

麁（麤）

8338

ソ

あらい

◎「麁」は「麤」の異体字だが、正字はまず記されない。「比」が縦棒二本の両脇に点を打つ形にくずされるのが特徴的。「麁末」が頻出。

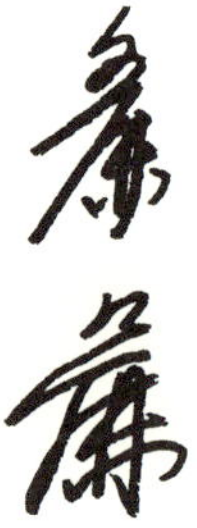

【用例】

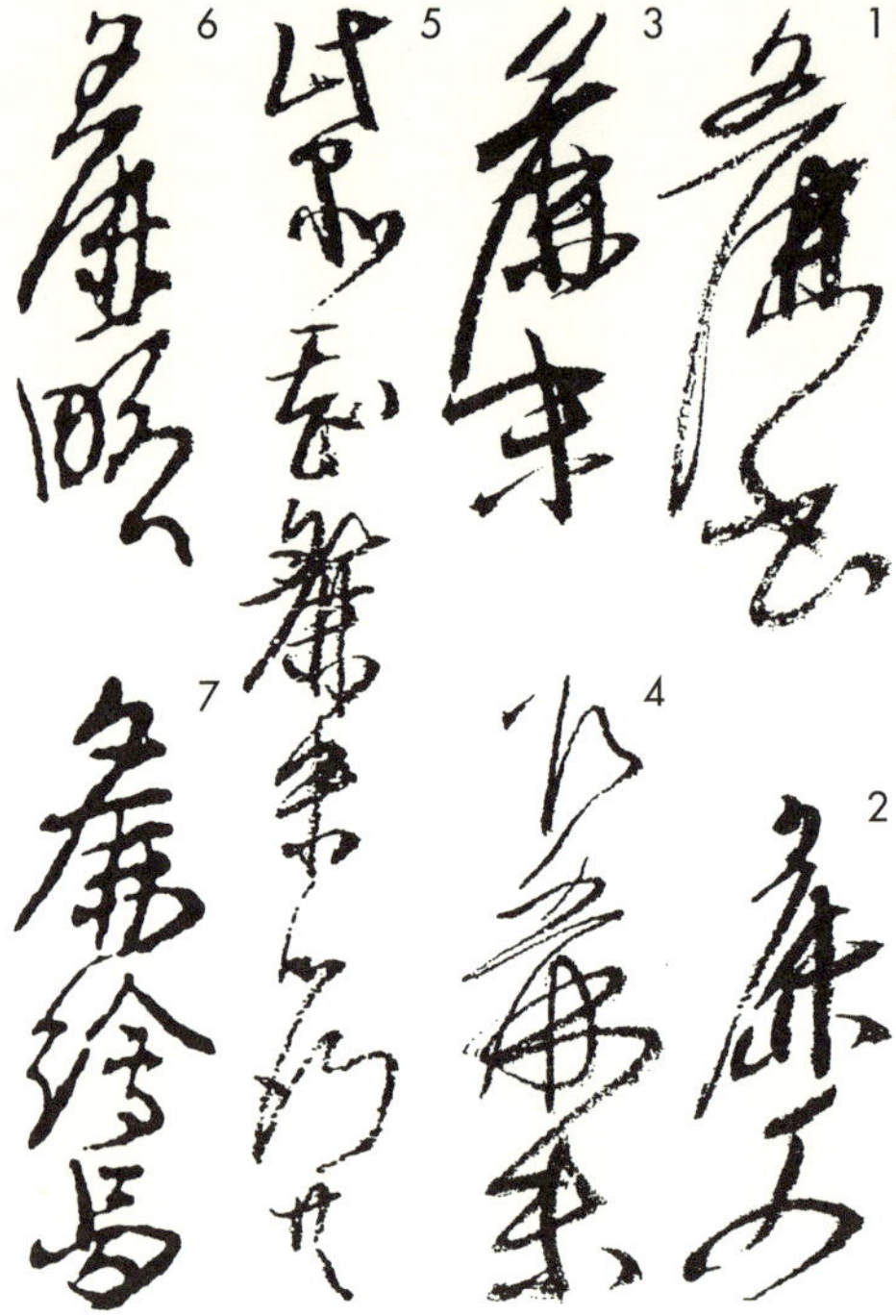

1 麁書《そしょ》　2 麁文《そぶん》　3 麁末《そまつ》　4 乍二麁末一《そまつながら》　5 此品 甚 麁末候得共《このしなはなはだそまつにそうらえども》　6 麁略《そりゃく》　7 麁繪圖《あらえず》

700

〆

0126

しめ

◎用例1・3〜9の「〆」は「締」（200頁）と同義。また、230頁「貫」の特殊形と同じくずしになるので読み分けてほしい。用例11の形が頻出。

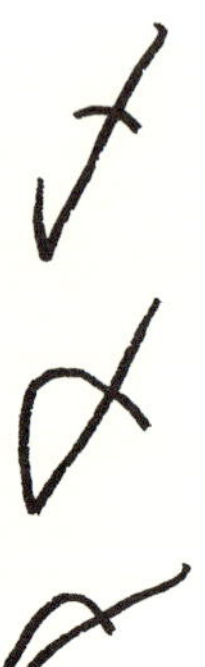

【用例】

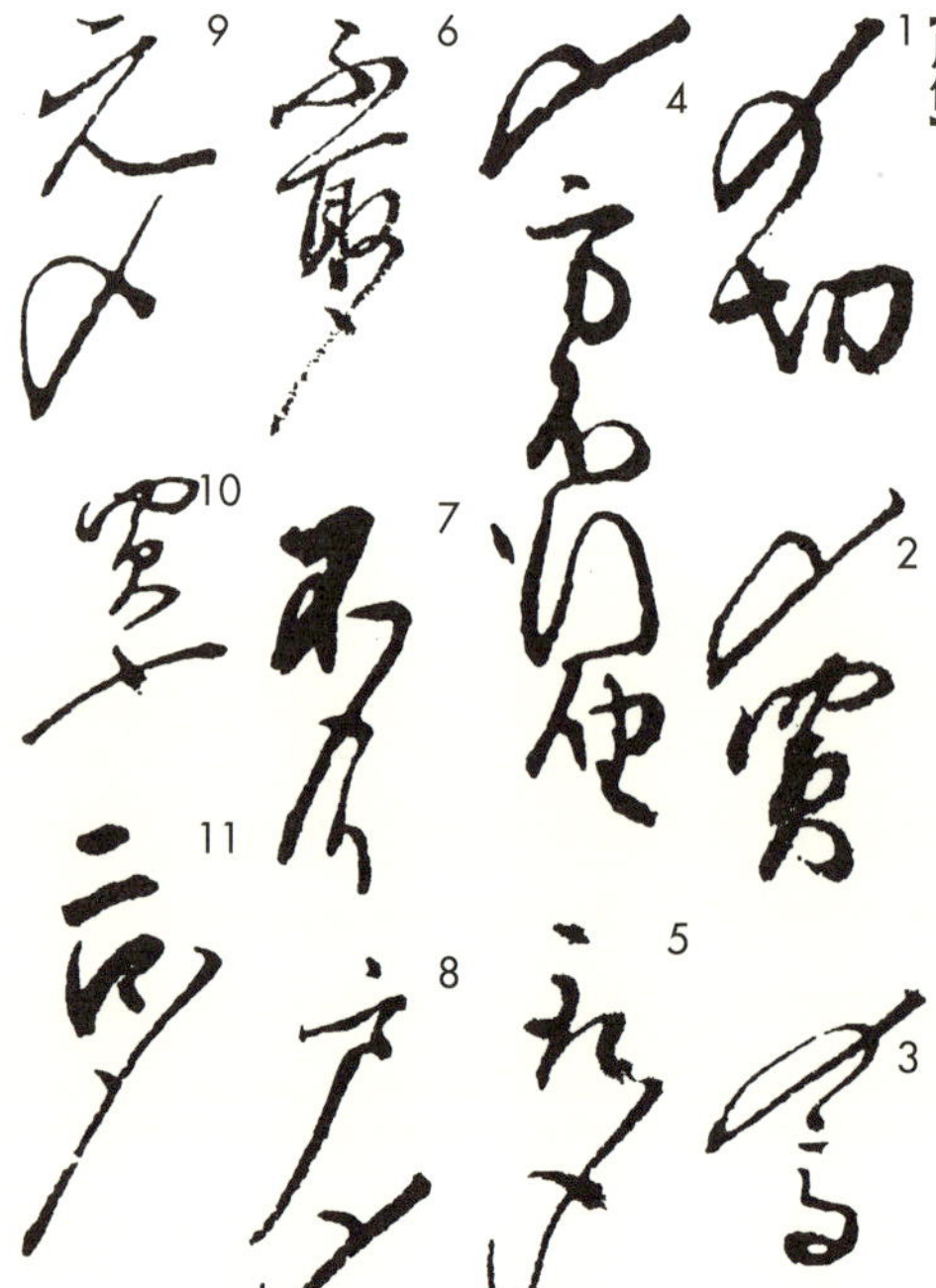

1 〆切《しめきり》　2 〆買《しめがい》　3 〆高《しめだか》　4 〆方不行届《しまりかたふゆきとどき》　5 取〆《とりしまり》　6 不取〆《ふとりしまり》　7 不〆リ《ふしまり》　8 戸〆《とじめ》　9 元〆《もとじめ》　10 買〆《かいしめ》　11 二口〆《ふたくちしめて》

異体字一覧

音訓や意味のうえからは同じ字として用いられるが、標準的な字体（正字）とは異なる字を異体字という。たとえば「州」に対して「刕」、「紙」に対して「帋」、「逃」に対して「迯」が、それぞれの異体字にあたる。

ここでは、本書に収録した五〇〇字のなかで、よく用いられる異体字を掲げた。異体字の定義には諸説あるが、ここには江戸時代の古文書判読の参考にするため、漢和辞典などで確認できない江戸時代特有のものも含めた。

異体字も、筆写の際には常用漢字に直すのが一般的である。ただし異体字のまま書き記した史料集などもある。

〔揮毫／服部大超〕

丈	互	休	儘	再	凡	凶	刈
11	16	19	31	34	36	37	37

ページ

判	勢	召	含	咎	咎	咎	品
39	45	52	54	55	55	55	58

ページ

員	喜	埒	執	場	夏	州	州
58	60	65	66	67	70	86	86

ページ

往	忝	悪	悴	慥	支	数	於
96	101	103	105	110	127	129	132

ページ

珍	熟	洩	歟	歎	橋	曾	時
171	168	160	153	152	151	142	137

ページ

紙	籠	究	秋	略	異	畝	畝
196	193	188	185	174	174	173	173

ページ

詔	解	解	規	荒	船	脇	聊
223	219	219	217	210	208	204	203

ページ

麤	鉄	野	野	逃	体	負
270	249	249	249	240	237	230

ページ

覚えておきたい　古文書《こもんじょ》くずし字《じ》500選《せん》

2002年6月30日　第1刷発行
2019年5月15日　第6刷発行

編　　者——柏書房編集部
発 行 者——富澤凡子
発 行 所——柏書房株式会社
〒113-0033 東京都文京区本郷2-15-13
Tel 03-3830-1891（営業）
Tel 03-3830-1894（編集）
組　　版——i-Media　市村繁和
装　　幀——桂川　潤
印 刷 所——モリモトト印刷
製 本 所——ブックアート

ISBN4-7601-2233-8 C1021

索　引

ここでは、学習の便を考え、本書に収録した単漢字の音読み（一部訓読みもあり）と、用例のなかでも特に重要なものを厳選し、五十音順に配列した。なお、読み方を統一させているため用例解読文とは齟齬があることをお断りしておく。

あ行

アイ　挨　**123**
あいあらため　相改　127,244,250
あいあらわれ　相顕　263
あいうかがう　相伺　22
あいおさめ　相治　89, 160
あいかすむ　相掠　125
あいきめ　相究　188
あいきゅう　相給　198
あいことわり　相断　66, 131
あいさつ　挨拶　122, 123
あいしたたむ　相認　226
あいず　相(合)圖　62
あいそえ　相添　164
あいそむく　相背　203,204,210,259
あいたい　相對　18, 81
あいだがら　間柄　147
あいたずね　相尋　82
あいただす　相糺　74, 92, 195
あいつけ　相附　196, 253, 261
あいつづき　相續　199
あいつつしみ　相慎　108
あいつめ　相詰　224
あいとがめる　相咎　55
あいとどこおり　相滞　165
あいととのう　相調　227
あいなげき　相歎　144, 152
あいのぞく　相除　254
あいはじめ　相始　59, 74
あいふれ　相觸
24, 30, 208, 220, 242
あいまかなう　相賄　232, 238
あいまし　相増　36, 68
あいまもる　相守
66, 72, 76, 99, 146, 228
あいもどす　相戻　114, 254
あいやとう　相雇　257
あいやめ　相止　153
あいゆずり　相讓　229
あいわかり　相訳リ　222
あいわきまえ　相弁　94, 219
あいわずらい　相煩　168
あきない　商内　59
あきなりきん　秋成金　185
アク　悪(惡)　**103**
あくじ　悪事　103
あくすい　悪水　65,103,116,158,212
あくとう　悪黨　32, 103
あくまい　悪米　103
あさからず　不浅　104, 162
あしからず　不悪　103
あしがる　足軽　235, 238, 249
あしく　悪敷　12,57,103,118,172
あたらしく　新敷　132
あたわず　不能　205
あつかいにん　扱人　117, 208
あつかう　扱　**117**
あっこう　悪口　103, 258
あとあと　跡々　236
あとかた　跡形　236
あとやく　跡役　236
あまた　餘多　25
あまた　数多　129
あまり　余(餘)リ　24, 237
あらあら　荒々　210
あらえず　麁絵圖　197, 270
あらためて　改而　127
あらまし　荒増　68, 210
あらまし　有増　68
ありてい　有体　23
ありてい　有躰　237
あるいは　或者(ハ)　82, 113
あれち　荒地　25, 210, 235
アン　安　**76**
アン　案　**148**
あんい　安意　76
あんじ　案事　148
あんしん　安心　76, 111
あんぜん　安全　19, 108
あんない　案内　148
あんのん　安穏　187
あんもん　案文　50, 148
あんりょ　安慮　76, 110
イ　囲(圍)　**61**
イ　委　**74**
イ　已　**87**
イ　畏　**173**
イ　異　**174**
イ　移　**185**
いう　謂　**228**
いえい　家居　85
いえじち　家質　233
いかがのわけ　如何之訳　222
いかがわしく　如何鋪　251
いぎ　異儀　174
いきょく　委曲　74, 141
いく　幾　**90**
いくえ　幾重　90
いくばく　幾許　90
いくひさし　幾久　90
いくひさしく　幾久敷　90
いけん　異見　42, 174
いご　已後　87
いこく　異国　63, 174
いさい　委細　56,74,122,197,262
いさく　違作　22
いささか　聊　**203**
いささかも　聊茂　203
いささかもって　聊以　203
いしつ　違失　72
いしつなく　無違失　72
いじょう　已上　87
いぜん　已前　87, 166
いたしおり　致居　86
いたすまじく　致間鋪　177, 251
いただく　戴　**113**
いちいち　逸々　243
いちえん　一圓　33
いちごん　一言　75, 121, 221
いちば　市場　67, 87
イツ　逸　**243**
いっさい　一切　30, 38, 265
いったん　一旦　134
いっとう　一統　37, 198, 257
いっぴつ　一筆　191, 205

いてん　移轉　185
いとまじょう　暇状　140
いはい　違背　204, 239
いびょう　異病　163
いへん　違変　69
いへん　異変　69, 73, 174
いまさら　今更　142, 225
いましばらく　今暫　141
いやく　違約　195
いやしき　居屋敷　85
いやまし　弥増　68
いよいよ　愈　**108**
いよいよ　愈々　108
いよいよもって　愈以　108
いらい　已来　87
いらん　違乱　14, 203
いりさく　入作　22
いりつけ　入附　253
いろいろ　色々　209
いろん　異論　174, 227
いわゆる　所謂　228
いわれなく　無謂　228
イン　印　**49**
イン　員　**58**
イン　院　**254**
イン　隠(隱)　**255**
いんきょ　隠居　32, 85, 255
いんぎょう　印形　18,42,49,96,250
いんしん　音信　28, 261
いんずう　員数　58, 129
いんばい　隠賣　255
いんもつ　音物　261
ウ　雨　**259**
うかがいがき　伺書　22
うかがいたてまつる　奉伺　22
うかがう　伺　**22**
うけいん　請(受)印　18, 49
うけおう　請(受)負　230
うけただす　承糺　102, 195
うけはらい　請拂　116
うけはん　請(受)判　39, 250
うけもどす　請(受)戻　114
うすい　薄　**213**
うすうす　薄々　213
うたがわしく　疑敷　177
うちおどろく　打驚　115, 267
うちこす　打越　115
うちすぐ　打過　115
うちすて　打捨　115
うちだす　打出　115
うちつづく　打續　37, 45, 115, 199, 259
うちつぶす　打潰　115, 166
うちどめ　打留　115
うちはらう　打拂　115
うちやぶり　打破　181
うちよる　打寄　57, 115
うちわけ　内訳　222
うつしおく　写(寫)置　34
うつしとる　写取　34
うてん　雨天　71, 259
うとく　有徳　99
うら　浦　**162**
うら　裏　**215**
うらうら　浦々　161, 162
うらがき　裏書　215
うらかた　浦方　162
うらつき　浦付(附)　162
うらはん　裏判　215
うらやましく　浦山敷　162
うりだす　賣出　12
うりに　賣荷　211
うりぬし　賣主　69
うりはらい　賣拂　116
うりわたす　賣渡　69, 158
ウン　運　**243**
うんじょう　運上　121, 243
うんそう　運送　243
エ　絵(繪)　**197**
エイ　永　**158**
えいあれ　永荒　158, 210
えいえい　永々　158
えいぞく　永續　158, 199
えいだい　永代　69, 158
えいねん　永年　158
エキ　益　**179**
えず　絵(繪)圖　62, 197, 215, 260
エツ　悦　**104**
えど　江戸　17, 41, 60, 87, 114, 161, 248
えどおもて　江戸表　114,132,214
エン　円(圓)　**33**
エン　延　**94**
エン　縁　**200**
エン　遠　**245**
えんいん　延引　94, 136
えんぐみ　縁組　200
えんさつ　遠察　80, 245
えんじつ　延日　94
えんじゃ　縁者　119, 200
えんだん　縁談　200
えんちゃく　延着　202
えんづく　縁付　105, 200
えんぽう　遠方　245
えんりょ　遠慮　110, 245
えんりょなく　無遠慮　110, 245
えんるい　縁類　200, 263
えんろ　遠路　236, 245
おあらため　御改　58, 78, 127
おいて　於　**132**
おいとま　御暇　140
オウ　往　**96**
オウ　応(應)　**100**
オウ　押　**119**
おうおう　往々　96
おうかがい　御伺　22, 75, 133
おうこ　往古　96
おうへん　往返　96, 258
おうらい　往来　73, 96, 239
おうりょう　押領　119
おおじょうや　大庄屋　91
おおぜい　大勢　45, 98
おかこい　御囲　61
おかち　御徒　98
おかって　御勝手　44, 120, 232
おかまい　御構　149, 248
おきめ　御究メ　32, 188
オク　奥(奧)　**73**
おくいん　奥印　49, 73
おくがき　奥書　73
おこしかえり　起返り　235
おことわり　御断　131
おさびゃくしょう　長百性　251
おさわり　御障　256
おさわりなく　無御障　256
おしがい　押買　119, 231
おしかくす　押隠　119, 255
おして　押而　119
おしらべ　御調　227
おす　押　**119**
おすくい　御救　128
おそい　遅(遲)　**244**
おそなえ(おとも)　御供　26
おそろい　御揃　19, 62, 125
おだいかん　御代官　77
おたか　御鷹　269
おたずね　御尋　40, 82, 186
おただし　御糺　74, 195, 243
おついで　御序　91
おとが　御科　184

おとがめ　御咎　55
おととのい　御調　227
おとりか　御取箇　192
おどろきいる　驚入　267
おどろく　驚　**267**
おなりか　御成箇　192
おのおのさま　各様　53, 62
おはなし　御咄　56
おふれ　御觸　41, 220
おぼえ　覚(覺)　**218**
おぼえがき　覚書　218
おぼしめし　思召　53, 71, 77, 102
おぼつかなく　無覚束　146, 218
おみき　御神酒　183, 247
おもう　思　**102**
おもてがき　表書　214
おもてむき　表向　27, 214
おや　親　**218**
おやむら　親村　218
およそ　凡　**36**
おり　折　**118**
おりいって　折入　118
おりおり　折々　118
おりがら　折柄　118, 147
おりふし　折節　118
おろそかに　疎ニ　176
おわび　御詫　118, 225
オン　恩　**103**
オン　穏(穩)　**187**
オン　音　**261**
おんごく　遠国(國)　63, 245
おんしゃく　恩借　103
おんびん　穏便　28, 187

か行

カ　仮(假)　**18**
カ　価(價)　**25**
カ　加　**42**
カ　化　**47**
カ　暇　**140**
カ　科　**184**
カ　箇　**192**
カ　荷　**211**
か　歟　**153**
ガ　我　**112**
ガ　賀　**231**
ガ　駕　**266**
カイ　改　**127**
カイ　海(海)　**161**
カイ　絵(繪)　**197**
カイ　解　**219**
がい　我意　95, 112
かいうけ　買請　231
かいしめ　買〆　231, 270
かいせい　改正　154
かいせん　廻船　114, 208
かいどう　海道　161
かいとり　買取　231
かいねん　改年　109, 127
かいめい　改名　127
かいん　加印　42, 49
かえって　却而　49
かえって　反而　51
かえる　帰(歸)　**88**
かかえおく　抱置　121
かかわらず　不抱　121, 229
かかわり　抱り　121, 200
かきつけ　書附　222, 253
カク　各　**53**
カク　格　**148**
カク　覚(覺)　**218**
かく　斯　**131**
かくがい　格外　25, 148
かくしおく　隠置　204,210,255,263
かくす　隠(隱)　**255**
かくのごとし　如是　67, 136
かくのごとし　如斯　131
かくべつ　各別　53
かくべつ　格別　27,102,107,148,219
かくれなく　無隠　99, 255
かけおち　欠落　152, 212, 230, 240
かけつけ　欠付　152
かけまい　欠米　152
かこ　水夫　72, 158
かこ　水主　158
かご　駕籠　193, 266
かこいおく　囲置　61
かこいこく　囲穀　61
かこいまい　囲米　61, 194
かこいもみ　囲籾　61, 194
かこむ　囲(圍)　**61**
かさく　家作　22, 229
かしこまる　畏　**173**
かしこみたてまつる　奉畏　173
がしたてまつる　奉賀　108,171,231
かしょ　箇所　192
かじょう　箇条(條)　146, 192
かじょう　ヶ條　146
かすめる　掠　**125**
かぞう　加増　42
かぞう　過造　241
かたがたもって　旁以　133, 241
かたく　堅(ク)
30, 66, 76, 129, 131, 146
かたじけない　忝　**101**
かつ　且　**11**
かって　勝手
24, 31, 44, 53, 87, 90, 112, 206
かつて　曾而　142
かつてもって　曾以　142
かつは　且者　11
かつまた　且又　11
かつまた　且亦　11, 16
かど　廉　**93**
かどかど　廉々　93
かはん　加判　39, 42
かはん　過半　48
かひつ　加筆　42
かまいなく　無構　149
かまえ　構　**149**
がましく　ヶ間鋪　251
かよいちょう　通帳　89
かよう　加様　42
がら　柄　**147**
かり　仮(假)　**18**
かりそめ　仮初　18, 39
かりとる　刈取　37
かりょう　過料　130
かる　刈　**37**
かるからず　不輕　238
かるがるしく　輕々敷　238
かれ　彼　**97**
かれこれ　彼是　15, 97, 136, 204
かわかけ　川欠　152
かわよけ　川除　254
カン　勘　**44**
カン　勧(勸)　**45**
カン　官　**77**
カン　寒　**80**
カン　簡　**193**
カン　貫　**230**
カン　閑　**252**
カン　関(關)　**252**
ガン　含　**54**
ガン　顔　**262**
かんげ　勧化　31, 45, 47, 82, 134
かんじょう　勘定　44
かんじょう　勧請　45
かんじん　勧進　45
かんとう　関東　147, 190, 252

かんとうおとりしまりごしゅつやく　関東御取締御出役　147, 252
かんぬし　神主　183, 254
かんぶつ　勧物　45, 169
かんべん　勘弁　44, 94, 192, 224
がんり　元利　40
キ　喜　**60**
キ　帰(歸)　**88**
キ　幾　**90**
キ　既　**134**
キ　期　**144**
キ　機　**151**
キ　気(氣)　**157**
キ　規　**217**
キ　起　**235**
ギ　疑　**177**
ギ　議　**228**
きがん　貴顔　262
ききょ　起居　235
ききょう　帰郷　88, 246
きげつ　期月　144
きげん　機嫌　22, 75, 151, 179
きこく　帰国(國)　63, 88, 166
きこしめす　聞召　53
ぎじょう　規定　217
ぎじょう　議定　228
きそん　帰村　88
きたく　帰宅　77, 88
キツ　詰　**224**
きって　切手　38
きびしく　厳敷　54,55,99,142,170
きびしく　厳鋪　99, 251
きふ　帰府　88, 92
きふ　寄附　253
きぼ　規模　150
きまま　気儘　31
きめおく　究置　188
キャク　却　**49**
キャク　脚　**205**
キュウ　休　**19**
キュウ　救　**128**
キュウ　究　**188**
キュウ　窮　**188**
キュウ　糺　**195**
キュウ　給　**198**
きゅうい　休意　19
きゅうきん　給金　198
きゅうそく　急速　242, 262
きゅうち　給地(知)　198
きゅうびきゃく　急飛脚　205,264
きゅうまい　給米　26, 198
きゅうめい　糺明　195
きゅうり　久離　258
キョ　居　**85**
キョ　拠(據)　**120**
キョ　許　**221**
キョウ　京　**17**
キョウ　凶　**37**
キョウ　境　**68**
キョウ　強　**95**
キョウ　橋　**151**
キョウ　郷　**246**
キョウ　驚　**267**
ギョウ　形　**96**
きょうえつ　恐悦　104
きょうさく　凶作　22, 37, 115
ぎょうせき　行跡　236
きょうねん　凶年　37, 128, 199
きょうます　京升　17
キョク　曲　**141**
ぎょけい　御慶　109, 132
きょたく　居宅　85
きらう　嫌　**75**
きりかえ　切替　38
きりがみ　切紙　38
きりそえ　切添　38
きりつ　起立　235
きりまい　切米　29, 38
きる　切　**38**
きるい　着類　263
ぎわく　疑惑　177
キン　筋　**190**
ギン　吟　**54**
ギン　銀　**250**
きんぎん　金銀　51, 92, 250
きんごう　近郷　99, 246
ぎんのう　銀納　250
きんばん　勤番　175
ぎんみ　吟味　34, 54, 57, 88, 99, 243, 244
きんりん　近隣　256
ク　供　**26**
ク　苦　**209**
グ　具　**33**
グ　愚　**106**
ぐあん　愚案　148
ぐい　愚意　21, 106
くさかり　草刈　37, 211
ぐさつ　愚札　59, 106
ぐさつ　愚察　106
くせごと　曲事　13, 71, 141, 145
くちえい　口永　158
くちぎん　口銀　250
くなん　苦難　209
くにもと　国元　63, 132
くにもと　国許　63, 221
くにやく　国(國)役　63, 139
ぐひつ　愚筆　106, 191
ぐぶ　供奉　26
くまい　供米　26
くらしかた　暮方　100, 119, 140
くりあわせ　操合　126
くりだす　操出　126
くるしからず　不苦　209
くれぐれ　呉々　55
くろう　苦労　43, 209
くわしく　委敷　74
グン　郡　**246**
ぐんだい　郡代　246
ぐんちゅう　郡中　246
ケ　化　**47**
け　毛　**157**
ケイ　啓　**59**
ケイ　形　**96**
ケイ　慶　**109**
ケイ　敬　**128**
ケイ　継(繼)　**199**
ケイ　軽(輕)　**238**
けいが　敬賀　128, 231
けいが　慶賀　109, 231
けいじょう　啓上　59,109,191,205
けいだい　境内　68
けいたつ　啓達　59
けいちょう　軽重　238
けいはく　敬白　128, 179
けさ　今朝　144
けしき　気(氣)色　157, 209
げじき　下直　25
げせつ　下拙　120, 193
ケツ　欠(缺)　**152**
けっしょ　欠所　152
けっちゃく　決着　202
けほう　家抱　121
けみ　検見　149
げらく　下落　93, 212
ケン　堅　**66**
ケン　検(檢)　**149**
ケン　権(權)　**150**
ケン　賢　**234**
ケン　顕(顯)　**263**

ゲン　嫌　**75**
ゲン　厳(嚴)　**99**
ゲン　言　**221**
ゲン　限　**253**
げんか　嚴科　99, 184
けんご　堅固　62, 66
けんさつ　賢察　80, 234
けんし　検使　26, 149
げんじゅう　嚴重　99, 227
けんしょう　堅勝　44, 66
けんぜん　顕然　263
けんち　検地　149
けんぶん　検分　149, 244
けんりょ　賢慮　234
コ　古　**51**
コ　呼　**56**
コ　固　**62**
コ　戸　**114**
コ　拠(據)　**120**
コ　雇　**257**
ゴ　互　**16**
ゴ　呉　**55**
コウ　広(廣)　**90**
コウ　更　**142**
コウ　構　**149**
コウ　荒　**210**
コウ　高　**267**
ゴウ　郷　**246**
こういん　後音　170, 261
ごうぐら　郷蔵　246
こうげ　高下　25, 267
こうげなく　無高下　267
こうさつ　高札　267
こうじき(たかね)　高直
25, 58, 186, 209, 228, 267
ごうそ　強訴　95
こうだい　廣太　71, 90, 128
こうだい　廣大　90
ごうだん　強談　95
ごうちゅう　郷中　116, 246
こうむる　蒙　213
こうめん　高免　30, 32, 180, 267
ごうやど　郷宿　79
こうり　高利　40, 267
こうろん　口論　227
こおりぶぎょう　郡奉行　246
ごおん　御恩　103
こきょう　故郷　246
コク　刻　**40**
コク　国(國)　**63**
コク　石　**180**
コク　穀　**186**
こくげん　刻限　40, 253
こくだい　石代　180
こくだか　石高　180
こくづけ　刻付　40, 244
こくづけ　刻附　40, 253
こくもつ　穀物　12, 186
ごこく　後刻　40
こころぞえ　心添　164
こころづけ　心附　166, 253
こころもとなく　無心許　221
ここん　古今　51
こさく　小作　22
こしこく　越石　180
ごじゅう　後住　23
こしょう　故障　86, 228, 256
こせき　古跡　51
ごそくろう　御足労　235
こっか　国(國)家　63
こてがた　小手形　96
ことさら　殊更　142
ごとに　毎ニ　156
ことわり　理り　171
ごねん　後念　101
このおもて　此表　214
このご　此期　144
このごろ　此比　156
このわけ　此訳　222
こふく　古復　51, 98
ごぶさた　御無沙汰　115, 159
ごぶさた　御不沙汰　159
ごほう　御報　67
こまりいる　困入　61, 117
こまりおる　困居　61, 86
ごめん　御免
31, 45, 47, 174, 180, 213, 232, 243
ごもっとも　御尤　84, 173
こものなり　小物成　169
ごようすじ　御用筋　38, 190
こらい　古来　51
ごらん　御覧　41, 219
ごりょう　御料　77, 130, 182
これ　是　**136**
これは　是者　136
これまた　是亦　16, 136
これまた　是又　136
これまで　是迄　74, 136
これより　従是　97, 136
これら　是等　136
これをもって　是以　136
ころう　古老　51, 202
コン　困　**61**
コン　懇　**112**
ゴン　言　**221**
こんい　懇意　21, 112
こんがん　懇願　112
こんきゃく　困却　61
こんきゅう　困窮　61, 148, 163,
167, 186, 188
こんじょう　懇情　104, 112
ごんじょう　言上　221
こんなん　困難　61
こんぱん　今般　24, 134, 208, 216
こんもう　懇望　112, 143
こんや　今夜　70

さ行

サ　沙　**159**
サイ　再　**34**
サイ　歳　**155**
サイ　細　**197**
サイ　裁　**215**
サイ　西　**216**
さいおう　再應　34, 57, 100, 225
さいかく　才覚　218
さいきょ　裁許　197, 215, 221
ざいごう　在郷　246
さいごく　西国(國)　63, 216
さいしょ　最初　39
さいしょ　細書　197
さいだん　裁断　215
ざいちょう　在町　172, 182
さいはつ　再發　177, 178
さいばん　裁判　215
ざいばん　在番　175
ざいふ　在府　92
さきごろ　先比　156
さきぶれ　先觸　220
サク　作　**21**
サク　昨　**135**
サク　朔　**143**
さくじつ　昨日　135, 234
さくつけ　作付　21
さくとく　作徳　21, 99
さくねん　昨年　27, 117, 135
さくもう　作毛　21
さくもつ　作物　21, 168, 172
さくや　昨夜　70, 135
さしあぐ　指上　122

さしいそぎ　指急　123
さしおく　指置　123
さしおこり　差発(發)　178
さしおさえ　差押　119
さしおさえ　指押　123
さしかまい　指構　123
さしかまい　差構　149
さしがみ　指紙　123
さしがみ　差紙　56, 113, 196
さしぐり　差操　126
さしくわえ　指加　26
さしくわえ　差加　42, 217
さしこす　指越　123
さしさわり　指障　123
さしさわり　差障　87, 256
さしさわりなく　無差障　256
さしず　差圖　62, 119
さしず　指図(圖)　21,62,123,204
さしそえ　差添　164
さしそえ　指添　123, 164
さしだす　指出　122
さしつかえ　差支　100,120,127,216
さしつかえ　指支　123
さしつかえなく　無差支　127,203
さしつかわす　指遣　123
さしつまる　差詰　224
さしつまる　指詰　123, 224
さしとどこおり　差滞　165
さしとめ　指留　123
さしとめ　差止メ　153
さしのべ　差延　94, 141
さしのべ　指延　94
さしひかえ　差(指)扣　116
さしひき　指引　122
さしふくむ　差含　54
さしむら　指村　123
さしもどす　差戻　114
さしゆるす　差免　32, 221
さす　指　**122**
さた　沙汰　30, 111, 159, 201
サツ　察　**80**
サツ　拶　**122**
ザツ　雑(雜)　**258**
ざっこく　雑穀　186, 258
さっこん　昨今　135
さっしいる　察入　80
さっしおる　察居　80, 86
さっしたてまつる　奉察
80, 104, 165
さっそく　早速　101,124,242,265
さっと　察當(度)　80
さっと　拶當　122
ざつよう　雑用　258
さて　扨　**117**
さておき　扨置　117
さてさて　扨々　117
さてまた　扨亦(又)　117
さはい　差配　248
さほう　作法　21
さらに　更ニ　142
さりゃく　作略　21
さりゃく　差略　174
さわがしく　騒敷　266
さわがしく　騒ヶ敷　266
さわぐ　騒(騷)　**266**
さわだつ　騒立　266, 269
サン　散　**129**
ザン　暫　**141**
ざんじ　暫時　141
ざんねん　残念　101, 224
さんぷ　参府　92
さんらん　散乱　14, 129
シ　伺　**22**
シ　使　**26**
シ　始　**74**
シ　市　**87**
シ　思　**102**
シ　指　**122**
シ　支　**127**
シ　止　**153**
シ　私　**184**
シ　紙　**196**
ジ　寺　**81**
ジ　慈　**107**
ジ　時　**137**
ジ　治　**160**
ジ　示　**182**
ジ　自　**206**
しい　私意　184
しいて　強而　95
じいん　寺院　81, 254
しかしながら　乍併　27
しかと　聢　**203**
しかと　聢与　203
じぎ　時宜　137
しきせ　仕着　202
しきょく　私曲　141, 184
しきり　仕切　38, 64
しく　鋪　**251**
しげしげ　繁々　201
じこう　時候　137, 262
じこん　自今　206
しさい　子細　171, 197
じざかい　地境　68
ししそんそん　子々孫々　75
じじつ　時日　137, 185
ししゃ　使者　26
じしゃ　寺社　29, 47, 81, 182, 239
じしゃく　時借　137
ししゅく　止宿　79, 153
じしん　自身　175, 237
じせつ　時節　137, 163
じせつがら　時節柄　137, 147
しぜん　自然　206
しそん　子孫　75
したがって　随而　255
したく　支度　127, 130
したくさ　下草　37, 211
したさく　下作　22
じだん　示談　182
シチ　質　**223**
しちいれ　質入　233
しちながれ　質流　163
しちもつ　質物　25, 169, 233
しちや　質屋　233
しちゅう　市中　87
シツ　執　**66**
シツ　失　**72**
ジツ　実(實)　**78**
じつい　実意　78
しつけ　仕附　253
しっけい　失敬　72, 128
じつじつ　実々　78, 197
じっしょう　実正　13, 78, 154
しっち　質地　233
しつねん　失念　72
しつれいながら　乍失禮　72
じつをもって　実以　78
しなじな　品々　58
しなよし　品能　58, 205
しはい　支配　24, 127, 248
しばらく　暫　**141**
じひ　慈悲　48, 90, 105, 107
じひ　慈非　107
じびょう　持病　177, 178
しぶい　渋(澁)　**163**
じぶん　自分　74, 206
じぶん　時分　137, 147
しまい　仕舞　207
しまつ　始末　74, 234

じまま　自儘　31, 206
じみ　地味　57
しめ　締　**200**
しめ　〆　**270**
しめがい　〆買　270
しめきり　〆切　114, 270
しめす　示　**182**
シャ　写(寫)　**34**
シャ　社　**182**
しゃけ　社家　182
しゃさん　社参　182
しゃじん　社人　182
しゃりょう　社領　182
シュ　守　**76**
シュ　種　**186**
シュ　酒　**247**
シュウ　修　**29**
シュウ　宗　**78**
シュウ　就　**84**
シュウ　州　**86**
シュウ　秋　**185**
シュウ　舟　**207**
シュウ　集　**257**
ジュウ　住　**23**
ジュウ　従(從)　**97**
ジュウ　渋(澁)　**163**
ジュウ　縦(縱)　**201**
じゅうか　重科　184
しゅうかい　集會　257
しゅうぎ　祝儀　28, 183
じゅうきょ　住居　23, 85
しゅうし　宗旨　78, 98, 244, 250
じゅうじ　住持　23
じゅうぜん　従前　97
しゅうちゃく　祝着　183
じゅうびん　重便　28, 144
しゅうふく　修復　29, 98
しゅうふく　修覆　29, 217, 268
しゅうもん　宗門　78, 127, 254
じゅうらい　従来　97
しゅうり　修理　29, 171
しゅぎょう　修行　29
しゅぎょう　執行　66
シュク　宿　**79**
シュク　祝　**183**
ジュク　熟　**168**
しゅくおくり　宿送リ　79
しゅくしゅく　宿々　79
しゅくじんば　宿人馬　79
しゅくそん　宿村　79
じゅくだん　熟談　168
しゅくつぎ　宿継(次)　79
しゅくのう　祝納　183
しゅくば　宿場　67, 79
じゅくりょ　熟慮　168
しゅじゅ　種々　186
しゅぞう　酒造　241, 247
しゅっかく　出格　148
しゅっせい　出精　82, 194
しゅっせい　出情　104
しゅっぷ　出府　92,114,133,181,208
シュン　春　**135**
ジュン　順　**262**
じゅんじゅん　順々　262
じゅんたつ　順達　50, 220, 262
ショ　初　**39**
ショ　暑　**139**
ジョ　助　**43**
ジョ　序　**91**
ジョ　除　**254**
ショウ　勝　**44**
ショウ　升　**47**
ショウ　召　**52**
ショウ　商　**59**
ショウ　尚　**83**
ショウ　庄　**91**
ショウ　性　**102**
ショウ　正　**154**
ショウ　焼(燒)　**167**
ショウ　訟　**222**
ショウ　詔　**223**
ショウ　障　**256**
ジョウ　丈　**11**
ジョウ　乗(乘)　**13**
ジョウ　城　**64**
ジョウ　場　**67**
ジョウ　常　**88**
ジョウ　情　**104**
ジョウ　条(條)　**146**
ジョウ　畳(疊)　**175**
ジョウ　譲(讓)　**229**
しょうがつ　正月　154
しょうこ　証據　120
しょうごく　生国(國)　63,155,172
しょうじき　正直　12, 154
しょうしつ　焼失　167
じょうじゅ　成就　84
じょうじょう　条々　146
じょうせん　乗船　13
じょうづかい　定使　26
しょうにん　商人　59, 87
しょうは　小破　181
しょうばい　商賣　59
しょうぶ　勝負　44, 230
じょうぶ　丈夫　11, 72
しょうまい　正米　154
じょうまい　城米　64, 161
しょうみ　正味　57
じょうめん　定免　32, 38
しょうや　庄屋　91
ショク　色　**209**
ショク　触(觸)　**220**
しょこく　諸国(國)
37, 47, 63, 162, 198, 241
しょしき　諸色　92, 209
しょしな　諸品　58
じょせい　助成　43, 217
しょせん　所詮　225
じょち　除地　254
しょはつ　初發　39
しょめん　書面　260
しょもう　所望　143
じょりょく　助力　29, 43, 98
しらべる　調　**227**
しりょう　私領　182, 184
じりょう　寺領　81
シン　信　**28**
シン　慎(愼)　**108**
シン　振　**124**
シン　新　**132**
シン　津　**161**
シン　深　**164**
シン　真(眞)　**180**
シン　神　**183**
シン　親　**218**
シン　身　**237**
ジン　尋　**82**
ジン　尽(盡)　**85**
しんかん　神官　183
しんき　新規　19, 65, 132, 217
じんき　人氣　157, 187, 266
じんご　尽(盡)期　85, 144
しんこう　信仰　28, 239
しんこう　深更　164
しんこく　新穀　186
じんじゃ　神社　182, 183
しんしょう　身上　166, 237
しんせつ　深切　164
しんたい　身躰　237
しんたい　進退　240

しんてい　心底　92
しんでん　新田　132
じんば　人馬　43, 61, 72, 96, 154, 165, 176, 199, 232, 265
しんぱい　心配　86, 248
しんもつ　進物　169
しんもん　神文　183
しんよう　信用　28
じんりょく　尽(盡)力　85
しんるい　親類　119, 218, 263
しんろう　心労　43
ズ　図(圖)　**62**
スイ　水　**158**
ズイ　随(隨)　**255**
ずいい　随意　255
すいそん　水損　126, 158
ずいぶん　随分　194, 255
すいろん　水論　158
スウ　数(數)　**129**
すうねん　数年　112, 129
すえおく　居置　85
すくいまい　救米　128
すけごう　助合　43
すけごう　助郷　43, 51, 246
すでに　已ニ　87
すでに　既ニ　134
すべて　都而　247
すみやかに　速ニ　178, 242
セ　世　**12**
セ　畝　**173**
せ　背　**204**
ゼ　是　**136**
セイ　勢　**45**
セイ　性　**102**
セイ　正　**154**
セイ　歳　**155**
セイ　生　**172**
セイ　精　**194**
セイ　西　**216**
セイ　誠　**224**
せいきん　精勤　194
せいぜい　情々　104
せいぜい　精々　194
せいろ　正路　154, 236
せがれ　悴　**105**
セキ　積　**187**
セキ　跡　**236**
せきしょ　関(關)所　252
せけん　世間　12, 198
せこ　勢子　45
せじょう　世上　12, 187, 198
セツ　切　**38**
セツ　折　**118**
セツ　拙　**120**
せっし　拙子　77, 120
せつじ　拙寺　120, 245
せっしゃ　拙者　120, 239
せっしょ　切所　38
せったく　拙宅　77, 120
ぜひ　是非　136, 260
ぜひ　是悲　105, 136
ぜひなく　無是悲　105
ぜひなく　無是非　52, 121, 136, 222, 260
ぜひにおよばず　不及是悲　105
ぜひにおよばず　不及是非　136, 260
せわ　世話　12, 130, 164, 226
せわしく　世話敷　12, 226
セン　専(專)　**82**
セン　浅(淺)　**162**
セン　船　**208**
セン　詮　**225**
ゼン　全　**19**
ゼン　漸　**166**
せんいつ　専一　82, 194
せんかく　先格　148
せんかたなく　無詮方　225
せんき　先規　217
せんぎ　詮儀　225, 244
ぜんけん　前顕　263
せんこく　先刻　40
せんじゅう　先住　23
ぜんじょう　前條　146
せんどう　舟頭　207
せんぱん　先般　208
せんぴ　先非　260
せんよう　専要　82, 216
せんれい　先例　21, 27
ぜんれい　前例　27
ソ　曾　**142**
ソ　疎　**176**
ソ　麁(麤)　**270**
そい　疎意　176
ソウ　争(爭)　**15**
ソウ　操　**126**
ソウ　草　**211**
ソウ　走　**234**
ソウ　騒(騷)　**266**
ゾウ　増(增)　**68**
ゾウ　造　**241**
ゾウ　雑(雜)　**258**
そうおう　相應　100, 140, 253
ぞうか　増加　42, 68
そうご　相互　16
ぞうさ　造作　241
ぞうさ　雑作　258
ぞうしゅ　造酒　241, 247
そうぞうしく　騒々敷　266
そうぞく　相續　102, 199, 236
そうたい　惣体　23
そうたい　惣躰　237
そうちょう　早朝　144
ぞうちょう　増長　251
そうば　相場　67, 137
そうば　相庭　93
そうびゃくしょう　惣百性　91,102
ぞうもつ　雑物　169, 258
そうらわん　候半　48
そうろん　争論　15, 134, 227
そえがき　添書　164
そえかん　添簡　164, 193
そえじょう　添状　164
そえる　添　**164**
そえん　疎遠　176, 245
ソク　則　**41**
ソク　束　**146**
ソク　足　**235**
ソク　速　**242**
ゾク　続(續)　**199**
そくざ　即座　50
そこもと　其許　221
そしょう　訴訟　222
そしょう　訴詔　223
ソツ　卒　**48**
そっきょ　卒去　48
そっこく　即刻　40, 50, 95
そとう　訴答　191
そのご　其期　144
そのすじ　其筋　190, 195
そのひぐらし　其日暮　140
そのまま　其儘　31, 115
そのみぎり　其砌　181
そまつ　麁末　58, 270
そりゃく　麁略　174, 270
そりゃく　疎略　176
それぞれ　夫々　72
それにつき　就夫　72, 84
それのみ　夫而已　87
それのみならず　夫而已不成　72

それゆえ　夫故　72, 153
そろう　揃　**125**
ソン　孫　**75**
ソン　尊　**83**
ソン　損　**126**
そんがん　尊顔　83, 262
ぞんねん　存念　101
そんぱん　尊判　39, 83, 261
そんもう　損毛　126, 157

た行

タ　他　**17**
タ　太　**71**
タ　汰　**159**
ダ　打　**115**
タイ　体(體)　**23**
タイ　対(對)　**81**
タイ　態　**109**
タイ　戴　**113**
タイ　滞(滯)　**165**
タイ　躰　**237**
タイ　退　**240**
だいえい　代永　158
たいぎ　太儀　71
たいけい　大慶　109
たいさん　退散　129, 240
たいせつ　大切　38
たいせつ　太切　38, 71
たいだん　對談　81
たいてん　退轉　166, 238, 240
たいは　大破　98, 151, 181
たいめん　對面　81, 260
たいやく　退役　240
たいりゅう　滞留　165
たか　鷹　**269**
たがいに　互ニ　16, 57
たかいれ　高入　268
たかうけ　高請　267
たかがかりもの　高掛物　268
たかわり　高割　113, 267
たぎょう　他行　17
タク　宅　**77**
たぐり　手操　126
たごう　他郷　17, 246, 256
たごん　他言　17, 221
たしあい　足合　235
たしか　慥　**110**
たしかなるもの　慥成者　110
たしかに　慥ニ　52, 110
たしだか　足高　235
たずねいだす　尋出　82
たずねる　尋　**82**
たそん　他村　17
ただ　只　**52**
ただいま　只今　52
ただし　但　**24**
ただす　糺　**195**
たちかえり　立帰　31, 88
たちげ　立毛　33
たちのき　立退　240
たちもどり　立戻り　114
たとい　縦(縱)令　18, 201
たとい　仮(假)令　18
たねもの　種物　186
たねもみ　種籾　186
たびにん　旅人　133
ためすじ　為筋　190
たわらもの　俵物　29, 169
タン　反　**51**
タン　憚　**111**
タン　旦　**134**
タン　歎　**152**
タン　端　**189**
ダン　断(斷)　**131**
たんえい　反永　51
だんか　旦家　134
たんがん　歎願　152
たんそ　歎訴　152
だんな　旦那　120, 134, 245
だんなでら　旦那寺　81, 134, 245
だんぱん　談判　39
たんべつ　反別　51, 268
チ　治　**160**
チ　遅(遲)　**244**
チ　馳　**265**
ちかごろ　近比　156
ちさんなく　無遅参　244
ちじょう　治定　160
ちそう　馳走　234, 265
ちたい　遅滞　165, 244
ちたいなく　無遅滞　165, 244
ちち　遅々　244
ちちなく　無遅々　244
チャク　着　**202**
ちゃくよう　着用　202
チュウ　昼(晝)　**137**
ちゅうや　昼夜　70, 137
チョウ　帳　**89**
チョウ　張　**95**
チョウ　朝　**144**
チョウ　町　**172**
チョウ　調　**227**
チョウ　逃　**240**
チョウ　長　**251**
チョウ　頂　**261**
チョウ　鳥　**268**
ちょういん　調印　49, 227
ちょうがい　帳外　89, 258
ちょうさん　逃散　129, 240
ちょうじ　停止　66, 129, 153, 269
ちょうじょう　重畳　175
ちょうだい　頂戴　29,113,196,261
ちょうたつ　調達　227
ちょうづけ　帳付　89
ちょうにん　町人　172
ちょうびょう　長病　168, 251
ちょうめん　帳面　89,226,244,260
ちょっと　鳥渡　268
チン　珍　**171**
チン　賃　**232**
ちんぎん　賃銀　232, 250
ちんせん　賃銭　232, 264
ちんちょう　珍重　108, 171
つ　津　**161**
ツイ　対(對)　**81**
ついたち　朔日　143
ついでながら　乍序　91
ついては　就而者(ハ)　84
つかまつりおり　仕居　86, 159
つかまつるまじく　仕間鋪
142, 265
つぎおくり　継送　199
つきそい　付添　164
つきそい　附添　253
つぎたて　継立　79, 96, 199
つぎば　継場　20, 199, 265
つきばん　月番　175, 202
つくしがたく　難尽(盡)　85, 191
つけおくり　附送　253
つけだし　附出し　211
つけたり　附リ　253
つごう　都合　68, 247
つだし　津出　161
つちあれ　土荒　64, 210
つどめ　津留　161
つねづね　常々　88
つねのごとし　如常　88
つぶさに　具ニ　33
つぶれち　潰地　132, 166
つぶれる　潰　**166**

つみおくり　積送　187
つみだす　積出　187
つみのぼせ　積登セ　178, 187
つみのぼせ　為積登　178
つむ　積　**187**
つめ　詰　**224**
つめおく　詰置　194, 224
てあまり　手餘　25
テイ　停　**30**
テイ　底　**92**
テイ　庭　**93**
テイ　締　**200**
てうす　手薄　213
ておい　手負　230
てがた　手形　38, 96, 122, 164
てがみ　手紙　59, 196
てがる　手軽　238
テツ　鉄(鐵)　**249**
てつけ　手附　253
てつだい　手傳　20
てっぽう　鉄炮　115, 167, 249
てはず　手筈　189
でばり　出張　95
てびかえ　手扣　116
てびろ　手廣　90
テン　天　**71**
テン　添　**164**
テン　転(轉)　**238**
デン　伝(傳)　**20**
てんき　天氣　71, 157
でんごん　傳言　20, 221
てんじゅう　轉住　238
でんたつ　傳達　20
てんま　傳馬　20, 79, 265
てんやく　轉役　238
ト　図(圖)　**62**
ト　徒　**98**
ト　斗　**130**
ト　登　**178**
ト　途　**242**
ト　都　**247**
と　戸　**114**
ド　土　**64**
といあわす　問合　60
といや　問屋　18, 60, 67, 114, 207
トウ　党(黨)　**32**
トウ　冬　**35**
トウ　到　**41**
トウ　東　**147**
トウ　答　**191**
トウ　統　**198**
トウ　藤　**214**
トウ　逃　**240**
とうおもて　當表　214
とうかいどう　東海道　147,161,239
とうかん　等閑　252
とうざん　登山　178
とうじ　當時　124, 138, 150
とうしゅく　當宿　79, 95
どうだん　同断　24, 131
とうちゃく　到着　41, 133, 202
とうばん　當番　175
とうらい　到来　41
どうり　道理　171
とうわく　當惑　106
とかい　渡海　161
とがめ　咎　**55**
トク　徳　**99**
トク　篤　**192**
とくじつ　篤実　192
とくと　篤与(ト)　182, 192
とげる　遂　**244**
ところばらい　所拂　116
としがら　年柄　147
とじめ　戸〆　114, 270
とじょう　登城　64, 178
とせい　渡世　12, 59, 60, 247
とだい　斗代　130
とだて　斗立　130
とち　土地　64, 147
どちゃく　土着　64
とちゅう　途中　242
とて　迚　**239**
どて　土手　64
とても　迚茂(も)　239
ととう　徒黨　32, 98
とどこおりなく　無滞　165,189,243
どばし　土橋　64, 151
とほう　途方　242
とめる　止　**153**
とも　供　**26**
ともぞろえ　供揃　125
とりあつかい　取扱　53, 117, 191
とりあつめ　取集　257
とりえい　取永　158
とりおく　捕置　124
とりおさえ　取押　119
とりきめ　取究　188
とりざた　取沙汰　159
とりしまり　取締　190, 200
とりしまり　取〆　270
とりしらべ　取調
173, 227, 240, 243
とりそろえ　取揃　125
とりただす　取糺　195
とりつづく　取續　199, 239
とりて　捕手　124
とりなす　執成　66
とりにげ　取逃　230, 240
とりのく　取除　254
とりまぎれ　取紛　97, 196

な行

ナ　那　**245**
なお　尚　**83**
なお　猶　**170**
なおさら　尚更　83, 142
なおさら　猶更　142, 170
なおなお　尚々　83
なおなお　猶々　170
なおまた　猶亦　16, 170
なおまた　尚亦　16, 83
なおまた　尚又　56, 83
なおまた　猶又　170
なおもって　尚以　83
なおもって　猶以　170
ながなが　永々　158
ながわずらい　永煩　168
ながわずらい　長煩　168, 251
なかんずく　就中　84
なげかわしく　歎敷(歎ヶ敷)　152
なつなり　夏成　70
など　抔　**119**
なにか　何歟　153
なにとぞ　何卒　48, 105, 234
ならしめん　平免　89
なり　也　**13**
なりもの　鳴物　169, 269
なる　鳴　**269**
なるたけ　成丈　11, 194
なるべくだけ　可成丈　11
なんじゅう　難渋(澁)
163, 181, 186, 224
なんせん　難船　208
なんとか　何与歟　153
なんどき　何時　138
に　荷　**211**
にげさる　逃去　240
にちげん　日限　253
にっすう　日数　126, 129

にぶね　荷船　208, 211
にもつ　荷物　169, 178, 211
にゅうしん　入津　161
ニン　任　**21**
ニン　認　**226**
にんずう　人数　36, 126, 129
にんそく　人足　176, 187, 193, 220, 235, 257, 266
ねがいすじ　願筋　190
ネン　念　**101**
ねんいり　念入　101
ねんすう　年数　129, 165
ねんのため　為念　101
ねんばん　年番　175
ねんぷ　年賦　233
ねんをいれ　入念　101, 255
の　野　**249**
ノウ　能　**205**
のぜに　野銭　249
のぞみのもの　望之者　143
のづき　野附　249
のべまい　延米　94
のぼせ　為登　178
のま　野馬　249
のみ　而已　87, 95
のりかけ　乗掛　13
のりもの　乗物　13
のる　乗(乘)　**13**
のろん　野論　249

は行

ハ　破　**181**
バ　馬　**265**
ば　場　**67**
ばあい　場合　67
ハイ　背　**204**
ハイ　輩　**239**
ハイ　配　**248**
バイ　売(賣)　**69**
バイ　買　**231**
はいがん　拝顔　262
はいさつ　配札　248
ばいばい(うりかい)　賣買　69, 90, 170
はいりょ　配慮　110, 248
ハク　白　**179**
ハク　薄　**213**
バク　莫　**212**
はくじょう　白状　179
ばくだい　莫太　71, 212
ばくだい　莫大　212
はくまい　白米　179
はし　橋　**151**
はしがき　端書　189
はじめて　初而　39
ばしょ　場所　67, 124, 248
はず　筈　**189**
はせん　破船　181
はそん　破損　126, 151, 152, 181
はたご　旅籠　133, 193
はだん　破談　181
ハツ　発(發)　**178**
はつが　發駕　178, 266
はなし　咄　**56**
はなはだもって　太以　71
はばからず　不憚　111
はばかりながら　乍憚　111
はばかりなく　無憚　111
はばかる　憚　**111**
はめん　破免　32, 181
はやり　流行　163
はらいかた　拂方　116
はらいまい　拂米　116
はりがみ　張紙　95
はりふだ　張札　95
ハン　判　**39**
ハン　半　**48**
ハン　反　**51**
ハン　煩　**168**
ハン　繁　**201**
ハン　般　**208**
バン　判　**39**
バン　番　**175**
はんぎょう　判形　39, 96, 250
ばんしょ　番所　175
ばんぜい　万歳　155
はんた　繁多　201
ばんたん　万(萬)端　189
ばんにん　番人　175
はんよう　繁用　201
はんろう　煩労　168
ヒ　彼　**97**
ヒ　悲　**105**
ヒ　披　**121**
ヒ　比　**156**
ヒ　非　**260**
ヒ　飛　**264**
ひかえおく　扣置　116
ひかえおる　扣居　86, 116
ひかえる　扣　**116**
ひき　疋　**176**
ひぎ　非儀　260
ひきうつり　引移　185
ひきおい　引負　230
ひきたり　引足　235
ひきゃく　飛脚　59, 109, 205, 264
ひぎり　日切　38
ひけん　披見　121, 244
ひさつ　飛札　59, 109, 264
ひじょう　非常　88, 260
ひたん　悲歎　105, 162
ヒツ　必　**100**
ヒツ　筆　**191**
ひっし　必至　100, 163
ひっし　筆紙　85, 191, 196
ひつじょう　必定　100
ひつひつ　必々　100
ひとえに　偏ニ　30
ひとやど　人宿　79
ひにん　非人　260
ひのべ　日延　34, 94
ひぶん　非分　260
ひま　暇　**140**
ひまし　日増　68
ひめん　罷免　32
ひゃくしょう　百性　102
ひやとい　日雇　257
ヒョウ　俵　**29**
ヒョウ　表　**214**
ヒョウ　評　**223**
ビョウ　病　**177**
ひょうぎ　評議(儀・義)　223
びょうき　病気(氣)　119, 157, 177, 242, 256
ひょうじょう　評定　223
ひろう　披露　121, 244, 259
ヒン　品　**58**
ビン　便　**28**
ビン　愍　**107**
フ　夫　**72**
フ　府　**92**
フ　扶　**118**
フ　普　**139**
フ　負　**230**
フ　賦　**233**
フ　附　**253**
ブ　歩　**154**
ブ　武　**155**
ブ　舞　**207**
ぶい　無異　108, 174

ぶいん　不音　261
ぶいん　無音　261
フウ　風　**264**
ふうう　風雨　165, 259, 264
ふうぎ　風儀　127, 264
ふうそん　風損　126, 206, 264
ふうぶん　風聞　264
ふおん　不穏　187
ふぎょうせき　不行跡　236
フク　復　**98**
フク　覆　**217**
ぶぐ　武具　33, 155
ふくむ　含　**54**
ぶけ　武家　155
ふけい　不敬　128
ぶげん　分限　253
ふさく　不作　22, 44
ふじ　不時　138, 212
ふじつ　不實　78
ふじゅく　不熟　168
ふじゅん　不順　262
ふじょ　扶助　118
ぶしょう　不精　194
ふしん　普請　63, 64, 65, 84, 130, 139, 212, 269
ふすじ　不筋　190
ふせい　不正　71, 154, 190
ふぜい　風情　104, 264
ぶせん　夫銭　72
ふそうおう　不相應　100, 237
ふち　扶持　118
ぶちょうほう　不調法　227, 247
フツ　払(拂)　**116**
ブツ　物　**169**
ふつごう　不都合　93, 247
ぶっそう　物騒　169
ふつつか　不束　146
ふってい　拂底　92, 116
ふと　不図　62
ふと　不斗　130
ふと　風与　264
ふない　府内　92
ふなちん　舟賃　207
ふなづみ　船積　187, 211
ふなぬし　舟主　207
ふなばし　船橋　151
ふなもち　舟持　207
ふなやく　船役　208
ふなやど　舟宿　207
ふなわたし　船渡　208
ふね　舟　**207**
ふね　船　**208**
ふねん　不念　101
ふびん　不便　28
ふほんい　不本意　145
ぶやく　夫役　72
ふらち　不埒　65,133,190,237,239
ふりあい　振合　124
ふりょ　不慮　110
ふるまい　振舞　124, 207
ふるまい　振廻　124
ふれ　触(觸)　**220**
ふれあて　觸當　220
ふれい　不例　27
ふれがしら　觸頭　220
ふれきたる　觸来　220
ふれだす　觸出　220
ふれたっし　觸達　220
ふれどめ　觸留　220
ふれめん　觸面　260
フン　紛　**196**
ふんしつ　紛失　72, 196
ぶんそうおう　分相應　117
ヘイ　併　**27**
ヘイ　平　**89**
へいあん　平安　76, 89
べいか　米價　25
べいこく　米穀　61, 186
へいじょう　平常　88, 89
へいぜい　平生　89, 172
へいぶ　兵賦　233
べつかど　別廉　93
べっし　別紙　41, 196, 228
べつじょう　別条　146
べつじょうなく　無別条　146, 255
ヘン　偏　**30**
ヘン　変(變)　**69**
ベン　便　**28**
ベン　弁　**94**
べんぎ　便宜　28
へんきゃく　返却　49, 91
べんきん　弁金　94
へんとう　返答　191
べんのう　弁納　94
べんり　便利　28
べんり　弁利　40, 94
べんり　弁理　94, 171
ホ　捕　**124**
ホ　歩　**154**
ボ　暮　**140**
ボ　模　**150**
ホウ　報　**67**
ホウ　抱　**121**
ホウ　炮　**167**
ホウ　豊(豐)　**229**
ボウ　妨　**73**
ボウ　旁　**133**
ボウ　望　**143**
ほうおん　報恩　103
ほうが　奉加　42, 58
ほうきょう　豊凶　37, 229
ほうじゅく　豊熟　168, 229
ほうとく　報徳　99
ほうねん　豊年　229
ほご　反古　51
ほこう　歩行　154
ほそい　細　**197**
ほっそく　發足　178
ほどよし　程能　205
ほり　堀　**65**
ほりすじ　堀筋　65
ほりわり　堀割　65
ホン　本　**145**
ボン　凡　**36**
ほんい　本意　145, 204
ほんごく　本国(國)　63, 155
ほんし　本紙　145, 148
ほんじ　本寺　23, 145
ほんそん　本村　145
ほんと　本途　145, 242
ほんば　本馬　145
ほんもう　本望　143, 145

ま行

マイ　毎(毎)　**156**
まいど　毎度　156
まいねん　毎年　156
まいまい　毎々　156
まえかど　前廉　93
まえびろ　前廣　90
まかなう　賄　**232**
まかりおり　罷居　86
まかりかえる　罷帰　88
まかりのぼり　罷登　178
まぎらわしく　紛敷　196
まぎれござなく　紛無御座　120, 196, 245
まぐさ　馬草　37, 211
まことに　誠ニ　109, 224, 266
まことにもって　誠ニ以　224, 267

まことにもって　誠以　224
まじく　間鋪　251
ましせん　増銭　68
ましまい　増米　68
ます　升　**47**
また　亦　**16**
または　亦者　16
またまた　亦々　16
まちかた　町方　47, 172
まちどしより　町年寄　172
まちば　町場　67, 87, 172
まちぶぎょう　町奉行　172
まつじ　末寺　119
まっぴら　真平　180
まま　儘　**31**
マン　満(滿)　**165**
まんえつ　満悦　104, 165
まんすい　満水　165
まんぞく　満足　165
みかすむ　見掠　125
みぎいちじょう　右一条　146
みぎてい　右躰　142, 237
みぎのじょうじょう　右之条々　146
みぎのたぐい　右之類　263
みぎのわけ　右之訳　56, 222
みぎり　砌　**181**
みぐるしく　見苦敷　193, 209
みずちょう　水帳　158
みせもの　見世物　12
みぞう　未曾有　142
みそか　晦　**138**
みそか　晦日　138, 257
みそかぎり　晦日限　138, 253
みそかぎり　晦日切　138
みだりがましく　猥ヶ間敷　170
みだりに　猥ニ　170
みちすじ　道筋　190
みちはし　道橋　151
みつもり　見積り　187
みぶん　身分　11, 100, 102, 237
みまい　見舞　207
みもち　身持　236, 237
みもと　身元　237
ミョウ　冥　**35**
みょうが　冥加　35, 42
みょうちょう　明朝　144
みより　身寄　237
むえき　無益　179
むじゅう　無住　23
むしゅく　無宿　32, 79
むじん　無尽(盡)　85
むそく　無足　235
むたい　無体　23
むたい　無躰　237
むだか　無高　268
むちん　無賃　153, 232
むつかしく　六ヶ鋪　251
むらがら　村柄　147
むらごと　村毎　156
むらざかい　村境　68
むらつぎ　村継　199
むり　無理　171
メイ　冥　**35**
メイ　迷　**241**
メイ　銘　**250**
メイ　鳴　**269**
めいさい　明細　122, 197
めいはく　明白　179
めいめい　銘々　250
めいわく　迷惑　100,106,190,241
めしあげ　召上　52
めしいだす　召出　52, 181
めしかかえ　召抱　53, 121
めしじょう　召状　52
めしつれ　召連　53
めしとり(めしとらえ)　召捕　53, 79, 124
めす　召　**52**
めずらしく　珍敷　171
めずらしく　珍鋪　171
メン　免(兔)　**31**
メン　面　**260**
めんあい　免合　31
めんかい　面會　260
めんきょ　免許　18, 221
めんじょう　免状　31
めんじょう　免定　31
めんてい　面躰　237, 260
めんなおし　免直　32
めんめん　面々　24, 260
めんわり　免割　32
モ　模　**150**
モウ　毛　**157**
モウ　蒙　**213**
もうしあらそい　申争　15
もうしおり　申居　86
もうしかすむ　申掠　125
もうしことわり　申断　131
もうしはる　申張　95, 112
もうしひらく　申披　121
もうしふくみ　申含　54
もうしまぎれ　申紛　196
もうしわけ　申訳　221, 222
もうすまじく　申間鋪　38,126,251
もうとう　毛頭　157
もくろみ　目論見　227
もし　若シ　210
もしまた　若又　210
モチ　勿　**46**
もちぞえ　持添　164
もちろん　勿論　46, 227
もったい　勿躰　46
もったいなく　無勿体　46
もっとも　尤　**84**
もとじめ　元〆　270
もどす　戻(戾)　**114**
ものいり　物入　71, 169, 212
ものごと　物毎　169
ものなり　物成　169
もみ　籾　**194**
もよう　模様　150
もらさざるよう　不洩様　160
もらす　洩　**160**
モン　問　**60**
もんごん　文言　221
もんめ　匁　**46**

や行

ヤ　也　**13**
ヤ　夜　**70**
ヤ　野　**249**
やきいん　焼印　167
やきはらい　焼拂　167
ヤク　約　**195**
ヤク　訳(譯)　**222**
やくじょう　約定　195
やくそく　約束　146, 195
やくば　役場　67
やしき　屋鋪　251
やどあずけ　宿預ケ　79
やというま　雇馬　257
やといじんば　雇人馬　257
やどがえ　宿替　79
やどもと　宿元　79
やどや　宿屋　79
やどわり　宿割　79
やむことをえず　不得止事　153
やむことをえず　不止事得　153
やむをえず　不得已　87
やむをえず　不得止　153

やもり　家守　76
ユ　愈　**108**
ユウ　猶　**170**
ゆうよ　猶豫　15, 170
ゆきづまり　行詰　224
ゆずりうく　譲請　229
ゆずりじょう　譲状　229
ゆずりぬし　譲主　229
ゆずりわたす　譲渡　229
ヨ　予(豫)　**15**
ヨ　余(餘)　**24**
ヨ　歟　**153**
よ　世　**12**
ヨウ　要　**216**
ようあくすい　用悪水　236
ようすい　用水　65, 158
ようと　用途　212, 242
ようべん　用弁　94
ようよう　漸々　166
ようよう　要用　216
よぎなく　無余義(無餘儀)　24
よくよく　能々　205
よけい　余(餘)慶　25, 109
よけちょう　除帳　254
よせば　寄場　67
よそ　他所　17
よそ　他處　17
よない　余(餘)荷　25, 211
よないきん　与荷金　211
よばん　夜番　70
よびだし　呼出　56
よほど　余(餘)程　25
よろしく　宜鋪　251
よろずおぼえちょう　萬覺帳　218
よんどころなく　無據　120, 197

ら行

らいが　来駕　266
ラク　落　**212**
らくいん　落印　212
らくしゅ　落手　212
らくちゃく　落着　202, 212
ラチ　埒　**65**
らちあけ　埒明　65, 136, 242
ラン　乱(亂)　**14**
ラン　覧　**219**
らんぴつ　乱筆　14, 191
らんぼう　乱妨　14, 73
リ　利　**40**
リ　理　**171**
リ　裏　**215**
リ　里　**248**
リ　離　**258**
りえき　利益　40
りえん　離縁　200, 258
りかい　利解　40, 219
りかい　理解　171, 201, 219
りきん　利金　40
りさん　離散　129, 258
りそく　利足　40, 235
りだん　離旦　134, 258
りはん　離判　258
りひ　理非　171, 260
りふじん　利不尽　40
りふじん　理不尽(盡)　85, 171
りべつ　離別　258
リャク　略　**174**
りゃくぎ　略義　174
りゃくぎながら　乍略儀　174
リュウ　流　**163**
りゅうち　流地　163
りゅうり　流離　163
リョ　慮　**110**
リョ　旅　**133**
リョウ　了　**14**
リョウ　掠　**125**
リョウ　料　**130**
りょうけん　了簡　14, 193
りょがい　慮外　110
りょがいながら　乍慮外　110
りょしゅく　旅宿　79, 113, 133
リン　厘　**50**
リン　臨　**206**
リン　隣　**256**
りんごう　隣郷　256
りんじ　臨時　138, 206
りんそん　隣村　256
りんづけ　厘付　50
ルイ　類　**263**
るいしょう　類焼　167, 263
るす　留守　76, 77
るすい　留守居　76, 85
るすい　留主居　85
レイ　令　**18**
レイ　例　**27**
レイ　冷　**36**
れいき　冷気(氣)　36, 68, 181
れいねん　例年　27
れいのごとく　如例　27
れいのとおり　例之通　27
レン　廉　**93**
レン　憐　**111**
れんいん　連印　39, 49, 91
れんさつ　憐察　111
れんばん　連判　39
れんびん　憐愍　30, 48, 107, 111
ロ　路　**236**
ロ　露　**259**
ロウ　労(勞)　**43**
ロウ　籠　**193**
ロウ　老　**202**
ろうにゃく　老若　202
ろけん　露顕　259, 263
ろよう　路用　236
ロン　論　**227**
ろんがい　論外　227
ろんしょ　論所　227

わ行

ワ　和　**57**
ワ　話　**226**
ワイ　猥　**170**
ワイ　賄　**232**
わかい　若　**210**
わかとう　若黨　32
わがまま　我儘　31, 112
わかもの　若者　210
わき　脇　**204**
わきあい　脇合　204
わきまえず　不弁　94
わきより　脇ゟ　149,204,210,259
ワク　惑　**106**
わけあい　訳合　222
わけがら　訳(譯)柄　147, 222
わけごう　分郷　246
わざと　態与　109
わざわざ　態々　59, 109
わじゅく　和熟　57, 168
わずらう　煩　**168**
わたくしぎ　私儀(義)　184, 255
わだん　和談　16, 57
わっぷ　割賦　233
わび　詫　**225**
わびいれ　詫入　225
わびがき　詫書　225
わびごと　詫言　225
わりつけ　割附　253
わるもの　悪者　103
われら　我等　112
われわれ　我々　41, 112